Inhalt und Aufbau Italienisch-Deutsch

Alle **Stichwörter** sind alphabetisch geordnet und farbig hervorgehoben.	**N, n** ['ɛnne] <-> **n** *abbr di* **nume** **nabuk** ['na:buk
Unterschiedliche **Schreibweisen** sind angegeben.	**capodanno, c** Neujahr *n*
Die **Tilde** ~ ersetzt in Anwendungsbeispielen und Redewendungen das vorhergehende Stichwort, das **Divis** - einen Teil des Stichworts.	**tassa** ['tassa] *f* **~ di soggiorn** renfrei; …
Römische Ziffern kennzeichnen verschiedene Wortarten.	**biennale** [bien nale *f*
Arabische Ziffern kennzeichnen verschiedene Bedeutungen.	**giudizio** [dʒu' nunft *f* ❷ (*opi.*
Aussprache und Betonung sind in **internationaler Lautschrift** in eckigen Klammern nach dem Stichwort angegeben.	**analizzare** [an
Femininformen der Substantive und Adjektive sind angegeben.	**bimbo, -a** ['bin
Bei italienischen Substantiven und Adjektiven werden die **Pluralendungen** in Spitzklammern nach dem Stichwort bzw. der phonetischen Angabe angegeben.	**ruga** ['ru:ga] <- **massiccio, -a**

Es werden zahlreiche Hinweise zur Verwendung gegeben, z. B.

• **Zusätze** für Definitionen und Synonyme, typische Subjekte und Objekte und andere Erklärungen,	**allestire** [alles (*festa*) organis
• **Sachgebietsangaben**,	**appendice** [a *m* ❷ (ANAT) Bl
• **Stilangaben** überall, wo es sich nicht um eine neutrale Stil ebene handelt.	**coccolare** [ko

Contenuto e struttura Italiano-Tedesco

·eder *n*	Tutti i **lemmi** sono ordinati alfabeticamente e messi in evidenza in carattere blu.
[kapo'danno] *m*	Vengono riportate le **diverse grafie** di una parola.
oosta) Steuer *f*; … ·ente da -e gebüh-	Negli esempi per l'uso e nelle espressioni idiomatiche, la **tilde** ~ sostituisce la voce precedente, il **trattino** - sostituisce una parte della stessa.
weijährig **II.** *f* Bien-	Le **cifre romane** contrassegnano le diverse parti del discorso.
ı ❶ (*ragione*) Ver- …	Le **cifre arabiche** contrassegnano significati diversi.
nalysieren	La pronuncia e l'accentuazione vengono riportate dopo il lemma in parentesi quadre, secondo **l'alfabeto fonetico internazionale.**
(kleines) Kind *n*	Vengono registrate le **forme femminili** dei sostantivi e degli aggettivi.
g (*a fig*) massiv	Per i sostantivi e gli aggettivi italiani, la **forma del plurale** viene data in parentesi uncinate dopo il lemma o la sua trascrizione fonetica.
	Vengono date numerose indicazioni per l'uso, p.e.
), cena) zubereiten;	• **aggiunte** per definizioni e sinonimi, soggetti ed oggetti tipici e per altre spiegazioni integrative,·
·(*aggiunta*) Anhang	• indicazioni sui **linguaggi specifici,**
n) liebkosen	• indicazioni di **stile** nei casi in cui non si tratti di un livello di stile neutrale.

PONS

Praxiswörterbuch
mit Sprachführer

Italienisch – Deutsch
Deutsch – Italienisch

Neubearbeitung 2006

Ernst Klett Sprachen

Barcelona · Belgrad · Budapest
Ljubljana · London · Posen · Prag
Sofia · Stuttgart · Zagreb

PONS Praxiswörterbuch Italienisch

mit Sprachführer

Bearbeitet von: *Roberta Colombo*

Neubearbeitung auf der Basis des PONS Praxiswörterbuchs Italienisch ISBN: 3-12-517458-9

1. Auflage 2006 - Nachdruck 2007 (1,02)

Internet: www.pons.de
E-Mail: info@pons.de

Projektleitung: Dr. Andreas Cyffka
Sprachdatenverarbeitung: Andreas Lang, conTEXT AG für Informatik und Kommunikation, Zürich
Einbandentwurf: deutschewerbeagentur, Stuttgart
Logoentwurf: Erwin Poell, Heidelberg
Logobearbeitung: Sabine Redlin, Ludwigsburg
Satz: Dörr + Schiller GmbH, Stuttgart
Druck: Legoprint S.p.A., Lavis (TN) Printed in Italy
ISBN13: 978-3-12-517459-7

Inhaltsverzeichnis

Indice

Verwendete Lautschriftzeichen
Segni usati per la trascrizione fonetica

Die deutsche Phonetik

La fonetica italiana

[:]	Längezeichen	[:]	Segno della lunghezza vocale
[']	Betonungszeichen	[']	Accento tonico
[ʔ]	Knacklaut	[ã]	pend**an**t
[ɐ]	Leb**er**	[ɐ]	pir**a**nha
[ã]	Ch**an**son	[æ]	m**a**tch
[ã:]	Ch**an**ce, **En**sem**ble**	[ʌ]	pick-**u**p
[ɑ:]	H**ar**dware	[ai]	n**igh**tclub
[æ]	G**a**ngway	[au]	r**ou**nd
[ʌ]	P**u**blicrelations	[ç]	Lie**ch**tenstein
[aɪ]	H**ai**, m**ei**n, R**ei**he, B**ay**ern	[dʒ]	**g**ente, **g**ià
[aʊ]	M**au**s, r**au**	[dz]	**z**ero
[ç]	i**ch**, Köni**g**	[ɛ]	**e**cco
[dʒ]	**Dsch**ungel, **J**azz	[ə]	Mist**er**
[ɛ]	f**ä**llen, B**e**tt	[ei]	Pl**ay**back
[ɛ̃:]	Ref**rain**, Po**in**te	[j]	maqui**ll**age
[ə]	Katz**e**	[ʎ]	**gl**i
[ɪ]	b**i**tte	[ŋ]	ra**n**go
[ʒ]	**G**enie	[ɲ]	**Gn**occhi

[ŋ]	fa**ng**en, A**n**ker	[ɲ-ɲ]	o**gn**i
[o̯]	P**o**inte	[ɔ]	**o**tto
[õ]	F**on**due	[ɔ̃]	pard**on**
[ɔ]	**o**ffen	[øː]	f**ö**hn
[ø]	**Ö**kologie	[œː]	chauff**eu**r
[œ]	**ö**ffnen	[ou]	M**o**torscooter
[ɔɪ]	n**eu**, J**oi**nt, B**oy**kott	[ɔi]	playb**oy**
[ʃ]	**sch**auen, **S**tein	[tʃ]	pa**c**e, **ci**elo
[ts]	**Z**oo, Lo**ts**e, Ka**tz**e, Ski**zz**e	[ts]	Ter**z**o
[tʃ]	Ma**tsch**	[ʃ]	**sc**endere, **sc**ienza
[θ]	**Th**riller	[w]	**w**alkman
[ʊ]	B**u**tter	[y]	parven**u**
[w]	Gang**w**ay	[yː]	ouvert**u**re
[x]	Na**ch**t	[ʏ]	k**ü**mmel
[yː]	T**ü**te, fr**üh**, Z**y**klus	[z]	vi**s**o
[ʏ]	H**ü**tte, H**y**mne		
[z]	Ha**s**e		

Liste der Abkürzungen
Lista delle abbreviazioni

deutsch-italienisch tedesco-italiano		italienisch-deutsch italiano-tedesco	
a	auch	anche	*a*
A	österreichisch	austriaco	A
abk v	Abkürzung	abbreviazione	*abbr di*
acc	Akkusativ	accusativo	*acc*
	Akronym	acronimo	*acro di*
adj	Adjektiv	aggettivo	
ADM	Verwaltung	amministrazione	ADM
adv	Adverb	avverbio	
AERO	Luftfahrt	aeronautica	AERO
	Adjektiv	aggettivo	*agg*
AGR	Landwirtschaft	agricoltura	AGR
akr v	Akronym	acronimo	
allg	allgemein	generalmente	
ANAT	Anatomie	anatomia	ANAT
ARCH	Architektur	architettura	ARCH
art	Artikel	articolo	*art*
ASTR	Astrologie, Astronomie	Astrologia, astronomia	ASTR
AUTO	Automobil	automobile	AUTO
	Adverb	avverbio	*avv*
bes	besonders	specialmente	

deutsch-italienisch tedesco-italiano		**italienisch-deutsch italiano-tedesco**	
BIOL	Biologie	biologia	BIOL
BOT	Botanik	botanica	BOT
BRD	bundesdeutsch (nicht als Gegensatz zu DDR, sondern zu A oder CH)	solamente nella RFG	
CH	schweizerisch	svizzero	CH
CHEM	Chemie	chimica	CHEM
COM	Handel	commercio	COM
	Konjunktion	congiunzione	*cong*
conj	Konjunktiv	congiuntivo	*conj*
dat	Dativ	dativo	*dat*
DDR	polit. Term aus der DDR	termine politico della RDT	DDR
ECO	Umwelt, Ökologie	ecologia	ECO
etw	etwas	qualcosa	
EL	Elektrizität	elettricità	EL
EU	Europäische Union	Unione europea	EU
f	feminin	femminile	*f*
fam	familiär, umgangssprachlich	familiare	*fam*
FERR	Eisenbahn	ferrovia	FERR
fig	übertragen, figurativ	figurato	*fig*
FILM	Film, Kino	film	FILM

deutsch-italienisch tedesco-italiano		italienisch-deutsch italiano-tedesco	
FIN	Finanzen, Banken	finanza	FIN
FOTO	Fotografie	fotografia	FOTO
GASTR	Gastronomie	gastronomia	GASTR
geh	gehobene Ausdrucksweise	linguaggio elevato	*geh*
gen	Genitiv	genitivo	*gen*
	allgemein	generalmente	*gener*
GEOG	Geografie	geografia	GEOG
HIST	Geschichte	storia, storico	HIST
imp	Imperfekt	imperfetto	*imp*
inf	Infinitiv	infinito	*inf*
INFORM	Informatik	informatica	INFORM
inv	unveränderlich	invariabile	*inv*
iron	ironisch	ironico	*iron*
irr	unregelmäßig	irregolare	*irr*
jd	jemand	qualcuno	
jdm	jemandem	a qualcuno	
jdn	jemanden	qualcuno	
jds	jemandes	di qualcuno	
JUR	Recht, Jura	giurisprudenza	JUR
KUNST	Kunst	arte	KUNST
LING	Linguistik, Grammatik	linguistica, grammatica	LING

deutsch-italienisch tedesco-italiano		italienisch-deutsch italiano-tedesco	
LIT	Literatur	letteratura	LIT
	Wendung	locuzione	*loc*
m	maskulin	maschile	*m*
MAT	Mathematik	matematica	MAT
MED	Medizin	medicina	MED
METEO	Meteorologie	meteorologia	METEO
MIL	Militär, Armee, Heer	militare	MIL
MIN	Mineralogie	mineralogia	MIN
MOT	Kfz-Wesen	motori, traffico	MOT
MUS	Musik	musica	MUS
n	neutrum	neutro	*n*
NAUT	Seefahrt, Nautik	nautica	NAUT
nom	Nominativ	nominativo	*nom*
nordd	norddeutsch	Germania settentrio-nale	*nordd*
num	Zahlwort	numerale	*num*
o	oder	o	*o*
OPT	Optik	ottica	OPT
	Passato Remoto	passato remoto	*pass rem*
pej	pejorativ	peggiorativo	*pej*
PHILOS	Philosphie	filosofia	PHILOS
PHYS	Physik	fisica	PHYS
pl, Pl	Plural	plurale	*pl*

deutsch-italienisch tedesco-italiano		**italienisch-deutsch italiano-tedesco**	
POL	Politik	politica	POL
pp	Partizip Perfekt	participio passato	*pp*
pr	Präsens	presente	*pr*
pron	Pronomen	pronome	*pron*
prp	Präposition	preposizione	*prp*
PSYCH	Psychologie	psicologia	PSYCH
	etwas	qualcosa	qc
	jemand	qualcuno	qu
RADIO	Rundfunk	radiofonia	RADIO
REL	Religion	religione	REL
s.	siehe	vedi	
scherz	scherzhaft, Humor	scherzoso	*scherz*
SCIENT	Wissenschaft	scienza	SCIENT
sing	Singular	singolare	*sing*
sl	Slang, Jargon	slang, gergo	*sl*
SOC	Soziologie	sociologia	SOC
	besonders	specialmente	*spec*
SPORT	Sport	sport	SPORT
südd	süddeutsch	Germania meridionale	*südd*
TEC	Technik, Technologie	tecnica, tecnologia	TEC
TEL	Telekommunikation	telecomunicazione	TEL
THEAT	Theater	teatro	THEAT

deutsch-italienisch tedesco-italiano		**italienisch-deutsch italiano-tedesco**	
TV	Fernsehen	televisione	TV
TYP	Druckwesen	stampa, tipografia	TYP
	siehe	vedi	*v.*
vi	intransitives Verb	verbo intransitivo	*vi*
vr	reflexives Verb	verbo riflessivo	*vr*
vt	transitives Verb	verbo transitivo	*vt*
vulg	vulgär	volgare	*vulg*
Wend	Wendung	locuzione	
WIRTSCH	Wirtschaft	economia	
ZOO	Tierkunde	zoologia	ZOO

A

A, a [a] <-> *f* A, a *n*

a [a] <al, allo, all', alla, ai, agli, alle> *prp* ❶ (*stato in luogo*) in +*dat*, auf +*dat*, bei +*dat*, zu +*dat*; (*moto a luogo*) in +*acc*, auf +*acc*, an +*acc*, nach +*dat*, zu +*dat*; **al mercato** auf dem/den Markt; **al mare** am/ans Meer; ~ **Trieste** in/nach Triest; **sono** ~ **casa** ich bin zu Hause; ~ **20 chilometri da Torino** 20 Kilometer von Turin entfernt ❷ (*tempo*) in +*dat*, zu +*dat*; (*con riferimento all'ora*) um +*acc*; ~ **domani** bis morgen; **due volte al giorno** zweimal am Tag

A.A.S.T. *abbr di* **Azienda Autonoma di Soggiorno e Turismo** *italienischer Fremdenverkehrsverein*

abate [a'ba:te] *m* Abt *m*

abbagliante [abbaʎ'ʎante] *m* Fernlicht *n*; **abbagliare** [abbaʎ'ʎa:re] *vt* blenden

abbaiare [abba'ia:re] *vi* bellen

abbandonare [abbando'na:re] *vt* ❶ (*lasciare*) verlassen ❷ (*rinunciare a*) aufgeben; **abbandonato, -a** [abbando'na:to] *agg* verlassen; **abbandono** [abban'do:no] *m* Verlassen *n*

abbassamento [abbassa'mento] *m* (*di prezzi*) Senkung *f*; (*di temperatura*) Sinken *n*; **abbassare** [abbas'sa:re] **I.** *vt* senken **II.** *vr* **-rsi** sich bücken; **abbasso** [ab'basso] *avv* ~ **...!** nieder mit ...!

abbastanza [abbas'tantsa] *avv* ❶ (*a sufficienza*) genug ❷ (*alquanto*) ziemlich

abbattere [ab'battere] **I.** *vt* fällen, schlägern *A* **II.** *vr* **-rsi** (*fig*) niedergeschlagen sein

abbazia [abbat'tsi:a] <-ie> *f* Abtei *f*

abbellire [abbel'li:re] *vt* verzieren

abbigliamento [abbiʎʎa'mento] *m* (Be)kleidung *f*

abbonamento [abbona'mento] *m* Abonnement *n*

abbonarsi [abbo'na:rsi] *vr* abonnieren; **abbonato, -a** [abbo'na:to] *m, f* Abonnent(in) *m(f)*

abbondante [abbon'dante] *agg* reichlich; **abbondanza** [abbon'dantsa] *f* Fülle *f*; **abbondare** [abbon'da:re] *vi* ~ **di qc** etw reichlich enthalten

abbordare [abbor'da:re] *vt* (*persona*) anmachen

abbottonare [abbotto'na:re] *vt* zuknöpfen

abbozzare [abbot'tsa:re] *vt* skizzieren

abbracciare [abbrat'tʃa:re] *vt* umarmen; **abbraccio** [ab'brattʃo] <-cci> *m* Umarmung *f*

abbreviare [abbre'via:re] *vt* abkürzen; **abbreviazione** [abbreviat'tsio:ne] *f* Abkürzung *f*

abbronzante [abbron'dzante] *agg* bräunend; **abbronzare** [abbron'dza:re] *vt* bräunen; **abbronzatura** [abbrondza'tu:ra] *f* Bräune *f*

abete [a'be:te] *m* Tanne *f*

abile ['a:bile] *agg* ❶ (*idoneo*) tauglich ❷ (*esperto*) fähig; **abilità** [abili'ta] <-> *f* Geschicklichkeit *f*

abisso [a'bisso] *m* (*a fig*) Abgrund *m*

abitante [abi'tante] *mf* Einwohner(in) *m(f)*; **abitare** [abi'ta:re] *vi* wohnen

abitato [abi'ta:to] *m* Ortschaft *f*

abitazione [abitat'tsio:ne] *f* Wohnung *f*

abito ['a:bito] *m* (*vestito*) Kleidung *f*; (*da uomo*) Anzug *m*

abituale [abitu'a:le] *agg* gewohnt

abituare [abitu'a:re] *vt* ~ **qu a qc** jdn an etw *acc* gewöhnen

abitudine [abi'tu:dine] *f* Gewohnheit *f*

abolire [abo'li:re] *vt* abschaffen

abominevole [abomi'ne:vole] *agg* abscheulich

abortire [abor'ti:re] *vi* abtreiben; **aborto** [a'bɔrto] *m* Abtreibung *f*

abrogare [abro'ga:re] *vt* aufheben

abruzzese [abrut'tse:se] *agg* abruzzisch

Abruzzi *pl*, **Abruzzo** *m* Abruzzen *pl*

abside ['abside] *f* (ARCH) Apsis *f*

abusare [abu'za:re] *vi* ~ **di** missbrauchen; **abusivo, -a** [abu'zi:vo] *agg* rechtswidrig; **abuso** [a'bu:zo] *m* Missbrauch *m*

a.C. *abbr di* **avanti Cristo** v. Chr.

acacia [a'ka:tʃa] <-cie> *f* Akazie *f*

accademia [akka'dɛ:mia] <-ie> *f* Akademie *f*

accadere [akka'de:re] <irr> *vi essere* geschehen; **accaduto** [akka'du:to] *m* Ereignis *n*

accanto [ak'kanto] *avv* daneben; (*casa*) nebenan

accappatoio [akkappa'to:io] <-oi> *m* Bademantel *m*

accarezzare [akkare'tsa:re] *vt* streicheln

accecare [attʃe'ka:re] **I.** *vt* verblenden **II.** *vi essere* blind werden

accelerare [attʃele'ra:re] *vi* (AUTO) schneller fahren

acceleratore [attʃelera'to:re] *m* Gaspedal *n*

accendere [at'tʃɛndere] <irr> *vt* ❶ (*fuoco, sigaretta*) anzünden ❷ (*luce*) einschalten, aufdrehen *A*

accendino [attʃen'di:no] *m*

A

Feuerzeug *n*

accennare [attʃen'na:re] *vi* ~ **a qc** etw ankündigen; **accenno** [at'tʃenno] *m* ❶ (*cenno*) Wink *m* ❷ (*indizio*) Hinweis *m*

accensione [attʃen'sio:ne] *f* Einschalten *n*, Aufdrehen *n A;* **accento** [at'tʃɛnto] *m* Akzent *m*

accerchiare [attʃer'kia:re] *vt* umzingeln

accertamento [attʃerta'mento] *m* Ermittlung *f*, Ausforschung *f A;* **accertare** [attʃer'ta:re] *vt* ermitteln, erheben *A*

acceso, -a [at'tʃe:so] *agg* ❶ (*che brucia*) brennend ❷ (*in funzione*) eingeschaltet

accessibile [attʃes'si:bile] *agg* zugänglich

accesso *m* Zugang *m;* (*di veicoli*) Zufahrt *f*

accessori [attʃes'sɔ:ri] *mpl* Zubehör *n*

accetta [at'tʃetta] *f* Beil *n*, Hacke *f A*

accettare [attʃet'ta:re] *vt* annehmen; **accettazione** [attʃettat'tsio:ne] *f* ❶ (*in consegna*) Annahme *f* ❷ (*ufficio*) Empfang *m*

acchiappare [akkiap'pa:re] *vt* erwischen

acciaio [at'tʃa:io] <-ai> *m* Stahl *m*

accidentaccio [attʃiden'takkio] *int* verdammter Mist

accidentale [attʃiden'ta:le] *agg* zufällig

accidente [attʃi'dɛnte] *m* (*fam*) Unglücksfall *m*

accidenti [attʃi'dɛnti] *int* (*fam*) Donnerwetter!

accipicchia [attʃi'pikkia] *int* (*fam*) zum Teufel

acciuffare [attʃuf'fa:re] **I.** *vt* erwischen **II.** *vr* **-rsi** sich *dat* in die Haare geraten

acciuga [at'tʃu:ga] <-ghe> *f* Sardelle *f*

acclamare [akkla'ma:re] *vt* applaudieren

accludere [ak'klu:dere] <irr> *vt* beifügen; **accluso, -a** [ak'klu:zo] *agg* beigefügt

accogliente [akkoʎ'ʎɛnte] *agg* (*casa, gesto*) einladend; (*persona*) gastfreundlich; **accoglienza** [akkoʎ'ʎɛntsa] *f* Empfang *m;* **accogliere** [ak'kɔʎʎere] <irr> *vt* aufnehmen

accoltellare [akkoltel'la:re] *vt* erstechen

accomodare [akkomo'da:re] **I.** *vt* in Ordnung bringen **II.** *vr* **-rsi** es sich *dat* bequem machen

accompagnamento [akkompaɲɲa'mento] *m* Begleitung *f;* **accompagnare** [akkompaɲ'ɲa:re] *vt* begleiten; **accompagnatore, -trice** [akkompaɲɲa'to:re] *m, f* Begleiter(in) *m(f)*

acconciatura [akkontʃa'tu:ra] *f*

Frisur *f*
acconsentire [akkonsen'ti:re] *vi* ~ (**a qc**) (einer Sache *dat*) zustimmen
accontentare [akkonten'ta:re] **I.** *vt* zufrieden stellen **II.** *vr* **-rsi** sich begnügen
acconto [ak'konto] *m* Anzahlung *f,* Angabe *f A*
accoppiare [akkop'pia:re] **I.** *vt* verbinden **II.** *vr* **-rsi** sich paaren
accorciare [akkor'tʃa:re] *vt* abkürzen
accordare [akkor'da:re] **I.** *vt* gewähren **II.** *vr* **-rsi** sich einigen
accordo [ak'kɔrdo] *m* ❶ Einklang *m;* **d'~!** einverstanden! ❷ (*patto*) Abkommen *n*
accorgersi [ak'kɔrdʒersi] <irr> *vr* ~ **di qc** etw merken
accorrere [ak'korrere] <irr> *vi* *essere* herbeieilen
accostare [akkos'ta:re] *vt* nähern
accreditare [akkredi'ta:re] *vt* gutschreiben
accrescere [ak'kreʃʃere] <irr> *vt* vermehren
accudire [akku'di:re] *vt* pflegen
accumulare [akkumu'la:re] *vt* anhäufen
accuratezza [akkura'tettsa] *f* Sorgfalt *f;* **accurato, -a** [akku'ra:to] *agg* akkurat
accusa [ak'ku:za] *f* Anklage *f;* **accusare** [akku'za:re] *vt* beschuldigen
accusato, -a [akku'za:to] *m, f* Angeklagte(r) *f(m)*
acerbo, -a [a'tʃɛrbo] *agg* sauer
acero ['a:tʃero] *m* Ahorn *m*
aceto [a'tʃe:to] *m* Essig *m*
A.C.I. ['a:tʃi] *m abbr di* **Automobile Club d'Italia** ≈ ADAC *m*
acidità [atʃidi'ta] <-> *f* Säure *f;* **acido, -a** *agg* sauer
acino ['a:tʃino] *m* (Wein)beere *f*
acne ['akne] *f* Akne *f*
acqua ['akkua] *f* Wasser *n;* ~ **potabile/minerale** Trink-/Mineralwasser *n*
acquamarina [akkuama'ri:na] <acquemarine> *f* Aquamarin *m*
acquario [ak'kua:rio] <-i> *m* ❶ (*edificio*) Aquarium *n* ❷ (ASTR) **sono dell'Acquario** ich bin (ein) Wassermann
acquasanta [akkua'santa] *f* Weihwasser *n*
acquavite [akkua'vi:te] *f* Schnaps *m*
acquazzone [akkuat'tso:ne] *m* Wolkenbruch *m*
acquedotto [akkue'dɔtto] *m* Wasserleitung *f*
acquerello [akkuer'rɛllo] *m* Aquarell *n*
acquistare [akkuis'ta:re] *vt* erwerben; **acquisto** [ak'kuisto] *m* Erwerb *m*
acre ['a:kre] <più acre, acerrimo> *agg* herb
acrobata [a'krɔ:bata] <-i *m,* -e

f> mf (Luft)akrobat(in) m(f)
acustica [a'kustika] <-che> f Akustik f; **acustico, -a** [a'kustiko] <-ci, -che> agg akustisch
acuto, -a [a'ku:to] agg ❶ (vista) scharf; (suono) schrill ❷ (MED, LING) akut
adagiare [ada'dʒa:re] vt legen
adagio [a'da:dʒo] avv langsam
adattamento [adatta'mento] m Anpassung f; **adattare** [adat'ta:re] vt anpassen; **adatto, -a** [a'datto] agg geeignet
addebitare [addebi'ta:re] vt (COM) ~ **qc a qu** jdn mit etw belasten
addensarsi [adden'sa:rsi] vr sich verdichten
addentrarsi [adden'trarsi] vr (a fig) sich vertiefen
addestramento [addestra'mento] m ❶ (di persone) Ausbildung f ❷ (di animali) Dressur f; **addestrare** [addes'tra:re] vt ❶ (persone) ausbilden ❷ (animali) dressieren
addetto, -a [ad'detto] m, f Zuständige(r) f(m)
addietro [ad'diɛ:tro] avv ❶ (luogo) zurück ❷ (tempo) früher
addio <-ii> m Abschied m
addirittura [addirit'tu:ra] avv sogar
additare [addi'ta:re] vt (mit dem Finger) zeigen auf +acc
addizione [addit'tsio:ne] f Addition f
addobbare [addob'ba:re] vt schmücken; **addobbo** [ad'dɔbo] m Schmuck m
addolcire [addol'tʃi:re] vt süßen
addolorarsi [addolo'ra:rsi] vr ~ **per qc** sich über etw acc grämen
addome [ad'dɔ:me] m Unterleib m
addormentare [addormen'ta:re] **I.** vt zum Schlafen bringen **II.** vr **-rsi** einschlafen; **addormentato, -a** [addormen'ta:to] agg schlafend
addossare [addos'sa:re] **I.** vt aufbürden **II.** vr **-rsi** (fig) auf sich nehmen
addosso [ad'dɔsso] avv bei sich
adeguare [ade'gua:re] **I.** vt angleichen **II.** vr **-rsi a qc** sich an etw acc anpassen; **adeguato, -a** [ade'gua:to] agg angemessen
adempi(e)re [a'dempi(e)re] <irr> vt erfüllen
aderente [ade'rɛnte] agg (vestito) eng anliegend
aderire [ade'ri:re] vi ❶ (rimanere a contatto) haften ❷ (fig) zustimmen
adesione [ade'zio:ne] f (fig) Zustimmung f
adesivo [ade'zi:vo] m Aufkleber m, Pickerl n A
adesso [a'dɛsso] avv jetzt
adiacente [adia'tʃɛnte] agg anliegend
Adige ['a:didʒe] m Etsch f; **Alto**

~ Südtirol *n*
adirarsi [adi'rarsi] *vr* ~ **con qu** jdm zürnen
adolescente [adoleʃ'ʃɛnte] *mf* Teenager *mf;* **adolescenza** [adoleʃ'ʃɛntsa] *f* Jugend *f*
adoperare [adope'ra:re] *vt* benutzen
adorare [ado'ra:re] *vt* anbeten
adornare [ador'na:re] *vt* schmücken
adottare [adot'ta:re] *vt* ❶ (*figlio*) adoptieren ❷ (*metodo*) anwenden; **adottivo, -a** [adot'ti:vo] *agg* Adoptiv-; **adozione** [adot'tsio:ne] *f* Adoption *f*
Adriatico [adri'a:tiko] *m* Adria *f*
adriatico, -a <-ci, -che> *agg* adriatisch
adulare [adu'la:re] *vt* ~ **qu** jdm schmeicheln; **adulatore, -trice** [adula'to:re] *m, f* Schmeichler(in) *m(f)*
adulterio [adul'tɛ:rio] <-i> *m* Ehebruch *m*
adulto, -a [a'dulto] *m, f* Erwachsene(r) *f(m)*
adunanza [adu'nantsa] *f* Versammlung *f*
aereo [a'ɛ:reo] <-ei> *m* Flugzeug *n*
aereo, -a <-ei, -ee> *agg* Luft-
aerobica [ae'rɔ:bika] *f* Aerobic *n*
aerolinea [aero'li:nea] *f* Luftlinie *f;* **aeronautica** [aero'na:utika] *f* Luftfahrt *f;* **aeroplano** [aero'pla:no] *m* Flugzeug *n;* **aeroporto** [aero'pɔrto] *m* Flughafen *m;* **aeropostale** [aeropos'ta:le] *m* Postflugzeug *n;* **aerostato** [ae'rɔstato] *m* Heißluftballon *m;* **aerotrasporto** [aerotras'pɔrto] *m* Lufttransport *m*
afa ['a:fa] *f* **c'è** ~ es ist schwül
affabile [af'fa:bile] *agg* liebenswürdig
affacciarsi [affat'tʃa:rsi] *vr* sich (am Fenster) zeigen
affamato, -a [affa'ma:to] *agg* hungrig
affannare [affan'na:re] *vt* beunruhigen; **affanno** [af'fanno] *m* ❶ (*difficoltà di respiro*) Atemnot *f* ❷ (*fig*) Sorge *f*
affare [af'fa:re] *m* ❶ (*faccenda*) Angelegenheit *f* ❷ (COM) Geschäft *n*
affascinante [affaʃʃi'nante] *agg* faszinierend; **affascinare** [affaʃʃi'na:re] *vt* faszinieren
affaticare [affati'ka:re] *vt* anstrengen
affatto [af'fatto] *avv* ganz und gar
affermare [affer'ma:re] *vt* ❶ (*dire di sì*) bejahen ❷ (*sostenere*) behaupten; **affermazione** [affermat'tsio:ne] *f* ❶ (*asserzione*) Bejahung *f* ❷ (*successo*) Bestätigung *f*
afferrare [affer'ra:re] *vt* (er)grei-

fen

affettare [affet'ta:re] *vt* in Scheiben schneiden; **affettato** [affet'ta:to] *m* Aufschnitt *m*

affetto [af'fɛtto] *m* Zuneigung *f*

affettuoso, -a [affettu'o:so] *agg* liebevoll

affezionarsi [affettsio'na:rsi] *vr* ~ **a qu/qc** jdn/etw lieb gewinnen

affibbiare [affib'bia:re] *vt* (*fig*) anhängen

affidabile *agg* vertrauenswürdig; **affidare** [affi'da:re] *vt* ~ **qc** (**a qu**) (jdm) etw anvertrauen

affiggere [af'fiddʒere] <irr> *vt* anschlagen

affilato, -a [affi'la:to] *agg* (*lama*) geschärft

affinché [affiŋ'ke] *cong* +*conj* damit

affine [af'fi:ne] *agg* ähnlich; **affinità** [affini'ta] <-> *f* Ähnlichkeit *f*

affiorare [affio'ra:re] *vi essere* (*a fig*) auftauchen

affittacamere [affitta'ka:mere] <-> *mf* Zimmervermieter(in) *m(f)*; **affittare** [affit'ta:re] *vt* ❶ (*dare in affitto*) vermieten ❷ (*prendere in affitto*) mieten; **affitto** [af'fitto] *m* Miete *f*

affliggere [af'fliddʒere] <irr> *vt* quälen

affluente [afflu'ɛnte] *m* Nebenfluss *m*

affluenza [afflu'ɛntsa] *f* ❶ (*di liquidi*) Zufluss *m* ❷ (*di persone*) Andrang *m*

affluire [afflu'i:re] *vi essere* zusammenströmen

affogare [affo'ga:re] **I.** *vt* ertränken **II.** *vi essere* ertrinken; **affogato, -a** [affo'ga:to] *agg* ertrunken

affollarsi [affol'la:rsi] *vr* zusammenströmen

affondare [affon'da:re] **I.** *vt* versenken **II.** *vi essere* versinken

affrancare [affraŋ'ka:re] *vt* frankieren

affresco [af'fresko] <-schi> *m* Fresko *n*

affrettare [affret'ta:re] **I.** *vt* beschleunigen **II.** *vr* **-rsi** sich beeilen; **affrettato, -a** [affret'ta:to] *agg* voreilig

affrontare [affron'ta:re] *vt* ~ **qu/qc** jdm/etw entgegentreten

affumicare [affumi'ka:re] *vt* räuchern, selchen *A*

afoso, -a [a'fo:so] *agg* schwül

Africa ['a:frika] *f* Afrika *n*; **africano, -a** [afri'ka:no] *agg* afrikanisch

agenda [a'dʒɛnda] *f* ❶ (*libretto*) Notizbuch *n* ❷ (INFORM) Organizer *m*

agente [a'dʒɛnte] *mf* ❶ (*di polizia*) Agent(in) *m(f)* ❷ (*di commercio*) Handelsvertreter(in) *m(f)*

agenzia [adʒen'tsi:a] <-ie> *f* Agentur *f*

agevolare [adʒevo'la:re] *vt* erleichtern
agganciare [aggan'tʃa:re] *vt* anhängen
aggettivo [addʒet'ti:vo] *m* Adjektiv *n*
aggiornamento [addʒorna'mento] *m* ❶ (*perfezionamento*) Fortbildung *f* ❷ (*rinvio*) Vertagung *f*; **aggiornare** [addʒor'na:re] *vt* ❶ (*manuale*) auf den neuesten Stand bringen ❷ (*rinviare*) vertagen
aggirare [addʒ'ra:re] **I.** *vt* (*fig*) umgehen **II.** *vr* **-rsi** in etwa betragen
aggiudicare [addʒudi'ka:re] *vt* **~ qc** (**a qu**) etw (an jdn) vergeben
aggiungere [ad'dʒundʒere] <irr> *vt* hinzufügen
aggiunta [ad'dʒunta] *f* Zusatz *m*
aggiustare [addʒus'ta:re] *vt* reparieren
aggrapparsi [aggrap'pa:rsi] *vr* ~ (**a qu/qc**) (*a fig*) sich (an jdn/etw) klammern
aggravare [aggra'va:re] *vt* verschlimmern
aggredire [aggre'di:re] *vt* (*a fig*) angreifen
aggressione [aggres'sio:ne] *f* Überfall *m*
aggressivo, -a *agg* aggressiv; **aggressore, aggreditrice** [aggres'so:re] *m, f* Angreifer(in) *m(f)*
aggrottare [aggrot'ta:re] *vt* (*fronte, sopracciglia*) runzeln
agguato [ag'gua:to] *m* Hinterhalt *m*
agiato, -a [a'dʒa:to] *agg* wohlhabend
agibile [a'dʒi:bile] *agg* benutzbar
agile ['a:dʒile] *agg* ❶ (*di movimento*) gewandt ❷ (*fig*) wendig
agio ['a:dʒo] <-gi> *m* Behaglichkeit *f*; **mettiti a tuo ~!** mach es dir bequem!
agire [a'dʒi:re] *vi* handeln
agitare [adʒi'ta:re] **I.** *vt* ❶ (*scuotere*) schütteln ❷ (*fig*) erregen **II.** *vr* **-rsi** (*fig*) unruhig werden; **agitato, -a** [adʒi'ta:to] *agg* unruhig; (*mare, discussione*) bewegt; **agitazione** [adʒitat'tsio:ne] *f* Unruhe *f*
aglio ['aʎʎo] <-gli> *m* Knoblauch *m*
agnello [aɲ'ɲɛllo] *m* Lamm *n*
agnolotti [aɲɲo'lɔtti] *mpl mit Fleisch gefüllte Nudeltaschen*
ago ['a:go] <-ghi> *m* Nadel *f*
agopuntura [agopun'tu:ra] *f* Akupunktur *f*
agosto [a'gosto] *m* August *m*
agraria [a'gra:ria] *f* Agrarwissenschaft *f*; **agrario, -a** [a'gra:rio] <-i, -ie> *agg* Agrar-
agricolo, -a [a'gri:kolo] *agg* landwirtschaftlich
agricoltore [agrikol'to:re] *m*

Landwirt *m;* **agricoltura** [agrikol'tu:ra] *f* Landwirtschaft *f*

agriturismo [agritu'rizmo] *m* Ferien *pl* auf dem Bauernhof; **agrituristico, -a** [agritu'risti-ko] <-ci, -che> *agg* agrartouristisch

agro, -a ['a:gro] *agg* sauer

agrodolce [agro'doltʃe] *agg* süß-sauer

agrume [a'gru:me] *m* Zitrusfrucht *f*

aguzzare [agut'tsa:re] *vt* schärfen; **aguzzo, -a** [a'guttso] *agg* spitz

airone [ai'ro:ne] *m* Reiher *m*

aiuola [a'iuɔ:la] *f* Beet *n*

aiutare [aiu'ta:re] *vt* ~ **qu** jdm helfen; **aiuto** [a'iu:to] *m* Hilfe *f*

aizzare [ait'tsa:re] *vt* aufhetzen, aufhussen *A*

ala ['a:la] <-i> *f* Flügel *m*

alabastro [ala'bastro] *m* Alabaster *m*

alano [a'la:no] *m* Dogge *f*

alba ['alba] *f* Morgendämmerung *f*

albanese [alba'ne:se] *agg* albanisch; **Albania** [alba'ni:a] *f* Albanien *n*

albeggiare [albed'dʒa:re] *vi essere* dämmern

alberato, -a [albera':to] *agg* baumbestanden

albergare [alber'ga:re] *vi* unterkommen; **albergatore, -trice** [alberga'to:re] *m, f* Hotelier *m;* **alberghiero, -a** [alber'giɛ:ro] *agg* Hotel-; **albergo** [al'bɛrgo] <-ghi> *m* Hotel *n*

albero ['albero] *m* Baum *m*

albicocca [albi'kɔkka] <-cche> *f* Aprikose *f,* Marille *f A*

albino, -a [al'bi:no] *m, f* Albino *m*

albo ['albo] *m* Register *n*

albume [al'bu:me] *m* Eiweiß *n,* Eiklar *n A*

alcol ['alkol] <-> *m* Alkohol *m*

alcolico [alko'ɔliko] <-ci> *m* Spirituose *f*

alcolico, -a <-ci, -che> *agg* alkoholisch

alcolizzato, -a [alkolid'dza:to] *m, f* Alkoholiker(in) *m(f)*

alcuno, -a [al'ku:no] **I.** *agg* etwas **II.** *pron* (manch) eine(r, s)

aldilà [aldi'la] <-> *m* Jenseits *n*

alfabeto [alfa'bɛ:to] *m* Alphabet *n*

alfanumerico, -a [alfanu'mɛ:ri-ko] <-ci, -che> *agg* (INFORM) alphanumerisch

alga ['alga] <-ghe> *f* Alge *f*

algebra ['aldʒebra] *f* Algebra *f*

Algeria [aldʒe'ri:a] *f* Algerien *n;* **algerino, -a** [aldʒe'ri:no] *agg* algerisch

Algovia [al'gɔ:via] *f* Allgäu *n*

aliante [a'liante] *m* Segelflugzeug *n*

alibi ['a:libi] <-> *m* Alibi *n*

alice [a'li:tʃe] *f* Sardelle *f*

alienato, -a [alie'na:to] *m, f*

Geistesgestörte(r) *f(m)*
alimentari [alimen'ta:ri] *mpl* Lebensmittel *npl;* **alimentazione** [alimentat'tsio:ne] *f* Ernährung *f;* **alimento** [ali'mento] *m* Nahrung *f*
aliscafo [alis'ka:fo] *m* Tragflächenboot *n*
alito ['a:lito] *m* Hauch *m*
allacciare [alla'tʃa:re] *vt* (*cintura*) zuschnallen
allagare [alla'ga:re] *vt* überschwemmen
allargare [allar'ga:re] *vt* ❶ (*rendere più largo*) erweitern ❷ (*braccia*) ausbreiten
allarmare [allar'ma:re] *vt* ❶ (*dare l'allarme*) alarmieren ❷ (*fig*) beunruhigen; **allarme** [al'larme] *m* Alarm *m*
allattare [allat'ta:re] *vt* (*bambini*) stillen
alleanza [alle'antsa] *f* Allianz *f;* **alleato**, **-a** [alle'a:to] *agg* verbündet
allegare [alle'ga:re] *vt* beifügen; **allegato** [alle'ga:to] *m* Anlage *f;* **allegato**, **-a** *agg* beigefügt
alleggerire [alleddʒe'ri:re] *vt* ❶ (*rendere leggero*) leichter machen ❷ (*fig*) erleichtern
allegria [alle'gri:a] <-ie> *f* Fröhlichkeit *f;* **allegro**, **-a** *agg* lustig
allenamento [allena'mento] *m* Training *n;* **allenare** [alle'na:re] *vt* trainieren; **allenatore**, **-trice** [allena'to:re] *m, f* Trainer(in) *m(f)*
allentare [allen'ta:re] *vt* lockern
allergia [aller'dʒi:a] <-gie> *f* Allergie *f;* **allergico**, **-a** [al'lɛrdʒiko] <-ci, -che> *agg* **essere ~ (a qc)** (gegen etw) allergisch sein
allestire [alles'ti:re] *vt* (*pranzo, cena*) zubereiten; (*festa*) organisieren
allettare [allet'ta:re] *vt* (ver)locken
allevamento [alleva'mento] *m* Zucht *f;* **allevare** [alle'va:re] *vt* (*animali*) züchten; (*piante*) ziehen; **allevatore**, **-trice** [alleva'to:re] *m, f* Züchter(in) *m(f)*
alleviare [alle'via:re] *vt* lindern
allibito, **-a** [alli'bi:to] *agg* verblüfft
allietare [allie'ta:re] *vt* erfreuen
allievo, **-a** [al'liɛ:vo] *m, f* Schüler(in) *m(f)*
allineare [alline'a:re] *vt* aufreihen; **allineato**, **-a** *agg* **~ a sinistra/destra** links-/rechtsbündig
allodola [al'lɔ:dola] *f* Lerche *f*
alloggiare [allod'dʒa:re] *vi* wohnen; **alloggio** [al'lɔddʒo] <-ggi> *m* ❶ (*dimora*) Unterkunft *f* ❷ (*appartamento*) Wohnung *f*
allontanare [allonta'na:re] *vt* entfernen
allora [al'lo:ra] **I.** *avv* damals **II.** *cong* ❶ (*in questo caso*) (al)so ❷ (*ebbene*) nun

A

alloro [al'lɔ:ro] *m* Lorbeer *m*
alluce ['allutʃe] *m* großer Zeh
allucinante [allutʃi'nante] *agg* blendend; **allucinazione** [allutʃinat'tsio:ne] *f* Halluzination *f*
alludere [al'lu:dere] <irr> *vi* ~ **a qc** auf etw *acc* anspielen
alluminio [allu'mi:nio] <-i> *m* Aluminium *n*
allungare [allun'ga:re] *vt* verlängern
allusione [allu'zio:ne] *f* Anspielung *f*
alluvione [allu'vio:ne] *f* Überschwemmung *f*
almanacco [alma'nakko] <-cchi> *m* Almanach *m*
almeno [al'me:no] **I.** *avv* wenigstens **II.** *cong+conj* wenn nur
alogeno, -a *agg* Halogen-
Alpi ['alpi] *fpl* Alpen *pl;* **alpinismo** [alpi'nizmo] *m* Bergsteigen *n;* **alpinista** [alpi'nista] <-i *m*, -e *f*> *mf* Bergsteiger(in) *m(f);* **alpino, -a** *agg* alpin
alquanto [al'kuanto] **I.** *agg* einige(r, s) **II.** *pron* einiges **III.** *avv* ziemlich
Alsazia [al'sattsia] *f* Elsass *n*
altalena [alta'le:na] *f* Schaukel *f*
altamente [alta'mente] *avv* äußerst
altare [al'ta:re] *m* Altar *m*
alterare [alte'ra:re] *vt* (ver)ändern
alternanza [alter'nantsa] *f* Wechsel *m;* **alternare** [alter'na:re] *vt* wechseln; **alternativo, -a** [alterna'ti:vo] *agg* alternativ; **alternato, -a** [alter'na:to] *agg* wechselnd; **alterno, -a** [al'tɛrno] *agg* abwechselnd
altezza [al'tettsa] *f* ❶ Höhe *f* ❷ (*statura*) Größe *f*
altitudine [alti'tu:dine] *f* Höhe *f*
alto, -a <più alto *o* superiore, altissimo *o* supremo> *agg* ❶ (*sviluppato in altezza*) hoch ❷ (*statura*) groß
Alto Adige ['alto 'a:didʒe] *m* Südtirol *n*
altoparlante [altopar'lante] *m* Lautsprecher *m*
altopiano [alto'pia:no] <altipiani> *m* Hochebene *f*
altrettanto [altret'tanto] *avv* ebenfalls
altri ['altri] <inv, solo al sing> *pron* ❶ (*qualcuno*) ein anderer ❷ (*altra persona*) andere(r, s)
altrimenti [altri'menti] *avv* anderenfalls, ansonsten *A*
altro ['altro] *m* (etwas) anderes; **desidera ~?** möchten Sie noch etwas?
altro, -a **I.** *agg* andere(r, s); **l'~ giorno** neulich **II.** *pron* andere(r, s); **noi -i/voi -i** wir (unsererseits)/ihr (eurerseits)
altroché [altro'ke] *int* und wie
altronde [al'tronde] *avv* **d'~** im Übrigen; **altrove** [al'tro:ve] *avv* anderswo

altrui [al'tru:i] *pron* (die) andere(n)

altruista [altru'ista] <-i *m*, -e *f*> *mf* Altruist *m*

altura [al'tu:ra] *f* Anhöhe *f*

alunno, -a [a'lunno] *m, f* Schüler(in) *m(f)*

alveare [alve'a:re] *m* Bienenstock *m*

alzare [al'tsa:re] **I.** *vt* ❶ (*sollevare*) aufrichten ❷ (*volume*) lauter stellen **II.** *vr* **-rsi** aufstehen

amabile [a'ma:bile] *agg* ❶ (*persona*) liebenswert ❷ (*vino*) lieblich

amaca [a'ma:ka] <-che> *f* Hängematte *f*

amante [a'mante] *mf* Liebhaber *m*

amare [a'ma:re] *vt* lieben

amarena [ama'rɛ:na] *f* Sauerkirsche *f*

amaretto [ama'retto] *m* ❶ (*biscottino*) Mandelmakrone *f* ❷ (*liquore*) Mandellikör *m*

amaro [a'ma:ro] *m* Bitter *m*

amaro, -a *agg* (*a fig*) bitter

ambasciata [ambaʃ'ʃa:ta] *f* Botschaft *f*; **ambasciatore, -trice** [ambaʃʃa'to:re] *m, f* Botschafter(in) *m(f)*

ambedue [ambe'du:e] *agg* beide

ambientale [ambien'ta:le] *agg* umweltbedingt; **ambientalista** [ambienta'lista] <-i *m*, -e *f*> *mf* Umweltschützer(in) *m(f)*

ambientare [ambien'ta:re] *vt* ❶ (*adattare*) eingewöhnen ❷ (LIT, FILM, THEAT) spielen lassen

ambiente [am'biɛnte] *m* ❶ (*spazio*) Raum *m* ❷ (SOC) Milieu *n*

ambiguità [ambigui'ta] <-> *f* Zweideutigkeit *f*; **ambiguo, -a** [am'bi:guo] <-i, -ie> *agg* zweideutig

ambire [am'bi:re] *vi* ~ (**a qc**) (nach etw) streben

ambito ['ambito] *m* Bereich *m*

ambizione [ambit'tsio:ne] *f* Ehrgeiz *m*; **ambizioso, -a** [ambi'tsio:so] *agg* ehrgeizig

ambo, -a *agg* ~ **i lati** beide Seiten *fpl*

ambosessi [ambo'sɛssi] <inv> *agg* beiderlei Geschlechts

ambulanza [ambu'lantsa] *f* Krankenwagen *m*, Rettung *f A*

ambulatorio [ambula'tɔ:rio] <-i> *m* Arztpraxis *f*

Amburgo *f* Hamburg *n*

America *f* Amerika *n*; **americano, -a** [ameri'ka:no] *agg* amerikanisch

amianto [a'mianto] *m* Asbest *m*

amichevole [ami'ke:vole] *agg* freundschaftlich

amicizia [ami'tʃittsia] <-ie> *f* Freundschaft *f*

amico, -a [a'mi:ko] <-ci, -che> *m, f* Freund(in) *m(f)*

amido ['a:mido] *m* (Wäsche)stärke *f*

ammaccatura [ammakka'tu:ra] *f* Beule *f*
ammaestrare [ammaes'tra:re] *vt* belehren; (*animali*) dressieren
ammalarsi [amma'la:rsi] *vr* **-rsi** krank werden; **ammalato**, **-a** [amma'la:to] *agg* krank
ammazzare [ammat'tsa:re] *vt* umbringen
ammenda [am'mɛnda] *f* Geldstrafe *f*
ammesso, **-a** [am'messo] *agg* vorausgesetzt
ammettere [am'mettere] <irr> *vt* ❶ (*accettare*) zulassen ❷ (*supporre*) voraussetzen
amministrare [amminis'tra:re] *vt* verwalten; **amministrazione** [amministrat'tsio:ne] *f* Verwaltung *f*; ~ **comunale** Stadtverwaltung *f*; ~ **pubblica** öffentliche Verwaltung *f*
ammiraglio [ammi'raʎʎo] <-gli> *m* Admiral *m*
ammirare [ammi'ra:re] *vt* bewundern; **ammiratore**, **-trice** [ammira'to:re] *m*, *f* Bewunderer *m*, Bewund(r)erin *f*; **ammirevole** [ammi're:vole] *agg* bewundernswert
ammissione [ammis'sio:ne] *f* Zulassung *f*
ammobiliare [ammo'lia:re] *vt* einrichten; **ammobiliato**, **-a** *agg* möbliert
ammodernare [ammoder'na:re] *vt* modernisieren
ammonire [ammo'ni:re] *vt* ermahnen
ammontare [ammon'ta:re] *vi essere* ~ **a qc** etw betragen
ammorbidente [ammorbi'dɛnte] *m* Weichspüler *m*
ammorbidire [ammorbi'di:re] *vt* erweichen
ammortizzare [amortid'dza:re] *vt* amortisieren; **ammortizzatore** [ammortiddza'to:re] *m* Stoßdämpfer *m*
ammucchiare [ammuk'kia:re] *vt* anhäufen
ammuffire [ammuf'fi:re] *vi essere* (ver)schimmeln
ammutolire [ammuto'li:re] *vi essere* verstummen
amnesia [amne'zi:a] <-ie> *f* Gedächtnisschwund *m*
amnistia [amnis'ti:a] <-ie> *f* Amnestie *f*
amo ['a:mo] *m* Angelhaken *m*
amorale [amo'ra:le] *agg* unmoralisch
amore [a'mo:re] *m* Liebe *f*
ampiezza [am'piettsa] *f* Weite *f*; **ampio**, **-a** ['ampio] <-i, -ie> *agg* weit; (*spazioso*) geräumig
amplesso [am'plɛsso] *m* Beischlaf *m*
ampliamento [amplia'mento] *m* Erweiterung *f*; **ampliare** [ampli'a:re] *vt* erweitern
amplificare [amplifi'ka:re] *vt* erweitern; (*suono*) verstärken; **amplificatore** [amplifi-

ka'to:re] *m* Verstärker *m*

amputare [ampu'ta:re] *vt* amputieren

anabbagliante [anabbaʎ'ʎante] *m* Abblendlicht *n*

anagrafe [a'na:grafe] *f* Einwohnermeldeamt *n*

analcolico [anal'kɔ:liko] <-ci> *m* alkoholfreies Getränk

anale [a'na:le] *agg* anal

analfabeta [analfa'bɛ:ta] <-i *m*, -e *f*> *mf* Analphabet(in) *m(f)*

analgesico, -a <-ci, -che> *agg* schmerzstillend

analisi [a'na:lizi] <-> *f* (*a fig*) Untersuchung *f*

analizzare [analid'dza:re] *vt* analysieren

analogia [analo'dʒi:a] <-gie> *f* Analogie *f*; **analogo, -a** [a'na:logo] <-ghi, -ghe> *agg* analog

ananas ['a:nanas] <-> *m* Ananas *f*

anatomico, -a [ana'tɔ:miko] <-ci, -che> *agg* anatomisch

anatra ['a:natra] *f* Ente *f*

anca ['aŋka] <-che> *f* Hüfte *f*, Hüferl *n A*

anche ['aŋke] *cong* ❶ (*pure*) auch ❷ (*inoltre*) dazu ❸ (*perfino*) sogar

Ancona [aŋ'ko:na] *f Hauptstadt der Region Marken*

ancora[1] [aŋ'ko:ra] *avv* noch

ancora[2] ['aŋko:ra] *f* Anker *m*

andare [an'da:re] <irr> **I.** *vi essere* ❶ (*a piedi*) gehen ❷ (*con mezzo su ruote*) fahren ❸ (*loc*) **come va? – bene grazie!** wie geht es? – danke, gut! **II.** *vr* **andarsene** (fort)gehen

andata [an'da:ta] *f* Hinfahrt *f*; **andatura** [anda'tu:ra] *f* Gangart *f*

Ande ['ande] *fpl* Anden *pl*

Andorra [an'dɔrra] *f* Andorra *n*

aneddoto [an'nɛ:doto] *m* Anekdote *f*

anello [a'nɛllo] *m* Ring *m*

anemico, -a [a'nɛ:miko] <-ci, -che> *agg* blutarm

anestesia [aneste'zi:a] <-ie> *f* Narkose *f*; **anestetico** [anes'tɛ:tiko] <-ci> *m* Betäubungsmittel *n*

anfiteatro [anfite'a:tro] *m* Amphitheater *n*

anfora ['anfora] *f* Amphore *f*

angelo ['andʒelo] *m* Engel *m*

anglosassone [aŋglo'sassone] *agg* angelsächsisch

angolo ['aŋgolo] *m* Ecke *f*; (*in geometria*) Winkel *m*

angora ['aŋgora] *f* **d'~** Angora-

angoscia <-sce> *f* Angst *f*; **angosciare** [aŋgoʃ'ʃa:re] *vt* ~ **qu** jdm Angst machen

anguilla [aŋ'guilla] *f* Aal *m*

anice ['a:nitʃe] *m* Anis *m*

anima ['a:nima] *f* Seele *f*

animale [ani'ma:le] *m* Tier *n*; **animalesco, -a** [anima'lesko] <-schi, -sche> *agg* animalisch

animare [ani'ma:re] *vt* beleben; **animatore, -trice** [anima'to:re] *m, f* Animateur(in) *m(f)*

animo ['a:nimo] *m* ❶ (*sede degli affetti*) Gemüt *n* ❷ (*anima*) Seele *f*

annaffiare [annaf'fia:re] *vt* (be)gießen; **annaffiatoio** [annaffia'to:io] <-oi> *m* Gießkanne *f*

annata [an'na:ta] *f* Jahrgang *m*

annebbiare [anneb'bia:re] *vt* (*fig*) trüben

annegare [anne'ga:re] **I.** *vt* ertränken **II.** *vr* **-rsi** ertrinken

annerire [anne'ri:re] <irr> *vt* schwärzen

annientare [annien'ta:re] *vt* zerstören

anniversario [anniver'sa:rio] <-i> *m* Jahrestag *m*

anno ['anno] *m* Jahr *n*

annodare [anno'da:re] *vt* verknoten

annoiarsi [anno'ia:rsi] *vr* sich langweilen

annotare [anno'ta:re] *vt* notieren; **annotazione** [annotat'tsio:ne] *f* Anmerkung *f*

annuale [annu'a:le] *agg* ❶ (*di un anno*) Jahres- ❷ (*di ogni anno*) jährlich

annuario [annu'a:rio] <-i> *m* Jahrbuch *n*

annuire [annu'i:re] <irr> *vi* (zustimmend) nicken

annullare [annul'la:re] *vt* annullieren; (*computer*) abbrechen

annunciare [annun'tʃa:re] **I.** *vt* bekannt geben **II.** *vr* **-rsi** sich ankündigen

annuncio [an'nuntʃo] <-ci> *m* Meldung *f*; (*nel giornale*) Anzeige *f*

annuo, -a ['annuo] *agg* Jahres-

annusare [annu'sa:re] *vt* schnuppern (an +*dat*)

ano ['a:no] *m* After *m*

anonimo, -a *agg* anonym

anoressia [anores'si:a] <-ie> *f* Magersucht *f*; **anoressico, -a** [ano'ressiko] <-ci, -che> *m, f* Magersüchtige(r) *f(m)*

anormale [anor'ma:le] *agg* anormal

ansa ['ansa] *f* Henkel *m*

ansia ['ansia] <-ie> *f* Beklemmung *f*

ansimare [ansi'ma:re] *vi* ächzen

antartico [an'tartiko] <-ci> *m* Antarktis *f*; **Antartide** [an'tartide] *f* Antarktis *f*

antecedente [antetʃe'dɛnte] *agg* vorhergehend

anteguerra [ante'guɛrra] <-> *m* Vorkriegszeit *f*

antenato, -a [ante'na:to] *m, f* Ahne *mf*

antenna [an'tenna] *f* Antenne *f*

anteporre [ante'porre] <irr> *vt* vor(aus)stellen

anteprima [ante'pri:ma] *f* Voraufführung *f*

anteriore [ante'rio:re] *agg* ❶ (*davanti*) Vorder- ❷ (*precedente*) vorhergehend

anti- [anti] (*in parole composte*) anti-, Anti-

antiacne [anti'akne] <inv> *agg* gegen Akne wirkend

antibiotico [antibi'ɔ:tiko] <-ci> *m* Antibiotikum *n*

anticalcare [antikal'ka:re] *m* Mittel *n* gegen Kalkablagerungen

anticamera [anti'ka:mera] *f* Vorzimmer *n*

antichità [antiki'ta] <-> *f* Altertum *n*

anticipare [antitʃi'pa:re] *vt* vorziehen; **anticipo** [an'ti:tʃipo] *m* ❶ (*somma*) Vorschuss *m* ❷ (*loc*) **in ~** im Voraus

antico [an'ti:ko] <-chi> *m pl* Vorfahren *mpl*

antico, -a <-chi, -che> *agg* alt; (HIST) antik

anticoncezionale [antikontʃettsio'na:le] *m* empfängnisverhütendes Mittel

anticorpo [anti'kɔrpo] *m* Antikörper *m*

anticostituzionale [antikostituttsio'na:le] *agg* verfassungswidrig

antidoto [an'ti:doto] *m* (*a fig*) Gegenmittel *n*

antidroga [anti'drɔ:ga] <inv> *agg* Drogenbekämpfungs-

antiforfora [anti'forfora] <inv> *agg* **shampoo ~** Antischuppenschampoo *n*

antifurto [anti'furto] <-> *m* Diebstahlsicherung *f*

antigelo [anti'dʒɛ:lo] <-> *m* Frostschutzmittel *n*

antiglobal [anti'glo:bal] *m, f* Globalisierungsgegner *m*

anti(i)nfiammatorio [anti(i)nfiamma'tɔ:rio] <-i> *m* entzündungshemmendes Mittel

Antille [an'tille] *fpl* Antillen *pl*

antimafia [anti'ma:fia] <inv> *agg* Mafiabekämpfungs-

antimeridiano, -a [antimeri'dia:no] *agg* Vormittags-

antinebbia [anti'nebbia] <-> *m* Nebelscheinwerfer *m*

antinquinamento [antiŋkuina'mento] <inv> *agg* Umweltschutz-

antiorario, -a [antio'ra:rio] <-i, -ie> *agg* gegen den Uhrzeigersinn

antipasto [anti'pasto] *m* Vorspeise *f*

antipatia [antipa'ti:a] <-ie> *f* Abneigung *f*; **antipatico, -a** [anti'pa:tiko] <-ci, -che> *agg* unsympathisch

antiplacca [anti'plakka] <inv> *agg* Antiplaque-

antipulci [anti'pultʃi] *agg* **collare ~** Flohhalsband *n*

antiquariato [antikua'ria:to] *m* Antiquitätenhandel *m*; **antiquario, -a** [anti'kua:rio] <-i,

-ie> *m, f* Antiquitätenhändler(in) *m(f)*

antiquato, -a [anti'kua:to] *agg* veraltet

antiruggine [anti'ruddʒine] <inv> *agg* Rostschutz-

antistante [antis'tante] *agg* gegenüberliegend

antitartaro [anti'tartaro] <inv> *agg* gegen Zahnstein

antologia [antolo'dʒi:a] <-gie> *f* Anthologie *f*

antracite *f* Anthrazit *m*

anulare [anu'la:re] *m* Ringfinger *m*

Anversa [an'vɛrsa] *f* Antwerpen *n*

anzi ['antsi] *avv* ❶ (*invece*) im Gegenteil ❷ (*o meglio*) besser noch

anzianità [antsiani'ta] <-> *f* Alter *n;* **anziano, -a** [an'tsia:no] *agg* alt

anziché, anzi che [antsi'ke] *cong* ❶ (*invece di*) statt zu ❷ (*piuttosto che*) eher als

anzitutto [antsi'tutto] *avv* vor allem

aorta [a'ɔrta] *f* Aorta *f*

Aosta [a'ɔsta] *f Hauptstadt des Aostatals*

apatia [apa'ti:a] <-ie> *f* Apathie *f;* **apatico, -a** [a'pa:tiko] <-ci, -che> *agg* apathisch

ape ['a:pe] *f* Biene *f*

aperitivo [aperi'ti:vo] *m* Aperitif *m*

aperto [a'pɛrto] *m* Freie(s) *n*

aperto, -a *agg* offen

apertura [aper'tu:ra] *f* ❶ (*azione*) Öffnung *f,* Aufsperren *n A* ❷ (*inizio*) Eröffnung *f*

apice ['a:pitʃe] *m* Gipfel *m*

apocalisse [apoka'lisse] *f* Weltuntergang *m*

apostolo [a'pɔstolo] *m* Apostel *m*

apostrofo [a'pɔstrofo] *m* Apostroph *m*

appalto [ap'palto] *m* Auftragserteilung *f*

appannare [appa'na:re] *vt* trüben

apparato [appa'ra:to] *m* Apparat *m*

apparecchiare [apparek'kia:re] *vt* (*tavola*) decken; **apparecchio** [appa'rekkio] <-cchi> *m* Gerät *n*

apparente [appa'rɛnte] *agg* scheinbar; **apparenza** [appa'rɛntsa] *f* (An)schein *m*

apparire [appa'ri:re] <irr> *vi essere* erscheinen; **appariscente** [appariʃ'ʃɛnte] *agg* auffallend

apparizione [apparit'tsio:ne] *f* Erscheinung *f*

appartamento [apparta'mento] *m* Wohnung *f*

appartarsi [appar'tarsi] *vr* sich zurückziehen

appartenente [apparte'nɛnte] *agg* zugehörig; **appartenenza** [apparte'nɛntsa] *f* Zugehörig-

keit *f;* **appartenere** [apparte'ne:re] <irr> *vi essere o avere* ~ **a qu** jdm gehören
appassionare [appassio'na:re] *vt* begeistern; **appassionato, -a** [appassio'na:to] *m, f* Begeisterte(r) *f(m)*
appassire [appas'si:re] *vi essere* (ver)welken
appellarsi [appel'la:rsi] *vr* appellieren
appello [ap'pɛllo] *m* Appell *m*
appena [ap'pe:na] **I.** *avv* ❶ (*a stento*) gerade noch ❷ (*da poco*) gerade erst **II.** *cong* sobald
appendere [ap'pɛndere] <irr> *vt* aufhängen
appendice [appen'di:tʃe] *f* ❶ (*aggiunta*) Anhang *m* ❷ (ANAT) Blinddarm *m*
appendicite [appendi'tʃi:te] *f* Blinddarmentzündung *f*
Appennino [appen'ni:no] *m* Appennin *m*
appesantire [appesan'ti:re] *vt* beschweren; (*fig*) belasten
appetito [appe'ti:to] *m* Appetit *m;* **appetitoso, -a** [appeti'to:so] *agg* (*a fig*) appetitlich
appiccare [appik'ka:re] *vt* (*fuoco*) legen
appiccicare [appittʃi'ka:re] *vt* ankleben
appigliarsi [appiʎ'ʎarsi] *vr* ~ **a qu/qc** sich an jdn/etw klammern; **appiglio** [ap'piʎʎo] <-gli> *m* ❶ (*punto di appoggio*) Stützpunkt *m* ❷ (*fig*) Vorwand *m*
applaudire [applau'di:re] *vt, vi* ~ (**a**) **qu/qc** jdm/etw applaudieren; **applauso** [ap'pla:uzo] *m* Applaus *m*
applicare [appli'ka:re] *vt* ❶ (*attaccare*) applizieren ❷ (*mettere in atto*) anwenden; **applicazione** [applikat'tsio:ne] *f* Anwendung *f*
appoggiare [appod'dʒa:re] *vt* ❶ (*posare*) (ab)stellen ❷ (*fig*) unterstützen
apportare [appor'ta:re] *vt* mit sich *dat* bringen
apposta [ap'pɔsta] *avv* absichtlich
appostarsi [appos'ta:rsi] *vr* Stellung beziehen
apprendere [ap'prɛndere] <irr> *vt* ❶ (*imparare*) (er)lernen ❷ (*venire a sapere*) erfahren
apprendista [appren'dista] <-i *m*, -e *f*> *mf* Auszubildende(r) *f(m)*
apprensione [appren'sio:ne] *f* Besorgnis *f*
appresso [ap'prɛsso] **I.** *avv* (*vicino*) nahe bei **II.** *prp* neben, bei +*dat*
apprezzabile [appret'tsa:bile] *agg* bemerkenswert; **apprezzare** [appret'tsa:re] *vt* schätzen
approccio [ap'prɔttʃo] <-cci> *m* Annäherung *f*

approdo [ap'prɔ:do] *m* Landung *f*
approfittare [approfit'ta:re] *vi* ~ **di qu/qc** jdn/etw (aus)nutzen
approfondire [approfon'di:re] *vt* (*a fig*) sich vertiefen
appropriarsi [appro'priarsi] *vr* ~ (**di**) **qc** sich *dat* etw aneignen
appropriato, **-a** [appro'pria:to] *agg* geeignet
approssimativo, **-a** [approssima'ti:vo] *agg* annähernd
approvare [appro'va:re] *vt* gutheißen
appuntamento [appunta'mento] *m* ❶ (*di piacere*) Verabredung *f*; **darsi** (**un**) ~ sich verabreden; ~ **al buio** Blinddate *n* ❷ (*d'affari, dal medico*) Termin *m*
appunto[1] [ap'punto] *avv* genau
appunto[2] *m* Notiz *f*
appurare [appu'ra:re] *vt* nachprüfen
apribottiglie [apribot'tiʎʎe] <-> *m* Flaschenöffner *m*
aprile [a'pri:le] *m* April *m*
aprire [a'pri:re] <irr> *vt* ❶ (*finestre, porte*) aufmachen, aufsperren *A* ❷ (*fig: fuoco, conto, negozio*) eröffnen
apriscatole [apris'ka:tole] <-> *m* Dosenöffner *m*
aquila ['a:kuila] *f* Adler *m*
aquilone [akui'lo:ne] *m* Drachen *n*
Aquisgrana [akuiz'gra:na] *f* Aachen *n*
arabo, **-a** *agg* arabisch
arachide [a'ra:kide] *f* Erdnuss *f*
aragosta [ara'gosta] *f* Languste *f*
arancia [a'rantʃa] <-ce> *f* Orange *f*; **aranciata** [aran'tʃa:ta] *f* Orangenlimonade *f*; **arancino** [aran'tʃi:no] *m* (GASTR) Reiskrokette *f*
arancio <-ci> *m* (*albero*) Orangenbaum *m*
arancione [aran'tʃo:ne] <inv> *agg* dunkelorange
arare [a'ra:re] *vt, vi* pflügen; **aratro** [a'ra:tro] *m* Pflug *m*
arazzo [a'rattso] *m* Wandteppich *m*
arbitrare [arbi'tra:re] *vt* Schiedsrichter sein bei
arbitrario, **-a** [arbi'tra:rio] <-i, -ie> *agg* willkürlich
arbitrio [ar'bi:trio] <-i> *m* Gutdünken *n*
arbitro ['arbitro] *m* Schiedsrichter *m*
arbusto [ar'busto] *m* Strauch *m*
arca ['arka] <-che> *f* Arche *f*
arcangelo [ar'kandʒelo] *m* Erzengel *m*
arcata [ar'ka:ta] *f* Arkade *f*
archeologia [arkeolo'dʒi:a] <-ie> *f* Archäologie *f*; **archeologico**, **-a** [archeo'lɔ:dʒiko] <-ci, -che> *agg* archäologisch
architettare [arkitet'ta:re] *vt*

ausdenken

architetto, -a [arki'tetto] *m, f* Architekt(in) *m(f)*; **architettonico, -a** [arkitet'tɔ:niko] <-ci, -che> *agg* architektonisch; **architettura** [arkitet'tu:ra] *f* Architektur *f*

archivio [ar'ki:vio] <-i> *m* Archiv *n*

arci- [artʃi] (*in parole composte*) Erz-

arcipelago [artʃi'pɛ:lago] <-ghi> *m* Archipel *m*

arcistufo, -a [artʃi'stu:fo] *agg* **essere ~ di qc** (*fam*) etw absolut satt haben

arco ['arko] <-chi> *m* Bogen *m*

arcobaleno [arkoba'le:no] *m* Regenbogen *m*

ardere ['ardere] <irr> *vt* verbrennen

area ['a:rea] *f* Fläche *f*; **~ di servizio** Raststätte *f*

arena [a'rɛ:na] *f* Arena *f*

argenteria [ardʒente'ri:a] <-ie> *f* Silber(geschirr) *n*

Argentina [ardʒen'ti:na] *f* Argentinien *n*

argento [ar'dʒɛnto] *m* Silber *n*

argilla [ar'dʒilla] *f* Ton *m*

argine ['ardʒine] *m* Damm *m*

argomentare [argomen'ta:re] *vi* argumentieren; **argomento** [argo'mento] *m* Gegenstand *m*

aria ['a:ria] <-ie> *f* ❶ (*atmosfera, clima*) Luft *f* ❷ (*fig: aspetto*) (An)schein *m*

aridità [aridi'ta] <-> *f* Dürre *f*; **arido, -a** ['a:rido] *agg* dürr

arieggiare [aried'dʒa:re] *vt* lüften

ariete [a'riɛ:te] *m* Widder *m*

aringa [a'riŋga] <-ghe> *f* Hering *m*

aristocratico, -a [aristo'kra:tiko] <-ci, -che> *agg* aristokratisch

aritmetica [arit'mɛ:tika] <-che> *f* Rechnen *n*

arlecchino [arlek'ki:no] *m* Harlekin *m*

arma ['arma] <-i> *f* Waffe *f*

armadio [ar'ma:dio] <-i> *m* Schrank *m*, Kasten *m A*

armare [ar'ma:re] *vt* (MIL) bewaffnen

armistizio [armis'tittsio] <-i> *m* Waffenstillstand *m*

armonia [armo'ni:a] <-ie> *f* Harmonie *f*

armonica [ar'mɔ:nika] <-che> *f* Harmonika *f*

armonico, -a [ar'mɔ:niko] <-ci, -che> *agg*, **armonioso, -a** [armo'nio:so] *agg* harmonisch

armonizzare [armonid'dza:re] *vt, vi* harmonieren

arnese [ar'ne:se] *m* Werkzeug *n*

aroma [a'rɔ:ma] <-i> *m* Aroma *n*; **aromatico, -a** [aro'ma:tiko] <-ci, -che> *agg* würzig; **aromatizzare** [aromatid'dza:re] *vt* würzen

arpa ['arpa] *f* Harfe *f*

arrabbiarsi [arrab'bia:rsi] *vr* **-rsi** (**con qu**) (auf jdn) wütend werden; **arrabbiato, -a** [arrab'bia:to] *agg* wütend

arrampicarsi [arrampi'karsi] *vr* klettern

arrangiare [arran'dʒa:re] **I.** *vt* zurechtmachen **II.** *vr* **-rsi** sich *dat* zu helfen wissen

arredamento [arreda'mento] *m* Einrichtung *f*; **arredare** [arre'da:re] *vt* einrichten

arrendersi [ar'rɛndersi] <irr> *vr* ~ (**a qu**) sich (jdm) ergeben

arrestare [arres'ta:re] **I.** *vt* verhaften **II.** *vr* **-rsi** stehen bleiben; **arresto** [ar'rɛsto] *m* ❶ (*cattura*) Verhaftung *f* ❷ (*interruzione*) Stillstand *m*

arretrare [arre'tra:re] *vi essere* sich zurückziehen; **arretrati** [arre'tra:ti] *mpl* Rückstände *mpl*; **arretrato, -a** [arre'tra:to] *agg* überfällig

arricchire [arrik'ki:re] *vt* bereichern

arrischiare [arris'kia:re] *vt* riskieren

arrivare [arri'va:re] *vi essere* ❶ (*giungere*) ankommen ❷ (*riuscire*) (es) schaffen

arrivederci, arrivederLa [arrive'dertʃi, arrive'derla] *int* auf Wiedersehen

arrivo [ar'ri:vo] *m* Ankunft *f*

arrogante [arro'gante] *agg* arrogant

arrossire [arros'si:re] *vi essere* erröten

arrostire [arros'ti:re] *vt* braten; **arrosto** [ar'rɔsto] *m* Braten *m*

arrotolare [arroto'la:re] *vt* aufrollen

arrotondare [arroton'da:re] *vt* (*a fig*) aufrunden

arrugginirsi [arruddʒi'ni:rsi] *vr* (ver)rosten

arsenico [ar'sɛ:niko] *m* Arsen *n*

arte ['arte] *f* Kunst *f*

arteria [ar'tɛ:ria] <-ie> *f* Arterie *f*; **arteriosclerotico, -a** [arterioskle'rɔ:tiko] <-ci, -che> *agg* (MED) arteriosklerotisch

articolare *vt* ❶ (*muovere*) bewegen ❷ (*pronunciare*) aussprechen

articolo [ar'ti:kolo] *m* Artikel *m*

Artide ['artide] *f* Arktis *f*

artificiale [artifi'tʃa:le] *agg* künstlich; **artificio** [arti'fi:tʃo] <-ci> *m* Kunstgriff *m*

artigianale [artidʒa'na:le] *agg* handwerklich; **artigianato** [artidʒa'na:to] *m* Handwerk *n*; **artigiano, -a** [arti'dʒa:no] *m, f* Handwerker(in) *m(f)*

artiglio [ar'tiʎʎo] <-gli> *m* Kralle *f*

artista [ar'tista] <-i *m*, -e *f*> *mf* (*a fig*) Künstler(in) *m(f)*; **artistico, -a** [ar'tistiko] <-ci, -che> *agg* künstlerisch

arto ['arto] *m* Glied *n*

artrite [ar'tri:te] *f* Arthritis *f*

artrosi [ar'trɔ:zi] <-> *f* Arthrose *f*
ascella [aʃ'ʃɛlla] *f* Achselhöhle *f*
ascendente [aʃʃen'dɛnte] *m* ❶ (*parente*) direkter Vorfahr ❷ (ASTR) Aszendent *m*
ascendere [aʃ'ʃendere] <irr> *vi essere* (auf)steigen; **ascensione** [aʃʃen'sio:ne] *f* Aufstieg *m*
ascensore [aʃʃen'so:re] *m* Aufzug *m*
ascesi [aʃ'ʃɛ:zi] <-> *f* Askese *f*
ascesso [aʃ'ʃɛsso] *m* Abszess *m*
asceta [aʃ'ʃɛ:ta] <-i *m*, -e *f*> *mf* Asket(in) *m(f)*
ascia ['aʃʃa] <asce> *f* Axt *f*
asciugacapelli [aʃʃugaka'pelli] <-> *m* Haartrockner *m*
asciugamano [aʃʃuga'ma:no] *m* Handtuch *n*
asciugare [aʃʃu'ga:re] *vt* (ab)trocknen
asciutto, **-a** *agg* trocken
ascoltare [askol'ta:re] *vt* hören; **ascoltatore**, **-trice** [askolta'to:re] *m, f* (Zu)hörer(in) *m(f)*
ascolto [as'kolto] *m* Zuhören *n*
asfalto [as'falto] *m* Asphalt *m*
Asia ['a:zia] *f* Asien *n*
asiatico, **-a** [a'zia:tiko] <-ci, -che> *agg* asiatisch
asilo [a'zi:lo] *m* ❶ (POL) Asyl *n* ❷ (*per bambini*) Kindergarten *m*
asino, **-a** ['a:sino] *m, f* Esel(in) *m(f)*
asma ['azma] *f* Asthma *n*; **asmatico**, **-a** [az'ma:tiko] <-ci, -che> *agg* asthmatisch
asociale [aso'tʃa:le] *agg* unsozial
asola ['a:zola] *f* Knopfloch *n*
asparago [as'pa:rago] <-gi> *m* Spargel *m*
aspettare [aspet'ta:re] *vt* warten auf +*acc*, erwarten
aspetto [as'pɛtto] *m* **avere un bell'~** gut aussehen
aspirante [aspi'rante] *mf* Anwärter(in) *m(f)*
aspirapolvere [aspira'polvere] <-> *m* Staubsauger *m*
aspirare [aspi'ra:re] **I.** *vt* einatmen **II.** *vi* **~ a qc** nach etw streben
asportare [aspor'ta:re] *vt* entfernen
aspro, **-a** ['aspro] <più aspro, asperrimo *o* asprissimo> *agg* herb
assaggiare [assad'dʒa:re] *vt* kosten; **assaggio** [as'saddʒo] <-ggi> *m* Kostprobe *f*
assai [as'sa:i] <inv> *ADV, ADJ* reichlich
assalire [assa'li:re] <irr> *vt* angreifen
assalto [as'salto] *m* Angriff *m*
assaporare [assapo'ra:re] *vt* (*a fig*) auskosten
assassinare [assassi'na:re] *vt* ermorden; **assassinio** [assas'si:nio] <-ii> *m* Mord *m*; **assassino**, **-a** [assas'si:no] *m, f* Mörder(in) *m(f)*

asse ['asse] **I.** *f* Brett *n* **II.** *m* Achse *f*
assecondare [assekon'da:re] *vt* ~ **qc** einer Sache *dat* nachkommen
assediare [asse'dia:re] *vt* belagern; **assedio** [as'sɛ:dio] <-i> *m* Belagerung *f*
assegnare [asseɲ'ɲa:re] *vt* zuweisen
assegno [as'seɲɲo] *m* (COM, FIN) Scheck *m*
assemblea [assem'blɛ:a] *f* Versammlung *f*
assentarsi [assen'tarsi] *vr* ~ (**da un luogo**) sich (von einem Ort) entfernen; **assente** [as'sɛnte] *agg* abwesend
assenza [as'sɛntsa] *f* Abwesenheit *f*
assessore [asses'so:re] *m* Assessor(in) *m(f)*
assetato, -a [asse'ta:to] *agg* durstig
Assia ['assia] *f* Hessen *n*
assicurare [assiku'ra:re] *vt* ❶ (*garantire*) sicherstellen ❷ (*affermare*) versichern; **assicurazione** [assikurat'tsio:ne] *f* Versicherung *f*
assiduo, -a [as'si:duo] *agg* ausdauernd
assieme [as'siɛ:me] *avv* zusammen
Assisi *f Stadt in Umbrien*
assistente [assis'tɛnte] *mf* Assistent(in) *m(f)*; **assistenza** [assis'tɛntsa] *f* ~ **tecnica** Kundendienst *m*; **assistere** [as'sistere] <irr> **I.** *vi* ~ **a qc** an etw *dat* teilnehmen **II.** *vt* (*curare*) pflegen
asso ['asso] *m* (*a fig*) Ass *n*
associare [asso'tʃa:re] *vt* (*fig*) assoziieren; **associazione** [assotʃat'tsio:ne] *f* (COM) Gesellschaft *f*
assolato, -a [asso'la:to] *agg* sonnig
assoluto, -a [asso'lu:to] *agg* absolut
assoluzione [assolut'tsio:ne] *f* ❶ (JUR) Freispruch *m* ❷ (REL) Absolution *f*
assolvere [as'sɔlvere] <irr> *vt* ❶ (JUR) freisprechen ❷ (REL) ~ **qu** jdm die Absolution erteilen
assomigliare [assomiʎ'ʎa:re] *vi* ~ **a qu** jdm ähneln
assonnato, -a [asso'na:to] *agg* verschlafen
assorbente [assor'bɛnte] *m* Monatsbinde *f*; **assorbire** [assor'bi:re] *vt* aufsaugen
assordante [assor'dante] *agg* ohrenbetäubend; **assordare** [assor'da:re] *vt* betäuben
assortimento [assorti'mento] *m* Auswahl *f*; **assortito, -a** [assor'ti:to] *agg* gemischt
assorto, -a [as'sɔrto] *agg* versunken
assuefare [assue'fa:re] <irr> *vt* ~ **qu a qc** jdn an etw *acc* ge-

wöhnen

assumere [as'su:mere] <irr> **I.** *vt* ❶ übernehmen ❷ (*impiegato*) anstellen, aufnehmen A **II.** *vr* **-rsi** auf sich nehmen

assurdità [assurdi'ta] <-> *f* Absurdität *f;* **assurdo, -a** *agg* absurd

asta ['asta] *f* ❶ (*bastone*) Stange *f* ❷ (*vendita all'incanto*) Auktion *f*

astemio, -a [as'tɛ:mio] <-i, -ie> *m, f* Abstinenzler(in) *m(f)*

astenersi [aste'nersi] <irr> *vr* ~ (**da qc**) sich (einer Sache *gen*) enthalten

asterisco [aste'risko] <-schi> *m* Sternchen *n*

astice ['astitʃe] *m* Hummer *m*

astigmatico, -a [astig'ma:tiko] <-ci, -che> *m, f* Astigmatiker(in) *m(f)*

astinenza [asti'nɛntsa] *f* Abstinenz *f*

astratto [as'tratto] *m* Abstrakte(s) *n*

astro ['astro] *m* (*a fig*) Stern *m*

astrologia [astrolo'dʒi:a] <-gie> *f* Astrologie *f;* **astrologo, -a** [as'trɔ:logo] <-gi, -ghe> *m, f* Astrologe *m,* -login *f*

astronauta [astro'na:uta] <-i *m,* -e *f*> *mf* Astronaut(in) *m(f)*

astronomia [astrono'mi:a] <-ie> *f* Astronomie *f*

astuccio [as'tuttʃo] <-cci> *m* Etui *n*

astuto, -a [as'tu:to] *agg* schlau

ateismo [ate'izmo] *m* Atheismus *m*

Atene [a'tɛ:ne] *f* Athen *n*

ateo, -a ['a:teo] *m, f* Atheist(in) *m(f)*

atlante [a'tlante] *m* Atlas *m;* **atlantico, -a** [a'tlantiko] <-ci, -che> *agg* der Atlantik

atleta [a'tlɛ:ta] <-i *m,* -e *f*> *mf* Athlet(in) *m(f);* **atletica** [a'tlɛ:tika] *f* Athletik *f;* **atletico, -a** [a'tlɛ:tiko] <-ci, -che> *agg* athletisch

atmosfera [atmos'fɛ:ra] *f* Atmosphäre *f;* **atmosferico, -a** [atmos'fɛ:riko] <-ci, -che> *agg* atmosphärisch

atomico, -a [a'tɔ:miko] <-ci, -che> *agg* Atom-

atomo ['a:tomo] *m* Atom *n*

atrio ['a:trio] <-ii> *m* (Vor)halle *f*

atroce [a'tro:tʃe] *agg* grausam

attaccante [attak'kante] *mf* Stürmer(in) *m(f)*

attaccapanni [attakka'panni] <-> *m* Kleiderständer *m*

attaccare [attak'ka:re] **I.** *vt* befestigen **II.** *vr* **-rsi** haften

attaccatura [attakka'tu:ra] *f* Ansatz *m*

attaccatutto [attakka'tutto] *m* Alleskleber *m*

attacco [at'takko] <-cchi> *m* ❶ (EL, TEL) Anschluss *m* ❷ (*fig*) Angriff *m*

attachment [at'ta:tʃment] *m*

(INFORM) Anhang *m*
attardarsi [attar'darsi] *vr* sich aufhalten
atteggiamento [atteddʒa'mento] *m* Verhalten *n;* **atteggiarsi** [atted'dʒa:rsi] *vr* sich gebärden
attendere [at'tɛndere] <irr> *vt* warten auf +*acc*
attendibile [atten'di:bile] *agg* zuverlässig
attenersi [atte'ne:rsi] <irr> *vr* **-rsi a qc** sich an etw *acc* halten
attentato [atten'ta:to] *m* Anschlag *m*
attenti [at'tɛnti] *int* Achtung
attento, -a [at'tɛnto] *agg* aufmerksam
attenuare [attenu'a:re] *vt* abschwächen
attenzione [atten'tsio:ne] *f* Aufmerksamkeit *f*
atterraggio [atter'raddʒo] <-ggi> *m* Landung *f;* **atterrare** [atter'ra:re] *vi* landen
attesa [at'te:sa] *f* Warten *n*
attestare [attes'ta:re] *vt* bescheinigen; **attestato** [attes'ta:to] *m* Bescheinigung *f*
attico ['attiko] <-ci> *m* Mansarde *f*
attiguo, -a [at'ti:guo] *agg* benachbart
attillato, -a [attil'la:to] *agg* eng anliegend
attimo ['attimo] *m* Augenblick *m*
attirare [atti'ra:re] *vt* anziehen
attitudine [atti'tu:dine] *f* **~ a qc** Eignung *f* zu etw
attivare [atti'va:re] *vt* betätigen
attività [attivi'ta] <-> *f* Tätigkeit *f*
attivo, -a *agg* aktiv
atto ['atto] *m* ❶ (*azione*) Handlung *f* ❷ (*documento*) Urkunde *f*
attonito, -a [at'tɔ:nito] *agg* erstaunt
attore, attrice [at'to:re] *m, f* Schauspieler(in) *m(f)*
attorno [at'torno] **I.** *avv* (rund)herum **II.** *prp* **~ a qc** um etw *acc* (herum)
attraente [attra'ɛnte] *agg* anziehend
attrarre [at'trarre] <irr> *vt* anziehen
attraversare [attraver'sa:re] *vt* (*passare attraverso*) durchqueren; (*mare, strada*) überqueren; **attraverso** [attra'vɛrso] **I.** *avv* quer über +*acc* **II.** *prp* durch … (hindurch); (*mediante*) mittels +*gen*
attrazione [attrat'tsio:ne] *f* (*fig*) Anziehung *f*
attrezzare [attret'tsa:re] *vt* ausstatten; **attrezzatura** [attrettsa'tu:ra] *f* Ausstattung *f;* **attrezzo** [at'trettso] *m* Werkzeug *n*
attribuire [attribu'i:re] *vt* zuerkennen

A

attuale [attu'a:le] *agg* aktuell

attuare [attu'a:re] *vt* durchführen

attutire [attu'ti:re] *vt* abmildern; (*suono, urto*) dämpfen

audace [au'da:tʃe] *agg* gewagt

audiovisivo, -a [audiovi'zi:vo] *agg* audiovisuell

augurare [augu'ra:re] *vt* wünschen; **augurio** [au'gu:rio] <-i> *m* Glückwunsch *m*

Augusta [au'gusta] *f* Augsburg *n*

aula ['a:ula] *f* Saal *m*

aumentare [au'men'ta:re] *vt* (*numeri*) vermehren; (*prezzo, salario, spese*) erhöhen; **aumento** [au'mento] *m* (*a fig*) Zunahme *f*

auricolare [auriko'la:re] *m* Kopfhörer *m*

aurora [au'rɔ:ra] *f* Morgenrot *n*

auspicio [aus'pi:tʃo] <-ci> *m* Vorzeichen *n*

australe [aus'tra:le] *agg* Süd-

Australia [aus'tra:lia] *f* Australien *n;* **australiano, -a** [austra'lia:no] *agg* australisch

Austria ['a:ustria] *f* Österreich *n;* **austriaco, -a** [aus'tri:ako] <-ci, -che> *agg* österreichisch

autenticare [autenti'ka:re] *vt* beglaubigen; **autentico, -a** [au'tɛntiko] <-ci, -che> *agg* echt

autista [au'tista] <-i *m*, -e *f*> *mf* Fahrer(in) *m(f)*

auto ['a:uto] <-> *f* Auto *n*

autoaccessorio [autoattʃes'sɔ:rio] *m* Autozubehör *n*

autoadesivo [autoade'zi:vo] *m* Aufkleber *m,* Pickerl *n A*

autoambulanza [autoambu'lantsa] *f* Krankenwagen *m,* Rettung *f A*

autobiografia [autobiogra'fi:a] *f* Autobiografie *f;* **autobiografico, -a** [autobio'gra:fiko] <-ci, -che> *agg* autobiografisch

autobus ['a:utobus] <-> *m* Autobus *m;* **autocarro** [auto'karro] *m* Last(kraft)wagen *m*

autocontrollo [autokon'trɔllo] *m* Selbstbeherrschung *f;* **autocritica** [auto'kri:tika] *f* Selbstkritik *f;* **autodidatta** [autodi'datta] <-i *m*, -e *f*> *mf* Autodidakt(in) *m(f)*

autodromo [au'tɔ:dromo] *m* Autorennbahn *f*

autofficina [autooffi'tʃi:na] *f* Auto(reparatur)werkstatt *f*

autogol [auto'gɔl] *m* Eigentor *n*

autografo [au'tɔ:grafo] *m* Autogramm *n*

autogrill® [auto'gril] <-> *m* Raststätte *f;* **autolavaggio** [autola'vaddʒo] <-ggi> *m* Autowaschanlage *f*

automatico, -a <-ci, -che> *agg* automatisch; **automobile** [auto'mɔ:bile] *f* Auto *n;* **automobilismo** [automobi'lizmo] *m* Motorsport *m;* **automobilista**

[automobi'lista] <-i *m*, -e *f*> *mf* Autofahrer(in) *m(f)*; **autonoleggio** [autono'leddʒo] <-ggi> *m* Autoverleih *m*

autonomia [autono'mi:a] <-ie> *f* Unabhängigkeit *f*; **autonomo, -a** [au'tɔ:nomo] *agg* unabhängig

autopsia [autop'si:a] <-ie> *f* Autopsie *f*

autoradio [auto'ra:dio] <-> *f* Autoradio *n*

autore, -trice [au'to:re] *m, f* Autor(in) *m(f)*

autoreggente [autored'dʒɛnte] *agg* **calze -i** halterlose Strümpfe

autorevole [auto're:vole] *agg* gebieterisch

autorimessa [autori'messa] *f* Autowerkstatt *f*

autorità [autori'ta] <-> *f* ❶ (*persona, potere*) Autorität *f* ❷ (ADM) Behörde *f*; **autoritario, -a** [autori'ta:rio] <-i, -ie> *agg* autoritär

autoritratto [autori'tratto] *m* Selbstbildnis *n*

autorizzare [autorid'dza:re] *vt* genehmigen; **autorizzazione** [autoridzat'tsio:ne] *f* Genehmigung *f*

autoscuola [autos'kuɔ:la] <-> *f* Fahrschule *f*

autostima [auto'sti:ma] *f* Selbstbewusstsein *n*; **autostop** [autos'tɔp] *m* Trampen *n*; **autostrada** [autos'tra:da] *f* Autobahn *f*

autosufficiente [autosuffi'tʃɛnte] *agg* selbstgenügsam

autotreno [auto'trɛ:no] *m* Lastzug *m*; **autoveicolo** [autove'i:kolo] *m* Kraftfahrzeug *n*; **autovelox®** [auto'vɛ:loks] <-> *m o f* Radarkamera *f*; **autovettura** [autovet'tu:ra] *f* Personenkraftwagen *m*

autunnale [autun'na:le] *agg* herbstlich; **autunno** [au'tunno] *m* Herbst *m*

avanguardia [avaŋ'guardia] *f* Avantgarde *f*

avanti [a'vanti] **I.** *avv* ❶ (*stato in luogo*) vorn ❷ (*avvicinamento*) nach vorn ❸ (*prima*) vorher **II.** *prp* ❶ (*di luogo: stato*) vor +*dat*; (*moto*) vor +*acc* ❷ (*di tempo*) vor +*dat* **III.** <inv> *agg* (*di tempo*) vorhergehend **IV.** *int* (*esortazione*) los

avanzare [avan'tsa:re] **I.** *vi essere* vorausgehen **II.** *vt* (*domanda*) einreichen; **avanzo** [a'vantso] *m* Rest *m*

avaria [ava'ri:a] <-ie> *f* Schaden *m*, Havarie *f A*

avarizia [ava'rittsia] <-ie> *f* Geiz *m*; **avaro, -a** [a'va:ro] *agg* geizig

avena [a've:na] *f* Hafer *m*

avere[1] [a've:re] <irr> *vt* haben; ~ **vent'anni** zwanzig Jahre alt sein

avere[2] *m* Vermögen *n*

aviazione [aviat'tsio:ne] *f* Luftfahrt *f*

avidità [avidi'ta] <-> *f* Gier *f*; **avido, -a** ['a:vido] *agg* gierig

avocado [avo'ka:do] *m* Avocado *f*

avorio [a'vɔ:rio] <-i> *m* Elfenbein *n*

avvantaggiare [avvantad'dʒa:re] **I.** *vt* bevorteilen **II.** *vr* **-rsi** einen Vorsprung gewinnen

avvelenare [avvele'na:re] *vt* vergiften

avvenimento [avveni'mento] *m* Ereignis *n*

avvenire[1] [avve'ni:re] <-> *m* Zukunft *f*

avvenire[2] <irr> *vi essere* geschehen

avventato, -a [avven'ta:to] *agg* überstürzt

avventore, -a [avven'to:re] *m, f* Stammkunde *m*, -kundin *f*

avventura [avven'tu:ra] *f* Abenteuer *n*; **avventurarsi** [avventu'ra:rsi] *vr* sich wagen; **avventuroso, -a** [avventu'ro:so] *agg* abenteuerlich

avverare [avve'ra:re] *vt* verwirklichen

avverbio [av'vɛrbio] <-i> *m* Adverb *n*

avversario, -a [avver'sa:rio] <-i, -ie> *m, f* Gegner(in) *m(f)*

avverso, -a *agg* widrig

avvertenza [avver'tɛntsa] *f pl* (Gebrauchs)anweisung *f*; **avvertimento** [avverti'mento] *m* Hinweis *m*; **avvertire** [avver'ti:re] *vt* ❶ (*ammonire*) warnen ❷ (*percepire*) wahrnehmen

avviamento [avvia'mento] *m* ❶ (*inizio*) ~ **a qc** Einführung *f* in etw *acc* ❷ (TEC) Anlassen *n*; **avviare** [avvi'a:re] **I.** *vt* ❶ (TEC) anlassen ❷ (*dare inizio*) einleiten **II.** *vr* **-rsi** sich auf den Weg machen

avvicinare [avvitʃi'na:re] **I.** *vt* ~ **qc** (**a qc**) etw (an etw *acc*) heranrücken **II.** *vr* **-rsi** (**a qu/qc**) sich (jdm/etw) nähern

avvilire [avvi'li:re] *vt* demütigen

avvio [av'vi:o] <-ii> *m* Beginn *m*

avvisare [avvi'za:re] *vt* benachrichtigen; **avviso** [av'vi:zo] *m* Warnung *f*

avvistare [avvis'ta:re] *vt* sichten

avvitare [avvi'ta:re] *vt* (ein)schrauben

avvocato, -essa [avvo'ka:to] *m, f* Anwalt *m*, Anwältin *f*

avvolgere [av'vɔldʒere] <irr> *vt* ~ **qc attorno a qu/qc** etw um jdn/etw wickeln

avvoltoio [avvol'to:io] <-oi> *m* Geier *m*

azalea [addza'lɛ:a] *f* Azalee *f*

azienda [ad'dziɛnda] *f* Unternehmen *n*

azionare [attsio'na:re] *vt* betätigen; **azione** [at'tsio:ne] *f* ❶ Tat *f* ❷ (FIN) Aktie *f*; **azionista**

[attsio'nista] <-i *m*, -e *f*> *mf* Aktionär(in) *m(f)*
azoto [ad'dzɔ:to] *m* Stickstoff *m*
azzannare [attsan'na:re] *vt* mit den Zähnen packen
azzardato, -a [addzar'da:to] *agg* unvorsichtig
azzardo [ad'dzardo] *m* **gioco d'~** Glücksspiel *m*
azzeccare [attsek'ka:re] *vt* (*a fig*) treffen
azzerare *vt* auf Null stellen
Azzorre [ad'dzɔrre] *fpl* Azoren *pl*
azzurro [ad'dzurro] *m* (Himmel)blau *n*

B

B, b [bi] <-> *f* B, b *n*
babbo ['babbo] *m* Papa *m*
bacato, -a [ba'ka:to] *agg* wurmstichig
bacca ['bakka] <-cche> *f* Beere *f*
baccalà [bakka'la] <-> *m* Stockfisch *m*
baccano [bak'ka:no] *m* Lärm *m*
bacchetta [bak'ketta] *f* Stab *m*
baciare [ba'tʃa:re] *vt* küssen
bacillo [ba'tʃillo] *m* Bazillus *m*
bacino [ba'tʃi:no] *m* Becken *n*
bacio ['ba:tʃo] <-ci> *m* Kuss *m*
baco ['ba:ko] <-chi> *m* ❶ (ZOO) Raupe *f* ❷ (INFORM) bug *m*
badante [ba'dante] *mf* Altenpfleger(in) *m(f)*
badare [ba'da:re] *vi* ~ **a qu/qc** auf jdn/etw aufpassen
badessa [ba'dessa] *f* Äbtissin *f*
baffo ['baffo] *m* Schnurrbart *m*
bagagliaio [bagaʎ'ʎa:io] <-ai> *m* Kofferraum *m*; **bagaglio** [ba'gaʎʎo] <-gli> *m* Gepäck *n*
bagnante [baɲ'ɲante] *mf* Badegast *m*
bagnare [baɲ'ɲa:re] *vt* nass machen
bagnino, -a [baɲ'ɲi:no] *m, f* Bademeister(in) *m(f)*
bagno ['baɲɲo] *m* ❶ (*stanza*) Badezimmer *n* ❷ (*immergersi in acqua*) Bad *n*; **bagnoschiuma** [baɲɲo'ʃu:ma] <-> *m* Schaumbad *n*
baia ['ba:ia] <-aie> *f* Bucht *f*
baita ['ba:ita] *f* Berghütte *f*
balbettare [balbet'ta:re] *vi* stottern
balbuziente [balbut'tsiɛnte] *mf* Stotterer *m*, Stott(r)erin *f*
Balcani [bal'ka:ni] *mpl* Balkan *m*
balconata [balko'na:ta] *f* umlaufender Balkon; **balcone** [bal'ko:ne] *m* Balkon *m*
baldoria [bal'dɔ:ria] <-ie> *f* **fare ~** Remmidemmi machen *fam*
balena [ba'le:na] *f* Wal(fisch) *m*
balenare [bale'na:re] *vi essere*

aufblitzen; **baleno** [ba'le:no] *m* Blitz *m*

balia [ba'li:a] *f* (*potere*) Gewalt *f*

balla ['balla] *f* ❶ (COM) Ballen *m* ❷ (*fig*) (Lügen)märchen *n*

ballare [bal'la:re] *vt, vi* tanzen; **ballerino, -a** [balle'ri:no] *m, f* Balletttänzer(in) *m(f)*; **ballo** ['ballo] *m* Tanz *m*

balneare [balne'a:re] *agg* Bade-

balordo, -a [ba'lordo] *m, f* Dummkopf *m*

balsamo ['balsamo] *m* Balsam *m*

baltico, -a ['baltiko] <-ci, -che> *agg* baltisch

balzare [bal'tsa:re] *vi essere* (hoch)springen; **balzo** ['baltso] *m* Sprung *m*

bambinaia [bambi'na:ia] <-aie> *f* Kindermädchen *n*

bambino, -a [bam'bi:no] *m, f* Kind *n*

bambola ['bambola] *f* Puppe *f*

bambù [bam'bu] <-> *m* Bambus *m*

banale [ba'na:le] *agg* banal

banana [ba'na:na] *f* Banane *f*

banca ['baŋka] <-che> *f* Bank *f*

bancarella [baŋka'rɛlla] *f* Verkaufsstand *m*

bancario, -a [baŋ'ka:rio] <-i, -ie> *agg* Bank-

bancarotta [baŋka'rotta] *f* Bankrott *m*

banchetto [baŋ'ketto] *m* Bankett *n*

banchiere, -a [baŋ'kiɛ:re] *m, f* Bankier *m*

banchina [baŋ'ki:na] *f* ❶ (NAUT) Kai *m* ❷ (FERR) Bahnsteig *m*

banco ['baŋko] <-chi> *m* (Sitz)bank *f*

Bancomat [baŋko'mat] <-> *m* Geldautomat *m*; **prelevare soldi al ~** am Automat Geld abheben

bancone [baŋ'ko:ne] *m* (*di banca, biglietteria*) Schalter *m*; (*di bar*) Theke *f*

banconota [baŋko'nɔ:ta] *f* Banknote *f*

banda ['banda] *f* (Musik)kapelle *f*

bandiera [ban'diɛ:ra] *f* Fahne *f*

bandire [ban'di:re] *vt* ❶ (*concorso*) ausschreiben ❷ (*esiliare*) verbannen

bandito [ban'di:to] *m* Kriminelle(r) *m*

bando ['bando] *m* Ausschreibung *f*

banner ['banner] <-> *m* (INFORM) Banner *n*

bara ['ba:ra] *f* Sarg *m*

baracca [ba'rakka] <-cche> *f* Baracke *f*; **baraccopoli** [barak'ko:poli] <-> *f* Barackensiedlung *f*

baraonda [bara'onda] *f* (großes) Durcheinander *n*

barare [ba'ra:re] *vi* betrügen

barattolo [ba'rattolo] *m* Büchse *f*

barba ['barba] *f* Bart *m*
barbabietola [barba'biɛ:tola] *f* rote Bete
barbaro ['barbaro] *m* Barbar *m*
barbiere [bar'biɛ:re] *m* (Herren)friseur *m*
barbiturico [barbi'tu:riko] <-ci> *m* Barbiturat *n*
barbone [bar'bo:ne] *m* Landstreicher *m*
barca ['barka] <-che> *f* Boot *n*
barcaiolo [barka'iɔ:lo] *m* Bootsführer *m*
barcollare [barkol'la:re] *vi* (*a fig*) wanken
barella [ba'rɛlla] *f* Tragbahre *f*
Bari *f Haupstadt Apuliens*
barile [ba'ri:le] *m* Fass *n*
barista [ba'rista] <-i *m*, -e *f*> *mf* Barkeeper *m*
barlume [bar'lu:me] *m* Schimmer *m*
barocco, -a <-cchi, -cche> *agg* barock
barometro [ba'rɔ:metro] *m* Barometer *n*
barone, -essa [ba'ro:ne] *m, f* Baron(in) *m(f)*
barra ['barra] *f* ❶ (*asta*) Stab *m* ❷ (INFORM) Schaltfläche *f*
barricare [barri'ka:re] *vt* verbarrikadieren
barriera [bar'riɛ:ra] *f* Schranke *f*
barzelletta [bardzel'letta] *f* Witz *m*
basare [ba'za:re] *vt* gründen
basco, -a <-schi, -sche> *agg* baskisch
base ['ba:ze] *f* Fundament *n*
basetta [ba'zetta] *f* Koteletten *fpl*
Basilea [bazi'lɛ:a] *f* Basel *n*
basilica [ba'zi:lika] <-che> *f* Basilika *f*
Basilicata [bazili'ka:ta] *f Region Süditaliens*
basilico [ba'zi:liko] *m* Basilikum *n*
bassa ['bassa] *f* Tiefebene *f*
basso ['basso] *m* ❶ (*parte inferiore*) unterer Teil ❷ (MUS) Bass *m*
basso, -a <più basso *o* inferiore, bassissimo> **I.** *agg* ❶ (*di statura*) klein(gewachsen); (*muro, prezzi, vile*) niedrig ❷ (*loc*) **-a stagione** Vorsaison *f* **II.** *avv* ❶ (*in basso*) (nach) unten ❷ (*a bassa voce*) leise
bassorilievo [bassori'liɛ:vo] *m* Basrelief *n*
bassotto [bas'sɔtto] *m* Dackel *m*
basta ['basta] *int* Schluss
bastardo, -a [bas'tardo] *agg* ❶ (ZOO) nicht reinrassig ❷ (*persona*) unehelich
bastare [bas'ta:re] *vi essere* genügen; **basta così** das reicht
bastimento [basti'mento] *m* Schiff *n*
bastonare [basto'na:re] *vt* (ver)prügeln
bastoncino [baston'tʃi:no] *m*

kleiner Stock; **bastone** [bas'to:ne] *m* Stock *m*
battaglia [ba'taʎʎa] <-glie> *f* Kampf *m*
battello [bat'tɛllo] *m* Boot *n*
battere ['battere] **I.** *vt* ❶ schlagen ❷ (*metallo, ferro*) hämmern **II.** *vi* ❶ (*sole*) knallen ❷ (*bussare*) klopfen **III.** *vr* **-rsi** ❶ (MIL) kämpfen ❷ **battersela** (*fam*) sich verdrücken
batteria [batte'ri:a] <-ie> *f* ❶ (MOT, EL, MIL) Batterie *f* ❷ (MUS) Schlagzeug *n*
battesimo [bat'te:zimo] *m* Taufe *f*
battezzare [batted'dza:re] *vt* taufen
battibaleno [battiba'le:no] *avv* **in un ~** im Nu
battipista [batti'pista] <-> *m* (*per la neve*) Schneeraupe *f*
battistero [battis'tɛ:ro] *m* Taufkapelle *f*
battito ['battito] *m* Schlag *m*
battona [bat'to:na] *f* (*vulg*) Nutte *f*
battuta [bat'tu:ta] *f* ❶ (*percossa*) Schlag *m* ❷ (*scherz*) Witz *m* ❸ (MUS) Takt *m*
baule [ba'u:le] *m* Überseekoffer *m*
bava ['ba:va] *f* Schaum *m*
bavaglio [ba'vaʎʎo] <-gli> *m* Knebel *m*
bavarese [bava're:se] *agg* bay(e)risch
bavero ['ba:vero] *m* Kragen *m*
Baviera [ba'viɛ:ra] *f* Bayern *n*
beato, -a [be'a:to] *agg* ❶ **~ te!** (*fam*) du Glücklicher! ❷ (REL) selig
bebè [be'bɛ] <-> *m* Baby *n*
beccare [bek'ka:re] **I.** *vt* (auf)picken **II.** *vr* **-rsi** (*fig: bisticciarsi*) sich zanken
becco ['bekko] <-cchi> *m* (ZOO) Schnabel *m*
befana [be'fa:na] *f Fee, die in der Dreikönigsnacht den braven Kindern Geschenke und den bösen Kohle bringt*
beffa ['bɛffa] *f* Spott *m*; **beffardo, -a** [bef'fardo] *agg* spöttisch; **beffare** [bef'fa:re] *vt* verspotten
belare [be'la:re] *vi* (ZOO) blöken
belga ['bɛlga] <-gi *m*, -ghe *f*> *agg* belgisch; **Belgio** ['bɛldʒo] *m* **il ~** Belgien *n*
Belgrado [bel'gra:do] *f* Belgrad *n*
belladonna [bella'dɔnna] *f* Tollkirsche *f*
bellezza [bel'lettsa] *f* Schönheit *f*
bello ['bɛllo] *m* ❶ Schöne(s) *n* ❷ (METEO) **oggi fa ~** heute ist schönes Wetter
bello, -a *agg* schön, fesch *A*
belva ['belva] *f* wildes Tier
belvedere [belve'de:re] <-> *m* Aussichtspunkt *m*
benché [beŋ'ke] *cong* +*conj* ob-

wohl

benda ['bɛnda] *f* (MED) Binde *f;* **bendare** [ben'da:re] *vt* (MED) verbinden

bene[1] ['bɛ:ne] <meglio, benissimo> *avv* gut, wohl; (*giusto, esatto*) genau

bene[2] *m* ❶ (*buono*) Wohl *n* ❷ (COM, JUR) Gut *n*

benedetto, -a [bene'detto] *agg* ❶ (REL) gesegnet ❷ (*fig: persona*) begnadet

benedire [bene'di:re] <benedico, benedii, benedetto> *vt* segnen; **mandare qu a farsi** ~ (*fam*) jdn zum Teufel schicken

beneducato, -a [benedu'ka:to] *agg* wohlerzogen

benefattore, -trice [benefat'to:re] *m, f* Wohltäter(in) *m(f);* **beneficenza** [benefi'tʃɛntsa] *f* Wohltätigkeit *f*

beneficiare [benefi'tʃa:re] *vi* ~ **di qc** Vorteil aus etw ziehen; **beneficio** [bene'fi:tʃo] <-ci> *m* Nutzen *m*

benemerito, -a [bene'mɛ:rito] *agg* verdienstvoll

benessere [be'nɛssere] *m* Wohlbefinden *n*

benestante [benes'tante] *agg* wohlhabend

benevolo, -a [be'nɛ:volo] *agg* wohlwollend

benfatto, -a [ben'fatto] *agg* gut (gemacht)

benigno, -a [be'niɲɲo] *agg* ❶ wohlwollend ❷ (*tumore*) gutartig

beninteso [benin'te:so] *avv* selbstverständlich

bensì [ben'si] *cong* sondern

bentornato [bentor'na:to] *m* Willkommensgruß *m*

benvenuto [benve'nu:to] *m* Willkommensgruß *m*

benvoluto, -a [benvo'lu:to] *agg* beliebt

benzina [ben'dzi:na] *f* Benzin *n;* **benzinaio, -a** [bendzi'na:io] <-ai, -aie> *m, f* Tankwart(in) *m(f)*

bere ['be:re] <irr> *vt* trinken

bergamotto [berga'mɔtto] *m* Bergamotte *f*

Berlino [ber'li:no] *f* Berlin *n*

Berna ['bɛrna] *f* Bern *n*

berretto [ber'retto] *m* Mütze *f*

bersaglio [ber'saʎʎo] <-gli> *m* Ziel *n*

besciamella [beʃʃa'mɛlla] *f* Béchamelsoße *f*

bestemmia [bes'temmia] <-ie> *f* Fluch *m;* **bestemmiare** [bestem'mia:re] *vi* fluchen

bestia ['bestia] <-ie> *f* Tier *n;* **bestiale** [bes'tia:le] *agg* (*fig*) bestialisch

bestiame [bes'tia:me] *m* Vieh *n*

betulla [be'tulla] *f* Birke *f*

bevanda [be'vanda] *f* Getränk *n*

bevitore, -trice [bevi'to:re] *m, f* Trinker(in) *m(f);* **bevuta** [be'vu:ta] *f* Trinken *n*

biancheria [biaŋke'ri:a] <-ie> *f* Wäsche *f*

bianco ['biaŋko] <-chi> *m* Weiß *n;* ~ **dell'uovo** Eiweiß *n,* Eiklar *n A*

bianco, -a <-chi, -che> *agg* weiß

biancospino [biaŋkos'pi:no] *m* Weißdorn *m*

biasimare [biazi'ma:re] *vt* tadeln

Bibbia ['bibbia] <-ie> *f* Bibel *f*

bibita ['bi:bita] *f* Getränk *n*

biblico, -a ['bi:bliko] <-ci, -che> *agg* biblisch

biblioteca [biblio'tɛ:ka] <-che> *f* Bibliothek *f*

bicchiere [bik'kiɛ:re] *m* (Trink)glas *n;* **bicchierino** [bikkie'ri:no] *m* Gläschen *n*

bicicletta [bitʃi'kletta] *f* (Fahr)rad *n,* Velo *n CH*

bicolore [biko'lo:re] *agg* zweifarbig

bidello, -a [bi'dɛllo] *m, f* Schuldiener(in) *m(f)*

bidonare [bido'na:re] *vt* (*fam*) beschummeln

bidone [bi'do:ne] *m* Kanister *m*

biennale [bien'na:le] **I.** *agg* zweijährig **II.** *f* Biennale *f*

biennio [bi'ɛnnio] <-i> *m* zwei Jahre *npl*

bietola ['biɛ:tola] *f* Mangold *m*

biforcazione [biforkat'tsio:ne] *f* Gabelung *f*

bigiotteria [bidʒotte'ri:a] <-ie> *f* Modeschmuck *m*

bigliettaio, -a [biʎʎet'ta:io] <-ai, -aie> *m, f* (Fahr)kartenverkäufer(in) *m(f);* **biglietteria** [biʎʎette'ri:a] <-ie> *f* (FERR) Fahrkartenschalter *m;* (THEAT, FILM) Kasse *f,* Kassa *f A*

biglietto [biʎ'ʎetto] *m* Karte *f;* (*di treno, tram, autobus*) Fahrkarte *f*

bigodino [bigo'di:no] *m* Lockenwickler *m*

bigotto, -a [bi'gɔtto] *m, f* bigotte Person

bilancia [bi'lantʃa] <-ce> *f* Waage *f*

bilanciare [bilan'tʃa:re] *vt* (*fig*) abwägen

bilancio [bi'lantʃo] <-ci> *m* Bilanz *f*

bile ['bi:le] *f* Galle *f*

biliardo [bi'liardo] *m* Billard(spiel) *n*

bilingue [bi'liŋgue] *agg* zweisprachig; **bilinguismo** [biliŋ'guizmo] *m* Zweisprachigkeit *f*

bilocale [bilo'ka:le] *m* Zweizimmerwohnung *f*

bimbo, -a ['bimbo] *m, f* (*fam*) (kleines) Kind *n*

binario [bi'na:rio] <-i> *m* Gleis *n*

binocolo [bi'nɔ:kolo] *m* Fernglas *n*

bioagricoltura [bioagrikol'tu:ra] *f* Biolandwirtschaft *f;*

bioalimento [bioali'mento] *m* Bioprodukt *n;* **biocarburante** [biokarbu'rante] *m* Biokraftstoff *m;* **biodegradabile** [biodegra'da:bile] *agg* biologisch abbaubar; **bioenergia** [bioener'dʒi:a] *f* Alternativenergie *f*

biografia [biogra'fi:a] *f* Biografie *f*

biologia [biolo'dʒi:a] <-ie> *f* Biologie *f*

biondo, -a *agg* blond

biopsia [bio'psi:a] <-ie> *f* Biopsie *f*

bioritmo [bio'ritmo] *m* Biorhythmus *m*

biotopo [bi'ɔ:topo] *m* Biotop *n*

birillo [bi'rillo] *m* Kegel *m*

biro® ['bi:ro] <-> *f* Kugelschreiber *m*

birra ['birra] *f* Bier *n;* **birreria** [birre'ri:a] <-ie> *f* Bierstube *f*

bis [bis] <-> *m* Zugabe

bisbigliare [bizbiʎ'ʎa:re] *vi* flüstern

biscia ['biʃʃa] <-sce> *f* Natter *f*

biscotto [bis'kɔtto] *m* Keks *m*, Kipfe(r)l *m A*

bisessuale [bisessu'a:le] *agg* bisexuell

bisestile [bizes'ti:le] *agg* **anno** ~ Schaltjahr *n*

bisnonno, -a [biz'nɔnno] *m, f* Urgroßvater *m*, -mutter *f*

bisognare [bizoɲ'ɲa:re] *vi essere* (*dovere*) müssen; (*essere necessario*) nötig sein

bisognino [bisoɲ'ɲi:no] *m* (*fam*) Geschäft *n*

bisogno [bi'zoɲɲo] *m* ❶ (*necessità*) Bedarf *m* ❷ (*mancanza di mezzi*) Not *f*

bistecca [bis'tekka] <-cche> *f* Steak *n*

bisticciare [bistit'tʃa:re] *vi* (*fam*) zanken

bisturi ['bisturi] <-> *m* Skalpell *n*

bivio ['bi:vio] <-i> *m* Gabelung *f*

bizantino, -a [biddzan'ti:no] *agg* byzantinisch

bizzarro, -a [bid'dzarro] *agg* absonderlich

blindato, -a [blin'da:to] *agg* gepanzert

bloccare [blok'ka:re] *vt* ❶ (TEC) sperren ❷ (*comunicazione*) unterbrechen; (*strada, passo*) blockieren

blocco ['blɔkko] <-cchi> *m* ❶ (*per appunti*) (Schreib)block *m* ❷ (TEC) Blockierung *f*

blu [blu] <inv> *agg* blau

blusa ['blu:za] *f* (Hemd)bluse *f*

boa[1] ['bɔ:a] <-> *m* Boa *f*

boa[2] *f* (NAUT) Boje *f*

boato [bo'a:to] *m* Dröhnen *n*

bocca ['bokka] <-cche> *f* Mund *m;* (*di animale*) Maul *n*

boccale [bok'ka:le] *m* Krug *m*

boccata [bok'ka:ta] *f* Zug *m*

boccia ['bɔttʃa] <-cce> *f* Bocciakugel *f*

bocciare [bot'tʃa:re] *vt* ❶ (*fam: agli esami*) durchfallen lassen ❷ (*proposta, idea*) ablehnen
bocciolo [bot'tʃɔ:lo] *m* Knospe *f*
bocconcino [bokkon'tʃi:no] *m* Häppchen *n,* Schmankerl *n A;* **boccone** [bok'ko:ne] *m* Bissen *m*
boia ['bɔ:ia] <-> *m* Henker *m*
boicottare [boikot'ta:re] *vt* boykottieren
bolla ['bolla] *f* ❶ Blase *f* ❷ (COM) ~ **di accompagnamento** Warenbegleitschein *m;* **bollare** [bol'la:re] *vt* (ab)stempeln
bollente [bol'lɛnte] *agg* kochend
bolletta [bol'letta] *f* (Ab)rechnung *f*
bollettino [bollet'ti:no] *m* Bericht *m*
bollire [bol'li:re] *vi* kochen
bollito [bol'li:to] *m* gekochtes Fleisch
bollito, -a *agg* (ab)gekocht
bollo ['bollo] *m* Stempel *m*
Bologna *f Hauptstadt der Region Emilia-Romagna*
Bolzano [bol'tsa:no] *f* Bozen *n*
bomba ['bomba] *f* Bombe *f*
bombardare [bombar'da:re] *vt* bombardieren
bombola ['bombola] *f* Gasflasche *f*
bomboniera [bombo'niɛ:ra] *f* Bonbonniere *f*
bonifica [bo'ni:fika] <-che> *f* Trockenlegung *f;* **bonificare** [bonifi'ka:re] *vt* (FIN) gutschreiben
bonifico [bo'ni:fiko] <-ci> *m* Gutschrift *f*
bontà [bon'ta] <-> *f* Güte *f*
borbottare [borbot'ta:re] *vi, vt* murmeln
bordello [bor'dɛllo] *m* ❶ (*fig: disordine*) Durcheinander *n* ❷ (*postribolo*) Bordell *n*
bordo ['bordo] *m* ❶ (NAUT, AERO, MOT) Bord *m* ❷ (*di strada*) Rand *m*
borgata [bor'ga:ta] *f* Ortschaft *f*
borghese [bor'ge:se] **I.** *agg* (SOC) bürgerlich **II.** *mf* Bürger(in) *m(f);* **borghesia** [borge'zi:a] <-ie> *f* Bürgertum *n*
borgo ['borgo] <-ghi> *m* Ortschaft *f*
borotalco® [boro'talko] *m* Körperpuder *m*
borsa ['borsa] *f* ❶ (*portaoggetti*) Tasche *f* ❷ (FIN) Börse *f* ❸ ~ **di studio** Stipendium *n*
borsanera [borsa'ne:ra] <borsenere> *f* Schwarzmarkt *m*
borsellino [borsel'li:no] *m* Geldbeutel *m,* Geldbörse *f A*
borsetta [bor'setta] *f* (Hand)tasche *f*
borsista [bor'sista] <-i *m,* -e *f*> *mf* Börsenspekulant(in) *m(f)*
bosco ['bɔsko] <-schi> *m* (*a fig*) Wald *m*
Bosforo ['bɔsforo] *m* Bosporus *m*

Bosnia *f* Bosnien *n;* **bosniaco, -a** [bos'nia:ko] <-ci, -che> *agg* bosnisch

botta ['bɔtta] *f* Schlag *m*

botte ['botte] *f* Fass *n*

bottega [bot'te:ga] <-ghe> *f* Geschäft *n*

botteghino [botte'gi:no] *m* Kartenschalter *m;* (THEAT) Theaterkasse *f*

bottiglia [bot'tiʎʎa] <-glie> *f* Flasche *f;* **bottiglione** [bottiʎ'ʎo:ne] *m* große Flasche

bottino [bot'ti:no] *m* Beute *f*

botto ['bɔtto] *m* (*colpo*) Schlag *m;* (*dello sparo*) Knall *m*

bottone [bot'to:ne] *m* Knopf *m*

bovino [bo'vi:no] *m* Rind *n*

bozza ['bɔttsa] *f* (LIT) Entwurf *m*

braccetto [brat'tʃetto] *m* **a ~** Arm in Arm

bracciale [brat'tʃa:le] *m* Armband *n;* **braccialetto** [brattʃa'letto] *m* Armband *n*

braccio[1] ['brattʃo] <*pl*: braccia *f*> *m* Arm *m*

braccio[2] <-cci> *m* (GEOG) **~ di mare** Meerenge *f;* **~ di terra** Landzunge *f*

bracciolo [brat'tʃɔ:lo] *m* Armlehne *f*

brace ['bra:tʃe] *f* Glut *f*

braciola [bra'tʃɔ:la] *f* Schnitzel *n*

branco ['braŋko] <-chi> *m* Rudel *n*

Brandeburgo [brandebur'go] *m* Brandenburg *n*

brano ['bra:no] *m* Stück *n*

branzino [bran'tsi:no] *m* Seebarsch *m*

brasato, -a *agg* geschmort

Brasile [bra'zi:le] *m* **il ~** Brasilien *n;* **brasiliano, -a** [brazi'lia:no] *agg* brasilianisch

bravo, -a ['bra:vo] *agg* ❶ (*abile*) tüchtig ❷ (*buono*) gut

Brema ['brɛ:ma] *f* Bremen *n*

Brennero ['brɛnnero] *m* Brenner *m*

Breslavia [bre'zla:via] *f* Breslau *n*

bretella [bre'tɛlla] *fpl* Hosenträger *m*

breve ['brɛ:ve] *agg* kurz

brevettare [brevet'ta:re] *vt* patentieren; **brevetto** [bre'vetto] *m* Patent *n*

brevità [brevi'ta] <-> *f* Kürze *f*

brezza ['breddza] *f* Brise *f*

bricco ['brikko] <-cchi> *m* Kanne *f*

briciola ['bri:tʃola] *f* Krümel *m*

brigante, -essa [bri'gante] *m, f* Bandit(in) *m(f)*

brigata [bri'ga:ta] *f* Brigade *f*

briglia ['briʎʎa] <-glie> *f* Zügel *m*

brillantante [brillan'tante] *m* (*per lavastoviglie*) Klarspüler *m*

brillante [bril'lante] *agg* brillant

brillare [bril'la:re] *vi* glänzen

brillo, -a ['brillo] *agg* beschwipst

brina ['bri:na] *f* (Rau)reif *m*

brindare [brin'da:re] *vi* ~ **a qu/qc** auf jdn/etw anstoßen

brindisi ['brindizi] <-> *m* Trinkspruch *m*

brio ['bri:o] <*sing*> *m* Schwung *m*

brivido ['bri:vido] *m* (*di freddo*) Frösteln *n;* (*di febbre*) Schüttelfrost *m*

brizzolato, -a [brittso'la:to] *agg* (*persona*) grau meliert

brocca ['brɔkka] <-cche> *f* Kanne *f*

broccolo ['brɔkkolo] *m* Brokkoli *pl*

brodo ['brɔ:do] *m* (klare) Brühe *f*

bronchite [broŋ'ki:te] *f* Bronchitis *f*

brontolare [bronto'la:re] *vi* (*persona*) brummen; (*stomaco*) knurren; **brontolone, -a** [bronto'lo:ne] *agg* brummig

bronzeo, -a ['brondzeo] <-ei, -ee> *agg* bronzefarben; **bronzo** ['brondzo] *m* Bronze *f*

browser ['brauzə] <-> *m* (INFORM) Browser *m*

bruciapelo [brutʃa'pe:lo] *avv* **a ~** aus nächster Nähe

bruciare [bru'tʃa:re] **I.** *vt* verbrennen **II.** *vi* (*fuoco, sole*) brennen

bruciatore [brutʃa'to:re] *m* Brenner *m;* **bruciatura** [brutʃa'tu:ra] *f* Verbrennung *f;* **bruciore** [bru'tʃo:re] *m* Brennen *n*

bruco ['bru:ko] <-chi> *m* Raupe *f*

brufolo ['bru:folo] *m* Pickel *m*

brullo, -a ['brullo] *agg* kahl

bruno, -a *agg* braun

brusco, -a ['brusko] <-schi, -sche> *agg* schroff

brutale [bru'ta:le] *agg* brutal

bruto, -a ['bru:to] *agg* roh

brutto ['brutto] *m* Hässliche(s) *n*

brutto, -a *agg* ❶ (*non bello*) hässlich, schiech *A* ❷ (*fig*) unerfreulich

Bruxelles [bry'sɛl] *f* Brüssel *n*

buca ['bu:ka] <-che> *f* ❶ (*fossa*) Loch *n* ❷ **~ delle lettere** Briefkasten *m*

bucaneve [buka'ne:ve] <-> *m* Schneeglöckchen *n*

bucare [bu'ka:re] *vt* durchlöchern

Bucarest [buka'rɛst] *f* Bukarest *n*

bucatini [buka'ti:ni] *mpl etwas dickere Spaghettiart*

bucato [bu'ka:to] *m* Wäsche *f*

bucato, -a *agg* durchlöchert

buccia ['buttʃa] <-cce> *f* ❶ (*di frutta*) Schale *f* ❷ (*di salume*) Haut *f*

buco ['bu:ko] <-chi> *m* Loch *n*

Budapest ['bu:dapest] *f* Budapest *n*

budello [bu'dɛllo] <*pl*: -a *f*> *m* Darm *m*

budino [bu'di:no] *m* Pudding *m*

bue ['bu:e] <buoi> *m* Ochse *m*

bufalo, -a ['bu:falo] *m, f* Büffel *m*

bufera [bu'fɛ:ra] *f* (*a fig*) Sturm *m*

buffo, -a *agg* witzig

bug [bʌg] <-> *m* (INFORM) Bug *m*

bugia [bu'dʒi:a] <-gie> *f* Lüge *f*

bugiardo, -a [bu'dʒardo] *m, f* Lügner(in) *m(f)*

buio ['bu:io] *m* Dunkel *n*

Bulgaria [bulga'ri:a] *f* Bulgarien *n*

bulgaro, -a *agg* bulgarisch

bullone [bul'lo:ne] *m* Bolzen *m*

buonanotte [buona'nɔtte] *int* gute Nacht; **buonasera** [buona'se:ra] *int* guten Abend; **buongiorno** [buon'dʒorno] *int* guten Tag, guten Morgen; **buongustaio, -a** [buoŋgus'ta:io] <-ai, -aie> *m, f* Feinschmecker(in) *m(f)*; **buongusto** [buoŋ'gusto] *m* (guter) Geschmack *m*

buono ['buɔ:no] *m* ❶ (COM) Abschnitt *m* ❷ (*ciò che è buono*) Gute(s) *n*

buono, -a <più buono *o* migliore, buonissimo *o* ottimo> *agg* (*non cattivo*) gut; (*bambino*) brav; **-a fortuna!** viel Glück!; **buonumore** [buoŋu'mo:re] <-> *m* gute Laune

burattino [burat'ti:no] *m* Marionette *f*

burla ['burla] *f* Spaß *m*, Schmäh *m A*; **burlare** [bur'la:re] *vt* verspotten

burocrate [bu'rɔ:krate] *mf* (ADM) Bürokrat(in) *m(f)*; **burocrazia** [burokrat'tsi:a] <-ie> *f* Bürokratie *f*

burrasca [bur'raska] <-sche> *f* (*a fig*) Sturm *m*

burro ['burro] *m* Butter *f*

burrone [bur'ro:ne] *m* Schlucht *f*

business ['biznis] <-> *m* Geschäft *n*

bussare [bus'sa:re] *vi* klopfen

bussola ['bussola] *f* Kompass *m*

busta ['busta] *f* Briefumschlag *m*

bustarella [busta'rɛlla] *f* Schmiergeld *n*

busto ['busto] *m* Oberkörper *m*

buttare [but'ta:re] **I.** *vt* werfen; (*con forza, rabbia*) schmeißen **II.** *vr* **-rsi** sich stürzen

C

C, c [tʃi] <-> *f* C, c *n*

c.a. *abbr di* **corrente anno** d. J.

cabina [ka'bi:na] *f* Kabine *f*

cacao [ka'ka:o] <-> *m* Kakao *m*

caccia ['kattʃa] <-cce> *f* Jagd *f*

cacciagione [kattʃa'dʒo:ne] *f* Wild *n*; **cacciare** [kat'tʃa:re] *vt* jagen; (*a fig*) verjagen; **cacciatora** [kattʃa'to:ra] *f* (GASTR) **alla**

~ nach Jägerart; **cacciatore, -trice** *m, f* Jäger(in) *m(f)*
cacciavite [kattʃa'vi:te] <-> *m* Schraubenzieher *m*
cacio ['ka:tʃo] <-ci> *m* Käse *m*
cadavere [ka'da:vere] *m* Leiche *f*
cadente [ka'dɛnte] *agg* baufällig
cadere [ka'de:re] <irr> *vi essere* (um)fallen
caduta [ka'du:ta] *f* Fall *m*
caffè [kaf'fɛ] <-> *m* Kaffee *m*; **caffeina** [kaffe'i:na] *f* Koffein *n*; **caffel(l)atte** [kaffe'latte (kaffel'latte)] <-> *m* Milchkaffee *m*
Cagliari *f Hauptstadt Sardiniens*
cagna ['kaɲɲa] *f* Hündin *f*
Cairo ['ka:iro] *m* **II** ~ Kairo *n*
Calabria [ka'la:bria] *f* Kalabrien *n*
calabrone [kala'bro:ne] *m* Hornisse *f*
calamaro [kala'ma:ro] *m* Tintenfisch *m*
calamita [kala'mi:ta] *f* Magnet *m*
calamità [kalami'ta] <-> *f* Unheil *n*
calare [ka'la:re] **I.** *vt* senken **II.** *vi essere* sinken
calcagno [kal'kaɲɲo] *m* Ferse *f*
calce ['kaltʃe] *f* Kalk *m*
calciatore, -trice [kaltʃa'to:re] *m, f* Fußballspieler(in) *m(f)*
calcio ['kaltʃo] <-ci> *m* ❶ (*colpo*) (Fuß)tritt *m* ❷ (SPORT) Fußball *m*
calco ['kalko] <-chi> *m* Abdruck *m*
calcolare [kalko'la:re] *vt* berechnen
calcolatore [kalkola'to:re] *m* ~ **elettronico** Computer *m*
calcolatrice [kalkola'tri:tʃe] *f* Rechner *m*
calcolo ['kalkolo] *m* Berechnung *f*
caldo ['kaldo] *m* Wärme *f*
caldo, -a *agg* warm
calendario [kalen'da:rio] <-i> *m* Kalender *m*
calice ['ka:litʃe] *m* Kelch *m*
calle ['kalle] *f* (*Venezia*) Gasse *f*
callo ['kallo] *m* Hornhaut *f*
calma ['kalma] *f* Ruhe *f*; **calmante** [kal'mante] *m* Beruhigungsmittel *n*; **calmare** [kal'ma:re] *vt* beruhigen
calmo, -a ['kalmo] *agg* ruhig
calore [ka'lo:re] *m* Wärme *f*
caloria [kalo'ri:a] <-ie> *f* Kalorie *f*
calpestare [kalpes'ta:re] *vt* (zer)treten
calunnia [ka'lunnia] <-ie> *f* Verleumdung *f*; **calunniare** [kalun'nia:re] *vt* verleumden
calvario [kal'va:rio] <-i> *m* Kreuzweg *m*; **calvo, -a** ['kalvo] *agg* kahlköpfig
calza ['kaltsa] *f* Strumpf *m*; **calzamaglia** [kaltsa'maʎʎa] *f* Strumpfhose *f*

calzare [kal'tsa:re] *vt* anziehen

calzatura [kaltsa'tu:ra] *f* Schuhe *mpl*

calzettone [kaltset'to:ne] *m* Kniestrumpf *m*, Stutzen *m A;* **calzino** [kal'tsi:no] *m* Socke *f*

calzolaio, -a [kaltso'la:io] <-ai, -aie> *m, f* Schuhmacher(in) *m(f)*

calzoni [kal'tso:ni] *mpl* Hose *f*

cambiale [kam'bia:le] *f* Wechsel *m*

cambiamento [kambia'mento] *m* Veränderung *f;* **cambiare** [kam'bia:re] **I.** *vt* wechseln **II.** *vr* **-rsi** (*d'abito*) sich umziehen

cambio ['kambio] <-i> *m* ❶ (*sostituzione*) Tausch *m* ❷ (*soldi*) (Geld)wechsel *m*

camera ['ka:mera] *f* Zimmer *n*

cameriera [kame'riɛ:ra] *f* (*di locale*) Kellnerin *f;* (*di albergo*) Zimmermädchen *n;* **cameriere** [kame'riɛ:re] *m* (*di locale*) Kellner *m;* (*di albergo*) Hoteldiener *m*

camicetta [kami'tʃetta] *f* Bluse *f*

camicia [ka'mi:tʃa] <-cie> *f* (*da uomo*) Hemd *n;* (*da donna*) Bluse *f*

camino [ka'mi:no] *m* Kamin *m*, Rauchfang *m A*

camion ['ka:mion] <-> *m* Last(kraft)wagen *m*

cammello [kam'mɛllo] *m* Kamel *n*

camminare [kammi'na:re] *vi* gehen; (*veicoli*) fahren; **cammino** [kam'mi:no] *m* Weg *m*

camomilla [kamo'milla] *f* Kamille *f*

camoscio [ka'mɔʃʃo] <-sci> *m* Gämse *f*

campagna [kam'paɲɲa] *f* Land *n*

campana [kam'pa:na] *f* Glocke *f;* **campanello** [kampa'nɛllo] *m* Klingel *f*

Campania [kam'pa:nia] *f* Kampanien *n*

campanile [kampa'ni:le] *m* Glockenturm *m*

campare [kam'pa:re] *vi essere* (*fam*) leben; ~ **di qc** von etw leben; **tirare a** ~ sich durchschlagen

campeggiare [kamped'dʒa:re] *vi* campen; **campeggio** [kam'peddʒo] <-ggi> *m* Camping *n*

camper ['kamper] <-> *m* Wohnmobil *n*

campionato [kampio'na:to] *m* Meisterschaft *f*

campione *m* (COM, TEC) Muster *n*

campione, -essa *m, f* (SPORT) Meister(in) *m(f)*

campo ['kampo] *m* Feld *n*

Campobasso *f Hauptstadt der Region Molise*

Canada ['ka:nada] *m* **il** ~ Kanada *n*

canale [ka'na:le] *m* Kanal *m*

canapa ['ka:napa] *f* Hanf *m*

Canarie [ka'na:rie] *fpl* **le ~** die Kanarischen Inseln *fpl*

canarino [kana'ri:no] *m* Kanarienvogel *m*

cancellare [kantʃel'la:re] *vt* ❶ (*con la gomma*) ausradieren; (INFORM) löschen ❷ (*fig: volo, prenotazione*) stornieren

cancello [kan'tʃɛllo] *m* Gittertor *n*

cancro ['kaŋkro] *m* (ZOO, MED, ASTR) Krebs *m*

candela [kan'de:la] *f* Kerze *f*

candidato, -a [kandi'da:to] *m, f* Kandidat(in) *m(f)*

canditi [kan'di:ti] *mpl* kandierte Früchte *fpl*

cane ['ka:ne] *m* (ZOO, ASTR) Hund *m;* **vita da -i** Hundeleben *n;* **essere solo come un ~** einsam und verlassen sein; **fa un freddo ~** (*fam*) es ist hundekalt; **essere come ~ e gatto** wie Hund und Katze sein

canguro [kaŋ'gu:ro] *m* Känguru *n*

canna ['kanna] *f* ❶ (BOT) Rohr *n* ❷ (*da pesca*) Angelrute *f*

cannella [kan'nɛlla] *f* Zimt *m*

cannelloni [kannel'lo:ni] *mpl große Rohrnudeln zum Füllen*

cannocchiale [kannok'kia:le] *m* Fernrohr *n*

cannone [kan'no:ne] *m* Kanone *f*

cannuccia [kan'nuttʃa] <-cce> *f* Strohhalm *m*

canoa [ka'nɔ:a] *f* Kajak *m o n*

canone [ka'no:ne] *m* Regel *f*

canottaggio [kanot'taddʒo] <-ggi> *m* Rudersport *m*

canottiera [kanot'tiɛ:ra] *f* Unterhemd *n;* **canotto** [ka'nɔtto] *m* Schlauchboot *n*

cantante [kan'tante] *mf* Sänger(in) *m(f);* **cantare** [kan'ta:re] *vi* singen; **~ vittoria** frohlocken, triumphieren; **cantarne quattro a qu** (*fam*) jdm die Meinung sagen; **cantautore, -trice** [kantau'to:re] *m, f* Liedermacher(in) *m(f)*

cantiere [kan'tiɛ:re] *m* Baustelle *f*

cantina [kan'ti:na] *f* Keller *m*

canto ['kanto] *m* Gesang *m*

cantone [kan'to:ne] *m* Kanton *m*

canzone [kan'tso:ne] *f* Lied *n*

caos ['ka:os] <-> *m* Chaos *n*

C.A.P. [kap] <-> *m abbr di* **Codice di Avviamento Postale** PLZ

capace [ka'pa:tʃe] *agg* fähig; **capacità** [kapatʃi'ta] <-> *f* ❶ (*di contenere*) Fassungsvermögen *n* ❷ (*abilità*) Fähigkeit *f*

capanna [ka'panna] *f* Hütte *f*

capellini [kapel'li:ni] *mpl lange Fadennudeln*

capello [ka'pello] *m* Haar *n*

capire [ka'pi:re] *vt* verstehen

capitale [kapi'ta:le] **I.** *f* Hauptstadt *f* **II.** *m* Kapital *n*

capitalismo [kapita'lizmo] *m* Kapitalismus *m*
capitano [kapi'ta:no] *m* Kapitän *m*
capitare [kapi'ta:re] *vi essere* (*giungere*) (zufällig) kommen; (*succedere*) passieren
capitolo [ka'pi:tolo] *m* Kapitel *n*
capitone [kapi'to:ne] *m* fetter weiblicher Aal
capo ['ka:po] *m* ❶ (ANAT) Kopf *m* ❷ (*chi comanda*) Führer(in) *m(f)*
capodanno, **capo d'anno** [kapo'danno] *m* Neujahr *n*
capogiro [kapo'dʒi:ro] *m* Schwindel *m*
capolavoro [kapola'vo:ro] *m* Meisterwerk *n*
capolinea [kapo'li:nea] <capilinea> *m* Endstation *f*
capoluogo [kapo'luɔ:go] <capoluoghi> *m* Hauptstadt *f*
caporale [kapo'ra:le] *m* Obergefreite(r) *m*
caporeparto [kapore'parto] <capireparto *m*, -*f*> *mf* Abteilungsleiter(in) *m(f)*
capotreno [kapo'trɛ:no] <-i *m*, -*f*> *mf* Zugführer(in) *m(f)*
capovolgere [kapo'vɔldʒere] <irr> *vt* umdrehen
cappa <-> *m o f v.* **K, k**
cappella [kap'pɛlla] *f* Kapelle *f*
cappello [kap'pɛllo] *m* Hut *m*
cappero ['kappero] *m* Kaper *f*
cappotto [kap'pɔtto] *m* Mantel *m*
cappuccino [kapput'tʃi:no] *m* ❶ (GASTR) Cappuccino *m* ❷ (REL) Kapuziner *m*
cappuccio [kap'puttʃo] <-cci> *m* Kapuze *f*
capra ['ka:pra] *f* Ziege *f*
caprese [ka'pre:se] *f Tomatensalat mit Mozzarella und Basilikum*
Capri *f Insel im Golf von Neapel*
capriccio [ka'prittʃo] <-cci> *m* Laune *f*
capricorno [kapri'kɔrno] *m* Steinbock *m*
capriolo [kapri'ɔ:lo] *m* Reh *n*; **caprone** [ka'pro:ne] *m* Ziegenbock *m*
capsula ['kapsula] *f* Kapsel *f*
carabiniere [karabi'niɛ:re] *m* Karabiniere *m*
caraffa [ka'raffa] *f* Karaffe *f*
caramella [kara'mɛlla] *f* Bonbon *n o m*, Zuckerl *n A*
caramello [kara'mɛllo] *m* Karamell *m*
carattere [ka'rattere] *m* ❶ (*indole*) Charakter *m* ❷ (*segno*) Zeichen *n*
caratteristica [karatte'ristika] <-che> *f* Eigenheit *f*; **caratteristico, -a** [karatte'ristiko] <-ci, -che> *agg* charakteristisch, typisch
caravan [kærə'væn] <-> *m* Wohnwagen *m*
carbone [kar'bo:ne] *m* Kohle *f*

C

carburante [karbu'rante] *m* Treibstoff *m*

carcerato, -a [kartʃe'ra:to] *m, f* Häftling *m;* **carcere** ['kartʃere] <*pl*: -i *f*> *m* Gefängnis *n*

carcinoma [kartʃi'nɔ:ma] <-i> *m* Karzinom *n*

carciofo [kar'tʃɔ:fo] *m* Artischocke *f*

cardellino [kardel'li:no] *m* Stieglitz *m*

cardiaco, -a [kar'di:ako] <-ci, -che> *agg* Herz-

cardinale [kardi'na:le] **I.** *agg* Grund-, hauptsächlich **II.** *m* Kardinal *m*

cardine ['kardine] *m* Angel *f*

carenza [ka'rɛntsa] *f* Mangel *m*

carestia [kares'ti:a] <-ie> *f* (Hungers)not *f*

carezza [ka'rettsa] *f* Streicheln *n;* **carezzare** [karet'tsa:re] *vt* streicheln

carica ['ka:rika] <-che> *f* ❶ (ADM) Amt *n* ❷ (PHYS, EL) Ladung *f*

caricabatteria [karikabatte'ri:a] <-> *m* Batterieladegerät *n*

caricare [kari'ka:re] **I.** *vt* (be)laden; ~ **qu di qc** jdm etw aufladen **II.** *vr* **-rsi di qc** sich mit etw belasten

caricatura [karika'tu:ra] *f* Karikatur *f*

carico ['ka:riko] <-chi> *m* ❶ (*di merce*) Verladung *f* ❷ (*fig*) Verantwortung *f*

carico, -a <-chi, -che> *agg* beladen

carie ['ka:rie] <-> *f* Karies *f*

carino, -a [ka'ri:no] *agg* hübsch

Carinzia [ka'rintsia] *f* Kärnten *n*

carità [kari'ta] <-> *f* Almosen *n;* **chiedere/fare la** ~ um Almosen bitten/Almosen gewähren; **per** ~**!** um Himmels Willen!

carnagione [karna'dʒo:ne] *f* Hautfarbe *f*

carne ['karne] *f* Fleisch *n*

carnevale [karne'va:le] *m* Fasching *m*

caro, -a ['ka:ro] *agg* ❶ lieb ❷ (*costoso*) teuer

carosello [karo'zɛllo] *m* Karussell *n,* Ringelspiel *n A*

carota [ka'rɔ:ta] *f* Möhre *f*

carpa ['karpa] *f* Karpfen *m*

carpentiere [karpen'tiɛ:re] *m* Zimmermann *m*

carrabile [kar'ra:bile] *agg* befahrbar; **passo** ~ Auf-/Einfahrt *f*

carrello [kar'rɛllo] *m* Wagen *m*

carriera [kar'riɛ:ra] *f* Beruf *m*

carro ['karro] *m* Wagen *m*

carrozza [kar'rɔttsa] *f* ❶ Kutsche *f* ❷ (FERR) Eisenbahnwagen *m;* **carrozzella** [karrot'tsɛlla] *f* ❶ (*per bambini*) Kinderwagen *m* ❷ (MED) Rollstuhl *m*

carrozzina [karrot'tsi:na] *f* Kinderwagen *m*

carta ['karta] *f* Papier *n;* ~ **d'identità** Personalausweis *m*

cartella [kar'tɛlla] *f* Schultasche *f*
cartellino [kartel'li:no] *m* Namensschild *n*
cartina [kar'ti:na] *f* (Land)karte *f*
cartoccio [kar'tɔttʃo] <-cci> *m* ❶ Tüte *f*, Sackerl *n A* ❷ (GASTR) **al ~** in Folie (gebacken)
cartoleria [kartole'ri:a] <-ie> *f* Schreibwarenhandlung *f*
cartolina [karto'li:na] *f* Karte *f*
cartone [kar'to:ne] *m* Pappe *f*; **i ~i animati** (Zeichen)trickfilm *m*
cartuccia [kar'tuttʃa] <-cce> *f* Patrone *f*
casa ['ka:sa] *f* Haus *n*
casalinghi [kasa'liŋgi] *mpl* Haushaltswaren *fpl*
casalingo, -a [kasa'liŋgo] <-ghi, -ghe> *agg* häuslich
cascare [kas'ka:re] *vi essere* fallen
cascata [kas'ka:ta] *f* Wasserfall *m*
casco ['kasko] <-schi> *m* (Schutz)helm *m*
casella [ka'sɛlla] *f* Fach *n*; **~ postale** Postfach *n*
casello [ka'sɛllo] *m* Mautstelle *f A*
caserma [ka'sɛrma] *f* Kaserne *f*
casino [ka'si:no] *m* Durcheinander *n*
casinò [kazi'nɔ] <-> *m* (Spiel)kasino *n*
caso ['ka:zo] *m* ❶ (*imprevisto*) Zufall *m* ❷ (*ipotesi*) Fall *m*
casomai, caso mai [kazo'ma:i] *cong + conj* falls
cassa ['kassa] *f* ❶ (*recipiente*) Kiste *f* ❷ (COM, FIN) Kasse *f*
cassaforte [kassa'fɔrte] <casseforti> *f* Geldschrank *m*
cassata [kas'sa:ta] *f* (GASTR) *sizil. Torte mit Ricotta-Käse, Schokolade und kandierten Früchten*
casseruola [kasse'rɔ:la] *f* Kasserolle *f*
cassetta [kas'setta] *f* ❶ (*piccola cassa*) Kasten *m*; **~ postale elettronica** (INFORM) Mailbox *f* ❷ (*di registratore, video*) Kassette *f*
cassetto [kas'setto] *m* Schublade *f*
cassettone [kasset'to:ne] *m* Kommode *f*
castagna [kas'taɲɲa] *f* Kastanie *f*
castano, -a [kas'ta:no] *agg* kastanienbraun
castello [kas'tɛllo] *m* Schloss *n*
castigare [kasti'ga:re] *vt* bestrafen; **castigo** [kas'ti:go] <-ghi> *m* Strafe *f*
castoro [kas'tɔ:ro] *m* Biber *m*
castrare [kas'tra:re] *vt* kastrieren
casuale [kazu'a:le] *agg* zufällig
catacomba [kata'komba] *f* Katakombe *f*
catalizzato, -a [katalid'dza:to] *agg* (AUTO) mit Katalysator
catalogo [ka'ta:logo] <-ghi> *m*

Katalog *m*

catarifrangente [katarifran'dʒɛnte] *m* Katzenauge *n* *fam*

catarro [ka'tarro] *m* Katarrh *m*

catastrofe [ka'tastrofe] *f* Katastrophe *f*

catechismo [kate'kizmo] *m* Katechismus *m*

categoria [katego'ri:a] <-ie> *f* Kategorie *f*

catena [ka'te:na] *f* Kette *f*

cateratta [kate'ratta] *f* grauer Star

catrame [ka'tra:me] *m* Teer *m*

cattedra ['kattedra] *f* Katheder *n*

cattedrale [katte'dra:le] *f* Kathedrale *f*

cattiveria [katti'vɛ:ria] <-ie> *f* Bosheit *f*

cattivo, -a <più cattivo , cattivissimo> *agg* ❶ (*persona*) böse ❷ (*cosa, tempo, aria*) schlecht

cattolico, -a [kat'tɔ:liko] <-ci, -che> *m, f* Katholik(in) *m(f)*

cattura [kat'tu:ra] *f* Festnahme *f*; **catturare** [kattu'ra:re] *vt* fangen

causa ['ka:uza] *f* ❶ (*origine*) Ursache *f* ❷ (JUR) Klage *f*; **causale** [kau'za:le] *f* (COM) Verwendungszweck *m*; **causare** [kau'za:re] *vt* verursachen

cautela [kau'tɛ:la] *f* Umsicht *f*

cauto, -a ['ka:uto] *agg* umsichtig

cauzione [kaut'tsio:ne] *f* Kaution *f*

cava ['ka:va] *f* Grube *f*

cavalcare [kaval'ka:re] *vt* reiten (auf +*dat*)

cavalcavia [kavalka'vi:a] <-> *m* Überführung *f*

cavaliere [kava'liɛ:re] *m* Reiter *m*

cavalla [ka'valla] *f* Stute *f*

cavalletta [kaval'letta] *f* Heuschrecke *f*

cavallo [ka'vallo] *m* Pferd *n*

cavare [ka'va:re] *vt* ❶ (*estrarre*) herausholen ❷ (*loc*) **cavarsela** (*fam*) davonkommen; **cavatappi** [kava'tappi] <-> *m* Korkenzieher *m*

caverna [ka'vɛrna] *f* Höhle *f*

caviale [ka'via:le] *m* Kaviar *m*

caviglia [ka'viʎʎa] <-glie> *f* Fußgelenk *n*

cavità [kavi'ta] <-> *f* Höhle *f*

cavo ['ka:vo] *m* Kabel *n*

cavolfiore [kavol'fio:re] <-> *m* Blumenkohl *m*, Karfiol *m* *A*; **cavolo** ['ka:volo] *m* Kohl *m*

cazzeggiare [kattsed'dʒa:re] *vt* (*vulg*) rumhängen

cazzo ['kattso] *m* (*vulg*) Schwanz *m*

CD <-> *m abbr di* **Compact Disc** CD *f*

CD-ROM *m acro di* **Compact Disc Read Only Memory** CD-ROM *f*

ce [tʃe] *pron* (*davanti a lo, la, li, le, ne*) *v.* **ci**

cece ['tʃe:tʃe] *m* Kichererbse *f*
cedere ['tʃɛ:dere] *vi* ❶ (*pilastri, fondazioni*) einstürzen ❷ (*fig*) nachgeben
cedro ['tʃe:dro] *m* Zitronat *n*
cefalo ['tʃɛ:falo] *m* Meeräsche *f*
ceffone [tʃef'fo:ne] *m* Ohrfeige *f*, Watsche *f A*
celare [tʃe'la:re] *vt* verstecken; (*verità*) verheimlichen
celebrare [tʃele'bra:re] *vt* feiern
celebre ['tʃɛ:lebre] <più celebre, celeberrimo> *agg* berühmt; **celebrità** [tʃelebri'ta] <-> *f* Berühmtheit *f*
celere ['tʃɛ:lere] *agg* schnell; **celerità** [tʃeleri'ta] <-> *f* Geschwindigkeit *f*
celeste [tʃe'lɛste] *agg* (*colore*) himmelblau
celibe ['tʃɛ:libe] *m* Junggeselle *m*
cella ['tʃɛlla] *f* Zelle *f*
cellula ['tʃɛllula] *f* Zelle *f*
cellulare [tʃellu'la:re] *m* (*telefono*) Handy *n*
cellulite [tʃellu'li:te] *f* Zellulitis *f*
cementare [tʃemen'ta:re] *vt* ❶ (*edilizia*) zementieren ❷ (*fig: amicizia*) festigen; **cemento** [tʃe'mento] *m* Zement *m*
cena ['tʃe:na] *f* Abendessen *n*, Nachtmahl *n A*
cenare [tʃe'na:re] *vi* zu Abend essen
cenere ['tʃe:nere] *f* Asche *f*
cenno ['tʃenno] *m* ❶ (*gesto*) Wink *m* ❷ Hinweis *m*
cenone [tʃe'no:ne] *m* großes Abendessen
censura [tʃen'su:ra] *f* Zensur *f*
centenario, **-a** <-i, -ie> *m, f* Hundertjährige(r) *f(m)*; **centennale** [tʃenten'na:le] *agg* hundertjährig
centesimale [tʃentezi'ma:le] *agg* zentesimal
centesimo, **-a** *m, f* Hundertste(r, s) *mfn*
centimetro [tʃen'ti:metro] *m* Zentimeter *m o n*
centinaio [tʃenti'na:io] <*pl*: -aia *f*> *m* Hundert *n*
cento ['tʃɛnto] **I.** *num* (ein)hundert **II.** <-> *m* Hundert *f*
centrale [tʃen'tra:le] *f* Zentrale *f*
centralino [tʃentra'li:no] *m* Telefonvermittlung *f*
centravanti [tʃentra'vanti] <-> *m* Mittelstürmer(in) *m(f)*
centrifuga [tʃen'tri:fuga] <-ghe> *f* Schleuder *f*
centro ['tʃɛntro] *m* ❶ (*gener*) Mittelpunkt *m* ❷ (*di città*) Stadtmitte *f*
Centroamerica [tʃentroa'mɛ:rika] *f* Mittelamerika *n*
centrocampo [tʃentro'kampo] *m* Mittelfeld *n*
cera ['tʃe:ra] *f* Wachs *n*
ceramica [tʃe'ra:mika] <-che> *f* Töpferware *f*
cerato, **-a** [tʃe'ra:to] *agg* gewachst
cercare [tʃer'ka:re] **I.** *vt* suchen

II. *vi* ~ **di** *+inf* versuchen zu *+inf*

cerchio ['tʃerkio] <-chi> *m* Kreis *m*

cereale [tʃere'a:le] *m* Getreide *n*

cerimonia [tʃeri'mɔ:nia] <-ie> *f* Zeremonie *f*

cerino [tʃe'ri:no] *m* Wachsstreichholz *n*

cerotto [tʃe'rɔtto] *m* Pflaster *n*

certezza [tʃer'tettsa] *f* Sicherheit *f*

certificato [tʃertifi'ka:to] *m* Zeugnis *n*

certo, -a *agg* ❶ (*sicuro*) sicher ❷ (*qualche*) manche(r, s) ❸ (*tale*) gewiss

cervello [tʃer'vɛllo] *m* Gehirn *n*

Cervino [tʃer'vi:no] *m* Matterhorn *n*

cervo ['tʃɛrvo] *m* Hirsch *m*

cespuglio [tʃes'puʎʎo] <-gli> *m* Busch *m*

cessare [tʃes'sa:re] *vi essere o avere* ~ **di fare qc** aufhören etw zu tun

cesto ['tʃesto] *m* Korb *m*

cetriolo [tʃetri'ɔ:lo] *m* Gurke *f*

CH *abbr di* **Confoederatio Helvetica** CH

chattare [tʃat'ta:re] *vi* (INFORM) chatten; **chatting** ['tʃɛtting] <-> *m* (INFORM) Chatten *n*

che [ke] **I.** *pron* ❶ (*soggetto*) der *m*, die *f*, das *n*, die *pl* ❷ (*complemento*) den *m*, die *f*, das *n*, die *pl* ❸ (*la qual cosa*) was **II.** <inv> *agg* (*interrogativo*) welche(r, s), was für ein(e)

chemioterapia [kemiotera'pi:a] <-ie> *f* Chemotherapie *f*

chi [ki] **I.** *pron* ❶ (*soggetto*) wer ❷ (*accusativo*) den-/die-/dasjenige(n), welche(n, s) **II.** *pron* jemand, einer

chiacchiera ['kiakkiera] *f pl* Schwätzchen *n*; **chiacchierare** [kiakkie'ra:re] *vt* plaudern; **chiacchierata** [kiakkie'ra:ta] *f* Plausch *m*

chiamare [kia'ma:re] **I.** *vt* rufen **II.** *vr* **-rsi** heißen; **chiamata** [kia'ma:ta] *f* Telefongespräch *n*

chiarezza [kia'rettsa] *f* (*a fig*) Klarheit *f*; **chiarire** [kia'ri:re] **I.** *vt* erklären **II.** *vr* **-rsi su qc** sich *dat* über etw *acc* Klarheit verschaffen

chiaro ['kia:ro] **I.** *m* Helle(s) *n* **II.** *avv* offen

chiaro, -a *agg* klar; (*colore, suoni, voce*) hell

chiaroveggente [kiaroved'dʒɛnte] *mf* Hellseher(in) *m(f)*

chiasso ['kiasso] *m* Lärm *m*

chiave ['kia:ve] *f* Schlüssel *m*

chicco ['kikko] <-cchi> *m* (*di grano, riso, grandine*) Korn *n*; (*di caffè*) Bohne *f*

chiedere ['kiɛ:dere] <irr> *vt* ❶ (*per sapere*) fragen nach ❷ (*per avere*) bitten um

chiesa ['kiɛ:za] *f* Kirche *f*

chilogrammo [kilo'grammo] *m* Kilogramm *n;* **chilometro** [ki'lɔ:metro] *m* Kilometer *m*
chilowatt ['ki:lovat] *m* Kilowatt *n*
chimica ['ki:mika] <-che> *f* Chemie *f;* **chimico, -a** ['ki:miko] <-ci, -che> *agg* chemisch *m*
china *f* (*pendio*) Abhang *m,* Lehne *f A*
chinare [ki'na:re] **I.** *vt* neigen **II.** *vr* **-rsi** sich bücken
chino, -a ['ki:no] *agg* gebeugt
chioccia ['kiɔttʃa] <-cce> *f* Glucke *f*
chiocciola ['kiɔttʃola] *f* ❶ (*zoo*) Schnecke *f* ❷ (*negli indirizzi e-mail*) Klammeraffe *m;* **chiodo** ['kiɔ:do] *m* Nagel *m*
chiosco ['kiɔsko] <-schi> *m* Kiosk *m*
chirurgia [kirur'dʒi:a] <-gie> *f* Chirurgie *f;* **chirurgo, -a** [ki'rurgo] <-gi, -ghe> *m, f* Chirurg(in) *m(f)*
chissà [kis'sa] *avv* wer weiß
chitarra [ki'tarra] *f* Gitarre *f*
chiudere ['kiu:dere] <irr> *vt* zumachen; (*finire*) beenden
chiunque [ki'uŋkue] <inv> *pron* ❶ (*relativo*) wer auch immer ❷ (*indefinito*) jede(r, s)
chiuso, -a *agg* (*fig*) verschlossen; **chiusura** [kiu'su:ra] *f* ❶ (*fine*) Schluss *m* ❷ (*serratura*) Verschluss *m*
ci [tʃi] **I.** *pron 1. pers pl* uns **II.** *pron* davon, daran **III.** *avv* (*qui*) hier
ciabatta [tʃa'batta] *f* Hausschuh *m,* Patschen *m A*
ciao ['tʃa:o] *int* ❶ (*nell'incontrarsi*) hallo ❷ (*nel lasciarsi*) tschüs, servus *A*
ciascuno, -a [tʃas'ku:no] <sing> *agg* jede(r, s)
cibo ['tʃi:bo] *m* Nahrung *f*
cicala [tʃi'ka:la] *f* Zikade *f*
cicatrice [tʃika'tri:tʃe] *f* Narbe *f*
cicca ['tʃikka] <-cche> *f* Kippe *f*
ciclamino [tʃikla'mi:no] *m* Alpenveilchen *n*
ciclismo [tʃi'klizmo] *m* Radsport *m;* **ciclista** [tʃi'klista] <-i *m,* -e *f*> *mf* (Fahr)radfahrer(in) *m(f)*
ciclo ['tʃi:klo] *m* Zyklus *m*
ciclomotore [tʃiklomo'to:re] *m* Moped *n*
cicloturismo [tʃiklotu'rizmo] *m* Radtourismus *m*
cicogna [tʃi'koɲɲa] *f* Storch *m*
cicoria [tʃi'kɔ:ria] <-ie> *f* Schikoree *f o m*
cieco, -a ['tʃɛ:ko] <-chi, -che> *agg* (*a fig*) blind; **vicolo** ~ (*a fig*) Sackgasse *f*
cielo ['tʃɛ:lo] *m* Himmel *m*
cifra ['tʃi:fra] *f* Ziffer *f*
ciglio[1] ['tʃiʎʎo] <-gli> *m* Rand *m*
ciglio[2] <*pl:* -glia *f*> *m* Wimper *f*
cigno ['tʃiɲɲo] *m* Schwan *m*
Cile ['tʃi:le] *m* **il** ~ Chile *n*
ciliegia [tʃi'liɛ:dʒa] <-ge> *f* Kirsche *f*

cilindrata [tʃilin'dra:ta] *f* **macchina di piccola ~** Kleinwagen *m*
cima ['tʃi:ma] *f* Spitze *f;* (*di montagna*) Gipfel *m*
cimice ['tʃi:mitʃe] *f* Wanze *f*
ciminiera [tʃimi'niɛ:ra] *f* Schornstein *m*
cimitero [tʃimi'tɛ:ro] *m* Friedhof *m*
Cina ['tʃi:na] *f* China *n*
cinema ['tʃi:nema] <-> *m* Kino *n;* **cinematografo** [tʃinema'tɔ:grafo] *m* Kino *n*
cinepresa [tʃine'pre:sa] *f* Filmkamera *f*
cinese [tʃi'ne:ze] *agg* chinesisch
cinghia ['tʃiŋgia] <-ghie> *f* Riemen *m*
cinghiale [tʃiŋ'gia:le] *m* Wildschwein *n*
cinquanta [tʃiŋ'kuanta] *num* fünfzig; **cinquantenne** [tʃiŋkuan'tɛnne] *mf* Fünfzigjährige(r) *f(m)*
cinquantesimo [tʃiŋkuan'tɛ:zimo] *m* Fünfzigstel *n*
cinquantesimo, -a *agg* fünfzigste(r, s)
cinquantina [tʃiŋkuan'ti:na] *f* **una ~ (di ...)** (etwa) fünfzig (...)
cinque ['tʃiŋkue] **I.** *num* fünf; **ho ~ anni** ich bin fünf Jahre (alt) **II.** <-> *m* ❶ (*numero*) Fünf *f* ❷ (*nelle date*) Fünfte(r) *m* **III.** *fpl* fünf Uhr; **cinquecento** [tʃiŋkue'tʃɛnto] **I.** *num* fünfhundert **II.** <-> *m* **il Cinquecento** das sechzehnte Jahrhundert
cintura [tʃin'tu:ra] *f* Gürtel *m;* **cinturino** [tʃintu'ri:no] *m* Band *n*
ciò [tʃɔ] *pron* das, dies
cioccolata [tʃokko'la:ta] *f* Kakao *m;* **cioccolato** [tʃokko'la:to] *m* Schokolade *f*
cioè [tʃo'ɛ] *avv* das heißt, nämlich
ciondolo ['tʃondolo] *m* Anhänger *m*
cip [tʃip] <-> *m* (INFORM) Chip *m*
cipolla [tʃi'polla] *f* Zwiebel *f*
cipresso [tʃi'prɛsso] *m* Zypresse *f*
cipria ['tʃi:pria] <-ie> *f* Puder *m*
Cipro ['tʃi:pro] *f* Zypern *n*
circa ['tʃirka] *avv* etwa; (*temporale*) gegen
circo ['tʃirko] <-chi> *m* Zirkus *m*
circolare [tʃirko'la:re] *vi essere o avere* ❶ (*veicoli*) fahren ❷ (*sangue*) kreisen; **circolazione** [tʃirkolat'tsio:ne] *f* ❶ (BIOL) Blutkreislauf *m* ❷ (AUTO) Verkehr *m*
circolo ['tʃirkolo] *m* Kreis *m*
circondare [tʃirkon'da:re] *vt* umgeben
circonvallazione [tʃirkonvallat'tsio:ne] *f* Umgehungsstraße *f,* Umfahrung *f A*
circostanza [tʃirkos'tantsa] *f* Umstand *m*
circuito [tʃir'ku:ito] *m* Rennstrecke *f*

cisterna [tʃis'tɛrna] *f* Zisterne *f*
citare [tʃi'ta:re] *vt* zitieren; **citazione** [tʃitat'tsio:ne] *f* Zitat *n*
citofono [tʃi'tɔ:fono] *m* (Gegen)sprechanlage *f*
città [tʃit'ta] <-> *f* Stadt *f*
cittadina [tʃitta'di:na] *f* Kleinstadt *f*
cittadinanza [tʃittadi'nantsa] *f* Staatsangehörigkeit *f*
cittadino, **-a** [tʃitta'di:no] **I.** *agg* städtisch **II.** *m, f* Bürger(in) *m(f)*
ciuffo ['tʃuffo] *m* Büschel *n*
civetta [tʃi'vetta] *f* Eule *f*
civico, **-a** ['tʃi:viko] <-ci, -che> *agg* städtisch
civile [tʃi'vi:le] *agg* zivil
civiltà [tʃivil'ta] <-> *f* Zivilisation *f*
clacson ['klakson] <-> *m* Hupe *f*
clamoroso, **-a** [klamo'ro:so] *agg* Aufsehen erregend
clandestino, **-a** [klandes'ti:no] *agg* heimlich
classe ['klasse] *f* Klasse *f*
classico, **-a** <-ci, -che> *agg* klassisch
classifica [klas'si:fika] <-che> *f* Tabelle *f*; **classificare** [klassifi'ka:re] *vt* klassifizieren
clausola ['kla:uzola] *f* Klausel *f*
clausura [klau'zu:ra] *f* Klausur *f*
clavicola [kla'vi:kola] *f* Schlüsselbein *n*
clemente [kle'mɛnte] *agg* gütig; **clemenza** [kle'mɛntsa] *f* Milde *f*
clero ['klɛ:ro] *m* Klerus *m*
clessidra [kles'si:dra] *f* Sanduhr *f*
cliccare [klik'ka:re] *vt* anklicken
cliente [kli'ɛnte] *mf* ❶ (*di un negozio*) Kunde *m*, Kundin *f* ❷ (*di un albergo*) Gast *m*; **clientela** [klien'tɛ:la] *f* ❶ (*di un negozio*) Kundschaft *f* ❷ (*di un albergo*) Gäste *mpl*
clima ['kli:ma] <-i> *m* Klima *n*; **climatico**, **-a** [kli'ma:tiko] <-ci, -che> *agg* klimatisch
clinica ['kli:nika] <-che> *f* Klinik *f*
clistere [klis'tɛ:re] *m* Klistier *n*
clonazione [klonat'tsio:ne] *f* Klonen *n*; **clone** [clɔne] *m* Klon *m*
cloro ['klɔ:ro] *m* Chlor *n*
c.m. *abbr di* **corrente mese** d.M.
c/o *abbr di* **care of** c/o, bei
coalizione [koalit'tsio:ne] *f* Koalition *f*
Coblenza [ko'blɛntsa] *f* Koblenz *n*
cocaina [koka'i:na] *f* Kokain *n*
coccinella [kottʃi'nɛlla] *f* Marienkäfer *m*
coccio ['kɔttʃo] <-cci> *m* Steingut *n*
cocco ['kɔkko] <-cchi> *m* **noce di ~** Kokosnuss *f*
coccodrillo [kokko'drillo] *m* Krokodil *n*
coccola [ko'kkola] *f* Liebkosung

C

f; **coccolare** [kokko'la:re] *vt* (*fam*) liebkosen

cocomero [ko'ko:mero] *m* Wassermelone *f*

coda ['ko:da] *f* ❶ (ZOO) Schwanz *m* ❷ (*fila*) Reihe *f*

codice ['kɔ:ditʃe] *m* ❶ (JUR) Kodex *m;* ~ **di avviamento postale** Postleitzahl *f* ❷ (INFORM) Code *m*

codificare [kodifi'ka:re] *vt* (INFORM) kodieren; **codificatore** [kodifika'to:re] *m* (INFORM) Codierer *m*

coerente [koe'rɛnte] *agg* (*fig*) konsequent; **coerenza** [koe'rɛntsa] *f* Konsequenz *f*

coesistere [koe'zistere] <irr> *vi essere* koexistieren

coetaneo, -a [koe'ta:neo] *agg* gleichaltrig

cofano ['kɔ:fano] *m* Motorhaube *f*

cogliere ['kɔʎʎere] <irr> *vt* pflücken; (*fig*) ergreifen

cognato, -a [koɲ'ɲa:to] *m, f* Schwager *m,* Schwägerin *f*

cognome [koɲ'ɲo:me] *m* Nach-, Familienname *m*

coincidenza [kointʃi'dɛntsa] *f* ❶ (*avvenimento casuale*) Zufall *m* ❷ (*mezzi di trasporto*) Anschluss *m;* **coincidere** [koin'tʃi:dere] <irr> *vi* zusammenfallen

coinvolgere [koin'vɔldʒere] <irr> *vt* ~ **qu in qc** jdn in etw *acc* hineinziehen

coito ['kɔ:ito] *m* Beischlaf *m*

colapasta [kola'pasta] <-> *m* Nudelsieb *n*

colare [ko'la:re] *vt* ❶ (*pasta*) abschütten ❷ (*metallo*) gießen

colazione [kolat'tsio:ne] *f* Frühstück *n*

colera [ko'lɛ:ra] <-> *m* Cholera *f*

colesterina [koleste'ri:na] *f,* **colesterolo** [koleste'rɔ:lo] *m* Cholesterin *n*

colf [kɔlf] <-> *f* Haushaltshilfe *f,* Bedienung *f A*

colica ['kɔ:lika] <-che> *f* Kolik *f*

colite [ko'li:te] *f* Kolitis *f*

colla ['kɔlla] *f* Klebstoff *m*

collaborare [kollabo'ra:re] *vi* mitarbeiten; **collaboratore, -trice** [kollabora'to:re] *m, f* Mitarbeiter(in) *m(f);* **collaborazione** [kollaborarat'tsio:ne] *f* Mitarbeit *f*

collana [kol'la:na] *f* (Hals)kette *f*

collant [kɔ'lã] <-> *m* Strumpfhose *f*

collare [kol'la:re] *m* Halsband *n*

collasso [kol'lasso] *m* Kollaps *m*

collaudare [kollau'da:re] *vt* prüfen, zensurieren *A*

colle ['kɔlle] *m* Hügel *m*

collega [kol'lɛ:ga] <-ghi *m,* -ghe *f*> *mf* Kollege *m,* Kollegin *f*

collegamento [kollega'mento] *m* Verbindung *f;* **collegare** [kolle'ga:re] *vt* verbinden

collegiale [kolle'dʒa:le] *agg* kollegial
collegio [kol'lɛ:dʒo] <-gi> *m* Kollegium *n*
collera ['kɔllera] *f* Wut *f*
collettività [kollettivi'ta] <-> *f* Gemeinschaftlichkeit *f*
collettivo, -a *agg* gemeinschaftlich
colletto [kol'letto] *m* Kragen *m*
collezionare [kollettsio'na:re] *vt* sammeln; **collezione** [kollet'tsio:ne] *f* Sammlung *f*
collina [kol'li:na] *f* Hügel *m*
collirio [kol'li:rio] <-i> *m* Augentropfen *mpl*
collo ['kɔllo] *m* Hals *m*
collocamento [kolloka'mento] *m* Anordnung *f*; **collocare** [kollo'ka:re] *vt* setzen, stellen, legen
colloquio [kol'lɔ:kuio] <-qui> *m* Gespräch *n*
colmare [kol'ma:re] *vt* füllen
colmo ['kolmo] *m* (*fig*) **questo è il ~!** (*fam*) das ist ja die Höhe!
colmo, -a *agg* (*a fig*) voll
colomba [ko'lomba] *f* Taube *f*
colon ['kɔ:lon] <-> *m* Grimmdarm *m*
colonia [ko'lɔ:nia] <-ie> *f* Ferienlager *n*
Colonia [ko'lɔ:nia] *f* Köln *n*
colonna [ko'lonna] *f* Säule *f*
colonnello [kolon'nɛllo] *m* Oberst *m*
colonnina [kolon'ni:na] *f* **~ per chiamata di soccorso** Notrufsäule *f*
colorare [kolo'ra:re] *vt* färben; **colorazione** [kolorat'tsio:ne] *f* Färbung *f*
colore [ko'lo:re] *m* Farbe *f*
colpa ['kolpa] *f* Schuld *f*; **colpevole** [kol'pe:vole] *agg* schuldig
colpire [kol'pi:re] *vt* treffen
colpo ['kolpo] *m* Schlag *m*
coltellata [koltel'la:ta] *f* Messerstich *m*
coltello [kol'tɛllo] *m* Messer *n*
coltivare [kolti'va:re] *vt* ❶ bebauen ❷ (*fig*) pflegen; **coltivazione** [koltivat'tsio:ne] *f* Bestellen *n*
colto, -a ['kolto] *agg* gebildet
coltura [kol'tu:ra] *f* Anbau *m*
colui, colei [ko'lu:i] <coloro> *pron* diese(r, s) (dort); **~ che ...** der(jenige), der ...
comandamento [komanda'mento] *m* Gebot *n*
comandante [koman'dante] *m* Kommandant *m*
comandare [koman'da:re] *vt* befehlen, anschaffen *A*; **comando** [ko'mando] *m* Befehl *m*
combattere [kom'battere] *vi* kämpfen; **combattimento** [kombatti'mento] *m* Kampf *m*
combinare [kombi'na:re] *vt* (*colori, sapori*) zusammenstellen; (*gita, cena, riunione*) arrangieren; **combinazione** [kom-

C

binat'tsio:ne] *f* Zufall *m*

combustibile [kombus'ti:bile] *agg* brennbar

come ['ko:me] *avv* ❶ (*interrogativo, esclamativo, nei paragoni*) wie ❷ (*correlativo*) so wie ❸ (*in qualità di*) als

cometa [ko'me:ta] *f* Komet *m*

comico ['kɔ:miko] <-ci> *m* Komiker(in) *m(f)*

comico, **-a** <-ci, -che> *agg* komisch

cominciare [komin'tʃa:re] *vi essere* anfangen (mit)

comitato [komi'ta:to] *m* Komitee *n*

comitiva [komi'ti:va] *f* (Reise)gruppe *f*

commedia [kom'mɛ:dia] <-ie> *f* Komödie *f*

commendatore [kommenda'to:re] *m* Komtur *m*

commentare [kommen'ta:re] *vt* kommentieren; **commentatore**, **-trice** [kommenta'to:re] *m, f* Kommentator(in) *m(f)*; **commento** [kom'mento] *m* Kommentar *m*

commerciale [kommer'tʃa:le] *agg* Handels-; **commercialista** [kommertʃa'lista] <-i *m*, -e *f*> *mf* Steuerberater(in) *m(f)*

commerciante [kommer'tʃante] *mf* Händler(in) *m(f)*

commerciare [kommer'tʃa:re] *vi* handeln; **commercio** [kom'mɛrtʃo] <-ci> *m* Handel *m*

commesso, **-a** [kom'messo] *m, f* Verkäufer(in) *m(f)*

commestibile [kommes'ti:bile] *agg* essbar

commettere [kom'mettere] <irr> *vt* begehen

commissariato [kommissa'ria:to] *m* Kommissariat *n*; **commissario**, **-a** [kommis'sa:rio] <-i, -ie> *m, f* Kommissar(in) *m(f)*, Kommissär(in) *m(f) A*; **commissione** [kommis'sio:ne] *f* ❶ (*incarico*) Auftrag *m* ❷ (*comitato*) **Commissione europea** (EU) Europäische Kommission

commozione [kommot'tsio:ne] *f* Rührung *f*

commuovere [kom'muɔ:vere] <irr> *vt* rühren

comò [ko'mɔ] <-> *m* Kommode *f*

comodino [komo'di:no] *m* Nachttisch *m*

comodità [komodi'ta] <-> *f* Bequemlichkeit *f*

comodo, **-a** *agg* bequem

compact disc ['kɔmpakt disk] <-> *m* Compact Disc *f*

compagnia [kompaɲ'ɲi:a] <-ie> *f* Gesellschaft *f*; **compagno**, **-a** [kom'paɲɲo] *m, f* Gefährte *m*, Gefährtin *f*

comparare [kompa'ra:re] *vt* vergleichen; **comparativo**, **-a** *agg* vergleichend

comparire [kompa'ri:re] <irr>

vi essere erscheinen
compartimento [kompar-ti'mento] *m* (FERR) Abteil *n*
compassione [kompas'sio:ne] *f* Mitleid *n*
compasso [kom'passo] *m* Zirkel *m*
compatibile [kompa'ti:bile] *agg* kompatibel
compatire [kompa'ti:re] *vt* Mitleid haben mit
compatriota [kompatri'ɔ:ta] <-i *m*, -e *f*> *mf* Landsmann *m*, -männin *f*; **compatto, -a** [kom'patto] *agg* dicht
compensare [kompen'sa:re] *vt* ausgleichen
compenso [kom'pɛnso] *m* Vergütung *f*
competente [kompe'tɛnte] *agg* ❶ (*esperto*) sachkundig ❷ (ADM) zuständig; **competenza** [kompe'tɛntsa] *f* ❶ (*perizia*) Sachverstand *m* ❷ (ADM) Zuständigkeit *f*
competere [kom'pɛ:tere] <irr> *vi* konkurrieren; **competizione** [kompetit'tsio:ne] *f* Wettkampf *m*
compiangere [kom'piandʒere] <irr> *vt* bedauern
compiere ['kompiere] <irr> *vt* ❶ (*concludere*) beenden; (*età*) vollenden ❷ (*dovere*) erfüllen
compilare [kompi'la:re] *vt* verfassen; (*modulo*) ausfüllen
compito ['kompito] *m* (Haus)aufgabe *f*
compleanno [komple'anno] *m* Geburtstag *m*
complemento [komple'mento] *m* (LING) Angabe *f*
complessità [komplessi'ta] <-> *f* Komplexität *f*; **complessivo, -a** [komples'si:vo] *agg* gesamt
complesso, -a *agg* komplex; **completare** [komple'ta:re] *vt* vervollständigen
completo [kom'plɛ:to] *m* (*abito*) Anzug *m*
completo, -a *agg* ❶ (*assortimento, elenco*) vollständig ❷ (*albergo*) (voll) belegt
complicare [kompli'ka:re] *vt* schwierig(er) machen
complicato, -a *agg* kompliziert
complice ['kɔmplitʃe] *mf* Komplize *m*, Komplizin *f*
complimentarsi [kompli-men'ta:rsi] *vr* ~ **con qu per qc** jdm zu etw beglückwünschen; **complimento** [kompli'mento] *m* Kompliment *n*
comporre [kom'porre] <irr> *vt* bilden
comportamento [kompor-ta'mento] *m* Verhalten *n*
comportare [kompor'tare] **I.** *vt* mit sich *dat* bringen **II.** *vr* **-rsi** sich benehmen
compositore, -trice [kompo-zi'to:re] *m, f* (MUS) Komponist(in) *m(f)*; **composizione** [kompozit'tsio:ne] *f* Zusam-

mensetzung *f*

composto, -a [kom'pɔsto] *agg* zusammengesetzt

comprare [kom'pra:re] *vt* kaufen

comprendere [kom'prɛndere] <irr> *vt* ❶ (*capire*) verstehen ❷ (*contenere*) enthalten; **comprensione** [kompren'sio:ne] *f* Verständnis *n*

compreso, -a [kom'pre:so] *agg* **tutto** ~ alles in allem

compressione [kompres'sio:ne] *f* ~ **dati** (INFORM) Datenkomprimierung *f*

comprimere [kom'pri:mere] <irr> *vt* zusammendrücken

compromesso [kompro'mɛsso] *m* (*fig*) Kompromiss *m*

compromettere [kompro'mettere] <irr> *vt* kompromittieren

computer [kom'pjuter] <-> *m* Computer *m;* ~ **portatile** Laptop *m;* **computerizzato, -a** [kompjuterid'dza:to] *agg* computergestützt

comunale [komu'na:le] *agg* Gemeinde-

comune [ko'mu:ne] **I.** *agg* ❶ allgemein ❷ (*normale*) durchschnittlich **II.** *m* Gemeinde *f*

comunicare [komuni'ka:re] *vt* mitteilen; **comunicativo, -a** [komunika'ti:vo] *agg* kontaktfreudig

comunicato [komuni'ka:to] *m* Bericht *m*

comunicazione [komunikat'tsio:ne] *f* ❶ Kommunikation *f* ❷ (*collegamento*) Verbindung *f*

comunione [komu'nio:ne] *f* ❶ (REL) Kommunion *f* ❷ (JUR) ~ **dei beni** Gütergemeinschaft *f*

comunismo [komu'nizmo] *m* Kommunismus *m;* **comunista** [komu'nista] <-i *m*, -e *f*> *mf* Kommunist(in) *m(f)*

comunità [komuni'ta] <-> *f* Gemeinschaft *f*

comunitario, -a [komuni'ta:rio] <-i, -ie> *agg* **le istituzioni -ie** die EU-Institutionen *fpl*

comunque [ko'muŋkue] *avv* (*in ogni modo*) jedenfalls; (*tuttavia*) immerhin

con [kon] <col, collo, colla, coi, cogli, colle> *prp* ❶ mit +*dat* ❷ bei +*dat;* ~ **questo** damit ❸ (*verso*) zu +*dat*

concedere [kon'tʃɛ:dere] <irr> **I.** *vt* zugestehen **II.** *vr* **-rsi** sich *dat* erlauben

concentramento [kontʃentra'mento] *m* Konzentration *f;* **concentrare** [kontʃen'tra:re] *vt* (*fig*) ~ **qc su qc** etw auf etw *acc* konzentrieren

concentrazione [kontʃentrat'tsio:ne] *f* Konzentration *f*

concepimento [kontʃepi'mento] *m* ❶ (BIOL) Empfängnis *f* ❷ (*fig*) Ausdenken *n;* **conce-**

pire [kontʃe'pi:re] *vt* ❶ (BIOL) empfangen ❷ (*ideare*) ausdenken

concerto [kon'tʃɛrto] *m* Konzert *n*

concessione [kontʃes'sio:ne] *f* Bewilligung *f*

concetto [kon'tʃɛtto] *m* Begriff *m*

conchiglia [koŋ'kiʎʎa] <-glie> *f* Muschel *f*

conciliare [kontʃi'lia:re] *vt* versöhnen

concilio [kon'tʃi:lio] <-i> *m* (REL) Konzil *n*

concime [kon'tʃi:me] *m* Dünger *m*

conciso, **-a** [kon'tʃi:zo] *agg* bündig

concludere [koŋ'klu:dere] <irr> *vt* ❶ (*condurre a termine*) beenden ❷ (*trattato, vertenza*) (ab)schließen; **conclusione** [koŋklu'zio:ne] *f* Ende *n*; **conclusivo**, **-a** [konklu'zi:vo] *agg* abschließend

concordanza [koŋkor'dantsa] *f* Übereinstimmung *f*; **concordare** [koŋkor'da:re] *vt* vereinbaren

concordia [koŋ'kɔrdia] <-ie> *f* Einvernehmen *n*

concorrente [koŋkor'rɛnte] *mf* Konkurrent(in) *m(f)*; **concorrenza** [koŋkor'rɛntsa] *f* Konkurrenz *f*

concorrere [koŋ'korrere] <irr> *vi* teilnehmen; **concorso** [koŋ'korso] *m* Wettbewerb *m*

concreto, **-a** *agg* konkret

condanna [kon'danna] *f* Urteil *n*; **condannare** [kondan'na:re] *vt* verurteilen

condensare [konden'sa:re] *vt* kondensieren

condensato, **-a** *agg* Kondens-

condimento [kondi'mento] *m* Gewürz *n*; **condire** [kon'di:re] *vt* würzen

condiscendere [kondiʃ'ʃendere] <irr> *vi* ~ **a qc** in etw *acc* einwilligen

condividere [kondi'vi:dere] <irr> *vt* teilen

condizionale [kondittsio'na:le] *m* (LING) Konditional *m*

condizione [kondit'tsio:ne] *f* ❶ (*presupposto*) Bedingung *f* ❷ *pl* (*stato*) Zustand *m*

condoglianze [kondoʎ'ʎantse] *fpl* Beileid *n*

condominio [kondo'mi:nio] <-i> *m* Haus *n* mit Eigentumswohnungen

condotta [kon'dotta] *f* Verhalten *n*

conducente [kondu'tʃɛnte] *mf* Fahrer(in) *m(f)*

condurre [kon'durre] <irr> *vt* ❶ (MOT, FERR, NAUT) fahren ❷ (*azienda*) leiten

conduttore, **-trice** *agg* führend

confederazione *f* Verband *m*

conferenza [konfe'rɛntsa] *f*

C

Konferenz *f*

conferire [konfe'ri:re] *vt* (*incarico*) vergeben; (*titolo*) verleihen

conferma [kon'ferma] *f* Bestätigung *f*; **confermare** [konfer'ma:re] *vt* bestätigen

confessare [konfes'sa:re] *vt* beichten; **confessione** [konfes'sio:ne] *f* Beichte *f*; **confessore** [konfes'so:re] *m* Beichtvater *m*

confetto [kon'fɛtto] *m* Pariser Mandel *f*

confezionare [konfettsio'na:re] *vt* ❶ (*vestito*) anfertigen ❷ (*merci*) ein-, verpacken; **confezione** [konfet'tsio:ne] *f* ❶ (Ver)packung *f* ❷ *pl* (*vestiti*) Konfektion *f*

confidare [konfi'da:re] *vt* anvertrauen; **confidenza** [konfi'dɛntsa] *f* Vertrauen *n*

configurare [konfigu'ra:re] <configuro> *vt* (INFORM) konfigurieren

confinare [konfi'na:re] *vi* (an)grenzen

confine [kon'fi:ne] *m* Grenze *f*

conflitto [kon'flitto] *m* Konflikt *m*

confluire [konflu'i:re] *vi* zusammenfließen

confondere [kon'fondere] <irr> *vt* verwirren

confortare [konfor'ta:re] *vt* trösten; **confortevole** [konfor'te:vole] *agg* ❶ (*consolante*) tröstend ❷ (*comodo*) komfortabel; **conforto** [kon'fɔrto] *m* ❶ (*consolazione*) Trost *m* ❷ (*agio*) Komfort *m*

confrontare [konfron'ta:re] *vt* vergleichen; **confronto** [kon'fronto] *m* Vergleich *m*

confusione [konfu'zio:ne] *f* Durcheinander *n*; **confuso, -a** [kon'fu:zo] *agg* verworren

congelare [kondʒe'la:re] *vt* einfrieren; **congelatore** [kondʒela'to:re] *m* Tiefkühltruhe *f*

congestione [kondʒes'tio:ne] *f* Blutandrang *m*

congiungere [kon'dʒundʒere] <irr> *vt* verbinden

congiuntivite [kondʒunti'vi:te] *f* Bindehautentzündung *f*

congiuntivo [kondʒun'ti:vo] *m* (LING) Konjunktiv *m*

congiuntura [kondʒun'tu:ra] *f* ❶ (COM) Konjunktur *f* ❷ (ANAT) Gelenk *n*

congiura [kon'dʒu:ra] *f* Verschwörung *f*

congratularsi [koŋgratu'larsi] *vr* ~ **con qu per qc** jdm zu etw gratulieren; **congratulazione** [koŋgratulat'tsio:ne] *f* Glückwunsch *m*

congresso [koŋ'grɛsso] *m* Kongress *m*

coniglio [ko'niʎʎo] <-gli> *m* Kaninchen *n*

coniugare [koniu'ga:re] **I.** *vt* (LING) konjugieren **II.** *vr* **-rsi** sich

verheiraten; **coniugazione** [koniugat'tsio:ne] *f* (LING) Konjugation *f*
coniuge ['kɔniudʒe] *mf* Ehemann *m*, -frau *f*
connazionale [konnattsio'na:le] *agg* aus dem gleichen Land
connessione [konnes'sio:ne] *f* ❶ (EL) Anschluss *m* ❷ (TEC) Verbindung *f*; ~ **a banda larga** (TEL) Breitbandverbindung *f*
cono ['kɔ:no] *m* Kegel *m*
conoscente [konoʃ'ʃɛnte] *mf* Bekannte(r) *f(m)*; **conoscenza** [konoʃ'ʃɛntsa] *f* ❶ (MED) **perdere** ~ das Bewusstsein verlieren ❷ (*persona*) Bekannte(r) *f(m)*; **fare la ~ di qu** jd kennen lernen
conoscere [ko'noʃʃere] <irr> *vt* kennen; (*cosa*) sich auskennen in +*dat*
conoscitore, **-trice** [konoʃʃi'to:re] *m, f* Kenner(in) *m(f)*
conosciuto, **-a** [konoʃ'ʃu:to] *agg* bekannt
conquista [koŋ'kuista] *f* Eroberung *f*; **conquistare** [koŋkuis'ta:re] *vt* erobern; **conquistatore**, **-trice** [koŋkuista'to:re] *m, f* Eroberer(in) *m(f)*
consacrare [konsa'kra:re] *vt* weihen
consapevole [konsa'pe:vole] *agg* bewusst
consecutivo, **-a** [konseku'ti:vo] *agg* aufeinander folgend
consegna [kon'seɲɲa] *f* (Aus)lieferung *f*; **consegnare** [konseɲ'ɲa:re] *vt* (*recapitare*) übergeben; (*affidare*) anvertrauen
conseguenza [konse'guɛntsa] *f* Folge *f*
conseguire [konse'gui:re] *vt* erreichen
consenso [kon'sɛnso] *m* Zustimmung *f*
consentire [konsen'ti:re] **I.** *vi* zustimmen **II.** *vt* zulassen
conserva [kon'sɛrva] *f* Konserve *f*; **conservante** [konser'vante] *m* Konservierungsstoff *m*
conservare [konser'va:re] *vt* ❶ (GASTR) haltbar machen ❷ (*custodire*) aufbewahren
conservatore, **-trice** [konserva'to:re] *agg* konservativ
conservatorio [konserva'tɔ:rio] <-i> *m* Konservatorium *n*
conservazione [konservat'tsio:ne] *f* Erhaltung *f*
considerare [konside'ra:re] *vt* ❶ berücksichtigen ❷ (*ritenere*) betrachten; **lo considero mio amico** ich betrachte ihn als Freund; **considerazione** [konsiderat'tsio:ne] *f* ❶ (*osservazione*) Betrachtung *f* ❷ (*stima*) Ansehen *n*
consigliare [konsiʎ'ʎa:re] *vt* empfehlen; **consigliere**, **-a** [konsiʎ'ʎɛ:re] *m, f* Ratgeber(in)

C

m(f); **consiglio** [kon'siʎʎo] <-gli> *m* ❶ Rat(schlag) *m*; **chiedere un ~ a qu** jdn um Rat fragen ❷ (ADM) Rat *m*

consistente [konsis'tɛnte] *agg* beträchtlich

consistere [kon'sistere] <irr> *vi essere* ~ **in qc** aus etw bestehen

consolare [konso'la:re] *vt* trösten

consolato [konso'la:to] *m* Konsulat *n*

consolatore, -trice [konsola'to:re] *agg* tröstend; **consolazione** [konsolat'tsio:ne] *f* Trost *m*

console ['kɔnsole] *m* Konsul *m*

consolidare [konsoli'da:re] *vt* konsolidieren

consonante [konso'nante] *f* (LING) Konsonant *m*

consorte [kon'sɔrte] *mf* Gemahl(in) *m(f)*

constatare [konsta'ta:re] *vt* feststellen

consueto, -a *agg* üblich

consulente [konsu'lɛnte] *mf* Berater(in) *m(f)*; **consulenza** [konsu'lɛntsa] *f* Beratung *f*

consultare [konsul'ta:re] *vt* zu Rate ziehen, beiziehen *A*

consumare [konsu'ma:re] *vt* ❶ (*usare*) verbrauchen ❷ (*pasti*) verzehren; **consumato, -a** [konsu'ma:to] *agg* verbraucht; **consumatore, -trice** [konsuma'to:re] *m, f* Verbraucher(in) *m(f)*; **consumazione** [konsumat'tsio:ne] *f* (GASTR) Verzehr *m*, Konsumation *f A*

consumismo [konsu'mizmo] *m* Konsumdenken *n*; **consumo** [kon'su:mo] *m* Verbrauch *m*

contabile [kon'ta:bile] *mf* Buchhalter(in) *m(f)*; **contabilità** [kontabili'ta] <-> *f* Buchführung *f*

contachilometri [kontaki'lɔ:metri] <-> *m* Kilometerzähler *m*

contadino, -a [konta'di:no] *m, f* (AGR) Bauer *m*, Bäu(e)rin *f*

contagiare [konta'dʒa:re] *vt* anstecken; **contagio** [kon'ta:dʒo] <-gi> *m* Ansteckung *f*; **contagioso, -a** [konta'dʒo:so] *agg* ansteckend

contaminare [kontami'na:re] *vt* verunreinigen

contante [kon'tante] *agg* bar

contare [kon'ta:re] *vi* zählen; **contatore** [konta'to:re] *m* Zähler *m*

contatto [kon'tatto] *m* Kontakt *m*

conte, -essa ['konte] *m, f* Graf *m*, Gräfin *f*

conteggio [kon'teddʒo] <-ggi> *m* (Be)rechnung *f*

contemplare [kontem'pla:re] *vt* betrachten; **contemplazione** [kontemplat'tsio:ne] *f* Betrachtung *f*

contemporaneo, -a [kontempo'ra:neo] <-ei, -ee> *agg* gleichzeitig; (HIST) zeitgenössisch
contenere [konte'ne:re] <irr> **I.** *vt* enthalten **II.** *vr* **-rsi** sich beherrschen; **contenitore** [konteni'to:re] *m* Behälter *m*
contento, -a [kon'tɛnto] *agg* zufrieden
contenuto [konte'nu:to] *m* Inhalt *m*
contestare [kontes'ta:re] *vt* protestieren gegen; **contestazione** [kontestat'tsio:ne] *f* Protest *m*
contesto [kon'tɛsto] *m* Kontext *m*
continentale [kontinen'ta:le] *agg* kontinental; **continente** [konti'nɛnte] *m* Kontinent *m*
continuare [kontinu'a:re] *vt* fortsetzen; **continuazione** [kontinuat'tsio:ne] *f* Fortsetzung *f*; **continuo, -a** [kon'ti:nuo] *agg* dauernd
conto ['konto] *m* ❶ (MAT, COM) Rechnung *f* ❷ (*valutazione*) **tenere ~ di qc/qu** etw/jdn berücksichtigen ❸ (*fig: interesse*) **per ~ mio/tuo/suo** was mich/dich/ihn betrifft
contorno [kon'torno] *m* Beilage *f*
contrabbandare [kontrabban'da:re] *vt* schmuggeln; **contrabbandiere, -a** [kontrabban'diɛ:re] *agg* Schmuggler-;
contrabbando [kontrab'bando] *m* Schmuggel *m*
contraccambiare [kontrakkam'bia:re] *vt* erwidern
contraccettivo [kontrattʃet'ti:vo] *m* Verhütungsmittel *n*
contraddire [kontrad'di:re] <irr> *vt* ~ **qu** jdm widersprechen; **contraddizione** [kontraddit'tsio:ne] *f* Widerspruch *m*
contraffare [kontraf'fa:re] <irr> *vt* fälschen
contrario, -a <-i, -ie> *agg* ❶ (*opposto*) gegenteilig ❷ (*avverso*) widrig
contrarre [kon'trarre] <irr> *vt* (*malattia*) bekommen; (*debito*) machen
contrastare [kontras'ta:re] *vi* ~ **con qu** zu jdm in Widerspruch stehen; **contrasto** [kon'trasto] *m* Streit *m*
contrattare [kontrat'ta:re] *vt* verhandeln (um/über +*acc*)
contrattempo [kontrat'tɛmpo] *m* Zwischenfall *m*
contratto[1] [kon'tratto] *m* Vertrag *m*; ~ **a termine** Zeitvertrag *m*
contravvenzione [kontravven'tsio:ne] *f* (Gesetzes)übertretung *f*
contribuire [kontribu'i:re] *vi* ~ **a qc** zu etw beitragen; **contributo** [kontri'bu:to] *m* Beitrag *m*

contro ['kontro] **I.** *prp* gegen +*acc* **II.** *avv* dagegen

contro- [kontro] (*in parole composte*) Gegen-, Wider-

controindicazione [kontroindikat'tsio:ne] *f* (MED) Gegenanzeige *f*

controllare [kontrol'la:re] *vt* überprüfen; (*fig*) beherrschen

controller [kon'trɔller] <-> *m* (TEC, INFORM) Controller *m*

controllo [kon'trɔllo] *m* Überprüfung *f*; (*fig*) Beherrschung *f*; **controllore** [kontrol'lo:re] *m* Kontrolleur *m*

contusione [kontu'zio:ne] *f* Prellung *f*; **contuso, -a** [kon'tu:zo] *agg* geprellt

convalescente [konvaleʃ'ʃɛnte] *mf* Genesende(r) *f(m)*; **convalescenza** [konvaleʃ'ʃɛntsa] *f* **essere in ~** auf dem Wege der Genesung sein

convalidare [konvali'da:re] *vt* bestätigen

convegno [kon'veɲɲo] *m* Tagung *f*

conveniente [konve'niɛnte] *agg* angemessen; **convenienza** [konve'niɛntsa] *f* Vorteil *m*

convenire [konve'ni:re] <irr> *vi essere o avere* ~ **su qc** sich über etw *acc* einigen

convento [kon'vɛnto] *m* Kloster *n*

convenzione [konven'tsio:ne] *f* Abkommen *n*

conversare [konver'sa:re] *vi* sich unterhalten; **conversazione** [konversat'tsio:ne] *f* Unterhaltung *f*

convertire [konver'ti:re] *vt* ❶ (*trasformare*) ~ **qc in qc** etw in etw *acc* umwandeln ❷ (FIN, INFORM) konvertieren

convincere [kon'vintʃere] <irr> *vt* ~ **qu** (**di qc**) jdn (von etw) überzeugen; **convinzione** [konvin'tsio:ne] *f* Überzeugung *f*

convivenza [konvi'vɛntsa] *f* Zusammenleben *n*; **convivere** [kon'vi:vere] <irr> *vi essere o avere* zusammenleben

convocare [konvo'ka:re] *vt* einberufen

convoglio [kon'vɔʎʎo] <-gli> *m* Konvoi *m*

convulsione [konvul'sio:ne] *f* Krampf(anfall) *m*

cooperativa [koopera'ti:va] *f* Genossenschaft *f*; **cooperazione** [kooperat'tsio:ne] *f* Mitarbeit *f*, Zusammenarbeit *f*

coordinare [koordi'na:re] *vt* koordinieren

Copenaghen [kope'na:gen] *f* Kopenhagen *n*

coperchio [ko'pɛrkio] <-chi> *m* Deckel *m*

coperta [ko'pɛrta] *f* Decke *f*

coperto [ko'pɛrto] *m* (*in tavola*) Gedeck *n*

copertone [koper'to:ne] *m* (AU-

TO) (Reifen)mantel *m*

copia ['kɔ:pia] <-ie> *f* ❶ Abschrift *f;* ~ **di sicurezza** (INFORM) Sicherheitskopie *f* ❷ (*di opere d'arte*) Kopie *f;* **copiare** [ko'pia:re] *vt* ❶ (*trascrivere*) abschreiben ❷ (INFORM) kopieren; **copiatrice** [kopia'tri:tʃe] *f* Kopierer *m*

coppa ['koppa] *f* Kelch *m;* (SPORT) Pokal *m*

coppia ['kɔppia] <-ie> *f* Paar *n*

copricapo [kopri'ka:po] *m* Kopfbedeckung *f;* **copricostume** [koprikos'tu:me] <-> *m* Strandkleid *n*

copriletto [kopri'lɛtto] <-> *m* Tagesdecke *f*

coprire [ko'pri:re] <irr> **I.** *vt* zudecken **II.** *vr* **-rsi** (*il corpo*) sich bedecken

coraggio [ko'raddʒo] *m* Mut *m;* **coraggioso, -a** [korad'dʒo:so] *agg* mutig

corallo [ko'rallo] *m* Koralle *f*

corano [ko'ra:no] *m* Koran *m*

corazza [ka'rattsa] *f* (MIL) Rüstung *f*

corda ['kɔrda] *f* Seil *n*

cordiale [kor'dia:le] *agg* herzlich

cordless [kɔ:dles] <-> *m* schnurloses Telefon

cordoglio [kor'dɔʎʎo] <-gli> *m* Leid *n*

cordone [kor'do:ne] *m* Schnur *f*

coriandoli [ko'riandoli] *mpl* (*di carnevale*) Konfetti *n*

coricare [kori'ka:re] *vt* (hin)legen

cornacchia [kor'nakkia] <-cchie> *f* Krähe *f*

cornea ['kɔrnea] *f* Hornhaut *f*

cornetto [kor'netto] *m* Hörnchen *n*

cornice [kor'ni:tʃe] *f* Rahmen *m*

corno ['kɔrno] <*pl:* -a *f*> *m* Horn *n*

coro ['kɔ:ro] *m* Chor *m*

corona [ko'ro:na] *f* ❶ Krone *f* ❷ (*ornamento*) Kranz *m*

coronaria [koro'na:ria] <-ie> *f* Kranzgefäß *n*

corpo ['kɔrpo] *m* Körper *m*

corporatura [korpora'tu:ra] *f* Körperbau *m*

corpulento, -a [korpu'lɛnto] *agg* korpulent

corredare [korre'da:re] *vt* ausstatten; **corredo** [kor'rɛ:do] *m* Aussteuer *f*

correggere [kor'rɛddʒere] <irr> *vt* korrigieren

corrente [kor'rɛnte] *agg* ❶ (*acqua*) fließend ❷ (*mese, anno*) laufend

correre ['korrere] <irr> *vi essere o avere* laufen, rennen

corretto, -a [kor'rɛtto] *agg* korrekt

correzione [korret'tsio:ne] *f* Korrektur *f*

corridoio [korri'do:io] <-oi> *m* Flur *m*

corridore, -trice [korri'do:re]

m, f Läufer(in) *m(f)*
corriera [kor'riɛ:ra] *f* Überlandbus *m*
corriere [kor'riɛ:re] *m* (*per trasporto*) (Eil)bote *m*
corrispondente [korrispon'dɛnte] *mf* Korrespondent(in) *m(f)*; **corrispondenza** [korrispon'dɛntsa] *f* ~ **epistolare** Briefwechsel *m*
corrispondere [korris'pondere] <irr> *vi* entsprechen
corrodere [kor'ro:dere] <irr> *vt* (*metalli*) zersetzen; (*acidi*) ätzen
corrompere [kor'rompere] <irr> *vt* (*fig: con denaro*) bestechen; (*moralmente*) verderben
corruzione [korrut'tsio:ne] *f* Bestechung *f*
corsa ['korsa] *f* ❶ (*il correre*) Laufen *n* ❷ (*di automezzo*) Fahrt *f*
corsia [kor'si:a] <-ie> *f* ~ **di marcia/sorpasso/emergenza** Fahr-/Überhol-/Standspur *f*
Corsica ['kɔrsika] *f* Korsika *n*
corsivo, -a *agg* kursiv
corso ['korso] *m* ❶ Verlauf *m* ❷ (*insegnamento*) Kurs *m* ❸ (FIN) Umlauf *m*
corte ['korte] *f* Hof *m*
corteccia [kor'tettʃa] <-cce> *f* Rinde *f*
corteggiare [korted'dʒa:re] *vt* ~ **qu** jdm den Hof machen; **corteggiatore, -trice** [korteddʒa'to:re] *m, f* Verehrer(in) *m(f)*
corteo [kor'tɛ:o] *m* (Um)zug *m*
cortese [kor'te:ze] *agg* höflich; **cortesia** [korte'zi:a] <-ie> *f* Höflichkeit *f*
cortile [kor'ti:le] *m* Hof *m*
corto, -a ['korto] *agg* kurz
cortocircuito [kortotʃir'ku:ito] *m* Kurzschluss *m*
corvo ['kɔrvo] *m* Rabe *m*
cosa ['kɔ:sa] *f* Sache *f*, Ding *n*; (**che**) ~**?** was?
coscia ['kɔʃʃa] <-sce> *f* Schenkel *m*
cosciente [koʃ'ʃɛnte] *agg* bewusst; **coscienza** [koʃ'ʃɛntsa] *f* Bewusstsein *n*
così [ko'si] *avv* ❶ (*in questo modo*) so; **come va? – ~ ~** wie geht es? – so lala ❷ (*correlativo di come*) (so) wie; **cosicché** [kosik'ke] *cong* so dass, sodass *A*
cosiddetto, -a [kosid'detto] *agg* so genannt
cosmesi [koz'mɛ:zi] <-> *f*, **cosmetica** [kos'mɛ:tika] <-che> *f* Kosmetik *f*
cosmetico [kos'mɛ:tiko] <-ci> *m* Kosmetikprodukt *n*
cosmo ['kɔzmo] *m* Kosmos *m*; **cosmonauta** [kozmo'na:uta] <-i *m*, -e *f*> *mf* Kosmonaut(in) *m(f)*; **cosmonave** [kozmo'na:ve] *f* Raumschiff *n*; **cospirazione** [kospirat'tsio:ne] *f* Verschwörung *f*

costa ['kɔsta] *f* (GEOG) Küste *f*

costante [kos'tante] *agg* ❶ (*persona*) beharrlich ❷ (*sentimenti*) anhaltend

costanza [kos'tantsa] *f* Beharrlichkeit *f*

Costanza [kos'tantsa] *f* Konstanz *n*

costare [kos'ta:re] *vi, vt essere* kosten

costeggiare [kosted'dʒa:re] *vt* ❶ (NAUT) entlangfahren an +*dat* ❷ (*strada*) entlanglaufen an +*dat*

costituire [kostitu'i:re] *vt* bilden

costituzione [kostitut'tsio:ne] *f* Verfassung *f*

costo ['kɔsto] *m* Preis *m*

costola ['kɔstola] *f* (ANAT, BOT) Rippe *f*

costoso, -a [kos'to:so] *agg* teuer

costringere [kos'trindʒere] <irr> *vt* zwingen

costruire [kostru'i:re] *vt* bauen; **costruttore, -trice** [kostrut'to:re] *m, f* (Er)bauer(in) *m(f)*; **costruzione** [kostrut'tsio:ne] *f* Bau *m*

costui, costei [kos'tu:i] <costoro> *pron* der/die/das da

costume [kos'tu:me] *m* ❶ Kostüm *n*; ~ **da bagno** (*da donna*) Badeanzug *m* ❷ (*usanze*) Sitte *f*

cotechino [kote'ki:no] *m* (GASTR) *Brühwurst aus Schweinefleisch*

cotogna [ko'toɲɲa] *f* Quitte *f*

cotoletta [koto'letta] *f* Schnitzel *n*

cotone [ko'to:ne] *m* ❶ (*tessuto*) Baumwolle *f* ❷ ~ **(idrofilo)** Watte *f*

cottimo ['kɔttimo] *m* Akkord *m*

cotto ['kɔtto] *m* Tonfliese *f*

cotto, -a *agg* gar

cottura [kot'tu:ra] *f* (GASTR) Garen *n*

covo ['ko:vo] *m* (*fig*) Versteck *n*

cozza ['kɔttsa] *f* Miesmuschel *f*

C.P. *abbr di* **Casella Postale** Postf.

Cracovia *f* Krakau *n*

crampo ['krampo] *m* Krampf *m*

cranio ['kra:nio] <-i> *m* Schädel *m*

crash [kræʃ] <-> *m* (INFORM) Absturz *m*

cratere [kra'tɛ:re] *m* Krater *m*

crauti ['kra:uti] *mpl* Sauerkraut *n*

cravatta [kra'vatta] *f* Krawatte *f*

creare [kre'a:re] *vt* (er)schaffen; (COM: *società*) gründen

creatività [kreativi'ta] <-> *f* Kreativität *f*; **creativo, -a** [krea'ti:vo] *agg* kreativ

creato [kre'a:to] *m* Schöpfung *f*; **creatore, -trice** [krea'to:re] *m, f* Schöpfer(in) *m(f)*; **creatura** [krea'tu:ra] *f* Kreatur *f*; **creazione** [kreat'tsio:ne] *f* Schöpfung *f*; (*invenzione*) Erfindung *f*

credente [kre'dɛnte] *agg* gläubig

credenza [kre'dɛntsa] *f* ❶ (*mobile*) Anrichte *f* ❷ (*leggenda*) Glaube *m*

credere ['kre:dere] <irr> *vt* glauben; (*ritenere*) halten für; **credibilità** [kredibili'ta] <-> *f* Glaubhaftigkeit *f*

credito ['kre:dito] *m* Kredit *m;* **creditore, -trice** [kredi'to:re] *m, f* Gläubiger(in) *m(f)*

crema ['krɛ:ma] *f* Creme *f*

Cremlino [krem'li:no] *m* Kreml *m*

crepa ['krɛ:pa] *f* Riss *m;* **crepaccio** [kre'pattʃo] <-cci> *m* Spalte *f*

crepare [kre'pa:re] *vi essere* ❶ (*muro, terra*) aufbrechen ❷ (*pelle*) aufplatzen

crepuscolo [kre'puskolo] *m* Dämmerung *f*

crescere ['kreʃʃere] <irr> **I.** *vi essere* wachsen **II.** *vt* (COM) erhöhen

crescione [kreʃ'ʃo:ne] *m* (Brunnen)kresse *f*

crescita ['kreʃʃita] *f* Wachstum *n*

cresima ['krɛ:zima] *f* Firmung *f;* (*nella chiesa luterana*) Konfirmation *f*

crespo, -a *agg* (*capelli*) kraus

cresta ['kresta] *f* Kamm *m*

creta ['kre:ta] *f* Ton *m*

cretino, -a [kre'ti:no] *m, f* Idiot(in) *m(f)*

C.R.I. *f abbr di* **Croce Rossa Italiana** ≈ DRK *n*

cric [krik] <-> *m* (*fam*) Wagenheber *m*

criceto [kri'tʃɛ:to] *m* Hamster *m*

criminale [krimi'na:le] *agg* Kriminal-; (*criminoso*) kriminell

criminalità [kriminali'ta] <-> *f* Kriminalität *f*

crimine ['kri:mine] *m* Verbrechen *n*

criptare [krip'ta:re] *vt* (INFORM) kodieren; **criptato, -a** [krip'ta:to] *agg* (INFORM) kodiert

crisantemo [krizan'tɛ:mo] *m* Chrysantheme *f*

crisi ['kri:zi] <-> *f* Krise *f;* **~ di nervi** Nervenzusammenbruch *m;* **essere in ~** sich in einer Krise befinden

cristallo [kris'tallo] *m* (*vetro*) Kristall(glas) *n*

cristianesimo [kristia'ne:zimo] *m* Christentum *n*

cristiano, -a [kris'tia:no] *agg* christlich

Cristo ['kristo] *m* Christus *m*

criterio [kri'tɛ:rio] <-i> *m* Kriterium *n*

critica ['kri:tika] <-che> *f* Kritik *f;* **criticare** [kriti'ka:re] *vt* kritisieren; **critico, -a** ['kri:tiko] <-ci, -che> *agg* kritisch

criticone, -a [kriti'ko:ne] *m, f* (*fam*) Nörgler(in) *m(f)*

Croazia *f* Kroatien *n*

croccante [krok'kante] *agg* knusp(e)rig

crocchetta [krok'ketta] *f* Krokette *f*

croce ['kro:tʃe] *f* Kreuz *n*; **crocevia** [krotʃe'vi:a] <-> *m* (Weg)kreuzung *f*; **crociata** [kro'tʃa:ta] *f* Kreuzzug *m*

crociera [kro'tʃɛ:ra] *f* Kreuzfahrt *f*

crocifiggere [krotʃi'fiddʒere] <irr> *vt* kreuzigen; **crocifissione** [krotʃifis'sio:ne] *f* Kreuzigung *f*

crocifisso [krotʃi'fisso] *m* Kruzifix *n*

crollare [krol'la:re] *vi essere* einstürzen; (*persone*) zusammenbrechen; **crollo** ['krɔllo] *m* Einsturz *m*

cromosoma [kromo'sɔ:ma] <-i> *m* Chromosom *n*

cronaca ['krɔ:naka] <-che> *f* Chronik *f*

cronico, -a ['krɔ:niko] <-ci, -che> *agg* chronisch

cronista [kro'nista] <-i *m*, -e *f*> *mf* Berichterstatter(in) *m(f)*

cronologia [kronolo'dʒi:a] <-gie> *f* Chronologie *f*; **cronologico, -a** [krono'lɔ:dʒiko] <-ci, -che> *agg* chronologisch

cronometrare [kronome'tra:re] *vt* (ab)stoppen

crosta ['krɔsta] *f* Kruste *f*

crostacei [kros'ta:tʃei] *mpl* Krustentiere *npl*

crostata [kros'ta:ta] *f Mürbteigkuchen*

crostino [kros'ti:no] *m* (geröster) Brotwürfel *m*

cruciverba [krutʃi'vɛrba] <-> *m* Kreuzworträtsel *n*

crudele [kru'de:le] *agg* grausam; **crudeltà** [krudel'ta] <-> *f* Grausamkeit *f*

crudo, -a ['kru:do] *agg* roh

cruna ['kru:na] *f* Nadelöhr *n*

cruscotto [krus'kɔtto] *m* Armaturenbrett *n*

cubo ['ku:bo] *m* ❶ (MAT) Kubus *m* ❷ (*oggetto*) Würfel *m*

cuccetta [kut'tʃetta] *f* (FERR) Platz *m* im Liegewagen

cucchiaino [kukkia'i:no] *m* Teelöffel *m*; **cucchiaio** [kuk'kia:io] <-ai> *m* (Ess)löffel *m*

cucciolo, -a ['kuttʃolo] *m, f* (Hunde)junge(s) *n*

cucina [ku'tʃi:na] *f* Küche *f*; **cucinare** [kutʃi'na:re] *vt* kochen; **cucinino** [kutʃi'ni:no] *m* Kochnische *f*

cucire [ku'tʃi:re] *vt* nähen

cucito [ku'tʃi:to] *m* Näharbeit *f*

cucù [ku'ku] <-> *m* Kuckucksuhr *f*

cuffia ['kuffia] <-ie> *f* ❶ (*per la testa*) Haube *f* ❷ (TEL, RADIO) Kopfhörer *m*

cugino, -a [ku'dʒi:no] *m, f* Cousin *m*, Cousine *f*

cui ['ku:i] *pron* ❶ (*con preposizioni*) **con** ~ mit dem, der; **di** ~ von dem, der ❷ (*a cui*) dem, der, denen *pl* ❸ (*di cui*) dessen,

deren
culla ['kulla] *f* Wiege *f;* **cullare** [kul'la:re] *vt* wiegen
culmine ['kulmine] *m* (*a fig*) Gipfel *m*
culo ['ku:lo] *m* (*vulg*) Arsch *m*
culto ['kulto] *m* (*a fig*) Kult *m*
cultura [kul'tu:ra] *f* Kultur *f;* **culturale** [kultu'ra:le] *agg* kulturell
culturismo [kultu'rizmo] *m* Bodybuilding *n*
cumulare [kumu'la:re] *vt* anhäufen; **cumulo** ['ku:mulo] *m* Haufen *m*
cuneo ['ku:neo] *m* Keil *m*
cunetta [ku'netta] *f* Querrinne *f*
cuocere ['kuɔ:tʃere] <irr> *vt* kochen
cuoco, -a ['kuɔ:ko] <-chi, -che> *m, f* Koch *m,* Köchin *f*
cuoio ['kuɔ:io] <-oi> *m* Leder *n*
cuore ['kuɔ:re] *m* Herz *n*
cupo, -a ['ku:po] *agg* ❶ (*colore*) dunkel ❷ (*notte, foresta*) finster
cupola ['ku:pola] *f* Kuppel *f*
cura ['ku:ra] *f* ❶ (*impegno*) Pflege *f* ❷ (*accuratezza*) Sorgfalt *f* ❸ (MED) Behandlung *f;* **curabile** [ku'ra:bile] *agg* heilbar
curare [ku'ra:re] *vt* ❶ (*malato, malattia*) behandeln ❷ (*badare*) pflegen
curato [ku'ra:to] *m* Pfarrer *m*
curiosare [kurio'sa:re] *vi* herumschnüffeln; **curiosità** [kuriosi'ta] <-> *f* Neugier *f;* **curioso, -a** [ku'rio:so] *agg* neugierig
curriculum (vitae) [kur'ri:kulum ('vi:te)] <-> *m* Lebenslauf *m*
cursore *m* (INFORM) Cursor *m*
curva ['kurva] *f* Kurve *f;* **curvare** [kur'va:re] *vt* ❶ (*sbarra, ramo*) biegen ❷ (*capo, fronte*) beugen
curvo, -a ['kurvo] *agg* gebogen
cuscinetto [kuʃʃi'netto] *m* Lager *n*
cuscino [kuʃʃi:no] *m* Kissen *n,* Polster *m A*
custode [kus'tɔ:de] *mf* Wächter(in) *m(f);* (*di museo, palazzo, scuola*) Wärter(in) *m(f);* **custodia** [kus'tɔ:dia] <-ie> *f* Bewachung *f;* **custodire** [kusto'di:re] *vt* bewachen; (*casa, bambini, segreto*) hüten
cybercafé [saiberka'fe] <-> *m* Cybercafé *n;* **cybersesso** *m* (INFORM) Cybersex *m;* **cyberspazio** [tʃiber'spazio] <-i> *m* (INFORM) Cyberspace *n*

D

D, d [di] <-> *f* D, d *n*
da [da] <dal, dallo, dall', dalla, dai, dagli, dalle> *prp* ❶ (*stato in luogo*) bei *+dat;* (*moto da

luogo) von +*dat*, aus +*dat*; (*moto a luogo: con persone*) zu +*dat*; (*attraverso*) durch +*acc* ❷ (*agente*) von +*dat*, durch +*acc* ❸ (*tempo*) seit +*dat*

dado ['da:do] *m* Würfel *m*

dalia ['da:lia] <-ie> *f* Dahlie *f*

daltonico, **-a** [dal'tɔ:niko] <-ci, -che> *agg* farbenblind

danese [da'ne:se] *agg* dänisch

Danimarca [dani'marka] *f* Dänemark *n*

danneggiare [danned'dʒa:re] *vt* beschädigen

danno ['danno] *m* Schaden *m*; **dannoso**, **-a** [dan'no:so] *agg* schädlich

Danubio [da'nu:bio] *m* Donau *f*

danza ['dantsa] *f* Tanz *m*; **danzare** [dan'tsa:re] *vi*, *vt* tanzen

Danzica ['dantsika] *f* Danzig *n*

dappertutto [dapper'tutto] *avv* überall

dapprima [dap'pri:ma] *avv* anfangs

dare ['da:re] <irr> **I.** *vt* ❶ (*gener*) geben; (*esame*) ablegen ❷ (*assegnare*) verleihen **II.** *vi* (*guardare*) gehen; **la finestra dà sul cortile/sulla strada** das Fenster geht auf den Hof/nach der Straße **III.** *vr* **-rsi** (*loc*) **può darsi che …** +*conj* es kann sein, dass …

data ['da:ta] *f* Datum *n*; **datare** [da'ta:re] *vt* datieren

dativo [da'ti:vo] *m* Dativ *m*

dato ['da:to] *m* **banca -i** (INFORM) Datenbank *f*

datore, **-trice** [da'to:re] *m*, *f* Geber(in) *m(f)*

dattero ['dattero] *m* Dattel *f*

dattilografare [dattilogra'fa:re] *vt* Maschine schreiben; **dattilografo**, **-a** [datti'lɔ:grafo] *m*, *f* Maschine(n)schreiber(in) *m(f)*

davanti [da'vanti] **I.** *avv* davor; (*di fronte*) gegenüber; (*nella parte anteriore*) vorn(e) **II.** *prp* **~ a me** vor mir

davanzale [davan'tsa:le] *m* Fensterbank *f*

davvero [dav've:ro] *avv* wirklich

d.C. *abbr di* **dopo Cristo** n. Chr.

debito ['de:bito] *m* Schuld *f*

debitore, **-trice** [debi'to:re] *m*, *f* Schuldner(in) *m(f)*

debole ['de:bole] *agg* schwach; **debolezza** [debo'lettsa] *f* Schwäche *f*

debugging [di:'bʌgiŋ] <-> *m* (INFORM) Debugging *n*

decaffeinato, **-a** *agg* koffeinfrei

decapitazione [dekapitat'tsio:ne] *f* Enthauptung *f*

decathlon ['dɛ:katlon] <-> *m* Zehnkampf *m*

deceduto, **-a** [detʃe'du:to] *m*, *f* Verstorbene(r) *f(m)*

decente [de'tʃɛnte] *agg* anständig

decenza [de'tʃɛntsa] *f* Schicklichkeit *f*

decesso [de'tʃɛss] *m* Todesfall *m*
decidere [de'tʃi:dere] <irr> **I.** *vt* beschließen **II.** *vi* entscheiden
decifrare [detʃi'fra:re] *vt* entziffern
decimale [detʃi'ma:le] *agg* dezimal, Dezimal-
decimetro [de'tʃi:metro] *m* Dezimeter *m o n*
decimo ['dɛ:tʃimo] *m* zehnter Teil
decimo, -a *agg* zehnte(r, s)
decisione [detʃi'zio:ne] *f* Entscheidung *f*
decisivo, -a [detʃi'zi:vo] *agg* ausschlaggebend; **deciso, -a** [de'tʃi:zo] *agg* entschlossen
declinare [dekli'na:re] *vt* ❶ (LING) deklinieren ❷ (*rifiutare*) ablehnen; **declinazione** [deklinat'tsio:ne] *f* Deklination *f*
decoder [decoder] <-> *m* Decoder *m*
decodificazione [dekodifikat'tsio:ne] *f* (INFORM) Dekodierung *f*
decollare [dekol'la:re] *vi* starten
decomporre [dekom'porre] <irr> *vt* zerlegen; **decomposizione** [dekompozit'tsio:ne] *f* Zerlegung *f*
decorare [deko'ra:re] *vt* (aus)schmücken; **decorazione** [dekorat'tsio:ne] *f* Ausschmückung *f*
decoro [de'kɔ:ro] *m* Anstand *m*
decorso [de'korso] *m* ❶ (*del tempo*) Ablauf *m* ❷ (*della malattia*) Verlauf *m*
decrescere [de'kreʃʃere] <irr> *vi essere* zurückgehen
decretare [dekre'ta:re] *vt* anordnen
decreto [de'krɛ:to] *m* Verordnung *f*
dedica ['dɛ:dika] <-che> *f* Widmung *f*
dedicare [dedi'ka:re] *vt* widmen
dedurre [de'durre] <irr> *vt* ❶ (*conclusioni*) folgern ❷ (COM) abziehen; **deduzione** [dedut'tsio:ne] *f* (Schluss)folgerung *f*
deficiente [defi'tʃɛnte] *agg* schwachsinnig
deficit ['dɛ:fitʃit] <-> *m* Verlust *m*
definire [defi'ni:re] <irr> *vt* ❶ (*descrivere*) beschreiben ❷ (*limiti*) bestimmen; **definitivo, -a** [defini'ti:vo] *agg* endgültig; **definito, -a** [defi'ni:to] *agg* ❶ (*determinato*) festgelegt, dezidiert *A* ❷ (*nitido, chiaro*) klar;
definizione [definit'tsio:ne] *f* Definition *f*
deformare [defor'ma:re] *vt* verzerren; **deforme** [de'forme] *agg* entstellt
deframmentazione [deframmenta'ttsio:ne] *f* (INFORM) Defragmentierung *f*
defunto, -a [de'funto] *agg* verstorben

degenerare [dedʒene'ra:re] *vi* degenerieren

degente [de'dʒɛnte] *mf* Krankenhauspatient(in) *m(f)*

degnare [deɲ'ɲa:re] **I.** *vt* würdigen **II.** *vr* **-rsi** sich herablassen; **degno, -a** ['deɲɲo] *agg* würdig

degustazione [degustat'tsio:ne] *f* Kostprobe *f*

delega ['dɛ:lega] <-ghe> *f* Vollmacht *f*; **delegare** [dele'ga:re] *vt* beauftragen; **delegato, -a** [dele'ga:to] *m, f* Bevollmächtigte(r) *f(m)*; **delegazione** [delegat'tsio:ne] *f* Delegation *f*

delfino [del'fi:no] *m* Delphin *m*

deliberare [delibe'ra:re] *vt* beschließen

delicatezza [delika'tettsa] *f* ❶ (*finezza*) Zartheit *f* ❷ (*cibo, bevanda*) Delikatesse *f*, Schmankerl *n A*; **delicato, -a** [deli'ka:to] *agg* ❶ (*per finezza*) fein, zart ❷ (*facile a guastarsi*) anfällig

delimitare [delimi'ta:re] *vt* abgrenzen

delinquente [deliŋ'kuɛnte] *mf* Verbrecher(in) *m(f)*; **delinquenza** [deliŋ'kuɛntsa] *f* Kriminalität *f*

delitto [de'litto] *m* Verbrechen *n*

delizia [de'littsia] <-ie> *f* Genuss *m*; **delizioso, -a** [delit'tsio:so] *agg* ❶ (*cibo, bevanda*) köstlich ❷ (*persona, cosa*) entzückend

deltaplano [delta'pla:no] *m* (Flug)drachen *m*

deludere [de'lu:dere] <irr> *vt* enttäuschen; **delusione** [delu'zio:ne] *f* Enttäuschung *f*

democrazia [demokrat'tsi:a] <-ie> *f* Demokratie *f*

demolire [demo'li:re] <irr> *vt* ❶ (*distruggere*) zerstören ❷ (*fig*) vernichten

denaro [de'na:ro] *m* Geld *n*

denominare [denomi'na:re] *vt* (be)nennen; **denominazione** [denominat'tsio:ne] *f* Bezeichnung *f*; **vino di ~ di origine controllata** Qualitätswein aus kontrolliertem Anbau

densità [densi'ta] <-> *f* Dichte *f*; **denso, -a** ['dɛnso] *agg* dick(flüssig)

dente ['dɛnte] *m* ❶ (ANAT) Zahn *m* ❷ (GASTR) **al ~** (*spaghetti, pasta*) bissfest

dentice ['dɛntitʃe] *m* Zahnbrasse *f*

dentiera [den'tiɛ:ra] *f* Zahnersatz *m*

dentifricio [denti'fri:tʃo] <-ci> *m* Zahnpasta *f*

dentista [den'tista] <-i *m*, -e *f*> *mf* Zahnarzt *m*, -ärztin *f*

dentro ['dentro] **I.** *avv* (*stato*) drinnen; (*moto*) hinein, herein **II.** *prp* (*stato*) in +*dat*; (*moto*) in +*acc*

denudare [denu'da:re] *vt* entblößen; (*a fig*) entkleiden

denuncia [de'nuntʃa] <-ie> *f* Anzeige *f;* **denunciare** [denun'tʃa:re] *vt* anzeigen

denutrizione [denutrit'tsio:ne] *f* Unterernährung *f*

deodorante [deodo'rante] *m* De(s)odorant *n*

deperire [depe'ri:re] <irr> *vi essere* verkümmern

depilare [depi'la:re] *vt* enthaaren

depilatorio, -a <-i, -ie> *agg* Enthaarungs-

dépliant [depli'jã] <-> *m* Prospekt *m o n*

deporre [de'porre] <irr> *vt* ❶ (*oggetto*) ablegen ❷ (*da testimone*) aussagen

deportare [depor'ta:re] *vt* deportieren

depositare [depozi'ta:re] *vt* ❶ (*porre giù*) abstellen, ablegen ❷ (*in banca*) hinterlegen; **deposito** [de'pɔ:zito] *m* ❶ (*in banca*) Hinterlegung *f* ❷ ~ **bagagli** Gepäckaufbewahrung *f*

deposizione [depozit'tsio:ne] *f* Zeugenaussage *f*

depressione [depres'sio:ne] *f* ❶ (METEO) Tief(druckgebiet) *n* ❷ (MED) Depression *f;* **depresso, -a** [de'prɛsso] *m, f* (MED) Depressive(r) *f(m)*

deprezzamento [deprettsa'mento] *m* Wertminderung *f*

deprimere [de'pri:mere] <irr> *vt* bedrücken

depuratore [depura'to:re] *m* (*impianto*) Kläranlage *f*

deputato, -a [depu'ta:to] *m, f* Abgeordnete(r) *f(m),* Mandatar(in) *m(f) A*

deridere [de'ri:dere] <irr> *vt* auslachen; **derisione** [deri'zio:ne] *f* Verspottung *f*

derivare [deri'va:re] *vi essere* ~ **da** herkommen von; **derivazione** [derivat'tsio:ne] *f* Abstammung *f*

dermatologia [dermatolo'dʒi:a] <-gie> *f* Dermatologie *f;* **dermatologo, -a** [derma'tɔ:logo] <-gi, -ghe> *m, f* Hautarzt *m,* -ärztin *f*

derubare [deru'ba:re] *vt* berauben

descrivere [des'kri:vere] <irr> *vt* beschreiben; **descrizione** [deskrit'tsio:ne] *f* Beschreibung *f*

deserto [de'zɛrto] *m* Wüste *f*

deserto, -a *agg* unbewohnt; (*fig*) ausgestorben

desiderabile [deside'ra:bile] *agg* wünschenswert; (*sessualmente*) begehrenswert

desiderare [deside'ra:re] *vt* wünschen; (*sessualmente*) begehren; **desiderio** [desi'dɛ:rio] <-i> *m* ❶ (*aspirazione*) Wunsch *m* ❷ (*brama sessuale*) Begierde *f*

designare [desiɲ'ɲa:re] *vt* bestimmen

desinenza [dezi'nɛntsa] *f* Endung *f*
desktop <-> *m* (INFORM) Arbeitsoberfläche *f*
desolare [dezo'la:re] *vt* ❶ (*devastare*) verheeren ❷ (*addolorare*) (tief) betrüben; **desolato, -a** [dezo'la:to] *agg* ❶ (*luogo*) öd(e) ❷ (*persona*) tief betrübt; **desolazione** [dezolat'tsio:ne] *f* Öde *f*
dessert [de'sɛ:r] <-> *m* Nachspeise *f*
destinare [desti'na:re] *vt* ~ **qc a qu** etw für jdn bestimmen; **destinatario, -a** [destina'ta:rio] <-i, -ie> *m, f* Adressat(in) *m(f)*; **destinazione** [destinat'tsio:ne] *f* ❶ (*scopo, fine*) Ziel *n* ❷ (*luogo*) Bestimmungsort *m*
destino [des'ti:no] *m* Schicksal *n*
destra ['dɛstra] *f* ❶ (*mano*) Rechte *f* ❷ (*lato*) rechte Seite; **a ~** rechts
deteinato, -a [detei'na:to] *agg* koffein-, theinfrei
detenuto, -a [dete'nu:to] *m, f* Häftling *m*; **detenzione** [deten'tsio:ne] *f* Haft *f*
detergente [deter'dʒɛnte] *m* Reinigungsmittel *n*
deteriorare [deterio'ra:re] *vt* verderben
determinare [determi'na:re] *vt* festlegen; **determinato, -a** [determi'na:to] *agg* bestimmt, dezidiert *A*; **determinazione** [determinat'tsio:ne] *f* Entschiedenheit *f*
detersivo [deter'si:vo] *m* Reinigungsmittel *n*; (*per biancheria*) Waschmittel *n*
detestare [detes'ta:re] *vt* verabscheuen
detrarre [de'trarre] <irr> *vt* abziehen
detrito [de'tri:to] *m* Geröll *n*
dettagliato, -a [dettaʎ'ʎa:to] *agg* detailliert; **dettaglio** [det'taʎʎo] <-gli> *m* Detail *n*
dettare [det'ta:re] *vt* diktieren; **dettato** [det'ta:to] *m* Diktat *n*
deumidificatore [deumidifika'to:re] *m* Entfeuchter *m*
devastare [devas'ta:re] *vt* verwüsten; **devastazione** [devastat'tsio:ne] *f* Verwüstung *f*
deviare [devi'a:re] **I.** *vi* (*fig*) abweichen **II.** *vt* umleiten; **deviazione** [deviat'tsio:ne] *f* ❶ (*dalla norma*) Abweichung *f* ❷ (*stradale*) Umleitung *f*
devoto, -a [de'vɔ:to] *agg* gläubig
di [di] <d', del, dello, dell', della, dei, degli, delle> *prp* ❶ (*specificazione*) von +*dat*; (*riferito a materia*) aus +*dat*; (*possessivo*) von +*dat* ❷ (*modo, mezzo*) mit +*dat* ❸ (*origine*) aus +*dat* ❹ (*tempo*) in +*dat*, an +*dat* ❺ (*paragone*) als ❻ (*partitivo*) **vorrei del pane**

D

ich möchte (etwas) Brot

diabete [dia'bɛ:te] *m* Zuckerkrankheit *f*; **diabetico, -a** [dia'bɛ:tiko] <-ci, -che> *m, f* Diabetiker(in) *m(f)*

diaframma [dia'framma] <-i> *m* ❶ (ANAT) Zwerchfell *n* ❷ (FOTO, OPT) Blende *f*

diagnosi [di'aɲɲozi] <-> *f* Diagnose *f*

diagonale [diago'na:le] *agg* diagonal

dialettale [dialet'ta:le] *agg* Dialekt-

dialetto [dia'lɛtto] *m* Dialekt *m*

dialisi [di'a:lizi] <-> *f* Dialyse *f*

dialogare [dialo'ga:re] *vi* einen Dialog führen; **dialogo** [di'a:logo] <-ghi> *m* Dialog *m*

diamante [dia'mante] *m* Diamant *m*; **diametro** [di'a:metro] *m* Durchmesser *m*

diapositiva [diapozi'ti:va] *f* Dia *n*

diaproiettore [diaproiet'to:re] *m* Diaprojektor *m*

diario [di'a:rio] <-i> *m* Tagebuch *n*

diarrea [diar'rɛ:a] *f* Durchfall *m*

diavolo ['dia:volo] *m* Teufel *m*

dibattere [di'battere] **I.** *vt* erörtern **II.** *vr* **-rsi** um sich schlagen; **dibattito** [di'battito] *m* (lebhafte) Diskussion *f*

dicembre [di'tʃɛmbre] *m* Dezember *m*

dichiarare [dikia'ra:re] *vt* (*manifestare*) erklären; (*generalità, com*) angeben

dichiarazione [dikiarat'tsio:ne] *f* Erklärung *f*

diciannove [ditʃan'nɔ:ve] **I.** <-> *m* ❶ (*numero*) Neunzehn *f* ❷ (*nelle date*) Neunzehnte(r) *m* **II.** *fpl* neunzehn Uhr; **diciannovenne** [ditʃanno'vɛnne] *mf* Neunzehnjährige(r) *f(m)*

diciannovesimo [ditʃanno'vɛ:zimo] *m* Neunzehntel *n*

diciannovesimo, -a *agg* neunzehnte(r, s)

diciassette [ditʃas'sɛtte] **I.** <-> *m* ❶ (*numero*) Siebzehn *f* ❷ (*nelle date*) Siebzehnte(r) *m* **II.** *fpl* siebzehn Uhr; **diciassettenne** [ditʃasset'tɛnne] *mf* Siebzehnjährige(r) *f(m)*

diciassettesimo [ditʃasset'tɛ:zimo] *m* Siebzehntel *n*

diciassettesimo, -a *agg* siebzehnte(r, s)

diciottenne [ditʃot'tɛnne] *mf* Achtzehnjährige(r) *f(m)*

diciottesimo [ditʃot'tɛ:zimo] *m* Achtzehntel *n*

diciottesimo, -a *agg* achtzehnte(r, s)

diciotto [di'tʃɔtto] **I.** <-> *m* ❶ (*numero*) Achtzehn *f* ❷ (*nelle date*) Achtzehnte(r) *m* **II.** *fpl* achtzehn Uhr

didattica [di'dattika] <-che> *f* Didaktik *f*

didietro [di'diɛ:tro] **I.** <inv> *agg*

hintere(r, s) **II.** <-> *m* (*sedere*) Hinterteil *n*

dieci ['diɛ:tʃi] **I.** <-> *m* (*numero*) Zehn *f;* (*nelle date*) Zehnte(r) *m* **II.** *fpl* zehn Uhr; **diecimila** [dietʃi'mi:la] *num* zehntausend; **d(i)ecina** [die'tʃi:na] *f* (MAT) Zehner *mpl*

dieta ['diɛ:ta] *f* Diät *f;* **dietologo, -a** [die'tɔ:logo] <-gi, -ghe> *m, f* Diätist(in) *m(f)*

dietro ['diɛ:tro] *prp* ❶ (*locale, stato*) hinter +*dat;* (*moto*) hinter +*acc* ❷ (*temporale*) nach +*dat* ❸ (*dopo, mediante*) gegen +*acc*

difatti [di'fatti] *cong* in der Tat

difendere [di'fɛndere] <irr> *vt* verteidigen; (*diritto, interessi*) vertreten; **difensore, difenditrice** [difen'so:re] *m, f* Verteidiger(in) *m(f);* **difesa** [di'fe:sa] *f* Verteidigung *f*

difetto [di'fɛtto] *m* ❶ (*mancanza*) Mangel *m* ❷ (*imperfezione*) Defekt *m;* **difettoso, -a** [difet'to:so] *agg* fehlerhaft

diffamare [diffa'ma:re] *vt* verleumden; **diffamazione** [diffamat'tsio:ne] *f* Verleumdung *f*

differenza [diffe'rɛntsa] *f* Verschiedenheit *f;* (*divario*) Unterschied *m;* **differenziare** [differen'tsia:re] *vt* unterscheiden

differire [diffe'ri:re] <irr> *vi essere o avere* unterschiedlich sein

difficile [dif'fi:tʃile] *agg* ❶ (*complicato*) schwierig ❷ (*improbabile*) kaum

difficoltà [diffikol'ta] <-> *f* Schwierigkeit *f*

diffidente [diffi'dɛnte] *agg* misstrauisch; **diffidenza** [diffi'dɛntsa] *f* Misstrauen *n*

diffondere [dif'fondere] <irr> *vt* verbreiten

diffusione [diffu'zio:ne] *f* Verbreitung *f*

difronte [di'fronte] <inv> *agg* gegenüber liegend

diga ['di:ga] <-ghe> *f* Damm *m*

digerire [didʒe'ri:re] <irr> *vt* verdauen; **digestione** [didʒes'tio:ne] *f* Verdauung *f*

digestivo [didʒes'ti:vo] *m* verdauungsförderndes Mittel

digitale [didʒi'ta:le] *agg* (INFORM) digital; **digitalizzare** *vt* digitalisieren

digitare [didʒi'ta:re] *vt* eingeben

digiunare [didʒu'na:re] *vi* fasten

digiuno [di'dʒu:no] *m* Fasten *n*

dignità [diɲɲi'ta] <-> *f* Würde *f;* **dignitoso, -a** [diɲɲi'to:so] *agg* würdevoll

dilagare [dila'ga:re] *vi essere* ❶ (*espandersi*) überfluten ❷ (*fig*) um sich greifen

dilatare [dila'ta:re] *vt* (aus)dehnen; **dilatazione** [dilatat'tsio:ne] *f* Ausdehnung *f*

dileguare [dile'gua:re] *vi essere* verschwinden

dilemma [di'lɛmma] <-i> *m* Dilemma *n*

dilettante [dilet'tante] *agg* Amateur-; (*pej*) dilettantisch

diligente [dili'dʒɛnte] *agg* fleißig

diligenza [dili'dʒɛntsa] *f* Fleiß *m*

diluente [dilu'ɛnte] *m* Verdünnung *f*

diluire [dilu'i:re] <irr> *vt* verdünnen; (*sciogliere*) auflösen

diluviare [dilu'via:re] *vi essere o avere* in Strömen regnen; **diluvio** [di'lu:vio] <-i> *m* Wolkenbruch *m*

dimagrire [dima'gri:re] <irr> *vi essere* abnehmen

dimensione [dimen'sio:ne] *f* Dimension *f*

dimenticanza [dimenti'kantsa] *f* Vergessenheit *f*; **dimenticare** [dimenti'ka:re] *vt* vergessen

dimestichezza [dimesti'kettsa] *f* Vertrautheit *f*

dimettere [di'mettere] <irr> **I.** *vt* entlassen **II.** *vr* **-rsi** zurücktreten

dimezzare [dimed'dza:re] *vt* halbieren

diminuire [diminu'i:re] <irr> **I.** *vt* vermindern **II.** *vi essere* geringer werden

diminutivo [diminu'ti:vo] *m* (LING) Verkleinerungsform *f*; **diminuzione** [diminut'tsio:ne] *f* Verringerung *f*

dimissione [dimis'sio:ne] *f* Rücktritt *m*

dimora [di'mɔ:ra] *f* Wohnsitz *m*

dimostrare [dimos'tra:re] *vt* ❶ (*palesare*) zeigen ❷ (*provare*) beweisen; **dimostrativo, -a** [dimostra'ti:vo] *agg* beweisend, Beweis-; **dimostrazione** [dimostrat'tsio:ne] *f* ❶ Beweis *m* ❷ (*protesta*) Demonstration *f*

dinamico, -a [di'na:miko] <-ci, -che> *agg* dynamisch

dinamite [dina'mi:te] *f* Dynamit *n*

dinamo ['di:namo] <-> *f* Dynamo *m*

dinanzi [di'nantsi] **I.** *avv* (*stato*) vorn(e); (*moto*) voraus **II.** *prp* ~ **a** vor +*dat*; (*moto*) vor +*acc*

dinosauro [dino'sa:uro] *m* Dinosaurier *m*

dintorni [din'torni] *mpl* Umgebung *f*

dintorno [din'torno] **I.** *avv* (rings)herum **II.** *prp* ~ **a** um +*acc* … herum

Dio *m* Gott *m*

diossina [dios'si:na] *f* Dioxin *n*

dipartimento [diparti'mento] *m* (*circoscrizione territoriale*) Verwaltungsbezirk *m*, Departement *n CH*

dipendente [dipen'dɛnte] *agg* abhängig; **dipendenza** [dipen'dɛntsa] *f* Abhängigkeit *f*

dipendere [di'pɛndere] <irr> *vi essere* ~ **da qu/qc** von jdm/etw abhängen

dipingere [di'pindʒere] <irr> *vt* malen

dipinto [di'pinto] *m* Gemälde *n*
diploma [di'plɔ:ma] <-i> *m* Diplom *n*
diplomato, -a [diplo'ma:to] **I.** *agg* diplomiert **II.** *m, f* Magister *m*, Magistra *f A*
diplomazia [diplomat'tsi:a] <-ie> *f* (*a fig*) Diplomatie *f*
dipoi, di poi [di'pɔ:i] **I.** *avv* danach **II.** <inv> *agg* (darauf)folgend
diradare [dira'da:re] *vt* dünner werden lassen
diramare [dira'ma:re] **I.** *vt* verbreiten **II.** *vr* **-rsi** sich verzweigen; **diramazione** [diramat'tsio:ne] *f* Verzweigung *f*
dire ['di:re] <irr> *vt* sagen; (*raccontare*) erzählen; (*parlare*) sprechen; **voler ~** bedeuten
diretto [di'rɛtto] *m* (*treno*) Eilzug *m*
diretto, -a *agg* unmittelbar
direttore, -trice [diret'to:re] *m, f* Direktor(in) *m(f)*
direzione [diret'tsio:ne] *f* ❶ (*organo dirigente*) Leitung *f* ❷ (*senso*) Richtung *f*
dirigente [diri'dʒɛnte] *mf* leitende(r) Angestellte(r) *f(m)*
dirigere [di'ri:dʒere] <irr> *vt* ❶ (*essere a capo*) leiten, führen ❷ (*indirizzare*) richten
dirigibile [diri'dʒi:bile] *m* Luftschiff *n*
dirimpetto [dirim'pɛtto] *prp* **~ a te** gegenüber (von) dir
diritto [di'ritto] **I.** *m* Recht *n* **II.** *avv* (*dritto*) geradeaus
dirottamento [dirotta'mento] *m* Kursabweichung *f*; **dirottare** [dirot'ta:re] *vt* ❶ (*far deviare*) zur Kursänderung zwingen ❷ (*deviare*) umleiten; **dirottatore, -trice** [dirotta'to:re] *m, f* Luftpirat(in) *m(f)*
disabile [di'za:bile] *mf* Behinderte(r) *f(m)*
disabitato, -a [dizabi'ta:to] *agg* unbewohnt
disabituare [dizabitu'a:re] *vt* **~ qu a qc** jdm etw abgewöhnen
disaccordo [dizak'kɔrdo] *m* Uneinigkeit *f*
disagio [di'za:dʒo] *m* Unbehagen *n*
disapprovare [dizappro'va:re] *vt* missbilligen; **disapprovazione** [dizapprovat'tsio:ne] *f* Missbilligung *f*
disarmare [dizar'ma:re] *vt* entwaffnen; **disarmo** [di'zarmo] *m* Abrüstung *f*
disastro [di'zastro] *m* (*a fig*) Katastrophe *f*
disattento, -a [dizat'tɛnto] *agg* unaufmerksam; **disattenzione** [dizatten'tsio:ne] *f* Unaufmerksamkeit *f*
disattivare [dizatti'va:re] *vt* entschärfen
disavventura [dizavven'tu:ra] *f* Unglück *n*
discarica [dis'ka:rika] <-che> *f*

(Müll)deponie *f*

discendenza [diʃʃen'dɛntsa] *f* Abstammung *f*

discendere [diʃʃendere] <irr> *vi essere* ❶ (*provenire*) ~ **da qu/qc** von jdm/etw abstammen ❷ (*venire giù, scendere*) hinabsteigen

discesa [diʃʃe:sa] *f* ❶ (*il venire giù*) Abstieg *m;* (*da veicolo*) Aussteigen *n* ❷ (*pendenza*) Abhang *m,* Lehne *f A*

dischetto [dis'ketto] *m* (INFORM) Diskette *f;* **drive per -i** Diskettenlaufwerk *n*

disciplina [diʃʃi'pli:na] *f* ❶ (*ordine*) Disziplin *f* ❷ (*materia di studio*) (Unterrichts)fach *n*

disco [disko] <-schi> *m* ❶ Scheibe *f* ❷ (MUS) (Schall)platte *f* ❸ (INFORM) ~ **fisso** Festplatte *f*

discordia [dis'kɔrdia] <-ie> *f* Zwietracht *f*

discorrere [dis'korrere] <irr> *vi* ~ **di qc** über etw *acc* reden; **discorso** [dis'korso] *m* ❶ Gespräch *n* ❷ (*esposizione orale*) Rede *f*

discoteca [disko'tɛ:ka] <-che> *f* Diskothek *f*

discreto, -a [dis'kre:to] *agg* ❶ (*sufficiente*) ausreichend ❷ (*di tatto*) diskret

discrezione [diskret'tsio:ne] *f* Diskretion *f*

discriminare [diskrimi'na:re] *vt* unterschiedlich behandeln

discussione [diskus'sio:ne] *f* Diskussion *f*

discutere [dis'ku:tere] <irr> **I.** *vt* besprechen **II.** *vi* heftig diskutieren

disdegnare [dizdeɲ'ɲa:re] *vt* verschmähen; **disdegno** [diz'deɲɲo] *m* Verachtung *f*

disdetta [diz'detta] *f* ❶ (*sfortuna*) Pech *n* ❷ (*di contratto*) Kündigung *f*

disdire [diz'di:re] <irr> *vt* ❶ (JUR) kündigen ❷ (*ritrattare*) zurücknehmen

disegnare [diseɲ'ɲa:re] *vt* zeichnen; **disegnatore, -trice** [diseɲɲa'to:re] *m, f* Zeichner(in) *m(f);* **disegno** [di'seɲɲo] *m* ❶ (*rappresentazione grafica*) Zeichnung *f* ❷ (*fig: intenzione*) Plan *m*

diseredare [dizere'da:re] *vt* enterben

disertare [dizer'ta:re] *vi* desertieren

disfare [dis'fa:re] <irr> **I.** *vt* auflösen **II.** *vr* **-rsi** zerstört werden; **disfatta** [dis'fatta] *f* Niederlage *f*

disgelo [diz'dʒɛ:lo] *m* (Auf)tauen *n*

disgrazia [diz'grattsia] *f* Unglück *n;* **disgraziato, -a** [dizgrat'tsia:to] *agg* unglücklich

disguido [diz'gui:do] *m* Versehen *n*

disgustare [dizgus'ta:re] *vt* anwidern; **disgusto** [diz'gusto] *m* ~ **per qc** Ekel *m* vor etw *dat;* **disgustoso, -a** [dizgus'to:so] *agg* Ekel erregend

disidratato, -a [dizidra'ta:to] *agg* ❶ (*alimenti*) Trocken- ❷ (*organismo*) ausgetrocknet

disillusione [dizillu'zio:ne] *f* Ernüchterung *f*

disimparare [dizimpa'ra:re] *vt* verlernen

disinfettante [dizinfet'tante] *m* Desinfektionsmittel *n;* **disinfettare** [dizinfet'ta:re] *vt* desinfizieren

disinformazione [dizinformat'tsio:ne] *f* Fehlinformation *f*

disinserire [dizinse'ri:re] <irr> *vt* abschalten

disintegrazione [dizintegrat'tsio:ne] *f* Zertrümmerung *f*

disinteressato, -a [dizinteres'sa:to] *agg* uninteressiert; **disinteresse** [dizinte'rɛsse] *m* Interesselosigkeit *f*

disintossicare [dizintossi'ka:re] *vt* entgiften; **disintossicazione** [dizintossikat'tsio:ne] *f* Entschlackung *f*

disinvolto, -a [dizin'vɔlto] *agg* unbefangen; **disinvoltura** [dizinvol'tu:ra] *f* Unbefangenheit *f*

dismisura [dizmi'zu:ra] *f* **a ~** maßlos

disobbediente [dizobbe'diɛnte] *agg v.* **disubbidiente**

disoccupato, -a [dizokku'pa:to] *m, f* Arbeitslose(r) *f(m);* **disoccupazione** [dizokkupat'tsio:ne] *f* Arbeitslosigkeit *f*

disonesto, -a [dizo'nɛsto] *agg* unehrlich

disonorare [dizono'ra:re] *vt* entehren; **disonore** [dizo'no:re] *m* Verlust *m* der Ehre

disopra, di sopra [di'so:pra] **I.** *avv* oben; (*moto*) nach oben; (*nella parte superiore*) darüber **II.** <inv> *agg* obere(r, s)

disordinato, -a [dizordi'na:to] *agg* ungeordnet

disordine [di'zordine] *m* Unordnung *f*

disorganizzato, -a [dizorganid'dza:to] *agg* unorganisiert; **disorganizzazione** [dizorganiddzat'tsio:ne] *f* Organisationsmangel *m*

disorientamento [dizorienta'mento] *m* Verwirrung *f;* **disorientato, -a** [dizorien'ta:to] *agg* orientierungslos

disotto, di sotto [di'sotto] **I.** *avv* unten; (*moto*) nach unten; (*nella parte inferiore*) darunter **II.** <inv> *agg* untere(r, s)

dispari ['dispari] <inv> *agg* ungerade

dispendioso, -a [dispen'dio:so] *agg* kostspielig

dispensa [dis'pɛnsa] *f* ❶ (*fascicolo*) (Einzel)ausgabe *f* ❷ (*mo-*

bile) Anrichte *f*
dispenser [dis'pɛnser] <-> *m* Spender *m*
disperare [dispe'ra:re] *vi* ~ **di qc** an etw *dat* verzweifeln; **disperato, -a** [dispe'ra:to] *agg* verzweifelt; **disperazione** [disperat'tsio:ne] *f* Verzweiflung *f*
disperdere [dis'pɛrdere] <irr> *vt* zerstreuen; **disperso, -a** [dis'pɛrso] *agg* vermisst, abgängig *A*
dispetto [dis'petto] *m* Bosheit *f*; **dispettoso, -a** [dispet'to:so] *agg* boshaft
dispiacere[1] [dispia'tʃe:re] *m* Kummer *m*
dispiacere[2] <irr> *vi essere* missfallen; **dispiaciuto, -a** [dispia'tʃu:to] *agg* bekümmert
display [di'splei] <-> *m* (INFORM) Display *n*
disponibile [dispo'ni:bile] *agg* verfügbar; **disponibilità** [disponibili'ta] <-> *f* Verfügbarkeit *f*
disporre [dis'porre] <irr> *vi* ❶ (*avere a disposizione*) ~ **di qc** über etw *acc* verfügen ❷ (*stabilire*) bestimmen
disposizione [dispozit'tsio:ne] *f* ❶ (*collocazione*) Aufstellung *f* ❷ (*inclinazione*) Veranlagung *f*
disposto, -a *agg* (*condizione d'animo*) geneigt
dispotico, -a [dis'pɔ:tiko] <-ci, -che> *agg* (*a fig*) despotisch
disprezzare [dispret'tsa:re] *vt* verachten; **disprezzo** [dis'prɛttso] *m* Verachtung *f*
disputa ['disputa] *f* Auseinandersetzung *f*; **disputare** [dispu'ta:re] *vi* diskutieren
dissenso [dis'sɛnso] *m* Meinungsverschiedenheit *f*
dissenteria [dissente'ri:a] <-ie> *f* Ruhr *f*
dissertazione [dissertat'tsio:ne] *f* wissenschaftliche Abhandlung
dissetante [disse'tante] *agg* durstlöschend
dissidente [dissi'dɛnte] *mf* Dissident(in) *m(f)*
dissidio [dis'si:dio] <-i> *m* Meinungsverschiedenheit *f*
dissimile [dis'si:mile] *agg* verschieden
dissimulare [dissimu'la:re] *vt* vortäuschen
dissipare [dissi'pa:re] *vt* verschwenden; **dissipato, -a** [dissi'pa:to] *agg* ausschweifend
dissolubile [disso'lu:bile] *agg* (auf)lösbar
dissolvere [dis'sɔlvere] <irr> *vt* ❶ (*disperdere*) zerstreuen ❷ (*dissipare*) vertreiben
dissuadere [dissua'de:re] <irr> *vt* ~ **qu da qc** jdn von etw abbringen
distaccare [distak'ka:re] *vt* ❶ trennen ❷ (*allontanare*) entfernen; **distacco** [dis'takko]

<-chi> *m* (*fig*) Abkehr *f*
distante [dis'tante] *agg* entfernt; **distanza** [dis'tantsa] *f* ❶ (*spazio*) Entfernung *f*, Ablöse *f A* ❷ (*tempo*) Abstand *m*
distanziare [distan'tsia:re] *vt* abhängen
distare [dis'ta:re] *vi* entfernt sein
distendere [dis'tɛndere] <irr> *vt* ❶ (*estendere*) ausbreiten ❷ (*gambe*) ausstrecken; **distensione** [disten'sio:ne] *f* ❶ (*allungamento, estensione*) Dehnung *f* ❷ (*rilassamento*) Entspannung *f*
distesa [dis'te:sa] *f* Ausdehnung *f*
disteso, -a [dis'te:so] *agg* ❶ (*sdraiato*) ausgestreckt ❷ (*rilassato*) entspannt
distillazione [distillat'tsio:ne] *f* Destillation *f*
distinguere [dis'tiŋguere] <irr> *vt* unterscheiden
distinto, -a [dis'tinto] *agg* vornehm; **-i saluti** mit freundlichen Grüßen; **distinzione** [distin'tsio:ne] *f* Unterscheidung *f*
distogliere [dis'tɔʎʎere] <irr> *vt* abbringen
distorsione [distor'sio:ne] *f* Verstauchung *f*
distrarre [dis'trarre] <irr> *vt* ablenken; **distratto, -a** [dis'tratto] *agg* zerstreut; **distrazione** [distrat'tsio:ne] *f* ❶ (*disattenzione*) Unaufmerksamkeit *f* ❷ (*diversivo*) Ablenkung *f*
distretto [dis'tretto] *m* Bezirk *m*
distribuire [distribu'i:re] <irr> *vt* verteilen
distributore [distribu'to:re] *m* Verteiler *m*; **distribuzione** [distribut'tsio:ne] *f* Verteilung *f*
distruggere [dis'truddʒere] <irr> *vt* zerstören; **distruttore, -trice** *agg* Zerstörungs-; **distruzione** [distrut'tsio:ne] *f* Zerstörung *f*
disturbare [distur'ba:re] **I.** *vt* stören **II.** *vr* **-rsi** (sich *dat*) Umstände machen; **non si disturbi** machen Sie sich keine Umstände; **disturbo** [dis'turbo] *m* ❶ (TEC) Störung *f* ❷ (MED) Beschwerden *fpl*
disubbidiente [dizubbi'diɛnte] *agg* ungehorsam; **disubbidienza** [dizubbi'diɛntsa] *f* Ungehorsam *m*; **disubbidire** [dizubbi'di:re] <irr> *vi* ~ **a qu** jdm nicht gehorchen
disuguaglianza [dizuguaʎ'ʎantsa] *f* Ungleichung *f*; **disuguale** [dizu'gua:le] *agg* ungleich
disumano, -a [dizu'ma:no] *agg* unmenschlich
disunione [dizu'nio:ne] *f* Uneinigkeit *f*
ditale [di'ta:le] *m* Fingerhut *m*
dito ['di:to] <nel loro insieme: -a *f*, considerati separatamente: -i *m*> *m* (*della mano*)

D

Finger *m;* (*del piede*) Zeh *m*

ditta ['ditta] *f* Firma *f*

dittatore [ditta'to:re] *m* Diktator *m;* **dittatura** [ditta'tu:ra] *f* Diktatur *f*

diurno, -a [di'urno] *agg* Tag(es)-

diva ['di:va] *f* Diva *f*

divagare [diva'ga:re] *vr* **-rsi** sich zerstreuen; **divagazione** [divagat'tsio:ne] *f* Abschweifung *f*

divano [di'va:no] *m* Sofa *n*

divenire [dive'ni:re] <irr> *vi essere* werden; **diventare** [diven'ta:re] *vi essere* werden

divergenza [diver'dʒɛntsa] *f* ① (*punto di allontanamento*) Auseinanderlaufen *n* ② (*fig*) (Meinungs)verschiedenheit *f*

diversità [diversi'ta] <-> *f* Vielfalt *f*

diverso, -a [di'vɛrso] *agg* ① (*differente*) verschieden ② *pl* (*alcuni*) einige

divertente [diver'tɛnte] *agg* unterhaltsam; **divertimento** [diverti'mento] *m* ① Unterhaltung *f* ② (*godimento*) Vergnügen *n;* **divertire** [diver'ti:re] **I.** *vt* unterhalten **II.** *vr* **-rsi** sich vergnügen; **divertito, -a** [diver'ti:to] *agg* vergnügt

dividere [di'vi:dere] <irr> **I.** *vt* (auf)teilen **II.** *vr* **-rsi** (*separarsi*) sich trennen

divieto [di'viɛ:to] *m* Verbot *n;* ~ **di parcheggio** Parkverbot *n;* ~ **di sosta** Halteverbot *n*

divinità [divini'ta] <-> *f* Gottheit *f*

divino, -a *agg* göttlich, Gottes-

divisa [di'vi:za] *f* ① (*uniforme*) Uniform *f* ② (FIN) ausländisches Zahlungsmittel

divisione [divi'zio:ne] *f* (*ripartizione*) (Auf)teilung *f*

divo, -a ['di:vo] *m, f* Star *m*

divorare [divo'ra:re] *vt* ① verschlingen ② (*fig*) fressen

divorziare [divor'tsia:re] *vi* ~ **da qu** sich von jdm scheiden lassen; **divorzio** [di'vɔrtsio] <-i> *m* (Ehe)scheidung *f*

divulgare [divul'ga:re] *vt* verbreiten

dizionario [dittsio'na:rio] <-i> *m* Wörterbuch *n*

D.O.C. [dɔk] *abbr di* **Denominazione di Origine Controllata** QbA

doccia ['dottʃa] <-cce> *f* Dusche *f*

docile ['dɔ:tʃile] *agg* ① (*persona*) gefügig ② (*animale*) zahm

documentare [dokumen'ta:re] *vt* dokumentieren

documentario [dokumen'ta:rio] <-i> *m* Dokumentarfilm *m*

documentazione [dokumentat'tsio:ne] *f* Dokumentation *f*

documento [doku'mento] *m* ① *pl* (*di identità*) Papiere *npl* ② (*fig: testimonianza storica*) Dokument *n*

dodicenne [dodi'tʃɛnne] *mf* Zwölfjährige(r) *f(m)*
dodicesimo, -a *m, f* Zwölfte(r, s) *mfn*
dodici ['do:ditʃi] **I.** *num* zwölf **II.** <-> *m* ❶ (*numero*) Zwölf *f* ❷ (*nelle date*) Zwölfte(r) *m*
dogana [do'ga:na] *f* Zoll *m;* **doganale** [doga'na:le] *agg* Zoll-; **doganiere** [doga'niɛ:re] *mf* Zollbeamte(r) *m,* -beamtin *f*
doglie ['dɔʎʎe] *fpl* (Geburts)wehen *fpl*
dogma ['dɔgma] <-i> *m* Dogma *n*
dolce ['doltʃe] *agg* ❶ (*sapore*) süß ❷ (*delicato, mite*) mild; **dolcezza** [dol'tʃettsa] *f* (*a fig*) Süße *f*
dolcificante [doltʃifi'kante] *m* Süßstoff *m*
dolente [do'lɛnte] *agg* schmerzhaft
dolere [do'le:re] <irr> **I.** *vi essere o avere* schmerzen, weh tun **II.** *vr* **-rsi di qc** etw bedauern
dollaro ['dɔllaro] *m* Dollar *m*
dolomite [dolo'mi:te] *f* **le Dolomiti** die Dolomiten
dolore [do'lo:re] *m* Schmerz *m;* **doloroso, -a** [dolo'ro:so] *agg* schmerzhaft
domanda [do'manda] *f* ❶ Frage *f* ❷ (*richiesta*) Anfrage *f;* **domandare** [doman'da:re] *vt* ❶ (*per sapere qc*) fragen (nach) ❷ (*per ottenere qc*) bitten; **~ scusa** um Entschuldigung bitten
domani [do'ma:ni] *avv* morgen; **~ mattina/pomeriggio** morgen früh/nachmittag
domare [do'ma:re] *vt* zähmen; **domatore, -trice** [doma'to:re] *m, f* Dompteur *m,* Dompteuse *f*
domattina [domat'ti:na] *avv* morgen früh
domenica [do'me:nika] <-che> *f* Sonntag *m;* **~ mattina/pomeriggio/sera** (am) Sonntagmorgen/-nachmittag/-abend
domestico, -a [do'mɛstiko] <-ci, -che> *m, f* Dienstmädchen *n*
domicilio [domi'tʃi:lio] <-i> *m* Wohnsitz *m*
dominare [domi'na:re] **I.** *vi* herrschen **II.** *vt* (*a fig*) beherrschen
dominazione [dominat'tsio:ne] *f* Herrschaft *f*
dominio [do'mi:nio] <-i> *m* Herrschaft *f*
donare [do'na:re] *vt* ❶ (*regalare*) (ver)schenken ❷ (*sangue, organi*) spenden; **donatore, -trice** [dona'to:re] *m, f* Spender(in) *m(f);* **donazione** [donat'tsio:ne] *f* Spende *f*
dondolare [dondo'la:re] *vt* schaukeln; **dondolo** ['dondolo] *m* Hollywoodschaukel *f*
donna ['dɔnna] *f* ❶ (*gener*)

D

Frau *f* ❷ (*in carte da gioco*) Dame *f*

dono ['do:no] *m* ❶ Geschenk *n* ❷ (*fig: dote*) Begabung *f*; **doping** ['doupiŋ *o* 'dɔpin(g)] <-> *m* Doping *n*

dopo ['do:po] **I.** *avv* ❶ (*tempo*) nachher, danach ❷ (*luogo*) danach **II.** *prp* ❶ (*tempo*) nach +*dat* ❷ (*luogo*) hinter +*dat* **III.** *cong* nachdem **IV.** <inv> *agg* (darauf) folgend; **dopobarba** [dopo'barba] <-> *m* Rasierwasser *n*; **dopodiché, dopo di che** [dopodi'ke] *avv* darauf; **dopodomani** [dopodo'ma:ni] *avv* übermorgen; **dopoguerra** [dopo'guɛrra] <-> *m* Nachkriegszeit *f*; **dopopranzo** [dopo'prandzo] <-> *m* (früher) Nachmittag *m*; **dopotutto, dopo tutto** [dopo'tutto] *avv* schließlich

doppiare [dop'pia:re] *vt* (FILM) synchronisieren

doppio, -a <-i, -ie> *agg* doppelt

doppione [dop'pio:ne] *m* Duplikat *n*

dorare [do'ra:re] *vt* vergolden; **dorato, -a** [do'ra:to] *agg* vergoldet, Gold-

dormiglione, -a [dormiʎ'ʎo:ne] *m, f* Langschläfer(in) *m(f)*

dormire [dor'mi:re] *vi* schlafen; **dormitorio** [dormi'tɔ:rio] <-i> *m* Schlafsaal *m*; **dormiveglia** [dormi'veʎʎa] <-> *m* Halbschlaf *m*

dorsale [dor'sa:le] *agg* (MED) Rücken-; **spina** ~ Wirbelsäule *f*

dorso ['dɔrso] *m* Rücken *m*

dosare [do'za:re] *vt* (*a fig*) dosieren

dose ['dɔ:ze] *f* Dosis *f*

dosso ['dɔsso] *m* (~ *stradale*) Kuppe *f*

dotare [do'ta:re] *vt* (*corredare*) ausstatten; **dotato, -a** [do'ta:to] *agg* begabt

dote ['dɔ:te] *f* ❶ (*della sposa*) Mitgift *f* ❷ (*fig*) Gabe *f*

Dott. *abbr di* **Dottore** Dr.

dottore, -essa [dot'to:re] *m, f* Doktor *m*; (*con diploma*) Magister *m*, Magistra *f A*

dottrina [dot'tri:na] *f* Glaubenslehre *f*

Dott.ssa *abbr di* **Dottoressa** Dr.

dove ['do:ve] **I.** *avv* ❶ (*stato*) wo ❷ (*moto*) wohin; **da** ~ woher **II.** *cong* ❶ +*conj* (*nel caso che*) falls ❷ (*mentre*) während

dovere[1] [do've:re] <irr> *vi* müssen, sollen

dovere[2] *m* Pflicht *f*

dovunque [do'vuŋkue] *cong* +*conj* ❶ (*stato*) wo (auch) immer; (*moto*) wohin (auch) immer ❷ (*dappertutto: stato*) überall; (*moto*) überallhin

dovuto, -a *agg* ~ **a** verursacht durch

dozzina [dod'dzi:na] *f* Dutzend *n*

Dr. *abbr di* **Dottore, Dottoressa** Dr.

drago ['dra:go] <-ghi> *m* Drache *m*

dramma ['dramma] <-i> *m* Drama *n;* **drammatico, -a** [dram'ma:tiko] <-ci, -che> *agg* dramatisch

drastico, -a ['drastiko] <-ci, -che> *agg* drastisch

Dresda ['drɛzda] *f* Dresden *n*

dritto, -a ['dritto] *m, f* (*fam*) Schlaukopf *m*

drive ['draiv] <-> *m* (INFORM) Laufwerk *n*

droga ['drɔ:ga] <-ghe> *f* ❶ (*sostanza aromatica*) Gewürz *n* ❷ (*stupefacente*) Droge *f;* **drogare** [dro'ga:re] *vt* ❶ (GASTR) würzen ❷ (*somministrare droghe a qu*) unter Drogen setzen; **drogato, -a** [dro'ga:to] *m, f* Drogenabhängige(r) *f(m)*

drogheria [droge'ri:a] <-ie> *f* Kolonialwarengeschäft *n*

dromedario [drome'da:rio] <-i> *m* Dromedar *n*

dubbio ['dubbio] *m* Zweifel *m*

dubbio, -a <-i, -ie> *agg* zweifelhaft

dubbioso, -a [dub'bio:so] *agg* zweifelhaft

dubitare [dubi'ta:re] *vi* ❶ (*esitare*) zweifeln ❷ (*ritenere poco probabile*) bezweifeln

Dublino [du'bli:no] *f* Dublin *n*

duca ['du:ka] <-chi> *m* Herzog *m*

duchessa [du'kessa] *f* Herzogin *f*

due ['du:e] **I.** <-> *m* ❶ (*numero*) Zwei *f* ❷ (*nelle date*) Zweite(r) *m* **II.** *fpl* zwei Uhr *f*

duecentesco, -a [duetʃen'tesko] <-schi, -sche> *agg* das dreizehnte Jahrhundert betreffend; **duecento** [due'tʃɛnto] **I.** *num* zweihundert **II.** <-> *m* Zweihundert *f*

duello [du'ɛllo] *m* Duell *n*

duemila [due'mi:la] **I.** *num* zweitausend **II.** <-> *m* Zweitausend *f*

duepezzi, due pezzi [due'pɛttsi] <-> *m* (*giacca e gonna*) Kostüm *n;* (*costume da bagno*) Zweiteiler *m*

duetto [du'etto] *m* Duett *n*

duna ['du:na] *f* Düne *f*

dunque ['duŋkue] *cong* ❶ (*perciò*) folglich ❷ (*allora*) also

duomo ['duɔ:mo] *m* Dom *m*

duplicato [dupli'ka:to] *m* Duplikat *n*

durante [du'rante] *prp* während

durare [du'ra:re] *vi essere o avere* ❶ (*continuare*) (an)dauern ❷ (*mantenersi*) (sich) halten; **durata** [du'ra:ta] *f* Dauer *f;* (*di oggetti*) Haltbarkeit *f*

duro, -a *agg* ❶ hart ❷ (*difficile*) schwierig

E

E, e [e] <-> *f* E, e *n*
e [e] *cong* und
E. *abbr di* **est** O
ebano ['ɛ:bano] *m* Ebenholz *n*
ebbene [eb'bɛ:ne] *cong* also
ebbrezza [eb'brettsa] *f* Rausch *m;* **ebreo, -a** [e'brɛ:o] <-ei, -ee> *m, f* Jude *m,* Jüdin *f*
ecc. *abbr di* **eccetera** etc.
eccedere [et'tʃɛ:dere] *vi* übertreiben
eccellente [ettʃel'lɛnte] *agg* Spitzen-; **eccellenza** [ettʃel'lɛntsa] *f* ❶ (*titolo*) Exzellenz *f* ❷ (*qualità*) Unübertrefflichkeit *f*
eccentrico, -a [et'tʃɛntriko] <-ci, -che> *agg* (*a fig*) exzentrisch
eccessivo, -a [ettʃes'si:vo] *agg* übertrieben; **eccesso** [et'tʃɛsso] *m* Übermaß *n*
eccetera [et'tʃɛ:tera] *avv* und so weiter
eccetto [et'tʃɛtto] *prp* außer
eccezionale [ettʃettsio'na:le] *agg* außergewöhnlich; **eccezione** [ettʃet'tsio:ne] *f* Ausnahme *f*
eccitare [ettʃi'ta:re] *vt* erregen; **eccitazione** [ettʃitat'tsio:ne] *f* Erregung *f*
ecclesiastico, -a <-ci, -che> *agg* geistlich
ecco ['ɛkko] *avv* hier (ist [*o* sind])
eccome [ek'ko:me] *avv* und wie
eco ['ɛ:ko] <echi *m*> *f o m* Echo *n*
ecocatastrofe [ekoka'tastrofe] *f* (ECO) Umweltkatastrophe *f*
ecocompatibile [ekokompa'ti:bile] *agg* umweltverträglich
ecografia [ekogra'fi:a] <-ie> *f* (MED) Ultraschalldiagnostik *f*
ecologia [ekolo'dʒi:a] <-gie> *f* Ökologie *f;* **ecologico, -a** [eko'lɔdʒiko] <-ci, -che> *agg* Umwelt-
e-commerce [i'kɔmers] <-> *m* (COM) E-Commerce *n*
economia [ekono'mi:a] <-ie> *f* ❶ Wirtschaft *f* ❷ (*risparmio*) Sparsamkeit *f;* **economico, -a** [eko'nɔ:miko] <-ci, -che> *agg* ❶ (*condizioni*) wirtschaftlich ❷ (*poco costoso*) billig
ecosistema [ekosis'tɛ:ma] *m* Ökosystem *n*
ecoturismo [ɛkotu'rizmo] *m* (ECO) Ökotourismus *m*
eczema [ek'dzɛ:ma] <-i> *m* Ekzem *n*
edera ['e:dera] *f* Efeu *m*
edicola [e'di:kola] *f* Zeitungskiosk *m*
edificio [edi'fi:tʃo] <-ci> *m* Gebäude *n*
edilizia [edi'littsia] <-ie> *f* Bauwesen *n*
editore, -trice [edi'to:re] *agg*

Verlags-
edizione [edit'tsio:ne] *f* Ausgabe *f*
educare [edu'ka:re] *vt* erziehen; **educato**, **-a** [edu'ka:to] *agg* erzogen; **educatore**, **-trice** [eduka'to:re] *m, f* Erzieher(in) *m(f)*; **educazione** [edukat'tsio:ne] *f* Erziehung *f*
E.E.D. *abbr di* **elaborazione elettronica dei dati** EDV *f*
effettivamente [effettiva'mente] *avv* tatsächlich
effettivo, **-a** *agg* wirklich
effetto [ef'fɛtto] *m* (Aus)wirkung *f*; ~ **serra** Treibhauseffekt *m*; **in -i** in der Tat
effettuare [effettu'a:re] *vt* durchführen
efficace [effi'ka:tʃe] *agg* wirksam; **efficacia** [effi'ka:tʃa] <-cie> *f* Wirkung *f*
efficiente [effi'tʃɛnte] *agg* leistungsfähig; **efficienza** [effi'tʃɛntsa] *f* Leistung(sfähigkeit) *f*
Egeo [e'dʒɛ:o] *m* Ägäis *f*
Egitto [e'dʒitto] *m* Ägypten *n*; **egiziano**, **-a** [edʒit'tsia:no] *agg* ägyptisch
egli ['eʎʎi] *pron 3. pers sing m* er
egocentrico, **-a** [ego'tʃɛntriko] <-ci, -che> *m, f* Egozentriker(in) *m(f)*
egoismo [ego'izmo] *m* Egoismus *m*; **egoista** [ego'ista] <-i *m*, -e *f*> *mf* Egoist(in) *m(f)*
egregio, **-a** [e'grɛ:dʒo] <-gi, -gie> *agg* ausgezeichnet; (*nelle lettere*) sehr geehrte(r)
eiaculazione [eiakulat'tsio:ne] *f* Ejakulation *f*
elaborare [elabo'ra:re] *vt* ❶ (*tesi*) ausarbeiten ❷ (INFORM) verarbeiten
elaboratore [elabora'to:re] *m* Computer *m*; ~ **elettronico** EDV-Anlage *f*; **elaborazione** [elaborat'tsio:ne] *f* ❶ (INFORM) Verarbeitung *f* ❷ (*di progetto*) Ausarbeitung *f*
elasticità [elastitʃi'ta] <-> *f* Elastizität *f*; **elasticizzato**, **-a** [elastitʃid'dza:to] *agg* Stretch-
elastico [e'lastiko] <-ci> *m* Gummi(band) *n*
elastico, **-a** <-ci, -che> *agg* elastisch
Elba *f* ❶ (*isola*) Elba *n* ❷ (*fiume*) Elbe *f*
elefante [ele'fante] *m* Elefant *m*
elegante [ele'gante] *agg* elegant; **eleganza** [ele'gantsa] *f* Eleganz *f*
eleggere [e'lɛddʒere] <irr> *vt* wählen
elementare [elemen'ta:re] *agg* elementar; **scuola** ~ Grundschule *f*
elemento [ele'mento] *m* Element *n*
elemosina [ele'mɔ:zina] *f* Spende *f*
elencare [eleŋ'ka:re] *vt* auflisten; **elenco** [e'lɛŋko] <-chi> *m*

E

Verzeichnis *n*

elettore, -trice [elet'to:re] *m, f* Wähler(in) *m(f)*

elettrauto [elet'tra:uto] <-> *m* Kraftfahrzeugelektrodienst *m*

elettricista [elettri'tʃista] <-i *m*, -e *f*> *mf* Elektriker(in) *m(f)*; **elettricità** [elettritʃi'ta] <-> *f* Elektrizität *f*; **elettrico, -a** [e'lɛttriko] <-ci, -che> *agg* elektrisch; **elettrocardiogramma** [elettrokardio'gramma] *m* Elektrokardiogramm *n*

elettrodomestico [elettrodo'mɛstiko] *m* Haushaltsgerät *n*

elettronica [elet'trɔ:nika] <-che> *f* Elektronik *f*; **elettronico, -a** [elet'trɔ:niko] <-ci, -che> *agg* Elektronik-

elettrotecnico, -a [elettro'tɛkniko] <-ci, -che> *m, f* Elektrotechniker(in) *m(f)*

elevare [ele'va:re] *vt* erheben; **elevato, -a** [eleva:to] *agg* hoch

elevazione [elevat'tsio:ne] *f* Erhebung *f*

elezione [elet'tsio:ne] *f* Wahl *f*

eliambulanza [eliambu'lantsa] *f* Rettungshubschrauber *m*; **elica** ['ɛ:lika] <-che> *f* ❶ (NAUT) Schiffsschraube *f* ❷ (AERO) Propeller *m*; **elicottero** [eli'kɔttero] *m* Hubschrauber *m*

eliminare [elimi'na:re] *vt* entfernen; **eliminazione** [eliminat'tsio:ne] *f* Beseitigung *f*

eliporto [eli'pɔrto] *m* Hubschrauberlandeplatz *m*

ella ['ella] *pron 3. pers sing f* sie

elmetto [el'metto] *m* Helm *m*

elogiare [elo'dʒa:re] *vt* loben; **elogio** [e'lɔ:dʒo] <-gi> *m* Lob *n*

eloquente [elo'kuɛnte] *agg* redegewandt; **eloquenza** [elo'kuɛntsa] *f* Beredtheit *f*

elvetico, -a [el'vɛ:tiko] <-ci, -che> *agg* helvetisch

E-mail [i'meil] <-> *f* E-Mail *f*

emancipazione [emantʃipat'tsio:ne] *f* Emanzipation *f*

emarginare [emardʒi'na:re] *vt* ausgrenzen; **emarginato, -a** [emardʒi'na:to] *agg* abseits stehend

ematoma [ema'tɔ:ma] <-i> *m* Bluterguss *m*

emblema [em'blɛ:ma] <-i> *m* Emblem *n*

embolia [embo'li:a] <-ie> *f* (MED) Embolie *f*

embrione [embr'io:ne] *m* Embryo *m*

emergente [emer'dʒɛnte] *agg* emporkommend

emergenza [emer'dʒɛntsa] *f* Notfall *m*

emergere [e'mɛrdʒere] <irr> *vi* ❶ (*venir fuori*) auftauchen ❷ (*risultare*) deutlich werden; **emersione** [emer'sio:ne] *f* Auftauchen *n*

emettere [e'mettere] <irr> *vt*

❶ (*mandare fuori*) herausbringen ❷ (*assegno*) ausstellen

emicrania [emi'kra:nia] <-ie> *f* Migräne *f*

emigrante [emi'grante] *mf* Auswanderer(in) *m(f)*; **emigrare** [emi'gra:re] *vi essere* auswandern; **emigrazione** [emigrat'tsio:ne] *f* Auswanderung *f*

Emilia-Romagna [e'mi:lia ro'maɲɲa] *f* Emilia-Romagna *f*

eminente [emi'nɛnte] *agg* hervorragend

emisfero [emis'fɛ:ro] *m* Hemisphäre *f*

emissione [emis'sio:ne] *f* Ausstrahlung *f*

emittente [emit'tɛnte] *f* Sender *m*

emofilia [emofi'li:a] <-ie> *f* Hämophilie *f*

emorragia [emorra'dʒi:a] <-gie> *f* Blutung *f*

emorroidi [emor'rɔ:idi] *fpl* Hämorrhoiden *fpl*

emostatico, -a [emos'ta:tiko] <-ci, -che> *agg* Blut stillend

emotività [emotivi'ta] <-> *f* Gefühlsbetontheit *f*; **emotivo, -a** [emo'ti:vo] *agg* emotional

emozionante [emottsio'nante] *agg* spannend

emozionarsi [emottsio'na:rsi] *vr* sich aufregen; **emozione** [emot'tsio:ne] *f* Gefühl *n*

emporio [em'pɔ:rio] <-i> *m* Kaufhaus *n*

emulare [emu'la:re] *vt* ~ **qu** jdm nacheifern; **emulsione** [emul'sio:ne] *f* Emulsion *f*

Enalotto [ena'lɔtto] *m staatlich organisierte Lotterie*

encefalo [en'tʃɛ:falo] *m* (Groß)hirn *n*

enciclopedia [entʃiklope'di:a] <-ie> *f* Enzyklopädie *f*

endoscopio [endos'kɔ:pio] <-i> *m* Endoskop *n*

endovenoso, -a [endove'no:so] *agg* (MED) intravenös

energia [ener'dʒi:a] <-gie> *f* Energie *f*; **energico, -a** [e'nɛrdʒiko] <-ci, -che> *agg* energisch

enfasi ['ɛnfazi] <-> *f* Nachdruck *m*

enigma [e'nigma] <-i> *m* Rätsel *n*; **enigmatico, -a** [enig'ma:tiko] <-ci, -che> *agg* rätselhaft

ennesimo, -a [en'nɛ:zimo] *agg* x-te(r,s)

enologia [enolo'dʒi:a] <-gie> *f* Weinkunde *f*; **enologo, -a** [e'nɔ:logo] <-gi, -ghe> *m, f* Weinkundler(in) *m(f)*

enorme [e'norme] *agg* ungeheuer; **enormità** [enormi'ta] <-> *f* Riesengröße *f*

enoteca [eno'tɛ:ka] *f* Weinhandlung *f*

enoturismo [enotu'ri:zmo] *m* Weintourismus *m*

ente ['ɛnte] *m* Anstalt *f*
entrambi, -e [en'trambi] *ADJ, PRON* (alle) beide
entrare [en'tra:re] *vi essere* ~ **in** (*luogo*) hineingehen in +*acc;* (*fig: trovare posto*) (hinein)passen in +*acc;* **entrata** [en'tra:ta] *f* Eingang *m*
entro ['entro] *prp* innerhalb +*gen o dat*
entroterra [entro'tɛrra] <-> *m* Hinterland *n*
entusiasmare [entuziaz'ma:re] *vt* begeistern; **entusiasmo** [entu'ziazmo] *m* Begeisterung *f;* **entusiasta** [entu'ziasta] <-i *m*, -e *f*> *agg* begeistert
enzima [en'dzi:ma] <-i> *m* Enzym *n*
epatite [epa'ti:te] *f* Hepatitis *f*
epicentro [epi'tʃɛntro] *m* Epizentrum *n*
epidemia [epide'mi:a] <-ie> *f* Epidemie *f*
epidermide [epi'dɛrmide] *f* Epidermis *f*
epifania [epifa'ni:a] <-ie> *f* Dreikönigsfest *n*
epigrafe [e'pi:grafe] *f* Inschrift *f*
epilatorio, -a [epila'tɔ:rio] <-i, -ie> *agg* Enthaarungs-
epilessia [epiles'si:a] <-ie> *f* Epilepsie *f;* **epilettico, -a** [epi'lɛttiko] <-ci, -che> *m, f* Epileptiker(in) *m(f)*
epilogo [e'pi:logo] <-ghi> *m* Nachwort *n*
episcopale [episko'pa:le] *agg* Bischofs-
episodio [epi'zɔ:dio] <-i> *m* Episode *f*
epoca ['ɛ:poka] <-che> *f* Zeit *f*
eppure [ep'pu:re] *cong* und doch
equatore [ekua'to:re] *m* Äquator *m*
equestre [e'kuɛstre] *agg* Reiter-
equilibrare [ekuili'bra:re] *vt* ausgleichen; **equilibrio** [ekui'li:brio] <-i> *m* Gleichgewicht *n*
equino, -a *agg* Pferde-
equinozio [ekui'nɔttsio] <-i> *m* Äquinoktium *n*
equipaggiamento [ekuipaddʒa'mento] *m* Ausrüstung *f;* **equipaggiare** [ekuipad'dʒa:re] *vt* ausrüsten
equipaggio [ekui'paddʒo] <-ggi> *m* Besatzung *f*
equitazione [ekuitat'tsio:ne] *f* Reiten(sport) *n*
equivalente [ekuiva'lɛnte] *agg* gleichwertig; **equivalere** [ekuiva'le:re] <irr> *vi* entsprechen
equivoco [e'kui:voko] <-ci> *m* Missverständnis *n*
equivoco, -a <-ci, -che> *agg* zweideutig
equo, -a ['ɛ:kuo] *agg* gerecht
era ['ɛ:ra] *f* Ära *f*
erba ['ɛrba] *f* Gras *n*
erboristeria *f* Kräuterladen *m*

erede [e'rɛ:de] *mf* Erbe *m,* Erbin *f;* **eredità** [eredi'ta] <-> *f* Erbschaft *f;* **ereditare** [eredi'ta:re] *vt* erben; **ereditario, -a** [eredi'ta:rio] <-i, -ie> *agg* Erb-

eremita [ere'mi:ta] <-i> *m* Eremit *m*

erezione [eret'tsio:ne] *f* (BIOL) Erektion *f*

ergastolo [er'gastolo] *m* lebenslängliche Freiheitsstrafe

erigere [e'ri:dʒere] <irr> **I.** *vt* errichten **II.** *vr* **-rsi** sich aufwerfen

eritema [eri'tɛ:ma] <-i> *m* Hautrötung *f*

ermetico, -a [er'mɛ:tiko] <-ci, -che> *agg* hermetisch

ernia ['ɛrnia] <-ie> *f* Hernie *f*

eroe, eroina [e'rɔ:e] *m, f* Held(in) *m(f);* **eroico, -a** [e'rɔ:iko] <-ci, -che> *agg* heldenhaft; **eroina** [ero'i:na] *f* (*droga*) Heroin *n*

erosione [ero'zio:ne] *f* Erosion *f*

erotico, -a [e'rɔ:tiko] <-ci, -che> *agg* erotisch; **erotismo** [ero'tizmo] *m* Erotik *f*

errare [er'ra:re] *vi* (sich) irren; **errore** [er'ro:re] *m* Fehler *m*

erudito, -a [eru'di:to] *m, f* Gelehrte(r) *f(m)*

esagerare [ezadʒe'ra:re] *vt, vi* übertreiben; **esagerazione** [ezadʒerat'tsio:ne] *f* Übertreibung *f*

esagono [e'za:gono] *m* Sechseck *n*

esaltare [ezal'ta:re] *vr* **-rsi** sich begeistern; **esaltazione** [ezaltat'tsio:ne] *f* Lobpreisung *f*

esame [e'za:me] *m* ❶ Prüfung *f* ❷ (MED) Untersuchung *f*

esaminare [ezami'na:re] *vt* prüfen

esasperante [ezaspe'rante] *agg* (nerven)aufreibend; **esasperare** [ezaspe'ra:re] *vt* empören

esattezza [ezat'tettsa] *f* Genauigkeit *f*

esatto [e'zatto] *agg* richtig; (*ora*) genau

esaudire [ezau'di:re] *vt* (*desiderio*) erfüllen

esaurimento [ezauri'mento] *m* Erschöpfung *f;* **esaurire** [ezau'ri:re] *vt* aufbrauchen

esausto, -a [e'za:usto] *agg* erschöpft

esca ['eska] <esche> *f* Köder *m*

eschimese [eski'me:se] *mf* Eskimo *m,* Eskimofrau *f*

esclamare [eskla'ma:re] *vt* ausrufen; **esclamativo, -a** [esklama'ti:vo] *agg* Ausrufe-; **esclamazione** [esklamat'tsio:ne] *f* Ausruf *m*

escludere [es'klu:dere] <irr> *vt* ausschließen; **esclusione** [esklu'zio:ne] *f* Ausschluss *m*

esclusività [eskluzivi'ta] <-> *f* Exklusivität *f;* **esclusivo, -a** [esklu'zi:vo] *agg* Exklusiv-

escoriazione [eskoriat'tsio:ne] *f* (Haut)abschürfung *f*

escremento [eskre'mento] *m* Exkrement *n*

escursione [eskur'sio:ne] *f* Ausflug *m*

esecutivo, -a *agg* exekutiv; **esecuzione** [ezekut'tsio:ne] *f* ❶ (JUR) Vollstreckung *f* ❷ (MUS) Vortrag *m;* **eseguire** [eze'gui:re] *vt* ❶ durchführen ❷ (INFORM) **esegui** Ausführen *n*

esempio [e'zɛmpio] <-i> *m* Beispiel *n;* **esemplare** [ezem'pla:re] **I.** *agg* beispielhaft **II.** *m* Exemplar *n*

esente [e'zɛnte] *agg* befreit

esequie [e'zɛ:kuie] *fpl* Begräbnisfeier *f*

esercitare [ezertʃi'ta:re] *vt* ausüben; **esercitazione** [ezertʃitat'tsio:ne] *f* Training *n*

esercito [e'zɛrtʃito] *m* Heer *n*

esercizio [ezer'tʃittsio] <-i> *m* Übung *f*

esibire [ezi'bi:re] **I.** *vt* (vor)zeigen **II.** *vr* **-rsi** (*in pubblico*) auftreten; **esibizione** [ezibit'tsio:ne] *f* Auftritt *m;* **esibizionismo** [ezibittsio'nizmo] *m* Prahlerei *f*

esigente [ezi'dʒɛnte] *agg* anspruchsvoll; **esigenza** [ezi'dʒɛntsa] *f* Bedürfnis *n;* **esigere** [e'zi:dʒere] <irr> *vt* verlangen

esile ['ɛ:zile] *agg* schmächtig

esiliare [ezi'lia:re] *vt* verbannen; **esilio** [e'zi:lio] <-i> *m* Exil *n*

esistente [ezis'tɛnte] *agg* vorhanden; **esistenza** [ezis'tɛntsa] *f* Existenz *f;* **esistere** [e'zistere] <irr> *vi* existieren

esitare [ezi'ta:re] *vi* zögern; **esitazione** [ezitat'tsio:ne] *f* Zögern *n*

esito ['ɛ:zito] *m* Ergebnis *n*

esodo ['ɛ:zodo] *m* Auswanderung *f*

esofago [e'zɔ:fago] <-gi> *m* Speiseröhre *f*

esorcismo [ezor'tʃizmo] *m* Exorzismus *m*

esordio [e'zɔrdio] <-i> *m* Debüt *n*

esortare [ezor'ta:re] *vt* ermahnen; **esortazione** [ezortat'tsio:ne] *f* Ermahnung *f*

esotico, -a [e'zɔ:tiko] <-ci, -che> *agg* exotisch

espandere [es'pandere] <irr> *vt* erweitern; **espansione** [espan'sio:ne] *f* Erweiterung *f;* **espansivo, -a** [espan'si:vo] *agg* (*affettuoso*) überschwänglich

espatriare [espa'tria:re] *vi essere* auswandern

espediente [espe'diɛnte] *m* Ausweg *m*

esperienza [espe'riɛntsa] *f* Erfahrung *f*

esperimento [esperi'mento] *m* Experiment *n*

esperto, -a [es'pɛrto] *m, f* Fachmann *m,* Fachfrau *f*

espiare [espi'a:re] *vt* (ver)büßen

esplicito, -a [es'pli:tʃito] *agg* ausdrücklich

esplodere [es'plɔ:dere] <irr> *vi essere* explodieren

esplorare [esplo'ra:re] *vt* erforschen; **esploratore, -trice** *m, f* Forscher(in) *m(f)*; **esplorazione** [esplorat'tsio:ne] *f* Erforschung *f*

esplosione [esplo'zio:ne] *f* Explosion *f*

esplosivo, -a *agg* explosiv, Spreng-

esporre [es'porre] <irr> *vt* ❶ (*porre fuori*) aussetzen ❷ (*narrare*) darlegen

esportare [espor'ta:re] *vt* exportieren; **esportazione** [esportat'tsio:ne] *f* Export *m*

esposizione [espozit'tsio:ne] *f* ❶ (*di merci*) Ausstellung *f* ❷ (*di fatto*) Darstellung *f*; **espressione** [espres'sio:ne] *f* Ausdruck *m*

espressività [espressivi'ta] *f* Ausdruckskraft *f*

espressivo, -a [espres'si:vo] *agg* ausdrucksvoll

espresso [es'prɛsso] *m* ❶ (*caffè*) Espresso *m* ❷ (*treno*) Schnellzug *m* ❸ (*lettera*) Eilbrief *m*

esprimere [es'pri:mere] <irr> *vt* ausdrücken

espulsione [espul'sio:ne] *f* Ausschluss *m*

essa ['essa] *pron 3. pers sing f* sie; (*di cose, animali*) es

esse ['esse] *pron 3. pers pl f* sie

essenza [es'sɛntsa] *f* Essenz *f*; **essenziale** [essen'tsia:le] **I.** *agg* wesentlich **II.** *m* Hauptsache *f*

essere ['ɛssere] <irr> *vi essere* sein; **c'è, ci sono** es gibt

essi ['essi] *pron 3. pers pl m* sie

esso ['esso] *pron 3. pers sing m* er; (*di cose, animali*) es

est [ɛst] <-> *m* Ost(en) *m*

estasi ['ɛstazi] <-> *f* Ekstase *f*

estate [es'ta:te] *f* Sommer *m*

estendere [es'tɛndere] <irr> **I.** *vt* erweitern **II.** *vr* **-rsi** sich ausdehnen; **estensione** [esten'sio:ne] *f* Ausdehnung *f*

estenuante [estenu'ante] *agg* ermüdend; **estenuare** [estenu'a:re] *vt* erschöpfen

esterno, -a [es'tɛrno] *agg* Außen-

estero ['ɛstero] *m* Ausland *n*

estero, -a *agg* Auslands-

estetica [es'tɛ:tika] <-che> *f* Ästhetik *f*

estetista [este'tista] <-i *m*, -e *f*> *mf* Kosmetiker(in) *m(f)*

estinguere [es'tiŋguere] <irr> *vt* löschen; **estintore** [estin'to:re] *m* Feuerlöscher *m*

estirpare [estir'pa:re] *vt* (her)ausreißen

estivo, -a [es'ti:vo] *agg* Sommer-

Estonia [es'tɔ:nia] *f* Estland *n*

estradizione [estradit'tsio:ne] *f* Auslieferung *f*

estraneo, -a [es'tra:neo] <-ei, -ee> *m, f* Fremde(r) *f(m)*

estrarre [es'trarre] <irr> *vt* (heraus)ziehen

estratto [es'tratto] *m* ❶ (*di carne*) Extrakt *m* ❷ (COM) Auszug *m*

estrazione [estrat'tsio:ne] *f* (Aus-, Heraus)ziehen *n*

estremo [es'tre:mo] *m* Extrem *n*

estremo, -a *agg* äußerste(r, s); **l'Estremo Oriente** (GEOG) der Ferne Osten

estrogeno [es'trɔ:dʒeno] *m* Östrogen *n*

estroverso, -a [estro'vɛrso] *agg* extrovertiert

esuberanza [ezube'rantsa] *f* ❶ (*sovrabbondanza*) Übermaß *n* ❷ (*di persona*) Temperament *n*

esule ['ɛ:zule] *mf* Verbannte(r) *f(m)*

età [e'ta] <-> *f* Alter *n;* (*era*) Zeitalter *n*

etc. *abbr di* **eccetera** etc.

eternità [eterni'ta] <-> *f* Ewigkeit *f*

eterno, -a *agg* ewig

etica ['ɛ:tika] <-che> *f* Ethik *f*

etichetta [eti'ketta] *f* Etikett *n*

etico, -a ['ɛ:tiko] <-ci, -che> *agg* ethisch

etilismo [eti'lizmo] *m* Alkoholismus *m;* **etilotest** [etilo'tɛst] <-> *m* Alkoholtest *m*

Etna ['ɛtna] *m* Ätna *m*

etrusco, -a [e'trusko] <-schi, -sche> **I.** *agg* etruskisch **II.** *m, f* Etrusker(in) *m(f)*

ettaro ['ɛttaro] *m* Hektar *m o n*

etto ['ɛtto] *m,* **ettogrammo** [etto'grammo] *m* hundert Gramm *n*

eucalipto [euka'lipto] *m* Eukalyptus *m*

euforia [eufo'ri:a] <-ie> *f* Euphorie *f*

Euro <-> *m* Euro *m*

eurocheque [eurоʃ'ʃɛk] <-> *m* Euroscheck *m*

eurocity [euro'siti] <-> *m* Eurocity *m;* **eurocomunitario, -a** [eurokomuni'ta:rio] *agg* EU-; **norma -a** EU-Norm *f;* **eurodeputato, -a** [eurodepu'ta:to] *m, f* Europa-Abgeordnete(r) *f(m),* Europa-Mandatar(in) *m(f) A;* **euromercato** [euromer'ka:to] *m* Euro-Markt *m*

euronight [euro'nait] <-> *m* (FERR) Euronight *m*

Europa [eu'rɔ:pa] *f* Europa *n*

europarlamento [europarla'mento] *m* Europaparlament *n*

europeo, -a [euro'pɛ:o] <-ei, -ee> **I.** *agg* europäisch **II.** *m, f* Europäer(in) *m(f)*

europolitica [ɛuropo'li:tika] *f* Europapolitik *f*

euroseggio [euro'sɛddʒo]

<-ggi> *m* Europaparlamentssitz *m*
eurotassa [euro'tassa] *f* Europasteuer *f*
eurovisione [eurovi'zio:ne] *f* Eurovision *f*
eutanasia [eutana'zi:a] <-ie> *f* Euthanasie *f*
evacuare [evaku'a:re] *vt* räumen
evadere [e'va:dere] <irr> *vi essere* ❶ (*da carcere*) ausbrechen ❷ (ADM) ~ **al fisco** Steuern hinterziehen
evaporare [evapo'ra:re] *vi essere* verdunsten
evasione [eva'zio:ne] *f* ❶ (*da carcere*) Ausbruch *m* ❷ (ADM) Steuerhinterziehung *f*; **evasivo, -a** [eva'zi:vo] *agg* ausweichend; **evasore** [eva'zo:re] *m* Steuerhinterzieher *m*
evenienza [eve'niɛntsa] *f* Fall *m*
evento [e'vɛnto] *m* Ereignis *n*; **eventuale** [eventu'a:le] *agg* eventuell; **eventualità** [eventuali'ta] <-> *f* Möglichkeit *f*
evidente [evi'dɛnte] *agg* offensichtlich; **evidenza** [evi'dɛntsa] *f* Evidenz *f*; **evidenziare** *vt* markieren; **evidenziatore** *m* Textmarker *m*
evitare [evi'ta:re] *vt* vermeiden
evocare [evo'ka:re] *vt* beschwören
evoluzione [evolut'tsio:ne] *f* Entwicklung *f*
ex [ɛks] *prp* ehemalig
exchanger [iks'tʃeindʒə] <-> *m* Währungsumrechner *m*
export ['ekspɔ:t] <-> *m* Export
extention [eks'tɛnʃn] *f* Haarverlängerung *f*
extracee [ekstra'tʃɛ:e] <-> *agg* EU-extern
extracomunitario, -a [ekstrakomuni'ta:rio] <-i, -ie> *agg* nicht zur EU gehörig
extraeuropeo, -a [ekstraeuro'pɛ:o] <-ei, -ee> *agg* außereuropäisch
extrarapido, -a [ekstra'ra:pido] *agg* sehr schnell
extraterrestre [ekstrater'rɛstre] *agg* außerirdisch
extravergine [ekstra'verdʒine] <inv> *agg* **olio di oliva** ~ natives Olivenöl

F

F, f ['ɛffe] <-> *f* F, f *n*
fa *avv* vor; **tre anni** ~ vor drei Jahren
fabbrica ['fabbrika] <-che> *f* Fabrik *f*
fabbricare [fabbri'ka:re] *vt* herstellen, erzeugen *A*; **fabbricazione** [fabbrikat'tsio:ne] *f* Herstellung *f*

fabbro ['fabbro] *m* Schmied *m*

faccenda [fat'tʃɛnda] *f* Angelegenheit *f*

facchino [fak'ki:no] *m* (Gepäck)träger *m*

faccia ['fattʃa] <-cce> *f* Gesicht *n;* **alla ~!** (*fam*) Donnerwetter!; **facciata** [fat'tʃa:ta] *f* Fassade *f*

faccina [fat'tʃi:na] *f* Smiley *m*

facile ['fa:tʃile] *agg* leicht

facilitare [fatʃili'ta:re] *vt* erleichtern

facoltà [fakol'ta] <-> *f* ❶ (*capacità*) Fähigkeit *f* ❷ (*universitaria*) Fakultät *f*

facoltativo, -a [fakolta'ti:vo] *agg* wahlfrei

facoltoso, -a [fakol'to:so] *agg* wohlhabend

facsimile [fak'si:mile] <-> *m* Faksimile *n*

faggio ['faddʒo] <-ggi> *m* Buche *f*

fagiano [fa'dʒa:no] *m* Fasan *m*

fagiolino [fadʒo'li:no] *m* grüne Bohne *f,* Fisole *f A;* **fagiolo** [fa'dʒɔ:lo] *m* Bohne *f*

faidaté ['fa:ida'te] <-> *m* Basteln *n*

faina [fa'i:na] *f* Steinmarder *m*

falce ['faltʃe] *f* Sichel *f;* **falciare** [fal'tʃa:re] *vt* (nieder)mähen

falco ['falko] <-chi> *m* Falke *m*

falegname [faleɲ'ɲa:me] *m* Tischler *m;* **falegnameria** [faleɲɲame'ri:a] <-ie> *f* Tischlerei *f*

falla ['falla] *f* Lücke *f*

fallimento [falli'mento] *m* (JUR) Konkurs *m;* **fallire** [fal'li:re] *vi* ❶ (JUR) Konkurs machen ❷ (*fig*) scheitern

fallo ['fallo] *m* ❶ (*errore*) Fehler *m* ❷ (SPORT) Foul *n*

falsario [fal'sa:rio] <-i> *m* Fälscher *m*

falsificare [falsifi'ka:re] *vt* fälschen

falso, -a *agg* falsch

fama ['fa:ma] *f* Ruf *m*

fame ['fa:me] *f* Hunger *m;* **aver ~** Hunger haben

famiglia [fa'miʎʎa] <-glie> *f* Familie *f;* **familiare** [fami'lia:re] **I.** *agg* ❶ Familien- ❷ (*noto*) vertraut **II.** *mf* (Familien)angehörige(r) *f(m)*

famoso, -a [fa'mo:so] *agg* berühmt

fanale [fa'na:le] *m* Licht *n;* **fanalino** [fana'li:no] *m* **~ di coda** (*a fig*) Rücklicht *n*

fanatico, -a [fa'na:tiko] <-ci, -che> *m, f* Fanatiker(in) *m(f);* **fanatismo** [fana'tizmo] *m* Fanatismus *m*

fanciulla [fan'tʃulla] *f* Mädchen *n;* **fanciullo** [fan'tʃullo] *m* Knabe *m*

fango ['faŋgo] <-ghi> *m* Schlamm *m,* Gatsch *m A*

fannullone, -a [fannul'lo:ne] *m, f* Nichtstuer(in) *m(f),* Tachinierer *m A*

fantascienza [fantaʃˈʃɛntsa] *f* Sciencefiction *f*

fantasia [fantaˈziːa] <-ie> *f* Phantasie *f*; **fantasioso, -a** [fantaˈzioːso] *agg* phantasievoll

fantasma [fanˈtazma] <-i> *m* Gespenst *n*

fantastico, -a [fanˈtastiko] <-ci, -che> *agg* phantastisch

fantino [fanˈtiːno] *m* Jockei *m*

farabutto, -a [faraˈbutto] *m, f* Schurke *m*, Schurkin *f*

farcire [farˈtʃiːre] *vt* füllen; **farcitura** [fartʃiˈtuːra] *f* Füllung *f*

fard [far(d)] <-> *m* Rouge *n*

fare [ˈfaːre] <irr> **I.** *vt* ❶ (*gener*) machen; (*fig: amicizia*) schließen; **fare arrabbiare qu** jdn wütend machen ❷ tun; (*mestiere*) ausüben; **~ il medico** Arzt sein ❸ (*loc*) **~ a meno di qc** ohne etw auskommen; **5 più 3 fa 8** 5 und 3 macht 8; **non fa niente** das macht nichts; **fa caldo** es ist warm **II.** *vr* **-rsi pregare** sich bitten lassen; **si è fatto tardi** es ist spät geworden

farfalla [farˈfalla] *f* ❶ (ZOO) Schmetterling *m* ❷ (*cravatta*) Fliege *f*

farina [faˈriːna] *f* Mehl *n*

farmacia [farmaˈtʃiːa] <-cie> *f* Apotheke *f*; **~ di turno** diensttuende Apotheke; **farmacista** [farmaˈtʃista] <-i *m*, -e *f*> *mf* Apotheker(in) *m(f)*; **farmaco** [ˈfarmako] <-ci> *m* Heilmittel *n*

faro [ˈfaːro] *m* ❶ Leuchtturm *m* ❷ (AUTO) Scheinwerfer *m*; **-i abbaglianti/anabbaglianti** Fern-/Abblendlicht *n*

farsa [ˈfarsa] *f* Farce *f*

fascia [ˈfaʃʃa] <-sce> *f* Band *n*

fasciare [faʃˈʃaːre] *vt* ❶ (*ferita*) verbinden ❷ (*bambino*) wickeln; **fasciatura** [faʃʃaˈtuːra] *f* Verband *m*

fascicolo [faʃˈʃiːkolo] *m* Heft *n*

fascino [ˈfaʃʃino] *m* Charme *m*

fascio [ˈfaʃʃo] <-sci> *m* (*di fiori*) Strauß *m*

fascismo [faʃˈʃizmo] *m* Faschismus *m*

fase [ˈfaːze] *f* Phase *f*

fastidio [fasˈtiːdio] <-i> *m* Belästigung *f*; **Le dà ~ il fumo?** stört Sie der Rauch?; **fastidioso, -a** [fastiˈdioːso] *agg* lästig

fastoso, -a [fasˈtoːso] *agg* prunkvoll

fata [ˈfaːta] *f* Fee *f*

fatale [faˈtaːle] *agg* fatal

fatalità [fataliˈta] <-> *f* Schicksalhaftigkeit *f*

fatica [faˈtiːka] <-che> *f* Mühe *f*; **faticare** [fatiˈkaːre] *vi* ❶ (*sottoporsi a sforzo*) hart arbeiten ❷ (*difficoltà*) Mühe haben; **faticoso, -a** [fatiˈkoːso] *agg* mühsam

fato [ˈfaːto] *m* Schicksal *n*

fatto [ˈfatto] *m* ❶ (*azione*) Tat *f* ❷ (*affare*) Sache *f*

fattore [fatˈtoːre] *m* Faktor *m*

F

fattoria [fatto'ri:a] <-ie> *f* Gutshof *m*
fattura [fat'tu:ra] *f* ❶ (*lavorazione*) Herstellung *f* ❷ (COM) Rechnung *f*; **fatturato** [fattu'ra:to] *m* (COM) Umsatz *m*
fauna ['fa:una] *f* Fauna *f*
fautore, **-trice** [fau'to:re] *m, f* Förderer *m*, Förderin *f*
fava ['fa:va] *f* dicke Bohne
favola ['fa:vola] *f* Märchen *n*; **favoloso**, **-a** [favo'lo:so] *agg* fabelhaft
favore [fa'vo:re] *m* Gefallen *m*; **per ~** bitte
favorevole [favo're:vole] *agg* günstig; **favorire** [favo'ri:re] *vt* unterstützen; **favorito**, **-a** [favo'ri:to] *agg* Lieblings-
fax [faks] <-> *m* Fax(gerät) *n*
fazione [fat'tsio:ne] *f* Faktion *f*
fazzoletto [fattso'letto] *m* (Taschen)tuch *n*; **~ di carta** Papiertaschentuch *n*
febbraio [feb'bra:io] *m* Februar *m*, Feber *m A*
febbre ['fɛbbre] *f* (*a fig*) Fieber *n*
feci ['fɛ:tʃi] *fpl* Fäkalien *pl*
fecola ['fɛ:kola] *f* Stärkemehl *n*
fecondazione [fekondat'tsio:ne] *f* Befruchtung *f*
fede ['fe:de] *f* ❶ Glaube(n) *m* ❷ (*anello*) Trauring *m*; **fedele** [fe'de:le] **I.** *agg* treu **II.** *mf* Gläubige(r) *f(m)*; **fedeltà** [fedel'ta] <-> *f* Treue *f*; **ad alta ~** Hi(gh)-Fi(delity)-
federa ['fɛ:dera] *f* (Kopf)kissenbezug *m*
federale [fede'ra:le] *agg* Bundes-; **federalismo** [federa'lizmo] *m* Föderalismus *m*; **federazione** [federat'tsio:ne] *f* Verband *m*
fegato ['fe:gato] *m* Leber *f*
felce ['feltʃe] *f* Farn *m*
felice [fe'li:tʃe] *agg* glücklich; **felicità** [felitsi'ta] <-> *f* Glück *n*
felicitarsi [felitʃi'tarsi] *vr* **~ con qu per qc** jdn zu etw beglückwünschen; **felicitazione** [felitʃitat'tsio:ne] *f* Glückwunsch *m*
felino, **-a** *agg* Katzen-
felpa ['felpa] *f* Plüsch *m*
feltro ['feltro] *m* Filz *m*
femmina ['femmina] *f* Weib *n*; **femminile** [femmi'ni:le] *agg* weiblich
femminista [femmi'nista] <-i *m*, -e *f*> *mf* Feminist(in) *m(f)*
femore ['fɛ:more] *m* Oberschenkel *m*
fendinebbia [fendi'nebbia] <-> *m* Nebelscheinwerfer *m*
fenomenale [fenome'na:le] *agg* phänomenal; **fenomeno** [fe'nɔ:meno] *m* Phänomen *n*
feriale [fe'ria:le] *agg* Werk-; **ferie** ['fɛ:rie] *fpl* Ferien *pl*
ferire [fe'ri:re] *vt* verletzen; **ferita** [fe'ri:ta] *f* Wunde *f*
fermacarte [ferma'karte] <-> *m* Briefbeschwerer *m*

fermaglio [fer'maʎʎo] <-gli> *m* Schnalle *f*

fermare [fer'maːre] **I.** *vt* anhalten **II.** *vi* halten **III.** *vr* **-rsi** ❶ (an)halten; (*orologio*) stehen bleiben ❷ (*trattenersi*) sich aufhalten; **fermata** [fer'maːta] *f* ❶ (*sosta*) Halt *m* ❷ (*luogo*) Haltestelle *f*

fermentare [fermen'taːre] *vi* gären; **fermentazione** [fermentat'tsioːne] *f* Gärung *f*

fermo ['fermo] *m* (JUR) Festnahme *f*

fermo, -a *agg* still

fermoposta [fermo'pɔsta] <inv> *agg* postlagernd

feroce [fe'roːtʃe] *agg* wild; **ferocia** [fe'rɔːtʃa] <-cie> *f* Wildheit *f*

ferragosto [ferra'gosto] *m* Mariä Himmelfahrt

ferramenta [ferra'menta] *f* Eisenwaren *fpl*

ferro ['fɛrro] *m* Eisen *n;* ~ **da stiro** Bügeleisen *n;* **bistecca ai -i** gegrilltes Beefsteak

ferrovia [ferro'viːa] *f* Eisenbahn *f;* **ferroviario, -a** [ferro'viaːrio] *agg* Eisenbahn-

fertile ['fɛrtile] *agg* fruchtbar

fervore [fer'voːre] *m* ❶ (*passione*) Leidenschaft *f* ❷ (*zelo*) Eifer *m*

fesseria [fesse'riːa] <-ie> *f* (*fam*) Dummheit *f;* **fesso, -a** ['fesso] *agg* bescheuert

fessura [fes'suːra] *f* Spalte *f*

festa ['fɛsta] *f* ❶ (*solennità*) Feiertag *m* ❷ (*cerimonia*) Fest *n;* **festeggiare** [fested'dʒaːre] *vt* feiern

festività [festivi'ta] <-> *f* Feiertag *m;* **festivo, -a** [fes'tiːvo] *agg* (*giorno*) Feier-

feto ['fɛːto] *m* Fötus *m*

fetta ['fetta] *f* Scheibe *f;* **tagliare a -e** in Scheiben schneiden

fettuccine [fettut'tʃiːne] *fpl* (*pasta*) Bandnudeln *fpl*

fiaba ['fiaːba] *f* Märchen *n*

fiacco, -a ['fiakko] <-cchi, -cche> *agg* müde

fiaccola ['fiakkola] *f* Fackel *f*

fiala ['fiaːla] *f* Ampulle *f*

fiamma ['fiamma] *f* Flamme *f*

fiammifero [fiam'miːfero] *m* Streichholz *n,* Zündholz *n A*

fianco ['fiaŋko] <-chi> *m* (ANAT) Hüfte *f,* Hüferl *n A*

fiasco ['fiasko] <-schi> *m* ❶ (*bottiglia*) Korbflasche *f* ❷ (*insuccesso*) Fiasko *n*

fiato ['fiaːto] *m* Atem *m*

fibbia ['fibbia] <-ie> *f* Schnalle *f*

fibra ['fiːbra] *f* Faser *f*

ficcare [fik'kaːre] **I.** *vt* stecken **II.** *vr* **-rsi** sich verstecken

fico ['fiːko] <-chi> *m* ❶ (*frutto*) Feige *f* ❷ (*sl: persona attraente*) irrer Typ

ficodindia [fiko'dindia] <fichidindia> *m* Kaktusfeige *f*

fidanzamento [fidantsa'men-

to] *m* Verlobung *f;* **fidanzato, -a** [fidan'tsa:to] *m, f* Verlobte(r) *f(m)*
fidarsi [fi'da:rsi] *vr* ~ **di qu** jdm vertrauen; **fidato, -a** [fi'da:to] *agg* zuverlässig
fiducia [fi'du:tʃa] <-cie> *f* Vertrauen *n;* **fiducioso, -a** [fidu'tʃo:so] *agg* vertrauensvoll
fieno ['fiɛ:no] *m* Heu *n*
fiera ['fiɛ:ra] *f* ❶ (*di paese*) Jahrmarkt *m* ❷ (COM) Messe *f*
fiero, -a ['fiɛ:ro] *agg* stolz
fifa ['fi:fa] *f* (*fam*) Schiss *m;* **fifone, -a** [fi'fo:ne] *m, f* (*fam*) Angsthase *m*
figata [fi'ga:ta] *f* (*sl*) geile Sache
figlia ['fiʎʎa] <-glie> *f* Tochter *f;* **figliastro, -a** [fiʎ'ʎastro] *m, f* Stiefsohn *m,* -tochter *f*
figlio ['fiʎʎo] <-gli> *m* (*prole*) Kind *n;* (*di sesso maschile*) Sohn *m;* **figlioccio, -a** [fiʎ'ʎɔttʃo] <-cci, -cce> *m, f* Patenkind *n*
figura [fi'gu:ra] *f* Figur *f;* **che ~!** (*iron*) so eine Blamage!
figurare [figu'ra:re] **I.** *vi* erscheinen **II.** *vr* **-rsi** sich vorstellen
fila ['fi:la] *f* ❶ (*serie*) Reihe *f* ❷ (*coda*) Schlange *f;* **mettersi in ~** sich anstellen
filare **I.** *vt* spinnen **II.** *vi essere* ❶ (*discorso*) fließen ❷ (*fam: svignarsela*) sich verdrücken
filastrocca [filas'trɔkka] <-cche> *f* Kinderreim *m*
file ['fail] <-> *m* (INFORM) Datei *f*
filetto [fi'letto] *m* (GASTR) Filet *n*
filiale [fi'lia:le] *f* Filiale *f*
filigrana [fili'gra:na] *f* Filigran *n*
film [film] <-> *m* Film *m;* **filmare** [fil'ma:re] *vt* aufnehmen
filo ['fi:lo] *m* Faden *m;* ~ **conduttore** Leitfaden *m*
filobus ['fi:lobus] *m* O(berleitungs)bus *m*
filodiffusione [filodiffu'zio:ne] *f* Drahtfunk *m*
filone [fi'lo:ne] *m* ❶ (*di giacimento*) Ader *f* ❷ (*pane*) längliches Brot
filosofia [filozo'fi:a] <-ie> *f* Philosophie *f;* **filosofo, -a** [fi'lɔ:zofo] *m, f* Philosoph(in) *m(f)*
filtrare [fil'tra:re] *vt* filtern
filtro ['filtro] *m* Filter *m*
finale [fi'na:le] **I.** *agg* ❶ (*conclusivo*) Schluss- ❷ (*definitivo*) endgültig **II.** *m* Ende *n* **III.** *f* (*calcio*) Finale *n;* **finalista** [fina'lista] <-i *m,* -e *f*> *mf* Endspielteilnehmer(in) *m(f)*
finalmente [final'mente] *avv* endlich
finanza [fi'nantsa] *f* Finanz *f*
finanziamento *m* Finanzierung *f;* **finanziare** [finan'tsia:re] *vt* finanzieren; **finanziario, -a** [finan'tsia:rio] <-i, -ie> *agg* Finanz-; **legge -a** Haushaltsgesetz *n*
finché [fiŋ'ke] *cong* bis

fine ['fi:ne] **I.** *agg* fein **II.** *f* Ende *n;* **alla ~** schließlich; **alla fin ~** alles in allem **III.** *m* Ziel *n;* **secondo ~** Hintergedanke *m*

finesettimana [fineset-ti'ma:na] *m* Wochenende *n*

finestra [fi'nestra] *f* Fenster *n;* **finestrino** [fines'tri:no] *m* (*di veicolo*) Fenster *n*

fingere ['fingʒere] <irr> *vt* vortäuschen

finire [fi'nire] **I.** *vt* beenden **II.** *vi essere* zu Ende gehen; **finiscila!** hör auf damit!; **ho finito** ich bin fertig

finlandese [finlan'de:se] *agg* finnisch; **Finlandia** [fin'landia] *f* Finnland *n*

fino ['fi:no] *prp* bis; **~ a** bis; **fin da bambino** von Kind an; **fin dove** bis wohin

finocchio [fi'nɔkkio] <-cchi> *m* (BOT) Fenchel *m*

finora [fi'no:ra] *avv* bis jetzt

finta ['finta] *f* **far ~ di** so tun als ob

finto, -a ['finto] *agg* falsch

fiocco ['fiɔkko] <-cchi> *m* Flocke *f*

fioraio, -a [fio'ra:io] <-ai, -aie> *m, f* Blumenhändler(in) *m(f)*

fiordaliso [fiorda'li:zo] *m* Kornblume *f*

fiordilatte [fiordi'latte] <-> *m* *Mozzarellakäse aus Kuhmilch*

fiore ['fio:re] *m* Blume *f*

fiorire [fio'ri:re] *vi essere* blühen; **fiorito, -a** [fio'ri:to] *agg* blumenbedeckt

Firenze [fi'rɛntse] *f* Florenz *n*

firma ['firma] *f* Unterschrift *f*

firmamento [firma'mento] *m* Firmament *n*

firmare [fir'ma:re] *vt* unterschreiben

fisarmonica [fizar'mɔ:nika] <-che> *f* Ziehharmonika *f*

fiscale [fis'ka:le] *agg* Steuer-

fischiare [fis'kia:re] *vi* pfeifen; **fischietto** [fis'kietto] *m* Trillerpfeife *f;* **fischio** ['fiskio] <-schi> *m* (*a fig*) Pfeifen *n*

fisco ['fisko] *m* Steuerbehörde *f*

fisica ['fi:zika] <-che> *f* Physik *f*

fisico ['fi:ziko] <-ci> *m* Körperbau *m*

fisico, -a <-ci, -che> **I.** *agg* physisch **II.** *m, f* Physiker(in) *m(f)*

fisioterapia [fiziotera'pi:a] *f* Physiotherapie *f*

fissare [fis'sa:re] **I.** *vt* ❶ festmachen ❷ (*stabilire*) festsetzen **II.** *vr* (*fig*) **-rsi su qc** sich auf etw *acc* versteifen; **fissato, -a** [fis'sa:to] *m, f* Besessene(r) *f(m);* **fissazione** [fissat'tsio:ne] *f* fixe Idee

fisso, -a *agg* fest; **prezzo ~** fester Preis

fitness ['fitnis] <-> *f* (SPORT) Fitness *f;* **fare** [*o* **praticare**] **~** sich fit halten

fitocosmesi [fitokos'mɛ:zi] <-> *f* Naturkosmetik *f*

F

fitta ['fitta] *f* stechender Schmerz
fittizio, **-a** [fit'tittsio] <-i, -ie> *agg* Schein-
fitto, **-a** *agg* dicht
fiume ['fiu:me] *m* Fluss *m*
fiutare [fiu'ta:re] *vt* ❶ (*annusare*) beschnuppern ❷ (*intuire*) wittern; **fiuto** ['fiu:to] *m* ❶ (*il fiutare*) Schnuppern *n* ❷ (*intuizione*) Spürsinn *m*
flacone [fla'ko:ne] *m* Flakon *n o m*
flagrante [fla'grante] *agg* **cogliere qu in ~** jdn auf frischer Tat ertappen
flanella [fla'nɛlla] *f* Flanell *m*
flash [flæʃ] <-> *m* (FOTO) Blitzlicht *n*
flauto ['fla:uto] *m* Flöte *f*
flebile ['flɛ:bile] *agg* schwach
flebo ['flɛ:bo] <-> *f* (Venen)infusion *f*
flessibile [fles'si:bile] *agg* (*a fig*) flexibel
flessione [fles'sio:ne] *f* ❶ (*azione*) Krümmen *n* ❷ (*calo*) Rückgang *m*
flipper ['flipper] <-> *m* Flipper *m*
flirtare [flir'ta:re] *vi* flirten
F.lli *abbr di* **fratelli** Gebr.
flora ['flɔ:ra] *f* Flora *f*; **floreale** [flore'a:le] *agg* Blumen-
flotta ['flɔtta] *f* Flotte *f*
fluido, **-a** *agg* flüssig
fluorescente [fluoreʃ'ʃɛnte] *agg* fluoreszierend; **lampada ~** Neonlampe *f*
fluoro [flu'ɔ:ro] *m* Fluor *n*
flusso ['flusso] *m* Fließen *n*
fluviale [flu'via:le] *agg* Fluss-
fobia [fo'bi:a] <-ie> *f* Phobie *f*
foca ['fɔ:ka] <-che> *f* Seehund *m*
focaccia [fo'kattʃa] <-cce> *f* Fladen *m*
focolare [foko'la:re] *m* Herd *m*
focoso, **-a** [fo'ko:so] *agg* feurig
fodera ['fɔ:dera] *f* Bezug *m*; **~ del cuscino** Kissenbezug *m*; **foderare** [fode'ra:re] *vt* füttern
foglia ['fɔʎʎa] <-glie> *f* Blatt *n*
foglio ['fɔʎʎo] <-gli> *m* Blatt *n*; **~ rosa** (AUTO) provisorische Fahrerlaubnis
fogna ['foɲɲa] *f* Abwasserkanal *m*; **fognatura** [foɲɲa'tu:ra] *f* Kanalisation *f*
folata [fo'la:ta] *f* Windstoß *m*
folla ['folla] *f* Menge *f*
folle ['fɔlle] *agg* verrückt
folletto [fol'letto] *m* Kobold *m*
follia [fol'li:a] <-ie> *f* Wahnsinn *m*
folto, **-a** *agg* dicht
fon [fon] *m* Haartrockner *m*
fondale [fon'da:le] *m* Wassertiefe *f*
fondamentale [fondamen'ta:le] *agg* wesentlich
fondamento[1] [fonda'mento] <*pl f* -a> *m* (ARCH) Fundament *n*
fondamento[2] *m* (*fig*) Grundla-

ge *f*

fondare [fon'da:re] *vt* gründen; **fondazione** [fondat'tsio:ne] *f* ❶ (*istituzione*) Gründung *f* ❷ (JUR) Stiftung *f*

fondente [fon'dɛnte] *m* Schmelz- *n;* **cioccolato ~** Bitterschokolade *f*

fondere ['fondere] <irr> *vt* (*fig*) verschmelzen

fondo ['fondo] *m* ❶ (*di recipiente*) Boden *m;* **da cima a ~** von Kopf bis Fuß; **in ~** (*fig*) im Grunde (genommen) ❷ (*bene immobile*) Grundstück *n;* **-i d'investimento** Investitionsfonds *m*

fondo, -a *agg* tief

fondoschiena [fondo'skiɛ:na] <-> *m* (*fam*) Hintern *m*

fondovalle [fondo'valle] <fondivalle> *m* Talsohle *f*

fonduta [fon'du:ta] *f* Fondue *n*

fontana [fon'ta:na] *f* Brunnen *m*

fonte ['fonte] *f* Quelle *f*

foraggio [fo'raddʒo] <-ggi> *m* (Vieh)futter *n*

forare [fo'ra:re] **I.** *vt* durchlöchern **II.** *vi* (*pneumatico*) platzen

forbici ['fɔrbitʃi] *fpl* Schere *f*

forcella [for'tʃɛlla] *f* ❶ (TEC) Gabel *f* ❷ (*di montagna*) Felsspalte *f*

forchetta [for'ketta] *f* Gabel *f;* **essere una buona ~** (*fig*) ein guter Esser sein

forcina [for'tʃi:na] *f* Haarnadel *f*

forcone [for'ko:ne] *m* Mistgabel *f*

foresta [fo'rɛsta] *f* Wald *m;* **forestale** [fores'ta:le] *agg* Forst-

forestiero, -a [fores'tiɛ:ro] **I.** *agg* fremd **II.** *m, f* Fremde(r) *f(m)*

forfait [fɔr'fɛ] <-> *m* (FIN) Pauschale *f*

forfora ['forfora] *f* Schuppen *fpl*

forma ['forma] *f* Form *f;* **essere in ~** in Form sein

formaggiera [formad'dʒɛ:ra] *f* Käseschälchen *f;* **formaggino** [formad'dʒi:no] *m* Käseecke *f;* **formaggio** [for'maddʒo] <-ggi> *m* Käse *m*

formale [for'ma:le] *agg* formell; **formalità** [formali'ta] <-> *f* Formalität *f*

formare [for'ma:re] **I.** *vt* ❶ (*modellare*) formen ❷ (*creare*) bilden **II.** *vr* **-rsi** sich bilden

formato [for'ma:to] *m* Größe *f;* **fotografia ~ tessera** Passbild *n*

formattare [format'ta:re] *vt* (INFORM) formatieren; **formattazione** [formattat'tsio:ne] *f* (INFORM) Formatierung *f*

formazione [format'tsio:ne] *f* ❶ (*creazione*) Entstehung *f* ❷ (*addestramento*) Ausbildung *f*

formica [for'mi:ka] <-che> *f* Ameise *f;* **formicaio** [formi'ka:io] <-ai> *m* Ameisenhaufen *m*

formidabile [formi'da:bile] *agg* außerordentlich

formoso, -a [for'mo:so] *agg* üppig

formula ['fɔrmula] *f* Formel *f*; **gara di Formula 1** (SPORT) Formel-1-Rennen *n*

formulare [formu'la:re] *vt* formulieren; **formulario** [formu'la:rio] <-i> *m* Formular *n*

fornello [for'nɛllo] *m* Herd *m*

fornire [for'ni:re] **I.** *vt* ~ **qu di qc** jdn mit etw ausstatten **II.** *vr* **-rsi di qc** sich mit etw versorgen; **fornitore, -trice** [forni'to:re] *m, f* Lieferant(in) *m(f)*

forno ['forno] *m* Backofen *m*, Backrohr *n A*; **pasta al** ~ überbackenes Nudelgericht *pl*; ~ **a microonde** Mikrowellenherd *m*

foro¹ ['fo:ro] *m* Loch *n*

foro² ['fɔ:ro] *m* (HIST) Forum *n*

forse ['forse] *avv* vielleicht

forte¹ ['fɔrte] *avv* laut

forte² **I.** *agg* stark; (*sapore*) scharf **II.** *m* (*specialità*) Stärke *f*

fortezza [for'tettsa] *f* (MIL) Festung *f*

fortino [for'ti:no] *m* Bunker *m*

fortuito, -a [for'tu:ito] *agg* zufällig

fortuna [for'tu:na] *f* Glück *n*; **per** ~ zum Glück; **fortunato, -a** [fortu'na:to] *agg* glücklich

foruncolo [fo'ruŋkolo] *m* Furunkel *m o n*

forza ['fɔrtsa] **I.** *f* ❶ (*robustezza*) Kraft *f* ❷ (*loc*) **per** ~ (*controvoglia*) notgedrungen; (*naturalmente*) natürlich **II.** *int* los!

forzare [for'tsa:re] *vt* ❶ (*scassinare*) aufbrechen ❷ (*costringere*) zwingen

forziere [for'tsiɛ:re] *m* Geldschrank *m*

foschia [fos'ki:a] <-schie> *f* Dunst *m*

fosco, -a ['fosko] <-schi, -sche> *agg* düster

fosforescente [fosforeʃ'ʃɛnte] *agg* phosphoreszierend

fossa ['fɔssa] *f* ❶ (*buca*) Grube *f* ❷ (*tomba*) Grab *n*

fossato [fos'sa:to] *m* Wassergraben *m*

fossetta [fos'setta] *f* Grübchen *n*

fossile ['fɔssile] *m* Fossil *n*

foto ['fɔ:to] <-> *f* Foto *n*

fotoamatore, -trice [fotoama'to:re] *m, f* Amateurfotograf(in) *m(f)*

fotocellula [foto'tʃɛllula] *f* Fotozelle *f*

fotocopia [foto'kɔ:pia] *f* Fotokopie *f*; **fotocopiare** [fotoko'pia:re] *vt* fotokopieren; **fotocopiatrice** [fotokopia'tri:tʃe] *f* Fotokopierer *m*

fotogenico, -a [foto'dʒɛ:niko] <-ci, -che> *agg* fotogen

fotografare [fotogra'fa:re] *vt*

fotografieren; **fotografia** [fotogra'fi:a] *f* Fotografie *f;* ~ **a colori** Farbbild *n;* ~ **istantanea** Momentaufnahme *f;* **fotografico, -a** [foto'gra:fiko] <-ci, -che> *agg* fotografisch; **fotografo, -a** [fo'tɔ:grafo] *m, f* Fotograf(in) *m(f)*

fotomodella [fotomo'dɛlla] *f* Fotomodell *n*

fotomontaggio [fotomon'taddʒo] <-ggi> *m* Fotomontage *f*

fotoromanzo [fotoro'mandzo] *m* Fotoroman *m*

fototessera [foto'tɛssera] *f* Passbild *n*

fottere ['fottere] *vt* (*vulg*) ficken; **va a farti ~!** (*vulg*) leck mich am Arsch!

foulard [fu'lar] <-> *m* Halstuch *n*

fra [fra] *prp v.* **tra**

fradicio, -a <-ci, -ce> *agg* durchnässt

fragile ['fra:dʒile] *agg* zerbrechlich; **~!** (*su pacchi*) Vorsicht, Glas!

fragola ['fra:gola] *f* Erdbeere *f*

fragrante [fra'grante] *agg* wohl riechend; **fragranza** [fra'grantsa] *f* Duft *m*

fraintendere [frain'tɛndere] <irr> *vt* missverstehen

frammentario, -a [frammen'ta:rio] <-i, -ie> *agg* fragmentarisch; **frammento** [fram'mento] *m* Bruchstück *n*

frana ['fra:na] *f* Erdrutsch *m;* **franare** [fra'na:re] *vi essere* abrutschen

francamente [fraŋka'mente] *avv* ehrlich

francescano [frantʃes'ka:no] *m* Franziskaner *m*

francese [fran'tʃe:se] *agg* französisch

franchezza [fraŋ'kettsa] *f* Offenheit *f*

franchigia [fraŋ'ki:dʒa] <-gie> *f* (FIN) (Gebühren)freiheit *f*

franchising [fræn'tʃaiziŋ] <-> *m* Franchising *n*

Francia ['frantʃa] *f* Frankreich *n*

franco ['fraŋko] <-chi> *m* (*moneta belga, francese*) Franc *m;* (*moneta svizzera*) Franken *m*

franco, -a <-chi, -che> *agg* (*sincero*) offen

francobollo [fraŋko'bollo] *m* Briefmarke *f*

Francoforte [fraŋko'fɔrte] *f* Frankfurt *n*

francone ['fraŋkone] *agg* fränkisch; **Franconia** [fraŋ'kɔ:nia] *f* Franken *n*

frangetta [fran'dʒetta] *f* Pony(fransen *fpl*) *m;* **frangia** ['frandʒa] <-ge> *f* (*di stoffa*) Franse *f*

frantoio [fran'to:io] <-oi> *m* (*per olive*) Ölmühle *f*

frantumare [frantu'ma:re] **I.** *vt* zertrümmern **II.** *vr* **-rsi** in Stü-

F

cke gehen

frappé [frap'pɛ] <-> *m* Milchshake *m*

frapporre [frap'porre] <irr> **I.** *vt* dazwischen stellen **II.** *vr* **-rsi** sich dazwischen stellen

frascati [fras'ka:ti] <-> *m Weißwein aus dem Latium*

frase ['fra:ze] *f* Satz *m*

frassino ['frassino] *m* Esche *f*

frastagliato, **-a** [frastaʎ'ʎa:to] *agg* zerklüftet

frastornato, **-a** [frastor'na:to] *agg* benommen

frastuono [fras'tuɔ:no] *m* Lärm *m*

frate ['fra:te] *m* (REL) Bruder *m*

fratellanza [fratel'lantsa] *f* Brüderschaft *f*; **fratellastro** [fratel'lastro] *m* Stiefbruder *m*; **fratello** [fra'tɛllo] *m* ❶ Bruder *m* ❷ (*-i e sorelle*) Geschwister *pl*; **fraterno**, **-a** [fra'tɛrno] *agg* brüderlich

frattaglie [frat'taʎʎe] *fpl* Innereien *pl*

frattanto [frat'tanto] *avv* inzwischen

frattempo [frat'tɛmpo] *m* **nel ~** inzwischen

frattura [frat'tu:ra] *f* (*a fig*) Bruch *m*

frazione [frat'tsio:ne] *f* (POL) Fraktion *f*

freccia ['frettʃa] <-cce> *f* Pfeil *m*; **frecciata** [fret'tʃa:ta] *f* Stichelei *f*

freddezza [fred'dettsa] *f* Kälte *f*

freddo ['freddo] *m* Kälte *f*; **avere ~** frieren; **fa ~** es ist kalt

freddo, **-a** *agg* kalt

freezer ['fri:zə] <-> *m* Gefrierschrank *m*

fregare [fre'ga:re] **I.** *vt* (*fam: imbrogliare*) anschmieren; (*rubare*) klauen **II.** *vr* **fregarsene di qc** (*fam*) auf etw *acc* pfeifen

fregatura [frega'tu:ra] *f* (*fam*) Betrug *m*

frenare [fre'na:re] *vt* (ab)bremsen

frenata [fre'na:ta] *f* Bremsen *n*

frenetico, **-a** [fre'nɛ:tiko] <-ci, -che> *agg* frenetisch

freno ['fre:no] *m* Bremse *f*; **~ a mano** Handbremse *f*

frequentare [frekuen'ta:re] *vt* ❶ (*persone*) verkehren mit ❷ (*scuola*) besuchen

frequente [fre'kuɛnte] *agg* häufig; **frequenza** [fre'kuɛntsa] *f* Häufigkeit *f*

fresco ['fresko] *m* Frische *f*; **fa ~** es ist kühl

fresco, **-a** <-schi, -sche> *agg* (*a fig*) frisch

fretta ['fretta] *f* Eile *f*

friabile [fri'a:bile] *agg* bröck(e)lig

friggere ['friddʒere] <irr> *vt* frittieren

frigido ['fri:dʒido] <-a> *agg* frigide

frigorifero [frigo'ri:fero] *m*

Kühlschrank *m*, Eiskasten *m A*
Frisia ['fri:zia] *f* Friesland *n*
frittata [frit'ta:ta] *f* Eierkuchen *m*
frittella [frit'tɛlla] *f* Krapfen *m*
fritto ['fritto] *m* Gebackene(s) *n*
Friuli-Venezia Giulia *m* Friaul Julisch Venetien *n*
frivolo, -a ['fri:volo] *agg* oberflächlich
frizione [frit'tsio:ne] *f* (AUTO) Kupplung *f*
frode ['frɔ:de] *f* Betrug *m*
frollo, -a ['frɔllo] *agg* **pasta -a** Mürbeteig *m*
fronte ['fronte] **I.** *f* (ANAT) Stirn *f* **II.** *m* (MIL) Front *f*
frontiera [fron'tiɛ:ra] *f* (Staats)grenze *f*
frugare [fru'ga:re] *vi* (herum)kramen
frullato [frul'la:to] *m* (Milch)mixgetränk *n;* **frullatore** [frulla'to:re] *m* Mixer *m;* **frullino** [frul'li:no] *m* Quirl *m*
frumento [fru'mento] *m* Weizen *m*
frusta ['frusta] *f* ❶ Peitsche *f* ❷ (*da cucina*) Schneebesen *m*
frustino [frus'ti:no] *m* Reitpeitsche *f*
frustrante [frus'trante] *agg* frustrierend
frutta ['frutta] <*sing*> *f* Obst *n;* **frutteto** [frut'te:to] *m* Obstgarten *m*
fruttivendolo, -a [frutti'vendolo] *m, f* Obsthändler(in) *m(f)*
frutto ['frutto] *m* ❶ (BOT) Frucht *f* ❷ (GASTR) **-i di mare** Meeresfrüchte *fpl*
FS *fpl abbr di* **Ferrovie dello Stato** *staatliche italienische Eisenbahn*
fucilare [futʃi'la:re] *vt* erschießen
fucile [fu'tʃi:le] *m* Gewehr *n*
fuga ['fu:ga] <-ghe> *f* Flucht *f*
fuggire [fud'dʒi:re] *vi essere* fliehen; **fuggitivo, -a** [fuddʒi'ti:vo] *m, f* Flüchtling *m*
fulcro ['fulkro] *m* (*fig*) Kern *m*
fuliggine [fu'liddʒine] *f* Ruß *m*
fulmine ['fulmine] *m* Blitz *m;* **fulmineo, -a** [ful'mi:neo] <-ei, -ee> *agg* ❶ (*veloce*) blitzschnell ❷ (*improvviso*) schlagartig
fumare [fu'ma:re] *vt, vi* rauchen; **fumatore, -trice** [fuma'to:re] *m, f* Raucher(in) *m(f)*
fumetti [fu'metti] *m pl* Comics *mpl*
fumo ['fu:mo] *m* Rauch *m*
fune ['fu:ne] *f* Seil *n*
funebre ['fu:nebre] *agg* Leichen-
funerale [fune'ra:le] *m* Beerdigung *f*
funesto, -a [fu'nɛsto] *agg* verhängnisvoll
fungo ['fuŋgo] <-ghi> *m* Pilz *m*, Schwamm *m A*
funicolare [funiko'la:re] *f* (Stand)seilbahn *f*

funivia [funi'vi:a] <-ie> *f* (Draht)seilbahn *f*

funzionale [funtsio'na:le] *agg* funktionell

funzionamento [funtsiona'mento] *m* Funktionieren *n;*

funzionare [funtsio'na:re] *vi* funktionieren

funzionario, -a [funtsio'na:rio] <-i, -ie> *m, f* Funktionär(in) *m(f)*

funzione [fun'tsio:ne] *f* Funktion *f;* ~ **religiosa** Gottesdienst *m*

fuoco ['fuɔ:ko] <-chi> *m* Feuer *n;* **-chi d'artificio** Feuerwerk *n*

fuori [fu'ɔ:ri] **I.** *avv* ❶ (*stato*) draußen ❷ (*moto*) heraus, hinaus; **stasera andiamo** ~ heute Abend gehen wir aus **II.** *prp* ❶ (*stato*) außerhalb +*gen;* ~ **città** außerhalb der Stadt ❷ (*moto*) aus +*dat* ❸ (*loc*) ~ **orario** außerplanmäßig

fuoribordo [fuori'bordo] <-> *m* Außenbordmotor *m*

fuoriclasse [fuori'klasse] <inv> *agg* erstklassig

fuorigioco [fuori'dʒɔ:ko] <-> *m* Abseits *n*

fuorilegge [fuori'leddʒe] <-> *mf* Gesetzlose(r) *f(m)*

fuoriprogramma [fuoripro'gramma] <-> *m* Pausenfüller *m*

fuorisede [fuori'sɛ:de] <inv> *agg* auswärtig

fuoristrada [fuori'stra:da] <-> *m* Geländewagen *m*

furbo, -a ['furbo] *agg* schlau

furfante [fur'fante] *m* Gauner *m*

furgone [fur'go:ne] *m* Lieferwagen *m*

furia ['fu:ria] <-ie> *f* ❶ (*collera*) Wut *f* ❷ **in fretta e** ~ in aller Eile

furibondo, -a [furi'bondo] *agg,*

furioso, -a [fu'rio:so] *agg* wütend

furore [fu'ro:re] *m* Wut *f*

furtivo, -a [fur'ti:vo] *agg* heimlich

furto ['furto] *m* Diebstahl *m*

fusa ['fu:sa] *fpl* **far le** ~ schnurren

fuseaux [fy'zo] <-> *mpl* Leggin(g)s *mpl*

fusione [fu'zio:ne] *f* ❶ (*di metalli*) Schmelzen *n* ❷ (COM) Fusion *f*

fuso ['fu:zo] *m* ❶ (*in filatura*) Spindel *f* ❷ (*loc*) ~ **orario** Zeitzone *f*

fustagno [fus'taɲɲo] *m* Barchent *m*

fustino [fus'ti:no] *m* Tonne *f*

fusto ['fusto] *m* (BOT) Stamm *m*

futile ['fu:tile] *agg* unbedeutend

futurismo [futu'rizmo] *m* Futurismus *m*

futuro [fu'tu:ro] *m* Zukunft *f*

futuro, -a *agg* zukünftig

G

G, g [dʒi] <-> *f* G, g *n*
g *abbr di* **grammo** g
gabbia ['gabbia] <-ie> *f* Käfig *m*
gabbiano [gab'bia:no] *m* Möwe *f*
gabinetto [gabi'netto] *m* Toilette *f*
gagliardo, -a [gaʎ'ʎardo] *agg* kräftig
gaio, -a ['ga:io] <-ai, -aie> *agg* fröhlich
gala ['ga:la] *f* Gala *f*
galassia [ga'lassia] <-ie> *f* Galaxis *f*
galateo [gala'tɛ:o] *m* gutes Benehmen
galera [ga'lɛ:ra] *f* Gefängnis *n*
galla ['galla] *f* **a ~** an der Oberfläche
galleggiare [galled'dʒa:re] *vi* (obenauf) schwimmen
galleria [galle'ri:a] <-ie> *f* ❶ Tunnel *m* ❷ (*quadri*) Galerie *f* ❸ (THEAT) Rang *m*
gallina [gal'li:na] *f* Henne *f*
gallo ['gallo] *m* Hahn *m*
galoppare [galop'pa:re] *vi* galoppieren; **galoppo** [ga'lɔppo] *m* Galopp *m*
gamba ['gamba] *f* Bein *n*; **essere in ~** auf Draht sein
gamberetto [gambe'retto] *m* Garnele *f*; **gambero** ['gambero] *m* Krebs *m*
gambo ['gambo] *m* Stiel *m*
gamma ['gamma] *f* Reihe *f*
gancio ['gantʃo] <-ci> *m* Haken *m*
gara ['ga:ra] *f* Wettkampf *m*
garage [ga'ra:ʒ] <-> *m* Garage *f*
garante [ga'rante] *mf* Garant *m*; **garantire** [garan'ti:re] *vt* ❶ (*assicurare*) bürgen für ❷ (JUR) haften für; **garanzia** [garan'tsi:a] <-ie> *f* Garantie *f*
gareggiare [gared'dʒa:re] *vi* wetteifern
gargarismo [garga'rizmo] *m* Gurgeln *n*
garofano [ga'rɔ:fano] *m* Nelke *f*; **chiodi di ~** Gewürznelken *fpl*
garza ['gardza] *f* Gaze *f*
garzone, -a [gar'dzo:ne] *m, f* (Lauf)bursche *m*, Laufmädchen *n*
gas [gas] <-> *m* Gas *n*
gasolio [ga'zɔ:lio] *m* Dieselkraftstoff *m*
gassato, -a [gas'sa:to] *agg* mit Kohlensäure versetzt
gassosa [gas'so:sa] *f* Brause(getränk *n*) *f*
gastronomia [gastrono'mi:a] <-ie> *f* Gastronomie *f*; **gastronomico, -a** [gastro'nɔ:miko] <-ci, -che> *agg* gastronomisch
gatto ['gatto] *m* Katze *f*; (*maschio*) Kater *m*; **~ delle nevi** Schneekatze *f*; **c'erano quattro ~i** (*fig*) es war kaum jemand da
gattopardo [gatto'pardo] *m*

große Raubkatze

gay ['gei] **I.** <-> *m* Homosexuelle(r) *m* **II.** <inv> *agg* homosexuell; **matrimonio** ~ Homo-Ehe *f*

gazza ['gaddza] *f* Elster *f*

gazzella [gad'dzɛlla] *f* Gazelle *f*

gazzetta [gad'dzetta] *f* Gazette *f*; **la Gazzetta Ufficiale** *Mitteilungen der ital. Regierung*; **gazzettino** [gaddzet'ti:no] *m* Zeitung *f*

gelare [dʒe'la:re] **I.** *vi essere* frieren **II.** *vr* **-rsi** erfrieren; **gelata** [dʒe'la:ta] *f* Frost *m*

gelataio, -a [dʒela'ta:io] <-ai, -aie> *m, f* Eisverkäufer(in) *m(f)*; **gelateria** [dʒelate'ri:a] <-ie> *f* Eisdiele *f*

gelatina [dʒela'ti:na] *f* Gelatine *f*

gelato [dʒe'la:to] *m* Eis *n*

gelato, -a *agg* (zu)gefroren

gelido, -a ['dʒɛ:lido] *agg* (*a fig*) eisig

gelo ['dʒɛ:lo] *m* Frost *m*; **gelone** [dʒe'lo:ne] *m* Frostbeule *f*

gelosia [dʒelo'si:a] <-ie> *f* Eifersucht *f*; **geloso, -a** [dʒe'lo:so] *agg* eifersüchtig

gelso ['dʒɛlso] *m* Maulbeerbaum *m*

gelsomino [dʒelso'mi:no] *m* Jasmin *m*

gemellaggio [dʒemel'laddʒo] <-ggi> *m* Städtepartnerschaft *f*; **gemelli** [dʒe'mɛlli] *mpl* ❶ (ASTR) **sono dei Gemelli** ich bin (ein) Zwilling ❷ (*bottoni*) Manschettenknöpfe *mpl*; **gemello, -a** [dʒe'mɛllo] *m, f* Zwilling *m*

gemito ['dʒɛ:mito] *m* Stöhnen *n*

gemma ['dʒɛmma] *f* Knospe *f*

gene ['dʒɛ:ne] *m* Gen *n*

generale [dʒene'ra:le] *agg* allgemein; (*direttore*) General-

generalità [dʒenerali'ta] <-> *f pl* (ADM) Personalien *pl*

generalizzare [dʒeneral-id'dza:re] *vi* verallgemeinern

generazione [dʒenerat'tsio:ne] *f* Generation *f*

genere ['dʒɛ:nere] *m* ❶ Geschlecht *n* ❷ (*loc*) **in** ~ gewöhnlich

generico, -a <-ci, -che> *agg* allgemein

genero ['dʒɛ:nero] *m* Schwiegersohn *m*

generoso, -a [dʒene'ro:so] *agg* großzügig

genetica [dʒe'nɛ:tika] <-che> *f* Genetik *f*

gengiva [dʒen'dʒi:va] *f* Zahnfleisch *n*

geniale [dʒe'nia:le] *agg* genial

genio ['dʒɛ:nio] <-i> *m* Genie *n*

genitale [dʒeni'ta:le] *agg* Geschlechts-

genitori [dʒeni'to:ri] *mpl* Eltern *pl*

gennaio [dʒen'na:io] *m* Januar *m*, Jänner *m A*

Genova ['dʒɛ:nova] *f* Genua *n*

gente ['dʒɛnte] *f* Leute *pl*

gentile [dʒen'ti:le] *agg* freundlich; **~ signora** (*lettere*) sehr geehrte Frau …; **gentilezza** [dʒenti'lettsa] *f* Höflichkeit *f*; **avrebbe la ~ di aiutarmi?** würden Sie so freundlich sein, mir zu helfen?

genuino, -a [dʒenu'i:no] *agg* echt

genziana [dʒen'tsia:na] *f* Enzian *m*

geografia [dʒeogra'fi:a] *f* Erdkunde *f*; **geografico, -a** [dʒeo'gra:fiko] <-ci, -che> *agg* geografisch; **carta -a** Landkarte *f*

geologia [dʒeolo'dʒi:a] <-gie> *f* Geologie *f*

geometra [dʒe'ɔ:metra] <-i *m*, -e *f*> *mf* Vermessungstechniker(in) *m(f)*; **geometria** [dʒeome'tri:a] <-ie> *f* Geometrie *f*

geotecnica [dʒeo'tɛknika] <-che> *f* Geotechnik *f*

geranio [dʒe'ra:nio] <-i> *m* Geranie *f*

gerarchia [dʒerar'ki:a] <-chie> *f* Hierarchie *f*

gergo ['dʒɛrgo] <-ghi> *m* Jargon *m*

geriatrico, -a [dʒe'ria:triko] <-ci, -che> *agg* geriatrisch; **clinica -a** Altenpflegeheim *n*

Germania [dʒer'ma:nia] *f* Deutschland *n*

germanistica [dʒerma'nistika] <-che> *f* Germanistik *f*

germe ['dʒɛrme] *m* Keim *m*

germogliare [dʒermoʎ'ʎa:re] *vi* keimen; **germoglio** [dʒer'moʎʎo] <-gli> *m* Spross *m*

Gerusalemme [dʒeruza'lɛmme] *f* Jerusalem *n*

gessato [dʒes'sa:to] *m* Nadelstreifenanzug *m*

gessetto [dʒes'setto] *m* Kreide *f*

gesso ['dʒɛsso] *m* ❶ (*lavagna*) Kreide *f* ❷ (MED) Gips(verband) *m*

gesticolare [dʒestiko'la:re] *vi* gestikulieren

gestione [dʒes'tio:ne] *f* (Geschäfts)führung *f*; **gestire** [dʒes'ti:re] *vt* leiten

gesto ['dʒɛsto] *m* Geste *f*

gestore, -trice [dʒes'to:re] *m, f* (Geschäfts)führer(in) *m(f)*

Gesù [dʒe'zu] *m* Jesus *m*

gettare [dʒet'ta:re] *vt* werfen

getto ['dʒɛtto] *m* ❶ (*di liquido*) Strahl *m* ❷ (*fig*) **a ~ continuo** ununterbrochen

gettonato, -a [dʒetto'na:to] *agg* (*fam*) gefragt; **la canzone più -a dell'anno** das meistgespielte Lied des Jahres; **gettone** [dʒet'to:ne] *m* (Einwurf)marke *f*

ghepardo [ge'pardo] *m* Gepard *m*

ghetto ['getto] *m* G(h)etto *n*

ghiacciaia [giat'tʃa:ia] <-aie> *f* Eisschrank *m*, Eiskasten *m A*;

ghiacciare [giat'tʃa:re] **I.** *vt* vereisen **II.** *vr* **-rsi** (zu)frieren; **ghiacciato, -a** [giat'tʃa:to] *agg* gefroren

ghiaccio ['giattʃo] <-cci> *m* Eis *n;* **ghiacciolo** [giat'tʃɔ:lo] *m* (GASTR) Wassereis *n*

ghiaia ['gia:ia] <-aie> *f* Kies *m*

ghianda ['gianda] *f* Eichel *f*

ghiandola ['giandola] *f* Drüse *f*

ghignare [giɲ'ɲa:re] *vi* grinsen

ghiotto, -a ['giotto] *agg* naschhaft

ghirlanda [gir'landa] *f* Girlande *f*

ghiro ['gi:ro] *m* Siebenschläfer *m*

ghisa ['gi:za] *f* Gusseisen *n*

già [dʒa] *avv* schon

giacca ['dʒakka] <-cche> *f* Jacke *f;* ~ **a vento** Anorak *m*

giacché [dʒak'ke] *cong* da

giacere [dʒa'tʃe:re] <irr> *vi* liegen

giacimento [dʒatʃi'mento] *m* Lager *n*

giacinto [dʒa'tʃinto] *m* Hyazinthe *f*

giada ['dʒa:da] *f* Jade *m o f*

giaguaro [dʒa'gua:ro] *m* Jaguar *m*

giallo ['dʒallo] *m* **1** (*colore*) Gelb *n* **2** (LIT) Krimi *m fam*

giallo, -a *agg* gelb; **pagine -e** gelbe Seiten *fpl*

gianduia [dʒan'du:ia] <-> *m* N(o)ugat *m o n*

Giappone [dʒap'po:ne] *m* Japan *n;* **giapponese** [dʒappo'ne:se] *agg* japanisch

giardinaggio [dʒardi'naddʒo] <-ggi> *m* Gartenbau *m*

giardiniera [dʒardi'niɛ:ra] *f* (GASTR) Mischgemüse *n*

giardiniere, -a [dʒardi'niɛ:re] *m, f* Gärtner(in) *m(f);* **giardino** [dʒar'di:no] *m* Garten *m;* **-i pubblici** (öffentlicher) Park *m*

giavellotto [dʒavel'lɔtto] *m* (SPORT) Speer *m*

Gibilterra [dʒibil'tɛrra] *f* Gibraltar *n*

gigante [dʒi'gante] *m* Gigant *m;* **gigantesco, -a** [dʒigan'tesko] <-schi, -sche> *agg* riesengroß

giglio ['dʒiʎʎo] <-gli> *m* Lilie *f*

gigolo [ʒigɔ'lo] <-> *m* Gigolo *m*

gilè [dʒi'lɛ] <-> *m* Weste *f*

gin [dʒin] <-> *m* Gin *m*

ginecologia [dʒinekolo'dʒi:a] <-gie> *f* Gynäkologie *f;* **ginecologo, -a** [dʒine'kɔ:logo] <-gi, -ghe> *m, f* Frauenarzt *m,* -ärztin *f*

ginepro [dʒi'ne:pro] *m* Wacholder *m*

ginestra [dʒi'nɛstra] *f* Ginster *m*

Ginevra [dʒi'ne:vra] *f* Genf *n*

ginnasio [dʒin'na:zio] <-i> *m* Gymnasium *n*

ginnastica [dʒin'nastika] <-che> *f* Gymnastik *f*

ginocchio [dʒi'nɔkkio] <-cchi> *m* Knie *n;* **mettersi in** ~ sich beugen

giocare [dʒo'ka:re] *vi* spielen; ~ **a palla** Ball spielen; **giocatore, -trice** [dʒoka'to:re] *m, f* Spieler(in) *m(f)*; **giocattolo** [dʒo'kattolo] *m* Spielzeug *n*

gioco ['dʒɔ:ko] <-chi> *m* Spiel *n*; ~ **d'azzardo** Glücksspiel; **i -chi olimpici** die Olympischen Spiele; **mettere in ~ qc** etw aufs Spiel setzen; **prendersi ~ di qu** sich über jdn lustig machen

Gioconda [dʒo'konda] *f* **La ~** die Mona Lisa

gioia ['dʒɔ:ia] <-ie> *f* Freude *f*

gioielleria [dʒoielle'ri:a] <-ie> *f* Juweliergeschäft *n*; **gioielliere, -a** [dʒoiel'liɛ:re] *m, f* Juwelier(in) *m(f)*; **gioiello** [dʒo'iɛllo] *m* Schmuck *m*

giornalaio, -a [dʒorna'la:io] <-ai, -aie> *m, f* Zeitungsverkäufer(in) *m(f)*; **giornale** [dʒor'na:le] *m* Zeitung *f*; ~ **radio** Rundfunknachrichten *fpl*

giornaliero, -a [dʒorna'liɛ:ro] *agg* Tage(s)-

giornalino [dʒorna'li:no] *m* Comic-Heft *n*

giornalismo [dʒorna'lizmo] *m* Journalismus *m*; **giornalista** [dʒorna'lista] <-i *m*, -e *f*> *mf* Journalist(in) *m(f)*

giornalmente [dʒornal'mente] *avv* täglich; **giornata** [dʒor'na:ta] *f* Tag *m*; **in ~** im Lauf(e) des Tages; **giorno** ['dʒorno] *m* Tag *m*; ~ **feriale/festivo** Werk-/Feiertag *m*; **di ~** tags(über); **al ~ d'oggi** heutzutage; **a -i alterni** jeden zweiten Tag

giostra ['dʒɔstra] *f* Karussell *n*

giovane ['dʒo:vane] **I.** *agg* jung **II.** *mf* Jugendliche(r) *f(m)*; **giovanile** [dʒova'ni:le] *agg* jugendlich; **giovanotto** [dʒova'nɔtto] *m* Bursche *m*

giovare [dʒo'va:re] **I.** *vi* nützen **II.** *vr* **-rsi di qu/qc** sich *dat* jdn/etw zu Nutze machen

giovedì [dʒove'di] <-> *m* Donnerstag *m*; ~ **grasso** Faschingsdonnerstag *m*

gioventù [dʒoven'tu] <-> *f* Jugend *f*

giovinezza [dʒovi'nettsa] *f* Jugendlichkeit *f*

giradischi [dʒira'diski] <-> *m* Plattenspieler *m*

giraffa [dʒi'raffa] *f* Giraffe *f*

girare [dʒi'ra:re] **I.** *vt* (herum)drehen **II.** *vi* ❶ (*gener*) sich drehen; **mi gira la testa** mir wird schwindlig ❷ (*volgersi*) ~ **a destra/sinistra** rechts/links abbiegen

girarrosto [dʒirar'rɔsto] *m* (Braten)spieß *m*

girasole [dʒira'so:le] *m* Sonnenblume *f*

girello [dʒi'rɛllo] *m* (*per bambini*) Laufstall *m*

giro ['dʒi:ro] *m* ❶ Kreis *m* ❷ **an-**

G

dare in ~ umherlaufen; ~ **turistico** Rundfahrt *f* ❸ (*fig*) **prendere in ~ qu** jdn auf den Arm nehmen

girocollo [dʒiroˈkɔllo] *m* Rundausschnitt *m*

girone [dʒiˈroːne] *m* (SPORT) Runde *f*

girotondo [dʒiroˈtondo] *m* Ringelreihen *m*

girovita [dʒiroˈviːta] <-> *m* Taillenumfang *m*

gita [ˈdʒiːta] *f* Ausflug *m*

gitano, **-a** [dʒiˈtaːno] *agg* Zigeuner-

gitante [dʒiˈtante] *mf* Ausflügler(in) *m(f)*

giù [dʒu] *avv* (*stato*) unten; (*moto*) herunter, hinunter; **su per ~** ungefähr

giubba [ˈdʒubba] *f* Jacke *f*; **giubbotto** [dʒubˈbɔtto] *m* Blouson *m*; ~ **salvagente** Schwimmweste *f*

giubileo [dʒubiˈlɛːo] *m* Jubiläum *n*

giudicare [dʒudiˈkaːre] *vt* ❶ (JUR) verurteilen ❷ (*valutare*) urteilen; **giudice** [ˈdʒuːditʃe] *mf* Richter(in) *m(f)*

giudizio [dʒuˈdittsio] <-i> *m* ❶ (*ragione*) Vernunft *f* ❷ (*opinione*) Urteil *n*; **a mio ~** meiner Meinung nach; **giudizioso**, **-a** [dʒuditˈtsioːso] *agg* vernünftig

giugno [ˈdʒuɲɲo] *m* Juni *m*

giumenta [dʒuˈmenta] *f* (Reit)stute *f*

giungere [ˈdʒundʒere] <irr> **I.** *vi essere* (an)kommen; **mi giunge nuovo** das ist mir neu **II.** *vt* vereinigen; ~ **le mani** die Hände falten

giungla [ˈdʒuŋgla] *f* Dschungel *m*

giunta [ˈdʒunta] *f* ❶ (ADM) Ausschuss *m* ❷ (*loc*) **per ~** außerdem

giuntura [dʒunˈtuːra] *f* (ANAT) Gelenk *n*

Giura [ˈdʒuːra] *m* Jura *m*

giuramento [dʒuraˈmento] *m* Schwur *m*; **giurare** [dʒuˈraːre] *vi* schwören; **giurato**, **-a** [dʒuˈraːto] *m, f* Geschworene(r) *f(m)*

giuria [dʒuˈriːa] <-ie> *f* Jury *f*; **giuridico**, **-a** [dʒuˈriːdiko] <-ci, -che> *agg* juristisch; **giurisdizione** [dʒurizditˈtsioːne] *f* Gerichtsbarkeit *f*

giurisprudenza [dʒurispruˈdɛntsa] *f* Jura *n*, Jus *n A*

giustificare [dʒustifiˈkaːre] *vt* rechtfertigen; **giustificazione** [dʒustifikatˈtsioːne] *f* Rechtfertigung *f*

giustizia [dʒusˈtittsia] <-ie> *f* ❶ (*equità*) Gerechtigkeit *f* ❷ (JUR) Justiz *f*

giustiziare [dʒustitˈtsiaːre] *vt* hinrichten

giusto [ˈdʒusto] *avv* richtig

giusto, **-a** *agg* ❶ (*persona*) ge-

recht ❷ (*osservazione*) richtig
glaciale [glatʃa:le] *agg* eiskalt
gladiatore [gladia'to:re] *m* Gladiator *m*
gladiolo [gla'di:olo] *m* Gladiole *f*
glassa ['glassa] *f* Glasur *f*; **glassare** [glas'sa:re] *vt* glasieren
gli [ʎi] **I.** *ART m pl* (*davanti a s impura, gn, pn, ps, x, z*) die **II.** *pron 3. pers m sing* ihm
glicemia [glitʃe'mi:a] <-ie> *f* Blutzucker *m*
glicerina [glitʃe'ri:na] *f* Glyzerin *n*
glicine ['gli:tʃine] *m* Glyzinie *f*
globale [glo'ba:le] *agg* global; **globalizzazione** [globaliddat'tsio:ne] *f* Globalisierung *f*
globo ['glɔ:bo] *m* Globus *m*
globulo ['glɔ:bulo] *m* Blutkörperchen *n*
gloria ['glɔ:ria] <-ie> *f* Ruhm *m*; **glorioso, -a** [glo'rio:so] *agg* glorreich
gluteo ['glu:teo] *m* Gesäßbacke *f*
gnocco ['ɲɔkko] <-cchi> *m* (GASTR) Klößchen *n*
gnomo ['ɲɔ:mo] *m* Gnom *m*
gnostico, -a ['ɲɔstiko] <-ci, -che> *agg* gnostisch
goal [gɔl] <-> *m* Tor *n*; **fare un ~** ein Tor schießen
gobbo, -a ['gobbo] *agg* buckelig; **colpo ~** (*scherz*) böser Streich
goccia ['gottʃa] <-cce> *f* Tropfen *m*; **a ~** tropfenförmig
goccio ['gottʃo] <-cci> *m* (*fam*) Schluck *m*
gocciolare [gottʃo'la:re] *vi essere* tropfen
godere [go'de:re] <irr> **I.** *vi* **~ di qc** etw genießen **II.** *vt* genießen
goffo, -a ['gɔffo] *agg* plump
gol [gɔl] *v.* **goal**
gola ['go:la] *f* (ANAT) Kehle *f*; (*collo*) Hals *m*
golf [gɔlf] <-> *m* ❶ (SPORT) Golf *n* ❷ (*maglia*) Strickjacke *f*
golfo ['golfo] *m* Bucht *f*
goloso, -a [go'lo:so] *agg* naschhaft
gomito ['go:mito] *m* (ANAT) Ell(en)bogen *m*; **alzare il ~** einen heben *fam*
gomitolo [go'mi:tolo] *m* Knäuel *m o n*
gomma ['gomma] *f* ❶ Gummi *m o n*; **~ da masticare** Kaugummi *m o n* ❷ (*da cancellare*) Radiergummi *m* ❸ (Auto)reifen *m*
gommapiuma® [gomma'piu:ma] *f* Schaumgummi *m*
gommina® [gom'mi:na] <-> *f* Wet-Gel *n*
gommista [gom'mista] <-i *m*, -e *f*> *mf* Reifenhändler(in) *m(f)*; **gommone** [gom'mo:ne] *m* Schlauchboot *n*
gondola ['gondola] *f* Gondel *f*; **gondoliere** [gondo'liɛ:re] *m* Gondelführer *m*

G

gonfiare [gon'fia:re] **I.** *vt* aufblasen **II.** *vr* **-rsi** sich (auf)blähen; **gonfiato, -a** [gon'fia:to] *agg* aufgepumpt; **gonfio, -a** ['gonfio] <-i, -ie> *agg* (MED) (an)geschwollen

gonna ['gonna] *f* Rock *m*

gorgonzola [gorgon'dzɔ:la] *m* *Blauschimmelkäse*

gorilla [go'rilla] <-> *m* Gorilla *m*

gotico, -a ['gɔ:tiko] <-ci, -che> *agg* gotisch

governante *f* (*di casa*) Haushälterin *f*

governare [gover'na:re] *vt* regieren; **governatore, -trice** [governa'to:re] *m, f* Gouverneur(in) *m(f)*; **governo** [go'vɛrno] *m* Regierung *f*; ~ **federale** Bundesregierung *f*

gozzo ['gottso] *m* Kropf *m*

gracchiare [grak'kia:re] *vi* krächzen

gracidare [gratʃi'da:re] *vi* quaken

gracile ['gra:tʃile] *agg* zart

gradazione [gradat'tsio:ne] *f* ❶ (*di vino*) Grad *m*; ~ **alcolica** Alkoholgehalt *m* ❷ (*di colori*) Abstufung *f*

gradevole [gra'de:vole] *agg* angenehm

gradimento [gradi'mento] *m* Wohlgefallen *m*; **indice di ~** Einschaltquote *f*

gradinata [gradi'na:ta] *f* Stufenreihe *f*; **gradino** [gra'di:no] *m* Stufe *f*

gradire [gra'di:re] *vt* (gern) entgegennehmen; **voglia ~ i più sentiti auguri** mit den besten Wünschen

grado ['gra:do] *m* ❶ (*gener*) Grad *m*; **la temperatura è di 7 -i** die Temperatur beträgt 7 Grad ❷ (*fig*) **essere in ~ di fare qc** in der Lage sein etw zu tun

graduale [gradu'a:le] *agg* graduell

graduatoria [gradua'tɔ:ria] <-ie> *f* Rangfolge *f*

graffiare [graf'fia:re] *vt* (zer)kratzen; **graffio** ['graffio] <-i> *m* Kratzer *m*

graffito [graf'fi:to] *m* Graffiti *pl*

grafia [gra'fi:a] <-ie> *f* Grafie *f*

grafica ['gra:fika] <-che> *f* Grafik *f*

grafico ['gra:fiko] <-ci> *m* Grafik *f*

grafico, -a <-ci, -che> **I.** *agg* grafisch **II.** *m, f* Grafiker(in) *m(f)*

grafologia [grafolo'dʒi:a] <-gie> *f* Grafologie *f*

gramigna [gra'miɲɲa] *f* (BOT) Quecke *f*

grammatica [gram'ma:tika] <-che> *f* Grammatik *f*; **grammaticale** [grammati'ka:le] *agg* grammatikalisch; **errore ~** Grammatikfehler *m*

grammo ['grammo] *m* Gramm *n*

grana[1] ['gra:na] *f* ❶ (*sl: denaro*)

Kies *m* ❷ (*fig fam*) **avere un sacco di ~** eine Menge Ärger am Hals haben

grana² <-> *m ein dem Parmesan ähnlicher Käse*

granaio [gra'na:io] <-ai> *m* Getreidespeicher *m*

granata [gra'na:ta] *f* Granate *f*

Gran Bretagna ['gram bre'taɲɲa] *f* Großbritannien *n*

granchio ['graŋkio] <-chi> *m* (ZOO) Krabbe *f*

grande ['grande] **I.** *agg* groß **II.** *mf* (*adulto*) Erwachsene(r) *f(m)*

grandezza [gran'dettsa] *f* Größe *f;* **mania di ~** Großmannssucht *f*

grandinare [grandi'na:re] *vi essere* hageln; **grandinata** [grandi'na:ta] *f* Hagel(schlag) *m;* **grandine** ['grandine] *f* Hagel *m*

grandioso, -a [gran'dio:so] *agg* großartig

granduca, -duchessa [gran'du:ka] *m, f* Großherzog(in) *m(f)*

granello [gra'nɛllo] *m* Korn *n*

granita [gra'ni:ta] *f Sorbet aus gestoßenem Eis*

granito [gra'ni:to] *m* Granit *m*

grano ['gra:no] *m* Korn *n;* **~ saraceno** Buchweizen *m*

gran(o)turco [gran(o)'turko] <-chi> *m* Mais *m,* Kukuruz *m A*

granulare [granu'la:re] *agg* körnig

grappa ['grappa] *f italienischer Tresterbranntwein;* **grappino** [grap'pi:no] *m* (*fam*) Gläschen Grappa

grappolo ['grappolo] *m* (Wein)traube *f*

grassetto [gras'setto] *m* halbfette Schrift

grasso ['grasso] *m* Fett *n;* (GASTR) Schmalz *n*

grasso, -a *agg* ❶ (*persona*) dick ❷ (BOT, GASTR) fett; **piante -e** Fettpflanzen *fpl;* **grassoccio, -a** [gras'sɔttʃo] <-cci, -cce> *agg* pummelig

grata ['gra:ta] *f* Gitter *n;* **graticola** [gra'ti:kola] *f* (GASTR) Rost *m*

gratifica [gra'ti:fika] <-che> *f* Gratifikation *f*

gratin [gra'tɛ̃] <-> *m* **al ~** überbacken; **gratinare** [grati'na:re] *vt* gratinieren

gratis ['gra:tis] *avv* kostenlos, gratis

gratitudine [grati'tu:dine] *f* Dankbarkeit *f;* **grato, -a** ['gra:to] *agg* dankbar

grattacielo [gratta'tʃɛ:lo] *m* Wolkenkratzer *m*

gratta e vinci ['gratta e 'vintʃi] <-> *m* **un biglietto del ~** ein Rubbellos *n*

grattare [grat'ta:re] *vt* ❶ (*pelle*) kratzen ❷ (*sl*) klauen *fam*

grattugia [grat'tu:dʒa] <-gie> *f*

G

Reibe *f;* **grattugiare** [grattu'dʒaːre] *vt* reiben

gratuito, -a [gra'tuːito] *agg* ❶ (*gratis*) umsonst; **biglietto ~** Freikarte *f* ❷ (*fig*) grundlos

gravare [gra'vaːre] **I.** *vt* (*fig*) belasten **II.** *vi essere* **~ su qu/qc** auf jdm/etw lasten

grave ['graːve] *agg* ❶ (*malattia*) schwer ❷ (*situazione*) ernst

gravidanza [gravi'dantsa] *f* Schwangerschaft *f;* **gravido, -a** ['graːvido] *agg* (*donna*) schwanger; (*animale*) trächtig

gravità [gravi'ta] <-> *f* (PHYS) Anziehungskraft *f;* **gravitazione** [gravitat'tsioːne] *f* Gravitation *f*

gravoso, -a [gra'voːso] *agg* drückend

grazia ['grattsia] <-ie> *f* ❶ (*armonia*) Anmut *f* ❷ (JUR, REL) Gnade *f*

grazie ['grattsie] *int* danke; **~ mille!** vielen Dank!; **sì/no, ~** ja, bitte/nein, danke; **~ a** dank *+dat o gen;* **~ a Dio** Gott sei Dank

grazioso, -a [grat'tsioːso] *agg* graziös

Grecia ['grɛːtʃa] *f* Griechenland *n*

greco, -a ['grɛːko] <-ci, -che> *agg* griechisch

gregge ['greddʒe] <-i> *f m* (*a fig*) Herde *f*

greggio ['greddʒo] <-ggi, -gge> *agg* roh; **olio ~** Rohöl *n*

grembiule [grem'biuːle] *m* Schürze *f*

grembo ['grɛmbo] *m* Schoß *m*

gretto, -a ['gretto] *agg* kleinlich

greve ['grɛːve] *agg* schwer

gridare [gri'daːre] *vi* schreien; **grido** ['griːdo] <-a *f*> *m* Schrei *m*

grigio, -a <-gi, -gie> *agg* grau

griglia ['griʎʎa] <-glie> *f* ❶ (GASTR) Grill *m* ❷ (*inferriata*) Gitter *n*

grilletto [gril'letto] *m* Abzug *m*

grillo ['grillo] *m* Grille *f*

grinta ['grinta] *f* (verbissener) Kampfgeist

grinza ['grintsa] *f* Falte *f*

grissino [gris'siːno] *m Knabberstangen aus Weißbrotteig*

Groenlandia [groen'landia] *f* Grönland *n*

grondaia [gron'daːia] <-aie> *f* Regenrinne *f*

grondare [gron'daːre] *vi essere* vergießen

groppa ['grɔppa] *f* (ZOO) Kruppe *f*

grossista [gros'sista] <-i *m*, -e *f*> *mf* Großhändler(in) *m(f)*

grosso, -a *agg* ❶ groß ❷ (*loc*) **sbagliarsi di ~** sich gewaltig irren; **un pezzo ~** ein hohes Tier

grossolano, -a [grosso'laːno] *agg* grob

grossomodo [grosso'mɔːdo] *avv* ungefähr

grotta ['grɔtta] *f* Grotte *f*
grottesco, -a <-schi, -sche> *agg* grotesk
groviera [gro'viɛːra] <-> *m o f* Gruyère *m*
gru [gru] <-> *f* ❶ (ZOO) Kranich *m* ❷ (TEC) Kran *m*
gruccia ['gruttʃa] <-cce> *f* ❶ (MED) Krücke *f* ❷ (*per abiti*) (Kleider)bügel *m*
grugnire [gruɲ'ɲiːre] *vi* grunzen
gruppo ['gruppo] *m* Gruppe *f*; ~ **sanguigno** Blutgruppe *f*; **lavoro di** ~ Teamarbeit *f*
GSM *m abbr di* **Global System for Mobile communication** GSM *n*
guadagnare [guadaɲ'ɲaːre] *vt* ❶ (*denaro*) verdienen ❷ (*fig: tempo*) gewinnen; **guadagno** [gua'daɲɲo] *m* Verdienst *m*; ~ **lordo/netto** Brutto-/Nettoverdienst *m*
guai ['guaːi] *int* wehe
guaio ['guaːio] <-ai> *m* Ärger *m*
guaire [gua'iːre] *vi* winseln
guancia ['guantʃa] <-ce> *f* Wange *f*
guanciale [guan'tʃaːle] *m* Kissen *n*, Polster *m A*
guanto ['guanto] *m* Handschuh *m*; **guantone** [guan'toːne] *m* Boxhandschuh *m*
guardaboschi [guarda'boski] <-> *m* Förster(in) *m(f)*; **guardacoste** [guarda'kɔste] <-> *m* Küstenwache *f*; **guardalinee** [guarda'liːnee] <-> *m* (SPORT) Linienrichter(in) *m(f)*
guardare [guar'daːre] **I.** *vt* anschauen **II.** *vi* (*badare*) **Dio ce ne guardi!** Gott bewahre! **III.** *vr* **-rsi** ❶ (*osservarsi*) sich ansehen ❷ (*stare in guardia*) **-rsi da qc** sich vor etw *dat* hüten
guardaroba [guarda'rɔːba] <-> *m* Garderobe *f*
guardia ['guardia] <-ie> *f* Wache *f*; ~ **medica** ärztlicher Notdienst; **cane da** ~ Wachhund *m*
guardiano, -a [guar'diaːno] *m, f* Wächter(in) *m(f)*
guardone [guar'doːne] *m* Voyeur *m*
guardrail [gaːd'reil] <-> *m* Leitplanke *f*
guarigione [guari'dʒoːne] *f* Heilung *f*; **guarire** [gua'riːre] *vi essere* gesund werden
guarnire [guar'niːre] *vt* garnieren; **guarnizione** [guarnit'tsioːne] *f* ❶ (GASTR) Beilage *f* ❷ (TEC) Dichtung *f*
guastafeste [guasta'fɛste] <-> *mf* Spielverderber(in) *m(f)*; **guastare** [guas'taːre] **I.** *vt* verderben **II.** *vr* **-rsi** ❶ (*tempo*) sich verschlechtern ❷ (*cibi*) verderben
guasto ['guasto] *m* Schaden *m*
guasto, -a *agg* ❶ (*non funzionante*) defekt, kaputt ❷ (*cibo*) schlecht
guerra ['guɛrra] *f* Krieg *m*; ~ **ato-**

G

mica Atomkrieg *m*
gufo ['gu:fo] *m* Eule *f*
guida¹ ['gui:da] *f* ❶ (MOT) Fahren *n;* **patente di ~** Führerschein *m* ❷ (*libro*) ~ **della città** Stadtführer *m* ❸ (*persona*) (Reise)führer(in) *m(f)*
guida² <inv> *agg* Führungs-
guidare [gui'da:re] *vt* führen; (*auto*) fahren; **guidatore, -trice** [guida'to:re] *m, f* Fahrer(in) *m(f)*
guinzaglio [guin'tsaʎʎo] <-gli> *m* Leine *f*
guscio ['guʃʃo] <-sci> *m* Schale *f;* (*della tartaruga*) Panzer *m*
gustare [gus'ta:re] **I.** *vt* (GASTR) kosten **II.** *vr* **-rsi** genießen
gusto ['gusto] *m* Geschmack *m;* **avere buon ~** einen guten Geschmack haben; **gustoso, -a** [gus'to:so] *agg* schmackhaft

H

H, h ['akka] <-> *f* H, h *n*
hacker ['hækə] <-> *mf* (INFORM) Hacker(in) *m(f)*
handicappato, -a [andikap'pa:to] *m, f* Behinderte(r) *f(m)*
hg *abbr di* **ettogrammo** hg
hobby ['hɔbi] <-> *m* Hobby *n*
home banking ['houm bɛnkiŋ] <-> *m* Homebanking *n*
homepage ['houmpeidʒ] <-> *f* (INFORM) Homepage *f*
hostess ['houstis] <-> *f* Stewardess *f*
hotel [o'tɛl] <-> *m* Hotel *n*
Hz *abbr di* **hertz** Hz

I

I, i [i] <-> *f* I, i *n;* ~ **lunga** J, j *n*
i *ART m pl* die
I *abbr di* **Italia** I
iberico, -a [i'bɛ:riko] <-ci, -che> *agg* iberisch
icona [i'kɔ:na] *f* ❶ (*immagine sacra*) Ikone *f* ❷ (INFORM) Icon *n*
ics [iks] <-> *f v.* **X, x**
idea [i'dɛ:a] *f* ❶ Idee *f* ❷ (*pensiero*) Gedanke *m*
ideale [ide'a:le] *agg* ideal; **idealista** [idea'lista] <-i *m,* -e *f*> *mf* Idealist(in) *m(f);* **idealizzare** [idealid'dza:re] *vt* idealisieren
ideare [ide'a:re] *vt* (sich *dat*) ausdenken
idem ['i:dem] <-> *avv* (*fam*) ebenso
identico, -a [i'dɛntiko] <-ci, -che> *agg* identisch
identificare [identifi'ka:re] *vt*

identifizieren

identikit [identi'kit] <-> *m* Phantombild *n*

identità [identi'ta] <-> *f* Identität *f*; **carta d'~** Personalausweis *m*

ideologia [ideolo'dʒiːa] <-gie> *f* Ideologie *f*

idilliaco, -a [idil'liːako] <-ci, -che> *agg* idyllisch

idiota [i'diɔːta] <-i *m*, -e *f*> *mf* Idiot(in) *m(f)*

idiozia [idiot'tsiːa] <-ie> *f* Idiotie *f*

idolo ['iːdolo] *m* Idol *n*

idoneo, -a [i'dɔːneo] <-ei, -ee> *agg* ❶ (*atto*) fähig ❷ (*adatto*) geeignet

idrante [i'drante] *m* Hydrant *m*

idratante [idra'tante] *agg* Feuchtigkeits-

idraulico, -a [i'draːuliko] <-ci, -che> *m, f* Installateur(in) *m(f)*

idromassaggio [idromas'saddzo] <-ggi> *m* Unterwassermassage *f*; **vasca (da) ~** Whirl-pool *m*

idrovolante [idrovo'lante] *m* Wasserflugzeug *n*

iella ['iɛlla] *f* (*fam*) Pech *n*

iena ['iɛːna] *f* Hyäne *f*

ieri ['iɛːri] *avv* gestern; **~ l'altro** vorgestern; **~ mattina/sera** gestern Morgen/Abend

iettatura [ietta'tuːra] *f* Unglück *n*

igiene [i'dʒɛːne] *f* Hygiene *f*; **igienico, -a** [i'dʒɛːniko] <-ci, -che> *agg* hygienisch; **carta -a** Toilettenpapier *n*

ignobile [iɲ'ɲɔːbile] *agg* niederträchtig

ignorante [iɲɲo'rante] *agg* ❶ (*incompetente*) unfähig ❷ (*senza cultura*) ungebildet

ignorare [iɲɲo'raːre] *vt* ❶ (*non conoscere*) nicht kennen ❷ (*trascurare*) übersehen

ignoto, -a *agg* unbekannt

il [il] *ART m sing* der *m*, die *f*, das *n*

illecito, -a *agg* unerlaubt

illeggibile [illed'dʒiːbile] *agg* unleserlich

illegittimo, -a [ille'dʒittimo] *agg* gesetzwidrig; (*figli*) unehelich

illeso, -a [il'leːzo] *agg* unversehrt

illimitato, -a [illimi'taːto] *agg* unbegrenzt

Ill.mo *abbr di* **illustrissimo** (*in Briefen*) hochverehrter …

illogico, -a [il'lɔːdʒiko] <-ci, -che> *agg* unlogisch

illudere [il'luːdere] <irr> **I.** *vt* **~ qu** jdm falsche Hoffnungen machen **II.** *vr* **-rsi** sich *dat* etwas vormachen

illuminare [illumi'naːre] *vt* ❶ (*diffondere luce*) erleuchten ❷ (*fig*) **~ qu su qc** jdn über etw *acc* aufklären; **illuminazione** [illuminat'tsioːne] *f* ❶ (*atto, effetto*) Beleuchtung *f* ❷ (*fig*) Er-

H I

leuchtung *f*
illuminismo [illumi'nizmo] *m* Aufklärung *f*
illusione [illu'tsio:ne] *f* Täuschung *f*
illusorio, -a [illu'zɔ:rio] <-i, -ie> *agg* trügerisch
illustrare [illus'tra:re] *vt* ❶ (*con figure*) illustrieren ❷ (*con spiegazioni*) erläutern; **illustrato, -a** [illus'tra:to] *agg* illustriert; **illustrazione** [illustrat'tsio:ne] *f* Illustration *f*
illustre [il'lustre] *agg* berühmt; **illustrissimo, -a** [illus'trissimo] *agg* sehr verehrt
imballaggio [imbal'laddʒo] <-ggi> *m* Verpackung *f*
imbarazzare [imbarat'tsa:re] **I.** *vt* (*fig*) in Verlegenheit bringen **II.** *vr* **-rsi** verlegen werden
imbarcare [imbar'ka:re] *vt* einschiffen; **imbarcazione** [imbarkat'tsio:ne] *f* Boot *n*
imbarco [im'barko] <-chi> *m* Einschiffung *f*
imbattersi [im'battersi] *vr* ~ **in qu/qc** auf jdn/etw stoßen
imbavagliare [imbavaʎ'ʎa:re] *vt* knebeln
imbecille [imbe'tʃille] *agg* blöd
imbiancare [imbiaŋ'ka:re] **I.** *vt* weiß färben **II.** *vi* ❶ (*incanutire*) ergrauen ❷ (*fig*) erblassen; **imbianchino** [imbiaŋ'ki:no] *m* Anstreicher *m*
imboccare [imbok'ka:re] *vt* ❶ (*introdurre cibo*) füttern ❷ (*strada*) einbiegen in +*acc;* **imbocco** [im'bokko] <-cchi> *m* Eingang *m*
imboscata [imbos'ka:ta] *f* Hinterhalt *m*
imbottigliamento [imbottiʎʎa'mento] *m* ❶ (*di liquidi*) (Flaschen)abfüllung *f* ❷ (*del traffico*) (Verkehrs)stau *m;* **imbottigliare** [imbottiʎ'ʎa:re] **I.** *vt* (in Flaschen) abfüllen **II.** *vr* sich stauen
imbottire [imbot'ti:re] *vt* ❶ (*riempire*) füllen ❷ (*panini*) belegen
imbranato, -a [imbra'na:to] *agg* tollpatschig
imbrogliare [imbroʎ'ʎa:re] *vt* betrügen; **imbroglio** [im'brɔʎʎo] *m* Betrug *m;* **imbroglione, -a** [imbroʎ'ʎo:ne] *m, f* Betrüger(in) *m(f)*
imbrunire [imbru'ni:re] *vi essere o avere* dunkel werden
imbucare [imbu'ka:re] *vt* einwerfen
imburrare [imbur'ra:re] *vt* mit Butter bestreichen
imbustare [imbus'ta:re] *vt* kuvertieren
imbuto [im'bu:to] *m* Trichter *m*
IME *m abbr di* **Istituto monetario europeo** EWI *n*
imitare [imi'ta:re] *vt* nachahmen; **imitazione** [imitat'tsio:ne] *f* Fälschung *f*

immagazzinare [immagaddzi'na:re] *vt* einspeisen
immaginare [immadʒi'na:re] *vt* sich *dat* vorstellen
immaginazione [immadʒinat'tsio:ne] *f* Vorstellung(skraft) *f*
immagine [im'ma:dʒine] *f* (Ab)bild *n*
immatricolare [immatriko'la:re] *vt* eintragen; (*automobili*) zulassen; (*all'università*) immatrikulieren, inskribieren *A*; **immatricolazione** [immatrikolat'tsio:ne] *f* Immatrikulation *f*, Inskription *f A*; (*di un'automobile*) Zulassung *f*, Typisierung *f A*
immaturo, -a [imma'tu:ro] *agg* unreif
immedesimarsi [immedezi'ma:rsi] *vr* ~ **in qu** sich in jdn hineinversetzen
immediatamente [immediata'mente] *avv* sofort; **immediato, -a** [imme'dia:to] *agg* unmittelbar
immensità [immensi'ta] <-> *f* ❶ (*qualità*) Unendlichkeit *f* ❷ (*quantità*) Unmenge *f*; **immenso, -a** [im'mɛnso] *agg* unermesslich; (*numeroso*) unzählig
immergere [im'mɛrdʒere] <irr> **I.** *vt* (ein)tauchen **II.** *vr* **-rsi** untertauchen
immersione [immer'sio:ne] *f* Tauchen *n*
immettere [im'mettere] <irr> *vt* einführen; (*fig*) zuführen
immigrare [immi'gra:re] *vi essere* einwandern; **immigrato, -a** [immi'gra:to] *m, f* Einwanderer *m*, Einwand(r)erin *f*; **immigrazione** [immigrat'tsio:ne] *f* Einwanderung *f*
imminente [immi'nɛnte] *agg* (unmittelbar) bevorstehend
immobile [im'mɔ:bile] *agg* unbeweglich; **immobiliare** [immobi'lia:re] *agg* Immobilien-
immondizia [immon'dittsia] <-ie> *f* Müll *m*
immorale [immo'ra:le] *agg* unmoralisch
immortale [immor'ta:le] *agg* unsterblich
immotivato, -a [immoti'va:to] *agg* unbegründet
immune [im'mu:ne] *agg* (MED) **essere ~ a qc** gegen etw immun sein
impacchettare [impakket'ta:re] *vt* einpacken
impacciato, -a [impat'tʃa:to] *agg* unbeholfen
impadronirsi [impadro'nirsi] *vr* ~ **di qc** sich einer Sache *gen* bemächtigen
impagabile [impa'ga:bile] *agg* (*a fig*) unbezahlbar
impalcatura [impalka'tu:ra] *f* (Bau)gerüst *n*
impallidire [impalli'di:re] *vi* erblassen
impanare [impa'na:re] *vt* panie-

ren
imparare [impa'ra:re] *vt* lernen
impari ['impari] <inv> *agg* ungleich
impartire [impar'ti:re] *vt* verteilen
imparziale [impar'tsia:le] *agg* unparteiisch
impassibile [impas'si:bile] *agg* unerschütterlich
impastare [impas'ta:re] *vt* kneten
impasto [im'pasto] *m* Mischung *f*
impatto [im'patto] *m* Aufprall *m*
impaurire [impau'ri:re] **I.** *vt* ~ **qu** jdm Furcht einjagen **II.** *vr* **-rsi** erschrecken
impaziente [impat'tsiɛnte] *agg* ungeduldig; **impazienza** [impat'tsiɛntsa] *f* Ungeduld *f*
impazzire [impat'tsi:re] *vi* verrückt werden
impeccabile [impek'ka:bile] *agg* tadellos
impedire [impe'di:re] *vt* behindern
impegnare [impeɲ'ɲa:re] **I.** *vt* beschäftigen **II.** *vr* **-rsi a fare qc** sich verpflichten etw zu tun
impegnativa [impeɲɲa'ti:va] *f* Krankenschein *m*
impegnativo, -a [impeɲɲa'ti:vo] *agg* ❶ (*vincolante*) verbindlich ❷ (*che richiede impegno*) anspruchsvoll; **impegnato, -a** [impeɲ'ɲa:to] *agg* beschäftigt
impegno [im'peɲɲo] *m* ❶ Verpflichtung *f*, Revers *m A* ❷ (*fig*) Engagement *n*
impenetrabile [impene'tra:bile] *agg* undurchlässig
impensabile [impen'sa:bile] *agg* undenkbar
imperatore, -trice [impera'to:re] *m, f* Kaiser(in) *m(f)*
imperdonabile [imperdo'na:bile] *agg* unverzeihlich
imperfetto, -a *agg* mangelhaft
imperialismo [imperia'lizmo] *m* Imperialismus *m*
impermeabile [imperme'a:bile] *m* Regenmantel *m*
impermeabilizzare [impermeabilid'dza:re] *vt* (wasser)dicht machen
impero [im'pɛ:ro] *m* ❶ (*territorio*) (Kaiser)reich *n* ❷ (*fig*) Herrschaft *f*
impersonale [imperso'na:le] *agg* unpersönlich
impersonare [imperso'na:re] *vt* ❶ (*tipo*) verkörpern ❷ (THEAT) darstellen
impertinente [imperti'nɛnte] *agg* frech
imperturbabile [impertur'ba:bile] *agg* unerschütterlich
impiantare [impian'ta:re] *vt* installieren
impianto [im'pianto] *m* ❶ (*installazione*) Einrichtung *f* ❷ (*complesso di attrezzature*)

Anlage *f*

impiccare [impik'ka:re] *vt* aufhängen; **impiccato, -a** [impik'ka:to] *agg* erhängt

impicciarsi [impit'tʃa:rsi] *vr* **-rsi di qc** sich in etw *acc* einmischen

impiegare [impie'ga:re] *vt* ❶ (*usare*) anwenden ❷ (*tempo*) brauchen

impiegato, -a [impie'ga:to] *m, f* Angestellte(r) *f(m)*; (*funzionario pubblico*) Beamte(r) *m*, Beamtin *f*

impiego [im'piɛ:go] <-ghi> *m* ❶ (*occupazione*) Beschäftigung *f*; (*posto di lavoro*) Stelle *f* ❷ (*uso*) Gebrauch *m*

impietosire [impieto'si:re] *vt* **~ qu** jds Mitleid erregen

implicare [impli'ka:re] *vt* ❶ (*coinvolgere*) **~ qu in qc** jdn in etw *acc* verwickeln ❷ (*come conseguenza*) mit sich *dat* bringen

implicito, -a [im'pli:tʃito] *agg* unausgesprochen

implorare [implo'ra:re] *vt* erbitten

imponente [impo'nɛnte] *agg* imposant

imporre [im'porre] <irr> **I.** *vt* (*legge, tassa, silenzio*) auferlegen; (*volontà*) aufzwingen **II.** *vr* **-rsi** sich durchsetzen

import ['impɔ:t] <-> *m* Import *m*

importante [impor'tante] *agg* wichtig; **importanza** [impor'tantsa] *f* Wichtigkeit *f*

importare [impor'ta:re] **I.** *vt* einführen **II.** *vi* interessieren; **non me ne importa niente** das ist mir egal; **non importa** das macht nichts

importazione [importat'tsio:ne] *f* Einfuhr *f*

importo [im'pɔrto] *m* Betrag *m*

importunare [importu'na:re] *vt* belästigen, sekkieren *A*

imposizione [impozit'tsio:ne] *f* ❶ (*ordine*) Befehl *m* ❷ (FIN) Abgabe *f*

impossessarsi [imposses'sarsi] *vr* **~ di qu/qc** sich jds/einer Sache bemächtigen

impossibile [impos'si:bile] *agg* unmöglich

imposta [im'pɔsta] *f* ❶ (*battente*) (Fenster)laden *m* ❷ (FIN) Steuer *f*

impostare [impos'ta:re] *vt* (*imbucare*) einwerfen

impotente [impo'tɛnte] *agg* (MED) impotent

impraticabile [imprati'ka:bile] *agg* ❶ (*strada*) unbefahrbar ❷ (*non attuabile*) unanwendbar

imprecare [impre'ka:re] *vi* **~ (contro qu/qc)** fluchen (auf jdn/etw)

impreciso, -a [impre'tʃi:zo] *agg* ungenau

imprenditore, -trice [imprendi'to:re] *m, f* Unternehmer(in) *m(f)*

impresa [im'pre:sa] *f* ❶ (*azione*) Unternehmen *n* ❷ (*ditta*) Betrieb *m*

impressionante [impressio'nante] *agg* beeindruckend

impressionare [impressio'na:re] **I.** *vt* erschüttern **II.** *vr* **-rsi** sich beeindrucken lassen

impressione [impres'sio:ne] *f* (Sinnes)eindruck *m*

impressionismo [impressio'nizmo] *m* Impressionismus *m*

imprevedibile [impreve'di:bile] *agg* unvorhersehbar

imprevisto [impre'visto] *m* Unvorhergesehene(s) *n*

imprigionare [impridʒo'na:re] *vt* einsperren

improbabile [impro'ba:bile] *agg* unwahrscheinlich

impronta [im'pronta] *f* Abdruck *m*, Spur *f*

improrogabile [improro'ga:bile] *agg* unaufschiebbar

improvvisare [improvvi'za:re] *vt* (*a fig*) improvisieren

improvviso [improv'vi:zo] *m* **all'~** plötzlich

improvviso, -a *agg* ❶ (*inatteso*) unerwartet ❷ (*repentino*) plötzlich

imprudente [impru'dɛnte] *agg* leichtsinnig

impugnatura [impuɲɲa'tu:ra] *f* Griff *m*

impulsivo, -a [impul'si:vo] *agg* impulsiv

impulso [im'pulso] *m* ❶ (*fig*) Anreiz *m* ❷ (PHYS) Impuls *m*

impuro, -a [im'pu:ro] *agg* unrein

imputare [impu'ta:re] *vt* **~ qu di qc** jdn einer Sache *gen* beschuldigen; **imputato, -a** [impu'ta:to] *m, f* Angeklagte(r) *f(m)*

in¹ [in] <nel, nello, nell', nella, nei, negli, nelle> *prp* ❶ (*stato in luogo*) in +*dat*, auf +*dat;* (*moto a luogo*) nach +*acc*, in +*acc;* (*moto attraverso luogo*) durch +*acc;* **andare ~ Austria** nach Österreich fahren ❷ (*tempo determinato*) in +*dat;* (*tempo continuato*) im Laufe +*gen;* **~ breve** in Kürze; **nel 2002** (im Jahr) 2002 ❸ (*modo, maniera*) in +*dat;* **~ tedesco** auf Deutsch ❹ (*mezzo, strumento*) mit +*dat*, in +*dat;* **andare ~ tram** mit der Straßenbahn fahren; **pagare ~ contanti** bar bezahlen ❺ (GASTR) mit +*dat;* **riso ~ bianco** Reis mit Öl

in² [in] *avv* in; **essere ~** „in" sein

inaccessibile [inattʃes'si:bile] *agg* unzugänglich

inaccettabile [inattʃet'ta:bile] *agg* unannehmbar

inadatto, -a [ina'datto] *agg* **essere ~ a qc** für etw ungeeignet sein

inalterato, -a [inalte'ra:to] *agg*

unverändert

inappetente [inappe'tεnte] *agg* appetitlos

inaridire [inari'di:re] *vi essere* vertrocknen

inaspettato, -a [inaspet'ta:to] *agg* unverhofft

inasprire [inas'pri:re] **I.** *vt* verschärfen **II.** *vr* **-rsi** (*fig*) verbittern

inattendibile [inatten'di:bile] *agg* unglaubwürdig

inatteso, -a [inat'te:so] *agg* unerwartet

inaugurare [inaugu'ra:re] *vt* (feierlich) eröffnen; (*costruzione, edificio*) einweihen; **inaugurazione** [inaugurat'tsio:ne] *f* Eröffnung *f*; (*di edificio*) Einweihung *f*

incallito, -a [incal'li:to] *agg* ❶ schwielig ❷ (*fig*) hartnäckig

incamminare [iŋkammi'na:re] **I.** *vt* in die Wege leiten **II.** *vr* **-rsi** sich auf den Weg begeben

incanalare [iŋkana'la:re] *vt* kanalisieren

incandescente [iŋkandeʃ'ʃεnte] *agg* (*a fig*) glühend

incantare [iŋkan'ta:re] **I.** *vt* (*fig*) bezaubern **II.** *vr* **-rsi** entzückt sein

incantesimo [iŋkan'te:zimo] *m* Zauberformel *f*

incantevole [iŋkan'te:vole] *agg* zauberhaft

incanto [iŋ'kanto] *m* ❶ (*magia*) Zauberei *f* ❷ (JUR) Versteigerung *f*

incapace [iŋka'pa:tʃe] *agg* unfähig

incarcerare [iŋkartʃe'ra:re] *vt* inhaftieren

incaricare [iŋkari'ka:re] **I.** *vt* ~ **qu di fare qc** jdn beauftragen etw zu tun **II.** *vr* **-rsi di fare qc** es übernehmen etw zu tun

incarico [iŋ'ka:riko] <-chi> *m* Auftrag *m*

incarnato, -a [iŋkar'na:to] *agg* (*unghie*) eingewachsen; **incarnazione** [iŋkarnat'tsio:ne] *f* Verkörperung *f*

incartamento [iŋkarta'mento] *m* Akte *f*

incartare [iŋkar'ta:re] *vt* (in Papier) einwickeln

incarto [iŋ'karto] *m* Verpackung *f*

incasinato, -a [inkazi'na:to] *agg* (*fam*) chaotisch

incassare [iŋkas'sa:re] *vt* (ein)kassieren, einheben *A*

incasso [iŋ'kasso] *m* Einnahme *f*

incastrare [iŋkas'tra:re] *vt* ❶ (TEC) zusammenstecken ❷ (*fam*) verwickeln

incastro [iŋ'kastro] *m* (Steck)verbindung *f*

incatenare [iŋkate'na:re] **I.** *vt* anketten **II.** *vr* **-rsi** sich (eng) verbinden

incauto, -a [iŋ'ka:uto] *agg* unvorsichtig

incavo [iŋ'ka:vo] *m* Aushöhlung *f*

incavolarsi [iŋkavo'larsi] *vr* (*fam*) fuchsteufelswild werden

incazzarsi [iŋkat'tsarsi] *vr* (*vulg*) wild werden *fam;* **incazzatura** [iŋkattsa'tu:ra] *f* (*vulg*) Sauwut *f*

incendiare [intʃen'dia:re] *vt* ❶ (*bruciare*) in Brand setzen ❷ (*fig*) entflammen

incendio [in'tʃɛndio] <-i> *m* Brand *m*

incenerire [intʃene'ri:re] *vt* einäschern

incenso [in'tʃɛnso] *m* Weihrauch *m*

incentivare [intʃenti'va:re] *vt* anregen

incertezza [intʃer'tettsa] *f* Ungewissheit *f*

incerto, -a *agg* unsicher

incessante [intʃes'sante] *agg* unaufhörlich

incesto [in'tʃɛsto] *m* Inzest *m;* **incestuoso, -a** [intʃestu'o:so] *agg* inzestuös

inchiesta [iŋ'kiɛsta] *f* Ermittlung *f,* Ausforschung *f A*

inchino [iŋ'ki:no] *m* Verbeugung *f*

inchiodare [iŋkio'da:re] *vt* festnageln

inchiostro [iŋ'kiɔstro] *m* Tinte *f*

inciampare [intʃam'pa:re] *vi* *essere o avere* ~ **in qc** über etw *acc* stolpern

incidente [intʃi'dɛnte] *m* Unfall *m,* Havarie *f A*

incidere [in'tʃi:dere] <irr> *vt* ❶ (*tagliare*) einschneiden ❷ (*registrare*) aufnehmen

incinta [in'tʃinta] *agg* schwanger

incipriare [intʃi'pria:re] *vt* (ein)pudern

incisione [intʃi'zio:ne] *f* ❶ (*taglio*) (Ein)schnitt *m* ❷ (*registrazione*) Aufnahme *f*

incisivo [intʃi'zi:vo] *m* Schneidezahn *m*

inciso *m* **per** ~ nebenbei

incitare [intʃi'ta:re] *vt* ~ **qu a (fare) qc** jdn zu etw anregen

incivile [intʃi'vi:le] *agg* unhöflich

inclinare [iŋkli'na:re] *vt* neigen; **inclinazione** [iŋklinat'tsio:ne] *f* Neigung *f*

includere [iŋ'klu:dere] <irr> *vt* einfügen

inclusivo, -a [iŋklu'zi:vo] *agg* einschließlich

incoerente [iŋkoe'rɛnte] *agg* widersprüchlich

incognito, -a *agg* unbekannt

incollare [iŋkol'la:re] *vt* aufkleben

incolonnare [iŋkollo'na:re] *vt* in Reih und Glied aufstellen

incolpare [iŋkol'pa:re] *vt* ~ **qu di qc** jdn einer Sache *gen* beschuldigen

incominciare [iŋkomin'tʃa:re] *vt, vi* anfangen

incompatibile [iŋkompa'ti:bile] *agg* unvereinbar

incompetente [iŋkompe'tɛnte] *agg* ❶ (*inesperto*) nicht kompetent ❷ (*pej*) unfähig

incompiuto, -a [iŋkom'piu:to] *agg* unvollendet

incompleto, -a [iŋkom'plɛ:to] *agg* unvollständig

incomprensibile [iŋkompren'si:bile] *agg* unverständlich

inconcepibile [iŋkontʃe'pi:bile] *agg* undenkbar

inconfondibile [iŋkonfon'di:bile] *agg* unverwechselbar

inconsapevole [iŋkonsa'pe:vole] *agg* unbewusst

inconscio [iŋ'kɔnʃo] <*sing*> *m* Unbewusste(s) *n*

inconscio, -a <-sci, -sce> *agg* unbewusst

inconsistente [iŋkonsis'tɛnte] *agg* unhaltbar

inconsolabile [iŋkonso'la:bile] *agg* untröstlich

inconsueto, -a [iŋkonsu'ɛ:to] *agg* ungewohnt

incontaminato, -a [iŋkontami'na:to] *agg* unverseucht

incontinenza [iŋkonti'nɛntsa] *f* (MED) Inkontinenz *f*

incontrare [iŋkon'tra:re] **I.** *vt* treffen **II.** *vr* **-rsi** sich treffen

incontro[1] [iŋ'kontro] *m* Treffen *n*; (*partita*) Spiel *n*

incontro[2] **I.** *avv* entgegen; **venire ~ a qu** (*a fig*) jdm entgegenkommen **II.** *prp* ~ **a** auf *acc* ... zu

inconveniente [iŋkonve'niɛnte] *m* Unannehmlichkeit *f*

incoraggiare [iŋkorad'dʒa:re] *vt* ermutigen

incorniciare [iŋkorni'tʃa:re] *vt* (ein)rahmen

incoronare [iŋkoro'na:re] *vt* krönen; **incoronazione** [iŋkoronat'tsio:ne] *f* Krönung *f*

incorporare [iŋkorpo'ra:re] *vt* einverleiben

incorreggibile [iŋkorred'dʒi:bile] *agg* unverbesserlich

incosciente [iŋkoʃ'ʃɛnte] *agg* ❶ (*senza coscienza*) gewissenlos ❷ (MED) bewusstlos

incredibile [iŋkre'di:bile] *agg* unglaublich

incredulo, -a [iŋ'krɛ:dulo] *agg* ungläubig

incrementare [iŋkremen'ta:re] *vt* steigern; **incremento** [iŋkre'mento] *m* Steigerung *f*

incriminare [iŋkrimi'na:re] *vt* anklagen

incrinare [iŋkri'na:re] **I.** *vt* einen Sprung verursachen in +*dat* **II.** *vr* **-rsi** einen Riss bekommen

incrociare [iŋkro'tʃa:re] *vt* kreuzen

incrocio [iŋ'kro:tʃo] <-ci> *m* Kreuzung *f*

incrostazione [iŋkrostat'tsio:ne] *f* Verkrustung *f*

incubatrice [iŋkuba'tri:tʃe] *f*

Brutkasten *m*
incubo ['iŋkubo] *m* Alptraum *m*
incudine [iŋ'ku:dine] *f* Amboss *m*
incurabile [iŋku'ra:bile] *agg* unheilbar
incuriosire [iŋkurio'si:re] *vt* neugierig machen
incurvare [iŋkur'va:re] *vt* biegen
incustodito, **-a** [iŋkusto'di:to] *agg* unbewacht
indaffarato, **-a** [indaffa'ra:to] *agg* viel beschäftigt
indagare [inda'ga:re] *vi* ermitteln
indagine [in'da:dʒine] *f* Untersuchung *f*
indebitarsi [indebi'tarsi] *vr* sich verschulden
indebolire [indebo'li:re] *vt* schwächen
indecifrabile [indetʃi'fra:bile] *agg* unentzifferbar
indecisione [indetʃi'zio:ne] *f* Unentschlossenheit *f*; **indeciso**, **-a** [inde'tʃi:zo] *agg* unentschlossen
indefinito, **-a** [indefi'ni:to] *agg* unbestimmt
indelebile [inde'lɛ:bile] *agg* unauslöschbar
indelicatezza [indelika'tettsa] *f* Taktlosigkeit *f*
indemoniato, **-a** [indemo'nia:to] *m, f* Besessene(r) *f(m)*
indenne [in'dɛnne] *agg* unverletzt
indennità [indenni'ta] <-> *f* ❶ (*attribuzione*) Vergütung *f* ❷ (*risarcimento*) Schadensersatz *m*
indennizzare [indennid'dza:re] *vt* entschädigen; **indennizzo** [inden'niddzo] *m* Entschädigung *f*
India ['india] *f* Indien *n*; **indiano**, **-a** [in'dia:no] *agg* ❶ (*dell'India*) indisch ❷ (*dell'America del Nord*) indianisch
indicare [indi'ka:re] *vt* ❶ (*additare*) zeigen auf +*acc* ❷ (*dati, nomi*) nennen
indicativo, **-a** *agg* hinweisend
indicazione [indikat'tsio:ne] *f* Hinweis *m*
indice ['inditʃe] *m* ❶ (ANAT) Zeigefinger *m* ❷ (*elenco*) Verzeichnis *n*
indietreggiare [indietred'dʒa:re] *vi essere o avere* zurückweichen
indietro [in'diɛ:tro] *avv* zurück, retour *A*; **l'orologio è ~** die Uhr geht nach
indifeso, **-a** [indi'fe:so] *agg* wehrlos
indifferente [indiffe'rɛnte] *agg* gleichgültig
indigeno, **-a** [in'di:dʒeno] **I.** *agg* einheimisch **II.** *m, f* Eingeborene(r) *f(m)*
indigestione [indidʒes'tio:ne] *f*

Verdauungsstörung *f*
indigesto, **-a** [indi'dʒɛsto] *agg* unverdaulich
indignare [indiɲ'ɲa:re] *vt* empören; **indignazione** [indiɲɲat'tsio:ne] *f* Empörung *f*
indimenticabile [indimenti'ka:bile] *agg* unvergesslich
indipendente [indipen'dɛnte] *agg* unabhängig; **indipendenza** [indipen'dɛntsa] *f* Unabhängigkeit *f*
indiretto, **-a** [indi'rɛtto] *agg* indirekt
indirizzare [indirit'tsa:re] **I.** *vt* ❶ (*dirigere*) lenken ❷ (*lettera*) adressieren **II.** *vr* **-rsi** sich wenden; **indirizzo** [indi'rittso] *m* Adresse *f*
indiscreto, **-a** [indis'kre:to] *agg* indiskret
indiscusso, **-a** [indis'kusso] *agg* unbestritten
indispensabile [indispen'sa:bile] *agg* unentbehrlich
indisporre [indis'porre] <irr> *vt* ärgern
indisposizione [indispozit'tsio:ne] *f* Unwohlsein *n*
indistinto, **-a** [indis'tinto] *agg* verschwommen
indistruttibile [indistrut'ti:bile] *agg* (*a fig*) unzerstörbar
indivia [in'di:via] <-ie> *f* Endivie *f*
individuale [individu'a:le] *agg* individuell
individuare [individu'a:re] *vt* erkennen
individuo [indi'vi:duo] *m* Individuum *n*
indivisibile [indivi'zi:bile] *agg* untrennbar
indiziato, **-a** [indit'tsia:to] *m, f* Verdächtigte(r) *f(m)*
indizio [in'dittsio] <-i> *m* **un ~ di ...** ein Zeichen *n* für ...
indole ['indole] *f* Wesen *n*
indolente [indo'lɛnte] *agg* nachlässig
indolore [indo'lo:re] *agg* schmerzlos
indomani [indo'ma:ni] *m* **l'~** der darauf folgende Tag
indossare [indos'sa:re] *vt* tragen; **indossatore**, **-trice** [indossa'to:re] *m, f* (*uomo*) Dressman *m;* (*donna*) Mannequin *n*
indosso [in'dɔsso] *avv* an, auf
indovinare [indovi'na:re] *vt* (er)raten; **indovinello** [indovi'nɛllo] *m* Rätsel *n*
indovino, **-a** [indo'vi:no] *m, f* Wahrsager(in) *m(f)*
indugio [in'du:dʒo] <-gi> *m* Zögern *n*
indumento [indu'mento] *m* Kleidungsstück *n*
indurire [indu'ri:re] *vt* (ver)härten
indurre [in'durre] <irr> *vt* **~ qu a qc** jdn zu etw bewegen
industria [in'dustria] <-ie> *f* Industrie *f*

industriale [indus'tria:le] *agg* industriell; **industrializzare** [industrialid'dza:re] *vt* industrialisieren

inedito, -a *agg* unveröffentlicht

inequivocabile [inekuivo'ka:bile] *agg* unmissverständlich

inerte [i'nɛrte] *agg* träge

inerzia [i'nɛrtsia] <-ie> *f* Trägheit *f*

inesattezza [inezat'tettsa] *f* Ungenauigkeit *f*; **inesatto, -a** [ine'zatto] *agg* ungenau

inesauribile [inezau'ri:bile] *agg* unerschöpflich

inesistente [inezis'tɛnte] *agg* nicht bestehend

inesperto, -a [ines'pɛrto] *agg* unerfahren

inestimabile [inesti'ma:bile] *agg* unschätzbar

inevitabile [inevi'ta:bile] *agg* unvermeidbar

infallibile [infal'li:bile] *agg* unfehlbar

infame [in'fa:me] *agg* schändlich; **infamia** [in'fa:mia] <-ie> *f* Schande *f*

infanticida [infanti'tʃi:da] <-i *m*, -e *f*> *mf* Kindesmörder(in) *m(f)*

infantile [infan'ti:le] *agg* ❶ (*dell'infanzia*) kindlich ❷ (*immaturo*) kindisch

infanzia [in'fantsia] <-ie> *f* Kindheit *f*

infarinare [infari'na:re] *vt* in Mehl wenden

infarto [in'farto] *m* Infarkt *m*

infastidire [infasti'di:re] **I.** *vt* belästigen, sekkieren *A* **II.** *vr* **-rsi per qc** sich über etw *acc* ärgern

infatti [in'fatti] *cong* in der Tat

infedele [infe'de:le] *agg* ❶ (*sleale*) untreu ❷ (REL) ungläubig; **infedeltà** [infedel'ta] *f* Untreue *f*

infelice [infe'li:tʃe] *agg* unglücklich; **infelicità** [infelitʃi'ta] *f* Unglück *n*

infeltrire [infel'trire] *vi* verfilzen

inferiore [infe'rio:re] *agg* niedrig

infermeria [inferme'ri:a] <-ie> *f* Krankenstation *f*; **infermiere, -a** [infer'miɛ:re] *m, f* Krankenpfleger(in) *m(f)*, Krankenschwester *f*

infernale [infer'na:le] *agg* höllisch; **inferno** [in'fɛrno] *m* Hölle *f*

inferriata [infer'ria:ta] *f* (Eisen)gitter *n*

infettare [infet'ta:re] *vt* ❶ (MED) infizieren ❷ (*fig*) verseuchen; (INFORM) mit einem Virus verseuchen

infettivo, -a [infet'ti:vo] *agg* ansteckend

infezione [infet'tsio:ne] *f* Infektion *f*

infiammabile [infiam'ma:bile] *agg* entzündbar

infiammare [infiam'ma:re] **I.** *vt* anzünden **II.** *vr* **-rsi** sich entzünden; **infiammazione** [infiammat'tsio:ne] *f* Entzündung *f*

infilare [infi'la:re] *vt* ❶ (*chiave, anello*) stecken ❷ (*vestito, scarpe*) anziehen

infiltrazione [infiltrat'tsio:ne] *f* Eindringen *n*

infimo, -a ['infimo] *agg* niedrigste(r, s)

infine [in'fi:ne] *avv* ❶ (*finalmente*) schließlich ❷ (*alla fine*) endlich

infinità [infini'ta] <-> *f* Unendlichkeit *f*

infinito [infi'ni:to] *m* (*spazio, tempo*) Unendliche(s) *n*

infischiarsi [infis'kiarsi] *vr* (*fam*) ~ **di qc** auf etw *acc* pfeifen

inflazione [inflat'tsio:ne] *f* Inflation *f*

influenza [influ'ɛntsa] *f* ❶ (MED) Grippe *f* ❷ (*atto*) Einfluss *m*; **influenzare** [influen'tsa:re] **I.** *vt* beeinflussen **II.** *vr* **-rsi** eine Grippe bekommen

influire [influ'i:re] *vi* ~ **su qu/qc** auf jdn/etw einwirken

infomediario [infome'dia:rio] <-i> *m* (INFORM) *Berater für neue Medien*

infondato, -a [infon'da:to] *agg* unbegründet

informare [infor'ma:re] **I.** *vt* ~ **qu di qc** jdn über etw *acc* informieren **II.** *vr* **-rsi su qc** sich nach etw erkundigen

informatica [infor'ma:tika] <-che> *f* Informatik *f*; **informatico, -a** [infor'ma:tiko] <-ci, -che> **I.** *agg* **sistema ~** EDV-System *n* **II.** *m, f* Informatiker(in) *m(f)*

informatizzare [informatid'dza:re] *vt* (INFORM) computerisieren; **informatizzazione** [informatiddzat'tsio:ne] *f* (INFORM) Computerisierung *f*

informazione [informat'tsio:ne] *f* Auskunft *f*

infornare [infor'na:re] *vt* in den Backofen schieben

infortunarsi [infortu'narsi] *vr* verunglücken

infortunio [infor'tu:nio] <-i> *m* Unfall *m*, Havarie *f A*

infrangere [in'frandʒere] <irr> *vt* zerbrechen; **infrangibile** [infran'dʒi:bile] *agg* unzerbrechlich

infrarosso, -a [infra'rosso] *agg* infrarot

infrastruttura [infrastrut'tu:ra] *f* Infrastruktur *f*

infreddolito, -a [infreddo'li:to] *agg* **essere tutto ~** ganz durchgefroren sein

infruttuoso, -a [infruttu'o:so] *agg* fruchtlos

infuori [in'fuɔ:ri] **I.** *avv* **all'~** nach außen, hinaus **II.** *prp* **all'~ di** mit Ausnahme von

infuso [in'fu:zo] *m* (Kräuter)tee *m*

ingaggiare [iŋgad'dʒa:re] *vt* verpflichten; **ingaggio** [iŋ'gaddʒo] <-ggi> *m* ❶ (*assunzione*) Anwerbung *f* ❷ (*somma*) Gage *f*

ingannare [iŋgan'na:re] *vt* ❶ (*indurre in errore*) täuschen ❷ (*imbrogliare*) betrügen; **ingannevole** [iŋgan'ne:vole] *agg* trügerisch; **inganno** [iŋ'ganno] *m* Betrug *m*

ingegnere [indʒeɲ'ɲɛ:re] *m* Ingenieur(in) *m(f)*; **ingegneria** [indʒeɲɲe'ri:a] <-ie> *f* Ingenieurwesen *n*

ingegno [in'dʒeɲɲo] *m* Verstand *m*

ingegnoso, -a [indʒeɲ'ɲo:so] *agg* einfallsreich

ingelosire [indʒelo'si:re] *vt* eifersüchtig machen

ingenuità [indʒenui'ta] <-> *f* Naivität *f*; **ingenuo, -a** [in'dʒɛ:nuo] *agg* naiv

ingessare [indʒes'sa:re] *vt* (MED) eingipsen; **ingessatura** [indʒessa'tu:ra] *f* Gips(verband) *m*

Inghilterra [iŋgil'tɛrra] *f* England *n*

inghiottire [iŋgiot'ti:re] *vt* (*a fig*) (hinunter)schlucken

inginocchiarsi [indʒinok'kiarsi] *vr* (sich) niederknien

ingiù [in'dʒu] *avv* **all'~** nach unten, hinunter

ingiuria [in'dʒu:ria] *f* Beleidigung *f*; **ingiuriare** [indʒu'ria:re] *vt* beleidigen

ingiustificato, -a [indʒustifi'ka:to] *agg* ungerechtfertigt

ingiustizia [indʒus'tittsia] *f* Ungerechtigkeit *f*

ingiusto, -a *agg* ungerecht

inglese [iŋ'gle:se] *agg* englisch

ingoiare [iŋgo'ia:re] *vt* (hinunter)schlucken

ingolfarsi [iŋgol'farsi] *vr* (MOT) absaufen *fam*

ingombrare [iŋgom'bra:re] *vt* versperren

ingorgo [iŋ'gorgo] <-ghi> *m* ~ (**di traffico**) Verkehrsstau *m*

ingozzare [iŋgot'tsa:re] **I.** *vt* verschlingen **II.** *vr* **-rsi** sich vollstopfen

ingranaggio [iŋgra'naddʒo] <-ggi> *m* Getriebe *n*

ingranare [iŋgra'na:re] *vt* einkuppeln; (*marcia*) einlegen

ingrandimento [ingrandi'mento] *m* Vergrößerung *f*; **ingrandire** [ingran'di:re] **I.** *vt* vergrößern **II.** *vr* **-rsi** sich vergrößern

ingrassare [iŋgras'sa:re] **I.** *vt* einfetten **II.** *vi* zunehmen

ingrato, -a [iŋ'gra:to] *agg* (*a fig*) undankbar

ingrediente [iŋgre'diɛnte] *m* Zutat *f*

ingresso [iŋ'grɛsso] *m* ❶ (*entrata*) Eingang *m* ❷ (*accesso*) Zutritt *m*; **vietato l'~ ai non addetti ai lavori** Zutritt für Unbefugte verboten

ingrossare [iŋros'sa:re] **I.** *vt* dick machen **II.** *vr* **-rsi** anschwellen

ingrosso [iŋ'grɔsso] *avv* **commercio all'~** Großhandel *m*

inguaribile [iŋgua'ri:bile] *agg* unheilbar

inguine ['iŋguine] *m* Leiste *f*

inibire [ini'bi:re] *vt* (PSYCH) hemmen

iniettare [iniet'ta:re] *vt* (ein)spritzen; **iniezione** [iniet'tsio:ne] *f* (MED) Spritze *f*

inimmaginabile [inimmadʒi'na:bile] *agg* unvorstellbar

ininterrotto, -a [ininter'rotto] *agg* ununterbrochen

iniziale [init'tsia:le] *agg* Anfangs-

iniziare [init'tsia:re] *vt* ❶ (*cominciare*) beginnen ❷ (*computer*) starten

iniziativa [inittsia'ti:va] *f* Initiative *f*

inizio [i'nittsio] <-i> *m* Beginn *m*

innalzare [innal'tsa:re] *vt* hochheben

innamorare [innamo'ra:re] **I.** *vt* verliebt machen **II.** *vr* **-rsi di qu** sich in jdn verlieben; **innamorato, -a** [innamo'ra:to] *agg* verliebt

innervosire [innervo'si:re] **I.** *vt* nervös machen **II.** *vr* **-rsi** nervös werden

inno ['inno] *m* Hymne *f*

innocente [inno'tʃɛnte] *agg* unschuldig; **innocenza** [inno'tʃɛntsa] *f* Unschuld *f*

innocuo, -a [in'nɔ:kuo] *agg* harmlos

innovativo, -a [innova'ti:vo] *agg* innovativ; **innovazione** [innovat'tsio:ne] *f* Erneuerung *f*

innumerevole [innume're:vole] *agg* unzählig

inodore, -a [ino'do:re] *agg* geruchlos

inoffensivo, -a [inoffen'si:vo] *agg* harmlos

inoltrare [inol'tra:re] **I.** *vt* einreichen **II.** *vr* **-rsi** (weiter) hineingehen

inoltre [i'noltre] *avv* ❶ (*oltre a ciò*) außerdem ❷ (*per di più*) darüberhinaus

inondazione [inondat'tsio:ne] *f* Überschwemmung *f*

inopportuno, -a [inoppor'tu:no] *agg* unangebracht

inorridire [inorri'di:re] *vt* entsetzen

inossidabile [inossi'da:bile] *agg* rostfrei

inquadrare [iŋkua'dra:re] *vt* einrahmen; **inquadratura** [iŋkuadra'tu:ra] *f* Bildausschnitt *m*

inquietare [iŋkuie'ta:re] *vt* beunruhigen; **inquieto, -a** [iŋ'kuiɛ:to] *agg* unruhig; **inquietudine** [iŋkuie'tu:dine] *f* Unruhe *f*

inquilino, -a [iŋkui'li:no] *m, f* Mieter(in) *m(f)*

inquinamento [iŋkuina'mento] *m* Verschmutzung *f*; **inquinare** [iŋkui'na:re] *vt* verschmutzen
insabbiare [insab'bia:re] *vt* (*fig*) vertuschen
insaccati [insak'ka:ti] *mpl* Wurstwaren *fpl*
insalata [insa'la:ta] *f* Salat *m*; **insalatiera** [insala'tiɛ:ra] *f* Salatschüssel *f*
insanguinare [insaŋgui'na:re] *vt* (*a fig*) mit Blut beflecken
insaponare [insapo'na:re] *vt* einseifen
insaporire [insapo'ri:re] *vt* abschmecken
insaputa [insa'pu:ta] *f* **all'~ di** ohne Wissen +*gen*
insaziabile [insat'tsia:bile] *agg* unersättlich
insegna [in'seɲɲa] *f* ❶ (*di grado, dignità*) (Ab)zeichen *n* ❷ (*di negozio*) Schild *n*
insegnamento [inseɲɲa'mento] *m* Unterricht *m*; **insegnante** [inseɲ'ɲante] *mf* Lehrer(in) *m(f)*; **insegnare** [inseɲ'ɲa:re] *vt* unterrichten
inseguire [inse'gui:re] *vt* verfolgen
inseminazione [inseminat'tsio:ne] *f* Befruchtung *f*
insenatura [insena'tu:ra] *f* Bucht *f*
insensibile [insen'si:bile] *agg* gefühllos
inseparabile [insepa'ra:bile] *agg* untrennbar
inserimento [inseri'mento] *m* Einfügung *f*; **inserire** [inse'ri:re] *vt* (*a fig*) einfügen
inserto [in'sɛrto] *m* (*in giornale*) Beilage *f*
inserviente [inser'viɛnte] *mf* Dienstbote *m*, -botin *f*
inserzione [inser'tsio:ne] *f* ❶ Einfügung *f* ❷ (*annuncio pubblicitario*) Anzeige *f*
insetticida <-i> *m* Insektizid *n*
insetto [in'sɛtto] *m* Insekt *n*
insicurezza [insiku'rettsa] *f* Unsicherheit *f*; **insicuro, -a** [insi'ku:ro] *agg* unsicher
insieme [in'siɛ:me] **I.** *avv* ❶ (*complessivamente*) zusammen ❷ (*contemporaneamente*) gleichzeitig **II.** *prp* ❶ (*in compagnia*) ~ **a** zusammen mit ❷ (*contemporaneamente*) gleichzeitig mit
insinuazione [insinuat'tsio:ne] *f* Unterstellung *f*
insipido, -a [in'si:pido] *agg* fade
insistente [insis'tɛnte] *agg* beharrlich
insistere [in'sistere] <irr> *vi* ~ **in qc** auf etw *dat* beharren
insoddisfatto, -a [insoddis'fatto] *agg* unzufrieden
insofferente [insoffe'rɛnte] *agg* unduldsam; **insofferenza** [insoffe'rɛntsa] *f* Unduldsamkeit *f*
insolente [inso'lɛnte] *agg* frech;

insolenza [inso'lɛntsa] *f* Frechheit *f*
insolito, -a [in'sɔ:lito] *agg* ungewöhnlich
insomma [in'somma] **I.** *avv* (*in conclusione*) also; (*in breve*) kurz **II.** *int* (was) nun, also (was)
insonne [in'sɔnne] *agg* schlaflos; **insonnia** [in'sɔnnia] <-ie> *f* Schlaflosigkeit *f*
insonnolito, -a [insonno'li:to] *agg* schläfrig
insopportabile [insoppor'ta:bile] *agg* unerträglich
insorgere [in'sordʒere] <irr> *vi essere* ~ **contro qu/qc** sich gegen jdn/etw erheben
insospettabile [insospet'ta:bile] *agg* unverdächtig
insospettire [insospet'ti:re] *vt* argwöhnisch machen
insostenibile [insoste'ni:bile] *agg* unerträglich
insostituibile [insostitu'i:bile] *agg* unersetzlich
insperato, -a [inspe'ra:to] *agg* unverhofft
inspiegabile [inspie'ga:bile] *agg* unerklärlich
instabile [ins'ta:bile] *agg* instabil
installare [instal'la:re] *vt* (TEC) anschließen; (INFORM) installieren; **installatore, -trice** [installa'to:re] *m, f* Installateur(in) *m(f)*; **installazione** [installat'tsio:ne] *f* Installation *f*; **dischetto di** ~ (INFORM) Installationsdiskette *f*
instancabile [instaŋ'ka:bile] *agg* unermüdlich
instaurare [instau'ra:re] *vt* errichten
insù [in'su] *avv* **all'~** nach oben, hinauf
insuccesso [insut'tʃɛsso] *m* Misserfolg *m*
insufficiente [insuffi'tʃɛnte] *agg* ungenügend
insulare [insu'la:re] *agg* Insel-
insulina [insu'li:na] *f* Insulin *n*
insultare [insul'ta:re] *vt* beleidigen; **insulto** [in'sulto] *m* Beleidigung *f*
insuperabile [insupe'ra:bile] *agg* unüberwindlich
insurrezione [insurret'tsio:ne] *f* Aufstand *m*
intagliare [intaʎ'ʎa:re] *vt* schnitzen; **intaglio** [in'taʎʎo] *m* Schnitzerei *f*
intanto [in'tanto] **I.** *avv* (*nel frattempo*) inzwischen; (*invece*) dagegen **II.** *cong* ~ **che** während
intarsio [in'tarsio] <-i> *m* Intarsie *f*
intasare [inta'sa:re] *vt* verstopfen
intascare [intas'ka:re] *vt* einstecken
intatto, -a [in'tatto] *agg* unberührt
integrale [inte'gra:le] *agg* voll-

ständig; **pane** ~ Vollkornbrot *n*
integrare [inte'gra:re] **I.** *vt* ergänzen **II.** *vr* **-rsi** sich integrieren
integro, -a ['integro] <più integro, integerrimo> *agg* unversehrt
intelaiatura [intelaia'tu:ra] *f* Gerüst *n*
intelletto [intel'lɛtto] *m* Geist *m*; **intellettuale** [intellettu'a:le] *mf* Intellektuelle(r) *f(m)*
intelligence [in'telidʒɛns] *f* Geheimdienst *m*
intelligente [intelli'dʒɛnte] *agg* intelligent; **intelligenza** [intelli'dʒɛntsa] *f* Intelligenz *f*
intendere [in'tɛndere] <irr> **I.** *vt* ❶ (*capire*) verstehen ❷ (*avere intenzione*) beabsichtigen **II.** *vr* **-rsi** ❶ (*andare d'accordo*) sich verstehen ❷ (*esser competente*) **-rsi di qc** sich in etw *dat* auskennen; **intenditore, -trice** [intendi'to:re] *m, f* Kenner(in) *m(f)*
intenerire [intene'ri:re] **I.** *vt* (*fig*) rühren **II.** *vr* **-rsi** (*fig*) gerührt sein
intensificare [intensifi'ka:re] *vt* verstärken
intensità [intensi'ta] <-> *f* Stärke *f*; **intensivo, -a** [inten'si:vo] *agg* intensiv; **intenso, -a** [in'tɛnso] *agg* intensiv; (*luce*) kräftig
intento [in'tɛnto] *m* Absicht *f*
intenzionale [intentsio'na:le] *agg* absichtlich; **intenzionato, -a** [intentsio'na:to] *agg* **bene/male** ~ wohl/übel gesinnt
intenzione [inten'tsio:ne] *f* Absicht *f*
interamente [intera'mente] *avv* ganz
interattivo, -a [interat'ti:vo] *agg* (INFORM) interaktiv
intercambiabile [interkam'bia:bile] *agg* austauschbar
intercity [inter'siti] <-> *m* (FERR) Intercity(zug) *m*
intercontinentale [interkontinen'ta:le] *agg* interkontinental
intercorrere [inter'korrere] <irr> *vi essere* bestehen
interculturale [interkultu'ra:le] *agg* interkulturell
interessamento [interessa'mento] *m* Interesse *n*; **interessante** [interes'sante] *agg* interessant; **interessare** [interes'sa:re] **I.** *vt* ❶ (*riguardare*) betreffen ❷ (*destare attenzione*) interessieren **II.** *vr* **-rsi di qu/qc** sich für jdn/etw interessieren
interesse [inte'rɛsse] *m* ❶ (FIN) Zins *m* ❷ (*utilità*) Interesse *n*
interfaccia [inter'fattʃa] <-cce> *f o m* (INFORM) Schnittstelle *f*
interferenza [interfe'rɛntsa] *f* Interferenz *f*; **interferire** [interfe'ri:re] *vi* interferieren
interiora [inte'rio:ra] *fpl* Inne-

reien *fpl*

interiore [inte'rio:re] *agg* innere(r, s), Innen-

interiorizzare [interio-rid'dza:re] *vt* verarbeiten

interlocutore, **-trice** [interlo-ku'to:re] *m, f* Gesprächspartner(in) *m(f)*

intermediario, **-a** [inter-me'dia:rio] <-i, -ie> *m, f* Vermittler(in) *m(f)*

intermedio, **-a** [inter'mɛ:dio] *agg* Zwischen-, Mittel-

intermezzo [inter'mɛddzo] *m* (MUS, LIT) Intermezzo *n*

intermittente [intermit'tɛnte] *agg* wechselnd

internamente [interna'mente] *avv* innen

internare [inter'na:re] *vt* internieren

internazionale [internatt-sio'na:le] *agg* international; **internazionalizzare** [internatt-sionalid'dza:re] *vt* internationalisieren

Internet [inter'net] <-> *f* (INFORM, TEL) Internet *n;* **navigare su ~** im Internet surfen; **sito ~** Internet-Adresse *f;* **pagina ~** Internetseite *f*

interno, **-a** *agg* innere(r, s), Innen-

intero, **-a** *agg* ganz; (*fig*) voll

interporre [inter'porre] <irr> **I.** *vt* dazwischenlegen **II.** *vr* **-rsi** dazwischentreten

interpretare [interpre'ta:re] *vt* ❶ (*chiarire*) deuten ❷ (FILM, THEAT) darstellen

interpretazione [interpre-tat'tsio:ne] *f* ❶ Interpretation *f* ❷ (FILM, THEAT) Darstellung *f*

interprete [in'tɛrprete] *mf* ❶ (*traduttore*) Dolmetscher(in) *m(f)* ❷ (FILM, TV, THEAT) Darsteller(in) *m(f)*

interrail [inter'reil] <-> *m* (FERR) Interrailticket *n*

interrogare [interro'ga:re] *vt* (be)fragen

interrogatorio [interro-ga'tɔ:rio] <-i> *m* Vernehmung *f,* Einvernahme *f A*

interrogazione [interro-gat'tsio:ne] *f* Befragung *f*

interrompere [inter'rompere] <irr> *vt* unterbrechen

interruttore [interrut'to:re] *m* Schalter *m*

interruzione [interrut'tsio:ne] *f* Unterbrechung *f*

interurbana [interur'ba:na] *f* (TEL) Ferngespräch *n*

intervallo [inter'vallo] *m* (Zwischen)zeit *f*

intervenire [interve'ni:re] <irr> *vi essere* **~ a qc** an etw *dat* teilnehmen

intervento [inter'vɛnto] *m* ❶ (*partecipazione*) **l'~ a qc** die Teilnahme an etw *dat* ❷ (MED) Eingriff *m*

intervista [inter'vista] *f* Interview *n;* **intervistare** [intervis'ta:re] *vt* interviewen; **intervistatore, -trice** [intervista'to:re] *m, f* Interviewer(in) *m(f)*

intesa [in'te:sa] *f* ❶ (*accordo*) Einverständnis *n* ❷ (COM) Absprache *f*

intestare [intes'ta:re] *vt* mit Namen versehen

intestazione [intestat'tsio:ne] *f* Überschrift *f*

intestino [intes'ti:no] *m* Darm *m*

intiepidire [intiepi'di:re] *vt* lau(warm) machen

intimidire [intimi'di:re] *vt* einschüchtern

intimità [intimi'ta] <-> *f* Intimität *f*

intimo, -a *agg* (*persona*) vertraut

intitolare [intito'la:re] *vt* betiteln

intoccabile [intok'ka:bile] *agg* unberührbar

intollerabile [intolle'ra:bile] *agg* unerträglich

intollerante [intolle'rante] *agg* intolerant

intonare [into'na:re] **I.** *vt* anstimmen **II.** *vr* **-rsi con qc** zu etw passen; **intonazione** [intonat'tsio:ne] *f* (MUS) Anstimmen *n*

intorno [in'torno] **I.** *avv* umher, herum **II.** *prp* ~ **a** um +*acc* … herum

intossicare [intossi'ka:re] *vt* vergiften; **intossicazione** [intossikat'tsio:ne] *f* Vergiftung *f*

intraducibile [intradu'tʃi:bile] *agg* unübersetzbar

intransigente [intransi'dʒɛnte] *agg* unnachgiebig

intrappolare [intrappo'la:re] *vt* in einer Falle fangen

intraprendente [intrapren'dɛnte] *agg* unternehmungslustig

intraprendere [intra'prɛndere] <irr> *vt* unternehmen

intrattabile [intrat'ta:bile] *agg* heikel

intrattenere [intratte'ne:re] <irr> **I.** *vt* unterhalten **II.** *vr* **-rsi su qc** sich bei etw aufhalten; **intrattenimento** [intratteni'mento] *m* Unterhaltung *f;* **intrattenitore, -trice** [intratteni'to:re] *m, f* Entertainer(in) *m(f)*

intrav(v)edere [intrav(v)e'de:re] <irr> *vt* (flüchtig) erblicken

intrecciare [intret'tʃa:re] *vt* (*fig*) knüpfen; **intreccio** [in'trettʃo] <-cci> *m* Flechtwerk *n*

intrepido, -a [in'trɛ:pido] *agg* unerschrocken

intrigare [intri'ga:re] **I.** *vi* Ränke schmieden **II.** *vr* **-rsi in qc** sich in etw *acc* einmischen; **intrigo** [in'tri:go] <-ghi> *m* Intrige *f*

introdurre [intro'durre] <irr> **I.** *vt* ❶ (*inserire*) (hinein)stecken ❷ (*far entrare*) eintreten lassen **II.** *vr* **-rsi in qc** sich in etw *acc* einschleichen; **introduzione** [introdut'tsio:ne] *f* ❶ (*inserimento*) Einführung *f* ❷ (*prefazione*) Einleitung *f*
introito [in'trɔ:ito] *m* Einnahme *f*
intromettersi [intro'mettersi] <irr> *vr* ~ **in qc** sich in etw *acc* einmischen
introvabile [intro'va:bile] *agg* unauffindbar
introverso, -a [intro'vɛrso] *agg* introvertiert
intrusione [intru'zio:ne] *f* Eindringen *n*
intuire [intu'i:re] *vt* ahnen; **intuito** [in'tu:ito] *m* Intuition *f*
inutile [i'nu:tile] *agg* nutzlos
invadente [inva'dɛnte] *agg* aufdringlich
invadere [in'va:dere] <irr> *vt* ❶ (*paese*) einfallen in +*acc* ❷ (*fig*) überschwemmen
invalidità [invalidi'ta] *f* Ungültigkeit *f*; **invalido, -a** [in'va:lido] *m, f* Invalide *mf*
invano [in'va:no] *avv* umsonst
invariabile [inva'ria:bile] *agg* unveränderlich
invasione [inva'zio:ne] *f* Invasion *f*
invecchiare [invek'kia:re] *vi essere* ❶ (BIOL) alt werden ❷ (*vino*) (ab)lagern
invece [in've:tʃe] **I.** *avv* dagegen **II.** *prp* ~ **di** (an)statt +*gen*
inventare [inven'ta:re] *vt* ❶ (*scoprire*) erfinden ❷ (*escogitare*) ausdenken
inventario [inven'ta:rio] <-i> *m* Inventur *f*
inventiva [inven'ti:va] *f* Erfindungsgabe *f*; **inventore, -trice** [inven'to:re] *m, f* Erfinder(in) *m(f)*
invenzione [inven'tsio:ne] *f* Erfindung *f*
invernale [inver'na:le] *agg* winterlich, Winter-
inverno [in'vɛrno] *m* Winter *m*
inverosimile [invero'si:mile] *agg* unwahrscheinlich
inversione [inver'sio:ne] *f* Umkehrung *f*
invertebrato, -a [inverte'bra:to] *agg* wirbellos
invertire [inver'ti:re] *vt* ❶ umkehren ❷ (*scambiare*) (aus)tauschen
investigare [investi'ga:re] *vt* erforschen; **investigazione** [investigat'tsio:ne] *f* Untersuchung *f*
investimento [investi'mento] *m* ❶ (FIN) Anlage *f* ❷ (*di persone, animali*) Anfahren *n*; **investire** [inves'ti:re] *vt* ❶ (FIN) investieren ❷ (*persone, animali*) anfahren
inviare [invi'a:re] *vt* (ver)schi-

I

cken; **inviato, -a** [invi'a:to] *m, f* (Ab)gesandte(r) *f(m)*

invidia [in'vi:dia] <-ie> *f* Neid *m;* **invidiare** [invi'dia:re] *vt* neidisch sein auf *+acc;* **invidioso, -a** [invi'dio:so] *agg* neidisch

invio [in'vi:o] <-ii> *m* ❶ Sendung *f* ❷ (INFORM: *tasto*) Entertaste *f*

invisibile [invi'zi:bile] *agg* unsichtbar

invitare [invi'ta:re] *vt* einladen; (*esortare*) auffordern; **invitato, -a** [invi'ta:to] *m, f* Eingeladene(r) *f(m);* **invito** [in'vi:to] *m* Einladung *f*

invocare [invo'ka:re] *vt* ❶ (*chiamare con fervore*) anflehen ❷ (*implorare*) bitten um

involontario, -a [involon'ta:rio] *agg* ❶ (*contro la propria volontà*) unfreiwillig ❷ (*gesto*) unwillkürlich

involtino [invol'ti:no] *m* Roulade *f*

involucro [in'vɔ:lukro] *m* Hülle *f*

inzuppare [intsup'pa:re] *vt* ❶ (*impregnare*) durchnässen ❷ (*intingere*) eintauchen

io ['i:o] *pron 1. pers sing* ich

iodato, -a *agg* jodhaltig; **iodio** ['iɔ:dio] *m* Jod *n*

ionico, -a ['iɔ:niko] <-ci, -che> *agg* ionisch

iper- [iper] (*in parole composte*) über-, Über-

ipercalorico, -a [iperka'lɔ:riko] <-ci, -che> *agg* kalorienreich

ipermercato [ipermer'ka:to] *m* Großmarkt *m*

ipersensibile [ipersen'si:bile] *agg* übersensibel

ipertensione [iperten'sio:ne] *f* Bluthochdruck *m*

ipnosi [ip'nɔ:zi] <-> *f* Hypnose *f*

ipnotizzare [ipnotid'dza:re] *vt* hypnotisieren

ipocalorico, -a [ipoka'lɔ:riko] <-ci, -che> *agg* kalorienarm

ipocrisia [ipokri'zi:a] <-ie> *f* Heuchelei *f;* **ipocrita** [i'pɔ:krita] <-i *m*, -e *f*> *mf* Heuchler(in) *m(f)*

ipoteca [ipo'tɛ:ka] <-che> *f* Hypothek *f;* **ipotecare** [ipote'ka:re] *vt* (JUR) mit einer Hypothek belasten

ipotesi [i'pɔ:tezi] <-> *f* Annahme *f;* **ipotetico, -a** [ipo'tɛ:tiko] <-ci, -che> *agg* angenommen

ipotizzare [ipotid'dza:re] *vt* annehmen

ippica ['ippika] <-che> *f* Reitsport *m;* **ippico, -a** ['ippiko] <-ci, -che> *agg* Reit-

ippocastano [ippokas'ta:no] *m* Rosskastanie *f*

ippodromo [ip'pɔ:dromo] *m* Pferderennbahn *f*

ippopotamo [ippo'pɔ:tamo] *m* Nilpferd *n*

ipsilon ['ipsilon] <-> *f* Ypsilon *n*

ira ['i:ra] *f* Zorn *m*

Iran [i'ran] *m* **l'**~ der Iran

Iraq [i'rak] *m* **l'**~ der Irak

irascibile [iraʃʃi:bile] *agg* jähzornig

irato, -a [i'ra:to] *agg* zornig

iris ['i:ris] <-> *m* Iris *f*

Irlanda [ir'landa] *f* Irland *n*

ironia [iro'ni:a] <-ie> *f* Ironie *f*; **ironico, -a** [i'rɔ:niko] <-ci, -che> *agg* ironisch; **ironizzare** [ironid'dza:re] *vt, vi* ironisieren

irradiare [irra'dia:re] *vt* ❶ (*illuminare*) bestrahlen ❷ (*diffondere*) ausstrahlen

irraggiungibile [irraddʒun'dʒi:bile] *agg* unerreichbar

irragionevole [irradʒo'ne:vole] *agg* ❶ (*irrazionale*) irrational ❷ (*prezzo*) ungerechtfertigt

irrazionale [irrattsio'na:le] *agg* irrational; (*persone*) unvernünftig

irreale [irre'a:le] *agg* unwirklich

irrealizzabile [irrealid'dza:bile] *agg* undurchführbar

irregolare [irrego'la:re] *agg* unregelmäßig; **irregolarità** [irregolari'ta] <-> *f* Unregelmäßigkeit *f*

irreparabile [irrepa'ra:bile] *agg* (*danno*) nicht wiedergutzumachen(d); (*perdita*) unersetzlich

irreperibile [irrepe'ri:bile] *agg* unauffindbar

irrequieto, -a [irre'kuiɛ:to] *agg* unruhig

irresistibile [irresis'ti:bile] *agg* unwiderstehlich

irrespirabile [irrespi'ra:bile] *agg* stickig

irresponsabile [irrespon'sa:bile] *agg* unverantwortlich

irriconoscibile [irrikonoʃʃi:bile] *agg* nicht wiederzuerkennen

irriducibile [irridu'tʃi:bile] *agg* ❶ (*prezzo*) nicht herabsetzbar ❷ (*volontà*) unbeugsam

irrigare [irri'ga:re] *vt* bewässern; **irrigazione** [irrigat'tsio:ne] *f* Bewässerung *f*

irrigidire [irri'di:re] *vt* versteifen

irrilevante [irrile'vante] *agg* irrelevant

irrimediabile [irrime'dia:bile] *agg* nicht wiedergutzumachen(d)

irripetibile [irripe'ti:bile] *agg* unwiederholbar

irrisorio, -a [irri'zɔ:rio] <-i, -ie> *agg* spöttisch

irritare [irri'ta:re] *vt* reizen; (*far arrabbiare*) ärgern

irrobustire [irrobus'ti:re] *vt* stärken

irruzione [irrut'tsio:ne] *f* Einbruch *m*

iscritto [is'kritto] *m* **per** ~ schriftlich

iscrivere [is'kri:vere] <irr> *vt* anmelden; (*all'università*) einschreiben, inskribieren *A*; **iscrizione** [iskrit'tsio:ne] *f* Anmeldung *f*; (*all'università*) Ein-

I

schreibung *f*, Inskription *f A*

Islam [iz'lam] <-> *m* Islam *m;* **islamico, -a** [iz'la:miko] <-ci, -che> *agg* islamisch

Islanda [iz'landa] *f* Island *n;* **islandese** [izlan'de:se] *agg* isländisch

isola ['i:zola] *f* Insel *f;* ~ **pedonale** Verkehrsinsel *f*

isolamento [izola'mento] *m* Isolierung *f*

isolano, -a [izo'la:no] *agg* Insel-

isolare [izo'la:re] **I.** *vt* isolieren **II.** *vr* **-rsi** sich absondern

isolato [izo'la:to] *m* Häuserblock *m*

isolato, -a *agg* abgesondert

isotermico, -a [izo'tɛrmiko] *agg* isothermisch

ispettorato [ispetto'ra:to] *m* Aufsichtsbehörde *f;* **ispettore, -trice** [ispet'to:re] *m, f* Inspektor(in) *m(f)*

ispezionare [ispet'tsio'na:re] *vt* prüfen, zensurieren *A;* **ispezione** [ispet'tsio:ne] *f* Überwachung *f*

ispirare [ispi'ra:re] *vt* ❶ (*suscitare*) erwecken ❷ (*estro creativo*) inspirieren; **ispirazione** [ispirat'tsio:ne] *f* (*estro creativo*) Inspiration *f*

Israele [izra'ɛ:le] *m* Israel *n;* **israeliano, -a** [izrae'lia:no] *agg* israelisch

issare [is'sa:re] *vt* heben

Istanbul [is'tambul] *f* Istanbul *n*

istantaneo, -a [istan'ta:neo] <-ei, -ee> *agg* augenblicklich

istante [is'tante] *m* Augenblick *m*

isteria [iste'ri:a] <-ie> *f* Hysterie *f;* **isterico, -a** [is'tɛ:riko] <-ci, -che> *agg* hysterisch

istintivo, -a [istin'ti:vo] *agg* instinktiv

istinto [is'tinto] *m* Instinkt *m*

istituire [istitu'i:re] *vt* ❶ (*fondare*) gründen ❷ (*stabilire*) stiften

istituto [isti'tu:to] *m* Institut *n;* (*scuola*) Schule *f*

istituzione [istitut'tsio:ne] *f* Stiftung *f*

istmo ['istmo] *m* (GEOG) Landenge *f*

istrice ['istritʃe] *m* Stachelschwein *n*

istruire [istru'i:re] **I.** *vt* ❶ (*insegnare*) unterrichten ❷ (*educare*) erziehen **II.** *vr* **-rsi** sich bilden; **istruttivo, -a** [istrut'ti:vo] *agg* lehrreich; **istruttore, -trice** [istrut'to:re] **I.** *agg* Ausbildungs- **II.** *m, f* Lehrer(in) *m(f);* **istruzione** [istrut'tsio:ne] *f* ❶ (*insegnamento*) Unterricht *m* ❷ *pl* Gebrauchsanweisung *f*

Italia [i'ta:lia] *f* Italien *n;* **vado in** ~ ich fahre nach Italien

italiano [ita'lia:no] *m* Italienisch(e) *n;* **come si dice in ~?** wie heißt das auf Italienisch?

italiano, -a **I.** *agg* italienisch **II.** *m, f* Italiener(in) *m(f)*

italico, -a [i'taːliko] <-ci, -che> *agg* italisch
italo- [italo] (*in parole composte*) italo-, Italo-
iter ['iːter] <-> *m* Weg *m*
itinerario [itine'raːrio] <-i> *m* (Reise)weg *m*
itterizia [itter'rittsia] <-ie> *f* Gelbsucht *f*
I.V.A. ['iːva] *f abbr di* **Imposta sul Valore Aggiunto** MwSt., MWSt.

J

J, j [i l'luŋga] <-> *f* J, j *n*
jackpot ['dʒækpɔt] <-> *m* Jackpot *m*
jazz [dʒæz] <-> *m* Jazz *m*
jeans [dʒiːnz] *mpl* Jeans *pl*
jersey ['dʒəːzi] <-> *m* Jersey *m*
job [dʒɔb] <-> *m* Job *m*
jogging ['dʒɔgiŋ] <-> *m* Jogging *n*
jolly ['dʒɔli] <-> *m* Joker *m*
joystick ['dʒɔistik] <-> *m* (INFORM) Joystick *m*
judo ['dʒuːdɔ] <-> *m* Judo *n*
jukebox ['dʒuːkbɔks] <-> *m* Musikbox *f*
junior ['iunjor] <inv> *agg* junior
juventino, -a *agg* Juventus-

K

K, k ['kappa] <-> *m o f* K, k *n*
kaputt [ka'put] <inv> *agg* kaputt
karatè [kara'tɛ] <-> *m* Karate *n*
kayak [ka'jak] <-> *m* Kajak *m*
ketchup ['kɛtʃəp] <-> *m* Ketchup *m o n*
kg *abbr di* **chilogrammo** kg
kit [kit] <-> *m* Satz *m*
kitsch [kitʃ] <inv> *agg* kitschig
kiwi ['kiwi] <-> *m* Kiwi *f*
km *abbr di* **chilometro** km
koala [ko'aːla] <-> *m* Koala(bär) *m*
kolossal [kolɔ'saːl] <-> *m* Monumentalfilm *m*

L

L, l ['ɛlle] <-> *f* L, l *n*
l *abbr di* **litro** l
l' **I.** *ART m e f sing davanti a vocale* der *m*, die *f*, das *n* **II.** *pron* ❶ *3. pers m sing* ihn ❷ *3. pers f sing* sie
L *abbr di* **lira** L, Lit
la [la] **I.** *ART f sing* der *m*, die *f*, das *n* **II.** *pron* ❶ *3. pers f sing* sie ❷ (*forma di cortesia: La*) Sie
là [la] *avv* (*stato*) dort; (*moto*)

J K L

dorthin; **di** ~ (*stato in luogo*) drüben; (*verso quel luogo*) hinüber

labbro ['labbro] <*pl*: -a *f*> *m* Lippe *f*

labirinto [labi'rinto] *m* Labyrinth *n*

laboratorio [labora'tɔ:rio] <-i> *m* Labor(atorium) *n*

lacca ['lakka] <-cche> *f* Lack *m;* (*per capelli*) Haarspray *n*

laccio ['lattʃo] <-cci> *m* Schnur *f;* (*delle scarpe*) Schnürsenkel *m*

lacerare [latʃe'ra:re] *vt* zerreißen

laconico, -a [la'kɔ:niko] <-ci, -che> *agg* lakonisch

lacrima ['la:krima] *f* Träne *f;* **lacrimare** [lakri'ma:re] *vi* weinen

lacuna [la'ku:na] *f* Lücke *f*

ladino, -a [la'di:no] *agg* ladinisch

ladro, -a ['la:dro] *m, f* Dieb(in) *m(f)*

lager ['la:gər] <-> *m* Vernichtungslager *n*

laggiù [lad'dʒu] *avv* (*stato*) dort unten; (*moto*) dort hinunter

lago ['la:go] <-ghi> *m* See *m*

laguna [la'gu:na] *f* Lagune *f*

laico, -a ['la:iko] <-ci, -che> *agg* Laien-

lama[1] ['la:ma] *f* (*del coltello*) (Messer)klinge *f*

lama[2] <-> *m* (ZOO) Lama *m*

lambrusco [lam'brusko] <-schi> *m Rotwein aus der Emilia-Romagna*

lamentare [lamen'ta:re] *vt* klagen über +*acc;* **lamentela** [lamen'tɛ:la] *f* Beschwerde *f*

lametta [la'metta] *f* (Rasier)klinge *f*

lampada ['lampada] *f* Lampe *f*

lampadario [lampa'da:rio] <-i> *m* (Kron)leuchter *m*

lampadina [lampa'di:na] *f* (Glüh)birne *f*

lampante [lam'pante] *agg* klar

lampeggiare [lamped'dʒa:re] *vi* blinken

lampo[1] ['lampo] *m* Blitz *m*

lampo[2] <inv> *agg* **cerniera** ~ Reißverschluss *m*

lampone [lam'po:ne] *m* Himbeere *f*

lana ['la:na] *f* Wolle *f*

lancetta [lan'tʃetta] *f* Zeiger *m*

lancia ['lantʃa] <-ce> *f* Lanze *f*

lanciare [lan'tʃa:re] **I.** *vt* werfen **II.** *vr* **-rsi** sich stürzen

lancio ['lantʃo] <-ci> *m* Wurf *m*

languido, -a ['laŋguido] *agg* schmachtend

lanificio [lani'fi:tʃo] <-ci> *m* Wollspinnerei *f*

lanterna [lan'tɛrna] *f* Laterne *f*

lapide ['la:pide] *f* Grabstein *m*

lapis ['la:pis] <-> *m* Bleistift *m*

L'Aquila *f Hauptstadt der Region Abruzzen*

lardo ['lardo] *m* Speck *m*

larghezza [lar'gettsa] *f* Breite *f;*

(*ampiezza*) Weite *f*

largo, -a <-ghi, -ghe> *agg* breit; **su -a scala** in großem Umfang

larice ['la:ritʃe] *m* Lärche *f*

laringe [la'rindʒe] *f o m* Kehlkopf *m*

lasagne [la'zaɲɲe] *fpl überbackene Nudelplatten mit Hackfleischfüllung*

lasciare [laʃʃa:re] **I.** *vt* lassen **II.** *vr* **-rsi** sich trennen

laser ['la:zer] <-> *m* Laser *m*

lassativo [lassa'ti:vo] *m* Abführmittel *n*

lassù [las'su] *avv* (*stato*) dort oben; (*moto*) da hinauf

laterale [late'ra:le] *agg* seitlich

latifondo [lati'fondo] *m* Großgrundbesitz *m*

latitudine [lati'tu:dine] *f* (geografische) Breite *f*

lato ['la:to] *m* Seite *f*

latrina [la'tri:na] *f* Abort *m*

lattaio, -a [lat'ta:io] <-i, -ie> *m, f* Milchmann *m*

lattante [lat'tante] *mf* Säugling *m*

latte ['latte] <*sing*> *m* Milch *f*; ~ **intero/scremato** Voll-/Magermilch *f*

lattice ['lattitʃe] *m* Latex *m*

latticini [latti'tʃi:ni] *mpl* Milchprodukte *npl*

lattina [lat'ti:na] *f* Dose *f*

lattuga [lat'tu:ga] <-ghe> *f* Lattich *m*

laurea ['la:urea] *f* Hochschulabschluss *m*

laureando, -a [laure'ando] *m, f* Diplomand(in) *m(f)*

lava ['la:va] *f* Lava *f*

lavabile [la'va:bile] *agg* waschbar

lavagna [la'vaɲɲa] *f* (Schiefer)tafel *f*

lavanda [la'vanda] *f* ❶ (MED) ~ **gastrica** Magenspülung *f* ❷ (BOT) Lavendel *m*

lavanderia [lavande'ri:a] <-ie> *f* Wäscherei *f*

lavandino [lavan'di:no] *m* Waschbecken *n*

lavare [la'va:re] *vt* waschen

lavastoviglie [lavasto'viʎʎe] <-> *f* (Geschirr)spülmaschine *f*

lavatrice [lava'tri:tʃe] *f* Waschmaschine *f*

lavorare [lavo'ra:re] **I.** *vt* bearbeiten **II.** *vi* arbeiten **III.** *vr* **-rsi qu** (*fam*) jdn umgarnen; **lavorativo, -a** [lavora'ti:vo] *agg* Arbeits-; **lavoratore, -trice** [lavora'to:re] *m, f* Arbeiter(in) *m(f)*; **lavorazione** [lavorat'tsio:ne] *f* Bearbeitung *f*

lavoro [la'vo:ro] *m* Arbeit *f*

Lazio ['lattsio] *m* Latium *n*

le [le] **I.** *ART f pl* die *fpl* **II.** *pron 3. pers f sing* ❶ (*complemento di termine*) ihr ❷ (*complemento di termine, forma di cortesia: Le*) Ihnen **III.** *pron 3. pers f pl* (*complemento oggetto*) sie

leader ['li:də] <-> *mf* Führer *m*

leale [le'a:le] *agg* aufrichtig; (*comportamento*) fair

lebbroso, **-a** [leb'bro:so] *agg* leprakrank

lecca lecca [lekka'lekka] <-> *m* Lutscher *m*

leccare [lek'ka:re] *vt* lecken

leccio ['lettʃo] <-cci> *m* Steineiche *f*

leccornia [lekkor'ni:a] <-ie> *f* Delikatesse *f*

lecito, **-a** ['le:tʃito] *agg* erlaubt

lega ['le:ga] <-ghe> *f* Bund *m*

legale [le'ga:le] **I.** *agg* legal **II.** *m* (Rechts)anwalt *m;* **legalizzare** [legalid'dza:re] *vt* legalisieren

legame [le'ga:me] *m* Bindung *f*

legare [le'ga:re] **I.** *vt* binden **II.** *vi* (*fig*) zusammenpassen

legge ['leddʒe] *f* ❶ (*norma*) Gesetz *n* ❷ (*diritto*) Recht *n*

leggenda [led'dʒɛnda] *f* Legende *f*

leggere ['lɛddʒere] <irr> *vt* lesen

leggerezza [leddʒe'rettsa] *f* Leichtigkeit *f*

leggero, **-a** [led'dʒɛ:ro] *agg* leicht

leggibile [led'dʒi:bile] *agg* leserlich

legislatura [ledʒizla'tu:ra] *f* Legislatur *f;* **legislazione** [ledʒizlat'tsio:ne] *f* Gesetzgebung *f*

legittimare [ledʒitti'ma:re] *vt* (JUR) legitimieren; (*figlio*) anerkennen; **legittimo**, **-a** [le'dʒittimo] *agg* ❶ (*conforme alla legge*) gesetzlich; (*per disposizione di legge*) berechtigt ❷ (*prole*) ehelich

legna ['leɲɲa] <-> *f* (Brenn)holz *n*

legno ['leɲɲo] *m* Holz *n*

legume [le'gu:me] *m* Hülsenfrüchte *fpl*

lei ['lɛ:i] *pron* ❶ *3. pers f sing* sie; (*con preposizione*) sie, ihr, ihrer ❷ *3. pers m e f sing* (*forma di cortesia: Lei*) Sie; (*con preposizione*) Sie, Ihnen, Ihrer

lenticchia [len'tikkia] <-cchie> *f* Linse *f*

lentiggine [len'tiddʒine] *f* Sommersprosse *f*

lento, **-a** *agg* langsam

lenza ['lɛntsa] *f* Angelschnur *f*

lenzuolo [lɛn'tsuɔ:lo] <-i *m*, *o* -a *f*> *m* Bettuch *n*, Leintuch *n A*

leone [le'o:ne] *m* Löwe *m;* **leonessa** [leo'nessa] *f* Löwin *f*

leopardo [leo'pardo] *m* Leopard *m*

lepre ['lɛ:pre] *f* Hase *m*

lesbica ['lɛzbika] <-che> *f* Lesbierin *f*

lesione [le'zio:ne] *f* (MED, JUR) Verletzung *f*

lessare [les'sa:re] *vt* kochen

lessico ['lɛssiko] <-ci> *m* Wörterbuch *n*

lesso ['lesso] *m* Kochfleisch *n*

lesso, **-a** *agg* gekocht

letame [le'ta:me] *m* Mist *m*

letargo [le'targo] <-ghi> *m* Winterschlaf *m*
letizia [le'tittsia] <-ie> *f* Fröhlichkeit *f*
lettera ['lɛttera] *f* ❶ (*dell'alfabeto*) Buchstabe *m* ❷ (*comunicazione scritta*) Brief *m*
letteralmente [letteral'mente] *avv* wörtlich
letterario, -a [lette'ra:rio] <-i, -ie> *agg* literarisch; **letteratura** [lettera'tu:ra] *f* Literatur *f*
letto ['lɛtto] *m* Bett *n*
lettore [let'to:re] *m* Laufwerk *n*; ~ **DVD** DVD-Laufwerk *n*; ~ **CD** CD-Player *m*; ~ **portatile mp3** MP3-Player *m*
lettore, -trice *m, f* Leser(in) *m(f)*
leucemia [leutʃe'mi:a] <-ie> *f* Leukämie *f*
leva ['lɛ:va] *f* ❶ (TEC) Hebel *m* ❷ (*arruolamento*) Wehrpflicht *f*
levante [le'vante] *m* Osten *m*
levare [le'va:re] *vt* ❶ (*alzare*) (auf)heben ❷ (*togliere*) fortnehmen
levriero [le'vriɛ:ro] *m* Windhund *m*
lezione [let'tsio:ne] *f* ❶ (*scolastica*) Unterrichtsstunde *f* ❷ (*di università*) Vorlesung *f*
li [li] *pron* ❶ *3. pers m pl* sie ❷ (*forma di cortesia: Li*) Sie
lì [li] *avv* (*stato*) dort; (*moto*) dorthin
libbra ['libbra] *f* Pfund *n*
libellula [li'bɛllula] *f* Libelle *f*
liberale [libe'ra:le] *agg* (POL) liberal
liberalizzare [liberalid'dza:re] *vt* liberalisieren
liberamente [libera'mente] *avv* offen
liberare [libe'ra:re] *vt* befreien
liberazione [liberat'tsio:ne] *f* Befreiung *f*
libero, -a ['li:bero] *agg* frei
libertà [liber'ta] <-> *f* Freiheit *f*
liberty ['li:berti] *m* Jugendstil *m*
libidine [li'bi:dine] *f* Begierde *f*
libraio, -a [li'bra:io] <-ai, -aie> *m, f* Buchhändler(in) *m(f)*
libreria [libre'ri:a] <-ie> *f* ❶ (*negozio*) Buchhandlung *f* ❷ (*mobile*) Bücherschrank *m*
libretto [li'bretto] *m* ❶ (*piccolo libro*) Büchlein *n* ❷ (*documento*) ~ **di circolazione** Fahrzeugschein *m*
libro ['li:bro] *m* Buch *n*; **Libro Verde** (EU) Grünbuch *n*
liceale [litʃe'a:le] *agg* ≈ gymnasial
licenza [li'tʃɛntsa] *f* Erlaubnis *f*; ~ **di caccia** Jagdbeschein *m*
licenziamento [litʃentsia'mento] *m* Entlassung *f*; **licenziare** [litʃen'tsia:re] *vt* entlassen
liceo [li'tʃɛ:o] *m* Gymnasium *n*
lido ['li:do] *m* (Sand)strand *m*
Liechtenstein ['lɪçtənʃtain] *m* **il** ~ Liechtenstein *n*
lieto, -a ['liɛ:to] *agg* ❶ (*persone*)

froh ❷ (*eventi*) freudig

lieve ['liɛ:ve] *agg* ❶ (*poco pesante*) leicht ❷ (*delicato*) sanft

lievito ['liɛ:vito] *m* Hefe *f*, Germ *m A*

lifting ['lifting] <-> *m* Liften *n*

light ['lait] <inv> *agg* leicht

Liguria [li'gu:ria] *f* Ligurien *n*

lilla, lillà ['lilla] <-> *m* ❶ (*colore*) Lila *n* ❷ (BOT) Flieder *m*

limetta [li'metta] *f* Nagelfeile *f*

limitare *vt* beschränken

limite ['li:mite] *m* (*a fig*) Grenze *f*

limitrofo, -a [li'mi:trofo] *agg* angrenzend

limonata [limo'na:ta] *f* (Zitronen)limonade *f*; **limone** [li'mo:ne] *m* Zitrone *f*

limpido, -a ['limpido] *agg* klar

lince ['lintʃe] *f* Luchs *m*

linea ['li:nea] *f* ❶ Linie *f* ❷ (TEL, EL) Leitung *f*; **lineamenti** [linea'menti] *mpl* (Gesichts)züge *mpl*

lingua ['liŋgua] *f* (ANAT) Zunge *f*

linguaggio [liŋ'guaddʒo] <-ggi> *m* Sprache *f*; **linguista** [liŋ'guista] <-i *m*, -e *f*> *mf* Sprachwissenschaftler(in) *m(f)*

lino ['li:no] *m* Leinen *n*

linoleum [li'nɔ:leum] <-> *m* Linoleum *n*

liofilizzato, -a *agg* gefriergetrocknet

Lipsia ['lipsia] *f* Leipzig *n*

liquefare [likue'fa:re] <irr> *vt* schmelzen

liquidare [likui'da:re] *vt* ❶ (*svendere*) ausverkaufen ❷ (*fig*) liquidieren; **liquidazione** [likuidat'tsio:ne] *f* ❶ (*di un'azienda*) Geschäftsauflösung *f* ❷ (*somma liquidata*) Abfindung *f*

liquidità [likuidi'ta] <-> *f* (FIN) Liquidität *f*

liquido ['li:kuido] *m* Flüssigkeit *f*

liquido, -a *agg* flüssig

liquirizia [likui'rittsia] <-ie> *f* Lakritze *f*

liquore [li'kuo:re] *m* Likör *m*

lira ['li:ra] *f* Lira *f*

lirica ['li:rika] <-che> *f* Lyrik *f*; **lirico, -a** ['li:riko] <-ci, -che> *agg* lyrisch

Lisbona [liz'bo:na] *f* Lissabon *n*

lisca ['liska] <-sche> *f* (Fisch)gräte *f*

liscio, -a <-sci, -sce> *agg* glatt

lista ['lista] *f* Liste *f*

listino [lis'ti:no] *m* Liste *f*

lite ['li:te] *f* Streit *m*

litigare [liti'ga:re] *vi* (sich) streiten

litigio [li'ti:dʒo] <-gi> *m* Streit *m*

litorale [lito'ra:le] *agg* Küsten-, Strand-

litoranea [lito'ra:nea] *f* Küstenstraße *f*

litro ['li:tro] *m* Liter *m o n*

Lituania [litu'a:nia] *f* Litauen *n*

liturgia [litur'dʒi:a] <-gie> *f* Liturgie *f;* **liturgico, -a** [li'turdʒiko] <-ci, -che> *agg* liturgisch

liuto [li'u:to] *m* Laute *f*

livellare [livel'la:re] *vt* ausgleichen

livello [li'vɛllo] *m* Niveau *n*

livido ['li:vido] *m* blauer Fleck

livido, -a *agg* blassblau

lo [lo] **I.** *ART m sing davanti a s impura, gn, pn, ps, x, z* der *m,* die *f,* das *n* **II.** *pron 3. pers m sing* ihn, es

locale [lo'ka:le] **I.** *agg* örtlich, Orts- **II.** *m* Lokal *n;* **località** [lokali'ta] <-> *f* Ort *m*

locanda [lo'kanda] *f* Gasthaus *n;* **locatario, -a** [loka'ta:rio] <-i, -ie> *m, f* Mieter(in) *m(f);* **locatore, -trice** [loka'to:re] *m, f* Vermieter(in) *m(f);* **locazione** [lokat'tsio:ne] *f* ❶ (*da parte del locatore*) Vermietung *f* ❷ (*da parte del locatario*) Miete *f*

locomotiva [lokomo'ti:va] *f* Lokomotive *f*

loculo ['lɔ:kulo] *m* Grabnische *f*

locusta [lo'ku:sta] *f* (Wander)heuschrecke *f*

lodare [lo'da:re] *vt* loben

lode ['lɔ:de] *f* Lob *n*

loggia ['lɔddʒa] <-gge> *f* Loggia *f;* **loggione** [lɔd'dʒo:ne] *m* Galerie *f*

logica ['lɔ:dʒika] <-che> *f* Logik *f;* **logico, -a** ['lɔ:dʒiko] <-ci, -che> *agg* logisch

login [log'ɪn] <-> *f* (INFORM) Login *n;* **fare il ~** sich einloggen

logistica [lo'dʒistika] <-che> *f* Logistik *f*

logorare [logo'ra:re] *vt* abnutzen; (*vestiti*) abtragen

Lombardia [lombar'di:a] *f* Lombardei *f*

lombata [lom'ba:ta] *f* Lende *f*

lombrico [lom'bri:ko] <-chi> *m* Regenwurm *m*

Londra ['londra] *f* London *n*

longevo, -a [lon'dʒɛ:vo] *agg* langlebig

longitudine [londʒi'tu:dine] *f* (geographische) Länge *f*

lontanamente [lontana'mente] *avv* entfernt

lontananza [lonta'nantsa] *f* Entfernung *f*

lontano, -a [lon'ta:no] **I.** *agg* fern **II.** *avv* weit entfernt; **da ~** von weitem

lontra ['lontra] *f* Fischotter *m*

loquace [lo'kua:tʃe] *agg* geschwätzig

lordo ['lordo] *agg* (COM) Brutto-

loro ['lɔ:ro] **I.** *pron* ❶ *3. pers pl* sie; (*con preposizione*) sie, ihnen, ihrer; (*complemento di termine*) ihnen ❷ *3. pers pl* (*forma di cortesia: Loro*) Sie; (*con preposizione*) Sie, Ihnen, Ihrer; (*complemento di termine*) Ihnen **II.** <inv> *agg* ihr; (*forma di cortesia: Loro*) Ihr **III.** *pron* **il/la ~** ihre(r, s); (*forma di cortesia:*

Loro) Ihre(r, s) **IV.** *m* **il** ~ das Ihr(ig)e; **i** ~ die Ihren

losanga [lo'zaŋga] <-ghe> *f* Rhombus *m*

Losanna [lo'zanna] *f* Lausanne *n*

lotta ['lɔtta] *f* Kampf *m;* **lottare** [lot'ta:re] *vi* kämpfen

lotteria [lotte'ri:a] <-ie> *f* Lotterie *f*

lotto ['lɔtto] *m* Lotto(spiel) *n*

lozione [lot'tsio:ne] *f* Lotion *f;* ~ **per capelli** Haarwasser *n*

Lubecca [lu'bɛkka] *f* Lübeck *n*

lucchetto [luk'ketto] *m* Vorhängeschloss *n*

luccicare [luttʃi'ka:re] *vi* funkeln

luccio ['luttʃo] <-cci> *m* Hecht *m*

lucciola ['luttʃola] *f* Leuchtkäfer *m*

luce ['lu:tʃe] *f* Licht *n;* **dare alla** ~ zur Welt bringen; ~ **rossa** Porno-

Lucerna [lu'tʃɛrna] *f* Luzern *n*

lucertola [lu'tʃɛrtola] *f* Eidechse *f*

lucidare [lutʃi'da:re] *vt* glänzend machen; **lucidatrice** [lutʃida'tri:tʃe] *f* Bohnermaschine *f*

lucidità [lutʃidi'ta] <-> *f* Klarheit *f*

lucido, -a *agg* glänzend

luglio ['luʎʎo] *m* Juli *m*

lui ['lu:i] *pron 3. pers m sing* ❶ (*soggetto*) er ❷ (*oggetto*) ihn; (*con preposizione*) ihn, ihm, seiner

lumaca [lu'ma:ka] <-che> *f* Schnecke *f*

lume ['lu:me] *m* Lampe *f*

luminoso, -a [lumi'no:so] *agg* strahlend

luna ['lu:na] *f* Mond *m;* ~ **piena** Vollmond *m;* ~ **di miele** Flitterwochen *fpl*

luna park ['lu:na 'park] <-> *m* Vergnügungspark *m*

lunatico, -a [lu'na:tiko] <-ci, -che> *agg* launenhaft

Luneburgo [lune'burgo] *f* Lüneburg *n*

lunedì [lune'di] <-> *m* Montag *m*

lungamente [luŋga'mente] *avv* lange (Zeit)

lungarno [luŋ'garno] *m Straße am Arno entlang*

lunghezza [luŋ'gettsa] *f* Länge *f*

lungo ['luŋgo] *prp* ❶ (*di luogo*) entlang … *+dat o gen,* … *+acc* entlang ❷ (*di tempo*) während *+gen o dat*

lungo, -a <-ghi, -ghe> *agg* lang; **a** ~ lange; **alla -a** auf die Dauer; **di gran -a** bei weitem; **lungomare** [luŋgo'ma:re] *m* Strandpromenade *f*

lunotto [lu'nɔtto] *m* (AUTO) Heckscheibe *f*

luogo ['luɔ:go] <-ghi> *m* Ort *m;* **in nessun** ~ nirgends; **in primo/ultimo** ~ an erster/letzter

Stelle; **aver** ~ stattfinden
lupa ['lu:pa] *f* Wölfin *f*
lupino [lu'pi:no] *m* Lupine *f*
lupo ['lu:po] *m* Wolf *m;* **cane** ~ deutscher Schäferhund
luppolo ['luppolo] *m* Hopfen *m*
lurido, -a ['lu:rido] *agg* dreckig
lusingare [luziŋ'ga:re] **I.** *vt* ~ **qu** jdm schmeicheln **II.** *vr* **-rsi** zu glauben wagen
Lussemburgo [lussem'burgo] *m* **il** ~ Luxemburg *n*
lusso ['lusso] *m* Luxus *m*
luterano, -a [lute'ra:no] **I.** *agg* lutherisch **II.** *m, f* Lutheraner(in) *m(f)*
lutto ['lutto] *m* Trauer *f;* **chiuso per** ~ wegen Trauerfall geschlossen

M

M, m ['ɛmme] <-> *f* M, m *n*
m *abbr di* **metro** m
ma [ma] *cong* ❶ (*però*) aber ❷ (*bensì*) sondern ❸ (*rafforzativo*) doch
macabro, -a ['ma:kabro] *agg* makaber
macché [mak'ke] *int* ach was
maccheroni [makke'ro:ni] *mpl* Makkaroni *pl*
macchia ['makkia] <-cchie> *f* Fleck *m*
macchiare [mak'kia:re] *vt* beflecken
macchina ['makkina] *f* ❶ (*congegno*) Maschine *f* ❷ (*automobile*) Auto *n*
macedonia [matʃe'dɔ:nia] <-ie> *f* Obstsalat *m*
macellaio, -a [matʃel'la:io] <-i, -ie> *m, f* Metzger(in) *m(f)*, Fleischhauer(in) *m(f)* A; **macelleria** [matʃelle'ri:a] <-ie> *f* Metzgerei *f;* **macello** [ma'tʃɛllo] *m* Schlachthof *m*
macerare [matʃe'ra:re] *vt* auflösen
macerie [ma'tʃɛ:rie] *fpl* Trümmer *pl*
macinare [matʃi'na:re] *vt* mahlen
macrobiotico, -a [makro-bi'ɔ:tiko] <-ci, -che> *agg* makrobiotisch
Madonna [ma'dɔnna] *f* Madonna *f*
madre¹ ['ma:dre] *f* Mutter *f*
madre² <inv> *agg* (*principale*) Haupt-
madrelingua [madre'liŋgua] *f* Muttersprache *f;* **madrepatria** [madre'pa:tria] *f* Vaterland *n;* **madreperla** [madre'pɛrla] *f* Perlmutter *f*
madrina [ma'dri:na] *f* Patin *f*
maestà [maes'ta] <-> *f* Majestät *f;* **maestoso, -a** [maes'to:so] *agg* hoheitsvoll

M

maestrale [maes'tra:le] *m* Mistral *m*
maestro, -a [ma'ɛstro] *m, f* ❶ (*di scuola*) (Grundschul)lehrer(in) *m(f)* ❷ (*esperto*) Meister *m*
mafia ['ma:fia] *f* Mafia *f*; **mafioso, -a** [ma'fio:so] *m, f* Mafioso *m*
magari [ma'ga:ri] **I.** *int* schön wär's! **II.** *cong +conj* wenn nur … *+conj* **III.** *avv* ❶ (*forse*) möglicherweise ❷ (*persino*) sogar
magazzino [magad'dzi:no] *m* (Waren)lager *n*
maggio ['maddʒo] *m* Mai *m*
maggiolino [maddʒo'li:no] *m* Maikäfer *m*
maggiorana [maddʒo'ra:na] *f* Majoran *m*
maggioranza [maddʒo'rantsa] *f* Mehrheit *f*
maggiordomo [maddʒor'dɔ:mo] <-i> *m* Butler *m*
maggiore [mad'dʒo:re] *agg* ❶ (*comparativo: più grande*) größer; (*più vecchio*) älter ❷ (*superlativo relativo: il più grande*) größte(r, s); (*il più vecchio*) älteste(r, s); **la maggior parte** die meisten
maggiorenne [maddʒo'rɛnne] *agg* volljährig
maggiormente [maddʒor'mente] *avv* am meisten
magi ['ma:dʒi] *mpl* **i re ~** die Heiligen Drei Könige
magia [ma'dʒi:a] <-gie> *f* Magie *f*; **magico, -a** ['ma:dʒiko] <-ci, -che> *agg* bezaubernd
magistero [madʒis'tɛ:ro] *m* Lehramt *n*; **magistrale** [madʒis'tra:le] *agg* ❶ (*per maestri*) Lehrer- ❷ (*da maestro*) meisterhaft
magistrato [madʒis'tra:to] *m* Richter *m*; **magistratura** [madʒistra'tu:ra] *f* Justizbehörde *f*
maglia ['maʎʎa] <-glie> *f* ❶ (*maglione*) Pulli *m*; **lavorare a ~** stricken ❷ (SPORT) Trikot *n*; **maglieria** [maʎʎe'ri:a] <-ie> *f* Strickwaren *fpl*; **maglietta** [maʎ'ʎetta] *f* T-Shirt *n*; **maglione** [maʎ'ʎo:ne] *m* (dicker) Pullover *m*
magnanimo, -a [maɲ'ɲa:nimo] *agg* großmütig
magnesio [maɲ'ɲɛ:zio] *m* Magnesium *n*
magnetico, -a [maɲ'ɲɛ:tiko] <-ci, -che> *agg* magnetisch
magnifico, -a [maɲ'ɲi:fiko] <-ci, -che> *agg* herrlich
magnolia [maɲ'ɲɔ:lia] <-ie> *f* Magnolie *f*
mago, -a ['ma:go] <-ghi, -ghe> *m, f* Zauberer *m*, Zauberin *f*
Magonza [ma'gontsa] *f* Mainz *n*
magro, -a *agg* mager

mah [ma] *int* wer weiss
mai ['ma:i] *avv* ❶ *(nessuna volta)* nie(mals); ~ **e poi** ~ nie und nimmer ❷ *(qualche volta)* jemals, je ❸ *(interrogativo)* denn
maiale [ma'ia:le] *m* Schwein *n*
mail order ['meil 'ɔ:də] <-> *m* Postbestellung *f*
mainframe [mein'freim] <-> *m* (INFORM) Großrechner *m*
maionese [maio'ne:se] *f* Majonäse *f*
Maiorca [ma'iɔrka] *f* Mallorca *n*
mais ['ma:is] <-> *m* Mais *m*, Kukuruz *m A*
maiuscola [ma'iuskola] *f* Großbuchstabe *m;* **maiuscolo, -a** [ma'iuskolo] *agg* Groß-, groß(geschrieben)
malafede [mala'fe:de] *f* böse Absicht
malapena [mala'pe:na] *f* **a** ~ kaum
malaria [ma'la:ria] <-ie> *f* Malaria *f*
malasanità [malasani'ta] <-> *f* *schlecht funktionierendes Gesundheitswesen*
malato, -a [ma'la:to] *agg* krank; **malattia** [malat'ti:a] <-ie> *f* Krankheit *f*
malavita [mala'vi:ta] *f* Unterwelt *f*
malcostume [malkos'tu:me] *m* Sittenlosigkeit *f*
maldestro, -a [mal'dɛstro] *agg* ungeschickt
male[1] ['ma:le] <peggio, malissimo> *avv* schlecht
male[2] *m* Schmerz *m*
maledetto, -a [male'detto] *m, f* Verdammte(r) *f(m);* **maledire** [male'di:re] <irr> *vt* verdammen
maledizione [maledit'tsio:ne] *f* Fluch *m*
maleducato, -a [maledu'ka:to] *agg* ungezogen
malessere [ma'lɛssere] *m* Unwohlsein *n*
malfamato, -a [malfa'ma:to] *agg* verrufen
malgrado [mal'gra:do] **I.** *prp* trotz *gen o dat* **II.** *cong +conj* obwohl **III.** *avv* **mio/tuo** ~ gegen meinen/deinen Willen
malignare [maliɲ'ɲa:re] *vi* ~ **su qu/qc** über jdn/etw klatschen; **maligno, -a** [ma'liɲɲo] *agg* böse
malinconia [maliŋko'ni:a] <-ie> *f* Melancholie *f;* **malinconico, -a** [maliŋ'kɔ:niko] <-ci, -che> *agg* melancholisch
malincuore [maliŋ'kuɔ:re] *m* **a** ~ schweren Herzens
malinteso [malin'te:so] *m* Missverständnis *n*
malizioso, -a [malit'tsio:so] *agg* arglistig
malleabile [malle'a:bile] *agg* gefügig
malocchio [ma'lɔkkio] *m* böser Blick

malore [ma'lo:re] *m* plötzliche Übelkeit
maltempo [mal'tɛmpo] *m* Unwetter *n*
malto ['malto] *m* Malz *n*
maltrattare [maltrat'ta:re] *vt* misshandeln
malumore [malu'mo:re] *m* schlechte Laune
malva ['malva] *f* Malve *f*
malvagio, -a [mal'va:dʒo] <-gi, -gie> *agg* böse
malvivente [malvi'vɛnte] *mf* Übeltäter(in) *m(f)*
malvolentieri [malvolen'tiɛ:ri] *avv* ungern
mamma ['mamma] *f* Mama *f*
mammella [mam'mɛlla] *f* ❶ (ANAT) (weibliche) Brust *f* ❷ (*di animali*) Zitze *f*
mammifero [mam'mi:fero] *m* Säugetier *n*
mammola ['mammola] *f* (März)veilchen *n*
manager ['manadʒer] <-> *mf* Manager(in) *m(f)*
mancanza [maŋ'kantsa] *f* **senTo la sua** ~ er fehlt mir; **mancare** [maŋ'ka:re] **I.** *vi* ❶ *essere* (*essere assente*) fehlen; (*persone*) abwesend sein ❷ (*non mantenere*) ~ **a qc** etw nicht (ein)halten **II.** *vt* verfehlen
mancia ['mantʃa] <-ce> *f* Trinkgeld *n*
mancino, -a [man'tʃi:no] *agg* linkshändig
mandante [man'dante] *mf* Auftraggeber(in) *m(f)*
mandarancio [manda'rantʃo] <-ci> *m* Klementine *f*
mandare [man'da:re] *vt* schicken
mandarino [manda'ri:no] *m* Mandarine *f*
mandato [man'da:to] *m* Auftrag *m*
mandolino [mando'li:no] *m* Mandoline *f*
mandorla ['mandorla] *f* Mandel *f*; **mandorlato** [mandor'la:to] *m* Mandelgebäck *n*; **mandorlo** ['mandorlo] *m* Mandelbaum *m*
mandria ['mandria] <-ie> *f* Herde *f*
maneggevole [maned'dʒe:vole] *agg* handlich; **maneggiare** [maned'dʒa:re] *vt* handhaben
manetta [ma'netta] *f pl* Handschellen *fpl*
mangianastri [mandʒa'nastri] <-> *m* Kassettenrecorder *m*
mangiare [man'dʒa:re] *vt* essen; (*animali*) fressen
mangiata [man'dʒa:ta] *f* (*fam*) **farsi una bella** ~ sich *dat* den Bauch vollschlagen
mango ['maŋgo] <-ghi> *m* Mango *f*
mania [ma'ni:a] <-ie> *f* Wahn *m*; **maniaco, -a** [ma'ni:ako] <-ci, -che> *agg* wahnsinnig
manica ['ma:nika] <-che> *f* Ärmel *m*

manichino [mani'ki:no] *m* Schaufensterpuppe *f*

manico ['ma:niko] <-ci> *m* Griff *m*

maniera [ma'niɛ:ra] *f* ❶ (*modo*) Weise *f* ❷ *pl* (*galateo*) Manieren *fpl*

manifattura [manifat'tu:ra] *f* Verarbeitung *f*

manifestare [manifes'ta:re] *vt* offenbaren; **manifestazione** [manifestat'tsio:ne] *f* Veranstaltung *f*

manifesto [mani'fɛsto] *m* Plakat *n*

manifesto, -a *agg* deutlich

mano ['ma:no] *f* Hand *f*; **fatto a ~** handgemacht

manodopera [mano'dɔ:pera] *f* Arbeitskräfte *fpl*

manoscritto [manos'kritto] *m* Manuskript *n*

manoscritto, -a *agg* handschriftlich

manovale [mano'va:le] *m* Hilfsarbeiter *m*

manovra [ma'nɔ:vra] *f* Maßnahme *f*; **manovrare** [mano'vra:re] *vt* betätigen

mansarda [man'sarda] *f* Mansarde *f*

mansueto, -a [mansu'ɛ:to] *agg* sanft; (*animale*) zahm

mantello [man'tɛllo] *m* Mantel *m*

mantenere [mante'ne:re] <irr> *vt* (er)halten

manto ['manto] *m* (*di neve*) Decke *f*

manuale [manu'a:le] **I.** *agg* Hand- **II.** *m* Lehrbuch *n*

manubrio [ma'nu:brio] <-i> *m* Lenkstange *f*

manufatto [manu'fatto] *m* Manufaktur(ware) *f*

manzo ['mandzo] *m* Rind *n*

maomettano, -a [maomet'ta:no] *m, f* Mohammedaner(in) *m(f)*

mappamondo [mappa'mondo] *m* Globus *m*

maraschino [maras'ki:no] *m* Maraschino *m*

maratona [mara'to:na] *f* Marathon *m*

marca ['marka] <-che> *f* Marke *f*, Stempelmarke *f* A

marcare [mar'ka:re] *vt* markieren; **marcatore, -trice** [marka'to:re] *m, f* (SPORT: *di gol*) Torschütze *m*, -schützin *f*

Marche ['marke] *fpl* Marken *fpl*

marchese, -a [mar'ke:ze] *m, f* Marchese *m*, Marchesa *f*

marchio ['markio] <-chi> *m* (COM) Warenzeichen *n*

marcia ['martʃa] <-ce> *f* ❶ (*cammino*) Marsch *m* ❷ (TEC, MOT) Gang *m*

marciapiede [martʃa'piɛ:de] *m* Gehweg *m*

marciare [mar'tʃa:re] *vi* marschieren

marcio, -a <-ci, -ce> *agg* faul

marcire [mar'tʃi:re] *vi essere* (ver)faulen

marco ['marko] <-chi> *m* Mark *f*

mare ['ma:re] *m* See *f;* (*a fig*) Meer *n*

marea [ma'rɛ:a] <-ee> *f* Gezeiten *pl;* **alta/bassa** ~ Flut *f*/Ebbe *f*

maremma [ma'remma] *f* Seemarsch *m*

maremoto [mare'mɔ:to] *m* Seebeben *n*

maresciallo [mareʃ'ʃallo] *m* Marschall *m*

margarina [marga'ri:na] *f* Margarine *f*

margherita [marge'ri:ta] *f* Margerite *f*

marginale [mardʒi'na:le] *agg* nebensächlich, Neben-

margine ['mardʒine] *m* Rand *m*

mariano, -a [mari'a:no] *agg* Marien-

marijuana [mari'wana] *f* Marihuana *n*

marina [ma'ri:na] *f* Marine *f;* **marinaio** [mari'na:io] <-ai> *m* Matrose *m;* **marinare** [mari'na:re] *vt* ❶ (GASTR) einlegen ❷ (*fig: scuola*) schwänzen; **marino, -a** [ma'ri:no] *agg* Meer(es)-

marionetta [mario'netta] *f* (*a fig*) Marionette *f*

marito [ma'ri:to] *m* (Ehe)mann *m*

marittimo, -a *agg* See-; (*clima, città*) maritim

marker ['ma:kə] <-> *m* Marker *m*

market ['market] <-> *m* Supermarkt *m*

marketing ['marketing] <-> *m* Marketing *n*

marmellata [marmel'la:ta] *f* Marmelade *f*

marmitta [mar'mitta] *f* Auspuff *m*

marmo ['marmo] *m* Marmor *m*

marmotta [mar'mɔtta] *f* Murmeltier *n*

marocchino, -a *agg* marokkanisch

Marocco [ma'rɔkko] *m* **il** ~ Marokko *n*

marrone[1] [mar'ro:ne] *m* (GASTR) (Ess)kastanie *f,* Maroni *f A*

marrone[2] <inv> *agg* (kastanien)braun

marsala [mar'sa:la] <-> *m* Marsala(wein) *m*

marsupio [mar'su:pio] <-i> *m* Beutel *m*

Marte ['marte] <-> *m* Mars *m*

martedì [marte'di] <-> *m* Dienstag *m*

martello [mar'tɛllo] *m* Hammer *m*

martire ['martire] *mf* Märtyrer(in) *m(f)*

martora ['martora] *f* Marder *m*

marxismo [mark'sizmo] *m* Marxismus *m*

marzapane [martsa'pa:ne] *m* Marzipan *n*
marzo ['martso] *m* März *m*
mascella [maʃʃɛlla] *f* Kiefer *m*
maschera ['maskera] *f* Maske *f*; **mascherare** [maske'ra:re] *vt* verkleiden; **mascherina** [maske'ri:na] *f* Halbmaske *f*
maschile [mas'ki:le] *agg* Herren-; (*di ragazzo*) Jungen-
maschilista [maski'lista] <-i *m*, -e *f*> *mf* Macho *m*
maschio ['maskio] <-schi> *m* Männchen *n*
mascolino, -a [masko'li:no] *agg* männlich
masochistico, -a [mazo'kistiko] <-ci, -che> *agg* masochistisch
massa ['massa] *f* Masse *f*
massacrante [massa'krante] *agg* aufreibend
massacro [mas'sa:kro] *m* Massaker *n*
massaggiare [massad'dʒa:re] *vt* massieren
massaggiatore, -trice *m, f* Masseur *m*, Masseurin *f*; **massaggio** [mas'saddʒo] <-ggi> *m* Massage *f*
massaia [mas'sa:ia] <-aie> *f* Hausfrau *f*
massiccio [mas'sittʃo] <-cci> *m* (Gebirgs)massiv *n*
massiccio, -a <-cci, -cce> *agg* (*a fig*) massiv
massima ['massima] *f* ❶ (*principio*) Grundsatz *m* ❷ (*temperatura*) Höchsttemperatur *f*
massimo, -a *agg* ❶ (*il più grande*) größte(r, s) ❷ (*il più alto*) höchste(r, s)
mass media [mas 'mɛdia] *mpl* Massenmedien *pl*
masso ['masso] *m* Felsblock *m*
masterizzatore *m* ~ (**per**) **CD-ROM** (INFORM) CD-ROM-Brenner *m*
masticare [masti'ka:re] *vt* kauen
mastice ['mastitʃe] *m* Kitt *m*
mastino [mas'ti:no] *m* Bluthund *m*
masturbarsi [mastur'barsi] *vr* masturbieren; **masturbazione** [masturbat'tsio:ne] *f* Selbstbefriedigung *f*
matematica [mate'ma:tika] <-che> *f* Mathematik *f*
materassino [materas'si:no] *m* Luftmatratze *f*; **materasso** [mate'rasso] *m* Matratze *f*
materia [ma'tɛ:ria] <-ie> *f* ❶ (*sostanza*) Stoff *m* ❷ (*disciplina*) (Lehr)fach *n*; **materiale** [mate'ria:le] **I.** *agg* materiell **II.** *m* Material *n*; **materialistico, -a** [materia'listiko] <-ci, -che> *agg* materialistisch
maternità [materni'ta] <-> *f* Mutterschaft *f*; **materno, -a** [ma'tɛrno] *agg* (*di, da madre*) mütterlich; **scuola -a** Kindergarten *m*

M

matita [ma'ti:ta] *f* Bleistift *m*
matricida [matri'tʃi:da] <-i *m*, -e *f*> *mf* Muttermörder(in) *m(f)*
matricola [ma'tri:kola] *f* Matrikel *f*
matrigna [ma'triɲɲa] *f* Stiefmutter *f*
matrimoniale [matrimo'nia:le] *agg* ehelich, Ehe-; **matrimonio** [matri'mɔ:nio] <-i> *m* ❶ (*rapporto*) Ehe *f* ❷ (*cerimonia*) Hochzeit *f*
mattina [mat'ti:na] *f* Morgen *m*; **questa ~** heute Morgen; **di ~** morgens; **mattinata** [matti'na:ta] *f* Vormittag *m*; **mattiniero, -a** [matti'niɛ:ro] *agg* **essere ~** Frühaufsteher(in) *m(f)* sein
matto, -a ['matto] *agg* verrückt
mattone [mat'to:ne] *m* Ziegel(stein) *m*; **mattonella** [matto'nɛlla] *f* Fliese *f*
maturando, -a [matu'rando] *m, f* Abiturient(in) *m(f)*, Maturant(in) *m(f) A*
maturare [matu'ra:re] *vi essere* reifen; **maturità** [maturi'ta] <-> *f* ❶ (*a fig*) Reife *f* ❷ (*diploma*) Abiturzeugnis *n*; **maturo, -a** [ma'tu:ro] *agg* reif
max [maks] *avv* maximal
maxiprocesso [maksipro'tʃɛsso] *m* Mammutprozess *m*
mazzo ['mattso] *m* Strauß *m*
me [me] *pron 1. pers sing* ❶ (*oggetto*) mich; (*con preposizione*) mich, mir, meiner; **da ~** selbst, selber; **per ~** was mich betrifft; **secondo ~** meiner Meinung nach ❷ (*soggetto in forme comparative ed esclamative*) ich ❸ (*complemento di termine davanti a lo, la, li, le, ne*) mir; (*complemento oggetto davanti a la, lo, li, le, ne*) mich
meccanico, -a [mek'ka:niko] <-ci, -che> **I.** *agg* mechanisch **II.** *m, f* Mechaniker(in) *m(f)*; **meccanismo** [mekka'nizmo] *m* Mechanismus *m*
mèche [mɛʃ] <-> *f* Strähne *f*
medaglia [me'daʎʎa] <-glie> *f* Medaille *f*; **medaglione** [medaʎ'ʎo:ne] *m* Medaillon *n*
medesimo, -a [me'de:zimo] *agg* ❶ (*stesso*) **il ~, la -a** der-, die-, dasselbe ❷ (*uguale*) gleich
media¹ ['mɛ:dia] <-ie> *f* Durchschnitt(swert) *m*
media² ['mi:dʒe] *mpl* Massenmedien *npl*
mediano, -a [me'dia:no] *agg* Mittel-
mediante [me'diante] *prp* mit +*dat*, durch +*acc*
mediare [me'dia:re] *vt* vermitteln; **mediazione** [mediat'tsio:ne] *f* Vermittlung *f*
medicina [medi'tʃi:na] *f* Medizin *f*
medico ['mɛ:diko] *m* Arzt *m*, Ärztin *f*
medio ['mɛ:dio] <-i> *m* Mittel-

finger *m*

medio, -a <-i, -ie> *agg* ❶ (*di mezzo*) Mittel-, mittlere(r, s) ❷ (*di valore intermedio*) durchschnittlich

mediocre [me'diɔ:kre] *agg* mittelmäßig

medioevo [medio'ɛ:vo] *m* Mittelalter *n*

mediorientale [medio-rien'ta:le] *agg* Nahost-

meditare [medi'ta:re] *vi* meditieren

Mediterraneo [mediter'ra:neo] *m* Mittelmeer *n*

medusa [me'du:za] *f* Qualle *f*

megagalattico, -a [mɛgaga-lat'ti:ko] <-ci, -che> *agg* riesig

meglio[1] ['mɛʎʎo] **I.** *avv* ❶ (*in modo migliore*) besser ❷ (*piuttosto*) lieber ❸ (*con valore di superlativo*) am Besten **II.** *agg* ❶ (*migliore*) besser ❷ (*fam: con valore di superlativo*) beste(r, s)

meglio[2] <-> *m* Beste(s) *n*

mela ['me:la] *f* Apfel *m*

melanzana [melan'tsa:na] *f* Aubergine *f*, Melanzani *f A*

melo ['me:lo] *m* Apfelbaum *m*

melodia [melo'di:a] <-ie> *f* Melodie *f*; **melodico, -a** [me'lɔ:diko] <-ci, -che> *agg* melodisch

melodramma [melo'dramma] <-i> *m* Melodram(a) *n*; **melodrammatico, -a** [melo-dram'ma:tiko] <-ci, -che> *agg* melodramatisch

melone [me'lo:ne] *m* Melone *f*

membrana [mem'bra:na] *f* Membran(e) *f*

membro[1] ['mɛmbro] *m* Mitglied *n*

membro[2] <*pl*: -a *f*> *m* (ANAT) Glieder *npl*

memorabile [memo'ra:bile] *agg* denkwürdig

memoria [me'mɔ:ria] <-ie> *f* ❶ (*capacità, processo*) Gedächtnis *n* ❷ (INFORM) Speicher *m*

memorizzare [memo-rid'dza:re] *vt* ❶ (*nella memoria*) ins Gedächtnis einprägen ❷ (INFORM) speichern

menare [me'na:re] **I.** *vt* ❶ (*condurre*) führen; ~ **qu per il naso** jdn an der Nase herumführen ❷ (*picchiare*) schlagen; ~ **le mani** handgreiflich werden **II.** *vr* **-rsi** sich schlagen

mendicante [mendi'kante] *mf* Bettler(in) *m(f)*; **mendicare** [mendi'ka:re] *vt* betteln um +*acc*

menisco [me'nisko] <-schi> *m* Meniskus *m*

meno ['me:no] **I.** *avv* weniger; (*di temperatura,* MAT) minus; ~ **di** weniger als; **sono le 3 ~ 5** es ist fünf (Minuten) vor drei **II.** <inv> *agg* weniger **III.** *prp* außer +*dat*; **a ~ che** +*conj* es sei denn, dass …

Meno ['mɛːno] *m* Main *m*
menopausa [meno'paːuza] *f* Menopause *f*
mensa ['mɛnsa] *f* Kantine *f*
mensile [men'siːle] **I.** *agg* monatlich, Monats- **II.** *m* Monatsheft *n;* **mensilità** [mensili'ta] <-> *f* Monatslohn *m*
mensola ['mɛnsola] *f* Konsole *f*
menta ['menta] *f* Minze *f*
mentale [men'taːle] *agg* Geistes-, geistig; **mentalità** [mentali'ta] <-> *f* Mentalität *f;* **mentalmente** [mental'mente] *avv* im Geiste
mente ['mente] *f* Sinn *m*
mentina [men'tiːna] *f* Pfefferminzbonbon *n*
mentire [men'tiːre] *vi* lügen
mento ['mento] *m* Kinn *n*
mentolo [men'tɔːlo] *m* Menthol *n*
mentre ['mentre] *cong* während
menu [me'nu] <-> *m* ❶ (*lista*) Speisekarte *f* ❷ (INFORM) Menü *n*
menzionare [mentsio'naːre] *vt* erwähnen
menzogna [men'tsoɲɲa] *f* Lüge *f*
Merano [me'raːno] *f* Meran *n*
meraviglia [mera'viʎʎa] <-glie> *f* ❶ Erstaunen *n* ❷ (*cosa, persona meravigliosa*) Wunder *n;* **meravigliare** [meraviʎ'ʎaːre] *vt* verwundern
meraviglioso, -a [meraviʎ'ʎoːso] *agg* wunderbar
mercante, -essa [mer'kante] *m, f* Händler(in) *m(f)*
mercantile [merkan'tiːle] *m* Frachtschiff *n*
mercatino [merka'tiːno] *m* (Wochen)markt *m*
mercato [mer'kaːto] *m* Markt *m;* **Mercato Comune** Gemeinsamer Markt
merce ['mɛrtʃe] *f* Ware *f*
merceria [mertʃe'riːa] <-ie> *f* Kurzwarenhandlung *f*
mercoledì [merkole'di] <-> *m* Mittwoch *m*
Mercurio [mer'kuːrio] *m* Merkur *m*
merda ['mɛrda] *f* (*vulg*) Scheiße *f*
merenda [me'rɛnda] *f* Vesper(brot) *n,* Jause *f A*
meridiana [meri'diaːna] *f* Sonnenuhr *f*
meridiano [meri'diaːno] *m* Meridian *m*
meridionale [meridio'naːle] *agg* südlich, Süd-
meridione [meri'dioːne] *m* Süden *m*
meringa [me'riŋga] <-ghe> *f* Meringe *f,* Windbäckerei *f A*
meritare [meri'taːre] **I.** *vt* verdienen **II.** *vi* (*fam*) sich lohnen
meritevole [meri'teːvole] *agg* wert
merito ['mɛːrito] *m* ❶ (*qualità*) Verdienst *n* ❷ (*valore*) Wert *m*
merletto [mer'letto] *m* Spitze *f*

merlo ['mɛrlo] *m* Amsel *f*
merluzzo [mer'luttso] *m* Kabeljau *m*
meschino, -a [mes'ki:no] *agg* kleinlich
mescolanza [mesko'lantsa] *f* Mischung *f*
mescolare [mesko'la:re] *vt* (ver)mischen
mese ['me:se] *m* Monat *m*
messa ['messa] *f* (REL) Messe *f*
messaggero, -a [messad'dʒɛ:ro] *m, f* Bote *m*, Botin *f*
messaggiare [messad'dʒa:re] *vi* (*fam*) simsen
messaggino [messad'dʒi:no] *m* (TEL) SMS(-Nachricht) *f*
messaggio [mes'saddʒo] <-ggi> *m* Nachricht *f*
messia [mes'si:a] <-> *m* Messias *m*
messicano, -a [messi'ka:no] *agg* mexikanisch; **Messico** ['mɛssiko] *m* **il** ~ Mexiko *n*
mestiere [mes'tiɛ:re] *m* Beruf *m*
mestolo ['mestolo] *m* Kochlöffel *m*
mestruazione [mestrua'tsio:ne] *f* Monatsblutung *f*
meta ['mɛ:ta] *f* Ziel *n*
metà [me'ta] <-> *f* Hälfte *f*
metaforico, -a [meta'fɔ:riko] <-ci, -che> *agg* metaphorisch
metallico, -a [me'talliko] <-ci, -che> *agg* Metall-
metallizzato, -a [metallid'dza:to] *agg* metallic
metallo [me'tallo] *m* Metall *n*; **metallurgia** [metallur'dʒi:a] <-gie> *f* Metallurgie *f*
metamorfosi [meta'mɔrfozi] <-> *f* Metamorphose *f*
metano [me'ta:no] *m* Methan(gas) *n*
metastasi [me'tastazi] <-> *f* Metastase *f*
meteo ['mɛ:teo] *m* Wettervorhersage *f*
meteora [me'tɛ:ora] *f* Meteor *m*
meteorite [meteo'ri:te] *m o f* Meteorit *m*
meteorologico, -a [meteoro'lɔ:dʒiko] <-ci, -che> *agg* meteorologisch
meticcio, -a [me'tittʃo] <-cci, -cce> *m, f* Mestize *m*
meticoloso, -a [metiko'lo:so] *agg* gewissenhaft
metilico, -a [me'ti:liko] <-ci, -che> *agg* Methyl-
metodico, -a [me'tɔ:diko] <-ci, -che> *agg* methodisch
metodo ['mɛ:todo] *m* Verfahren *n*
metrica ['mɛ:trika] <-che> *f* Metrik *f*
metro ['mɛ:tro] *m* ❶ (*unità*) Meter *m o n* ❷ (*strumento*) Metermaß *n*
metropoli [me'trɔ:poli] <-> *f* Großstadt *f*
metropolitana [metropoli'ta:na] *f* U-Bahn *f*
metropolitano, -a *agg* Groß-

stadt-

mettere ['mettere] <irr> **I.** *vt* ❶ (*collocare*) setzen; (*in piedi*) stellen; (*orizzontalmente*) legen ❷ (*indossare*) anziehen **II.** *vi* (*supporre*) annehmen

mezzadria [meddza'dri:a] <-ie> *f* Halbpacht *f*; **mezzadro** [med'dza:dro] *m* Halbpächter *m*

mezzaluna [meddza'lu:na] <mezzelune> *f* Halbmond *m*

mezzanotte [meddza'nɔtte] <mezzenotti> *f* Mitternacht *f*

mezzo ['mɛddzo] **I.** *m* ❶ (*parte centrale*) Mitte *f*; **in ~ a** (*stato*) mitten in +*dat*; (*moto*) mitten in +*acc* ❷ (*espediente*) Mittel *n*; **per ~ di** (*persona*) durch; (*cosa*) mit **II.** *avv* halb

mezzo, -a *agg* halb; **le tre e ~** halb vier

mezzogiorno [meddzo'dʒorno] *m* Mittag *m*

mezz'ora [med'dzo:ra] <mezze ore> *f* halbe Stunde

mi [mi] **I.** *pron 1. pers sing* ❶ (*complemento di termine*) mir ❷ (*complemento oggetto*) mich **II.** *pron 1. pers sing* mich

miagolare [miago'la:re] *vi* miauen; **miagolio** [miago'li:o] <-ii> *m* Miauen *n*

mica ['mi:ka] *avv* ❶ (*affatto, per niente*) **non … ~** doch nicht, gar nicht ❷ (*fam*) nicht

micio, -a ['mi:tʃo] <-ci, -ce> *m, f* Mieze *f*

microbo ['mi:krobo] *m* Mikrobe *f*

microfilm [mikro'film] *m* Mikrofilm *m*

microfono [mi'krɔ:fono] *m* Mikrophon *n*

microonda [mikro'onda] *f* Mikrowelle *f*

microprocessore [mikroprotʃes'so:re] *m* (INFORM) Mikroprozessor *m*

microscopico [mikros'kɔ:piko] <-ci, -che> *agg* mikroskopisch

midollo [mi'dollo] <*pl* -a *f*> *m* Mark *n*

miele ['miɛ:le] *m* Honig *m*

mietere ['miɛ:tere] *vt* mähen

migliaio [miʎ'ʎa:io] <*pl*: -aia *f*> *m* Tausend *n*

miglio[1] ['miʎʎo] <*pl*: -glia *f*> *m* (*unità di misura*) Meile *f*

miglio[2] <-gli> *m* (BOT) Hirse *f*

miglioramento [miʎʎora'mento] *m* (Ver)besserung *f*

migliorare [miʎʎo'ra:re] *vt* (ver)bessern

migliore [miʎ'ʎo:re] *agg* (*comparativo di buono*) besser; (*superlativo relativo*) beste(r, s)

mignolo ['miɲɲolo] *m* ❶ (*della mano*) kleiner Finger ❷ (*del piede*) kleiner Zeh

migrare [mi'gra:re] *vi essere* wandern; **migratore, -trice** [migra'to:re] *agg* Wander-; **migrazione** [migrat'tsio:ne] *f*

Wanderung *f*
milanese [mi'lanese] *agg* mailändisch
Milano [mi'la:no] *f* Mailand *n*
miliardario, -a [miliar'da:rio] <-i, -ie> *m, f* Milliardär(in) *m(f)*; **miliardo** [mi'liardo] *m* Milliarde *f*
milionario, -a [milio'na:rio] <-i, -ie> *m, f* Millionär(in) *m(f)*; **milione** [mi'lio:ne] *m* Million *f*
militare [mili'ta:re] *agg* Militär-; **servizio** ~ Wehrdienst *m*
mille ['mille] **I.** *num* (ein)tausend **II.** *m* **l'anno** ~ das Jahr Tausend (*nach Christus*)
millepiedi [mille'piɛ:di] <-> *m* Tausendfüß(l)er *m*
millesimo [mil'lɛ:zimo] *m* Tausendstel *n*
millesimo, -a *agg* tausendste(r, s)
milleusi [mille'u:zi] <inv> *agg* Allzweck-
milligrammo [milli'grammo] *m* Milligramm *n*; **millimetro** [mil'li:metro] *m* Millimeter *m* *o n*
milza ['miltsa] *f* Milz *f*
mimare [mi'ma:re] *vt* mimen; **mimetico, -a** [mi'mɛ:tiko] <-ci, -che> *agg* mimetisch; **mimetizzare** [mimetid'dza:re] *vt* tarnen
mimica ['mi:mika] <-che> *f* Mimik *f*; **mimico, -a** ['mi:miko] <-ci, -che> *agg* mimisch
mimo, -a ['mi:mo] *m, f* Pantomime *m*
mimosa [mi'mo:sa] *f* Mimose *f*
mina ['mi:na] *f* Mine *f*
minaccia [mi'nattʃa] <-cce> *f* Drohung *f*; **minacciare** [minat'tʃa:re] *vt* ~ **qu** jdm drohen
minatore [mina'to:re] *m* Bergmann *m*
minerale [mine'ra:le] **I.** *agg* Mineral- **II.** *m* Erz *n*
minestra [mi'nɛstra] *f* Suppe *f*; **minestrone** [mines'tro:ne] *m* (GASTR) *Suppe meist mit Gemüse*
mini ['mi:ni] <inv> *agg* Mini-, mini; **miniappartamento** [miniapparta'mento] *m* kleine Wohnung, Garconniere *f A*
miniatura [minia'tu:ra] *f* Miniatur *f*
minidisco [mini'disko] <-chi> *m* (INFORM) Diskette *f*
miniera [mi'niɛ:ra] *f* Bergwerk *n*
minigonna [mini'gonna] *f* Minirock *m*
minima ['mi:nima] *f* Tiefsttemperatur *f*
minimo ['mi:nimo] *m* Mindeste(s) *n*; (*misura*) Minimum *n*
minimo, -a *agg* ❶ (*superlativo di piccolo*) sehr klein ❷ (*il più piccolo*) kleinste(r, s); (*a fig*) geringste(r, s)
miniserie [mini'sɛ:rie] <-> *f* (TV) Mehrteiler *m*
ministero [minis'tɛ:ro] *m* Ministerium *n*

M

ministro [mi'nistro] *m* Minister(in) *m(f)*

minoranza [mino'rantsa] *f* Minderheit *f*

minorato, -a [mino'ra:to] *agg* behindert

minore [mi'no:re] *agg* ❶ (*comparativo: più piccolo*) kleiner; (*fig*) geringer; (*più giovane*) jünger ❷ (*superlativo relativo*) kleinste(r, s)

minorenne [mino'rɛnne] *mf* Minderjährige(r) *f(m)*

minorile [mino'ri:le] *agg* jugendlich

minuscola [mi'nuskola] *f* Kleinbuchstabe *m*

minuscolo, -a [mi'nuskolo] *agg* klein-

minuto [mi'nu:to] *m* Minute *f*; **in un ~** (*fig*) in einer Sekunde

minuzioso, -a [minut'tsio:so] *agg* minutiös

mio, -a ['mi:o] <miei, mie> **I.** *agg* mein; **~ padre/zio** mein Vater/Onkel **II.** *pron* **il ~, la -a** meiner, meine, mein(e)s

miope ['mi:ope] *agg* (*fig*) kurzsichtig; **miopia** [mio'pi:a] <-ie> *f* (*a fig*) Kurzsichtigkeit *f*

mirabile [mi'ra:bile] *agg* bewundernswert

miracolo [mi'ra:kolo] *m* Wunder *n*; **miracoloso, -a** [mirako'lo:so] *agg* wundertätig

mirare [mi'ra:re] *vi* zielen

mirino [mi'ri:no] *m* (*a fig*) Visier *n*

mirra ['mirra] *f* Myrrhe *f*

mirtillo [mir'tillo] *m* Heidelbeere *f*

mirto ['mirto] *m* Myrte *f*

miscela [miʃ'ʃɛ:la] *f* Mischung *f*

miscelatore [miʃʃela'to:re] *m* Mixer *m*

mischia ['miskia] <-schie> *f* Gewühl *n*; **mischiare** [mis'kia:re] *vt* (ver)mischen

miscuglio [mis'kuʎʎo] <-gli> *m* Gemisch *n*

miserabile [mize'ra:bile] *agg* ❶ (*compassionevole*) erbärmlich ❷ (*povero*) armselig

miseria [mi'zɛ:ria] <-ie> *f* Elend *n*

misericordioso, -a [mizerikor'dio:so] *agg* barmherzig

misero, -a ['mi:zero] *agg* arm, elend

misogino, -a [mi'zɔ:dʒino] *agg* frauenfeindlich

missile ['missile] *m* Rakete *f*

missionario, -a [missio'na:rio] <-i, -ie> *m, f* Missionar(in) *m(f)*; **missione** [mis'sio:ne] *f* Mission *f*

misterioso, -a [miste'rio:so] *agg* geheimnisvoll; **mistero** [mis'tɛ:ro] *m* Geheimnis *n*

mistico, -a ['mistiko] <-ci, -che> *agg* mystisch

misto, -a *agg* gemischt

misura [mi'zu:ra] *f* ❶ (*gener, a fig*) Maß *n* ❷ (*taglia*) Größe *f*

misurare [mizu'ra:re] *vt* ❶ (*valutare*) messen ❷ (*provare*) anprobieren; **misurato, -a** [mizu'ra:to] *agg* ❶ (*moderato*) mäßig ❷ (*equilibrato*) gemäßigt; **misurino** [mizu'ri:no] *m* Messbecher *m*

mite ['mi:te] *agg* ❶ (*benevolo*) mild(e); (*indulgente*) nachsichtig ❷ (*moderato*) mäßig

mitico, -a ['mi:tiko] <-ci, -che> *agg* legendär

mitizzare [mitid'dza:re] *vt* zum Mythos erheben

mito ['mi:to] *m* Mythos *m;* **mitologia** [mitolo'dʒi:a] <-gie> *f* Mythologie *f;* **mitologico, -a** [mito'lɔ:dʒiko] <-ci, -che> *agg* mythologisch

mitra ['mi:tra] <-> *m,* **mitragliatrice** [mitraʎʎa'tri:tʃe] *f* Maschinengewehr *n*

mittente [mit'tɛnte] *mf* Absender(in) *m(f)*

mobbing ['mɔbiɲ] *m* Mobbing *n;* **fare ~** mobben

mobile ['mɔ:bile] **I.** *m* Möbel(stück) *n* **II.** *agg* beweglich; **mobilia** [mo'bi:lia] <-ie> *f* Hausrat *m;* **mobilificio** [mobili'fi:tʃo] <-ci> *m* Möbelfabrik *f*

mobilitare [mobili'ta:re] *vt* mobilisieren

moca[1] ['mɔ:ka] <-> *m* Mokka(kaffee) *m*

moca[2] <-che> *f Kaffeemaschine für die Zubereitung von Mokkakaffee*

mocassino [mokas'si:no] *m* Mokassin *m*

moccolo ['mɔkkolo] *m* Kerzenstummel *m*

moda ['mɔ:da] *f* Mode *f;* **di ~** modern

modalità [modali'ta] <-> *f* ❶ (*circostanza caratteristica*) Bedingung *f* ❷ (*cosa formale*) Formsache *f*

modella [mo'dɛlla] *f* Mannequin *n*

modellare [model'la:re] **I.** *vt* formen **II.** *vr* **-rsi su qc** sich nach etw richten

modellismo [model'lizmo] *m* Modellbau *m*

modello [mo'dɛllo] *m* Modell *n*

modem ['modem] <-> *m* (INFORM) Modem *n*

moderare [mode'ra:re] *vt* mäßigen; **moderato, -a** [mode'ra:to] *agg* maßvoll; (*equilibrato*) ausgeglichen

moderatore, -trice *m, f* Moderator(in) *m(f)*

moderazione [moderat'tsio:ne] *f* Mäßigkeit *f*

modernità [moderni'ta] <-> *f* Modernität *f;* **modernizzare** [modernid'dza:re] *vt* modernisieren

moderno [mo'dɛrno] *m* Moderne(s) *n*

moderno, -a *agg* modern

modestia [mo'dɛstia] <-ie> *f*

Bescheidenheit *f;* **modesto, -a** [mo'dɛsto] *agg* bescheiden
modico, -a ['mɔːdiko] <-ci, -che> *agg* gering
modifica [mo'diːfika] <-che> *f* Änderung *f*
modificare [modifi'kaːre] *vt* ändern; (**comando**) **modifica** (*computer*) Bearbeiten *n*
modo ['mɔːdo] *m* ❶ (*gener*) Art *f;* **di ~ che ...** +*conj* so, dass ...; **in che ~?** wie?; **in qualche ~** irgendwie; **in ~ da** +*inf* so, dass ❷ (*occasione*) Gelegenheit *f;* **ad ogni ~** auf jeden Fall
modulo ['mɔːdulo] *m* Formular *n*
mogano ['mɔːgano] *m* Mahagoni *n*
moglie ['moʎʎe] <-gli> *f* (Ehe)frau *f*
molare [mo'laːre] *m* Backenzahn *m*
mole ['mɔːle] *f* Bauwerk *n;* (*fig*) Menge *f*
molecola [mo'lɛːkola] *f* Molekül *n*
molestare [moles'taːre] *vt* belästigen
molesto, -a [mo'lɛsto] *agg* lästig
Molise [mo'liːze] *m Region Mittelitaliens*
molla ['mɔlla] *f* Feder *f*
mollare [mol'laːre] *vt* ❶ (*lasciar andare*) loslassen ❷ (*allentare*) locker machen
molle ['mɔlle] *agg* weich; (*fig*) weichlich
molletta [mol'letta] *f* ❶ (*per capelli*) (Haar)klammer *f* ❷ (*per panni*) (Wäsche)klammer *f*
mollica [mol'liːka] <-che> *f* (Brot)krume *f*
molliccio, -a [mol'littʃo] <-cci, -cce> *agg* matschig
mollo, -a *agg* nass
mollusco [mol'lusko] <-schi> *m* Weichtier *n*
molo ['mɔːlo] *m* (Hafen)mole *f*
molteplice [mol'teːplitʃe] *agg* vielfältig
moltiplicare [moltipli'kaːre] **I.** *vt* ❶ (MAT) multiplizieren ❷ (*accrescere*) vervielfachen **II.** *vr* **-rsi** sich (ver)mehren
moltiplicazione [moltiplikat'tsioːne] *f* Multiplikation *f*
moltitudine [molti'tuːdine] *f* Menge *f*
molto ['molto] **I.** *avv* ❶ (*quantità*) viel ❷ (*intensità*) sehr **II.** *pron* viel(e, s)
molto, -a <più, moltissimo> *agg* ❶ (*in gran numero*) viel ❷ (*intenso, grande*) groß
momentaneamente [momentanea'mente] *avv* in diesem Moment; **momentaneo, -a** [momen'taːneo] <-ei, -ee> *agg* augenblicklich
momento [mo'mento] *m* Augenblick *m;* **in qualunque ~** jederzeit; **un ~!** einen Augenblick!

monaca ['mɔːnaka] <-che> *f* Nonne *f*

monaco ['mɔːnako] <-ci> *m* Mönch *m*

Monaco ['mɔːnako] *f* ❶ (*principato*) Monaco *n* ❷ (*di Baviera*) München *n*

monarca [mo'narka] <-chi> *m* Monarch *m*; **monarchia** [monar'kiːa] <-chie> *f* Monarchie *f*

monastero [monas'tɛːro] *m* Kloster *n*; **monastico, -a** [mo'nastiko] <-ci, -che> *agg* Kloster-

moncherino [moŋke'riːno] *m* Armstumpf *m*; **monco, -a** ['moŋko] <-chi, -che> *agg* (*a fig*) verstümmelt

mondano, -a [mon'daːno] *agg* mondän

mondiale [mon'diaːle] *agg* Welt-

mondiali [mon'diaːli] *mpl* Weltmeisterschaften *fpl*

mondo ['mondo] *m* ❶ (*gener*) Welt *f* ❷ (*fig*) Reich *n*; **il ~ animale** das Tierreich

mondovisione [mondovi'zioːne] *f* Satellitenübertragung *f*

moneta [mo'neːta] *f* Münze *f*; (*spicciolo*) Kleingeld *n*; **monetario, -a** [mone'taːrio] <-i, -ie> *agg* Währungs-

mongolfiera [moŋgol'fiɛːra] *f* (Warmluft)ballon *m*

mongoloide [moŋgo'lɔːide] *agg* mongoloid

monile [mo'niːle] *m* Schmuckstück *n*

monito ['mɔːnito] *m* Mahnung *f*

monitor ['mɔnitə] <-> *m* (INFORM) Monitor *m*

monitoraggio [monito'raːdʒio] <-ggi> *m* Monitorüberwachung *f*

mono ['mono] <inv> *agg* mono

monocamera [mono'kaːmera] *f* Einzimmerwohnung *f*, Garconniere *f A*

monocolo [mo'nɔːkolo] *m* Monokel *n*

monocromatico, -a [monokro'maːtiko] <-ci, -che> *agg* einfarbig

monogamia [monoga'miːa] <-ie> *f* Monogamie *f*

monolocale [monolo'kaːle] *m* Einzimmerwohnung *f*, Garconniere *f A*

monologo [mo'nɔːlogo] <-ghi> *m* Monolog *m*

monopattino [mono'pattino] *m* Roller *m*

monopolio [mono'pɔːlio] <-i> *m* Monopol *n*; **monopolizzare** [monopolid'dzaːre] *vt* monopolisieren

monoposto [mono'posto] <inv> *agg* einsitzig

monoreddito [mono'rɛddito] <inv> *agg* **famiglia ~** Familie mit nur einem Einkommen

monoscì [mono'ʃi] <-> *m* Monoski *m*

monoteista [monote'ista] <-i *m*, -e *f*> *mf* Monotheist(in) *m(f)*

monotono, -a [mo'nɔ:tono] *agg* eintönig

monouso [mono'u:zo] <inv> *agg* Einweg-

monsone [mon'so:ne] *m* Monsun *m*

montaggio [mon'taddʒo] <-ggi> *m* Montage *f*

montagna [mon'taɲɲa] *f* Berg *m*; **montagnoso, -a** [montaɲ'ɲo:so] *agg* gebirgig

montanaro, -a [monta'na:ro] *agg* Gebirgs-, Berg-; **montano, -a** [mon'ta:no] *agg* Gebirgs-, Berg-

montare [mon'ta:re] **I.** *vi essere* (auf)steigen **II.** *vt* zusammenbauen **III.** *vr* **-rsi la testa** (*fam*) sich *dat* Wunder was einbilden; **montato, -a** [mon'ta:to] *agg* **panna -a** Schlagsahne *f*, Schlag *m A*

montatura [monta'tu:ra] *f* Gestell *n*

monte ['monte] *m* Berg *m*

montebianco [monte'biaŋko] *m kegelförmige Süßspeise aus Kastaniencreme mit Sahne*

montone [mon'to:ne] *m* Hammel *m*

montuoso, -a [montu'o:so] *agg* gebirgig

monumentale [monumen'ta:le] *agg* monumental;

monumento [monu'mento] *m* Denkmal *n*

moquette [mo'kɛt] <-> *f* Teppichboden *m*

mora ['mɔ:ra] *f* Brombeere *f*

morale [mo'ra:le] *agg* Moral-; **moralistico, -a** [mora'listiko] <-ci, -che> *agg* moralistisch

moralità [morali'ta] <-> *f* Sittlichkeit *f*

morbidezza [morbi'dettsa] *f* Weichheit *f*; **morbido, -a** ['mɔrbido] *agg* (*a fig*) weich

morbillo [mor'billo] *m* Masern *fpl*

morbo ['mɔrbo] *m* Krankheit *f*

morboso, -a [mor'bo:so] *agg* krankhaft

mordace [mor'da:tʃe] *agg* bissig

mordere ['mɔrdere] <irr> *vt* beißen

mordicchiare [mordik'kia:re] *vt* knabbern

morente [mo'rɛnte] *mf* Sterbende(r) *f(m)*

morfina [mor'fi:na] *f* Morphin *n*; **morfinomane** [morfi'nɔ:mane] *agg* morphiumsüchtig

moribondo, -a [mori'bondo] *m, f* Sterbende(r) *f(m)*

morire [mo'ri:re] <irr> *vi essere* sterben; (*piante, animali*) eingehen; **fa un caldo da ~** es ist furchtbar heiß

mormone [mor'mo:ne] *m* Mor-

mone *m*
mormorare [mormo'ra:re] *vi* murmeln; **mormorio** [mormo'ri:o] <-ii> *m* Gemurmel *n*
moro, -a *agg* brünett
morosità [morosi'ta] <-> *f* Verzug *m;* **moroso, -a** [mo'ro:so] *agg* säumig
morsa ['mɔrsa] *f* Schraubstock *m*
morsicare [morsi'ka:re] *vt* beißen (in +*acc*)
morso *m* Biss *m;* (*puntura d'insetto*) Stich *m*
mortadella [morta'dɛlla] *f* Mortadella *f*
mortale [mor'ta:le] *agg* ❶ (*soggetto a morte*) sterblich ❷ (*che causa la morte*) tödlich; **mortalità** [mortali'ta] <-> *f* Sterblichkeit *f;* **mortalmente** [mortal'mente] *avv* tödlich
morte ['mɔrte] *f* Tod *m*
mortificare [mortifi'ka:re] *vt* beschämen
morto, -a ['mɔrto] **I.** *m, f* Tote(r) *f(m)* **II.** *agg* tot
mortuario, -a [mortu'a:rio] <-i, -ie> *agg* Toten-
mosaico [mo'za:iko] <-ci> *m* Mosaik *n*
mosca ['moska] <-sche> *f* Fliege *f*
Mosca ['moska] *f* Moskau *n*
moscato [mos'ka:to] *m* Muskateller *m*
moscato, -a *agg* Muskat-
moscerino [moʃʃe'ri:no] *m* Taufliege *f*
moschea [mos'kɛ:a] *f* Moschee *f*
moschettone [mosket'to:ne] *m* Karabiner(haken) *m*
moschicida [moski'tʃi:da] <-i> *m* Fliegengift *n*
moscio, -a ['moʃʃo] <-sci, -sce> *agg* schlaff
moscone [mos'ko:ne] *m* Brummer *m fam*
Mosella [mo'zɛlla] *f* Mosel *f*
mossa ['mɔssa] *f* Bewegung *f*
mosso, -a ['mɔsso] *agg* bewegt
mostarda [mos'tarda] *f* Senfsoße *f*
mosto ['mosto] *m* (Trauben)most *m*
mostra ['mostra] *f* Ausstellung *f*
mostrare [mos'tra:re] *vt* zeigen
mostro ['mostro] *m* Scheusal *n*
mostruoso, -a [mostru'o:so] *agg* scheußlich
motivare [moti'va:re] *vt* begründen; **motivazione** [motivat'tsio:ne] *f* Begründung *f*
motivo [mo'ti:vo] *m* Grund *m*
moto[1] ['mɔ:to] *m* Bewegung *f*
moto[2] <-> *f* Motorrad *n*
motobarca [moto'barka] <-che> *f* kleines Motorboot; **motocicletta** [mototʃi'kletta] *f* Motorrad *n;* **motociclismo** [mototʃi'klizmo] *m* Motorradsport *m;* **motociclista** [mototʃi'klista] *mf* Motorradfah-

M

rer(in) *m(f)*; **motonave** [moto'na:ve] *f* Motorschiff *n*

motore [mo'to:re] *m* Motor *m*; ~ **di ricerca** (INFORM) Suchmaschine *f*

motorino [moto'ri:no] *m* Moped *n*

motorizzazione [motoriddzat'tsio:ne] *f* Motorisierung *f*

motoscafo [motos'ka:fo] *m* Motorboot *n*; **motovedetta** [motove'detta] *f* Wachboot *n*

motrice [mo'tri:tʃe] *f* Sattelschlepper *m*

motto ['mɔtto] *m* Witz *m*, Schmäh *m A*

mouse [maus] <-> *m* (INFORM) Maus *f*; **mouse pad** ['maus pɛd] <-> *m* (INFORM) Mauspad *n*

movente [mo'vɛnte] *m* Beweggrund *m*

movimentare [movimen'ta:re] *vt* in Schwung bringen

movimento [movi'mento] *m* Bewegung *f*

moviola [mo'viɔ:la] *f* Schneidetisch *m*

mozione [mot'tsio:ne] *f* Antrag *m*, Motion *f CH*

mozzarella [mottsa'rɛlla] *f* *Frischkäse aus Büffel- o Kuhmilch*

mozzicone [mottsi'ko:ne] *m* Stumpf *m*

mozzo ['mottso] *m* Schiffsjunge *m*

mucca ['mukka] <-cche> *f* Kuh *f*

mucchio ['mukkio] <-cchi> *m* Haufen *m*

muco ['mu:ko] <-chi> *m* Schleim *m*

muffa ['muffa] *f* Schimmel *m*

muggire [mud'dʒi:re] *vi* muhen; **muggito** [mud'dʒi:to] *m* Muhen *n*

mughetto [mu'getto] *m* Maiglöckchen *n*

mugnaio, -a [muɲ'ɲa:io] <-i, -ie> *m, f* Müller(in) *m(f)*

mulattiera [mulat'tiɛ:ra] *f* Saumpfad *m*

mulatto, -a [mu'latto] *m, f* Mulatte *m*, Mulattin *f*

muliebre [mu'li:ebre] *agg* Frauen-

mulinello [muli'nɛllo] *m* Wirbel *m*

mulino [mu'li:no] *m* Mühle *f*

mulo ['mu:lo] *m* Maulesel *m*

multa ['multa] *f* Geldstrafe *f*; **multare** [mul'ta:re] *vt* mit einer Geldstrafe belegen

multilingue [multi'liŋgue] <inv> *agg* mehrsprachig

multimediale [multimɛ'dia:le] *agg* (INFORM) multimedial

multinazionale [multinattsio'na:le] *f* multinationales Unternehmen

multiplex [multi'plɛks] <-> *m* (TEL, INFORM) Multiplexing *n*

multiplo ['multiplo] *m* Vielfache(s) *n*

multiprogrammazione [multiprogrammat'sio:ne] *f* (INFORM) Multiprogrammierung *f*

multiproprietà [multiproprie'ta] <-> *f* gemeinschaftlicher Immobilienbesitz

multirazziale [multirat'tsia:le] *agg* multiethnisch

multiuso [multi'u:zo] <inv> *agg* Vielzweck-

mummia ['mummia] <-ie> *f* Mumie *f*

mungere ['mundʒere] <irr> *vt* melken

municipale [munitʃi'pa:le] *agg* Stadt-, Gemeinde-

municipio [muni'tʃi:pio] <-i> *m* Rathaus *n*

munire [mu'ni:re] **I.** *vt* ~ **qu/qc di qc** jdn/etw mit etw versehen **II.** *vr* **-rsi di qc** sich mit etw ausrüsten

munito, -a [mu'ni:to] *agg* **essere ~ di qc** mit etw ausgestattet sein

munizioni [munit'tsio:ni] *fpl* Munition *f*

muovere ['muɔ:vere] <irr> **I.** *vt* bewegen **II.** *vi essere* ~ **incontro a qu** jdm entgegengehen **III.** *vr* **-rsi** sich bewegen

muraglia [mu'raʎʎa] <-glie> *f* Mauer *f*

murales [mu'rales] *mpl* Wandmalerei *f*

murare [mu'ra:re] *vt* mauern; **murario, -a** [mu'ra:rio] <-i, -ie> *agg* Mauer-; **muratore** [mura'to:re] *m* Maurer *m;* **muratura** [mura'tu:ra] *f* Mauerwerk *n*

murena [mu'rɛ:na] *f* Muräne *f*

muriatico, -a [mu'ria:tiko] <-ci, -che> *agg* **acido ~** Salzsäure *f*

muro[1] ['mu:ro] <*pl:* -a *f*> *m* Mauer *f*

muro[2] *m* (*fig*) Wand *f*

musa ['mu:za] *f* Muse *f*

muschio ['muskio] <-schi> *m* Moos *n*

muscolare [musko'la:re] *agg* Muskel-

muscolo ['muskolo] *m* Muskel *m;* **muscoloso, -a** [musko'lo:so] *agg* muskulös

museo [mu'zɛ:o] *m* Museum *n*

museruola [muze'ruɔ:la] *f* Maulkorb *m*

musica ['mu:zika] <-che> *f* Musik *f;* **musical** ['mju:zikəl] <-> *m* Musical *n;* **musicale** [muzi'ka:le] *agg* musikalisch

musicante [muzi'kante] *mf* Musikant(in) *m(f);* **musicassetta** [muzikas'setta] *f* Musikkassette *f;* **musicista** [muzi'tʃista] <-i *m,* -e *f*> *mf* Musiker(in) *m(f);* **musicoterapia** [muzikotera'pi:a] *f* Musiktherapie *f*

muso ['mu:zo] *m* Schnauze *f*

musulmano, -a [musul'ma:no] *m, f* Moslem *m,* Moslime *f*

mutabile [mu'ta:bile] *agg* ver-

M

änderlich; **mutamento** [muta'mento] *m* (Ver)änderung *f*
mutande [mu'tande] *fpl* Unterhose *f*; **mutandine** [mutan'di:ne] *fpl* Slip *m*
mutare [mu'ta:re] *vt* (ver)ändern; **mutevole** [mu'te:vole] *agg* wechselhaft
mutilato, **-a** [muti'la:to] *m, f* Versehrte(r) *f(m)*
muto, **-a** *agg* stumm
mutua ['mu:tua] *f* (ADM) Versicherungsträger *m*
mutuare [mutu'a:re] *vt* (FIN) (als Darlehen) aufnehmen
mutuato, **-a** [mutu'a:to] *m, f* Kassenpatient(in) *m(f)*
mutuo ['mu:tuo] *m* Darlehen *n*

N

N, **n** ['ɛnne] <-> *f* N, n *n*
n *abbr di* **numero** Nr.
nabuk ['na:buk] <-> *m* Nabukleder *n*
nacchere ['nakkere] *fpl* Kastagnetten *fpl*
nafta ['nafta] *f* Rohöl *n*; **naftalina** [nafta'li:na] *f* Naphthalin *n*
naia ['na:ia] <-aie> *f* Barras *m*
naïf [na'if] <inv> *agg* naiv
nanna ['nanna] *f* Heia *f*
nano, **-a** ['na:no] *m, f* Zwerg(in) *m(f)*
napoletana [napole'ta:na] *f* neapolitanische Kaffeemaschine
napoletano, **-a** *agg* neapolitanisch
Napoli ['na:poli] *f* Neapel *n*
nappa ['nappa] *f* Nappa(leder) *n*
narcisista [nartʃi'zista] <-i *m*, -e *f*> *mf* Narzisst(in) *m(f)*
narciso [nar'tʃi:zo] *m* Narzisse *f*
narcotico [nar'kɔ:tiko] <-ci> *m* Betäubungsmittel *n*
narcotizzare [narkotid'dza:re] *vt* narkotisieren
narcotrafficante [narkotraffi'kante] *mf* (internationaler) Rauschgifthändler(in) *m(f)*
narice [na'ri:tʃe] *f* Nasenloch *n*
narrare [nar'ra:re] *vt* erzählen
narrativa [narra'ti:va] *f* erzählende Literatur; **narrativo**, **-a** [narra'ti:vo] *agg* erzählend, Erzähl-; **narratore**, **-trice** [narra'to:re] *m, f* Erzähler(in) *m(f)*; **narrazione** [narrat'tsio:ne] *f* Erzählung *f*
nasale [na'sa:le] *agg* Nasen-
nascente [naʃ'ʃɛnte] *agg* aufgehend
nascere ['naʃʃere] <irr> *vi essere* geboren werden; (*fig*) entstehen; **nascita** ['naʃʃita] *f* Geburt *f*; **nascituro**, **-a** [naʃʃi'tu:ro] *agg* ungeboren
nascondere [nas'kondere] <irr> *vt* ❶ (*celare*) verstecken ❷ (*sentimento*) verheimlichen;

nascondiglio [naskon'diʎʎo] <-gli> *m* Versteck *n;* **nascondino** [naskon'di:no] *m* **giocare a ~** Verstecken spielen
nascosto, -a [nas'kosto] *agg* versteckt; **di ~** heimlich
nasello [na'sɛllo] *m* Seehecht *m*
naso ['na:so] *m* Nase *f;* (ZOO) Schnauze *f*
nastro ['nastro] *m* Band *n*
natale [na'ta:le] *agg* Geburts-
Natale [na'ta:le] *m* Weihnachten *n*
natalità [natali'ta] <-> *f* Geburtenziffer *f*
natalizio, -a [nata'littsio] <-i, -ie> *agg* Weihnachts-
natante [na'tante] *agg* schwimmend
natica ['na:tika] <-che> *f* Gesäßbacke *f*
nativo, -a [na'ti:vo] *agg* Geburts-
N.A.T.O. ['na:to] *f* NATO *f*
nato, -a ['na:to] *agg* geboren
natura [na'tu:ra] *f* Natur *f;* **naturale** [natu'ra:le] *agg* natürlich; **naturalezza** [natura'lettsa] *f* Natürlichkeit *f*
naturalismo [natura'lizmo] *m* Naturalismus *m*
naturalizzare [naturalid'dza:re] *vt* einbürgern
naturalmente [natural'mente] *avv* selbstverständlich
naufragare [naufra'ga:re] *vi essere o avere* (*a fig*) Schiffbruch erleiden; **naufragio** [nau'fra:dʒo] <-gi> *m* Schiffbruch *m;* **naufrago, -a** ['na:ufrago] <-ghi, -ghe> *m, f* Schiffbrüchige(r) *f(m)*
nausea ['na:uzea] *f* Übelkeit *f;* **nauseabondo, -a** [nauzea'bondo] *agg,* **nauseante** [nauze'ante] *agg* Ekel erregend; **nauseare** [nauze'a:re] *vt* (an)ekeln
nautico, -a ['na:utiko] <-ci, -che> *agg* Schifffahrts-
navale [na'va:le] *agg* Schiff(s)-; (*di mare*) See-
navata [na'va:ta] *f* (Kirchen)schiff *n*
nave ['na:ve] *f* Schiff *n;* **navetta** [na'vetta] *f* (Weber)schiffchen *n*
navigabile [navi'ga:bile] *agg* schiffbar; **navigante** [navi'gante] *mf* Seefahrer(in) *m(f);* **navigare** [navi'ga:re] *vi* ❶ (NAUT) (zur See) fahren ❷ (INFORM) **~ in Internet/in Rete** im Internet/Web surfen; **navigato, -a** [navi'ga:to] *agg* befahren; **navigatore, -trice** [naviga'to:re] *m, f* Seefahrer(in) *m(f);* **~ satellitare** (TEC) Navigationssystem *n;* **navigazione** [navigat'tsio:ne] *f* (NAUT) Schifffahrt *f*
nazi ['na:tsi] <inv> *agg* Nazi-
nazionale [nattsio'na:le] *agg* (*di nazione*) National-; (*di paese*) Landes-; (*di Stato*) Staats-; **nazionalistico, -a** [nattsiona'lis-

N

tiko] <-ci, -che> *agg* nationalistisch

nazionalità [nattsionali'ta] <-> *f* Staatsangehörigkeit *f*; **nazionalizzare** [nattsionalid'dza:re] *vt* verstaatlichen

nazione [nat'tsio:ne] *f* Nation *f*; (*Stato*) Staat *m*

naziskin ['na:tsiskin] <-> *mf* Skinhead *m*

nazismo [nat'tsizmo] *m* Nazismus *m*; **nazista** [nat'tsista] <-i *m*, -e *f*> *mf* Nazi *m*

N.B. *abbr di* **nota bene** NB

ne [ne] **I.** *pron* ❶ (*persona: di lui*) von ihm, über ihn, seiner; (*di lei*) von ihr, über sie, ihrer; (*di loro*) von ihnen, über sie, ihrer ❷ (*cosa*) damit, darüber, davon, daraus ❸ (*con valore partitivo*) davon, einige, welche; **quanti anni hai? – ~ ho 29** wie alt bist du? – ich bin 29 (Jahre alt) **II.** *avv* (*spesso non si traduce*) von hier

né [ne] *cong* auch nicht; **~ ... ~ ...** weder ... noch ...

neanche [ne'aŋke] *avv* auch nicht

nebbia ['nebbia] <-ie> *f* Nebel *m*

nebbioso, -a [neb'bio:so] *agg* neb(e)lig

nebulizzatore [nebuliddza'to:re] *m* Sprühgerät *n*

nécessaire [nesɛ'ser] <-> *m* Set *n*

necessariamente [netʃessaria'mente] *avv* notgedrungen

necessario [netʃes'sa:rio] *m* Nötige(s) *n*

necessario, -a <-i, -ie> *agg* nötig

necessità [netʃessi'ta] <-> *f* Notwendigkeit *f*; **necessitare** [netʃessi'ta:re] **I.** *vt* erfordern **II.** *vi essere* **~ di qc** etw benötigen

necrofilo, -a [ne'krɔ:filo] *agg* nekrophil

necrologio [nekro'lɔ:dʒo] <-gi> *m* Nachruf *m*

necropoli [ne'krɔ:poli] <-> *f* Totenstadt *f*

nefasto, -a [ne'fasto] *agg* Unglücks-

negare [ne'ga:re] *vt* ❶ (*contestare*) verneinen ❷ (*rifiutare*) verweigern

negativo, -a *agg* negativ

negato, -a [ne'ga:to] *agg* (*contestato*) verneint; (*rifiutato*) versagt

negazione [negat'tsio:ne] *f* Verneinung *f*

negoziabile [negot'tsia:bile] *agg* handelsfähig

negoziante [negot'tsiante] *mf* Händler(in) *m(f)*

negoziare [negot'tsia:re] *vt* aushandeln; **negoziato** [negot'tsia:to] *m* Verhandlung *f*

negozio [ne'gɔttsio] <-i> *m* Geschäft *n*

negro, -a ['ne:gro] *agg* schwarz, Neger-

negromante [negro'mante] *mf* Zauberer *m*, Zauberin *f*

nemico, -a [ne'mi:ko] <-ci, -che> **I.** *agg* feindlich **II.** *m, f* Feind(in) *m(f)*

nemmeno [nem'me:no] *avv v.* **neanche**

nenia ['nɛ:nia] <-ie> *f* Kantilene *f*

neo ['nɛ:o] *m* Muttermal *n*

neo- [neo] (*in parole composte*) Neo-, neo-

neoacquisto [neoak'kuisto] *m* (SPORT) Neuzugang *m*

neodiplomato, -a [neodiplo'ma:to] *m, f* Schulabgänger(in) *m(f)* mit Abitur, Maturant(in) *m(f) A*

neolaureato, -a [neolaure'a:to] *m, f* frisch diplomierte(r) Hochschulabsolvent(in) *m(f)*

neon ['nɛ:on] <-> *m* Neon *n*

neonato, -a [neo'na:to] *agg* neugeboren

neonazista [neonat'tsista] <-i *m*, -e *f*> *agg* neonazistisch

neozelandese [neoddzelan'de:se] *agg* neuseeländisch

nepotismo [nepo'tizmo] *m* Vetternwirtschaft *f*

neppure [nep'pu:re] *avv v.* **neanche**

neretto [ne'retto] *m* (TYP) Halbfettdruck *m*

nero, -a *agg* schwarz

nervo ['nɛrvo] *m* Nerv *m*

nervosismo [nervo'sizmo] *m* Nervosität *f*; **nervoso, -a** *agg* nervös, reizbar

nespola ['nɛspola] *f* Mispel *f*

nesso ['nɛsso] *m* Zusammenhang *m*

nessuno [nes'su:no] *m* Niemand *m*

nessuno, -a **I.** *agg* kein; (*in frasi interrogative*) irgendein; **in nessun luogo/caso** nirgends/keinesfalls **II.** *pron* ❶ (*non uno*) niemand, keine(r, s) ❷ (*qualcuno*) jemand; **nessun altro** kein anderer

nettare ['nɛttare] *m* Nektar *m*

netto, -a ['netto] *agg* Netto-

netturbino [nettur'bi:no] *m* Straßenkehrer *m*

neurologia [neurolo'dʒi:a] *f* Neurologie *f*; **neurologo, -a** [neu'rɔ:logo] <-gi, -ghe> *m, f* Neurologe *m*, -login *f*

neutrale [neu'tra:le] *agg* neutral

neutralizzare [neutralid'dza:re] *vt* neutralisieren

neutro ['nɛ:utro] *m* (LING) Neutrum *n*

neutro, -a *agg* neutral

neve ['ne:ve] *f* Schnee *m*

nevicare [nevi'ka:re] *vi essere o avere* schneien; **nevicata** [nevi'ka:ta] *f* Schneefall *m*; **nevoso, -a** [ne'vo:so] *agg* schneeig

nevrosi [ne'vrɔ:zi] <-> *f* Neurose *f*; **nevrotico, -a** [ne'vrɔ:ti-

N

ko] <-ci, -che> *agg* neurotisch

nicchia ['nikkia] <-cchie> *f* Nische *f*

nichel ['ni:kel] *m* Nickel *n*

nichilismo [niki'lizmo] *m* Nihilismus *m*

nicotina [niko'ti:na] *f* Nikotin *n*

nidiata [ni'dia:ta] *f* Brut *f*

nido ['ni:do] *m* Nest *n*

niente ['niɛnte] **I.** *pron* nichts; **di ~!** keine Ursache! **II.** *m* ❶ (*nessuna cosa*) Nichts *n* ❷ (*poca cosa*) Kleinigkeit *f* **III.** *avv* keineswegs; **~ affatto** durchaus nicht; **per ~** (*affatto*) durchaus nicht; (*invano*) vergebens, umsonst; **nientedimeno** [niente-di'me:no] *avv*, **nientemeno** [niente'me:no] *avv* sogar

ninfea [nin'fɛ:a] *f* Seerose *f*

ninfomane [nin'fɔ:mane] *f* Nymphomanin *f*

ninnananna [ninna'nanna] <ninnenanne> *f* Wiegenlied *n*

nipote [ni'po:te] *mf* ❶ (*di zio*) Neffe *m*, Nichte *f* ❷ (*di nonno*) Enkelkind *n*

nipponico, **-a** [nip'pɔ:niko] <-ci, -che> *agg* japanisch

nirvana [nir'va:na] *m* Nirwana *n*

nitido, **-a** ['ni:tido] *agg* klar

nitrire [ni'tri:re] *vi* wiehern

no [nɔ] *avv* nein; (*in frasi negative*) nicht; **dire di ~** Nein sagen; **perché ~?** warum nicht?

N.O. *abbr di* **nordovest** NW

nobildonna [nobil'dɔnna] *f* Adlige *f*

nobile ['nɔ:bile] *agg* Adels-; (*fig*) edel; **nobiliare** [nobi'lia:re] *agg* Adels-

nobiltà [nobil'ta] <-> *f* Adel *m*

nobiluomo [nobi'luɔ:mo] <nobiluomini> *m* Edelmann *m*

nocca ['nɔkka] <-cche> *f* Knöchel *m*

nocciola¹ [not'tʃɔ:la] *f* Haselnuss *f*

nocciola² <inv> *agg* haselnussbraun

nocciolato [nottʃo'la:to] *m* (Hasel)nussschokolade *f*; **nocciolina** [nottʃo'li:na] *f* Erdnuss *f*

nocciolo ['nɔttʃolo] *m* Kern *m*

noce ['no:tʃe] **I.** *m* (*albero*) Walnussbaum *m* **II.** *f* (*frutto*) (Wal)nuss *f*

nocepesca [notʃe'pɛska] <nocipesche> *f* Nektarine *f*

nocino [no'tʃi:no] *m* Nusslikör *m*

nocivo, **-a** [no'tʃi:vo] *agg* schädlich

nodo ['nɔ:do] *m* Knoten *m*

nodulo ['nɔ:dulo] *m* Knötchen *n*

no frost [nou 'frɔst] <-> *m* Abtauautomatik *f*

noi ['no:i] *pron 1. pers pl* ❶ (*soggetto*) wir ❷ (*oggetto*) uns; (*con preposizione*) uns

noia ['nɔ:ia] <-oie> *f* Lang(e)weile *f*

noioso, **-a** [no'io:so] *agg* langweilig

noleggiare [noled'dʒa:re] *vt* ❶ (*dare a nolo*) vermieten ❷ (*prendere a nolo*) mieten; **noleggio** [no'leddʒo] <-ggi> *m* Miete *f*

nomade ['nɔ:made] *agg* Nomaden-; **nomadismo** [noma'dizmo] *m* Nomadentum *n*

nome ['no:me] *m* (*gener*) Name *m*

nomignolo [no'miɲɲolo] *m* Spitzname *m*

nomina ['nɔ:mina] *f* Nominierung *f*

nominare [nomi'na:re] *vt* nennen; (*cose*) (be)nennen

non [non] *avv* ❶ (*con verbi*) nicht ❷ (*con sostantivi determinati*) kein, nicht ❸ (*seguito da un'altra negazione, non si traduce*) ~ **appena** sobald; ~ **... niente** nichts; ~ **... mai** nie(mals)

nonché, **non che** [noŋ'ke] *cong* ❶ (*e inoltre*) sowie ❷ (*e tanto meno*) geschweige denn

non credente [non kre'dɛnte] *mf* (REL) Nichtgläubige(r) *f(m)*

noncurante [noŋku'rante] *agg* **essere ~ di qc** um etw unbekümmert sein

nonni ['nɔnni] *mpl* Großeltern *pl*

nonno, **-a** ['nɔnno] *m, f* Großvater *m*, Großmutter *f*

nono, **-a** *agg* neunte(r, s)

nonostante [nonos'tante] **I.** *prp* trotz *dat o gen* **II.** *cong* +*conj* obwohl; **ciò ~** trotzdem

nonsense ['nɔnsəns] <-> *m*, **nonsenso** [non'sɛnso] *m* Unsinn *m*

non so che [non sɔ k'ke] <-> *m* **un** (**certo**) ~ ein gewisses Etwas

non stop [nɔn stɔp] <inv> *agg* **orario ~** durchgehende Öffnungszeiten *fpl*

nontiscordardime [nontiskordardi'me] <-> *m* Vergissmeinnicht *n*

non udente [non u'dɛnte] *mf* (ADM) Gehörlose(r) *f(m)*

non vedente [non ve'dɛnte] *mf* (ADM) Blinde(r) *f(m)*

non violento, **-a** [non vio'lɛnto] *agg* gewaltfrei

nord [nɔrd] *m* Nord(en) *m*; **al ~** im Norden; **a ~ di ...** nördlich von ...

nord- (*in parole composte*) Nord-, nord-; **nordest** [nɔr'dɛst] *m* Nordost(en) *m*

nordico, **-a** ['nɔrdiko] <-ci, -che> *agg* nordisch

nordovest [nor'dɔ:vest] *m* Nordwest(en) *m*

Norimberga [norim'bɛrga] *f* Nürnberg *n*

norma ['nɔrma] *f* Norm *f*

normale [nor'ma:le] *agg* normal; **normalità** [normali'ta] <-> *f* Normalität *f*

normalmente [normal'mente] *avv* normalerweise

normanno, **-a** [nor'manno] *agg*

aus der Normandie

norvegese [norve'dʒe:se] *agg* norwegisch; **Norvegia** [nor'vɛ:dʒa] *f* Norwegen *n*

nostalgia [nostal'dʒi:a] <-gie> *f* Sehnsucht *f*; **nostalgico, -a** [nos'taldʒiko] <-ci, -che> *agg* sehnsüchtig

nostrano, -a [nos'tra:no] *agg* einheimisch

nostro, -a ['nɔstro] **I.** *agg* unser **II.** *pron* **il ~, la -a** unsere(r, s)

nota ['nɔ:ta] *f* ❶ (*contrassegno*) (Kenn)zeichen *n* ❷ (MUS) Note *f*

notaio [no'ta:io] <-ai> *m* Notar(in) *m(f)*

notare [no'ta:re] *vt* (*rilevare*) bemerken

notebook [not'buk] <-> *m* (INFORM) Notebook *n*

notevole [no'te:vole] *agg* beträchtlich

notizia [no'tittsia] <-ie> *f* ❶ (*comunicato, novità*) Nachricht *f* ❷ (*informazione*) Auskunft *f*

notiziario [notit'tsia:rio] <-i> *m* (TV, RADIO) Nachrichten *fpl*

noto, -a ['nɔ:to] *agg* bekannt; (*famoso*) berühmt

notoriamente [notoria'mente] *avv* bekanntlich

nottata [not'ta:ta] *f* Nacht *f*

notte ['nɔtte] *f* Nacht *f*

nottola ['nɔttola] *f* (ZOO) Abendsegler *m*

notturno, -a *agg* nächtlich

novanta [no'vanta] *num* neunzig; **novantenne** [novan'tɛnne] *mf* Neunzigjährig *f(m)*

novantesimo, -a *agg* neunzigste(r, s)

nove ['nɔ:ve] **I.** *num* neun **II.** <-> *m* ❶ (*numero*) Neun *f* ❷ (*nelle date*) Neunte(r) *m* ❸ (*voto scolastico*) ≈ Zwei *f* **III.** *fpl* neun Uhr

novecento [nove'tʃɛnto] **I.** *num* neunhundert **II.** *m* **il Novecento** das zwanzigste Jahrhundert

novello, -a *agg* neu

novembre [no'vɛmbre] *m* November *m*

novità [novi'ta] <-> *f* ❶ (*qualità*) Neuheit *f* ❷ (*notizia*) Neuigkeit *f*

noviziato [novit'tsia:to] *m* Noviziat *n*; **novizio, -a** [no'vittsio] <-i, -ie> *m, f* Novize *m*, Novizin *f*

nozze ['nɔttse] *fpl* Hochzeit *f*

nuance [nɥã:s] <-> *f* Nuance *f*

nube ['nu:be] *f* Wolke *f*; **nubifragio** [nubi'fra:dʒo] <-gi> *m* Wolkenbruch *m*

nubile ['nu:bile] *agg* ledig

nuca ['nu:ka] <-che> *f* Nacken *m*

nucleare [nukle'a:re] *agg* nuklear, Kern-

nucleo ['nu:kleo] *m* Kern *m*

nudismo [nu'dizmo] *m* Freikörperkultur *f*; **nudista** [nu'dista] <-i *m*, -e *f*> *mf* Nudist(in) *m(f)*

nudo, -a *agg* nackt

nulla ['nulla] **I.** <inv> *pron* nichts (von Belang); (*interrogativo*) etwas **II.** *avv* **non ... ~** ganz und gar nicht

nullo, -a ['nullo] *agg* ungültig

numerale [nume'ra:le] *agg* Zahlen-

numerare [nume'ra:re] *vt* ❶ (*segnare con un numero*) nummerieren ❷ (*contare*) (auf)zählen; **numerazione** [numerat'tsio:ne] *f* Nummerierung *f*

numerico, -a [nu'mɛ:riko] <-ci, -che> *agg* numerisch

numero ['nu:mero] *m* (MAT) Zahl *f*; (*civico, telefonico*) Nummer *f*; **~ di telefono** Telefonnummer; **sbagliare ~** (TEL) sich verwählen; **numeroso, -a** [nume'ro:so] *agg* zahlreich

nuocere ['nuɔ:tʃere] <irr> *vi* schaden

nuora ['nuɔ:ra] *f* Schwiegertochter *f*

nuotare [nuo'ta:re] *vi* schwimmen; **nuotatore, -trice** [nuota'to:re] *m, f* Schwimmer(in) *m(f)*; **nuoto** [ɔ:to] *m* Schwimmen *n*

nuova ['nuɔ:va] *f* Neuigkeit *f*

Nuova Zelanda ['nuɔ:va ddze'landa] *f* Neuseeland *n*

nuovo, -a <più nuovo, nuovissimo> *agg* neu; **di ~** nochmals

nutrice [nu'tri:tʃe] *f* Ernährerin *f*

nutriente [nutri'ɛnte] *agg* nahrhaft; **nutrimento** [nutri'mento] *m* Nahrung *f*

nutrire [nu'tri:re] **I.** *vt* nähren **II.** *vr* **-rsi** sich ernähren

nutrizione [nutrit'tsio:ne] *f* ❶ (*atto del nutrire*) Ernährung *f* ❷ (*cibo*) Nahrung *f*

nuvola ['nu:vola] *f* Wolke *f*; **nuvoloso, -a** [nuvo'lo:so] *agg* bewölkt

nuziale [nut'tsia:le] *agg* Ehe-

nylon® ['nailən] <-> *m* Nylon *n*

O

O

O, o [ɔ] <-> *f* O, o *n*

o [o] <davanti a vocale spesso od> *cong* ❶ (*oppure*) oder ❷ **~ ... ~** entweder ... oder

O. *abbr di* **ovest** W

oasi ['ɔ:azi] <-> *f* Oase *f*

obbligare [obbli'ga:re] *vt* zwingen; **obbligatorio, -a** [obbliga'tɔ:rio] <-i, -ie> *agg* obligatorisch; **obbligazione** [obbligat'tsio:ne] *f* (FIN) Obligation *f*; **obbligo** ['ɔbbligo] <-ghi> *m* Pflicht *f*; **sentirsi in ~** sich verpflichtet fühlen

obelisco [obe'lisko] <-schi> *m* Obelisk *m*

obeso, -a [o'bɛ:zo] *agg* fettleibig

obiettare [obiet'ta:re] *vt* einwenden
obiettivo [obiet'ti:vo] *m* ❶ (FOTO) Objektiv *n* ❷ (*scopo*) Ziel *n*
obiettivo, -a *agg* objektiv
obiettore, -trice [obiet'to:re] *m, f* ~ **di coscienza** Wehrdienstverweigerer *m;* **obiezione** [obiet'tsio:ne] *f* Einwand *m*
obitorio [obi'tɔ:rio] <-i> *m* Leichenschauhaus *n*
obliquo, -a [ob'li:kuo] *agg* schief
obliterare [oblite'ra:re] *vt* entwerten; **obliteratrice** [oblitera'tri:tʃe] *f* Entwerter *m*
oblò [o'blɔ] <-> *m* Bullauge *n*
oboe ['ɔ:boe] *m* Oboe *f*
oca ['ɔ:ka] <oche> *f* Gans *f*
ocarina [oka'ri:na] *f* Okarina *f*
occasionale [okkazio'na:le] *agg* Gelegenheits-; **occasione** [okka'zio:ne] *f* Gelegenheit *f;* (COM) Angebot *n*
occhiaia [ok'kia:ia] <-aie> *f* (Augen)ringe *mpl*
occhiali [ok'kia:li] *mpl* Brille *f*
occhiata [ok'kia:ta] *f* (kurzer) Blick *m*
occhiello [ok'kiɛllo] *m* Knopfloch *n*
occhio ['ɔkkio] <-chi> *m* Auge *n;* **dare nell'** ~ ins Auge fallen; **non perdere d'**~ nicht aus den Augen verlieren; **a** ~ schätzungsweise; **occhiolino** [okkio'li:no] *m* **fare l'**~ **a qu** jdm zuzwinkern
occidentale [ottʃiden'ta:le] *agg* West-; **occidente** [ottʃi'dɛnte] *m* Westen *m*
occorrenza [okkor'rɛntsa] *f* Bedarf *m;* **occorrere** [ok'korrere] <irr> *vi* **mi occorre ...** ich brauche ...
occulto, -a [ok'kulto] *agg* okkult
occupare [okku'pa:re] **I.** *vt* besetzen **II.** *vr* ❶ (*interessarsi*) **-rsi di qc** sich mit etw beschäftigen ❷ (*prendersi cura*) **-rsi di qu** sich um jdn kümmern; **occupato, -a** [okku'pa:to] *agg* ❶ (*posto*) besetzt ❷ (*affaccendato*) beschäftigt; **occupazione** [okkupat'tsio:ne] *f* ❶ (*presa di possesso*) Besetzung *f* ❷ (*impiego*) Beschäftigung *f*
oceanico, -a [otʃe'a:niko] <-ci, -che> *agg* ozeanisch; **oceano** [o'tʃɛ:ano] *m* Ozean *m*
oculare [oku'la:re] *agg* Aug(en)-
oculista [oku'lista] <-i *m*, -e *f*> *mf* Augenarzt *m*, -ärztin *f*
odiare [o'dia:re] *vt* hassen
odierno, -a [o'diɛrno] *agg* heutig
odio ['ɔ:dio] <-i> *m* Hass *m;* **odioso, -a** [o'dio:so] *agg* verhasst
odissea [odis'sɛ:a] *f* Odyssee *f*
odontoiatra [odonto'ia:tra] <-i *m*, -e *f*> *mf* Zahnarzt *m*, -ärztin *f*
odorare [odo'ra:re] *vi* ~ **di qc** nach etw riechen; **odorato** [odo'ra:to] *m* Geruch(ssinn) *m;*

odore [o'do:re] *m* ❶ Geruch *m* ❷ *pl* Gewürzkräuter *npl*

offendere [of'fɛndere] <irr> *vt* (*fig: persona*) beleidigen

offensivo, **-a** [offen'si:vo] *agg* beleidigend

offerta [of'fɛrta] *f* ❶ (*obolo*) Spende *f* ❷ (*proposta*) Angebot *n*

offesa [of'fe:sa] *f* (*fig*) Beleidigung *f*

officina [offi'tʃi:na] *f* Werkstatt *f*

offrire [of'fri:re] <irr> *vt* ❶ (*mettere a disposizione*) anbieten ❷ (*fam: pagare*) zahlen

offuscare [offus'ka:re] *vt* verdunkeln

oggettività [oddʒettivi'ta] <-> *f* Objektivität *f*; **oggettivo**, **-a** [oddʒet'ti:vo] *agg* objektiv

oggetto [od'dʒɛtto] *m* ❶ (*gener*) Gegenstand *m* ❷ (ADM) Betreff *m*

oggi ['ɔddʒi] *avv* heute; **oggigiorno** [oddʒi'dʒorno] *avv* heutzutage

ogni ['oɲɲi] *agg* jede(r, s); ~ **tre giorni** alle drei Tage; ~ **tanto** hin und wieder; **ad** ~ **modo** jedenfalls; **in** ~ **caso** in jedem Fall

Ognissanti [oɲɲis'santi] <-> *m* Allerheiligen *n*

ognuno, **-a** [oɲ'ɲu:no] <*sing*> *pron* jedermann, (ein) jeder, (eine) jede, (ein) jedes

ohimè [oi'mɛ] *int* oje

ola ['o:la] *f* (SPORT) La-Ola-Welle *f*

Olanda [o'landa] *f* Holland *n*

olandese *agg* holländisch

oleandro [ole'andro] *m* Oleander *m*

oleato, **-a** [ole'a:to] *agg* **carta -a** Ölpapier *n*

olfatto [ol'fatto] *m* Geruch(ssinn) *m*

oliare [o'lia:re] *vt* ölen

oliera [o'liɛ:ra] *f* Menage *f*

olimpiade [olim'pi:ade] *f* Olympiade *f*; **olimpico**, **-a** [o'limpiko] <-ci, -che> *agg* olympisch; **olimpionico**, **-a** [olim'piɔ:niko] <-ci, -che> *m, f* Olympionike *m*, Olympionikin *f*

olimpo [o'limpo] *m* Olymp *m*

olio ['ɔ:lio] <-i> *m* Öl *n*; ~ **di oliva/di semi** Oliven-/Keimöl *n*

oliva [o'li:va] *f* Olive *f*; **oliveto** [oli've:to] *m* Olivenhain *m*; **olivicoltore**, **-trice** [olivikol'to:re] *m, f* Olivenbauer *m*, -bäu(e)rin *f*

olmo ['olmo] *m* Ulme *f*

olocausto [olo'ka:usto] *m* Holocaust *m*

oltraggio [ol'traddʒo] <-ggi> *m* (schwere) Beleidigung *f*

oltralpe [ol'tralpe] *avv* jenseits der Alpen

oltranza [ol'trantsa] *f* **a** ~ bis zum Äußersten

oltre ['oltre] **I.** *avv* ❶ (*di tempo*) länger ❷ (*di luogo*) weiter; **andare** ~ weitergehen **II.** *prp* ❶ (*dall'altra parte di*) jenseits

+*gen* ❷ (*in più*) neben +*dat;* ~ **a** außer +*dat;* **oltremare** [oltre'ma:re] *avv* in Übersee; **oltremisura** [oltremi'zu:ra] *avv* überaus; **oltremodo** [oltre'mɔ:do] *avv* höchst; **oltrepassare** [oltrepas'sa:re] *vt* (*a fig*) überschreiten; **oltretomba** [oltre'tomba] <-> *m* Jenseits *n*

omaggio [o'maddʒo] <-ggi> *m* (Werbe)geschenk *n;* **Le porgo i miei -ggi** meine Empfehlung;

ombelico [ombe'li:ko] <-chi> *m* (Bauch)nabel *m*

ombra ['ombra] *f* Schatten *m;* **restare nell'~** (*fig*) im Dunkeln bleiben; **senz'~ di dubbio** zweifellos

ombrello [om'brɛllo] *m* Schirm *m;* **ombrellone** [ombrel'lo:ne] *m* (großer) Sonnenschirm *m*

ombretto [om'bretto] *m* Lidschatten *m;* **ombroso, -a** [om'bro:so] *agg* schattig

omelia [ome'li:a] <-ie> *f* (REL) Homilie *f*

omeopatia [omeopa'ti:a] <-ie> *f* Homöopathie *f;* **omeopatico, -a** [omeo'pa:tiko] <-ci, -che> *agg* homöopathisch

omero ['ɔ:mero] *m* (ANAT) Oberarmknochen *m*

omertà [omer'ta] <-> *f* Schweigepflicht *f*

omettere [o'mettere] <irr> *vt* weglassen

omicida [omi'tʃi:da] <-i *m*, -e *f*> *mf* Mörder(in) *m(f);* **omicidio** [omi'tʃi:dio] <-i> *m* Mord *m*

omissione [omis'sio:ne] *f* Auslassung *f*

omogeneità [omodʒenei'ta] <-> *f* Homogenität *f*

omogeneizzati [omodʒeneid'dza:ti] *mpl* (Kinder)fertignahrung *f*

omogeneo, -a [omo'dʒɛ:neo] *agg* homogen

omosessuale [omosessu'a:le] **I.** *agg* homosexuell **II.** *mf* Homosexuelle(r) *f(m)*

onanismo [ona'nizmo] *m* Onanie *f*

oncia ['ontʃa] <-ce> *f* Unze *f*

onda ['onda] *f* Welle *f;* **ondata** [on'da:ta] *f* Sturzwelle *f;* **ondeggiare** [onded'dʒa:re] *vi* (*a fig*) schwanken

ondulato, -a [ondu'la:to] *agg* wellig

onere ['ɔ:nere] *m* Last *f*

onestà [ones'ta] <-> *f* Ehrlichkeit *f;* **onesto, -a** [o'nɛsto] *agg* ehrlich

onice ['ɔ:nitʃe] *m* Onyx *m*

onirico, -a [o'ni:riko] <-ci, -che> *agg* Traum-

onni- [onni] (*in parole composte*) All(es)-

onnipotente [onnipo'tɛnte] *agg* allmächtig

onomastica [ono'mastika] <-che> *f* Namenkunde *f*

onomastico [ono'mastiko] *m* Namenstag *m*

onorare [ono'ra:re] *vt* ehren

onorario [ono'ra:rio] *m* Honorar *n*

onorario, -a <-i, -ie> *agg* Ehren-

onore [o'no:re] *m* Ehre *f*; **in ~ di** zu Ehren von; **onorevole** [ono're:vole] *mf* Abgeordnete(r) *f(m)* des Parlaments

O.N.U. ['ɔ:nu] *f abbr di* **Organizzazione delle Nazioni Unite** UNO *f*

opaco, -a [o'pa:ko] <-chi, -che> *agg* matt

opera ['ɔ:pera] *f* ❶ (*azione*) Arbeit *f*; (*prodotto*) Werk *n* ❷ (MUS) Oper *f*

operaio, -a [ope'ra:io] <-ai, -aie> *agg* Arbeiter-

operare [ope'ra:re] *vt* ❶ (*fare*) bewirken ❷ (MED) operieren

operato, -a *agg* (MED) operiert

operatore, -trice [opera'to:re] *m, f* Arbeiter(in) *m(f)*

operazione [operat'tsio:ne] *f* ❶ (MED, MIL, MAT) Operation *f* ❷ (*azione*) Aktion *f*

operetta [ope'retta] *f* Operette *f*

opinione [opi'nio:ne] *f* Meinung *f*

oppio ['ɔppio] <-i> *m* Opium *n*

opporre [op'porre] <irr> **I.** *vt* entgegenhalten; **~ resistenza** Widerstand leisten **II.** *vr* **-rsi a qu/qc** sich jdm/etw widersetzen

opportunista [opportu'nista] <-i *m*, -e *f*> *mf* Opportunist(in) *m(f)*

opportunità [opportuni'ta] <-> *f* (günstige) Gelegenheit *f*; **opportuno, -a** [oppor'tu:no] *agg* zweckmäßig

opposto [op'posto] *m* Gegenteil *n*

opposto, -a *agg* gegenüberliegend

oppressione [oppres'sio:ne] *f* Unterdrückung *f*

opprimente [oppri'mɛnte] *agg* (*caldo*) unerträglich; **opprimere** [op'pri:mere] <irr> *vt* unterdrücken

oppure [op'pu:re] *cong* ❶ (*o*) oder ❷ (*altrimenti*) sonst

optional(s) ['ɔpʃənəl(s)] *mpl* Sonderausstattung *f*

opuscolo [o'puskolo] *m* Heft *n*

opzione [op'tsio:ne] *f* Option *f*

ora[1] ['o:ra] *avv* (*adesso*) jetzt; **prima d'~** zuvor; **or ~** soeben

ora[2] *f* ❶ (*nelle indicazioni temporali*) Uhr *f*; **che ~ è? – è l'una** wieviel Uhr ist es? – es ist ein Uhr ❷ (*unità, spazio*) Stunde *f*; **tra mezz'~** in einer halben Stunde; **per -e e -e** stundenlang; **~ straordinaria** Überstunde *f*

oracolo [o'ra:kolo] *m* Orakel *n*

orafo, -a ['ɔ:rafo] *m, f* Goldschmied(in) *m(f)*

orale [o'ra:le] *agg* oral

orario [o'ra:rio] <-i> *m* Zeitplan

m; (FERR) Fahrplan *m;* ~ **degli arrivi/delle partenze** Ankunfts-/Abfahrtszeiten *fpl*
orario, **-a** <-i, -ie> *agg* Stunden-; **disco** ~ Parkscheibe *f*
orata [o'ra:ta] *f* Goldbrasse *f*
oratore, **-trice** [ora'to:re] *m, f* Redner(in) *m(f)*
orbita ['ɔrbita] *f* Bahn *f*
orbo, **-a** ['ɔrbo] *agg* blind
orca ['ɔrka] <-che> *f* Schwertwal *m*
orchestra [or'kɛstra] *f* Orchester *n*
orchidea [orki'dɛ:a] *f* Orchidee *f*
orco ['ɔrko] <-chi> *m* Orkus *m*
ordinale [ordi'na:le] *agg* Ordinal-
ordinamento [ordina'mento] *m* Ordnung *f*
ordinanza [ordi'nantsa] *f* (ADM) Verordnung *f*
ordinare [ordi'na:re] *vt* ❶ (*mettere in ordine*) aufräumen ❷ (*comandare*) befehlen
ordinario [ordi'na:rio] <-i> *m* Übliche(s) *n*
ordinario, **-a** <-i, -ie> *agg* üblich
ordinato, **-a** [ordi'na:to] *agg* ordentlich
ordinazione [ordinat'tsio:ne] *f* (COM) Bestellung *f*
ordine ['ordine] *m* Ordnung *f*; **mettere in** ~ aufräumen
orecchino [orek'ki:no] *m* Ohrring *m*
orecchio [o'rekkio] <-cchi *m*, -cchie *f*> *m* Ohr *n*
orecchioni [orek'kio:ni] *mpl* (*fam*) Mumps *m*
orefice [o're:fitʃe] *mf* Juwelier(in) *m(f)*; **oreficeria** [orefitʃe'ri:a] <-ie> *f* Juwelierladen *m*
orfano, **-a** ['ɔrfano] *agg* Waisen-; **orfanotrofio** [orfano'trɔ:fio] <-i> *m* Waisenhaus *n*
organico [or'ga:niko] <-ci> *m* Personal *n*
organico, **-a** <-ci, -che> *agg* organisch
organismo [orga'nizmo] *m* Organismus *m*
organizzare [organid'dza:re] *vt* organisieren; **organizzatore**, **-trice** [organiddza'to:re] *m, f* Veranstalter(in) *m(f)*; **organizzazione** [organiddzat'tsio:ne] *f* Organisation *f*
organo ['ɔrgano] *m* Organ *n*
orgasmo [or'gazmo] *m* Orgasmus *m*
orgia ['ɔrdʒa] <-ge> *f* Orgie *f*
orgoglio [or'goʎʎo] <-gli> *m* Stolz *m;* **orgoglioso**, **-a** [orgoʎ'ʎo:so] *agg* stolz
orientale [orien'ta:le] **I.** *agg* Ost- **II.** *mf* Orientale *m*, Orientalin *f*
orientamento [orienta'mento] *m* Orientierung *f*
orientare [orien'ta:re] **I.** *vt* ~ **qc a sud/nord/verso l'alto** etw nach Süden/Norden/oben rich-

ten **II.** *vr* **-rsi** sich orientieren
oriente [o'riɛnte] *m* Osten *m*
origami [ori'gami] <-> *m* Origami *n*
origano [o'ri:gano] *m* Oregano *m*
originale [oridʒi'na:le] *agg* Original-; **originalità** [oridʒinali'ta] <-> *f* Originalität *f*
originario, -a [oridʒi'na:rio] <-i, -ie> *agg* (ab)stammend
origine [o'ri:dʒine] *f* ❶ (*momento*) Ursprung *m* ❷ (*provenienza*) Herkunft *f*
origliare [oriʎ'ʎa:re] *vi* lauschen
orina [o'ri:na] *f* Urin *m*; **orinare** [ori'na:re] *vi* urinieren
orizzontale [oriddzon'ta:le] *agg* waagerecht; **orizzontarsi** [oriddzon'tarsi] *vr* sich orientieren
orizzonte [orid'dzonte] *m* (*a fig*) Horizont *m*
orlo ['orlo] *m* ❶ (*margine*) Rand *m* ❷ (*di tessuto*) Saum *m*
orma ['orma] *f* ❶ (*di persona*) Spur *f* ❷ (*di animale*) Fährte *f*
ormai [or'ma:i] *avv* ❶ (*ora*) nun ❷ (*già*) schon
ormeggio [or'meddʒo] <-ggi> *m* Verankerung *f*
ormonale [ormo'na:le] *agg* Hormon-; **ormone** [or'mo:ne] *m* Hormon *n*
ornamento [orna'mento] *m* Ornament *n*
ornare [or'na:re] *vt* (aus)schmücken
oro ['ɔ:ro] *m* Gold *n*
orologeria [orolodʒe'ri:a] <-ie> *f* Uhrmacherhandwerk *n*; **orologiaio, -a** [orolod'dʒa:io] <-giai, -giaie> *m, f* Uhrmacher(in) *m(f)*
orologio [oro'lɔ:dʒo] <-gi> *m* Uhr *f*; ~ **da polso/da tasca** Armband-/Taschenuhr *f*
oroscopo [o'rɔskopo] *m* Horoskop *n*
orrendo, -a [or'rɛndo] *agg* schrecklich
orribile [or'ri:bile] *agg* schrecklich
orrido, -a *agg* schrecklich
orrore [or'ro:re] *m* Entsetzen *n*
orsa ['orsa] *f* Bärin *f*; **orsacchiotto** [orsak'kiɔtto] *m* Plüschbär *m*; **orso** ['orso] *m* Bär *m*
ortaggio [or'taddʒo] <-ggi> *m* Gemüse *n*
ortensia [or'tɛnsia] <-ie> *f* Hortensie *f*
ortica [or'ti:ka] <-che> *f* Brennnessel *f*
orto ['ɔrto] *m* Gemüsegarten *m*
ortodosso, -a [orto'dɔsso] *agg* orthodox
ortofrutticolo, -a [ortofrut'ti:kolo] *agg* Obst- und Gemüse-
ortografia [ortogra'fi:a] *f* Rechtschreibung *f*; **ortografico, -a** [orto'gra:fiko] <-ci, -che> *agg*

Rechtschreib-
ortolano, -a [orto'la:no] *m, f* Gemüsegärtner(in) *m(f)*
ortopedico, -a [orto'pɛ:diko] <-ci, -che> *agg* orthopädisch
orzaiolo [ordza'iɔ:lo] *m* Gerstenkorn *n*
orzata [or'dza:ta] *f* Mandelmilch *f*
orzo ['ɔrdzo] *m* Gerste *f*
osanna [o'zanna] *int* hosianna
osare [o'za:re] *vt* wagen
oscenità [oʃʃeni'ta] <-> *f* Obszönität *f*; **osceno, -a** [oʃ'ʃɛ:no] *agg* obszön
oscillare [oʃʃil'la:re] *vi* schwanken
oscurare [osku'ra:re] *vt* verdunkeln
oscurità [oskuri'ta] <-> *f* Dunkelheit *f*
oscuro, -a *agg* finster
ospedale [ospe'da:le] *m* Krankenhaus *n*, Spital *n A*; **ospedaliero, -a** [ospeda'liɛ:ro] *agg* Krankenhaus-, Spitals- *A*
ospitale [ospi'ta:le] *agg* gastfreundlich; **ospitalità** [ospitali'ta] <-> *f* Gastfreundschaft *f*
ospitare [ospi'ta:re] *vt* zu Gast haben; **ospite** ['ɔspite] *mf* Gast *m*
ospizio [os'pittsio] <-i> *m* Heim *n*
ossatura [ossa'tu:ra] *f* Skelett *n*; **osseo, -a** ['ɔsseo] <-ei, -ee> *agg* Knochen-
osservare [osser'va:re] *vt* beobachten; **osservatorio** [osserva'tɔ:rio] <-i> *m* Observatorium *n*
osservazione [osservat'tsio:ne] *f* ❶ (*atto*) Beobachtung *f* ❷ (*considerazione critica*) Betrachtung *f*
ossessione [osses'sio:ne] *f* Besessenheit *f*; **ossessivo, -a** [osses'si:vo] *agg* quälend
ossia [os'si:a] *cong* oder (besser gesagt)
ossidare [ossi'da:re] *vt, vr* **-rsi** oxydieren; **ossido** ['ɔssido] *m* Oxyd *n*
ossigenare [ossidʒe'na:re] *vt* mit Sauerstoff anreichern
ossigeno [os'si:dʒeno] *m* Sauerstoff *m*
osso ['ɔsso] <*pl*: -a *f*> *m* (ANAT) Knochen *m*
ossobuco [osso'bu:ko] <ossibuchi> *m geschmorte Kalbshaxe*
ostacolare [ostako'la:re] *vt* behindern; **ostacolo** [os'ta:kolo] *m* Hindernis *n*
ostaggio [os'taddʒo] <-ggi> *m* Geisel *f*
oste, -essa ['ɔste] *m, f* (Gast)wirt(in) *m(f)*
ostello [os'tɛllo] *m* Herberge *f*
osteria [oste'ri:a] <-ie> *f* Gaststätte *f*
ostetrica [os'tɛ:trika] <-che> *f* Hebamme *f*

ostia ['ɔstia] <-ie> *f* Hostie *f*
ostile [os'ti:le] *agg* feindlich
ostinato, -a [osti'na:to] *agg* hartnäckig
ostrica ['ɔstrika] <-che> *f* Auster *f*
ostruire [ostru'i:re] *vt* verstopfen
ostruzionismo [ostruttsio'nizmo] *m* Obstruktion *f*
otite [o'ti:te] *f* Ohrenentzündung *f*
otorinolaringoiatra [otorinolariŋgo'ia:tra] <-i *m*, -e *f*> *mf* Hals-Nasen-Ohren-Arzt *m*, -Ärztin *f*
ottagonale [ottago'na:le] *agg* achteckig; **ottagono** [ot'ta:gono] *m* Oktagon *n*
ottanta [ot'tanta] *num* achtzig
ottantesimo, -a *agg* achtzigste(r, s)
ottantina [ottan'ti:na] *f* **una ~ (di …)** (etwa) achtzig (…)
ottavo, -a *m, f* Achte(r, s) *mfn*
ottenere [otte'ne:re] <irr> *vt* ❶ (*conseguire*) erreichen ❷ (*ricevere*) erhalten
ottica ['ɔttika] <-che> *f* Optik *f*
ottico ['ɔttiko] <-ci> *m* Optiker *m*
ottico, -a <-ci, -che> *agg* optisch; **lettore ~** (INFORM) Lesestift *m*
ottimale [otti'ma:le] *agg* optimal
ottimismo [otti'mizmo] *m* Optimismus *m*; **ottimista** [otti'mista] <-i *m*, -e *f*> *agg* optimistisch
ottimo, -a *agg* ❶ (*il più buono*) beste(r, s) ❷ (*molto buono*) sehr gut
otto ['ɔtto] *num* acht; **~ volante** Achterbahn *f*
ottobre [ot'to:bre] *m* Oktober *m*
ottocento [otto'tʃɛnto] **I.** *num* achthundert **II.** *m* **l'Ottocento** das neunzehnte Jahrhundert
ottomano, -a [otto'ma:no] *m, f* Osmane *m*, Osmanin *f*
ottone [ot'to:ne] *m* ❶ Messing *n* ❷ *pl* (MUS) Blechblasinstrumente *npl*
otturare [ottu'ra:re] *vt* füllen; **otturazione** [otturat'tsio:ne] *f* Füllung *f*
ottuso, -a [ot'tu:zo] *agg* (MAT) stumpf; (*suono*) dumpf
ovaio [o'va:io] <*pl:* -aia *f*> *m* Eierstock *m*
ovale [o'va:le] *agg* oval
ovatta [o'vatta] *f* Watte *f*
overdose ['ouvədous] <overdosi> *f* Überdosis *f*
ovest ['ɔ:vest] *m* Westen *m*
ovile [o'vi:le] *m* Schafstall *m*
ovino [o'vi:no] *m* Schaf *n*
ovino, -a *agg* Schaf-
ovulazione [ovulat'tsio:ne] *f* Eisprung *m*; **ovulo** ['ɔ:vulo] *m* Eizelle *f*
ovunque [o'vuŋkue] *avv* überall
ovvero [ov've:ro] *cong* oder

(auch)
ovvio, **-a** ['ɔvvio] <-i, -ie> *agg* selbstverständlich
ozio ['ɔttsio] <-i> *m* Müßiggang *m*
ozono [od'dzɔ:no] *m* Ozon *n*

P

P, p [pi] <-> *f* P, p *n*
p. *abbr di* **pagina** S.
pacchetto [pak'ketto] *m* Päckchen *n*
pacco ['pakko] <-cchi> *m* Paket *n*
pace ['pa:tʃe] *f* Frieden *m*
pacifico, **-a** [pa'tʃi:fiko] <-ci, -che> *agg* ❶ (*uomo*) friedlich ❷ (*oceano*) **il Pacifico** der Pazifik
padano, **-a** [pa'da:no] *agg* **pianura -a** Poebene *f*
padella [pa'dɛlla] *f* (Brat)pfanne *f*
padiglione [padiʎ'ʎo:ne] *m* Halle *f*
padre ['pa:dre] *m* Vater *m*
padrino [pa'dri:no] *m* (Tauf)pate *m*
padrone, **-a** [pa'dro:ne] *m, f* ❶ (*proprietario*) Eigentümer(in) *m(f)* ❷ (*datore di lavoro*) Arbeitgeber(in) *m(f)*
paesaggio [pae'zaddʒo] <-ggi> *m* Landschaft *f*
paesano, **-a** [pae'za:no] *agg* dörflich
paese [pa'e:ze] *m* ❶ (*nazione*) Land *n* ❷ (*villaggio*) Dorf *n*
pag. *abbr di* **pagina** S.
paga ['pa:ga] <-ghe> *f* Lohn *m*; **pagabile** [pa'ga:bile] *agg* (be)zahlbar
pagaia [pa'ga:ia] <-aie> *f* Paddel *n*
pagamento [paga'mento] *m* (Be)zahlung *f*
paganesimo [paga'ne:zimo] *m* Heidentum *n*; **pagano**, **-a** [pa'ga:no] *agg* heidnisch
pagare [pa'ga:re] *vt* (be)zahlen
pagella [pa'dʒɛlla] *f* (Schul)zeugnis *n*
paghetta [pa'getta] *f* Taschengeld *n*
pagina ['pa:dʒina] *f* Seite *f*; **~ web** (INFORM) Webseite *f*
paglia ['paʎʎa] <-glie> *f* Stroh *n*
pagliaccetto [paʎʎat'tʃetto] *m* ❶ (*per bambini*) Strampelhose *f* ❷ (*per donna*) Body(stocking) *m*
pagliuzza [paʎ'ʎuttsa] *f* Strohhalm *m*
pagnotta [paŋ'ŋɔtta] *f* Rundbrot *n*
paio <paia *pl*> *f m* Paar *n*
Pakistan [pakis'tan] *m* Pakistan *n*; **pakistano**, **-a** [pakis'ta:no] *agg* pakistanisch

pala ['pa:la] *f* Schaufel *f*
palanca [pa'laŋka] <-che> *f* Balken *m*
Palatinato [palati'na:to] *m* Pfalz *f;* **Renania-~** Rheinland-Pfalz *n*
palato [pa'la:to] *m* Gaumen *m*
palazzina [palat'tsi:na] *f* Mehrfamilienhaus *n;* **palazzo** [pa'lattso] *m* Palast *m;* (*condominio*) Wohnhaus *n*
palco ['palko] <-chi> *m* Loge *f*
palcoscenico [palkoʃ'ʃɛ:niko] <-ci> *m* Bühne *f*
Palermo *f Hauptstadt Siziliens*
palestra [pa'lɛstra] *f* Turnhalle *f*
paletta [pa'letta] *f* kleine Schaufel
paletto [pa'letto] *m* Pflock *m*
palio ['pa:lio] <-i> *m* Pferderennen *n*
palla ['palla] *f* ❶ Ball *m* ❷ *pl* (*vulg*) Eier *npl;* **che -e!** wie langweilig!; **pallacanestro** [pallaka'nɛstro] *f* Basketball *m;* **pallamano** [palla'ma:no] *f* Handball *m;* **pallanuoto** [palla'nuɔ:to] *f* Wasserball *m;* **pallavolo** [palla'vo:lo] *f* Volleyball *m*
pallido, -a ['pallido] *agg* blass
palloncino [pallon'tʃi:no] *m* (Luft)ballon *m*
pallone [pal'lo:ne] *m* Lederball *m*
pallottola [pal'lɔttola] *f* Kugel *f*
palma ['palma] *f* Palme *f*
palmare [pal'ma:re] *m* (*computer*) Palmtop *m*
palmo ['palmo] *m* (*della mano*) Handfläche *f*
palo ['pa:lo] *m* Pfahl *m*
palombaro [palom'ba:ro] *m* Froschmann *m*
palpare [pal'pa:re] *vt* betasten
palpebra ['palpebra] *f* (Augen)lid *n*
palpitare [palpi'ta:re] *vi* zucken; **palpito** ['palpito] *m* Herzschlag *m*
palude [pa'lu:de] *f* Sumpf *m;* **paludoso, -a** [palu'do:so] *agg* sumpfig
panca ['paŋka] <-che> *f* (Sitz)bank *f*
pancarré [paŋkar're] <-> *m* Toastbrot *n*
pancetta [pan'tʃetta] *f* (GASTR) Bauchspeck *m*
panchina [paŋ'ki:na] *f* (Garten)bank *f*
pancia ['pantʃa] <-ce> *f* Bauch *m;* **panciotto** [pan'tʃɔtto] *m* Weste *f*
pancreas ['paŋkreas] <-> *m* Bauchspeicheldrüse *f*
pandolce [pan'doltʃe] *m Hefegebäck aus Genua*
pandoro [pan'dɔ:ro] *m Weinachtshefegebäck aus Verona*
pane ['pa:ne] *m* Brot *n*
panetteria [panette'ri:a] <-ie> *f* Bäckerei *f;* **panettiere, -a** [panet'tiɛ:re] *m, f* Bäcker(in) *m(f)*

P

panettone [panet'to:ne] *m* *Weihnachtshefenapfkuchen aus Mailand*

panforte [pan'fɔrte] *m* *Früchte- und Mandelbrot aus Siena*

pangrattato [paŋgrat'ta:to] *m* Semmelbrösel *mpl*

panico ['pa:niko] *m* Panik *f*

paniere [pa'niɛ:re] *m* Korb *m*

panificio [pani'fi:tʃo] <-ci> *m* Bäckerei *f*

panino [pa'ni:no] *m* Brötchen *n*

panna ['panna] *f* Sahne *f*, Obers *n A*

panne [pan] <-> *f* **essere in ~** eine Autopanne haben

pannello [pan'nɛllo] *m* Paneel *n*

panno ['panno] *m* ❶ (*tessuto*) Tuch *n* ❷ *pl* (*biancheria*) Wäsche *f*

pannocchia [pan'nɔkkia] <-cchie> *f* Rispe *f*

pannolino [panno'li:no] *m* Windel *f*

panorama [pano'ra:ma] <-i> *m* Rundblick *m*; (*fig*) Überblick *m*

pantaloncini [pantalon'tʃi:ni] *mpl* Shorts *pl*

pantaloni [panta'lo:ni] *mpl* Hose *f*

pantano [pan'ta:no] *m* Sumpf *m*

pantera [pan'tɛ:ra] *f* Panther *m*

pantofola [pan'tɔ:fola] *f* Pantoffel *m*, Patschen *m A*

papa ['pa:pa] <-i> *m* Papst *m*

papà [pa'pa] <-> *m* Papa *m*

papavero [pa'pa:vero] *m* Mohn *m*

papera ['pa:pera] *f* Gans *f*

pappa ['pappa] *f* Brei *m*

pappagallo [pappa'gallo] *m* Papagei *m*

pappare [pap'pa:re] *vt* (*fam*) mampfen

paprica ['pa:prika] <-che> *f* Paprikagewürz *n*

parabolico, -a [para'bɔ:liko] <-ci, -che> *agg* **antenna -a** Satellitenschüssel *f*

parabrezza [para'breddza] <-> *m* Windschutzscheibe *f*

paracadute [paraka'du:te] <-> *m* Fallschirm *m*

paracarro [para'karro] *m* Leitplanke *f*

paradiso [para'di:zo] *m* (*a fig*) Paradies *n*

paradossale [parados'sa:le] *agg* paradox

parafango [para'faŋgo] <-ghi> *m* Kotflügel *m*

parafulmine [para'fulmine] *m* Blitzableiter *m*

paragonare [parago'na:re] *vt* vergleichen; **paragone** [para'go:ne] *m* Vergleich *m*

paragrafo [pa'ra:grafo] *m* ❶ (*di libro*) Abschnitt *m* ❷ (*segno*) Paragraph *m*

paralisi [pa'ra:lizi] <-> *f* Lähmung *f*; **paralizzare** [paralid'dza:re] *vt* lähmen

parallela [paral'lɛ:la] *f* ❶ (MAT) Parallele *f* ❷ *pl* (SPORT) Barren *m*

parallelo [paral'lɛ:lo] *m* (GEOG) Breitenkreis *m*
parallelo, -a *agg* Parallel-
paralume [para'lu:me] *m* Lampenschirm *m*
parametro [pa'ra:metro] *m* Parameter *m*
paraocchi [para'ɔkki] <-> *m* Scheuklappe *f*
parapendio [parapen'di:o] <-> *m* Gleitschirm *m*
parapetto [para'pɛtto] *m* Geländer *n*
parare [pa'ra:re] *vt* (*colpo*) abwehren; (SPORT) abfangen
parassita [paras'si:ta] <-i *m*, -e *f*> *mf* Parasit *m*
parata [pa'ra:ta] *f* ❶ (*calcio*) Abwehr *f* ❷ (MIL) (Militär)parade *f*
paraurti [para'urti] <-> *m* (AUTO) Stoßstange *f*
parcella [par'tʃɛlla] *f* (*delle spese*) Honorarforderung *f*
parcheggiare [parked'dʒa:re] *vt* parken; **parcheggio** [par'keddʒo] <-ggi> *m* Parkplatz *m*
parchimetro [par'ki:metro] *m* Parkuhr *f*
parco ['parko] <-chi> *m* Park *m*
parco, -a <-chi, -che> *agg* sehr genügsam
pardon [par'dɔ̃] *int* Pardon
parecchio [pa'rekkio] *avv* ziemlich
parecchio, -a <-cchi, -cchie> *agg* (ziemlich) viel
pareggiare [pared'dʒa:re] *vt* ausgleichen; **pareggio** [pa'reddʒo] <-ggi> *m* Ausgleich *m*
parente [pa'rɛnte] *mf* Verwandte(r) *f(m)*; **parentela** [paren'tɛ:la] *f* Verwandtschaft *f*
parentesi [pa'rɛntezi] <-> *f* Klammer *f*
parere[1] [pa're:re] <irr> *vi* (*impersonale*) **a quanto pare** wie es scheint
parere[2] *m* Meinung *f*; **a mio ~** meiner Meinung nach
parete [pa're:te] *f* Wand *f*
pari ['pa:ri] <inv> *agg* ❶ (*uguale*) gleich ❷ (*numero*) gerade ❸ (SPORT) unentschieden
Parigi [pa'ri:dʒi] *f* Paris *n*
pariglia [pa'riʎʎa] <-glie> *f* Gespann *n*
parità [pari'ta] <-> *f* ❶ (*uguaglianza*) Gleichheit *f* ❷ (SPORT) Unentschieden *n*
parlamentare [parlamen'ta:re] *mf* Abgeordnete(r) *f(m)*; **parlamento** [parla'mento] *m* Parlament *n*; **Parlamento europeo** Europäisches Parlament
parlare [par'la:re] *vi* sprechen
parlata [par'la:ta] *f* Redeweise *f*
parlatorio [parla'tɔ:rio] <-i> *m* Besuchszimmer *n*
parmigiano [parmi'dʒa:no] *m* Parmesankäse *m*
parodia [paro'di:a] <-ie> *f* Pa-

P

rodie *f*
parola [pa'rɔ:la] *f* Wort *n;* **parolaccia** [paro'lattʃa] <-cce> *f* Schimpfwort *n*
parrocchia [par'rɔkkia] <-ie> *f* Pfarrei *f;* **parroco** ['parroko] <-ci> *m* Pfarrer *m*
parrucca [par'rukka] <-cche> *f* Perücke *f;* **parrucchiere, -a** [parruk'kiɛ:re] *m, f* (Damen)friseur *m,* -friseuse *f*
parte ['parte] *f* ❶ (*pezzo, settore*) Teil *n* ❷ (*lato*) Seite *f*
partecipante [partetʃi'pante] *mf* Teilnehmer(in) *m(f);* **partecipare** [partetʃi'pa:re] *vi* ~ **a qc** an etw *dat* teilnehmen; **partecipazione** [partetʃi'pat'tsio:ne] *f* ❶ (*di matrimonio*) Anzeige *f* ❷ (*intervento*) Teilnahme *f*
partenza [par'tɛntsa] *f* Abreise *f*
particella [parti'tʃɛlla] *f* Partikel *f*
particolare [partiko'la:re] **I.** *m* Detail *n* **II.** *agg* besondere(r, s)
partire [par'ti:re] *vi* abreisen; (*con l'aereo*) abfliegen; (*con il treno*) abfahren
partita [par'ti:ta] *f* ❶ (SPORT) Spiel *n* ❷ (COM) Partie *f*
partito [par'ti:to] *m* Partei *f*
parto ['parto] *m* Entbindung *f;* **partorire** [parto'ri:re] *vt* gebären
parziale [par'tsia:le] *agg* Teil-
pascolo ['paskolo] *m* Weide *f*
Pasqua ['paskua] *f* Ostern *n;* **pasquetta** [pas'kuetta] *f* Ostermontag *m*
passabile [pas'sa:bile] *agg* annehmbar
passaggio [pas'saddʒo] <-ggi> *m* ❶ (*strada*) Durchgang *m* ❷ (*fig*) Übergang *m*
passante [pas'sante] *mf* Passant(in) *m(f)*
passaporto [passa'pɔrto] *m* (Reise)pass *m*
passare [pas'sa:re] **I.** *vi* ❶ (*attraversare*) ~ **per** gehen durch; (*veicoli*) fahren durch; ~ **da** fahren über ❷ (*venire*) ~ **da qu** bei jdm vorbeikommen ❸ (*trascorrere*) vergehen ❹ (*dolore*) vergehen **II.** *vt* ❶ (*attraversare*) überqueren ❷ (*porgere*) reichen ❸ (*tempo*) verbringen ❹ (*esame*) bestehen
passatempo [passa'tɛmpo] *m* Zeitvertreib *m*
passato [pas'sa:to] *m* Vergangenheit *f*
passato, -a *agg* vergangen
passeggero, -a [passed'dʒɛ:ro] **I.** *agg* vorübergehend **II.** *m, f* Reisende(r) *f(m)*
passeggiare [passed'dʒa:re] *vi* spazieren (gehen); **passeggiata** [passed'dʒa:ta] *f* Spaziergang *m*
passeggino [passed'dʒi:no] *m* Kinderwagen *m*
passeggio [pas'seddʒo] <-ggi>

m Spaziergang *m*
passerella [passe'rɛlla] *f* Steg *m*
passero, -a ['passero] *m, f* Spatz *m*
passione [pas'sio:ne] *f* ❶ (*sofferenza*) Schmerz *m* ❷ (*amore*) Leidenschaft *f*
passivo [pas'si:vo] *m* ❶ (LING) Passiv *n* ❷ (COM) **chiudere in ~** mit Verlust abschließen
passo ['passo] *m* ❶ (*movimento*) Schritt *m* ❷ (*passaggio*) **~ carrabile** Einfahrt *f* ❸ (*valico*) Pass *m*
password ['pa:swə:d] <-> *f* (INFORM) Passwort *n*
pasta ['pasta] *f* ❶ (*impasto*) Teig *m* ❷ (*alimentare*) Nudeln *fpl;* **pastasciutta** [pastaʃ'ʃutta] *f* Nudelgericht *n*
pastello [pas'tɛllo] *m* Pastellstift *m*
pasticceria [pastittʃe'ri:a] <-ie> *f* Konditorei *f*
pasticciere, -a [pastit'tʃɛ:re] *m, f* Feinbäcker(in) *m(f)*, Zuckerbäcker(in) *m(f) A;* **pasticcino** [pastit'tʃi:no] *m* Feingebäck *n*, Bäckerei *f A*
pasticcio [pas'tittʃo] <-cci> *m* ❶ (GASTR) Pastete *f* ❷ (*fig: guaio*) Schlamassel *m*
pastiglia [pas'tiʎʎa] <-glie> *f* Tablette *f*
pasto ['pasto] *m* Mahlzeit *f*
pastore, -a [pas'to:re] *m, f* Hirte, Hirtin *m, f*
pastorizzare [pastorid'dza:re] *vt* pasteurisieren
patata [pa'ta:ta] *f* Kartoffel *f*, Erdapfel *m A*
patente [pa'tɛnte] *f* (*di guida*) Führerschein *m*
paternità [paterni'ta] <-> *f* Vaterschaft *f;* **paterno, -a** [pa'tɛrno] *agg* väterlich
patetico, -a [pa'tɛ:tiko] <-ci, -che> *agg* pathetisch
patire [pa'ti:re] *vt* (er)leiden; **patito, -a** [pa'ti:to] *m, f* Fan *m*
patologia [patolo'dʒi:a] <-gie> *f* Pathologie *f*
patria ['pa:tria] <-ie> *f* Heimat *f*
patriarca [patri'arka] <-chi> *m* Patriarch *m*
patrimonio [patri'mɔ:nio] <-i> *m* Vermögen *n*
patriota [patri'ɔ:ta] <-i *m*, -e *f*> *mf* Patriot(in) *m(f)*
patronato [patro'na:to] *m* Patronat *n;* **patrono, -a** [pa'trɔ:no] *m, f* Schutzpatron(in) *m(f)*
pattinare [patti'na:re] *vi* (*a rotelle*) Rollschuh laufen; (*su ghiaccio*) Schlittschuh laufen; **pattino** ['pattino] *m* (*a rotelle*) Rollschuh *m;* (*da ghiaccio*) Schlittschuh *m;* **-i in linea** Inline-Skater *mpl*
patto ['patto] *m* Vereinbarung *f*
pattuglia [pat'tuʎʎa] <-glie> *f* Patrouille *f*
pattumiera [pattu'miɛ:ra] *f* Ab-

P

falleimer *m*

paura [pa'u:ra] *f* Angst *f;* **pauroso, -a** [pau'ro:so] *agg* ❶ (*spaventoso*) Angst erregend ❷ (*timoroso*) ängstlich

pausa ['pa:uza] *f* Pause *f*

pavimento [pavi'mento] *m* Fußboden *m*

pavone [pa'vo:ne] *m* Pfau *m*

paziente [pat'tsiɛnte] **I.** *agg* geduldig **II.** *mf* Patient(in) *m(f);* **pazienza** [pat'tsiɛntsa] *f* Geduld *f*

pazzia [pat'tsi:a] <-ie> *f* ❶ (MED) Wahnsinn *m* ❷ (*azione*) Verrücktheit *f;* **pazzo, -a** ['pattso] *agg* wahnsinnig

PC <-> *m abbr di* **personal computer** PC *m*

peccare [pek'ka:re] *vi* sündigen; **peccato** [pek'ka:to] *m* Sünde *f*

pece ['pe:tʃe] *f* Pech *n*

Pechino [pe'ki:no] *f* Peking *n*

pecora ['pɛ:kora] *f* Schaf *n*

pecorino [peko'ri:no] *m* Schaf(s)käse *m*

peculiarità [pekuliari'ta] <-> *f* Besonderheit *f*

pedaggio [pe'daddʒo] <-ggi> *m* Straßengebühr *f*

pedagogia [pedago'dʒi:a] <-gie> *f* Pädagogik *f*

pedalare [peda'la:re] *vi* in die Pedale treten; **pedale** [pe'da:le] *m* Pedal *n*

pedalò [peda'lo] <-> *m* Tretboot *n*

pedana [pe'da:na] *f* Fußbrett *n*

pedata [pe'da:ta] *f* Fußtritt *m*

pediatra [pe'dia:tra] <-i *m*, -e *f*> *mf* Kinderarzt *m*, -ärztin *f*

pedina [pe'di:na] *f* Spielstein *m*

pedinare [pedi'na:re] *vt* bespitzeln

pedonale [pedo'na:le] *agg* **zona ~** Fußgängerzone *f;* **pedone** [pe'do:ne] *m* Fußgänger *m*

peggio ['pɛddʒo] **I.** *avv* schlechter **II.** <inv> *agg* schlimmer; **peggiorare** [peddʒo'ra:re] *vt* verschlechtern

peggiore [ped'dʒo:re] *agg* schlechter

pegno ['peɲɲo] *m* Pfand *n*

pelare [pe'la:re] *vt* schälen; **pelato** [pe'la:to] *m* (GASTR) geschälte Tomate

pellame [pel'la:me] *m* Leder *n*

pelle ['pɛlle] *f* ❶ (*cute*) Haut *f* ❷ (*pellame*) Leder *n*

pellegrinaggio [pellegri'naddʒo] <-ggi> *m* Wallfahrt *f;* **pellegrino, -a** [pelle'gri:no] *m, f* Pilger(in) *m(f)*

pellicano [pelli'ka:no] *m* Pelikan *m*

pellicceria [pellittʃe'ri:a] <-ie> *f* Pelz(waren)geschäft *n;* **pelliccia** [pel'littʃa] <-cce> *f* Fell *n;* (*indumento*) Pelz(mantel) *m*

pellicola [pel'li:kola] *f* Film *m*

pelo ['pɛ:lo] *m* Haar *n;* **peloso, -a** [pe'lo:so] *agg* behaart

pena ['pe:na] *f* ❶ (*punizione*)

Strafe *f* ❷ (*sofferenza*) Leid(en) *n* ❸ (*fatica*) Mühe *f*
penale [pe'na:le] *agg* Straf-
penare [pe'na:re] *vi* leiden
pendente [pen'dɛnte] *agg* schief; **pendere** ['pɛndere] *vi* schief stehen; **pendio** [pen'di:o] <-ii> *m* ❶ (*pendenza*) Gefälle *n* ❷ (*luogo*) (Ab)hang *m*
pendola ['pɛndola] *f* Pendeluhr *f*
pendolare[1] [pendo'la:re] *vi* pendeln
pendolare[2] *mf* Pendler(in) *m(f)*
pendolino [pendo'li:no] *m* (FERR) *italienischer Hochgeschwindigkeitszug*
pendolo ['pɛndolo] *m* Pendel *n*
pene ['pɛ:ne] *m* Penis *m*
penetrare [pene'tra:re] *vi* eindringen; **penetrazione** [penetrat'tsio:ne] *f* Penetration *f*
penicillina [penitʃil'li:na] *f* Penizillin *n*
penisola [pe'ni:zola] *f* Halbinsel *f*
penitente [peni'tɛnte] *agg* büßend; **penitenza** [peni'tɛntsa] *f* Buße *f*
penitenziario [peniten'tsia:rio] <-i> *m* Gefängnis *n*
penna ['penna] *f* ❶ (ZOO) Feder *f* ❷ (*per scrivere*) Stift *m*; **pennarello** [penna'rɛllo] *m* Filzstift *m*; **pennello** [pen'nɛllo] *m* Pinsel *m*
penombra [pe'nombra] *f* Halbschatten *m*
penoso, -a [pe'no:so] *agg* peinlich
pensare [pen'sa:re] **I.** *vt* denken an +*acc* **II.** *vi* meinen
pensiero [pen'siɛ:ro] *m* ❶ (*idea*) Gedanke *m* ❷ (*ansia*) Sorge *f*; **pensieroso, -a** [pensie'ro:so] *agg* nachdenklich
pensionato, -a *m, f* Rentner(in) *m(f)*
pensione [pen'sio:ne] *f* ❶ (*albergo, alloggio*) Pension *f* ❷ (*rendita*) Pension *f*
pensoso, -a [pen'so:so] *agg* nachdenklich
pentagono [pen'ta:gono] *m* Fünfeck *n*
Pentecoste [pente'kɔste] *f* Pfingsten *n*
pentimento [penti'mento] *m* Reue *f*; **pentirsi** [pen'tirsi] *vr* ~ **di qc** etw bereuen
pentola ['pentola] *f* (Koch)topf *m*
penuria [pe'nu:ria] <-ie> *f* Mangel *m*
penzolare [pendzo'la:re] *vi* herabhängen; **penzoloni** [pendzo'lo:ni] *avv* (herab)hängend
pepare [pe'pa:re] *vt* mit Pfeffer würzen; **pepe** ['pe:pe] *m* Pfeffer *m*
peperonata [pepero'na:ta] *f* *Gericht aus gedünsteten Paprikaschoten*; **peperoncino** [pe-

peron'tʃi:no] *m* kleine Pfefferschote; **peperone** [pepe'ro:ne] *m* Paprika *m*

per [per] **I.** *prp* ❶ (*scopo*) für +*acc* ❷ (*locale*) durch +*acc*, nach +*acc*; (*su*) auf +*acc*; **passare ~ Firenze** durch Florenz fahren ❸ (*temporale*) während +*gen*; **~ ora** im Augenblick ❹ (*per mezzo*) mit +*dat*; **spedire ~ posta** mit der Post schicken ❺ (*causa*) wegen +*gen* **II.** *cong* ❶ +*conj* (*concessivo*) so (auch) ❷ +*inf* (*finale, consecutivo*) um zu +*inf*

pera ['pe:ra] *f* Birne *f*

peraltro [pe'raltro] *avv* übrigens

percento [per'tʃɛnto] <-> *m* Prozent *n*; **percentuale** [pertʃentu'a:le] *f* Prozentsatz *m*

percepire [pertʃe'pi:re] *vt* wahrnehmen

perché [per'ke] **I.** *avv* warum **II.** *cong* weil

perciò [per'tʃɔ] *cong* deshalb

percorrere [per'korrere] <irr> *vt* durchstreifen

percorso [per'korso] *m* Weg *m*

percossa [per'kɔssa] *f* Schlag *m*; **percuotere** [per'kuɔ:tere] <irr> *vt* schlagen

perdente [per'dɛnte] *agg* verlierend; **perdere** ['pɛrdere] <irr> **I.** *vt* ❶ (*cessare di avere*) verlieren ❷ (*treno*) verpassen **II.** *vr* **-rsi** sich verlaufen; **-rsi d'animo** den Mut verlieren

perdita ['pɛrdita] *f* ❶ Verlust *m* ❷ (*fuga*) Austreten *n*

perdonare [perdo'na:re] *vi* verzeihen; **perdono** [per'do:no] *m* Vergebung *f*

perdurare [perdu'ra:re] *vi* andauern

perenne [pe'rɛnne] *agg* ewig

perfettamente [perfetta'mente] *avv* sehr gut

perfetto, -a [per'fɛtto] *agg* perfekt

perfezionamento [perfettsiona'mento] *m* Vollendung *f*; **perfezionare** [perfettsio'na:re] *vt* vollenden; **perfezione** [perfet'tsio:ne] *f* Vollkommenheit *f*

perfido, -a ['pɛrfido] *agg* heimtückisch

perfino [per'fi:no] *avv* sogar

perforare [perfo'ra:re] *vt* durchbohren

pergolato [pergo'la:to] *m* Laube *f*

pericolo [pe'ri:kolo] *m* Gefahr *f*; **pericoloso, -a** [periko'lo:so] *agg* gefährlich

periferia [perife'ri:a] <-ie> *f* Stadtrand *m*

periodico [pe'riɔ:diko] <-ci> *m* Zeitschrift *f*

periodico, -a <-ci, -che> *agg* periodisch

periodo [pe'ri:odo] *m* Periode *f*

perito, -a [pe'ri:to] *m, f* Sachverständige(r) *f(m)*

perizia [pe'rittsia] <-ie> *f*

❶ (*abilità*) Gewandtheit *f* ❷ (*giudizio*) Gutachten *n*

perla ['pεrla] *f* Perle *f*

permaloso, -a [perma'lo:so] *agg* überempfindlich

permanente [perma'nεnte] *f* Dauerwelle *f*; **permanenza** [perma'nεntsa] *f* Aufenthalt *m*; **permanere** [perma'ne:re] <irr> *vi* bleiben

permesso [per'messo] *m* Erlaubnis *f*; **permettere** [per'mettere] <irr> **I.** *vt* erlauben **II.** *vr* **-rsi** (*concedersi*) sich *dat* leisten

permutare [permu'ta:re] *vt* umtauschen

pernice [per'ni:tʃe] *f* Rebhuhn *n*

pernottamento [pernotta'mento] *m* Übernachtung *f*; **pernottare** [pernot'ta:re] *vi* übernachten

pero ['pe:ro] *m* Birnbaum *m*

però [pe'rɔ] *cong* aber

perpetuo, -a [per'pε:tuo] *agg* ewig

perplesso, -a [per'plεsso] *agg* unschlüssig

perquisire [perkui'zi:re] *vt* durchsuchen; **perquisizione** [perkuizit'tsio:ne] *f* Durchsuchung *f*

persecuzione [persekut'tsio:ne] *f* Verfolgung *f*

perseguitare [persegui'ta:re] *vt* verfolgen

Persia ['pεrsia] *f* Persien *n*

persiana [per'sia:na] *f* Fensterladen *m*

persiano, -a *agg* Perser-

persino [per'si:no] *avv* sogar

persistente [persis'tεnte] *agg* andauernd; **persistere** [per'sistere] <irr> *vi* ~ **in qc** auf etw *dat* beharren

persona [per'so:na] *f* Person *f*; (*al plurale*) Leute *pl*

personaggio [perso'naddʒo] <-ggi> *m* Gestalt *f*

personale [perso'na:le] **I.** *agg* persönlich **II.** *m* Personal *n*; **personalità** [personali'ta] <-> *f* Persönlichkeit *f*

personificare [personifi'ka:re] *vt* verkörpern

perspicace [perspi'ka:tʃe] *agg* scharfsinnig

persuadere [persua'de:re] <irr> *vt* überzeugen

persuasione [persua'zio:ne] *f* Überzeugung *f*

pertanto [per'tanto] *cong* deshalb

pertinente [perti'nεnte] *agg* zugehörig

pertosse [per'tosse] *f* Keuchhusten *m*

perturbazione [perturbat'tsio:ne] *f* ❶ (METEO) Störung *f* ❷ (FIN) Krise *f*

Perù [pe'ru] *m* Peru *n*

Perugia *f Hauptstadt von Umbrien*

peruviano, -a [peru'via:no] *agg*

peruanisch

pervenire [perve'ni:re] <irr> *vi* ankommen

perversione [perver'sio:ne] *f* Perversion *f*; **pervertito, -a** [perver'ti:to] *agg* pervers

p. es. *abbr di* **per esempio** z. B.

pesante [pe'sante] *agg* ❶ (*che pesa*) schwer ❷ (*faticoso*) mühsam

pesare [pe'sa:re] *vt* (ab)wiegen

pesca[1] ['pɛska] <-sche> *f* (*frutto*) Pfirsich *m*

pesca[2] ['peska] <-sche> *f* (*il pescare*) Fischfang *m*

pescare [pes'ka:re] *vt* ❶ (*pesci*) angeln ❷ (*fig: prendere a caso*) herausgreifen; **pescatore, -trice** [peska'to:re] *m, f* Fischer(in) *m(f)*

pesce ['peʃʃe] *m* Fisch *m*; **pescecane** [peʃʃe'ka:ne] <pescicani> *m* Hai(fisch) *m*

pescheria [peske'ri:a] <-ie> *f* Fischmarkt *m*

pescivendolo, -a [peʃʃi've:ndolo] *m, f* Fischverkäufer(in) *m(f)*

pesco ['pɛsko] <-schi> *m* Pfirsichbaum *m*

peso ['pe:so] *m* Gewicht *n*; **sollevamento -i** Gewichtheben *n*

pessimismo [pessi'mizmo] *m* Pessimismus *m*; **pessimista** [pessi'mista] <-i *m*, -e *f*> **I.** *mf* Pessimist(in) *m(f)* **II.** *agg* pessimistisch

pessimo, -a ['pɛssimo] *agg* sehr schlecht

pestare [pes'ta:re] *vt* ❶ (*calpestare*) zertreten ❷ (*picchiare*) (ver)prügeln

peste ['pɛste] *f* Pest *f*

pestifero, -a [pes'ti:fero] *agg* schlimm

pesto ['pesto] *m Soße aus Basilikum, Knoblauch, Pinienkernen und Öl*

petalo ['pɛ:talo] *m* Blütenblatt *n*

petroliera [petro'liɛ:ra] *f* (Öl)tanker *m*; **petrolio** [pe'trɔ:lio] *m* Erdöl *n*

pettegolezzo [pettego'leddzo] *m* Klatsch *m*; **pettegolo, -a** [pe'te:golo] *m, f* Klatschmaul *n fam*

pettinare [petti'na:re] *vt* kämmen; **pettinatura** [pettina'tu:ra] *f* Frisur *f*

pettine ['pɛttine] *m* Kamm *m*

pettirosso [petti'rosso] <-i> *m* Rotkehlchen *n*

petto ['pɛtto] *m* ❶ (ANAT) Brust *f* ❷ (*fig*) Herz *n*

pezza ['pɛttsa] *f* Lappen *m*

pezzente [pet'tsɛnte] *mf* Bettler(in) *m(f)*

pezzo ['pɛttso] *m* ❶ (*parte*) Stück *n* ❷ (*fig*) **è un ~ che non ci vediamo** wir haben uns schon eine ganze Weile nicht mehr gesehen

piacere[1] [pia'tʃe:re] <irr> *vi essere* gefallen; (*cibi*) schmecken

piacere[2] *m* ❶ (*favore*) Gefallen

n ❷ (*divertimento*) Vergnügen *n*

piacevole [pia'tʃe:vole] *agg* angenehm

piaga ['pia:ga] <-ghe> *f* Wunde *f*

pialla ['pialla] *f* Hobel *m;* **piallare** [pial'la:re] *vt* (ab)hobeln

piana ['pia:na] *f* Ebene *f*

pianerottolo [piane'rɔttolo] *m* Treppenabsatz *m*

pianeta [pia'ne:ta] <-i> *m* Planet *m*

piangere ['piandʒere] <irr> *vi* weinen

pianificare [pianifi'ka:re] *vt* planen

pianista [pia'nista] <-i *m*, -e *f*> *mf* Klavierspieler(in) *m(f)*

piano¹ ['pia:no] *m* ❶ (*di edificio*) Stockwerk *n* ❷ (*progetto*) Plan *m* ❸ (MUS) Klavier *n*

piano² *avv* ❶ (*adagio*) langsam ❷ (*a bassa voce*) leise

pianoforte [piano'fɔrte] *m* Klavier *n*

pianoterra [piano'tɛrra] <-> *m* Erdgeschoss *n*

pianta ['pianta] *f* ❶ (BOT) Pflanze *f* ❷ (*piede*) Sohle *f* ❸ (*carta topografica*) Karte *f*

piantare [pian'ta:re] *vt* ❶ (AGR) pflanzen ❷ (*conficcare*) (ein)schlagen ❸ (*fig*) im Stich lassen

pianterreno [pianter're:no] *m* Erdgeschoss *n*

pianto ['pianto] *m* Weinen *n*

pianura [pia'nu:ra] *f* Ebene *f*

piastra ['piastra] *f* Platte *f*

piastrella [pias'trɛlla] *f* Kachel *f*

piattaforma [piatta'forma] <piatteforme> *f* Plattform *f*

piattino [piat'ti:no] *m* Untertasse *f*

piatto ['piatto] *m* ❶ (*recipiente*) Teller *m* ❷ (GASTR) Gericht *n*

piazza ['piattsa] *f* Platz *m;* **letto ad una** ~ Einzelbett *n*

piazzale [piat'tsa:le] *m* (großer) Platz *m*

piazzare [piat'tsa:re] *vt* aufstellen

piazzola [piat'tsɔ:la] *f* Ausweichstelle *f*

piccante [pik'kante] *agg* (GASTR) scharf

picchetto [pik'ketto] *m* Pflock *m*

picchiare [pik'kia:re] *vt* schlagen

picchio ['pikkio] <-cchi> *m* Specht *m*

piccino, -a [pit'tʃi:no] *agg* winzig

piccionaia [pittʃo'na:ia] <-aie> *f* Taubenschlag *m;* **piccione** [pit'tʃo:ne] *m* Taube *f*

picco ['pikko] <-cchi> *m* **a** ~ senkrecht

piccolo, -a ['pikkolo] <minore, minimo> *agg* klein

piccozza [pik'kɔttsa] *f* (Kreuz)hacke *f*

P

picnic [pik'nik] <-> *m* Picknick *n*
pidocchio [pi'dɔkko] <-cchi> *m* Laus *f*
piede ['piɛ:de] *m* Fuß *m*
piedistallo [piedis'tallo] *m* Sockel *m*
piega ['piɛ:ga] <-ghe> *f* Falte *f*
piegare [pie'ga:re] *vt* ❶ (*curvare*) biegen ❷ (*ripiegare*) (zusammen)falten
pieghevole [pie'ge:vole] *agg* Klapp-
Piemonte [pie'monte] *m* Piemont *m*
piena ['piɛ:na] *f* Hochwasser *n*
pieno ['piɛ:no] *m* (AUTO) **fare il ~** voll tanken
pieno, -a *agg* voll
pietà [pie'ta] <-> *f* Mitleid *n*
pietanza [pie'tantsa] *f* Gericht *n*
pietoso, -a [pie'to:so] *agg* barmherzig
pietra ['piɛ:tra] *f* Stein *m*; **pietrificare** [pietrifi'ka:re] *vt* versteinern
piffero ['piffero] *m* Pfeife *f*
pigiama [pi'dʒa:ma] <-i> *m* Schlafanzug *m*
pigliare [piʎ'ʎa:re] *vt* (*fam*) ~ **qc** sich *dat* etw schnappen
pigna ['piɲɲa] *f* Pinienzapfen *m*
pignolo, -a *m, f* Pedant(in) *m(f)*
pignorare [piɲɲo'ra:re] *vt* (JUR) pfänden
pigolio [pigo'li:o] <-ii> *m* Piep(s)en *n*
pigrizia [pi'grittsia] <-ie> *f* Faulheit *f*; **pigro, -a** ['pi:gro] *agg* faul; **pigrone, -a** [pi'gro:ne] *m, f* (*fam*) Faulpelz *m*, Tachinierer *m A*
pila ['pi:la] *f* ❶ (EL) Batterie *f* ❷ (*fam: lampadina tascabile*) Taschenlampe *f*
pilastro [pi'lastro] *m* (Wand)pfeiler *m*
pile [pail] *m* Fleece *n*
pillola ['pillola] *f* Pille *f*
pilota[1] <-i *m*, -e *f*> *mf* (AERO) Pilot(in) *m(f)*; (AUTO) (Renn)fahrer(in) *m(f)*
pilota[2] <inv> *agg* Pilot-
pilotare [pilo'ta:re] *vt* ❶ (*automobile*) steuern; (*aereo*) fliegen ❷ (*fig*) führen
pinacoteca [pinako'tɛ:ka] <-che> *f* Pinakothek *f*
pineta [pi'ne:ta] *f* Pinienwald *m*
ping-pong [piŋg 'pɔŋg] <-> *m* Tischtennis *n*
pinguino [piŋ'gui:no] *m* Pinguin *m*
pinna ['pinna] *f* Flosse *f*
pino ['pi:no] *m* Kiefer *f*
pinolo [pi'nɔ:lo] *m* Pinienkern *m*
pinza ['pintsa] *f* Zange *f*
pinzetta [pin'tsetta] *f* Pinzette *f*
pinzimonio [pintsi'mɔ:nio] <-i> *m Salatsoße aus Öl, Pfeffer u Salz*
pio, -a ['pi:o] <pii, pie> *agg* barmherzig

pioggia ['piɔddʒa] <-gge> *f* Regen *m*
piombare [piom'ba:re] **I.** *vi* herunterfallen **II.** *vt* versiegeln
piombatura [piomba'tu:ra] *f* Füllung *f*
piombo ['piombo] *m* Blei *n*
pioniere [pio'niɛ:re] *m* Pionier *m*
pioppo ['piɔppo] *m* Pappel *f*
piovere ['piɔ:vere] <irr> *vi* regnen
piovoso, -a [pio'vo:so] *agg* regnerisch
piovra ['piɔ:vra] *f* Polyp *m*
pipa ['pi:pa] *f* Pfeife *f*
pipì [pi'pi] <-> *f* Pipi *n*
pipistrello [pipis'trɛllo] *m* Fledermaus *f*
piramide [pi'ra:mide] *f* Pyramide *f*
pirata <inv> *agg* Piraten-
pirata, -tessa [pi'ra:ta] <-i, -esse> *m, f* Pirat(in) *m(f)*; ~ **informatico** Hacker *m*
piratare [pira'ta:re] *vt* (INFORM) ~ **qc** von etw Raubkopien anfertigen
Pirenei [pire'nɛ:i] *mpl* Pyrenäen *pl*
pirofila [pi'rɔ:fila] *f* feuerfeste Form
piroga [pi'rɔ:ga] <-ghe> *f* Einbaum *m*
piromane [pi'rɔ:mane] *mf* Pyromane *m*, Pyromanin *f*
piroscafo [pi'rɔskafo] *m* Dampfer *m*
pisciare [piʃ'ʃa:re] *vi* (*vulg*) pissen
piscina [piʃ'ʃi:na] *f* Schwimmbad *n*
pisello [pi'sɛllo] *m* ❶ (BOT) Erbse *f* ❷ (*fam: pene*) Zipfel *m*
pisolino [pizo'li:no] *m* (*fam*) Nickerchen *n*
pista ['pista] *f* ❶ (*traccia*) Spur *f* ❷ (SPORT) Piste *f*
pistacchio [pis'takkio] <-cchi> *m* Pistazie *f*
pistola [pis'tɔ:la] *f* Pistole *f*
pistone [pis'to:ne] *m* (Motor)kolben *m*
pitone [pi'to:ne] *m* Python *m*
pittore, -trice [pit'to:re] *m, f* Maler(in) *m(f)*; **pittoresco, -a** [pitto'resko] <-schi, -sche> *agg* (*a fig*) malerisch
pittura [pit'tu:ra] *f* Malerei *f*; **pitturare** [pittu'ra:re] *vt* malen
più [piu] **I.** *avv* ❶ (*maggiormente*) mehr; **niente** (**di**) ~ nichts mehr; **mai** ~ nie mehr ❷ (*di temperatura,* MAT) plus **II.** <inv> *agg* mehr; **al** ~ **presto** so bald wie möglich; **al** ~ **tardi** spätestens **III.** <-> *m* Höchste(s) *n*; **il** ~ **delle volte** meistens
piuma ['piu:ma] *f* Daune *f*
piumino [piu'mi:no] *m* Federbett *n*; **piumone®** [piu'mo:ne] *m* Steppdecke *f*
piuttosto [piut'tɔsto] *avv* ❶ (*più*

P

volentieri) lieber ❷ (*alquanto*) ziemlich

pizza ['pittsa] *f* Pizza *f*; **pizzaiolo, -a** [pittsa'iɔ:lo] *m, f* Pizzabäcker(in) *m(f)*; **pizzeria** [pittse'ri:a] <-ie> *f* Pizzeria *f*

pizzicare [pittsi'ka:re] *vt* kneifen

pizzico ['pittsiko] <-chi> *m* ❶ (*pizzicotto*) Kniff *m* ❷ (*di sale*) Prise *f*; **pizzicotto** [pittsi'kɔtto] *m* Kneifen *n*

pizzo ['pittso] *m* ❶ (*merletto*) Spitze *f* ❷ (*barba*) Spitzbart *m*

placare [pla'ka:re] *vt* beruhigen

placca ['plakka] <-cche> *f* (MED) ~ **batterica** (bakterieller) Zahnbelag *m*

placenta [pla'tʃɛnta] *f* Plazenta *f*

placido, -a ['pla:tʃido] *agg* ruhig

plafoniera [plafo'niɛ:ra] *f* Deckenlampe *f*

plagiare [pla'dʒa:re] *vt* plagiieren; **plagio** ['pla:dʒo] <-gi> *m* Plagiat *n*

planare [pla'na:re] *vi* gleiten

planetario [plane'ta:rio] <-i> *m* Planetarium *n*

plasma ['plazma] <-i> *m* Plasma *n*

plasmare [plaz'ma:re] *vt* formen

plastica ['plastika] <-che> *f* Plastik *n*

plastico ['plastiko] <-ci> *m* Modell *n*

platano ['pla:tano] *m* Platane *f*

platea [pla'tɛ:a] *f* (THEAT) Parkett *n*

platino ['pla:tino] *m* Platin *n*

platonico, -a <-ci, -che> *agg* platonisch

plausibile [plau'zi:bile] *agg* plausibel

plebe ['plɛ:be] *f* (*pej*) Pöbel *m*

plebiscito [plebiʃ'ʃi:to] *m* Volksabstimmung *f*

plenario, -a [ple'na:rio] <-i, -ie> *agg* Plenar-

plenilunio [pleni'lu:nio] <-i> *m* Vollmond *m*

plenipotenziario, -a [plenipoten'tsia:rio] <-i, -ie> *m, f* Bevollmächtigte(r) *f(m)*

plotone [plo'to:ne] *m* Zug *m*

plurale [plu'ra:le] *agg* Mehrzahl-

pluri- [pluri] (*in parole composte*) mehr(fach)-

pluriennale [plurien'na:le] *agg* mehrjährig

plusvalore [pluzva'lo:re] *m* (COM) Wertzuwachs *m*

plutonio [plu'tɔ:nio] *m* Plutonium *n*

pluviale [plu'via:le] *agg* Regen-

pneumatico [pneu'ma:tiko] <-ci> *m* Reifen *m*

po' [pɔ] *avv* (*fam*) ein wenig; **fra un** ~ bald

pochino [po'ki:no] *m* **un** ~ ein bisschen

poco ['pɔ:ko] <meno, pochissimo> *avv* wenig; ~ **fa** vor kurzem; **fra** ~ in Kürze

poco, -a <-chi, -che> *agg* wenig
podere [po'de:re] *m* (Land)gut *n*
poderoso, -a [pode'ro:so] *agg* kräftig
podio ['pɔ:dio] <-i> *m* Tribüne *f*
poema [po'ɛ:ma] <-i> *m* Dichtung *f*
poesia [poe'zi:a] <-ie> *f* ❶ (*genere*) Dichtung *f* ❷ (*singolo componimento*) Gedicht *n*
poeta, -tessa [po'ɛ:ta] <-i, -esse> *m, f* Dichter(in) *m(f)*; **poetico, -a** [po'ɛ:tiko] <-ci, -che> *agg* poetisch
poggiare [pod'dʒa:re] **I.** *vi* basieren **II.** *vr* **-rsi** sich stützen
poggiolo [pod'dʒɔ:lo] *m* Balkon *m*
poi ['pɔ:i] *avv* ❶ (*dopo*) dann ❷ (*inoltre*) außerdem
poiché [poi'ke] *cong* da
polacco, -a [po'lakko] <-cchi, -cche> *agg* polnisch
polca ['pɔlka] <-che> *f* Polka *f*
polemica [po'lɛ:mika] <-che> *f* Auseinandersetzung *f*
polenta [po'lɛnta] *f* Polenta *f*
poli- [poli] (*in parole composte*) Mehr-
policlinico [poli'kli:niko] <-ci> *m* Poliklinik *f*
poliglotta [poli'glɔtta] <-i *m*, -e *f*> *mf* Mehrsprachige(r) *f(m)*
poligono [po'li:gono] *m* Vieleck *n*
polipo ['pɔ:lipo] *m* Polyp *m*
polistirolo [polisti'rɔ:lo] *m* Styropor® *n*
politecnico [poli'tɛkniko] <-ci> *m* Polytechnikum *n*
politica [po'litika] <-che> *f* Politik *f*
politico [po'li:tiko] <-ci> *m* Politiker *m*
politico, -a <-ci, -che> *agg* politisch
polizia [polit'tsi:a] <-ie> *f* Polizei *f*; **poliziesco, -a** [polit'tsiesko] <-schi, -sche> *agg* ❶ (ADM) Polizei- ❷ (LIT) Kriminal-
poliziotto, -a *m, f* Polizist(in) *m(f)*
polizza ['pɔ:littsa] *f* (COM) Police *f*, Polizze *f A*
pollame [pol'la:me] *m* Geflügel *n*
pollice ['pɔllitʃe] *m* Daumen *m*
pollicoltura [pollikol'tu:ra] *f* Hühnerzucht *f*
polline ['pɔlline] *m* Pollen *m*
pollo ['pollo] *m* Huhn *n*
polmone [pol'mo:ne] *m* Lunge *f*; **polmonite** [polmo'ni:te] *f* Lungenentzündung *f*
polo[1] ['pɔ:lo] *m* Pol *m*
polo[2] <-> *f* Polohemd *n*
Polonia [po'lɔ:nia] *f* Polen *n*
polpa ['polpa] *f* (Frucht)fleisch *n*
polpaccio [pol'pattʃo] <-cci> *m* Wade *f*
polpastrello [polpas'trɛllo] *m* (*della mano*) Fingerkuppe *f*; (*del piede*) Zehenkuppe *f*

polpetta [pol'petta] *f* (GASTR) Frikadelle *f*, faschiertes Laibchen *A*; **polpettone** [polpet'to:ne] *m* (GASTR) Hackbraten *m*

polposo, **-a** [pol'po:so] *agg* fleischig

polsino [pol'si:no] *m* Manschette *f*

polso ['polso] *m* ❶ (ANAT) Handgelenk *n* ❷ (*di manica*) Manschette *f*

poltrona [pol'tro:na] *f* ❶ (*mobile*) Sessel *m* ❷ (THEAT) Parkettplatz *m*

poltrone, **-a** [pol'tro:ne] *m, f* Faulenzer(in) *m(f)*

polvere ['polvere] *f* Staub *m*

polverizzare [polverid'dza:re] *vt* ❶ (*ridurre in polvere*) pulverisieren ❷ (*annientare*) vernichten

polverone [polve'ro:ne] *m* dichte Staubwolke; **polveroso**, **-a** [polve'ro:so] *agg* staubig

pomata [po'ma:ta] *f* Salbe *f*

pomeriggio [pome'riddʒo] <-ggi> *m* Nachmittag *m*

pomo ['po:mo] *m* ~ **d'Adamo** Adamsapfel *m*

pomodoro [pomo'dɔ:ro] *m* Tomate *f*, Paradeiser *m A*

pompa ['pompa] *f* Pumpe *f*

Pompei [pom'pɛ:i] *f* Pompeji *n*

pompelmo [pom'pɛlmo] *m* Pampelmuse *f*

pompiere [pom'piɛ:re] *m* Feuerwehrmann *m*

ponderare [ponde'ra:re] *vt* abwägen

ponente [po'nɛnte] *m* Westen *m*

ponte ['ponte] *m* Brücke *f*

pontefice [pon'te:fitʃe] <-ci> *m* Papst *m*

popolare[1] [popo'la:re] *agg* ❶ Volks- *f* ❷ (*noto*) populär

popolare[2] *vt* bevölkern

popolarità [popolari'ta] <-> *f* Popularität *f*

popolazione [popolat'tsio:ne] *f* Bevölkerung *f*

popolo ['pɔ:polo] *m* Volk *n*; **popoloso**, **-a** [popo'lo:so] *agg* dicht besiedelt

poppa ['poppa] *f* Heck *n*

poppante [pop'pante] *mf* Säugling *m*

porcellana [portʃel'la:na] *f* Porzellan *n*

porcellino [portʃel'li:no] *m* Ferkel *n*

porcheria [porke'ri:a] <-ie> *f* Schweinerei *f*

porcile [por'tʃi:le] *m* Schweinestall *m*

porcino [por'tʃi:no] *m* Steinpilz *m*

porco, **-a** ['pɔrko] <-ci, -che> *m, f* Schwein *n*

porgere ['pɔrdʒere] <irr> *vt* reichen

porno ['porno] <inv> *agg* Porno-; **pornografico**, **-a** [porno'gra:fiko] <-ci, -che> *agg* pornografisch

poro ['pɔːro] *m* ~ **sudorifero** Schweißpore *f*

poroso, **-a** [po'roːso] *agg* porös

porre ['porre] <irr> **I.** *vt* ❶ (*mettere*) stellen, legen, setzen ❷ (*fig*) annehmen **II.** *vr* **-rsi** sich setzen

porro ['pɔrro] *m* ❶ (BOT) Lauch *m* ❷ (MED, *fam*) Warze *f*

porta ['pɔrta] *f* ❶ (*apertura*) Tür *f* ❷ (SPORT) Tor *n*

portabagagli [portaba'gaʎʎi] <-> *m* (Dach)gepäckträger *m*

portachiavi [porta'kiaːvi] <-> *m* Schlüsselring *m*

portafoglio [porta'fɔʎʎo] *m* Geldtasche *f*

portafortuna [portafor'tuːna] <-> *m* Glücksbringer *m*

portale [por'taːle] *m* Portal *n;* ~ **Internet** (INFORM) Internet-Portal *n*

portamento [porta'mento] *m* Haltung *f*

portamonete [portamo'neːte] <-> *m* Portmonee *n*

portaocchiali [portaok'kiaːli] <-> *m* Brillenetui *n;* **portaombrelli** [portaom'brɛlli] <-> *m* Schirmständer *m;* **portapenne** [porta'penne] <-> *m* Federetui *n*

portare [por'taːre] *vt* ❶ (*gener*) bringen ❷ (*indossare*) tragen; **portasapone** [portasa'poːne] <-> *m* Seifendose *f;* **portasci** [portaʃʃi] <-> *m* Skiträger *m*

portata [por'taːta] *f* ❶ (*di pranzo*) Gang *m* ❷ (*capacità di carico*) Tragfähigkeit *f*

portatile [por'taːtile] *agg* Reise-

portato, **-a** *agg* (*fig*) **essere** ~ **per qc** für etw begabt sein

portatore, **-trice** [porta'toːre] *m, f* Träger(in) *m(f)*

portavoce [porta'voːtʃe] <-> *mf* Wortführer(in) *m(f)*

portico ['pɔrtiko] <-ci> *m* Bogengang *m*

portiera [por'tiɛːra] *f* Autotür *f*

portiere, **-a** [por'tiɛːre] *m, f* Torwart *m*

portinaio, **-a** [porti'naːio] <-i, -ie> *m, f* Portier *m,* Portiersfrau *f;* **portineria** [portine'riːa] <-ie> *f* Portier(s)loge *f*

porto *m* ❶ (*d'armi*) Waffenschein *m* ❷ (NAUT) Hafen *m*

Portogallo [porto'gallo] *m* **il** ~ Portugal *n;* **portoghese** [porto'geːse] *agg* portugiesisch

portone [por'toːne] *m* Tor *n*

porzione [por'tsioːne] *f* Portion *f*

posa ['pɔːsa] *f* ❶ (*collocazione*) Aufstellung *f* ❷ (FOTO) Belichtung *f*

posacenere [posa'tʃeːnere] <-> *m* Aschenbecher *m*

posare [po'saːre] **I.** *vt* hinstellen **II.** *vr* **-rsi** sich niederlassen

posata [po'saːta] *f* Besteck *n*

positivo, **-a** *agg* positiv

P

posizione [pozit'tsio:ne] *f* ❶ (*luogo*) Lage *f* ❷ (*fig*) **prendere ~** Stellung beziehen

possedere [posse'de:re] <irr> *vt* besitzen

possessivo, -a [posses'si:vo] *agg* Besitz ergreifend

possesso [pos'sɛsso] *m* Besitz *m*

possibile [pos'si:bile] *agg* möglich; **possibilità** [possibili'ta] <-> *f* Möglichkeit *f*

possidente [possi'dɛnte] *mf* Besitzer(in) *m(f)*

posta ['pɔsta] *f* Post *f*; **~ elettronica** (INFORM) elektronische Post; **postale** [pos'ta:le] *agg* Post-; **cartolina ~** Postkarte *f*

posteggiare [posted'dʒa:re] *vt, vi* parken; **posteggio** [pos'teddʒo] <-ggi> *m* Parkplatz *m*

posteriore [poste'rio:re] *agg* hintere(r, s)

postino, -a [pos'ti:no] *m, f* Briefträger(in) *m(f)*

posto ['pɔsto] *m* ❶ (*luogo*) Platz *m*; **~ in piedi/a sedere** Steh-/Sitzplatz *m*; **essere/mettere a ~** in Ordnung sein/bringen ❷ (*impiego*) Stelle *f*

potabile [po'ta:bile] *agg* Trink-

potare [po'ta:re] *vt* beschneiden

potente [po'tɛnte] *agg* mächtig

potenza [po'tɛntsa] *f* ❶ (*potere*) Macht *f* ❷ (MED, MAT) Potenz *f*

Potenza *f Hauptstadt der Region Basilicata*

potere[1] [po'te:re] <irr> *vi* ❶ können; (*riuscire*) in der Lage sein ❷ (*avere il permesso*) dürfen

potere[2] *m* Macht *f*

povero, -a ['pɔ:vero] *agg* arm; **~ me!** ich Ärmste(r)!; **povertà** [pover'ta] <-> *f* Armut *f*

pozzo ['pottso] *m* ❶ (*per acqua*) Brunnen *m* ❷ (*fig*) Unmenge *f*

Praga ['pra:ga] *f* Prag *n*

pranzare [pran'dza:re] *vi* zu Mittag essen; **pranzo** ['prandzo] *m* (Mittag)essen *n*

prataiolo [prata'iɔ:lo] *m* Wiesenchampignon *m*

pratica ['pra:tika] <-che> *f* ❶ (*attività*) Praxis *f* ❷ (*esperienza*) Erfahrung *f*

praticabile [prati'ka:bile] *agg* ausführbar

praticare [prati'ka:re] *vt* ausüben

pratico, -a ['pra:tiko] <-ci, -che> *agg* praktisch

prato ['pra:to] *m* Wiese *f*

pre- [pre] (*in parole composte*) Vor-,

preavviso [preav'vi:zo] *m* Vorankündigung *f*

precario, -a [pre'ka:rio] <-i, -ie> *agg* vorläufig

precauzione [prekaut'tsio:ne] *f* Vorsorgemaßnahme *f*

precedente [pretʃe'dɛnte] *agg*

vorige(r, s); **precedenza** [pret∫e'dɛntsa] *f* ❶ (AUTO) Vorfahrt *f* ❷ (*priorità*) Priorität *f*

precedere [pre'tʃɛ:dere] <irr> *vt* ❶ (*andare innanzi*) vorangehen ❷ (*essere anteriore*) vorausgehen

precipitare [pretʃipi'ta:re] **I.** *vi* (herab)stürzen **II.** *vr* **-rsi** ❶ (*gettarsi*) sich (hinab)werfen ❷ (*recarsi in fretta*) (sich) stürzen; **precipitazione** [pretʃipitat'tsio:ne] *f* Niederschlag *m;* **precipitoso, -a** [pretʃipi'to:so] *agg* (*fig*) unüberlegt

precipizio [pretʃi'pittsio] <-i> *m* Abgrund *m*

precisare [pretʃi'za:re] *vt* detailliert erläutern

precisione [pretʃi'zio:ne] *f* Genauigkeit *f;* **preciso, -a** [pre'tʃi:zo] *agg* genau; **sono le 10 -e** es ist Punkt 10 (Uhr)

precoce [pre'kɔ:tʃe] *agg* frühreif

preconcetto [prekon'tʃɛtto] *m* Vorurteil *n*

precotto [pre'kɔtto] *m* Fertiggericht *n*

precursore, -corritrice [prekur'so:re] *m, f* Vorläufer(in) *m(f)*

preda ['prɛ:da] *f* Beute *f*

predecessore [predetʃes'so:re] *m, f* Vorgänger(in) *m(f)*

predica ['prɛ:dika] <-che> *f* Predigt *f;* **predicare** [predi'ka:re] *vt* predigen

predicato [predi'ka:to] *m* Prädikat *n*

predilezione [predilet'tsio:ne] *f* Vorliebe *f;* **prediligere** [predi'li:dʒere] <irr> *vt* vorziehen

predire [pre'di:re] <irr> *vt* vorhersagen

predisporre [predis'porre] <irr> *vt* einrichten

predisposizione [predispozit'tsio:ne] *f* Neigung *f*

predominio [predo'mi:nio] <-i> *m* Vorherrschaft *f*

prefabbricato [prefabbri'ka:to] *m* Fertig(bau)teil *n*

prefazione [prefat'tsio:ne] *f* Vorwort *n*

preferenza [prefe'rɛntsa] *f* Vorzug *m;* **preferibilmente** [preferibil'mente] *avv* am liebsten; **preferire** [prefe'ri:re] *vt* vorziehen; **preferito, -a** [prefe'ri:to] *agg* Lieblings-

prefestivo, -a [prefes'ti:vo] *agg* vor einem Feiertag

prefetto [pre'fɛtto] *m* Präfekt *m;* **prefettura** [prefet'tu:ra] *f* Präfektur *f*

prefisso *m* (TEL) Vorwahl(nummer) *f*

pregare [pre'ga:re] *vt* ❶ (REL) beten zu ❷ (*chiedere*) bitten

preghiera [pre'giɛ:ra] *f* ❶ (REL) Gebet *n* ❷ (*richiesta*) Bitte *f*

pregiato, -a [pre'dʒa:to] *agg* Qualitäts-; **pregio** ['prɛ:dʒo] <-gi> *m* Wert *m*

pregiudizio [predʒu'dittsio] <-i> *m* Vorurteil *n*
Preg.mo *abbr di* **pregiatissimo** verehrtester ...
prego ['prɛ:go] *int* bitte
prelevare [prele'va:re] *vt* (FIN) abheben, beheben *A*
prelibato, **-a** [preli'ba:to] *agg* köstlich
prelievo [pre'liɛ:vo] *m* ❶ (MED) Entnahme *f* ❷ (FIN) Abhebung *f*
preliminare [prelimi'na:re] *agg* einleitend, Vor-
prematuro, **-a** [prema'tu:ro] *agg* ❶ (*morte*) vorzeitig ❷ (*parto*) Früh-
premere ['prɛ:mere] *vt* drücken
premessa [pre'messa] *f* ❶ (*considerazione*) Vorbemerkung *f* ❷ (*condizione*) Voraussetzung *f*; **premettere** [pre'mettere] <irr> *vt* vorausschicken
premiare [pre'mia:re] *vt* auszeichnen; **premiazione** [premiat'tsio:ne] *f* Preisverleihung *f*
premio ['prɛ:mio] <-i> *m* Preis *m*
premura [pre'mu:ra] *f* Aufmerksamkeit *f*; **premuroso**, **-a** [premu'ro:so] *agg* eifrig
prendere ['prɛndere] <irr> **I.** *vt* ❶ (*pigliare*) nehmen; (*decisione*) treffen; **andare a** ~ abholen; ~ **posizione/atto** Stellung/Kenntnis nehmen; ~ **il sole** sich sonnen ❷ (*malattia*) bekommen **II.** *vr* (*loc*) **prendersela** (*fam*) sich ärgern
prenotare [preno'ta:re] *vt* reservieren; **prenotazione** [prenotat'tsio:ne] *f* Reservierung *f*
preoccupare [preokku'pa:re] **I.** *vt* beunruhigen **II.** *vr* **-rsi** (**per qu/qc**) sich *dat* (um jdn/etw) Sorgen machen; **preoccupazione** [preokkupat'tsio:ne] *f* Sorge *f*
prepagato, **-a** [prepa'ga:to] *agg* vor(aus)bezahlt
preparare [prepa'ra:re] *vt* vorbereiten; **preparativi** [prepara'ti:vi] *mpl* Vorbereitung(en *pl*) *f*; **preparato**, **-a** *agg* vorbereitet; **preparazione** [preparat'tsio:ne] *f* Vorbereitung *f*
preposizione [prepozit'tsio:ne] *f* Präposition *f*
prepotente [prepo'tɛnte] *mf* arrogante Person; **prepotenza** [prepo'tɛntsa] *f* Rücksichtslosigkeit *f*
presa ['pre:sa] *f* ❶ (*il prendere*) Griff *m*; ~ **di posizione** Stellungnahme *f* ❷ (EL) Steckdose *f*
presagio [pre'za:dʒo] <-gi> *m* (Vor)ahnung *f*
prescindere [preʃ'ʃindere] <irr> *vi* ~ **da qc** von etw absehen
prescrivere [pres'kri:vere] <irr> *vt* (MED) verschreiben; **prescrizione** [preskrit'tsio:ne] *f* ❶ (JUR) Verjährung *f* ❷ (MED) Verschreibung *f*

presentare [prezen'taːre] *vt* ❶ (*documento*) (vor)zeigen; (*persona*) vorstellen ❷ (ADM: *domanda*) stellen; **presentatore, -trice** [prezenta'toːre] *m, f* Moderator(in) *m(f)*; **presentazione** [prezentat'tsioːne] *f* ❶ (ADM) Einreichung *f*; (*di documento*) Vorlage *f* ❷ (*di persona*) Vorstellung *f*

presente [pre'zɛnte] **I.** *agg* ❶ (*partecipante*) anwesend ❷ (*attuale*) jetzig **II.** *m* Gegenwart *f*

presentire [presen'tiːre] *vt* (voraus)ahnen

presenza [pre'zɛntsa] *f* Anwesenheit *f*

presepio [pre'zɛːpio] <-i> *m* Krippe *f*

preservativo [preserva'tiːvo] *m* Präservativ *n*

preside ['prɛːside] *mf* (*di scuola*) Schulleiter(in) *m(f)*

presidente, -essa [presi'dɛnte] *m, f* Vorsitzende(r) *f(m)*; ~ **della Repubblica** Staatspräsident *m*; **presidenza** [presi'dɛntsa] *f* Präsidentschaft *f*

presidio [pre'siːdio] <-i> *m* (MIL) Garnison *f*

pressappoco [pressap'pɔːko] *avv* ungefähr

pressione [pres'sioːne] *f* ❶ (*forza*) Druck *m* ❷ (*del sangue*) Blutdruck *m*

presso ['prɛsso] **I.** *avv* in der Nähe **II.** *prp* nahe an +*dat*

pressoché [presso'ke] *avv* fast

prestabilito, -a [prestabi'liːto] *agg* geplant

prestare [pres'taːre] **I.** *vt* ❶ (*dare in prestito*) ausleihen ❷ (*aiuto*) leisten **II.** *vr* **-rsi** sich zur Verfügung stellen

prestazione [prestat'tsioːne] *f* Leistung *f*

prestigio [pres'tiːdʒo] <-gi> *m* Prestige *n*; **prestigioso, -a** [presti'dʒoːso] *agg* Luxus-

prestito ['prɛstito] *m* (FIN) Darlehen *n*

presto ['prɛsto] *avv* ❶ (*fra poco*) bald ❷ (*in fretta*) schnell ❸ (*di buon'ora*) früh(zeitig)

presumere [pre'zuːmere] <irr> *vt* annehmen

presuntuoso, -a [prezuntu'oːso] *agg* eingebildet; **presunzione** [prezun'tsioːne] *f* Überheblichkeit *f*

presupposto [presup'posto] *m* Voraussetzung *f*

prete ['prɛːte] *m* Priester *m*

pretendere [pre'tɛndere] <irr> *vt* verlangen; **pretenzioso, -a** [preten'tsioːso] *agg* anspruchsvoll

pretesa [pre'teːsa] *f* Anspruch *m*

pretesto [pre'tɛsto] *m* Vorwand *m*

pretura [pre'tuːra] *f* Amtsgericht *n*

prevalenza [preva'lɛntsa] *f* Mehrheit *f*
prevalere [preva'le:re] <irr> *vi* überwiegen
prevedere [preve'de:re] <irr> *vt* voraussehen; **prevedibile** [preve'di:bile] *agg* vorhersehbar
preventivo [preven'ti:vo] *m* Kostenvoranschlag *m*
prevenzione [preven'tsio:ne] *f* (MED) Vorbeugung *f*
previdenza [previ'dɛntsa] *f* Fürsorge *f*
previsione [previ'zio:ne] *f* Vorhersage *f*
prezioso, -a [pret'tsio:so] *agg* wertvoll
prezzemolo [pret'tse:molo] *m* Petersilie *f*
prezzo ['prɛttso] *m* Preis *m*
prigione [pri'dʒo:ne] *f* Gefängnis *n;* **prigioniero, -a** [pridʒo'niɛ:ro] *agg* gefangen
prima[1] ['pri:ma] *avv* (*temporale*) vorher; ~ **di** vor +*dat;* ~ **di** +*inf,* ~ **che** +*conj* bevor
prima[2] *f* (*marcia*) erster Gang
primario, -a [pri'ma:rio] <-i, -ie> *m, f* Chefarzt *m,* -ärztin *f*
primato [pri'ma:to] *m* Rekord *m*
primavera [prima'vɛ:ra] *f* Frühling *m*
primitivo, -a [primi'ti:vo] *agg* primitiv
primizia [pri'mittsia] <-ie> *f* (*frutta*) Frühobst *n;* (*verdura*) Frühgemüse *n*
primo ['pri:mo] *m* (*portata*) erster Gang
primo, -a *agg* erste(r, s)
primula ['pri:mula] *f* Primel *f*
principale [printʃi'pa:le] **I.** *agg* Haupt- **II.** *mf* Chef(in) *m(f)*
principe ['printʃipe] *m* Fürst *m;* **principessa** [printʃi'pessa] *f* Prinzessin *f*
principiante [printʃi'piante] *mf* Anfänger(in) *m(f)*
principio [prin'tʃi:pio] <-i> *m* ❶ (*inizio*) Anfang *m* ❷ (*concetto fondamentale*) Prinzip *n*
privare [pri'va:re] **I.** *vt* ~ **qu di qc** jdn einer Sache *gen* berauben **II.** *vr* **-rsi di qc** auf etw *acc* verzichten
privato, -a *agg* privat
privazione [privat'tsio:ne] *f* Entbehrung *f*
privilegiare [privile'dʒa:re] *vt* privilegieren; **privilegio** [privi'lɛ:dʒo] <-gi> *m* Privileg *n*
privo, -a ['pri:vo] *agg* ~ **di** ohne
pro [prɔ] *prp* zugunsten *gen*
probabile [pro'ba:bile] *agg* wahrscheinlich; **probabilità** [probabili'ta] <-> *f* Wahrscheinlichkeit *f*
problema [pro'blɛ:ma] <-i> *m* Problem *n*
proboscide [pro'bɔʃʃide] *f* Rüssel *m*
procedere [pro'tʃɛ:dere] <irr> *vi* ❶ *essere* (*avanzare*) vorangehen ❷ (*fig: seguitare*) fortfah-

ren; **procedimento** [protʃedi'mento] *m* Vorgang *m*

procedura [protʃe'du:ra] *f* Verfahren *n*

processare [protʃes'sa:re] *vt* vor Gericht stellen

processione [protʃes'sio:ne] *f* Prozession *f*

processo [pro'tʃɛsso] *m* Prozess *m*

processore *m* (INFORM) Prozessor *m*

proclamare [prokla'ma:re] *vt* proklamieren

procreare [prokre'a:re] *vt* zeugen

procura [pro'ku:ra] *f* (JUR) Vollmacht *f*

procurare [proku'ra:re] *vt* ❶ (*far avere*) besorgen ❷ (*causare*) verursachen

procuratore, **-trice** [prokura'to:re] *m*, *f* (JUR) Staatsanwalt *m*, -anwältin *f*

prodigio [pro'di:dʒo] <-gi> *m* Wunder *n*

prodotto *m* ❶ (COM) Produkt *n* ❷ (*risultato*) Ergebnis *n*

produrre [pro'durre] <irr> *vt* ❶ (COM) erzeugen ❷ (*causare*) verursachen

produttivo, **-a** [produt'ti:vo] *agg* (COM) produktiv; **produttore**, **-trice** [produt'to:re] *m*, *f* ❶ (COM) Hersteller(in) *m(f)* ❷ (FILM) Produzent(in) *m(f)*; **produzione** [produt'tsio:ne] *f* Produktion *f*

profano, **-a** *agg* profan

professionalità [professionali'ta] <-> *f* Professionalität *f*

professione [profes'sio:ne] *f* ❶ (*attività*) Beruf *m* ❷ (REL: *di fede*) Bekenntnis *n*; **professionista** [professio'nista] <-i *m*, -e *f*> *mf* Profi *m*

professore, **-essa** [profes'so:re] *m*, *f* (*insegnante*) Lehrer(in) *m(f)*; (*di università*) Professor(in) *m(f)*

profeta, **-tessa** [pro'fɛ:ta] <-i, -esse> *m*, *f* Prophet(in) *m(f)*; **profezia** [profet'tsi:a] <-ie> *f* Prophezeiung *f*

profilarsi [profi'la:rsi] *vr* sich abheben

profilattico [profi'lattiko] <-ci> *m* Kondom *n o m*

profilo [pro'fi:lo] *m* ❶ (*gener*) Profil *n* ❷ (*linea*) Umriss *m*

profitto [pro'fitto] *m* Profit *m*

profondità [profondi'ta] <-> *f* Tiefe *f*; **profondo**, **-a** *agg* tief

profugo, **-a** ['prɔ:fugo] <-ghi, -ghe> *m*, *f* Flüchtling *m*

profumare [profu'ma:re] **I.** *vt* (ein)parfümieren **II.** *vi* ~ (**di qc**) (nach etw) duften; **profumeria** [profume'ri:a] <-ie> *f* Parfümerie *f*; **profumo** [pro'fu:mo] *m* Duft *m*

progettare [prodʒet'ta:re] *vt* ❶ (*viaggio*) planen ❷ (*ponte*) entwerfen; **progetto**

[pro'dʒɛtto] *m* ❶ (COM) Projekt *n* ❷ (*proposito*) Plan *m*

prognosi ['prɔɲɲozi] <-> *f* Prognose *f*

programma [pro'gramma] <-i> *m* Programm *n;* **programmare** [program'ma:re] *vt* programmieren; **programmatore, -trice** [programma'to:re] *m, f* (INFORM) Programmierer(in) *m(f);* **programmazione** [programmat'tsio:ne] *f* ❶ (COM) (Wirtschafts)planung *f* ❷ (INFORM) Programmierung *f*

progredire [progre'di:re] *vi* vorankommen

progresso [pro'grɛsso] *m* Fortschritt *m*

proibire [proi'bi:re] *vt* verbieten; **proibizione** [proibit'tsio:ne] *f* Verbot *n*

proiettare [proiet'ta:re] *vt* (FILM) vorführen

proiettile [proiet'ti:le] *m* Geschoss *n*

proiettore [proiet'to:re] *m* (FILM) Projektor *m;* **proiezione** [proiet'tsio:ne] *f* (FILM) Vorführung *f*

proletario, -a [prole'ta:rio] <-i, -ie> **I.** *agg* proletarisch **II.** *m, f* Proletarier(in) *m(f)*

prologo ['prɔ:logo] <-ghi> *m* Prolog *m*

prolunga [pro'luŋga] <-ghe> *f* Verlängerung *f;* **prolungare** [proluŋ'ga:re] *vt* verlängern

promessa [pro'messa] *f* Versprechen *n*

promettere [pro'mettere] <irr> *vt* versprechen

promontorio [promon'tɔ:rio] <-i> *m* Kap *n*

promotore, -trice [promo'to:re] *m, f* Förderer *m,* Förd(r)erin *f*

promozione [promot'tsio:ne] *f* (*avanzamento*) Beförderung *f;* (*di alunno*) Versetzung *f*

promuovere [pro'muɔ:vere] <irr> *vt* ❶ (*proporre*) fördern ❷ (*alunno*) versetzen

pronipote [proni'po:te] *mf* (*dei nonni*) Urenkel(in) *m(f);* (*degli zii*) Großneffe *m,* -nichte *f*

pronome [pro'no:me] *m* Pronomen *n*

prontezza [pron'tettsa] *f* Schnelligkeit *f*

pronto ['pronto] *int* (TEL) hallo

pronto, -a *agg* bereit, fertig; ~ **soccorso** Erste Hilfe

pronuncia [pro'nuntʃa] <-ce> *f* Aussprache *f;* **pronunciare** [pronun'tʃa:re] *vt* aussprechen

propagare [propa'ga:re] **I.** *vt* verbreiten **II.** *vr* **-rsi** sich ausbreiten

proporre [pro'porre] <irr> **I.** *vt* vorschlagen **II.** *vr* **-rsi qc** sich *dat* etw vornehmen

proporzione [proport'tsio:ne] *f* ❶ (MAT) Proportion *f* ❷ (*rapporto*) Verhältnis *n*

proposito [pro'pɔ:zito] *m* Vorsatz *m;* **a ~** übrigens
proposta [pro'posta] *f* Vorschlag *m*
proprietà [proprie'ta] <-> *f* Eigentum *n;* **proprietario, -a** [proprie'ta:rio] <-i, -ie> *m, f* Eigentümer(in) *m(f)*
proprio ['prɔ:prio] *avv* ❶ (*precisamente*) genau ❷ (*davvero*) wirklich
proprio, -a <-i, -ie> *agg* (*suo*) eigen; (*di lui*) sein; (*di lei, loro*) ihr
proroga ['prɔ:roga] <-ghe> *f* Verschiebung *f*
prosa ['prɔ:za] *f* Prosa *f*
prosciutto [proʃ'ʃutto] *m* Schinken *m*
prosecco [pro'sekko] <-chi> *m* Prosecco *m*
proseguimento [prosegui'mento] *m* Fortsetzung *f;* **proseguire** [prose'gui:re] *vt* fortsetzen
prosperare [prospe'ra:re] *vi* gedeihen; **prosperità** [prosperi'ta] <-> *f* Wohlstand *m;* **prosperoso, -a** [prospe'ro:so] *agg* blühend
prospettiva [prospet'ti:va] *f* ❶ (*tecnica*) Perspektive *f* ❷ (*fig*) Aussicht *f*
prospetto [pros'pɛtto] *m* ❶ (*tabella*) Übersicht *f* ❷ (*facciata*) Vorderseite *f*
prossimità [prossimi'ta] <-> *f* Nähe *f*
prossimo, -a *agg* nächste(r, s)
prostata ['prɔstata] *f* (ANAT) Prostata *f*
prostituire [prostitu'i:re] *vt* prostituieren; **prostituta** [prosti'tu:ta] *f* Prostituierte *f*
protagonista [protago'nista] <-i *m*, -e *f*> *mf* Hauptdarsteller(in) *m(f)*
proteggere [pro'tɛddʒere] <irr> *vt* (be)schützen
proteina [prote'i:na] *f* Protein *n*
protesi ['prɔ:tezi] <-> *f* Prothese *f*
protesta [pro'tɛsta] *f* Protest *m*
protestante [protes'tante] *mf* Protestant(in) *m(f)*
protestare [protes'ta:re] *vi* ~ (**contro qc**) (gegen etw) protestieren
protetto, -a [pro'tɛtto] *agg* ❶ (*difeso*) Schutz- ❷ (INFORM) ~ **in scrittura** schreibgeschützt
protettore, -trice [protet'to:re] *m, f* ❶ (*chi protegge*) (Be)schützer(in) *m(f)* ❷ (*sfruttatore di prostitute*) Zuhälter *m;* **protezione** [protet'tsio:ne] *f* Schutz *m;* (*pej: favoreggiamento*) Protektion *f*
protocollo [proto'kɔllo] *m* Protokoll *n*
prova ['prɔ:va] *f* ❶ (*esame*) Prüfung *f* ❷ (*esperimento*) Probe *f* ❸ (JUR) Beweis *m*
provare [pro'va:re] *vt* ❶ (*speri-*

P

mentare) probieren; (*abito*) anprobieren ❷ (*assaggiare*) kosten ❸ (*sentire*) empfinden ❹ (*dimostrare*) beweisen

provenienza [prove'niɛntsa] *f* Herkunft *f;* **provenire** [prove'ni:re] <irr> *vi* ~ **da** (her)kommen aus

proverbio [pro'vɛrbio] <-i> *m* Sprichwort *n*

provider <-> *m* (INFORM) Provider *m*

provincia [pro'vintʃa] <-cie> *f* Provinz *f;* **provinciale** [provin'tʃa:le] *agg* Provinz-; (*pej*) provinziell

provocante [provo'kante] *agg* provozierend; **provocare** [provo'ka:re] *vt* ❶ (*cagionare*) verursachen ❷ (*eccitare*) (auf)reizen

provvedere [provve'de:re] <irr> *vi* ~ **a qc** für etw sorgen; **provvedimento** [provvedi'mento] *m* Maßnahme *f*

provvidenza [provvi'dɛntsa] *f* (REL) (göttliche) Vorsehung *f*

provvisorio, -a [provvi'zɔ:rio] <-i, -ie> *agg* vorläufig

provvista [prov'vista] *f* Vorrat *m*

prozio, -a [prot'tsi:o] *m, f* Großonkel *m,* Großtante *f*

prua ['pru:a] *f* Bug *m*

prudente [pru'dɛnte] *agg* vorsichtig; **prudenza** [pru'dɛntsa] *f* Vorsicht *f*

prudere ['pru:dere] *vi* jucken

prugna ['pruɲɲa] *f* Pflaume *f*

prurito [pru'ri:to] *m* Juckreiz *m*

Prussia ['prussia] *f* Preußen *n;* **prussiano, -a** [prus'sia:no] *agg* preußisch

psicanalista [psikana'lista] <-i *m,* -e *f*> *mf* Psychoanalytiker(in) *m(f)*

psichiatra [psi'kia:tra] <-i *m,* -e *f*> *mf* Psychiater(in) *m(f)*

psichico, -a ['psi:kiko] <-ci, -che> *agg* psychisch

psicologia [psikolo'dʒi:a] <-gie> *f* Psychologie *f;* **psicologico, -a** [psiko'lɔ:dʒiko] <-ci, -che> *agg* psychologisch; **psicologo, -a** [psi'kɔ:logo] <-gi, -ghe> *m, f* Psychologe *m,* -login *f*

psicopatico, -a [psiko'pa:tiko] <-ci, -che> *m, f* Psychopath(in) *m(f)*

psicosi [psi'kɔ:zi] <-> *f* Psychose *f*

psicosomatico, -a [psikoso'ma:tiko] <-ci, -che> *agg* psychosomatisch

psicoterapia [psikotera'pi:a] *f* Psychotherapie *f*

P.T. *abbr di* **Poste e Telecomunicazioni** *Post und Fernmeldewesen*

pubblicare [pubbli'ka:re] *vt* veröffentlichen; **pubblicazione** [pubblikat'tsio:ne] *f* Veröffentlichung *f*

pubblicità [pubblitʃi'ta] <-> *f* Werbung *f*

pubblico ['pubbliko] *m* Öffentlichkeit *f;* (*spettatori*) Publikum *n*

pubblico, -a <-ci, -che> *agg* öffentlich

pubertà [puber'ta] <-> *f* Pubertät *f*

pudore [pu'do:re] *m* Scham *f*

puerile [pue'ri:le] *agg* ❶ (*età*) Kindes- ❷ (*pej*) kindisch

pugilato [pudʒi'la:to] *m* Boxen *n;* **pugile** ['pu:dʒile] *m* Boxer *m*

Puglia ['puʎʎa] *f* Apulien *n;* **pugliese** [puʎ'ʎe:se] *agg* apulisch

pugnalare [puɲɲa'la:re] *vt* erstechen; **pugnale** [puɲ'ɲa:le] *m* Dolch *m*

pugno ['puɲɲo] *m* Faust *f*

pulce ['pultʃe] *f* Floh *m*

pulcino [pul'tʃi:no] *m* Küken *n*

pulire [pu'li:re] *vt* sauber machen

pulito, -a *agg* (*a fig*) sauber

pulitura [puli'tu:ra] *f* Reinigung *f*

pulizia [pulit'tsi:a] <-ie> *f* Säuberung *f;* **donna delle -ie** Putzfrau *f;* **fare** ~ (*fig*) aufräumen

pullman ['pulman] <-> *m* (Reise)bus *m*

pulmino [pul'mi:no] *m* Kleinbus *m*

pulsante [pul'sante] *m* (Druck)taste *f*

pulsare [pul'sa:re] *vi* (*cuore*) klopfen; **pulsazione** [pulsat'tsio:ne] *f* Pulsschlag *m*

pungere ['pundʒere] <irr> *vt* stechen

punire [pu'ni:re] *vt* (be)strafen

punizione [punit'tsio:ne] *f* Strafe *f*

punta ['punta] *f* Spitze *f*

puntare [pun'ta:re] *vt* ❶ (*appoggiare*) stützen ❷ (*dirigere*) zielen ❸ (*scommettere*) ~ **su qu/qc** auf jdn/etw setzen

puntata [pun'ta:ta] *f* (TV) Folge *f*

punteggiatura [punteddʒa'tu:ra] *f* (LING) Interpunktion *f*

punteggio *m* Punktzahl *f*

puntellare [puntel'la:re] *vt* (ab)stützen

puntina [pun'ti:na] *f* Reißzwecke *f*

punto *m* Punkt *m;* ~ **esclamativo/interrogativo** Ausrufe-/Fragezeichen *n;* **i -i cardinali** die Himmelsrichtungen *fpl;* **alle tre in** ~ Punkt drei (Uhr)

puntuale [puntu'a:le] *agg* pünktlich; **puntualità** [puntuali'ta] <-> *f* Pünktlichkeit *f*

puntura [pun'tu:ra] *f* (*fam*) Spritze *f*

pupazzo [pu'pattso] *m* Puppe *f*

pupilla [pu'pilla] *f* Pupille *f*

purché [pur'ke] *cong* +*conj* wenn … (nur)

pur(e) [pur ('pu:re)] **I.** *cong*

❶ (*anche se*) auch wenn ❷ (*tuttavia*) doch **II.** *avv* (*anche*) auch
purè [pu'rɛ] <-> *m* Püree *n*
purezza [pu'rettsa] *f* Reinheit *f*
purga ['purga] <-ghe> *f* Abführmittel *n*
purgatorio [purga'tɔ:rio] <-i> *m* Feg(e)feuer *n*
puritano, -a [puri'ta:no] *m, f* Puritaner(in) *m(f)*
puro, -a ['pu:ro] *agg* rein
purtroppo [pur'trɔppo] *avv* leider
pus [pus] *m* Eiter *m*
pustola ['pustola] *f* Pustel *f*
putrefazione [putrefat'tsio:ne] *f* Verwesung *f*
puttana [put'ta:na] *f* (*vulg*) Hure *f*
puzza ['puttsa] *f* Gestank *m*; **puzzare** [put'tsa:re] *vi* stinken
puzzo ['puttso] *m* Gestank *m*; **puzzola** ['puttsola] *f* Iltis *m*

Q

Q, q [ku] <-> *f* Q, q *n*
qua [kua] *avv* da, hier(her); **di ~** von hier (aus)
quaderno [kua'dɛrno] *m* Heft *n*
quadrato [kua'dra:to] *m* Quadrat *n*
quadrato, -a *agg* viereckig
quadrifoglio [kuadri'fɔʎʎo] <-gli> *m* vierblätt(e)riges Kleeblatt
quadro ['kua:dro] *m* ❶ (*dipinto*) Bild *n* ❷ *pl* Karo *n*; **a -i** kariert
quaggiù [kuad'dʒu] *avv* hier unten
quaglia ['kuaʎʎa] <-glie> *f* Wachtel *f*
qualche ['kualke] *agg* ❶ (*alcuni*) einige ❷ (*uno*) irgendein(e) ❸ (*un certo*) ein(e) gewisse(r, s)
qualcheduno [kualke'du:no] *pron v.* **qualcuno**
qualcosa [kual'kɔ:sa] *pron* etwas
qualcuno, -a [kual'ku:no] *pron* ❶ (*alcuni*) einige ❷ (*uno: riferito a persone*) (irgend)jemand; (*riferito a cose*) irgendeine(r, s)
quale ['kua:le] *agg* ❶ (*interrogativo*) welche(r, s), ❷ (*esclamativo*) welch ein(e) ❸ (*come*) wie
qualifica [kua'li:fika] <-che> *f* Qualifikation *f*; **qualificare** [kualifi'ka:re] *vt* bezeichnen; **qualificato, -a** [kualifi'ka:to] *agg* gelernt
qualità [kuali'ta] <-> *f* ❶ (*gener*) Qualität *f* ❷ (*dote*) Begabung *f*
qualsiasi [kual'si:asi] *agg* jede(r, s), jede(r, s) beliebige(r, s)
qualunque [kua'luŋkue] *agg* ❶ (*ogni, ciascuno*) jede(r, s), jede(r, s) beliebige(r, s) ❷ (*uno qualsiasi*) irgendein(e) ❸ (*relati-*

vo) welche(r, s) auch (immer)

quando ['kuando] **I.** *avv* ❶ (*interrogativo*) wann ❷ (*relativo*) als, wenn **II.** *cong* (*temporale, col passato*) als; (*col presente ed il futuro*) wenn

quantità [kuanti'ta] <-> *f* Menge *f*

quanto ['kuanto] *avv* ❶ (*interrogativo*) wie viel; (*tempo*) wie lang(e) ❷ (*come*) wie

quanto, -a **I.** *agg* ❶ (*interrogativo*) wie viel; ~ **tempo dura lo spettacolo?** wie lange dauert die Vorstellung?; **-i anni hai?** wie alt bist du? ❷ (*esclamativo*) so viel **II.** *pron* ❶ (*interrogativo*) wie viel(e); **-i ne abbiamo oggi?** der Wievielte ist heute?; ~ **costa?, quant'è?** wie viel kostet das? ❷ (*relativo*) was

quantunque [kuan'tuŋkue] *cong* + *conj* obwohl

quaranta [kua'ranta] *num* vierzig

quarantenne [kuaran'tɛnne] *mf* Vierzigjährige(r) *f(m)*

quaresima [kua're:zima] *f* Fastenzeit *f*

quarta ['kuarta] *f* ❶ (*classe*) vierte Klasse ❷ (AUTO) vierter Gang

quartiere [kuar'tiɛ:re] *m* Viertel *n*

quarto ['kuarto] *m* Viertel *n*

quarto, -a *agg* vierte(r, s)

quarzo ['kuartso] *m* Quarz *m*

quasi ['kua:zi] *avv* fast

quassù [kuas'su] *avv* (*stato*) hier oben; (*moto*) (hier)herauf, (hier)hinauf

quattordici [kuat'torditʃi] **I.** *num* vierzehn **II.** *fpl* vierzehn Uhr

quattrino [kuat'tri:no] *m* Geld *n*

quattro ['kuattro] **I.** *num* vier **II.** *agg* (*fig: pochi*) ein paar, wenig; **farsi in** ~ **per qu** sich für jdn krumm legen **III.** <-> *m* ❶ (*numero*) Vier *f* ❷ (*nelle date*) Vierte(r) *m* **IV.** *fpl* vier Uhr

quattrocento [kuattro'tʃɛnto] **I.** *num* vierhundert **II.** *m* **il Quattrocento** das fünfzehnte Jahrhundert

quello, -a ['kuello] **I.** <quel, quell', quei, quegli> *agg* ❶ jene(r, s), der, die, das (da) ❷ (*tale*) solche(r, s), derartige(r, s) **II.** *pron* (*colui*) der, die, das; (*ciò*) das, dies

quercia ['kuɛrtʃa] <-ce> *f* Eiche *f*

questionario [kuestio'na:rio] <-i> *m* Fragebogen *m*

questione [kues'tio:ne] *f* (*problema*) Frage *f*

questo, -a ['kuesto] **I.** *agg* diese(r, s); **quest'oggi** heute **II.** *pron* dies, das (hier); ~ **mai** niemals

questore [kues'to:re] *m* Polizeipräsident *m*; **questura** [kues'tu:ra] *f* Polizeipräsidium *n*

qui [kui] *avv* hier, da
quiete ['kuiɛ:te] *f* Ruhe *f*
quieto, -a ['kuiɛ:to] *agg* ruhig
quindi ['kuindi] **I.** *avv* dann **II.** *cong* daher, also
quindici ['kuinditʃi] **I.** *num* fünfzehn **II.** <-> *m* (*nelle date*) Fünfzehnte(r) *m* **III.** *fpl* fünfzehn Uhr; **quindicina** [kuindi'tʃi:na] *f* **una ~ (di ...)** (etwa) fünfzehn (...)
quinta ['kuinta] *f* ❶ (THEAT) Kulisse *f* ❷ (*classe*) fünfte Klasse ❸ (AUTO) fünfter Gang
quintale [kuin'ta:le] *m* Doppelzentner *m*, Zentner *m A*
quinto, -a *agg* fünfte(r, s)
quota ['kuɔ:ta] *f* ❶ (*parte*) Anteil *m* ❷ (COM, FIN) Rate *f*
quotidiano [kuoti'dia:no] *m* (Tages)zeitung *f*
quotidiano, -a *agg* täglich

R

R, r ['ɛrre] <-> *f* R, r *n*
rabarbaro [ra'barbaro] *m* Rhabarber *m*
rabbia ['rabbia] <-ie> *f* Wut *f*
rabbino [rab'bi:no] *m* Rabbiner *m*
rabbrividire [rabbrivi'di:re] *vi essere* (er)schaudern
raccapezzarsi [rakkapet'tsa:rsi] *vr* (*fam*) sich zurechtfinden
raccattare [rakkat'ta:re] *vt* (*fig*) zusammenkratzen
racchetta [rak'ketta] *f* (*da tennis*) Schläger *m;* (*da sci*) Stock *m*
racchiudere [rak'kiu:dere] <irr> *vt* enthalten
raccogliere [rak'kɔʎʎere] <irr> **I.** *vt* ❶ (*da terra*) aufheben ❷ (*frutti*) ernten **II.** *vr* **-rsi** (*riunirsi*) sich versammeln
raccoglitore [rakkoʎʎi'to:re] *m* Ordner *m*
raccolta [rak'kɔlta] *f* ❶ (*atto*) Sammeln *n* ❷ (*collezione*) Sammlung *f*
raccolto [rak'kɔlto] *m* Ernte *f*
raccomandare [rakkoman'da:re] **I.** *vt* empfehlen **II.** *vr* **-rsi mi raccomando!** denk daran!
raccomandata [rakkoman'da:ta] *f* Einschreiben *n*
raccontare [rakkon'ta:re] *vt* erzählen; **racconto** [rak'konto] *m* Erzählung *f*
raccordo [rak'kɔrdo] *m* Anschluss *m;* **~ autostradale** Autobahnkreuz *n*
raddolcire [raddol'tʃi:re] *vt* (*bevanda*) (ver)süßen
raddoppiare [raddop'pia:re] *vt* verdoppeln
raddrizzare [raddrit'tsa:re] *vt*

gerade richten

radere ['ra:dere] <irr> *vt* rasieren

radiatore [radia'to:re] *m* ❶ (*termosifone*) Heizkörper *m* ❷ (AUTO) Kühler *m*

radicchio [ra'dikkio] <-cchi> *m* Radicchio *m*

radice [ra'di:tʃe] *f* Wurzel *f*

radio ['ra:dio] <-> *f* Rundfunk *m*

radioattivo, -a [radioat'ti:vo] *agg* radioaktiv

radiografia [radiogra'fi:a] *f* Röntgenbild *n*

radiologia [radiolo'dʒi:a] <-gie> *f* Radiologie *f*

radiosveglia [radioz'veʎʎa] *f* Radiowecker *m*

radiotaxi [radio'taksi] <-> *m* Funktaxi *n*

rado, -a ['ra:do] *agg* spärlich; **di ~** selten

radunare [radu'na:re] *vt* versammeln

rafano ['ra:fano] *m* Rettich *m*, Kren *m A*

raffica ['raffika] <-che> *f* Windstoß *m*

raffigurare [raffigu'ra:re] *vt* darstellen

raffinare [raffi'na:re] *vt* ❶ (*olio, zucchero, sale*) raffinieren ❷ (*gusto, stile*) verfeinern; **raffinato, -a** [raffi'na:to] *agg* ❶ (*olio, sale, zucchero*) raffiniert ❷ (*fig*) auserlesen

rafforzare [raffor'tsa:re] *vt* verstärken; (*fig*) bekräftigen

raffreddare [raffred'da:re] **I.** *vt* abkühlen (lassen) **II.** *vr* **-rsi** (*fam*) sich erkälten; **raffreddore** [raffred'do:re] *m* Schnupfen *m*

ragazza [ra'gattsa] *f* Mädchen *n*; (*fidanzata*) Freundin *f*; **ragazzo** [ra'gattso] *m* Junge *m*; (*fidanzato*) Freund *m*

raggiante [rad'dʒante] *agg* (*a fig*) strahlend

raggio ['raddʒo] <-ggi> *m* Strahl *m*

raggirare [raddʒi'ra:re] *vt* einwickeln

raggiungere [rad'dʒundʒere] <irr> *vt* erreichen

raggruppare [raggrup'pa:re] *vt* versammeln

ragionamento [radʒona'mento] *m* Gedankengang *m*; **ragionare** [radʒo'na:re] *vi* nachdenken

ragione [ra'dʒo:ne] *f* ❶ (*facoltà*) Verstand *m* ❷ (*causa, motivo*) Grund *m* ❸ (*diritto*) Recht *n*; **avere ~** Recht haben

ragioniere, -a [radʒo'niɛ:re] *m, f* Buchhalter(in) *m(f)*

ragnatela [raɲɲa'te:la] *f* Spinnennetz *n*; **ragno** ['raɲɲo] *m* Spinne *f*

ragù [ra'gu] <-> *m* (Fleisch)soße *f*

rallegramenti [rallegra'menti] *mpl* Glückwünsche *mpl*; **ralle-**

R

grare [ralle'gra:re] **I.** *vt* erheitern **II.** *vr* (*congratularsi*) **-rsi con qu** jdm gratulieren
rallentare [rallen'ta:re] *vt* verlangsamen
rame ['ra:me] *m* Kupfer *n*
rammaricarsi [rammari'ka:rsi] *vr* betrübt sein
rammentare [rammen'ta:re] *vt* ~ **qu/qc** sich an jdn/etw erinnern
rammollire [rammol'li:re] *vt* erweichen
ramo ['ra:mo] *m* (*a fig*) Zweig *m*
rampa ['rampa] *f* Rampe *f*
rana ['ra:na] *f* Frosch *m*
rancido, -a *agg* ranzig
rancore [raŋ'ko:re] *m* Groll *m*
randagio, -a [ran'da:dʒo] <-gi, -ge> *agg* herrenlos
rango ['raŋgo] <-ghi> *m* Rang *m*
rannuvolarsi [rannuvo'larsi] *vr* sich bewölken
ranocchio [ra'nɔkkio] <-cchi> *m* Frosch *m*
rantolare [ranto'la:re] *vi* röcheln
rapa ['ra:pa] *f* Rübe *f*
rapace [ra'pa:tʃe] *agg* Raub-
rapare [ra'pa:re] *vt* glatt scheren
rapidità [rapidi'ta] <-> *f* Geschwindigkeit *f*
rapido, -a *agg* schnell
rapimento [rapi'mento] *m* Entführung *f*
rapina [ra'pi:na] *f* Raubüberfall *m*; **rapinare** [rapi'na:re] *vt* ❶ (*cose*) rauben ❷ (*persone*) berauben
rapire [ra'pi:re] *vt* entführen; **rapitore, -trice** [rapi'to:re] *m, f* Entführer(in) *m(f)*
rapporto [rap'pɔrto] *m* ❶ (*relazione*) Bericht *m* ❷ (*legame*) Beziehung *f*
rappresentante [rapprezen'tante] *mf* Vertreter(in) *m(f)*
rappresentare [rapprezen'ta:re] *vt* ❶ (*raffigurare*) darstellen ❷ (THEAT) aufführen; **rappresentazione** [rapprezentat'tsio:ne] *f* ❶ (*raffigurazione*) Darstellung *f* ❷ (THEAT) Aufführung *f*
rarità [rari'ta] <-> *f* Seltenheit *f*; **raro, -a** ['ra:ro] *agg* selten
rasare [ra'sa:re] *vt* (ab)rasieren
raschiare [ras'kia:re] *vt* (ab)schaben
rasoio [ra'so:io] <-oi> *m* Rasierapparat *m*
rassegna [ras'seɲɲa] *f* ❶ (*resoconto*) Übersicht *f* ❷ (*mostra*) Ausstellung *f*
rassegnarsi [rasseɲ'ɲa:rsi] *vr* ~ **a qc** sich mit etw abfinden
rassicurare [rassiku'ra:re] *vt* beruhigen
rassomigliare [rassomiʎ'ʎa:re] **I.** *vi* gleichen **II.** *vr* **-rsi** sich *dat* ähneln
rata ['ra:ta] *f* Rate *f*
Ratisbona [ratiz'bo:na] *f* Re-

gensburg *n*
ratto ['ratto] *m* Ratte *f*
rattoppare [rattop'pa:re] *vt* flicken; **rattoppo** [rat'tɔppo] *m* Flicken *m*
rattristare [rattris'ta:re] *vt* betrüben
rauco, -a ['ra:uko] <-chi, -che> *agg* heiser
ravanello [rava'nɛllo] *m* Radieschen *n*
ravioli [ra'viɔ:li] *mpl Teigtaschen mit Fleisch-, Gemüse-, oder Frischkäsefüllung*
ravvivare [ravvi'va:re] *vt* wieder aufleben lassen
razionale [rattsio'na:le] *agg* rational; **razione** [rat'tsio:ne] *f* Ration *f*
razza ['rattsa] *f* Rasse *f*
razzista [rat'tsista] <-i *m*, -e *f*> *mf* Rassist(in) *m(f)*
razzo ['raddzo] *m* Rakete *f*
R.D.T. *f* (HIST) *abbr di* **Repubblica Democratica Tedesca** DDR *f*
re [re] <-> *m* König *m*
reagire [rea'dʒi:re] *vi* ~ (**a qc**) (auf etw *acc*) reagieren
reale [re'a:le] *agg* königlich
realismo [rea'lizmo] *m* Realismus *m*
realizzare [realid'dza:re] *vt* verwirklichen; **realizzazione** [realiddzat'tsio:ne] *f* Verwirklichung *f*
realtà [real'ta] <-> *f* Wirklichkeit *f*
reato [re'a:to] *m* Straftat *f*
reazione [reat'tsio:ne] *f* Reaktion *f*
recapitare [rekapi'ta:re] *vt* zustellen; **recapito** [re'ka:pito] *m* Adresse *f*
recare [re'ka:re] **I.** *vt* ❶ (*portare*) bringen ❷ (*cagionare*) bewirken **II.** *vr* **-rsi** sich begeben
recensione [retʃen'sio:ne] *f* Rezension *f*
recente [re'tʃɛnte] *agg* neu
recidivo, -a [retʃi'di:vo] *agg* rückfällig
recinto *m* ❶ (*per animali*) Gehege *n* ❷ (*ciò che recinge*) Zaun *m*
recipiente [retʃi'piɛnte] *m* Behälter *m*
reciproco, -a <-ci, -che> *agg* gegenseitig
recitare [retʃi'ta:re] *vt* ❶ (*poesia*) vortragen ❷ (THEAT, FILM) spielen
reclamare [rekla'ma:re] *vi* ~ **contro qc** sich über etw *acc* beschweren
réclame [re'klam] <-> *f* Reklame *f*
reclamo [re'kla:mo] *m* Beschwerde *f*
reclusione [reklu'zio:ne] *f* Haft *f*
recluta ['rɛ:kluta] *f* Rekrut *m*
record ['rɛ:kord] <-> *m* Rekord *m*; **battere un** ~ einen Rekord

brechen

recuperare [rekupe'ra:re] *vt* wiedererlangen

redattore, **-trice** [redat'to:re] *m, f* Redakteur(in) *m(f)*; **redazione** [redat'tsio:ne] *f* Redaktion *f*

reddito ['rɛddito] *m* Einkommen *n*

redentore [reden'to:re] *m* Erlöser *m*

redini ['rɛ:dini] *fpl* Zügel *mpl*

referendum [refe'rɛndum] <-> *m* Umfrage *f*

refettorio [refet'tɔ:rio] <-i> *m* Refektorium *n*

regalare [rega'la:re] *vt* schenken

regalo [re'ga:lo] *m* Geschenk *n*

regata [re'ga:ta] *f* Regatta *f*

reggere ['rɛddʒere] <irr> *vt* halten

reggia ['rɛddʒa] <-gge> *f* Königshof *m*

reggicalze [reddʒi'kaltse] <-> *m* Strumpfhalter *m*

reggipetto [reddʒi'pɛtto] *m*, **reggiseno** [reddʒi'se:no] *m* Büstenhalter *m*

regia [re'dʒi:a] <-gie> *f* (*a fig*) Regie *f*

regime [re'dʒi:me] *m* (POL) Regime *n*

regina [re'dʒi:na] *f* Königin *f*

regionale [redʒo'na:le] *agg* regional

regione [re'dʒo:ne] *f* Region *f*

regista [re'dʒista] <-i *m*, -e *f*> *mf* Regisseur(in) *m(f)*

registrare [redʒis'tra:re] *vt* registrieren

registratore [redʒistra'to:re] *m* Tonbandgerät *n*

registro [re'dʒistro] *m* Register *n*

regnare [reɲ'ɲa:re] *vi* (*a fig*) herrschen

regno ['reɲɲo] *m* ❶ (*stato*) (König)reich *n* ❷ (*animale, vegetale*) Welt *f*

regola ['rɛ:gola] *f* Regel *f*

regolamento [regola'mento] *m* (*ordinare*) Ordnung *f*; (*norme*) Vorschriften *fpl*

regolare¹ [rego'la:re] *vt* ❶ (*ordinare*) regeln ❷ (*sistemare*) in Ordnung bringen

regolare² *agg* regelmäßig

relativo, -a [rela'ti:vo] *agg* dazugehörend

relax [re'laks] <-> *m* Entspannung *f*

relazione [relat'tsio:ne] *f* ❶ (*esposizione*) Bericht *m* ❷ (*rapporto*) Beziehung *f*

religione [reli'dʒo:ne] *f* Religion *f*

religioso, -a [reli'dʒo:so] **I.** *agg* Religions-; (*pio*) religiös **II.** *m, f* Ordensbruder *m*, -schwester *f*

remare [re'ma:re] *vi* rudern

remo ['rɛ:mo] *m* Ruder *n*

remoto, -a [re'mɔ:to] *agg* (*tempo, causa*) (längst) vergangen

Renania [re'na:nia] *f* Rheinland *n;* ~ **Settentrionale-Vestfalia** Nordrhein-Westfalen *n;* ~**-Palatinato** Rheinland-Pfalz *n*

rendere ['rɛndere] <irr> *vt* ❶ (*restituire*) zurückgeben ❷ (*fruttare*) einbringen

rendimento [rendi'mento] *m* ❶ (*funzionalità*) Leistung *f* ❷ (*reddito*) Ertrag *m*

rendita ['rɛndita] *f* Rendite *f*

rene ['rɛ:ne] *m* Niere *f*

Reno ['rɛ:no] *m* Rhein *m*

reo, -a ['rɛ:o] *agg* schuldig

reparto [re'parto] *m* ❶ (*in azienda*) Abteilung *f* ❷ (MED) Station *f*

repertorio [reper'tɔ:'rio] <-i> *m* Repertoire *n*

replica ['rɛ:plika] <-che> *f* ❶ (*risposta*) Erwiderung *f* ❷ (TV, RADIO) Wiederholung(ssendung) *f;* **replicare** [repli'ka:re] *vt* ❶ (*ripetere*) wiederholen ❷ (*rispondere*) erwidern

repressione [repres'sio:ne] *f* Unterdrückung *f*

reprimere [re'pri:mere] <irr> *vt* unterdrücken

repubblica [re'pubblika] <-che> *f* Republik *f*

reputare [repu'ta:re] *vt* erachten für; **reputazione** [reputat'tsio:ne] *f* Ruf *m*

requisire [rekui'zi:re] *vt* beschlagnahmen

resa ['re:sa] *f* Rückgabe *f*

resettare [reset'ta:re] *vi* (INFORM) Reset vornehmen

residente [resi'dɛnte] *agg* wohnhaft

resina ['rɛ:zina] *f* Harz *n*

resistente [resis'tɛnte] *agg* ~ (**a**) widerstandsfähig (gegen)

resistere [re'sistere] <irr> *vi* ❶ (*stare saldo*) ~ **a qc** einer Sache *dat* standhalten ❷ (*opporsi*) ~ **a qu/qc** gegen jdn/etw Widerstand leisten

resoconto [reso'konto] *m* Bericht *m*

resort [ri'zɔ:t] <-> *m* Ferienanlage *f*

respingere [res'pindʒere] <irr> *vt* ablehnen

respirare [respi'ra:re] *vi* ❶ (BIOL) atmen ❷ (*fig*) aufatmen; **respirazione** [respirat'tsio:ne] *f* Atmung *f*

respiro [res'pi:ro] *m* Atem *m*

responsabile [respon'sa:bile] *agg* verantwortlich; **responsabilità** [responsabili'ta] <-> *f* Verantwortung *f*

ressa ['rɛssa] *f* Gedränge *n*

restare [res'ta:re] *vi essere* bleiben

restaurare [restau'ra:re] *vt* restaurieren; **restauro** [res'ta:uro] *m* Restaurierung *f*

restituire [restitu'i:re] *vt* zurückgeben; **restituzione** [restitut'tsio:ne] *f* Rückgabe *f*

resto ['rɛsto] *m* Rest *m*
restringere [res'trindʒere] <irr> *vt* enger machen
rete ['re:te] *f* ❶ Netz *n* ❷ (TV) Sender *m*
retina ['rɛ:tina] *f* (ANAT) Netzhaut *f*
retrocedere [retro'tʃɛ:dere] <irr> *vi essere* zurückweichen
retromarcia [retro'martʃa] <-ce> *f* Rückwärtsgang *m*
retrovisore [retrovi'zo:re] *m* Rückspiegel *m*
retta ['rɛtta] *f* ❶ (*di convitto, pensionato*) Pension *f* ❷ (*loc*) **dar ~ a qu** auf jdn hören
rettangolare [rettaŋgo'la:re] *agg* rechteckig; **rettangolo** [ret'taŋgolo] *m* Rechteck *n*
rettificare [rettifi'ka:re] *vt* berichtigen
rettile ['rɛttile] *m* Reptil *n*
rettilineo [retti'li:neo] *m* gerade Strecke
rettitudine [retti'tu:dine] *f* Rechtschaffenheit *f*
rettore [ret'to:re] <-trice> *m, f* Rektor(in) *m(f)*
reumatico, -a [reu'ma:tiko] <-ci, -che> *agg* rheumatisch
reumatismo [reuma'tizmo] *m* Rheumatismus *m*
reverendo [reve'rɛndo] *m* Hochwürden *m*
revisione [revi'zio:ne] *f* (Über)prüfung *f*
revoca ['rɛ:voka] <-che> *f* Widerruf *m*
R.F.T. *f abbr di* **Repubblica Federale Tedesca** BRD *f*
ri- [ri] (*in parole composte*) zurück-; (*di nuovo*) wieder(-)
riabilitazione [riabilitat'tsio:ne] *f* Rehabilitation *f*
rialzare [rial'tsa:re] *vt* ❶ (*alzare di nuovo*) wieder aufrichten ❷ (*prezzi*) (wieder) erhöhen
rianimare [riani'ma:re] *vt* wieder beleben; **rianimazione** [rianimat'tsio:ne] *f* Wiederbelebung *f*
riaprire [ria'pri:re] <irr> *vt* wieder öffnen
riarmo [ri'armo] *m* Aufrüstung *f*
riassumere [rias'su:mere] <irr> *vt* zusammenfassen
riassunto [rias'sunto] *m* Zusammenfassung *f*
riavere [ria've:re] <irr> *vt* wieder haben
ribaltabile [ribal'ta:bile] *agg* klappbar
ribaltare [ribal'ta:re] *vt* umkippen
ribassare [ribas'sa:re] *vt* herabsetzen; **ribasso** [ri'basso] *m* (Preis)senkung *f*
ribattere [ri'battere] *vt* (*fig*) widersprechen
ribellarsi [ribel'larsi] *vr* sich widersetzen; **ribelle** [ri'bɛlle] *mf* Rebell(in) *m(f)*; **ribellione** [ribel'lio:ne] *f* Aufstand *m*
ribes ['ri:bes] <-> *m* Johannis-

beere *f,* Ribisel *f A*
ribrezzo [ri'breddzo] *m* Ekel *m*
ricadere [rika'de:re] <irr> *vi essere* wieder fallen; **ricaduta** [rika'du:ta] *f* Rückfall *m*
ricamare [rika'ma:re] *vt* sticken
ricambiare [rikam'bia:re] *vt* ❶ (*auguri, cortesia, favore*) erwidern ❷ (*merce*) umtauschen; **ricambio** [ri'kambio] <-i> *m* ❶ (*di auguri, favore*) Erwiderung *f* ❷ (TEC) Ersatz *m*
ricamo [ri'ka:mo] *m* Stickerei *f*
ricaricare [rikari'ka:re] *vt* (*batteria*) neu aufladen; (*orologio*) aufziehen
ricavare [rika'va:re] *vt* gewinnen
ricchezza [rik'kettsa] *f* Reichtum *m*
riccio ['rittʃo] <-cci> *m* Igel *m*
riccio, -a <-cci, -cce> *agg* (*capelli*) lockig
ricciolo [rit'tʃɔ:lo] *m* Locke *f*
ricco, -a ['rikko] <-cchi, -cche> *agg* reich
ricerca [ri'tʃɛrka] <-che> *f* ❶ (*gener*) Suche *f;* **motore di ~** (INFORM) Suchmaschine *f* ❷ (SCIENT) Forschung *f;* **ricercare** [ritʃer'ka:re] *vt* ❶ (*sperimentare*) erforschen ❷ (*indagare*) forschen nach; **ricercato, -a** [ritʃer'ka:to] *agg* ❶ (*apprezzato*) begehrt ❷ (*maniere, parole*) gewählt
ricercatore, -trice [ritʃerka'to:re] *m, f* Forscher(in) *m(f)*
ricetta [ri'tʃɛtta] *f* Rezept *n*
ricevere [ri'tʃe:vere] **I.** *vi* (*medico, professore*) Sprechstunde haben **II.** *vt* ❶ (*accettare, prendere*) bekommen ❷ empfangen; **ricevimento** [ritʃevi'mento] *m* Empfang *m*
ricevitore [ritʃevi'to:re] *m* (TEL) Hörer *m*
ricevitoria [ritʃevito'ri:a] <-ie> *f* Annahmestelle *f*
ricevuta [ritʃe'vu:ta] *f* Quittung *f*
richiamare [rikia'ma:re] *vt* ❶ (*chiamare di nuovo*) wieder rufen ❷ (INFORM) aufrufen; **richiamo** [ri'kia:mo] *m* Ruf *f;* (INFORM) Aufruf *m*
richiedere [ri'kiɛ:dere] <irr> *vt* (ADM) beantragen; **richiesta** [ri'kiɛsta] *f* ❶ (*domanda*) Frage *f* ❷ (ADM) Antrag *m*
riciclabile [ritʃi'klabile] *agg* recycelbar
riciclare [ritʃi'kla:re] *vt* wieder aufbereiten
ricompensa [rikom'pɛnsa] *f* Lohn *m;* **ricompensare** [rikompen'sa:re] *vt* belohnen
riconciliare [rikontʃi'lia:re] *vt* wieder aussöhnen
riconoscente [rikonoʃ'ʃɛnte] *agg* dankbar
riconoscere [riko'noʃʃere] <irr> *vt* ❶ (*ravvisare*) wieder erkennen ❷ (*ammettere*) zu-

geben; **riconoscibile** [rikoɲɲi:bile] *agg* erkennbar; **riconoscimento** [rikonoʃʃi'mento] *m* Anerkennung *f*

ricordare [rikor'da:re] *vt* ❶ (*serbare memoria*) ~ **qu/qc** jds/einer Sache gedenken ❷ (*richiamare alla memoria*) ~ **qu/qc** sich an jdn/etw erinnern; **ricordo** [ri'kɔrdo] *m* (*di persona, cosa, periodo*) Erinnerung *f*

ricorrere [ri'korrere] <irr> *vi essere* ❶ (*rivolgersi*) ~ **a qu** sich an jdn wenden ❷ (*servirsi*) ~ **a qc** sich einer Sache *gen* bedienen

ricorso [ri'korso] *m* ❶ (JUR) Berufung *f* ❷ (*reclamo*) Beschwerde *f*

ricostruire [rikostru'i:re] *vt* wieder aufbauen; **ricostruzione** [rikostrut'tsio:ne] *f* (*gener*) Wiederaufbau *m*

ricotta [ri'kɔtta] *f quarkähnlicher Frischkäse*

ricoverare [rikove'ra:re] *vt* einliefern; **ricovero** [ri'ko:vero] *m* Heim *n*

ricreazione [rikreat'tsio:ne] *f* ❶ (*intervallo*) Pause *f* ❷ (*distrazione*) Zeitvertreib *m*

ridare [ri'da:re] <irr> *vt* ❶ (*dare di nuovo*) wieder geben ❷ (*restituire*) zurückgeben

ridere ['ri:dere] <irr> *vi* lachen

ridicolo, -a *agg* lächerlich

ridimensionare [ridimensio'na:re] *vt* wieder anpassen

ridotto, -a *agg* (*prezzi*) herabgesetzt

ridurre [ri'durre] <irr> **I.** *vt* (*diminuire*) verringern; (*prezzi*) senken **II.** *vr* **-rsi** (*diventare*) werden

riduzione [ridut'tsio:ne] *f* Senkung *f*

rielaborare [rielabo'ra:re] *vt* wieder ausarbeiten

riempire [riem'pi:re] *vt* ❶ (*bicchiere, bottiglia*) (auf)füllen ❷ (*modulo*) ausfüllen

rientrare [rien'tra:re] *vi essere* (*tornare*) zurückkommen; (*a casa*) heimkommen; **rientro** [ri'entro] *m* Rückkehr *f*; (*a casa*) Heimkehr *f*

riepilogo [rie'pi:logo] <-ghi> *m* Zusammenfassung *f*

rifare [ri'fa:re] <irr> *vt* ❶ (*ripetere*) wiederholen ❷ (*stanza*) aufräumen; (*letto*) machen

riferimento [riferi'mento] *m* ❶ (*relazione*) Bezug *m* ❷ (*richiamo*) Hinweis *m*; **riferire** [rife'ri:re] *vt* ❶ (*riportare*) berichten ❷ (*mettere in relazione*) ~ **qc a qc** etw auf etw *acc* beziehen

rifinire [rifi'ni:re] *vt* ❶ (*terminare*) vollenden ❷ (*perfezionare*) fein bearbeiten

rifiutare [rifiu'ta:re] *vt* zurückweisen; **rifiuto** [ri'fiu:to] *m* ❶ (*negazione del consenso*)

Ablehnung *f* ❷ *pl* (*immondizie*) Abfall *m*

riflessione [rifles'sio:ne] *f* Überlegung *f*; **riflessivo, -a** [rifles'si:vo] *agg* (*persona*) nachdenklich

riflesso [ri'flɛsso] *m* ❶ Reflex *m* ❷ (*rispecchiamento*) Spiegelung *f*

riflettere [ri'flɛttere] <irr> **I.** *vt* reflektieren; (*fig*) widerspiegeln **II.** *vi* ~ (**su qc**) (über etw *acc*) nachdenken

riflettore [riflet'to:re] *m* Scheinwerfer *m*

riflusso [ri'flusso] *m* Rückfluss *m*

riforma [ri'forma] *f* ❶ (POL) Reform *f* ❷ (REL) Reformation *f*; **riformare** [rifor'ma:re] *vt* (*sottoporre a riforma*) umgestalten; (POL, REL) reformieren

rifornimento [riforni'mento] *m* Versorgung *f*

rifugiarsi [rifu'dʒarsi] *vr* (sich) flüchten; **rifugiato, -a** [rifu'dʒa:to] *m, f* Flüchtling *m*; **rifugio** [ri'fu:dʒo] <-gi> *m* Zuflucht *f*

riga ['ri:ga] <-ghe> *f* ❶ (*linea*) Linie *f* ❷ (*di scritto*) Zeile *f* ❸ (INFORM) ~ **di comando** Befehlszeile *f*

rigatoni [riga'to:ni] *mpl kurze, dicke Röhrennudeln*

rigettare [ridʒet'ta:re] *vt* ❶ (*gettare indietro*) zurückwerfen ❷ (*fam: vomitare*) brechen

righello [ri'gɛllo] *m* Lineal *n*

rigidità [ridʒidi'ta] <-> *f* ❶ (*del clima*) Rauheit *f* ❷ (*fig*) Starrheit *f*; **rigido, -a** ['ri:dʒido] *agg* ❶ steif ❷ (*clima*) rau

rigirare [ridʒi'ra:re] **I.** *vt* wieder drehen **II.** *vi* umherlaufen

rigoglioso, -a [rigoʎ'ʎo:so] *agg* üppig

rigore [ri'go:re] *m* ❶ (*rigidità*) Strenge *f* ❷ (SPORT) Elfmeter *m*; **rigoroso, -a** [rigo'ro:so] *agg* hart

riguardare [riguar'da:re] **I.** *vt* ❶ (*rivedere*) überprüfen ❷ (*considerare*) betrachten **II.** *vr* **-rsi** sich schonen

riguardo [ri'guardo] *m* Rücksicht *f*

rilasciare [rilaʃ'ʃa:re] *vt* ❶ (ADM) ausstellen ❷ (*prigioniero*) freilassen; **rilascio** [ri'laʃʃo] <-sci> *m* ❶ (ADM) Ausstellung *f* ❷ (*restituzione di libertà*) Entlassung *f*

rilassamento [rilassa'mento] *m* Entspannung *f*; **rilassare** [rilas'sa:re] *vt* entspannen

rilegare [rile'ga:re] *vt* binden; **rilegatura** [rilega'tu:ra] *f* Binden *n*

rilevante [rile'vante] *agg* bedeutend

rilevare [rile'va:re] *vt* hervorheben

rilievo [ri'liɛ:vo] *m* ❶ (GEOG) Relief *n* ❷ (*fig*) Bedeutung *f*

rima ['ri:ma] *f* Reim *m*

rimandare [riman'da:re] *vt* zurückschicken

rimanente [rima'nɛnte] *agg* übrig

rimanere [rima'ne:re] <irr> *vi essere* bleiben; (*avanzare*) übrig bleiben

rimbambire [rimbam'bi:re] *vi essere* (*fig*) vertrotteln; **rimbambito**, **-a** [rimbam'bi:to] *m, f* Trottel *m*

rimbombo [rim'bombo] *m* Dröhnen *n*

rimborsabile [rimbor'sa:bile] *agg* rückzahlbar; **rimborsare** [rimbor'sa:re] *vt* (rück)erstatten, refundieren *A;* **rimborso** [rim'borso] *m* Erstattung *f*

rimediare [rime'dia:re] **I.** *vi* ~ **a qc** etw wieder gutmachen **II.** *vt* (*danno*) beheben; **rimedio** [ri'mɛ:dio] <-i> *m* ❶ (*provvedimento*) Abhilfe *f* ❷ (MED) (Heil)mittel *n*

rimessa [ri'messa] *f* Garage *f*

rimettere [ri'mettere] <irr> *vt* ❶ (*mettere di nuovo*) wieder setzen ❷ (*fam: vomitare*) brechen

rimodernare [rimoder'na:re] *vt* modernisieren

rimontare [rimon'ta:re] *vt* ❶ (*montare di nuovo*) wieder zusammensetzen ❷ (SPORT) aufholen

rimorchio [ri'mɔrkio] <-chi> *m* Anhänger *m*

rimorso [ri'mɔrso] *m* Gewissensbiss *m*

rimozione [rimot'tsio:ne] *f* (*asportazione*) Beseitigung *f;* (*da carica, impiego*) Entfernung *f*

rimpatriare [rimpa'tria:re] **I.** *vi essere* in die Heimat zurückkehren **II.** *vt* in die Heimat zurückschicken; **rimpatrio** [rim'pa:trio] <-ii> *m* Heimkehr *f*

rimpiangere [rim'piandʒere] <irr> *vt* ~ **qu/qc** jdm/etw nachtrauern

rimpianto [rim'pianto] *m* Bedauern *n*

rimpiazzare [rimpiat'tsa:re] *vt* ersetzen

rimproverare [rimprove'ra:re] *vt* tadeln; **rimprovero** [rim'prɔ:vero] *m* Vorwurf *m*

rimuovere [ri'muɔ:vere] <irr> *vt* fortschaffen

rinascere [ri'naʃʃere] <irr> *vi essere* wieder geboren werden

rinascimento [rinaʃʃi'mento] *m* Renaissance *f*

rinascita [ri'naʃʃita] *f* Wiederaufleben *n*

rincasare [riŋka'sa:re] *vi essere* heimkehren

rinchiudere [riŋ'kiu:dere] <irr> *vt* einschließen

rincorrere [riŋ'korrere] <irr> *vt*

~ **qu** jdm nachlaufen; **rincorsa** [riŋ'korsa] *f* Anlauf *m*
rinforzare [rinfor'tsa:re] *vt* stärken; **rinforzo** [rin'fɔrtso] *m* Verstärkung *f*
rinfrescare [rinfres'ka:re] *vt* ❶ (*rendere fresco*) abkühlen (lassen) ❷ (*dipinto, memoria*) auffrischen
rinfresco [rin'fresko] <-schi> *m* (*ricevimento*) Empfang *m*
ringhiera [riŋ'giɛ:ra] *f* Geländer *n*
ringraziamento [riŋgrattsia'mento] *m* Danksagung *f*; **ringraziare** [riŋgrat'tsia:re] *vt* ~ **qu** jdm danken
rinnegare [rinne'ga:re] *vt* verleugnen
rinnegato, **-a** [rinne'ga:to] *m, f* Abtrünnige(r) *f(m)*
rinnovamento [rinnova'mento] *m* Erneuerung *f*; **rinnovare** [rinno'va:re] *vt* erneuern; (*contratto*) verlängern
rinnovo [rin'nɔ:vo] *m* Erneuerung *f*; (*di contratto*) Verlängerung *f*
rinoceronte [rinotʃe'ronte] *m* Nashorn *n*
rinomato, **-a** [rino'ma:to] *agg* berühmt
rintocco [rin'tokko] <-cchi> *m* (*di campana*) (Glocken)schlag *m*
rintracciare [rintrat'tʃa:re] *vt* auffinden
rinuncia [ri'nuntʃa] <-ie> *f* Verzicht *m*; **rinunciare** [rinun'tʃa:re] *vi* ~ **a qc** auf etw *acc* verzichten
rinvenire [rinve'ni:re] <irr> *vi essere* wieder zu sich *dat* kommen
rinviare [rinvi'a:re] *vt* zurückschicken
rinvio [rin'vi:o] *m* ❶ (*differimento*) Verschiebung *f* ❷ (*rimando*) Verweis *m*
rione [ri'o:ne] *m* Stadtviertel *n*
ripagare [ripa'gare] *vt* wieder (be)zahlen
riparare [ripa'ra:re] **I.** *vt* reparieren **II.** *vr* **-rsi da qc** sich vor etw *dat* schützen; **riparazione** [riparat'tsio:ne] *f* ❶ (*guasto*) Reparatur *f* ❷ (*fig*) Wiedergutmachung *f*
riparo [ri'pa:ro] *m* ❶ (*protezione*) Schutz *m* ❷ (*rimedio*) Abhilfe *f*
ripartire [ripar'ti:re] *vt* (*dividere*) (auf)teilen
ripartizione [ripartit'tsio:ne] *f* (Auf)teilung *f*
ripassare [ripas'sa:re] **I.** *vi essere* wieder vorbeigehen **II.** *vt* (*lezione*) wiederholen; **ripasso** [ri'passo] *m* Wiederholung *f*
ripensamento [ripensa'mento] *m* Überdenken *n*; **ripensare** [ripen'sa:re] *vi* ❶ (*riflettere*) ~ **a qc** etw überdenken ❷ (*cambiare parere*) es sich *dat* anders

R

überlegen

ripercorrere [riper'korrere] <irr> *vt* erneut gehen

ripercuotersi [riper'kuɔ:tersi] <irr> *vr* (*fig*) ~ **su qc** sich auf etw *acc* auswirken; **ripercussione** [riperkus'sio:ne] *f* Auswirkung *f*

ripescare [ripes'ka:re] *vt* wieder (auf)fischen

ripetere [ri'pɛ:tere] *vt* wiederholen

ripetizione [ripetit'tsio:ne] *f* ❶ (*gener*) Wiederholung *f* ❷ (*lezione privata*) Nachhilfeunterricht *m*

ripido, -a ['ri:pido] *agg* steil

ripiegare [ripie'ga:re] *vt* (*foglio, tessuto*) zusammenfalten

ripiego [ri'piɛ:go] <-ghi> *m* Notlösung *f*

ripieno [ri'piɛ:no] *m* Füllung *f*

ripieno, -a *agg* (voll)gefüllt

riporre [ri'porre] <irr> *vt* zurücklegen

riportare [ripor'ta:re] *vt* zurückbringen; **riporto** [ri'pɔrto] *m* (MAT) Übertrag *m*

riposare [ripo'sa:re] *vi* ausruhen

riposo [ri'pɔ:so] *m* Ruhe *f*; (*sonno*) Schlaf *m*

riprendere [ri'prɛndere] <irr> **I.** *vt* ❶ (*prendere indietro*) zurücknehmen ❷ (*ricominciare*) wieder beginnen **II.** *vr* **-rsi** sich erholen; **ripresa** [ri'pre:sa] *f* ❶ (*inizio*) Wiederaufnahme *f* ❷ (FILM, TV) Aufnahme *f*

riprodurre [ripro'durre] <irr> *vt* vervielfältigen

riproduzione [riprodut'tsio:ne] *f* Reproduktion *f*; (BIOL) Fortpflanzung *f*

riprovare [ripro'va:re] *vi* wieder versuchen; **ripugnare** [ripuɲ'ɲa:re] *vi* ~ **a qu** jdn abstoßen

ripulire [ripu'li:re] *vt* (*fig fam*) (total) ausnehmen

risaia [ri'sa:ia] <-aie> *f* Reisfeld *n*

risalire [risa'li:re] <irr> *vt* wieder hinaufgehen

risaltare [risal'ta:re] *vi essere o avere* vorspringen

risaputo, -a [risa'pu:to] *agg* bekannt

risarcimento [risartʃi'mento] *m* Entschädigung *f*; **risarcire** [risar'tʃi:re] *vt* (*persone*) entschädigen; (*danno*) ersetzen

risata [ri'sa:ta] *f* Lachen *n*

riscaldamento [riskalda'mento] *m* (*impianto, mezzo*) Heizung *f*; **riscaldare** [riskal'da:re] *vt* erwärmen; (*minestra, caffè*) aufwärmen; (*stanza, casa*) heizen

riscattare [riskat'ta:re] *vt* ❶ (*persone*) befreien ❷ (*rendita, fondo*) einlösen; **riscatto** [ris'katto] *m* Loskaufen *n*

rischiare [ris'kia:re] *vt* riskieren;

rischio ['riskio] <-schi> *m*

Risiko *n;* **rischioso, -a** [ris'kio:so] *agg* riskant

risciacquare [riʃʃak'kua:re] *vt* abspülen

riscontrare [riskon'tra:re] *vt* ❶ (*confrontare*) vergleichen ❷ (*rilevare*) herausfinden; **riscontro** [ris'kontro] *m* Vergleich *m*

riscuotere [ris'kuɔ:tere] <irr> *vt* kassieren, einheben *A*

risentire [risen'ti:re] *vi* ~ **di qc** (noch) an etw *dat* leiden; **risentito, -a** [risen'ti:to] *agg* gekränkt

riserbo [ri'sɛrbo] *m* Zurückhaltung *f*

riserva [ri'sɛrva] *f* ❶ (*provvista*) Vorrat *m* ❷ (AUTO) **essere in ~** auf Reserve fahren; **riservare** [riser'va:re] *vt* ❶ (*tenere in serbo*) aufbewahren ❷ (*tavolo, posto*) reservieren

riservatezza [riserva'tettsa] *f* Zurückhaltung *f;* **riservato, -a** [riser'va:to] *agg* ❶ (*posto*) reserviert ❷ (*notizia*) vertraulich ❸ (*persona*) zurückhaltend

risiedere [ri'siɛ:dere] *vi* ansässig sein

riso[1] <*pl:* -a *f*> *m* Lachen *n*

riso[2] *m* (BOT) Reis *m*

risoluto, -a [riso'lu:to] *agg* resolut, resch *A*

risolvere [ri'sɔlvere] <irr> *vt* lösen

risorgere [ri'sordʒere] <irr> *vi essere* auferstehen

risorsa [ri'sorsa] *f* Reserve *f*

risotto [ri'sɔtto] *m* Risotto *m*

risparmiare [rispar'mia:re] *vt* sparen; **risparmio** [ris'parmio] <-i> *m* Ersparnis *f*

rispecchiare [rispek'kia:re] *vt* widerspiegeln

rispettabile [rispet'ta:bile] *agg* ehrenwert

rispettare [rispet'ta:re] *vt* respektieren

rispetto [ris'pɛtto] *m* Respekt *m*

risplendere [ris'plɛndere] *vi essere o avere* strahlen

rispondere [ris'pondere] <irr> *vi* ❶ (*gener*) antworten ❷ (*delle proprie azioni*) veranwortlich sein (für); **risposta** [ris'posta] *f* Antwort *f*

ristabilirsi [ristabi'li:rsi] *vr* sich erholen

ristampa [ris'tampa] *f* Neudruck *m;* **ristampare** [ristam'pa:re] *vt* neu auflegen

ristorante [risto'rante] *m* Restaurant *n*

ristrettezza [ristret'tettsa] *f* ❶ (*di spazio*) Enge *f* ❷ (*di mezzi*) Einschränkung *f;* **ristretto, -a** [ris'tretto] *agg* ❶ (*limitato*) knapp ❷ (*caffè*) stark

ristrutturare [ristruttu'ra:re] *vt* umstrukturieren

risultare [risul'ta:re] *vi essere* ❶ (*derivare*) ~ **da qc** sich aus etw ergeben ❷ (*emergere*) sich

R

erweisen als; **risultato** [risul'ta:to] *m* Ergebnis *n*
risuonare [risuo'na:re] *vi essere o avere* hallen
risurrezione [risurret'tsio:ne] *f* Auferstehung *f*
risuscitare [risuʃʃi'ta:re] **I.** *vt* auferwecken **II.** *vi essere* (REL) auferstehen
risveglio [ris'veʎʎo] <-gli> *m* Erwachen *n*
risvolto [riz'vɔlto] *m* Aufschlag *m*
ritagliare [ritaʎ'ʎa:re] *vt* ausschneiden; **ritaglio** [ri'taʎʎo] <-gli> *m* Abschnitt *m*
ritardare [ritar'da:re] **I.** *vi* sich verspäten **II.** *vt* (*far tardare*) verzögern
ritardo [ri'tardo] *m* Verspätung *f*
ritegno [ri'teɲɲo] *m* Zurückhaltung *f*
ritenere [rite'ne:re] <irr> *vt* halten für
ritirare [riti'ra:re] *vt* (*fig*) zurücknehmen; **ritiro** [ri'ti:ro] *m* Einzug *m*
ritmico, **-a** ['ritmiko] <-ci, -che> *agg* rhythmisch; **ritmo** ['ritmo] *m* Rhythmus *m*
rito ['ri:to] *m* Brauch *m*
ritoccare [ritok'ka:re] *vt* überarbeiten
ritornare [ritor'na:re] *vi essere* zurückkommen
ritornello [ritor'nɛllo] *m* Refrain *m*
ritorno [ri'torno] *m* Rückkehr *f*
ritratto *m* Porträt *n*
ritrovare [ritro'va:re] **I.** *vt* wieder finden **II.** *vr* **-rsi** (*incontrarsi di nuovo*) sich wieder treffen
ritrovo [ri'trɔ:vo] *m* Treffpunkt *m*
rituale [ritu'a:le] *agg* ❶ (*conforme ai riti*) rituell ❷ (*fig*) üblich
riunificazione [riunifikat'tsio:ne] *f* Wiedervereinigung *f*
riunione [riu'nio:ne] *f* Versammlung *f*; **riunire** [riu'ni:re] *vt* ❶ (*unire elementi divisi*) wieder vereinen ❷ (*mettere insieme*) versammeln
riuscire [riuʃ'ʃi:re] <irr> *vi essere* gelingen
riva ['ri:va] *f* Ufer *n*
rivale [ri'va:le] *mf* Rivale *m*, Rivalin *f*; **rivalità** [rivali'ta] <-> *f* Rivalität *f*
rivalutare [rivalu'ta:re] *vt* aufwerten
rivedere [rive'de:re] <irr> *vt* ❶ (*gener*) wieder sehen ❷ (*esaminare*) durchsehen
rivelare [rive'la:re] **I.** *vt* offenbaren **II.** *vr* **-rsi** sich erweisen als
rivendicare [rivendi'ka:re] *vt* ❶ (*diritto*) geltend machen ❷ (*lottare per*) beanspruchen
rivendita [ri'vendita] *f* Laden *m*
riverire [rive'ri:re] *vt* verehren
riversare [river'sa:re] *vt* wieder (aus)gießen

rivestimento [rivesti'mento] *m* Verkleidung *f;* **rivestire** [rives'ti:re] **I.** *vt* verkleiden **II.** *vr* **-rsi** sich wieder anziehen
riviera [ri'viɛ:ra] *f* Küste *f*
rivincita [ri'vintʃita] *f* Revanche *f*
rivista [ri'vista] *f* Illustrierte *f*
rivivere [ri'vi:vere] <irr> *vi essere* (*fig*) zu neuem Leben erwachen
rivolgere [ri'voldʒere] <irr> **I.** *vt* wenden; (*fig*) richten **II.** *vr* **-rsi a qu** sich an jdn wenden
rivolta [ri'vɔlta] *f* Aufstand *m*
rivoltare [rivol'ta:re] **I.** *vt* umdrehen **II.** *vr* **-rsi a qu/qc** sich gegen jdn/etw auflehnen
rivoltella [rivol'tɛlla] *f* Revolver *m*
rivoluzionare [rivoluttsio'na:re] *vt* revolutionieren; **rivoluzionario, -a** [rivoluttsio'na:rio] <-i, -ie> *agg* revolutionär; **rivoluzione** [rivolut'tsio:ne] *f* Revolution *f*
rizzare [rit'tsa:re] **I.** *vt* aufstellen; (*vele, bandiera*) hissen **II.** *vr* **-rsi** sich aufrichten
roba ['rɔ:ba] *f* Sachen *fpl*
robusto, -a [ro'busto] *agg* robust
rocca ['rɔkka] <-cche> *f* Festung *f*
rocchetto [rok'ketto] *m* Garnspule *f*
roccia ['rɔttʃa] <-cce> *f* Fels *m*
roco, -a ['rɔ:ko] <-chi, -che> *agg* rau
rodaggio [ro'daddʒo] <-ggi> *m* Einfahrzeit *f*
rodere ['ro:dere] <irr> *vt* (*corrodere*) zerfressen
roditore [rodi'to:re] *m* Nagetier *n*
rogna ['roɲɲa] *f* (*fam*) Plage *f*
rogo ['rɔ:go] <-ghi> *m* Feuer *n*
ROM [rɔm] <inv> *agg* (INFORM) **memoria** ~ ROM-Speicher *m*
Roma ['ro:ma] *f* Rom *n*
Romagna [ro'maɲɲa] *f Region Mittelitaliens*
Romania [roma'ni:a] *f* Rumänien *n*
romanico [ro'ma:niko] *m* Romanik *f*
romano, -a [ro'ma:no] *agg* römisch
romanticismo [romanti'tʃizmo] *m* Romantik *f*
romantico, -a [ro'mantiko] <-ci, -che> *agg* romantisch
romanzesco, -a [roman'dzesko] <-schi, -sche> *agg* ❶ (LIT) Roman- ❷ (*fig*) abenteuerlich
romanzo [ro'mandzo] *m* Roman *m*
rombo ['rombo] *m* ❶ (MAT) Rhombus *m* ❷ (*rumore*) Dröhnen *n*
rompere ['rompere] <irr> **I.** *vt* (zer)brechen **II.** *vi* (*scoppiare*) ~ **in pianto** in Tränen ausbrechen
rondine ['rondine] *f* Schwalbe *f*

ronzino [ron'dzi:no] *m* (*pej*) Gaul *m*
rosa¹ ['rɔ:za] *f* Rose *f*
rosa² <inv> *agg* (*colore*) rosa
rosario [ro'za:rio] <-i> *m* Rosenkranz *m*
rosato [ro'za:to] *m* Rosé(wein) *m*
roseo, -a ['rɔ:zeo] *agg* (*a fig*) rosig
rosetta [ro'zetta] *f* ❶ (*diamante*) Rosette *f* ❷ (*pane*) Rosenbrötchen *n*
rosicchiare [rosik'kia:re] *vt* knabbern (an +*dat*)
rosmarino [rozma'ri:no] *m* Rosmarin *m*
rosolare [rozo'la:re] *vt* anbraten
rosolia [rozo'li:a] <-ie> *f* Röteln *pl*
rospo ['rɔspo] *m* Kröte *f*
rossetto [ros'setto] *m* Lippenstift *m*
rosso, -a **I.** *agg* rot **II.** *m, f* Rothaarige(r) *f(m)*; **rossore** [ros'so:re] *m* Röte *f*
rosticceria [rostittʃe'ri:a] <-ie> *f* Rotisserie *f*
rotaia [ro'ta:ia] <-aie> *f* Schiene *f*
rotella [ro'tɛlla] *f* Rolle *f*
rotolare [roto'la:re] *vt* rollen
rotondo, -a [ro'tondo] *agg* rund
rotta ['rotta] *f* Kurs *m*
rottame [rot'ta:me] *m* Bruchstück *n*
rotto, -a *agg* kaputt
rotula ['rɔ:tula] *f* Kniescheibe *f*
rovere ['ro:vere] *m* Eichenholz *n*
rovesciare [roveʃ'ʃa:re] *vt* ❶ (*versare*) verschütten ❷ (*voltare*) wenden
rovescio [ro'vɛʃʃo] <-sci> *m* ❶ (*lato opposto*) Rückseite *f* ❷ (*di pioggia*) Schauer *m*
rovina [ro'vi:na] *f* Ruin *m*; **rovinare** [rovi'na:re] *vt* verderben
rozzo, -a ['roddzo] *agg* grob
R.S.M. *m abbr di* **Repubblica di San Marino** Republik *f* San Marino
rubare [ru'ba:re] *vt* stehlen
rubinetto [rubi'netto] *m* Hahn *m*
rubino [ru'bi:no] *m* Rubin *m*
rublo ['ru:blo] *m* Rubel *m*
rubrica [ru'bri:ka] <-che> *f* ❶ (*libretto*) Verzeichnis *n* ❷ (*di giornale*) Spalte *f*
rucola ['ru:kola] *f* Rauke *f*
rude ['ru:de] *agg* rüde
ruffiano, -a [ruf'fia:no] *m, f* (*fam*) Speichellecker(in) *m(f)*
ruga ['ru:ga] <-ghe> *f* Falte *f*
ruggine ['ruddʒine] *f* Rost *m*
ruggire [rud'dʒi:re] *vi* brüllen; **ruggito** [rud'dʒi:to] *m* Brüllen *n*
rugiada [ru'dʒa:da] *f* Tau *m*
rugoso, -a [ru'go:so] *agg* runz(e)lig
rullare [rul'la:re] *vi* rollen
rullino [rul'li:no] *m* Film *m*
rullo ['rullo] *m* ❶ (*di tamburo*)

Trommelwirbel *m* ❷ (*arnese cilindrico*) Rolle *f*
ruminare [rumi'na:re] *vt* (ZOO) wiederkäuen
rumore [ru'mo:re] *m* Geräusch *n;* **rumoroso, -a** [rumo'ro:so] *agg* laut
ruolo ['ruɔ:lo] *m* (*fig* THEAT) Rolle *f*
ruota ['ruɔ:ta] *f* Rad *n*
ruotare [ruo'ta:re] *vi* (sich) drehen
rupe ['ru:pe] *f* Fels(en) *m*
rurale [ru'ra:le] *agg* ländlich
ruscello [ruʃ'ʃɛllo] *m* Bach *m*
ruspa ['ruspa] *f* Bagger *m*
russare [rus'sa:re] *vi* schnarchen
Russia ['russia] *f* Russland *n*
russo, -a ['russo] *agg* russisch
rustico, -a <-ci, -che> *agg* ❶ (*campagnolo*) ländlich ❷ (*mobile*) rustikal
ruttare [rut'ta:re] *vi* rülpsen; **rutto** ['rutto] *m* Rülpser *m*
ruvido, -a ['ru:vido] *agg* rau
ruzzolare [ruttso'la:re] *vi* purzeln

S

S, s ['ɛsse] <-> *f* S, s *n*
S. *abbr di* **sud** S
sabato ['sa:bato] *m* Samstag *m*
sabbia ['sabbia] <-ie> *f* Sand *m*
sacca ['sakka] <-cche> *f* Beutel *m*
saccente [sat'tʃɛnte] *mf* Besserwisser(in) *m(f)*
sacchetto [sak'ketto] *m* Tüte *f*
sacco ['sakko] <-cchi> *m* Sack *m*
sacerdote, -essa [satʃer'dɔ:te] *m, f* Geistliche(r) *f(m)*
sacramento *m* Sakrament *n*
sacrificare [sakrifi'ka:re] *vt* opfern
sacro, -a *agg* heilig
sadico, -a ['sa:diko] <-ci, -che> *agg* sadistisch
sagace [sa'ga:tʃe] *agg* scharfsinnig
saggezza [sad'dʒettsa] *f* Weisheit *f;* **saggio, -a** <-ggi, -gge> *agg* weise
saggistica [sad'dʒistika] <-che> *f* Essayistik *f*
sagittario [sadʒit'ta:rio] *m* **sono del Sagittario** (ASTR) ich bin (ein) Schütze
sagra ['sa:gra] *f* (Volks)fest *n*
sagrestano [sagres'ta:no] *m* Kirchendiener(in) *m(f);* **sagrestia** [sagres'ti:a] <-ie> *f* Sakristei *f*
sala ['sa:la] *f* Saal *m*
salame [sa'la:me] *m* Salami *f*
salamoia [sala'mɔ:ia] <-oie> *f* Salzlake *f*
salare [sa'la:re] *vt* salzen
salario [sa'la:rio] <-i> *m* Lohn

m, Salär *n A*
salatino [sala'ti:no] *m* Salzstange *f*
salato, **-a** [sa'la:to] *agg* salzig; **troppo** ~ versalzen
saldo ['saldo] *m* Restposten *m*
saldo, **-a** *agg* (*a fig*) fest
sale ['sa:le] *m* Salz *n*
salice ['sa:litʃe] *m* Weide *f*
saliera [sa'liɛ:ra] *f* Salzstreuer *m*
salire [sa'li:re] <irr> **I.** *vt* hinaufgehen **II.** *vi essere* (*montare*) (ein)steigen
salita [sa'li:ta] *f* Aufstieg *m*
saliva [sa'li:va] *f* Speichel *m*
salmo ['salmo] *m* Psalm *m*
salmone [sal'mo:ne] *m* Lachs *m*
salone [sa'lo:ne] *m* Salon *m*
salopette [salɔ'pɛt] <-> *f* Latzhose *f*
salotto [sa'lɔtto] *m* Wohnzimmer *n*
salpare [sal'pa:re] *vi essere* in See stechen
salsa ['salsa] *f* Soße *f*
salsiccia [sal'sittʃa] <-cce> *f* Wurst *f*; **salsicciotto** [salsit'tʃɔtto] *m* dicke Wurst
saltare [sal'ta:re] **I.** *vi essere o avere* springen **II.** *vt* überspringen
saltellare [saltel'la:re] *vi* hüpfen
saltimbocca [saltim'bokka] <-> *m kleines Kalbsschnitzel*
salto ['salto] *m* Sprung *m*
saltuario, **-a** [saltu'a:rio] <-i, -ie> *agg* unregelmäßig
salume [sa'lu:me] *m* Wurst *f*; **salumeria** [salume'ri:a] <-ie> *f* Wurstwarenhandlung *f*
salutare *vt* grüßen
salute [sa'lu:te] *f* Gesundheit *f*; ~! (*nei brindisi*) zum Wohl!
saluto [sa'lu:to] *m* Gruß *m*
salvadanaio [salvada'na:io] <-ai> *m* Sparbüchse *f*
salvagente [salva'dʒɛnte] <-> *m* Rettungsring *m*
salvare [sal'va:re] *vt* ❶ (*gener*) retten ❷ (INFORM) speichern
salvaschermo [salva'skermo] <-> *m* Bildschirmschoner *m*
salve ['salve] *int* grüß dich/euch!, Servus! *A, südd*
salvezza [sal'vettsa] *f* Rettung *f*
salvia ['salvia] <-ie> *f* Salbei *m o f*
salvietta [sal'vietta] *f* Serviette *f*
salvo **I.** *prp* außer +*dat* **II.** *cong* ~ **che …** +*conj* es sei denn (, dass) …, außer wenn …
sambuca [sam'bu:ka] <-che> *f Anislikör*
sandalo ['sandalo] *m* (*calzatura*) Sandale *f*
San Gallo [saŋ 'gallo] *m* Sankt Gallen *n*
San Gottardo [saŋ got'tardo] <-> *m* Sankt Gotthard *m*
sangria [san'gri:a] <-> *f* Sangria *f*
sangue ['saŋgue] *m* Blut *n*
sanguigno, **-a** [saŋ'guiɲɲo] *agg* blutig

sanguinaccio [saŋgui'nattʃo] <-cci> *m* Blutwurst *f*, Blunze(n) *f A*

sanguinare [saŋgui'na:re] *vi* bluten

sanità [sani'ta] <-> *f* Gesundheitswesen *n*

sano, -a ['sa:no] *agg* gesund

santificare [santifi'ka:re] *vt* heiligen

santissimo [san'tissimo] *m* Hostie *f*

santo, -a ['santo] **I.** *agg* heilig; **santo Dio!** (*fam*) ach du lieber Gott! **II.** *m, f* Heilige(r) *f(m)*

santone, -a [san'to:ne] *m, f* Guru *m*

santuario [santu'a:rio] <-i> *m* Heiligtum *n*

sapere[1] [sa'pe:re] <irr> **I.** *vt* ❶ (*conoscere*) wissen; (*lingua*) können; **lo so** ich weiß; **non si sa mai** man kann nie wissen; **buono a sapersi** gut zu wissen ❷ (*potere*) können **II.** *vi* ❶ (*aver sapore*) **non ~ di niente** nach nichts schmecken ❷ (*avere odore*) ~ **di qc** nach etw riechen

sapere[2] *m* Wissen *n*

sapone [sa'po:ne] *m* Seife *f*

sapore [sa'po:re] *m* Geschmack *m*

sarcastico, -a [sar'kastiko] <-ci, -che> *agg* sarkastisch

Sardegna [sar'deɲɲa] *f* Sardinien *n*

sardina [sar'di:na] *f* Sardine *f*

sarto, -a ['sarto] *m, f* Schneider(in) *m(f)*; **sartoria** [sarto'ri:a] <-ie> *f* Schneiderei *f*

sasso ['sasso] *m* Stein *m*

sassofono [sas'sɔ:fono] *m* Saxophon *n*

Sassonia [sas'sɔ:nia] *f* Sachsen *n*; **Bassa ~** Niedersachsen *n*

satellitare [satelli'ta:re] *agg* Satelliten-; **satellite** [sa'tɛllite] *m* Satellit *m*

satira ['sa:tira] *f* Satire *f*

sauna ['sa:una] *f* Sauna *f*

savoiardo [savo'iardo] *m* Löffelbiskuit *m*

sazio, -a ['sattsio] <-i, -ie> *agg* satt

sbadato, -a [zba'da:to] *agg* zerstreut

sbadigliare [zbadiʎ'ʎa:re] *vi* gähnen; **sbadiglio** [zba'diʎʎo] <-gli> *m* Gähnen *n*

sbagliare [zbaʎ'ʎa:re] **I.** *vt* falsch machen; ~ **strada** sich verfahren; ~ **numero** sich verwählen **II.** *vi, vr* **-rsi** sich irren; **sbagliato, -a** [zbaʎ'ʎa:to] *agg* falsch

sbaglio ['zbaʎʎo] <-gli> *m* Fehler *m*

sballato, -a [zbal'la:to] *agg* (*fam*) verrückt; **sballo** ['zballo] *m* (*sl*) Trip *m*

sbandare [zban'da:re] *vi* schleudern; **sbandato, -a** [zban'da:to] *agg* verloren

sbarcare [zbar'ka:re] *vt* an Land bringen
sbattere ['zbattere] **I.** *vt* ausschlagen **II.** *vr* **sbattersene** (*vulg*) auf etw *acc* scheißen
sbiancare [zbiaŋ'ka:re] *vt* bleichen
sbilanciarsi [zbilan'tʃa:rsi] *vr* zu weit gehen
sbirro ['zbirro] *m* Bulle *m*
sbloccare [zblok'ka:re] *vt* lösen
sbocciare [zbot'tʃa:re] *vi essere* aufblühen
sbornia ['zbɔrnia] <-ie> *f* Rausch *m*
sborsare [zbor'sa:re] *vt* ausgeben
sbottonare [zbotto'na:re] *vt* aufknöpfen
sbrigare [zbri'ga:re] **I.** *vt* erledigen **II.** *vr* **-rsi** sich beeilen
sbronza ['zbrondza] *f* (*fam*) Rausch *m*; **sbronzarsi** [zbron'dzarsi] *vr* (*fam*) sich betrinken; **sbronzo**, **-a** ['zbrondzo] *agg* (*fam*) betrunken
sbucciare [zbut'tʃa:re] *vt* schälen
scabbia ['skabbia] <-ie> *f* Krätze *f*
scabroso, **-a** [ska'bro:so] *agg* (*fig*) heikel
scacchi ['skakki] *mpl* Schach *n*; **scacchiera** [skak'kiɛ:ra] *f* Schachbrett *n*
scadente [ska'dɛnte] *agg* minderwertig
scadenza [ska'dɛntsa] *f* Ablauf *m*; (*di un prodotto*) Verfallsdatum *n*
scadere [ska'de:re] <irr> *vi essere* verfallen, ablaufen
scaffale [skaf'fa:le] *m* Regal *n*
scafista [ska'fista] <-i *m*, -e *f*> *mf* Schleuser *m*
scagliare [skaʎ'ʎa:re] *vt* werfen
scala ['ska:la] *f* Treppe *f*, Steige *f A*; ~ **mobile** Rolltreppe *f*
scalare *vt* besteigen
scalda(a)cqua [skalda'akkua] <->, **scaldabagno** [skalda'baɲɲo] <-i> *m* Boiler *m*
scaldare [skal'da:re] *vt* erwärmen; (*acqua, minestra*) aufwärmen
scalinata [skali'na:ta] *f* Freitreppe *f*; **scalino** [ska'li:no] *m* Stufe *f*
scalo ['ska:lo] *m* **fare** ~ (AERO) zwischenlanden
scalogna [ska'loɲɲa] *f* Pech *n*
scaloppa, **scaloppina** [ska'lɔppa] *f* (in Butter gebratenes) Kalbsschnitzel
scalpello [skal'pɛllo] *m* Meißel *m*
scalpore [skal'po:re] *m* Aufsehen *n*
scaltro, **-a** ['skaltro] *agg* schlau
scalzo, **-a** ['skaltso] *agg* barfuß
scambiare [skam'bia:re] *vt* ❶ (*confondere*) ~ **qu per qu** jdn mit jdm verwechseln ❷ (*fare uno scambio*) (aus)tauschen;

scambio ['skambio] <-i> *m* ❶ (*di persona*) Verwechslung *f* ❷ (*di doni, idee*) Austausch *m*
scamorza [ska'mɔrtsa] *f fester, hellgelber Frischkäse*
scampagnata [skampaɲ'ɲa:ta] *f* Ausflug *m*
scampo ['skampo] *m* Rettung *f*
scandalizzare [skandalid'dza:re] *vt* empören
scandalo ['skandalo] *m* Skandal *m;* **scandaloso, -a** [skanda'lo:so] *agg* skandalös
Scandinavia [skandi'na:via] *f* Skandinavien *n;* **scandinavo, -a** [skandi'na:vo] *agg* skandinavisch
scannare [skan'na:re] *vt* ❶ (*animale*) abstechen ❷ (INFORM) scannen
scanner ['skanner] <-> *m* Scanner *m;* **scannerizzare** [skannerid'dza:re] *vt* (INFORM) scannen, abtasten
scantinato [skanti'na:to] *m* Kellergeschoss *n*
scapola ['ska:pola] *f* Schulterblatt *n*
scapolo *m* Junggeselle *m*
scappamento [skappa'mento] *m* (AUTO) Auspuff *m*
scappare [skap'pa:re] *vi essere* ❶ (*darsi alla fuga*) weglaufen ❷ (*fig*) entgehen
scappatoia [skappa'to:ia] <-oie> *f* Ausweg *m*
scarabeo [skara'bɛ:o] *m* Käfer *m*
scarabocchiare [skarabok'kia:re] *vt* bekritzeln
scarafaggio [skara'faddʒo] <-ggi> *m* (Küchen)schabe *f*
scaramanzia [skaraman'tsi:a] <-ie> *f* Beschwörung *f*
scaraventare [skaraven'ta:re] *vt* schleudern
scarcerare [skartʃe'ra:re] *vt* freilassen; **scarcerazione** [skartʃerat'tsio:ne] *f* Freilassung *f*
scaricare [skari'ka:re] *vt* ❶ (*camion, macchina*) entladen ❷ (*fig*) (ab)laden
scarico, -a <-chi, -che> *agg* leer
scarlattina [skarlat'ti:na] *f* Scharlach *m*
scarlatto, -a *agg* scharlachrot
scarpa ['skarpa] *f* Schuh *m*
scarpata [skar'pa:ta] *f* Böschung *f*
scarpiera [skar'piɛ:ra] *f* Schuhschrank *m*
scarpone [skar'po:ne] *m* ~ **da montagna/da sci** Berg-/Skischuh *m*
scarso, -a ['skarso] *agg* knapp
scarto ['skarto] *m* Aussonderung *f*
scassare [skas'sa:re] *vt* aufbrechen
scasso ['skasso] *m* Einbruch *m*
scatenare [skate'na:re] *vt* entfesseln
scatola ['ska:tola] *f* Schachtel *f;* (*di carne, piselli*) Dose *f;* **sca-**

S

tolame [skato'la:me] *m* Konserven *fpl;* **scatoletta** [skato'lɛtta] *f* (kleine) Dose *f*
scatto ['skatto] *m* ❶ (TEC) Losgehen *n* ❷ (TEL) (Gebühren)einheit *f*
scavalcare [skaval'ka:re] *vt* überklettern
scavare [ska'va:re] *vt* graben
scegliere ['ʃeʎʎere] <irr> *vt* wählen; (*preferire*) vorziehen
sceicco [ʃe'ikko] <-cchi> *m* Scheich *m*
scellino [ʃel'li:no] *m* Schilling *m*
scelta ['ʃelta] *f* (Aus)wahl *f*
scemo, -a ['ʃe:mo] *agg* blöd
scena ['ʃɛ:na] *f* ❶ (*palcoscenico*) Bühne *f* ❷ (*luogo, attività*) Szene *f;* **scenario** [ʃe'na:rio] <-i> *m* Bühnenbild *n*
scendere ['ʃendere] <irr> *vi essere* hinuntergehen
sceneggiato [ʃened'dʒa:to] *m* Fernsehserie *f;* **sceneggiatura** [ʃeneddʒa'tu:ra] *f* Drehbuch *n*
scenetta [ʃe'netta] *f* Sketch *m*
scettico, -a ['ʃɛttiko] <-ci, -che> *agg* skeptisch
scettro ['ʃɛttro] *m* Zepter *n*
scheda ['skɛ:da] *f* ~ **telefonica** Telefonkarte *f;* ~ **grafica/network** (INFORM) Grafik-/Netzwerkkarte *f;* **schedare** [ske'da:re] *vt* (ADM) (ins Polizeiregister) eintragen; **schedario** [ske'da:rio] <-i> *m* Kartei *f*
schedina [ske'di:na] *f* Totoschein *m*
scheggia ['skeddʒa] <-gge> *f* Splitter *m,* Schiefer *m A, südd*
scheletro ['skɛ:letro] *m* Skelett *n*
schema ['skɛ:ma] <-i> *m* Schema *n*
scherma ['skerma] *f* Fechten *n*
schermata [sker'ma:ta] *f* Bildschirm *m*
schermo ['skermo] *m* ❶ (*riparo*) Schirm *m* ❷ (TV, INFORM) Bildschirm *m*
scherzare [sker'tsa:re] *vi* scherzen; ~ **col fuoco** mit dem Feuer spielen; **c'è poco da** ~ da gibt's nichts zu lachen; **scherzo** ['skertso] *m* Scherz *m*
schiaccianoci [skiattʃa'no:tʃi] <-> *m* Nussknacker *m*
schiacciare [skiat'tʃa:re] *vt* (*dito*) quetschen
schiacciata [skiat'tʃa:ta] *f* (GASTR) Fladenbrot *n*
schiaffo ['skiaffo] *m* Ohrfeige *f,* Watsche *f A*
schiavo, -a ['skia:vo] *m, f* Sklave *m,* Sklavin *f*
schiena ['skiɛ:na] *f* Rücken *m;* **schienale** [skie'na:le] *m* (Rücken)lehne *f*
schierare [skie'ra:re] **I.** *vt* aufstellen **II.** *vr* **-rsi dalla parte di/contro qu** (*fig*) für/gegen jdn Partei nehmen
schietto, -a ['skietto] *agg* rein,

echt

schifare [ski'fa:re] *vt* (an)ekeln

schifo ['ski:fo] *m* Ekel *m;* **schifoso, -a** [ski'fo:so] *agg* ekelhaft

schiuma ['skiu:ma] *f* Schaum *m*

schizofrenico, -a [skiddzo'frɛ:niko] <-ci, -che> *agg* schizophren

schizzo ['skittso] *m* (*di fango, inchiostro*) Spritzer *m*

Schleswig-Holstein [ʃlezvig 'hɔlʃtain] *m* Schleswig-Holstein *n*

sci [ʃi] <-> *m* (*attrezzo*) Ski *m;* (*attività*) Skifahren *n*

sciabola ['ʃa:bola] *f* Säbel *m*

sciacquare [ʃak'kua:re] *vt* (*piatti*) abspülen; (*panni*) auswaschen

Sciaffusa [ʃaf'fu:za] *f* Schaffhausen *n*

sciagura [ʃa'gu:ra] *f* Unglück *n*

scialle ['ʃalle] *m* Schultertuch *n*

scialuppa [ʃa'luppa] *f* Beiboot *n*

sciame ['ʃa:me] *m* Schwarm *m*

sciare [ʃi'a:re] *vi* Ski laufen

sciarpa ['ʃarpa] *f* Schal *m*

sciata [ʃi'a:ta] *f* Skilauf *m*

sciatica ['ʃa:tika] <-che> *f* Ischias *m*

sciatore, -trice [ʃia'to:re] *m, f* Skiläufer(in) *m(f)*

sciatto, -a ['ʃatto] *agg* schlampig

scientifico, -a <-ci, -che> *agg* wissenschaftlich

scienza ['ʃɛntsa] *f* Wissenschaft *f;* **scienziato, -a** [ʃɛn'tsia:to] *m, f* (Natur)wissenschaftler(in) *m(f)*

scimmia ['ʃimmia] <-ie> *f* Affe *m*

scimpanzé [ʃimpan'tse] <-> *m* Schimpanse *m*

scintilla [ʃin'tilla] *f* Funke *m;* **scintillare** [ʃintil'la:re] *vi* funkeln

scioccante [ʃok'kante] *agg* schockierend

sciocchezza [ʃok'kettsa] *f* Dummheit *f;* **sciocco, -a** ['ʃɔkko] <-cchi, -cche> *agg* dumm

sciogliere ['ʃɔʎʎere] <irr> *vt* lösen; (*ghiaccio, nevi*) schmelzen (lassen)

sciolina [ʃio'li:na] *f* Skiwachs *n*

sciolto, -a ['ʃɔlto] *agg* ungezwungen

scioperare [ʃope'ra:re] *vi* streiken; **sciopero** ['ʃɔ:pero] *m* Streik *m*

sciovia [ʃio'vi:a] *f* Skilift *m*

scippare [ʃip'pa:re] *vt* ~ **qu** jdm die Tasche wegreißen; **scippatore, -trice** [ʃippa'to:re] *m, f* (Hand)taschenräuber(in) *m(f);* **scippo** ['ʃippo] *m* (Hand)taschenraub *m*

scirocco [ʃi'rɔkko] <-cchi> *m* Schirokko *m*

sciroppo [ʃi'rɔppo] *f* Sirup *m*

scivolare [ʃivo'la:re] *vi essere* ❶ (*perdere l'equilibrio*) (aus)rutschen ❷ (*scorrere*) gleiten; **scivolo** ['ʃi:volo] *m*

Rutschbahn *f;* **scivoloso, -a** [ʃivo'lo:so] *agg* glatt, rutschig
sclerosi [skle'rɔ:zi] <-> *f* Sklerose *f*
scocciare [skot'tʃa:re] *vt* (*fam*) nerven; **scocciatura** [skottʃa'tu:ra] *f* (*fam*) Ärgernis *n*
scodella [sko'dɛlla] *f* Schüssel *f*
scogliera [skoʎ'ʎɛ:ra] *f* Klippe *f;* **scoglio** ['skɔʎʎo] <-gli> *m* (*a fig*) Klippe *f*
scoiattolo [sko'iattolo] *m* Eichhörnchen *n*
scolapasta [skola'pasta] <-> *m* (Nudel)sieb *n*
scolare[1] [sko'la:re] *agg* schulpflichtig
scolare[2] *vt* ausgießen
scolaro, -a [sko'la:ro] *m, f* Schüler(in) *m(f)*
scolastico, -a [sko'lastiko] <-ci, -che> *agg* Schul-
scolpire [skol'pi:re] *vt* (*marmo*) behauen; (*legno*) schnitzen
scommessa [skom'messa] *f* Wette *f;* **scommettere** [skom'mettere] <irr> *vt* ~ **qc** um etw wetten
scomodo, -a *agg* unbequem
scomparire [skompa'ri:re] <irr> *vi essere* verschwinden; **scomparsa** [skom'parsa] *f* Verschwinden *n;* **scomparso, -a** [skom'parso] *agg* vermisst, abgängig *A*
scompartimento [skomparti'mento] *m* (FERR) Abteil *n*
scomunica [sko'mu:nika] <-che> *f* Exkommunikation *f;* **scomunicare** [skomuni'ka:re] *vt* exkommunizieren
sconcertante [skontʃer'tante] *agg* erschütternd
sconcio, -a <-ci, -ce> *agg* unanständig
scondito, -a [skon'di:to] *agg* fade
sconfiggere [skon'fiddʒere] <irr> *vt* schlagen
sconfitta [skon'fitta] *f* Niederlage *f*
sconfortante [skonfor'tante] *agg* entmutigend; **sconforto** [skon'fɔrto] *m* Verzagtheit *f*
scongelare [skondʒe'la:re] *vt* auftauen
sconosciuto, -a [skonoʃ'ʃu:to] *agg* unbekannt
sconsigliare [skonsiʎ'ʎa:re] *vt* ~ **qc a qu** jdm von etw abraten
sconsolato, -a [skonso'la:to] *agg* untröstlich
scontare [skon'ta:re] *vt* (COM, FIN) abziehen; **scontato, -a** [skon'ta:to] *agg* ermäßigt
scontento, -a *agg* unzufrieden
sconto ['skonto] *m* Rabatt *m*
scontrino [skon'tri:no] *m* Quittung *f*
sconvolgere [skon'vɔldʒere] <irr> *vt* erschüttern
scooter ['skuter] <-> *m* Motorroller *m*
scopa ['sko:pa] *f* Besen *m;* **sco-**

pare [sko'pa:re] *vt* ❶ (*pavimento*) kehren ❷ (*vulg*) ficken
scoperta [sko'pɛrta] *f* Entdeckung *f*
scoperto, -a *agg* unbedeckt; (COM, FIN) ungedeckt
scopo ['skɔ:po] *m* Zweck *m*
scoppiare [skop'pia:re] *vi essere* explodieren; (*fig*) ausbrechen; ~ **a piangere/ridere** in Tränen/Gelächter ausbrechen
scoppio ['skɔppio] <-i> *m* Explosion *f*
scoprire [sko'pri:re] **I.** *vt* entdecken; (*fig*) enthüllen **II.** *vr* **-rsi** sich entblößen
scoraggiare [skorad'dʒa:re] *vt* entmutigen
scorciatoia [skortʃa'to:ia] <-oie> *f* Abkürzung *f*
scordare [skor'da:re] *vt* vergessen
scorpione [skor'pio:ne] *m* **sono dello Scorpione** (ASTR) ich bin (ein) Skorpion
scorrere ['skorrere] <irr> **I.** *vi essere* fließen; (*tempo*) vergehen **II.** *vt* ❶ (*libro*) überfliegen ❷ (INFORM) scrollen
scorso, -a ['skorso] *agg* vergangen, vorig
scorta ['skɔrta] *f* ❶ (*accompagnamento*) Begleitung *f* ❷ (*provvista*) Vorrat *m*
scortese [skor'te:ze] *agg* unhöflich
scorza ['skɔrtsa] *f* Schale *f*
scosceso, -a [skoʃ'ʃe:so] *agg* steil
scossa ['skɔssa] *f* (EL) Schlag *m*
scosso, -a ['skɔsso] *agg* erschüttert
scostumato, -a [skostu'ma:to] *agg* sittenlos
scotch® <-> *m* Tesafilm® *m*
scottante [skot'tante] *agg* brennend
scottare [skot'ta:re] *vt* (ver)brennen; **scottatura** [skotta'tu:ra] *f* Verbrennung *f*
scout ['skaut] <-> *mf* Pfadfinder(in) *m(f)*
Scozia ['skɔttsia] *f* Schottland *n*; **scozzese** [skot'tse:se] *agg* schottisch
screen saver <-> *m* (INFORM) Bildschirmschoner *m*
scritta ['skritta] *f* Aufschrift *f*
scritto ['skritto] *m* Schriftstück *n*
scritto, -a *agg* schriftlich
scrittore, -trice [skrit'to:re] *m, f* Schriftsteller(in) *m(f)*
scrittura [skrit'tu:ra] *f* Schrift *f*; **programma di** ~ (INFORM) Textverarbeitungsprogramm *n*
scrivania [skriva'ni:a] <-ie> *f* ❶ (*tavolo per scrivere*) Schreibtisch *m* ❷ (INFORM) Benutzeroberfläche *f*
scrivere ['skri:vere] *vt* schreiben
scroccare [skrok'ka:re] *vt* (*fam*) schnorren
scrofa ['skrɔ:fa] *f* Sau *f*
scroscio ['skrɔʃʃo] <-sci> *m* (*di*

pioggia) Prasseln *n*
scrostare [skros'ta:re] *vt* abkratzen
scrupolo ['skru:polo] *m* Skrupel *m*
scrutare [skru'ta:re] *vt* erforschen
scrutinio [skru'ti:nio] *m* Abstimmung *f*
scucire [sku'tʃi:re] *vt* auftrennen
scuderia [skude'ri:a] <-ie> *f* Rennstall *m*
scudetto [sku'detto] *m* Meistertitel *m*
scudo ['sku:do] *m* ❶ (MIL) Schild *m* ❷ ~ **europeo** ECU *m*
scultore, **-trice** [skul'to:re] *m, f* Bildhauer(in) *m(f)*; **scultura** [skul'tu:ra] *f* Bildhauerei *f*
scuocere ['skuɔ:tʃere] <irr> *vi* verkochen
scuola ['skuɔ:la] *f* Schule *f*; **scuolabus** [skuola'bus] *m* Schulbus *m*
scuotere ['skuɔ:tere] <irr> **I.** *vt* schütteln **II.** *vr* **-rsi** sich aufraffen
scurire [sku'ri:re] *vt* verdunkeln
scuro ['sku:ro] *m* Dunkel *n*
scuro, **-a** *agg* dunkel
scusa ['sku:za] *f* ❶ (*lo scusarsi*) Entschuldigung *f* ❷ (*pretesto*) Ausrede *f*
scusare [sku'za:re] *vt* entschuldigen; **mi scusi!** Verzeihung!
sdebitarsi [zdebi'tarsi] *vr* (*fig*) ~ **con qu di qc** sich bei jdm für etw revanchieren
sdentato, **-a** [zden'ta:to] *agg* zahnlos
sdraiare [zdra'ia:re] *vt* (hin)legen
sdraio ['zdra:io] <-> *f* Liegestuhl *m*
se[1] [se] *cong* ❶ (*condizionale*) wenn, falls; ~ **mai** wenn je; ~ **non** wenn nicht ❷ (*dubitativa, interrogativa, indiretta*) ob; **come** ~ als ob ❸ (*esclamativa, desiderativa*) wenn doch
se[2] *pron* (*davanti a lo, la, li, le, ne*) *v.* **si**[1]
S.E. *abbr di* **sudest** SO
sé [se] *pron 3. pers* sich; **essere fuori di** ~ außer sich *dat* sein; **da** ~ von selbst; **fra** ~ bei sich *dat*; ~ **stesso** sich selbst
sebbene [seb'bɛ:ne] *cong+conj* obwohl
sec. *abbr di* **secondo** s
seccante [sek'kante] *agg* lästig
seccare [sek'ka:re] **I.** *vt* trocknen; (*fig*) auf die Nerven gehen, sekkieren *A* **II.** *vr* **-rsi di fare qc** es satt haben etw zu tun
secchio ['sekkio] <-cchi> *m* Eimer *m*
secco ['sekko] *m* Trockene(s) *n*
secco, **-a** <-cchi, -cche> *agg* trocken
secolare [seko'la:re] *agg* weltlich
secolo ['sɛ:kolo] *m* Jahrhundert *n*

seconda [se'konda] *f* ❶ (FERR, NAUT, AERO) **viaggiare in ~** zweiter Klasse reisen ❷ (*loc*) **a ~ di** (je) nach +*dat;* **secondario, -a** [sekon'da:rio] <-i, -ie> *agg* sekundär, Zweit-, Neben-
secondo[1] [se'kondo] *prp* gemäß +*dat,* nach +*dat;* **~ me/te** meiner/deiner Meinung nach
secondo[2] *m* ❶ (GASTR) zweiter Gang ❷ (*unità di misura del tempo*) Sekunde *f*
secondogenito, -a [sekondo'dʒɛ:nito] *agg* zweitgeboren
sedano ['sɛ:dano] *m* Sellerie *m o f*
sedativo [seda'ti:vo] *m* Beruhigungsmittel *n*
sede ['sɛ:de] *f* (COM, ADM) Sitz *m*
sedere[1] [se'de:re] <irr> *vi essere* sitzen; **mettersi a ~** sich hinsetzen
sedere[2] *m* (ANAT) Gesäß *n*
sedia ['sɛ:dia] <-ie> *f* Stuhl *m,* Sessel *m A*
sedicenne [sedi'tʃɛnne] *mf* Sechzehnjährige(r) *f(m)*
sedicesimo [sedi'tʃɛ:zimo] *m* Sechzehntel *n*
sedicesimo, -a *agg* sechzehnte(r, s)
sedici ['se:ditʃi] **I.** *num* sechzehn **II.** <-> *m* (*numero*) Sechzehn *f;* (*nelle date*) Sechzehnte(r) *m* **III.** *fpl* sechzehn Uhr
sedile [se'di:le] *m* Sitz *m*
sedurre [se'durre] <irr> *vt* verführen
seduta [se'du:ta] *f* Sitzung *f*
seduzione [sedut'tsio:ne] *f* Verführung *f*
sega ['se:ga] <-ghe> *f* Säge *f*
segale ['se:gale] *f* Roggen *m;* **segatura** [sega'tu:ra] *f* Sägemehl *n*
seggio ['sɛddʒo] <-ggi> *m* Sitz *m*
seggiolino [seddʒo'li:no] *m,* **seggiolone** [seddʒo'lo:ne] *m* (*per bambini*) Hochstuhl *m*
seggiovia [seddʒo'vi:a] *f* Sessellift *m*
segnalare [seɲɲa'la:re] *vt* anzeigen; (*fig*) aufmerksam machen auf +*acc;* **segnalazione** [seɲɲalat'tsio:ne] *f* ❶ (GENER) Zeichen *npl* ❷ (*fig*) Hinweis *m*
segnale [seɲ'ɲa:le] *m* Signal *n*
segnare [seɲ'ɲa:re] *vt* ❶ (*notare*) anmerken ❷ (*gol, punto*) erzielen
segno ['seɲɲo] *m* Zeichen *n*
segretario, -a [segre'ta:rio] <-i, -ie> *m, f* Sekretär(in) *m(f);* **segreteria** [segrete'ri:a] <-ie> *f* Sekretariat *n*
segreto [se'gre:to] *m* Geheimnis *n*
segreto, -a *agg* geheim
seguace [se'gua:tʃe] *mf* Anhänger(in) *m(f)*
seguente [se'guɛnte] *agg* folgend
seguire [se'gui:re] **I.** *vt* ❶ (*anda-*

re dietro) ~ **qu/qc** jdm/etw folgen; (*per trovare*) jdn/etw verfolgen ❷ (*venire dopo*) kommen nach **II.** *vi essere* folgen
seguito ['se:guito] *m* ❶ (*continuazione*) Fortsetzung *f* ❷ (*loc*) **in ~ a** infolge +*gen*; **in ~** demnächst
sei ['sɛ:i] **I.** *num* sechs **II.** <-> *m* ❶ (*numero*) Sechs *f* ❷ (*nelle date*) Sechste(r) *m* ❸ (*voto scolastico*) ≈ ausreichend, vier **III.** *fpl* sechs Uhr
seicento [sei'tʃɛnto] **I.** *num* sechshundert **II.** *m* **il Seicento** das siebzehnte Jahrhundert
selce ['seltʃe] *f* Kiesel(stein) *m*
selciato [sel'tʃa:to] *m* Pflaster *n*
selezionare [selettsio'na:re] *vt* auswählen; (*computer*) markieren; **selezione** [selet'tsio:ne] *f* ❶ (*scelta*) (Aus)wahl *f* ❷ (INFORM) Sortierung *f*
self-service ['sɛlf'sə:vis] <-> *m* (*ristorante*) Selbstbedienungsrestaurant *n*; (*negozio*) Selbstbedienungsladen *m*
sella ['sɛlla] *f* Sattel *m*
selva ['selva] *f* Wald *m*
selvaggina [selvad'dʒi:na] *f* Wild *n*
selvaggio, -a [sel'vaddʒo] <-ggi, -gge> *agg* wild
selvatico, -a <-ci, -che> *agg* wild
semaforo [se'ma:foro] *m* Ampel *f*
sembrare [sem'bra:re] *vi essere* scheinen; **sembra che ...** +*conj* es scheint, dass ...
seme ['se:me] *m* Same *m*
semestrale [semes'tra:le] *agg* halbjährlich; **semestre** [se'mɛ-stre] *m* Semester *n*
semi- [semi] (*in parole composte*) Halb-, halb-
semifinale [semifi'na:le] *f* Halbfinale *n*
semifreddo [semi'freddo] *m* Halbgefrorene(s) *n*
semina ['se:mina] *f* Aussaat *f*; **seminare** [semi'na:re] *vt* (aus)säen
seminario [semi'na:rio] <-i> *m* Seminar *n*
semioscurità [semioskuri'ta] <-> *f* Halbdunkel *n*
semipieno, -a [semi'piɛ:no] *agg* halb voll
semivuoto, -a [semi'vuɔ:to] *agg* halb voll
semmai [sem'ma:i] *cong* wenn je, falls je
semola ['se:mola] *f* Kleie *f*
semolino [semo'li:no] *m* Grieß *m*
semplice ['semplitʃe] *agg* einfach; **semplicemente** [semplitʃe'mente] *avv* (einfach) nur, bloß
semplicità [semplitʃi'ta] <-> *f* Einfachheit *f*
semplificare [semplifi'ka:re] *vt* vereinfachen

sempre ['sɛmpre] *avv* ❶ (*in ogni tempo*) immer ❷ (*continuamente*) ständig ❸ (*ma*) aber nur; ~ **che** +*conj* wenn (nur); **sempreverde** [sempre'verde] *agg* immergrün
senape ['sɛːnape] *f* Senf *m*
senato [se'naːto] *m* Senat *m*; **senatore**, **-trice** [sena'toːre] *m, f* Senator(in) *m(f)*
senile [se'niːle] *agg* Greisen-
senior ['sɛːnior] <inv> *agg* senior
sennò [sen'nɔ] *avv* (*fam*) sonst
sennonché [sennoŋ'ke] *cong* aber
seno ['seːno] *m* Busen *m*
sensazionale [sensattsio'naːle] *agg* sensationell; **sensazione** [sensat'tsioːne] *f* Gefühl *n*
sensibile [sen'siːbile] *agg* sensibel; **sensibilità** [sensibili'ta] <-> *f* Sensibilität *f*
senso ['sɛnso] *m* ❶ (*gener*) Sinn *m* ❷ (*direzione*) Richtung *f*; ~ **unico** (AUTO) Einbahnstraße *f*
sensuale [sensu'aːle] *agg* sinnlich
sentenza [sen'tɛntsa] *f* ❶ (JUR) Urteil *n* ❷ (*massima*) (Aus)spruch *m*
sentiero [sen'tiɛːro] *m* Pfad *m*
sentimentale [sentimen'taːle] *agg* sentimental
sentimento [senti'mento] *m* Gefühl *n*
sentinella [senti'nɛlla] *f* Wache *f*
sentire [sen'tiːre] **I.** *vt* ❶ (*con le orecchie*) hören; **stare a ~ qu** jdm zuhören ❷ (*provare*) fühlen; **sento caldo** mir ist (es) warm; **sento freddo** ich friere **II.** *vr* **-rsi** sich fühlen; **mi sento bene/male** ich fühle mich wohl/mir ist schlecht
senza ['sɛntsa] **I.** *prp* ohne +*acc*; ~ **di me/te/lui** ohne mich/dich/ihn; ~ **dubbio** zweifellos; **senz'altro** auf jeden Fall **II.** *cong* ohne zu +*inf*; ~ **che** +*conj* ohne dass; **senzapatria** [sentsa'paːtria] <-> *mf* Heimatlose(r) *f(m)*; **senzatetto** [sentsa'tetto] <-> *mf* Obdachlose(r) *f(m)*, Sandler(in) *m(f) A*
separare [sepa'raːre] *vt* trennen; **separazione** [separat'tsioːne] *f* Trennung *f*
sepolcro [se'polkro] *m* Grab *n*
sepoltura [sepol'tuːra] *f* Beerdigung *f*; **seppellire** [seppel'liːre] <irr> *vt* beerdigen; (*fig*) begraben
seppia ['seppia] <-ie> *f* Tintenfisch *m*
seppure [sep'puːre] *cong* +*conj* selbst wenn
sequestrare [sekues'traːre] *vt* entführen; **sequestro** [se'kuɛstro] *m* Entführung *f*
sera ['seːra] *f* Abend *m*; **buona ~!** guten Abend!; **di ~** abends
serale [se'raːle] *agg* Abend-; **se-**

S

rata [se'ra:ta] *f* Abend *m*

serbatoio [serba'to:io] <-oi> *m* Tank *m*

Serbia ['sɛrbia] *f* Serbien *n*

serbo, -a *agg* serbisch

sereno, -a *agg* ❶ (METEO) heiter ❷ (*persona*) ruhig

seriamente [seria'mente] *avv* ernsthaft

serie ['sɛ:rie] <-> *f* ❶ (*gener*) Reihe *f* ❷ (*raccolta*) Satz *m*

serietà [serie'ta] <-> *f* Ernst *m*

serio, -a <-i, -ie> *agg* ernst

sermone [ser'mo:ne] *m* Predigt *f*

serpente [ser'pɛnte] *m* Schlange *f*

serra ['sɛrra] *f* Gewächshaus *n*

serranda [ser'randa] *f* Rolladen *m*

serratura [serra'tu:ra] *f* Schloss *n*

serva ['sɛrva] *f* Dienstmädchen *n*

server ['server] <-> *m* (INFORM) Server *m*

servire [ser'vi:re] **I.** *vt* ❶ (*come domestico*) dienen bei; **~ qu** (*clienti*) jdn bedienen ❷ (*cibi*) servieren **II.** *vi essere o avere* (*essere utile*) nützen; (*aver bisogno*) brauchen **III.** *vr* **-rsi di qc** etw benutzen

servitù [servi'tu] <-> *f* (Dienst)personal *n*

servizio [ser'vittsio] <-i> *m* ❶ (*gener*) Dienst *m*; **area di ~** Raststätte *f*; **fuori ~** außer Betrieb ❷ (RADIO, TV) Bericht *m*

servo ['sɛrvo] *m* Diener *m*

sesamo ['sɛ:zamo] *m* Sesam *m*

sessanta [ses'santa] *num* sechzig; **sessantenne** [sessan'tɛnne] *mf* Sechzigjährige(r) *f(m)*; **sessantina** [sessan'ti:na] *f* **una ~ (di ...)** (etwa) sechzig (...)

sesso ['sɛsso] *m* ❶ (BIOL) Geschlecht *n* ❷ (*sessualità*) Sex *m*

sessuale [sessu'a:le] *agg* Geschlechts-, Sexual-

sesto, -a ['sɛsto] *m, f* Sechste(r, s) *mfn*

set [sɛt] <-> *m* Satz *m*

seta ['se:ta] *f* Seide *f*

sete ['se:te] *f* Durst *m*

settanta [set'tanta] *num* siebzig; **settantenne** [settan'tɛnne] *mf* Siebzigjährige(r) *f(m)*; **settantina** [settan'ti:na] *f* **una ~ (di ...)** (etwa) siebzig (...)

sette ['sɛtte] **I.** *num* sieben **II.** <-> *m* ❶ (*numero*) Sieben *f* ❷ (*nelle date*) Siebte(r) *m* ❸ (*voto scolastico*) ≈ befriedigend, drei **III.** *fpl* sieben Uhr

settecento [sette'tʃɛnto] **I.** *num* siebenhundert **II.** *m* **il Settecento** das achtzehnte Jahrhundert

settembre [set'tɛmbre] *m* September *m*

settentrionale [settentrio'na:le] *agg* nördlich, Nord-;

settentrione [setten'trio:ne]

m Norden *m*
settimana [setti'ma:na] *f* Woche *f*; **settimanale** [setti-ma'na:le] *agg* wöchentlich
settimo, -a *agg* siebte(r, s)
settore [set'to:re] *m* Bereich *m*
severo, -a [se'vɛ:ro] *agg* streng
seviziare [sevit'tsia:re] *vt* misshandeln
sezione [set'tsio:ne] *f* ❶ (*parte*) Abteilung *f* ❷ (ADM) Bezirk *m*
sfacciato, -a [sfat'tʃa:to] *agg* unverschämt
sfarzo ['sfartso] *m* Prunk *m*
sfasciare [sfaʃ'ʃa:re] **I.** *vt* (*distruggere*) zerstören **II.** *vr* **-rsi** zerbrechen
sfaticato, -a [sfati'ka:to] *agg* (*pej*) arbeitsscheu
sfavorevole [sfavo're:vole] *agg* ungünstig
sfera ['sfɛ:ra] *f* Kugel *f*; (*fig*) Sphäre *f*; **sferico, -a** ['sfɛ:riko] <-ci, -che> *agg* kugelförmig
sfida ['sfi:da] *f* Herausforderung *f*; **sfidare** [sfi'da:re] *vt* herausfordern
sfiducia [sfi'du:tʃa] *f* Misstrauen *n*
sfilare [sfi'la:re] *vt* (*indumenti*) ausziehen
sfilata [sfi'la:ta] *f* Défilé *n*
sfiorare [sfio'ra:re] *vt* streifen
sfiorire [sfio'ri:re] *vi essere* verblühen
sfizio ['sfittsio] <-i> *m* Lust *f*; **sfizioso, -a** [sfit'tsio:so] *agg* ausgefallen
sfoglia ['sfɔʎʎa] *f* Blatt *n*
sfogliare [sfoʎ'ʎa:re] *vt* durchblättern
sfogliata [sfoʎ'ʎa:ta] *f* Blätterteiggebäck *n*
sfogo ['sfo:go] <-ghi> *m* ❶ (*fuoriuscita*) Auslass *m* ❷ (*fig*) Ausbruch *m*
sfondare [sfon'da:re] **I.** *vt* aufbrechen **II.** *vi* sich durchsetzen
sfondato, -a *agg* kaputt; **ricco** ~ (*fam*) steinreich
sfondo ['sfondo] *m* Hintergrund *m*
sformare [sfor'ma:re] *vt* verformen
sformato [sfor'ma:to] *m* Auflauf *m*
sfortuna [sfor'tu:na] *f* Unglück *n*; **sfortunato, -a** [sfortu'na:to] *agg* unglücklich
sforzare [sfor'tsa:re] **I.** *vt* (*porta, serratura*) (gewaltsam) aufbrechen **II.** *vr* **-rsi** sich anstrengen; **sforzo** ['sfɔrtso] *m* Anstrengung *f*
sfottere ['sfottere] *vt* (*fam*) auf den Arm nehmen
sfrattare [sfrat'ta:re] *vt* ~ **qu** jdm kündigen; **sfratto** ['sfratto] *m* Kündigung *f*
sfruttare [sfrut'ta:re] *vt* ausnutzen
sfuggire [sfud'dʒi:re] *vi essere* entkommen; (*alla morte, a un pericolo*) entrinnen

sfumato, -a *agg* schattiert; **sfumatura** [sfuma'tu:ra] *f* Nuance *f*

sgabello [zga'bɛllo] *m* Hocker *m*, Stockerl *n A*

sgambato, -a [zgam'ba:to] *agg* mit hohem Beinausschnitt

sgambetto [zgam'betto] *m* **fare lo ~ a qu** (*a fig*) jdm ein Bein stellen

sghembo, -a ['zgembo] *agg* krumm

sghignazzare [zgiɲɲat'tsa:re] *vi* höhnisch lachen

sgobbare *vi* (*fam*) schuften

sgocciolare [zgottʃo'la:re] *vi essere o avere* tropfen

sgombrare [zgombe'ra:re] *vt* räumen

sgombro ['zgombro] *m* (ZOO) Makrele *f*

sgombro, -a *agg* frei, leer

sgomento [zgo'mento] *m* Bestürzung *f*

sgomento, -a *agg* bestürzt

sgonfiare [zgon'fia:re] **I.** *vt* die Luft ablassen aus **II.** *vr* **-rsi** (MED) abschwellen

sgradevole [zgra'de:vole] *agg* unangenehm

sgridare [zgri'da:re] *vt* ausschimpfen

sguaiato, -a [zgua'ia:to] *agg* unmanierlich

sguardo ['zguardo] *m* Blick *m*

sgusciare [zguʃ'ʃa:re] **I.** *vt* (*uova*) schälen; (*fagioli*) enthülsen **II.** *vi essere* (*sfuggire*) entgleiten

shampoo ['ʃampo] <-> *m* Shampoo *n*

si [si] *pron 3. pers m e f sing e pl* ❶ (*riflessivo, complemento oggetto, di termine*) sich ❷ (*reciproco*) sich (gegenseitig); **vogliono conoscersi meglio** sie wollen einander besser kennen lernen ❸ (*impersonale*) man; **~ apre alle …** um … wird geöffnet ❹ (*passivante*) **non ~ accettano assegni** es werden keine Schecks angenommen

sì [si] *avv* ja

sia ['si:a] *cong* +*conj* **~ … o** ob … oder; **~ … che** sowohl, als auch

siamese [sia'me:se] *agg* siamesisch

Siberia [si'bɛ:ria] *f* Sibirien *n*

sibilla [si'billa] *f* Wahrsagerin *f*

sicché [sik'ke] *cong* ❶ (*così che, perciò*) so dass ❷ (*ebbene*) also

siccome [sik'ko:me] *cong* da, weil

Sicilia [si'tʃi:lia] *f* Sizilien *n*

siciliano, -a *agg* sizilianisch

sicurezza [siku'rettsa] *f* Sicherheit *f*; **uscita di ~** Notausgang *m*

sicuro, -a *agg* sicher

siderurgia [siderur'dʒi:a] <-gie> *f* Stahlindustrie *f*

sidro ['si:dro] *m* Apfelwein *m*

siepe ['siɛ:pe] *f* Hecke *f*

sieronegativo, -a [sieronega'ti:vo] *agg* (*AIDS*) HIV-negativ

sieropositivo, -a [sieropo'si'ti:vo] *agg* (*AIDS*) HIV-positiv
siesta ['siɛsta] *f* Mittagsruhe *f*
Sig. *abbr di* **signore** Herr
sigaretta [siga'retta] *f* Zigarette *f*
sigaro ['si:garo] *m* Zigarre *f*
sigla ['si:gla] *f* Abkürzung *f*
Sig.na *abbr di* **signorina** Frl.
significare [siɲɲifi'ka:re] *vt* bedeuten; **significativo, -a** [siɲɲifika'ti:vo] *agg* bedeutungsvoll; **significato** [siɲɲifi'ka:to] *m* Bedeutung *f*
signora [siɲ'ɲo:ra] *f* Frau *f*
signore [siɲ'ɲo:re] *m* Herr *m*
signorina [siɲɲo'ri:na] *f* Fräulein *n*
Sig.ra *abbr di* **signora** Fr.
silenzio [si'lɛntsio] <-i> *m* Stille *f*; **silenzioso, -a** [silen'tsio:so] *agg* still
silicone [sili'ko:ne] *m* Silikon *n*
sillabare [silla'ba:re] *vt* buchstabieren
silvestre [sil'vɛstre] *agg* Wald-
simbolo ['simbolo] *m* Symbol *n*
simile ['si:mile] *agg* ❶ (*analogo*) ähnlich ❷ (*tale*) solch, so(lch) ein
similitudine [simili'tu:dine] *f* Vergleich *m*
simpatia [simpa'ti:a] <-ie> *f* Sympathie *f*; **simpatico, -a** [sim'pa:tiko] <-ci, -che> *agg* sympathisch
simultaneo, -a [simul'ta:neo] *agg* gleichzeitig
sinagoga [sina'gɔ:ga] <-ghe> *f* Synagoge *f*
sinceramente [sintʃera'me:nte] *avv* ehrlich; **sincero, -a** [sin'tʃɛ:ro] *agg* ehrlich
sindacato [sinda'ka:to] *m* (*di lavoratori*) Gewerkschaft *f*; ~ **dei datori di lavoro** Arbeitgeberverband *m*
sindaco ['sindako] <-ci> *m* Bürgermeister(in) *m(f)*
sinergia [siner'dʒ:a] *f* Synergie *f*
singhiozzare [siŋgiot'tsa:re] *vi* schluchzen; **singhiozzo** [siŋ'giottso] *m* Schluckauf *m*
singolare [siŋgo'la:re] *agg* (*straordinario*) einzigartig; (*insolito*) selten
singolo, -a *agg* einzeln, Einzel-
sinistra [si'nistra] *f* ❶ (*mano*) linke Hand ❷ (*parte*) linke Seite; **girare a** ~ links abbiegen
sinistro, -a *agg* ❶ (*che è a sinistra*) linke(r, s) ❷ (*fig*) unheilvoll
sino ['si:no] *prp* ~ **a** bis (zu)
sinonimo [si'nɔ:nimo] *m* Synonym *n*
sintesi ['sintezi] <-> *f* ❶ (GENER) Synthese *f* ❷ (*riassunto*) Zusammenfassung *f*
sintetico, -a [sin'tɛ:tiko] <-ci, -che> *agg* ❶ (*schematico*) knapp ❷ (*artificiale*) synthetisch
sintetizzare [sintetid'dza:re] *vt* zusammenfassen
sintonia [sinto'ni:a] <-ie> *f* Ein-

S

klang *m*
sipario [si'pa:rio] <-i> *m* Vorhang *m*
sirena [si'rɛ:na] *f* Sirene *f*
Siria ['si:ria] *f* Syrien *n;* **siriano, -a** [si'ria:no] *agg* syrisch
siringa [si'riŋga] <-ghe> *f* Spritze *f*
sisma ['sizma] <-i> *m* Erdbeben *n*
sistema [sis'tɛ:ma] <-i> *m* System *n;* ~ **operativo** (INFORM) Betriebssystem *n*
sistemare [siste'ma:re] **I.** *vt* ❶ (*mettere a posto*) in Ordnung bringen ❷ (*faccenda*) erledigen **II.** *vr* **-rsi** (*sposarsi*) unter die Haube kommen *fam*
sistemazione [sistemat'tsio:ne] *f* ❶ (*di cose*) (An)ordnung *f* ❷ (*alloggio*) Unterkunft *f*
sito ['sito] *m* ❶ (*luogo*) Ort *m* ❷ (INFORM) Internetadresse *f;* ~ **Web** Webseite *f*
situare [situ'a:re] *vt* stellen; **situato, -a** [situ'a:to] *agg* gelegen
situazione [situat'tsio:ne] *f* Lage *f*
slanciato, -a [zlan'tʃa:to] *agg* schlank
slavato, -a [zla'va:to] *agg* ausgewaschen
slavina [zla'vi:na] *f* Lawine *f*
slavo, -a ['zla:vo] *agg* slawisch
sleale [zle'a:le] *agg* unehrlich
slegare [zle'ga:re] **I.** *vt* losbinden **II.** *vr* **-rsi** aufgehen
Slesia ['zlɛ:zia] *f* Schlesien *n*
slitta ['zlitta] *f* Schlitten *m*
slittino [zlit'ti:no] *m* Rodelschlitten *m*
slogare [zlo'ga:re] *vt* verrenken
Slovacchia [zlovak'kia] *f* Slowakei *f;* **slovacco, -a** [zlo'vakko] <-cchi, -cche> *agg* slowakisch
Slovenia [zlo'vɛ:nia] *f* Slowenien *n;* **sloveno, -a** [zlo'vɛ:no] *agg* slowenisch
smacchiare [zmak'kia:re] *vt* die Flecken entfernen aus; **smacchiatore, -trice** [zmakkia'to:re] *m, f* Fleckentferner *m*
smagliante [zmaʎ'ʎante] *agg* glänzend
smagliatura [zmaʎʎa'tu:ra] *f* ❶ (*di calze*) Laufmasche *f* ❷ (MED) Dehnungsstreifen *m*
smagnetizzare [zmaɲɲetid'dza:re] *vt* entmagnetisieren
smaliziato, -a [zmalit'tsia:to] *agg* gerissen
smaltimento [zmalti'mento] *m* Entsorgung *f;* **smaltire** [zmal'ti:re] *vt* (*sbornia*) ausschlafen
smalto ['zmalto] *m* ❶ (*per decorare*) Email *n* ❷ (*per unghie*) Nagellack *m*
smarrire [zmar'ri:re] **I.** *vt* verlegen **II.** *vr* **-rsi** sich verlaufen

smascherare [zmaske'ra:re] *vt* enthüllen

smemorato, **-a** [zmemo'ra:to] *agg* vergesslich

smentire [zmen'ti:re] **I.** *vt* dementieren **II.** *vr* **-rsi** sich *dat* widersprechen

smeraldo [zme'raldo] *m* Smaragd *m*

smerciare [zmer'tʃa:re] *vt* verkaufen

smettere ['zmettere] <irr> **I.** *vt* (*lavoro, studi*) aufgeben; (*interrompere*) abbrechen **II.** *vi* aufhören

smilitarizzazione [zmilitariddzat'tsio:ne] *f* Entmilitarisierung *f*

smisurato, **-a** [zmizu'ra:to] *agg* maßlos

smog [zmɔg] <-> *m* Smog *m*

smontare [zmon'ta:re] **I.** *vt* zerlegen **II.** *vi essere o avere* ❶ (*da cavallo*) absteigen ❷ (*di turno, lavoro*) Feierabend machen

smorfia ['zmɔrfia] <-ie> *f* Grimasse *f*

smuovere ['zmuɔ:vere] <irr> *vt* wegrücken

snack [snæk] <-> *m* Zwischenmahlzeit *f*

snaturato, **-a** [znatu'ra:to] *agg* entartet

snello, **-a** ['znɛllo] *agg* schlank

sniffare [znif'fa:re] *vt* (*sl*) schnupfen; **sniffata** [znif'fa:ta] *f* Sniff *m*

snocciolare [znottʃo'la:re] *vt* entkernen

S.O. *abbr di* **sudovest** SW

sobborgo [sob'borgo] <-ghi> *m* Vorstadt *f*

soc. *abbr di* **società** Ges.

socchiudere [sok'kiu:dere] <irr> *vt* anlehnen

soccombere [sok'kombere] <irr> *vi essere* unterliegen

soccorrere [sok'korrere] <irr> *vt* ~ **qu** jdm Hilfe leisten

soccorso [sok'korso] *m* Hilfe *f*; **il pronto** ~ die erste Hilfe

sociale [so'tʃa:le] *agg* (*gener*) sozial; (*di società*) gesellschaftlich

socialismo [sotʃa'lizmo] *m* Sozialismus *m*

società [sotʃe'ta] <-> *f* (SOC, COM) Gesellschaft *f*; (*associazione*) Verein *m*

socievole [so'tʃe:vole] *agg* gesellig

socio, **-a** ['sɔ:tʃo] <-ci, -cie> *m, f* Mitglied *n*

socioculturale [sotʃokultu'ra:le] *agg* soziokulturell

socioeconomico, **-a** [sotʃoeko'nɔ:miko] <-ci, -che> *agg* sozioökonomisch

soddisfare [soddis'fa:re] <irr> *vt* zufrieden stellen; (*bisogni*) befriedigen; **soddisfazione** [soddisfat'tsio:ne] *f* ❶ (*piacere*) Befriedigung *f* ❷ (*compensazione*) Genugtuung *f*

sodio ['sɔ:dio] *m* Natrium *n*

S

sodo ['sɔ:do] **I.** *avv* fest **II.** *m* **venire al** ~ (*fam*) zur Sache kommen

sodomia [sodo'mi:a] <-ie> *f* Sodomie *f*

sofà [so'fa] <-> *m* Sofa *n*

sofferenza [soffe'rɛntsa] *f* Leiden *n*

soffermare [soffer'ma:re] **I.** *vt* anhalten **II.** *vr* **-rsi** (*a fig*) sich aufhalten

sofferto, -a [sof'fɛrto] *agg* empfindungsreich

soffiare [sof'fia:re] **I.** *vi* blasen **II.** *vr* **-rsi il naso** sich *dat* die Nase schnäuzen

soffice ['sɔffitʃe] *agg* weich

soffio ['soffio] <-i> *m* Zug *m;* **in un** ~ im Nu

soffitta [sof'fitta] *f* Dachboden *m*

soffitto [sof'fitto] *m* (Zimmer)decke *f*

soffocare [soffo'ka:re] *vt* (*a fig*) ersticken

soffriggere [sof'friddʒere] <irr> *vt* anbraten

soffrire [sof'fri:re] <irr> *vt* ❶ (*patire*) leiden ❷ (*sopportare*) ertragen

soffritto *m Gemisch aus Zwiebeln, Kräutern und Speck, gehackt und angebraten*

soffuso, -a [sof'fu:zo] *agg* gedämpft

soft [sɔft] <inv> *agg* gefühlvoll

software ['sɔftwɛə] <-> *m* (INFORM) Software *f;* ~ **(a scopo) didattico** Lernsoftware *f*

soggettivo, -a [soddʒet'ti:vo] *agg* subjektiv

soggetto [sod'dʒɛtto] *m* ❶ (*tema*) Thema *n* ❷ (*fam: persona*) Typ *m*

soggetto, -a *agg* **essere ~ a qc** einer Sache *dat* ausgesetzt sein

soggiornare [soddʒor'na:re] *vi* sich aufhalten; **soggiorno** [sod'dʒorno] *m* ❶ (*permanenza*) Aufenthalt *m* ❷ (*stanza*) Wohnzimmer *n*

soggiungere [sod'dʒundʒere] <irr> *vt* hinzufügen

soglia ['sɔʎʎa] <-glie> *f* Schwelle *f*

sogliola ['sɔʎʎola] *f* Seezunge *f*

sognare [soɲ'ɲa:re] *vt, vi* träumen; **sognatore, -trice** [soɲɲa'to:re] *m, f* Träumer(in) *m(f)*

sogno ['soɲɲo] *m* (*a fig*) Traum *m*

soia ['sɔ:ia] <soie> *f* Sojabohne *f*

solaio [so'la:io] <-ai> *m* Dachboden *m*

solare [so'la:re] *agg* Sonnen-, Solar-

solario [so'la:rio] <-i> *m* Solarium *n*

soldato, -essa [sol'da:to] *m, f* Soldat(in) *m(f)*

soldi ['sɔldi] *mpl* Geld *n*

sole ['so:le] *m* Sonne *f;* **soleggiato, -a** [soled'dʒa:to] *agg*

sonnig
solenne [so'lɛnne] *agg* feierlich
solidarietà [solidarie'ta] <-> *f* Solidarität *f*
solido, -a *agg* fest; (*costruzione*) solide
solitario [soli'ta:rio] <-i> *m* ❶ (*gioco*) Patience *f* ❷ (*brillante*) Solitär *m*
solitario, -a <-i, -ie> *agg* allein
solito ['sɔ:lito] *m* Übliche(s) *n;* **di ~** gewöhnlich
solito, -a *agg* üblich
solitudine [soli'tu:dine] *f* Einsamkeit *f*
sollecitare [solletʃi'ta:re] *vt* ❶ (*persone*) drängen, urgieren *A* ❷ (*stimolare*) anregen
sollecito [sol'le:tʃito] *m* Mahnung *f*
sollecito, -a *agg* prompt
solletico [sol'le:tiko] <-chi> *m* Kitzeln *n*
sollevare [solleva:re] *vt* ❶ (*peso*) (an)heben; (*da terra*) aufheben ❷ (*testa, protesta*) (er)heben; **sollevato, -a** [solle'va:to] *agg* (*fig*) erleichtert
sollievo [sol'liɛ:vo] *m* Erleichterung *f*
solo ['so:lo] **I.** *avv* nur; **non ~ ..., ma anche ...** nicht nur ..., sondern auch ... **II.** *cong* bloß
solo, -a *agg* allein; (*unico*) einzig
solstizio [sols'tittsio] <-i> *m* Sonnenwende *f*
soltanto [sol'tanto] *avv* nur; **non ~ ..., ma ...** nicht nur ..., sondern auch ...
solubile [so'lu:bile] *agg* löslich
soluzione [solut'tsio:ne] *f* Lösung *f*
somiglianza [somiʎ'ʎantsa] *f* Ähnlichkeit *f;* **somigliare** [somiʎ'ʎa:re] *vi* ähneln
somma ['somma] *f* Summe *f;* **sommare** [som'ma:re] *vt* zusammenzählen; **tutto sommato** alles in allem
sommario [som'ma:rio] <-i> *m* Inhaltsangabe *f*
sommergere [som'mɛrdʒere] <irr> *vt* überschwemmen; (*fig*) überhäufen
somministrare [somminis'tra:re] *vt* verabreichen
sommo, -a *agg* (*più alto*) höchste(r, s); (*più grande*) größte(r, s)
sonata [so'na:ta] *f* Sonate *f*
sonda ['sonda] *f* Sonde *f*
sondaggio [son'daddʒo] <-ggi> *m* Umfrage *f*
sonnambulo, -a [son'nambulo] *m, f* Schlafwandler(in) *m(f)*
sonnifero [son'ni:fero] *m* Schlafmittel *n*
sonno ['sonno] *m* Schlaf *m;* **sonnolenza** [sonno'lɛntsa] *f* Schläfrigkeit *f*
sonoro, -a *agg* ❶ (PHYS) Schall- ❷ (FILM) **colonna -a** Tonspur *f*
soporifero, -a [sopo'ri:fero] *agg* einschläfernd
soppalco [sop'palko] <-chi> *m*

S

Dachboden *m*

sopportare [soppor'ta:re] *vt* ❶ (*resistere*) aushalten ❷ (*persona*) leiden (können)

sopprimere [sop'pri:mere] <irr> *vt* abschaffen

sopra ['so:pra] **I.** *prp* ❶ (*con contatto: stato*) auf +*dat;* (*moto*) auf +*acc* ❷ (*senza contatto: stato*) über +*dat;* (*moto*) über +*acc* ❸ (*oltre*) über +*dat,* oberhalb +*gen* ❹ (*dopo*) über +*dat,* nach +*dat* ❺ (*addosso*) auf +*acc* ❻ (*intorno a, più di*) über +*acc* **II.** *avv* oben; (*oltre*) darüber; **vedi** ~ siehe oben **III.** <inv> *agg* obere(r, s)

sopra- [sopra] (*in parole composte*) Über-, über-

sopracciglio [soprat'tʃiʎʎo] <*pl:* **-glia** *f*> *m* (Augen)braue *f*

sopraggiungere [soprad'dʒundʒere] <irr> *vi essere* ❶ (*arrivare*) überraschend auftauchen ❷ (*accadere*) überraschend passieren

soprannome [sopran'no:me] *m* Spitzname *m*

soprannominato, -a *agg* genannt

soprano *m* Sopran *m*

soprattassa [soprat'tassa] *f* Steuerzuschlag *m*

soprattutto [soprat'tutto] *avv* vor allem

sopravvissuto, -a [sopravvis'su:to] *m, f* Überlebende(r) *f(m);* **sopravvivere** [soprav'vi:vere] <irr> *vi essere* ~ **a qu/qc** jdn/etw überleben

soprintendenza [soprinten'dɛntsa] *f* Oberintendantur *f*

sopruso [so'pru:zo] *m* Gewaltakt *m*

sorbetto [sor'betto] *m* Sorbet(t) *m o n*

sordo, -a ['sordo] *agg* taub

sorella [so'rɛlla] *f* Schwester *f*

sorellastra [sorel'lastra] *f* Stiefschwester *f*

sorgente [sor'dʒɛnte] *f* Quelle *f*

sorgere ['sordʒere] <irr> *vi essere* ❶ (*sole*) aufgehen ❷ (*monte, castello*) sich erheben

soriano [so'ria:no] *m* Tigerkatze *f*

sorpassare [sorpas'sa:re] *vt* überholen; **sorpasso** [sor'passo] *m* Überholen *n;* **divieto di ~** Überholverbot *n*

sorprendente [sorpren'dɛnte] *agg* überraschend; **sorprendere** [sor'prɛndere] <irr> **I.** *vt* überraschen **II.** *vr* **-rsi di qc** sich über etw *acc* wundern; **sorpresa** [sor'pre:sa] *f* Überraschung *f*

sorreggere [sor'rɛddʒere] <irr> *vt* (*a fig*) stützen

sorridere [sor'ri:dere] <irr> *vi* lächeln; **sorriso** [sor'ri:so] *m* Lächeln *n*

sorseggiare [sorsed'dʒa:re] *vt* schlürfen

sorso ['sorso] *m* Schluck *m*

sorte ['sɔrte] *f* Schicksal *n*
sorteggio [sor'teddʒo] <-ggi> *m* Auslosung *f;* (*di premi*) Verlosung *f*
sorvegliante [sorveʎ'ʎante] *mf* Wächter(in) *m(f)*; **sorveglianza** [sorveʎ'ʎantsa] *f* Überwachung *f;* **sorvegliare** [sorveʎ'ʎa:re] *vt* überwachen
sosia ['sɔ:zia] <-> *mf* Doppelgänger(in) *m(f)*
sospendere [sos'pɛndere] <irr> *vt* ❶ (*appendere*) aufhängen ❷ (*fig*) unterbrechen; **sospensione** [sospen'sio:ne] *f* ❶ (*fig*) Unterbrechung *f* ❷ (*da ufficio, dalle lezioni*) Suspendierung *f*
sospettare [sospet'ta:re] *vt* verdächtigen; **sospetto** [sos'pɛtto] *m* Verdacht *m;* **sospetto, -a** *agg* verdächtig; **sospettoso, -a** [sospet'to:so] *agg* argwöhnisch
sospirare [sospi'ra:re] **I.** *vi* seufzen **II.** *vt* herbeisehnen
sosta ['sɔsta] *f* ❶ (*fermata*) Halt *m* ❷ (*riposo*) Pause *f*
sostare [sos'ta:re] *vi* halten
sostenere [soste'ne:re] <irr> *vt* ❶ (*reggere*) stützen ❷ (*fig: esame*) ablegen ❸ (*affermare*) behaupten
sostituire [sostitu'i:re] **I.** *vt* ❶ (*cambiare*) austauschen ❷ (*rimpiazzare*) ersetzen **II.** *vr* **-rsi a qc** etw ersetzen; **sostituzione** [sostitut'tsio:ne] *f* Auswechs(e)lung *f;* ~ **fiduciaria** (EU) Bargeldumstellung *f*
sottaceti [sotta'tʃe:ti] *mpl* Mixedpickles *pl*
sottaceto [sotta'tʃe:to] <inv> *ADJ, ADV* in Essig
sotterraneo, -a *agg* unterirdisch
sotterrare [sotter'ra:re] *vt* ❶ (*tesoro, semente*) vergraben ❷ (*morto*) beerdigen
sottile [sot'ti:le] *agg* ❶ (*filo, strato, aria*) dünn ❷ (*fig*) scharf
sottiletta [sotti'letta] *f* Scheiblette® *f*
sottilizzare [sottilid'dza:re] *vi* Haarspalterei betreiben
sottintendere [sottin'tɛndere] <irr> *vt* mit darunter verstehen
sotto ['sotto] **I.** *prp* (*stato*) unter +*dat;* (*moto*) unter +*acc* **II.** *avv* ❶ (*stato*) unten ❷ (*moto*) nach unten; **farsi** ~ (*fig*) sich heranmachen ❸ (*addosso*) darunter
sotto- [sotto] (*in parole composte*) Unter-, unter-
sottobicchiere [sottobik'kiɛ:re] *m* Untersetzer *m*
sottocchio [sot'tɔkkio] *avv* im Auge
sottofondo [sotto'fondo] *m* Hintergrund *m*
sottolineare [sottoline'a:re] *vt* unterstreichen
sottolio [sot'tɔ:lio] *ADV, ADJ* in Öl

sottomettere [sotto'mettere] <irr> *vt* unterwerfen

sottopassaggio [sottopas'saddʒo] <-ggi> *m* Unterführung *f*

sottoporre [sotto'porre] <irr> *vt* unterbreiten

sottoscala [sottos'ka:la] <-> *m* (Abstell)raum *m* unter der Treppe

sottoscrivere [sottos'kri:vere] <irr> *vt* unterschreiben

sottosopra [sotto'so:pra] *avv* durcheinander

sottosuolo [sotto'suɔ:lo] *m* Untergrund *m*

sottosviluppato, -a [sottozvilup'pa:to] *agg* unterentwickelt

sottotitolato, -a [sottotito'la:to] *agg* untertitelt; **sottotitolo** [sotto'ti:tolo] *m* Untertitel *m*

sottovalutare [sottovalu'ta:re] *vt* unterschätzen

sottovoce [sotto'vo:tʃe] *avv* leise, halb laut

sottrarre [sot'trarre] <irr> *vt* ❶ (MAT) abziehen ❷ (*soldi*) unterschlagen; **sottrazione** [sottrat'tsio:ne] *f* ❶ (MAT) Abziehen *n* ❷ (*di soldi*) Unterschlagung *f*

sovrano, -a [so'vra:no] *m, f* Herrscher(in) *m(f)*

sovrapporre [sovrap'porre] <irr> **I.** *vt* übereinandersetzen **II.** *vr* **-rsi** einander überlagern

sovrastare [sovras'ta:re] *vt* beherrschen

sovvenzione [sovven'tsio:ne] *f* Subvention *f*

S.p.A. *abbr di* **Società per Azioni** AG *f*

spaccare [spak'ka:re] **I.** *vt* spalten **II.** *vr* **-rsi** zerbrechen

spacciare [spat'tʃa:re] **I.** *vt* ❶ (*sl*) dealen ❷ (*loc*) **essere spacciato** (*fam*) geliefert sein **II.** *vr* **-rsi per qu** sich für jdn ausgeben; **spacciatore, -trice** [spattʃa'to:re] *m, f* Dealer(in) *m(f)*; **spaccio** ['spattʃo] <-cci> *m* Vertrieb *m*

spada ['spa:da] *f* Schwert *n*

spaesato, -a [spae'za:to] *agg* unbehaglich

spaghettata [spaget'ta:ta] *f* (*fam*) Spag(h)ettiessen *n*; **spaghetti** [spa'getti] *mpl* Spag(h)etti *pl*

Spagna ['spaɲɲa] *f* Spanien *n*

spagnolo, -a [spaɲ'ɲɔ:lo] *agg* spanisch

spago ['spa:go] <-ghi> *m* Schnur *f*, Spagat *m A*

spalancare [spalaŋ'ka:re] *vt* ❶ (*porta, finestra*) aufsperren ❷ (*fig: occhi, bocca*) aufreißen; (*braccia*) ausbreiten

spalare [spa'la:re] *vt* schaufeln

spalla ['spalla] *f* Schulter *f*; **ridere alle -e di qu** jdn heimlich auslachen

spalliera [spal'liɛ:ra] *f* Rückenlehne *f*

spalmare [spal'ma:re] *vt* streichen

sparare [spa'ra:re] *vt* schießen; **sparatoria** [spara'tɔ:ria] <-ie> *f* Schusswechsel *m*

spareggio [spa'reddʒo] <-ggi> *m* Entscheidungsspiel *n*

spargere ['spardʒere] <irr> **I.** *vt* (*liquidi*) verschütten; (*lacrime, sangue*) vergießen **II.** *vr* **-rsi** sich verbreiten

sparire [spa'ri:re] *vi essere* verschwinden

sparlare [spar'la:re] *vi* ~ **di qu** von jdm schlecht sprechen

sparo ['spa:ro] *m* Schuss *m*

sparso, -a ['sparso] *agg* lose

spartano, -a [spar'ta:no] *agg* (*a fig*) spartanisch

spartineve [sparti'ne:ve] <-> *m* Schneepflug *m*

spartire [spar'ti:re] *vt* (ver)teilen

spartito [spar'ti:to] *m* Partitur *f*

spartitraffico [sparti'traffiko] <-> *m* Leitplanke *f*

spasso ['spasso] *m* ❶ (*divertimento*) Spaß *m* ❷ **andare a ~** spazieren gehen

spatola ['spa:tola] *f* Spachtel *m o f*

spaventare [spaven'ta:re] *vt* erschrecken; **spavento** [spa'vɛnto] *m* Schrecken *m;* **spaventoso, -a** [spaven'to:so] *agg* furchtbar

spaziale [spat'tsia:le] *agg* Raum-

spazio ['spattsio] <-i> *m* ❶ (*cosmo*) (Welt)raum *m* ❷ (*posto*) Platz *m;* **spazioso, -a** [spa'tsio:so] *agg* geräumig

spazzaneve [spattsa'ne:ve] <-> *m* Schneepflug *m*

spazzare [spat'tsa:re] *vt* kehren; **spazzatura** [spattsa'tu:ra] *f* Abfall *m;* **spazzino** [spat'tsi:no] *m* Straßenkehrer *m*

spazzola ['spattsola] *f* Bürste *f;* **spazzolino** [spattso'li:no] *m* (*da denti*) Zahnbürste *f*

specchiarsi [spek'kiarsi] *vr* sich spiegeln; **specchio** ['spɛkkio] <-cchi> *m* Spiegel *m*

speciale [spe'tʃa:le] *agg* besondere(r, s); **treno ~** Sonderzug *m;* **specialista** [spetʃa'lista] <-i *m*, -e *f*> *mf* Fachmann *m*, -frau *f;* **specialità** [spetʃali'ta] <-> *f* Spezialität *f;* **specialmente** [spetʃal'mente] *avv* besonders

specie ['spɛ:tʃe] <-> *f* Art *f*

specificare [spetʃifi'ka:re] *vt* spezifizieren; **specifico, -a** [spe'tʃi:fiko] <-ci, -che> *agg* spezifisch

S

speck ['spɛk] <-> *m* (geräucherter) Schinkenspeck *m*

speculazione [spekulat'tsio:ne] *f* Spekulation *f*

spedire [spe'di:re] <spedisco> *vt* schicken, senden

spedizione [spedit'tsio:ne] *f* (Ver)sendung *f*

spegnere ['speɲɲere] <irr> **I.** *vt* (*fuoco*) löschen; (*luce, sigaret-*

ta) ausmachen; (*radio, motore, apparecchio*) ab-, ausschalten **II.** *vr* **-rsi** (*fuoco*) ausgehen; (*motore, apparecchio*) stehen bleiben

spendere ['spɛndere] <irr> *vt* ausgeben; (*fig*) aufwenden

speranza [spe'rantsa] *f* Hoffnung *f*

sperare [spe'ra:re] *vt* hoffen auf +*acc;* **spero di sì/no** ich hoffe ja/nein

sperduto, -a [sper'du:to] *agg* abgelegen; (*persona*) verloren

spericolato, -a [speriko'la:to] *agg* leichtsinnig

sperimentare [sperimen'ta:re] *vt* versuchen

sperma ['spɛrma] <-i> *m* Sperma *n*

spesa ['spe:sa] *f* ❶ (*somma*) Ausgaben *fpl* ❷ (*compera*) (Ein)kauf *m;* **fare la ~** einkaufen

spesso ['spesso] *avv* oft

spesso, -a *agg* ❶ (*grosso*) dick ❷ (*fitto*) dicht

spessore [spes'so:re] *m* Dicke *f*

Spett. *abbr di* **spettabile** verehrte(r, s)

spettabile [spet'ta:bile] *agg* (*nelle lettere*) sehr geehrte(r)

spettacolare [spettako'la:re] *agg* spektakulär; **spettacolo** [spet'ta:kolo] *m* Vorstellung *f*

spettatore, -trice [spetta'to:re] *m, f* Zuschauer(in) *m(f)*

spezie ['spɛttsie] *fpl* Gewürze *npl*

spezzatino [spettsa'ti:no] *m* Frikassee *n*

spezzato, -a *agg* ❶ (*braccio, gamba*) gebrochen ❷ (*interrotto*) unterbrochen

spiacente [spia'tʃɛnte] *agg* **sono ~** es tut mir Leid

spiaggia ['spiaddʒa] <-gge> *f* Strand *m*

spiare [spi'a:re] *vt* bespitzeln

spiazzo ['spiattso] *m* offener Platz

spiccare [spik'ka:re] **I.** *vt* (*salto, balzo*) machen **II.** *vi* hervorstechen

spicchio ['spikkio] <-cchi> *m* (*di agrumi*) Spalte *f*

spiccioli ['spittʃoli] *mpl* Kleingeld *n*

spider ['spaider] <-> *m o f* Kabrio *n*

spiedino [spie'di:no] *m* Spießchen *n*

spiegare [spie'ga:re] **I.** *vt* erklären **II.** *vr* **-rsi** sich klar ausdrücken; **spiegazione** [spiegat'tsio:ne] *f* Erklärung *f*

spietato, -a [spie'ta:to] *agg* erbarmungslos

spiffero ['spiffero] *m* Zug(luft *f*) *m*

spiga ['spi:ga] <-ghe> *f* Ähre *f*

spigola ['spi:gola] *f* Seebarsch *m*

spigolo ['spi:golo] *m* Kante *f*

spilla ['spilla] *f* Brosche *f*

spillo ['spillo] *m* (Steck)nadel *f*

spina ['spi:na] *f* ❶ (BOT) Dorn *m* ❷ (ANAT) ~ **dorsale** Wirbelsäule *f* ❸ (EL) Stecker *m*

spinacio [spi'na:tʃo] <-ci> *m* Spinat *m*

spinello [spi'nɛllo] *m* Joint *m*

spingere ['spindʒere] <irr> **I.** *vt* schieben; (*premere*) drücken **II.** *vr* **-rsi** vordringen

spino, **-a** *agg* **uva -a** Stachelbeere *f*; **porco ~** Stachelschwein *n*

spinotto [spi'nɔtto] *m* Bolzen *m*

spinta ['spinta] *f* Stoß *m*; (*fig*) Anstoß *m*

spirale [spi'ra:le] *f* Spirale *f*

spirito ['spi:rito] *m* ❶ (REL) **lo Spirito Santo** der Heilige Geist ❷ (*senso dell'umorismo*) Humor *m*; **spiritoso**, **-a** [spiri'to:so] *agg* witzig

spirituale [spiritu'a:le] *agg* geistig

splendere ['splɛndere] *vi* strahlen; **splendido**, **-a** ['splɛndido] *agg* ❶ (*che splende*) strahlend ❷ (*stupendo*) wunderbar

spogliare [spoʎ'ʎa:re] **I.** *vt* ausziehen **II.** *vr* **-rsi** sich ausziehen; **spogliarellista** [spoʎʎarel'lista] <-i *m*, -e *f*> *mf* Stripteasetänzer(in) *m(f)*; **spogliarello** [spoʎʎa'rɛllo] *m* Striptease *m*; **spogliatoio** [spoʎʎa'to:io] <-oi> *m* Umkleidekabine *f*

spoglio, **-a** <-gli, -glie> *agg* kahl

spolverare [spolve'ra:re] *vt* abstauben

sponda ['sponda] *f* ❶ (*di fiume*) Ufer *n* ❷ (*di letto*) (Bett)kante *f*

sponsorizzare [sponsorid'dza:re] *vt* sponsern

spontaneo, **-a** [spon'ta:neo] *agg* spontan

sporcaccione, **-a** [sporkat'tʃo:ne] *m, f* (*fam*) Schmierfink *m*

sporcare [spor'ka:re] *vt* beschmutzen; **sporcizia** [spor'kittsia] <-ie> *f* Schmutzigkeit *f*

sporco, **-a** <-chi, -che> *agg* schmutzig; **sporgere** ['spɔrdʒere] <irr> **I.** *vt* vorstrecken **II.** *vr* **-rsi** sich hinauslehnen

sport [spɔrt] <-> *m* Sport *m*

sportello [spor'tɛllo] *m* ❶ (*di veicolo*) Tür *f* ❷ (*di ufficio, banca*) Schalter *m*

sportivo, **-a** [spor'ti:vo] *agg* ❶ (*spettacolo, campo*) Sport- ❷ (*persona, vestito*) sportlich

sposa ['spɔ:za] *f* Braut *f*; **sposare** [spo'za:re] **I.** *vt* ❶ (*prendere per moglie o marito*) heiraten ❷ (*dare in moglie o marito*) verheiraten **II.** *vr* **-rsi con qu** jdn heiraten; **sposato**, **-a** [spo'za:to] *agg* verheiratet; **sposo** ['spɔ:zo] *m* Bräutigam *m*; (*marito*) junger (Ehe)mann *m*

spostamento [sposta'mento] *m* Verschiebung *f*; **spostare**

S

[spos'ta:re] **I.** *vt* (*oggetto*) verstellen; (*data*) verschieben **II.** *vr* **-rsi** (weg)rücken

sprecare [spre'ka:re] *vt* verschwenden

spremere ['sprɛ:mere] *vt* ❶ (*limone, arancia*) auspressen ❷ (*fig*) ausquetschen

spremuta [spre'mu:ta] *f* (frisch gepresster) Fruchtsaft *m*

sprofondare [sprofon'da:re] **I.** *vi essere* (*terreno*) absinken; (*casa, tetto*) einstürzen **II.** *vr* **-rsi** (*fig*) sich vertiefen

sprovvisto, -a [sprov'visto] *agg* ~ **di** nicht versehen mit, ohne

spudorato, -a [spudo'ra:to] *agg* unverschämt

spugna ['spuɲɲa] *f* Schwamm *m*

spuma ['spu:ma] *f* Schaum *m*;

spumante [spu'mante] *m* Sekt *m*

spuntino [spun'ti:no] *m* Imbiss *m*, Jause *f A*

sputare [spu'ta:re] *vt* spucken

sputtanare [sputta'na:re] *vt* (*vulg*) in die Pfanne hauen

squadra ['skua:dra] *f* ❶ (*da disegno*) Winkel *m* ❷ (*complesso di persone*) Gruppe *f*; (SPORT) Mannschaft *f*

squalificare [skualifi'ka:re] *vt* disqualifizieren

squallido, -a ['skuallido] *agg* trostlos

squalo ['skua:lo] *m* Hai(fisch) *m*

squillare [skuil'la:re] *vi essere o avere* klingeln

squillo[1] ['skuillo] *m* Klingeln *n*

squillo[2] <inv> *agg* **ragazza** ~ Callgirl *n*

squisito, -a [skui'zi:to] *agg* ausgezeichnet

S.r.l. *abbr di* **Società a responsabilità limitata** GmbH *f*

stabile ['sta:bile] **I.** *agg* (*a fig*) stabil **II.** *m* Gebäude *n*

stabilimento [stabili'mento] *m* Gebäude *n*

stabilire [stabi'li:re] **I.** *vt* festsetzen **II.** *vr* **-rsi** sich niederlassen

stadio ['sta:dio] <-i> *m* (SPORT) Stadion *n*

stage [sta:ʒ] <-> *m* Ausbildungsaufenthalt *m*

stagionale [stadʒo'na:le] *agg* jahreszeitlich

stagionato, -a [stadʒo'na:to] *agg* ❶ (GASTR) gereift ❷ (*fig, scherz*) reifer

stagione [sta'dʒo:ne] *f* Jahreszeit *f*; **alta/bassa** ~ Hoch-/Vorsaison *f*

stagno ['staɲɲo] *m* (*d'acqua*) Teich *m*

stalla ['stalla] *f* Stall *m*

stamane, stamani [sta'ma:ne] *avv*, **stamattina** [stamat'ti:na] *avv* heute Morgen

stambecco [stam'bekko] <-cchi> *m* Steinbock *m*

stampa ['stampa] *f* ❶ (TYP) Druck *m* ❷ (*giornalismo*) Pres-

se *f*
stampante [stam'pante] *f* (INFORM) Drucker *m;* ~ **ad aghi/a getto d'inchiostro/laser** Nadel-/Tintenstrahl-/Laserdrucker *m*
stampare [stam'pa:re] *vt* drucken; (*file da computer*) ausdrucken; **stampatello** [stampa'tɛllo] *m* Druckbuchstabe *m*
stancare [staŋ'ka:re] **I.** *vt* ermüden **II.** *vr* **-rsi** ermüden; **stanchezza** [staŋ'kettsa] *f* Müdigkeit *f;* **stanco, -a** ['staŋko] <-chi, -che> *agg* müde
stanotte [sta'nɔtte] *avv* heute Nacht
stanza ['stantsa] *f* Zimmer *n*
stanzino [stan'tsi:no] *m* Abstellraum *m*
stare ['sta:re] <irr> *vi essere* ❶ (*essere*) sein; (*in un luogo*) sich befinden; (*in piedi*) stehen; ~ **seduto** sitzen ❷ (*di salute*) **come stai?** wie geht's?, wie geht es dir?; **sto bene/male** mir geht es gut/schlecht ❸ (*con gerundio*) **sto leggendo** ich lese gerade ❹ (*con infinitivo*) ~ **per fare qc** im Begriff sein etw zu tun
starnutire [starnu'ti:re] *vi* niesen
stasera [sta'se:ra] *avv* heute Abend
statale [sta'ta:le] *agg* staatlich
statico, -a ['sta:tiko] <-ci, -che> *agg* statisch
statino [sta'ti:no] *m* Schein *m*
stato *m* ❶ (POL) Staat *m;* **gli Stati Uniti d'America** die Vereinigten Staaten von Amerika ❷ (*ceto*) Stand *m*
statua ['sta:tua] *f* Statue *f*
statunitense [statuni'tɛnse] *agg* nordamerikanisch
statura [sta'tu:ra] *f* Größe *f*
statuto [sta'tu:to] *m* Statut *n*
stavolta [sta'vɔlta] *avv* (*fam*) diesmal
stazione [stat'tsio:ne] *f* ❶ (FERR) Bahnhof *m* ❷ (RADIO) Station *f*
stecca ['stekka] <-cche> *f* (*asticella*) Stab *m*
stella ['stella] *f* ❶ (ASTR) Stern *m;* ~ **cadente** Sternschnuppe *f* ❷ (BOT) ~ **alpina** Edelweiß *n*
stellato, -a [stel'la:to] *agg* (*cielo*) sternenbedeckt
stelo ['stɛ:lo] *m* Stiel *m*
stendere ['stɛndere] <irr> *vt* ❶ (*braccia, gambe, mano*) ausstrecken ❷ (*biancheria*) aufhängen; **stenditoio** [stendi'to:io] <-oi> *m* Wäscheständer *m*
stenografare [stenogra'fa:re] *vt* stenografieren
stentare [sten'ta:re] *vi* sich mühsam durchschlagen
stento ['stɛnto] *m* Mühe *f*
stereo ['stɛ:reo] <-> *m* Stereoanlage *f*
sterile ['stɛ:rile] *agg* steril; (BOT, AGR, MED) unfruchtbar

sterilizzare [sterilid'dza:re] *vt* sterilisieren
sterlina [ster'li:na] *f* Pfund *n* (Sterling)
sterminare [stermi'na:re] *vt* vernichten; **sterminio** [ster'mi:nio] <-i> *m* Vernichtung *f*
sterno ['stɛrno] *m* Brustbein *n*
sterzare [ster'tsa:re] *vt* lenken, steuern; **sterzo** ['stɛrtso] *m* Lenkung *f*
stesso ['stesso] **I.** *avv* **lo ~** trotzdem **II.** *m* dasselbe
stesso, -a **I.** *agg* ❶ (*medesimo*) **lo ~, la -a** der-, die-, dasselbe; (*uguale*) der/die/das Gleiche ❷ (*in persona*) selbst **II.** *pron* **lo ~, la -a** der-, die-, dasselbe; (*uguale*) der/die/das Gleiche
stick [stick] <-> *m* Stift *m*
stile ['sti:le] *m* Stil *m*
stilista [sti'lista] <-i *m*, -e *f*> *mf* Stylist(in) *m(f)*
stilografica [stilo'gra:fika] <-che> *f* Füller *m*, Füllfeder *f A, CH, südd*
stimare [sti'ma:re] *vt* schätzen
stimolare [stimo'la:re] *vt* anregen; **stimolo** ['sti:molo] *m* Ansporn *m*
stipendiato, -a [stipen'dia:to] *agg* entlohnt; **stipendio** [sti'pɛndio] <-i> *m* Gehalt *n*
stirare [sti'ra:re] *vt* bügeln
Stiria ['sti:ria] *f* Steiermark *f*
stitico, -a ['sti:tiko] <-ci, -che> *agg* verstopft
stiva ['sti:va] *f* Laderaum *m*
stivale [sti'va:le] *m* Stiefel *m*; **stivaletto** [stiva'letto] *m* Halbstiefel *m*
stoccafisso [stokka'fisso] *m* Stockfisch *m*
Stoccarda [stok'karda] *f* Stuttgart *n*
Stoccolma [stok'kolma] *f* Stockholm *n*
stoffa ['stɔffa] *f* Gewebe *n*
stola ['stɔ:la] *f* Stola *f*
stomaco ['stɔ:mako] <-chi> *m* Magen *m*
stonare [sto'na:re] *vt, vi* falsch singen
stop [stɔp] <-> *m* (*segnaletica*) Stoppschild *n*
storcere ['stɔrtʃere] <irr> *vt* ❶ (*chiave, chiodo*) verbiegen ❷ (*naso*) verziehen
storia ['stɔ:ria] <-ie> *f* Geschichte *f*
storico, -a ['stɔ:riko] <-ci, -che> *agg* geschichtlich; **centro ~** Altstadt *f*
storpio, -a ['stɔrpio] <-i, -ie> *m, f* Krüppel *m*
storto, -a ['stɔrto] *agg* ❶ (*gambe*) krumm ❷ (*righe*) schief
stoviglie [sto'viʎʎe] *fpl* Geschirr *n*
strabico ['stra:biko] <-ci, -che> *agg* schielend
stracchino [strak'ki:no] *m* *Weichkäse aus der Lombardei*

stracciare [strat'tʃa:re] *vt* zerreißen

stracciatella [strattʃa'tɛlla] *f* ❶ (*brodo*) *Fleischbrühe mit Eiereinlauf* ❷ (*gelato*) *Vanilleeis mit Schokoladestückchen*

straccio ['strattʃo] <-cci> *m* Lappen *m*

strada ['stra:da] *f* Straße *f;* (*cammino*) Weg *m;* ~ **senza uscita** (*a fig*) Sackgasse *f;* **stradale** [stra'da:le] **I.** *agg* Straßen-, Verkehrs- **II.** *f* Verkehrspolizei *f*

strage ['stra:dʒe] *f* Massaker *n*

straniero, -a [stra'niɛ:ro] **I.** *agg* ausländisch **II.** *m, f* Ausländer(in) *m(f)*

strano, -a ['stra:no] *agg* seltsam

straordinario [straordi'na:rio] <-ri> *m* Überstunden *fpl*

straordinario, -a <-ri, -rie> *agg* außerordentlich, außertourlich *A*

strappalacrime [strappa'la:krime] <inv> *agg* rührselig

strappare [strap'pa:re] *vt* ❶ (*ramo, fiore*) abreißen ❷ (*fig: promessa*) abringen; **strappo** ['strappo] *m* Riss *m*

Strasburgo [straz'burgo] *f* Straßburg *n*

strategico, -a [stra'tɛ:dʒiko] <-ci, -che> *agg* strategisch

strato ['stra:to] *m* Schicht *f*

stravagante [strava'gante] *agg* extravagant

stravedere [strave'de:re] <irr> *vi* ~ **per qu** jdn blind lieben

straziante [strat'tsiante] *agg* entsetzlich

strega ['stre:ga] <-ghe> *f* Hexe *f;* **stregoneria** [stregone'ri:a] <-ie> *f* Hexerei *f*

strenna ['strɛnna] *f* Geschenk *n*

strenuo, -a ['strɛ:nuo] *agg* ❶ (*difesa*) tapfer ❷ (*lavoratore*) unermüdlich

strepitoso, -a [strepi'to:so] *agg* (*fig*) großartig

stressante [stres'sante] *agg* stressig; **stressare** [stres'sa:re] *vt* stressen

stretta ['stretta] *f* ❶ (*pressione*) Druck *m* ❷ (*situazione difficile*) **essere alle -e** in der Klemme sitzen

stretto, -a *agg* ❶ (*tavolo, strada*) schmal ❷ (*vestito*) eng

strillare [stril'la:re] *vi* schreien

stringa ['striŋga] <-ghe> *f* Schnürsenkel *m*

stringere ['strindʒere] <irr> **I.** *vt* ❶ (*serrare*) (zu)drücken; (*tenere stretto*) fest halten ❷ (*vite*) anziehen ❸ (*denti*) zusammenbeißen **II.** *vi* ❶ (*tempo*) drängen ❷ (*scarpe*) drücken **III.** *vr* **-rsi** ❶ (*avvicinarsi*) sich (zusammen)drängen ❷ (*fig*) sich zusammenziehen

striscia ['striʃʃa] <-sce> *f* Streifen *m*

striscione [striʃ'ʃo:ne] *m* Reklameband *n*

strofinaccio [strofi'nattʃo] <-cci> *m* Wischtuch *n*
strofinare [strofi'na:re] *vt* abreiben
stronzo, -a *m, f* (*vulg*) Arschloch *n*
strozzare [strot'tsa:re] *vt* erwürgen
strozzino, -a [strot'tsi:no] *m, f* Wucherer *m*, Wucherin *f*
struccante [struk'kante] *m* Abschminkcreme *f*; **struccare** [struk'ka:re] *vt* abschminken
strumento [stru'mento] *m* ❶ (MUS) Instrument *n* ❷ (TEC) Gerät *n*
strutto *m* (Schweine)schmalz *n*
struttura [strut'tu:ra] *f* ❶ (*gener*) Struktur *f* ❷ Einrichtung *f*
struzzo ['struttso] *m* Strauß *m*
stucco ['stukko] <-cchi> *m* Stuck *m*
studente, -essa [stu'dɛnte] *m, f* (*di scuola*) Schüler(in) *m(f)*; (*di università*) Student(in) *m(f)*; **studentesco, -a** [studen'tesko] <-schi, -sche> *agg* Studenten-
studiare [stu'dia:re] *vt* lernen; (*all'università*) studieren; **studio** ['stu:dio] <-i> *m* ❶ Lernen *n*; (*all'università*) Studium *n*; **borsa di ~** Stipendium *n* ❷ (*stanza*) Arbeitszimmer *n*; (*di professionista*) Praxis *f*; **studioso, -a** [stu'dio:so] **I.** *agg* fleißig **II.** *m, f* Wissenschaftler(in) *m(f)*
stufa ['stu:fa] *f* Ofen *m*
stufare [stu'fa:re] *vr* **-rsi di qu/qc** (*fam*) jdn/etw leid werden
stufato [stu'fa:to] *m* Schmorbraten *m*
stufo, -a ['stu:fo] *agg* (*fam*) **essere ~ di qu/qc** jdn/etw satt haben
stuoia ['stuɔ:ia] <-oie> *f* Matte *f*
stupefacente [stupefa'tʃɛnte] *agg* ❶ (*sorprendente*) erstaunlich ❷ (MED) Drogen-
stupendo, -a [stu'pɛndo] *agg* wunderbar
stupidaggine [stupi'daddʒine] *f* Dummheit *f*; **stupido, -a** ['stu:pido] *agg* dumm
stupire [stu'pi:re] **I.** *vt* erstaunen **II.** *vr* **-rsi** sich wundern; **stupore** [stu'po:re] *m* Staunen *n*
stupratore [stupra'to:re] *m* Vergewaltiger *m*; **stupro** ['stu:pro] *m* Vergewaltigung *f*
stuzzicadenti [stuttsika'dɛnti] <-> *m* Zahnstocher *m*
su [su] <sul, sullo, sull', sulla, sui, sugli, sulle> **I.** *prp* ❶ (*con contatto: stato*) auf +*dat*; (*moto*) auf +*acc* ❷ (*senza contatto: stato*) über +*dat*; (*moto*) über +*acc* ❸ (*di mezzi di trasporto: stato*) in +*dat*; (*moto*) in +*acc* ❹ (*contro, verso*) auf +*acc* ❺ (*complemento d'argomento*) über +*acc* ❻ (*circa*) ungefähr; (*di tempo*) gegen +*acc* ❼ (*di,*

fra) von *+dat* **II.** *avv* (*in alto*) oben; (*verso l'alto*) hinauf; **~ per giù** mehr oder weniger; **pensarci ~** (*fam*) darüber nachdenken **III.** *int* los

sub [sub] <-> *mf* Taucher(in) *m(f)*

sub- [sub] (*in parole composte*) Sub-, sub-, Unter-, unter-

subacqueo, -a [sub'akkueo] *agg* Unterwasser-

subaffittare [subaffit'ta:re] *vt* untervermieten; **subaffitto** [subaf'fitto] *m* Untermiete *f*

subconscio [sub'kɔnʃo] *m* Unterbewusstsein *n*

subito ['su:bito] *avv* sofort; **~ dopo** gleich danach

sublime [sub'li:me] *agg* erhaben

subordinato, -a [subordi'na:to] *agg* untergeordnet

succedere [sut'tʃɛ:dere] <irr> *vi essere* ❶ (*prendere il posto di*) **~ a qu** jdm (nach)folgen ❷ (*avvenire*) passieren

successione [suttʃes'sio:ne] *f* (Nach)folge *f*; **successivo, -a** [suttʃes'si:vo] *agg* (nach)folgend

successo *m* Erfolg *m*

succhiotto [suk'kiɔtto] *m* Schnuller *m*

succo ['sukko] <-cchi> *m* Saft *m*

succursale [sukkur'sa:le] *f* Zweigstelle *f*

sud [sud] <-> *m* Süden *m*; **a ~ di** südlich von

Sudafrica [su'da:frika] *m* Südafrika *n*

sudare [su'da:re] *vi* schwitzen

suddetto, -a [sud'detto] *agg* oben genannt

suddivisione [suddivi'zio:ne] *f* Unterteilung *f*

sudest [su'dɛst] *m* Südosten *m*

sudore [su'do:re] *m* Schweiß *m*

sudovest [su'dɔ:vest] *m* Südwesten *m*

sufficiente [suffi'tʃɛnte] *agg* genügend

suggerimento [suddʒeri'mento] *m* Rat(schlag) *m*; **suggerire** [suddʒe'ri:re] *vt* ❶ (*risposta*) einflüstern ❷ (*consigliare*) raten

sughero ['su:gero] *m* Kork *m*

sugo ['su:go] <-ghi> *m* ❶ (*succo*) Saft *m* ❷ (*salsa*) Sauce *f*; **~ di pomodoro** Tomatensoße *f*

suicidarsi [suitʃi'darsi] *vr* Selbstmord begehen; **suicidio** [sui'tʃi:dio] <-i> *m* Selbstmord *m*

suino [su'i:no] *m* Schwein *n*

suino, -a *agg* Schweine-

suo ['su:o] <suoi> *m* ❶ (*di lui*) das Sein(ig)e; (*di lei*) das Ihr(ig)e ❷ (*forma di cortesia: Suo*) das Ihr(ig)e ❸ (*parenti*) **i suoi** (*di lui*) die Seinen *geh*; (*di lei*) die Ihren *geh*

suo, -a <suoi, sue> **I.** *agg* ❶ (*di lui*) sein; (*di lei*) ihr; **un ~ amico** ein Freund von ihm ❷ (*forma di cortesia: Suo*) Ihr **II.** *pron* **il ~, la -a** (*di lui*) seiner, seine, sein(e)s; (*di lei*) ihrer, ihre, ihr(e)s; (*forma di cortesia: Suo*) Ihre(r, s)

suocero, -a ['suɔːtʃero] *m, f* Schwiegervater *m*, -mutter *f*; **-i** Schwiegereltern *pl*

suola ['suɔːla] *f* Sohle *f*

suolo ['suɔːlo] *m* Grund *m*

suonare [suo'naːre] **I.** *vt* ❶ (MUS) spielen ❷ (*campanello*) läuten; **~ il clacson** hupen **II.** *vi essere o avere* (*telefono, sveglia*) klingeln

suoneria [suone'riːa] <-ie> *f* Klingel *f*

suono ['suɔːno] *m* ❶ (*gener*) Ton *m* ❷ (LING) Laut *m*

suora ['suɔːra] *f* Nonne *f*

super ['suːper] <inv> *agg* toll, bärig *A*

superalcolico [superal'kɔːliko] <-ci> *m* Spirituose *f*

superare [supe'raːre] *vt* ❶ (*per dimensioni, qualità, quantità*) übertreffen; (*di numero*) übersteigen ❷ (AUTO) überholen ❸ (*fig: prova, esame*) bestehen

superbo, -a [su'pɛrbo] *agg* ❶ (*pej*) hochmütig ❷ (*orgoglioso*) **essere ~ di qu/qc** auf jdn/etw stolz sein

superficiale [superfi'tʃaːle] *agg* oberflächlich

superficie [super'fiːtʃe] <-ci> *f* Oberfläche *f*

superfluo [su'pɛrfluo] *m* Überfluss *m*

superfluo, -a *agg* überflüssig

superiore [supe'rioːre] **I.** *agg* ❶ (*di posizione,* ANAT) obere(r, s), Ober- ❷ (*maggiore*) höher **II.** *m* (*capo*) Vorgesetzte(r) *m*

superstite [su'pɛrstite] *agg* ❶ (*persona*) überlebend ❷ (*cosa*) übrig (geblieben)

superstizione [superstit'tsioːne] *f* Aberglaube *m*

superstrada [super'straːda] *f* Schnellstraße *f*

supertassa [super'tassa] *f* Mehrgebühr *f*

supino, -a [su'piːno] *agg* auf dem Rücken

supplementare [supplemen'taːre] *agg* zusätzlich; **supplemento** [supple'mento] *m* ❶ (*di giornale*) Beilage *f* ❷ (FERR) Zuschlag *m*

supplente [sup'plɛnte] *mf* (Stell)vertreter(in) *m(f)*; **supplenza** [sup'plɛntsa] *f* Vertretung *f*

supplì [sup'pli] <-> *m* Reiskrokette *f*

supplica ['supplika] <-che> *f* Flehen *n*

supporre [sup'porre] <irr> *vt* vermuten, annehmen

supporto [sup'pɔrto] *m* ❶ (*fig*) Stütze *f* ❷ (INFORM) Datenträger *m*

supposizione [suppozit'tsioːne] *f* Vermutung *f*

supposta [sup'posta] *f* Zäpf-

chen *n*
supremo, -a [su'prɛ:mo] *agg* oberste(r, s), höchste(r, s); (*fig a*) größte(r, s)
surfing ['sərfiŋ] <-> *m* Surfen *n*
surgelare [surdʒe'la:re] *vt* einfrieren
surgelato [surdʒe'la:to] *m* Tiefgefrorene(s) *n*
suscitare [suʃʃi'ta:re] *vt* auslösen
susina [su'si:na] *f* Zwetsch(g)e *f*
suspense [sə'spens] *m o f* Spannung *f*
sussidiario [sussi'dia:rio] <-i> *m* Lehr- und Arbeitsbuch *n* (für die Grundschule)
sussidio [sus'si:dio] <-i> *m* (Bei)hilfe *f*
sussurrare [sussur'ra:re] *vt* flüstern
suvvia [suv'vi:a] *int* (*fam*) komm
svagarsi [zva'ga:rsi] *vr* sich ablenken; **svago** ['zva:go] *m* Ablenkung *f*
svaligiare [zvali'dʒa:re] *vt* ausrauben
svanire [zva'ni:re] *vi essere* verschwinden
svantaggio [zvan'taddʒo] <-ggi> *m* ❶ (*condizione*) Nachteil *m* ❷ (SPORT) Rückstand *m*
svastica ['zvastika] <-che> *f* Hakenkreuz *n*
svedese [zve'de:se] *agg* schwedisch
sveglia¹ ['zveʎʎa] *f* Wecker *m*
sveglia² *int* (*fam*) aufstehen
svegliare [zveʎ'ʎa:re] **I.** *vt* aufwecken **II.** *vr* **-rsi** (*a fig*) aufwachen
svelare [zve'la:re] *vt* enthüllen
svelto, -a *agg* schnell
svendita ['zvendita] *f* Ausverkauf *m*
svenire [zve'ni:re] <irr> *vi essere* in Ohnmacht fallen
sventolare [zvento'la:re] **I.** *vt* schwingen **II.** *vi* flattern
sventura [zven'tu:ra] *f* Unglück *n*
svestire [zves'ti:re] *vt* ausziehen
Svevia ['zvɛ:via] *f* Schwaben *n*; **svevo, -a** ['zvɛ:vo] *agg* schwäbisch
Svezia ['zvɛttsia] *f* Schweden *n*
sviare [zvi'a:re] *vt* ❶ (*fig: traviare*) verführen ❷ (*colpo, tiro*) ablenken
svignarsela [zviɲ'ɲarsela] *vr* (*fam*) abhauen
sviluppare [zvilup'pa:re] *vt* entwickeln; **sviluppo** [zvi'luppo] *m* Entwicklung *f*; **paese in via di** ~ Entwicklungsland
svincolo ['zviŋkolo] *m* (AUTO: *entrata*) (Autobahn)auffahrt *f*; (*uscita*) (Autobahn)ausfahrt *f*
svista ['zvista] *f* Versehen *n*
svitare [zvi'ta:re] *vt* losschrauben
Svitto ['zvitto] *m* Schwyz *n*

S

Svizzera ['zvittsera] *f* (**la**) ~ die Schweiz; **svizzero, -a** ['zvittsero] *agg* schweizerisch

svolgere ['zvɔldʒere] <irr> **I.** *vt* abwickeln; (*fig: idea, tema*) ausbreiten; (*lavoro*) verrichten **II.** *vr* **-rsi** sich ereignen

svolta ['zvɔlta] *f* ❶ (*azione*) Abbiegen *n* ❷ (*curva*) Kurve *f;* **svoltare** [zvol'ta:re] *vi* abbiegen

svuotare [zvuo'ta:re] *vt* leeren, ausheben *A*

T

T, t [ti] <-> *f* T, t *n*

tabaccheria [tabakke'ri:a] <-ie> *f* Tabakladen *m,* Trafik *f A;* **tabacco** [ta'bakko] <-cchi> *m* Tabak *m*

tabernacolo [taber'na:kolo] *m* Tabernakel *n o m*

TAC *f o m acro di* **Tomografia Assiale Computerizzata** CT *f*

tacchino, -a [tak'ki:no] *m, f* Pute(r) *f(m),* Indian *m A;* **petto di ~** Putenbrust *f*

tacco ['takko] <-cchi> *m* (Schuh)absatz *m*

taccuino [takku'i:no] *m* Notizbuch *n*

tacere [ta'tʃe:re] <irr> *vi* schweigen

taciturno, -a [tatʃi'turno] *agg* schweigsam

taglia ['taʎʎa] <-glie> *f* ❶ (*di abito*) Größe *f* ❷ (*riscatto*) Lösegeld *n*

tagliando [taʎ'ʎando] *m* Coupon *m*

tagliare [taʎ'ʎa:re] **I.** *vt* schneiden; **~ in due/ in quattro** halbieren/vierteln **II.** *vi* schneiden; **tagliar corto** es kurz machen

tagliatelle [taʎʎa'tɛlle] *fpl* Bandnudeln *fpl*

tagliente [taʎ'ʎɛnte] *agg* scharf; (*fig*) bissig

tagliere [taʎ'ʎɛ:re] *m* Hackbrett *n*

taglio ['taʎʎo] <-gli> *m* Schnitt *m;* **~ cesareo** Kaiserschnitt *m*

tailleur [ta'jœ:r] <-> *m* Kostüm *n*

tale ['ta:le] **I.** *agg* ❶ (*di questa specie*) solch ❷ (*così grande*) so groß ❸ (*questo*) diese(r, s); **in tal caso** in diesem Fall ❹ (*indefinito*) gewisse(r, s) **II.** *pron* ❶ (*persona già menzionata*) derjenige, diejenige, dasjenige; **quel ~** jener ❷ (*indefinito*) einer, eine; **un ~ vuol parlarti** jemand möchte dich sprechen ❸ (*loc*) ~ (**e**) **quale** genauso wie

talento [ta'lɛnto] *m* Begabung *f*

talmente [tal'mente] *avv* dermaßen

talora [ta'lo:ra] *avv* manchmal

talpa ['talpa] *f* Maulwurf *m*

talvolta [tal'vɔlta] *avv* manchmal

tamburo [tam'bu:ro] *m* Trommel *f*

tamponamento [tamponamento] *m* (*di veicoli*) Auffahrunfall *m*

tampone [tam'po:ne] *m* Tampon *m*

tana ['ta:na] *f* Höhle *f*

tandem ['tandem] <-> *m* Tandem *n*

tangente [tan'dʒɛnte] *f* ❶ (MAT) Tangente *f* ❷ (*pej*) Schmiergeld *n*

tangentopoli [tandʒen'tɔ:poli] <-> *f* Schmiergeldzahlungen *fpl*

tangenziale [tandʒen'tsia:le] *f* Umgehungsstraße *f*

tango ['taŋgo] <-ghi> *m* Tango *m*

tanto ['tanto] *avv* ❶ (*molto*) sehr; (*con verbo*) viel; **ti ringrazio ~** ich danke dir vielmals ❷ (*così*) so (viel); **fu ~ sciocco da crederlo** er war so dumm es zu glauben ❸ (*temporale*) **da ~** seit langem; **ho aspettato ~** ich habe lange gewartet; **ogni ~** ab und zu; **una volta ~** (für) das eine Mal ❹ (*altrettanto*) so viel; **~ quanto** so viel wie; **~ … quanto …** genauso … wie … ❺ (*loc*) **~ meglio** um so besser; **~ per cambiare** zur Abwechslung

tanto, -a **I.** *agg* ❶ (*così molto*) so viel ❷ (*molto*) viel; **-i saluti** viele Grüße; **-e grazie** vielen Dank **II.** *pron* ❶ (*molto*) viel ❷ *pl* (*molte persone*) viele

tapiro [ta'pi:ro] *m* Tapir *m*

tappa ['tappa] *f* ❶ (*sosta*) Rast *f* ❷ (*percorso*) Etappe *f*

tappeto [tap'pe:to] *m* Teppich *m*

tappezzeria [tappettse'ri:a] <-ie> *f* Tapeten *fpl*

tappo ['tappo] *m* Korken *m*

T.A.R. [tar] *m abbr di* **Tribunale Amministrativo Regionale** *regionales Verwaltungsgericht*

tardare [tar'da:re] *vi* ❶ (*in ritardo*) sich verspäten ❷ (*indugiare*) **~ a rispondere** mit der Antwort zögern; **tardi** ['tardi] *avv* spät; **a più ~!** bis später!; **sul ~** gegen Abend; **far ~** sich verspäten; **tardo, -a** ['tardo] *agg* ❶ (*nel tempo*) spät ❷ (*lento*) langsam; (*pej*) träge

targa ['targa] <-ghe> *f* Schild *n;* (AUTO) Nummernschild *n*

tariffa [ta'riffa] *f* Tarif *m;* **~ ridotta** Billigtarif *m;* **~ telefonica** Telefongebühr *f*

taroccare [tarok'ka:re] *vi* fälschen

tartaro ['tartaro] *m* Kalkstein *m;* (*dei denti*) Zahnstein *m*

tartaruga [tarta'ru:ga] <-ghe> *f* Schildkröte *f*

tartina [tar'ti:na] *f* Butterbrot *n*

tartufo [tar'tu:fo] *m* Trüffel *f*

tasca ['taska] <-sche> *f* Tasche *f;* **conoscere qc come le proprie -sche** etw wie seine Westentasche kennen; **tascabile** [task'ka:bile] **I.** *agg* Taschen- **II.** *m* Taschenbuch *n*

tassa ['tassa] *f* Abgabe *f;* (*imposta*) Steuer *f;* ~ **di circolazione** Kraftfahrzeugsteuer *f;* ~ **di soggiorno** Kurtaxe *f;* **esente da -e** gebührenfrei; **soggetto a -e** gebührenpflichtig; **tassametro** [tas'sa:metro] *m* Fahrpreisanzeiger *m;* ~ **di parcheggio** Parkuhr *f;* **tassare** [tas'sa:re] *vt* besteuern

tassista [tas'sista] <-i *m*, -e *f*> *mf* Taxifahrer(in) *m(f)*

tasso ['tasso] *m* ❶ (COM, FIN) Rate *f;* ~ **d'interesse/di sconto** Zins-/Diskontsatz *m* ❷ (ZOO) Dachs *m*

tastiera [tas'tiɛ:ra] *f* Tastatur *f*

tatto ['tatto] *m* ❶ (*senso*) Tastsinn *m* ❷ (*fig*) Fingerspitzengefühl *n;* **mancanza di** ~ Taktlosigkeit *f*

tatuaggio [tatu'addʒo] <-ggi> *m* Tätowierung *f*

taverna [ta'vɛrna] *f* Taverne *f*

tavola ['ta:vola] *f* ❶ (*mobile*) Tisch *m;* ~ **calda** Imbissstube *f;* **il pranzo è in** ~ das Mittagessen steht auf dem Tisch ❷ (*asse*) Brett *n;* **tavolata** [tavo'la:ta] *f* Tafelrunde *f*

tavoletta [tavo'letta] *f* Brettchen *n;* **una** ~ **di cioccolata** eine Tafel Schokolade

tavolino [tavo'li:no] *m* Tischchen *n;* **tavolo** ['ta:volo] *m* Tisch *m*

taxi ['taksi] <-> *m* Taxi *n*

tazza ['tattsa] *f* Tasse *f,* Schale *f A, südd;* **una** ~ **da caffè** eine Kaffeetasse; **una** ~ **di caffè** eine Tasse Kaffee

te [te] *pron 2. pers sing* ❶ (*oggetto*) dich; (*con preposizione*) dich, dir, deiner ❷ (*soggetto in forme comparative ed esclamative*) du ❸ (*complemento di termine davanti a lo, la, li, le, ne*) dir; (*complemento oggetto davanti a lo, la, li, le, ne*) dich

tè [tɛ] <-> *m* Tee *m;* **bustina di** ~ Teebeutel *m*

teatrale [tea'tra:le] *agg* Theater-; (*fig*) theatralisch; **teatro** [te'a:tro] *m* Theater *n;* ~ **di prosa** Schauspielhaus *n;* ~ **lirico** Opernhaus *n;* **teatro-tenda** [te'a:tro 'tɛnda] *m* Zelttheater *n*

tecnica ['tɛknika] <-che> *f* Technik *f*

tecnico, -a <-ci, -che> *agg* technisch; **termine** ~ Fachausdruck *m*

tecnologia [teknolo'dʒi:a] <-gie> *f* Technologie *f;* **alta** ~ High Tec *n*

tedesco [te'desko] <*sing*> *m* Deutsch(e) *n;* **come si dice in**

~? was heißt das auf Deutsch?
tedesco, **-a** <-schi, -sche> **I.** *agg* deutsch; **la Repubblica Federale Tedesca** die Bundesrepublik Deutschland **II.** *m, f* Deutsche(r) *f(m)*; **è** ~ er ist Deutscher
tegame [te'ga:me] *m* (Brat)pfanne *f*
teglia ['teʎʎa] <-glie> *f* Auflaufform *f*
tegola ['te:gola] *f* (Dach)ziegel *m*
teiera [te'iɛ:ra] *f* Teekanne *f*
tela ['te:la] *f* ❶ (*tessuto*) Leinwand *f* ❷ (*dipinto*) (Leinwand)gemälde *n*
telecamera [tele'ka:mera] *f* Fernsehkamera *f*
Telecom [telekom] *f* Telekom *f*; ~ **Italia** *italienische Telefongesellschaft*
telecomando [teleko'mando] *m* Fernbedienung *f*
telecomunicazione [telekomunikat'tsio:ne] *f* Fernmeldetechnik *f*
telecronaca [tele'krɔ:naka] *f* Fernsehbericht *m*
telefax ['te:lefaks] <-> *m* Telefax *n*
teleferica [tele'fɛ:rika] <-che> *f* Schwebebahn *f*
telefilm [tele'film] *m* Fernsehfilm *m*
telefonare [telefo'na:re] *vi* ~ **a qu** jdn anrufen; **telefonata** [telefo'na:ta] *f* (Telefon)anruf *m*; **fare una** ~ **a qu** jdn anrufen; ~ **urbana/interurbana** Orts-/Ferngespräch *n*; **telefonia** [telefo'ni:a] *f* ~ **fissa/mobile** Fest-/Mobilnetz *n*
telefonico, **-a** *agg* Telefon-; **scheda -a** Telefon(magnet)karte *f*; **cabina** ~ Telefonzelle *f*; **elenco** ~ Telefonbuch *n*; **telefonino** [telefo'ni:no] *m* Handy *n*;
telefono [te'lɛ:fono] *m* Telefon *n*; ~ **cellulare** Mobiltelefon *n*; ~ **senza filo** schnurloses Telefon; ~ **azzurro** Sorgentelefon *n* (des Kinderschutzbundes); **dare un colpo di** ~ **a qu** (*fam*) jdn kurz anrufen
telegiornale [teledʒor'na:le] *m* Tagesschau *f*
telegrafo [te'lɛ:grafo] *m* Telegraf *m*
telegramma [tele'gramma] <-i> *m* Telegramm *n*
telelavoro [telela'vo:ro] *m* (INFORM) Telearbeit *f*
telematica [tele'ma:tika] <-che> *f* Telematik *f*
telenovela [telenu'vɛla] *f* Seifenoper *f*
teleobiettivo [teleobiet'ti:vo] *m* Teleobjektiv *n*
telepass® [tele'pas] *m* *System zur automatischen Abbuchung der Autobahngebühren*
teleromanzo [telero'mandzo] *m* Romanverfilmung *f*

T

teleschermo [teles'kermo] *m* Bildschirm *m*

telescopio [teles'kɔ:pio] <-i> *m* Fernrohr *n*

teleselezione [telese-let'tsio:ne] *f* Durchwählverbindung *f*

telespettatore, **-trice** [telespetta'to:re] *m, f* Fernsehzuschauer(in) *m(f)*

televendita [tele'vendita] *f* Fernsehverkauf *m*

televideo [tele'vi:deo] <-> *m* Videotext *m*

televisione [televi'zio:ne] *f* Fernsehen *n;* ~ **a colori** Farbfernsehen *n;* **televisore** [tele-vi'zo:re] *m* Fernsehgerät *n*

telex ['tɛ:leks] <-> *m* Telex *n*

telo ['te:lo] *m* (Stoff)bahn *f*

tema ['tɛ:ma] <-i> *m* ❶ (*argomento*) Thema *n* ❷ (*componimento*) Aufsatz *m*

temere [te'me:re] **I.** *vt* fürchten; **temo che …** ich befürchte, dass … **II.** *vi* ~ **per qu/qc** sich um jdn/etw sorgen; **non ~!** keine Angst!

temperamatite [tempera-ma'ti:te] <-> *m* Bleistiftspitzer *m*

temperamento [tempera'mento] *m* Temperament *n*

temperato, **-a** [tempe'ra:to] *agg* (*clima*) gemäßigt

tempesta [tem'pɛsta] *f* Unwetter *n*

tempia ['tɛmpia] <-ie> *f* Schläfe *f*

tempio ['tɛmpio] <-li> *m* Tempel *m*

tempismo [tem'pizmo] *m* Timing *n*

tempo ['tɛmpo] *m* ❶ (*gener*) Zeit *f;* **ai miei -i** zu meiner Zeit; **da ~** seit langem; **fare in ~** rechtzeitig kommen; **in un primo ~** anfangs; **non c'è ~ da perdere** wir dürfen keine Zeit verlieren; ~ **libero** Freizeit *f* ❷ (METEO) Wetter *n;* **oggi fa brutto ~** heute ist schlechtes Wetter

temporale [tempo'ra:le] *m* (METEO) Gewitter *n*

tenace [te'na:tʃe] *agg* hartnäckig

tenda ['tɛnda] *f* ❶ (*di finestra*) Vorhang *m* ❷ (*da campeggio*) Zelt *n*

tendenza [ten'dɛntsa] *f* Neigung *f*

tendere ['tɛndere] <irr> **I.** *vt* ❶ (*tirare*) spannen ❷ (*mano*) reichen; ~ **l'orecchio** die Ohren spitzen **II.** *vi* ~ **a qc** nach etw streben

tendina [ten'di:na] *f* Gardine *f*

tendine ['tɛndine] *m* Sehne *f*

tendopoli [ten'dɔ:poli] <-> *f* Zeltstadt *f*

tenere [te'ne:re] <irr> **I.** *vt* ❶ (*gener*) halten; ~ **la finestra aperta** das Fenster offen lassen; ~ **il posto per qu** für jdn den

Platz freihalten ❷ (*prendere*) nehmen; **tenga!** nehmen Sie! ❸ (*loc*) ~ **conto di qc** etw berücksichtigen; ~ **compagnia** Gesellschaft leisten; ~ **duro** (*fam*) hart bleiben; ~ **d'occhio qu** jdn im Auge behalten; ~ **la destra/sinistra** sich rechts/links halten **II.** *vi* halten; ~ **a qc** auf etw *acc* Wert legen; ~ **per un partito** zu einer Partei halten

tenero, -a *agg* zart

tennis ['tɛnnis] <-> *m* Tennis *n*

tenore [te'no:re] *m* Standard *m*

tensione [ten'sio:ne] *f* Spannung *f*

tentazione [tentat'tsio:ne] *f* Versuchung *f*

tenue ['tɛ:nue] *agg* ❶ (*sottile*) dünn ❷ (*fig*) schwach

tenuta [te'nu:ta] *f* ❶ (*il tenere*) Halten *n* ❷ (AGR) Landgut *n*

teologia [teolo'dʒi:a] <-gie> *f* Theologie *f*

teoria [teo'ri:a] <-ie> *f* Theorie *f*; **in** ~ theoretisch

terapia [tera'pi:a] <-ie> *f* Therapie *f*

tergicristallo [terdʒikris'tallo] *m* Scheibenwischer *m*

termale [ter'ma:le] *agg* Thermal-; **stazione** ~ Kurort *m*; **terme** ['tɛrme] *fpl* Thermalbad *n*

terminale **I.** *agg* End- **II.** *m* Terminal *n*

terminare [termi'na:re] *vt* beenden

termine ['tɛrmine] *m* ❶ (*limite*) Grenze *f*; **a breve** ~ kurzfristig; **condurre a** ~ zu Ende führen ❷ (*vocabolo*) Ausdruck *m*

termometro [ter'mɔ:metro] *m* Thermometer *n*

termosifone [termosi'fo:ne] *m* Heizkörper *m*

terno ['tɛrno] *m* Terne *f*; **un ~ al lotto** (*fig*) Glückstreffer *m*

terra ['tɛrra] *f* ❶ (*pianeta, suolo*) Erde *f*; **per** ~ auf dem Boden; (*moto*) auf den Boden; **essere a** ~ am Boden zerstört sein; **avere una gomma a** ~ einen Platten haben *fam* ❷ (*campagna*) Land *n*

terracotta [terra'kɔtta] <terrecotte> *f* Ton(erde *f*) *m*

terrazza [ter'rattsa] *f* Terrasse *f*; **terrazzo** [ter'rattso] *m* Terrasse *f*

terremoto [terre'mɔ:to] *m* Erdbeben *n*

terreno [ter're:no] *m* ❶ (*suolo*) Boden *m*; **guadagnare/perdere** ~ (*fig*) (an) Boden gewinnen/verlieren ❷ (*fondo*) Grundstück *n*

terreno, -a *agg* irdisch; **pian** ~ Erdgeschoss *n*

terribile [ter'ri:bile] *agg* schrecklich

territorio [terri'tɔ:rio] <-i> *m* Gebiet *n*; ~ **nazionale** Hoheitsgebiet *n*

terrore [ter'ro:re] *m* Angst *f*

T

terrorizzare [terrorid'dza:re] *vt* terrorisieren

terza ['tɛrtsa] *f* ❶ (*a scuola*) dritte Klasse ❷ (AUTO) dritter Gang

terzo ['tɛrtso] *m* Drittel *n*

terzo, **-a** I. *agg* dritte(r, s); **il ~ mondo** die Dritte Welt; **-a età** drittes Lebensalter II. *m, f* Dritte(r, s) *mfn*

tesi ['tɛ:zi] <-> *f* ❶ (*proposizione*) These *f* ❷ (*di laurea*) Magisterarbeit *f*; (*di dottorato*) Doktorarbeit *f*

teso, **-a** ['te:so] *agg* gespannt

tesoro [te'zɔ:ro] *m* Schatz *m*

tessera ['tɛssera] *f* (*documento*) Ausweis *m*; **~ magnetica** Magnetkarte *f*

tessere ['tɛssere] *vt* weben

tesserino [tesse'ri:no] *m* (Mitglieds)karte *f*; **~ sanitario** Versicherungskarte *f*; **~ universitario** Studentenausweis *m*

tessile ['tɛssile] *agg* Textil-; **tessuto** [tes'su:to] *m* Gewebe *n*

test [tɛst] <-> *m* Test *m*; **~ di gravidanza** Schwangerschaftstest *m*

testa ['tɛsta] *f* Kopf *m*; **mal di ~** Kopfschmerzen *mpl*; **a ~** pro Person; **mettersi in ~ qc** sich *dat* etw in den Kopf setzen; **perdere la ~ per qu/qc** wegen jdm/etw den Kopf verlieren

testamento [testa'mento] *m* Testament *n*

testardo, **-a** [tes'tardo] *m, f* Dickkopf *m*

testicolo [tes'ti:kolo] *m* Hoden *m*

testimone [testi'mɔ:ne] *mf* Zeuge *m*, Zeugin *f*; **testimoniare** [testimo'nia:re] *vt* bezeugen; **~ il falso** falsch aussagen

testo ['tɛsto] *m* Text *m*; **libri di ~** Lehrbücher *npl*

tetro, **-a** ['tɛ:tro] *agg* düster

tetto ['tetto] *m* Dach *n*; **tettoia** [tet'to:ia] <-oie> *f* Überdachung *f*

Tevere ['te:vere] *m* Tiber *m*

TG <-> *m abbr di* **Telegiornale** Fernsehnachrichten *fpl*

the [tɛ] *m v.* **tè**

thermos ['tɛrmos] *m* Thermosflasche® *f*

ti [ti] I. *pron 2. pers sing* ❶ (*complemento di termine*) dir ❷ (*complemento oggetto*) dich II. *pron 2. pers sing* dich

tibia ['ti:bia] <-ie> *f* Schienbein *n*

Ticino [ti'tʃi:no] *m* (*cantone*) Tessin *n*; (*fiume*) Ticino *m*

ticket ['tiket] <-> *m Selbstbeteiligung an den Krankheitskosten*

tiepido, **-a** ['tiɛ:pido] *agg* lau(warm)

tifare [ti'fa:re] *vi* (*fam*) **~ per qu** von jdm Fan sein; **tifo** ['ti:fo] *m* ❶ (MED) Typhus *m* ❷ (*fig*) Sportbegeisterung *f*; **tifoso**, **-a** [ti'fo:so] *m, f* Fan *m*

tiglio ['tiʎʎo] <-gli> *m* Linde *f*

tigre ['ti:gre] *f* Tiger *m*

TIM *f abbr di* **Telecom Italia Mobile** *Mobilfunk der Telecom Italia*

timballo [tim'ballo] *m* Auflauf *m*

timbro ['timbro] *m* Stempel *m*

timer ['taimə] <-> *m* Schaltuhr *f*

timido, -a ['ti:mido] *agg* schüchtern

timing ['taimiŋ] <-> *m* Timing *n*

timo ['ti:mo] *m* Thymian *m*

timone [ti'mo:ne] *m* Steuer *n*

timore [ti'mo:re] *m* Furcht *f*

tinello [ti'nɛllo] *m* Essraum *m*

tingere ['tindʒere] <irr> **I.** *vt* färben **II.** *vr* **-rsi** sich färben

tinta ['tinta] *f* Farbe *f*; **in ~ unita** einfarbig; **tintarella** [tinta'rɛlla] *f* Sonnenbräune *f*

tintoria [tinto'ri:a] <-ie> *f* Reinigung *f*

tipico, -a ['ti:piko] <-ci, -che> *agg* typisch

tipo ['ti:po] *m* (*carattere*) Typ *m*; (*qualità*) Art *f*

TIR [tir] <-> *m* LKW *m*

tiramisù [tirami'su] <-> *m aus Mascarpone und in Kaffee getränkten Biskuits hergestellte Süßspeise*

tirare [ti'ra:re] **I.** *vt* ❶ (*gener*) ziehen; **~ fuori/giù** heraus-/herunterholen; **~ su** hochziehen; **~ qc per le lunghe** etw in die Länge ziehen ❷ (*lanciare*) werfen **II.** *vi* ❶ (*gener*) ziehen; **~ a sorte** auslosen ❷ (*loc*) **~ sul prezzo** (um den Preis) handeln **III.** *vr* **-rsi indietro** (*fig*) sich zurückziehen

tirocinante [tirotʃi'nante] *mf* Lehrling *m*; **tirocinio** [tiro'tʃi:nio] <-i> *m* Praktikum *n*

tirolese [tiro'le:se] *agg* Tiroler-; **Tirolo** [ti'rɔ:lo] *m* Tirol *n*

tisana [ti'za:na] *f* Aufguss *m*

titolo ['ti:tolo] *m* ❶ (*nome*) Titel *m*; (*intestazione*) Überschrift *f* ❷ (FIN) **~ azionario** Aktie *f*

tizio, -a ['tittsio] <-zi, -zie> *m, f* (irgend)jemand

toast ['toust] <-> *m* Toast *m*

toccare [tok'ka:re] **I.** *vt* ❶ (*con la mano*) berühren ❷ (*argomento*) streifen **II.** *vi* ❶ (*spettare*) **tocca a me** ich bin dran ❷ (*essere obbligato*) müssen; **mi tocca ...** +*inf* ich muss ... +*inf*

tocco ['tokko] <-cchi> *m* ❶ (*pressione*) Berührung *f* ❷ (*di campane*) Schlag *m*

tocco, -a ['tokko] <-cchi, -cche> *agg* (*fam*) plemplem

togliere ['tɔʎʎere] <irr> *vt* wegnehmen; **-rsi la vita** sich *dat* das Leben nehmen; **ciò non toglie che ...** +*conj* das schließt nicht aus, dass ...

tollerante [tolle'rante] *agg* tolerant; **tollerare** [tolle'ra:re] *vt* vertragen

tomba ['tomba] *f* Grab *n*

tombola ['tombola] *f* Zahlenlotto *n*

tondo, -a *agg* rund

tonico, -a <-ci, -che> *agg* kräftigend; **acqua -a** Tonic(wasser) *n*

tonnato, -a [ton'na:to] *agg* **vitello ~** *Kalbfleisch in T(h)unfischsoße*

tonnellata [tonnel'la:ta] *f* Tonne *f*

tonno ['tonno] *m* T(h)unfisch *m*

tono ['tɔ:no] *m* Ton *m;* **rispondere a ~** die passende Antwort geben

tonsilla [ton'silla] *f* Mandel *f;* **tonsillite** [tonsil'li:te] *f* Mandelentzündung *f*

top [tɔp] <-> *m* ❶ (*indumento*) Top *n* ❷ (*vertice*) Spitze *f*

topless ['tɔplis] <-> *m* Oben-ohne-Badeanzug *m*

topo ['tɔ:po] *m* Maus *f*

torace [to'ra:tʃe] *m* Brustkorb *m*

torchio ['tɔrkio] <-chi> *m* Presse *f*

torcia ['tɔrtʃa] <-ce> *f* Fackel *f*

torcicollo [tortʃi'kɔllo] *m* steifer Hals

Torino [to'ri:no] *f* Turin *n*

tormenta [tor'menta] *f* Schneesturm *m*

tormentare [tormen'ta:re] **I.** *vt* quälen **II.** *vr* **-rsi** sich quälen; **tormento** [tor'mento] *m* Qual *f*

tornare [tor'na:re] *vi* ❶ zurückkommen; (*venire di nuovo*) wiederkommen ❷ (*essere esatto*) stimmen; **il conto torna** die Rechnung geht auf ❸ (*essere*) **torna utile** das ist ganz nützlich

torneo [tor'nɛ:o] *m* Turnier *n*

toro ['tɔ:ro] *m* **sono del Toro** (ASTR) ich bin (ein) Stier

torpedone [torpe'do:ne] *m* Reiseomnibus *m*

torre ['tɔrre] *f* Turm *m*

torrente [tor'rɛnte] *m* Wildbach *m*

torrido, -a ['tɔrrido] *agg* heiß

torrone [tor'ro:ne] *m* Nougat *m*

torta ['tɔrta] *f* Kuchen *m*

tortellini [tortel'li:ni] *mpl gefüllte Nudeln*

torto ['tɔrto] *m* Unrecht *n;* **non avere tutti i -i** nicht ganz Unrecht haben; **a ~** zu Unrecht

tortura [tor'tu:ra] *f* Folter *f;* **torturare** [tortu'ra:re] *vt* foltern

tosare [to'za:re] *vt* scheren

Toscana [tos'ka:na] *f* Toskana *f*

tosse ['tosse] *f* Husten *m*

tossico, -a <-ci, -che> *agg* giftig

tossicodipendente [tossikodipen'dɛnte] *mf* Drogenabhängige(r) *f(m)*

tossicomane [tossi'kɔ:mane] *mf* Drogensüchtige(r) *f(m)*

tossire [tos'si:re] *vi* husten

tostapane [tosta'pa:ne] <-> *m* Toaster *m;* **tostare** [tos'ta:re] *vt* toasten

tosto, -a ['tɔsto] *agg* hart; **faccia -a** Frechheit *f*

tot [tɔt] <inv> *agg* (*fam*) soundso viel

totale [to'ta:le] **I.** *agg* Gesamt- **II.** *m* Gesamtsumme *f;* **in ~** insgesamt

totip [to'tip] *m acro di* **totalizzatore ippico** Pferdelotto *n*

totocalcio [toto'kaltʃo] *m acro di* **totalizzatore calcistico** Fußballtoto *n*

tour operator ['tuə ɔpe'reitə] <-> *mf* Reiseveranstalter(in) *m(f)*

tovaglia [to'vaʎʎa] <-glie> *f* Tischdecke *f;* **tovagliolo** [tovaʎ'ʎɔ:lo] *m* Serviette *f*

tra [tra] *prp* ❶ (*fra*) zwischen +*dat;* (*in mezzo a due persone o cose: moto*) zwischen +*acc;* (*stato*) zwischen +*dat;* (*in mezzo a più persone o cose, a fig*) unter +*dat;* (*moto*) unter +*acc;* **~ di noi** unter uns; **~ sé e sé** in seinem Inneren ❷ (*di tempo*) in +*dat;* **~ breve** bald

trabocchetto [trabok'ketto] *m* Falle *f*

traccia ['trattʃa] <-cce> *f* Spur *f*

tracciare [trat'tʃa:re] *vt* zeichnen

tracciato [trat'tʃa:to] *m* ❶ (*di strada*) Trasse *f* ❷ (INFORM) **~ dell'archivio** Verzeichnisstruktur *f*

trachea [tra'kɛ:a] <-chee> *f* Luftröhre *f*

tracolla [tra'kɔlla] *f* Schultergurt *m;* **a ~** umgehängt

tradimento [tradi'mento] *m* Verrat *m;* **traditore, -trice** [tradi'to:re] *m, f* Verräter(in) *m(f)*

tradizionale [tradittsio'na:le] *agg* traditionell; **tradizione** [tradit'tsio:ne] *f* Tradition *f;* (*consuetudine*) Brauch *m*

tradurre [tra'durre] <irr> *vt* übersetzen; **~ dall'italiano in tedesco** aus dem Italienischen ins Deutsche übersetzen; **traduzione** [tradut'tsio:ne] *f* Übersetzung *f*

trafficare [traffi'ka:re] *vi* ❶ (COM) **~ in qc** mit etw handeln ❷ (*pej*) schieben; **traffico** ['traffiko] <-ci> *m* ❶ (COM) Handel *m* ❷ (*delle strade*) Verkehr *m*

tragedia [tra'dʒɛ:dia] <-ie> *f* Tragödie *f*

traghettare [traget'ta:re] *vt* übersetzen; **traghetto** [tra'getto] *m* Fähre *f*

tragico, -a <-ci, -che> *agg* tragisch

traguardo [tra'guardo] *m* Ziel *n*

trailer ['treilə] <-> *m* (FILM) Vorschau *f*

tram [tram] <-> *m* Straßenbahn *f*

trama ['tra:ma] *f* ❶ (*di tessuto*) Schussfaden *m* ❷ (*di un'opera*) Handlung *f*

tramandare [traman'da:re] *vt* überliefern

tramezzino [tramed'dzi:no] *m* Sandwich *m o n*
tramite *prp* durch +*acc*
tramontana [tramon'ta:na] *f* Nordwind *m*
tramontare [tramon'ta:re] *vi* untergehen; **tramonto** [tra'monto] *m* (Sonnen)untergang *m*
trampolino [trampo'li:no] *m* Sprungbrett *n*
tranello [tra'nɛllo] *m* Falle *f*
tranne ['tranne] *prp* außer +*dat*
tranquillante [traŋkuil'lante] *m* Beruhigungsmittel *n*
tranquillo, **-a** [traŋ'kuillo] *agg* ruhig; **stia ~!** seien Sie unbesorgt!
transalpino, **-a** [transal'pi:no] *agg* transalpin(isch)
transessuale [transessu'a:le] *mf* Transsexuelle(r) *f(m)*
transetto [tran'sɛtto] *m* Querschiff *n*
transitare [transi'ta:re] *vt* (*con veicolo*) befahren; (*a piedi*) begehen
transito ['transito] *m* Durchfahrt *f*; **divieto di ~** Durchfahrt(s)verbot *n*
transitorio, **-a** [transi'tɔ:rio] <-i, -ie> *agg* vorübergehend
tran tran [tran 'tran] <-> *m* **il solito ~ quotidiano** der übliche Alltagstrott
tranviario, **-a** [tran'via:rio] *agg* Straßenbahn-
trapano ['tra:pano] *m* Bohrer *m*
trapianto [tra'pianto] *m* (MED) Transplantation *f*
trappola ['trappola] *f* Falle *f*; **cadere nella ~** in die Falle gehen
trapunta [tra'punta] *f* Steppdecke *f*
trarre ['trarre] <irr> *vt* (heraus)ziehen; **~ in inganno** täuschen
trascorrere [tras'korrere] <irr> **I.** *vt* verbringen **II.** *vi* vergehen
trascurare [trasku'ra:re] *vt* vernachlässigen
trasferire [trasfe'ri:re] **I.** *vt* ❶ (*persone*) versetzen ❷ (INFORM) übertragen **II.** *vr* **-rsi** umziehen
trasferta [tras'fɛrta] *f* (SPORT) Auswärtsspiel *n*
trasformare [trasfor'ma:re] *vt* verwandeln
traslocare [trazlo'ka:re] *vi* umziehen; **trasloco** [traz'lɔ:ko] <-chi> *m* Umzug *m*
trasmettere [traz'mettere] <irr> *vt* ❶ (*malattia*) übertragen ❷ (*notizia*) übermitteln ❸ (RADIO) übertragen
trasmissione [trazmis'sio:ne] *f* Übertragung *f*; **~ dati** (INFORM) Datenübertragung *f*
trasparente [traspa'rɛnte] *agg* durchsichtig
trasportare [traspor'ta:re] *vt* (fort)tragen; (*merci*) transportieren; **trasporto** [tras'pɔrto] *m*

Transport *m;* **-i pubblici** öffentliches Verkehrswesen

trattamento [tratta'mento] *m* Behandlung *f;* **trattare** [trat'ta:re] **I.** *vt* ❶ (*gener,* MED) behandeln ❷ (*affari, accordi*) verhandeln über *+acc* **II.** *vi* ~ **di qc** von etw handeln **III.** *vr* **di che si tratta?** worum handelt es sich?

trattato [trat'ta:to] *m* Abkommen *n;* **Trattato di Maastricht** Vertrag von Maastricht

tratto ['tratto] *m* ❶ (*linea*) Strich *m* ❷ (*loc*) **tutto ad un ~** auf einmal ❸ *pl* (*lineamenti*) (Gesichts)züge *mpl*

trattore [trat'to:re] *m* Traktor *m*

trattoria [tratto'ri:a] <-ie> *f* Gastwirtschaft *f*

trauma ['tra:uma] <-i> *m* Trauma *n*

trave ['tra:ve] *f* Balken *m*

traversa [tra'vɛrsa] *f* Querstraße *f*

traverso [tra'vɛrso] *m* **di ~** quer; **la bevanda gli è andata di ~** er hat sich an dem Getränk verschluckt

travestimento [travesti'mento] *m* Verkleidung *f*

travestito [traves'ti:to] *m* Transvestit *m*

traviare [travi'a:re] *vt* verführen

travolgere [tra'vɔldʒere] <irr> *vt* mitreißen

tre [tre] *num* drei

trebbiatura [trebbia'tu:ra] *f* Dreschen *n*

treccia ['trettʃa] <-cce> *f* Zopf *m*

trecento [tre'tʃɛnto] **I.** *num* dreihundert **II.** *m* **il Trecento** das vierzehnte Jahrhundert

tredicenne [tredi'tʃɛnne] *mf* Dreizehnjährige(r) *f(m)*

tredicesima [tredi'tʃɛ:zima] *f* dreizehntes Monatsgehalt

tredici ['tre:ditʃi] *num* dreizehn

tregua ['tre:gua] *f* Waffenstillstand *m*

tremare [tre'ma:re] *vi* zittern; **~ di freddo** vor Kälte zittern

tremendo, -a [tre'mɛndo] *agg* furchtbar

trenette [tre'nette] *fpl dünne, flache Nudelsorte*

treno ['trɛ:no] *m* Zug *m;* **prendere/perdere il ~** den Zug nehmen/verpassen

trenta ['trenta] *num* dreißig

trentesimo [tren'tɛ:zimo] *m* Dreißigstel *n*

trentesimo, -a *agg* dreißigste(r, s)

trentina [tren'ti:na] *f* **una ~ (di ...)** (etwa) dreißig (...)

Trentino-Alto Adige *m* Trentino-Südtirol *n*

Trento ['trɛnto] *f* Trient *n*

tressette [tres'sɛtte] <-> *m italienisches Kartenspiel*

Treviri ['trɛ:viri] *f* Trier *n*

triangolo [tri'aŋgolo] *m* Dreieck *n*

tribunale [tribu'na:le] *m* Gericht *n*

triciclo [tri'tʃi:klo] *m* Dreirad *n*

tricolore [triko'lo:re] **I.** *agg* dreifarbig **II.** *m* Trikolore *f*

Trieste [tri'ɛste] *f* Triest *n*

trifoglio [tri'fɔʎʎo] *m* Klee *m*

trifolato, -a [trifo'la:to] *agg in feine Scheiben geschnitten, mit Öl, Knoblauch und Petersilie*

triglia ['triʎʎa] <-glie> *f* Meerbarbe *f*

trilingue [tri'liŋgue] <-> *agg* dreisprachig

trimestre [tri'mɛstre] *m* Vierteljahr *n*

trinità [trini'ta] <-> *f* (REL) Dreieinigkeit *f*

trio ['tri:o] <-ii> *m* Trio *n*

trionfare [trion'fa:re] *vi* triumphieren; (*fig a*) siegen; **trionfo** [tri'onfo] *m* Triumph *m*

trip [trip] <-> *m* (Rauschgift)trip *m*

tripartitico, -a [tripar'ti:tiko] <-ci, -che> *agg* Dreiparteien-

triplicare [tripli'ka:re] *vt* verdreifachen; **triplice** ['tri:plitʃe] *agg* dreifach

trippa ['trippa] *f* (GASTR) Kutteln *fpl*, Kuttel *f A, südd*

triste ['triste] *agg* traurig; **tristezza** [tris'tettsa] *f* Traurigkeit *f*

tritato [tri'ta:to] *m* Gehackte(s) *n*, Faschierte *n A*

tritatutto [trita'tutto] <-> *m* Mixgerät *n*

trittico ['trittiko] <-ci> *m* (ARCH) Triptychon *n*

triviale [tri'via:le] *agg* vulgär

trofeo [tro'fɛ:o] *m* Trophäe *f*

troia ['trɔ:ia] <-ie> *f* (*vulg*) Hure *f*

tromba ['tromba] *f* ❶ (MUS) Trompete *f* ❷ **~ delle scale** Treppenhaus *n*, Stiegenhaus *n A, südd*

trombone [trom'bo:ne] *m* (MUS) Posaune *f*

tronco ['troŋko] <-chi> *m* ❶ (BOT) Stamm *m* ❷ (ANAT) Rumpf *m*

tronco, -a <-chi, -che> *agg* abgeschnitten; **in ~** abgebrochen

trono ['trɔ:no] *m* Thron *m*

troppo ['trɔppo] **I.** *avv* zu viel; **ho mangiato ~** ich habe zu viel gegessen; **non ~** nicht sehr **II.** *pron* ❶ (*quantità esagerata*) zu viel; **questo è ~** (*fig*) das geht zu weit ❷ *pl* (*troppe persone*) zu viele

troppo, -a *agg* zu viel; **fa ~ freddo** es ist zu kalt

trota ['trɔ:ta] *f* Forelle *f*

trovare [tro'va:re] **I.** *vt* finden; **~ qu simpatico** jdn sympathisch finden; **andare a ~ qu** jdn besuchen **II.** *vr* **-rsi** ❶ (*essere*) sich befinden ❷ (*sentirsi*) sich fühlen; **-rsi bene con qu** mit jdm gut auskommen

trovata [tro'va:ta] *f* Einfall *m*

truccare [truk'ka:re] **I.** *vt* schminken; (*fig*) (ver)fälschen **II.** *vr* **-rsi** sich schminken; **trucco** ['trukko] <-cchi> *m* Schminke *f;* (*fig*) Schwindel *m*

truffa ['truffa] *f* Betrug *m;* **truffare** [truf'fa:re] *vt* betrügen

tu [tu] *pron 2. pers sing* du; **dare del ~ a qu** jdn duzen

Tubinga [tu'biŋga] *f* Tübingen *n*

tubo ['tu:bo] *m* Röhre *f*

tuffo ['tuffo] *m* Sprung *m* (ins Wasser)

tulipano [tuli'pa:no] *m* Tulpe *f*

tumore [tu'mo:re] *m* Tumor *m*

tunnel ['tunnel] <-> *m* Tunnel *m*

tuo, -a <tuoi, tue> **I.** *agg* dein **II.** *pron* **il ~, la -a** deiner, deine, dein(e)s

tuono ['tuɔ:no] *m* Donner *m*

tuorlo ['tuɔrlo] *m* (Ei)dotter *m o n*

turacciolo [tu'rattʃolo] *m* Korken *m*

turbo ['turbo] <inv> *agg* Turbo-

turchese [tur'ke:se] *m* Türkis *n*

Turchia [tur'ki:a] *f* (**la**) ~ die Türkei

turco, -a <-chi, -che> *agg* türkisch

turgido, -a ['turdʒido] *agg* prall; (*seno*) drall

Turgovia [tur'gɔ:via] *f* Thurgau *m*

Turingia [tu'rindʒa] *f* Thüringen *n*

turismo [tu'rizmo] *m* Tourismus *m;* **turista** [tu'rista] <-i *m*, -e *f*> *mf* Tourist(in) *m(f);* **turistico, -a** [tu'ristiko] <-ci, -che> *agg* Touristen-; **posto ~** Ferienort *m*

turno ['turno] *m* (*di lavoro*) Schicht *f;* **medico di ~** diensthabender Arzt; **aspettare il proprio ~** warten, bis man an der Reihe ist; **a ~** abwechselnd

tuta ['tu:ta] *f* Arbeitsanzug *m*

tutela [tu'tɛ:la] *f* Schutz *m;* **~ dell'ambiente** Umweltschutz *m*

tuttavia [tutta'vi:a] *cong* dennoch

tutto ['tutto] *m* Ganze(s) *n;* **rischiare (il) ~ per (il) ~** alles aufs Spiel setzen

tutto, -a I. *agg* ganz; **-i e due** (alle) beide; **tutt'altro** ganz im Gegenteil **II.** *pron* ❶ (*ogni cosa*) alles; **ho visto ~** ich habe alles gesehen ❷ *pl* (*tutte le persone*) alle; **-i quanti** alle **III.** *avv* ganz; **del ~** ganz; **era -a nuda** sie war ganz nackt; **tutt'al più** höchstens

tuttora [tut'to:ra] *avv* noch (immer)

TV [tiv'vu] <-> *f abbr di* **televisione** TV

twin-set ['twin'sɛt] <-> *m* Twinset *n*

U

U, u [u] <-> *f* U, u *n*
ubbidienza [ubbi'diɛntsa] *f* Gehorsam *m;* **ubbidire** [ubbi'di:re] *vi* ~ **a qu** jdm gehorchen
ubriacare [ubria'ka:re] *vr* **-rsi** sich betrinken; **ubriaco, -a** [ubri'a:ko] <-chi, -che> **I.** *agg* betrunken **II.** *m, f* Betrunkene(r) *f(m)*
uccello [ut'tʃɛllo] *m* Vogel *m*
uccidere [ut'tʃi:dere] <irr> **I.** *vt* töten **II.** *vr* **-rsi** sich umbringen
udienza [u'diɛntsa] *f* Audienz *f*
udire [u'di:re] <irr> *vt* hören; **udito** [u'di:to] *m* Gehör *n*
UE *f abbr di* **Unione europea** EU *f*
ufficiale [uffi'tʃa:le] **I.** *agg* offiziell **II.** *m* ❶ (ADM) Beamte(r) *m,* Beamtin *f* ❷ (MIL) Offizier *m*
ufficio [uf'fi:tʃo] <-ci> *m* ❶ (*stanza*) Büro *n;* ~ **informazioni/viaggi** Informations-/Reisebüro *n;* ~ **oggetti smarriti** Fundbüro *n* ❷ (*organo*) Amt *n;* ~ **postale** Postamt *n;* ~ **di collocamento** Arbeitsamt *n*
uguaglianza [uguaʎ'ʎantsa] *f* Gleichheit *f*
uguale[1] [u'gua:le] *agg* gleich; **ho un vestito ~ al tuo** ich habe das gleiche Kleid wie du
uguale[2] *avv* (*fam*) gleich; **due persone alte ~** zwei gleich große Personen; **per me è ~** es ist mir egal
ulivo [u'li:vo] *m* Olivenbaum *m*
Ulivo [u'li:vo] *m* (POL) *Mitte-Links-Parteienbündnis*
ulteriore [ulte'rio:re] *agg* weitere(r, s)
ultima ['ultima] *f* (*fam: novità*) Neueste *n;* **vuoi sapere l'~?** weißt du schon das Neueste?
ultimo, -a ['ultimo] **I.** *agg* letzte(r, s); (*recente*) neueste(r, s) **II.** *m, f* Letzte(r, s) *mfn;* **l'~ del mese** der Letzte des Monats; **fino all'~** bis zuletzt; **per ~** zuletzt
ultravioletto, -a [ultravio'letto] *agg* ultraviolett
umanità [umani'ta] <-> *f* ❶ (*sentimento*) Menschlichkeit *f* ❷ (*genere umano*) Menschheit *f;* **umanitario, -a** [umani'ta:rio] <-i, -ie> *agg* menschenfreundlich; **aiuti -i** Hilfsgüter *npl*
umano, -a *agg* menschlich
Umbria ['umbria] *f* Umbrien *n*
U.M.E. *f abbr di* **Unione Monetaria Europea** EWU *f*
umidificatore [umidifika'to:re] *m* (Luft)befeuchter *m;* **umidità** [umidi'ta] <-> *f* Feuchtigkeit *f*
umido, -a *agg* feucht
umile ['u:mile] *agg* bescheiden; **umiliare** [umi'lia:re] **I.** *vt* erniedrigen **II.** *vr* **-rsi** sich erniedri-

gen
umiltà [umil'ta] <-> *f* Demut *f*
umore [u'mo:re] *m* Laune *f*; **essere di buono/cattivo** ~ guter/schlechter Laune sein
umorismo [umo'rizmo] *m* Humor *m*; **non avere il senso dell'**~ keinen (Sinn für) Humor haben; **umoristico, -a** [umo'ristiko] <-ci, -che> *agg* humoristisch
un, una *ART m, f* ein *m*, eine *f*, ein *n*
una *f* ❶ (*di tempo*) **è l'**~ es ist ein Uhr ❷ (*in frasi enclitiche*) etwas; **ve ne racconto** ~ ich kann euch was erzählen
una tantum ['u:na 'tantum] <inv> *agg* einmalig
uncinetto [untʃi'netto] *m* Häkelnadel *f*
uncino [un'tʃi:no] *m* Haken *m*
underground ['ʌndə'graund] <inv> *agg* Underground-
undicenne [undi'tʃɛnne] *mf* Elfjährige(r) *f(m)*
undicesimo [undi'tʃɛ:zimo] *m* Elftel *n*
undicesimo, -a *agg* elfte(r, s)
undici ['unditʃi] *num* elf
U.N.E.S.C.O. [u'nɛsko] *m* UNESCO *f*
ungere ['undʒere] <irr> **I.** *vt* einfetten **II.** *vr* **-rsi** sich mit Fett beschmieren
ungherese [uŋge're:se] *agg* ungarisch; **Ungheria** [uŋge'ri:a] *f* Ungarn *n*
unghia ['uŋgia] <-ghie> *f* Nagel *m*
unguento [uŋ'guɛnto] *m* Salbe *f*
unicamerale [unikame'ra:le] *agg* Einkammer-
U.N.I.C.E.F. ['u:nitʃef] *m* UNICEF *f*
unico, -a ['u:niko] <-ci, -che> *agg* ❶ (*il solo*) einzig; (*una volta sola*) einmalig; **figlio** ~ Einzelkind *n* ❷ (*ineguagliabile*) einzigartig
unificare [unifi'ka:re] *vt* (ver)einigen; **unificazione** [unifikat'tsio:ne] *f* (Ver)einigung *f*
uniformare [unifor'ma:re] **I.** *vt* gleichmachen **II.** *vr* **-rsi a qc** sich an etw *acc* anpassen; **uniforme** [uni'forme] **I.** *agg* gleichförmig **II.** *f* Uniform *f*
unilaterale [unilate'ra:le] *agg* einseitig
unione [u'nio:ne] *f* ❶ (*connessione*) Verbindung *f* ❷ (POL) Bund *m*; **unire** [u'ni:re] **I.** *vt* verbinden **II.** *vr* **-rsi** sich verbinden; **-rsi in matrimonio** eine Ehe eingehen
unisex ['u:niseks] <inv> *agg* Unisex-
unità [uni'ta] <-> *f* ❶ Einheit *f*; ~ **monetaria** Währungseinheit *f* ❷ (*di misura*) Maßeinheit *f* ❸ (INFORM) Laufwerk *n*
unitario, -a [uni'ta:rio] <-i, -ie> *agg* Einheits-

unito, -a [u'ni:to] *agg* (*a fig*) verein(ig)t; **Stati Uniti d'America** Vereinigte Staaten *mpl* von Amerika

universale [univer'sa:le] *agg* ❶ (*dell'universo*) Welt- ❷ (*totale*) Gesamt-, gesamte(r, s); **erede ~** Universalerbe *m* ❸ (*generale*) allgemein; **suffragio ~** allgemeines Wahlrecht

università [universi'ta] <-> *f* Universität *f;* **~ popolare** Volkshochschule *f;* **universitario, -a** [universi'ta:rio] <-i, -ie> *agg* Universitäts-

universo [uni'vɛrso] *m* Weltall *n*

univoco, -a [u'ni:voko] <-ci, -che> *agg* eindeutig

uno ['u:no] *num* eins

uno, una **I.** *ART m davanti a s impura, gn, pn, ps, x, z; f davanti a consonante* ein *m,* eine *f,* ein *n* **II.** *pron* einer *m,* eine *f,* ein(e)s *n;* (*persona*) jemand; (*impersonale*) einer, man; (*con negazione*) keiner *m,* keine *f,* kein(e)s *n;* **a ~ a ~** einzeln; **~ e mezzo** anderthalb; **~ per volta** jeweils einer

unto, -a *agg* fettig

uomo ['uɔ:mo] <uomini> *m* ❶ (*essere umano*) Mensch *m* ❷ (*di sesso maschile*) Mann *m;* **~ d'affari** Geschäftsmann *m*

uovo ['uɔ:vo] <*pl:* -a *f*> *m* Ei *n;* **bianco/rosso d'~** Eiweiß/-gelb *n;* **pasta all'~** Eiernudeln *fpl;* **~ sodo/à la coque** hart(gekocht)es/weiches Ei; **~ all'occhio di bue** Spiegelei *n;* **-a strapazzate** Rührei *n*

up-to-date ['ʌp tə 'deit] <inv> *agg* up to date

uragano [ura'ga:no] *m* Hurrikan *m*

uranio [u'ra:nio] *m* Uran *n*

urbanistico, -a [urba'nistiko] <-ci, -che> *agg* Städtebau-

urbano, -a [ur'ba:no] *agg* städtisch, Stadt-; **nettezza -a** (städtische) Müllabfuhr und Straßenreinigung

urgente [ur'dʒɛnte] *agg* dringend; (*lettera*) Eil-; **urgenza** [ur'dʒɛntsa] *f* Dringlichkeit *f;* **in caso d'~** im Notfall

urgere ['urdʒere] *vt* drängen

urlare [ur'la:re] *vi* schreien; **urlo** ['urlo] <*pl:* -a *f*> *m* Schrei *m*

urrà [ur'ra] *int* hurra

urtare [ur'ta:re] **I.** *vt* (an)stoßen **II.** *vi* **~ contro qc** gegen etw prallen; **urto** ['urto] *m* Stoß *m*

u.s. *abbr di* **ultimo scorso** vergangenen Monats/Jahres etc

U.S.A. ['u:za] *mpl* USA *mpl*

usa e getta ['uza e 'dʒetta] <inv> *agg* Einweg-; **lenti a contatto ~** Wegwerflinsen *fpl*

usanza [u'zantsa] *f* Brauch *m*

usare [u'za:re] *vt* benutzen; **in questo paese usa così** in diesem Land ist das so Brauch

usato [u'za:to] *m* Gebrauchte(s)

n; **mercato dell'~** Gebrauchtwarenmarkt *m*

uscio ['uʃʃo] <usci> *m* Tür *f*

uscire [uʃ'ʃi:re] <irr> *vi* ❶ (*andare fuori*) hinausgehen; (*venire fuori*) herauskommen; (*con veicolo*) hinausfahren; **~ di casa** (*per divertimento*) ausgehen ❷ (*esclamare*) **uscirsene con una battuta** eine Bemerkung machen ❸ (INFORM) beenden; (**comando**) **esci** (*computer*) Beenden *n*

uscita [uʃ'ʃi:ta] *f* ❶ (*movimento*) Hinausgehen *n* ❷ (*apertura*) Ausgang *m;* **~ di sicurezza** Notausgang *m* ❸ (INFORM) Ausgabe *f*

usignolo [uziɲ'ɲɔ:lo] *m* Nachtigall *f*

uso ['u:zo] *m* ❶ (*l'adoperare*) Gebrauch *m;* **istruzioni per l'~** Gebrauchsanweisung *f;* **fuori ~** außer Gebrauch ❷ (*impiego*) Anwendung *f;* **con ~ di cucina** mit Küchenbenutzung ❸ (*abitudine*) **-i e costumi** Sitten *fpl* und Gebräuche *mpl*

ustionarsi *vr* sich verbrennen; **ustione** [us'tio:ne] *f* Verbrennung *f*

usuale [uzu'a:le] *agg* üblich

usufrutto [uzu'frutto] *m* Nutznießung *f*

usura [u'zu:ra] *f* Wucher *m;* **a ~** zu Wucherzinsen

utensile [uten'si:le] *m* Werkzeug *n;* **-i da cucina** Küchengeräte *npl*

utente [u'tɛnte] *mf* Benutzer(in) *m(f);* **utenza** [u'tɛntsa] *f* Verbraucher *mpl*

utero ['u:tero] *m* Gebärmutter *f*

utile ['u:tile] **I.** *agg* nützlich; **rendersi ~** sich nützlich machen; **se posso essere ~ in qc ...** wenn ich irgendwie behilflich sein kann ... **II.** *m* ❶ (*ciò che serve*) Nützliche(s) *n* ❷ (FIN) Profit *m;* **~ lordo/netto** Brutto-/Nettogewinn *m;* **utilità** [utili'ta] <-> *f* ❶ (*funzionalità*) Nützlichkeit *f* ❷ (*vantaggio*) Vorteil *m*

utilitaria [utili'ta:ria] *f* Kleinwagen *m*

utilizzare [utilid'dza:re] *vt* verwenden; **utilizzo** [uti'liddzo] *m* Nutzung *f*

utopia [uto'pi:a] <-ie> *f* Utopie *f*

uva ['u:va] *f* (Wein)trauben *fpl;* **~ bianca/nera** weiße/blaue Trauben *fpl;* **~ passa** Rosinen *fpl;* **~ spina** Stachelbeere *f;* **uvetta** [u'vetta] *f* Rosine *f*

V

V, v [vu] <-> *f* V, v *n*

vacanza [va'kantsa] *f* ❶ (*ferie*) Ferien *pl*, Urlaub *m*; **buone -e!** schöne Ferien!; **-e natalizie/pasquali/estive** Weihnachts-/Oster-/Sommerferien; **essere in ~** Urlaub haben; **andare in ~** in Urlaub fahren; **domani è ~** morgen ist (schul)frei ❷ (*di sede, carica*) Vakanz *f*

vacca ['vakka] <-cche> *f* Kuh *f*

vaccinare [vattʃi'na:re] *vt* impfen; **vaccinazione** [vattʃinat'tsio:ne] *f* Impfung *f*

va e vieni ['va e v'viɛ:ni] <-> *m* Kommen und Gehen *n*

vaffanculo [vaffan'ku:lo] *int* (*vulg*) leck mich am Arsch

vagabondo, -a [vaga'bondo] *m, f* Landstreicher(in) *m(f)*

vagina [va'dʒi:na] *f* Scheide *f*

vagito [va'dʒi:to] *m* Wimmern *n*

vaglia ['vaʎʎa] <-> *m* Anweisung *f*; **~ bancario/postale** Bank-/Postanweisung *f*

vago, -a <-ghi, -ghe> *agg* vag(e)

vagone [va'go:ne] *m* Wagen *m*; **~ letto** Schlafwagen *m*; **~ ristorante** Speisewagen *m*

valanga [va'laŋga] <-ghe> *f* Lawine *f*

valdese [val'de:se] *agg* waldensisch

valdostano, -a [valdos'ta:no] *agg* Aostatal-

valente [va'lɛnte] *agg* tüchtig

valere [va'le:re] <irr> **I.** *vi, vt essere o avere* ❶ (*avere autorità*) gelten ❷ (*essere capace*) können; **come pianista vale poco** als Pianist taugt er nicht viel ❸ (*avere valore*) wert sein; **ne vale la pena** es lohnt sich ❹ **vale a dire** das heißt **II.** *vt* einbringen **III.** *vr* **-rsi di qc** sich *dat* etw zunutze machen

valeriana [vale'ria:na] *f* Baldrian *m*

valevole [va'le:vole] *agg* gültig

valico ['va:liko] <-chi> *m* (Berg)pass *m*

validità [validi'ta] <-> *f* ❶ (ADM) Gültigkeit *f* ❷ (*di argomento*) Stichhaltigkeit *f*; **valido, -a** ['va:lido] *agg* ❶ (*uomo*) tüchtig ❷ (*valevole*) gültig

valigia [va'li:dʒa] <-gie> *f* Koffer *m*; **fare/disfare le -gie** (Koffer) packen/auspacken

vallata [val'la:ta] *f* Tal(ebene *f*) *n*

valle ['valle] *f* Tal *n*

Valle d'Aosta [valleda'ɔsta] *f* Aostatal *n*

valore [va'lo:re] *m* ❶ (*gener*) Wert *m* ❷ *pl* (*oggetti preziosi*) Wertsachen *fpl*; **-i bollati** Wertmarken *fpl*; **Borsa -i** Wertpapierbörse *f*

valoroso, -a [valo'ro:so] *agg* tapfer

valuta [va'lu:ta] *f* Währung *f*
valutare [valu'ta:re] *vt* schätzen; (*fig*) abwägen
valvola ['valvola] *f* ❶ (TEC) Ventil *n* ❷ (EL) Sicherung *f*
valzer ['valtser] <-> *m* Walzer *m*
vampiro [vam'pi:ro] *m* Vampir *m*
vandalo ['vandalo] *m* Wandale *m*
Vangelo [van'dʒɛ:lo] *m* (*a fig*) Evangelium *n*
vaniglia [va'niʎʎa] <-glie> *f* Vanille *f*; **vanillina** [vanil'li:na] *f* Vanillin *n*
vanità [vani'ta] <-> *f* Eitelkeit *f*; **vanitoso, -a** [vani'to:so] *agg* eitel
vano ['va:no] *m* ❶ (*stanza*) Raum *m* ❷ (*di porta, finestra*) Öffnung *f*
vano, -a *agg* ❶ (*privo di contenuti*) leer; (*persona*) hohl ❷ (*tentativo*) erfolglos
vantaggio [van'taddʒo] <-ggi> *m* ❶ (*utilità, privilegio*) Vorteil *m* ❷ (*profitto*) Nutzen *m*; **vantaggioso, -a** [vantad'dʒo:so] *agg* vorteilhaft
vantare [van'ta:re] **I.** *vt* loben **II.** *vr* **-rsi di qc** sich einer Sache *gen* rühmen
vapore [va'po:re] *m* Dampf *m*; **cuocere al ~** dünsten
vaporetto [vapo'retto] *m* kleines Motorschiff
variabile [va'ria:bile] *agg* (*tempo*) veränderlich
variare [va'ria:re] **I.** *vt* verändern **II.** *vi essere* sich (ver)ändern; (*tempo*) wechseln
varicella [vari'tʃɛlla] *f* Windpocken *pl*
variegato, -a [varie'ga:to] *agg* gefleckt
varietà [varie'ta] <-> **I.** *f* ❶ (*pluralità*) Vielfalt *f* ❷ (*differenza*) Verschiedenartigkeit *f* **II.** *m* (THEAT) Varietee *n*
vario, -a ['va:rio] <-i, -ie> **I.** *agg* ❶ (*non uniforme*) verschieden ❷ *pl* (*parecchi*) einige **II.** *pron pl* (*molti*) einige
variopinto, -a [vario'pinto] *agg* bunt
vasaio, -a [va'za:io] <-ai, -aie> *m, f* Töpfer(in) *m(f)*
vasca ['vaska] <-sche> *f* Wanne *f*
vascello [vaʃ'ʃɛllo] *m* (Linien)schiff *n*
vaselina [vaze'li:na] *f* Vaseline *f*
vasellame [vazel'la:me] *m* Geschirr *n*
vaso ['va:zo] *m* Gefäß *n*; (*di marmellata*) Glas *n*; (*decorativo*) Vase *f*
vassoio [vas'so:io] <-oi> *m* Tablett *n*
vasto, -a ['vasto] *agg* weit; (*fig*) umfassend
Vaticano [vati'ka:no] *m* Vatikan *m*
ve [ve] *pron* (*davanti a lo, la, li,*

le, ne) *v.* **vi**
vecchiaia [vek'kia:ia] <-aie> *f* Alter *n*
vecchio ['vɛkkio] *m* Alte(s) *n*
vecchio, **-a** <-cchi, -cchie> **I.** *agg* alt; **la città -a** die Altstadt; **è più -a di lui di tre anni** sie ist drei Jahre älter als er **II.** *m, f* Alte(r) *f(m)*
vedere [ve'de:re] <irr> **I.** *vt* sehen; **far ~** zeigen; **vedi sopra/sotto** siehe oben/unten; **vedi retro** bitte wenden; **stare a ~** abwarten; **non vedo l'ora di ...** *+inf* ich kann es nicht erwarten zu ... *+inf* **II.** *vr* **-rsi** sich treffen; **chi s'è visto, s'è visto** (*fam*) und damit Schluss
vedovo, **-a** ['ve:dovo] *m, f* Witwer *m*, Witwe *f*
veduta [ve'du:ta] *f* Aussicht *f*; (*fig*) Sicht *f*
vegetale [vedʒe'ta:le] *agg* pflanzlich
vegetariano, **-a** [vedʒeta'ria:no] *agg* vegetarisch
vegetazione [vedʒetat'tsio:ne] *f* Vegetation *f*
vegeto, **-a** ['vɛ:dʒeto] *agg* ❶ (*persona*) kräftig ❷ (BOT) üppig
veglia ['veʎʎa] <-glie> *f* (*stato di chi è desto*) Wachen *n*; (*sorveglianza*) Wache *f*
vegliare [veʎ'ʎa:re] **I.** *vt* (*malato, morto*) wachen bei **II.** *vi* wach sein; (*stare vigile*) wachen
veicolo [ve'i:kolo] *m* Fahrzeug *n*; (*fig*) Mittel *n*
vela ['ve:la] *f* ❶ (NAUT) Segel *n* ❷ (SPORT) Segeln *n*; **velato**, **-a** [ve'la:to] *agg* verschleiert
veleggiare [veled'dʒa:re] *vi* segeln
veleno [ve'le:no] *m* Gift *n*; **velenoso**, **-a** [vele'no:so] *agg* (*a fig*) giftig
velluto [vel'lu:to] *m* Samt *m*; **~ a coste** Kordsamt *m*
velo ['ve:lo] *m* Schleier *m*
veloce [ve'lo:tʃe] *agg* schnell
velocità [velotʃi'ta] <-> *f* Geschwindigkeit *f*; **eccesso di ~** Geschwindigkeitsüberschreitung *f*
vena ['ve:na] *f* ❶ (ANAT) Ader *f* ❷ (*fig*) Stimmung *f*
venatorio, **-a** [vena'tɔ:rio] <-i, -ie> *agg* Jagd-
vendemmia [ven'demmia] <-ie> *f* Weinlese *f*
vendere ['vendere] **I.** *vt* (*a fig*) verkaufen **II.** *vr* **-rsi** (*pej*) sich verkaufen
vendetta [ven'detta] *f* Rache *f*
vendicare [vendi'ka:re] **I.** *vt* rächen **II.** *vr* **-rsi su qu/di qc** sich an jdm/für etw rächen
vendita ['vendita] *f* Verkauf *m*; **venditore**, **-trice** [vendi'to:re] *m, f* Verkäufer(in) *m(f)*
venerabile [vene'ra:bile] *agg* ehrwürdig
venerare [vene'ra:re] *vt* vereh-

ren

venerdì [vener'di] <-> *m* Freitag *m;* **Venerdì Santo** Karfreitag *m*

Veneto *m* Venetien *n*

veneto, -a *agg* venetisch

Venezia [ve'nɛttsia] *f* Venedig *n*

veneziana [venet'tsia:na] *f* (*tenda*) Jalousie *f*

venire [ve'ni:re] <irr> *vi essere* ❶ (*gener*) kommen; **~ a trovare qu** jdn besuchen (kommen); **~ incontro a qu** jdm entgegenkommen; **~ avanti** nähertreten; **~ dentro/dietro/dopo** herein-/hinterher-/nachkommen; **~ fuori/su/giù** heraus-/herunter-/heraufkommen; **far ~** (*causare*) verursachen ❷ (*giungere*) (an)kommen; **~ a sapere** erfahren ❸ (*sopraggiungere*) **mi viene in mente qc** mir fällt etw ein; **mi è venuta un'idea** mir ist eine Idee gekommen; **mi sta venendo il raffreddore** ich bekomme einen Schnupfen; **mi viene da ridere** ich muss lachen ❹ (*provenire*) **~ da** kommen aus ❺ (*costare*) **quanto viene?** was macht das?; **viene 50 euro** es kostet 50 Euro

ventaglio [ven'taʎʎo] <-gli> *m* Fächer *m*

ventata [ven'ta:ta] *f* Windstoß *m*

venti ['venti] *num* zwanzig

ventiquattr'ore [ventikuat'tro:re] *f* kleiner Reisekoffer

vento ['vɛnto] *m* Wind *m;* **c'è ~** es ist windig

ventosa [ven'to:sa] *f* Saugnapf *m*

ventre ['vɛntre] *m* Bauch *m*

venturo, -a [ven'tu:ro] *agg* kommende(r, s)

vera ['ve:ra] *f* Ehering *m*

veramente [vera'mente] *avv* wirklich

veranda [ve'randa] *f* Veranda *f*

verbale [ver'ba:le] **I.** *agg* verbal **II.** *m* (ADM) Protokoll *n*

verbena [ver'bɛ:na] *f* Eisenkraut *n*

verbo ['vɛrbo] *m* Verb *n*

verde ['verde] **I.** *agg* grün; (*fig a*) unreif **II.** *m* Grün *n;* **essere al ~** (*fam fig*) blank sein **III.** *mf* (POL) Grüne(r) *f(m)*

verdetto [ver'detto] *m* Urteilsspruch *m*

verdura [ver'du:ra] *f* Gemüse *n*

vergine ['verdʒine] **I.** *f* Jungfrau *f;* **sono della Vergine** (ASTR) ich bin Jungfrau **II.** *agg* unberührt; (*fig a*) rein

vergogna [ver'goɲɲa] *f* ❶ (*pudore*) Scham *f* ❷ (*disonore*) Schande *f;* **vergognarsi** [vergoɲ'ɲarsi] *vr* sich schämen

verifica [ve'ri:fika] <-che> *f* Überprüfung *f;* **verificare** [verifi'ka:re] *vt* nachprüfen

verità [veri'ta] <-> *f* Wahrheit *f*

verme ['vɛrme] *m* Wurm *m;* **~ solitario** Bandwurm *m*

vermicelli [vermi'tʃɛlli] *mpl etwas dickere Spaghetti*

vermiglio, -a <-gli, -glie> *agg* leuchtendrot

vermut ['vɛrmut] <-> *m* Wermut *m*

vernaccia [ver'nattʃa] <-cce> *f bernsteinfarbener Wein aus Toskana und Sardinien*

vernice [ver'ni:tʃe] *f* ① (*tinta*) Farbe *f;* (*lacca*) Lack *m;* ~ **fresca!** frisch gestrichen! ② (*pelle*) Lackleder *n*

vero ['ve:ro] *m* Wahre(s) *n;* **a dire il** ~ um die Wahrheit zu sagen

vero, -a *agg* ① (*gener*) wahr; ~**?** stimmt's?; **non è** ~**?** ist es nicht so?; **fosse** ~**!** wenn's nur wahr wäre!; **lo sai, non è** ~**?** du weißt es, nicht wahr? ② (*genuino*) echt ③ (*persona*) aufrichtig ④ (*reale*) wirklich; **è incredibile, ma** ~ es ist nicht zu glauben, aber wahr

verosimile [vero'si:mile] *agg* wahrscheinlich

versamento [versa'mento] *m* ① (COM) Einzahlung *f* ② (MED) Erguss *m*

versare [ver'sa:re] **I.** *vt* ① (*liquido*) (ein)gießen; ~ **da bere** einschenken ② (*sangue, lacrime*) vergießen ③ (*somma*) einzahlen, erlegen *A* **II.** *vi* sich befinden, sein

versetto [ver'setto] *m* (REL) Vers *m*

versione [ver'sio:ne] *f* ① (*traduzione*) Übersetzung *f* ② (*narrazione*) Darstellung *f*

verso[1] ['vɛrso] *prp* ① (*direzione*) nach +*dat* ② (*tempo*) gegen +*acc;* ~ **sera** gegen Abend ③ (*dalle parti di*) an +*dat,* bei +*dat;* **abita** ~ **la periferia** er wohnt am Stadtrand ④ (*di età*) auf +*acc* (… zu) ⑤ (*nei confronti di*) zu +*dat*

verso[2] *m* ① (LIT) Vers *m* ② (ZOO) Ruf *m* ③ (*parte, direzione*) Richtung *f;* **per un** ~ **o per un altro** auf die eine oder die andere Art

vertebra ['vɛrtebra] *f* Wirbel *m;* **vertebrale** [verte'bra:le] *agg* **colonna** ~ Wirbelsäule *f*

vertenza [ver'tɛntsa] *f* Streit *m*

verticale [verti'ka:le] **I.** *agg* senkrecht **II.** *f* Vertikale *f*

vertigine [ver'ti:dʒine] *f* Schwindel(gefühl *n*) *m;* **ho le -i** mir ist schwindlig

verza ['verdza] *f* Wirsing *m*

vescica [veʃ'ʃi:ka] <-che> *f* (ANAT) Blase *f*

vescovo ['veskovo] *m* Bischof *m*

vespa ['vɛspa] *f* Wespe *f*

Vespa® ['vɛspa] *f* Vespa® *f*

vestaglia [ves'taʎʎa] <-glie> *f* Hausrock *m*

veste ['vɛste] *f* Kleidung *f;* (*abito solenne*) Gewand *n;* **in** ~ **di** als, in der Eigenschaft von

vestiario [ves'tia:rio] <-i> *m* Garderobe *f*

vestibolo [ves'ti:bolo] *m* Vorhalle *f*

vestire[1] [ves'ti:re] **I.** *vt* anziehen **II.** *vi* sich kleiden; **~ alla moda** sich modisch kleiden **III.** *vr* **-rsi** ❶ (*mettersi le vesti*) sich anziehen ❷ (*indossare*) sich kleiden

vestire[2] *m* Kleidung *f*

vestito [ves'ti:to] *m* Kleidung *f*; (*da donna*) Kleid *n*; (*da uomo*) Anzug *m*; **cambiare ~** sich umziehen

Vesuvio [ve'zu:vio] *m* Vesuv *m*

veterinario, -a [veteri'na:rio] <-i, -ie> *m, f* Tierarzt *m*, -ärztin *f*

vetrata [ve'tra:ta] *f* ❶ (*ampia finestra*) Glasfenster *n* ❷ (*di chiesa*) Kirchenfenster *n*; **vetreria** [vetre'ri:a] <-ie> *f* ❶ (*fabbrica*) Glasfabrik *f* ❷ (*oggetti*) Glaswaren *fpl*

vetrina [ve'tri:na] *f* ❶ (*di negozio*) Schaufenster *n*, Auslage *f A*, *südd* ❷ (*mobile*) Vitrine *f*

vetro ['ve:tro] *m* Glas *n*; (*di finestra*) (Fenster)scheibe *f*

vettura [vet'tu:ra] *f* ❶ (MOT) Wagen *m* ❷ (FERR) Waggon *m*

vezzeggiativo [vettseddʒa'ti:vo] *m* Kosewort *n*

vi [vi] **I.** *pron* ❶ *2. pers pl* euch ❷ (*complemento di termine, forma di cortesia: Vi*) Ihnen; (*complemento oggetto*) Sie **II.** *pron* ❶ *2. pers pl* euch ❷ (*forma di cortesia: Vi*) sich **III.** *pron* daran **IV.** *avv* ❶ (*qui*) hier; (*moto*) her ❷ (*lì*) dort; (*moto*) hin ❸ (*per questo luogo*) hier vorbei

via[1] ['vi:a] <vie> *f* Weg *m*, Gasse *f A*; **~ d'uscita** (*fig*) Ausweg *m*; **per ~ aerea** per Luftpost; **per ~ di** wegen; **in ~ eccezionale** ausnahmsweise

via[2] **I.** *avv* weg; **andare ~** weggehen; **buttare ~** wegwerfen **II.** *int* los; **pronti, per la partenza, ~!** Achtung, fertig, los! **III.** *prp* über +*acc*

viabilità [viabili'ta] <-> *f* ❶ (*transito*) Befahrbarkeit *f* ❷ (*rete stradale*) Straßennetz *n*

Viacard® [via'kard] <-> *f* **tessera ~** *Karte zur bargeldlosen Bezahlung der Autobahngebühren in Italien*

Via Crucis ['vi:a 'kru:tʃis] <Vie Crucis> *f* ❶ (REL) Kreuzweg *m* ❷ (*fig*) Leidensweg *m*

viaggiare [viad'dʒa:re] *vi* reisen; **viaggiatore, -trice** [viaddʒa'to:re] *m, f* Fahrgast *m*; **viaggio** [vi'addʒo] <-ggi> *m* Reise *f*; **~ aereo** Flugreise *f*

viale [vi'a:le] *m* Allee *f*

vibrare [vi'bra:re] **I.** *vt* versetzen **II.** *vi* zittern

vibrazione [vibrat'tsio:ne] *f* Vibration *f*

vicario [vi'ka:rio] <-i> *m* Vi-

V

kar *m*
vice ['vi:tʃe] <-> *mf* Stellvertreter(in) *m(f)*
vice- [vitʃe] (*in parole composte*) Vize-
vicenda [vi'tʃɛnda] *f* Ereignis *n;* **a ~** gegenseitig
viceversa [vitʃe'vɛrsa] **I.** *avv* umgekehrt **II.** *cong* (*fam: e invece*) aber
vicinanza [vitʃi'nantsa] *f* Nähe *f;* **vicinato** [vitʃi'na:to] *m* Nachbarschaft *f*
vicino [vi'tʃi:no] *avv* in der Nähe; **~ a** in der Nähe von +*dat;* **guardare qc da ~** etw aus der Nähe betrachten
vicino, -a I. *agg* ❶ (*gener*) nahe (liegend); **un parente ~** ein naher Verwandter; **abitano nella casa -a** sie wohnen im Haus nebenan ❷ (*di tempo*) nah(e); **gli esami sono -i** die Prüfungen stehen bevor; **è ~ ai sessant'anni** er geht auf die Sechzig zu ❸ (*fig*) nahe; (*somigliante*) ähnlich; **sentirsi ~ a qu** (*fig*) sich jdm nahe fühlen **II.** *m, f* Nachbar(in) *m(f)*
vicolo ['vi:kolo] *m* Gasse *f*
video ['vi:deo] <-> *m* Video *n*
video- [video] (*in parole composte*) Video-; **videocamera** [video'ka:mera] *f* Videokamera *f;* **videocassetta** [videokas'setta] *f* Videokassette *f*
videofonino [videofo'ni:no] *m* Videohandy *n;* **videogioco** [video'dʒɔ:ko] *m* Videospiel *n;* **videoregistratore** [videoredʒistra'to:re] *m* Videorecorder *m;* **videoscrittura** [videoskrit'tu:ra] *f* (INFORM) **sistema di ~** Textverarbeitungssystem *n;* **videosistema** [videosis'tɛ:ma] *m* ❶ (*registrazione*) Videosystem *n* ❷ (INFORM) **~ di scrittura** Bildschirmtextsystem *n;* **videoteca** [video'tɛ:ka] <-che> *f* Videothek *f*
Videotel® [video'tɛl] <-> *m* Bildschirmtext *m*
Vienna ['viɛnna] *f* Wien *n*
vietare [vie'ta:re] *vt* verbieten; (**è**) **vietato fumare** Rauchen verboten
Vietnam [viet'nam] *m* **il ~** Vietnam *n*
vigilanza [vidʒi'lantsa] *f* Überwachung *f*
vigilare [vidʒi'la:re] **I.** *vt* überwachen **II.** *vi* wachen; **vigile** ['vi:dʒile] **I.** *agg* wachsam **II.** *mf* Polizist *m,* Wachmann *m A;* **-i del fuoco** Feuerwehr *f*
vigilia [vi'dʒi:lia] <-ie> *f* Vortag *m*
vigliacco, -a [viʎ'ʎakko] <-chi, -che> *m, f* Feigling *m*
vigna ['viɲɲa] *f* Weinberg *m;* **vigneto** [viɲ'ɲe:to] *m* Weinberg *m*
vignetta [viɲ'ɲetta] *f* Karikatur *f*
vigore [vi'go:re] *m* Kraft *f*

vile ['vi:le] **I.** *agg* gemein **II.** *mf* gemeiner Mensch

villa ['villa] *f* Villa *f*

villaggio [vil'laddʒo] <-ggi> *m* Dorf *n*

villeggiare [villed'dʒa:re] *vi* Urlaub machen; **villeggiatura** [villeddʒa'tu:ra] *f* (Sommer)urlaub *m*

villetta [vil'letta] *f* Haus *n* mit Garten; ~ **a schiera** Reihenhaus *n*

villino [vil'li:no] *m* kleine Villa

villoso, -a [vil'lo:so] *agg* behaart

viltà [vil'ta] <-> *f* Gemeinheit *f*

vimine ['vi:mine] *m* **mobili di -i** Korbmöbel *npl*

vincere ['vintʃere] <irr> **I.** *vt* ❶ (*guerra, gara, elezioni*) gewinnen; (*nemico*) besiegen ❷ (*fig: difficoltà, ostacolo*) überwinden **II.** *vi* siegen **III.** *vr* **-rsi** sich überwinden

vincita ['vintʃita] *f* ❶ (*vittoria*) Sieg *m* ❷ (COM) Gewinn *m;* **vincitore, -trice** [vintʃi'to:re] *m, f* Gewinner(in) *m(f);* (MIL, SPORT) Sieger(in) *m(f)*

vinicolo, -a [vi'ni:kolo] *agg* Weinbau-

vino ['vi:no] *m* Wein *m;* ~ **bianco/rosso** Weiß-/Rotwein *m;* ~ **rosato** Rosé(wein) *m*

viola[1] [vi'ɔ:la] *f* ❶ (BOT) Veilchen *n;* ~ **del pensiero** Stiefmütterchen *n* ❷ (MUS) Viola *f*

viola[2] <inv> *agg* veilchenblau

violaceo, -a [vio'la:tʃeo] *agg* violett

violare [vio'la:re] *vt* ❶ (*legge*) verletzen; (*promessa, fedeltà*) brechen ❷ (*chiesa*) entweihen

violentare [violen'ta:re] *vt* (*a fig*) vergewaltigen

violento, -a [vio'lɛnto] *agg* ❶ (*persona*) gewalttätig ❷ (*fig*) heftig; **violenza** [vio'lɛntsa] *f* ❶ (*brutalità*) Gewalt *f* ❷ (*fig*) Heftigkeit *f*

violetto, -a *agg* violett

violino [vio'li:no] *m* Geige *f*

violoncello [violon'tʃɛllo] *m* Cello *n*

vipera ['vi:pera] *f* Viper *f*

virare [vi'ra:re] **I.** *vt* wenden **II.** *vi* abdrehen

virgola ['virgola] *f* Komma *n,* Beistrich *m A;* **virgolette** [virgo'lette] *fpl* Anführungszeichen *npl*

virile [vi'ri:le] *agg* männlich; (*fig*) mannhaft

virtù [vir'tu] <-> *f* Tugend *f;* (*fig*) Kraft *f;* **in ~ di** kraft *+gen*

virtuale [virtu'a:le] *agg* ❶ (*ipotetico*) potentiell ❷ (INFORM) virtuell; **spazio ~** virtueller Raum

virus ['vi:rus] <-> *m* Virus *m o n*

viscere[1] ['viʃʃere] *m* (ANAT) inneres Organ

viscere[2] *fpl* ❶ (ZOO) Eingeweide *npl* ❷ (*fig*) Innere(s) *n*

vischio ['viskio] <-schi> *m* Mistel *f*

V

visibile [vi'zi:bile] *agg* sichtbar
visibilità [vizibili'ta] <-> *f* Sicht *f*
visiera [vi'ziɛ:ra] *f* (*di berretto*) Schirm *m*
visione [vi'zio:ne] *f* ❶ (*atto, capacità del vedere*) Sehen *n* ❷ (*apparizione*) Erscheinung *f* ❸ (FILM) Vorführung *f*
visita ['vi:zita] *f* ❶ (*gener*) Besuch *m*; **far ~ a qu** jdn besuchen ❷ (*di città, museo*) Besichtigung *f* ❸ (MED) Untersuchung *f*; **visitare** [vizi'ta:re] *vt* ❶ (*gener*) besuchen ❷ (*città, museo*) besichtigen ❸ (MED) untersuchen; **visitatore, -trice** [vizita'to:re] *m, f* Besucher(in) *m(f)*
visivo, -a [vi'zi:vo] *agg* visuell
viso ['vi:zo] *m* Gesicht *n*
visone [vi'zo:ne] *m* Nerz *m*
vista ['vista] *f* Sicht *f*; **a ~ d'occhio** soweit das Auge reicht; **conoscere qu di ~** jdn vom Sehen kennen; **in ~ di** in Hinblick auf *+acc*; **dal mio punto di ~** (*fig*) aus meiner Sicht
visto ['visto] *m* (*permesso*) Visum *n*
visto, -a *agg* gesehen; **essere ben/mal ~** gern/ungern gesehen sein; **mai ~** einmalig
vistoso, -a [vis'to:so] *agg* auffällig
visualizzare [vizualid'dza:re] *vt* graphisch darstellen; (*fig*) veranschaulichen; (**comando**) **visualizza** (*computer*) Ansicht *f*
vita ['vi:ta] *f* ❶ (BIOL) Leben *n* ❷ (ANAT) Taille *f*
vitale [vi'ta:le] *agg* lebenswichtig
vitalizio [vita'littsio] <-i> *m* Rente *f* auf Lebenszeit
vitamina [vita'mi:na] *f* Vitamin *n*
vite ['vi:te] *f* ❶ (BOT) Weinrebe *f* ❷ (TEC) Schraube *f*
vitello [vi'tɛllo] *m* ❶ (ZOO) Kalb *n* ❷ (GASTR) Kalbfleisch *n* ❸ (*pelle*) Kalbsleder *n*
viticoltore, -trice [vitikol'to:re] *m, f* Winzer(in) *m(f)*; **viticoltura** [vitikol'tu:ra] *f* Weinbau *m*
vittima ['vittima] *f* Opfer *n*
vitto ['vitto] *m* Kost *f*, Verpflegung *f*
vittoria [vit'tɔ:ria] <-ie> *f* Sieg *m*
vittorioso, -a [vitto'rio:so] *agg* siegreich
viva ['vi:va] *int* es lebe
vivace [vi'va:tʃe] *agg* lebhaft, resch *A, südd*
vivanda [vi'vanda] *f* Speise *f*
vivente [vi'vɛnte] *agg* lebend
vivere[1] ['vi:vere] <irr> **I.** *vi essere* leben; **~ in campagna/città/all'estero** auf dem Land/in der Stadt/im Ausland leben **II.** *vt* leben; (*passare*) erleben
vivere[2] *m* Leben *n*
viveri ['vi:veri] *mpl* Lebensmittel *npl*

vivisezione [viviset'tsio:ne] *f* Vivisektion *f*

vivo ['vi:vo] *m* **dal** ~ naturgetreu; **trasmissione dal** ~ Live-Übertragung *f*

vivo, -a *agg* ❶ (*vivente*) lebend; **farsi** ~ sich melden ❷ (*nelle lettere*) **vivissimi auguri** (aller)herzlichste Glückwünsche

viziare [vit'tsia:re] *vt* verwöhnen

vizio ['vittsio] <-i> *m* Laster *n*; **vizioso, -a** [vit'tsio:so] *agg* ❶ (*persone, atti*) lasterhaft ❷ (*errato*) fehlerhaft; **circolo** ~ Teufelskreis *m*

vocabolario [vokabo'la:rio] <-i> *m* ❶ (*dizionario*) Wörterbuch *n* ❷ (*lessico*) Wortschatz *m*; **vocabolo** [vo'ka:bolo] *m* Wort *n*

vocazione [vokat'tsio:ne] *f* Berufung *f*; (*fig*) Veranlagung *f*

voce ['vo:tʃe] *f* ❶ (*gener,* MUS) Stimme *f*; **a bassa** ~ leise ❷ (*forma grammaticale*) Form *f*

vogare [vo'ga:re] *vi* rudern

voglia ['vɔʎʎa] <-glie> *f* ❶ (*desiderio*) Lust *f*; **aver** ~ **di fare qc** Lust haben etw zu tun ❷ (*fam: macchia della pelle*) Leberfleck *m*

voi ['vo:i] *pron* ❶ *2. pers pl* (*soggetto*) ihr; (*oggetto*) euch; (*con preposizione*) euch, eurer ❷ (*forma di cortesia: Voi*) Sie; (*oggetto*) Ihnen; (*con preposizione*) Sie, Ihnen, Ihrer; **voialtri** [vo'ialtri] *pron* ihr, ihr einerseits

volano [vo'la:no] *m* (SPORT) Federball *m*

volante [vo'lante] **I.** *agg* fliegend **II.** *f* (*polizia*) mobiles Einsatzkommando **III.** *m* Lenkrad *n*

volare [vo'la:re] *vi essere o avere* ❶ (*nell'aria*) fliegen ❷ (*fig: tempo*) verfliegen; **volata** [vo'la:ta] *f* ❶ (*fam: corsa veloce*) schnelle Fahrt ❷ (SPORT) (End)spurt *m*

vol-au-vent [vɔlo'vã] <-> *m* ≈ (Königin)pastete *f*

volenteroso, -a [volente'ro:so] *agg* (bereit)willig

volentieri [volen'tiɛ:ri] *avv* gern(e)

volere[1] [vo'le:re] <irr> **I.** *vt* wollen; (*desiderare*) wünschen; (*gradire*) mögen; **come/quando vuoi** wie/wann du willst; **ti vogliono al telefono** du wirst am Telefon verlangt; **quanto ci vuole per andare a Monaco?** wie lange braucht man bis München?; ~ **dire** bedeuten; ~ **bene a qu** jdn gern haben **II.** *vr* **-rsi bene** sich gern haben

volere[2] *m* Wille *m*

Volga ['vɔlga] *m o f* Wolga *f*

volgare [vol'ga:re] *agg* Volks-; (*pej*) vulgär; **volgarità** [volgari'ta] <-> *f* Vulgarität *f*

volgere ['vɔldʒere] <irr> **I.** *vt* ❶ (*dirigere*) wenden ❷ (*volta-*

V

re) zukehren **II.** *vi* ❶ (*strada*) ~ **a destra/sinistra** nach rechts/links abbiegen ❷ (*avvicinarsi*) sich nähern **III.** *vr* **-rsi verso qu** sich jdm zuwenden

volo ['vo:lo] *m* Flug *m;* **al** ~ im Nu

volontà [volon'ta] <-> *f* Wille *m*

volontario, -a [volon'ta:rio] <-i, -ie> **I.** *agg* freiwillig; (ANAT) willkürlich **II.** *m, f* Volontär(in) *m(f)*

volpe ['volpe] *f* Fuchs *m*

volt [vɔlt] <-> *m* Volt *n*

volta ['vɔlta] *f* ❶ (*momento, circostanza*) Mal *n;* **una** ~ einmal; **una** ~ **tanto** ab und zu; **una** ~ **per tutte** ein für allemal; **un'altra** ~ ein andermal; **un po' alla** ~ nach und nach; **uno per** ~ jeweils einer ❷ (ARCH) Gewölbe *n*

voltare [vol'ta:re] **I.** *vt* wenden; ~ **pagina** umblättern; ~ **le spalle a qu** jdm den Rücken (zu)kehren **II.** *vi* abbiegen; ~ **a destra/sinistra** nach rechts/links abbiegen **III.** *vr* **-rsi** sich umdrehen

volto ['volto] *m* Gesicht *n*

volubile [vo'lu:bile] *agg* unbeständig

volume [vo'lu:me] *m* ❶ (*fig* COM) Umfang *m* ❷ (*libro*) Band *m* ❸ (RADIO, TV) Lautstärke *f*

voluminoso, -a [volumi'no:so] *agg* umfangreich

voluttà [volut'ta] <-> *f* Sinnlichkeit *f*

vomitare [vomi'ta:re] **I.** *vt* (er)brechen **II.** *vi* sich übergeben; **vomito** ['vɔ:mito] *m* (Er)brechen *n*

vongola ['voŋgola] *f* Venusmuschel *f*

vorace [vo'ra:tʃe] *agg* gefräßig

vortice ['vɔrtitʃe] *m* Wirbel *m*

vostro ['vɔstro] *m* **il** ~ das Eur(ig)e; (*forma di cortesia: Vostro*) das Ihr(ig)e; **i -i** die Euren *geh;* (*forma di cortesia: Vostro*) die Ihren *geh*

vostro, -a **I.** *agg* euer; (*forma di cortesia: Vostro*) Ihr **II.** *pron* **il** ~**, la -a** eure(r, s); (*forma di cortesia: Vostro*) Ihre(r, s)

votare [vo'ta:re] **I.** *vt* abstimmen über +*acc* **II.** *vi* stimmen **III.** *vr* **-rsi** (REL) sich weihen; **votazione** [votat'tsio:ne] *f* Abstimmung *f*

voto ['vo:to] *m* ❶ (REL) Gelöbnis *n* ❷ (JUR) Stimme *f;* **diritto di** ~ Wahlrecht *n* ❸ (*nell'insegnamento*) Note *f*

vs., Vs. *abbr di* **vostro** ihr(e), Ihr(e)

vu cumprà [vukum'pra] <-> *mf* (*scherz o pej*) *fliegende(r) Händler(in), meist nordafrikanischer Herkunft*

vulcanico, -a [vul'ka:niko] <-ci, -che> *agg* vulkanisch

vulcano [vul'ka:no] *m* Vulkan *m*

vuotare [vuo'ta:re] **I.** *vt* (aus)leeren **II.** *vr* **-rsi** sich leeren

vuoto ['vuɔ:to] *m* ❶ (PHYS) Vakuum *n* ❷ (*recipiente*) Leergut *n;* ~ **a perdere** Einwegflasche *f*
vuoto, -a *agg* leer

W

W, w [vu d'doppia] <-> *f* W, w *n*
W *abbr di* **watt** W
walkman ['wɔ:kmən] <-> *m* Walkman *m*
watt [vat] <-> *m* Watt *n*
website <-> *m* (INFORM) Web-Site *f*
weekend [wi:'kɛnd] <-> *m* Wochenende *n*
whisky ['wiski] <-> *m* Whisky *m*
windsurf ['windsə:f] <-> *m* Surfbrett *n*
word processing [wə:d 'prousesiŋ] <-> *m* (INFORM) Textverarbeitung *f*
workstation ['wə:k'steiʃən] <-> *f* (INFORM) Workstation *f*
WWF [vu'vuɛffe] *m abbr di* **World Wildlife Fund** WWF *m*
WWW [vu:vu'vu] *m abbr di* **World Wide Web** WWW *n*

X

X, x [iks] <-> *f* X, x *n*
xenofobo, -a [kse'nɔ:fobo] *agg* ausländerfeindlich
xilofono [ksi'lɔ:fono] *m* Xylophon *n*

Y

Y, y ['ipsilon] <-> *f* Y, y *n*
yacht [jɔt] <-> *m* Jacht *f*
yoga ['jo:ga] <-> *m* Yoga *m o n*
yogurt ['iɔ:gurt] <-> *m* Jog(h)urt *n;* **yogurtiera** [iogur'tie:ra] *f* Jog(h)urtbereiter *m*
ypsilon ['ipsilon] <-> *f o m v.* **ipsilon**

Z

Z, z ['dzɛ:ta] <-> *f* Z, z *n*
zabaione [dzaba'io:ne] *m* *Schaumcreme aus Ei, Zucker und Marsala*
zafferano [dzaffe'ra:no] *m* Safran *m*
zaffiro [dzaf'fi:ro] *m* Saphir *m*

W X Y Z

Zagabria [dza'ga:bria] *f* Zagreb *n*
zaino ['dza:ino] *m* Rucksack *m*
zampa ['tsampa] *f* Pfote *f;* **a quattro -e** auf allen vieren; **giù le -e!** Pfoten weg!
zanna ['tsanna] *f* Stoßzahn *m*
zanzara [dzan'dza:ra] *f* (Stech)mücke *f,* Gelse *f A*
zappa ['tsappa] *f* Hacke *f;* **zappare** [tsap'pa:re] *vt* hacken
zapping ['zæpiŋ] <-> *m* **fare lo ~** zappen
zattera ['tsattera] *f* Floß *n*
zebra ['dzɛ:bra] *f* Zebra *n*
zecca ['tsekka] <-cche> *f* ❶ (*officina di conio*) Münzstätte *f* ❷ (ZOO) Zecke *f,* Zeck *m A, südd*
zelo ['dzɛ:lo] *m* Eifer *m*
zenzero ['dzendzero] *m* Ingwer *m*
zeppo, -a ['tseppo] *agg* (*fam*) **~ di** voll gestopft mit
zerbino [dzer'bi:no] *m* Fußabtreter *m*
zero ['dzɛ:ro] *num* null
zeta ['dzɛ:ta] <-> *f v.* **Z, z**
zia ['tsi:a] <zie> *f* Tante *f*
zigomo ['dzi:goma] *m* Jochbogen *m*
zigzag [dzig'dzag] <-> *m* Zickzack *m*
zinco ['tsiŋko] *m* Zink *n*
zingaro, -a ['tsiŋgaro] *m, f* Zigeuner(in) *m(f)*
zio ['tsi:o] <zii> *m* ❶ (*uomo*) Onkel *m* ❷ *pl* (*zio e zia*) Onkel und Tante
zippare [dzip'pa:re] *vt* (INFORM) zippen
zitto, -a ['tsitto] *agg* still
zoccolo ['tsɔkkolo] *m* ❶ (*calzatura*) Holzschuh *m* ❷ (ZOO) Huf *m*
zodiaco [dzo'di:ako] <-ci> *m* Tierkreis *m;* **i segni dello ~** die Tierkreiszeichen *npl*
zolfo ['tsolfo] *m* Schwefel *m*
zolletta [dzol'letta] *f* Würfelchen *n*
zona ['dzɔ:na] *f* ❶ (*striscia*) Streifen *m* ❷ (*regione*) Gebiet *n* ❸ (ADM: *rione*) Stadtbezirk *m;* **~ disco** (AUTO) blaue Zone; **~ pedonale** Fußgängerzone *f*
zoo ['dzɔ:o] <-> *m* Zoo *m*
zoppo, -a ['tsɔppo] *m, f* Hinkende(r) *f(m)*
zucca ['tsukka] <-cche> *f* Kürbis *m*
zuccheriera [tsukke'riɛ:ra] *f* Zuckerdose *f*
zuccherino [tsukke'ri:no] *m* Zuckerstück *n,* Zuckerl *n A, südd;* (*fig*) Trostpflaster *n*
zucchero ['tsukkero] *m* Zucker *m*
zucchina [tsuk'ki:na] *f,* **zucchino** [tsuk'ki:no] *m* Zucchino *m;* **-e** (GASTR) Zucchini *mpl*
zumare [dzu'ma:re] **I.** *vi* (FILM, TV) zoomen; **~ su un particolare** ein Detail zoomen **II.** *vt* (FILM, TV, FOTO) heranzoomen

zuppa ['tsuppa] *f* (GASTR) Suppe *f*; ~ **inglese** *Süßspeise aus verschiedenen Cremeschichten und mit Likör getränkten Biskuitböden;* **zuppiera** [tsup'piɛ:ra] *f* Suppenschüssel *f*
Zurigo [dzu'ri:go] *m* Zürich *n*

A

A, a [aː] <-, -(s)> *n* ❶ (*Buchstabe*) A, a *f* ❷ (MUS) la *m*
Aal [aːl] <-(e)s, -e> *m* anguilla *f*
Aargau ['aːɐ̯gaʊ] *m* Argovia *f*
Aas [aːs] <-es, -e> *n* carogna *f*
ab [ap] **I.** *prp +dat* ❶ (*räumlich*) da ❷ (*zeitlich*) (a partire) da; **von jetzt** ~ d'ora in poi **II.** *adv* ❶ (*weg*) lontano ❷ (*Wend*) ~ **und zu** ogni tanto
ab|ändern *vt* modificare
Abbau *m* ❶ (MIN) estrazione *f* ❷ (*von Preisen, Personal*) riduzione *f*
ab|bauen *vt* ❶ (MIN) estrarre ❷ (*Bestände, Lohn*) ridurre
ab|bezahlen *vt* (*in Raten*) pagare a rate
ab|biegen <irr> *vi sein* svoltare
Abbildung *f* illustrazione *f*
ab|brechen <irr> *vt* ❶ (*Zweig, Stiel*) spezzare; (*Gebäude*) demolire ❷ (*fig: Verhandlungen, Beziehungen*) rompere
Abc [a(ː)be(ː)'tseː] <-, -> *n* abbiccì *m*
ab|drehen *vt* (*Wasser, Gas*) chiudere; (*Licht, Radio*) spegnere
Abdruck <-(e)s, -drücke> *m* (*Finger~*) impronta *f* digitale; (*Gips~*) copia *f*
Abend ['aːbənt] <-s, -e> *m* sera *f*; (*Veranstaltung*) serata *f*; **am** ~ di sera; **heute** ~ stasera; **Abendessen** *n* cena *f*; **Abendkleid** *n* abito *m* da sera
abends *adv* di sera
Abenteuer ['aːbəntɔɪɐ] <-s, -> *n* avventura *f*
abenteuerlich *adj* (*gefährlich*) avventuroso
aber ['aːbɐ] *konj* ❶ (*Gegensatz*) ma ❷ (*Einschränkung*) però ❸ (*Verstärkung*) ma; ~ **nein!** ma no!
Aberglaube *m* superstizione *f*
ab|fahren <irr> *vi sein* (*wegfahren*) partire
Abfall *m* (*Reste*) residuo *m*; (*radioaktiver ~*) scoria *f*; (*Küchen~*) immondizie *fpl*; **Abfallbeseitigung** *f* eliminazione *f* dei rifiuti; **Abfalleimer** *m* pattumiera *f*
abfällig *adj* (*Urteil*) sfavorevole; (*Bemerkung*) sprezzante
Abfallstoffe *mpl* rifiuti *mpl*; **Abfalltrennung** *f* raccolta *f* differenziata; **Abfallverwertung** *f* riciclaggio *m* dei rifiuti
ab|fertigen *vt* ❶ (*Post*) spedire; (*zollamtlich*) ispezionare ❷ (*fam: unfreundlich behandeln*) scaricare
Abfertigung *f* ❶ (*Versand*) spedizione *f*; (*zollamtlich*) visita *f* ❷ (*A: Abfindung*) indennizzo *m*
ab|finden <irr> *vr* **sich mit jdm/etw** ~ rassegnarsi a qu/qc
Abfindung <-, -en> *f* indenniz-

zo *m*

Abflug *m* (AERO) decollo *m*

Abfluss *m* (*Vorgang*) deflusso *m*; (*Öffnung*) scarico *m*

ab|führen *vt* ❶ (*Gefangene*) condurre via ❷ (*Steuern*) pagare

Abführmittel *n* lassativo *m*

Abgabe *f* ❶ (*Ablieferung*) consegna *f* ❷ (*Steuern*) imposte *fpl*; **abgabenfrei** *adj* esente da tasse; **abgabenpflichtig** *adj* tassabile

Abgas *n* gas *m* di scarico

ab|geben <irr> **I.** *vt* ❶ (*Brief*) consegnare ❷ (*Erklärung*) rilasciare; (*Stimme*) dare **II.** *vr* **sich mit jdm/etw ~** occuparsi di qu/qc

abgefahren *adj* (*sl*) pazzesco

abgelaufen *adj* scaduto

abgelegen *adj* isolato

abgemacht *adj* concordato, convenuto

Abgeordnete ['apgəʔɔrdnətə] <ein -r, -n, -n> *mf* delegato, -a *m, f*; (POL) deputato, -a *m, f*

abgesehen *adv* **~ von** a prescindere da; **davon ~** a parte questo

ab|gewöhnen *vt* **jdm etw ~** far perdere a qu l'abitudine di qc; **sich** *dat* **das Rauchen ~** levarsi il vizio di fumare

Abgrund *m* abisso *m*

ab|haken *vt* segnare; (*in einer Liste*) spuntare; (*fig: als erledigt ansehen*) considerare una faccenda sbrigata

ab|halten <irr> *vt* ❶ (*hindern*) impedire; **jdn von der Arbeit ~** distogliere qu dal lavoro ❷ (*Versammlung*) tenere; (*Unterricht*) fare

Abhang *m* pendio *m*

ab|hängen¹ <irr> *vi* (**von jdm/etw**) ~ dipendere (da qu/qc)

ab|hängen² *vt* ❶ (*herunternehmen*) staccare ❷ (FERR, MOT) sganciare

abhängig *adj* dipendente; **Abhängigkeit** <-> *f* dipendenza *f*

ab|heben <irr> **I.** *vt* ❶ (*Hörer*) staccare; (*Spielkarten*) alzare ❷ (*Geld*) prelevare **II.** *vi* (AERO) decollare

Abhilfe <-> *f* rimedio *m*

ab|holen *vt* (*Person*) andare a prendere; (*Gegenstand*) ritirare

ab|hören *vt* ❶ (*aufsagen lassen*) far dire ❷ (TEL, RADIO) intercettare

Abitur [abi'tu:ɐ̯] *n* esame *m* di maturità

ab|kaufen *vt* (*kaufen*) acquistare

ab|klingen <irr> *vi sein* ❶ (*Lärm*) smorzarsi ❷ (*fig: Fieber*) calare

ab|kommen <irr> *vi sein* (*abweichen*) deviare; **vom Weg ~** allontanarsi dalla strada; **vom Thema ~** deviare dall'argomento

Abkommen <-s, -> *n* accordo

m; (POL) convenzione *f*

ab|kühlen I. *vt* far raffreddare II. *vr* **sich** ~ raffreddarsi; (*Wetter*) rinfrescare

ab|kürzen *vt* accorciare; (*Wort*) abbreviare

Abkürzung *f* (*Wort*) abbreviazione *f;* (*Weg*) scorciatoia *f*

ab|laden <irr> *vt* scaricare

Ablage *f* (*allg*) deposito *m;* (*für Akten*) archivio *m*

ab|lassen <irr> *vt* (*Flüssigkeit*) far defluire; (*Gas*) scaricare

Ablauf *m* ❶ (*von Ereignissen*) (de)corso *m* ❷ (*von Frist*) scadenza *f*

ab|laufen <irr> *vi sein* ❶ (*abfließen*) defluire ❷ (*Frist, Vertrag*) scadere

ab|legen *vt* ❶ (*Gegenstand*) deporre; (*Kleider, Gewohnheit*) togliersi; (*Brief, Akten*) classificare ❷ (*Prüfung*) sostenere; (*Zeugnis, Eid*) prestare

ab|lehnen *vt* rifiutare; (*Antrag, Person*) respingere

ab|lenken *vt* (*zerstreuen*) distrarre; (*Gedanken, Aufmerksamkeit*) distogliere

Ablenkung *f* distrazione *f*

ab|liefern *vt* consegnare

Abmachung <-, -en> *f* accordo *m*

ab|melden I. *vt* (*Zeitung, Telefon*) disdire II. *vr* **sich** ~ (*allg*) congedarsi

ab|messen <irr> *vt* misurare

Abnahme ['apna:mə] <-, -n> *f* ❶ (*Verringerung*) diminuzione *f* ❷ (COM) acquisto *m*

ab|nehmen <irr> I. *vi* ❶ (*kleiner werden*) diminuire; (*schwächer werden*) indebolirsi ❷ (*an Gewicht*) dimagrire II. *vt* ❶ (*Bild, Hörer*) staccare; (*Hut, Brille, Verband*) togliere ❷ (*prüfen*) controllare

Abneigung *f* avversione *f*

abnormal *adj* anormale

ab|nutzen *vt* consumare

Abonnement [abɔnə'mɑ̃:] <-s, -s> *n* abbonamento *m*

ab|putzen *vt* pulire

ab|raten <irr> *vi* **jdm von etw** ~ sconsigliare qc a qu

ab|räumen *vt* ❶ (*Sachen*) sgombrare ❷ (*Tisch*) sparecchiare

Abrechnung *f* ❶ (*Rechnungsabschluss*) liquidazione *f;* (*Bilanz*) conto *m* ❷ (*fig: Vergeltung*) resa *f* dei conti

Abreise *f* partenza *f*

ab|reißen <irr> I. *vi sein* ❶ (*Knopf, Faden*) strapparsi ❷ (*Verbindung, Kontakt*) interrompersi II. *vt* ❶ (*Plakat, Blatt*) strappare ❷ (*Gebäude*) abbattere

Abrüstung *f* disarmo *m*

Abruzzen [a'brʊtsən] *pl* Abruzzi *mpl*

Absage ['apza:gə] <-, -n> *f* rifiuto *m*

ab|sagen **I.** *vi* scusarsi di non poter venire **II.** *vt* disdire

Absatz *m* ❶ (TYP) paragrafo *m;* (JUR) capoverso *m* ❷ (*Schuh~*) tacco *m* ❸ (COM: *Verkauf*) smercio *m*

ab|schaffen *vt* abolire; (*Gesetz*) abrogare; (*Dinge*) eliminare

ab|schalten **I.** *vt* (*Radio, Motor*) spegnere **II.** *vi* (*fam*) distrarsi

ab|schicken *vt* spedire

ab|schieben <irr> *vt* (*Flüchtlinge*) espellere

Abschied ['apʃi:t] <-(e)s, -e> *m* addio *m;* **von jdm ~ nehmen** congedarsi da qu

ab|schießen <irr> *vt* ❶ (*Schuss*) sparare; (*Geschoss*) tirare ❷ (*Flugzeug, Vogel*) abbattere

Abschleppdienst *m* (AUTO) autosoccorso *m*

ab|schleppen *vt* rimorchiare

ab|schließen <irr> *vt* ❶ (*zuschließen*) chiudere a chiave ❷ (*beenden*) terminare; (*Geschäft, Vertrag*) concludere

Abschluss *m* (*Ende*) termine *m;* (*Geschäfts~, Vertrags~*) conclusione *f;* **Abschlussprüfung** *f* esame *m* finale

ab|schneiden <irr> **I.** *vt* (*schneiden*) tagliare **II.** *vi* **schlecht/gut ~** avere un cattivo/buon risultato

Abschnitt *m* ❶ (*Teilstück*) (ri)taglio *m* ❷ (*Zeit~*) epoca *f;* (*Lebens~*) periodo *m*

ab|schrecken *vt* (*zurückschrecken lassen*) intimidire; **sich durch nichts ~ lassen** non lasciarsi scoraggiare da nulla

ab|schreiben <irr> *vt* ❶ (*Text*) copiare ❷ (*fig: nicht mehr rechnen mit*) considerare perduto

ab|schwächen *vt* attenuare

ab|sehen <irr> *vi* (*verzichten*) rinunciare; **abgesehen von ...** a prescindere da ...

abseits ['apzaɪts] **I.** *prp +gen* lontano da **II.** *adv* in disparte

ab|senden <irr> *vt* spedire

Absender *m* mittente *mf*

Absicht <-, -en> *f* intenzione *f;* (*Ziel*) scopo *m;* **absichtlich** *adj* intenzionale

absolut [apzo'lu:t] *adj* assoluto

ab|sperren *vt* ❶ (*A, südd: Tür, Zimmer*) chiudere a chiave ❷ (*Straße*) sbarrare

ab|sprechen <irr> *vt* (*verabreden*) accordarsi

ab|spülen *vt* (*Geschirr*) lavare

ab|stammen *vi* discendere

Abstand *m* (*räumlich, fig*) distanza *f;* (*zeitlich*) intervallo *m*

ab|steigen <irr> *vi* *sein* ❶ (*heruntersteigen*) scendere ❷ (SPORT) retrocedere

ab|stellen *vt* ❶ (*hinstellen*) posare; (*Fahrzeug*) parcheggiare ❷ (*Wasser, Gas*) chiudere; (*Radio, Motor*) spegnere

ab|stimmen **I.** *vi* **über etw** *acc*

~ votare qc **II.** *vt* **etw mit jdm ~** concordare qc con qu
Abstimmung *f* votazione *f*
ab|stoßen <irr> *vt* (*anwidern*) ripugnare
abstrakt *adj* astratto
ab|streiten <irr> *vt* negare
Absturz *m* ❶ (*Sturz*) caduta *f* ❷ (INFORM) crash *m*
absurd *adj* assurdo
Abteil [ap'taɪl] *n* scompartimento *m*
Abteilung *f* reparto *m;* (ADM) dipartimento *m*
ab|törnen *vi* (*sl*) far passare la voglia a qc *fam*
Abtreibung <-, -en> *f* aborto *m*
ab|trennen *vt* (*loslösen*) staccare
ab|treten <irr> **I.** *vt* (*überlassen*) cedere **II.** *vi sein* (*von Amt*) dimettersi
ab|trocknen *vt* asciugare
abwärts ['apvɛrts] *adv* (in) giù
abwärtsfahren *vi* scendere
ab|waschen <irr> *vt, vi* lavare
Abwasser <-s, -wässer> *n* acqua *f* di scarico
abwechselnd *adv* a turno
ab|weichen <irr> *vi sein* deviare; (*Meinungen*) divergere
ab|weisen <irr> *vt* ❶ (*zurückweisen*) rifiutare ❷ (*Bitte, Forderungen*) rigettare; **abweisend** *adj* brusco
ab|wenden <irr> **I.** *vt* (*Blick, Gedanken*) distogliere **II.** *vr* **sich** (**von etw**) ~ allontanarsi (da qc); **abwertend** *adj* spregevole
abwesend ['apve:zənt] *adj* assente
Abwesenheit *f* assenza *f*
abzüglich *prp +gen* detratto
Abzweigung <-, -en> *f* diramazione *f*
Achse ['aksə] <-, -n> *f* asse *m*
Achsel ['aksəl] <-, -n> *f* spalla *f*
acht [axt] *num* otto; **heute in ~ Tagen** oggi a otto
Achtel ['axtəl] <-s, -> *n* ottavo *m*
achten ['axtən] **I.** *vi* **auf jdn/etw ~** badare a qu/qc *+conj* **II.** *vt* (*schätzen*) stimare
achtens ['axtəns] *adv* (in) ottavo (luogo)
Achterbahn *f* montagne *fpl* russe
achte(**r, s**) *adj* ottavo, -a; (*bei Datumsangaben*) otto; **im ~n Stock** all'ottavo piano
achtfach *adj* ottuplo; **achthundert** *num* ottocento; **achtmal** *adv* otto volte
Achtung ['axtʊŋ] <-> *f* ❶ (*Hochschätzung*) stima *f;* (*Respekt*) rispetto *m* ❷ (*Aufmerksamkeit*) **~!** attenzione!
achtzehn *num* diciotto
achtzig *num* ottanta
Acker ['akɐ] <-s, Äcker> *m* campo *m* (coltivato)
addieren [a'di:rən] *vt* addiziona-

re

Ad(e)lige <ein -r, -n, -n> *mf* nobile *mf*

Ader ['a:dɐ] <-, -n> *f* (*Blutgefäß, Veranlagung*) vena *f*

Adler ['a:dlɐ] <-s, -> *m* aquila *f*

adoptieren [adɔp'ti:rən] *vt* adottare; **Adoptivkind** *n* figlio, -a *m, f* adottivo, -a

Adresse [a'drɛsə] <-, -n> *f* indirizzo *m*

Adria ['a:dria] *f* (mare *m*) Adriatico *m*

Affäre [a'fɛ:rə] <-, -n> *f* ❶ (*Angelegenheit*) faccenda *f* ❷ (*Liebschaft*) relazione *f* amorosa

Affe ['afə] <-n, -n> *m* scimmia *f*

Afrika ['a:frika] *n* Africa *f*

AG [a:'ge:] <-, -s> *f abk v* **Aktiengesellschaft** S.p.A.

Agentur [agɛn'tu:ɐ] <-, -en> *f* agenzia *f*

aggressiv [agrɛ'si:f] *adj* aggressivo

Ägypten [ɛ'gʏptən] *n* Egitto *m*

aha [a'ha(:)] *int* ah, ecco!

ähnlich ['ɛ:nlɪç] *adj* ❶ (*teilweise übereinstimmend*) simile ❷ (*ähnelnd*) somigliante; **jdm ~ sehen** assomigliare a qu

Ähnlichkeit <-, -en> *f* (ras)somiglianza *f*

Ahnung <-, -en> *f* ❶ (*Vorgefühl*) presentimento *m* ❷ (*Vorstellung*) idea *f*

Aids [ɛɪdz] <-> *n* (MED) Aids *m*

Akademiker(in) [aka'de:mikɐ] <-s, -; -, -nen> *m(f)* laureato, -a *m, f*

Akkordarbeit *f* lavoro *m* a cottimo

Akt [akt] <-(e)s, -e> *m* ❶ (*Handlung,* THEAT) atto *m* ❷ (KUNST) nudo *m*

Akte ['aktə] <-, -n> *f* atto *m*; **Aktentasche** *f* cartella *f*

Aktie ['ak͜tsi̯ə] <-, -n> *f* azione *f*; **Aktiengesellschaft** *f* società *f* per azioni

Aktion [ak'͜tsio:n] <-, -en> *f* ❶ (*Handlung,* MIL) azione *f* ❷ (*bes CH: Sonderangebot*) offerta *f* speciale

aktiv *adj* attivo

aktuell [ak'tu̯ɛl] *adj* attuale

Akzent [ak'͜tsɛnt] <-(e)s, -e> *m* accento *m*

akzeptieren [ak͜tsɛp'ti:rən] *vt* accettare

Alarm [a'larm] <-(e)s, -e> *m* allarme *m*

Albanien [al'ba:niən] *n* Albania *f*

albern ['albɐn] *adj* sciocco

Albtraum ['albtraʊm] *m* incubo *m*

Album ['albʊm] <-s, Alben> *n* album *m*

Alge ['algə] <-, -n> *f* alga *f*

Algerien [al'ge:riən] *n* Algeria *f*

Alkohol ['alkoho:l] <-s, -e> *m* alcol *m*

Alkoholiker(in) [alko'ho:likɐ]

<-s, -; -, -nen> *m(f)* alcolizzato, -a *m, f*

Allee [a'le:] <-, -n> *f* viale *m* (alberato)

allein [a'laɪn] **I.** <inv> *adj* solo; (*ohne Hilfe, selbst*) da solo; (*einsam*) solitario; ~ **stehend** (*Haus*) isolato; (*ohne Familie*) solo **II.** *adv* (*nur*) solo

allerdings ['alɐ'dɪŋs] *adv* ❶ (*einschränkend*) però ❷ (*bekräftigend*) ma certo

allergisch *adj* allergico

alle(r, s) ['alə] *pron pl* tutti, -e *m, f;* ~ **zwei Wochen** ogni quindici giorni; ~ **beide** entrambi; ~ **fünf/zehn** tutti e cinque/dieci; **das** ~**s** tutto questo; **vor** ~**m** soprattutto; ~**s Gute!** buona fortuna!

Allgäu ['algɔɪ] *n* Algovia *f*

allgemein ['algə'maɪn] **I.** *adj* generale; (*Wahlrecht, Bestimmung*) universale; **im Allgemeinen** in generale **II.** *adv* generalmente; ~ **verbreitet** comunemente diffuso; ~ **verständlich** comprensibile a tutti; **Allgemeinheit** <-> *f* comunità *f*

Alltag *m* vita *f* quotidiana

Alm [alm] <-, -en> *f* pascolo *m* montano

Alpen ['alpən] *pl* Alpi *fpl*

Alphabet [alfa'be:t] <-(e)s, -e> *n* alfabeto *m*

alphabetisch *adj* alfabetico

als [als] *konj* ❶ (*Eigenschaft*) come; ~ **Kind** da bambino; ~ **Geschenk** in regalo ❷ (*Vergleich*) di; **mein Bruder ist größer** ~ **ich** mio fratello è più alto di me; **mehr breit** ~ **lang** più largo che lungo ❸ (*gleichzeitig*) quando; (*vorzeitig*) dopo che ❹ (*modal*) ~ **ob** come se +*conj;* **so tun,** ~ **ob man ...** far finta di +*inf*

also ['alzo] *konj* ❶ (*folglich*) dunque ❷ (*als Füllwort*) allora; ~ **gut** va bene; **na** ~**!** vedi!

alt [alt] <älter, älteste> *adj* ❶ (*nicht jung*) vecchio; **20 Jahre** ~ **werden/sein** compiere/avere vent'anni; **mein älterer Bruder** il mio fratello maggiore ❷ (*nicht modern*) antico; (*ehemalig*) di una volta

Altar [al'ta:ɐ] <-(e)s, Altäre> *m* altare *m*

Altenpflege <-> *f* assistenza *f* agli anziani

Alter ['altɐ] <-s, -> *n* età *f;* (*hohes* ~) vecchiaia *f*

altern *vi sein* invecchiare

alternativ *adj* alternativo

Alternative [altɛrna'ti:və] <-, -n> *f* alternativa *f*

Altersheim *n* ospizio *m*

Altertum ['altɐtu:m] <-s> *n* antichità *f*

Altglas <-(e)s> *n* vetro *m* usato; **altmodisch** *adj* fuori moda; **Altpapier** *n* carta *f* riciclabile; **Altstadt** *f* centro *m* storico

Alufolie <-, -n> *f* foglio *m* d'al-

luminio
Aluminium [alu'mi:ni̯ʊm] <-s> *n* alluminio *m*
am [am] = **an dem** (*Wend*) ~ **Abend** di sera
Amateur(in) [ama'tø:ɐ] <-s, -e; -, -nen> *m(f)* dilettante *mf*
Ameise ['a:maɪzə] <-, -n> *f* formica *f*
Amerika [a'me:rika] <-s> *n* America *f*
amerikanisch *adj* americano; (*in Bezug auf USA*) statunitense
Ampel ['ampəl] <-, -n> *f* semaforo *m*
amputieren [ampu'ti:rən] *vt* amputare
Amsel ['amzəl] <-, -n> *f* merlo *m*
Amt [amt] <-(e)s, Ämter> *n* ❶ (*Stellung*) carica *f*; (*~spflicht*) ufficio *m* ❷ (*Behörde*) ufficio *m*
amtlich *adj* ufficiale
Amulett [amu'lɛt] <-(e)s, -e> *n* amuleto *m*
amüsieren [amy'zi:rən] *vr* **sich** ~ divertirsi
an [an] **I.** *prp +dat/acc* ❶ (*räumlich*) a; (*auf*) su; **am Feuer** vicino al fuoco; **am Tisch sitzen** sedere a tavola ❷ (*zeitlich*) a, di; **am 1. Oktober** il primo ottobre; **am Samstag** sabato **II.** *adv* ❶ (*ungefähr*) ~ **die 100** circa cento ❷ (*beginnend*) **von jetzt** ~ d'ora in poi; **von morgen** ~ a partire da domani
Analyse [ana'ly:zə] <-, -n> *f* analisi *f*
Ananas ['ananas] <-, -> *f* ananas *m*
Anatomie [anato'mi:] <-, -n> *f* anatomia *f*
Anbau *m* ❶ (*Gebäude*) fabbricato *m* aggiunto ❷ (AGR) coltivazione *f*
an|bauen *vt* ❶ (ARCH: *hinzubauen*) aggiungere ❷ (AGR: *Getreide*) coltivare
an|beten *vt* adorare
an|bieten <irr> *vt* offrire; (*vorschlagen*) proporre
an|binden <irr> *vt* legare; **kurz angebunden sein** (*fig*) essere brusco e laconico
Anblick *m* vista *f*
an|brennen <irr> *vi sein* (*Speisen*) attaccarsi
an|bringen <irr> *vt* (*befestigen*) fissare
an|dauern *vi* perdurare; **andauernd I.** *adj* continuo **II.** *adv* di continuo
Andenken <-s, -> *n* ricordino *m*
andere(r, s) ['andərə] **I.** *adj* ❶ (*verschieden*) altro, -a ❷ (*folgend*) dopo **II.** *pron* altro; **alles ~ als ...** tutt'altro che ...; **unter ~m** tra l'altro
and(e)rerseits *adv* d'altra parte; **einerseits ..., ~ ...** da una parte ..., dall'altra ...
ändern ['ɛndɐn] *vt* cambiare

(*ab*~) modificare

anders ['andɐs] *adv* ❶(*auf andere Weise*) in altro modo; (*unterschiedlich*) diversamente; ~ **ausgedrückt** in altre parole ❷(*sonst*) altro; **jemand** ~ qualcun altro; **anderswo** ['andɐs'vo:] *adv* altrove

Änderung <-, -en> *f* cambiamento *m;* (*Ab*~) modifica *f*

Andeutung <-, -en> *f* (ac)cenno *m;* (*Anspielung*) allusione *f*

aneinander [anʔaɪ'nandɐ] *adv* l'uno all'altro; (*räumlich*) l'uno accanto all'altro

Anerkennung <-, -en> *f* riconoscimento *m;* (*Zustimmung*) approvazione *f*

an|fahren <irr> **I.** *vt* ❶(*anstoßen, Fahrzeug*) urtare contro; (*Fußgänger*) investire ❷(*fig: zurechtweisen*) sgridare **II.** *vi sein* (*losfahren*) partire

Anfall *m* (MED) attacco *m;* (*fig*) accesso *m*

Anfang ['anfaŋ] <-(e)s, Anfänge> *m* inizio *m;* ~ **Mai** ai primi di maggio; **von** ~ **an** fin dal principio

an|fangen <irr> *vt, vi* (in)cominciare, iniziare; **ich kann nichts damit** ~ non so che farmene

Anfänger(in) ['anfɛŋɐ] <-s, -; -, -nen> *m(f)* principiante *mf*

an|fassen *vt* (*berühren*) toccare

an|fertigen *vt* fare; (*Waren*) fabbricare

Anflug *m* ❶(AERO) arrivo *m* ❷(*fig: Hauch*) ombra *f*

an|fordern *vt* richiedere

Anfrage *f* domanda *f*

an|freunden *vr* **sich mit jdm** ~ diventare amico di qu

an|führen *vt* ❶(*führen*) guidare ❷(*fig: zitieren*) citare; (*Grund*) addurre; (*Beispiel*) dare

Anführer(in) *m(f)* capo *m*

Angabe *f* (*Hinweis*) indicazione *f;* (*Auskunft*) informazione *f*

an|geben <irr> **I.** *vt* (*Preis*) indicare; (*Namen*) dare; (*Gründe*) addurre **II.** *vi* (*fam: prahlen*) darsi delle arie

Angebot *n* offerta *f*

an|gehen <irr> *vt* ❶(*betreffen*) riguardare; **was mich angeht** quanto a me ❷(*anpacken: Problem*) affrontare

Angehörige <ein -r, -n, -n> *mf* parente *mf*

Angeklagte <ein -r, -n, -n> *mf* accusato, -a *m, f*

Angel ['aŋəl] <-, -n> *f* ❶(~*rute*) canna *f* da pesca ❷(*Tür*~) cardine *m*

Angelegenheit *f* faccenda *f*

angeln ['aŋəln] *vi, vt* pescare con l'amo; ~ **gehen** andare a pesca

angemessen *adj* adeguato

angenehm ['angəne:m] *adj* piacevole; (*Mensch*) simpatico

angenommen *konj* ~**, dass ...** supposto che +*conj*

angesehen *adj* stimato

Angestellte ['angəʃtɛltə] <ein -r, -n, -n> *mf* impiegato, -a *m, f*

Angewohnheit *f* abitudine *f*

an|greifen <irr> *vt* ❶ (*allg, fig* SPORT) attaccare ❷ (*schwächen*) indebolire; (*ermüden*) affaticare

Angriff *m* attacco *m*

Angst [aŋst] <-, Ängste> *f* paura *f;* (*Sorge*) ansia *f*

ängstlich *adj* ❶ (*furchtsam*) pauroso ❷ (*besorgt*) ansioso

an|haben <irr> *vt* (*Kleidungsstück*) indossare

an|halten <irr> **I.** *vi* ❶ (*stehen bleiben*) fermarsi ❷ (*andauern*) (per)durare **II.** *vt* ❶ (*stoppen*) fermare; (*Atem*) trattenere ❷ (*ermahnen*) esortare

Anhalter(in) <-s, -; -, -nen> *m(f)* autostoppista *mf;* **per ~ fahren** fare l'autostop

Anhang *m* appendice *f*

an|hängen *vt* ❶ (*an etw hängen*) appendere; (AUTO, FERR) agganciare ❷ (*hinzufügen*) aggiungere

Anhänger <-s, -> *m* ❶ (*Schmuck*) pendaglio *m* ❷ (AUTO) rimorchio *m*

Anhänger(in) <-s, -; -, -nen> *m(f)* sostenitore, -trice *m, f*

an|heben <irr> *vt* ❶ (*hochheben*) sollevare ❷ (*erhöhen*) rialzare

Anhöhe *f* altura *f*

Animateur(in) [anima'tøːɐ] <-s, -e; -, -nen> *m(f)* animatore, -trice *m, f*

Anker ['aŋkɐ] <-s, -> *m* (NAUT) ancora *f*

Anklage *f* accusa *f*

an|klopfen *vi* bussare

an|kommen <irr> *vi sein* ❶ (*eintreffen*) arrivare ❷ (*fig: Anklang finden*) incontrare favore ❸ (*abhängen*) **auf etw** *acc* ~ dipendere da qc

an|kündigen *vt* annunciare

Ankunft ['ankʊnft] <-> *f* arrivo *m*

Anlage *f* ❶ (*Bau*) costruzione *f;* (*Park*) giardini *mpl* ❷ (FIN) investimento *m*

Anlass ['anlas] <-es, Anlässe> *m* ❶ (*Grund*) ragione *f;* (*Beweggrund*) motivo *m* ❷ (*Gelegenheit*) occasione *f*

anlässlich ['anlɛslɪç] *prp +gen* in occasione di

Anlauf *m* ❶ (SPORT) rincorsa *f* ❷ (*fig: Versuch*) tentativo *m*

an|legen **I.** *vt* ❶ (*Lineal, Maßstab*) mettere; (*Leiter*) appoggiare ❷ (*Garten*) impiantare; (*Kartei*) costituire; (*Akte*) aprire **II.** *vi* (NAUT) approdare **III.** *vr* **sich mit jdm ~** attaccare briga con qu

an|lehnen **I.** *vt* (*Gegenstand*) appoggiare; (*Tür, Fenster*) accostare **II.** *vr* **sich** (**an etw** *acc*) ~ appoggiarsi (a qc)

Anleitung *f* (*Unterweisung*) istruzione *f*

Anliegen <-s, -> *n* (*Wunsch*) desiderio *m;* (*Bitte*) richiesta *f*

an|machen *vt* ❶ (*fam: einschalten*) accendere ❷ (*fam: erregen*) invogliare

an|melden *vt* ❶ (*ankündigen*) annunciare ❷ (*Radio, Auto*) far registrare; (*bei Schule, Kurs*) iscrivere

Anmeldung *f* ❶ (*an der Schule, Uni*) iscrizione *f* ❷ (ADM) notifica *f*

an|merken *vt* ❶ (*schriftlich*) annotare; (*mündlich*) osservare ❷ (*spüren*) **jdm etw ~** leggere qc in faccia a qu; **sich** *dat* **nichts ~ lassen** non far vedere nulla

Annahme ['anna:mə] <-, -n> *f* (*Vermutung*) supposizione *f*

an|nehmen <irr> *vt* ❶ (*Angebot, Einladung*) accettare; (*Kind, Namen*) adottare; (*Antrag*) accogliere ❷ (*vermuten*) supporre

Annonce [a'nõ:sə] <-, -n> *f* annuncio *m*

anonym [ano'ny:m] *adj* anonimo

an|ordnen *vt* ❶ (*ordnen*) disporre ❷ (*befehlen*) ordinare

an|passen **I.** *vt* adattare **II.** *vr* **sich** (**an jdn/etw**) **~** adattarsi (a qu/qc)

an|probieren *vt* provare

an|rechnen *vt* (*berechnen*) mettere in conto; (*gutschreiben*) accreditare

Anrede <-, -n> *f* titolo *m*

an|regen *vt* ❶ (*Fantasie*) eccitare ❷ (*ermuntern*) **jdn zu etw ~** indurre qu a (fare) qc

Anreise *f* arrivo *m*

Anreiz *m* impulso *m*

an|richten *vt* ❶ (*Speise*) preparare; (*Platte*) guarnire ❷ (*fig: verursachen*) causare

Anruf *m* chiamata *f;* **Anrufbeantworter** <-s, -> *m* segreteria *f* telefonica

an|rufen <irr> *vt* (TEL) telefonare (a qu)

Ansage ['anza:gə] <-, -n> *f* annuncio *m*

an|sagen *vt* annunciare; **jdm den Kampf ~** dichiarare guerra a qu

Ansammlung *f* accumulo *m;* (*von Menschen*) assembramento *m*

Ansatz *m* (*Beginn*) inizio *m;* (*Anzeichen*) accenno *m*

an|schaffen *vt* acquistare

Anschauung <-, -en> *f* (*Meinung*) opinione *f;* (*Auffassung*) concezione *f*

anscheinend *adv* a quanto pare

Anschlag *m* (*Attentat*) attentato *m*

an|schließen <irr> **I.** *vt* (TEC) collegare **II.** *vr* **sich ~** associarsi; **anschließend** **I.** *adj* successivo; (*räumlich*) adiacente **II.** *adv* (*danach*) in seguito

Anschluss *m* ❶ (*Wasser, Gas, Telefon*) allacciamento *m;* (TEC, TEL) collegamento *m;* (FERR) coincidenza *f* ❷ (*fig*) **im ~ an** *+acc* in seguito a

an|schnallen *vr* **sich ~** allacciarsi la cintura (di sicurezza)

an|schneiden <irr> *vt* ❶ (*Brot, Braten*) incominciare a tagliare ❷ (*Frage*) intavolare; (*Thema*) toccare

Anschrift *f* indirizzo *m*

an|sehen <irr> *vt* ❶ (*anblicken*) guardare ❷ (*halten für*) considerare

an|setzen *vt* ❶ (*veranschlagen*) preventivare; (*vorausberechnen*) calcolare; (*festsetzen*) fissare ❷ (*bilden*) **Fett ~** ingrassare

Ansicht *f* (*Meinung*) opinione *f;* **meiner ~ nach** a mio avviso; **Ansichtskarte** *f* cartolina *f*

Anspannung *f* sforzo *m*

an|spielen *vi* **auf etw** *acc* **~** alludere a qc

Anspielung <-, -en> *f* allusione *f*

Ansprache *f* discorso *m*

an|sprechen <irr> *vt* ❶ (*erwähnen*) trattare; (*reden mit*) rivolgere la parola (a) ❷ (*gefallen*) piacere (a); **ansprechend** *adj* piacevole, attraente

Anspruch *m* ❶ (*Anrecht*) diritto *m* ❷ (*Forderung*) pretesa *f;* **etw in ~ nehmen** servirsi di qc; **anspruchslos** *adj* modesto; **anspruchsvoll** *adj* esigente

Anstalt ['anʃtalt] <-, -en> *f* (*Institut*) istituto *m;* (*Heil~*) sanatorio *m;* (*Irren~*) manicomio *m*

Anstand ['anʃtant] <-(e)s> *m* (*gutes Benehmen*) educazione *f*

anständig ['anʃtɛndɪç] *adj* ❶ (*Mensch, Benehmen*) educato ❷ (*fam: zufriedenstellend*) discreto; (*beträchtlich*) considerevole

an|starren *vt* guardare fisso

anstatt [an'ʃtat] *prp +gen* invece di

ansteckend *adj* contagioso

an|steigen <irr> *vi sein* ❶ (*Straße, Wasser, Temperatur*) salire ❷ (*fig: zunehmen*) aumentare

an|stellen **I.** *vt* ❶ (*einschalten: Gerät*) accendere ❷ (*beschäftigen*) impiegare **II.** *vr* **sich ~** ❶ (*Schlange stehen*) fare la coda ❷ (*fam: sich verhalten*) comportarsi

Anstellung *f* impiego *m*

Anstieg ['anʃti:k] <-(e)s, -e> *m* ❶ (*Aufstieg, Steigung*) salita *f* ❷ (*fig: Erhöhung, Zunahme*) aumento *m*

an|stoßen <irr> *vi, vt* ❶ *sein* (*prallen*) urtare ❷ (*mit Gläsern*) brindare

anstreben *vt* aspirare a

an|streichen <irr> *vt* ❶ (*mit Farbe*) verniciare ❷ (*kennzeichnen*) segnare

an|strengen *vr* **sich** ~ sforzarsi; **anstrengend** *adj* faticoso

Anstrengung <-, -en> *f* sforzo *m*

Antarktis [ant'ʔarktɪs] *f* Antartide *f*

Anteil *m* parte *f;* (COM) partecipazione *f;* **an etw** *dat* ~ **nehmen** prender parte a qc; (*Mitgefühl haben*) partecipare a qc

Antenne [an'tɛnə] <-, -n> *f* antenna *f*

Antike <-, -n> *f* antichità *f*

Antilope [anti'lo:pə] <-, -n> *f* antilope *f*

Antiquität [antikvi'tɛ:t] <-, -en> *f* antichità *f;* **Antiquitätenhändler(in)** *m(f)* antiquario, -a *m, f*

Antisemitismus [antizemi'tɪsmʊs] <-> *m* antisemitismo *m*

Antrag ['antra:k] <-(e)s, Anträge> *m* ❶ (*Gesuch*) domanda *f;* (*Formular*) modulo *m* (di domanda) ❷ (*Heirats~*) proposta *f* (di matrimonio)

an|treffen <irr> *vt* trovare

an|treiben <irr> *vt* ❶ (*vorwärtstreiben*) incitare ❷ (*fig: veranlassen*) **jdn zu etw** ~ indurre qu a (fare) qc

an|treten <irr> *vt* (*Amt*) assumere; (*Strafe*) cominciare a scontare; (*Erbschaft*) adire

Antrieb *m* ❶ (TEC) forza *f* motrice; (MOT, NAUT, AERO) propulsione *f* ❷ (*fig*) impulso *m;* **aus eigenem** ~ di propria iniziativa

an|tun <irr> *vt* fare

Antwort ['antvɔrt] <-, -en> *f* risposta *f*

antworten *vi* rispondere

an|vertrauen **I.** *vt* affidare **II.** *vr* **sich jdm** ~ confidarsi con qu

Anwalt ['anvalt] <-(e)s, Anwälte> *m,* **Anwältin** ['anvɛltɪn] <-, -nen> *f* avvocato, -essa *m, f*

Anweisung <-, -en> *f* ❶ (*Anordnung*) disposizione *f;* **auf** ~ **von** su ordine di ❷ (*Bank~*) ordine *m* di pagamento; (*Post~*) vaglia *m*

an|wenden <irr> *vt* ❶ (*verwenden*) usare; (*Mittel, Gewalt*) impiegare ❷ (*Gesetz, Prinzip*) applicare

Anwendung <-, -en> *f* applicazione *f*

anwesend ['anve:zənt] *adj* presente

Anwesenheit <-> *f* presenza *f*

an|widern *vt* ripugnare

Anzahl <-> *f* (*Gesamtzahl*) numero *m;* (*Menge*) quantità *f*

Anzahlung *f* acconto *m*

Anzeige <-, -n> *f* ❶ (JUR) denuncia *f* ❷ (*Zeitungs~*) inserzione *f*

an|zeigen *vt* ❶ (JUR) denunciare ❷ (*Temperatur, Verbrauch, Geschwindigkeit*) indicare

an|ziehen <irr> **I.** *vt* ❶ (*Kleidung*) mettere ❷ (*Schraube, Bremse*) serrare **II.** *vr* **sich** ~

vestirsi; **anziehend** *adj* attraente
Anzug *m* (*Kleidung*) vestito *m*
an|zünden *vt* accendere; (*in Brand stecken*) incendiare
Aostatal *n* Val *f* d'Aosta
Apennin [apɛ'ni:n] *m* Appennino *m;* **die ~en** gli Appennini
Aperitif <-s, -s> *m* aperitivo *m*
Apfel ['apfəl] <-s, Äpfel> *m* mela *f;* **Apfelbaum** *m* melo *m*
Apfelsine [apfəl'zi:nə] <-, -n> *f* arancia *f*
Apotheke [apo'te:kə] <-, -n> *f* farmacia *f*
Apparat [apa'ra:t] <-(e)s, -e> *m* (*allg,* TEL, FOTO) apparecchio *m*
Appenzell *n* (*Stadt*) Appenzell *f;* (*Kanton*) Appenzell *m*
Appetit [ape'ti:t] <-(e)s> *m* appetito *m*
Applaus [a'plaʊs] <-es> *m* applauso *m*
Aprikose [apri'ko:zə] <-, -n> *f* albicocca *f*
April [a'prɪl] <-(s), -e> *m* aprile *m;* **im ~** in aprile
Apulien [a'pu:li̯ən] *n* Puglia *f*
Aquarium <-s, Aquarien> *n* acquario *m*
arabisch *adj* arabo
Arbeit <-, -en> *f* lavoro *m;* (*Beschäftigung*) impiego *m;* (*Werk*) opera *f*
arbeiten *vi* lavorare
Arbeiter(in) <-s, -; -, -nen> *m(f)* ❶ (*allg*) lavoratore, -trice *m, f* ❷ (*Fabrik~, Standesangehöriger*) operaio, -a *m, f*
Arbeitsamt *n* ufficio *m* di collocamento; **Arbeitskollege** *m,* **Arbeitskollegin** *f* collega *mf* (di lavoro)
Arbeitskraft *f* manodopera *f;* **arbeitslos** *adj* disoccupato; **Arbeitslose** <ein -r, -n, -n> *mf* disoccupato, -a *m, f;* **Arbeitslosigkeit** <-> *f* disoccupazione *f;* **Arbeitsmarkt** *m* mercato *m* del lavoro; **Arbeitsplatz** *m* posto *m* di lavoro; **Arbeitszeit** *f* orario *m* di lavoro
archäologisch *adj* archeologico
Architekt(in) [arçi'tɛkt] <-en, -en; -, -nen> *m(f)* architetto *m*
Architektur [arçitɛk'tu:ɐ̯] <-, -en> *f* architettura *f*
Archiv [ar'çi:f] <-s, -e> *n* archivio *m*
Argentinien [argɛn'ti:niən] *n* Argentina *f*
Ärger ['ɛrgɐ] <-s> *m* ❶ (*Zorn*) rabbia *f* ❷ (*Unannehmlichkeiten*) noie *fpl*
ärgerlich *adj* ❶ (*Mensch*) irritato; **auf** [*o* **über**] **jdn/etw ~ sein** essere arrabbiato con qu/per qc ❷ (*Sache*) spiacevole
ärgern ['ɛrgɐn] **I.** *vt* irritare **II.** *vr* **sich über jdn/etw ~** arrabbiarsi con qu/per qc
Argument [argu'mɛnt] <-(e)s, -e> *n* argomento *m*

aristokratisch *adj* aristocratico
Arktis ['arktɪs] <-> *f* Artide *f*
arm [arm] <ärmer, ärmste> *adj* ❶ (*bedürftig*) povero ❷ (*fig: bedauernswert*) misero
Arm [arm] <-(e)s, -e> *m* ❶ braccio *m;* **jdn auf den ~ nehmen** (*fig*) prendere in giro qu ❷ (*eines Flusses*) ramo *m*
Armband *n* braccialetto *m;* **Armbanduhr** *f* orologio *m* da polso
Armee [ar'meː] <-, -n> *f* esercito *m*
Ärmel ['ɛrməl] <-s, -> *m* manica *f*
Armut ['armuːt] <-> *f* povertà *f*
Aroma <-s, Aromen> *n* aroma *m*
arrogant [aro'gant] *adj* arrogante
Arsch <-(e)s, Ärsche> *m* (*vulg*) culo *m;* **leck' mich am ~!** (*vulg*) vaffanculo!
Art [aːɐt] <-, -en> *f* ❶ (*Methode*) modo *m;* **auf diese ~** in questa maniera ❷ (*Wesen*) natura *f;* **das ist sonst nicht ihre ~** non è nel suo carattere ❸ (*Sorte*) sorta *f;* (ZOO, BOT) specie *f*
Arterie [ar'teːriə] <-, -n> *f* arteria *f*
artig ['artɪç] *adj* ubbidiente
Artikel [ar'tiːkəl] <-s, -> *m* articolo *m*
Artischocke [arti'ʃɔkə] <-, -n> *f* carciofo *m*
Arzneimittel *n* medicinale *m*
Arzt [aːɐtst] <-es, Ärzte> *m* medico *m*
Ärztin ['ɛːɐtstɪn] <-, -nen> *f* dottoressa *f*
Arztpraxis *f* studio *m* medico
Asche ['aʃə] <-, -n> *f* cenere *f;* **Aschenbecher** *m* portacenere *m*
Asi *m* (*sl: Asozialer*) asociale *mf*
asiatisch *adj* asiatico
Asien ['aːziən] *n* Asia *f*
asozial *adj* asociale
Aspekt [as'pɛkt] <-(e)s, -e> *m* aspetto *m*
Asphalt [as'falt] <-(e)s, -e> *m* asfalto *m*
Ass [as] <-es, -e> *n* asso *m*
Assistent(in) [asɪs'tɛnt] <-en, -en; -, -nen> *m(f)* assistente *mf*
Ast [ast] <-(e)s, Äste> *m* ramo *m*
ästhetisch *adj* estetico
Astrologie [astrolo'giː] <-> *f* astrologia *f*
Astronomie [astrono'miː] <-> *f* astronomia *f*
Asylant(in) <-en, -en; -, -nen> *m(f)*, **Asylbewerber(in)** *m(f)* persona *f* che chiede asilo (politico)
Atem ['aːtəm] <-s> *m* fiato; **außer ~** senza fiato; **den ~ anhalten** trattenere il respiro; **jdn in ~ halten** tenere (in) sospeso qu; **Atemzug** *m* respiro *m;* **in einem ~** (*fig*) nello stesso mo-

A

mento

Athen [a'te:n] *n* Atene *f*

Äthiopien [ɛti'opiən] *n* Etiopia *f*

athletisch *adj* atletico

Atlantik [at'lantɪk] *m* (oceano *m*) Atlantico *m*

Atlas ['atlas] <-ses, Atlanten> *m* atlante *m*

atmen ['a:tmən] *vi* respirare

Atmosphäre [atmo'sfɛ:rə] *f* atmosfera *f*

Atmung <-> *f* respirazione *f*

Ätna ['ɛ:tna] *m* Etna *m*

Atom [a'to:m] <-s, -e> *n* atomo *m*

Atom- (*in Zusammensetzungen*) atomico

Atombombe *f* bomba *f* atomica; **Atomkraft** <-> *f* energia *f* nucleare; **Atomkraftwerk** *n* centrale *f* nucleare; **Atomkrieg** *m* guerra *f* atomica; **Atomwaffe** *f* arma *f* nucleare; **atomwaffenfrei** *adj* denuclearizzato

Attacke [a'takə] <-, -n> *f* attacco *m*

Attentat ['atənta:t] <-(e)s, -e> *n* attentato *m*

Attest [a'tɛst] <-(e)s, -e> *n* attestato *m*

attraktiv *adj* attraente

aua ['aʊa] *int* aia

Aubergine [obɛr'ʒi:nə] <-, -n> *f* melanzana *f*

auch [aʊx] **I.** *konj* (*unbetont*) anche; **wie dem ~ sei** comunque sia; **wo er ~ sein mag** dovunque sia; **so reich du ~ sein magst** per quanto tu sia ricco; **stimmt das ~ wirklich?** è proprio vero? **II.** *adv* (*betont*) persino; **ich ~** anch'io; **ich ~ nicht** neanch'io; **~ das noch!** ci mancava anche questa!

auf [aʊf] **I.** *prp +dat/acc* ❶ (*örtlich*) sopra, su; **~ dem Boden** per terra; **~ der Post** alla posta; **~ dem Land** in campagna; **~ der Straße** in strada; **~ der ganzen Welt** in tutto il mondo ❷ (*Art und Weise*) in; **~ diese Weise** in questo modo; **~ Deutsch** in tedesco **II.** *adv* ❶ (*hinauf*) su; **~ und ab** su e giù ❷ (*fam: offen*) aperto **III.** *konj* **~ dass ...** affinché *+conj*

Aufbau *m* ❶ (*Tätigkeit*) costruzione *f* ❷ (*fig: Schaffung*) organizzazione *f* ❸ (*Struktur*) struttura *f*

auf|bauen *vt* ❶ (*bauen*) costruire; (TEC) montare; (*aufstellen*) disporre ❷ (*fig: schaffen*) creare

auf|bewahren *vt* conservare; (*lagern*) immagazzinare

auf|blasen <irr> *vt* gonfiare

auf|blicken *vi* sollevare lo sguardo; **zu jdm ~** (*fig*) ammirare qu

auf|blühen *vi sein* ❶ (*Blume*) sbocciare ❷ (*fig: Handel*) fiorire; (*Mensch*) diventar bello

auf|brauchen *vt* consumare

auf|brechen <irr> **I.** *vi sein* ❶ (*Wunde*) aprirsi; (*Knospe*) sbocciare ❷ (*weggehen*) mettersi in cammino; **nach Prag ~** partire per Praga **II.** *vt* forzare

Aufbruch <-(e)s> *m* partenza *f*

auf|drängen **I.** *vt* **jdm etw ~** imporre qc a qu **II.** *vr* **sich (jdm) ~** essere invadente (con qu); (*a fig: Gedanke, Erinnerung*) imporsi (a qu)

aufdringlich *adj* invadente

aufeinander [aʊfʔaɪ'nandɐ] *adv* ❶ (*räumlich*) l'uno sopra l'altro ❷ (*zeitlich*) l'uno dopo l'altro

aufeinanderfolgen *vi* susseguirsi

aufeinanderlegen *vi* sovrapporre

Aufenthalt ['aʊfʔɛnthalt] <-(e)s, -e> *m* ❶ (*Zeit*) soggiorno *m* ❷ (*bei Flug, Zugfahrt*) fermata *f*; **wir haben 5 Minuten ~** ci fermiamo 5 minuti

auf|essen <irr> *vt* **alles ~** mangiare tutto

Auffahrt *f* (*~sstraße*) rampa *f* d'accesso; (*Autobahn~*) raccordo *m* (autostradale)

Auffahrunfall *m* tamponamento *m*

auf|fallen <irr> *vi sein* dare nell'occhio; **das ist mir noch nicht aufgefallen** non me ne sono ancora accorto; **auffallend** *adj* (*auffällig*) appariscente; (*beeindruckend*) impressionante

auffällig *adj* (*Farbe, Kleidung*) vistoso; (*Benehmen*) sorprendente

auf|fassen *vt* (*deuten*) interpretare; (*begreifen*) afferrare

Auffassung *f* parere *m*

auf|fordern *vt* **jdn zum Bleiben/Gehen ~** pregare qu di restare/andare; **jdn ~ etw zu tun** esortare qu a fare qc

Aufführung *f* (THEAT) rappresentazione *f*; (MUS) esecuzione *f*

Aufgabe *f* ❶ (*Pflicht*) dovere *m*; (*Tätigkeit*) funzione *f* ❷ (*Schul~*) compito *m* ❸ (*Verzicht, Beendigung,* SPORT) abbandono *m*; (*Geschäfts~*) cessazione *f* ❹ (*Gepäck~, Post~*) consegna *f*

Aufgang *m* ❶ (ASTR) levata *f* ❷ (*Treppen~*) scala *f*

auf|geben <irr> **I.** *vt* ❶ (*Postsendung*) spedire; (*Inserat*) pubblicare; (*Bestellung*) fare; (*Gepäck*) consegnare ❷ (*verzichten auf*) rinunciare a; (*Hoffnung*) abbandonare; (*Stelle*) dimettersi da; (*Geschäft*) chiudere **II.** *vi* rinunciare; (SPORT) darsi per vinto

auf|gehen <irr> *vi sein* (*Sonne*) levarsi; (*Tür, Fenster*) aprirsi; (*Vorhang*) alzarsi; **in der Arbeit ~** essere tutto dedito al lavoro; **in Flammen ~** andare in fiamme

aufgelegt *adj* **gut/schlecht ~ sein** essere di buon/cattivo umore
aufgeregt *adj* eccitato
aufgeschlossen *adj* aperto
aufgrund [aʊfˈgrʊnt] *prp +gen* a causa di
auf|halten <irr> **I.** *vt* ❶ (*anhalten*) fermare; (*fig: Entwicklung*) frenare ❷ (*stören*) disturbare **II.** *vr* **sich ~** ❶ (*sich befinden*) trovarsi ❷ (*fig: verweilen*) **sich bei** [*o* **mit**] **etw ~** soffermarsi su qc
auf|hängen *vt* ❶ (*hängen*) appendere; **etw an der Decke ~** sospendere qc al soffitto; **die Wäsche ~** stendere la biancheria ❷ (*fam: erhängen*) impiccare
auf|heben <irr> *vt* ❶ (*vom Boden*) raccogliere ❷ (*aufbewahren*) conservare ❸ (*abschaffen*) abolire; (*ungültig machen*) revocare; (*Gesetz*) abrogare
auf|heitern I. *vt* allietare **II.** *vr* **sich ~** rasserenarsi
auf|hetzen *vt* **jdn** (**gegen jdn/etw**) **~** istigare qu (contro qu/qc)
auf|holen *vt* recuperare
auf|hören *vi* smettere; **~ etw zu tun** finire di fare qc
auf|klären *vt* (*Missverständnis*) chiarire; (*Geheimnis, Verbrechen*) fare luce su; **jdn** (**über etw** *acc*) **~** informare qu (su qc)
Aufkleber <-s, -> *m* (auto)adesivo *m*
auf|kommen <irr> *vi sein* ❶ (*Gewitter, Wind*) levarsi ❷ (*Zweifel*) sorgere; **keinen Zweifel ~ lassen** dileguare ogni dubbio ❸ (*zahlen*) pagare; **für jdn ~ müssen** avere qu a carico
auf|laden <irr> *vt* ❶ (*Last, Batterie*) caricare ❷ (*fig: aufbürden*) addossare
Auflage *f* ❶ (*Buch~*) edizione *f*; (*~nhöhe*) tiratura *f* ❷ (*Bedingung*) condizione *f*
auf|lauern *vi* **jdm ~** fare la posta a qu
Auflauf *m* ❶ (*Menschen~*) affollamento *m* ❷ (GASTR) sformato *m*
auf|leben *vi sein* (**wieder**) **~** (*fig*) rinascere; (*Gespräch, Mensch*) rianimarsi
auf|legen *vt* ❶ (*Tischdecke*) mettere; (*Telefonhörer*) riattaccare ❷ (*Buch*) stampare
auf|lehnen *vr* **sich** (**gegen jdn/etw**) **~** ribellarsi (contro qu/a qc)
auf|lösen I. *vt* ❶ (*a in Flüssigkeit*) sciogliere ❷ (*Versammlung, Ehe, Parlament, Rätsel*) sciogliere; (*Geschäft*) liquidare; (*Konto*) chiudere **II.** *vr* **sich ~** sciogliersi; (*Nebel*) dissolversi
auf|machen I. *vt* aprire; (*Flasche*) stappare; (*Verschnürtes*) slacciare **II.** *vr* **sich ~** avviarsi
aufmerksam *adj* ❶ (*konzen-*

triert) attento; **jdn auf etw** *acc* ~ **machen** far notare qc a qu ❷ (*zuvorkommend*) premuroso
auf|muntern *vt* (*aufheitern*) rallegrare
Aufnahme <-, -n> *f* ❶ (*Empfang*) accoglienza *f;* (*Zulassung*) ammissione *f* ❷ (FILM) ripresa *f;* (FOTO) fotografia *f;* **Aufnahmeprüfung** *f* esame *m* d'ammissione
auf|nehmen <irr> *vt* ❶ (*empfangen*) accogliere; (*unterbringen*) ospitare; (*einreihen*) includere; (*in Schule, Verein*) ammettere ❷ (FILM) girare; (FOTO) fotografare
auf|passen *vi* ❶ (*aufmerksam sein*) stare attento; (*Acht geben*) far attenzione ❷ (*beaufsichtigen*) **auf jdn** ~ badare a qu
auf|prallen *vi sein* (**auf etw** *acc*) ~ urtare (contro qc)
auf|räumen **I.** *vi* fare ordine **II.** *vt* (ri)mettere in ordine
aufrecht ['aʊfrɛçt] *adj* ❶ (*gerade aufgerichtet*) d(i)ritto ❷ (*fig: rechtschaffen*) retto
auf|regen *vr* **sich über etw** *acc* ~ agitarsi per qc; (*sich empören*) indignarsi per qc
aufregend *adj* emozionante
Aufregung *f* eccitazione *f*
auf|reißen <irr> *vt* ❶ (*zerreißen*) strappare; (*Fenster, Türen, Augen*) spalancare ❷ (*sl: anmachen*) **jdn** ~ rimorchiare qu
aufrichtig *adj* sincero; **Aufrichtigkeit** <-> *f* sincerità *f*
Aufruf *m* ❶ chiamata *f* ❷ (*Appell*) appello *m*
auf|rufen <irr> *vt* ❶ chiamare ❷ (INFORM) aprire
Aufrüstung *f* riarmo *m*
auf|sammeln *vt* raccogliere
Aufsatz *m* (*Schul~*) tema *m;* (*Abhandlung*) saggio *m*
auf|schieben <irr> *vt* (*verschieben*) rimandare
auf|schlagen <irr> **I.** *vi sein* (*beim Fall*) **auf etw** ~ urtare contro qc **II.** *vt* (*Buch, Augen*) aprire; (*Zelt*) montare
auf|schließen <irr> *vt* (*öffnen*) aprire (con la chiave)
aufschlussreich *adj* istruttivo
Aufschnitt <-(e)s> *m* affettato *m*
auf|schrecken *vi sein* sobbalzare
Aufschrei *m* grido *m* (improvviso)
auf|schreiben <irr> *vt* scrivere; (*notieren*) prendere nota di
Aufschrift *f* iscrizione *f*
Aufschub <-(e)s, -schübe> *m* proroga *f*
Aufschwung *m* (WIRTSCH) ripresa *f*
auf|sehen <irr> *s.* **aufblicken**
Aufsehen <-s> *n* sensazione *f;* ~ **erregend** sensazionale
Aufseher(in) <-s, -; -, -nen> *m(f)* sorvegliante *mf*

A

auf|setzen *vt* (*Brille, Hut*) mettere
Aufsicht *f* sorveglianza *f;* (*poliziliche* ~) vigilanza *f;* **unter ~** sotto controllo
auf|spielen *vr* **sich ~** (*fam*) darsi delle arie
auf|springen <irr> *vi sein* ❶ (*hochspringen*) balzare in piedi ❷ (*sich öffnen: Tür*) aprirsi di scatto
Aufstand *m* insurrezione *f*
auf|stehen <irr> *vi sein* (*sich erheben*) alzarsi
auf|steigen <irr> *vi sein* (*auf Fahrzeug*) salire; (*Flugzeug*) alzarsi in volo; (*beruflich*) far carriera
auf|stellen *vt* ❶ mettere; (*Posten*) appostare ❷ (*Mannschaft*) formare; (*Programm*) formulare; (*Kandidat*) presentare
Aufstellung *f* ❶ (SPORT) formazione *f* ❷ (*von Kandidaten*) presentazione *f*
Aufstieg ['aʊfʃti:k] <-(e)s, -e> *m* ❶ (*Weg*) salita *f;* (*auf Berg*) ascensione *f* ❷ (*fig: Fortschritt*) ascesa *f;* (*beruflich,* SPORT) promozione *f*
auf|suchen *vt* andare a trovare; (*Arzt*) consultare
Auftakt *m* (*fig*) inizio *m*
auf|tanken *vi, vt* (AUTO) fare il pieno
auf|tauchen *vi sein* ❶ (*emportauchen*) emergere ❷ (*fig: Probleme*) affiorare
auf|tauen *vt* disgelare; (*Tiefkühlkost*) scongelare
auf|teilen *vt* ❶ (*einteilen*) (sud)dividere ❷ (*verteilen*) distribuire
Auftrag <-(e)s, Aufträge> *m* ❶ (*Anweisung*) ordine *m;* (*Aufgabe*) incarico *m;* **im ~ von ...** per incarico di ... ❷ (COM: *Bestellung*) ordinazione *f*
auf|tragen <irr> *vt* (*Farbe, Salbe*) applicare
Auftraggeber(in) <-s, -; -, -nen> *m(f)* (COM) committente *mf*
auf|treten <irr> *vi sein* (*erscheinen*) presentarsi; (THEAT) entrare in scena; (*sich benehmen*) comportarsi; (*fig: Krankheit*) comparire
Auftritt *m* (THEAT: *Erscheinen*) entrata *f* in scena; (*Szene*) scena *f*
auf|wachen *vi sein* svegliarsi
Aufwand ['aʊfvant] <-(e)s> *m* ❶ (*Kosten*) spesa *f* ❷ (*Luxus*) lusso *m*
aufwändig *adj* dispendioso
aufwärts ['aʊfvɛrʦ] *adv* verso l'alto; (*a fig*) in su
auf|wecken *vt* svegliare
auf|werten *vt* (FIN) rivalutare
auf|zählen *vt* enumerare
Aufzeichnung *f* ❶ (*Notiz*) annotazione *f* ❷ (RADIO, TV) registrazione *f;* (*keine Live-Sendung*)

trasmissione *f* differita

auf|ziehen <irr> *vt* ❶ (*großziehen*) allevare ❷ (*Uhr*) caricare

Aufzug *m* (*Fahrstuhl*) ascensore *m*

Auge ['aʊgə] <-s, -n> *n* (ANAT) occhio *m;* **ins ~ gehen** (*fig fam*) andare a finir male; **jdm schöne ~n machen** (*fam*) fare l'occhio languido a qu; **jdm die ~n öffnen** (*fig*) aprire gli occhi a qu; **ein ~ zudrücken** (*fig*) chiudere un occhio; **Augenarzt** *m,* **Augenärztin** *f* oculista *mf*

Augenblick *m* istante *m;* **augenblicklich** I. *adj* ❶ (*derzeitig*) attuale ❷ (*sofortig*) istantaneo II. *adv* ❶ (*gegenwärtig*) al momento ❷ (*sofort*) subito

Augenbraue *f* sopracciglio *m*

August [aʊ'gʊst] <-(e)s, -e> *m* agosto *m*

Auktion [aʊk'tsi̯o:n] <-, -en> *f* asta *f* pubblica

aus [aʊs] I. *prp +dat* ❶ (*räumlich*) da; **ich bin ~ Venedig** sono di Venezia; **ich komme ~ Deutschland** vengo dalla Germania ❷ (*zeitlich*) di ❸ (*Beschaffenheit*) di II. *adv* (*fam*) **~ sein** (*zu Ende*) essere finito; (*gelöscht*) essere spento; **auf etw** *acc* **~ sein** mirare a qc; **von hier ~** da qui

Aus <-> *n* (SPORT) fuori campo *m*

aus|arbeiten *vt* elaborare

aus|bessern *vt* riparare; (*flicken*) rattoppare

aus|beuten *vt* sfruttare

aus|bilden *vt* (*Lehrling,* MIL) addestrare; (*beruflich*) formare

Ausbildung *f* ❶ (*beruflich*) formazione *f* professionale; (*Schul-*) istruzione *f* ❷ (*Lehrzeit*) tirocinio *m*

aus|bleiben <irr> *vi sein* ❶ (*nicht eintreten*) non verificarsi ❷ (*fern bleiben*) non venire; **lange ~** rimanere fuori a lungo

Ausblick *m* panorama *m*

aus|brechen <irr> *vi sein* ❶ (*fliehen*) **aus dem Gefängnis ~** evadere di prigione ❷ (*Feuer, Krieg, Krankheit*) scoppiare; (*Vulkan*) erompere; **in Gelächter/Tränen ~** scoppiare a ridere/in lacrime

aus|breiten I. *vt* (*Decke*) stendere; (*Flügel, Waren*) spiegare; (*Arme*) allargare II. *vr* **sich ~** (*Geruch, Rauch*) espandersi; (*Feuer*) propagarsi; (*Krankheit, Nachricht*) diffondersi; (*sich erstrecken*) estendersi

Ausdauer <-> *f* costanza *f;* **ausdauernd** *adj* perseverante

aus|dehnen I. *vt* (*räumlich*) estendere; (*zeitlich*) prolungare II. *vr* **sich ~** estendersi; (*zeitlich*) prolungarsi

aus|denken <irr> *vt* **sich** *dat* **etw ~** (*sich vorstellen*) immaginarsi qc; (*erfinden*) escogitare

A

qc

Ausdruck <-(e)s, -drücke> *m* ❶ (*Bezeichnung*) termine *m* ❷ (*Gesichts~*) espressione *f*

aus|drucken *vt* (TYP, INFORM) stampare

aus|drücken **I.** *vt* ❶ (*Zitrone, Schwamm*) spremere; (*Zigarette*) spegnere (premendo) ❷ (*zum Ausdruck bringen*) esprimere **II.** *vr* **sich ~** esprimersi

ausdrücklich ['aʊsdrʏklɪç] *adj* espresso

auseinander [aʊsʔaɪ'nandɐ] *adv* (*entfernt*) lontani l'uno dall'altro; (*getrennt*) a parte

auseinanderfallen *vi* cadere in pezzi

auseinandergehen *vi* (*sich trennen*) separarsi; (*Meinungen*) divergere

auseinanderhalten *vt* distinguere

auseinandernehmen *vt* (*allgemein*) disfare; (TEC) smontare

auseinandersetzen *vr* occuparsi di qc

auseinanderschreiben *vt* scrivere staccato qc

Auseinandersetzung <-, -en> *f* discussione *f*; (*Streit*) contrasto *m*

Ausfahrt *f* uscita *f*

Ausfall *m* (TEC, MOT) guasto *m*

aus|fallen <irr> *vi sein* (*Veranstaltung*) non aver luogo; (*Haare, Zähne*) cadere; (TEC, MOT) arrestarsi

Ausflug *m* gita *f*

aus|führen *vt* ❶ (*spazieren führen*) portare fuori ❷ (*durchführen*) effettuare; (*Auftrag*) eseguire; (*Plan*) realizzare

ausführlich ['aʊsfy:ɐ̯lɪç] *adj* dettagliato

aus|füllen *vt* riempire

Ausgabe *f* ❶ (*Aushändigung*) consegna *f*; (*von Banknoten, Briefmarken*) emissione *f* ❷ *pl* (*Geld~*) spese *fpl*

Ausgang *m* ❶ uscita *f* ❷ (*Ergebnis*) esito *m*

aus|geben <irr> **I.** *vt* ❶ (*verteilen*) distribuire ❷ (*Geld*) spendere **II.** *vr* **sich für jdn/etw ~** farsi passare per qu/qc

ausgebucht *adj* completo

aus|gehen <irr> *vi sein* (*weggehen*) uscire; (*Feuer, Licht*) spegnersi; (*Vorrat*) esaurirsi; **von etw ~** partire da qc

ausgenommen *prp +acc* eccetto

ausgepowert [aʊsgə'paʊɐt] *adj* (*fam*) sfinito, esaurito

ausgewogen *adj* equilibrato, armonioso

ausgezeichnet *adj* eccellente

ausgiebig ['aʊsgi:bɪç] *adj* abbondante

Ausgleich <-(e)s, -e> *m* ❶ (*von Gegensätzlichkeiten*) accomodamento *m*; **zum ~ für**

in compenso di ❷ (*Steuer~*) conguaglio *m*

aus|gleichen <irr> *vt* ❶ (*wettmachen*) compensare ❷ (COM) saldare; (*Konto*) pareggiare

ausgrenzen *vt* escludere

aus|halten <irr> **I.** *vt* (*ertragen*) sopportare; **ich halte es nicht mehr aus** non ne posso più **II.** *vi* resistere

Aushang *m* avviso *m*

Aushilfe *f* aiuto *m*

aus|kennen <irr> *vr* **sich ~** (*an einem Ort*) conoscere bene un posto; (*fig: auf einem Gebiet*) intendersi

aus|kommen <irr> *vi sein* **mit jdm ~** andare d'accordo con qu; **ohne etw nicht ~ können** non potere fare a meno di qc

Auskunft ['aʊskʊnft] <-, Auskünfte> *f* ❶ (*Information*) informazione *f*; **~ über etw** *acc* **erteilen** dare informazioni su qc ❷ (*~sstelle*) ufficio *m* informazioni; (TEL) servizio *m* informazioni

aus|lachen *vt* deridere

aus|laden <irr> *vt* (*Fracht*) scaricare

Auslage *f* (*Schaufenster*) vetrina *f*

Ausland <-(e)s> *n* estero *m*; **ins/im ~** all'estero

Ausländer(in) ['aʊslɛndɐ] <-s, -; -, -nen> *m(f)* straniero, -a *m, f*; **ausländerfeindlich** *adj* xenofobo

ausländisch *adj* straniero; (*Waren, Zeitungen*) estero

aus|lassen <irr> *vt* ❶ (*weglassen*) omettere ❷ (*Ärger*) **etw an jdm ~** sfogare qc su qu

aus|leeren *vt* (*Flüssigkeit*) versare; (*Behälter*) vuotare

aus|leihen <irr> *vt* (*entleihen*) **etw (von jdm) ~** prendere in prestito qc (da qu)

aus|liefern *vt* ❶ (*Ware*) consegnare ❷ (*Verbrecher*) consegnare nelle mani della giustizia; **jdm/etw ausgeliefert sein** essere in balia di qu/qc

aus|lösen *vt* (*hervorrufen*) suscitare; (*verursachen*) provocare

aus|machen *vt* (*fam: ausschalten*) spegnere; (*vereinbaren*) stabilire; (*betragen*) ammontare a; **würde es Ihnen etw ~, wenn ...?** Le spiacerebbe, se ... +*conj*?

Ausnahme ['aʊsna:mə] <-, -n> *f* eccezione *f*; **mit ~ von** ad eccezione di; **ausnahmsweise** *adv* eccezionalmente

aus|nutzen *vt* (*Gelegenheit, Situation*) approfittare di

aus|packen *vt* (*Eingepacktes*) aprire; (*Koffer*) disfare

aus|probieren *vt* provare

Auspuff <-(e)s, -e> *m* (TEC) scappamento *m*

aus|rauben *vt* derubare

aus|rechnen *vt* calcolare

Ausrede *f* (*Entschuldigung*) scusa *f;* (*Vorwand*) pretesto *m*

aus|reden **I.** *vt* **jdm etw ~** dissuadere qu dal fare qc **II.** *vi* finire di parlare; **lass mich ~!** non interrompermi!

aus|reichen *vi* bastare

ausreichend *adj* sufficiente

ausreisen *vi sein* andare all'estero

aus|reißen <irr> **I.** *vt* (*Haare, Unkraut*) strappare **II.** *vi sein* (*fam: weglaufen*) scappare

aus|richten *vt* ❶ (*in eine Reihe stellen*) allineare ❷ (*Gruß*) salutare

Ausruf *m* grido *m*

aus|rufen <irr> *vt* ❶ (*bekannt geben*) annunciare ❷ (*proklamieren*) proclamare

aus|ruhen *vr* **sich** (**von etw**) ~ riposarsi (da qc)

Ausrüstung *f* equipaggiamento *m*

Aussage <-, -n> *f* (*Behauptung*) dichiarazione *f*

aus|schalten *vt* ❶ (*Licht*) spegnere ❷ (*fig*) eliminare

aus|scheiden <irr> **I.** *vi sein* (*aus Firma*) lasciare; (SPORT) essere eliminato; (*nicht in Betracht kommen*) essere fuori discussione **II.** *vt* (*aussondern*) eliminare

Ausschlag *m* (MED) eruzione *f* (cutanea) *f;* **den ~ geben** essere decisivo

aus|schließen <irr> *vt* escludere

ausschließlich **I.** *adj* esclusivo **II.** *adv* solamente **III.** *prp +gen* escluso

Ausschnitt *m* ❶ (*Teil*) frammento *m;* (*Film~*) sequenza *f;* (*Zeitungs~*) ritaglio *m* ❷ (*Kleider~*) scollatura *f*

Ausschuss *m* comitato *m*

aus|schütten *vt* ❶ (*Flüssigkeit*) versare; (*verschütten*) rovesciare; **jdm sein Herz ~** (*fig*) aprire il cuore a qu ❷ (*Gefäß*) vuotare

aus|sehen <irr> *vi* sembrare; **gesund ~** aver l'aspetto sano; **sie sieht gut aus** è una bella donna; **vergnügt ~** aver l'aria allegra; **sie sieht aus wie ihre Mutter** (as)somiglia a sua madre; **es sieht nach Regen aus** pare che voglia piovere

Aussehen <-s> *n* (*äußere Erscheinung*) aspetto *m*

außen ['aʊsən] *adv* all'esterno; **nach ~** (**hin**) verso l'esterno; **von ~** dall'esterno; **Außenhandel** *m* commercio *m* estero; **Außenminister(in)** *m(f)* ministro *m* degli esteri; **Außenpolitik** *f* politica *f* estera; **Außenseiter(in)** <-s, -; -, -nen> *m(f)* outsider *m*

außer ['aʊsɐ] **I.** *prp +dat, rar gen* (*ausgenommen*) tranne; (*neben*) oltre; (*zusätzlich zu*) in aggiunta a; **~ sich** *dat* **vor Freude sein** essere fuori di sé dalla gioia;

~ **sich** *dat* **vor Zorn sein** essere fuori dai gangheri; ~ **Betrieb** fuori servizio **II.** *konj* ~ **wenn ...** a meno che (non) ... +*conj;* ~ **dass ...** salvo che ... +*conj*

außerdem *adv* inoltre

äußere(r, s) *adj* ❶ (*von, nach draußen*) esteriore ❷ (*außen befindlich*) esterno

außereuropäisch *adj* extraeuropeo; **außergewöhnlich** *adj* insolito

außerhalb ['aʊsɐhalp] **I.** *adv* fuori **II.** *prp* +*gen* (al di) fuori di

äußerlich *adj* ❶ (*außen*) esteriore ❷ (*oberflächlich*) superficiale

äußern ['ɔɪsɐn] **I.** *vt* esprimere **II.** *vr* **sich** ~ ❶ (*sich zeigen*) manifestarsi ❷ (*seine Meinung sagen*) pronunciarsi

außerordentlich *adj* straordinario

äußerst ['ɔɪsɐst] *adv* estremamente

äußerste(r, s) *adj* estremo; **am ~n Ende** all'estremità

Äußerung <-, -en> *f* dichiarazione *f*

aus|setzen **I.** *vi* (*aufhören*) cessare; (MOT) perdere colpi **II.** *vt* (*preisgeben*) esporre; (*Belohnung*) istituire; **etw an jdm** ~ criticare qu per qc

Aussicht *f* ❶ (*Blick*) vista *f;* (*Fernsicht*) panorama *m* ❷ (*fig: Zukunftsmöglichkeit*) prospettiva *f;* **gute ~en haben** avere buone probabilità

Aussprache *f* ❶ pronuncia *f* ❷ (*klärendes Gespräch*) spiegazione *f*

aus|sprechen <irr> **I.** *vt* (*zum Ausdruck bringen*) esprimere; (*äußern*) manifestare **II.** *vr* **sich für/gegen jdn/etw** ~ dichiararsi a favore di/contro qu/qc; **sich mit jdm** ~ chiarire una divergenza (d'opinioni) con qu

Ausstattung <-, -en> *f* ❶ equipaggiamento *m* ❷ (*Einrichtung*) arredamento *m*

aus|stehen <irr> *vt* sopportare

aus|steigen <irr> *vi sein* ❶ (*aus Fahrzeug*) scendere ❷ (*fam: aus Geschäft*) uscire (da qc)

Aussteiger(in) <-s, -; -, -nen> *m(f)* drop-out *mf*

aus|stellen *vt* ❶ (*Waren, Kunstwerke*) esporre ❷ (*Pass, Zeugnis, Quittung*) rilasciare; (*Rechnung, Scheck*) emettere

Ausstellung *f* ❶ (*von Waren*) esposizione *f;* (*Kunst~*) mostra *f* ❷ (*von Pass*) rilascio *m;* (*von Scheck*) emissione *f*

Ausstrahlung *f* ❶ (RADIO, TV) trasmissione *f* ❷ (*fig: eines Menschen*) carisma *m*

aus|strömen *vi* (*Gas*) fuoriuscire

aus|suchen *vt* scegliere

Austausch <-(e)s> *m* scambio *m*

aus|tauschen *vt* ❶ (*ersetzen*) sostituire ❷ (*tauschen*) scambiare

aus|teilen *vt* distribuire

Auster <-, -n> *f* ostrica *f*

aus|toben *vr* **sich** ~ sfogarsi

aus|tragen <irr> *vt* ❶ (*Briefe*) recapitare; (*Zeitungen*) distribuire ❷ (SPORT) disputare; (*Streit*) decidere

Australien [aʊs'tra:li̯ən] *n* Australia *f*

aus|treten <irr> *vi sein* ❶ (*aus Gemeinschaft*) **aus etw** ~ ritirarsi da qc ❷ (*Gas*) fuoriuscire

austrinken <irr> *vi, vt* (finire di) bere

aus|üben *vt* esercitare

Ausverkauf *m* (COM) liquidazione *f*

Auswahl *f* ❶ (*Wahl*) scelta *f*; (SPORT) selezione *f* ❷ (*Warenangebot*) assortimento *m*

aus|wählen *vt* scegliere

Auswanderer(in) *m(f)* emigrante *mf*

auswärts *adv* (*nicht am Ort*) in (un) altro luogo; **von** ~ da fuori

aus|wechseln *vt* (*ersetzen*) sostituire

Ausweg *m* via *f* d'uscita

aus|weichen <irr> *vi sein* **jdm/etw** ~ schivare qu/qc; **einer Frage** ~ eludere una domanda

Ausweis ['aʊsvaɪs] <-es, -e> *m* documento *m*; (*Personal~*) carta *f* d'identità

Ausweisung *f* espulsione *f*

auswendig *adj* a memoria

aus|wirken *vr* **sich** (**auf etw** *acc*) ~ ripercuotersi (su qc)

Auswirkung *f* conseguenza *f*

aus|zahlen **I.** *vt* pagare **II.** *vr* **sich** ~ valere la pena

aus|zeichnen **I.** *vt* ❶ (*Waren*) contrassegnare ❷ (*ehren*) onorare **II.** *vr* **sich** (**durch etw**) ~ distinguersi (per qc)

aus|ziehen <irr> **I.** *vt* (*Kleider*) levarsi **II.** *vi sein* partire; **aus einer Wohnung** ~ lasciare un appartamento **III.** *vr* **sich** ~ spogliarsi

Auto ['aʊto] <-s, -s> *n* macchina *f*; ~ **fahren** guidare; **Autobahn** *f* autostrada *f*; **Autobahngebühr** <-, -en> *f* pedaggio *m*; **Autofahrer(in)** *m(f)* automobilista *mf*

Autogramm [aʊto'gram] <-s, -e> *n* autografo *m*

Automat [aʊto'ma:t] <-en, -en> *m* (*Waren~*) distributore *m* automatico; (*Spiel~*) slotmachine *f*

automatisch *adj* automatico

Autor(in) ['aʊto:ɐ̯] <-s, -en; -, -nen> *m(f)* autore, -trice *m, f*

Autorennen *n* corsa *f* automobilistica

Autorität [aʊtori'tɛ:t] <-, -en> *f* autorità *f*; **Autoverleih** *m* noleggio *m* di autovetture

Avocado [avo'ka:do] <-, -s> *f* avocado *m*
Axt [akst] <-, Äxte> *f* ascia *f*

B

B, b [be:] <-, -(s)> *n* ❶ (*Buchstabe*) B, b *f* ❷ (MUS) si *m* bemolle
Baby ['be:bi] <-s, -s> *n* neonato, -a *m, f*; **Babysitter(in)** <-s, -; -, -nen> *m(f)* baby-sitter *mf*
Bach [bax] <-(e)s, Bäche> *m* ruscello *m*
Backe ['bakə] <-, -n> *f* guancia *f*
backen ['bakən] <irr> *vt* cuocere (in forno); (*in der Pfanne*) friggere
Bäcker(in) ['bɛkɐ] <-s, -; -, -nen> *m(f)* fornaio, -a *m, f*
Bäckerei [bɛkə'raɪ] <-, -en> *f* panetteria *f*
Backofen *m* forno *m*
Bad [ba:t] <-(e)s, Bäder> *n* bagno *m*
Badeanzug *m* costume *m* da bagno; **Badehose** *f* calzoncini *mpl* da bagno
baden ['ba:dən] *vt, vi* fare il bagno
Badewanne *f* vasca *f* da bagno
Bagger ['bagɐ] <-s, -> *m* escavatrice *f*
Bahn [ba:n] <-, -en> *f* ❶ (*Weg, a fig*) via *f*; (*Spur*) corsia *f* ❷ (*Eisen~*) ferrovia *f*; **mit der ~ fahren** viaggiare in treno; **Bahnhof** *m* stazione *f*
Bakterie [bak'te:ri̯ə] <-, -n> *f* batterio *m*
bald [balt] *adv* presto; **~ darauf** poco dopo
Balkan ['balka:n] *m* **der ~** i Balcani *mpl*
Balken ['balkən] <-s, -> *m* trave *f*
Balkon [bal'kɔŋ] <-s, -s> *m* ❶ (ARCH) balcone *m* ❷ (THEAT) galleria *f*
Ball [bal] <-(e)s, Bälle> *m* ❶ (*zum Spielen*) palla *f*; (*Fuß~*) pallone *m* ❷ (*Tanz*) ballo *m*
Ballett [ba'lɛt] <-(e)s, -e> *n* balletto *m*
Ballon [ba'lɔŋ] <-s, -s> *m* ❶ (*Luftfahrzeug*) aerostato *m* ❷ (*Luft~*) pallone *m*
Ballungsgebiet *n* agglomerato *m* urbano
Balsam ['balza:m] <-s, -e> *m* (*a fig*) balsamo *m*
Baltikum ['baltikʊm] <-s> *n* paesi *mpl* baltici
banal [ba'na:l] *adj* banale
Banane [ba'na:nə] <-, -n> *f* banana *f*
Band¹ [bant] <-(e)s, Bänder> *n* ❶ (*aus Stoff, Ton~*) nastro *m* ❷ (*Fließ~*) catena *f* di montaggio
Band² <-(e)s, Bände> *m*

B

(*Buch~*) volume *m*

Band^{3} [bɛnt] <-, -s> *f* (*Musikgruppe*) band *f*

Bande ['bandə] <-, -n> *f* (*fam: Verbrecher~*) banda *f*

Bandit [ban'di:t] <-en, -en> *m* bandito *m;* **Bandscheibe** *f* (ANAT) disco *m* intervertebrale; **Bandwurm** *m* verme *m* solitario

Bank^{1} [baŋk] <-, Bänke> *f* (*Sitz~*) panchina *f;* (*Schul~*) banco *m*

Bank^{2} <-, -en> *f* (FIN) banca *f*

Bankangestellte <ein -r, -n, -n> *mf* impiegato, -a *m, f* di banca

Bankanweisung *f* assegno *m* bancario; **Bankkonto** *n* conto *m* bancario

Bankomat [baŋko'ma:t] <-s, -en> *m* bancomat *m;* **Bankrott** [baŋk'rɔt] <-(e)s, -e> *m* bancarotta *f;* ~ **machen** (*a fig*) fare fallimento

bar [ba:ɐ̯] *adj* (FIN) contante; **etw (in)** ~ **bezahlen** pagare qc in contanti

Bar [ba:ɐ̯] <-, -s> *f* bar *m;* (*Nachtlokal*) night(-club) *m*

Bär(in) [bɛ:ɐ̯] <-en, -en; -, -nen> *m(f)* orso, -a *m, f*

Baracke [ba'rakə] <-, -n> *f* baracca *f*

barfuß ['ba:ɐ̯fu:s] *adv* a piedi nudi

Bargeld *n* denaro *m* contante

Barock <-s> *n o m* barocco *m*

Barometer [baro'me:tɐ] <-s, -> *n* barometro *m*

Barriere [ba'ri̯e:rə] <-, -n> *f* barriera *f*

barsch [barʃ] *adj* sgarbato; (*Befehl*) brusco

Bart [ba:ɐ̯t] <-(e)s, Bärte> *m* barba *f*

Basar [ba'za:ɐ̯] <-s, -e> *m* bazar *m*

Basel ['ba:zəl] *n* Basilea *f*

basieren [ba'zi:rən] *vi* basarsi

Basilika [ba'zi:lika] <-, Basiliken> *f* basilica *f*

Basilikum [ba'zi:likʊm] <-s> *n* basilico *m*

Basis ['ba:zɪs] <-, Basen> *f* base *f*

Basketball *m* pallacanestro *f*

Bass [bas] <Basses, Bässe> *m* (MUS) basso *m*

basteln ['bastəln] *vi, vt* fare lavori manuali per passatempo

Batterie [batə'ri:] <-, -n> *f* batteria *f*

Bau^{1} [baʊ] <-(e)s> *m* ❶ (*Bauen*) costruzione *f* ❷ (*Aufbau*) struttura *f*

Bau^{2} <-(e)s, -ten> *m* (*Gebäude*) edificio *m*

Bauarbeiter(in) *m(f)* lavoratore, -trice *m, f* edile

Bauch [baʊx] <-(e)s, Bäuche> *m* pancia *f*

bauen ['baʊən] **I.** *vt* costruire; (*Auto, Maschine, Flugzeug*) fabbricare; (*Nest*) fare **II.** *vi* **auf jdn ~** (*fig*) contare su qu

Bauer ['baʊɐ] <-n, -n> *m* ❶ contadino *m*; (*Landwirt*) agricoltore *m* ❷ (*fig pej: Rüpel*) villano *m*

Bäuerin ['bɔɪərɪn] <-, -nen> *f* contadina *f*

Bauernhaus *n*, **Bauernhof** *m* fattoria *f*

Baugewerbe *n* edilizia *f*

Baum [baʊm] <-(e)s, Bäume> *m* albero *m*

baumeln ['baʊməln] *vi* penzolare

Baumstamm *m* tronco *m*; **Baumsterben** <-s> *n* moria *f* (di piante); **Baumwolle** *f* cotone *m*

Baustelle *f* cantiere *m*

Bayer(in) ['baɪɐ] <-n, -n; -, -nen> *m(f)* bavarese *mf*

bay(e)risch ['baɪ(ə)rɪʃ] *adj* bavarese

Bayern ['baɪɐn] *n* Baviera *f*

beabsichtigen *vt* avere (l')intenzione

beachten *vt* ❶ (*berücksichtigen*) tener conto di ❷ (*Regel, Vorschrift*) osservare

Beamte [bə'ʔamtə] <ein -r, -n, -n> *m* funzionario *m*; **Beamtin** [bə'ʔamtɪn] <-, -nen> *f* funzionaria *f*

beanspruchen [bə'ʔanʃprʊxən] *vt* ❶ (*Recht, Gebiet*) rivendicare ❷ (*Zeit, Geld*) richiedere; (*Platz*) occupare

beantragen *vt* chiedere

beantworten [bə'ʔantvɔrtən] *vt* rispondere a

bearbeiten *vt* ❶ (*arbeiten an*) lavorare a; (THEAT, FILM, RADIO, TV) adattare ❷ (*sich befassen mit*) occuparsi di; (*Fall*) trattare; (*Antrag, Bestellung*) sbrigare

beaufsichtigen [bə'ʔaʊfzɪçtɪgən] *vt* sorvegliare

beauftragen *vt* incaricare

Beben ['be:bən] <-s, -> *n* terremoto *m*

Becher ['bɛçɐ] <-s, -> *m* tazza *f*; (*Plastik~*) bicchiere *m*

Becken ['bɛkən] <-s, -> *n* ❶ (*Wasch~*) lavandino *m*; (*Schwimm~*) piscina *f* ❷ (GEOG, ANAT) bacino *m*

bedanken *vr* **sich bei jdm für etw ~** ringraziare qu di [*o* per] qc

Bedarf [bə'darf] <-(e)s> *m* fabbisogno *m*; **~ haben an** *+dat* avere bisogno di

bedauern [bə'daʊɐn] *vt* ❶ (*Sache*) dispiacersi per ❷ (*Menschen*) compatire

Bedauern <-s> *n* dispiacere *m*

bedecken *vt* coprire

Bedenken <-s, -> *n* (*Zweifel*) dubbi *mpl*; (*Skrupel*) scrupoli *mpl*

bedenklich *adj* inquietante

bedeuten *vt* ❶ (*besagen*) significare ❷ (*wichtig sein*) essere

importante
bedeutend *adj* ❶ (*wichtig*) importante ❷ (*beträchtlich*) notevole
Bedeutung *f* ❶ (*Sinn*) significato *m* ❷ (*Wichtigkeit*) importanza *f*; **bedeutungslos** *adj* insignificante
bedienen *vt* servire; (*Maschine*) manovrare
Bedienung <-, -en> *f* ❶ (*Tätigkeit*) servizio *m*; (TEC) manovra *f* ❷ (*Kellnerin*) cameriera *f*; **Bedienungsanleitung** *f* istruzioni *fpl* per l'uso
Bedingung <-, -en> *f* ❶ (*Voraussetzung*) condizione *f* ❷ (*Erfordernis*) esigenza *f*
bedrohen *vt* minacciare
bedrohlich *adj* minaccioso
bedrücken *vt* opprimere
Bedürfnis <-ses, -se> *n* bisogno *m*
Beefsteak *n* bistecca *f*
beeilen *vr* **sich** ~ (**etw zu tun**) affrettarsi (a fare qc)
beeindrucken *vt* impressionare; **beeindruckend** *adj* sorprendente
beeinflussen [bəˈʔaɪnflʊsən] *vt* influenzare
beenden *vt* ❶ (*zu Ende bringen*) terminare ❷ (*vollenden*) compiere
Beerdigung <-, -en> *f* sepoltura *f*; (*Begräbnisfeier*) funerali *mpl*

Beere [ˈbeːrə] <-, -n> *f* bacca *f*
Beet [beːt] <-(e)s, -e> *n* aiuola *f*
befallen <irr> *vt* ❶ (*Ungeziefer*) infestare ❷ (*Krankheit*) colpire
befassen *vr* **sich mit jdm/etw** ~ occuparsi di qu/qc
Befehl [bəˈfeːl] <-(e)s, -e> *m* ordine *m*; (INFORM) comando *m*
befehlen <irr> *vt* ordinare
befestigen [bəˈfɛstɪgən] *vt* (*festmachen*) fissare
befinden <irr> *vr* **sich** ~ trovarsi
befolgen *vt* seguire
befördern *vt* ❶ (*Güter*) trasportare ❷ (*beruflich*) promuovere
befragen *vt* interrogare
befreien I. *vt* (*frei machen*) liberare **II.** *vr* **sich** (**von jdm/etw**) ~ liberarsi (di qu/qc)
befreundet *adj* amico
befriedigen [bəˈfriːdɪgən] *v* soddisfare
befriedigend *adj* ❶ (*zufrie denstellend*) soddisfacent ❷ (*Schulnote*) sette
befristet *adj* a termine
befürchten *vt* temere
befürworten [bəˈfyːɐvɔrtən] *v* approvare
begabt *adj* dotato
Begabung [bəˈgaːbʊŋ] <-, -en *f* talento *m*
begegnen [bəˈgeːgnən] **I.** *sein* ❶ (*treffen*) incontrar ❷ (*fig: entgegentreten*) affror

tare **II.** *vr sein* **sich** ~ incontrarsi

egehren [bəˈgeːrən] *vt* desiderare; **begehrt** *adj* richiesto

egeistern [bəˈgaɪstɐn] **I.** *vt* entusiasmare **II.** *vr* **sich** (**für etw**) ~ entusiasmarsi (per qc); **begeistert** *adj* entusiasta

egeisterung <-> *f* entusiasmo *m*

eginn [bəˈgɪn] <-(e)s> *m* inizio *m*

eginnen <irr> *vt, vi* cominciare

egleiten *vt* accompagnare

eglückwünschen *vt* **jdn** (**zu etw**) ~ felicitarsi con qu (per qc)

egraben <irr> *vt* ❶ (*beerdigen*) seppellire ❷ (*fig: Hoffnung*) abbandonare

egräbnis [bəˈgrɛːpnɪs] <-ses, -se> *n* sepoltura *f;* (*~feier*) funerale *m*

egreifen <irr> *vt, vi* capire

egrenzt *adj* limitato

egriff *m* ❶ (*Ausdruck*) concetto *m* ❷ (*Vorstellung*) idea *f;* **chwer von ~ sein** (*fam*) essere duro di comprendonio

gründung *f* spiegazione *f*

grüßen *vt* ❶ (*Gast*) salutare ❷ (*gutheißen*) approvare

grüßung <-, -en> *f* saluto *m*

günstigen [bəˈgʏnstɪgən] *vt* favorire

haart *adj* peloso

halten <irr> *vt* ❶ (*nicht weggeben*) tenere; (*Stellung, Namen, Nationalität*) mantenere; **etw für sich** ~ (*nicht weitersagen*) tenere qc per sé ❷ (*Wert, Farbe*) conservare; (*Ruhe*) mantenere

Behälter [bəˈhɛltɐ] <-s, -> *m* recipiente *m*

behandeln *vt* ❶ (*Menschen, Thema, Material*) trattare ❷ (MED) curare

Behandlung *f* ❶ trattamento *m* ❷ (MED) cura *f*

behaupten [bəˈhaʊptən] **I.** *vt* ❶ (*die Behauptung aufstellen*) affermare ❷ (*erfolgreich verteidigen*) mantenere; (*Recht*) difendere **II.** *vr* **sich** ~ affermarsi

Behauptung <-, -en> *f* affermazione *f*

beherrschen **I.** *vt* ❶ (POL) dominare; (*in der Gewalt haben*) controllare ❷ (*Kunst, Sprache*) padroneggiare **II.** *vr* **sich** ~ dominarsi

Beherrschung <-> *f* (*Selbst~*) autocontrollo *m*

behindern *vt* ostacolare; (*Verkehr*) bloccare; (*Sicht*) impedire

Behinderte <ein -r, -n, -n> *mf* invalido, -a *m, f*

Behinderung <-, -en> *f* ❶ (*Erschwerung*) impedimento *m;* (*von Verkehr*) intralcio *m* ❷ (*körperliche ~, geistige ~*) handicap *m*

Behörde [bəˈhøːɐdə] <-, -n> *f* autorità *f*

bei [baɪ] *prp +dat* ❶ (*räumlich*)

B

presso, vicino a; ~ **m Bäcker** dal panettiere; **etw ~ sich** *dat* **haben** avere qc con sé ❷ (*zeitlich*) a, al momento di; ~ **meiner Ankunft** al mio arrivo; ~ **meinem Besuch** durante la mia visita; ~ **Tag/Nacht** di giorno/notte

bei|behalten <irr> *vt* mantenere

bei|bringen <irr> *vt* (*lehren*) insegnare

beide ['baɪdə] *adj o pron* tutti e due; **wir** ~ noi due; **einer von ~n** uno dei due

beieinander [baɪʔaɪ'nandɐ] *adv* (*zusammen*) insieme; (*nebeneinander*) l'uno vicino all'altro

Beifahrer(in) *m(f)* (*im Auto*) passeggero, -a *m*, *f* (accanto al conducente)

Beifall <-(e)s> *m* ❶ (*durch Klatschen*) applauso *m* ❷ (*Zustimmung*) approvazione *f*

bei|fügen *vt* aggiungere; (*Unterlagen*) allegare

beige [beːʃ] <inv> *adj* beige

Beihilfe *f* (*finanzielle Unterstützung*) sussidio *m*

Beil [baɪl] <-(e)s, -e> *n* scure *f*

Beilage *f* ❶ (*zur Zeitung*) supplemento *m* ❷ (GASTR) contorno *m*

Beileid *n* condoglianze *fpl*

Bein [baɪn] <-(e)s, -e> *n* gamba *f*; (*von Tier*) zampa *f*

beinahe ['baɪnaːə] *adv* quasi

beinhalten [bə'ʔɪnhaltən] comprendere

beisammen [baɪ'zamən] *ad* insieme

beiseite [baɪ'zaɪtə] *adv* da part **Spaß ~!** bando agli scherzi!

beiseitelegen *vt* mettere parte

Beispiel <-s, -e> *n* esempio **zum ~** per esempio

beißen ['baɪsən] <irr> **I.** *vi* mo dere; **in etw** *acc* ~ dare un mo so a qc **II.** *vt* morsicare

beißend *adj* ❶ (*Geruch*) mo dente ❷ (*fig: Hohn, Spott*) mo dace

bei|stehen <irr> *vi* assiste (qu)

Beistrich <-(e)s, -e> *m* (*A*) v gola *f*

Beitrag ['baɪtraːk] <-(e)s, B träge> *m* ❶ (*Anteil*) contribu *m* ❷ (*Mitglieds~*) quota *f*

bei|tragen <irr> *vi*, *vt* contrib re

Beitritt *m* adesione *f*

bejahen [bə'jaːən] *vt* rispond affermativamente a; (*gutheiß* approvare

bekämpfen *vt* combatte (*Missstände*) lottare contro

bekannt [bə'kant] *adj* noto; rühmt) famoso; ~ **geben** co nicare; **jdn mit jdm ~ mach** presentare qu a qu; **allgemei sein** (*Sache*) essere risaputo

Bekannte <ein -r, -n, -n>

conoscente *mf*

bekanntlich *adv* com'è noto

Bekanntschaft <-, -en> *f* conoscenza *f*

beklagen *vr* **sich** (**bei jdm**) **über etw** *acc* ~ lamentarsi (con qu) di qc

Bekleidung *f* abbigliamento *m*

bekommen <irr> *vt* ❶ (*erhalten*) ricevere; (*durch Bemühung*) ottenere; **einen Schnupfen** ~ prender(si) un raffreddore ❷ (*finden: Mann, Stellung*) trovare

beladen <irr> *vt* caricare

Belag [bəˈlaːk] <-(e)s, Beläge> *m* ❶ (*Schicht*) strato *m;* (*Zahn~, Zungen~*) patina *f* ❷ (*auf Brot*) companatico *m*

Belagerung *f* (MIL) assedio *m*

belanglos *adj* irrilevante

belasten *vt* ❶ (*mit Gewicht*) caricare; (*Umwelt*) inquinare; (*Angeklagten*) incriminare ❷ (*fig: bedrücken*) opprimere; (*nervlich*) logorare

belästigen [bəˈlɛstɪɡən] *vt* importunare

belauschen *vt* origliare

beleben *vt* animare; (*fig*) ravvivare; **belebt** *adj* movimentato

Beleg [bəˈleːk] <-(e)s, -e> *m* ❶ (*Quittung*) ricevuta *f* ❷ (*Beweis*) prova *f*

beleidigen [bəˈlaɪdɪɡən] *vt* offendere

Beleidigung <-, -en> *f* offesa *f*

Beleuchtung <-, -en> *f* illuminazione *f*

Belgien [ˈbɛlɡi̯ən] *n* Belgio *m*

Belgier(in) [ˈbɛlɡi̯ɐ] <-s, -; -, -nen> *m(f)* belga *mf*

belgisch *adj* belga

beliebig *adj* qualsiasi; **jeder ~e** chiunque sia

beliebt *adj* (*Person*) amato; (*Sache*) richiesto; **sich bei jdm ~ machen** farsi benvolere da qu

bellen [ˈbɛlən] *vi* abbaiare

belohnen *vt* ricompensare

Belohnung <-, -en> *f* ricompensa *f*

belügen <irr> *vt* mentire a

bemalen *vt* dipingere

bemerkbar *adj* percettibile

bemerken *vt* ❶ (*wahrnehmen*) notare ❷ (*äußern*) dire

Bemerkung <-, -en> *f* osservazione *f*

bemitleiden [bəˈmɪtlaɪdən] *vt* compatire

bemühen [bəˈmyːən] *vr* **sich** (**um etw**) ~ impegnarsi (per qc); **sich ~ etw zu tun** sforzarsi di fare qc

benachbart *adj* vicino (di casa)

benachrichtigen [bəˈnaːxrɪçtɪɡən] *vt* informare

benachteiligen [bəˈnaːxtaɪlɪɡən] *vt* svantaggiare

benehmen <irr> *vr* **sich ~** comportarsi

Benehmen <-s> *n* comportamento *m*

beneiden [bəˈnaɪdən] *vt* invidiare

Beneluxstaaten *mpl* paesi *mpl* del Benelux

benötigen [bəˈnøːtɪgən] *vt* aver bisogno di

benutzen, **benützen** *vt* usare; (*Gebrauch machen von*) servirsi di

Benzin [bɛnˈtsiːn] <-s, -e> *n* benzina *f*; **Benzinuhr** *f* indicatore *m* di livello (del carburante)

beobachten [bəˈʔoːbaxtən] *vt* (*betrachten*) osservare; (*überwachen*) sorvegliare

bequem [bəˈkveːm] *adj* ❶ (*Möbel*) comodo; **machen Sie es sich ~!** si accomodi! ❷ (*pej: Person*) pigro

beraten <irr> **I.** *vt* ❶ (*Rat geben*) consigliare ❷ (*besprechen*) discutere **II.** *vr* **sich** (**über etw** *acc*) ~ discutere (su qc)

Beratung <-, -en> *f* consultazione *f*; (*Besprechung*) deliberazione *f*; **ärztliche** ~ consulto *m* medico

berechnen *vt* calcolare; **jdm etw** ~ mettere in conto qc a qu

berechnend *adj* (*pej*) calcolatore

berechtigen [bəˈrɛçtɪgən] *vt* autorizzare

Berechtigung <-, -en> *f* autorizzazione *f*

Bereich [bəˈraɪç] <-(e)s, -e> *m* ❶ (*Gebiet*) regione *f*, zona *f* ❷ (*Sachgebiet*) campo *m*; (*Aufgaben~*) ambito *m*

bereit [bəˈraɪt] *adj* ❶ (*fertig*) essere pronto ❷ (*gewillt*) disposto

bereiten *vt* ❶ (*vor-, zubereiten*) preparare ❷ (*verursachen*) causare

bereits [bəˈraɪts] *adv* già

bereit|stehen <irr> *vi* essere pronto

bereuen [bəˈrɔɪən] *vt* pentirsi di

Berg [bɛrk] <-(e)s, -e> *m* ❶ (*Erhebung*) monte *m*; **in die ~e fahren** andare in montagna ❷ (*Menge*) montagna *f*; **Bergbau** *m* industria *f* mineraria; **Bergsteigen** <-s> *n* alpinismo *m*; **Bergsteiger(in)** *m(f)* alpinista *mf*; **Bergwerk** *n* miniera *f*

Bericht [bəˈrɪçt] <-(e)s, -e> *m* rapporto *m*; (*längerer*) relazione *f*; (TV, RADIO) cronaca *f*

berichten *vt*, *vi* riferire; (*erzählen*) raccontare

Berlin [bɛrˈliːn] *n* Berlino *f*

Bern [bɛrn] *n* Berna *f*

berücksichtigen [bəˈrʏkzɪçtɪgən] *vt* prendere in considerazione

Beruf [bəˈruːf] <-(e)s, -e> *m* professione *f*; (*Gewerbe*) mestiere *m*; **von ~ Lehrer sein** fare l'insegnante di professione

berufen <irr> *vr* **sich auf jdn/etw ~** richiamarsi a qu/qc; **sich**

zu etw ~ **fühlen** sentire la vocazione per qc
beruflich *adj* professionale
Berufsausbildung *f* formazione *f* professionale; **Berufsberatung** *f* orientamento *m* professionale; **Berufsschule** *f* scuola *f* d'avviamento professionale; **berufstätig** *adj* attivo; ~ **sein** esercitare una professione
Berufung [bəˈruːfʊŋ] <-, -en> *f* ❶ (*innere*) vocazione *f* ❷ (*Ernennung*) designazione *f* ❸ (JUR) appello *m*
beruhigen [bəˈruːɪgən] I. *vt* calmare; (*besorgten Menschen*) rassicurare II. *vr* **sich** ~ calmarsi; (*Lage*) normalizzarsi
berühmt [bəˈryːmt] *adj* famoso
berühren *vt* ❶ toccare ❷ (*fig*) commuovere
Berührung <-, -en> *f* contatto *m*
Besatzung *f* ❶ (MIL: *Truppen*) truppe *fpl* d'occupazione ❷ (NAUT, AERO) equipaggio *m*
beschädigen *vt* danneggiare
beschaffen *vt* procurare
beschäftigen [bəˈʃɛftɪgən] I. *vt* ❶ (*einstellen*) impiegare ❷ (*mit Aufgabe*) occupare; (*fig: geistig*) impegnare II. *vr* **sich** (**mit jdm/etw**) ~ occuparsi (di qu/qc)
Beschäftigung <-, -en> *f* ❶ (*Tätigkeit*) occupazione *f* ❷ (*Arbeit*) lavoro *m*; (*Anstellung*) impiego *m*
Bescheid [bəˈʃaɪt] <-(e)s, -e> *m* (*Mitteilung*) avviso *m*; **jdm** ~ **geben** informare qu; **über etw** *acc* ~ **wissen** essere informato di qc
bescheiden *adj* modesto
Bescheinigung <-, -en> *f* certificato *m*
beschenken *vt* fare un regalo a
beschimpfen *vt* insultare
beschlagnahmen *vt* confiscare
Beschleunigung <-, -en> *f* accelerazione *f*
beschließen <irr> *vt* ❶ (*beenden*) concludere ❷ (*entscheiden*) decidere
Beschluss *m* decisione *f*
beschmutzen *vt* sporcare
beschränken [bəˈʃrɛŋkən] I. *vt* limitare II. *vr* **sich** (**auf etw** *acc*) ~ limitarsi (a qc); **beschränkt** *adj* ❶ (*eingeschränkt*) limitato ❷ (*geistig*) ottuso
beschreiben <irr> *vt* descrivere
Beschreibung <-, -en> *f* descrizione *f*
beschuldigen [bəˈʃʊldɪgən] *vt* accusare
beschützen *vt* proteggere
Beschwerde [bəˈʃveːɐ̯də] <-, -n> *f* ❶ (*Klage*) reclamo *m* ❷ (*körperliche*) disturbi *mpl*
beschweren [bəˈʃveːrən] I. *vt* mettere un peso su II. *vr* **sich**

(**bei jdm über etw** *acc*) ~ lamentarsi (di qc con qu)

beseitigen [bəˈzaɪtɪgən] *vt* (*wegschaffen*) rimuovere; (*entfernen*) allontanare

Besen [ˈbeːzən] <-s, -> *m* scopa *f*

besetzen *vt* ❶ (*Platz,* MIL) occupare ❷ (*Stelle, Amt, Posten*) affidare; (*Rolle*) assegnare; **besetzt** *adj* (A TEL) occupato; (*Fahrzeug*) completo

Besetzung <-, -en> *f* ❶ (THEAT: *von Rolle*) assegnazione *f;* (*Schauspieler*) interpreti *mpl* ❷ (MIL) occupazione *f*

besichtigen [bəˈzɪçtɪgən] *vt* visitare

besiegen *vt* vincere

Besinnung <-> *f* **die ~ verlieren** (*fig*) perdere la testa; **jdn zur ~ bringen** ricondurre qu alla ragione

Besitz <-es> *m* proprietà *f;* (*Vermögen*) patrimonio *m*

besitzen <irr> *vt* possedere

Besitzer(in) <-s, -; -, -nen> *m(f)* proprietario, -a *m, f*

besondere(r, s) [bəˈzɔndərə] *adj* ❶ (*speziell*) speciale; **im Besonderen** in particolare ❷ (*eigentümlich*) singolare; (*ungewöhnlich*) straordinario

besonders [bəˈzɔndɐs] *adv* ❶ (*insbesondere*) particolarmente; (*hauptsächlich*) soprattutto ❷ (*außerordentlich*) eccezionalmente; **nicht ~** (**gut**) non tanto bene

besorgen *vt* ❶ (*beschaffen*) procurare; (*einkaufen*) comprare ❷ (*erledigen*) sbrigare

besprechen <irr> *vt* (*sprecher über*) parlare di; **wie besprochen** come d'accordo

Besprechung <-, -en> *f* (*Unterredung*) colloquio *m;* (*Konferenz*) conferenza *f*

besser [ˈbɛsɐ] **I.** *adj* migliore **~ werden** migliorare **II.** *ad* meglio; **umso ~** tanto meglio **~ gesagt** per meglio dire

bessern *vr* **sich ~** migliorars (*Gesundheit*) ristabilirsi; (*We ter*) migliorare

Besserung <-, -en> *f* migliora mento *m;* **gute ~!** pronta guar gione!

Bestandteil *m* (*Element*) ele mento *m;* (*Bauteil, Einzelte* parte *f*

bestätigen [bəˈʃtɛːtɪgən] ❶ (*Worte, Verdacht*) conferm re ❷ (*bescheinigen*) attestare

Bestätigung <-, -en> *f* confe ma *f*

Bestechung <-, -en> *f* corr zione *f*

Besteck [bəˈʃtɛk] <-(e)s, -e> (*Ess~*) posate *fpl*

bestehen <irr> **I.** *vi* ❶ (*sich z sammensetzen*) **aus etw ~** e sere costituito da qc ❷ (*beh ren*) **auf etw** *dat* **~** insistere qc **II.** *vt* (*Prüfung*) passare; (*Kampf, Probe*) sostenere

bestellen *vt* ❶ (*Essen, Waren*) ordinare; (*reservieren*) prenotare; (*kommen lassen*) far venire ❷ (*Grüße*) trasmettere

Bestellung *f* (*Auftrag*) ordinazione *f;* (*Sendung*) consegna *f*

beste(r, s) ['bɛstə] **I.** *adj* migliore, ottimo, -a; **das Beste** il meglio; **ich will nur dein Bestes** voglio solo il tuo bene **II.** *adv* **am ~n** meglio

bestimmen *vt* ❶ (*festsetzen*) fissare; (*Preis, Zahl*) stabilire ❷ (*genau festlegen*) precisare; (*Begriff*) definire

bestimmt **I.** *adj* (*entschieden*) deciso **II.** *adv* (*sicherlich*) di certo; **ich werde es ganz ~ tun** lo farò di sicuro

bestrafen *vt* punire

Besuch [bə'zu:x] <-(e)s, -e> *m* ❶ (*das Besuchen*) visita *f;* (*regelmäßiger*) frequenza *f* ❷ (*Gast*) ospite *mf*

besuchen *vt* andare a trovare; (*Schule*) frequentare

Betäubung <-, -en> *f* (MED) anestesia *f*

beteiligen [bə'taɪlɪgən] **I.** *vt* **jdn an etw** *dat* **~** far partecipare qu a qc **II.** *vr* **sich** (**an etw** *acc*) **~** partecipare (a qc)

beten ['be:tən] *vi* pregare

Beton [be'tɔŋ] <-s, -s> *m* calcestruzzo *m*

betonen [bə'to:nən] *vt* (*hervorheben*) sottolineare

betr., Betr. *abk v* **betreffend, betreffs, Betreff** ogg.

betrachten *vt* ❶ (*ansehen*) osservare; (*genau*) studiare ❷ (*halten für*) considerare

Betrag [bə'tra:k] <-(e)s, Beträge> *m* importo *m*

betragen <irr> *vi* ammontare a

betreffen <irr> *vt* riguardare; **was das betrifft** in quanto a ciò; **was mich betrifft** per quanto mi concerne

betreffend *adj* in questione

betreten <irr> *vt* (*Haus, Raum*) entrare in; (*Rasen*) calpestare; **Betreten verboten!** vietata l'entrata!

betreuen [bə'trɔɪən] *vt* aver cura di; (*leiten*) occuparsi di

Betrieb [bə'tri:p] <-(e)s, -e> *m* ❶ (*Firma*) azienda *f* ❷ (*von Maschine*) funzionamento *m;* **in ~ sein** essere in funzione; **außer ~ setzen** mettere fuori esercizio; **Betriebswirtschaft** *f* economia *f* aziendale

betrinken <irr> *vr* **sich ~** ubriacarsi

betroffen [bə'trɔfən] *adj* sbigottito

betrübt *adj* afflitto

Betrug [bə'tru:k] <-(e)s> *m* inganno *m;* (*Täuschung*) frode *f*

betrügen [bə'try:gən] <irr> *vt* ingannare; (*Ehepartner*) tradire

betrunken [bə'trʊŋkən] *adj* ubriaco

Bett [bɛt] <-(e)s, -en> *n* letto *m*

betteln *vi* mendicare

Bettler(in) ['bɛtlɐ] <-s, -; -, -nen> *m(f)* mendicante *mf*

Bettwäsche *f* lenzuola *fpl*

beugen ['bɔɪgən] **I.** *vt* (*Körper(teil)*, *a fig*) piegare **II.** *vr* **sich ~** ❶ **sich aus dem Fenster ~** sporgersi dalla finestra ❷ (*fig: sich unterwerfen*) sottomettersi

Beule ['bɔɪlə] <-, -n> *f* gonfiore *m*

beunruhigen [bə'ʔʊnruːɪgən] *vt* inquietare

beurteilen *vt* giudicare; (*abschätzen*) valutare

Beute ['bɔɪtə] <-> *f* (*Fang*) preda *f*; (*Kriegs~*, *Diebes~*) bottino *m*

Beutel ['bɔɪtəl] <-s, -> *m* (*Tasche*) borsa *f*; (*Geld~*) borsellino *m*

Bevölkerung *f* popolazione *f*

bevor [bə'foːɐ̯] *konj* prima che +*conj*, prima di +*inf*; **bevor|stehen** <irr> *vi* essere imminente; **bevorzugen** [bə'foːɐ̯tsuːgən] *vt* preferire; (*begünstigen*) favorire

bewachen *vt* sorvegliare

Bewährung <-, -en> *f* (JUR) condizionale *f*

bewältigen [bə'vɛltɪgən] *vt* (*Arbeit*) venire a capo di; (*Schwierigkeit*) superare

bewegen [bə'veːgən] *vt* ❶ muovere ❷ (*fig: rühren*) commuovere

Bewegung <-, -en> *f* movimento *m*; **etw in ~ setzen** mettere in moto qc; **keine ~!** fermo!

Beweis [bə'vaɪs] <-es, -e> *m* prova *f*

beweisen <irr> *vt* provare; (*Mut*) mostrare

bewerben <irr> *vr* **sich um eine Stelle bewerben** far domanda per un posto di lavoro

Bewerber(in) <-s, -; -, -nen> *m(f)* aspirante *mf*; (*um eine Stelle*) concorrente *mf*

Bewerbung *f* (*um Stelle*) concorso *m*; (*~sschreiben*) domanda *f* d'impiego

Bewertung <-, -en> *f* valutazione *f*; (*Schule*) voto *m*; (SPORT) graduatoria *f*

bewilligen [bə'vɪlɪgən] *vt* accordare; (*Antrag*) accogliere

bewirken *vt* causare

bewohnen *vt* abitare in

Bewohner(in) <-s, -; -, -nen> *m(f)* abitante *mf*

bewölkt *adj* nuvoloso

bewundern *vt* ammirare

Bewunderung <-> *f* ammirazione *f*

bewusst [bə'vʊst] ❶ (*wissend*) cosciente; **sich** *dat* **einer Sache** *gen* **~ sein** aver coscienza di qc; **es wurde mir plötzlich ~,**

dass ... improvvisamente mi resi conto che ... ❷ (*absichtlich*) voluto; **bewusstlos** *adj* svenuto; ~ **werden** perdere i sensi; **Bewusstsein** <-s, -e> *n* (PSYCH, MED) coscienza *f*

bezahlen *vt* pagare; **bitte ~!** il conto, per favore!

bezeichnen *vt* ❶ (*kennzeichnen*) (contras)segnare ❷ (*benennen*) denominare

beziehen <irr> *vr* **sich auf etw** *acc* ~ riferirsi a qc

Beziehung <-, -en> *f* ❶ (*Verbindungen*) relazioni *fpl;* **~en haben** avere appoggi influenti ❷ (*Zusammenhang*) rapporto *m;* (*Verhältnis*) relazione *f;* **in jeder ~** sotto ogni aspetto

beziehungsweise *konj* ❶ (*im anderen Fall*) rispettivamente ❷ (*besser gesagt*) o meglio

Bezirk [bə'tsɪrk] <-(e)s, -e> *m* distretto *m;* (*Stadt~*) quartiere *m*

Bezug [bə'tsu:k] <-(e)s, Bezüge> *m* ❶ (*Überzug*) rivestimento *m;* (*Bett~*) fodera *f* ❷ (*Zusammenhang*) rapporto *m;* **auf etw** *acc* **~ nehmen** riferirsi a qc; **in ~ auf** +*acc* riguardo a

bezweifeln *vt* dubitare di

Bibel ['bi:bəl] <-, -n> *f* bibbia *f*

Bibliothek [biblio'te:k] <-, -en> *f* biblioteca *f*

biegen ['bi:gən] <irr> **I.** *vt* piegare **II.** *vi sein* (s)voltare

Biegung <-, -en> *f* curva *f*

Biene ['bi:nə] <-, -n> *f* ape *f*

Bier [bi:ɐ̯] <-(e)s, -e> *n* birra *f*

bieten ['bi:tən] <irr> **I.** *vt* ❶ (*an~*) offrire ❷ (*zeigen, darbieten*) presentare **II.** *vr* **sich** ~ (*Gelegenheit*) presentarsi

Bikini [bi'ki:ni] <-s, -s> *m* due pezzi *m*

Bilanz [bi'lants] <-, -en> *f* (*a fig*) bilancio *m*

Bild [bɪlt] <-(e)s, -er> *n* ❶ (*Gemälde*) quadro *m;* (*Abbildung*) illustrazione *f* ❷ (*Vorstellung*) idea *f*

bilden ['bɪldən] **I.** *vt* ❶ (*schaffen*) creare ❷ (*darstellen*) costituire **II.** *vr* **sich** ~ ❶ (*entstehen*) formarsi ❷ (*Mensch*) farsi una cultura; (*lernen*) istruirsi

Bildhauer(in) <-s, -; -, -nen> *m(f)* scultore, -trice *m, f*

Bildschirm *m* (TV, INFORM) schermo *m*

Bildung ['bɪldʊŋ] <-, -en> *f* ❶ (*Schaffung*) creazione *f;* (*Gestaltung*) formazione *f* ❷ (*Erziehung*) educazione *f;* (*Allgemeinwissen*) cultura *f* generale; (*Wissen*) istruzione *f*

Billard ['bɪljart] <-s, -e> *n* biliardo *m*

Billett [bɪl'jɛt] <-(e)s, -s> *n* (*CH: Fahr-, Eintrittskarte*) biglietto *m*

billig ['bɪlɪç] *adj* (*preiswert*) a buon mercato

Billigfluglinie *f* compagnia *f* aerea low-cost

Billion [bɪ'ljo:n] <-, -en> *f* trillione *m*

Binde ['bɪndə] <-, -n> *f* ❶ (MED) benda *f* ❷ (*Monats~*) assorbente *m* (igienico)

binden <irr> I. *vt* ❶ (*zusammen~*) legare; (*befestigen*) attaccare ❷ (*verpflichten*) vincolare II. *vr* **sich an jdn ~** legarsi a qu

Bindung <-, -en> *f* ❶ (*Verpflichtung*) impegno *m* ❷ (*Ski~*) attacchi *mpl*

binnen ['bɪnən] *prp +dat o gen* entro

Biografie, **Biographie** [biografi:] <-, -n> *f* biografia *f*

Biokost ['biokɔst] *f* alimentazione *f* a base di prodotti biologici

Biologie [biolo'gi:] <-> *f* biologia *f*

biologisch *adj* biologico

Biomüll ['biomʏl] *m* rifiuti *mpl* organici

Birke ['bɪrkə] <-, -n> *f* betulla *f*

Birnbaum *m* pero *m*

Birne ['bɪrnə] <-, -n> *f* ❶ (*Frucht*) pera *f* ❷ (*Glüh~*) lampadina *f*

bis [bɪs] I. *prp o adv* ❶ (*zeitlich, räumlich*) fino a; **von früh ~ spät** dalla mattina alla sera; **~ bald!/gleich!** a presto!/dopo!; **~ jetzt** finora ❷ (*außer*) **~ auf** tranne II. *konj* ❶ (*zwischen Zahlen*) **es waren zwei- ~ dreihundert Personen anwesend** erano presenti dalle duecento alle trecento persone ❷ (*zeitlich*) finché

Bischof ['bɪʃɔf] <-s, Bischöfe> *m* vescovo *m*

bisher [bɪs'he:ɐ̯] *adv* finora

Biss [bɪs] <-es, -e> *m* morso *m*

bisschen ['bɪsçən] I. <inv> *adj* **ein ~ Zucker** un po' di zucchero; **ein klein(es) ~ …** un pochettino di … *fam* II. *adv* **ein ~** un po'; **kein ~** nemmeno un po'

Bissen ['bɪsən] <-s, -> *m* boccone *m*

bissig *adj* ❶ (*Hund*) che morde ❷ (*Bemerkung*) mordace

bitte ['bɪtə] *int* per favore; (*als Antwort auf danke*) prego; (**wie**) **~?** come (ha detto)?; **ja ~!** si, grazie!

Bitte <-, -n> *f* (*Wunsch*) preghiera *f*; (*Anliegen*) domanda *f*; **ich habe eine ~ an Sie** vorrei chiederLe un favore

bitten <irr> *vi, vt* **jdn ~ etw zu tun** pregare qu di fare qc; **jdn um etw ~** chiedere qc a qu

bitter *adj* (*Geschmack*) amaro; (*Kälte*) pungente; (*Not*) duro

Blamage [bla'ma:ʒə] <-, -n> *f* vergogna *f*

Blase ['bla:zə] <-, -n> *f* ❶ (*Luft~*) bolla *f* ❷ (MED, ANAT) vescica *f*

blasen ['bla:zən] <irr> *vt, vi* soffiare

blass [blas] *adj* pallido

Blatt ['blat] <-(e)s, Blätter> *n* ❶ (BOT) foglia *f* ❷ (*Papier*) foglio *m*

blättern ['blɛtɐn] *vi* sfogliare

blau [blaʊ] *adj* ❶ (*Farbe*) blu, azzurro; (*himmelblau*) celeste; **~er Fleck** livido *m* ❷ (*fam: betrunken*) sbronzo; **Blaubeere** *f* mirtillo *m*

Blazer ['ble:zɐ] <-s, -> *m* blazer *m*

Blech [blɛç] <-(e)s, -e> *n* latta *f*

Blei [blaɪ] <-(e)s, -e> *n* piombo *m*

bleiben ['blaɪbən] <irr> *vi sein* ❶ (*nicht weggehen*) restare ❷ (*nicht ändern*) rimanere; **es bleibt dabei!** siamo intesi!; **gleich ~d** costante; **sitzen ~** restare seduto; (*Schule*) essere bocciato; **stehen ~** restare in piedi; (*anhalten*) fermarsi

bleifrei *adj* (*Benzin*) senza piombo

Bleistift *m* matita *f*

blenden ['blɛndən] *vt* (*a fig*) abbagliare

Blick [blɪk] <-(e)s, -e> *m* ❶ sguardo *m*; (*kurzer, rascher*) colpo *m* d'occhio; **auf den ersten ~** a prima vista; **einen ~ werfen auf** *+acc* dare un'occhiata a ❷ (*Aus~*) vista *f*

blind [blɪnt] *adj* cieco; **~ werden** perdere la vista

Blinddarmentzündung *f* (MED) appendicite *f*

Blinddate ['blaɪnt 'de:t] <-, -s> *n* appuntamento *m* al buio; **Blindschleiche** <-, -n> *f* orbettino *m*

Blinker <-s, -> *m* (AUTO) lampeggiatore *m*

blinzeln ['blɪntsəln] *vi* ammiccare

Blitz [blɪts] <-es, -e> *m* ❶ (METEO) lampo *m*; **wie der ~** (*fam*) come un fulmine ❷ (FOTO) flash *m*

blitzen *vi* ❶ (*funkeln*) luccicare; (*Augen*) brillare ❷ (METEO) **es blitzt** lampeggia

Block[1] [blɔk] <-(e)s, Blöcke> *m* (*Stein~*) blocco *m*

Block[2] <-(e)s, -s> *m* ❶ (*Notiz-, Zeichen~*) blocco *m* ❷ (*Häuser~*) isolato *m*

Blockade [blɔ'ka:də] <-, -n> *f* blocco *m*

Blockschrift *f* stampatello *m*

blöd(e) ['blø:t] *adj* (*dumm*) scemo; (*albern*) sciocco

Blödsinn *m* (*fam: Unsinn*) sciocchezza *f*

blond [blɔnt] *adj* biondo

bloß [blo:s] **I.** *adj* (*nackt*) nudo **II.** *adv* (*fam: nur*) soltanto; **wie machst du das ~?** ma come riesci a fare ciò?

bloß|stellen *vt* compromettere

blühen ['bly:ən] *vi* ❶ (*Pflanzen*) fiorire ❷ (*Geschäft*) prosperare

Blume ['blu:mə] <-, -n> *f* (BOT) fiore *m*; **Blumenkohl** *m* cavol-

fiore *m;* **Blumenstrauß** *m* mazzo *m* di fiori
Bluse ['blu:zə] <-, -n> *f* camicetta *f*
Blut [blu:t] <-(e)s> *n* sangue *m*
Blüte ['bly:tə] <-, -n> *f* ❶ (BOT) fiore *m;* (*Zeit*) fioritura *f* ❷ (*fig: Höhepunkt*) periodo *m* aureo
bluten *vi* sanguinare
Blütenstaub *m* (BOT) polline *m*
Blutgruppe *f* (MED) gruppo *m* sanguigno
blutig *adj* (*blutbefleckt*) insanguinato; (*Kampf*) sanguinoso
Blutung <-, -en> *f* emorragia *f*
Blutwurst *f* (GASTR) sanguinaccio *m*
BLZ *abk v* **Bankleitzahl** CAB
Bob [bɔp] <-s, -s> *m* (SPORT) bob *m*
Boccia <-s, -> *n o f* (gioco *m* delle) bocce *fpl*
Bock [bɔk] <-(e)s, Böcke> *m* ❶ (*Ziegen~*) caprone *m;* (*Schafs~*) montone *m;* (*Reh~*) capriolo *m* (maschio); **keinen ~ haben etw zu tun** (*fam*) non aver (nessuna) voglia di fare qc ❷ (*Gestell*) cavalletto *m*
Boden ['bo:dən] <-s, Böden> *m* ❶ (*Erd~*) suolo *m;* (*a Fläche*) terreno *m;* **zu ~ fallen** cadere a terra ❷ (*Acker~*) terreno *m* coltivabile; **Bodenschätze** *mpl* risorse *fpl* minerarie
Bodensee *m* lago *m* di Costanza
Bogen ['bo:gən] <-s, -> *m* (*Kurve*) curva *f;* (*Biegung*) curvatura *f;* **einen (großen) ~ um jdn machen** girare al largo da qu
Böhmen ['bø:mən] *n* Boemia *f*
Bohne ['bo:nə] <-, -n> *f* ❶ (BOT) fagiolo *m;* **grüne ~n** fagiolini *mpl* ❷ (*Kaffee~*) chicco *m*
bohren ['bo:rən] *vi, vt* (*a beim Zahnarzt*) trapanare; (*nach Erdöl*) trivellare; (*Brunnen, Tunnel*) scavare
Bohrer <-s, -> *m* trapano *m*
Bohrmaschine *f* perforatrice *f*
Boiler ['bɔɪlɐ] <-s, -> *m* scaldaacqua *m*
Boje ['bo:jə] <-, -n> *f* (NAUT) boa *f*
Bolivien [bo'li:vi̯ən] *n* Bolivia *f*
Bombe ['bɔmbə] <-, -n> *f* bomba *f;* **Bombenangriff** *m* (MIL) bombardamento *m;* **Bombenanschlag** *m* (MIL) attentato *m* dinamitardo
Bon [bɔŋ] <-s, -s> *m* (*Gutschein*) buono *m;* (*Kassenzettel*) scontrino *m*
Bonbon [bɔŋ'bɔŋ] <-s, -s> *m o n* caramella *f*
Bonn [bɔn] *n* Bonn *f*
Boot [bo:t] <-(e)s, -e> *n* barca *f*
Bordell [bɔr'dɛl] <-s, -e> *n* bordello *m*
borgen ['bɔrgən] *vt* ❶ (*verleihen*) prestare (qc a qu) ❷ (*entleihen*) farsi prestare (qc da qu)
Börse ['bœrzə] <-, -n> *f* ❶ (FIN) borsa *f* ❷ (*Geldbeutel*) borselli-

no *m*

Borste ['bɔrstə] <-, -n> *f* setola *f*

bösartig ['bø:sʔa:ɐ̯tɪç] *adj* ❶ (*Mensch, Bemerkung*) malvagio ❷ (MED) maligno

Böschung ['bœʃʊŋ] <-, -en> *f* (*Straßen~*) scarpata *f;* (*Fluss~*) argine *m*

böse ['bø:zə] *adj* ❶ (*Mensch, Bemerkung, Tat*) cattivo; (*unartig*) maleducato ❷ (*ärgerlich*) arrabbiato; **auf jdn ~ sein** avercela con qu *fam* ❸ (*schlimm*) grave

Bosnien Herzegowina ['bɔsniən hɛrt͜se'go:vina] *n* Bosnia Erzegovina *f*

Boss [bɔs] <-es, -e> *m* (*fam*) capo *m*

Bote ['bo:tə] <-n, -n> *m* messaggero *m;* (*Laufbursche*) corriere *m*

Botschaft ['bo:tʃaft] <-, -en> *f* ❶ (*Nachricht*) messaggio *m* ❷ (POL) ambasciata *f*

Bowle ['bo:lə] <-, -n> *f* punce *m*

Box [bɔks] <-, -en> *f* ❶ (*Pferde~, Wagen~*) box *m* ❷ (MUS: *Lautsprecher~*) cassa *f* (acustica)

boxen ['bɔksən] *vi* fare del pugilato

Boxkampf *m* incontro *m* di pugilato

Boykott [bɔɪ'kɔt] <-(e)s, -s> *m* boicottaggio *m*

Bozen ['bo:t͜sən] *n* Bolzano *f*

Branche ['brɑ̃:ʃə] <-, -n> *f* ramo *m*

Brand [brant] <-(e)s, Brände> *m* ❶ (*Feuer*) incendio *m;* **etw in ~ setzen** incendiare qc ❷ (*fam*) arsura *f;* **Brandstiftung** *f* incendio *m* colposo

Brandung <-, -en> *f* risacca *f*

Branntwein ['brantvaɪn] *m* acquavite *f*

Brasilien [bra'zi:li̯ən] *n* Brasile *m*

braten ['bra:tən] <irr> *vt* (*Fleisch*) arrostire; (*in der Pfanne*) friggere; (*auf dem Rost*) fare ai ferri

Braten <-s, -> *m* arrosto *m*

Brathähnchen *n,* **Brathendl** *n* (*A, südd*) pollo *m* arrosto

Brauch [braʊx] <-(e)s, Bräuche> *m* usanza *f*

brauchbar *adj* (*verwendbar*) utilizzabile; (*nützlich*) utile

brauchen ['braʊxən] *vt* ❶ (*benötigen*) aver bisogno di; **zwei Stunden ~, um zu** +*inf* impiegare due ore per +*inf;* **kannst du die Sachen ~?** ti possono servire queste cose? ❷ (*müssen*) dovere

Braue ['braʊə] <-, -n> *f* sopracciglio *m*

Brauerei [braʊə'raɪ] <-, -en> *f* fabbrica *f* di birra

braun [braʊn] *adj* bruno, marrone; (*Haar*) scuro

bräunen *vt* (*Haut*) abbronzare

B

braungebrannt *adj* abbronzato
Braunkohle <-> *f* lignite *f*
Brause ['braʊzə] <-, -n> *f* (*Getränk*) gassosa *f*
Braut [braʊt] <-, Bräute> *f* fidanzata *f*; (*am Hochzeitstag*) sposa *f*
Bräutigam ['brɔɪtɪgam] <-s, -e> *m* fidanzato *m*; (*am Hochzeitstag*) sposo *m*
Brautpaar *n* (coppia *f* di) sposi *mpl*
brav [bra:f] *adj* ❶ (*artig*) bravo ❷ (*Kleidung*) sobrio
BRD [be:ʔɛr'de:] <-> *f abk v* **Bundesrepublik Deutschland** R.F.T. *f*
brechen ['brɛçən] <irr> **I.** *vt* ❶ (*entzwei~*) rompere; (*in Stücke ~*) frantumare; (*Knochen*) fratturare ❷ (*fig: Eid, Gesetz*) violare; (*Vertrag*) rompere; (*Versprechen, sein Wort*) non mantenere; (*Widerstand*) vincere; (*Rekord*) battere **II.** *vi sein* (*zer~*) rompersi
Brei [braɪ] <-(e)s, -e> *m* (*für Kinder*) pappa *f*; (*bes von Obst*) passato *m*
Breisgau ['braɪsgaʊ] *m* Brisgovia *f*
breit [braɪt] *adj* largo; (*weit, ausgedehnt*) ampio; (*Angebot, Öffentlichkeit, Masse*) grande
Breite <-, -n> *f* (*bei Maßangaben*) larghezza *f*
Bremen ['bre:mən] *n* Brema *f*
Bremse ['brɛmzə] <-, -n> *f* (TEC, MOT) freno *m*
bremsen ['brɛmzən] *vi, vt* (*a fig*) frenare
brennen ['brɛnən] <irr> *vi* ❶ (*Feuer, Material, Haus*) ardere; (*Licht, Ofen*) essere acceso; **es brennt!** al fuoco! ❷ (*Haut, Wunde, Augen*) bruciare
Brenner ['brɛnɐ] <-s> *m* Brennero *m*
Brennerei [brɛnə'raɪ] <-, -en> *f* distilleria *f*
Brett [brɛt] <-(e)s, -er> *n* (*Holz~*) tavola *f*; **schwarzes ~** bacheca *f*
Brief [bri:f] <-(e)s, -e> *m* lettera *f*; **Briefkasten** *m* cassetta *f* postale; **Briefmarke** *f* francobollo *m*; **Briefträger(in)** *m(f)* postino, -a *m, f*
Brillant <-en, -en> *m* brillante *m*
Brille ['brɪlə] <-, -n> *f* occhiali *mpl*
bringen ['brɪŋən] <irr> *vt* (*her-bei~, mit~*) portare; (*begleiten*) accompagnare; **jdn auf eine Idee ~** far venire un'idea a qu; **etw hinter sich ~** portare a termine qc; **mit sich** *dat* **~** comportare; **das bringt nichts** (*fam*) non serve a niente; **jdn zum Lachen/Weinen ~** far ridere/piangere qu; **jdn dazu ~ etw zu tun** indurre qu a fare qc
Brise ['bri:zə] <-, -n> *f* brezza *f*

britisch *adj* britannico
Brixen ['brɪksən] *n* Bressanone *f*
Brokkoli ['brɔkoli] *pl* broccolo *m*
Brombeere ['brɔmbe:rə] *f* mora *f*
Bronchitis [brɔn'çi:tɪs] *f* (MED) bronchite *f*
Bronze ['brõ:sə] <-, -n> *f* bronzo *m*
Brosche ['brɔʃə] <-, -n> *f* fermaglio *m*
Broschüre [brɔ'ʃy:rə] <-, -n> *f* opuscolo *m*
Brot [bro:t] <-(e)s, -e> *n* pane *m*
Brötchen ['brø:tçən] <-s, -> *n* panino *m*
Bruch [brʊx] <-(e)s, Brüche> *m* ❶ (*Brechen, a fig*) rottura *f*; (MED: *Knochen~*) frattura *f* ❷ (*Spaltung, Zerwürfnis*) scissione *f*
Brücke ['brʏkə] <-, -n> *f* (ARCH, SPORT, TEC, MED) ponte *m*; (NAUT) passerella *f*
Bruder ['bru:dɐ] <-s, Brüder> *m* fratello *m*
Brühe ['bry:ə] <-, -n> *f* ❶ (*Fleisch~*) brodo *m* ❷ (*pej: Schmutzwasser*) acque *fpl* luride
brüllen ['brʏlən] *vi* (*Rind*) muggire; (*Löwe*) ruggire; (*Mensch*) urlare
brummen ['brʊmən] **I.** *vi* (*Bär, Mensch*) brontolare; (*Insekt, Flugzeug, Kopf*) ronzare; (MOT) rombare **II.** *vt* borbottare
brunchen *vi* fare il brunch
brünett [bry'nɛt] *adj* castano
Brunnen ['brʊnən] <-s, -> *m* (*Spring~*) fontana *f*; (*Zieh~*) pozzo *m*
Brüssel ['brʏsəl] *n* Bruxelles *f*
Brust [brʊst] <-, Brüste> *f* ❶ (*Körperteil*) petto *m*; (*~korb*) torace *m* ❷ (*Busen*) seno *m*; **Brustschwimmen** *n* (SPORT) (nuoto *m* a) rana *f*
Brüstung ['brʏstʊŋ] <-, -en> *f* parapetto *m*
brutal [bru'ta:l] *adj* brutale
brüten ['bry:tən] *vi* ❶ (*Vögel*) covare ❷ (*fig: nachgrübeln*) meditare
brutto ['brʊto] *adv* lordo; **Bruttosozialprodukt** *n* (WIRTSCH) Prodotto *m* Nazionale Lordo
Bub [bu:p] <-en, -en> *m* (*südd, A, CH*) ragazzetto *m*
Buch [bu:x] <-(e)s, Bücher> *n* ❶ libro *m* ❷ (COM) registro *m*; **Buchdrucker(in)** *m(f)* tipografo, -a *m, f*
Buche ['bu:xə] <-, -n> *f* faggio *m*
buchen ['bu:xən] *vt* ❶ (COM: *Betrag*) registrare ❷ (*Platz, Zimmer, Flug*) prenotare
Bücherei [by:çə'raɪ] <-, -en> *f* biblioteca *f*
Bücherregal *n* scaffale *m*
Buchführung *f* (COM) contabilità *f*; **Buchhalter(in)** *m(f)* (COM) contabile *mf*; **Buch-**

B

handlung *f* libreria *f*
Büchse ['bʏksə] <-, -n> *f* ❶ (*Behälter*) barattolo *m;* (*Sammel~*) bossolo *m* ❷ (*Jagdgewehr*) fucile *m;* **Büchsenöffner** *m* apriscatole *m*
Buchstabe ['bu:xʃta:bə] <-ns, -n> *m* lettera *f;* **großer/kleiner ~** lettera maiuscola/minuscola
buchstabieren [bu:xʃta'bi:rən] *vt* compitare
Bucht [bʊxt] <-, -en> *f* baia *f*
Buchung <-, -en> *f* ❶ (COM: *Eintrag*) registrazione *f* ❷ (*Reservierung*) prenotazione *f*
buck(e)lig *adj* gobbo
bücken ['bʏkən] *vr* **sich (nach etw)** ~ chinarsi (per raccogliere qc)
Buddhismus [bʊ'dɪsmʊs] <-> *m* buddismo *m*
Budget [bʏ'dʒe:] <-s, -s> *n* (POL, COM) budget *m*
Büffel ['bʏfəl] <-s, -> *m* bufalo *m*
Bügel ['by:gəl] <-s, -> *m* ❶ (*Kleider~*) gruccia *f* ❷ (*Steig~*) staffa *f*
Bügeleisen *n* ferro *m* da stiro
bügeln ['by:gəln] *vi, vt* stirare
Bühne ['by:nə] <-, -n> *f* (*im Theater*) scena *f;* **Bühnenbild** *n* scenografia *f*
Bulgarien [bʊl'ga:ri̯ən] *n* Bulgaria *f*
Bulle ['bʊlə] <-n, -n> *m* ❶ (*Stier*) toro *m;* (*männliches Tier*) maschio *m* ❷ (*fam pej: Polizist*) piedipiatti *m sl*
Bummel ['bʊməl] <-s, -> *m* (*fam*) giro *m*
bummeln *vi* (*fam*) ❶ *sein* (*umherschlendern*) gironzolare ❷ (*trödeln*) gingillarsi
Bund[1] [bʊnt] <-(e)s, Bünde> *m* ❶ (*Freundschafts~*) legame *m;* (*Vereinigung*) unione *f;* (*Staaten~*) confederazione *f;* (*Bundesstaat*) governo *m* federale ❷ (*an Kleid, Hose*) cintura *f*
Bund[2] [bʊnt] <-(e)s, -e> *n* (*Stroh~, Gemüse~*) fascio *m*
Bundesbahn *f* ferrovie *fpl* dello stato; **Bundeskanzler** *m* cancelliere *m* federale; **Bundesland** *n* (*BRD*) Land *m;* (*A*) provincia *f;* **Bundespräsident(in)** *m(f)* (*BRD, A*) presidente *m* della repubblica federale; (*CH*) presidente *m* della confederazione; **Bundesregierung** *f* governo *m* federale; **Bundesrepublik** *f* repubblica *f* federale; **die ~ Deutschland** la Repubblica Federale Tedesca; **Bundesstaat** *m* Stato *m* federale; **Bundeswehr** ['bʊndəsve:ɐ̯] <-> *f* (*BRD*) forze *fpl* armate federali
Bündnis ['bʏntnɪs] <-ses, -se> *n* alleanza *f*
Bungalow ['bʊŋgalo] <-s, -s> *m* bungalow *m*
bunt [bʊnt] *adj* ❶ (*mehrfar*

big) variopinto; (*farbig*) colorato ❷(*fig: gemischt*) (s)variato; **Buntstift** *m* matita *f* colorata
Burg [bʊrk] <-, -en> *f* castello *m*
Bürger(in) ['bʏrgɐ] <-s, -; -, -nen> *m(f)* cittadino, -a *m, f*; **Bürgerkrieg** *m* guerra *f* civile
bürgerlich *adj* (JUR) civile; (HIST, SOC) borghese; (*pej*) da piccolo borghese; **gut ~e Küche** cucina *f* alla casalinga
Bürgermeister(in) *m(f)* sindaco *m*; (*BRD*) borgomastro *m*; **Bürgersteig** ['bʏrgɐʃtaɪk] <-(e)s, -e> *m* marciapiede *m*; **Bürgertum** <-s> *n* borghesia *f*
Bürgschaft ['bʏrkʃaft] <-, -en> *f* garanzia *f*
Büro [by'ro:] <-s, -s> *n* ufficio *m*; **Büroklammer** *f* graffetta *f*
Bürokratie [byrokra'ti:] *f* burocrazia *f*
Bursche ['bʊrʃə] <-n, -n> *m* ragazzo *m*
Bürste ['bʏrstə] <-, -n> *f* spazzola *f*
Bus [bʊs] <-ses, -se> *m* (auto)bus *m*
Busch [bʊʃ] <-es, Büsche> *m* (*Strauch*) arbusto *m*; (*Gebüsch*) cespuglio *m*
Büschel ['bʏʃəl] <-s, -> *n* ciuffo *m*
Busen ['bu:zən] <-s, -> *m* seno *m*
Bushaltestelle <-, -n> *f* fermata *f* d'autobus
Buße ['bu:sə] <-, -n> *f* ❶(REL) penitenza *f* ❷(JUR: *Geld~*) ammenda *f*
Bußgeld *n* multa *f*
Bussi ['bʊsi] <-, -> *n* (*A: fam: Küsschen*) bacetto *m*
Büstenhalter *m* reggipetto *m*
Butter ['bʊtɐ] <-> *f* burro *m*; **Buttermilch** *f* latte *m* fermentato
Button [bʌtn] <-s, -s> *m* distintivo *m*
bzgl. *abk v* **bezüglich** per quanto riguarda
bzw. *abk v* **beziehungsweise** risp.

C

C, c [tse:] <-, -(s)> *n* ❶(*Buchstabe*) C, c *f* ❷(MUS) do *m*
Café [ka'fe:] <-s, -s> *n* caffè *m*
Camping ['kɛmpɪŋ] <-s> *n* campeggio *m*; **Campingplatz** *m* camping *m*
CD [tse:'de:] *f abk v* **Compact Disk** CD *m*
CD-Player *m* lettore *m* CD
CD-ROM [tse:'de:rɔm] <-, -s> *f* (INFORM) CD-ROM *m*
Champagner <-s, -> *m* champagne *m*
Champignon ['ʃampɪnjɔŋ] <-s,

C

-s> *m* fungo *m* prataiolo

Chance ['ʃɑ̃:s(ə)] <-, -n> *f* ❶ (*Gelegenheit*) occasione *f* ❷ (*Aussicht*) prospettiva *f*

Chaos ['ka:ɔs] *n* caos *m*

Charakter [ka'raktɐ] <-s, -e> *m* carattere *m*; (*Wesen*) natura *f*

charmant [ʃar'mant] *adj* affascinante

Charme <-s> *m* fascino *m*

Charterflugzeug *n* charter *m*

chatten *vi* chattare

Chauffeur [ʃɔ'fø:ɐ̯] <-s, -e> *m* autista *m* (personale)

Chef(in) *m(f)* padrone, -a *m, f*; (*Vorgesetzter*) capo *m*; **Chefarzt** *m*, **Chefärztin** *f* primario *m*; **Chefsekretär(in)** *m(f)* segretario, -a *m, f* del principale

Chemie [çe'mi:] <-> *f* chimica *f*

Chemikalie <-, -n> *f* prodotto *m* chimico

Chemiker(in) *m(f)* chimico, -a *m, f*

chemisch *adj* chimico

Chile ['tʃi:le] *n* Cile *m*

China ['çi:na] *n* Cina *f*

Chip [tʃɪp] <-s, -s> *m* ❶ (*Kartoffel~ s*) patatine *fpl* (fritte) ❷ (TEC, INFORM) chip *m*

Chirurg(in) [çi'rʊrk] <-en, -en; -, -nen> *m(f)* chirurgo, -a *m, f*

Chlor [klo:ɐ̯] *n* (CHEM) cloro *m*

cholerisch [ko'le:rɪʃ] *adj* collerico

Cholesterin <-s> *n* colesterolo *m*

Chor [ko:ɐ̯] <-(e)s, Chöre> *m* coro *m*

Christ(in) ['krɪst] <-en, -en; -, -nen> *m(f)* cristiano, -a *m, f*

Christentum <-s> *n* cristianesimo *m*

christlich *adj* cristiano

Christus ['krɪstʊs] <Christi> *m* Cristo *m*

chronisch *adj* cronico

circa ['tsɪrka] *adv* circa

Clown [klaʊn] <-s, -s> *m* pagliaccio *m*

Club [klʊp] <-s, -s> *m* club *m*

Code ['ko:t] <-s, -s> *m* codice *m*

Comic ['kɔmɪk] <-s, -s> *m* fumetto *m*

Computer [kɔm'pju:tɐ] <-s, -> *m* computer *m*

Container [kɔn'te:nɐ] <-s, -> *m* container *m*

Couch [kaʊtʃ] <-, -s> *f* divano *m*

Coupon [ku'põ:] <-s, -s> *m* tagliando *m*

Cousin [ku'zɛ̃:] <-s, -s> *m*, **Cousine** [ku'zi:nə] <-, -n> *f* cugino, -a *m, f*

Creme [kre:m] <-, -s> *f* crema *f*

Cursor ['kœ:zɐ] <-s, -s> *m* (INFORM) cursore *m*

D

D, d [de:] <-, -(s)> *n* ❶ (*Buchstabe*) D, d *f* ❷ (MUS) re *m*

da [da:] **I.** *adv* ❶ (*dort*) lì, là; (*hier*) qui, qua; **~ oben** lassù; **~ unten** laggiù; **das Buch ~** quel libro lì; **~ ist er** eccolo ❷ (*vorhanden*) presente; **~ sein** (*anwesend sein*) essere presente; (*vorhanden sein*) esserci; **es ist niemand ~** non c'è nessuno **II.** *konj* (*weil*) siccome

dabei [da'baɪ] *adv* (*bei dieser Sache*) con questo; **es bleibt ~, dass ...** resta inteso che ...; **bei etw ~ sein** partecipare a qc; **~ sein etw zu tun** stare per fare qc

Dach [dax] <-(e)s, Dächer> *n* tetto *m;* **Dachboden** *m* soffitta *f;* **Dachrinne** *f* grondaia *f*

Dachs [daks] <-es, -e> *m* tasso *m*

Dackel ['dakəl] <-s, -> *m* bassotto *m*

dadurch [da'dʊrç] *adv* ❶ (*räumlich*) per di là ❷ (*aus diesem Grund*) per questo; **~, dass ...** per il fatto che ... ❸ (*auf diese Weise*) così

dafür [da'fy:ɐ̯] *adv* ❶ (*für das*) per questo; **er kann nichts ~** non è colpa sua; **ich bin ~, dass ...** sono dell'avviso che *+conj* ❷ (*zum Ersatz*) in cambio; (*als Gegenleistung*) in compenso

dagegen [da'ge:gən] *adv* ❶ (*räumlich*) contro ❷ (*als Ablehnung*) (in) contrario; **etw/nichts ~ haben** avere qc/nulla in contrario; **nichts ~ tun können** non poter farci niente

daheim [da'haɪm] *adv* (*A, CH, südd*) a casa

daher [da'he:ɐ̯] *adv* ❶ (*von dorther*) da quella parte ❷ (*Ursache*) da ciò; **~ kommt es, dass ...** è questo il motivo per cui ... ❸ (*deshalb*) perciò

dahinter [da'hɪntɐ] *adv* dietro; (*fig*) sotto; **~ kommen** (*fam*) scoprire (qc)

damals *adv* allora

Dame ['da:mə] <-, -n> *f* ❶ (*Frau*) signora *f;* **meine ~n und Herren!** signore e signori! ❷ (*Spielkarte, Schachspiel*) regina *f*

damit [da'mɪt] **I.** *adv* con questo; **ich bin ~ zufrieden** ne sono contento; **das hat nichts ~ zu tun** questo non c'entra; **was wollen Sie ~ sagen?** cosa intende?; **hör auf ~!** piantala! **II.** *konj* affinché *+conj*

Damm [dam] <-(e)s, Dämme> *m* ❶ (*Deich*) diga *f* ❷ (*Bahn~, Straßen~*) terrapieno *m;* (*Hafen~*) molo *m*

Dämmerung <-, -en> *f* (*Abend~*) imbrunire *m;* (*Morgen~*) alba *f*

Dampf [dampf] <-(e)s, Dämpfe> *m* vapore *m*
dämpfen ['dɛmpfən] *vt* (*fig: Ton, Licht*) smorzare; (*Stimme*) abbassare; **mit gedämpfter Stimme** sottovoce
Dampfer ['dampfɐ] <-s, -> *m* vapore *m*
danach [da'na:x] *adv* (*zeitlich*) dopo
daneben [da'ne:bən] *adv* ❶(*räumlich*) accanto ❷(*zusätzlich*) inoltre
Dänemark ['dɛ:nəmark] *n* Danimarca *f*
dänisch *adj* danese
Dank <-(e)s> *m* ringraziamento *m*; **vielen ~!** mille grazie!
dankbar I. *adj* grato **II.** *adv* con gratitudine
danke *int* grazie; **~ schön** grazie tanto!
danken *vi* ringraziare; **nichts zu ~!** non c'è di che!
dann [dan] *adv* ❶(*später, danach*) dopo; **und** [*o* **was**] **~?** e poi?; **~** (**eben**) **nicht!** allora no! ❷(*außerdem*) poi
daran [da'ran] *adv* ❶(*räumlich*) ci, vi, ne ❷(*zeitlich*) **im Anschluss ~** in seguito a ciò; **nahe ~ sein zu** +*inf* essere sul punto di +*inf* ❸(*an dieses, an diesem*) ci, ne; **~ denken/glauben** pensarci/crederci
darauf [da'raʊf] *adv* ❶(*räumlich*) su questo ❷(*zeitlich*) dopo; **am ~ folgenden Tag** il giorno dopo ❸(*auf dieses*) ci, ne; **~ kommt es nicht an** questo non importa
daraus [da'raʊs] *adv* ❶(*räumlich*) da ciò ❷(*fig*) ne; **~ folgt, dass ...** ne (con)segue che ...
darin [da'rɪn] *adv* dentro
Darlehen ['da:ɐ̯le:ən] <-s, -> *m* prestito *m*
Darm [darm] <-(e)s, Därme> *m* intestino *m*
dar|stellen *vt* ❶(*abbilden, bedeuten*) rappresentare ❷(*wie dergeben*) raffigurare; (THEAT) interpretare (la parte di)
Darsteller(in) <-s, -; -, -nen> *m(f)* interprete *mf*
darüber [da'ry:bɐ] *adv* (*räumlich*) (al) di sopra; **~ hinaus** inoltre
darum [da'rʊm] **I.** *adv* ❶(*räumlich*) attorno (a ciò) ❷(*um diese Angelegenheit*) di questo; **ich bitte dich ~** te ne prego; **es geht ~, dass ...** si tratta di +*inf* **II.** *konj* (*deshalb*) per questo
darunter [da'rʊntɐ] *adv* ❶(*räumlich*) sotto ❷(*weniger*) meno; (*unter einer Anzahl*) fra cui ❸(*unter einer Sache*) **was verstehen Sie ~?** cosa intende con ciò?
das [das] **I.** *ART nom u acc n s.* **der, die, das II.** *pron* questo, quello; **~ ist mein Haus** ecco la mia casa; **~ war eine Freude!**

che gioia!; **auch ~ noch!** ci mancava solo questo!

dass [das] *konj* che; (*bei Subjektgleichheit*) di +*inf*; **so ~** in modo da +*inf*; **nicht ~ ich wüsste!** non che io sappia!

dasselbe *pron s.* **derselbe**

Datei [da'taɪ] <-, -en> *f* (INFORM) file *m*

Daten *pl* (*Angaben*) dati *mpl*; **Datenbank** *f* (INFORM) banca-dati *f*; **Datenschutz** *m* protezione *f* dati; **Datenverarbeitung** *f* (INFORM) elaborazione *f* (dei) dati

Dattel ['datəl] <-, -n> *f* dattero *m*

Datum ['da:tʊm] <-s, Daten> *n* data *f*; **welches ~ haben wir heute?** quanti ne abbiamo oggi?

Dauer ['daʊɐ] <-> *f* durata *f*; **auf die ~** a lungo andare

dauern ['daʊɐn] *vi* durare; **das wird nicht lange ~** non ci vorrà molto

dauernd I. *adj* (*andauernd*) permanente; (*ständig*) continuo II. *adv* in continuazione

Dauerwelle *f* permanente *f*

Daumen ['daʊmən] <-s, -> *m* pollice *m*

Daune ['daʊnə] <-, -n> *f* piuma *f*

davon [da'fɔn] *adv* ❶ (*räumlich*) di là, di lì ❷ (*dadurch*) ne; **was habe ich ~?** che vantaggio ne ho io?; **das kommt ~, wenn ...** ecco quel che succede, se ...;

davon|laufen <irr> *vi sein* scappare

davor [da'fo:ɐ̯] *adv* ❶ (*räumlich*) davanti ❷ (*zeitlich*) prima ❸ (*vor dieser Sache*) ne; **ich habe Angst ~** ne ho paura

dazu [da'tsu:] *adv* ❶ (*zu diesem Zweck*) a questo scopo ❷ (*zu dieser Sache*) ci, ne; **was sagen Sie ~?** cosa ne dice?; **~ kommt, dass ...** a ciò si aggiunge che ...

dazwischen [da'tsvɪʃən] *adv* ❶ (*räumlich*) in mezzo; (*darunter*) tra questi ❷ (*zeitlich*) nel frattempo

Dealer(in) <-s, -; -, -nen> *m(f)* spacciatore, -trice *m, f*

Debatte [de'batə] <-, -n> *f* discussione *f*

Deck [dɛk] <-(e)s, -s> *n* (NAUT) ponte *m*

Decke ['dɛkə] <-, -n> *f* ❶ (*Bett~*) coperta *f*; (*Tisch~*) tovaglia *f* ❷ (*Zimmer~*) soffitto *m*

Deckel ['dɛkəl] <-s, -> *m* ❶ (*von Gefäßen*) coperchio *m* ❷ (*Buch~*) copertina *f*

decken *vt* (*Bedarf, Kosten*) coprire; **den Tisch ~** apparecchiare la tavola

defekt [de'fɛkt] *adj* difettoso

Defekt <-(e)s, -e> *m* danno *m*; (MOT) guasto *m*

definieren [defi'ni:rən] *vt* definire

Definition [defini'tsi̯o:n] <-,

D

-en> *f* definizione *f*
Defizit ['de:fiʦɪt] <-s, -e> *n* deficit *m*
dehnbar ['de:nba:ɐ̯] *adj* (*Material*) estendibile; (*Begriff*) elastico
dehnen *vt* (*Material*) tendere; (*Glieder*) stirare
Deich [daɪç] <-(e)s, -e> *m* diga *f*
dein [daɪn] *pron sing, nom m u n von* **du** tuo, -a *m, f,* tuoi *mpl,* tue *fpl*
deine(r, s) *pron* il tuo, la tua, i tuoi *pl,* le tue *pl*
deinetwegen *adv* per te; (*negativ*) per colpa tua
Dekolleté, Dekolletee [dekɔl'te:] <-s, -s> *n* scollatura *f*
Dekoration [dekora'ʦi̯o:n] <-, -en> *f* decorazione *f*
Delegation [delega'ʦi̯o:n] <-, -en> *f* delegazione *f*
Delikt [de'lɪkt] <-(e)s, -e> *n* (JUR) reato *m*
Delphin <-s, -e> *m* delfino *m*
dem [de:m] *ART sing, dat von* **der, das** (*Wend*) **wie ~ auch sei** comunque sia
dementsprechend *adj* conforme
demnächst *adv* prossimamente
Demokratie [demokra'ti:] <-, -n> *f* democrazia *f*
demokratisch *adj* democratico
demolieren [demo'li:rən] *vt* demolire
Demonstration [demɔnstra'ʦi̯o:n] <-, -en> *f* ❶ (*Kundgebung*) manifestazione ❷ (*Darstellung*) dimostrazione
Demütigung <-, -en> *f* umiliazione *f*
den [de:n] *ART sing, acc von* **der**
denen [de:nən] *pron pl, dat von* **die**
denken ['dɛnkən] <irr> *vi, vt* pensare; **jdm zu ~ geben** dare da pensare a qu; **nur an sich ~** badare solo a sé stesso; **gar nicht daran ~ zu** +*inf* non pensare minimamente di +*inf;* **wer hätte das gedacht?** chi l'avrebbe mai pensato?; **das habe ich mir gedacht!** c'era da immaginarselo!
Denkmal <-s, -mäler> *n* monumento *m*
Denkweise *f* modo *m* di pensare, mentalità *f*
denn [dɛn] **I.** *konj* (*kausal*) poiché **II.** *adv* (*eigentlich, überhaupt*) ma; **wieso ~?** e come mai?
dennoch ['dɛnɔx] *adv* tuttavia
Deponie [depo'ni:] <-, -n> *f* discarica *f*
Depression [deprɛ'si̯o:n] <-, -en> *f* depressione *f*
deprimieren [depri'mi:rən] *vt* deprimere
der [de:ɐ̯] *ART* ❶ *sing, gen u dat von* **die** ❷ *pl, gen von* **die**
der, die, das <*pl:* die> **I.** *ART* il *m,* lo *m,* la *f,* l' *mf;* (*pl*) i *mpl,* gl

mpl, le *fpl* **II.** *pron s.* **diese(r, s)**; **jene(r, s)**; **derjenige III.** *pron s.* **welche(r, s)**

derb [dɛrp] *adj* ❶ (*fest*) solido ❷ (*fig: grob*) rozzo

derjenige, **diejenige**, **dasjenige** <*pl:* diejenigen> *pron* colui, colei; (*pl*) coloro

derselbe, **dieselbe**, **dasselbe** <*pl:* dieselben> *pron* lo stesso, la stessa; (*pl*) gli stessi, le stesse; **das ist ein und dasselbe** è lo stesso

des [dɛs] **I.** *ART sing, gen von* **der, das II.** *pron sing, gen von* **der, das**

deshalb ['dɛs'halp] *adv* perciò

Desinfektionsmittel *n* disinfettante *m*

Dessert [dɛ'sɛ:ɐ̯] <-s, -s> *n* dolce *m*

desto ['dɛsto] *konj* tanto; **je ..., ~** (quanto) più ..., (tanto) più

deswegen ['dɛs've:gən] *s.* **deshalb**

Detail [de'taɪ] <-s, -s> *n* dettaglio *m*

Detektiv(in) [detɛk'ti:f] <-s, -e; -, -nen> *m(f)* detective *m*

deuten ['dɔɪtən] *vt, vi* (*auslegen*) interpretare; **alles deutet darauf (hin), dass ...** tutto fa supporre che ...

deutlich ['dɔɪtlɪç] *adj* ❶ (*klar*) chiaro; **jdm etw ~ machen** far capire qc a qu ❷ (*Unterschied*) netto

deutsch [dɔɪtʃ] *adj* tedesco; **Deutsche Demokratische Republik** (POL, HIST) Repubblica Democratica Tedesca

Deutsch <-s> *n* tedesco *m;* **sprechen Sie ~?** parla tedesco?; **wie heißt das auf ~?** come si dice in tedesco?

Deutsche <ein -r, -n, -n> *mf* tedesco, -a *m, f*

Deutschland *n* Germania *f*

Devisen [de'vi:zən] *pl* valuta *f* estera

Dezember [de'tsɛmbɐ] <-(s), -> *m* dicembre *m*

dezent [de'tsɛnt] *adj* discreto

d. h. *abk v* **das heißt** cioè

Dia ['di:a] <-s, -s> *n* diapo(sitiva) *f*

Diagnose [dia'gno:zə] <-, -n> *f* diagnosi *f*

diagonal [diago'na:l] *adj* diagonale

Diagramm [dia'gram] <-s, -e> *n* diagramma *m*

Dialekt [dia'lɛkt] <-(e)s, -e> *m* dialetto *m*

Dialog [dia'lo:k] <-(e)s, -e> *m* dialogo *m*

Diamant [dia'mant] <-en, -en> *m* diamante *m*

Diät [di'ɛ:t] <-, -en> *f* dieta *f;* **~ halten** stare a dieta

dich [dɪç] *pron* (*betont*) te; (*unbetont*) ti

dicht [dɪçt] *adj* (*Nebel, Wald, Stoff*) fitto; (*Haar, Laub*) folto;

D

(*Bevölkerung, Verkehr*) denso; ~ **an** [*o* **bei**] vicinissimo a

dichten ['dɪçtən] *vt, vi* ❶ (*Gedichte*) comporre ❷ (*ab~*) stagnare

Dichter(in) <-s, -; -, -nen> *m(f)* poeta, -essa *m, f*

dick [dɪk] *adj* (*Mensch*) grasso; (*Buch, Schnur*) grosso; (*Wand, Brett*) spesso; ~ **werden** ingrassare

dickflüssig *adj* viscoso

die [di:] **I.** *ART* ❶ *sing, nom u acc f s.* **der, die, das** ❷ *pl, nom u acc von* **der, die, das II.** *pron* ❶ *sing, nom u acc f s.* **der, die, das** ❷ *pl, nom u acc von* **der, die, das III.** *pron* ❶ *sing, nom u acc f s.* **der, die, das** ❷ *pl, nom u acc von* **der, die, das**

Dieb(in) [di:p] <-(e)s, -e; -, -nen> *m(f)* ladro, -a *m, f;* **Diebstahl** *m* furto *m*

Diele ['di:lə] <-, -n> *f* (*Hausflur*) ingresso *m*

dienen ['di:nən] *vi* servire; **womit kann ich (Ihnen)** ~**?** in che cosa posso servirLa?

Dienst [di:nst] <-(e)s, -e> *m* servizio *m;* ~ **haben** essere di servizio; **außer** ~ fuori servizio

Dienstag ['di:nsta:k] *m* martedì *m;* **am** ~ martedì; **heute ist** ~**, der 11. November** oggi è martedì 11 novembre

Dienstagabend *m* martedì *m* sera; **am** ~ martedì sera

dienstags *adv* di [*o* il] martedì;

Dienstleistung *f* ❶ (*Tätigkeit*) (prestazione *f* di) servizio *m* ❷ (*~sgewerbe*) servizi *mpl*

dienstlich **I.** *adj* (*Schreiben*) d'ufficio; (*Vorgehen*) ufficiale **II.** *adv* per ragioni di servizio;

Dienstzeit *f* ❶ (*Amtsdauer*) durata *f* di servizio ❷ (*Arbeitszeit*) orario *m* di servizio

Diesel ['di:zəl] <-s, -> *m* diesel *m*

dieselbe *pron sing, nom u acc f von* **derselbe**

diese(r, s) ['di:zə] *pron* questo, -a

diesjährig *adj* di quest'anno;

diesmal *adv* questa volta

Differenz [dɪfə'rɛnts] <-, -en> *f* differenza *f*

digital [digi'ta:l] *adj* digitale

Digitalkamera *f* (FOTO) macchina *f* (fotografica) digitale

Diktat [dɪk'ta:t] <-(e)s, -e> *n* dettato *m*

Diktatur [dɪkta'tu:ɐ̯] <-, -en> *f* dittatura *f*

Dilemma [di'lɛma] <-s, -s> *n* dilemma *m*

Ding [dɪŋ] <-(e)s, -e> *n* ❶ (*Sache*) cosa *f* ❷ (*Angelegenheit*) faccenda *f*

Diplom [di'plo:m] <-(e)s, -e> *n* diploma *m;* (*von Hochschule*) laurea *f*

Diplomarbeit *f* tesi *f* di laurea

Diplomat(in) [diplo'ma:t] <-en, -en; -, -nen> *m(f)* diplomatico,

-a *m, f*

dir [diːɐ̯] *pron* (*betont*) (a) te; (*unbetont*) ti

direkt [diˈrɛkt] *adj* diretto; (*Antwort*) immediato

Direktor(in) [diˈrɛktoːɐ̯] <-s, -en; -, -nen> *m(f)* ❶ (*allg*, ADM, WIRTSCH) direttore, -trice *m, f* ❷ (*Geschäftsführer*) gerente *mf*

Direktübertragung *f* (RADIO, TV) trasmissione *f* diretta

Dirigent(in) [diriˈgɛnt] <-en, -en; -, -nen> *m(f)* direttore, -trice *m, f* d'orchestra

Diskette [dɪsˈkɛtə] <-, -n> *f* (INFORM) dischetto *m*; **Diskettenlaufwerk** <-(e)s, -e> *n* (INFORM) disk drive *m*

Disko [ˈdɪsko] <-, -s> *f* disco *f*; **Diskothek** [dɪskoˈteːk] <-, -en> *f* discoteca *f*

diskret [dɪsˈkreːt] *adj* discreto

Diskriminierung <-, -en> *f* discriminazione *f*

Diskussion [dɪskʊˈsi̯oːn] <-, -en> *f* discussione *f*

diskutieren [dɪskuˈtiːrən] *vi, vt* discutere

Disse [ˈdɪsə] <-, -s> *f* (*sl: Diskothek*) discoteca *f*

Distanz [dɪsˈtants] <-, -en> *f* distanza *f*

Distel [ˈdɪstəl] <-, -n> *f* cardo *m*

Disziplin [dɪstsiˈpliːn] <-, -en> *f* disciplina *f*

dividieren [diviˈdiːrən] *vt* (MAT) dividere

DM *abk v* **Deutsche Mark** DM

doch [dɔx] **I.** *adv* ❶ (*dennoch*) però ❷ (*aber*) ma ❸ (*verstärkend*) sì, certo; **kommen Sie ~ herein!** entri pure!; **nicht ~!** ma no!; **tu's ~!** fallo dunque! **II.** *konj* (*aber*) ma

Docht [dɔxt] <-(e)s, -e> *m* stoppino *m*

Dogge [ˈdɔgə] <-, -n> *f* dogo *m*

Doktor(in) [ˈdɔktoːɐ̯] <-s, -en; -, -nen> *m(f)* dottore, -essa *m, f*

Doktorarbeit *f* dottorato *f* di ricerca

Dokument [dokuˈmɛnt] <-(e)s, -e> *n* documento *m*

Dokumentation [dokumɛntaˈtsi̯oːn] <-, -en> *f* documentazione *f*

Dolch [dɔlç] <-(e)s, -e> *m* pugnale *m*

Dollar [ˈdɔlar] <-(s), -s> *m* dollaro *m*

dolmetschen [ˈdɔlmɛtʃən] **I.** *vi* fare da interprete **II.** *vt* tradurre (a voce)

Dolmetscher(in) <-s, -; -, -nen> *m(f)* interprete *mf*

Dolomiten [doloˈmiːtən] *pl* **die ~** le Dolomiti *fpl*

Dom [doːm] <-(e)s, -e> *m* duomo *m*

Donau [ˈdoːnaʊ] *f* Danubio *m*

Donner [ˈdɔnɐ] <-s, -> *m* tuono *m*

donnern *vi* (METEO) tuonare

Donnerstag *m* giovedì *m*

donnerstags *adv* di [*o* il] giovedì

Doping ['dɔpɪŋ *o* 'do:pɪŋ] <-s, -s> *n* (SPORT) doping *m*

Doppelbett *n* (letto *m*) matrimoniale *m;* **Doppelname** *m* binomio *m;* **Doppelpunkt** *m* due punti *mpl*

doppelt **I.** *adj* doppio **II.** *adv* il doppio; ~ **so viel** due volte tanto; **etw** ~ **haben** avere un doppione di qc

Doppelzimmer *n* (*Zweibettzimmer*) camera *f* doppia; (*mit Doppelbett*) (camera *f*) matrimoniale *f*

Dorf [dɔrf] <-(e)s, Dörfer> *n* paese *m*

Dorn *m* (BOT, TEC) spina *f*

Dörrobst *n* frutta *f* secca

dort [dɔrt] *adv* là, lì; ~ **drüben** là dietro; ~ **hinten** là in fondo; **dorther** *adv* di là; **von** ~ da quella parte; **dorthin** *adv* lì, là

Dose ['do:zə] <-, -n> *f* barattolo *m;* **Dosenöffner** *m* apriscatole *m*

Dosis ['do:zɪs] <-, Dosen> *f* dose *f*

Dotter ['dɔtɐ] <-s, -> *m* rosso *m* dell'uovo

downloaden ['daʊnlaʊdən] *vt* (INFORM: *herunterladen*) fare il download, scaricare

Dozent(in) [do'tsɛnt] <-en, -en; -, -nen> *m(f)* docente *mf*

Drache ['draxə] <-n, -n> *m* (*Fabeltier*) drago *m*

Drachen ['draxən] <-s, -> *m* ❶ (*Papier~*) aquilone *m* ❷ (SPORT) deltaplano *m;* **Drachenfliegen** <-s> *n* volo *m* a delta

Draht [dra:t] <-(e)s, Drähte> *m* filo *m* metallico

Drama ['dra:ma] <-s, Dramen> *n* dramma *m*

dramatisch *adj* drammatico

dran [dran] *adv* (*fam*) **wer ist ~?** a chi tocca?

Drang [draŋ] <-(e)s> *m* ❶ (*innerer Antrieb*) impulso *m* ❷ (*Druck*) pressione *f*

drängeln ['drɛŋəln] *vi, vt* (*fam*) spingere

drängen ['drɛŋən] **I.** *vi* ❶ (*mit Nachdruck fordern*) **auf etw** *acc* ~ insistere su qc ❷ (*eilig sein*) urgere; **die Zeit drängt** il tempo stringe **II.** *vt* (*antreiben*) **jdn ~ etw zu tun** incitare qu a fare qc

draußen ['draʊsən] *adv* fuori

Dreck [drɛk] <-(e)s> *m* (*fam: Schmutz*) sudiciume *m;* (*Straßenschmutz*) fango *m*

drehen ['dre:ən] **I.** *vt, vi* ❶ (*um die Achse*) (far) girare ❷ (*Film*) girare **II.** *vr* **sich** ~ ❶ (*rotieren*) girarsi; **sich um etw ~** girare attorno a qc ❷ (*Gespräch*) trattarsi

Drehung <-, -en> *f* giro *m*

drei [draɪ] *num* tre

Drei <-, -en> *f* tre *m;* (*Schulnote: befriedigend*) sette
Dreieck *n* triangolo *m;* **dreifach** *adj* triplo; **dreihundert** *num* trecento
dreißig ['draɪsɪç] *num* trenta
Dreiviertelstunde <-, -n> *f* tre quarti *mpl* d'ora
dreizehn *num* tredici
Dresden ['dre:sdən] *n* Dresda *f*
dressieren [drɛ'si:rən] *vt* addestrare
Drilling ['drɪlɪŋ] <-s, -e> *m* (*Kind*) trigemino *m;* **~e** gemelli trigemini
dringen ['drɪŋən] <irr> *vi sein* **in etw** *acc* **~** penetrare in qc; **durch etw ~** passare attraverso qc
dringend *adj* urgente; (*Bitte*) pressante
drinnen ['drɪnən] *adv* dentro
dritt [drɪt] *adv* **zu ~** in tre
Drittel <-s, -> *n* terzo *m*
drittens ['drɪtəns] *adv* (in) terzo (luogo)
dritte(r, s) *adj* terzo, -a; (*bei Datumsangaben*) tre
Droge ['dro:gə] <-, -n> *f* droga *f*
drogenabhängig *adj* tossicodipendente
Drogerie [drogə'ri:] <-, -n> *f* drogheria *f*
drohen ['dro:ən] *vi* minacciare
Drohung ['dro:ʊŋ] <-, -en> *f* minaccia *f*
drüben ['dry:bən] *adv* dall'altra parte
Druck[1] [drʊk] <-(e)s, Drücke> *m* (PHYS) pressione *f*
Druck[2] <-(e)s, -e> *m* (TYP) stampa *f*
drucken ['drʊkən] *vt* (TYP) stampare
drücken ['drʏkən] **I.** *vt, vi* ❶ (*pressen*) premere; (*zusammen~*) spremere; **jdm die Hand ~** stringere la mano a qu ❷ (*fig: Preise*) ribassare **II.** *vr* **sich ~** (*fam*) svignarsela
drückend *adj* (*Hitze*) soffocante
Drucker <-s, -> *m* stampante *f*
Druckerei [drʊkə'raɪ] <-, -en> *f* tipografia *f*
Drüse ['dry:zə] <-, -n> *f* ghiandola *f*
Dschungel ['dʒʊŋəl] <-s, -> *m* giungla *f*
du [du:] *pron* tu; **jdn mit ~ anreden** dare del tu a qu
Dübel ['dy:bəl] <-s, -> *m* tassello *m*
Duett [du'ɛt] <-(e)s, -e> *n* (MUS) duetto *m*
Duft [dʊft] <-(e)s, Düfte> *m* profumo *m*
duften *vi* odorare; **nach etw ~** avere un profumo di qc
dulden ['dʊldən] *vt* ❶ (*zulassen*) tollerare ❷ (*ertragen*) sopportare
dumm [dʊm] <dümmer, dümmste> *adj* stupido; (*unwissend*) ignorante; (*albern*) scioc-

co; ~**es Zeug reden** dire sciocchezze; **ein ~es Gesicht machen** (*fam*) fare una faccia da stupido

Dummheit <-, -en> *f* stupidità *f;* (*Handlung*) stupidaggine *f;*
Dummkopf *m* (*pej*) stupido, -a *m, f*

Düne ['dy:nə] <-, -n> *f* duna *f*

Dünger <-s, -> *m* concime *m*

dunkel ['dʊŋkəl] *adj* ❶ (*finster*) buio; (*fig: düster*) nero ❷ (*Farbe, Haare, Bier*) scuro

Dunkelheit <-, -en> *f* oscurità *f*

dünn [dʏn] *adj* ❶ (*Haar*) sottile; (*Stoff, Luft*) leggero ❷ (*schlank*) snello; (*mager*) magro; ~ **werden** dimagrire

durch [dʊrç] **I.** *prp +acc* ❶ (*räumlich*) attraverso ❷ (*zeitlich*) durante ❸ (*mit Hilfe von*) per mezzo di; ~ **Zufall** per caso **II.** *adv* **Sie dürfen hier nicht** ~ non può passare per di qua; ~ **und** ~ completamente

durch|blättern *vt* sfogliare

durch|brechen <irr> *vt* ❶ (*durchstoßen*) forzare; (*Wand*) aprire un passaggio in ❷ (*fig: Prinzip, Konvention*) trasgredire

durchdenken <irr> *vt* ponderare bene; **wohl durchdacht** ben meditato

durch|drehen *vi* (*fam*) impazzire

durcheinander [dʊrçʔaɪ'nandɐ] *adv* ❶ (*ungeordnet*) sottosopra ❷ (*fam: verwirrt*) confuso; ~ **bringen** confondere; **Durcheinander** <-s> *n* ❶ (*Unordnung*) disordine *m* ❷ (*Verwirrung*) confusione *f*

durcheinanderbringen *vt* mettere in disordine

durcheinanderreden *vi* parlare tutti insieme

Durchfahrt *f* ❶ (*das Durchfahren*) transito *m* ❷ (*Durchreise*) passaggio *m;* **auf der** ~ **sein** essere di passaggio

Durchfall *m* diarrea *f*

durch|fallen <irr> *vi sein* (*fam: bei Prüfung*) essere bocciato

durchführbar *adj* realizzabile

durch|führen *vt* (*ausführen*) eseguire; (*verwirklichen*) realizzare

Durchgang *m* ❶ passaggio *m;* ~ **verboten!** passaggio proibito! ❷ (*bei Produktion*) prova *f;* (*bei Wahl*) tornata *f;* (SPORT) eliminatoria *f*

durch|gehen <irr> **I.** *vi sein* ❶ (*durchpassen*) passare ❷ (*Pferd*) sfuggir di mano; **jdm etw ~ lassen** lasciar passare qc a qu **II.** *vt haben o sein* (*Buch*) percorrere; (*prüfend* ~) esaminare

durchgehend *adj* ~ **geöffnet** ad orario continuato

durch|halten <irr> *vi, vt* resistere

durch|knallen *vi* (*sl: durchdrehen*) andar fuori di testa

durch|kommen <irr> *vi sein* ❶ (*durch etw gelangen*) passare; (*Zahn, Sonne*) spuntare ❷ (*bei Prüfung*) essere promosso

durch|lesen <irr> *vt* leggere

durch|machen *vt* (*fam*) ❶ (*erdulden*) soffrire ❷ (*Wend*) **die Nacht ~** passare la notte in bianco

Durchmesser <-s, -> *m* diametro *m*

Durchreise *f* passaggio *m*

Durchsage ['dʊrçza:gə] <-, -n> *f* comunicato *m*

durchschauen *vt* (*Absichten*) capire; (*Personen*) capire le intenzioni di

Durchschnitt ['dʊrçʃnɪt] *m* media *f*; **im ~** in media; **durchschnittlich I.** *adj* medio **II.** *adv* in media

durch|sehen <irr> *vt* ❶ (*flüchtig* ~) scorrere ❷ (*prüfen*) verificare

durch|setzen I. *vt* imporre **II.** *vr* **sich ~** imporsi

durchsichtig *adj* trasparente

durch|streichen <irr> *vt* cancellare

durchsuchen *vt* perquisire

Durchwahl <-> *f* selezione *f* diretta

dürfen¹ ['dʏrfən] <irr> *Modalverb* potere; **darf ich?** permette?; **was darf es sein?** (cosa) desidera?; **das hättest du nicht tun ~!** non avresti dovuto farlo!; **das darf doch (wohl) nicht wahr sein!** non è possibile!

dürfen² <irr> *vi* avere il permesso

dürr [dʏr] *adj* (*Ast*) secco; (*mager*) magro; (*Land*) arido

Durst [dʊrst] <-(e)s> *m* sete *f*

durstig *adj* assetato; **~ sein** aver sete

Dusche ['dʊʃə] <-, -n> *f* doccia *f*

duschen *vi, vr* **sich ~** fare la doccia

Düsenflugzeug *n* aereo *m* a reazione

düster ['dy:stɐ] *adj* scuro

Dutzend ['dʊtsənt] <-s, -e> *n* dozzina *f*

duzen ['du:tsən] *vr* **sich ~** darsi del tu

DVD-Brenner *m* masterizzatore *m* di DVD

DVD-Player [de:faʊ'de:plɛɪɐ] <-s, -> *m* lettore *m* DVD

dynamisch *adj* dinamico

D

E

E, e [e:] <-, -(s)> *n* ❶ (*Buchstabe*) E, e *f* ❷ (MUS) mi *m*

Ebbe ['ɛbə] <-, -n> *f* bassa marea *f*

eben ['e:bən] **I.** *adj* (*flach*) piano **II.** *adv* (*zeitlich*) appena; (*genau*) proprio; (**na**) **~!** appunto!

Ebene ['e:bənə] <-, n> *f* ❶ (*flaches Land*) pianura *f* ❷ (*fig: Niveau*) livello *m*

ebenfalls *adv* (*gleichfalls*) altrettanto; (*auch*) anche

ebenso *adv* ugualmente; **~ wenig wie** tanto poco quanto; **~ wie** così come

Eber ['e:bɐ] <-s, -> *m* cinghiale *m*

Echo ['ɛço] <-s, -s> *n* eco *f o m*

echt [ɛçt] *adj* ❶ (*nicht nachgemacht*) autentico ❷ (*fig*) sincero

Echtzeit *f* tempo *m* reale

EC-Karte [e'tse:kartə] *f* EC-card *f*

Ecke <-, -n> *f* ❶ angolo *m* ❷ (*Spitze*) spigolo *m*

edel ['e:dəl] *adj* (*Mensch, Tat*) nobile; (*hochwertig*) pregiato; **Edelstein** *m* pietra *f* preziosa

EDV [e:de:'faʊ] <-> *f abk v* **Elektronische Datenverarbeitung** E.E.D. *f*; **EDV-System** *n* (INFORM) sistema *m* informatico

Efeu ['e:fɔɪ] <-s> *m* edera *f*

effektiv *adj* efficace

egal [e'ga:l] *adj* uguale

egoistisch *adj* egoistico

Ehe ['e:ə] <-, -n> *f* matrimonio *m*; **Ehebruch** *m* adulterio *m*; **Ehefrau** *f* moglie *f*

ehemalig *adj* ex

ehemals *adv* una volta

Ehemann *m* marito *m*; **Ehepaar** *n* (coppia *f* di) coniugi *mpl*

eher ['e:ɐ] *adv* ❶ (*früher*) prima ❷ (*lieber*) piuttosto

ehren *vt* onorare; **ehrenamtlich** *adj* onorario

Ehrgeiz *m* ambizione *f*; **ehrgeizig** *adj* ambizioso

ehrlich *adj* onesto; (*aufrichtig*) sincero; **~ gesagt** a dire il vero; **Ehrlichkeit** <-> *f* onestà *f*; (*Aufrichtigkeit*) sincerità *f*

Ei [aɪ] <-(e)s, -er> *n* uovo *m*

Eiche ['aɪçə] <-, -n> *f* quercia *f*

Eichhörnchen *n* scoiattolo *m*

Eid [aɪt] <-(e)s, -e> *m* giuramento *m*

Eidechse *f* lucertola *f*

Eifersucht *f* gelosia *f*; **eifersüchtig** *adj* geloso

eifrig ['aɪfrɪç] **I.** *adj* diligente; (*unermüdlich*) assiduo **II.** *adv* con zelo

Eigelb <-s, -e> *n* rosso *m* d'uovo

eigenartig *adj* (*sonderbar*) strano

Eigenschaft <-, -en> *f* qualità *f*

eigensinnig *adj* ostinato

eigentlich ['aɪgəntlɪç] **I.** *adj* vero (e proprio) **II.** *adv* (*in Wirklichkeit*) in realtà; (*im Grunde genommen*) in fondo
Eigentor *n* autorete *f*
Eigentum <-s> *n* proprietà *f*; **Eigentümer(in)** <-s, -; -, -nen> *m(f)* proprietario, -a *m, f*
eignen ['aɪgnən] *vr* **sich für etw** ~ essere adatto a qc
Eilbrief *m* (lettera *f*) espresso *m*
Eile ['aɪlə] <-> *f* fretta *f*
eilig *adj* ❶ (*schnell*) frettoloso; **es ~ haben** avere fretta ❷ (*dringend*) urgente
Eilzug *m* treno *m* diretto
Eimer ['aɪmɐ] <-s, -> *m* secchio *m*
ein [aɪn] *s.* **ein(e)**
einander [aɪ'nandɐ] *pron* l'un l'altro, reciprocamente
Einbahnstraße *f* strada *f* a senso unico
Einband <-(e)s, -bände> *m* (*Buch~*) copertina *f*
ein|bauen *vt* installare; (*montieren*) montare
ein|berufen <irr> *vt* ❶ (*Versammlung*) convocare ❷ (MIL) chiamare alle armi
Einbettzimmer *n* camera *f* singola
ein|bilden *vr* (*sich vorstellen*) **sich** *dat* **etw** ~ immaginarsi qc
Einbildung <-> *f* ❶ (*Vorstellung*) immaginazione *f* ❷ (*Überheblichkeit*) presunzione *f*
ein|brechen <irr> *vi* ❶ (*Einbruch verüben*) fare un furto ❷ (*Nacht, Winter*) calare
Einbrecher(in) <-s, -; -, -nen> *m(f)* scassinatore, -trice *m, f*
Einbruch *m* (*in Haus*) scasso *m*
ein|bürgern **I.** *vt* naturalizzare **II.** *vr* **sich** ~ (*fig*) divenire corrente
ein|cremen *vt* spalmare la crema su
eindeutig *adj* chiaro; (*offensichtlich*) evidente
ein|dringen <irr> *vi sein* penetrare
Eindruck *m* impressione *f*
ein(e) [aɪn(ə)] **I.** *num* uno, -a *m, f*; **~ für allemal** una volta per sempre **II.** *pron* **der, die ~e** uno, -a *m, f*; **~er nach dem andern** uno dopo l'altro; **der ~e ..., der andere ...** l'uno ..., l'altro ... **III.** *ART* un(o) *m*, una *f*, un' *f*; **~es Tages** un giorno
ein|engen *vt* (*fig*) limitare
einerseits *adv* da un lato
einfach ['aɪnfax] *adj* semplice; (*leicht*) facile; (*schlicht*) modesto; **das ist ~ toll!** (*fam*) è davvero magnifico!
Einfahrt *f* (*Tor*) ingresso *m*; (*Torweg*) portone *m*; **~ freihalten!** passo carrabile!
Einfall *m* (*Idee*) idea *f*
ein|fallen <irr> *vi sein* (*in den Sinn kommen*) venire in mente; **was fällt dir (überhaupt) ein?**

cosa ti salta in mente?

Einfamilienhaus *n* casetta *f* unifamiliare

Einfluss *m* influsso *m;* **einflussreich** *adj* influente

ein|frieren <irr> *vt* (*Lebensmittel*) congelare; (*Löhne*) bloccare

ein|fügen *vt* inserire; (*zusätzlich*) aggiungere

ein|fühlen *vr* **sich in jdn ~** mettersi nei panni di qu

Einführung *f* ❶ (*Einleitung*) introduzione *f* ❷ (*Vorstellung*) presentazione *f*

Eingang *m* (*von Gebäude*) entrata *f*

eingebildet *adj* (*hochmütig*) presuntuoso; (*eitel*) vanitoso

Eingeborene <ein -r, -n, -n> *mf* indigeno, -a *m, f*

ein|gehen <irr> **I.** *vi sein* ❶ (*Post*) arrivare ❷ (*behandeln*) **auf** (**die**) **Einzelheiten ~** entrare nei particolari; **auf jdn ~** dare ascolto a qu **II.** *vt sein* (*Ehe*) contrarre; (*Risiko*) correre

Eingeweide ['aɪngəvaɪdə] *npl* viscere *fpl*

ein|greifen <irr> *vi* intervenire

Eingriff *m* ❶ (MED) intervento *m* ❷ (*fig: Einmischung*) intromissione *f*

ein|halten <irr> *vt* (*Versprechen*) mantenere; (*Bedingung, Vertrag*) adempi(e)re; (*Frist*) osservare

einheimisch *adj* nativo; (*von hier*) nostrano; **Einheimische** <ein -r, -n, -n> *mf* nativo, -a *m, f*

Einheit <-, -en> *f* unità *f*

einheitlich *adj* unitario; (*unterschiedslos*) uniforme

ein|holen *vt* ❶ (*erreichen*) raggiungere; (*aufholen*) ricuperare ❷ (*Auskünfte*) raccogliere

einhundert *num* cento

einig *adj* unanime; **sich** *dat* **über etw** *acc* **~ sein** essere d'accordo su qc

einigen *vr* **sich** (**über etw** *acc*) ~ accordarsi (su qc)

einigermaßen *adv* in certo qualmodo; (*fam: ziemlich*) abbastanza

einige(r, s) ['aɪnɪgə] *pron* ❶ (*etwas*) qualche *inv sing* ❷ **~s** qualcosa; (*ziemlich viel*) un bel po' ❸ alcuni, -e *m, fpl;* (*mehrere*) parecchi, -ie *m, fpl*

Einigkeit <-> *f* unità *f;* (*Übereinstimmung*) concordia *f*

Einigung <-, -en> *f* accordo *m*

einjährig *adj* (*ein Jahr alt*) di un anno; (*ein Jahr dauernd*) annuale

Einkauf *m* acquisto *m;* **Einkäufe machen** fare la spesa

ein|kaufen **I.** *vi* fare la spesa **II.** *vt* comprare

Einkaufsbummel *m* **einen ~ machen** fare un giro per i negozi; **Einkaufszentrum** *n* shopping center *m*

ein|klemmen *vt* incastrare

Einkommen <-s, -> *n* reddito *m*

ein|laden <irr> *vt* ❶ (*Gäste*) invitare ❷ (*Ladung*) caricare

Einladung <-, -en> *f* invito *m*

ein|lassen <irr> **I.** *vt* (*her~*) lasciar entrare; (*Wasser*) far scorrere **II.** *vr* **sich auf etw** *acc* ~ assentire a qc

ein|leiten *vt* (*Verhandlungen, Untersuchung*) avviare; (*Verfahren*) intentare

Einleitung *f* introduzione *f*; (*von Buch*) prefazione *f*

einleuchtend *adj* evidente

ein|lösen *vt* ❶ (*Scheck*) riscuotere; (*Pfand*) riscattare ❷ (*Versprechen*) mantenere

einmal *adv* ❶ una volta; **auf ~** improvvisamente; **es war ~ ...** c'era una volta ... ❷ (*irgendwann*) un giorno

einmalig *adj* unico; (*einzigartig*) eccezionale

ein|mischen *vr* **sich in etw** *acc* ~ immischiarsi in qc

Einnahme ['aɪnna:mə] <-, -n> *f* ❶ (COM, FIN) entrata *f* ❷ (MED) ingestione *f*; **Einnahmequelle** *f* fonte *f* di guadagno

ein|nehmen <irr> *vt* ❶ (*Mahlzeit, Tablette*) ingerire ❷ (*Geld*) incassare; (*Steuern*) riscuotere ❸ (*Platz, Stellung*) occupare

ein|ordnen **I.** *vt* classificare **II.** *vr* **sich rechts/links** ~ (AUTO) mettersi nella corsia di destra/di sinistra

ein|packen *vt* impacchettare

ein|parken *vi, vt* parcheggiare

ein|pennen ['aɪnpɛnən] *vi sein* (*fam*) addormentarsi

ein|prägen *vr* **sich** *dat* **etw** ~ imprimersi qc nella mente

ein|rahmen *vt* incorniciare

ein|räumen *vt* ❶ (*Sachen*) mettere a posto ❷ (*Recht, Kredit*) concedere; (*Frist*) accordare

ein|reiben <irr> *vt* sfregare

Einreise *f* entrata *f*

ein|reißen <irr> *vt* (*Häuser*) demolire

ein|richten *vt* ❶ (*Wohnung*) arredare ❷ (*Konto*) aprire

Einrichtung *f* ❶ (*Wohnungs~*) arredamento *m* ❷ (*Institution*) istituzione *f*

eins *num* uno; **um ~** (*Uhrzeit*) all'una

Eins <-, -en> *f* (numero *m*) uno *m*; (*Schulnote: sehr gut*) nove

einsam ['aɪnza:m] *adj* ❶ (*Mensch*) solo ❷ (*Ort*) deserto; **Einsamkeit** <-> *f* solitudine *f*

ein|sammeln *vt* raccogliere

Einsatz *m* (*im Spiel*) puntata *f*; (*Verwendung*) impiego *m*; (*Bemühung*) impegno *m*; (*Polizei*) operazione *f*

ein|scannen ['aɪnskɛnən] *vt* (INFORM) scannerizzare

ein|schalten *vt* ❶ (*Licht, Ra-*

E

dio) accendere; (*Maschine*) innestare ❷ (*Anwalt*) far intervenire

ein|schätzen *vt* stimare; (*bewerten*) valutare

ein|schenken *vt* versare

ein|schlafen <irr> *vi sein* addormentarsi

ein|schlagen <irr> I. *vi* ❶ (*Blitz, Geschoss*) colpire; **auf jdn ~** bastonare qu ❷ (*fig: Erfolg haben*) avere successo II. *vt* ❶ (*Nagel, Pfahl*) piantare; (*Tür*) sfondare; (*Scheibe*) frantumare; (*Zähne*) rompere ❷ (*fig: Weg, Richtung*) prendere

ein|schließen <irr> *vt* ❶ (*einsperren*) rinchiudere (a chiave) ❷ (*fig: enthalten*) includere

einschließlich *adv o prp +gen* compreso

ein|schmeicheln *vr* **sich bei jdm ~** accattivarsi le simpatie di qu

ein|schränken I. *vt* limitare; (*Kosten*) ridurre II. *vr* **sich ~** limitarsi

Einschränkung <-, -en> *f* ❶ (*Beschränkung*) limitazione *f* ❷ (*Vorbehalt*) riserva *f*

ein|schreiben <irr> I. *vt* iscrivere II. *vr* **sich ~** iscriversi

Einschreiben <-s, -> *n* raccomandata *f*

ein|schreiten <irr> *vi sein* intervenire

ein|schüchtern *vt* intimidire

ein|sehen <irr> *vt* (*fig: begreifen*) capire; (*Fehler*) riconoscere

einseitig *adj* unilaterale

ein|setzen I. *vt* (*verwenden*) impiegare II. *vi* (*beginnen*) cominciare III. *vr* **sich für jdn/etw ~** adoperarsi per qu/qc

Einsicht *f* (*Verständnis*) comprensione *f*; (*Erkenntnis*) convinzione *f*; **zu der ~ kommen, dass ...** convincersi del fatto che ...

Einsiedler(in) <-s, -; -, -nen> *m(f)* eremita *mf*

einsilbig *adj* (*fig: wortkarg*) di poche parole

ein|sparen *vt* risparmiare

ein|sperren *vt* (rin)chiudere

ein|springen <irr> *vi sein* **für jdn ~** sostituire qu

Einspruch *m* (JUR) ricorso *m*

einspurig *adj* a una corsia

ein|steigen <irr> *vi sein* salire

ein|stellen I. *vt* ❶ (*Arbeitskraft*) assumere ❷ (RADIO, TV) regolare ❸ (*aufhören mit*) cessare II. *vr* **sich ~** ❶ (*kommen*) presentarsi ❷ (*sich vorbereiten auf*) prepararsi

Einstellung *f* ❶ (TEC) regolazione *f* ❷ (*Haltung*) atteggiamento *m*

einstimmig I. *adj* ❶ (MUS) a una sola voce ❷ (*fig*) unanime II. *adv* all'unanimità

ein|stufen *vt* (*a fig*) classificare

Einsturz *m* crollo *m*

ein|stürzen *vi sein* crollare
ein|tauschen *vt* cambiare
eintausend *num* mille
ein|teilen *vt* ❶ (*unterteilen*) (sud)dividere ❷ (*haushalten mit*) disporre
Einteilung *f* (sud)divisione *f*
eintönig *adj* monotono
ein|tragen <irr> *vt* registrare
einträglich *adj* redditizio
ein|treffen <irr> *vi sein* ❶ (*ankommen*) arrivare ❷ (*Prophezeiung*) avverarsi
ein|treten <irr> *vi sein* ❶ (*hineingehen*) entrare ❷ (*geschehen*) verificarsi; **für jdn ~** prendere le parti di qu; **für etw ~** sostenere qc
Eintritt *m* entrata *f*; (*~sgeld*) ingresso *m*; **Eintrittskarte** *f* biglietto *m* d'ingresso
einverstanden *adj* essere d'accordo; **~!** d'accordo!
Einwand ['aɪnvant] <-(e)s, Einwände> *m* obiezione *f*
Einwanderer(in) *m(f)* immigrante *mf*; (*Eingewanderter*) immigrato, -a *m, f*
Einwanderung *f* immigrazione *f*
ein|weihen *vt* ❶ (*eröffnen*) inaugurare ❷ (*vertraut machen*) iniziare
ein|wenden <irr> *vt* obiettare
ein|werfen <irr> *vt* ❶ (*Brief*) imbucare ❷ (*fig*) osservare
ein|willigen *vi* (ac)consentire
Einwilligung <-, -en> *f* consenso *m*
Einwohner(in) <-s, -; -, -nen> *m(f)* abitante *mf*
Einzahl *f* singolare *m*
ein|zahlen *vt* versare
Einzahlung *f* versamento *m*
Einzelgänger(in) <-s, -; -, -nen> *m(f)* solitario, -a *m, f*; **Einzelhandel** *m* commercio *m* al minuto; **Einzelheit** <-, -en> *f* particolare *m*
einzeln **I.** *adj* (*alleinig*) unico; (*allein stehend*) singolo; (*separat*) separato **II.** *adv* ad uno ad uno; (*getrennt*) separatamente; **im Einzelnen** in particolare; **~ eintreten** entrare uno per volta
Einzelzimmer *n* camera *f* singola
ein|ziehen <irr> **I.** *vt* ❶ (*Gelder*) riscuotere; (*beschlagnahmen*) confiscare ❷ (MIL: *Rekruten*) arruolare ❸ (*Erkundigungen*) raccogliere **II.** *vi sein* (*in Wohnung, Haus*) andare ad abitare
einzig *adj* unico, solo; **das ~e** l'unica cosa
einzigartig *adj* unico (nel suo genere)
Eis <-es> *n* ❶ (*gefrorenes Wasser*) ghiaccio *m* ❷ (*Speise~*) gelato *m*
eislaufen *vi* pattinare su ghiaccio; **Eisbär** *m* orso *m* bianco;

Eisdiele *f* gelateria *f*
Eisen ['aɪzən] <-s, -> *n* ferro *m*
Eisenbahn *f* ferrovia *f;* (*Zug*) treno *m;* **Eisenbahnnetz** *n* rete *f* ferroviaria; **Eisenbahnwagen** *m* carrozza *f* ferroviaria
Eisfach *n* freezer *m;* **eisgekühlt** *adj* ghiacciato; **Eishockey** *n* hockey *m* sul ghiaccio
eisig, **eiskalt** *adj* gelido; **Eiswürfel** *m* cubetto *m* di ghiaccio; **Eiszapfen** *m* ghiacciolo *m*
eitel ['aɪtəl] *adj* vanitoso; **Eitelkeit** *f* vanità *f*
Eiter ['aɪtɐ] <-s> *m* pus *m*
eitern *vi* suppurare
Eiweiß <-es, -e> *n* ❶ albume *m* ❷ (BIOL) proteina *f*
Ekel <-s> *m* nausea *f;* **~ erregend** nauseante; **ekelhaft**, **ek(e)lig** *adj* schifoso
ekeln *vi, vt* **es ekelt mich davor** mi fa schifo
Ekzem [ɛk'tse:m] <-s, -e> *n* (MED) eczema *m*
elastisch *adj* elastico
Elba *n* l'Isola *f* d'Elba
Elch [ɛlç] <-(e)s, -e> *m* alce *m*
Elefant [ele'fant] <-en, -en> *m* elefante *m*
elegant *adj* elegante
Elektriker(in) <-s, -; -, -nen> *m(f)* elettricista *m*
elektrisch *adj* elettrico
Elektrizitätswerk *n* centrale *f* elettrica
Elektrogerät *n* apparecchio *m* elettrico; (*Haushaltsgerät*) elettrodomestico *m;* **Elektromotor** *m* elettromotore *m*
elektronisch *adj* elettronico
Elektrotechnik *f* elettrotecnica *f*
Element [ele'mɛnt] <-(e)s, -e> *n* elemento *m*
Elend <-(e)s> *n* miseria *f;* **Elendsviertel** *n* quartiere *m* povero
elf *num* undici
Elfenbein *n* avorio *m*
Elfmeter <-s, -> *m* (SPORT) calcio *m* di rigore
Ell(en)bogen <-s, -> *m* gomito *m*
Eltern ['ɛltɐn] *pl* genitori *mpl*
Email [e'maɪ] <-s, -s> *n* smalto *m*
E-Mail ['i:mɛɪl] <-, -s> *f* E-mail *f;* **E-Mail-Adresse** *f* indirizzo *m* E-mail
Emanzipation [emantsipa'tsi̯o:n] <-, -en> *f* emancipazione *f*
emotional *adj* emotivo
Empfang [ɛm'pfaŋ] <-(e)s, Empfänge> *m* ❶ (TEC, RADIO, TV) ricezione *f* ❷ (*Erhalten*) ricevimento *m;* **etw in ~ nehmen** prendere in consegna qc
empfangen <irr> *vt* (*Person*) accogliere
Empfänger(in) <-s, -; -, -nen> *m(f)* destinatario, -a *m, f*

Empfängnisverhütung *f* contraccezione *f*
empfehlen [ɛm'pfe:lən] <irr> *vt* raccomandare
empfinden <irr> *vt* provare
empfindlich *adj* (*Person*, FOTO, TEC) sensibile
Empfindung <-, -en> *f* (*Wahrnehmung*) sensazione *f*; (*Gefühl*) sentimento *m*
Ende ['ɛndə] <-s, -n> *n* fine *f*; **am ~** alla fine; (*schließlich*) in fin dei conti; **~ Mai** alla fine di maggio; **zu ~ gehen** stare per finire; **am ~ (seiner Kräfte) sein** essere sfinito; **am anderen ~ der Stadt** all'altro capo della città; **etw zu ~ bringen** portare qc a termine
enden *vi* finire; (*ausgehen*) terminare
endgültig *adj* definitivo
Endivie <-, -n> *f* indivia *f*
endlich *adv* in fine; **na, ~!** (*fam*) finalmente!
endlos *adj* ❶ (*räumlich*) infinito ❷ (*zeitlich*) interminabile; **Endstation** *f* stazione *f* terminale
Energie [enɛr'gi:] <-, -n> *f* energia *f*; **energiesparend** *adj* che risparmia energia; **Energieverbrauch** *m* consumo *m* energetico; **Energieversorgung** *f* distribuzione *f* energetica
energisch *adj* energico; (*entschlossen*) risoluto
eng [ɛŋ] *adj* stretto; **im ~eren Sinne** in senso ristretto; **im ~sten Familienkreis** nell'intimità della famiglia
engagieren [ɑ̃ga'ʒi:rən] *vr* **sich ~** impegnarsi
Engel ['ɛŋəl] <-s, -> *m* angelo *m*
England *n* Inghilterra *f*
Engländer(in) <-s, -; -, -nen> *m(f)* inglese *mf*
englisch *adj* inglese
Enkel(in) ['ɛŋkəl] <-s, -; -, -nen> *m(f)*, **Enkelkind** *n* nipote *mf* (di nonno, -a)
enorm *adj* enorme
entbehren [ɛnt'be:rən] *vt* fare a meno di
Entbindung <-, -en> *f* (MED) parto *m*
entdecken *vt* scoprire
Entdeckung <-, -en> *f* scoperta *f*
Ente <-, -n> *f* anatra *f*
enterben *vt* diseredare
Enter-Taste *f* (INFORM) tasto *m* invio
entfallen <irr> *vi sein* ❶ (*Anteil*) **auf jdn/etw ~** spettare a qc/qu ❷ (*wegfallen*) venir meno; **mir ist sein Name ~** mi è sfuggito il suo nome
entfalten *vr* **sich ~** (*fig*) svilupparsi
entfernen [ɛnt'fɛrnən] **I.** *vt* togliere; (*wegräumen*) rimuovere **II.** *vr* **sich ~** allontanarsi; (*weggehen*) andarsene; **entfernt** *adj* lontano

E

Entfernung <-, -en> *f* (*Abstand*) distanza *f*; **aus der ~** da lontano

entfliehen <irr> *vi sein* (s)fuggire

entführen *vt* rapire

Entführung *f* rapimento *m*

entgegen **I.** *adv* (*in Richtung auf*) verso **II.** *prp* +*dat* contrariamente a; **entgegen|gehen** <irr> *vi sein* (*a fig*) andare incontro; **entgegengesetzt** *adj* opposto; (*widersprechend*) contrario; **entgegen|kommen** <irr> *vi sein* (*a fig*) venire incontro; **das kommt mir sehr entgegen** ciò mi conviene; **entgegenkommend** *adj* gentile; (*Verhalten*) compiacente; **entgegen|nehmen** <irr> *vt* accettare

entgegnen [ɛntˈgeːgnən] *vt* replicare

entgehen <irr> *vi sein* sfuggire

entgleisen *vi sein* (FERR) deragliare

Enthaarungsmittel *n* depilatorio *m*

enthalten <irr> **I.** *vt* contenere **II.** *vr* **sich der Stimme ~** astenersi dal voto

enthaltsam *adj* astinente

enthüllen *vt* (*Denkmal*) scoprire; (*Geheimnis*) svelare

enthusiastisch *adj* entusiasta

entkommen <irr> *vi sein* scappare

entkorken *vt* stappare

entladen <irr> *vt* scaricare

entlang [ɛntˈlaŋ] *adv o prp* lungo; **hier ~** per di qua

entlassen <irr> *vt* ❶ (*kündigen*) licenziare ❷ (*aus Krankenhaus*) dimettere; (*aus Gefängnis*) rilasciare

Entlassung <-, -en> *f* (*aus Arbeitsverhältnis*) licenziamento *m*

entlasten *vt* (*fig* TEC, ARCH) scaricare

entlegen *adj* fuori mano

entmündigen [ɛntˈmʏndɪgən] *vt* interdire

entmutigen [ɛntˈmuːtɪgən] *vt* scoraggiare

entreißen <irr> *vt* strappare

entrüsten [ɛntˈrʏstən] *vr* **sich über jdn/etw ~** sdegnarsi con qu/indignarsi per qc

Entrüstung <-, -en> *f* indignazione *f*

entschädigen *vt* indennizzare

Entschädigung <-, -en> *f* indennità *f*

entscheiden <irr> **I.** *vi*, *vt* **über etw** *acc* **~** decidere di qc **II.** *vr* **sich ~** decidersi

Entscheidung <-, -en> *f* decisione *f*

entschließen <irr> *vr* **sich ~** (**etw zu tun**) decidersi (a fare qc)

entschlossen *adj* risoluto

Entschluss *m* decisione *f*

entschuldigen [ɛnt'ʃʊldɪgən] **I.** *vt* scusare; ~ **Sie** (**bitte**)! (mi) scusi! **II.** *vr* **sich** (**bei jdm wegen etw**) ~ scusarsi (con qu di qc)

Entschuldigung <-, -en> *f* scusa *f*

entsetzlich *adj* terribile

entsorgen *vt* (*Müll*) eliminare

entspannen I. *vt* (*Körper*) rilassciare **II.** *vr* **sich** ~ (*Mensch*) rilassarsi; (*Lage*) distendersi

Entspannung *f* riposo *m*

entsprechen <irr> *vi* corrispondere

entsprechend I. *adj* corrispondente; (*angemessen*) adeguato **II.** *adv* conformemente

entstehen <irr> *vi sein* nascere; (*sich bilden*) formarsi

entstellen *vt* ❶ (*verunstalten*) sfigurare ❷ (*fig: Tatsachen*) alterare; (*Sinn*) travisare

enttäuschen *vt* deludere

Enttäuschung <-, -en> *f* delusione *f*

entwaffnen [ɛnt'vafnən] *vt* (*a fig*) disarmare

entweder *konj* ~ **... oder ...** o ... o ...

entwerfen <irr> *vt* (*Modell*) ideare; (*Vertrag*) abbozzare

entwerten *vt* ❶ (*ungültig machen*) annullare ❷ (*im Wert mindern*) svalorizzare; (FIN) svalutare

entwickeln I. *vt* ❶ (*allg,* FOTO, MAT, CHEM) sviluppare ❷ (*Plan*) concepire **II.** *vr* **sich** ~ svilupparsi

Entwicklung <-, -en> *f* sviluppo *m;* **Entwicklungshilfe** *f* aiuto *m* ai paesi in via di sviluppo; **Entwicklungsland** *n* paese *m* in via di sviluppo

entwischen *vi sein* (*fam*) scappare

Entwurf *m* abbozzo *m;* (*Konzept*) minuta *f*

entziehen <irr> *vt* sottrarre; (*Führerschein*) ritirare

Entziehungskur *f* cura *f* di disassuefazione

entziffern *vt* decifrare

entzünden *vr* **sich** ~ ❶ (*Feuer fangen*) incendiarsi ❷ (MED) infiammarsi

Entzündung <-, -en> *f* (MED) infiammazione *f*

Enzian <-s, -e> *m* genziana *f*

Epidemie [epide'miː] <-, -n> *f* epidemia *f*

Epoche [e'pɔxə] <-, -n> *f* epoca *f*

er [eːɐ̯] *pron* (*3. pers sing*) ❶ (*in Bezug auf Menschen, unbetont*) *meist nicht übersetzt,* egli; (*betont*) lui; **da ist** ~ eccolo ❷ (*in Bezug auf Dinge, unbetont*) *meist nicht übersetzt,* esso; (*betont*) lui

Erbarmen <-s> *n* pietà *f*

erbarmungslos *adj* spietato

erbauen *vt* (*errichten*) costruire

E

Erbe[1] ['ɛrbə] <-s> *n* eredità *f*
Erbe[2] <-n, -n> *m* erede *m*
erben ['ɛrbən] *vi, vt* ereditare
Erbin <-, -nen> *f* erede *f*
erblicken *vt* scorgere; (*entdecken*) scoprire
erblinden *vi sein* diventare cieco
erbrechen <irr> *vi* vomitare
Erbschaft <-, -en> *f* eredità *f*
Erbse <-, -n> *f* pisello *m*
Erdbeben *n* terremoto *m;* **Erdbeere** *f* fragola *f*
Erde *f* terra *f;* (*Welt*) mondo *m;* **auf die ~ fallen** cadere per terra
Erdgas *n* gas *m* naturale; **Erdgeschoss** *n* pianterreno *m;* **Erdnuss** *f* arachide *f;* **Erdöl** <-s> *n* petrolio *m*
erdrücken *vt* schiacciare
erdulden *vt* sopportare
ereignen *vr* **sich ~** avvenire
Ereignis <-ses, -se> *n* avvenimento *m*
erfahren[1] <irr> *vt* (*hören*) venire a sapere; (*erleben*) vivere
erfahren[2] *adj* esperto
Erfahrung <-, -en> *f* esperienza *f;* (*praktische ~*) pratica *f;* **etw in ~ bringen** venire a sapere qc
erfassen *vt* ❶ (*verstehen*) comprendere ❷ (*registrieren,* INFORM) rilevare
erfinden <irr> *vt* inventare
Erfindung <-, -en> *f* invenzione *f*
Erfolg [ɛɐ'fɔlk] <-(e)s, -e> *m* successo *m;* **viel ~!** buona fortuna!
erfolgreich **I.** *adj* (*Mensch*) di successo; (*Versuch*) fortunato **II.** *adv* con successo
erforderlich *adj* necessario
erfordern *vt* esigere
erforschen *vt* (*Land*) esplorare
erfreulich *adj* lieto; (*angenehm*) piacevole
erfrieren <irr> *vi sein* (*Mensch, Tier*) morire assiderato; (*Körperteil*) congelarsi; (*Pflanze*) gelare
erfrischen *vr* **sich ~** rinfrescarsi
Erfrischung <-, -en> *f* rinfresco *m*
erfüllen *vt* (*Pflicht, Aufgabe*) adempiere; (*Wunsch*) esaudire; (*Zweck*) raggiungere
Erfüllung <-, -en> *f* adempimento *m;* **in ~ gehen** avverarsi
ergänzen *vt* completare
ergeben <irr> **I.** *vt* produrre; **die Umfrage hat ~, dass ...** il sondaggio ha rivelato che ... **II.** *vr* **sich ~** ❶ (MIL) arrendersi ❷ (*folgen*) **sich aus etw ~** risultare da qc
Ergebnis <-ses, -se> *n* risultato *m*
ergreifen <irr> *vt* (*fassen*) afferrare; (*festnehmen*) arrestare; (*fig: Maßnahme, Flucht*) prendere
ergründen *vt* sondare
erhalten <irr> *vt* ❶ (*bekommen*) ricevere; (*durch Bemühungen*) ottenere ❷ (*bewah-*

ren) conservare

erhältlich *adj* in vendita

erhängen I. *vt* impiccare II. *vr* **sich** ~ impiccarsi

erhitzen *vt* riscaldare; (*fig*) eccitare

erhöhen *vt* (*höher machen*) (ri)alzare; (*steigern*) aumentare

erholen *vr* **sich** ~ (*sich ausruhen*) riposarsi; **sich von etw** ~ (*von Krankheit*) rimettersi da qc; (*von Schreck*) riaversi da qc

Erholung <-> *f* ❶ (*von Krankheit*) ristabilimento *m* ❷ (*Ruhe*) riposo *m*

erinnern I. *vt* ricordare II. *vr* **sich an etw** *acc* ~ ricordarsi (di) qc

Erinnerung <-, -en> *f* ricordo *m*

erkälten [ɛɐ̯'kɛltən] *vr* **sich** ~ raffreddarsi

Erkältung <-, -en> *f* raffreddore *m*

erkennen <irr> *vt* riconoscere

Erker <-s, -> *m* (ARCH) balconcino *m*

erklären *vt* ❶ (*erläutern*) spiegare ❷ (*aussagen*) dichiarare

Erklärung <-, -en> *f* ❶ (*Erläuterung*) spiegazione *f* ❷ (*Aussage*) dichiarazione *f*

erkundigen *vr* **sich nach jdm/etw** ~ informarsi su qu/qc

erlassen <irr> *vt* ❶ (*verordnen*) emanare ❷ (*befreien von*) **jdm etw** ~ rimettere qc a qu

erlauben *vt* permettere

Erlaubnis <-, -se> *f* permesso *m*

erleben *vt* vivere

Erlebnis <-ses, -se> *n* esperienza *f*

erledigen *vt* (*Arbeit*) sbrigare; (*Auftrag*) eseguire

erleichtern *vt* facilitare; **erleichtert sein** essere sollevato

erlernen *vt* apprendere

Erlös [ɛɐ̯'lø:s] <-es, -e> *m* ricavato *m*

erlösen *vt* liberare

ermahnen *vt* esortare

Ermäßigung <-, -en> *f* ribasso *m*; (*Nachlass*) sconto *m*

ermitteln I. *vt* (*erforschen*) ricercare; (*herausfinden*) scoprire II. *vi* (JUR) indagare

ermöglichen *vt* rendere possibile

ermorden *vt* assassinare

Ermordung <-, -en> *f* assassinio *m*

ermüdend *adj* faticoso

ermutigen [ɛɐ̯'mu:tɪgən] *vt* incoraggiare

ernähren I. *vt* ❶ (*mit Nahrung*) alimentare ❷ (*Familie*) mantenere II. *vr* **sich** (**von etw**) ~ nutrirsi (di qc)

Ernährung <-> *f* alimentazione *f*

ernennen <irr> *vt* nominare

erneuern [ɛɐ̯'nɔɪɐn] *vt* ❶ (*Vertrag*) rinnovare ❷ (*auswech-*

sein) cambiare

ernst [ɛrnst] *adj* ❶ (*Mensch*) serio; **jdn/etw ~ nehmen** prendere qu/qc sul serio ❷ (*Lage, Krankheit*) grave

Ernst <-es> *m* ❶ (*Ernsthaftigkeit*) serietà *f;* **im ~** sul serio ❷ (*Wichtigkeit*) gravità *f*

Ernte ['ɛrntə] <-, -n> *f* raccolto *m*

ernten *vt* (*a fig*) raccogliere

erobern *vt* (*a fig*) conquistare

Eroberung <-, -en> *f* conquista *f*

eröffnen *vt* (*Konto, Geschäft*) aprire; (*feierlich*) inaugurare

Eröffnung <-, -en> *f* (*Öffnung*) apertura *f;* (*feierliche ~*) inaugurazione *f*

erotisch *adj* erotico

erpressen *vt* ❶ (*Person*) ricattare ❷ (*Geld*) **etw von jdm ~** estorcere qc a qu

Erpressung <-, -en> *f* ricatto *m*

erraten <irr> *vt* indovinare

erregen [ɛɐ're:gən] *vt* ❶ (*emotional, sexuell*) eccitare ❷ (*hervorrufen*) suscitare

erreichen *vt* (*Person*) raggiungere; (*Zug*) riuscire a prendere; (*durchsetzen*) ottenere

errichten *vt* (*Gebäude*) costruire; (*Denkmal*) erigere

Ersatz <-es> *m* ❶ (*Auswechslung*) sostituzione *f* ❷ (*Schaden~*) risarcimento *m;* **Ersatzteil** *n* (pezzo *m* di) ricambio *m*

erscheinen <irr> *vi sein* (*sichtbar werden*) apparire; (*sich einfinden*) comparire; (*Buch*) uscire

erschießen <irr> *vt* uccidere (con un colpo di arma da fuoco); (*hinrichten*) fucilare

erschlagen <irr> *vt* ammazzare

erschöpft *adj* esausto

Erschöpfung *f* esaurimento *m*

erschrecken **I.** *vt* spaventare **II.** *vi sein* spaventarsi

erschreckend *adj* spaventoso

erschüttern [ɛɐ'ʃʏtɐn] *vt* ❶ (*erzittern lassen*) scuotere ❷ (*fig: ergreifen*) sconvolgere

ersetzen *vt* ❶ (*auswechseln*) sostituire ❷ (*erstatten*) rimborsare; (*Verlust, Schaden*) risarcire

Ersparnis <-, -se> *f* risparmio *m*

erst [e:ɐ̯st] *adv* ❶ (*zuerst*) prima; **~ einmal** innanzi tutto ❷ (*nicht früher, nicht mehr als*) non prima di, appena; **~ als ...** solo quando ...; **~ wenn ...** solo se ...; **es ist ~ 2 Uhr** sono appena le due

erstatten *vt* ❶ (*Kosten*) rimborsare ❷ (*form*) **Anzeige ~** fare una denuncia

erstaunen *vt* stupire

erstaunlich *adj* sorprendente

erstechen <irr> *vt* pugnalare

erstens *adv* in primo luogo

erste(r, s) ['e:ɐ̯stə] *adj* primo, -a; **der Erstbeste** il primo venuto;

als Erstes per prima cosa; **fürs Erste** per ora
ersticken *vt, vi* (*a fig*) soffocare
erstmals *adv* per la prima volta
ertappen *vt* sorprendere
Ertrag <-(e)s, Erträge> *m* ❶ (AGR) raccolto *m* ❷ (*Gewinn*) utile *m*
ertragen <irr> *vt* sopportare
erträglich *adj* sopportabile
ertränken *vt* annegare
ertrinken <irr> *vi sein* annegare
erwachsen *adj* adulto; **Erwachsene** <ein -r, -n, -n> *mf* adulto, -a *m, f*
erwähnen *vt* menzionare
erwarten *vt* ❶ (*warten auf*) aspettare; **ich kann es kaum** ~ *+inf* non vedo l'ora di *+inf* ❷ (*rechnen mit*) contare su; **das war zu** ~ c'era da aspettarselo
Erwartung <-, -en> *f* (*Hoffnung*) speranza *f*
erwerben <irr> *vt* (*kaufen*) acquistare; (*Kenntnisse*) acquisire
erwidern *vt* (*antworten*) replicare
erwischen *vt* (*fam: ergreifen*) acciuffare; (*ertappen*) sorprendere; (*gerade noch erreichen*) (riuscire a) prendere
erwünscht *adj* desiderato
erwürgen *vt* strozzare
Erz [e:ɐ̯ts] <-es, -e> *n* minerale *m* metallico
erzählen *vt* raccontare
Erzählung <-, -en> *f* racconto *m*
erzeugen *vt* ❶ (*herstellen*) produrre ❷ (*fig: hervorrufen*) creare; (*verursachen*) causare
Erzeugung <-, -en> *f* produzione *f*
erziehen <irr> *vt* allevare; (*a geistig*) educare
Erziehung <-> *f* educazione *f*
erzielen *vt* ottenere; (*Gewinn*) realizzare
erzwingen <irr> *vt* ottenere con la forza
es [ɛs] *pron* ❶ (*in Bezug auf Menschen, unbetont, meist nicht übersetzt*) egli *m*, ella *f*; (*betont*) lui *m*, lei *f*; (*in Bezug auf Dinge, unbetont, meist nicht übersetzt*) esso, -a *m, f*; (*betont*) lui *m*, lei *f* ❷ (*in unpersönlichen Ausdrücken*) ~ **gibt ...** (*sing*) c'è ...; (*pl*) ci sono ...; ~ **regnet** piove; ~ **ist zwei Uhr** sono le due; **wer ist da? – ich bin** ~ chi è? – sono io
Esel ['ezəl] <-s, -> *m* asino *m*
Eskimo ['ɛskimo] <-s, -s> *m* eschimese *m*
essbar *adj* mangiabile
essen ['ɛsən] <irr> *vi, vt* mangiare; **zu Abend** ~ cenare; **zu Mittag** ~ pranzare
Essen <-s, -> *n* ❶ (*Nahrung*) cibo *m* ❷ (*Mahlzeit*) pasto *m*
Essig ['ɛsɪç] <-s, -e> *m* aceto *m*
Esslöffel *m* cucchiaio *m* da ta-

vola; **Esszimmer** *n* sala *f* da pranzo

Estland ['e:stlant] *n* Estonia *f*

Etage [e'ta:ʒə] <-, -n> *f* piano *m*

Etappe <-, -n> *f* tappa *f*

etc *abk v* **et cetera** etc, ecc.

Etikett [eti'kɛt] <-(e)s, -e(n)> *n* etichetta *f*

etliche(r, s) ['ɛtlɪçə] *pron* (*sing*) parecchio, -a; (*pl*) alcuni, -e, parecchi, -ie

Etsch [ɛtʃ] *f* Adige *m*

Etui [ɛt'vi:] <-s, -s> *n* astuccio *m*

etwa ['ɛtva] *adv* ❶ (*ungefähr*) circa ❷ (*zum Beispiel*) per esempio ❸ (*vielleicht*) forse

etwas **I.** *pron* ❶ (*substantivisch*) qualcosa; **so ~** una cosa del genere; **ohne ~ zu sagen** senza dir niente; **das ist ~ Anderes** è un'altra cosa ❷ (*adjektivisch*) un po' di **II.** *adv* un po'

EU [e:'ʔu:] <-> *f abk v* **Europäische Union** UE *f*; **EU-Bürger(in)** *m(f)* eurocittadino *m*

euch [ɔɪç] **I.** *pron* ❶ *acc von* **ihr** (*betont*) voi; (*unbetont*) vi ❷ *dat von* **ihr** (*betont*) a voi; (*unbetont*) vi **II.** *pron* vi; **freut ihr ~?** siete contenti?

euer ['ɔɪɐ] *pron* vostro *m*, vostra *f*, vostri *mpl*, vostre *fpl*

Eule <-, -n> *f* civetta *f*

EU-Mitgliedsland *n* (Stato) membro *m* dell'Unione europea

eure(r, s) ['ɔɪrə] *pron* (*substantivisch*) il vostro *m*, la vostra *f*, i vostri *mpl*, le vostre *fpl*

euretwegen *adv* per voi; (*negativ*) per colpa vostra

Euro ['ɔɪro] <-, -> *m* (EU) Euro *m*

Eurocheque <-s, -s> *m* (FIN) eurochèque *m*

Europa [ɔɪ'ro:pa] *n* Europa *f*

europäisch *adj* europeo; **Europäische Union** Unione Europea

Europaparlament *n* Parlamento *m* Europeo; **Europarat** *m* Consiglio *m* Europeo

Euter <-s, -> *n* mammella *f*

evakuieren [evaku'i:rən] *vt* evacuare

evangelisch *adj* protestante

Evangelium [evaŋ'ge:liʊm] <-s, Evangelien> *n* (REL) Vangelo *m*

eventuell *adj* eventuale

ewig *adj* ❶ (*unendlich*) eterno ❷ (*fam: dauernd*) continuo

Ewigkeit *f* eternità *f*

EWS [e:ve:'ʔɛs] <-> *n* (EU) *abk v* **Europäisches Währungssystem** SME *m*

EWU [e:ve:'ʔu:] *f* (EU) *abk v* **Europäische Währungsunion** UEM *f*

Examen [ɛ'ksa:mən] <-s, -> *n* esame *m*

Exemplar [ɛksɛm'pla:ɐ̯] <-s, -e> *n* esemplare *m*

existieren *vi* esistere

exklusiv *adj* esclusivo

exotisch *adj* esotico

Expedition <-, -en> *f* spedizione *f*
Experiment [ɛksperi'mɛnt] <-(e)s, -e> *n* esperimento *m*
Experte <-n, -n> *m*, **Expertin** <-, -nen> *f* esperto, -a *m, f*
explodieren [ɛksplo'di:rən] *vi sein* esplodere; (*a fig*) scoppiare
Explosion <-, -en> *f* esplosione *f*
Export [ɛks'pɔrt] <-(e)s, -e> *m* esportazione *f*
exportieren *vt* esportare
extra ['ɛkstra] <inv> *adv* ❶ (*gesondert*) a parte ❷ (*zusätzlich*) in più ❸ (*absichtlich*) apposta
extrem *adj* estremo
Extremsport <-(e)s, -sportarten> *m* sport *m* estremo
EZB <-> *f abk v* **Europäische Zentralbank** BCE *f*

F

F, f [ɛf] <-, -(s)> *n* F, f *f*
Fabel ['fa:bəl] <-, -n> *f* favola *f*; **fabelhaft** *adj* fantastico
Fabrik [fa'bri:k] <-, -en> *f* fabbrica *f*
Fabrikant(in) [fabri'kant] *m(f)* fabbricante *mf*
Fach [fax] <-(e)s, Fächer> *n* ❶ (*in Regal*) ripiano *m* ❷ (*Unterrichts~*) materia *f*; **Facharbeiter(in)** *m(f)* operaio, -a *m, f* specializzato, -a; **Facharzt** *m*, **Fachärztin** *f* (MED) (medico *m*) specialista *mf*
Fächer ['fɛçɐ] <-s, -> *m* ventaglio *m*
Fachmann <-(e)s, -leute> *m* specialista *m*
fad(e) [fa:t] *adj* insipido
Faden ['fa:dən] <-s, Fäden> *m* filo *m*
fähig ['fɛ:ɪç] *adj* capace; **zu etw ~ sein** essere capace di (fare) qc; **Fähigkeit** *f* capacità *f*
fahnden ['fa:ndən] *vi* **nach jdm ~** ricercare qu
Fahndung <-, -en> *f* indagini *fpl*
Fahne ['fa:nə] <-, -n> *f* bandiera *f*
Fahrbahn *f* carreggiata *f*
Fähre ['fɛ:rə] <-, -n> *f* traghetto *m*
fahren ['fa:rən] <irr> **I.** *vi sein* ❶ (*sich fortbewegen*) andare; **mit dem Auto/der Bahn ~** andare in macchina/in treno ❷ (*ab~*) partire **II.** *vt* guidare; **Fahrrad ~** andare in bicicletta; **Ski ~** sciare
Fahrer(in) ['fa:rɐ] *m(f)* conducente *mf*
Fahrgast *m* passeggero *m*; **Fahrkarte** *f* biglietto *m*; **Fahrkartenautomat** *m* distributore *m* automatico di biglietti;

Fahrplan *m* orario *m;* **fahrplanmäßig** *adj* in orario; **Fahrrad** *n* bicicletta *f;* **Fahrschule** *f* scuolaguida *f;* **Fahrstuhl** *m* ascensore *m*

Fahrt [faːɐ̯t] <-, -en> *f* viaggio *m;* **auf der ~** in viaggio; **gute ~!** buon viaggio!

Fahrzeug <-(e)s, -e> *n* veicolo *m*

fair [fɛːɐ̯] *adj* onesto; (SPORT) leale

Fakultät [fakʊl'tɛːt] <-, -en> *f* facoltà *f*

Falke <-n, -n> *m* falco *m*

Fall [fal] <-(e)s, Fälle> *m* caso *m;* (*Sturz*) caduta *f;* **auf jeden ~** in ogni caso; **auf keinen ~** in nessun caso

Falle ['falə] <-, -n> *f* trappola *f*

fallen ['falən] <irr> *vi sein* ❶ (*stürzen*) cadere ❷ (*sinken*) diminuire

fällen *vt* abbattere

fällig *adj* pagabile

falls [fals] *konj* se

Fallschirm *m* paracadute *m;* **Fallschirmspringer(in)** *m(f)* paracadutista *mf*

falsch [falʃ] *adj* falso; (*verkehrt*) sbagliato

fälschen *vt* falsificare

Falte ['faltə] <-, -n> *f* ❶ (*Stoff~*) piega *f* ❷ (*Haut~*) ruga *f*

falten *vt* (ri)piegare

Familie [fa'miːli̯ə] <-, -n> *f* famiglia *f;* **Familienname** *m* cognome *m;* **Familienstand** *m* stato *m* civile

Fan [fɛ(ː)n] <-s, -s> *m* fan *mf*

fanatisch *adj* fanatico

Fang [faŋ] <-(e)s, Fänge> *m* preda *f*

fangen ['faŋən] <irr> *vt* prendere

Fantasie [fanta'ziː] <-, -n> *f* fantasia *f*

fantastisch *adj* fantastico

Farbe ['farbə] <-, -n> *f* colore *m;* (*Anstreich~*) pittura *f*

färben ['fɛrbən] *vt* tingere

Farbfernseher *m* (*fam*) televisore *m* a colori; **Farbfoto** *n* foto *f* a colori

farbig *adj* colorato

Farbkopierer *m* fotocopiatrice *f* a colori; **Farbstoff** *m* colorante *m*

Farn [farn] <-s, -e> *m* felce *f*

Fasan <-(e)s, -e(n)> *m* fagiano *m*

Faschierte <-n> *n* (*A*) ❶ (*Hackfleisch*) carne *f* tritata ❷ (*Frikadelle*) polpetta *f*

Fasching <-s, -e> *m* carnevale *m*

Faschismus <-> *m* fascismo *m*

Faschist(in) <-en, -en; -, -nen> *m(f)* fascista *mf*

Faser ['faːzɐ] <-, -n> *f* fibra *f*

Fass [fas] <-es, Fässer> *n* botte *f*

Fassade [fa'saːdə] <-, -n> *f* facciata *f*

fassen ['fasən] *vt* ❶ (*ergreifen*)

afferrare; (*Entschluss*) prendere ❷(*verstehen*) comprendere; **das ist nicht zu ~!** è incredibile!

fassungslos *adj* sconcertato

fast [fast] *adv* quasi

fasten ['fastən] *vi* digiunare

Fastfood, **Fast Food** [fa:st fu:t] <-, -(s)> *n* fast food *m*

Fastnacht <-> *f* carnevale *m*

faszinieren [fasts̮i'ni:rən] *vt* affascinare

faul *adj* ❶(*Mensch*) pigro ❷(*Nahrungsmittel*) marcio

faulen *vi sein o haben* marcire

faulenzen *vi* oziare

Faulheit <-> *f* pigrizia *f*

Faust [faʊst] <-, Fäuste> *f* pugno *m*

Fax ['faks] <-, -(e)> *n* fax *m*; **per ~** via fax

Feber ['fe:bɐ] <-s, -> *m* (*A*), **Februar** ['fe:brua:ɐ̯] <-(s), -e> *m* febbraio *m*

fechten ['fɛçtən] <irr> *vi* tirare di scherma

Feder ['fe:dɐ] <-, -n> *f* ❶(*Vogel-*) penna *f*; (*Flaum-*) piuma *f* ❷(*Sprung~*) molla *f*; **Federball** *m* (gioco *m* del) volano *m*; **Federbett** *n* piumino *m*

Fee [fe:] <-, -n> *f* fatina *f*

fegen ['fe:gən] *vt* spazzare

fehlen ['fe:lən] *vi* mancare; (*abwesend sein*) essere assente; **du fehlst mir sehr** mi manchi molto

Fehler <-s, -> *m* errore *m*; (*Defekt*) difetto *m*

Fehlgeburt *f* aborto *m*

Feier ['faɪɐ] <-, -n> *f* festa *f*; **Feierabend** *m* **am ~** dopo il lavoro

feierlich *adj* festivo

feiern ['faɪɐn] **I.** *vt* festeggiare **II.** *vi* far festa

Feiertag *m* (giorno *m* di) festa *f*

feig(e) *adj* vigliacco

Feige ['faɪgə] <-, -n> *f* fico *m*

Feigling <-s, -e> *m* vigliacco, -a *m, f*

Feile <-, -n> *f* lima *f*

fein [faɪn] *adj* ❶(*dünn*) sottile ❷(*nicht grob*) fino ❸(*erlesen*) pregiato

Feind(in) [faɪnt] <-(e)s, -e; -, -nen> *m(f)* nemico, -a *m, f*

Feinschmecker(in) <-s, -; -, -nen> *m(f)* buongustaio, -a *m, f*

Feld [fɛlt] <-(e)s, -er> *n* campo *m*

Fell [fɛl] <-(e)s, -e> *n* pelo *m*

Fels [fɛls] <-en, -en> *m* roccia *f*

Feminismus <-> *m* femminismo *m*

Feminist(in) <-en, -en; -, -nen> *m(f)* femminista *mf*

Fenchel ['fɛnçəl] <-s> *m* finocchio *m*

Fenster ['fɛnstɐ] <-s, -> *n* finestra *f*

Ferien ['fe:riən] *pl* vacanze *fpl*; **Ferienwohnung** *f* casa *f* di villeggiatura

Ferkel ['fɛrkəl] <-s, -> *n* maialetto *m*

fern [fɛrn] **I.** *adj* lontano **II.** *adv* ~ **von** lontano da; **Fernbedienung** *f* telecomando *m;* **Ferngespräch** *n* comunicazione *f* interurbana; **ferngesteuert** *adj* telecomandato; **Fernglas** *n* cannocchiale *m*

fern|sehen <irr> *vi* guardare la televisione

Fernsehen <-s> *n* televisione *f;* **im** ~ alla televisione

Fernseher *m* (*fam*) televisore *m*

Ferse ['fɛrzə] <-, -n> *f* calcagno *m*

fertig ['fɛrtɪç] *adj* ❶ (*beendet*) finito ❷ (*bereit*) pronto ❸ (*fig fam: erschöpft*) sfinito; **Fertiggericht** *n* precotto *m*

fesch *adj* (*A: fam*) bello

fesseln *vt* incatenare; (*fig*) avvincere

fest [fɛst] *adj* ❶ (*nicht flüssig*) solido ❷ (*dauerhaft*) fisso

Fest [fɛst] <-(e)s, -e> *n* festa *f*

fest|halten <irr> **I.** *vt* reggere **II.** *vr* **sich** ~ reggersi

Festland *n* continente *m*

fest|legen *vt* stabilire

festlich *adj* festivo

fest|machen *vt* fissare; **fest|nehmen** <irr> *vt* arrestare; **Festplatte** *f* (INFORM) disco *m* rigido

Festspiele *npl* festival *m*

fest|stehen <irr> *vi* **es steht fest, dass ...** è certo che ...; **fest|stellen** *vt* constatare

Festung ['fɛstʊŋ] <-, -en> *f* fortezza *f*

fett *adj* grasso; **Fett** <-(e)s, -e> *n* grasso *m;* **fettarm** *adj* magro; ~**e Milch** latte scremato

fettig *adj* grasso

feucht [fɔɪçt] *adj* umido

Feuchtigkeit <-> *f* umidità *f*

Feuer ['fɔɪɐ] <-s, -> *n* fuoco *m;* **Feuerlöscher** *m* estintore *m;* **Feuerwehr** <-, -en> *f* vigili *mpl* del fuoco; **Feuerwehrmann** *m* pompiere *m;* **Feuerwerk** *n* fuochi *mpl* d'artificio; **Feuerzeug** *n* accendino *m*

Fichte ['fɪçtə] <-, -n> *f* abete *m* rosso

Fieber ['fi:bɐ] <-s> *n* febbre *f;* **Fieberthermometer** *n* termometro *m*

Figur [fi'gu:ɐ̯] <-, -en> *f* figura *f*

Filiale <-, -n> *f* succursale *f*

Film [fɪlm] <-(e)s, -e> *m* ❶ (*Spiel~*) film *m* ❷ (FOTO) pellicola *f*

filmen *vt* filmare

Filmkamera *f* cinepresa *f*

Filter ['fɪltɐ] <-s, -> *m o n* filtro *m*

filtern *vt* filtrare

Filz [fɪlts] <-es, -e> *m* feltro *m;* **Filzstift** *m* pennarello *m*

Finale <-s, -(s)> *n* finale *m*

Finanzamt *n* ufficio *m* tasse

finanziell *adj* finanziario

finanzieren *vt* finanziare
finden ['fɪndən] <irr> *vt* trovare
Finger ['fɪŋɐ] <-s, -> *m* dito *m;* **Fingernagel** *m* unghia *f*
Fink [fɪŋk] <-en, -en> *m* fringuello *m*
finnisch *adj* finlandese
Finnland *n* Finlandia *f*
finster ['fɪnstɐ] *adj* buio; (*fig*) burbero
Firma ['fɪrma] <-, Firmen> *f* ditta *f*
Fisch [fɪʃ] <-(e)s, -e> *m* pesce *m;* **~e** (ASTR) Pesci *mpl;* **er/sie ist (ein)** ~ è dei Pesci
fischen *vi, vt* pescare
Fischer(in) <-s, -; -, -nen> *m(f)* pescatore, -trice *m, f*
Fischgeschäft *n* pescheria *f*
Fisole [fi'zo:lə] <-, -n> *f* (*A*) fagiolino *m*
fit *adj* in forma
Fitnesscenter <-s, -> *n* centro *m* fitness
fix [fɪks] *adj* (*fam*) svelto; ~ **und fertig** (*fam*) bell'e pronto; (*erschöpft*) sfinito
FKK *n* nudismo *m*
flach *adj* ❶ (*eben*) piano ❷ (*nicht tief*) basso
Fläche ['flɛçə] <-, -n> *f* superficie *f*
Flachland *n* pianura *f*
Flagge ['flagə] <-, -n> *f* bandiera *f*
Flamme ['flamə] <-, -n> *f* fiamma *f*
Flanell <-s, -e> *m* flanella *f*
Flasche ['flaʃə] <-, -n> *f* bottiglia *f;* **Flaschenöffner** *m* apribottiglie *m*
flattern *vi sein* svolazzare
flauschig *adj* morbido
flechten <irr> *vt* intrecciare
Fleck <-(e)s, -e> *m* macchia *f;* **blauer** ~ livido *m*
fleckig *adj* macchiato
Fledermaus *f* pipistrello *m*
flehen ['fle:ən] *vi* supplicare
Fleisch [flaɪʃ] <-(e)s> *n* carne *f;* **Fleischbrühe** *f* brodo *m* di carne
Fleiß [flaɪs] <-es> *m* diligenza *f*
fleißig *adj* diligente
flexibel *adj* flessibile
flicken *vt* rattoppare
Flieder <-s, -> *m* lillà *m*
Fliege ['fli:gə] <-, -n> *f* ❶ (ZOO) mosca *f* ❷ (*Krawatte*) farfallino *m*
fliegen ['fli:gən] <irr> **I.** *vi sein* volare; (*mit Flugzeug*) andare in aereo **II.** *vt* (*Flugzeug*) pilotare
fliehen ['fli:ən] <irr> *vi sein* fuggire
Fliese ['fli:zə] <-, -n> *f* piastrella *f*
fließen ['fli:sən] <irr> *vi sein* (s)correre; **~d Italienisch sprechen** parlare italiano correntemente
flink *adj* svelto
Flirt [flœrt] <-(e)s, -s> *m* flirt *m*
flirten *vi* flirtare

Flitterwochen *fpl* luna *f* di miele
Flocke ['flɔkə] <-, -n> *f* fiocco *m*
Floh [flo:] <-(e)s, Flöhe> *m* pulce *f*; **Flohmarkt** *m* mercato *m* delle pulci
Florenz [flo'rɛnts] *n* Firenze *f*
Floß [flo:s] <-es, Flöße> *n* zattera *f*
Flosse ['flɔsə] <-, -n> *f* pinna *f*
Flöte ['flø:tə] <-, -n> *f* flauto *m*
Flotte ['flɔtə] <-, -n> *f* flotta *f*
fluchen *vi* bestemmiare
Flucht [flʊxt] <-, -en> *f* fuga *f*
flüchten ['flʏçtən] *vi sein* fuggire
flüchtig *adj* fugace
Flüchtling <-s, -e> *m* profugo, -a *m, f*; **Flüchtlingslager** *n* campo *m* (di) profughi
Flug [flu:k] <-(e)s, Flüge> *m* volo *m*; **Flugbegleiter(in)** *m(f)* assistente *mf* di volo
Flügel ['fly:gəl] <-s, -> *m* ala *f*; (MUS) pianoforte *m* a coda
Fluggesellschaft *f* compagnia *f* aerea; **Flughafen** *m* aeroporto *m*; **Flugticket** *n* biglietto *m* aereo; **Flugzeug** ['flu:ktsɔɪk] <-(e)s, -e> *n* aereo *m*
Flur [flu:ɐ̯] <-(e)s, -e> *m* ingresso *m*
Fluss [flʊs] <-es, Flüsse> *m* fiume *m*
flüssig ['flʏsɪç] *adj* liquido; **Flüssigkeit** *f* liquido *m*
flüstern ['flʏstɐn] *vi, vt* bisbigliare
Flut [flu:t] <-, -en> *f* flusso *m*; (*Gezeiten*) alta marea *f*
Fohlen ['fo:lən] <-s, -> *n* puledro, -a *m, f*
Föhn [fø:n] <-(e)s, -e> *m* fon *m*
Folge ['fɔlgə] <-, -n> *f* ❶ (*Ergebnis*) conseguenza *f* ❷ (*Reihe*) serie *f*
folgen *vi* ❶ *sein* (*nachgehen*) **jdm/etw** ~ seguire qu/qc ❷ *sein* (*zeitlich*) **auf etw** *acc* ~ venire dopo qc
folgend *adj* seguente
folglich *adv* di conseguenza
Folie ['fo:li̯ə] <-, -n> *f* (s)foglio *m*
foltern *vt* torturare
Fondue [fõ'dy:] <-s, -s> *n* fonduta *f*
fordern ['fɔrdɐn] *vt* esigere
fördern ['fœrdɐn] *vt* ❶ (*unterstützen*) promuovere ❷ (MIN) estrarre
Forderung <-, -en> *f* richiesta *f*
Forelle [fo'rɛlə] <-, -n> *f* trota *f*
Form [fɔrm] <-, -en> *f* ❶ (*Gestalt*) forma *f* ❷ (*Back~*) stampo *m*
Format <-(e)s, -e> *n* formato *m*
formatieren *vt* (INFORM) formattare
Formel <-, -n> *f* formula *f*
förmlich *adj* formale; (*steif*) formalistico
Formular <-s, -e> *n* modulo *m*
forsch [fɔrʃ] *adj* energico
forschen *vi* ricercare; **nach etw**

~ indagare qc
Forscher(in) <-s, -; -, -nen> *m(f)* ricercatore, -trice *m, f*
Forschung <-, -en> *f* ricerca *f*
Förster(in) ['fœrstɐ] <-s, -; -, -nen> *m(f)* guardaboschi *mf*
fort [fɔrt] *adv* via; (*verschwunden*) sparito; **fort|bewegen** *vr* **sich ~** muoversi; **fortgeschritten** *adj* avanzato; **Kurs für Fortgeschrittene** corso superiore; **fort|pflanzen** *vr* **sich ~** riprodursi; **Fortschritt** *m* progresso *m;* **fortschrittlich** *adj* progressista; **fort|setzen** *vt* proseguire; **Fortsetzung** <-, -en> *f* continuazione *f*
Foto ['fo:to] <-s, -s> *n* foto *f;* **Fotoalbum** *n* album *m* di fotografie; **Fotoapparat** *m* macchina *f* fotografica; **Fotograf(in)** <-en, -en; -, -nen> *m(f)* fotografo, -a *m, f;* **Fotografie** *f* fotografia *f;* **fotografieren** *vi, vt* fotografare
Fotokopie *f* fotocopia *f;* **fotokopieren** *vt* fare una fotocopia di; **Fotokopierer** *m* fotocopiatrice *f;* **Fotomodell** *n* fotomodella *f*
Fracht [fraxt] <-, -en> *f* carico *m*
Frachter <-s, -> *m* nave *f* da carico
Frack [frak] <-(e)s, Fräcke> *m* frac *m*
Frage ['fra:gə] <-, -n> *f* domanda *f;* **eine ~ stellen** porre una domanda; **das kommt nicht in ~!** non se ne parla nemmeno!
fragen ['fra:gən] *vi, vt* **jdn (nach) etw ~** domandare qc a qu
Fragezeichen *n* punto *m* interrogativo
Franken[1] *n* Franconia *f*
Franken[2] <-s, -> *m* franco *m* svizzero
Frankfurt *n* Francoforte *f*
Frankreich ['fraŋkraɪç] *n* Francia *f*
Franzose [fran'tso:zə] <-n, -n> *m,* **Französin** [fran'tsø:zɪn] <-, -nen> *f* francese *mf*
französisch *adj* francese
Frau [frau] <-, -en> *f* donna *f;* **meine ~** mia moglie; **~ Schröder** signora Schröder
Frauenarzt *m,* **Frauenärztin** *f* ginecologo, -a *m, f*
Fräulein ['frɔɪlaɪn] <-s, -s> *n* signorina *f*
frech [frɛç] *adj* sfacciato; **Frechheit** <-, -en> *f* sfacciataggine *f*
frei [fraɪ] *adj* libero; (*in Freiheit*) in libertà; **Freibad** *n* piscina *f* scoperta; **freiberuflich** *adj o adv* **~ tätig sein** fare il libero professionista
Freie <ein -s, -n> *n* **im ~en** all'aperto
frei|halten <irr> *vt* tenere libero; **freihändig** *adj* senza mani; **Freiheit** ['fraɪhaɪt] <-, -en> *f*

F

libertà *f;* **frei|lassen** <irr> *vt* mettere in libertà; **Freistoß** *m* (SPORT) (calcio *m* di) punizione *f*

Freitag ['fraɪta:k] <-s, -e> *m* venerdì *m*

freitags *adv* il venerdì

freiwillig *adj* volontario; **Freiwillige** <ein -r, -n, -n> *mf* volontario, -a *m, f*

Freizeit <-> *f* tempo *m* libero; **Freizeitkleidung** *f* casual *m;* **Freizeitpark** *m* parco *m* divertimenti

fremd [frɛmt] *adj* ① (*ausländisch*) straniero ② (*unbekannt*) estraneo; **Fremde** <ein -r, -n, -n> *mf* straniero, -a *m, f;* **Fremdenführer(in)** *m(f)* guida *f* turistica; **Fremdenverkehr** *m* turismo *m*

Fremdsprache *f* lingua *f* straniera; **Fremdwort** *n* parola *f* straniera

Frequenz [fre'kvɛnts] <-, -en> *f* frequenza *f*

fressen ['frɛsən] <irr> *vi, vt* mangiare

Freude ['frɔɪdə] <-, -n> *f* gioia *f*

freuen ['frɔɪən] **I.** *vr* **sich** (**über** **etw** *acc*) ~ essere contento (di qc); **ich freue mich auf dich** sono contento di rivederti **II.** *vt* **das freut mich** questo mi fa piacere

Freund(in) [frɔɪnt] <-(e)s, -e; -, -nen> *m(f)* amico, -a *m, f*

freundlich *adj* ① (*Mensch*) gentile ② (*Wohnung*) accogliente; **Freundlichkeit** *f* gentilezza *f*

Freundschaft <-, -en> *f* amicizia *f;* **freundschaftlich** *adj* amichevole

Friaul [fri'aʊl] *n* Friuli *m*

Frieden <-s, -> *m* pace *f*

Friedhof *m* cimitero *m*

friedlich *adj* pacifico

frieren ['fri:rən] <irr> *vi* ① *sein* (*gefrieren*) gelarsi; **es friert** gela ② (*Mensch*) aver freddo

Frikadelle <-, -n> *f* polpetta *f*

frisch [frɪʃ] *adj* fresco; **Frischhaltefolie** *f* cellofan *m*

Friseur [fri'zø:ɐ̯] <-s, -e> *m,* **Friseuse** [fri'zø:zə] <-, -n> *f* parrucchiere, -a *m, f*

Frist [frɪst] <-, -en> *f* termine *m*

fristlos *adj o adv* senza (pre)avviso

Frisur [fri'zu:ɐ̯] <-, -en> *f* pettinatura *f*

Frl. *abk v* **Fräulein** Sig.na

froh [fro:] *adj* contento; **~e Ostern/Weihnachten!** buona Pasqua!/buon Natale!

fröhlich ['frø:lɪç] *adj* allegro; **Fröhlichkeit** *f* allegria *f*

fromm [frɔm] <frömmer, frömmste> *adj* pio

Frosch [frɔʃ] <-(e)s, Frösche> *m* rana *f*

Frost [frɔst] <-(e)s, Fröste> *m* gelo *m*

Frottee [frɔ'te:] <-(s), -s> *n o m*

spugna *f;* **Frottee(hand)tuch** *n* asciugamano *m* a spugna
Frucht [frʊxt] <-, Früchte> *f* frutto *m;* **fruchtbar** *adj* fertile; **Fruchtsaft** *m* succo *m* di frutta
früh [fry:] I. *adj* presto II. *adv* presto; **morgen ~** domani mattina; **Frühaufsteher(in)** *m(f)* (**ein**) **~ sein** essere mattiniero
früher ['fry:ɐ̯] I. *adj* ❶ (*eher*) prima ❷ (*ehemalig*) ex II. *adv* prima
Frühling <-s, -e> *m* primavera *f*
Frühstück *n* colazione *f;* **frühstücken** *vi* far colazione
Frust [frʊst] <-(e)s> *m* (*fam*) frustrazione *f*
frustrieren *vt* (*fam*) frustrare
Fuchs [fʊks] <-es, Füchse> *m* volpe *f*
fühlen ['fy:lən] I. *vt* sentire II. *vr* **sich ~** sentirsi
führen ['fy:rən] I. *vt* ❶ (*geleiten*) guidare ❷ (*Geschäft*) gestire II. *vi* essere in testa
Führerschein *m* patente *f*
Führung ['fy:rʊŋ] <-, -en> *f* direzione *f;* (*Fremden~*) visita *f* guidata
füllen ['fʏlən] *vt* ❶ (*Gefäß*) riempire ❷ (*Flüssigkeit*) versare
Füller <-s, -> *m,* **Füllfeder** *f* (*A, CH, südd*) penna *f* stilografica
Füllung <-, -en> *f* ❶ (GASTR) ripieno *m* ❷ (*von Zahn*) otturazione *f*
Fundamt *n* (*A*), **Fundbüro** *n* ufficio *m* oggetti smarriti
fünf [fʏnf] *num* cinque; **fünfhundert** *num* cinquecento; **fünfjährig** *adj* di cinque anni
Fünftel <-s, -> *n* quinto *m*
fünfte(r, s) *adj* quinto, -a
fünfzehn *num* quindici
fünfzig *num* cinquanta
Funk [fʊŋk] <-s> *m* radio *f*
Funke <-ns, -n> *m* scintilla *f*
funkeln *vi* luccicare
Funkgerät *n* apparecchio *m* radiotrasmittente
Funktion [fʊŋk'tsi̯o:n] <-, -en> *f* funzione *f*
funktionieren [fʊŋtsi̯o'ni:rən] *vi* funzionare
für [fy:ɐ̯] *prp +acc* per; **was ~ ...?** che/quale ...?
Furcht [fʊrçt] <-> *f* paura *f;* **furchtbar** *adj* terribile
fürchten ['fʏrçtən] I. *vt* temere II. *vr* **sich** (**vor jdm/etw**) **~** aver paura (di qu/qc)
fürchterlich *adj s.* **furchtbar**
füreinander *adv* l'uno per l'altro
Fürsorge ['fy:ɐ̯zɔrgə] <-> *f* ❶ (*Betreuung*) cure *fpl* ❷ (*Sozialhilfe*) assistenza *f*
Fürst(in) [fʏrst] <-en, -en; -, -nen> *m(f)* principe, principessa *m, f*
Fürwort *n* (LING) pronome *m*
Fuß [fu:s] <-es, Füße> *m* piede

m; **zu ~ gehen** andare a piedi

Fußball *m* (SPORT) ❶ (*Spiel*) calcio *m* ❷ (*Ball*) pallone *m;* **Fußballplatz** *m* campo *m* di calcio; **Fußballspieler(in)** *m(f)* calciatore, -trice *m, f*

Fußboden *m* pavimento *m*

Fussel ['fʊsəl] <-, -n> *f* peluzzo *m*

Fußgänger(in) *m(f)* pedone, -a *m, f;* **Fußgängerzone** *f* zona *f* pedonale

Futter¹ ['fʊtɐ] <-s> *n* (*Fressen*) foraggio *m*

Futter² <-s, -> *n* (*Stoff*) fodera *f*

füttern ['fʏtɐn] *vt* ❶ (*Kind*) imboccare; (*Tier*) dare da mangiare a ❷ (*Kleidungsstück*) foderare

Futur *n* (LING) futuro *m*

G

G, g [ge:] <-, -(s)> *n* G, g *f*

Gabel <-, -n> *f* forchetta *f*

gackern ['gakɐn] *vi* schiamazzare

gähnen ['gɛ:nən] *vi* sbadigliare

Galerie [galə'ri:] <-, -n> *f* galleria *f*

Galgen ['galgən] <-s, -> *m* patibolo *m*

Galle ['galə] <-, -n> *f* bile *f*

Galopp [ga'lɔp] <-s, -s> *m* galoppo *m*

galoppieren *vi sein* galoppare

Gämse ['gɛmzə] <-, -n> *f* camscio *m*

Gang [gaŋ] <-(e)s, Gänge> *m* ❶ (*~ art*) andatura *f* ❷ (AUTO) marcia *f* ❸ (*Flur*) corridoio *m*

Ganove [ga'no:və] <-n, -n> *m* (*fam*) furfante *m*

Gans [gans] <-, Gänse> *f* oca *f*

Gänseblümchen *n* margheritina *f;* **Gänsehaut** *f* (*fig*) **eine ~ bekommen** avere la pelle d'oca

ganz [gants] **I.** *adj* tutto; (*vollständig*) completo; **mein ~es Geld** tutti i miei soldi **II.** *adv* ❶ (*völlig*) completamente; **~ genau!** esattamente! ❷ (*ziemlich*) abbastanza; (*sehr*) molto; **~ wenig/viel** pochissimo/moltissimo

ganztags *adv* **~ arbeiten** lavorare a tempo pieno

gar [ga:ɐ] **I.** *adj* cotto **II.** *adv* **~ nicht** non … affatto; **~ nichts** niente di niente; **~ keiner** nessuno

Garage [ga'ra:ʒə] <-, -n> *f* garage *m*

Garantie [garan'ti:] <-, -n> *f* garanzia *f*

garantieren [garan'ti:rən] *vt, vi* **für etw ~** garantire qc

Gardasee ['gardaze:] *m* lago *m* di Garda

Garderobe [gardə'ro:bə] <-, -n> *f* guardaroba *f*

Gardine [gar'di:nə] <-, -n> *f* tenda *f*
gären ['gɛ:rən] <irr> *vi haben o sein* fermentare
Garn [garn] <-(e)s, -e> *n* filo *m*
Garnele [gar'ne:lə] <-, -n> *f* gamberetto *m*
Garten ['gartən] <-s, Gärten> *m* giardino *m*
Gärtner(in) ['gɛrtnɐ] <-s, -> *m(f)* giardiniere, -a *m, f*
Gärtnerei <-, -en> *f* azienda *f* di floricoltura
Gas [ga:s] <-es, -e> *n* gas *m*; **~ geben** (AUTO) accelerare; **Gasherd** *m* fornello *m* a gas; **Gaspedal** *n* (AUTO) pedale *m* dell'acceleratore
Gasse ['gasə] <-, -n> *f* vicolo *m*
Gast [gast] <-es, Gäste> *m* ospite *mf*; (*in Hotel*) cliente *mf*; **Gastarbeiter(in)** *m(f)* lavoratore, -trice *m, f* straniero, -a
Gästezimmer *n* camera *f* degli ospiti
gastfreundlich *adj* ospitale; **Gastgeber(in)** *m(f)* ospitante *mf*; **Gasthof** *m* locanda *f*
Gastronomie [gastrono'mi:] <-> *f* gastronomia *f*
Gaststätte *f* trattoria *f*; **Gastwirt(in)** *m(f)* oste *mf*; **Gastwirtschaft** *f s.* **Gaststätte**
Gatte ['gatə] <-n, -n> *m*, **Gattin** ['gatɪn] <-, -nen> *f* marito *m*, moglie *f*
Gaumen <-s, -> *m* palato *m*
Gauner(in) ['gaʊnɐ] <-s, -; -, -nen> *m(f)* imbroglione, -a *m, f*
Gazelle [ga'tsɛlə] <-, -n> *f* gazzella *f*
Gebäck [gə'bɛk] <-(e)s, -e> *n* paste *fpl*
gebären [gə'bɛ:rən] <irr> *vt* partorire; **geboren werden** nascere
Gebärmutter *f* (ANAT) utero *m*
Gebäude [gə'bɔɪdə] <-s, -> *n* edificio *m*
geben ['ge:bən] <irr> *vt* dare; **~ Sie mir bitte Frau Schröder** mi passi la signora Schröder, per favore; **das gibt's (doch) nicht!** non è possibile!
Gebet [gə'be:t] <-(e)s, -e> *n* preghiera *f*
Gebiet [gə'bi:t] <-(e)s, -e> *n* ❶ (*Bezirk*) zona *f*; (ADM, POL) territorio *m* ❷ (*Fach~*) campo *m*
gebildet *adj* colto
Gebirge [gə'bɪrgə] <-s, -> *n* montagna *f*
gebirgig *adj* montagnoso
Gebiss [gə'bɪs] <-es, -e> *n* denti *mpl*; (*künstliches*) dentiera *f*
geboren *adj* nato; **~er Deutscher** tedesco di nascita
geborgen *adj* **sich (bei jdm) ~ fühlen** sentirsi sicuro (da qu); **Geborgenheit** <-> *f* sicurezza *f*
Gebot [gə'bo:t] <-(e)s, -e> *n* (REL) comandamento *m*
Gebrauch [gə'braʊx] <-> *m* uso

G

m

gebrauchen *vt* usare; **das könnte ich gut ~** mi farebbe comodo

Gebrauchsanweisung *f* istruzione *f* per l'uso

gebraucht *adj* usato

Gebrüll [gə'brʏl] <-(e)s> *n* urli *mpl;* (*von wildem Tier*) ruggito *m*

Gebühr [gə'by:ɐ̯] <-, -en> *f* tassa *f;* (*Telefon~*) tariffa *f*

Geburt [gə'bu:ɐ̯t] <-, -en> *f* nascita *f*

gebürtig [gə'bʏrtɪç] *adj* **~er Römer** romano di nascita

Geburtsdatum *n* data *f* di nascita; **Geburtsort** *m* luogo *m* di nascita; **Geburtstag** *m* compleanno *m;* **herzlichen Glückwunsch zum ~!** tanti auguri di buon compleanno!

Gebüsch [gə'bʏʃ] <-(e)s, -e> *n* cespuglio *m*

Gedächtnis [gə'dɛçtnɪs] <-ses, -se> *n* memoria *f*

Gedanke [gə'daŋkə] <-ns, -n> *m* pensiero *m;* (*Einfall*) idea *f*

Gedeck [gə'dɛk] <-(e)s, -e> *n* coperto *m*

gedeihen [gə'daɪən] <irr> *vi sein* crescere (bene)

Gedicht [gə'dɪçt] <-(e)s, -e> *n* poesia *f*

Geduld [gə'dʊlt] <-> *f* pazienza *f*

gedulden *vr* **sich ~** pazientare

geduldig *adj* paziente

geeignet *adj* adatto

Gefahr [gə'fa:ɐ̯] <-, -en> *f* pericolo *m*

gefährden [gə'fɛ:ɐ̯dən] *vt* mettere in pericolo

gefährlich *adj* pericoloso

Gefährte [gə'fɛ:ɐ̯tə] <-n, -n> *m,* **Gefährtin** <-, -nen> *f* compagno, -a *m, f*

gefallen [gə'falən] <irr> *vi* **jdm ~** piacere a qu; **sich** *dat* **etw ~ lassen** sopportare qc

Gefallen <-s, -> *m* favore *m*

gefälligst *adv* (*fam iron*) per piacere

Gefangene <ein -r, -n, -n> *mf* prigioniero, -a *m, f*

Gefangenschaft *f* prigionia *f*

Gefängnis [gə'fɛŋnɪs] <-ses, -se> *n* prigione *f*

Gefäß [gə'fɛ:s] <-es, -e> *n* recipiente *m*

gefasst *adj o adj* calmo; **sich auf etw** *acc* **~ machen** aspettarsi qc

Geflügel [gə'fly:gəl] <-s> *n* pollame *m*

gefragt *adj* richiesto

gefrieren [gə'fri:rən] <irr> *vi sein* (con)gelare

Gefrierfach *n* freezer *m;* **Gefriertruhe** *f* congelatore *m*

Gefühl [gə'fy:l] <-(e)s, -e> *n* ❶ (*körperlich*) sensazione *f* ❷ (*seelisch*) sentimento *m* ❸ (*Ahnung*) sensazione *f;* **gefühllos** *adj* insensibile

gegen ['ge:gən] *prp* +*acc* ❶ (*feindlich, entgegen*) contro; ~ **etw sein** essere contrario a qc ❷ (*im Tausch*) dietro ❸ (*zeitlich*) verso

Gegend ['ge:gənt] <-, -en> *f* regione *f*; (*Umgebung*) dintorni *mpl*

gegeneinander *adv* l'uno contro l'altro

Gegensatz *m* contrasto *m*; **im** ~ **zu** in contrasto con; **gegensätzlich** *adj* contrario

gegenseitig *adj* reciproco

Gegenstand *m* oggetto *m*

Gegenteil *n* contrario *m*; **im** ~ al contrario

gegenüber *adv* ~ (**von jdm/etw**) di fronte (a qu/qc)

Gegenverkehr *m* traffico *m* in senso opposto

Gegenwart ['ge:gənvart] <-> *f* ❶ (*Anwesenheit*) presenza *f*; **in** ~ **von** in presenza di ❷ (LING) presente *m*

Gegner(in) ['ge:gnɐ] <-s, -> *m(f)* avversario, -a *m, f*

gegnerisch *adj* avversario

Gehalt [gə'halt] <-(e)s, Gehälter> *n* stipendio *m*

gehässig *adj* maligno

geheim [gə'haɪm] *adj* segreto; **Geheimdienst** *m* servizio *m* segreto

Geheimnis <-ses, -se> *n* segreto *m*; **geheimnisvoll** *adj* misterioso

gehen ['ge:ən] <irr> *vi sein* andare; (*weg~*) andarsene; (*Zug, Schiff*) partire; **spazieren** ~ andare a passeggio; **wie geht es Ihnen?** come sta?; **es geht** non c'è male; **es geht mir gut/schlecht** sto bene/male

Gehirn [gə'hɪrn] <-(e)s, -e> *n* cervello *m*; **Gehirnerschütterung** *f* (MED) commozione *f* cerebrale

Gehör [gə'hø:ɐ̯] <-(e)s> *n* udito *m*

gehorchen *vi* (**jdm**) ~ ubbidire (a qu)

gehören *vi* **jdm** ~ appartenere a qu; **das gehört mir** questo è mio; **zu etw** ~ far(e) parte di qc

gehorsam *adj* ubbidiente

Gehweg *m* marciapiede *m*

Geier ['gaɪɐ] <-s, -> *m* avvoltoio *m*

Geige ['gaɪgə] <-, -n> *f* violino *m*

geil [gaɪl] *adj* ❶ (*lüstern*) lussurioso ❷ (*sl: toll*) fico

Geisel ['gaɪzəl] <-, -n> *f* ostaggio *m*

Geist [gaɪst] <-(e)s, -er> *m* ❶ *sing* (*Vernunft*) spirito *m* ❷ (*Gespenst*) fantasma *m*

Geisterbahn *f* galleria *f* degli orrori; **Geisterfahrer(in)** *m(f)* automobilista *mf* che viaggia contromano

geisteskrank *adj* malato di mente; **Geisteswissen-**

schaften *pl* scienze *fpl* umane
geistig ['gaɪstɪç] *adj* mentale; (*Arbeit*) intellettuale
Geistliche <ein -r, -n, -n> *m* ecclesiastico *m*
Geiz [gaɪts] <-es, -e> *m* avarizia *f*; **Geizhals** *m* (*pej*) avaraccio *m*
geizig *adj* avaro
gekünstelt *adj* affettato
Gel *n* gel *m*
Gelächter [gə'lɛçtɐ] <-s, -> *n* risa *fpl*
gelähmt *adj* paralizzato
Gelände [gə'lɛndə] <-s, -> *n* terreno *m*
Geländer [gə'lɛndɐ] <-s, -> *n* balaustra *f*
Geländewagen *m* fuoristrada *m*
gelassen *adj* calmo
Gelatine [ʒela'ti:nə] <-> *f* gelatina *f*
gelaunt *adj* **gut** ~ di buon umore; **schlecht** ~ di cattivo umore
gelb [gɛlp] *adj* giallo
gelblich *adj* giallognolo
Gelbsucht *f* (MED) itterizia *f*
Geld [gɛlt] <-(e)s, -er> *n* soldi *mpl*; **Geldautomat** *m* bancomat *m*; **Geldbeutel** *m* borsellino *m*; **geldgierig** *adj* avido di denaro; **Geldschein** *m* banconota *f*; **Geldstrafe** *f* multa *f*; **Geldstück** *n* moneta *f*; **Geldwechsel** *m* cambio *m*
gelegen *adj* **das kommt mir sehr** ~ questo mi torna molto comodo
Gelegenheit <-, -en> *f* occasione *f*
gelegentlich **I.** *adj* occasionale **II.** *adv* ogni tanto
Gelenk [gə'lɛŋk] <-(e)s, -e> *n* (ANAT) articolazione *f*
Geliebte <ein -r, -n, -n> *mf* amante *mf*
gelingen [gə'lɪŋən] <irr> *vi sein* riuscire
Gelse ['gɛlzə] <-, -n> *f* (*A*) zanzara *f*
gelten ['gɛltən] <irr> *vi* essere valido
gelungen *adj* riuscito
gemächlich [gə'mɛ:çlɪç] *adv* pian piano
Gemälde [gə'mɛ:ldə] <-s, -> *n* dipinto *m*
gemäß [gə'mɛ:s] *prp +dat* secondo
gemäßigt *adj* moderato; (*Klima*) temperato
gemein [gə'maɪn] *adj* meschino
Gemeinde [gə'maɪndə] <-, -n> *f* (ADM) comune *m*; **Gemeindeverwaltung** *f* amministrazione *f* comunale
Gemeinheit <-, -en> *f* cattiveria *f*
gemeinsam **I.** *adj* comune **II.** *adv* in comune; (*zusammen*) insieme
Gemeinschaft <-, -en> *f* comunità *f*; **in** ~ **mit** in unione con

gemischt *adj* misto

Gemüse [gəˈmyːzə] <-s, -> *n* verdura *f;* **Gemüsehändler(in)** *m(f)* erbivendolo, -a *m, f*

Gemüt [gəˈmyːt] <-(e)s, -er> *n* animo *m;* (*Wesen*) natura *f*

gemütlich *adj* accogliente; **machen Sie es sich** *dat* **~!** faccia come se fosse a casa Sua!

Gemütlichkeit <-> *f* piacevolezza *f*

Gen <-s, -e> *n* gene *m*

genau [gəˈnaʊ] **I.** *adj* esatto; (*sorgfältig*) accurato **II.** *adv* esattamente; **~ um drei Uhr** alle tre precise; **~!** esatto!

Genauigkeit <-> *f* esattezza *f;* (*Sorgfalt*) accuratezza *f*

genauso *adv* altrettanto

Gendarm <-en, -en> *m* (*A, CH*) carabiniere *m*

Gendarmerie [ʒandarməˈriː] <-, -n> *f* (*A, CH*) corpo *m* dei carabinieri

genehmigen [gəˈneːmɪgən] *vt* approvare

Genehmigung <-, -en> *f* autorizzazione *f*

General [genəˈraːl] <-s, -e> *m* generale *m;* **Generaldirektor(in)** *m(f)* direttore, -trice *m, f* generale; **Generalprobe** *f* (THEAT) prova *f* generale

Generation [genəraˈtsi̯oːn] <-, -en> *f* generazione *f*

genetisch *adj* genetico

Genf [gɛnf] *n* Ginevra *f*

genial *adj* geniale

Genick [gəˈnɪk] <-(e)s, -e> *n* nuca *f;* (*Hals*) collo *m*

Genie [ʒeˈniː] <-s, -s> *n* genio *m*

genieren [ʒeˈniːrən] *vr* **sich ~** sentirsi imbarazzato

genießbar *adj* (*Speise*) mangiabile; (*Getränk*) bevibile

genießen [gəˈniːsən] <irr> *vt* (*Speise*) gustare; (*fig*) godere

Genießer(in) <-s, -; -, -nen> *m(f)* gaudente *mf*

Genossenschaft <-, -en> *f* cooperativa *f*

Genua [ˈgeːnua] *n* Genova *f*

genug [gəˈnuːk] *adv* abbastanza

genügen *vi* bastare

genügend *adj* sufficiente

Genugtuung [gəˈnuːktuːʊŋ] <-, -en> *f* soddisfazione *f*

Genuss [gəˈnʊs] <-es, Genüsse> *m* ❶ *sing* (*Konsum*) consumo *m* ❷ (*Vergnügen*) piacere *m*

genüsslich *adv* con voluttà

Geografie, Geographie <-> *f* geografia *f*

Geometrie [geomeˈtriː] <-> *f* geometria *f*

Gepäck [gəˈpɛk] <-(e)s> *n* bagaglio *m;* **sein ~ aufgeben** consegnare il proprio bagaglio; **Gepäckaufbewahrung** *f* deposito *m* bagagli; **Gepäckausgabe** *f* consegna *f* bagagli; **Gepäckträger** *m* ❶ (*Person*) facchino *m* ❷ (*am Fahrrad*) portabagagli *m;* **Gepäckwagen**

G

m bagagliaio *m*

Gepard ['ge:part] <-s, -e> *m* ghepardo *m*

gepflegt *adj* (*Mensch*) curato; (*Haus, Park*) tenuto bene

gerade [gə'ra:də] **I.** *adj* diritto; (*Zahl*) pari **II.** *adv* ❶ (*eben*) appena; **ich will ~ gehen** sto per andarmene ❷ (*ausgerechnet*) proprio; **geradeaus** *adv* d(i)ritto

Gerät [gə'rɛ:t] <-(e)s, -e> *n* apparecchio *m;* (*Werkzeug*) strumento *m*

geraten <irr> *vi sein* capitare

geräumig *adj* spazioso

Geräusch [gə'rɔɪʃ] <-(e)s, -e> *n* rumore *m*

gerecht [gə'rɛçt] *adj* giusto

Gerechtigkeit <-> *f* giustizia *f*

gereizt *adj* irritato

Gericht [gə'rɪçt] <-(e)s, -e> *n* ❶ (*Speise*) piatto *m* ❷ (JUR) tribunale *m*

gerichtlich *adj* legale

Gerichtshof *m* corte *f* di giustizia; **Gerichtsverhandlung** *f* dibattimento *m*

gering [gə'rɪŋ] *adj* piccolo; (*wenig*) poco; (*niedrig*) basso; **nicht im Geringsten** non … minimamente

geringfügig *adj* insignificante

gerinnen [gə'rɪnən] <irr> *vi sein* coagulare; (*Milch*) cagliare

gerissen *adj* scaltro

gern [gɛrn] <lieber, am liebsten> *adv* volentieri; **jdn ~ haben** voler bene a qu; **ich reise ~** mi piace viaggiare; **ich hätte ~ …** vorrei …; **~ geschehen!** non c'è di che!

Gerste ['gɛrstə] *f* orzo *m*

Geruch [gə'rʊx] <-(e)s, Gerüche> *m* odore *m*

Gerücht [gə'rʏçt] <-(e)s, -e> *n* voce *f*

Gerüst [gə'rʏst] <-(e)s, -e> *n* impalcatura *f*

gesamt [gə'zamt] *adj* tutto

Gesang [gə'zaŋ] *m* canto *m*

Geschäft [gə'ʃɛft] <-(e)s, -e> *n* ❶ (*Handel*) affare *m* ❷ (*Laden*) negozio *m*

geschäftlich **I.** *adj* d'affari **II.** *adv* per affari

Geschäftsführer(in) *m(f)* gerente *mf;* **Geschäftsleitung** *f* dirigenti *mpl;* **Geschäftsmann** *m* uomo *m* d'affari; **Geschäftsreise** *f* viaggio *m* d'affari

geschehen [gə'ʃe:ən] <irr> *vi sein* succedere; (*zufällig*) capitare; **gern ~!** non c'è di che!

gescheit [gə'ʃaɪt] *adj* intelligente

Geschenk [gə'ʃɛŋk] <-(e)s, -e> *n* regalo *m;* **Geschenkgutschein** *m* buono *m* regalo

Geschichte [gə'ʃɪçtə] <-, -n> *f* ❶ (HIST) storia *f* ❷ (*Erzählung*) racconto *m*

geschichtlich *adj* storico

Geschicklichkeit <-> *f* abilità *f*
geschickt *adj* abile
geschieden *adj* divorziato
Geschirr [gə'ʃɪr] <-(e)s, -e> *n* stoviglie *fpl*; **Geschirrspülmaschine** *f* lavastoviglie *f*; **Geschirrtuch** *n* strofinaccio *m*
Geschlecht [gə'ʃlɛçt] <-(e)s, -er> *n* (BIOL) sesso *m*
Geschlechtskrankheit *f* malattia *f* venerea; **Geschlechtsorgan** *n* organo *m* genitale; **Geschlechtsverkehr** *m* rapporti *mpl* sessuali
Geschmack [gə'ʃmak] <-(e)s, Geschmäcke> *m* gusto *m*; **geschmacklos** *adj* (*fig*) di cattivo gusto; **Geschmack(s)sache** *f* **das ist ~** è questione di gusti; **geschmackvoll** *adj* di buon gusto
geschmeidig [gə'ʃmaɪdɪç] *adj* morbido
geschweige *konj* **~ denn** tanto meno
Geschwindigkeit [gə'ʃvɪndɪçkaɪt] <-, -en> *f* velocità *f*; **Geschwindigkeitsbegrenzung** *f* limite *m* di velocità; **Geschwindigkeitsüberschreitung** *f* eccesso *m* di velocità
Geschwister [gə'ʃvɪstɐ] *pl* fratelli *mpl* e sorelle *fpl*
geschwollen *adj* (MED) gonfio
Geschwür [gə'ʃvyːɐ̯] <-(e)s, -e> *n* (MED) ulcera *f*
gesellig *adj* socievole
Gesellschaft [gə'zɛlʃaft] <-, -en> *f* ❶ (SOC, WIRTSCH) società *f* ❷ (*Umgang*) compagnia *f*; **jdm ~ leisten** fare compagnia a qu
gesellschaftlich *adj* sociale
Gesetz [gə'zɛts] <-es, -e> *n* legge *f*; **Gesetzbuch** *n* codice *m*
gesetzlich *adj* legale; **~er Feiertag** festa ufficiale
Gesicht [gə'zɪçt] <-(e)s, -er> *n* viso *m*
gespannt [gə'ʃpant] *adj* teso; (*neugierig*) curioso
Gespenst [gə'ʃpɛnst] <-(e)s, -er> *n* fantasma *m*
Gespräch [gə'ʃprɛːç] <-(e)s, -e> *n* conversazione *f*; **Gesprächspartner(in)** *m(f)* interlocutore, -trice *m, f*
Gespür [gə'ʃpyːɐ̯] <-s> *n* fiuto *m*
Gestalt [gə'ʃtalt] <-, -en> *f* forma *f*
gestalten *vt* dare forma a; (*Freizeit*) organizzare
Geständnis [gə'ʃtɛntnɪs] <-ses, -se> *n* (JUR) confessione *f*
Gestank [gə'ʃtaŋk] <-(e)s> *m* puzzo *m*
gestatten [gə'ʃtatən] *vt* **~ Sie?** permette?
Geste ['gɛstə] <-, -n> *f* gesto *m*
gestehen <irr> *vt* confessare; **offen gestanden** francamente

G

gestern ['gɛstɐn] *adv* ieri; ~ **Abend** ieri sera
gestreift *adj* a strisce
gestrig ['gɛstrɪç] *adj* di ieri
Gestrüpp [gə'ʃtrʏp] <-(e)s, -e> *n* sterpaglia *f*
gestylt *adj* stylé
gesund [gə'zʊnt] *adj* sano; (**wieder**) ~ **werden** guarire; ~ **und munter** sano e vegeto; **Gesundheit** <-> *f* salute *f*; ~**!** salute!; **gesundheitlich** *adj* sanitario; **wie geht es Ihnen** ~**?** come sta di salute?
Getränk [gə'trɛŋk] <-(e)s, -e> *n* bevanda *f*; **Getränkeautomat** *m* distributore *m* automatico di bevande
Getreide [gə'traɪdə] <-s, -> *n* cereali *mpl*
getrennt *adj* separato
Gewächshaus *n* serra *f*
gewagt *adj* audace
Gewähr [gə'vɛːɐ̯] <-> *f* garanzia *f*
gewähren *vt* accordare
gewährleisten *vt* garantire
Gewalt [gə'valt] <-, -en> *f* violenza *f*; **mit** ~ con la forza
gewaltig **I.** *adj* ❶ (*riesig*) enorme ❷ (*heftig*) violento **II.** *adv* (*fam: sehr*) molto
gewaltsam *adj* violento; ~ **öffnen** forzare; **gewalttätig** *adj* violento
Gewässer [gə'vɛsɐ] <-s, -> *n* acque *fpl*
Gewebe [gə'veːbə] <-s, -> *n* tessuto *m*
Gewehr [gə'veːɐ̯] <-(e)s, -e> *n* fucile *m*
Gewerbe [gə'vɛrbə] <-s, -> *n* mestiere *m*; **Gewerbegebiet** *n* zona *f* industriale
Gewerkschaft [gə'vɛrkʃaft] <-, -en> *f* sindacato *m*
Gewicht [gə'vɪçt] <-(e)s, -e> *n* peso *m*
Gewinn [gə'vɪn] <-(e)s, -e> *m* ❶ (*Nutzen*) profitto *m* ❷ (*Verdienst*) guadagno *m*; (*im Spiel*) vincita *f*
gewinnen [gə'vɪnən] <irr> *vt, vi* vincere
Gewinner(in) <-s, -; -, -nen> *m(f)* vincitore, -trice *m, f*
gewiss [gə'vɪs] **I.** *adj* certo **II.** *adv* certamente
Gewissen [gə'vɪsən] <-s, -> *n* coscienza *f*; **Gewissensbisse** *mpl* rimorsi *mpl*
gewissermaßen *adv* per così dire
Gewissheit <-, -en> *f* certezza *f*
Gewitter [gə'vɪtɐ] <-s, -> *n* temporale *m*
gewöhnen **I.** *vt* **jdn an etw** *acc* ~ abituare qu a qc **II.** *vr* **sich an jdn/etw** ~ abituarsi a qu/qc
Gewohnheit [gə'voːnhaɪt] <-, -en> *f* abitudine *f*; **aus** ~ per abitudine
gewöhnlich [gə'vøːnlɪç] **I.** *adj*

❶ (*alltäglich*) ordinario ❷ (*mittelmäßig*) comune **II.** *adv* **wie ~** come il solito

gewohnt *adj* abituale; **etw ~ sein** essere abituato a qc

Gewöhnung [gəˈvøːnʊŋ] <-> *f* assuefazione *f*

Gewürz [gəˈvʏrt͜s] <-es, -e> *n* condimento *m*

Gezeiten [gəˈt͜saɪtən] *pl* maree *fpl*

gierig *adj* avido

gießen [ˈgiːsən] <irr> **I.** *vt* versare; (*Blumen*) annaffiare **II.** *vi* **es gießt in Strömen** piove a dirotto

Gießkanne *f* annaffiatoio *m*

Gift [gɪft] <-(e)s, -e> *n* veleno *m*

giftig *adj* velenoso

Giftmüll *m* rifiuti *mpl* tossici

gigantisch *adj* gigantesco

Gipfel [ˈgɪpfəl] <-s, -> *m* cima *f*; (*fig*) apice *m*; **das ist (doch) der ~!** questo è proprio il colmo!

Gips [gɪps] <-es, -e> *m* gesso *m*; **Gipsverband** *m* ingessatura *f*

Giraffe [giˈrafə] <-, -n> *f* giraffa *f*

Girokonto *n* conto *m* corrente

Gitarre [giˈtarə] <-, -n> *f* chitarra *f*

Gitter [ˈgɪtɐ] <-s, -> *n* inferriata *f*; (*für Pflanzen*) graticcio *m*

Glace [ˈglasə] <-, -n> *f* (*CH*) gelato *m*

Glanz [glant͜s] <-es> *m* lucentezza *f*

glänzen [ˈglɛnt͜sən] *vi* brillare

Glas [glaːs] <-es, Gläser> *n* ❶ (*Material*) vetro *m* ❷ (*Trink~*) bicchiere *m*; **Glascontainer** *m* cassonetto *m* del vetro

glatt [glat] *adj* ❶ (*nicht rau*) liscio ❷ (*rutschig*) scivoloso; **Glatteis** *n* vetrato *m*

Glatze [ˈglat͜sə] <-, -n> *f* testa *f* calva; **eine ~ haben** essere calvo

G

Glaube [ˈglaʊbə] <-ns> *m* (REL) fede *f*

glauben [ˈglaʊbən] *vt, vi* credere; **das ist nicht zu ~** è incredibile; **ich glaube nicht daran** non ci credo; **jdm ~** credere a qu

gläubig [ˈglɔɪbɪç] *adj* (REL) credente

glaubwürdig *adj* attendibile

gleich [glaɪç] **I.** *adj* uguale; **es ist mir ~** (*fam*) per me fa lo stesso **II.** *adv* ❶ (*ebenso*) ugualmente; **~ viel** altrettanto ❷ (*sofort*) subito; **bis ~!** a presto!; **gleichaltrig** *adj* coetaneo; **Gleichberechtigung** *f* equiparazione *f* dei diritti; **gleichfalls** *adv* **danke, ~!** grazie, altrettanto!; **Gleichgewicht** *n* equilibrio *m*; **gleichgültig** *adj* indifferente; **Gleichgültigkeit** *f* indifferenza; **gleichmäßig** *adj* uniforme; **gleichzeitig** *adj* contemporaneo

Gleis [glaɪs] <-es, -e> *n* binario *m*

Gleitzeit *f* orario *m* flessibile (di lavoro)

Gletscher ['glɛtʃɐ] <-s, -> *m* ghiacciaio *m*

Glied [gli:t] <-(e)s, -er> *n* (ANAT) membro *m*

gliedern *vt* **etw in etw** *acc* ~ (sud)dividere qc in qc

Gliedmaßen *pl* membra *fpl*

glimpflich *adv* ~ **davonkommen** cavarsela a buon mercato

glitschig *adj* sdrucciolevole

glitzern [glɪtsən] *vi* scintillare

global *adj* globale

Globalisierung <-, -en> *f* (POL) globalizzazione *f*

Globus ['glo:bʊs] <-, Globen> *m* globo *m*

Glocke ['glɔkə] <-, -n> *f* ❶ (*Kirchturm~*) campana *f* ❷ (*Klingel*) campanello *m*; **Glockenturm** *m* campanile *m*

Glück [glʏk] <-(e)s> *n* fortuna *f*; **sie hat ~ gehabt!** è stata fortunata!; **viel ~!** buona fortuna!; **zum ~** per fortuna

glücken *vi sein* riuscire

gluckern ['glʊkɐn] *vi* gorgogliare

glücklich *adj* ❶ (*vom Glück gesegnet*) fortunato ❷ (*froh*) felice

Glücksspiel *n* gioco *m* d'azzardo

Glückwunsch *m* auguri *mpl*; **herzlichen ~!** tanti auguri!

Glühbirne *f* lampadina *f* a incandescenza

glühen ['gly:ən] *vi* essere incandescente; (*Feuer, Zigarette*) ardere

Glühwein *m* vin *m* brûlé; **Glühwürmchen** <-s, -> *n* (*fam*) lucciola *f*

Glut [glu:t] <-, -en> *f* brace *f*

GmbH [ge:'ɛmbe:'ha:] <-, -s> *f abk v* **Gesellschaft mit beschränkter Haftung** S.r.l.

Gnade ['gna:də] <-, -n> *f* grazia *f*; **gnadenlos** *adj* spietato

Gold [gɔlt] <-(e)s> *n* oro *m*; **Goldmedaille** *f* medaglia *f* d'oro

Golf[1] [gɔlf] <-(e)s, -e> *m* (GEOG) golfo *m*

Golf[2] <-s> *n* (SPORT) golf *m*

Golfplatz *m* campo *m* da golf

Gondel ['gɔndəl] <-, -n> *f* gondola *f*

gönnen ['gœnən] *vt* **jdm etw nicht ~** invidiare qc a qu; **ich gönne es dir** te lo auguro di cuore

Gorilla [go'rɪla] <-s, -s> *m* gorilla *m*

Gott [gɔt] <-es, Götter> *m* Dio *m*; **~ sei Dank!** grazie a Dio!; **mein ~!** Dio mio!

Gottesdienst *m* messa *f*

Göttin ['gœtɪn] <-, -nen> *f* dea *f*

göttlich *adj* divino

Grab [gra:p] <-(e)s, Gräber> *n* tomba *f*

graben ['gra:bən] <irr> *vt, vi* scavare

Graben <-s, Gräben> *m* fosso *m*

Grad [gra:t] <-(e)s, -e> *m* grado *m*

Graf [gra:f] <-en, -en> *m*, **Gräfin** ['grɛ:fɪn] <-, -nen> *f* conte, contessa *m, f*

Gramm [gram] <-s, -e> *n* grammo *m*

Grammatik [gra'matɪk] <-, -en> *f* grammatica *f*

Grapefruit <-, -s> *f* pompelmo *m*

Gras [gra:s] <-es, Gräser> *n* erba *f*

grässlich *adj* orribile

Gräte ['grɛ:tə] <-, -n> *f* lisca *f*

gratis ['gra:tɪs] *adv* gratis

gratulieren [gratu'li:rən] *vi* **jdm zu etw ~** congratularsi con qu per qc; **jdm zum Geburtstag ~** fare gli auguri di buon compleanno a qu

grau [grau] *adj* grigio

Grauen <-s, -> *n* orrore *m*; **grauenhaft** *adj* orribile

grausam ['grauza:m] *adj* crudele

greifen ['graɪfən] <irr> **I.** *vt* prendere **II.** *vi* **nach etw ~** (stendere la mano per) prendere qc; **zu etw ~** (*fig*) ricorrere a qc

grell [grɛl] *adj* (*Farbe*) vivo; (*Licht*) abbagliante

Grenze ['grɛntsə] <-, -n> *f* confine *m*; (*Landes~*) frontiera *f*; (*fig*) limite *m*

grenzen *vi* **an etw** *acc* **~** confinare con qc

Grenzübergang *m* valico *m*

Grieche ['gri:çə] <-n, -n> *m* greco *m*

Griechenland *n* Grecia *f*

Griechin ['gri:çɪn] <-, -nen> *f* greca *f*

griechisch *adj* greco

Grieß [gri:s] <-es, -e> *m* semolino *m*

Griff [grɪf] <-(e)s, -e> *m* manico *m*; (*Klinke*) maniglia *f*; **etw im ~ haben** avere qc sotto controllo; **griffbereit** *adj* a portata di mano

Grill [grɪl] <-s, -s> *m* griglia *f*; **vom ~** ai ferri

Grille ['grɪlə] <-, -n> *f* grillo *m*

grillen *vt* cuocere sulla griglia

Grimasse [gri'masə] <-, -n> *f* smorfia *f*

grimmig *adj* truce

grinsen ['grɪnzən] *vi* (sog)ghignare

Grippe ['grɪpə] <-, -n> *f* influenza *f*

grob [gro:p] <gröber, gröbste> *adj* ❶ (*Sand, Zucker*) grosso ❷ (*unhöflich*) sgarbato ❸ (*ungefähr*) approssimativo

Gröden ['grø:dən] *n* Gardena *f*

Grönland ['grø:nlant] *n* Groenlandia *f*

groß [gro:s] <größer, größte>

adj grande; (*hoch*) alto; ~ **werden** crescere; **wie ~ bist du?** quanto sei alto?; **im Großen und Ganzen** nell'insieme; **großartig** *adj* magnifico

Großbritannien *n* Gran Bretagna *f*

Größe ['grøːsə] <-, -n> *f* grandezza *f;* (*Höhe*) altezza *f;* (*Kleidungs~*) taglia *f;* (*Schuh~*) misura *f*

Großeltern *pl* nonni *mpl*

größenwahnsinnig *adj* megalomane

Großmutter *f* nonna *f;* **Großstadt** *f* metropoli *f;* **Großteil** *m* gran parte *f;* **Großvater** *m* nonno *m;* **groß|ziehen** <irr> *vt* tirare su; **großzügig** *adj* generoso

Grotte ['grɔtə] <-, -n> *f* grotta *f*

Grube ['gruːbə] <-, -n> *f* fossa *f*

grübeln ['gryːbəln] *vi* **über etw** *acc* ~ lambiccarsi il cervello per qc

grüezi ['gryːɛtsi] *int* (*CH*) ciao

grün [gryːn] *adj* verde

Grund [grʊnt] <-(e)s, Gründe> *m* ❶ (*von Gewässer*) fondo *m* ❷ (*Ursache*) causa *f;* **aus diesem ~** perciò; **Grundbesitz** *m* proprietà *f* terriera; **Grundbuch** *n* catasto *m*

gründen ['grʏndən] *vt* fondare

Gründer(in) <-s, -; -, -nen> *m(f)* fondatore, -trice *m, f*

Grundgebühr *f* tassa *f* fissa; **Grundgesetz** *n* costituzione *f;* **Grundlage** *f* base *f;* **grundlegend** *adj* fondamentale

gründlich I. *adj* accurato II. *adv* a fondo

grundlos *adj* infondato

Grundsatz *m* principio *m;* **grundsätzlich** I. *adj* fondamentale II. *adv* per principio; **Grundschule** *f* ≈ scuola *f* elementare; **Grundstück** *n* terreno *m*

Gründung ['grʏndʊŋ] <-, -en> *f* fondazione *f*

Grundwasser *n* acqua *f* freatica

Grüne[1] <-n> *n* (*Natur*) verde *m;* **im ~n** nel verde; **ins ~ fahren** andare in campagna

Grüne[2] <ein -r, -n, -n> *mf* (POL) **die ~n** i verdi

Gruppe ['grʊpə] <-, -n> *f* gruppo *m;* **Gruppenreise** *f* viaggio *m* in comitiva

gruselig *adj* raccapricciante

Gruß [gruːs] <-es, Grüße> *m* saluto *m;* **viele Grüße** tanti saluti

grüßen ['gryːsən] *vt* salutare; ~ **Sie ihn von mir!** gli porti i miei saluti!

gucken ['gʊkən] *vi* (*fam*) guardare

gültig ['gʏltɪç] *adj* valido; (*Fahrschein*) valevole

Gummi ['gʊmi] <-s, -(s)> *n o m* gomma *f;* **Gummistiefel** *mpl* stivali *mpl* di gomma

günstig ['gʏnstɪç] *adj* favorevole; (*Preis*) conveniente

Gurke ['gʊrkə] <-, -n> *f* cetriolo *m;* **saure ~n** cetriolini sott'aceto

Gurt [gʊrt] <-(e)s, -e> *m* cintura *f*

Gürtel ['gʏrtəl] <-s, -> *m* cintura *f*

gut [gu:t] **I.** <besser, beste> *adj* buono; **alles Gute!** (*für Zukunft*) buona fortuna!; (*Glückwunsch*) auguri!; **~en Tag** buongiorno; **~en Abend** buonasera; **~es Wetter** bel tempo; **wozu ist das ~?** a che serve? **II.** <besser, am besten> *adv* bene; **es geht mir ~** sto bene; **schon ~!** va bene!

Gut <-(e)s, Güter> *n* ❶ (*Besitz*) proprietà *f* ❷ *pl* (*Waren*) merci *fpl*

Gutachten ['gu:tʔaxtən] *n* perizia *f*

gutartig *adj* (MED) benigno

Guthaben ['gu:tha:bən] <-s, -> *n* averi *mpl*

gütig ['gy:tɪç] *adj* benevolo

gutmütig *adj* buono; **Gutmütigkeit** *f* bontà *f*

Gutschein *m* buono *m;* **gut|schreiben** <irr> *vt* **jdm etw ~** accreditare qc a qu; **Gutschrift** *f* accredito *m*

Gymnasium [gʏm'na:ziʊm] <-s, Gymnasien> *n scuola superiore che comprende gli anni dalla fine della scuola elementare fino alla maturità classica, linguistica o scientifica*

Gymnastik [gʏm'nastɪk] <-> *f* ginnastica *f*

Gynäkologe [gynɛko'lo:gə] <-n, -n> *m,* **Gynäkologin** [gynɛko'lo:gɪn] <-, -nen> *f* ginecologo, -a *m, f*

H

H, h [ha:] <-, -(s)> *n* H, h *f*

Haar [ha:ɐ̯] <-(e)s, -e> *n* (*Kopf~*) capello *m;* (*Bart~, Körper~, Tier~*) pelo *m;* **sich** *dat* **die ~e schneiden lassen** farsi tagliare i capelli; **Haarfarbe** *f* colore *m* dei capelli; **Haarfestiger** *m* fissatore *m;* **Haarschnitt** *m* taglio *m;* **Haarspange** *f* molletta *f* per capelli; **Haarspray** *n o m* lacca *f* per capelli

haben ['ha:bən] <irr> **I.** *vt* avere; **den Wievielten ~ wir heute?** quanti ne abbiamo oggi?; **etw ~ wollen** volere qc; **ich habe zu tun** ho da fare; **ich hab's!** ci sono!; **ich hätte gern ...** vorrei ...; **lieber ~** preferire; **nichts dagegen ~** non aver nulla in contrario; **welche Größe**

~ **Sie?** che taglia porta?; **wir ~ den 10. Juni** è il 10 giugno **II.** *vi* ❶ (*müssen*) dovere; **er hat zu arbeiten** deve lavorare ❷ (*Hilfsverb*) avere

Habgier *f* cupidigia *f*

Habicht ['ha:bɪçt] <-s, -e> *m* astore *m*

Hackbraten *m* polpettone *m*

Hacke ['hakə] <-, -n> *f* zappa *f*

hacken ['hakən] *vt* ❶ (*Holz*) spaccare ❷ (*Fleisch*) tritare

Hackfleisch *n* carne *f* tritata

Hafen ['ha:fən] <-s, Häfen> *m* porto *m*; **Hafenstadt** *f* città *f* portuale

Hafer ['ha:fɐ] <-s> *m* avena *f*; **Haferflocken** *fpl* fiocchi *mpl* d'avena

Haft [haft] <-> *f* detenzione *f*

Häftling ['hɛftlɪŋ] <-s, -e> *m* detenuto, -a *m, f*

Haftpflichtversicherung *f* assicurazione *f* della responsabilità civile (verso terzi)

Hagebutte <-, -n> *f* frutto *m* di rosa canina

Hagel ['ha:gəl] <-s> *m* grandine *f*

hageln *vi, vt* **es hagelt** grandina

Hahn [ha:n] <-(e)s, Hähne> *m* ❶ (*zoo*) gallo *m* ❷ (*Wasser~, Gas~*) rubinetto *m*

Hähnchen <-s, -> *n* pollo *m*

Hai(fisch) ['haɪ(fɪʃ)] *m* pescecane *m*

häkeln ['hɛ:kəln] *vt, vi* lavorare all'uncinetto

Haken ['ha:kən] <-s, -> *m* gancio *m*; (*Kleider~*) attaccapanni *m*; **die Sache hat einen ~** (*fam*) c'è un intoppo

halb [halp] **I.** *adj* mezzo; **um ~ drei** alle due e mezza; **zum ~en Preis** a metà prezzo **II.** *adv* (a) metà; **Halbfinale** *n* semifinale *f*

halbieren [hal'bi:rən] *vt* dividere in due

Halbinsel *f* penisola *f*; **Halbjahr** *n* semestre *m*; **Halbpension** *f* mezza pensione *f*; **Halbtagsarbeit** *f* lavoro *m* a mezza giornata

Hälfte ['hɛlftə] <-, -n> *f* metà *f*

Halle ['halə] <-, -n> *f* (*Hotel~*) hall *f*; (*Bahnhofs~*) atrio *m*; (*Sport~*) palestra *f*; **Hallenbad** *n* piscina *f* coperta

hallo [ha'lo:] *int* ❶ (*am Telefon*) pronto ❷ (*zur Begrüßung*) ciao

Hals [hals] <-es, Hälse> *m* collo *m*; (*Kehle*) gola *f*; **Halsband** *n* collare *m*; **Halskette** *f* collana *f*; **Hals-Nasen-Ohren-Arzt** *m*, **Hals-Nasen-Ohren-Ärztin** *f* otorinolaringoiatra *mf*; **Halsschmerzen** *mpl* mal *m* di gola; **Halstuch** *n* foulard *m*

Halt [halt] <-(e)s, -e> *m* fermata *f*; **~ machen** fermarsi; **ohne ~** senza sosta

haltbar *adj* non deperibile; **Haltbarkeitsdatum** *n* data *f* di scadenza

halten ['haltən] <irr> **I.** *vt* tenere; (*stützen*) sostenere; **ein Versprechen ~** mantenere una promessa; **jdn für etw/jdn ~** considerare qu per qc/qu; (*irrtümlich*) prendere qu per qc/qu; **was ~ Sie davon?** che ne pensa? **II.** *vi* ❶ (*an~*) fermarsi ❷ (*nicht zusammenbrechen*) reggere ❸ (*Nahrungsmittel*) conservarsi **III.** *vr* **sich ~** conservarsi; (*Blumen, Wetter*) mantenersi; **sich an etw** *acc* **~** attenersi a qc

Haltestelle *f* fermata *f*; **Halteverbot** *n* divieto *m* di sosta

Haltung <-, -en> *f* ❶ (*Körper~*) portamento *m* ❷ (*Einstellung*) atteggiamento *m*

Hamburg ['hambʊrk] *n* Amburgo *f*

Hamburger <-s, -> *m* (GASTR) hamburger *m*

Hammer ['hamɐ] <-s, Hämmer> *m* martello *m*

Hamster ['hamstɐ] <-s, -> *m* criceto *m*

Hand [hant] <-, Hände> *f* mano *f*; **aus erster/zweiter ~** di prima/seconda mano; **Hände weg!** giù le mani!; **in guten Händen sein** essere in buone mani; **jdm die ~ geben** dare la mano a qu; **jdm zur ~ gehen** dare una mano a qu; **jdn an der ~ nehmen** prendere qu per mano; **unter der ~** (*fig*) sottomano

Handarbeit *f* lavoro *m* a mano; **Handball** *m* pallamano *f*; **Handbremse** *f* (AUTO) freno *m* a mano

Handel ['handəl] <-s> *m* commercio *m*

handeln ['handəln] **I.** *vi* ❶ (*agieren*) agire ❷ (*Handel treiben*) (**mit etw**) ~ commerciare (in qc) ❸ (*Buch, Film*) **von etw ~** trattare di qc **II.** *vr* **sich um etw ~** trattarsi di qc

Handelskammer *f* camera *f* di commercio

Handgelenk *n* polso *m*; **handgemacht** *adj* fatto a mano; **Handgepäck** *n* bagaglio *m* a mano; **handgeschrieben** *adj* scritto a mano; **handgreiflich** *adj* **~ werden** venire alle mani; **Handkuss** *m* baciamano *m*

Händler(in) ['hɛndlɐ] <-s, -; -, -nen> *m(f)* commerciante *mf*

handlich *adj* maneggevole

Handlung ['handlʊŋ] <-, -en> *f* ❶ (*Tat*) azione *f* ❷ (THEAT, FILM) trama *f*

Handschellen *fpl* manette *fpl*; **Handschrift** *f* calligrafia *f*; **handschriftlich** *adj* scritto a mano; **Handschuh** *m* guanto *m*; **Handschuhfach** *n* (*im Auto*) cassetto *m* portaoggetti; **Handstand** *m* (SPORT) verticale *f* (sulle mani); **Handtasche** *f* borsetta *f*; **Handtuch** *n* asciugamano *m;* **Handwerk** <-s> *n* mestiere *m;* **Handwerker(in)** <-s, -; -, -nen> *m(f)* artigiano, -a *m, f*

Handy <-s, -s> *n* telefonino *m*

Hanf [hanf] <-(e)s> *m* canapa *f*

Hang [haŋ] <-(e)s, Hänge> *m* ❶(*Abhang*) pendio *m* ❷*sing* (*fig: Neigung*) inclinazione *f*

Hängematte *f* amaca *f*

hängen[1] ['hɛŋən] *vt* appendere; (*Menschen*) impiccare

hängen[2] <irr> *vi* pendere; (*befestigt sein*) essere appeso; **an etw** *dat* ~ (*fig*) tenere a qc

hänseln ['hɛnzəln] *vt* prendere in giro

Hansestadt *f* città *f* anseatica

Hantel ['hantəl] <-, -n> *f* manubrio *m*

Hardware ['hɑ:tvɛ:ɐ̯] <-, -s> *f* (INFORM) hardware *m*

Harfe ['harfə] <-, -n> *f* arpa *f*

Harke ['harkə] <-, -n> *f* rastrello *m*

harmlos ['harmlo:s] *adj* innocuo

Harmonie [harmo'ni:] <-, -n> *f* armonia *f*

harmonisch *adj* armonico

Harn [harn] <-(e)s, -e> *m* urina *f*

hart [hart] **I.** <härter, härteste> *adj* duro; (*fest*) solido; **~es Los** sorte crudele **II.** <härter, am härtesten> *adv* ~ **arbeiten** lavorare sodo

Härte ['hɛrtə] <-, -n> *f* (*Strenge*) severità *f*

hartherzig *adj* duro d'animo

hartnäckig *adj* ostinato

Harz [ha:ɐ̯ts] <-es, -e> *n* resina *f*

Haschisch ['haʃɪʃ] <-(s)> *n o m* hascisc *m*

Hase ['ha:zə] <-n, -n> *m* lepre *f*

Haselnuss *f* nocciola *f*

Hass [has] <-es> *m* odio *m*

hassen ['hasən] *vt* odiare

hässlich ['hɛslɪç] *adj* brutto; (*gemein*) cattivo

hastig *adj* affrettato

Haube ['haʊbə] <-, -n> *f* ❶(*Kopfbedeckung*) cuffia *f* ❷(*Trocken~*) casco *m*

Hauch [haʊx] <-(e)s> *m* soffio *m;* (*fig*) ombra *f*

hauchdünn *adj* sottilissimo

hauen ['haʊən] <irr> **I.** *vt* picchiare **II.** *vr* **sich ~** picchiarsi

Haufen ['haʊfən] <-s, -> *m* mucchio *m*

häufen ['hɔɪfən] *vr* **sich ~** accumularsi

haufenweise *adv* (*fam*) a mucchi

häufig ['hɔɪfɪç] **I.** *adj* frequente **II.** *adv* spesso; **Häufigkeit** <-, -en> *f* frequenza *f*

Hauptbahnhof *m* stazione *f* centrale; **hauptberuflich** *adv* come professione principale; **Hauptdarsteller(in)** *m(f)* protagonista *mf;* **Haupteingang** *m* entrata *f* principale; **Hauptfach** *n* materia *f* principale; **Hauptgericht** *n* (GASTR) piatto *m* principale; **Hauptrolle** *f* parte *f* principale; **Hauptsache** *f* essenziale *m;* **das ist die ~** questa è la cosa più importante; **hauptsächlich** *adj* principale; **Hauptsaison** *f* alta stagione *f;* **Hauptschule** *f scuola professionale che comprende cinque anni dopo la scuola elementare;* **Hauptstadt** *f* capitale *f;* **Hauptstraße** *f* strada *f* principale; **Hauptverkehrszeit** *f* ore *fpl* di punta; **Hauptwort** *n* (LING) sostantivo *m*

Haus [haʊs] <-es, Häuser> *n* casa *f;* **nach ~e** a casa; **zu ~e** a casa; **Hausarbeit** *f* lavori *mpl* di casa; **Hausarzt** *m,* **Hausärztin** *f* medico *m* di famiglia; **Hausaufgabe** *f* compito *m* (per casa); **Hausbesitzer(in)** *m(f)* padrone, -a *m, f* di casa; **Hausfrau** *f* casalinga *f;* **Haushalt** ['haʊshalt] <-(e)s, -e> *m* ❶ (*Hausgemeinschaft*) casa *f* ❷ (*Staats~*) bilancio *m;* **Haushälterin** *f* governante *f;* **Haushalt(s)gerät** *n* utensile *m* domestico; **Hausherr(in)** *m(f)* padrone, -a *m, f* di casa

Hausierer(in) <-s, -; -, -nen> *m(f)* venditore, -trice *m, f* ambulante

Hausmädchen *n* domestica *f;* **Hausmann** *m* casalingo *m;* **Hausmannskost** *f* cucina *f* casalinga; **Hausmeister(in)** *m(f)* portiere, -a *m, f;* **Hausnummer** *f* numero *m* civico; **Hausschlüssel** *m* chiave *f* di casa; **Hausschuh** *m* pantofola *f;* **Haustier** *n* animale *m* domestico; **Haustür** *f* porta *f* di casa

Haut [haʊt] <-, Häute> *f* pelle *f;* (*einer Frucht*) buccia *f;* **Hautarzt** *m,* **Hautärztin** *f* dermatologo, -a *m, f*

häuten ['hɔɪtən] *vr* **sich ~** spellarsi

hauteng *adj* aderente; **Hautfarbe** *f* carnagione *f;* **Hautkrankheit** *f* malattia *f* della pelle; **Hautpflege** *f* cura *f* della pelle

Hbf. *abk v* **Hauptbahnhof** Stazione C.

Hebamme ['he:bamə] <-, -n> *f* levatrice *f*

Hebel ['he:bəl] <-s, -> *m* leva *f*

heben ['he:bən] <irr> *vt* (sol)levare; (*Stimme, Augen, Hände*) alzare

Hecht [hɛçt] <-(e)s, -e> *m* luccio *m*

Heck [hɛk] <-(e)s, -e> *n* (NAUT) poppa *f;* (AUTO) parte *f* posteriore

Hecke ['hɛkə] <-, -n> *f* siepe *f*

Heckscheibe *f* (AUTO) lunotto *m*

Heer [he:ɐ̯] <-(e)s, -e> *n* esercito *m*

Hefe ['he:fə] <-, -n> *f* lievito *m;* **Hefeteig** *m* pasta *f* lievitata

Heft [hɛft] <-(e)s, -e> *n* (*Schreib~*) quaderno *m;* (*Broschüre*) fascicolo *m*

heften ['hɛftən] *vt* attaccare; (*mit Stecknadeln*) appuntare

Hefter <-s, -> *m* raccoglitore *m*

heftig *adj* forte; (*wuchtig*) violento

Heftpflaster *n* cerotto *m*

Heidelbeere *f* mirtillo *m* nero

heikel ['haɪkəl] <heikler, heikelste> *adj* delicato

heil [haɪl] *adj* illeso

Heilanstalt *f* sanatorio *m;* **heilbar** *adj* curabile

heilen *vt, vi* guarire

heilig ['haɪlɪç] *adj* santo; **Heiligabend** *m* vigilia *f* di Natale; **Heilige** <ein -r, -n, -n> *mf* santo, -a *m, f;* **Heiligenschein** *m* aureola *f*

Heiligtum <-s, Heiligtümer> *n* (*Stätte*) santuario *m*

Heilmittel *n* farmaco *m;* **Heilpraktiker(in)** *m(f)* medico *m* naturalista

Heilung <-, -en> *f* guarigione *f*

heim [haɪm] *adv* a casa

Heim <-(e)s, -e> *n* ❶ (*Zuhause*) casa *f* ❷ (*Kinder~*) asilo *m;* (*Alten~*) ospizio *m;* **Heimarbeit** *f* lavoro *m* a domicilio

Heimat ['haɪmaːt] <-> *f* patria *f;* **Heimatland** *n* terra *f* natale; **Heimatstadt** *f* città *f* natale; **heim|fahren** <irr> *vi sein* andare a casa; **Heimfahrt** *f* viaggio *m* di ritorno; **heim|gehen** <irr> *vi sein* andare a casa

heimisch *adj* locale; **sich ~ fühlen** sentirsi come a casa propria

heimlich ['haɪmlɪç] *adj* segreto

Heimreise *f* rientro *m;* **heimtückisch** *adj* subdolo; (*Krankheit*) maligno; **Heimweg** *m* ritorno *m* a casa; **auf dem ~** ritornando a casa; **Heimweh** *n* nostalgia *f;* **Heimwerker(in)** <-s, -; -, -nen> *m(f)* lavoratore, -trice *m, f* fai da te

heim|zahlen *vt* **jdm etw ~** far pagare caro qc a qu

Heirat ['haɪraːt] <-, -en> *f* matrimonio *m*

heiraten ['haɪraːtən] **I.** *vt* sposare **II.** *vi* sposarsi

Heiratsantrag *m* proposta *f* di matrimonio

heiser ['haɪzɐ] *adj* rauco; **Heiserkeit** <-> *f* raucedine *f*

heiß [haɪs] *adj* (molto) caldo; (*Flüssigkeiten*) bollente; **es ist ~** fa un gran caldo; **mir ist ~** ho molto caldo; **heißblütig** *adj* focoso

heißen ['haɪsən] <irr> *vi* chiamarsi; **wie ~ Sie?** come si chiama?; **das heißt** cioè; **wie heißt das auf Italienisch?** come si dice questo in italiano?

heiter ['haɪtɐ] *adj* allegro; (*Wetter*) sereno; **Heiterkeit** <-> *f* allegria *f*

heizen ['haɪtsən] *vi, vt* (ri)scalda-

re

Heizkörper *m* radiatore *m*; **Heizöl** *n* olio *m* combustibile

Heizung <-, -en> *f* riscaldamento *m*

Hektik ['hɛktɪk] <-> *f* attività *f* febbrile

hektisch *adj* febbrile

Held(in) ['hɛlt] <-en, -en; -, -nen> *m(f)* eroe *m*, eroina *f*

helfen ['hɛlfən] <irr> *vi* **jdm ~** aiutare qu; **gegen etw ~** fare bene per qc

hell [hɛl] *adj* ❶ (*nicht dunkel*) chiaro ❷ (*klug*) intelligente

Helligkeit <-, -en> *f* luminosità *f*

Hellseher(in) <-s, -; -, -nen> *m(f)* chiaroveggente *mf*

Helm [hɛlm] <-(e)s, -e> *m* casco *m*

Hemd [hɛmt] <-(e)s, -en> *n* camicia *f*

hemmungslos *adj* senza scrupoli

Hengst [hɛŋst] <-es, -e> *m* stallone *m*

Henkel ['hɛŋkəl] <-s, -> *m* manico *m*

Henne ['hɛnə] <-, -n> *f* gallina *f*

her [heːɐ̯] *adv* ❶ (*räumlich*) qui, qua; **hin und ~** qua e là; **komm ~!** vieni qua! ❷ (*zeitlich*) da; **das ist schon lange ~** è già (da) un pezzo

herab [hɛ'rap] *adv* giù; **herablassend** *adj* altezzoso; **herab|setzen** *vt* ridurre

heran *adv* vicino; **heran|kommen** <irr> *vi sein* avvicinarsi; **heran|machen** *vr* **sich an jdn ~** abbordare qu

herauf [hɛ'raʊf] *adv* su; **herauf|kommen** <irr> *vi sein* venire su

heraus [hɛ'raʊs] *adv* fuori; **heraus|bekommen** <irr> *vt* ❶ (*Fleck*) togliere ❷ (*Wechselgeld*) ricevere di resto; **ich bekomme drei Euro heraus** mi spettano tre Euro di resto; **heraus|finden** <irr> *vt* scoprire; **heraus|fordern** *vt* sfidare; **Herausforderung** *f* sfida *f*; **heraus|geben** <irr> *vt* ❶ (*veröffentlichen*) pubblicare ❷ (*Wechselgeld*) dare di resto; **Herausgeber(in)** <-s, -; -, -nen> *m(f)* editore, -trice *m, f*; **heraus|halten** <irr> *vr* **sich aus etw ~** tenersi fuori da qc; **heraus|kommen** <irr> *vi sein* uscire; **das kommt auf dasselbe heraus** è la stessa cosa; **heraus|reden** *vr* **sich ~** scusarsi; **heraus|reißen** <irr> *vt* strappare; **heraus|rücken** **I.** *vt* (*Geld*) tirare fuori **II.** *vi sein* **mit der Sprache ~** (*fam*) parlare; **heraus|stellen** *vr* **sich ~** risultare; **sich als richtig ~** rivelarsi esatto; **heraus|ziehen** <irr> *vt* **jdn/etw aus etw ~** tirare fuori qu/qc da qc

H

herb [hɛrp] *adj* ❶ (*Geschmack*) acre; (*Wein*) aspro ❷ (*Enttäuschung*) amaro

Herberge ['hɛrbɛrgə] <-, -n> *f* alloggio *m*

Herbst [hɛrpst] <-(e)s, -e> *m* autunno *m*

herbstlich *adj* autunnale

Herd [he:ɐ̯t] <-(e)s, -e> *m* fornello *m*

Herde ['he:ɐ̯də] <-, -n> *f* gregge *m*

herein [hɛ'raɪn] *adv* dentro; **~!** avanti; **herein|kommen** <irr> *vi sein* entrare; **herein|lassen** <irr> *vt* lasciare entrare; **herein|legen** *vt* (*fig fam*) imbrogliare

her|geben <irr> *vt* dare via; **her|holen** *vt* andare a prendere

Hering ['he:rɪŋ] <-s, -e> *m* ❶ (ZOO) aringa *f* ❷ (*Zeltpflock*) picchetto *m*

her|kommen <irr> *vi sein* ❶ (*hierhin kommen*) venire qui ❷ (*herstammen*) provenire; **wo kommen Sie her?** da dove viene?

Herkunft ['he:ɐ̯kʊnft] <-> *f* origine *f*

her|laufen *vi* **hinter jdm ~** correre dietro a qu

Heroin [hero'i:n] <-s> *n* eroina *f*

Herpes ['hɛrpɛs] <-> *m* (MED) herpes *m*

Herr [hɛr] <-n, -en> *m* signore *m;* (*vor Eigennamen*) signor *m;* **meine Damen und ~en!** Signore e Signori!; **~ Müller** il signor Müller; (*als Anrede*) signor Müller

her|richten *vt* preparare

Herrin ['hɛrɪn] <-, -nen> *f* padrona *f*

herrlich *adj* meraviglioso

herrschen ['hɛrʃən] *vi* regnare

Herrscher(in) <-s, -; -, -nen> *m(f)* sovrano, -a *m, f*

her|rühren *vi* **von etw ~** provenire da qc

her|stellen *vt* produrre; **Hersteller(in)** <-s, -; -, -nen> *m(f)* produttore, -trice *m, f;* **Herstellung** <-> *f* produzione *f*

herüber [hɛ'ry:bɐ] *adv* di qua

herum [hɛ'rʊm] *adv* intorno; **um ... ~** intorno a ...; **herum|führen** *vt* portare in giro; **herum|gehen** <irr> *vi sein* **um jdn/etw ~** girare attorno a qu/qc; **herum|kommen** <irr> *vi sein* (*fam*) **viel ~** viaggiare molto; **herum|sprechen** <irr> *vr* **sich ~** spargersi

herunter [hɛ'rʊntɐ] *adv* giù; **herunter|fallen** <irr> *vi sein* cadere; **heruntergekommen** *adj* (*fam*) decaduto; **herunter|kommen** *vi sein* scendere

hervor [hɛɐ̯'fo:ɐ̯] *adv* (in) fuori; **hervor|holen** *vt* **etw** (**aus etw**) **~** tirare fuori qc (da qc); **hervorragend** *adj* eccellente;

hervor|rufen <irr> *vt* causare
Herz ['hɛrt͜s] <-ens, -en> *n* cuore *m*; **von ganzem ~en** di tutto cuore; **Herzanfall** *m* attacco *m* cardiaco; **Herzfehler** *m* insufficienza *f* cardiaca; **Herzinfarkt** *m* infarto *m* cardiaco; **Herzklopfen** *n* batticuore *m*
herzlich *adj* cordiale; **~en Glückwunsch!** tanti auguri!
Herzog(in) ['hɛrt͜so:k] <-(e)s, Herzöge; -, -nen> *m(f)* duca *m*, duchessa *f*; **Herzogtum** <-(e)s, -tümer> *n* ducato *m*
Herzschlag *m* battito *m* del cuore; (MED) colpo *m* apoplettico; **Herzschrittmacher** *m* (MED) pace-maker *m*
Hessen ['hɛsən] *n* Assia *f*
hetzen ['hɛt͜sən] *vt* dare fretta a; **einen Hund auf jdn ~** aizzare un cane contro qu
Heu [hɔɪ] <-(e)s> *n* fieno *m*
Heuchler(in) ['hɔɪçlɐ] <-s, -; -, -nen> *m(f)* ipocrita *mf*
heuer ['hɔɪɐ] *adv* (*südd, A, CH*) quest'anno
heulen ['hɔɪlən] *vi* ❶ (*Sirenen*) cantare ❷ (*fam: weinen*) piangere
Heurige <ein -r, -n, -n> *m* (*bes A*) vino *m* nuovo
Heuschnupfen *m* raffreddore *m* da fieno; **Heuschrecke** *f* cavalletta *f*
heute ['hɔɪtə] *adv* oggi; **~ Abend** stasera; **~ Morgen** stamattina; **~ Nacht** stanotte
heutig *adj* di oggi
heutzutage *adv* oggigiorno
Hexe ['hɛksə] <-, -n> *f* strega *f*; **Hexenschuss** *m* (*fam*) lombaggine *f*
Hexerei <-> *f* stregoneria *f*
hier [hi:ɐ̯] *adv* qui; **hierher** ['hi:ɐ̯'he:ɐ̯] *adv* qua; **hiermit** *adv* con questo; **hierzulande** *adv* in questo paese
Hi-Fi-Anlage *f* impianto *m* hi-fi
Hilfe ['hɪlfə] <-, -n> *f* aiuto *m*; **erste ~** pronto soccorso
hilflos *adj* indifeso; **hilfreich** *adj* utile; **hilfsbereit** *adj* servizievole
Himbeere ['hɪmbe:rə] *f* lampone *m*
Himmel ['hɪməl] <-s> *m* cielo *m*
himmlisch ['hɪmlɪʃ] *adj* celeste; (*fig*) celestiale
hin [hɪn] *adv* là; **~ und her** qua e là; **~ und zurück** (*Fahrkarte*) andata e ritorno
hinab [hɪ'nap] *adv s.* **hinunter**
hinauf [hɪ'naʊf] *adv* in su; **hinauf|gehen** <irr> *vi* andare su; **hinauf|steigen** <irr> *vi* salire
hinaus [hɪ'naʊs] *adv* fuori; **wo geht es ~?** dov'è l'uscita?; **hinaus|gehen** <irr> *vi sein* uscire; **hinaus|lehnen** *vr* **sich ~** sporgersi
Hinblick <-s> *m* **im ~ auf** +*acc* riguardo a

H

hindern ['hɪndɐn] *vt* **jdn (daran) ~ etw zu tun** impedire a qu di fare qc

Hindernis ['hɪndɐnɪs] <-ses, -se> *n* ostacolo *m*

hindurch [hɪn'dʊrç] *adv* ❶ (*räumlich*) attraverso ❷ (*zeitlich*) durante

hinein [hɪ'naɪn] *adv* dentro; **hinein|gehen** <irr> *vi sein* entrare; **hinein|passen** *vi* **in etw** *acc* ~ trovar posto in qc; **hinein|stecken** *vt* mettere dentro; (*Stecker, Nadel*) infilare

hin|fahren <irr> **I.** *vi sein* andarci **II.** *vt* portare; **Hinfahrt** *f* andata *f*; **hin|gehen** <irr> *vi sein* andarci; **wo gehst du hin?** dove vai?; **hin|hören** *vi* ascoltare

hinken ['hɪŋkən] *vi* zoppicare

hin|legen **I.** *vt* posare **II.** *vr* **sich** ~ sdraiarsi; (*zu Bett gehen*) coricarsi; **Hinreise** *f* andata *f*; **hinreißend** *adj* affascinante; **hin|setzen** *vr* **sich** ~ sedersi

hinsichtlich *prp +gen* riguardo a

hin|stellen *vt* mettere

hinten ['hɪntən] *adv* dietro; (*in Raum*) in fondo; **hintenherum** *adv* per di dietro

hinter ['hɪntɐ] *prp +acc o dat* dietro; (*in der Reihenfolge*) dopo; **Hinterausgang** *m* uscita *f* posteriore; **hintereinander** *adv* ❶ (*räumlich*) uno dietro l'altro ❷ (*zeitlich*) uno dopo l'altro

hintere(r, s) *adj* ultimo, -a

Hintergedanke *m* secondo fine *m*; **Hintergrund** *m* sfondo *m*; **hinterhältig** *adj* subdolo; **hinterher** [hɪntɐ'heːɐ̯] *adv* dopo; **hinterlassen** <irr> *vt* lasciare; **hinterlegen** *vt* depositare

Hintern ['hɪntɐn] <-s, -> *m* (*fam*) didietro *m*

Hinterradantrieb *m* (AUTO) trazione *f* posteriore

hinterziehen <irr> *vt* **Steuern** ~ evadere le tasse

hinüber [hɪ'nyːbɐ] *adv* dall'altra parte; **über etw** *acc* ~ al di sopra di qc

hinunter [hɪ'nʊntɐ] *adv* giù; **den Berg** ~ giù per la montagna; **hinunter|gehen** <irr> *vi sein* scendere

Hinweg ['hɪnveːk] *m* andata *f*

hinweg|kommen <irr> *vi* **über etw** ~ (*fig*) superare qc

Hinweis ['hɪnvaɪs] *m* indicazione *f*; **hin|weisen** <irr> *vi* **darauf ~, dass ...** far notare che ...

Hirn [hɪrn] <-(e)s, -e> *n* cervello *m*

Hirsch [hɪrʃ] <-(e)s, -e> *m* cervo *m*

Hirse ['hɪrzə] <-> *f* miglio *m*

Hirte <-n, -n> *m*, **Hirtin** <-, -nen> *f* pastore, -a *m, f*

historisch *adj* storico

Hit [hɪt] <-s, -s> *m* hit *m;* **Hitparade** *f* hitparade *f*

Hitze ['hɪtsə] <-> *f* caldo *m*

hitzig *adj* ❶ (*Mensch*) focoso ❷ (*Debatte*) acceso

Hitzschlag *m* colpo *m* di calore

HIV [ha:ʔi:'faʊ] <-(s)> *n* (MED) *abk v* **Human Immune** (**Deficiency**) **Virus** HIV *m*

H-Milch ['ha:mɪlç] *f* latte *m* pastorizzato a lunga conservazione

Hobby ['hɔbi] <-s, -s> *n* hobby *m*

hoch [ho:x] **I.** <höher, höchste> *adj* alto; (*Zahl, Preis*) elevato; (*Geldstrafe*) forte **II.** <höher, am höchsten> *adv* in alto; (*sehr*) molto; **hochachtungsvoll** *adv* (*Brief*) distinti saluti; **hochdeutsch** *adj* alto tedesco; **Hochebene** *f* altopiano *m;* **Hochform** *f* ottima forma *f;* **Hochgebirge** *n* alta montagna *f;* **hoch|halten** <irr> *vt* tenere in alto; **Hochhaus** *n* grattacielo *m;* **hoch|heben** <irr> *vt* sollevare; **hochmütig** *adj* superbo; **Hochsaison** *f* alta stagione *f;* **Hochschule** *f* università *f;* **Hochsommer** *m* piena estate *f;* **Hochsprung** *m* (SPORT) salto *m* in alto

höchst [hø:kst] *adv* estremamente

höchstens *adv* al massimo

höchste(r, s) ['hø:kstə] *adj* (il, la) più alto, -a; (*fig*) massimo, -a; **es ist ~ Zeit** è proprio ora

Höchstgeschwindigkeit *f* velocità *f* massima; **höchstwahrscheinlich** *adv* con tutta probabilità

Hochwasser *n* (*von Fluss*) piena *f*

Hochzeit ['hɔxtsaɪt] <-, -en> *f* matrimonio *m*

Hocker <-s, -> *m* sgabello *m*

Hoden <-s, -> *m* testicolo *m*

Hof [ho:f] <-(e)s, Höfe> *m* ❶ (*Innen~*) cortile *m* ❷ (*Bauern~*) fattoria *f*

hoffen ['hɔfən] *vt, vi* sperare; **ich hoffe nicht** spero di no

hoffentlich *adv* speriamo (che) +*conj*

Hoffnung ['hɔfnʊŋ] <-, -en> *f* speranza *f;* **hoffnungslos** *adj* disperato

höflich *adj* gentile; **Höflichkeit** *f* cortesia *f*

Höhe ['hø:ə] <-, -n> *f* altezza *f;* **Höhepunkt** *m* culmine *m*

hohl [ho:l] *adj* ❶ (*leer*) cavo ❷ (*fig*) vuoto

Höhle ['hø:lə] <-, -n> *f* caverna *f;* (*Tier~*) tana *f*

holen ['ho:lən] *vt* andare a prendere

Holland ['hɔlant] *n* Olanda *f*

Holländer(in) ['hɔlɛndɐ] <-s, -, -nen> *m(f)* olandese *mf*

holländisch *adj* olandese

Hölle ['hœlə] <-> *f* inferno *m*

holp(e)rig *adj* accidentato

H

Holunder [ho'lʊndɐ] <-s, -> *m* sambuco *m*

Holz [hɔlt͜s] <-es, Hölzer> *n* legno *m;* **Holzfäller** *m* boscaiolo *m;* **Holzkohle** *f* carbone *m* di legna

Homepage <-, -s> *f* (INFORM) Home Page *f;* **Hometrainer** <-s, -> *m* cyclette *f*

Homöopath(in) [homøo'pa:t] <-en, -en; -, -nen> *m(f)* omeopata *mf*

homöopathisch *adj* omeopatico

homosexuell *adj* omosessuale

Honig ['ho:nɪç] <-s> *m* miele *m;* **Honigmelone** *f* melone *m*

Honorar [hono'ra:ɐ̯] <-s, -e> *n* onorario *m*

Hopfen ['hɔpfən] <-s, -> *m* luppolo *m*

hörbar *adj* udibile

hören ['hø:rən] **I.** *vt* sentire; (*zu~*) ascoltare **II.** *vi* sentire; **schlecht** ~ essere sordo; **auf jdn** ~ ubbidire a qu; **von sich** *dat* ~ **lassen** farsi vivo

Hörer <-s, -> *m* ricevitore *m*

Hörgerät *n* apparecchio *m* acustico

Horizont [hori't͜sɔnt] <-(e)s, -e> *m* orizzonte *m*

horizontal *adj* orizzontale

Hormon [hɔr'mo:n] <-s, -e> *n* ormone *m*

Horn [hɔrn] <-(e)s, Hörner> *n* corno *m*

Hörnchen ['hœrnçən] <-s, -> *n* cornetto *m*

Hornhaut *f* callosità *f*

Hornisse [hɔr'nɪsə] <-, -n> *f* calabrone *m*

Horoskop [horo'sko:p] <-s, -e> *n* oroscopo *m*

Hose ['ho:zə] <-, -n> *f* pantaloni *mpl;* **Hosenanzug** *m* tailleur *m* pantalone; **Hosenträger** *mpl* bretelle *fpl*

Hotel [ho'tɛl] <-s, -s> *n* albergo *m*

Hotelier [hotə'li̯e:] <-s, -s> *m* albergatore, -trice *m, f*

Hotelzimmer *n* camera *f* d'albergo

hübsch [hʏpʃ] *adj* carino

Hubschrauber *m* elicottero *m*

Huf [hu:f] <-(e)s, -e> *m* zoccolo *m;* **Hufeisen** *n* ferro *m* di cavallo

Hüfte ['hʏftə] <-, -n> *f* anca *f*

Hügel ['hy:gəl] <-s, -> *m* collina *f*

hügelig *adj* collinoso

Huhn [hu:n] <-(e)s, Hühner> *n* pollo *m*

Hühnerauge *n* (MED) callo *m;* **Hühnerbrühe** *f* brodo *m* di pollo

Hülle ['hʏlə] <-, -n> *f* involucro *m;* **in** ~ **und Fülle** a bizzeffe

hüllen ['hʏlən] *vt* avvolgere; **sich in eine Decke** ~ avvolgersi in una coperta

Hülsenfrucht *f* legume *m*

human *adj* umano
humanitär *adj* umanitario
Hummel ['hʊməl] <-, -n> *f* bombo *m*
Hummer ['hʊmɐ] <-s, -> *m* gambero *m* di mare
Humor [hu'mo:ɐ̯] <-s> *m* umorismo *m*
humpeln ['hʊmpəln] *vi* zoppicare
Hund [hʊnt] <-(e)s, -e> *m* cane *m;* **Hundehütte** *f* cuccia *f;* **Hundeleine** *f* guinzaglio *m*
hundert ['hʊndɐt] *num o adj* cento; **hundertprozentig** *adv* al cento per cento
Hündin ['hʏndɪn] <-, -nen> *f* cagna *f*
Hunger ['hʊŋɐ] <-s> *m* fame *f;* (**keinen**) ~ **haben** (non) avere fame
hungern ['hʊŋɐn] *vi* patire la fame
Hungersnot *f* carestia *f*
hungrig *adj* affamato
Hupe ['hu:pə] <-, -n> *f* clacson *m*
hupen *vi* suonare il clacson
hüpfen ['hʏpfən] *vi sein* saltellare
Hürde ['hʏrdə] <-, -n> *f* ostacolo *m*
Hure ['hu:rə] <-, -n> *f* (*pej*) puttana *f vulg*
hurra *int* urrà
husten ['hu:stən] *vi* tossire
Husten <-s> *m* tosse *f;* **Hustenbonbon** *n* caramella *f* per la tosse; **Hustensaft** *m* sciroppo *m* per la tosse
Hut [hu:t] <-(e)s, Hüte> *m* cappello *m*
hüten ['hy:tən] *vr* **sich vor etw** *dat* ~ guardarsi da qc
Hütte ['hʏtə] <-, -n> *f* capanna *f;* (*im Gebirge*) rifugio *m*
Hyazinthe [hya'tsɪntə] <-, -n> *f* giacinto *m*
Hydrant [hy'drant] <-en, -en> *m* idrante *m*
Hydrokultur *f* idrocultura *f*
Hygiene [hy'gi̯e:nə] <-> *f* igiene *f*
hygienisch *adj* igienico
Hymne ['hʏmnə] <-, -n> *f* inno *m*
Hypnose [hʏp'no:zə] <-, -n> *f* ipnosi *f*
hypnotisieren *vt* ipnotizzare
Hypothek [hypo'te:k] <-, -en> *f* ipoteca *f*
Hysterie [hʏste'ri:] <-, -n> *f* isterismo *m*
hysterisch *adj* isterico

I

I, i [iː] <-, -(s)> *n* I, i *f*

IC [iːˈtseː] <-(s), -(s)> *m abk v* **Intercity** IC *m*

ICE [iːtseːˈʔeː] <-(s), -s> *m abk v* **Intercity-Express** *treno ad alta velocità*

ich [ɪç] *pron* (*1. pers sing*) io; ~ **bin's** sono io

ideal [ideˈaːl] *adj* ideale

Ideal <-s, -e> *n* ideale *m*

idealisieren [idealiˈziːrən] *vt* idealizzare

Idealist(in) [ideaˈlɪst] <-en, -en; -, -nen> *m(f)* idealista *mf*

idealistisch *adj* idealistico

Idee [iˈdeː] <-, -n> *f* idea *f*

identifizieren [idɛntifiˈtsiːrən] *vt* identificare

identisch [iˈdɛntɪʃ] *adj* (**mit jdm/etw**) ~ **sein** essere identico (a qu/qc)

Identität [idɛntiˈtɛːt] <-> *f* identità *f*; **Identitätskarte** *f* (*CH*) carta *f* d'identità

Ideologie [ideoloˈgiː] <-, -n> *f* ideologia *f*

Idiot(in) [iˈdi̯oːt] <-en, -en; -, -nen> *m(f)* idiota *mf*

idiotisch *adj* idiota

idyllisch *adj* idilliaco

Igel [ˈiːgəl] <-s, -> *m* riccio *m*

igitt [iˈgɪt] *int* che schifo

ignorieren [ɪgnoˈriːrən] *vt* ignorare

ihm [iːm] *pron dat von* **er, es** (*betont*) a lui; (*unbetont*) gli

ihn [iːn] *pron acc von* **er** (*betont*) lui; (*unbetont*) lo, l'

ihnen [ˈiːnən] *pron pl dat von* **sie** (*betont*) a loro; (*unbetont*) loro, gli

Ihnen *pron* ❶ *sing dat von* **Sie** (*betont*) a Lei; (*unbetont*) Le ❷ *pl dat von* **Sie** (*betont*) a voi; (*unbetont*) Vi

ihr [iːɐ̯] **I.** *pron* ❶ (*2. pers pl*) voi ❷ *sing dat von* **sie** (*betont*) a lei; (*unbetont*) le **II.** *pron* ❶ *sing von* **sie** suo, -a *m, f,* suoi *mpl,* sue *fpl* ❷ *pl von* **sie** loro

Ihr *pron* ❶ *sing von* **Sie** Suo, -a *m, f,* Suoi *mpl,* Sue *fpl* ❷ *pl von* **Sie** Loro, Vostro

ihrer *pron* ❶ *sing gen von* **sie** di lei ❷ *pl gen von* **sie** di essi *m,* di esse *f*

Ihrer *pron* ❶ *sing gen von* **Sie** di Lei ❷ *pl gen von* **Sie** di Loro, di Voi

ihre(r, s) [ˈiːrə] *pron* (*substantivisch*) ❶ *sing von* **sie** il suo *m,* la sua *f,* i suoi *pl,* le sue *pl* ❷ *pl von* **sie** il loro *m,* la loro *f,* i loro *pl,* le loro *pl*

Ihre(r, s) *pron* (*substantivisch*) ❶ *sing von* **Sie** il Suo *m,* la Sua *f,* i Suoi *pl,* le Sue *pl* ❷ *pl von* **Sie** il Loro [*o* Vostro], la Loro [*o* Vostra], i Loro [*o* Vostri] *pl,* le Loro [*o* Vostre] *pl*

ihretwegen [ˈiːrətˈveːgən] *adv*

❶ *sing* per causa sua; (*negativ*) per colpa sua ❷ *pl* per (causa) loro; (*negativ*) per colpa loro
Ihretwegen *adv* per Lei; (*negativ*) per colpa Sua
illegal ['ɪlega:l] *adj* illegale
Illusion [ɪlu'zi̯o:n] <-, -en> *f* illusione *f*
Illustrierte <-n, -n> *f* rivista *f* illustrata
im [ɪm] = **in dem**
Imbiss ['ɪmbɪs] <-es, -e> *m* spuntino *m;* **Imbissstube** *f* tavola *f* calda
imitieren [imi'ti:rən] *vt* imitare
immer ['ɪmɐ] *adv* sempre; ~ **noch** ancora; ~, **wenn ...** tutte le volte che ...; **schon** ~ da sempre; **immerhin** *adv* comunque
Immobilien [ɪmo'bi:liən] *fpl* beni *mpl* immobili
immun [ɪ'mu:n] *adj* ~ (**gegen etw**) **sein** essere immune (da qc)
Immunität [ɪmuni'tɛ:t] <-> *f* immunità *f*
Immunsystem *n* sistema *m* immunitario
Imperfekt ['ɪmpɛrfɛkt] <-s, -e> *n* (LING) imperfetto *m*
impfen ['ɪmpfən] *vt* vaccinare
Impfung <-, -en> *f* vaccinazione *f*
imponieren [ɪmpo'ni:rən] *vi* **jdm** ~ fare effetto su qu
Import [ɪm'pɔrt] <-(e)s, -e> *m* (COM) importazione *f*
importieren [ɪmpɔr'ti:rən] *vt* importare
impotent ['ɪmpotɛnt] *adj* (MED) impotente
impulsiv [ɪmpʊl'zi:f] *adj* impulsivo
imstande [ɪm'ʃtandə] *adj* ~ **sein etw zu tun** essere in grado di fare qc
in [ɪn] *prp +acc o dat* ❶ (*räumlich*) in, a; ~ **Deutschland** in Germania; ~ **Rom** a Roma ❷ (*zeitlich*) a, in; ~ **zehn Jahren** tra dieci anni; **im Frühling** in primavera; **im Jahr 2001** nel 2001
inbegriffen *adj* compreso
Inder(in) ['ɪndɐ] <-s, -; -, -nen> *m(f)* indiano, -a *m, f*
Indianer(in) [ɪndi'a:nɐ] <-s, -; -, -nen> *m(f)* indiano, -a *m, f*
Indien ['ɪndiən] *n* India *f*
indirekt ['ɪndirɛkt] *adj* indiretto
indisch ['ɪndɪʃ] *adj* indiano
indiskret ['ɪndɪskre:t] *adj* indiscreto
individuell [ɪndivi'duɛl] *adj* individuale
Industrie [ɪndʊs'tri:] <-, -n> *f* industria *f;* **Industriegebiet** *n* zona *f* industriale
ineinander [ɪnʔaɪ'nandɐ] *adv* l'uno nell'altro
Infarkt [ɪn'farkt] <-(e)s, -e> *m* (MED) infarto *m*
Infektion [ɪnfɛk'tsi̯o:n] <-, -en>

f (MED) infezione *f*; **Infektionskrankheit** *f* malattia *f* infettiva

Infinitiv ['ɪnfiniti:f] <-s, -e> *m* (LING) infinito *m*

Inflation [ɪnfla'ʦi̯o:n] <-, -en> *f* inflazione *f*

infolge [ɪn'fɔlgə] *prp +gen* in seguito a

Informatik [ɪnfɔr'ma:tɪk] <-> *f* informatica *f*

Informatiker(in) <-s, -; -, -nen> *m(f)* studioso, -a *m, f* di informatica

Information [ɪnfɔrma'ʦi̯o:n] <-, -en> *f* informazione *f*

informieren [ɪnfɔr'mi:rən] *vt* **jdn (über etw** *acc*) ~ informare qu (di qc)

infrage *adv* ~ **kommen** essere preso in considerazione

Infrastruktur ['ɪnfraʃtrʊktu:ɐ̯] *f* infrastruttura *f*

Infusion [ɪnfu'zi̯o:n] <-, -en> *f* (MED) fleboclisi *f*

Ingenieur(in) [ɪnʒe'ni̯ø:ɐ̯] <-s, -e ; -, -nen> *m(f)* ingegnere *m*

Ingwer ['ɪŋvɐ] <-s, -> *m* zenzero *m*

Inhaber(in) ['ɪnha:bɐ] <-s, -; -, -nen> *m(f)* ❶ (*Haus~*) proprietario, -a *m, f* ❷ (*eines Amtes, Ausweises*) titolare *mf*

inhalieren [ɪnha'li:rən] *vt* inalare

Inhalt ['ɪnhalt] <-(e)s, -e> *m* contenuto *m*

inhaltlich *adv* nel contenuto

Inhaltsverzeichnis *n* indice *m*

Initiative [iniʦi̯a'ti:və] <-, -n> *f* iniziativa *f*

Injektion [ɪnjɛk'ʦi̯o:n] <-, -en> *f* (MED) iniezione *f*

inklusive [ɪnklu'zi:və] *prp +gen* incluso

inkompetent ['ɪnkɔmpetɛnt] *adj* incompetente

Inland ['ɪnlant] *n* interno *m* (del paese)

Inliner ['inlaɪnɐ] *mpl* pattini *mpl* in linea

innen ['ɪnən] *adv* dentro; **Innenarchitekt(in)** *m(f)* architetto, -a *m, f* d'interni; **Inneneinrichtung** *f* arredamento *m*; **Innenminister(in)** *m(f)* ministro *m* degli interni; **Innenstadt** *f* centro *m* (della città)

Innereien [ɪnə'raɪən] *fpl* interiora *fpl*

innere(r, s) ['ɪnərə] *adj* interno, -a

innerhalb ['ɪnɐhalp] *prp +gen* ❶ (*räumlich*) all'interno di ❷ (*zeitlich*) nello spazio di

innerlich *adj* ❶ (*körperlich*) interno ❷ (*seelisch*) intimo

ins [ɪns] = **in das**

Insasse ['ɪnzasə] <-n, -n> *m*, **Insassin** ['ɪnzasɪn] <-, -nen> *f* (AUTO) occupante *mf*

insbesondere *adv* specialmente

Inschrift ['ɪnʃrɪft] *f* iscrizione *f*

Insekt [ɪn'zɛkt] <-(e)s, -en> *n* insetto *m*

Insel ['ɪnzəl] <-, -n> *f* isola *f*
insgesamt *adv* in totale
insofern *konj* perciò
Installateur(in) [ɪnstala'tøːɐ̯] <-s, -e; -, -nen> *m(f)* idraulico *m*
Instinkt [ɪn'stɪŋkt] <-(e)s, -e> *m* istinto *m*
Institut [ɪnsti'tuːt] <-(e)s, -e> *n* istituto *m*
Institution [ɪnstitu'ʦi̯oːn] <-, -en> *f* istituzione *f*
Instrument [ɪnstru'mɛnt] <-(e)s, -e> *n* strumento *m*
Insulin [ɪnzu'liːn] <-s> *n* insulina *f*
Integration [ɪntegra'ʦi̯oːn] <-, -en> *f* integrazione *f*
integrieren [ɪnte'griːrən] *vt* integrare
intellektuell [ɪntɛlɛk'tuɛl] *adj* intellettuale; **Intellektuelle** <ein -r, -n, -n> *mf* intellettuale *mf*
intelligent [ɪntɛli'gɛnt] *adj* intelligente
Intelligenz [ɪntɛli'gɛnʦ] <-, -en> *f* intelligenza *f*
intensiv [ɪntɛn'ziːf] *adj* intenso; **Intensivkurs** *m* corso *m* intensivo
interaktiv [ɪntɐʔak'tiːf] *adj* (INFORM) interattivo
Intercity [ɪntɐ'sɪti] <-s, -s> *m* (FERR) intercity *m;* **Intercity-Express** <-es, -e> *m* (FERR) *treno ad alta velocità*
interessant [ɪntərɛ'sant] *adj* interessante
Interesse [ɪntə'rɛsə] <-s, -n> *n* interesse *m;* **an etw** *dat* **~ haben** avere interesse per qc
interessieren [ɪnt(ə)rɛ'siːrən] **I.** *vt* interessare **II.** *vr* **sich für jdn/etw ~** interessarsi di qu/qc
Internat [ɪntɐ'naːt] <-(e)s, -e> *n* convitto *m*
international [ɪntɐnaʦi̯o'naːl] *adj* internazionale
Internet ['ɪntɐnɛt] <-s, -s> *n* Internet *m;* **im ~ surfen** navigare su Internet; **Internet-Adresse** *f* sito *m* (Internet); **Internetanschluss** *m* collegamento *m* a Internet; **Internet-Anwender** *m* internettista *mf*
Internettelefonie *f* telefonia *f* via Internet; **Internetzugang** *m* accesso *m* a Internet
Internist(in) [ɪntɐ'nɪst] <-en, -en; -, -nen> *m(f)* (MED) internista *mf*
interpretieren [ɪntɐpre'tiːrən] *vt* interpretare
Interrailkarte ['ɪntɐrɛɪlkartə] *f* (FERR) (biglietto) interrail *m*
Interregio [ɪntɐ'reːgio] <-s, -s> *m* (FERR) (treno) interregionale *m*
Interview ['ɪntɐvjuː] <-s, -s> *n* intervista *f*
interviewen [ɪntɐ'vjuːən] *vt* intervistare
intim [ɪn'tiːm] *adj* intimo; (*vertraut*) familiare

I

Intimität [ɪntimiˈtɛːt] <-, -en> *f* intimità *f*
intolerant [ˈɪntolerant] *adj* intollerante
intransitiv [ˈɪntranzitiːf] *adj* (LING) intransitivo
Intrige [ɪnˈtriːgə] <-, -n> *f* intrigo *m*
Invalide [ɪnvaˈliːdə] <-n, -n> *m*, **Invalidin** [ɪnvaˈliːdɪn] <-, -nen> *f* invalido, -a *m, f*
investieren [ɪnvɛsˈtiːrən] *vt* investire
Investition [ɪvɛstiˈtsi̯oːn] <-, -en> *f* investimento *m*
inwiefern *adv* fino a che punto
inzwischen *adv* intanto
Irak [iˈraːk] *m* (**der**) ~ l'Iraq *m*
Iraker(in) <-s, -; -, -nen> *m(f)* iracheno, -a *m, f*
irakisch *adj* iracheno
Iran [iˈraːn] *m* (**der**) ~ l'Iran *m*
Iraner(in) <-s, -; -, -nen> *m(f)* iraniano, -a *m, f*
iranisch *adj* iraniano
irdisch [ˈɪrdɪʃ] *adj* terrestre
Ire [ˈiːrə] <-n, -n> *m* irlandese *m*
irgendein *pron* uno, -a *m, f* qualsiasi; **irgendeine(r, s)** *pron* qualcuno, -a *m, f*; **irgendetwas** *pron* qualunque cosa; **irgendjemand** *pron* uno qualunque; **irgendwann** *adv* prima o poi; **irgendwer** *pron* qualcuno, -a *m, f sing*; **irgendwie** *adv* in qualche modo; **irgendwo** *adv* da qualche parte
Irin [ˈiːrɪn] <-, -nen> *f* irlandese *f*
irisch [ˈiːrɪʃ] *adj* irlandese
Irland [ˈɪrlant] *n* Irlanda *f*
Ironie [iroˈniː] <-, -n> *f* ironia *f*
ironisch [iˈroːnɪʃ] *adj* ironico
irr(e) [ˈɪr(ə)] *adj* ❶ (*verrückt*) folle ❷ (*sl: toll*) fantastico
Irre <ein -r, -n, -n> *mf* pazzo, -a *m, f*
irre|führen *vt* trarre in inganno
irren [ˈɪrən] *vi, vr* **sich** ~ sbagliarsi
Irrtum <-s, Irrtümer> *m* errore *m*; **das ist ein** ~ vi è un malinteso
irrtümlich [ˈɪrtyːmlɪç] *adj* erroneo
Ischia *f* Ischia *f*
Ischias [ˈɪʃias] <-> *m* (MED) sciatica *f*
ISDN (TEL) *abk v* **Integrated Services Digital Network** ISDN; **ISDN-Anschluss** *m* (TEL) allacciamento *m* ISDN
Islam [ɪsˈlaːm] <-s> *m* islam(ismo) *m*
Island [ˈiːslant] *n* Islanda *f*
Isländer(in) [ˈiːslɛndɐ] <-s, -; -, -nen> *m(f)* islandese *mf*
isländisch *adj* islandese
Isolierband *n* nastro *m* isolante
isolieren [izoˈliːrən] *vt* isolare
Israel [ˈɪsraeːl] *n* Israele *m*
Israeli [israˈeːli] <-(s), -(s)> *mf* israeliano, -a *m, f*
israelisch [israˈeːlɪʃ] *adj* israeliano

Italien [i'ta:li̯ən] *n* Italia *f*
Italiener(in) [ita'li̯e:nɐ] <-s, -; -, -nen> *m(f)* italiano, -a *m, f*
italienisch *adj* italiano
Italienisch <-s> *n* italiano *m*; ~ **sprechen** parlare l'italiano

J

J, j [jɔt] <-, -(s)> *n* J, j *f*
ja [ja:] *adv* sì; **ich glaube** ~ penso di sì; ~ **sagen** dire di sì; **da bist du** ~! eccoti qua!
Jacht [jaxt] <-, -en> *f* yacht *m*
Jacke ['jakə] <-, -n> *f* giacca *f*
Jackett [ʒa'kɛt] <-(e)s, -s> *n* giacca *f*
Jagd [ja:kt] <-, -en> *f* caccia *f*
jagen ['ja:gən] *vt* (*Wild*) cacciare; (*verfolgen*) inseguire
Jäger(in) ['jɛ:gɐ] <-s, -; -, -nen> *m(f)* cacciatore, -trice *m, f*
Jahr [ja:ɐ̯] <-(e)s, -e> *n* anno *m*; **im ~e 2001** nel(l'anno) 2001
jahrelang ['ja:rəlaŋ] *adv* per anni
Jahrestag *m* anniversario *m*; **Jahreszahl** *f* data *f*; **Jahreszeit** *f* stagione *f*
Jahrgang *m* ❶ (*in Schule*) classe *f* ❷ (*von Wein*) annata *f*; **Jahrhundert** <-s, -e> *n* secolo *m*
jährlich ['jɛ:ɐ̯lɪç] **I.** *adj* annuale **II.** *adv* ogni anno
Jahrmarkt *m* fiera *f*; **Jahrzehnt** <-(e)s, -e> *n* decennio *m*
jähzornig *adj* irascibile
Jalousie [ʒalu'zi:] <-, -n> *f* persiana *f*
Jammer ['jamɐ] <-s> *m* miseria *f*; **es ist ein ~, dass ...** è un peccato che +*conj*
jämmerlich ['jɛmɐlɪç] *adj* misero
jammern ['jamɐn] *vi* lamentarsi
Jänner ['jɛnɐ] <-s, -> *m* (*A, südd*), **Januar** ['janua:ɐ̯] <-(s), -e> *m* gennaio *m*
Japan ['ja:pan] *n* Giappone *m*
Japaner(in) [ja'pa:nɐ] <-s, -; -, -nen> *m(f)* giapponese *mf*
japanisch *adj* giapponese
jawohl [ja'vo:l] *adv* sissignore
Jazz [dʒæz] <-> *m* jazz *m*
je [je:] **I.** *adv* ❶ (~*mals*) mai ❷ (~*weils*) ogni; (*bei Personen*) ciascuno **II.** *konj* ~ **..., desto ...** quanto ... tanto ... **III.** *prp* +*acc* (*pro*) per, a **IV.** *int* **oh ~!** mamma mia!
Jeans [dʒi:nz] *pl* jeans *mpl*
jedenfalls ['je:dən'fals] *adv* in ogni caso
jede(r, s) ['je:də] *pron* ❶ (*adjektivisch*) ogni ❷ (*substantivisch*) ognuno, -a *m, f*
jederzeit *adv* in qualsiasi momento

J

jedesmal *adv* ogni volta

jedoch [je'dɔx] *adv* tuttavia

jemals ['je:ma:ls] *adv* mai

jemand ['je:mant] *pron* qualcuno, -a *m, f*

jenseits ['je:nzaɪts] *prp +gen* al di là di; **Jenseits** <-> *n* **das** ~ l'al di là *m*

Jesus ['je:zʊs] <Jesu> *m* Gesù *m*

jetzig ['jɛtsɪç] *adj* attuale

jetzt [jɛtst] *adv* adesso; **von** ~ **an** d'ora in poi

Job [dʒɔp] <-s, -s> *m* (*fam*) lavoro *m*

Jobbörse *f* (*im Internet*) *sito dedicato alle offerte di lavoro*

Jockey ['dʒɔki] <-s, -s> *m* fantino *m*

Jod [jo:t] <-(e)s> *n* iodio *m*

Joga ['jo:ga] <-(s)> *m o n* yoga *m*

joggen ['dʒɔgən] *vi sein* fare jogging

Jogginganzug *m* tuta *f* da jogging

Joghurt, **Jogurt** ['jo:gʊrt] <-(s), -(s)> *m o n* yogurt *m*

Johannisbeere [jo'hanɪsbe:rə] <-, -n> *f* ribes *m*

Journalist(in) [ʒʊrna'lɪst] <-en, -en; -, -nen> *m(f)* giornalista *mf*

Jubel ['ju:bəl] <-s> *m* giubilo *m*

jubeln ['ju:bəln] *vi* giubilare

Jubiläum [jubi'lɛ:ʊm] <-s, Jubiläen> *n* giubileo *m*

jucken ['jʊkən] *vi, vt* prudere

Juckreiz *m* prurito *m*

Jude ['ju:də] <-n, -n> *m*, **Jüdin** ['jy:dɪn] <-, -nen> *f* ebreo, -a *m, f*

jüdisch ['jy:dɪʃ] *adj* ebreo

Judo ['ju:do] <-(s)> *n* judo *m*

Jugend ['ju:gənt] <-> *f* gioventù *f*; **Jugendherberge** *f* ostello *m* della gioventù

Jugendliche <ein -r, -n, -n> *mf* minorenne *mf*

Jugoslawe [jugo'sla:və] <-n, -n> *m* iugoslavo *m*

Jugoslawien [jugo'sla:viən] *n* Iugoslavia *f*

Jugoslawin [jugo'sla:vɪn] <-, -nen> *f* iugoslava *f*

jugoslawisch *adj* iugoslavo

Juli ['ju:li] <-(s), -s> *m* luglio *m*

jung [jʊŋ] <jünger, jüngste> *adj* giovane

Junge[1] <-n, -n> *m* ragazzo *m*

Junge[2] <ein -s, -n, -n> *n* (*Tier*) cucciolo *m*

Jungfrau <-, -en> *f* vergine *f*; **er/sie ist** ~ (ASTR) è della Vergine

Junggeselle *m* scapolo *m*

Juni ['ju:ni] <-(s), -s> *m* giugno *m*

Jurist(in) [ju'rɪst] <-en, -en; -, -nen> *m(f)* giureconsulto *m*

juristisch [ju'rɪstɪʃ] *adj* giuridico

Justiz [jʊs'ti:ts] <-> *f* giustizia *f*

Juwel [ju've:l] <-s, -en> *m o n* gioiello *m*

Juwelier [juve'li:ɐ] <-s, -e> *m*

gioielliere *m;* **Juweliergeschäft** *n* gioielleria *f*

K

K, k [ka:] <-, -(s)> *n* K, k *f*

Kabarett [kaba'rɛt] <-s, -s> *n* cabaret *m*

Kabel ['ka:bəl] <-s, -> *n* cavo *m;* **Kabelfernsehen** *n* televisione *f* via cavo

Kabeljau ['ka:bəljau] <-s, -e> *m* merluzzo *m*

Kabine [ka'bi:nə] <-, -n> *f* cabina *f*

Kachel ['kaxəl] <-, -n> *f* piastrella *f;* **Kachelofen** *m* stufa *f* di ceramica

Käfer ['kɛ:fɐ] <-s, -> *m* coleottero *m*

Kaffee ['kafe] <-s, -s> *m* caffè *m;* **Kaffeebohne** *f* chicco *m* di caffè; **Kaffeekanne** *f* caffettiera *f;* **Kaffeemaschine** *f* macchina *f* del caffè; **Kaffeemühle** *f* macinacaffè *m*

Käfig ['kɛ:fɪç] <-s, -e> *m* gabbia *f*

kahlköpfig *adj* calvo

Kahn [ka:n] <-(e)s, Kähne> *m* barca *f*

Kai [kaɪ] <-s, -e> *m* (NAUT) molo *m*

Kaiser(in) ['kaɪzɐ] <-s, -; -, -nen> *m(f)* imperatore, -trice *m, f*

Kaiserschnitt *m* (MED) taglio *m* cesareo

Kakao [ka'kau] <-s> *m* cacao *m;* (*Getränk*) cioccolata *f* (calda)

Kaktus ['kaktus] <-, Kakteen> *m* cactus *m*

Kalabrien [ka'la:briən] *n* Calabria *f*

Kalb [kalp] <-(e)s, Kälber> *n* vitello *m;* **Kalbfleisch** *n* carne *f* di vitello

Kalender [ka'lɛndɐ] <-s, -> *m* calendario *m*

Kalk [kalk] <-(e)s, -e> *m* calce *f*

Kalorie [kalo'ri:] <-, -n> *f* caloria *f*

kalt [kalt] <kälter, kälteste> *adj* (*a fig*) freddo; **es ist ~** fa freddo; **mir ist ~** ho freddo

Kälte ['kɛltə] <-> *f* freddo *m*

Kalzium ['kaltsium] <-s> *n* calcio *m*

Kamel [ka'me:l] <-(e)s, -e> *n* cammello *m*

Kamera ['kamәra] <-, -s> *f* ❶ (FILM) cinepresa *f* ❷ (FOTO) macchina *f* fotografica

Kamerad(in) [kamə'ra:t] <-en, -en; -, -nen> *m(f)* compagno, -a *m, f;* **kameradschaftlich** *adj* cameratesco

Kameramann *m* cameraman *m*

Kamille [ka'mɪlə] <-, -n> *f* camomilla *f;* **Kamillentee** *m* camomilla *f*

Kamin [ka'mi:n] <-s, -e> *m* camino *m;* **Kaminkehrer** *m* spazzacamino *m*

Kamm [kam] <-(e)s, Kämme> *m* pettine *m;* (*Gebirgs~*) cresta *f*

kämmen ['kɛmən] *vt* pettinare

Kammer ['kamɐ] <-, -n> *f* camera *f*

Kampagne [kam'panjə] <-, -n> *f* campagna *f*

Kampanien [kam'panjən] *n* Campania *f*

Kampf [kampf] <-(e)s, Kämpfe> *m* lotta *f*

kämpfen ['kɛmpfən] *vi* lottare

Kanada ['kanada] *n* Canada *m*

Kanadier(in) [ka'na:diɐ] <-s, -; -, -nen> *m(f)* canadese *mf*

kanadisch *adj* canadese

Kanal [ka'na:l] <-s, Kanäle> *m* canale *m*

Kanalisation [kanaliza'ts̮i̯o:n] <-, -en> *f* fognatura *f*

Kanarienvogel [ka'na:riənfo:gəl] *m* canarino *m*

Kandidat(in) [kandi'da:t] <-en, -en; -, -nen> *m(f)* candidato, -a *m, f*

kandiert [kan'di:ɐ̯t] *adj* **~e Früchte** frutti canditi

Kandis(zucker) *m* zucchero *m* candito

Känguru <-s, -s> *n* canguro *m*

Kaninchen [ka'ni:nçən] <-s, -> *n* coniglio *m*

Kanister [ka'nɪstɐ] <-s, -> *m* bidone *m*

Kanne ['kanə] <-, -n> *f* bricco *m*

Kanone [ka'no:nə] <-, -n> *f* cannone *m*

Kante ['kantə] <-, -n> *f* spigolo *m;* (*Rand*) bordo *m*

Kantine [kan'ti:nə] <-, -n> *f* mensa *f*

Kanton [kan'to:n] <-s, -e> *m* (*CH*) cantone *m*

Kanu ['ka:nu] <-s, -s> *n* canoa *f*

Kanzler(in) ['kants̮lɐ] <-s, -; -, -nen> *m(f)* cancelliere *m*

Kapelle [ka'pɛlə] <-, -n> *f* ❶ (REL) cappella *f* ❷ (MUS) orchestrina *f*

kapieren [ka'pi:rən] *vt* (*fam*) capire

Kapital [kapi'ta:l] <-s, -e> *n* capitale *m*

Kapitalismus [kapita'lɪsmʊs] <-> *m* capitalismo *m*

kapitalistisch *adj* capitalista

Kapitän [kapi'tɛ:n] <-s, -e> *m* ❶ (NAUT, SPORT) capitano *m* ❷ (AERO) comandante *m*

Kapitel [ka'pɪtəl] <-s, -> *n* capitolo *m*

Kappe ['kapə] <-, -n> *f* berretto *m*

Kapsel ['kapsəl] <-, -n> *f* capsula *f*

kaputt [ka'pʊt] *adj* ❶ (*fam: zerbrochen*) rotto ❷ (*fig: erschöpft*) sfinito; **kaputt|gehen** <irr> *vi sein* (*fam*) rompersi; **kaputt|machen** *vt* rompere

Kapuze [ka'pu:t̮sə] <-, -n> *f* cappuccio *m*
Karaffe [ka'rafə] <-, -n> *f* caraffa *f*
Karat [ka'ra:t] <-(e)s, -e> *n* carato *m*
Karate [ka'ra:tə] <-(s)> *n* karatè *m*
Karfreitag [ka:ɐ̯'fraɪta:k] *m* venerdì *m* santo
Karibik [ka'ri:bɪk] *f* Caraibi *mpl*
kariert [ka'ri:ɐ̯t] *adj* (*Papier*) a quadretti; (*Stoff*) a quadri
Karies ['ka:riɛs] <-> *f* carie *f*
Karneval ['karnəval] <-s, -e> *m* carnevale *m*
Kärnten ['kɛrntən] *n* Carinzia *f*
Karotte [ka'rɔtə] <-, -n> *f* carota *f*
Karpfen ['karpfən] <-s, -> *m* carpa *f*
Karriere [ka'ri̯e:rə] <-, -n> *f* carriera *f*
Karte ['kartə] <-, -n> *f* carta *f*; **~n spielen** giocare a carte
Kartei [kar'taɪ] <-, -en> *f* schedario *m*; **Karteikarte** *f* scheda *f*
Kartentelefon *n* telefono *m* a scheda magnetica
Kartoffel [kar'tɔfəl] <-, -n> *f* patata *f*; **Kartoffelbrei** *m* purè *m* di patate; **Kartoffelsalat** *m* insalata *f* di patate
Karton [kar'tɔŋ] <-s, -s> *m* cartone *m*
Karussell [karʊ'sɛl] <-s, -s> *n* carosello *m*
Käse ['kɛ:zə] <-s, -> *m* formaggio *m*; **Käsekuchen** *m* torta *f* di ricotta
Kaserne [ka'zɛrnə] <-, -n> *f* caserma *f*
Kasino [ka'zi:no] <-s, -s> *n* casinò *m*
Kasse ['kasə] <-, -n> *f* cassa *f*; **Kassenzettel** *m* scontrino *m*
Kassette [ka'sɛtə] <-, -n> *f* cassetta *f*; **Kassettenrecorder** <-s, -> *m* registratore *m* a cassette
kassieren [ka'si:rən] *vt* incassare
Kassierer(in) <-s, -; -, -nen> *m(f)* cassiere, -a *m, f*
Kastanie [kas'ta:ni̯ə] <-, -n> *f* (*Baum*) castagno *m*; (*Frucht*) castagna *f*
Kasten ['kastən] <-s, Kästen> *m* cassa *f*
kastrieren [kas'tri:rən] *vt* castrare
Katalog [kata'lo:k] <-(e)s, -e> *m* catalogo *m*
Katalysator [kataly'za:to:ɐ̯] <-s, -en> *m* (AUTO) catalizzatore *m*
Katarrh [ka'tar] <-s, -e> *m* (MED) catarro *m*
Katastrophe [katas'tro:fə] <-, -n> *f* catastrofe *f*
Kategorie [katego'ri:] <-, -n> *f* categoria *f*
Kater ['ka:tɐ] <-s, -> *m* gatto *m*;

K

(*fig fam*) mal *m* di testa dopo una sbornia

Kathedrale [kate'dra:lə] <-, -n> *f* cattedrale *f*

Katholik(in) [kato'li:k] <-en, -en; -, -nen> *m(f)* cattolico, -a *m, f*

katholisch [ka'to:lɪʃ] *adj* cattolico

Katze ['katsə] <-, -n> *f* gatto *m*

kauen ['kaʊən] *vi, vt* masticare

Kauf [kaʊf] <-(e)s, Käufe> *m* acquisto *m*

kaufen ['kaʊfən] *vt* comprare

Käufer(in) ['kɔɪfɐ] <-s, -; -, -nen> *m(f)* compratore, -trice *m, f*

Kaufhaus *n* grande magazzino *m*

kaufmännisch ['kaʊfmɛnɪʃ] *adj* commerciale; **~er Angestellter** impiegato *m* di commercio

Kaugummi <-s, -s> *m o n* gomma *f* da masticare

kaum [kaʊm] *adv* ❶ (*gerade erst*) appena ❷ (*nur mit Mühe*) a malapena

Kaution [kaʊ'tsi̯o:n] <-, -en> *f* cauzione *f*

Kavalier [kava'li:ɐ̯] <-s, -e> *m* cavaliere *m*

Kaviar ['ka:via:ɐ̯] <-s, -e> *m* caviale *m*

Kegelbahn *f* bowling *m*

kegeln ['ke:gəln] *vi* giocare ai birilli

Kehle ['ke:lə] <-, -n> *f* gola *f*

Kehlkopf *m* laringe *f*

kehren ['ke:rən] *vt* ❶ (*bes südd, A: fegen*) scopare ❷ (*wenden*) voltare

Kehrmaschine *f* spazzatrice *f*

kehrt|machen *vi* fare dietrofront

Keil [kaɪl] <-(e)s, -e> *m* (TEC) cuneo *m*; **Keilriemen** *m* (AUTO) cinghia *f* trapezoidale

Keim [kaɪm] <-(e)s, -e> *m* germe *m*; **Keimzelle** *f* cellula *f* germinale

kein(e) [kaɪn(ə)] *pron* non … (un, una); **ich habe ~en Hunger** non ho fame

keinerlei <inv> *adj* non … alcuno

keine(r, s) ['kaɪnə] *pron* nessuno, -a *m, f*; **keineswegs** *adv* non … affatto

Keks [ke:ks] <-es, -e> *m* biscotto *m*

Kelch [kɛlç] <-(e)s, -e> *m* calice *m*

Keller ['kɛlɐ] <-s, -> *m* cantina *f*

Kellner(in) ['kɛlnɐ] <-s, -; -, -nen> *m(f)* cameriere, -a *m, f*

keltern ['kɛltɐn] *vt* pigiare

kennen ['kɛnən] <irr> *vt* conoscere; (*wissen a*) sapere; **~ lernen** conoscere

Kenner(in) <-s, -; -, -nen> *m(f)* conoscitore, -trice *m, f*

Kenntnis ['kɛntnɪs] <-, -se> *f* conoscenza *f*; **etw zur ~ neh-**

men prendere atto di qc

Kennwort *n* parola *f* di riconoscimento; **Kennzeichen** *n* caratteristica *f*; **kennzeichnen** *vt* ❶ (*markieren*) segnare ❷ (*charakterisieren*) caratterizzare

kentern ['kɛntɐn] *vi sein* ribaltarsi

Keramik [ke'ra:mɪk] <-, -en> *f* ceramica *f*

Kerl [kɛrl] <-(e)s, -e> *m* tipo *m*

Kern [kɛrn] <-(e)s, -e> *m* nocciolo *m*; (*von Birnen, Äpfeln*) seme *m*; **Kernenergie** *f* energia *f* nucleare; **Kernkraftwerk** *n* centrale *f* nucleare

Kerze ['kɛrtsə] <-, -n> *f* candela *f*

Kessel ['kɛsəl] <-s, -> *m* ❶ (*Wasser~*) caldaia *f*; (*Tee~*) bollitore *m* ❷ (*Tal~*) conca *f*

Ketchup, **Ketschup** ['kɛtʃap] <-(s), -s> *m o n* ketchup *m*

Kette ['kɛtə] <-, -n> *f* catena *f*; (*Hals~*) collana *f*; **Kettenraucher(in)** *m(f)* fumatore, -trice *m, f* accanito, -a

keuchen ['kɔɪçən] *vi* ansimare

Keuchhusten *m* (MED) pertosse *f*

Keule ['kɔɪlə] <-, -n> *f* (GASTR) coscia *f*

Keyboard ['ki:bɔ:t] <-s, -s> *n* keyboard *m*

Kfz <-(s), -(s)> *n abk v* **Kraftfahrzeug** autoveicolo *m*

kichern ['kɪçɐn] *vi* ridacchiare

kidnappen ['kɪtnɛpən] *vt* sequestrare

Kiefer[1] ['ki:fɐ] <-s, -> *m* (ANAT) mascella *f*

Kiefer[2] <-, -n> *f* (BOT) pino *m*

Kies [ki:s] <-es, -e> *m* ghiaia *f*

Kieselstein *m* ciottolo *m*

Kilo ['ki:lo] <-s, -s> *n* chilo *m*; **Kilobyte** <-s, -s> *n* (INFORM) kilobyte *m*; **Kilogramm** *n* chilogrammo *m*; **Kilojoule** *n* chilo *m* joule

Kilometer [kilo'me:tɐ] <-s, -> *m* chilometro *m*; **Kilometerzähler** *m* contachilometri *m*

Kilowatt [kilo'vat] *n* chilowatt *m*

Kind [kɪnt] <-(e)s, -er> *n* bambino, -a *m, f*; (*Sohn, Tochter*) figlio, -a *m, f*

Kinderarzt *m*, **Kinderärztin** *f* pediatra *mf*; **Kindergarten** *m* asilo *m*; **Kindergärtner(in)** *m(f)* maestro, -a *m, f* d'asilo; **Kindergeld** *n* assegno *m* familiare; **Kinderheim** *n* orfanotrofio *m*; **Kinderhort** *m* doposcuola *m*; **Kinderkrankheit** *f* malattia *f* infantile; **Kinderkrippe** *f* (asilo *m*) nido *m*; **Kinderlähmung** *f* (MED) poliomielite *f*; **kinderleicht** *adj* facilissimo; **kinderlos** *adj* senza figli; **Kindermädchen** *n* bambinaia *f*; **Kindersitz** *m* seggiolino *m* (per bambini); **Kinderwagen** *m* carrozzina *f*

K

Kindheit <-> *f* infanzia *f*
kindisch *adj* infantile
Kinn [kɪn] <-(e)s, -e> *n* mento *m*
Kino ['ki:no] <-s, -s> *n* cinema *m*
Kiosk ['ki:ɔsk] <-(e)s, -e> *m* chiosco *m*
Kippe ['kɪpə] <-, -n> *f* (*fam*) cicca *f*
kippen ['kɪpən] **I.** *vt* rovesciare **II.** *vi sein* rovesciarsi
Kirche ['kɪrçə] <-, -n> *f* chiesa *f*
kirchlich *adj* ecclesiastico
Kirchturm *m* campanile *m*
Kirsche ['kɪrʃə] <-, -n> *f* ciliegia *f*
Kissen ['kɪsən] <-s, -> *n* cuscino *m*; **Kissenbezug** *m* federa *f*
Kiste ['kɪstə] <-, -n> *f* cassa *f*
Kitsch [kɪtʃ] <-(e)s> *m* kitsch *m*
kitschig *adj* pacchiano
Kitt [kɪt] <-(e)s, -e> *m* mastice *m*
Kittel ['kɪtəl] <-s, -> *m* camice *m*
kitz(e)lig *adj* che soffre il solletico
kitzeln ['kɪtsəln] *vt* fare il solletico a
Kiwi ['ki:vi] <-, -s> *f* kiwi *m*
Klage ['kla:gə] <-, -n> *f* ❶ (*Weh~*) lamento *m* ❷ (JUR) querela *f*
klagen ['kla:gən] *vi* (**über etw** *acc*) ~ lamentarsi (di qc)
klamm [klam] *adj* umido e freddo
Klammer ['klamɐ] <-, -n> *f* ❶ (*Wäsche~, Haar~*) molletta *f* ❷ (TYP) parentesi *f*; **Klammeraffe** *m* (INFORM) chiocciola *f*
Klang [klaŋ] <-(e)s, Klänge> *m* suono *m*
Klappe ['klapə] <-, -n> *f* ❶ (*Deckel*) coperchio *m* ❷ (ANAT) valvola *f*
klappen ['klapən] **I.** *vt* ribaltare **II.** *vi* (*fam*) andare bene
klappern ['klapɐn] *vi* sbattere
Klapperschlange *f* serpente *m* a sonagli
Klappstuhl *m* sedia *f* pieghevole
klar [kla:ɐ̯] *adj* chiaro; **jdm etw ~ machen** far capire qc a qu
Kläranlage *f* impianto *m* di depurazione
klären ['klɛ:rən] **I.** *vt* chiarire **II.** *vr* **sich ~** chiarirsi
Klarinette [klari'nɛtə] <-, -n> *f* clarinetto *m*
klar|kommen <irr> *vi sein* (*fam*) **mit etw ~** venire a capo di qc; **Klarsichtfolie** *f* foglio *m* trasparente; **klar|stellen** *vt* mettere in chiaro
Klasse ['klasə] <-, -n> *f* classe *f*; **erster ~ fahren** viaggiare in prima classe; **Klassenarbeit** *f* compito *m* in classe; **Klassenkamerad(in)** *m(f)* compagno, -a *m, f* di classe; **Klassenzimmer** *n* aula *f*
Klassik ['klasɪk] <-> *f* classicis-

mo *m*
Klassiker <-s, -> *m* classico *m*
klassisch *adj* classico
klatschen ['klatʃən] *vi* battere le mani
Klatschmohn *m* papavero *m* selvatico
klauen ['klaʊən] *vt* (*fam*) sgraffignare
Klavier [kla'vi:ɐ̯] <-s, -e> *n* pianoforte *m*
kleben ['kle:bən] **I.** *vi* aderire **II.** *vt* incollare
klebrig ['kle:brɪç] *adj* appiccicoso
Klebstoff *m* colla *f*
Klecks [klɛks] <-es, -e> *m* macchia *f*
Klee [kle:] <-s> *m* trifoglio *m*
Kleid [klaɪt] <-(e)s, -er> *n* vestito *m*
Kleiderbügel *m* gruccia *f*; **Kleiderbürste** *f* spazzola *f* per vestiti; **Kleiderschrank** *m* armadio *m*
Kleidung <-, -en> *f* vestiti *mpl*; **Kleidungsstück** *n* capo *m* di abbigliamento
Kleie ['klaɪə] <-, -n> *f* crusca *f*
klein [klaɪn] *adj* piccolo; (*~ gewachsen*) basso; **ein ~ wenig** un pochino; **Kleingeld** *n* spiccioli *mpl*; **Kleinkind** *n* bambino *m*
kleinlich *adj* pedante
Kleinstadt *f* cittadina *f*; **Kleinwagen** *m* (AUTO) utilitaria *f*
Kleister ['klaɪstɐ] <-s, -> *m* colla *f* (d'amido)
Klemme ['klɛmə] <-, -n> *f* molletta *f*; **in der ~ sitzen** (*fig fam*) essere nei guai
klemmen *vi* bloccarsi
Klempner ['klɛmpnɐ] <-s, -> *m* stagnaio *m*
klettern ['klɛtɐn] *vi sein* **auf einen Baum ~** arrampicarsi su un albero; **auf einen Berg ~** scalare una montagna
Klettverschluss *m* chiusura *f* a strappo
klicken ['klɪkən] *vi* (INFORM) (**auf etw** *acc*) ~ cliccare (su qc)
Klient(in) [kli'ɛnt] <-en, -en; -, -nen> *m(f)* cliente *mf*
Klima ['kli:ma] <-s, -s> *n* clima *m*; **Klimaanlage** *f* impianto *m* di aria condizionata
Klinge ['klɪŋə] <-, -n> *f* lama *f*
Klingel ['klɪŋəl] <-, -n> *f* campanello *m*
klingeln *vi* suonare
klingen ['klɪŋən] <irr> *vi* suonare
Klinik ['kli:nɪk] <-, -en> *f* clinica *f*
Klinke ['klɪŋkə] <-, -n> *f* maniglia *f*
Klippe ['klɪpə] <-, -n> *f* scoglio *m*
Klischee [kli'ʃe:] <-s, -s> *n* cliché *m*
Klo [klo:] <-s, -s> *n* (*fam*) gabinetto *m*

klonen ['klo:nən] *vt* (BIOL) clonare

klopfen ['klɔpfən] *vi* ❶ (**an die Tür**) ~ bussare (alla porta) ❷ (*Herz*) battere

Kloß [klo:s] <-es, Klöße> *m* (GASTR) polpetta *f*

Kloster ['klo:stɐ] <-s, Klöster> *n* convento *m*

Klub [klʊp] <-s, -s> *m* club *m*

Kluft [klʊft] <-, Klüfte> *f* ❶ (*Felsspalte*) crepaccio *m* ❷ (*fig*) spaccatura *f*

klug [klu:k] <klüger, klügste> *adj* intelligente

Klugheit <-, -en> *f* intelligenza *f*

knabbern ['knabɐn] *vi* **an etw** *dat* ~ sgranocchiare qc

Knäckebrot *n* cracker *m* (di segale)

knacken ['knakən] **I.** *vi* scricchiolare; (*Holz*) crepitare **II.** *vt* (*Nüsse*) schiacciare

Knall [knal] <-(e)s, -e> *m* scoppio *m;* (*von Geschoss*) colpo *m*

knallen *vi* scoppiare; (*Tür*) sbattere; **gegen etw** ~ andare a sbattere contro qc

knapp [knap] *adj* scarso; (*Kleidung*) stretto

knarren ['knarən] *vi* scricchiolare

kneifen ['knaɪfən] <irr> **I.** *vi* stringere; **vor etw** *dat* ~ (*fig fam*) evitare qc **II.** *vt* pizzicare

Kneipe ['knaɪpə] <-, -n> *f* (*fam*) osteria *f*

kneten ['kne:tən] *vt* impastare

Knick [knɪk] <-(e)s, -e> *m* ❶ (*Falte*) piega *f* ❷ (*Biegung*) svolta *f*

knicken *vt* piegare

Knie [kni:] <-s, -> *n* ginocchio *m;* **auf den ~n** in ginocchio

knien [kni:n] *vi* stare in ginocchio

Kniestrumpf *m* calzettone *m*

Knirps [knɪrps] <-es, -e> *m* ❶ (*kleiner Mann*) omino *m* ❷ (®: *Schirm*) ombrello *m* pieghevole

knirschen ['knɪrʃən] *vi* scricchiolare; **mit den Zähnen** ~ digrignare i denti

knistern ['knɪstɐn] *vi* (*Feuer*) crepitare

knittern ['knɪtɐn] *vi* sgualcirsi

Knoblauch ['kno:plaʊx] *m* aglio *m*

Knöchel ['knœçəl] <-s, -> *m* (*Fuß~*) caviglia *f;* (*Finger~*) nocca *f*

Knochen ['knɔxən] <-s, -> *m* osso *m*

Knödel ['knø:dəl] <-s, -> *m* (GASTR) gnocco *m*

Knopf [knɔpf] <-(e)s, Knöpfe> *m* bottone *m;* **Knopfloch** *n* occhiello *m*

Knospe ['knɔspə] <-, -n> *f* gemma *f*

Knoten ['kno:tən] <-s, -> *m* nodo *m*

Knüller ['knʏlɐ] <-s, -> *m* (*fam*) sensazione *f*
knüpfen ['knʏpfən] *vt* annodare; (*Netz*) intrecciare
knurren ['knʊrən] *vi* ❶ (*Tier*) ringhiare ❷ (*Magen, Mensch*) brontolare
knusp(e)rig ['knʊsp(ə)rɪç] *adj* croccante
k.o. [ka:'ʔo:] *abk v* **knockout** k.o.; (*fam: müde*) sfinito
Koalition [koali'ts̮i̯o:n] <-, -en> *f* coalizione *f*
Koblenz ['ko:blɛnts̮] *n* Coblenza *f*
Koch [kɔx] <-(e)s, Köche> *m* cuoco *m;* **Kochbuch** *n* libro *m* di cucina
kochen ['kɔxən] **I.** *vi* cucinare; (*sieden*) bollire **II.** *vt* cucinare; (*Kaffee, Tee*) fare; **hart gekocht** (*Ei*) sodo
Köchin ['kœçɪn] <-, -nen> *f* cuoca *f*
Kochlöffel *m* mestolo *m;* **Kochnische** *f* cucinino *m;* **Kochtopf** *m* pentola *f*
Koffein [kɔfe'i:n] <-s> *n* caffeina *f;* **koffeinfrei** *adj* decaffeinato
Koffer ['kɔfɐ] <-s, -> *m* valigia *f;* **Kofferraum** *m* (AUTO) portabagagli *m*
Kohl [ko:l] <-(e)s, -e> *m* cavolo *m*
Kohle ['ko:lə] <-, -n> *f* carbone *m;* **Kohlehydrate** *npl* idrati *mpl* di carbonio
Kohlensäure *f* acido *m* carbonico
Kohlrabi [ko:l'ra:bi] <-(s), -(s)> *m* rapa *f*
Koje ['ko:jə] <-, -n> *f* (NAUT) cuccetta *f*
Kokain [koka'i:n] <-s> *n* cocaina *f*
kokett [ko'kɛt] *adj* civettuolo
Kokosnuss *f* noce *f* di cocco
Kolik ['ko:lɪk] <-, -en> *f* (MED) colica *f*
Kollege [kɔ'le:gə] <-n, -n> *m,* **Kollegin** [kɔ'le:gɪn] <-, -nen> *f* collega *mf*
Kollision [kɔli'zi̯o:n] <-, -en> *f* collisione *f*
Köln [kœln] *n* Colonia *f*
Kolonne [ko'lɔnə] <-, -n> *f* colonna *f*
kolossal [kolɔ'sa:l] *adj* colossale
Kolumbianer(in) [ko'lʊmbia:nɐ] <-s, -; -, -nen> *m(f)* colombiano, -a *m, f*
kolumbianisch *adj* colombiano
Kolumbien [ko'lʊmbiən] *n* Columbia *f*
Koma ['ko:ma] <-s, -s> *n* (MED) coma *m*
Kombi ['kɔmbi] <-s, -s> *m* (*fam* AUTO) familiare *f*
Kombination [kɔmbina'ts̮i̯o:n] <-, -en> *f* combinazione *f;* (*Herren~*) spezzato *m*
kombinieren [kɔmbi'ni:rən] *vt* combinare

K

Kombiwagen *m* (AUTO) vettura *f* familiare

Komet [ko'me:t] <-en, -en> *m* (ASTR) cometa *f*

Komfort [kɔm'fo:ɐ̯] <-s> *m* comfort *m*

Komiker(in) ['ko:mikɐ] <-s, -; -, -nen> *m(f)* attore, -trice *m, f* comico, -a

komisch *adj* comico; (*seltsam*) strano

Komitee [komi'te:] <-s, -s> *n* comitato *m*

Komma ['kɔma] <-s, -s> *n* virgola *f*

Kommando [kɔ'mando] <-s, -s> *n* comando *m*

kommen ['kɔmən] <irr> *vi sein* venire; **daher kommt es, dass ...** ecco perché ...; **darauf wäre ich nie gekommen!** non ci sarei mai arrivato!; **ich komme aus Bamberg** vengo da Bamberga; **ich komme nicht dazu zu** +*inf* non trovo il tempo di +*inf;* **jdn ~ lassen** chiamare qu; **ums Leben ~** perdere la vita; **wie kommst du darauf?** come ti è venuta quest'idea?; (**wieder**) **zu sich** *dat* ~ tornare in sé

kommend *adj* prossimo

Kommentar [kɔmɛn'ta:ɐ̯] <-s, -e> *m* commento *m*

kommerziell [kɔmɛr'ʦi̯ɛl] *adj* commerciale

Kommode [kɔ'mo:də] <-, -n> *f* comò *m*

Kommunikation [kɔmunika'ʦi̯o:n] <-, -en> *f* comunicazione *f*

Kommunion [kɔmu'ni̯o:n] <-, -en> *f* comunione *f*

Kommunismus [kɔmu'nɪsmʊs] <-> *m* comunismo *m*

Kommunist(in) [kɔmu'nɪst] <-en, -en; -, -nen> *m(f)* comunista *mf*

kommunistisch *adj* comunista

Komödie [ko'mø:di̯ə] <-, -n> *f* commedia *f*

kompakt [kɔm'pakt] *adj* compatto

Kompass ['kɔmpas] <-es, -e> *m* bussola *f*

kompetent [kɔmpe'tɛnt] *adj* competente

komplett [kɔm'plɛt] *adj* completo

Komplikation [kɔmplika'ʦi̯o:n] <-, -en> *f* complicazione *f*

Kompliment [kɔmpli'mɛnt] <-(e)s, -e> *n* complimento *m*

Komplize [kɔm'pli:ʦə] <-n, -n> *m* complice *m*

kompliziert *adj* complicato

Komplizin [kɔm'pli:ʦɪn] <-, -nen> *f* complice *f*

Komponist(in) [kɔmpo'nɪst] <-en, -en; -, -nen> *m(f)* compositore, -trice *m, f*

Kompost [kɔm'pɔst] <-(e)s, -e> *m* composta *f*

Kompott [kɔm'pɔt] <-(e)s, -e>

n conserva *f* di frutta
Kompromiss [kɔmpro'mɪs] <-es, -e> *m* compromesso *m*
Kondensmilch *f* latte *m* condensato
Kondition [kɔndi'tsi̯o:n] <-> *f* forma *f*; **Konditionstraining** *n* allenamento *m* (per mantenersi in forma)
Konditorei [kɔndito'raɪ] <-, -en> *f* pasticceria *f*
Kondom [kɔn'do:m] <-s, -e> *n* preservativo *m*
Konferenz [kɔnfe'rɛnts] <-, -en> *f* conferenza *f*; **Konferenzschaltung** *f* (TEL, TV) circuito *m* della conferenza
Konfession [kɔnfɛ'si̯o:n] <-, -en> *f* confessione *f*
Konfirmation [kɔnfɪrma'tsi̯o:n] <-, -en> *f* cresima *f*
Konfitüre [kɔnfi'ty:rə] <-, -n> *f* confettura *f*
Konflikt [kɔn'flɪkt] <-(e)s, -e> *m* conflitto *m*
Kongress [kɔn'grɛs] <-es, -e> *m* congresso *m*
König(in) ['kø:nɪç] <-(e)s, -e; -, -nen> *m(f)* re *m*, regina *f*; **Königreich** *n* regno *m*
konjugieren [kɔnju'gi:rən] *vt* coniugare
Konjunktion [kɔnjʊŋk'tsi̯o:n] <-, -en> *f* congiunzione *f*
Konjunktiv ['kɔnjʊŋkti:f] <-s, -e> *m* congiuntivo *m*
konkret [kɔn'kre:t] *adj* concreto
Konkurrent(in) [kɔnkʊ'rɛnt] <-en, -en; -, -nen> *m(f)* concorrente *mf*
Konkurrenz [kɔnkʊ'rɛnts] <-, -en> *f* concorrenza *f*
konkurrieren [kɔnkʊ'ri:rən] *vi* concorrere; (SPORT) competere
können[1] ['kœnən] <irr> *Modalverb* potere; **ich kann es Ihnen nicht sagen** non glielo so dire; **kann sein** (*fam*) può darsi
können[2] <irr> **I.** *vt* sapere; **er kann kein Italienisch** non sa l'italiano **II.** *vi* potere; **ich kann nicht mehr** non ne posso più *fam*; **ich kann nichts dafür** (*fam*) non è colpa mia
konsequent [kɔnze'kvɛnt] *adj* conseguente
konservativ [kɔnzɛrva'ti:f] *adj* tradizionalista
Konserve [kɔn'zɛrvə] <-, -n> *f* conserva *f*
Konservierungsstoff *m* conservante *m*
Konsonant [kɔnzo'nant] <-en, -en> *m* consonante *f*
Konsulat [kɔnzu'la:t] <-(e)s, -e> *n* consolato *m*
Konsum [kɔn'zu:m] <-s> *m* consumo *m*; **Konsumgesellschaft** *f* società *f* dei consumi
Kontakt [kɔn'takt] <-(e)s, -e> *m* contatto *m*; **Kontaktlinsen** *fpl* lenti *fpl* a contatto; **Kontaktperson** *f* intermediario, -a *m, f*

Kontinent [kɔnti'nɛnt] <-(e)s, -e> *m* continente *m*

Konto ['kɔnto] <-s, Konten> *n* conto *m;* **Kontoauszug** *m* estratto *m* conto; **Kontonummer** *f* numero *m* del conto

Kontrast [kɔn'trast] <-(e)s, -e> *m* contrasto *m*

Kontrolle [kɔn'trɔlə] <-, -n> *f* controllo *m*

Kontrolleur(in) [kɔntrɔ'løːɐ̯] <-s, -e; -, -nen> *m(f)* controllore *m*

kontrollieren [kɔntrɔ'liːrən] *vt* controllare

Konversation [kɔnvɛrza'tsi̯oːn] <-, -en> *f* conversazione *f*

Konzentrat [kɔntsɛn'traːt] <-(e)s, -e> *n* concentrato *m*

Konzentration [kɔntsɛntra'tsi̯oːn] <-, -en> *f* concentrazione *f;* **Konzentrationslager** *n* campo *m* di concentramento

konzentrieren [kɔntsɛn'triːrən] *vr* **sich** (**auf etw** *acc*) ~ concentrarsi (su qc)

Konzern [kɔn'tsɛrn] <-(e)s, -e> *m* gruppo *m* industriale

Konzert [kɔn'tsɛrt] <-(e)s, -e> *n* concerto *m*

koordinieren [koʔɔrdi'niːrən] *vt* coordinare

Kopenhagen [koːpən'haːgən] *n* Copenaghen *f*

Kopf [kɔpf] <-(e)s, Köpfe> *m* testa *f;* **sich** *dat* **etw in den ~ setzen** mettersi qc in mente; **von ~ bis Fuß** da capo a piedi; **Kopfhörer** *m* cuffia *f;* **Kopfkissen** *n* guanciale *m;* **Kopfsalat** *m* lattuga *f;* **Kopfschmerzen** *mpl* mal *m* di testa

Kopie [ko'piː] <-, -n> *f* copia *f*

kopieren [ko'piːrən] *vt* copiare

Kopierer <-s, -> *m* (*fam*) fotocopiatrice *f*

Koralle [ko'ralə] <-, -n> *f* corallo *m*

Korb [kɔrp] <-(e)s, Körbe> *m* cesto *m;* **jdm einen ~ geben** (*fig*) dire di no a qu

Kork [kɔrk] <-(e)s, -e> *m* sughero *m*

Korken ['kɔrkən] <-s, -> *m* turacciolo *m;* **Korkenzieher** <-s, -> *m* cavatappi *m*

Korn [kɔrn] <-(e)s, Körner> *n* chicco *m;* (*Getreide*) grano *m*

Körper ['kœrpɐ] <-s, -> *m* corpo *m;* **Körpergröße** *f* statura *f*

körperlich *adj* fisico

korrekt [kɔ'rɛkt] *adj* corretto

Korrespondent(in) [kɔrɛspɔn'dɛnt] <-en, -en; -, -nen> *m(f)* corrispondente *mf*

Korridor ['kɔridoːɐ̯] <-s, -e> *m* corridoio *m*

korrigieren [kɔri'giːrən] *vt* correggere

Korruption [kɔrʊp'tsi̯oːn] <-, -en> *f* corruzione *f*

Korsika ['kɔrzika] *n* Corsica *f*

Kosename *m* nome *m* vezzeggiativo

Kosmetik [kɔs'meːtɪk] <-> *f* cosmesi *f*

Kosmetiker(in) [kɔs'meːtikɐ] <-s, -; -, -nen> *m(f)* estetista *mf*

kosmetisch *adj* cosmetico

Kost [kɔst] <-> *f* ❶ (*Nahrung*) cibo *m;* **schwere ~** cucina grassa ❷ (*Verpflegung*) vitto *m;* **~ und Logis** vitto e alloggio

kostbar *adj* prezioso

kosten ['kɔstən] *vt* ❶ (*Preis haben, a fig*) costare; **was kostet das?** quanto costa questo? ❷ (*Speisen*) assaggiare

Kosten ['kɔstən] *pl* spese *fpl;* **das geht auf meine ~** questo lo pago io; **kostenlos** *adj* gratuito; **Kostenvoranschlag** *m* preventivo *m*

köstlich ['kœstlɪç] *adj* ❶ (*Speise*) squisito ❷ (*amüsant*) divertente

kostspielig *adj* costoso

Kostüm [kɔs'tyːm] <-s, -e> *n* ❶ (*Verkleidung*) costume *m* ❷ (*Damen~*) tailleur *m*

Kot [koːt] <-(e)s, -e> *m* feci *fpl*

Kotelett [kotə'lɛt] <-s, -s> *n* (GASTR) cotoletta *f*

Koteletten *pl* basette *fpl*

Kotflügel *m* (AUTO) parafango *m*

Krabbe ['krabə] <-, -n> *f* granchio *m*

Krach [krax] <-(e)s> *m* chiasso *m*

Kraft [kraft] <-, Kräfte> *f* forza *f;* **wieder zu Kräften kommen** rimettersi in forze; **Kraftfahrzeug** *n* autoveicolo *m;* **Kraftfahrzeugbrief** *m* libretto *m* di circolazione; **Kraftfahrzeugsteuer** *f* tassa *f* di circolazione; **Kraftfahrzeugversicherung** *f* assicurazione *f* automobilistica

kräftig ['krɛftɪç] **I.** *adj* robusto; (*Nahrung*) sostanzioso **II.** *adv* forte

Kraftwerk *n* centrale *f* elettrica

Kragen ['kraːgən] <-s, -> *m* collo *m*

Krähe ['krɛːə] <-, -n> *f* cornacchia *f*

krähen ['krɛːən] *vi* (*Hahn*) cantare

Kralle ['kralə] <-, -n> *f* artiglio *m*

Kram [kraːm] <-(e)s> *m* (*fam pej*) ciarpame *m*

Krampf [krampf] <-(e)s, Krämpfe> *m* crampo *m;* **Krampfader** *f* vena *f* varicosa

Kran [kraːn] <-(e)s, -e> *m* gru *f*

krank [kraŋk] <kränker, kränk(e)ste> *adj* malato; **~ werden** ammalarsi

Kranke <ein -r, -n, -n> *mf* malato, -a *m, f*

kränken ['krɛŋkən] *vt* offendere

Krankengeld *n* indennità *f* di malattia; **Krankengymnastik** *f* fisioterapia *f;* **Kranken-**

K

haus *n* ospedale *m;* **Krankenkasse** *f* mutua *f;* **Krankenpfleger(in)** *m(f)* infermiere, -a *m, f;* **Krankenschein** *m* modulo *m* per la mutua; **Krankenschwester** *f* infermiera *f;* **Krankenversicherung** *f* assicurazione *f* contro le malattie; **Krankenwagen** *m* ambulanza *f*

Krankheit <-, -en> *f* malattia *f*

Kranz [kranʦ] <-es, Kränze> *m* corona *f*

kratzen ['kraʦən] **I.** *vt* grattare; (*mit Nägeln, Krallen*) graffiare **II.** *vr* **sich ~** grattarsi

Kratzer <-s, -> *m* graffio *m*

kraulen ['kraʊlən] **I.** *vt* accarezzare **II.** *vi* (SPORT) nuotare a crawl

Kraut [kraʊt] <-(e)s, Kräuter> *n* ❶ (*Pflanze*) erba *f* ❷ *sing* (*Kohl*) cavolo *m*

Krawatte [kra'vatə] <-, -n> *f* cravatta *f*

kreativ [krea'ti:f] *adj* creativo

Krebs [kre:ps] <-es, -e> *m* ❶ (ZOO) gambero *m* ❷ (MED) cancro *m* ❸ (ASTR) **er/sie ist (ein) ~** è del Cancro; **krebserregend** *adj* cancerogeno

Kredit [kre'di:t] <-(e)s, -e> *m* credito *m;* **Kreditkarte** *f* carta *f* di credito

Kreide ['kraɪdə] <-, -n> *f* creta *f;* **ein Stück ~** un gessetto

Kreis [kraɪs] <-es, -e> *m* cerchio *m;* **sich im ~ drehen** girare

kreischen ['kraɪʃən] *vi* strillare

Kreisel ['kraɪzəl] <-s, -> *m* trottola *f*

kreisen ['kraɪzən] *vi haben o sein* **um etw ~** girare intorno a qc

Kreislauf *m* (MED) circolazione *f*

Kreisverkehr *m* circolazione *f* rotatoria

Kresse ['krɛsə] <-, -n> *f* crescione *m*

Kreuz [krɔɪʦ] <-es, -e> *n* croce *f;* (REL) crocifisso *m*

Kreuzfahrt *f* crociera *f*

Kreuzung <-, -en> *f* incrocio *m*

Kreuzworträtsel *n* cruciverba *m*

kriechen ['kri:çən] <irr> *vi sein* strisciare

Krieg [kri:k] <-(e)s, -e> *m* guerra *f*

kriegen ['kri:gən] *vt* (*fam*) ricevere; (*Krankheit*) prendersi

Kriegsdienstverweigerer <-s, -> *m* obiettore *m* di coscienza; **Kriegsgefangenschaft** *f* prigionia *f* (di guerra)

Krimi ['kri:mi] <-s, -s> *m* (*fam*) giallo *m*

Kriminalität [kriminali'tɛ:t] <-> *f* criminalità *f*

Kriminalpolizei *f* polizia *f* criminale; **Kriminalroman** *m* romanzo *m* poliziesco

Kriminelle <ein -r, -n, -n> *mf* criminale *mf*

Krippe ['krɪpə] <-, -n> *f* (*Weih-*

nachts~) presepio *m*
Krise ['kri:zə] <-, -n> *f* crisi *f*
Kristall¹ [krɪs'tal] <-s, -e> *m* (*Körper*) cristallo *m*
Kristall² <-s> *n* (*Glas*) cristallo *m*
Kritik [kri'ti:k] <-, -en> *f* critica *f*
Kritiker(in) ['kri:tikɐ] <-s, -; -, -nen> *m(f)* critico, -a *m, f*
kritisch ['kri:tɪʃ] *adj* critico
kritisieren [kriti'zi:rən] *vt* criticare
kritzeln ['krɪtsəln] *vi, vt* scarabocchiare
Kroate [kro'a:tə] <-n, -n> *m* croato *m*
Kroatien [kro'a:tsiən] *n* Croazia *f*
Kroatin [kro'a:tin] <-, -nen> *f* croata *f*
kroatisch [kro'a:tiʃ] *adj* croato
Krokodil [kroko'di:l] <-s, -e> *n* coccodrillo *m*
Krokus ['kro:kʊs] <-, -(se)> *m* croco *m*
Krone ['kro:nə] <-, -n> *f* corona *f*
Kronleuchter <-s, -> *m* lampadario *m* a corona
Kropf [krɔpf] <-(e)s, Kröpfe> *m* gozzo *m*
Kröte ['krø:tə] <-, -n> *f* rospo *m*
Krücke ['krʏkə] <-, -n> *f* gruccia *f*
Krug ['kru:k] <-(e)s, Krüge> *m* brocca *f*
Krümel ['kry:məl] <-s, -> *m* briciola *f*
krumm [krʊm] *adj* storto
Krümmung ['krʏmʊŋ] <-, -en> *f* curvatura *f*; (*Straßen~*) curva *f*
Kruzifix [krutsi'fɪks] <-es, -e> *n* crocifisso *m*
Kuba ['ku:ba] *n* Cuba *f*
Kubaner(in) [ku'ba:nɐ] <-s, -; -, -nen> *m(f)* cubano, -a *m, f*
kubanisch *adj* cubano
Kübel ['ky:bəl] <-s, -> *m* secchio *m*
Kubikmeter [ku'bi:kme:tɐ] *m o n* metro *m* cubo
Küche ['kʏçə] <-, -n> *f* cucina *f*
Kuchen ['ku:xən] <-s, -> *m* dolce *m*; **Kuchenform** *f* forma *f* per torte; **Kuchengabel** *f* forchetta *f* da dessert
Küchenmaschine *f* robot *m* da cucina; **Küchenschabe** *f* scarafaggio *m*
Kuckuck ['kʊkʊk] <-s, -e> *m* cuculo *m*
Kugel ['ku:gəl] <-, -n> *f* palla *f*; (MAT) sfera *f*; (*Gewehr~*) pallottola *f*; **Kugellager** *n* (TEC) cuscinetto *m* a sfere; **kugelrund** *adj* tondo; **Kugelschreiber** *m* penna *f* a sfera
Kuh [ku:] <-, Kühe> *f* mucca *f*
kühl [ky:l] *adj* fresco; (*fig*) freddo; **Kühlbox** *f* borsa *f* termica
kühlen ['ky:lən] *vt* raffreddare; (*kalt stellen*) mettere in ghiaccio
Kühler <-s, -> *m* (AUTO) radiatore *m*; **Kühlerhaube** *f* (AUTO)

cofano *m*

Kühlschrank *m* frigorifero *m;* **Kühltasche** *f* borsa *f* termica; **Kühltruhe** *f* congelatore *m;* **Kühlwasser** *n* (AUTO) acqua *f* di raffreddamento

Küken ['ky:kən] <-s, -> *n* pulcino *m*

kultiviert *adj* (*fig*) colto

Kultur [kʊl'tu:ɐ̯] <-, -en> *f* cultura *f*

kulturell *adj* culturale

Kulturzentrum *n* centro *m* culturale

Kümmel ['kʏməl] <-s, -> *m* cumino *m*

Kummer ['kʊmɐ] <-s> *m* pena *f;* **hast du ~?** hai preoccupazioni?

kümmern ['kʏmɐn] **I.** *vr* **sich um jdn** ~ prendersi cura di qu; **ich kümmere mich darum** ci penso io **II.** *vt* **was kümmert mich das?** che me ne importa?

Kumpel ['kʊmpəl] <-s, -(s)> *m* (*fam*) compagno *m;* **er ist ein guter** ~ è un buon amico

Kunde ['kʊndə] <-n, -n> *m* cliente *m;* **Kundendienst** *m* servizio *m* di assistenza ai clienti; **Kundennummer** *f* codice *m* clienti

kündigen ['kʏndɪgən] **I.** *vt* disdire; (*Vertrag*) denunciare **II.** *vi* (*Arbeitgeber*) licenziare; (*Arbeitnehmer*) licenziarsi

Kündigung <-, -en> *f* (*durch Arbeitgeber*) licenziamento *m;* (*durch Arbeitnehmer*) dimissioni *fpl;* **Kündigungsfrist** *f* preavviso *m*

Kundin ['kʊndɪn] <-, -nen> *f* cliente *f*

Kundschaft <-> *f* clientela *f*

künftig ['kʏnftɪç] **I.** *adj* futuro **II.** *adv* in avvenire

Kunst [kʊnst] <-, Künste> *f* arte *f;* **Kunstdünger** *m* concime *m* chimico; **Kunstfaser** *f* fibra *f* sintetica; **Kunsthändler(in)** *m(f)* commerciante *mf* d'oggetti d'arte

Künstler(in) ['kʏnstlɐ] <-s, -; -, -nen> *m(f)* artista *mf*

künstlich ['kʏnstlɪç] *adj* artificiale

Kunststoff *m* plastica *f;* **Kunstwerk** *n* opera *f* d'arte

Kupfer ['kʊpfɐ] <-s, -> *n* rame *m;* **Kupferstich** *m* incisione *f* su rame

Kupplung ['kʊplʊŋ] <-, -en> *f* (AUTO) frizione *f*

Kur [ku:ɐ̯] <-, -en> *f* cura *f*

Kurbel ['kʊrbəl] <-, -n> *f* manovella *f*

Kürbis ['kʏrbɪs] <-ses, -se> *m* zucca *f*

Kurde ['kʊrdə] <-n, -n> *m,* **Kurdin** ['kʊrdɪn] <-, -nen> *f* curdo, -a *m, f*

kurdisch *adj* curdo

Kurdistan ['kʊrdɪsta:n] <-s> *n* Curdistan *m*

Kurgast *m* ospite *m* di un luogo di cura; **Kurort** *m* luogo *m* di cura

Kurs [kʊrs] <-es, -e> *m* ❶ (NAUT, AERO) rotta *f* ❷ (*Lehrgang*) corso *m*; **Kurswagen** *m* (FERR) carrozza *f* diretta

Kurve ['kʊrvə] <-, -n> *f* curva *f*

kurvig *adj* sinuoso

kurz [kʊrʦ] <kürzer, kürzeste> *adj* ❶ (*räumlich*) corto ❷ (*zeitlich*) breve; ~ **danach** poco dopo; **vor ~em** poco tempo fa; **kurzärm(e)lig** *adj* a maniche corte

kürzen *vt* ❶ (*kürzer machen*) (r)accorciare ❷ (*verringern*) diminuire

kurzfristig *adj* a breve termine

kürzlich *adv* recentemente

Kurzschluss *m* (EL) corto circuito *m*; **kurzsichtig** *adj* miope

Kusine [ku'ziːnə] <-, -n> *f* cugina *f*

Kuss [kʊs] <-es, Küsse> *m* bacio *m*

küssen ['kʏsən] *vt* baciare

Küste ['kʏstə] <-, -n> *f* costa *f*

Kutsche ['kʊʧə] <-, -n> *f* carrozza *f*

L

L, l [ɛl] <-, -(s)> *n* L, l *f*

Labor [la'boːɐ̯] <-s, -s> *n* laboratorio *m*

Labyrinth [laby'rɪnt] <-(e)s, -e> *n* labirinto *m*

lächeln ['lɛçəln] *vi* sorridere

Lächeln <-s> *n* sorriso *m*

lachen ['laxən] *vi* (**über etw** *acc*) ~ ridere (di qc)

Lachen <-s> *n* risata *f*; **jdn zum ~ bringen** far ridere qu

lächerlich ['lɛçəlɪç] *adj* ridicolo; **sich ~ machen** rendersi ridicolo

Lachs [laks] <-es, -e> *m* salmone *m*

Lack [lak] <-(e)s, -e> *m* vernice *f*

lackieren [la'kiːrən] *vt* laccare; (*Auto, Möbel*) verniciare

laden ['laːdən] <irr> *vt* caricare; (INFORM) aprire (un file)

Laden <-s, Läden> *m* ❶ (*Geschäft*) negozio *m* ❷ (*Fenster~*) imposta *f*; **Ladendiebstahl** *m* taccheggio *m*; **Ladenschluss** *m* chiusura *f* dei negozi

Ladung <-, -en> *f* carico *m*

Ladyshave ['leɪdɪʃeɪv] <-s, -s> *m* depilatore *m* elettrico

Lage ['laːgə] <-, -n> *f* ❶ (*Position*, GEOG) posizione *f* ❷ (*Situation*) situazione *f*; **in der ~ sein etw zu tun** essere in grado di fa-

L

re qc

Lager ['la:gɐ] <-s, -> *n* ❶ (*Unterkunft*) campo *m* ❷ (*Depot*) deposito *m;* **Lagerhalle** *f* magazzino *m*

lagern *vt* immagazzinare

Lagune [la'gu:nə] <-, -n> *f* laguna *f*

lahm [la:m] *adj* ❶ (*hinkend*) zoppo ❷ (*fam: langsam*) fiacco

lähmen ['lɛ:mən] *vt* paralizzare

Lähmung <-, -en> *f* paralisi *f*

Laie ['laɪə] <-n, -n> *m* profano, -a *m, f*

Laken ['la:kən] <-s, -> *n* lenzuolo *m*

Lakritze [la'krɪtsə] <-, -n> *f* liquirizia *f*

Lama ['la:ma] <-s, -s> *n* lama *m*

Laminat [lami'na:t] <-(e)s, -e> *n* laminato *m* plastico

Lamm [lam] <-(e)s, Lämmer> *n* agnello *m*

Lampe ['lampə] <-, -n> *f* lampada *f;* **Lampenfieber** *n* febbre *f* della ribalta; **Lampenschirm** *m* abat-jour *m*

Land [lant] <-(e)s, Länder> *n* ❶ (*Staat*) paese *m* ❷ (*dörfliche Gegend*) campagna *f;* **aufs ~ fahren** andare in campagna; **Landbesitz** *m* proprietà *f* terriera

Landebahn *f* (AERO) pista *f* di atterraggio

landen ['landən] *vi sein* (AERO) atterrare

Landkarte *f* carta *f* geografica

ländlich ['lɛntlɪç] *adj* rurale

Landschaft <-, -en> *f* paesaggio *m;* **landschaftlich** *adj* paesistico

Landstraße *f* strada *f* maestra

Landung <-, -en> *f* (AERO) atterraggio *m*

Landwirt(in) *m(f)* agricoltore, -trice *m, f;* **Landwirtschaft** *f* agricoltura *f*

lang [laŋ] <länger, längste> *adj* lungo; **zehn Jahre ~** per dieci anni

lange ['laŋə] <länger, am längsten> *adv* (a) lungo; **warten Sie schon ~?** è molto che aspetta?

Länge ['lɛŋə] <-, -n> *f* ❶ (*räumlich*) lunghezza *f* ❷ (*zeitlich*) durata *f*

Langeweile <-> *f* noia *f*

langfristig *adj* a lungo termine; **Langlaufski** *m* sci *m* di fondo

langsam **I.** *adj* lento **II.** *adv* piano piano

längst [lɛŋst] *adv* **schon ~** già da molto tempo

Languste [laŋ'gʊstə] <-, -n> *f* aragosta *f*

langweilen **I.** *vt* annoiare **II.** *vr* **sich ~** annoiarsi; **langweilig** *adj* noioso

La-Ola-Welle *f* ola *f*

Lappen ['lapən] <-s, -> *m* straccio *m*

Laptop ['lɛptɔp] <-s, -s> *m* laptop *m*

Lärche ['lɛrçə] <-, -n> *f* larice *m*

Lärm [lɛrm] <-(e)s> *m* rumore *m*

Larve ['larfə] <-, -n> *f* (ZOO) larva *f*

Laser ['leɪzɐ] <-s, -> *m* laser *m;* **Laserdrucker** *m* stampante *f* laser

lassen[1] ['lasən] <irr> *Modalverb* lasciare; **jdn allein** ~ lasciare solo qu; **jdn in Ruhe** ~ lasciare qu in pace

lassen[2] <irr> *vt* lasciare; **bleiben** ~ lasciare stare; **etw machen** ~ far fare qc; **lass das!** smettila!; **liegen** ~ (*vergessen*) dimenticare

lässig ['lɛsɪç] *adj* indolente

Last [last] <-, -en> *f* peso *m;* **jdm zur** ~ **fallen** molestare qu

Laster[1] ['lastɐ] <-s, -> *m* (*fam*) *s.* **Last(kraft)wagen**

Laster[2] <-s, -> *n* vizio *m*

lästern ['lɛstɐn] *vi* (*pej*) (**über jdn/etw**) ~ sparlare (di qu/qc)

lästig ['lɛstɪç] *adj* noioso; **jdm** ~ **werden** importunare qu

Last(kraft)wagen *m* camion *m*

Latein [la'taɪn] <-s> *n* latino *m;* **Lateinamerika** *n* America *f* latina

lateinisch *adj* latino

Laterne [la'tɛrnə] <-, -n> *f* lanterna *f;* (*Straßen~*) lampione *m*

Latium ['la:t͡sjʊm] *n* Lazio *m*

Laub [laʊp] <-(e)s> *n* fogliame *m*

Lauch [laʊx] <-(e)s, -e> *m* porro *m*

Lauf [laʊf] <-(e)s, Läufe> *m* ❶ (*das Laufen*) corsa *f* ❷ (*Ver~*) corso *m;* **im** ~ **der Zeit** col tempo; **Laufbahn** *f* carriera *f*

laufen ['laʊfən] <irr> *vi sein* ❶ (*rennen*) correre ❷ (*fam: gehen*) andare a piedi ❸ (*Maschine*) funzionare

laufend *adj* corrente

Laufwerk *n* (INFORM) unità *f*

Laune ['laʊnə] <-, -n> *f* ❶ (*Stimmung*) umore *m;* **gute/schlechte** ~ **haben** essere di buon/cattivo umore ❷ (*Marotte*) capriccio *m*

launisch *adj* lunatico

Laus [laʊs] <-, Läuse> *f* pidocchio *m*

lauschen ['laʊʃən] *vi* (*heimlich*) origliare

laut [laʊt] **I.** *adj* forte; (*lärmend*) rumoroso; **das Radio** ~**er stellen** alzare il volume della radio **II.** *prp +gen o dat* secondo

läuten ['lɔɪtən] *vi* suonare; **es hat geläutet** hanno suonato

lauter ['laʊtɐ] *adv* (*nur*) solo; **das sind** ~ **Lügen** sono tutte bugie

Lautsprecher *m* altoparlante *m;* **Lautsprecherbox** *f* cassa *f* acustica; **Lautstärke** *f* volume *m*

lauwarm *adj* tiepido

Lava ['la:va] <-> *f* lava *f*
Lavendel [la'vɛndəl] <-s, -> *m* lavanda *f*
Lawine [la'vi:nə] <-, -n> *f* valanga *f*
leasen ['li:zən] *vt* noleggiare
Leasing ['li:zɪŋ] <-s, -s> *n* leasing *m*
leben ['le:bən] *vi, vt* vivere
Leben <-s, -> *n* vita *f*
lebendig [le'bɛndɪç] *adj* ❶ (*lebend*) vivo ❷ (*lebhaft*) vivace
lebensgefährlich *adj* pericolosissimo; **Lebensgefährte** *m*, **Lebensgefährtin** *f* compagno, -a *m, f*; **Lebenshaltungskosten** *pl* costo *m* della vita; **lebenslänglich** *adj* a vita; **~e Haft** ergastolo *m*; **Lebenslauf** *m* curriculum *m* vitae; **Lebensmittel** *npl* generi *mpl* alimentari; **Lebensmittelgeschäft** *n* negozio *m* di (generi) alimentari; **Lebensversicherung** *f* assicurazione *f* sulla vita
Leber ['le:bɐ] <-, -n> *f* fegato *m*; **Leberfleck** *m* macchia *f* epatica
Lebewesen *n* essere *m* vivente
lebhaft *adj* vivace; (*Fantasie*) vivo
Lebkuchen ['le:pku:xən] *m* panpepato *m*
Leck <-(e)s, -s> *n* perdita *f*
lecken ['lɛkən] *vt* leccare
lecker ['lɛkɐ] *adj* buono; **Leckerbissen** *m* ghiottoneria *f*
Leder ['le:dɐ] <-s, -> *n* cuoio *m*; **Lederjacke** *f* giacca *f* di pelle
ledig ['le:dɪç] *adj* (*Mann*) celibe; (*Frau*) nubile
lediglich ['le:dɪklɪç] *adv* soltanto
leer [le:ɐ̯] *adj* vuoto
leeren *vt* vuotare
Leerlauf *m* marcia *f* in folle
legal [le'ga:l] *adj* legale
legen ['le:gən] **I.** *vt* mettere; (*hin~*) posare **II.** *vr* **sich ~** ❶ (*sich hin~*) coricarsi ❷ (*nachlassen*) calmarsi
leger [le'ʒe:ɐ̯] *adj* disinvolto; (*Kleidung*) casual
Leggings ['lɛgɪŋs] *pl* fuseaux *mpl*
Lehm [le:m] <-(e)s, -e> *m* argilla *f*
Lehne ['le:nə] <-, -n> *f* spalliera *f*
lehnen **I.** *vt* **etw an etw** *acc* **~** appoggiare qc a qc **II.** *vr* **sich an jdn/etw ~** appoggiarsi a qu/qc; **sich aus dem Fenster ~** sporgersi dalla finestra
Lehre ['le:rə] <-, -n> *f* ❶ (*Handwerks~*) tirocinio *m* ❷ (*Erfahrung*) lezione *f*; **jdm eine ~ sein** servire di lezione a qu
lehren *vt* insegnare
Lehrer(in) <-s, -; -, -nen> *m(f)* insegnante *mf*; (*an Volksschule*) maestro, -a *m, f*
Lehrling <-s, -e> *m* apprendista *mf*
Lehrstelle *f* posto *m* di appren-

distato

Leib [laɪp] <-(e)s, -er> *m* corpo *m*

Leiche ['laɪçə] <-, -n> *f* cadavere *m;* **Leichenhalle** *f* camera *f* mortuaria; **Leichenwagen** *m* carro *m* funebre

leicht [laɪçt] *adj* ❶ (*nicht schwer*) leggero ❷ (*nicht schwierig*) facile; **Leichtathletik** *f* atletica *f* leggera; **Leichtmetall** *n* metallo *m* leggero; **leichtsinnig** *adj* leggero

Leid <-(e)s> *n* pena *f*

leiden ['laɪdən] <irr> **I.** *vi* soffrire; **an einer Krankheit** ~ soffrire di una malattia **II.** *vt* patire; **jdn nicht ~ können** non poter soffrire qu

Leidenschaft <-, -en> *f* passione *f;* **leidenschaftlich** *adj* appassionato

leider ['laɪdɐ] *adv* purtroppo

leidtun *vi* **er tut mir leid** mi fa pena; **es tut mir leid, dass ...** mi (di)spiace che +*conj*

leihen ['laɪən] <irr> **I.** *vt* **jdm etw** ~ prestare qc a qu **II.** *vr* **sich** *dat* **etw** ~ farsi prestare qc

Leihwagen *m* macchina *f* a nolo

Leim [laɪm] <-(e)s, -e> *m* colla *f*

Leine ['laɪnə] <-, -n> *f* corda *f*

Leinen <-s, -> *n* lino *m*

Leintuch *n* lenzuolo *m;* **Leinwand** *f* ❶ (KUNST) tela *f* ❷ (FILM) schermo *m*

Leipzig ['laɪptsɪç] *n* Lipsia *f*

leise ['laɪzə] **I.** *adj* basso; **~ r stellen** abbassare **II.** *adv* piano

Leiste ['laɪstə] <-, -n> *f* ❶ (*Rand~*) listello *m* ❷ (ANAT) inguine *m*

leisten ['laɪstən] *vt* compiere; **jdm Gesellschaft** ~ far compagnia a qu; **das kann ich mir nicht leisten** non me lo posso permettere

Leistung <-, -en> *f* prestazione *f;* (*gute* ~) rendimento *m;* (*Geleistetes*) opera *f;* (*~ sfähigkeit*) capacità *f;* **Leistungssport** *m* sport *m* di competizione

leiten ['laɪtən] *vt* guidare; (*verantwortlich* ~) dirigere; **~de(r) Angestellte(r)** dirigente *mf*

Leiter ['laɪtɐ] <-, -n> *f* scala *f*

Leiter(in) <-s, -; -, -nen> *m(f)* dirigente *mf*

Leitplanke *f* guardrail *m*

Leitung <-, -en> *f* ❶ (*Führung*) direzione *f* ❷ (EL, TEL) linea *f;* **die ~ ist besetzt** la linea è occupata; **Leitungswasser** *n* acqua *f* di rubinetto

Lektion [lɛk'tsi̯o:n] <-, -en> *f* lezione *f*

Lektüre [lɛk'ty:rə] <-, -n> *f* lettura *f*

Lende ['lɛndə] <-, -n> *f* lombo *m*

lenken ['lɛŋkən] *vt* guidare; **jds Aufmerksamkeit auf etw** *acc* ~ richiamare l'attenzione di qu su qc

L

Lenkrad *n* volante *m;* **Lenkstange** *f* manubrio *m*

Leopard [leo'part] <-en, -en> *m* leopardo *m*

Lerche ['lɛrçə] <-, -n> *f* allodola *f*

lernen ['lɛrnən] **I.** *vt* imparare; **lesen** ~ imparare a leggere **II.** *vi* studiare

Lernsoftware *f* (INFORM) software *m* a scopo didattico

lesbisch *adj* lesbico

lesen ['le:zən] <irr> *vt* leggere

leserlich *adj* leggibile

letztens *adv* recentemente

letzte(r, s) ['lɛtstə] *adj* ultimo; ~ **Woche** la settimana scorsa

leuchten ['lɔɪçtən] *vi* far luce; (*Sonne, Augen*) splendere

leugnen ['lɔɪgnən] *vt* negare

Leukämie [lɔɪkɛ'mi:] <-, -n> *f* (MED) leucemia *f*

Leute ['lɔɪtə] *pl* gente *f*

Lexikon ['lɛksikɔn] <-s, -ka> *n* dizionario *m* enciclopedico

Libanese [liba'ne:zə] <-n, -n> *m,* **Libanesin** [liba'ne:zɪn] <-, -nen> *f* libanese *mf*

libanesisch *adj* libanese

Libanon ['li:banɔn] *m* **der** ~ il Libano

Libelle [li'bɛlə] <-, -n> *f* libellula *f*

liberal [libe'ra:l] *adj* liberale

Libyen ['li:byən] *n* Libia *f*

Libyer(in) <-s, -; -, -nen> *m(f)* libico, -a *m, f*

libysch ['li:byʃ] *adj* libico

Licht [lɪçt] <-(e)s, -er> *n* luce *f;* ~ **machen** accendere la luce; **Lichtschalter** *m* interruttore *m* della luce; **Lichtschutzfaktor** *m* coefficiente *m* di filtrazione

Lid [li:t] <-(e)s, -er> *n* palpebra *f;* **Lidschatten** *m* ombretto *m*

lieb [li:p] *adj* caro; ~ **haben** amare; **seien Sie so** ~ **und …** abbia la cortesia di +*inf*

Liebe ['li:bə] <-> *f* amore *m;* **die** ~ **zu jdm/etw** l'amore per qu/qc

lieben *vt* amare

liebenswert *adj* amabile; **liebenswürdig** *adj* gentile

lieber ['li:bɐ] *adv* (*eher*) piuttosto; **etw** ~ **tun** preferire fare qc

Liebesbrief *m* lettera *f* d'amore; **Liebeskummer** *m* pene *fpl* d'amore; **Liebespaar** *n* coppia *f* d'innamorati

liebevoll *adj* affettuoso

Liebhaber(in) <-s, -; -, -nen> *m(f)* amante *mf*

Liebling ['li:plɪŋ] <-s, -e> *m* ❶ (*von Eltern*) prediletto, -a *m, f* ❷ (*Kosewort*) tesoro *m*

Lieblings- (*in Zusammensetzung*) preferito

Lied [li:t] <-(e)s, -er> *n* canzone *f*

Liedermacher(in) *m(f)* cantautore, -trice *m, f*

Lieferant(in) [lifə'rant] <-en,

-en; -, -nen> *m(f)* fornitore, -trice *m, f*
liefern ['li:fɐn] *vt* fornire
Lieferung <-, -en> *f* consegna *f*
Lieferwagen *m* furgone *m*
Liege ['li:gə] <-, -n> *f* divano *m*
liegen ['li:gən] <irr> *vi* essere disteso; (*sich befinden*) essere; **wo liegt Regensburg?** dove si trova Ratisbona?; **das liegt daran, dass ...** questo dipende dal fatto che ...; **Sprachen ~ ihm** è portato per le lingue
Liegesitz *m* (FERR) cuccetta *f*; **Liegestuhl** *m* (sedia *f* a) sdraio *f*; **Liegewagen** *m* (FERR) carrozza *f* con cuccette
Lift [lɪft] <-(e)s, -e> *m* ❶ (*Aufzug*) ascensore *m* ❷ (*Ski~*) sciovia *f*
liften ['lɪftən] *vt* (MED) **sich** *dat* **das Gesicht ~ lassen** sottoporsi ad un lifting
Liga ['li:ga] <-, Ligen> *f* (SPORT) serie *f*
Ligurien [li'gu:riən] *n* Liguria *f*
Likör [li'kø:ɐ̯] <-s, -e> *m* liquore *m*
lila ['li:la] <inv> *adj* lilla
Lilie ['li:liə] <-, -n> *f* giglio *m*
Limonade [limo'na:də] <-, -n> *f* gassosa *f*
Linde ['lɪndə] <-, -n> *f* tiglio *m*
lindern ['lɪndɐn] *vt* mitigare
Lineal [line'a:l] <-s, -e> *n* riga *f*
Linie ['li:niə] <-, -n> *f* linea *f*; **in erster ~** in primo luogo; **Linienflug** *m* volo *m* di linea
liniert *adj* a righe
linke(r, s) ['lɪŋkə] *adj* sinistro, -a; (POL) di sinistra
links ['lɪŋks] *adv* a sinistra; **~ von mir** alla mia sinistra; **nach ~** a sinistra; **Linkshänder(in)** <-s, -; -, -nen> *m(f)* mancino, -a *m, f*
Linse ['lɪnzə] <-, -n> *f* ❶ (BOT, GASTR) lenticchia *f* ❷ (OPT) lente *f*
Lippe ['lɪpə] <-, -n> *f* labbro *m*; **Lippenstift** *m* rossetto *m*
lispeln ['lɪspəln] *vi* bisbigliare
Lissabon ['lɪsabɔn] *n* Lisbona *f*
List [lɪst] <-> *f* astuzia *f*
Liste ['lɪstə] <-, -n> *f* lista *f*
Liter ['li:tɐ] <-s, -> *m o n* litro *m*
literarisch [lɪtə'ra:rɪʃ] *adj* letterario
Literatur [lɪtəra'tu:ɐ̯] <-, -en> *f* letteratura *f*
Litfasssäule *f* colonna *f* delle affissioni
live [laɪf] *adv* in diretta
Lizenz [li'tsɛnts] <-, -en> *f* licenza *f*
LKW, Lkw [ɛlka:'ve:] <-(s), -(s)> *m abk v* **Lastkraftwagen** camion *m*
Lob [lo:p] <-(e)s> *n* lode *f*
loben ['lo:bən] *vt* lodare
Loch [lɔx] <-(e)s, Löcher> *n* buco *m*
lochen *vt* forare
Locher <-s, -> *m* perforatore *m*
Locke ['lɔkə] <-, -n> *f* riccio *m*
locken ['lɔkən] *vt* chiamare; (*fig:*

anziehen) attirare

Lockenwickler *m* bigodino *m*

locker [ˈlɔkɐ] *adj* lento; (*wackelnd*) traballante

lockern *vt* allentare

lockig *adj* ricciuto

Löffel [ˈlœfəl] <-s, -> *m* cucchiaio *m*

logisch [ˈloːgɪʃ] *adj* logico

Lohn [loːn] <-(e)s, Löhne> *m* salario *m*

lohnen *vr* **sich** ~ valere la pena

Lohnsteuer *f* imposta *f* sul salario; **Lohnsteuerkarte** *f* cedolino *m* (delle ritenute fiscali)

Lokal <-(e)s, -e> *n* locale *m*

Lokomotive [lokomoˈtiːvə] <-, -n> *f* locomotiva *f*

Lombardei [lɔmbarˈdaɪ] *f* Lombardia *f*

London [ˈlɔndɔn] *n* Londra *f*

Look [lʊk] <-s, -s> *m* moda *f*

Lorbeerblatt *n* (GASTR) foglia *f* d'alloro

los [loːs] **I.** *adv* **in dieser Stadt ist nichts** ~ (*fam*) questa città è un mortorio; **was ist mit dir ~?** (*fam*) che cosa hai?; **was ist** (**denn**) **hier ~?** (*fam*) che cosa succede? **II.** *int* ~**!** avanti!

Los [loːs] <-es, -e> *n* biglietto *m* della lotteria

los|binden <irr> *vt* slegare

löschen [ˈlœʃən] *vt* ❶ (*Feuer, Licht, Durst*) spegnere ❷ (*Tonband, Daten*) cancellare

Löschtaste *f* (INFORM) clear *m*

lose *adj* ❶ (*locker*) lento ❷ (*unverpackt*) sciolto

Lösegeld *n* riscatto *m*

lösen [ˈløːzən] **I.** *vt* sciogliere; (*Problem, Rätsel*) risolvere **II.** *vr* **sich** ~ sciogliersi; (*sich aufklären*) risolversi

los|fahren <irr> *vi sein* partire;

los|gehen <irr> *vi sein* ❶ (*aufbrechen*) mettersi in cammino ❷ (*fam: anfangen*) cominciare;

los|lassen <irr> *vt* mollare

löslich *adj* solubile

Lösung <-, -en> *f* soluzione *f*

los|werden <irr> *vt sein* liberarsi di

Lotterie [lɔtəˈriː] <-, -n> *f* lotteria *f*

Lotto [ˈlɔto] <-s, -s> *n* lotto *m*

Löwe [ˈløːvə] <-n, -n> *m* leone *m*; **Löwenzahn** *m* (BOT) dente *m* di leone

Luchs [lʊks] <-es, -e> *m* lince *f*

Lücke [ˈlʏkə] <-, -n> *f* lacuna *f*

Luft [lʊft] <-> *f* aria *f*; **in die ~ jagen** far saltare; ~ **holen** prendere fiato; **keine ~ kriegen** soffocare; **Luftballon** *m* palloncino *m*; **Luftdruck** *m* pressione *f* atmosferica

lüften [ˈlʏftən] *vt* ❶ (*Zimmer*) aerare ❷ (*fig: Geheimnis*) svelare

Luftfeuchtigkeit *f* umidità *f* atmosferica; **Luftloch** *n* (AERO) vuoto *m* d'aria; **Luftmatratze** *f* materassino *m*; **Luftpost** *f*

posta *f* aerea; **mit ~** per posta aerea; **Luftpumpe** *f* pompa *f* pneumatica; **Luftröhre** *f* (ANAT) trachea *f*

Lüftung <-, -en> *f* aerazione *f*

Luftverschmutzung *f* inquinamento *m* atmosferico; **Luftzug** *m* corrente *f* d'aria

Lüge ['ly:gə] <-, -n> *f* bugia *f*

lügen <irr> *vi* mentire

Lügner(in) ['ly:gnɐ] <-s, -; -, -nen> *m(f)* bugiardo, -a *m, f*

Lump [lʊmp] <-en, -en> *m* (*pej*) mascalzone *m*

Lumpen <-s, -> *m* straccio *m*

Lunge ['lʊŋə] <-, -n> *f* polmone *m*; **Lungenentzündung** *f* polmonite *f*

Lupe ['lu:pə] <-, -n> *f* lente *f*

Lust [lʊst] <-> *f* voglia *f*; **~ auf etw** *acc* **haben** avere voglia di qc; **keine ~ haben zu arbeiten** non avere voglia di lavorare

lüstern ['lʏstɐn] *adj* lascivo

lustig *adj* ❶ (*vergnügt*) allegro ❷ (*erheiternd*) divertente

lustlos *adj* svogliato

lutschen ['lʊtʃən] *vt, vi* succhiare

Lutscher <-s, -> *m* lecca-lecca *m*

Luxemburg ['lʊksəmbʊrk] *n* Lussemburgo *m*

luxemburgisch *adj* lussemburghese

Luxus ['lʊksʊs] <-> *m* lusso *m*; **Luxushotel** *n* albergo *m* di lusso

Luzern [lu'tsɛrn] *n* Lucerna *f*

Lymphknoten *m* linfoghiandola *f*

M

M, m [ɛm] <-, -(s)> *n* M, m *f*

machen ['maxən] *vt* fare; **das macht nichts** non importa; **mach's gut!** (*fam*) ciao, stammi bene!

Macho ['matʃo] <-s, -s> *m* (*fam*) maschilista *m*; **Machotum** *n* maschilismo *m*

Macht [maxt] <-, Mächte> *f* potere *m*

mächtig ['mɛçtɪç] *adj* ❶ (*machtvoll*) potente ❷ (*fam: sehr groß*) enorme

Mädchen ['mɛ:tçən] <-s, -> *n* (*Kind*) bambina *f*; (*Jugendliche*) ragazza *f*; **Mädchenname** *m* nome *m* da ragazza

Made ['ma:də] <-, -n> *f* verme *m*

Madrid [ma'drɪt] *n* Madrid *f*

Mafia ['mafia] <-, -s> *f* mafia *f*

Magazin [maga'tsi:n] <-s, -e> *n* ❶ (*Lager*) magazzino *m* ❷ (*Zeitschrift*) rivista *f*

Magen ['ma:gən] <-s, Mägen> *m* stomaco *m*; **Magenschmerzen** *mpl* dolori *mpl* di

M

stomaco

mager ['ma:gɐ] *adj* magro; (*fig*) scarso; **Magersucht** *f* (MED) anoressia *f* (nervosa)

Magnet [ma'gne:t] <-(e)s, -e> *m* magnete *m*

magnetisch *adj* magnetico

Mahagoni [maha'go:ni] <-s> *n* mogano *m*

mähen ['mɛ:ən] *vt* falciare

mahlen ['ma:lən] <irr> *vt* macinare

Mahlzeit *f* pasto *m*; **~!** buon appetito!

mahnen ['ma:nən] *vt* ammonire; **jdn an etw** *acc* **~** rammentare qc a qu

Mai [maɪ] <-(e)s, -e> *m* maggio *m*; **Maiglöckchen** *n* mughetto *m*; **Maikäfer** *m* maggiolino *m*

Mailand ['maɪlant] *n* Milano *f*

Mailbox ['mɛɪlbɔks] <-, -en> *f* (INFORM) cassetta *f* postale elettronica

Main [maɪn] *m* Meno *m*

Mainz [maɪnts] *n* Magonza *f*

Mais [maɪs] <-es> *m* mais *m*; **Maiskolben** *m* pannocchia *f*

Majonäse [majo'nɛ:zə] <-, -n> *f* maionese *f*

Majoran ['ma:joran] <-s, -e> *m* maggiorana *f*

makaber [ma'ka:bɐ] *adj* macabro

Make-up [mɛɪk'ʔap] <-s, -s> *n* maquillage *m*

Makler(in) ['ma:klɐ] <-s, -; -, -nen> *m(f)* (*Wohnungs~*) sensale *mf* di alloggi; (*Grundstücks~*) agente *mf* immobiliare

Makrele [ma'kre:lə] <-, -n> *f* sgombro *m*

Makrone [ma'kro:nə] <-, -n> *f* amaretto *m*

mal [ma:l] *adv* ❶ (MAT) per ❷ (*fam*) *s.* **einmal**

Mal <-(e)s, -e> *n* volta *f*; **zum ersten/letzten ~** per la prima/l'ultima volta

malen ['ma:lən] *vt* dipingere

Maler(in) <-s, -; -, -nen> *m(f)* pittore *m*, pittrice *f*

malerisch *adj* pittoresco

Mallorca [ma'lɔrka] *n* Maiorca *f*

Malta ['malta] *n* Malta *f*

Malz [malts] <-es> *n* malto *m*

Mama ['mama] <-, -s> *f* (*fam*) mamma *f*

man [man] *pron* si; **das tut ~ nicht** questo non si fa

Manager(in) <-s, -; -, -nen> *m(f)* manager *mf*

manche(r, s) ['mançə] **I.** *pron* qualcuno, -a *m*, *f* **II.** *adj* qualche

manchmal *adv* qualche volta

Mandarine [manda'ri:nə] <-, -n> *f* mandarino *m*

Mandel ['mandəl] <-, -n> *f* ❶ (BOT) mandorla *f* ❷ (ANAT) tonsilla *f*

Mangel ['maŋəl] <-s, Mängel> *m* ❶ *sing* (*Knappheit*) penuria *f*; (MED) carenza *f* ❷ (*Fehler*) difetto *m;* **mangelhaft** *adj* ❶ (*unzureichend*) insufficiente ❷ (*fehlerhaft*) difettoso

mangeln *vt* (*Wäsche*) manganare

Mango ['maŋgo] <-, -s> *f* mango *m*

Mangold <-(e)s, -e> *m* bietola *f*

Manie [ma'ni:] <-, -n> *f* mania *f*

Manieren [ma'ni:ʁən] *fpl* maniere *fpl;* **keine ~en haben** essere maleducato

Maniküre [mani'ky:rə] <-, -n> *f* manicure *f*

Mann [man] <-(e)s, Männer> *m* ❶ (*Erwachsener*) uomo *m* ❷ (*Ehe~*) marito *m*

Mannequin ['manəkɛ̃] <-s, -s> *n* mannequin *f*

männlich ['mɛnlɪç] *adj* ❶ (BIOL) maschio ❷ (*fig* LING) maschile

Mannschaft <-, -en> *f* (SPORT) squadra *f*

Manschette [man'ʃɛtə] <-, -n> *f* polsino *m;* **Manschettenknopf** *m* gemello *m*

Mantel ['mantəl] <-s, Mäntel> *m* ❶ (*Kleidungsstück*) cappotto *m* ❷ (TEC) rivestimento *m*

Mantua ['mantua] *n* Mantova *f*

Manuskript [manu'skrɪpt] <-(e)s, -e> *n* manoscritto *m*

Mappe ['mapə] <-, -n> *f* ❶ (*Akten~, Schul~*) cartella *f* ❷ (*Ordner*) raccoglitore *m*

Maracuja [mara'ku:ja] <-, -s> *f* maracuja *f*

Märchen ['mɛ:ɐ̯çən] <-s, -> *n* ❶ (LIT) fiaba *f* ❷ (*fig pej*) frottola *f*

Marder ['mardɐ] <-s, -> *m* martora *f*

Margarine [marga'ri:nə] <-, -n> *f* margarina *f*

Marienkäfer [ma'ri:ənkɛ:fɐ] *m* coccinella *f*

Marille [ma'rɪlə] <-, -n> *f* (*A*) albicocca *f*

Marionette [mari̯o'nɛtə] <-, -n> *f* marionetta *f*

Mark <-, -> *f* (*Währung*) marco *m;* **Deutsche ~** marco tedesco

Marke ['markə] <-, -n> *f* ❶ (*Fabrikat*) marca *f* ❷ (*Brief~*) bollo *m;* (*Spiel~*) gettone *m*

Marken *pl* (GEOG) Marche *fpl*

Marketing ['markətɪŋ] <-s> *n* (WIRTSCH) marketing *m*

Markise [mar'ki:zə] <-, -n> *f* marquise *f*

Markstück *n* (pezzo *m* da un) marco *m*

Markt [markt] <-(e)s, Märkte> *m* mercato *m;* **Marktplatz** *m* piazza *f* del mercato; **Marktwirtschaft** *f* economia *f* di mercato

Marmelade [marmə'la:də] <-, -n> *f* marmellata *f*

Marmor ['marmo:ɐ̯] <-s, -e> *m* marmo *m*

Marokko [ma'rɔko] *n* Marocco *m*

Marone [ma'ro:nə] <-, -n> *f*

M

marrone *m*
marschieren [mar'ʃiːrən] *vi sein* marciare
März [mɛrt͡s] <-(en), -e> *m* marzo *m*
Marzipan [mart͡si'paːn] <-s, -e> *n o m* marzapane *m*
Masche ['maʃə] <-, -n> *f* ❶ (*bei Handarbeit*) maglia *f* ❷ (*fam: Trick*) trucco *m*; **Maschendraht** *m* rete *f* metallica
Maschine [ma'ʃiːnə] <-, -n> *f* macchina *f*; (*Flugzeug*) apparecchio *m*
maschinell [maʃi'nɛl] **I.** *adj* meccanico **II.** *adv* a macchina
maschinengeschrieben *adj* scritto a macchina; **Maschinengewehr** *n* mitragliatrice *f*; **Maschinenpistole** *f* pistola *f* mitragliatrice
Masern ['maːzɐn] *pl* (MED) morbillo *m*
Maske ['maskə] <-, -n> *f* maschera *f*
Maß [maːs] <-es, -e> *n* misura *f*; ~ **nehmen** prendere le misure; **nach** ~ (*Kleidung*) su misura
Massage [ma'saːʒə] <-, -n> *f* massaggio *m*
Maßanzug *m* abito *m* su misura
Masse ['masə] <-, -n> *f* massa *f*; **Massenkarambolage** *f* tamponamento *m* a catena; **Massenmedien** *npl* mass-media *mpl*
Masseur [ma'søːɐ̯] <-s, -e> *m*, **Masseurin** [ma'søːrɪn] <-, -nen> *f* massaggiatore, -trice *m, f*
massieren [ma'siːrən] *vt* massaggiare
mäßig ['mɛːsɪç] *adj* moderato; (*Preis*) modico
mäßigen *vr* **sich** ~ moderarsi
massiv [ma'siːf] *adj* massiccio
maßlos *adj* smisurato; (*unmäßig*) smodato; **Maßnahme** ['maːsnaːmə] <-, -n> *f* misura *f*; **Maßstab** *m* ❶ (*Karten~*) scala *f* ❷ (*fig*) criterio *m*
Material [materi'aːl] <-s, -ien> *n* materiale *m*
materialistisch *adj* materialista
Mathematik [matema'tiːk] <-> *f* matematica *f*
mathematisch [mate'maːtɪʃ] *adj* matematico
Matratze [ma'trat͡sə] <-, -n> *f* materasso *m*
Matrixdrucker *m* (INFORM) stampante *f* a matrice di punti
Matrize [ma'triːt͡sə] <-, -n> *f* matrice *f*
Matrose [ma'troːzə] <-n, -n> *m* marinaio *m*
Matsch [mat͡ʃ] <-(e)s> *m* (*fam*) poltiglia *f*
matschig *adj* (*fam*) fangoso
matt [mat] *adj* (*Augen, Stimme*) spento; (*Spiegel*) opaco
Matte ['matə] <-, -n> *f* ❶ (*Unterlage*) stuoia *f* ❷ (SPORT) tappe-

to *m*

Mauer ['maʊɐ] <-, -n> *f* muro *m;* **Maueröffnung** <-> *f* apertura *f* del muro (di Berlino)

Maul [maʊl] <-(e)s, Mäuler> *n* muso *m;* (*fam pej: von Mensch*) becco *m;* **Maulkorb** *m* museruola *f;* **Maulwurf** *m* talpa *f*

Maurer(in) ['maʊrɐ] <-s, -; -, -nen> *m(f)* muratore *m*

Maus [maʊs] <-, Mäuse> *f* ❶ (*Tier*) topo *m* ❷ (INFORM) mouse *m;* **Mauspad** <-s, -s> *n* (INFORM) tappetino *m* (per il mouse)

Maut(gebühr) ['maʊt(gəby:ɐ̯)] <-, -en> *f* (*A, südd*) pedaggio *m;* **Mautstelle** *f* (*A*) casello *m* (autostradale)

maximal [maksi'ma:l] **I.** *adj* massimo **II.** *adv* al massimo

Maxime [ma'ksi:mə] <-, -n> *f* massima *f*

Mayonnaise [majo'nɛ:zə] <-, -n> *f* maionese *f*

Mechaniker(in) <-s, -; -, -nen> *m(f)* meccanico *m*

mechanisch *adj* meccanico

Mechanismus [meça'nɪsmʊs] <-, Mechanismen> *m* meccanismo *m*

meckern ['mɛkɐn] *vi* ❶ (*Ziege*) belare ❷ (*fam: Mensch*) **über etw** *acc* ~ brontolare su qc

Mecklenburg ['mɛklənbʊrk] *n* Meclemburgo *m;* **Mecklenburg-Vorpommern** ['mɛklənbʊrg'fo:ɐ̯pɔmɐn] <-s> *n* Meclemburgo-Pomerania *m*

Medaille [me'daljə] <-, -n> *f* medaglia *f*

Medaillon [medal'jõ:] <-s, -s> *n* medaglione *m*

Medikament [medika'mɛnt] <-(e)s, -e> *n* farmaco *m*

Medizin [medi'tsi:n] <-, -en> *f* medicina *f*

medizinisch *adj* ❶ (*ärztlich*) medico ❷ (*arzneilich*) medicinale

Meer [me:ɐ̯] <-(e)s, -e> *n* mare *m*

Meeresspiegel *m* livello *m* del mare

Meerrettich *m* rafano *m;* **Meerschweinchen** <-s, -> *n* porcellino *m* d'India

Megabyte *n* (INFORM) megabyte *m*

Mehl [me:l] <-(e)s> *n* farina *f*

mehlig *adj* farinoso

mehr [me:ɐ̯] *adv o pron* (*vor Substantiv*) più; (*nach Substantiv*) di più

mehrere ['me:rərə] *pron* parecchi, -cchie *mpl, fpl*

mehrfach **I.** *adj* multiplo; (*wiederholt*) ripetuto **II.** *adv* ripetutamente; **Mehrheit** <-, -en> *f* maggioranza *f;* **mehrmals** *adv* più volte; **Mehrwegflasche** *f* vuoto *m* a rendere; **Mehrwertsteuer** *f* imposta *f* sul valore aggiunto; **Mehrzahl** *f*

① (*Mehrheit*) maggioranza *f* ② (LING) plurale *m*

mein [maɪn] *pron s.* **ich** mio, -a *m, f,* miei *mpl,* mie *fpl*

Meineid ['maɪnʔaɪt] *m* spergiuro *m*

meinen ['maɪnən] *vt* pensare; (*sich beziehen auf*) riferirsi a; **was ~ Sie dazu?** che cosa ne pensa?; **wie ~ Sie das?** cosa intende dire con ciò?; **es war nicht böse gemeint** non c'era alcuna cattiva intenzione

meiner *pron gen von* **ich** di me

meine(r, s) ['maɪnə] *pron s.* **ich** il mio, la mia, i miei *pl,* le mie *pl*

meinerseits ['maɪnɐ'zaɪts] *adv* da parte mia; **ganz ~!** il piacere è tutto mio!

meinetwegen ['maɪnət've:gən] *adv* ① (*wegen mir*) per causa mia; (*negativ*) per colpa mia ② (*von mir aus*) per me

Meinung <-, -en> *f* opinione *f;* **meiner ~ nach** a mio parere; **jdm die ~ sagen** (*fam*) dire il fatto suo a qu; **Meinungsverschiedenheit** *f* controversia *f*

Meise ['maɪzə] <-, -n> *f* cinciallegra *f*

meistens *adv* di solito

Meister(in) ['maɪstɐ] <-s, -; -, -nen> *m(f)* ① (*in Betrieb*) capo *m* ② (SPORT) campione *m,* campionessa *f*

meiste(r, s) ['maɪstə] *pron* la maggior parte di

Meisterschaft <-, -en> *f* (SPORT) campionato *m;* **Meisterwerk** *n* capolavoro *m*

melancholisch [melaŋ'ko:lɪʃ] *adj* malinconico

Melange [me'lɑ̃ʒə] <-, -n> *f* (*A*) caffel(l)atte *m*

Melanzani [melan'tsa:ni] *pl* (*A*) melanzane *fpl*

melden ['mɛldən] **I.** *vt* denunciare; **jdm etw ~** comunicare qc a qu **II.** *vr* **sich ~** ① (*an~*) **sich bei jdm ~** annunciarsi a qu ② (*Telefon*) rispondere al telefono

Meldepflicht *f* ① (*für Person*) iscrizione *f* obbligatoria ② (*für Dinge*) obbligo *m* di notifica

Meldung <-, -en> *f* (TV, RADIO) notizia *f*

melken ['mɛlkən] <irr> *vt* mungere

Melodie [melo'di:] <-, -n> *f* melodia *f*

Melone [me'lo:nə] <-, -n> *f* melone *m*

Menge ['mɛŋə] <-, -n> *f* ① (*bestimmte Anzahl*) quantità *f;* **eine (ganze) ~ ...** (*fam*) un mucchio di ... ② (*Menschen~*) folla *f*

Mensa ['mɛnza] <-, -s> *f* mensa *f*

Mensch [mɛnʃ] <-en, -en> *m* ① (*Gattung*) uomo *m* ② (*Person*) persona *f;* **kein ~** nessuno; **Menschheit** <-> *f* umanità *f*

menschlich *adj* umano
Menstruation [mɛnstrua'ts̮i̯o:n] <-, -en> *f* mestruazione *f*
Mentalität [mɛntali'tɛ:t] <-, -en> *f* mentalità *f*
Menü [me'ny:] <-s, -s> *n* (INFORM, GASTR) menu *m;* **Menüleiste** *f* (INFORM) barra *f* dei menu
Meran [me'ra:n] *n* Merano *f*
Merkblatt *n* foglio *m* d'appunti
merken ['mɛrkən] **I.** *vt* notare **II.** *vr* **sich** *dat* **etw ~** ricordare qc
Merkmal <-s, -e> *n* caratteristica *f*
merkwürdig *adj* strano
Messbecher *m* misurino *m*
Messe ['mɛsə] <-, -n> *f* ❶ (REL) messa *f* ❷ (*Ausstellung*) fiera *f*
messen ['mɛsən] <irr> **I.** *vt* misurare **II.** *vr* **sich mit jdm ~** misurarsi con qu
Messer ['mɛsɐ] <-s, -> *n* coltello *m;* **Messerspitze** *f* **eine ~ ...** un pizzico di ...
Messestand *m* stand *m* di una fiera
Messgerät *n* strumento *m* di misura
Messing ['mɛsɪŋ] <-s> *n* ottone *m*
Metall [me'tal] <-s, -e> *n* metallo *m*
metallic [me'talɪk] <inv> *adj* metallizzato
Meter ['me:tɐ] <-s, -> *m o n* metro *m;* **Metermaß** *n* metro *m*
Methode [me'to:də] <-, -n> *f* metodo *m*
Metzgerei [mɛts̮gə'raɪ] <-, -en> *f* macelleria *f*
Mexiko ['mɛksiko] *n* ❶ (*Land*) Messico *m* ❷ (*Stadt*) Città *f* del Messico
miauen *vi* miagolare
mich [mɪç] **I.** *pron acc von* **ich** (*betont*) me; (*unbetont*) mi **II.** *pron* mi
Miene ['mi:nə] <-, -n> *f* faccia *f*
mies [mi:s] *adj* (*fam pej*) brutto
Mietauto *n* auto *f* a noleggio
Miete ['mi:tə] <-, -n> *f* affitto *m;* **zur ~ wohnen** essere in affitto
mieten *vt* (*Wohnung*) affittare; (*Auto*) noleggiare
Mieter(in) <-s, -; -, -nen> *m(f)* inquilino, -a *m, f*
Mietshaus *n* casa *f* in affitto
Mietvertrag *m* contratto *m* d'affitto
Migräne [mi'grɛ:nə] <-, -n> *f* emicrania *f*
Mikrochip ['mi:krotʃɪp] *m* (INFORM) microchip *m;* **Mikrofaser** *f* microfibra *f*
Mikrofon, **Mikrophon** [mikro'fo:n] <-s, -e> *n* microfono *m*
Mikroskop [mikro'sko:p] <-s, -e> *n* microscopio *m*
Mikrowelle *f* microonda *f;* (*fam: Herd*) microonde *m*

M

Milch [mɪlç] <-> *f* latte *m;* **Milchkaffee** *m* caffellatte *m;* **Milchzahn** *m* dente *m* di latte

mild(e) [mɪlt ('mɪldə)] *adj* (*Klima*) mite; (*Strafe*) lieve

mildern ['mɪldɐn] *vt* attenuare; (*Schmerz*) lenire

Milieu [mɪ'li̯øː] <-s, -s> *n* ambiente *m*

Militär [mili'tɛːɐ̯] <-s> *n* ❶ (*Soldaten*) militari *mpl* ❷ (*Heer*) forze *fpl* armate

militärisch *adj* militare

Millennium [mɪ'lɛnium] <-s, -ien> *n* millennio *m*

Milliardär(in) [mɪli̯ar'dɛːɐ̯] <-s, -e; -, -nen> *m(f)* miliardario, -a *m, f*

Milliarde [mɪ'li̯ardə] <-, -n> *f* miliardo *m*

Millimeter *m o n* millimetro *m*

Million [mɪ'li̯oːn] <-, -en> *f* milione *m*

Millionär(in) [mɪli̯o'nɛːɐ̯] <-s, -e; -, -nen> *m(f)* milionario, -a *m, f*

Milz [mɪlts] <-, -en> *f* (ANAT) milza *f*

Mimik ['miːmɪk] <-> *f* mimica *f*

Mimose [mi'moːzə] <-, -n> *f* ❶ (BOT) mimosa *f* ❷ (*fig*) persona *f* ipersensibile

mindere(r, s) ['mɪndərə] *adj* inferiore

Minderheit <-, -en> *f* minoranza *f*

minderjährig *adj* minorenne; **Minderjährige** <ein -r, -n, -n> *mf* minorenne *mf;* **minderwertig** *adj* inferiore; (*Ware*) scadente; **Minderwertigkeitskomplex** *m* complesso *m* di inferiorità

Mindestalter *n* età *f* minima

mindestens *adv* per lo meno

mindeste(r, s) ['mɪndəstə] *adj* minimo, -a

Mine ['miːnə] <-, -n> *f* ❶ (MIL) mina *f* ❷ (*Kugelschreiber*) ricambio *m*

Mineralwasser *n* acqua *f* minerale

Minibar *f* frigobar *m*

minimal [mini'maːl] *adj* minimale

minimieren *vt* (INFORM) ridurre a icona

Minirock *m* minigonna *f*

Minister(in) [mi'nɪstɐ] <-s, -; -, -nen> *m(f)* ministro *m*

Ministerium [minɪs'teːriʊm] <-s, Ministerien> *n* ministero *m*

Ministerpräsident(in) *m(f)* primo ministro *m;* (*in Italien*) presidente, -essa *m, f* del consiglio

minus ['miːnʊs] *adv* meno

Minute [mi'nuːtə] <-, -n> *f* minuto *m*

mir [miːɐ̯] *pron dat von* **ich** (*betont*) (a) me; (*unbetont*) mi

mischen ['mɪʃən] *vt* mescolare

Mischung <-, -en> *f* miscuglio

m
missachten [mɪs'ʔaxtən] *vt* non osservare; **missbilligen** [mɪs'bɪlɪgən] *vt* disapprovare; **missbrauchen** *vt* abusare di; **Misserfolg** *m* insuccesso *m;* **Missgeburt** *f* (MED) aborto *m;* **misshandeln** [mɪs'handəln] *vt* maltrattare

Mission [mɪ'si̯o:n] <-, -en> *f* missione *f*

Missionar(in) [mɪsi̯o'na:ɐ̯] <-s, -e; -, -nen> *m(f)* missionario, -a *m, f*

misslingen [mɪs'lɪŋən] <irr> *vi sein* non riuscire; **misstrauen** *vi* **jdm** ~ diffidare di qu; **Misstrauen** <-s> *n* diffidenza *f;* **misstrauisch** *adj* diffidente; (*argwöhnisch*) sospettoso; **Missverständnis** *n* malinteso *m;* **missverstehen** <irr> *vt* fraintendere

Mist [mɪst] <-(e)s> *m* letame *m;* (*fam pej*) fesserie *fpl*

Mistel ['mɪstəl] <-, -n> *f* vischio *m*

mit [mɪt] *prp +dat* con; ~ **zwanzig Jahren** a vent'anni

Mitarbeit *f* collaborazione *f;* **Mitarbeiter(in)** *m(f)* collaboratore, -trice *m, f;* **mit|bringen** <irr> *vt* portare (con sé); **miteinander** [mɪtʔaɪ'nandɐ] *adv* ❶ (*einer mit dem anderen*) l'uno con l'altro ❷ (*gemeinsam*) insieme; **mit|erleben** *vt* ❶ (*erleben*) vivere ❷ (*dabeisein*) assistere a; **Mitfahrerzentrale** *f agenzia che mette in contatto automobilisti e persone alla ricerca di un passaggio;* **Mitgefühl** *n* compassione *f;* **mit|gehen** <irr> *vi sein* **mit jdm** ~ andare insieme a qu; **mitgenommen** *adj* ~ **aussehen** essere sciupato; **Mitglied** *n* membro *m;* **mit|kommen** <irr> *vi sein* **mit jdm** ~ venire insieme a qu; **kommst du mit?** vieni anche tu?; **Mitleid** *n* compassione *f;* **mit|machen** I. *vt* ❶ (*Veranstaltung*) partecipare a ❷ (*durchmachen*) passare II. *vi* partecipare; **Mitmensch** *m* prossimo *m;* **mit|nehmen** <irr> *vt* prendere con sé; **jdn (im Auto)** ~ dare un passaggio a qu; **mit|spielen** *vi* **mit jdm bei etw** ~ giocare con qu a qc

Mittag ['mɪta:k] *m* mezzogiorno *m;* **zu** ~ **essen** pranzare; **Mittagessen** *n* pranzo *m*

mittags *adv* a mezzogiorno; **Mittagsschlaf** *m* pisolino *m* pomeridiano

Mitte ['mɪtə] <-, -n> *f* ❶ (*räumlich*) mezzo *m;* **in der** ~ nel mezzo ❷ (*zeitlich*) metà *f;* ~ **Januar** a metà gennaio

mit|teilen *vt* **(jdm) etw** ~ comunicare qc (a qu)

Mittel ['mɪtəl] <-s, -> *n* mezzo

M

m; (*Heil~*) rimedio *m*

Mittelalter *n* medioevo *m;* **mittelalterlich** *adj* medievale; **mittelmäßig** *adj* mediocre; **Mittelmeer** *n* Mediterraneo *m;* **Mittelpunkt** *m* punto *m* centrale; **im ~ stehen** (*fig*) essere al centro; **Mittelstreifen** *m* spartitraffico *m;* **Mittelweg** *m* (*fig*) via *f* di mezzo

mitten ['mɪtən] *adv* ~ **in/auf** +*dat* in mezzo a; ~ **in der Nacht** in piena notte

Mitternacht ['mɪtɐnaxt] *f* mezzanotte *f*

mittlere(r, s) ['mɪtlərə] *adj* ❶ (*im Mittelpunkt*) centrale ❷ (*durchschnittlich*) medio, -a

Mittwoch ['mɪtvɔx] <-(e)s, -e> *m* mercoledì *m*

mittwochs *adv* il mercoledì

Mixer <-s, -> *m* (*Gerät*) frullatore *m*

mobben *vt* fare mobbing

Mobbing <-> *kein Pl n* mobbing *m*

Möbel ['møːbəl] <-s, -> *n* mobile *m*

mobil [mo'biːl] *adj* mobile; **Mobiltelefon** *n* cellulare *m*

möbliert [mø'bliːrt] *adj* ammobiliato

Mode ['moːdə] <-, -n> *f* moda *f*

Modell [mo'dɛl] <-s, -e> *n* modello *m;* (*Foto~*) modella *f*

Modem ['moːdɛm] <-s, -s> *n o m* (INFORM) modem *m*

Mode(n)schau *f* sfilata *f* di moda

Moderator(in) [mode'raːtoːɐ̯] <-s, -en; -, -nen> *m(f)* (RADIO, TV) moderatore, -trice *m, f*

modern [mo'dɛrn] *adj* moderno; (*modisch*) alla moda

Modeschmuck *m* bigiotteria *f*

modisch *adj* alla moda

Mofa ['moːfa] <-s, -s> *n* ciclomotore *m*

mögen[1] ['møːgən] <irr> *vt* (*gern haben*) amare; **lieber ~** preferire

mögen[2] <irr> *Modalverb* (*Wunsch*) volere; **ich möchte gern ...** vorrei ...

möglich ['møːklɪç] *adj* possibile

möglicherweise *adv* eventualmente

Möglichkeit <-, -en> *f* possibilità *f*

möglichst *adv* ~ **gut/viel/oft** il meglio/il più/il più spesso possibile

Mohn [moːn] <-(e)s, -e> *m* papavero *m*

Mohrrübe ['moːɐ̯ryːbə] *f* carota *f*

Moment [mo'mɛnt] <-(e)s, -e> *m* momento *m;* **im ~** al momento

Monaco ['moːnako] *n* Monaco *f*

Monarchie [monar'çiː] <-, -n> *f* monarchia *f*

Monat ['moːnat] <-(e)s, -e> *m* mese *m*

monatlich *adj* mensile

Mönch [mœnç] <-(e)s, -e> *m* (REL) monaco

Mond [mo:nt] <-(e)s, -e> *m* luna *f*

Monitor ['mo:nito:ɐ̯] <-s, -e(n)> *m* (TV, INFORM) monitor *m*

Montag ['mo:nta:k] <-s, -e> *m* lunedì *m*

montags *adv* il lunedì

Monteur(in) [mɔn'tø:ɐ̯] <-s, -e; -, -nen> *m(f)* montatore, -trice *m, f*

montieren *vt* montare

Monument [monu'mɛnt] <-(e)s, -e> *n* monumento *m*

monumental [monumɛn'ta:l] *adj* monumentale

Moos [mo:s] <-es, -e> *n* muschio *m*

Moped ['mo:pɛt] <-s, -s> *n* ciclomotore *m*

Moral [mo'ra:l] <-> *f* morale *f*

moralisch *adj* morale

Mord [mɔrt] <-(e)s, -e> *m* omicidio *m*

Mörder(in) ['mœrdɐ] <-s, -; -, -nen> *m(f)* assassino, -a *m, f*

morgen ['mɔrgən] *adv* domani

Morgen <-s, -> *m* mattino *m;* **guten ~!** buon giorno!; **Morgenmantel** *m* vestaglia *f*

morgens *adv* di mattina; **um sieben Uhr ~** alle sette del mattino

Moschee [mɔ'ʃe] <-, -n> *f* moschea *f*

Mosel ['mo:zəl] *f* Mosella *f*

Moskau ['mɔskaʊ] *n* Mosca *f*

Moslem ['mɔslɛm] <-s, -s> *m,* **Moslime** [mɔs'li:mə] <-, -n> *f* musulmano, -a *m, f*

Most [mɔst] <-(e)s, -e> *m* mosto *m*

Motor ['mo:tɔr] <-s, -en> *m* motore *m;* **Motorboot** *n* motoscafo *m;* **Motoröl** *n* olio *m* motore; **Motorrad** *n* motocicletta *f;* **Motorroller** *m* (moto)scooter *m;* **Motorschaden** *m* guasto *m* al motore

Motte ['mɔtə] <-, -n> *f* tarma *f;* **Mottenkugel** *f* pallina *f* antitarmica

Motto ['mɔto] <-s, -s> *n* motto *m*

M

Mountainbike ['maʊntənbaɪk] <-s, -s> *n* mountain bike *f*

Möwe ['mø:və] <-, -n> *f* gabbiano *m*

MP3-Brenner [ɛmpe:'draɪ-] *m* masterizzatore *m* MP3; **MP3-Player** [ɛmpe:'draɪpleɪɐ] <-s, -> *m* lettore *m* MP3

Mücke ['mʏkə] <-, -n> *f* zanzara *f*

müde ['my:də] *adj* stanco

Müdigkeit <-> *f* stanchezza *f*

Mühe ['my:ə] <-, -n> *f* fatica *f;* **mühelos** *adv* con facilità

muhen ['mu:ən] *vi* muggire

Mühle ['my:lə] <-, -n> *f* mulino *m;* (*Kaffee~, Pfeffer~*) macinino *m*

mühsam *adj* faticoso

Mull [mʊl] <-(e)s, -e> *m* garza *f*

Müll [myl] <-(e)s> *m* rifiuti *mpl;* **Müllabfuhr** *f* nettezza *f* urbana; **Müllcontainer** *m* cassonetto *m;* **Mülleimer** *m* secchio *m* delle immondizie

multiplizieren [mʊltipli'tsi:rən] *vt* **etw mit etw** ~ moltiplicare qc per qc

München ['mynçən] *n* Monaco *f* (di Baviera)

Mund [mʊnt] <-(e)s, Münder> *m* bocca *f;* **Mundart** *f* dialetto *m*

münden ['myndən] *vi haben o sein* **in etw** *acc* ~ sfociare in qc

Mundharmonika *f* armonica *f* a bocca

mündig ['myndɪç] *adj* maggiorenne

mündlich ['myntlɪç] *adj* orale

Munition [muni'tsi̯o:n] <-, -en> *f* munizione *f*

Münster ['mynstɐ] <-s, -> *n* cattedrale *f*

munter ['mʊntɐ] *adj* ❶ (*lebhaft*) vivo ❷ (*wach*) sveglio

Münze ['myntsə] <-, -n> *f* moneta *f*

Münzfernsprecher *m* telefono *m* pubblico a gettoni

Mürbeteig *m* pasta *f* frolla

murmeln ['mʊrməln] *vt, vi* mormorare

Muschel ['mʊʃəl] <-, -n> *f* ❶ (ZOO) conchiglia *f* ❷ (TEL) ricevitore *m*

Museum [mu'ze:ʊm] <-s, Museen> *n* museo *m*

Musik [mu'zi:k] <-> *f* musica *f*

musikalisch [muzi'ka:lɪʃ] *adj* musicale

Musiker(in) ['mu:zikɐ] <-s, -; -, -nen> *m(f)* musicista *mf*

Musikinstrument *n* strumento *m* musicale

Muskatnuss *f* noce *f* moscata

Muskel ['mʊskəl] <-s, -n> *m* muscolo *m;* **Muskelkater** *m* dolori *mpl* muscolari

muskulös *adj* muscoloso

müssen¹ ['mysən] <irr> *Modalverb* dovere; **muss das sein?** è necessario?

müssen² <irr> *vi* **ich muss in die Stadt** devo andare in città

Muster ['mʊstɐ] <-s, -> *n* ❶ (*Vorlage*) modello *m* ❷ (~*ung*) disegno *m* ❸ (*Probe*) campione *m*

Mut [mu:t] <-(e)s> *m* coraggio *m*

mutig *adj* coraggioso

Mutter¹ ['mʊtɐ] <-, Mütter> *f* madre *f*

Mutter² ['mʊtɐ] <-, -n> *f* (TEC) madrevite *f*

mütterlich ['mytɐlɪç] *adj* materno

mütterlicherseits *adv* per parte di madre

Muttermal *n* neo *m;* **Muttersprache** *f* lingua *f* madre;

Muttertag *m* festa *f* della mamma
Mütze ['mʏtsə] <-, -n> *f* berretto *m*
MwSt, MWSt *abk v* **Mehrwertsteuer** IVA *f*

N

N, n [ɛn] <-, -(s)> *n* N, n *f*
na [na] *int* (*fam*) allora; ~ **und?** e allora?; ~ **gut!** va bene
Nabel ['na:bəl] <-s, -> *m* ombelico *m*
nach [na:x] *prp +dat* ❶ (*räumlich*) verso; (*bei Ortsnamen*) a; (*bei Ländernamen*) in; ~ **oben/unten** in su/giù; ~ **Hause gehen** andare a casa; **der Zug ~ Paris** il treno per Parigi ❷ (*zeitlich*) dopo
nach|ahmen ['na:xʔa:mən] *vt* imitare
Nachbar(in) ['naxba:ɐ] <-n, -n; -, -nen> *m(f)* vicino, -a *m, f*
nachdem [na:x'de:m] *konj* dopo che
nach|denken <irr> *vi* (**über etw** *acc*) ~ riflettere (su qc); **nachdenklich** *adj* pensieroso
nacheinander *adv* uno dopo l'altro
Nachfolger(in) <-s, -; -, -nen> *m(f)* successore *m*, succeditrice *f*
Nachfrage *f* domanda *f*
Nachfüllpackung *f* ricarica *f*
nach|geben <irr> *vi* cedere
nach|gehen <irr> *vi sein* ❶ (*folgen*) **jdm** ~ andare dietro a qu ❷ (*Uhr*) andare indietro
nachher [na:x'he:ɐ] *adv* dopo
Nachhilfe *f* ripetizione *f*
nach|holen *vt* recuperare
Nachkomme ['na:xkɔmə] <-n, -n> *m* discendente *mf*
nach|kommen <irr> *vi sein* venire dopo
Nachkriegszeit *f* dopoguerra *m*
Nachlass ['na:xlas] <-es, -e> *m* ❶ (COM) sconto *m* ❷ (*Hinterlassenschaft*) eredità *f*
nach|lassen <irr> *vi* calmarsi; (*Hitze, Leistung*) diminuire
nach|laufen <irr> *vi sein* **jdm/etw** ~ correre dietro a qu/qc
nach|machen *vt* (*fam*) ❶ (*nachahmen*) imitare ❷ (*nachträglich machen*) fare dopo
Nachmittag *m* pomeriggio *m*; **nachmittags** *adv* di pomeriggio
Nachnahme ['na:xna:mə] <-, -n> *f* **per** ~ contrassegno
Nachname *m* cognome *m*
nach|prüfen *vt* controllare
Nachricht ['na:xrɪçt] <-, -en> *f* notizia *f*

Nachrichten *fpl* (RADIO) giornale *m* radio; (TV) telegiornale *m*
nach|schlagen <irr> *vt* (*in Buch*) cercare
Nachschub *m* rifornimento *m*
nach|sehen <irr> **I.** *vi* **in einem Buch** ~ consultare un libro **II.** *vt* (*prüfen*) verificare
nachsichtig *adj* indulgente
Nachspeise *f* dessert *m*
nach|sprechen <irr> *vt* ripetere
nächstbeste(r, s) ['nɛːçst'bɛstə] *adj* primo, -a venuto, -a *m, f*
Nächste <ein -r, -n, -n> *m* prossimo, -a *m, f*
nächste(r, s) ['nɛːçstə] *adj* ❶ (*räumlich*) (il, la) più vicino, -a ❷ (*Reihenfolge*) prossimo, -a
Nacht [naxt] <-, Nächte> *f* notte *f;* **heute** ~ stanotte
Nachteil *m* svantaggio *m*
Nachthemd *n* camicia *f* da notte
Nachtigall ['naxtɪgal] <-, -en> *f* usignolo *m*
Nachtisch *m* dessert *m*
nachträglich ['naːxtrɛːklɪç] **I.** *adj* supplementare; (*Glückwünsche*) tardivo **II.** *adv* successivamente; (*verspätet*) in ritardo
nachts *adv* di notte
Nachtschicht *f* turno *m* di notte; **Nachttisch** *m* comodino *m;* **Nachtwächter(in)** *m(f)* guardiano, -a *m, f* notturno, -a
Nachweis ['naːxvaɪs] <-es, -e> *m* prova *f;* (*Bescheinigung*) attestato *m;* **nach|weisen** <irr> *vt* provare
Nachwirkung *f* ripercussione *f*
Nachwuchs *m* ❶ (*fam: Kinder*) bambini *mpl* ❷ (*im Beruf*) giovani leve *fpl*
nach|zahlen *vt, vi* pagare dopo
Nacken ['nakən] <-s, -> *m* nuca *f*
nackt [nakt] *adj* nudo
Nadel ['naːdəl] <-, -n> *f* ago *m;* (*Steck~*) spillo *m;* **Nadeldrucker** *m* stampante *f* ad aghi
Nagel ['naːgəl] <-s, Nägel> *m* ❶ (*Metallstift*) chiodo *m* ❷ (*Finger~*) unghia *f;* **Nagelfeile** *f* limetta *f* per le unghie; **Nagellack** *m* smalto *m* per le unghie; **Nagellackentferner** <-s, -> *m* acetone *m*
nagelneu *adj* (*fam*) nuovo di zecca
Nagelschere *f* forbici *fpl* per le unghie
nagen ['naːgən] *vi* **an etw** *dat* ~ rosicchiare qc
Nagetier *n* roditore *m*
Nahaufnahme *f* primo piano *m*
nah(e) ['naː(ə)] <näher, nächste> *adj* vicino; **~e bei** vicino a
Nähe ['nɛːə] <-> *f* vicinanza *f;* **in der** ~ (**von**) vicino (a)
nähen ['nɛːən] *vt* cucire; (*Wunde*) suturare
nähern *vr* **sich** (**jdm/etw**) ~ avvicinarsi (a qu/qc)

Nähmaschine *f* macchina *f* da cucire

Nahost ['na:'ɔst] <-> *m* Medio Oriente *m*

nahrhaft ['na:ɐ̯haft] *adj* nutriente

Nahrung ['na:rʊŋ] <-> *f* alimentazione *f*; **Nahrungsmittel** *n* alimento *m*

Naht [na:t] <-, Nähte> *f* cucitura *f*

Nahverkehrszug *m* treno *m* locale

naiv [na'i:f] *adj* ingenuo

Name ['na:mə] <-ns, -n> *m* nome *m*; **mein ~ ist ...** mi chiamo ...; **im ~n von** a nome di

namens *adv* di nome

nämlich ['nɛ:mlɪç] *adv* cioè; (*denn*) infatti

Napf [napf] <-(e)s, Näpfe> *m* scodella *f*

Narbe ['narbə] <-, -n> *f* cicatrice *f*

Narkose [nar'ko:zə] <-, -n> *f* (MED) anestesia *f*

Narzisse [nar'tsɪsə] <-, -n> *f* narciso *m*

naschhaft *adj* goloso

Nase ['na:zə] <-, -n> *f* naso *m*; **Nasenbluten** <-s> *n* **~ haben** perdere sangue dal naso; **Nasentropfen** *mpl* gocce *fpl* per il naso

Nashorn *n* rinoceronte *m*

nass [nas] *adj* bagnato; **nasskalt** *adj* freddo umido

Natel <-s, -> *n* (*CH: Handy*) telefonino *m*

Nation [na'tsi̯o:n] <-, -en> *f* nazione *f*

national [natsi̯o'na:l] *adj* nazionale; **Nationalhymne** *f* inno *m* nazionale

Nationalismus [natsi̯ona'lɪsmʊs] <-> *m* nazionalismo *m*

nationalistisch *adj* nazionalista

Nationalität [natsi̯onali'tɛ:t] <-, -en> *f* nazionalità *f*

Nationalmannschaft *f* (squadra *f*) nazionale *f*; **Nationalsozialismus** *m* nazionalsocialismo *m*

Nato, **NATO** ['na:to] <-> *f* N.A.T.O. *f*

Natrium ['na:triʊm] <-s> *n* (CHEM) sodio *m*

Natron ['na:trɔn] <-s> *n* bicarbonato *m* di sodio

Natur [na'tu:ɐ̯] <-> *f* natura *f*

natürlich [na'ty:ɐ̯lɪç] **I.** *adj* naturale **II.** *adv* naturalmente

Naturschutzgebiet *n* zona *f* protetta; **Naturwissenschaft** *f* scienze *fpl* naturali

Navigation [naviga'tsi̯o:n] <-> *kein Pl f* navigazione *f*

Neapel [ne'a:pəl] *n* Napoli *f*

Nebel ['ne:bəl] <-s, -> *m* nebbia *f*

neb(e)lig *adj* nebbioso; **es ist ~** c'è nebbia

Nebelscheinwerfer *m* (AUTO)

(faro *m*) fendinebbia *m*

neben ['ne:bən] *prp* ❶ +*acc o dat* (*räumlich*) accanto a ❷ +*dat* (*außer*) oltre a; **nebenan** [ne:bən'ʔan] *adv* accanto; **nebeneinander** *adv* l'uno accanto all'altro; **nebenher** ['ne:bən'he:ɐ̯] *adv* contemporaneamente; **Nebenkosten** *pl* spese *fpl* accessorie; **Nebensache** *f* **das ist ~** ciò ha poca importanza; **Nebenwirkung** *f* effetto *m* collaterale

Neckar ['nɛkar] *m* Neckar *m*

Neffe ['nɛfə] <-n, -n> *m* nipote *m* (di zio e zia)

negativ ['ne:gati:f] *adj* negativo; **Negativ** <-s, -e> *n* (FOTO) negativo *m*

Neger(in) ['ne:gɐ] <-s, -; -, -nen> *m(f)* (*pej*) negro, -a *m, f*

nehmen ['ne:mən] <irr> *vt* prendere

Neid [naɪt] <-(e)s> *m* invidia *f*

neidisch *adj* invidioso

neigen *vi* **zu etw ~** (*fig*) essere incline a qc

nein [naɪn] *adv* no; **~ sagen** dire di no

Nektarine [nɛkta'ri:nə] <-, -n> *f* pesca noce *f*

Nelke ['nɛlkə] <-, -n> *f* ❶ (*Blume*) garofano *m* ❷ (*Gewürz*) chiodo *m* di garofano

nennen ['nɛnən] <irr> *vt* chiamare

Neonlicht *n* luce *f* al neon

Nerv [nɛrf] <-s, -en> *m* nervo *m*; **jdm auf die ~en gehen** dare ai nervi a qu; **Nervensäge** *f* (*fam pej*) rompiscatole *mf*; **Nervenzusammenbruch** *m* esaurimento *m* nervoso

nervös [nɛr'vø:s] *adj* nervoso

Nerz [nɛrʦ] <-es, -e> *m* visone *m*

Nest [nɛst] <-(e)s, -er> *n* nido *m*

nett [nɛt] *adj* simpatico

netto ['nɛto] *adv* netto

Netz [nɛʦ] <-es, -e> *n* rete *f*; **Netzhaut** *f* (ANAT) retina *f*

neu [nɔɪ] *adj* nuovo; **Neubau** *m* nuova costruzione *f*

neuerdings ['nɔɪɐ'dɪŋs] *adv* recentemente

Neugier ['nɔɪgi:ɐ̯] <-> *f* curiosità *f*; **neugierig** *adj* curioso

Neuheit <-, -en> *f* novità *f*

Neuigkeit <-, -en> *f* novità *f*

Neujahr *n* capodanno *m*

neulich *adv* recentemente

neun [nɔɪn] *num* nove; **neunhundert** ['nɔɪn'hʊndɐt] *num* novecento; **neunmal** *adv* nove volte

Neuntel <-s, -> *n* nono *m*

neuntens *adv* (in) nono (luogo)

neunte(r, s) *adj* nono, -a; (*bei Datumsangabe*) nove

neunzehn *num* diciannove

neunzig ['nɔɪnʦɪç] *num* novanta

neureich *adj* (*pej*) nuovo ricco

Neurose [nɔɪ'ro:zə] <-, -n> *f*

nevrosi *f*
Neuseeland [nɔɪ'ze:lant] *n* Nuova Zelanda *f*
neutral [nɔɪ'tra:l] *adj* neutrale
Neutrum ['nɔɪtrʊm] <-s, Neutren> *n* neutro *m*
neuwertig *adj* come nuovo
New York ['nju:'jɔ:k] *n* New York *f*
nicht [nɪçt] *adv* non; **ich auch** ~ neanch'io; ~ **einmal** nemmeno
Nichte ['nɪçtə] <-, -n> *f* nipote *f* (di zio e zia)
Nichtraucher(in) *m(f)* non fumatore, -trice *m, f*
nichts [nɪçts] *pron* niente; ~ **zu danken!** non c'è di che!
nicken ['nɪkən] *vi* annuire
Nickerchen ['nɪkɐçən] <-s, -> *n* (*fam*) pisolino *m*
nie [ni:] *adv* (non) … mai
niedergeschlagen *adj* avvilito
Niederlage *f* sconfitta *f*
Niederlande ['ni:dɐlandə] *pl* **die** ~ i Paesi Bassi
nieder|lassen <irr> *vr* **sich** ~ stabilirsi
Niederlassung <-, -en> *f* (WIRTSCH) succursale *f*
Niederösterreich *n* Bassa Austria *f*; **Niederrhein** *m* Basso Reno *m*; **Niedersachsen** *n* Bassa Sassonia *f*
Niederschlag *m* precipitazioni *fpl*
niederträchtig ['ni:dɐtrɛçtɪç] *adj* infame
niedlich ['ni:tlɪç] *adj* carino
niedrig ['ni:drɪç] *adj* basso; (*Preis*) modico
niemals ['ni:ma:ls] *adv* (non …) mai
niemand ['ni:mant] *pron* (non …) nessuno
Niere ['ni:rə] <-, -n> *f* rene *m*; **Nierenentzündung** *f* nefrite *f*
nieseln ['ni:zəln] *vi* **es nieselt** pioviggina
niesen ['ni:zən] *vi* starnutire
Nikotin [niko'ti:n] <-s> *n* nicotina *f*
Nilpferd *n* ippopotamo *m*
nirgends ['nɪrgənts] *adv*, **nirgendwo** ['nɪrgəntvo:] *adv* da nessuna parte
Niveau [ni'vo:] <-s, -s> *n* livello *m*
noch [nɔx] **I.** *adv* ancora; ~ (**ein**)**mal** ancora una volta; **immer** ~ ancora; ~ **nicht** non ancora **II.** *konj* **weder** … ~ … né … né …
Nominativ ['no:minati:f] <-s, -e> *m* (LING) nominativo *m*
Nonne ['nɔnə] <-, -n> *f* suora *f*
Nonstopflug *m* volo *m* senza scalo
Nordamerika *n* America *f* del Nord
norddeutsch *adj* della Germania settentrionale; **Norddeutsche** *mf* tedesco, -a *m, f* settentrionale; **Norddeutschland** *n*

N

Germania *f* del Nord
Norden ['nɔrdən] <-s> *m* nord *m*
Norditalien *n* Italia *f* del Nord; **Norditaliener(in)** *m(f)* settentrionale *mf*; **norditalienisch** *adj* dell'Italia settentrionale
nördlich ['nœrtlɪç] *adj* settentrionale; ~ **von** a nord di
Nordost(en) *m* nord-est *m*
Nordpol *m* polo *m* nord
Nordrhein-Westfalen ['nɔrtraɪnvɛst'fa:lən] *n* Renania *f* Settentrionale-Vestfalia
Nordsee *f* mare *m* del Nord
Nordwest(en) *m* nord-ovest *m*
Norm [nɔrm] <-, -en> *f* norma *f*
normal [nɔr'ma:l] *adj* normale; **Normalbenzin** <-s> *n* benzina *f* normale
normalerweise *adv* normalmente
Norwegen ['nɔrve:gən] *n* Norvegia *f*
Norweger(in) <-s, -; -, -nen> *m(f)* norvegese *mf*
norwegisch *adj* norvegese
Not [no:t] <-, Nöte> *f* ❶ (*~ lage*) bisogno *m* ❷ *sing* (*Mangel*) mancanza *f*
Notar(in) [no'ta:ɐ̯] <-s, -e; -, -nen> *m(f)* notaio *m*
Notarzt *m*, **Notärztin** *f* medico *m* di servizio; **Notausgang** *m* uscita *f* di sicurezza; **Notbremse** *f* freno *m* d'emergenza
Note ['no:tə] <-, -n> *f* ❶ (MUS) nota *f* ❷ (*Schul~*) voto *m*
Notebook <-s, -s> *n* notebook *m*
Notfall *m* caso *m* di bisogno
notieren [no'ti:rən] *vt* annotare
nötig ['nø:tɪç] *adj* necessario
Notiz [no'ti:ts] <-, -en> *f* appunto *m*; **Notizbuch** *n* agenda *f*
Notlage *f* situazione *f* di emergenza; **Notruf** *m* chiamata *f* d'emergenza; **Notwehr** <-> *f* (JUR) legittima difesa *f*
notwendig ['no:tvɛndɪç] *adj* necessario
November [no'vɛmbɐ] <-(s), -> *m* novembre *m*
Nr. *abk v* **Nummer** n.
nüchtern ['nʏçtɐn] *adj* ❶ (*ohne Essen*) digiuno ❷ (*nicht betrunken*) sobrio
Nudeln ['nu:dəln] *fpl* pasta *f*
null [nʊl] *num* zero
Nummer ['nʊmɐ] <-, -n> *f* numero *m*
nummerieren [nume'ri:rən] *vt* numerare
Nummernschild *n* targa *f*
nun [nu:n] **I.** *adv* ora **II.** *int* allora
nur [nu:ɐ̯] *adv* solo
Nürnberg ['nʏrnbɛrk] *n* Norimberga *f*
Nuss [nʊs] <-, Nüsse> *f* noce *f*; **Nussknacker** <-s, -> *m* schiaccianoci *m*
nutzen, nützen ['nʊtsən] **I.** *vi*

(**zu etw**) ~ essere utile (a qc); **jdm** ~ essere utile a qu **II.** *vt* sfruttare
nützlich *adj* utile
nutzlos *adj* inutile
Nylon® ['naɪlɔn] <-(s)> *n* nylon® *m*

O

O, o [o:] <-, -(s)> *n* O, o *f*
Oase [o'a:zə] <-, -n> *f* oasi *f*
ob [ɔp] *konj* se; **und ~!** eccome!
ÖBB *f* (*A*) *abk v* **Österreichische Bundesbahnen** *ferrovie federali austriache*
obdachlos *adj* senza tetto
oben ['o:bən] *adv* su; **da** ~ lassù; **nach** ~ in alto; **von** ~ dall'alto
obere(**r, s**) ['o:bərə] *adj* superiore
Oberfläche *f* superficie *f*; **oberflächlich** *adj* superficiale; **Obergeschoss** *n* piano *m* superiore; **oberhalb** **I.** *prp +gen* al di sopra di **II.** *adv* (di) sopra; **Oberkellner**(**in**) *m(f)* capocameriere, -a *m, f*; **Oberkiefer** *m* (ANAT) mascella *f* superiore; **Oberösterreich** *n* Alta Austria *f*; **Oberrhein** *m* Reno *m* superiore
Obers ['o:bɐs] <-> *n* (*A*) panna *f*
Oberschenkel *m* coscia *f*
oberste(**r, s**) *adj* (il/la) più alto, -a; (*Stockwerk*) ultimo, -a
Oberteil *n* parte *f* superiore; (*von Kleidung*) disopra *m*
Objekt [ɔp'jɛkt] <-(e)s, -e> *n* oggetto *m*
objektiv *adj* obiettivo
Objektiv <-s, -e> *n* (FOTO) obiettivo *m*
Oboe [o'bo:ə] <-, -n> *f* oboe *m*
Obst [o:pst] <-(e)s> *n* frutta *f*; **Obstsalat** *m* macedonia *f* di frutta
obwohl [ɔp'vo:l] *konj* benché *+conj*
Ochse ['ɔksə] <-n, -n> *m* bue *m*
öde ['ø:də] *adj* deserto; (*fig*) monotono
oder ['o:dɐ] *konj* o
Ofen ['o:fən] <-s, Öfen> *m* (*Heiz~*) stufa *f*; (*Back~*) forno *m*
offen ['ɔfən] *adj* aperto; (*Mensch*) franco; **Offenheit** <-> *f* sincerità *f*
offensichtlich *adj* evidente
öffentlich ['œfəntlɪç] *adj* pubblico; **Öffentlichkeit** <-> *f* pubblico *m*
offiziell [ɔfi'tsi̯ɛl] *adj* ufficiale
Offizier [ɔfi'tsi:ɐ̯] <-s, -e> *m* ufficiale *m*
offline <inv> *adj* (INFORM) off line
öffnen ['œfnən] **I.** *vt* aprire **II.** *vr* **sich** ~ aprirsi
Öffnung <-, -en> *f* apertura *f*;

Öffnungszeiten *fpl* ore *fpl* di apertura

oft [ɔft] <öfter> *adv* spesso; **wie ~?** quante volte?

ohne ['o:nə] *prp* +*acc* senza

ohnmächtig *adj* svenuto; **~ werden** svenire

Ohr [o:ɐ̯] <-(e)s, -en> *n* orecchio *m*

Ohrenarzt *m*, **Ohrenärztin** *f* otoiatra *mf*

Ohrfeige *f* schiaffo *m*; **Ohrring** *m* orecchino *m*

ökologisch *adj* ecologico

ökonomisch *adj* economico

Öko-Steuer <-, -n> *f* ecotassa *f*; **Ökosystem** *n* ecosistema *m*

Oktober [ɔk'to:bɐ] <-(s), -> *m* ottobre *m*

Öl [ø:l] <-(e)s, -e> *n* olio *m*

Olive [o'li:və] <-, -n> *f* oliva *f*; **Olivenöl** *n* olio *m* d'oliva

Olympiade [olʏm'pi̯a:də] <-, -n> *f* (SPORT) olimpiadi *fpl*

olympisch [o'lʏmpɪʃ] *adj* olimpico

Oma ['o:ma] <-, -s> *f* (*fam*) nonna *f*

Omelett <-(e)s, -s> *n*, **Omelette** [ɔm(ə)'lɛt] <-, -n> *f* (*CH, A*) frittata *f*

Onkel ['ɔŋkəl] <-s, -> *m* zio *m*

online ['ɔnlaɪn] <inv> *adj* (INFORM) on line; **~ gehen** entrare in rete

Opa ['o:pa] <-s, -s> *m* (*fam*) nonno *m*

Oper ['o:pɐ] <-, -n> *f* opera *f*

Operation [opəra'tsi̯o:n] <-, -en> *f* operazione *f*

Operette [opə'rɛtə] <-, -n> *f* operetta *f*

operieren [opə'ri:rən] *vt, vi* operare

Opernhaus *n* opera *f*

Opfer ['ɔpfɐ] <-s, -> *n* ❶ (*Verzicht*) sacrificio *m* ❷ (*Person*) vittima *f*

opfern *vr* **sich** (**für jdn/etw**) ~ sacrificarsi (per qu/qc)

Opposition [ɔpozi'tsi̯o:n] <-, -en> *f* opposizione *f*

Optiker(in) <-s, -; -, -nen> *m(f)* ottico, -a *m, f*

optimal [ɔpti'ma:l] *adj* ottimale

Optimismus [ɔpti'mɪsmʊs] <-> *m* ottimismo *m*

Optimist(in) [ɔpti'mɪst] <-en, -en; -, -nen> *m(f)* ottimista *mf*

optimistisch *adj* ottimista

orange [o'rɑ̃:ʒə] <inv> *adj* arancione

Orange <-, -n> *f* arancia *f*

Orchester [ɔr'kɛstɐ] <-s, -> *n* orchestra *f*

Orchidee [ɔrçi'de:ə] <-, -n> *f* orchidea *f*

Orden ['ɔrdən] <-s, -> *m* ❶ (REL) ordine *m* ❷ (MIL) decorazione *f*

ordentlich ['ɔrdəntlɪç] *adj* ❶ (*aufgeräumt*) ordinato ❷ (*fam: reichlich*) come si deve

ordinär [ɔrdi'nɛ:ɐ̯] *adj* (*pej*) volgare

ordnen ['ɔrdnən] *vt* ordinare
Ordner <-s, -> *m* raccoglitore *m*
Ordnung <-> *f* ordine *m;* **in ~!** (*fam*) d'accordo!; **ordnungswidrig** *adj* (JUR) irregolare
Oregano [o're:gano] <-s> *m* origano *m*
Organ [ɔr'ga:n] <-s, -e> *n* ❶ (ANAT) organo *m* ❷ (ADM) istituzione *f*
Organisation [ɔrganiza'tsi̯o:n] <-, -en> *f* organizzazione *f*
organisieren [ɔrgani'zi:rən] *vt* ❶ (*planen*) organizzare ❷ (*fam: beschaffen*) procurarsi
Organismus [ɔrga'nɪsmʊs] <-, Organismen> *m* organismo *m*
Organizer <-s, -> *m* (INFORM) agenda *f* (elettronica)
Orgasmus [ɔr'gasmʊs] <-, Orgasmen> *m* orgasmo *m*
Orgel ['ɔrgəl] <-, -n> *f* organo *m*
Orient ['o:riɛnt] <-s> *m* **der ~** l'oriente *m*
orientalisch *adj* orientale
orientieren [oriɛn'ti:rən] *vr* **sich ~** orientarsi
Orientierung <-> *f* orientamento *m*
original [origi'na:l] *adj* originale
Original <-s, -e> *n* originale *m*
originell [origi'nɛl] *adj* originale
Orkan [ɔr'ka:n] <-(e)s, -e> *m* uragano *m*
Ornament [ɔrna'mɛnt] <-(e)s, -e> *n* ornamento *m*
Oropax® ['o:ropaks] <-, -> *n* tappo *m* per le orecchie
Ort [ɔrt] <-(e)s, -e> *m* ❶ (*Stelle*) luogo *m* ❷ (*~schaft*) località *f*
Orthopäde [ɔrto'pɛ:də] <-n, -n> *m,* **Orthopädin** [ɔrto'pɛ:dɪn] <-, -nen> *f* ortopedico, -a *m, f*
örtlich ['œrtlɪç] *adj* locale
Ortschaft <-, -en> *f* località *f*
Ortsgespräch *n* (TEL) telefonata *f* urbana
O-Saft *m* (*fam: Orangensaft*) succo *m* di arancia
Öse ['ø:zə] <-, -n> *f* occhiello *m*
Oslo ['ɔslo] *n* Oslo *f*
Ost-Berlin *n* Berlino-Est *f*
Ostdeutschland <-s> *n* Germania *f* dell'Est; (HIST) RDT *f*
Osten ['ɔstən] <-s> *m* ❶ (*Himmelsrichtung*) est *m* ❷ (*Region*) **der ~** (*Orient*) l'oriente *m*
Osterei *n* uovo *m* di Pasqua; **Osterglocke** *f* (BOT) narciso *m;* **Osterhase** *m* coniglietto *m* pasquale; **Ostermontag** *m* Pasquetta *f*
Ostern ['o:stern] <-> *n* Pasqua *f*
Österreich ['ø:stəraɪç] *n* Austria *f*
Österreicher(in) <-s, -; -, -nen> *m(f)* austriaco, -a *m, f*
österreichisch *adj* austriaco
Ostersonntag *m* domenica *f* di Pasqua
Ostfriesland ['ɔst'fri:slant] *n* Frisia *f* orientale
östlich ['œstlɪç] **I.** *adj* orientale

O

II. *adv* ~ **von …** a est di …
Ostsee *f* **die** ~ il mar Baltico
Otter[1] ['ɔtɐ] <-, -n> *f* (*Schlange*) vipera *f*
Otter[2] <-s, -> *m* (*Fisch-*) lontra *f*
out [aʊt] *adj* out
oval [o'va:l] *adj* ovale
Overall ['oʊvərɔ:l] <-s, -s> *m* tuta *f*
Overheadprojektor *m* lavagna *f* luminosa
Ozean ['o:t̮sea:n] <-s, -e> *m* oceano *m*
Ozon [o't̮so:n] <-s> *m o n* ozono *m*

P

P, p [pe:] <-, -(s)> *n* P, p *f*
paar [pa:ɐ̯] <inv> *adj* **ein ~ …** qualche …
Paar <-(e)s, -e> *n* ❶ (*Lebewesen*) coppia *f* ❷ (*Dinge*) paio *m;* **ein ~ Schuhe** un paio di scarpe
pachten *vt* prendere in affitto
Päckchen ['pɛkçən] <-s, -> *n* pacchetto *m*
packen ['pakən] *vt* afferrare; **seine Koffer ~** fare le valigie
Packung <-, -en> *f* ❶ (*Schachtel*) scatola *f* ❷ (MED) impacco *m*
Pädagoge [pɛda'go:gə] <-n, -n> *m,* **Pädagogin** [pɛda'go:gɪn] <-, -nen> *f* pedagogo, -a *m, f*
Paddel ['padəl] <-s, -> *n* pagaia *f*
Padua ['pa:dua] *n* Padova *f*
Page ['pa:ʒə] <-n, -n> *m* fattorino *m* d'albergo
Paket [pa'ke:t] <-(e)s, -e> *n* pacco *m*
Pakistan ['pa:kɪsta:n] *n* Pakistan *m*
Palast [pa'last] <-(e)s, Paläste> *m* palazzo *m*
Palatschinke [pala'ʧɪŋkə] <-, -n> *f* (*A*) omelette *f*
Palme ['palmə] <-, -n> *f* palma *f*
Pampelmuse ['pampəlmu:zə] <-, -n> *f* pompelmo *m*
panieren [pa'ni:rən] *vt* (GASTR) impanare
Paniermehl *n* pangrattato *m*
Panik ['pa:nɪk] <-, -en> *f* panico *m*
Panne ['panə] <-, -n> *f* guasto *m;* **eine ~ haben** essere in panna
Panter ['pantɐ] <-s, -> *m,* **Panther** <-s, -> *m* pantera *f*
Pantoffel [pan'tɔfəl] <-s, -n> *m* pantofola *f*
Panzer ['pant̮sɐ] <-s, -> *m* ❶ (*fig* ZOO, HIST) corazza *f* ❷ (MIL) carro *m* armato; **Panzerglas** *n* vetro *m* blindato
Papa ['papa] <-s, -s> *m* (*fam*) papà *m*
Papagei [papa'gaɪ] <-en, -en>

m pappagallo *m*
Papaya [pa'pa:ja] <-, -s> *f* papaya *f*
Papeterie [papɛtə'ri:] <-, -n> *f* (*CH*) cartoleria *f*
Papier [pa'pi:ɐ̯] <-s, -e> *n* ❶ (*Material*) carta *f* ❷ *pl* (*Ausweise*) documenti *mpl;* **Papiergeld** *n* cartamoneta *f;* **Papierkorb** *m* cestino *m;* **Papiertüte** *f* sacchetto *m* di carta
Pappe ['papə] <-, -n> *f* cartone *m*
Paprika ['paprika] <-s, -(s)> *m* ❶ (*Schote*) peperone *m* ❷ *sing* (*Gewürz*) paprica *f*
Papst [pa:pst] <-(e)s, Päpste> *m* papa *m*
Paradeiser [para'daɪzɐ] <-s, -> *m* (*A*) pomodoro *m*
Paradies [para'di:s] <-es, -e> *n* paradiso *m*
Paragraf, **Paragraph** [para'gra:f] <-en, -en> *m* paragrafo *m*
parallel [para'le:l] *adj* (**zu etw**) ~ **sein** essere parallelo (a qc)
Parasit [para'zi:t] <-en, -en> *m* parassita *m*
Pärchen ['pɛ:ɐ̯çən] <-s, -> *n* coppietta *f*
Parfüm [par'fy:m] <-s, -e> *n* profumo *m*
Parfümerie [parfymə'ri] <-, -n> *f* profumeria *f*
Paris [pa'ri:s] *n* Parigi *f*
Park [park] <-s, -s> *m* parco *m*
parken ['parkən] *vt, vi* parcheggiare
Parkett [par'kɛt] <-(e)s, -e> *n* ❶ (*Fußboden*) parquet *m* ❷ (THEAT) platea *f*
Parkhaus *n* autosilo *m;* **Parkplatz** *m* parcheggio *m;* **Parkscheibe** *f* disco *m* orario
Parlament [parla'mɛnt] <-(e)s, -e> *n* parlamento *m*
Parmesan [parme'za:n] <-s> *m* parmigiano *m*
Partei [par'taɪ] <-, -en> *f* partito *m*
parteiisch *adj* parziale
Partie [par'ti:] <-, -n> *f* partita *f*
Partizip [parti'tsi:p] <-s, -pien> *n* (LING) participio *m*
Partner(in) ['partnɐ] <-s, -; -, -nen> *m(f)* partner *mf;* (COM) socio, -a *m, f*
Party ['pa:ɐ̯ti] <-, -s> *f* festa *f*
Pass [pas] <-es, Pässe> *m* passaporto *m*
Passagier [pasa'ʒi:ɐ̯] <-s, -e> *m* passeggero, -a *m, f*
Passbild *n* fototessera *f*
passen ['pasən] *vi* andare (bene); (*in Größe, Form*) stare (bene); **sie passt nicht zu ihm** non è fatta per lui; **passend** *adj* adatto
passierbar *adj* transitabile
passieren [pa'si:rən] **I.** *vt* passare **II.** *vi sein* succedere
passiv ['pasi:f] *adj* passivo
Passkontrolle *f* controllo *m*

P

dei passaporti

Pastellfarbe *f* (colore *m*) pastello *m*

Pastete [pas'te:tə] <-, -n> *f* ❶(*Leber~*) pasticcio *m* ❷(*Gebäck*) vol-au-vent *m*

Pastor(in) ['pasto:ɐ̯] <-s, -en; -, -nen> *m(f)* pastore *m*

Pate ['pa:tə] <-n, -n> *m* padrino *m*; **Patenkind** *n* figlioccio, -a *m, f*

Patent <-s, -e> *n* brevetto *m*

Pater ['pa:tɐ] <-s, Patres> *m* padre *m*

Patient(in) [pa'tsi̯ɛnt] <-en, -en; -, -nen> *m(f)* paziente *mf*

Patin ['pa:tɪn] <-, -nen> *f* madrina *f*

Patisserie [patɪsə'ri:] <-, -n> *f* (*CH*) pasticceria *f*

Patriot(in) [patri'o:t] <-en, -en; -, -nen> *m(f)* patriota *mf*

patriotisch *adj* patriottico

Patrone [pa'tro:nə] <-, -n> *f* cartuccia *f*

pauschal [paʊ'ʃa:l] *adj* globale; **Pauschalpreis** *m* prezzo *m* globale; **Pauschalreise** *f* viaggio *m* tutto compreso; **Pauschaltourismus** *m* turismo *m* all-inclusive

Pause ['paʊzə] <-, -n> *f* pausa *f*

Pay-TV ['pɛɪti:vi:] <-> *n* pay tv *f*

Pazifik [pa'tsi:fɪk] *m* Pacifico *m*

pazifisch [pa'tsi:fɪʃ] *adj* **der Pazifische Ozean** l'oceano pacifico

PC [pe:'tse:] <-(s), -(s)> *m abk v* **Personalcomputer** PC *m*

Pech [pɛç] <-s> *n* sfortuna *f*

Pedal [pe'da:l] <-s, -e> *n* pedale *m*

peinlich *adj* imbarazzante; **es ist mir sehr ~, dass ...** mi dispiace molto che +*conj*

Peitsche ['paɪtʃə] <-, -n> *f* frusta *f*

Peking ['pe:kɪŋ] *n* Pechino *f*

Pelikan ['pe:lika:n] <-s, -e> *m* pellicano *m*

Pellkartoffel *f* patata *f* bollita con la buccia

Pelz [pɛlts] <-es, -e> *m* pelliccia *f*

Pendler(in) <-s, -; -, -nen> *m(f)* pendolare *mf*

Penis ['pe:nɪs] <-, -se> *m* pene *m*

Pension [pɑ̃'zi̯o:n] <-, -en> *f* pensione *f*; **halbe** ~ mezza pensione; **volle** ~ pensione completa

pensioniert *adj* pensionato

Pensionierung <-, -en> *f* pensionamento *m*

Pensum [pɛnzʊm] <-s, Pensen> *n* lavoro *m*

per [pɛr] *prp* per

perfekt [pɛr'fɛkt] *adj* perfetto

Perfekt ['pɛrfɛkt] <-(e)s, -e> *n* (LING) passato *m* prossimo

Pergamentpapier *n* carta *f* pergamena

Periode [peri'o:də] <-, -n> *f*

❶ (*Zeitabschnitt*) periodo *m* ❷ (*Menstruation*) mestruazione *f*

Peripherie [perife'ri:] <-, -n> *f* periferia *f*

Perle ['pɛrlə] <-, -n> *f* perla *f*

Perlmutt ['pɛrlmʊt] <-s> *n* madreperla *f*

perplex [pɛr'plɛks] *adj* perplesso

Perser(in) ['pɛrzɐ] <-s, -; -, -nen> *m(f)* persiano, -a *m, f;* **Perserteppich** *m* tappeto *m* persiano

Persien ['pɛrziən] *n* Persia *f*

persisch *adj* persiano; **der Persische Golf** il Golfo Persico

Person [pɛr'zo:n] <-, -en> *f* persona *f*

Personal [pɛrzo'na:l] <-s> *n* personale *m;* **Personalausweis** *m* carta *f* d'identità

Personalien [pɛrzo'na:liən] *pl* generalità *fpl*

persönlich [pɛr'zø:nlɪç] **I.** *adj* personale **II.** *adv* personalmente; **Persönlichkeit** <-> *f* personalità *f*

Peru [pe'ru:] *n* Perù *m*

Perücke [pe'rʏkə] <-, -n> *f* parrucca *f*

pervers [pɛr'vɛrs] *adj* perverso

Pessimismus [pɛsi'mɪsmʊs] <-> *m* pessimismo *m*

Pessimist(in) [pɛsi'mɪst] <-en, -en; -, -nen> *m(f)* pessimista *mf*

pessimistisch *adj* pessimista

Pest [pɛst] <-> *f* peste *f*

Petersilie [petɐ'zi:li̯ə] <-, -n> *f* prezzemolo *m*

Petroleum [pe'tro:leʊm] <-s> *n* petrolio *m*

Pfad [pfa:t] <-(e)s, -e> *m* ❶ (*Weg*) sentiero *m* ❷ (INFORM) percorso *m;* **Pfadfinder(in)** *m(f)* boy scout *mf*

Pfahl [pfa:l] <-(e)s, Pfähle> *m* palo *m*

Pfalz [pfalts] *f* Palatinato *m*

Pfand [pfant] <-(e)s, Pfänder> *n* pegno *m;* (*Flaschen~*) deposito *m* per il vuoto; **Pfandflasche** *f* vuoto *m* a rendere; **Pfandhaus** *n* monte *m* dei pegni

Pfanne ['pfanə] <-, -n> *f* padella *f*

Pfannkuchen ['pfanku:xən] *m* crespella *f*

Pfarrei [pfa'raɪ] <-, -en> *f* parrocchia *f*

Pfarrer(in) ['pfarɐ] <-s, -; -, -nen> *m(f)* parrocco *m*

Pfarrhaus *n* casa *f* parrocchiale

Pfau [pfaʊ] <-(e)s, -en> *m* pavone *m*

Pfeffer ['pfɛfɐ] <-s, -> *m* pepe *m;* **Pfefferminze** *f* menta *f* piperita; **Pfefferminztee** *m* tè *m* di menta; **Pfeffermühle** *f* pepaiola *f*

Pfeife ['pfaɪfə] <-, -n> *f* ❶ (*Signal~*) fischio *m* ❷ (*Tabak~*) pipa *f*

pfeifen ['pfaɪfən] <irr> *vt, vi*

fischiare

Pfeil ['pfaɪl] <-(e)s, -e> *m* freccia *f*

Pfeiler ['pfaɪlɐ] <-s, -> *m* pilastro *m*

Pfennig ['pfɛnɪç] <-s, -(e)> *m* pfennig *m*

Pferd [pfe:ɐ̯t] <-(e)s, -e> *n* cavallo *m*

Pfiff [pfɪf] <-(e)s, -e> *m* fischio *m*

Pfifferling ['pfɪfɐlɪŋ] <-s, -e> *m* finferlo *m*

Pfingsten ['pfɪŋstən] <-, -> *n* Pentecoste *f*

Pfirsich ['pfɪrzɪç] <-s, -e> *m* pesca *f*

Pflanze ['pflantsə] <-, -n> *f* pianta *f*

pflanzen *vt* piantare

Pflanzenfett *n* grasso *m* vegetale

pflanzlich *adj* vegetale

Pflaster ['pflastɐ] <-s, -> *n* ❶ (*Heft~*) cerotto *m* ❷ (*Straßen~*) pavimentazione *f*

Pflaume ['pflaʊmə] <-, -n> *f* prugna *f*

Pflege ['pfle:gə] <-, -n> *f* cura *f*; (*Kranken~*) assistenza *f*; **Pflegekind** *n* pupillo, -a *m, f*; **Pflegemutter** *f* madre *f* putativa

pflegen *vt* avere cura di; (*Kranke*) assistere

Pfleger(in) <-s, -; -, -nen> *m(f)* infermiere, -a *m, f*

Pflicht [pflɪçt] <-, -en> *f* dovere *m*

pflücken ['pflʏkən] *vt* (*Obst*) raccogliere; (*Blumen*) cogliere

Pförtner(in) <-s, -; -, -nen> *m(f)* portiere, -a *m, f*

Pfosten ['pfɔstən] <-s, -> *m* palo *m*

Pfote ['pfo:tə] <-, -n> *f* zampa *f*

pfui [pfʊɪ] *int* puah; ~ **Teufel!** (*fam*) che schifo!

Pfund [pfʊnt] <-(e)s, -(e)> *n* mezzo chilo *m*

Pfütze ['pfʏtsə] <-, -n> *f* pozzanghera *f*

Phantasie <-, -n> *f s.* **Fantasie**

phantastisch *adj s.* **fantastisch**

Phase ['fa:zə] <-, -n> *f* fase *f*

Philippinen [filɪ'pi:nən] *pl* **die** ~ le Filippine

Philosoph [filo'zo:f] <-en, -en> *m* filosofo *m*

Philosophie [filozo'fi:] <-, -n> *f* filosofia *f*

Philosophin <-, -nen> *f* filosofa *f*

philosophisch *adj* filosofico

Phonetik [fo'ne:tɪk] <-> *f* fonetica *f*

Phosphat [fɔs'fa:t] <-(e)s, -e> *n* fosfato *m*

Photo- *s.* **Foto-**

pH-Wert [pe:'ha:ve:ɐ̯t] *m* pH *m*

Physik [fy'zi:k] <-> *f* fisica *f*

Physiker(in) ['fy:zikɐ] <-s, -; -, -nen> *m(f)* fisico, -a *m, f*

Physiotherapie [fyziotera'pi:] <-> *f* fisioterapia *f*

physisch ['fy:zɪʃ] *adj* fisico

Pianist(in) [pi̯a'nɪst] <-en, -en; -, -nen> *m(f)* pianista *mf*

Pickel ['pɪkəl] <-s, -> *m* ❶ (*Spitzhacke*) piccone *m* ❷ (MED) brufolo *m*

Pickerl <-s, -n> *n* (*A*) etichetta *f* autoadesiva

Picknick ['pɪknɪk] <-s, -e> *n* picnic *m*

Piemont [pie'mɔnt] *n* Piemonte *m*

Piercing ['pi:ɐsɪŋ] <-s, -s> *n* piercing *m*

Pilgerfahrt *f* pellegrinaggio *m*

Pille ['pɪlə] <-, -n> *f* pillola *f*

Pilot(in) [pi'lo:t] <-en, -en; -, -nen> *m(f)* pilota *mf*

Pilz [pɪlts] <-es, -e> *m* fungo *m*

pingelig ['pɪŋəlɪç] *adj* (*fam pej*) schizzinoso

Pinguin ['pɪŋgui:n] <-s, -e> *m* pinguino *m*

Pinie ['pi:niə] <-, -n> *f* pino *m*

pink *adj* color rosa

pinkeln ['pɪŋkəln] *vi* (*fam*) fare la pipì

Pinsel ['pɪnzəl] <-s, -> *m* pennello *m*

Pinzette [pɪn'tsɛtə] <-, -n> *f* pinzetta *f*

Pirat [pi'ra:t] <-en, -en> *m* pirata *m*

Piste ['pɪstə] <-, -n> *f* pista *f*

Pistole [pɪs'to:lə] <-, -n> *f* pistola *f*

Pizza ['pɪtsa] <-, -s> *f* pizza *f*

PKW, Pkw ['pe:ka:ve:] <-(s), -(s)> *m abk v* **Personenkraftwagen** autovettura *f*

Plage ['pla:gə] <-, -n> *f* tormento *m*

Plakat [pla'ka:t] <-(e)s, -e> *n* affisso *m*

Plan [pla:n] <-(e)s, Pläne> *m* progetto *m*

Plane ['pla:nə] <-, -n> *f* telone *m*

planen *vt* progettare

Planet [pla'ne:t] <-en, -en> *m* pianeta *m*

Plastik ['plastɪk] <-s> *n* plastica *f*; **Plastikgeld** *n* (*fam*) carta *f* di credito; **Plastiktüte** *f* sacchetto *m* di plastica

Platin ['pla:ti:n] <-s> *n* platino *m*

platt [plat] *adj* piatto; (*Reifen*) a terra

Platte ['platə] <-, -n> *f* lastra *f*; (GASTR) piatto *m*; **Plattenspieler** *m* giradischi *m*

Platz [plats] <-es, Plätze> *m* posto *m*; (*öffentlicher* ~) piazza *f*; ~ **nehmen** accomodarsi

platzen ['platsən] *vi sein* scoppiare

Platzkarte *f* (FERR) (biglietto *m* di) prenotazione *f*

Plombe ['plɔmbə] <-, -n> *f* ❶ (*Bleisiegel*) piombo *m* ❷ (*Zahn~*) otturazione *f*

plötzlich ['plœtslɪç] **I.** *adj* improvviso **II.** *adv* all'improvviso

P

Plural ['plu:ra:l] <-s, -e> *m* (LING) plurale *m*
plus [plʊs] *adv* più
Plüsch [ply:ʃ] <-(e)s, -e> *m* felpa *f*
Po <-s> *m* (GEOG) Po *m*
Pocken ['pɔkən] *fpl* vaiolo *m*
Poesie [poe'zi:] <-, -n> *f* poesia *f*
poetisch *adj* poetico
Pokal [po'ka:l] <-s, -e> *m* coppa *f*
Pol [po:l] <-s, -e> *m* polo *m*
Pole ['po:lə] <-n, -n> *m* polacco *m*
Polen ['po:lən] *n* Polonia *f*
Police [po'li:s(ə)] <-, -n> *f* polizza *f*
polieren [po'li:rən] *vt* lucidare
Polin ['po:lɪn] <-, -nen> *f* polacca *f*
Politik [poli'ti:k] <-> *f* politica *f*
Politiker(in) [po'li:tikɐ] <-s, -; -, -nen> *m(f)* politico *m*
politisch *adj* politico
Politur [poli'tu:ɐ̯] <-, -en> *f* lucido *m*
Polizei [poli'ts̮aɪ] <-> *f* polizia *f*
Polizist(in) [poli'ts̮ɪst] <-en, -en; -, -nen> *m(f)* poliziotto, -a *m, f*
Pollen ['pɔlən] <-s, -> *m* (BOT) polline *m*
polnisch ['pɔlnɪʃ] *adj* polacco
Polohemd ['po:lohɛmt] *n* polo *f*
Polster ['pɔlstɐ] <-s, -> *n A: m* ❶ (*in Kleidung*) imbottitura *f* ❷ (*A: Kissen*) cuscino *m;* **Polstermöbel** *npl* mobili *mpl* imbottiti
Polterabend *m festa alla vigilia delle nozze*
Polyester [poly'ɛstɐ] <-s, -> *m* poliestere *m*
Pommern ['pɔmɐn] *n* Pomerania *f*
Pommes frites [pɔm'frɪt] *pl* patate *fpl* fritte
Pompeji [pɔm'pe:ji] *n* Pompei *f*
Pony[1] ['pɔni] <-s, -s> *n* (ZOO) pony *m*
Pony[2] <-s, -s> *m* (*Frisur*) frangia *f*
Popcorn ['pɔpkɔrn] <-s> *n* popcorn *m*
Popmusik *f* musica *f* pop
Popo [po'po:] <-s, -s> *m* (*fam*) sedere *m*
populär [popu'lɛ:ɐ̯] *adj* popolare
Pore ['po:rə] <-, -n> *f* poro *m*
Pornografie [pɔrnogra'fi:] <-, -n> *f* pornografia *f*
Porree ['pɔre] <-s, -s> *m* porro *m*
Portemonnaie <-s, -s> *n s.* **Portmonee**
Portier [pɔr'ti̯e:] <-s, -s> *m* portiere *m*
Portion [pɔr'ts̮i̯o:n] <-, -en> *f* porzione *f*
Portmonee [pɔrtmɔ'ne:] <-s, -s> *n* portamonete *m*
Porto ['pɔrto] <-s, -s> *n* affrancatura *f*

Porträt [pɔrˈtrɛː] <-s, -s> *n* ritratto *m*

Portugal [ˈpɔrtugal] *n* Portogallo *m*

Portugiese [pɔrtuˈgiːzə] <-n, -n> *m*, **Portugiesin** [pɔrtuˈgiːzɪn] <-, -nen> *f* portoghese *mf*

portugiesisch *adj* portoghese

Porzellan [pɔrtsɛˈlaːn] <-s, -e> *n* porcellana *f*

Position [poziˈtsi̯oːn] <-, -en> *f* posizione *f*

positiv [ˈpoːzitiːf] *adj* positivo

Post [pɔst] <-> *f* posta *f*; **Postamt** *n* ufficio *m* postale; **Postbote** *m*, **Postbotin** *f* postino, -a *m, f*

Poster [ˈpoːstɐ] <-s, -(s)> *n o m* poster *m*

Postfach *n* casella *f* postale; **Postkarte** *f* cartolina *f* (postale); **Postleitzahl** *f* codice *m* di avviamento postale

Potential *n s.* **Potenzial**

Potenz [poˈtɛnts] <-, -en> *f* potenza *f*

Potenzial [potɛnˈtsi̯aːl] <-s, -e> *n* potenziale *m*

Pracht [praxt] <-> *f* lusso *m*

prächtig [ˈprɛçtɪç] *adj* magnifico

Prachtstück *n* (*fam*) esemplare *m* magnifico

Prädikat [prɛdiˈkaːt] <-(e)s, -e> *n* ❶ (*Bewertung*) qualifica *f* ❷ (LING) predicato *m*

Prag [praːk] *n* Praga *f*

prägen [ˈprɛːgən] *vt* coniare; (*Charakter*) formare

prahlen [ˈpraːlən] *vi* (*pej*) (**mit etw**) ~ vantarsi (di qc)

Praktikant(in) [praktiˈkant] <-en, -en; -, -nen> *m(f)* tirocinante *mf*

Praktikum [ˈpraktɪkʊm] <-s, Praktika> *n* tirocinio *m*

praktisch *adj* pratico; **~er Arzt** medico generico

praktizieren [praktiˈtsiːrən] *vi* praticare

Praline [praˈliːnə] <-, -n> *f* cioccolatino *m*

prall [pral] *adj* (*Segel*) teso; (*Körperteil*) sodo; **in der ~en Sonne** in pieno sole

prallen [ˈpralən] *vi sein* **gegen etw** [*o* **auf etw** *acc*] ~ urtare contro qc

Prämie [ˈprɛːmi̯ə] <-, -n> *f* premio *m*; (*Belohnung*) ricompensa *f*

P

Präparat [prɛpaˈraːt] <-(e)s, -e> *n* preparato *m*

Präposition [prɛpoziˈtsi̯oːn] <-, -en> *f* (LING) preposizione *f*

Präsens [ˈprɛːzɛns] <-, Präsentia> *n* (LING) presente *m*

präsentieren [prɛzɛnˈtiːrən] *vt* presentare

Präservativ [prɛzɛrvaˈtiːf] <-s, -e> *n* preservativo *m*

Präsident(in) [prɛziˈdɛnt] <-en, -en; -, -nen> *m(f)* presidente, -essa *m, f*

prasseln ['prasəln] *vi* ❶ (*Feuer*) crepitare ❷ *sein* (*herunter~*) scrosciare

Praxis ['praksɪs] <-, Praxen> *f* ❶ *sing* (*nicht Theorie*) pratica *f* ❷ (*Arzt~*, *Anwalts~*) studio *m*

predigen ['pre:dɪgən] *vt, vi* predicare

Predigt <-, -en> *f* predica *f*

Preis [praɪs] <-es, -e> *m* prezzo *m*; **um keinen ~** a nessun costo

Preiselbeere ['praɪzəlbe:rə] *f* mirtillo *m* rosso

preiswert *adj* a buon mercato

Prellung <-, -en> *f* contusione *f*

Premiere [prə'mi̯e:rə] <-, -n> *f* prima *f*

Premierminister(in) *m(f)* primo ministro *m*

Presse ['prɛsə] <-> *f* stampa *f*; **Pressekonferenz** *f* conferenza *f* stampa

pressen ['prɛsən] *vt* pressare; (*aus~*) spremere

Prestige [prɛs'ti:ʒ(ə)] <-s> *n* prestigio *m*

prickeln ['prɪkəln] *vi* frizzare

Priester(in) ['pri:stɐ] <-s, -; -, -nen> *m(f)* prete *m*

prima ['pri:ma] <inv> *adj* (*fam*) ottimo

Primel ['pri:məl] <-, -n> *f* primula *f*

primitiv [primi'ti:f] *adj* primitivo

Prinz [prɪnʦ] <-en, -en> *m*, **Prinzessin** <-, -nen> *f* principe *m*, principessa *f*

Prinzip [prɪn'ʦi:p] <-s, Prinzipien> *n* principio *m*

prinzipiell [prɪnʦi'pi̯ɛl] **I.** *adj* di principio **II.** *adv* per principio

Prise ['pri:zə] <-, -n> *f* pizzico *m*

privat [pri'va:t] *adj* privato

pro [pro:] *prp* +*acc* a, per

Probe ['pro:bə] <-, -n> *f* prova *f*; **Probefahrt** *f* (AUTO) prova *f* su strada

proben *vt, vi* provare

Probezeit *f* periodo *m* di prova

probieren [pro'bi:rən] *vt* ❶ (*versuchen*) provare ❷ (*kosten*) assaggiare

Problem [pro'ble:m] <-s, -e> *n* problema *m*

problematisch *adj* problematico

Produkt [pro'dʊkt] <-(e)s, -e> *n* prodotto *m*

Produktion [prodʊk'ʦi̯o:n] <-, -en> *f* produzione *f*

Produktivität [prodʊktivi'tɛ:t] <-> *f* produttività *f*

Produzent(in) [produ'ʦɛnt] <-en, -en; -, -nen> *m(f)* produttore, -trice *m, f*

produzieren [produ'ʦi:rən] *vt* produrre

Professor(in) [pro'fɛso:ɐ̯] <-s, -en; -, -nen> *m(f)* professore, -essa *m, f* (universitario, -a)

Profil [pro'fi:l] <-s, -e> *n* profilo *m*

Profit [pro'fi:t] <-(e)s, -e> *m* profitto *m*

profitieren [profi'ti:rən] *vi* **von jdm/etw** ~ trarre profitto da qu/qc

Prognose [pro'gno:zə] <-, -n> *f* prognosi *f*

Programm [pro'gram] <-s, -e> *n* programma *m*

programmieren [progra'mi:rən] *vt* programmare

Programmierer(in) <-s, -; -, -nen> *m(f)* (INFORM) programmatore, -trice *m, f*

Projekt [pro'jɛkt] <-(e)s, -e> *n* progetto *m*

Projektleiter(in) *m(f)* responsabile *mf* di progetto

Projektor [pro'jɛkto:ɐ̯] <-s, -en> *m* proiettore *m*

Promenade [promə'na:də] <-, -n> *f* passeggiata *f*

Promille [pro'mɪlə] <-(s), -> *n* per mille *m*

promovieren [promo'vi:rən] *vi* dottorarsi

prompt [prɔmpt] **I.** *adj* pronto **II.** *adv* subito

Pronomen [pro'no:mən] <-s, -> *n* (LING) pronome *m*

Propaganda [propa'ganda] <-> *f* propaganda *f*

Propeller [pro'pɛlɐ] <-s, -> *m* elica *f*

Prophet(in) [pro'fe:t] <-en, -en; -, -nen> *m(f)* profeta, -tessa *m, f*

prophezeien [profe'tsaɪən] *vt* profetizzare

Proportion [propɔr'tsi̯o:n] *f* proporzione *f*

proportional [propɔrtsi̯o'na:l] *adj* proporzionale

Prosa ['pro:za] <-> *f* prosa *f*

Prospekt [pro'spɛkt] <-(e)s, -e> *m* prospetto *m*

prost [pro:st] *int* (alla) salute

Prostituierte <-n, -n> *f* prostituta *f*

Prostitution [prostitu'tsi̯o:n] <-> *f* prostituzione *f*

Protest [pro'tɛst] <-(e)s, -e> *m* protesta *f*

Protestant(in) [protɛs'tant] <-en, -en; -, -nen> *m(f)* protestante *mf*

protestantisch *adj* protestante

protestieren [protɛs'ti:rən] *vi, vt* (**gegen jdn/etw**) ~ protestare (contro qu/qc)

Prothese [pro'te:zə] <-, -n> *f* protesi *f*

Protokoll [proto'kɔl] <-s, -e> *n* verbale *m*

protokollieren [protokɔ'li:rən] *vt* verbalizzare

protzen ['prɔtsən] *vi* (*fam pej*) **mit etw** ~ fare sfoggio di qc

protzig *adj* (*fam, pej*) vistoso

Proviant [provi'ant] <-s> *m* provviste *fpl* (di cibo)

Provider <-s, -> *m* (INFORM) provider *m*

Provinz [pro'vɪnts] <-, -en> *f* provincia *f*

provinziell [provɪn'tsi̯ɛl] *adj* provinciale

Provision [provi'zi̯o:n] <-, -en> *f* (COM) provvigione *f*

provisorisch [provi'zo:rɪʃ] *adj* provvisorio

provozieren [provo'tsi:rən] *vt* provocare

Prozent [pro'tsɛnt] <-(e)s, -e> *n* percento *m;* **Prozentsatz** *m* percentuale *f*

Prozess [pro'tsɛs] <-es, -se> *m* processo *m*

Prozession [protsɛ'si̯o:n] <-, -en> *f* processione *f*

Prozessor [pro'tsɛso:ɐ̯] <-s, -en> *m* (INFORM) processore *m*

prüde ['pry:də] *adj* (*pej*) prude

prüfen ['pry:fən] *vt* esaminare; (*testen*) collaudare

Prüfer(in) <-s, -; -, -nen> *m(f)* esaminatore, -trice *m, f*

Prüfung <-, -en> *f* esame *m;* **Prüfungsausschuss** *m* commissione *f* d'esame

Prügel ['pry:gəl] *mpl* (*fam*) bastonate *fpl*

Prügelei [pry:gə'laɪ] <-, -en> *f* rissa *f*

prügeln **I.** *vt* picchiare **II.** *vr* **sich** ~ picchiarsi

PS *abk v* **Pferdestärke** C.V.

Psalm [psalm] <-s, -en> *m* salmo *m*

Psychiater(in) [psy'çi̯a:tɐ] <-s, -; -, -nen> *m(f)* psichiatra *mf*

psychisch ['psy:çɪʃ] *adj* psichico

Psychologe [psyço'lo:gə] <-n, -n> *m* psicologo *m*

Psychologie [psyçolo'gi:] <-> *f* psicologia *f*

Psychologin [psyço'lo:gɪn] <-, -nen> *f* psicologa *f*

Psychopharmaka [psyço'farmaka] *npl* psicofarmaci *mpl*

PTT [pe:te:'te:] *f* (*CH*) *poste, telefoni e telegrafi svizzeri*

Pubertät [pubɛr'tɛ:t] <-> *f* pubertà *f*

Publikum ['pu:blikʊm] <-s> *n* pubblico *m*

Pudding ['pʊdɪŋ] <-s, -e> *m* budino *m*

Pudel ['pu:dəl] <-s, -> *m* barboncino *m*

Puder ['pu:dɐ] <-s, -> *m* cipria *f;* **Puderzucker** *m* zucchero *m* a velo

Pulli ['pʊli] <-s, -s> *m* (*fam*), **Pullover** [pʊ'lo:vɐ] <-s, -> *m* pullover *m*

Puls [pʊls] <-es, -e> *m* polso *m*

Pult [pʊlt] <-(e)s, -e> *n* scrivania *f;* (*in Schule*) cattedra *f*

Pulver ['pʊlvɐ] <-s, -> *n* polvere *f*

pulv(e)rig *adj* polveroso

Pulverschnee *m* neve *f* farinosa

pummelig ['pʊməlɪç] *adj* (*fam*) grassoccio

Pumpe ['pʊmpə] <-, -n> *f* pompa *f*

pumpen *vt* pompare

Punkt [pʊŋkt] <-(e)s, -e> *m* punto *m*

pünktlich ['pʏŋktlɪç] *adj* puntuale; **Pünktlichkeit** <-> *f* puntualità *f*

Punsch [pʊnʃ] <-(e)s, -e> *m* ponce *m*

Pupille [pu'pɪlə] <-, -n> *f* pupilla *f*

Puppe ['pʊpə] <-, -n> *f* ❶ (*Kinderspielzeug*) bambola *f* ❷ (ZOO) crisalide *f*; **Puppenspieler(in)** *m(f)* burattinaio, -a *m, f*

pur [puːɐ̯] *adj* puro; **Whisky ~** whisky liscio

Püree [py're:] <-s, -s> *n* purè *m*

Purzelbaum *m* (*fam*) capriola *f*

pusten ['puːstən] *vi* soffiare

Pute ['puːtə] <-, -n> *f* tacchina *f*

Puter ['puːtɐ] <-s, -> *m* tacchino *m*

Putsch [pʊtʃ] <-(e)s, -e> *m* golpe *m*

Putz [pʊts] <-es> *m* intonaco *m*

putzen ['pʊtsən] *vt* pulire; (*Schuhe*) lustrare; **sich** *dat* **die Nase ~** soffiarsi il naso; **sich** *dat* **die Zähne ~** lavarsi i denti

Putzfrau *f* donna *f* delle pulizie; **Putzlappen** *m* strofinaccio *m*

Puzzle ['pazəl] <-s, -s> *n* puzzle *m*

Pyjama [py'(d)ʒaːma] <-s, -s> *m* pigiama *m*

Pyramide [pyra'miːdə] <-, -n> *f* piramide *f*

Pyrenäen [pyre'nɛːən] *pl* Pirenei *mpl*

Q

Q, q [kuː] <-, -(s)> *n* Q, q *f*

Quadrat [kva'draːt] <-(e)s, -e> *n* quadrato *m*

quadratisch *adj* quadrato

Quadratmeter *m o n* metro *m* quadrato

Qual [kvaːl] <-, -en> *f* tormento *m*

quälen ['kvɛːlən] *vt* tormentare

Quälerei [kvɛlə'raɪ] <-, -en> *f* tormento *m*

Quälgeist *m* (*fam*) scocciatore, -trice *m, f*

qualifizieren [kvalifi'tsiːrən] *vr* **sich ~** qualificarsi

Qualität [kvali'tɛːt] <-, -en> *f* qualità *f*

Qualle ['kvalə] <-, -n> *f* medusa *f*

Qualm [kvalm] <-(e)s> *m* fumo *m* denso

Quantität [kvanti'tɛːt] <-, -en> *f* quantità *f*

Quarantäne [karan'tɛːnə] <-, -n> *f* quarantena *f*

Quark [kvark] <-s> *m formaggio tipo ricotta*

Quartier [kvar'tiːɐ̯] <-s, -e> *n* alloggio *m*; (MIL) acquartieramento *m*

Quarz [kvaːɐ̯ts] <-es, -e> *m* quarzo *m*

Quatsch <-(e)s> *m* (*fam pej*) sciocchezze *fpl*

Q

quatschen *vi* (*fam*) cianciare
Quecksilber ['kvɛkzɪlbɐ] *n* mercurio *m*
Quelle ['kvɛlə] <-, -n> *f* sorgente *f*; (*fig*) fonte *f*
quer [kveːɐ̯] *adv* di traverso; ~ **durch** [*o* **über**] attraverso; **Querflöte** *f* flauto *m* traverso; **querschnitt(s)gelähmt** *adj* paraplegico; **Querstraße** *f* traversa *f*
quetschen ['kvɛtʃən] *vt* schiacciare
Quetschung <-, -en> *f* (MED) contusione *f*
quieken ['kviːkən] *vi* squittire
quietschen ['kviːtʃən] *vi* (*Tür*) cigolare
Quirl [kvɪrl] <-(e)s, -e> *m* frullino *m*
quitt [kvɪt] *adj* (*fam*) (**mit jdm**) ~ **sein** essere pari (con qu)
Quitte ['kvɪtə] <-, -n> *f* cotogna *f*
Quittung ['kvɪtʊŋ] <-, -en> *f* ricevuta *f*
Quiz [kvɪs] <-, -> *n* quiz *m*

R

R, r [ɛr] <-, -(s)> *n* R, r *f*
Rabatt [ra'bat] <-(e)s, -e> *m* sconto *m*
Rabe ['aːbə] <-n, -n> *m* corvo *m*
rabiat *adj* furioso
Rache ['raxə] <-> *f* vendetta *f*
Rachen ['raxən] <-s, -> *m* faringe *f*
rächen ['rɛçən] *vr* **sich an jdm für etw** ~ vendicarsi su qu per qc
Rad [raːt] <-(e)s, Räder> *n* ❶ (TEC, SPORT) ruota *f* ❷ (*Fahr~*) bicicletta *f*; ~ **fahren** andare in bicicletta
Radar [ra'daːɐ̯] <-s, -e> *m o n* radar *m*; **Radarkontrolle** *f* (AUTO) controllo *m* radar
Radau [ra'daʊ] <-s> *m* (*fam*) baccano *m*
Radfahrer(in) *m(f)* ciclista *mf*; **Rad(fahr)weg** *m* pista *f* ciclabile
radieren [ra'diːrən] *vt* cancellare
Radiergummi *m* gomma *f* (per cancellare)
Radieschen [ra'diːsçən] <-s, -> *n* ravanello *m*
radikal *adj* radicale
Radio ['raːdio] <-s, -s> *n* radio *f*; ~ **hören** ascoltare la radio; **im** ~ alla radio
radioaktiv *adj* radioattivo; **Radioaktivität** *f* radioattività *f*
Radiogerät *n* (apparecchio *m*) radio *f*; **Radiorecorder** <-s, -> *m* radioregistratore *m*; **Radiowecker** *m* radiosveglia *f*
Radrennen *n* corsa *f* ciclistica; **Radsport** *m* ciclismo *m*; **Rad-**

weg *m s.* **Rad(fahr)weg**
RAF [ɛrʔaːˈʔɛf] <-> *f abk v* **Rote-Armee-Fraktion** frazione *f* dell'armata rossa
raffiniert *adj* astuto; (*Kleid, Frisur*) raffinato
Rafting <-s> *n* rafting *m*
Ragout [raˈguː] <-s, -s> *n* (GASTR) ragù *m*
Rahm [raːm] <-(e)s> *m* panna *f*
rahmen *vt* incorniciare
Rahmen <-s, -> *m* cornice *f;* (*Tür~, Fenster~*) telaio *m*
Rakete [raˈkeːtə] <-, -n> *f* missile *m*
rammen *vt* (*Auto*) tamponare
Ramsch [ramʃ] <-(e)s> *m* (*fam pej*) merce *f* di scarto
ran [ran] *adv* (*fam*) *s.* **heran**
Rand [rant] <-(e)s, Ränder> *m* orlo *m;* (*Kante*) bordo *m;* (TYP) margine *m*
randalieren [randaˈliːrən] *vi* far baccano
Rang [raŋ] <-(e)s, Ränge> *m* rango *m;* (MIL) grado *m;* (*Stand*) condizione *f*
Ranke [ˈraŋkə] <-, -n> *f* viticcio *m*
Ranzen [ˈrantsən] <-s, -> *m* cartella *f*
ranzig [ˈrantsɪç] *adj* rancido
Raps [raps] <-es> *m* colza *f*
rar [raːɐ̯] *adj* raro
rasch [raʃ] *adj* rapido
rascheln [ˈraʃəln] *vi* frusciare
rasen [ˈraːzən] *vi* ❶ (*toben*) essere fuori di sé ❷ *sein* (*sich schnell fortbewegen*) correre all'impazzata
Rasen [ˈraːzən] <-s, -> *m* prato *m;* **Rasenmäher** <-s, -> *m* tosaerba *f*
Rasierapparat *m* rasoio *m*
rasieren [raˈziːrən] **I.** *vt* (*Bart*) radere **II.** *vr* **sich ~** farsi la barba
Rasierklinge *f* lametta *f* da barba; **Rasiermesser** *n* rasoio *m;* **Rasierschaum** *m* schiuma *f* da barba; **Rasierwasser** *n* lozione *f* dopobarba
Rasse [ˈrasə] <-, -n> *f* razza *f*
rassistisch *adj* razzista
Rast [rast] <-, -en> *f* sosta *f;* **~ machen** fare una sosta; **Rastplatz** *m* piazzola *f* di sosta; **Raststätte** *f* autogrill *m*
Rat[1] [raːt] <-(e)s> *m* (*~schlag*) consiglio *m;* **jdn um ~ fragen** chiedere consiglio a qu
Rat[2] <-(e)s, Räte> *m* ❶ (*Einrichtung*) consiglio *m* ❷ (*Person*) consigliere *m*
Rate [ˈraːtə] <-, -n> *f* rata *f;* **auf ~n kaufen** comprare a rate
raten [ˈraːtən] <irr> *vt* ❶ (*eine Rat geben*) consigliare ❷ (*er~*) indovinare
Ratenzahlung *f* pagamento *m* rateale
Rathaus *n* municipio *m*
ratlos *adj* perplesso; **Ratschlag** *m* consiglio *m*
Rätsel [ˈrɛːtsəl] <-s, -> *n*

❶ (*Denkaufgabe*) indovinello *m* ❷ (*Geheimnis*) mistero *m*
Ratte ['ratə] <-, -n> *f* ratto *m*
rau [raʊ] *adj* ruvido; (*Haut*) screpolato; (*Klima*) rigido
Raub [raʊp] <-(e)s> *m* rapina *f*
Räuber(in) ['rɔɪbɐ] <-s, -; -, -nen> *m(f)* bandito *m*
Raubkopie *f* copia *f* pirata; **Raubtier** *n* animale *m* rapace; **Raubüberfall** *m* rapina *f*
Rauch [raʊx] <-(e)s> *m* fumo *m*
rauchen ['raʊxən] *vt, vi* fumare; **Rauchen verboten!** proibito fumare!
Raucher(in) <-s, -; -, -nen> *m(f)* fumatore, -trice *m, f*
räuchern ['rɔɪçɐn] *vt* affumicare
rauf [raʊf] *adv* (*fam*) *s.* **herauf, hinauf**
raufen ['raʊfən] *vr* **sich** ~ azzuffarsi
Raum [raʊm] <-(e)s, Räume> *m* ❶ (*Platz*) posto *m* ❷ (*Zimmer*) stanza *f*
Raumfahrt *f* navigazione *f* spaziale; **Raumschiff** *n* nave *f* spaziale
Raupe ['raʊpə] <-, -n> *f* bruco *m*
Raureif *m* brina *f*
raus *adv* (*fam*) *s.* **heraus, hinaus**
rauschen ['raʊʃən] *vi* (*Bach*) mormorare; (*Bäume*) stormire
Rauschgift *n* droga *f*; **Rauschgiftsüchtige** *mf* tossicodipendente *mf*
räuspern ['rɔɪspɐn] *vr* **sich** ~ raschiarsi la gola
Razzia ['ratsi̯a] <-, Razzien> *f* rastrellamento *m*
reagieren [rea'giːrən] *vi* (**auf etw** *acc*) ~ reagire (a qc)
Reaktion [reak'tsi̯oːn] <-, -en> *f* reazione *f*
Reaktor [re'aktoːɐ̯] <-s, -en> *m* reattore *m*
realistisch *adj* realistico
Realität [reali'tɛːt] <-, -en> *f* realtà *f*
Rebe ['reːbə] <-, -n> *f* vite *f*
rebellieren [rebɛ'liːrən] *vi* ribellarsi
rebellisch *adj* ribelle
Rebhuhn *n* pernice *f*
Rebstock *m* vite *f*
rechen ['rɛçən] *vt, vi* rastrellare; **Rechen** <-s, -> *m* rastrello *m*
Rechenaufgabe *f* problema *m* di aritmetica; **Rechenmaschine** *f* calcolatrice *f*
Rechenschaft <-> *f* **jdm über etw** *acc* ~ **ablegen** rendere conto a qu di qc
rechnen ['rɛçnən] **I.** *vt* calcolare **II.** *vi* calcolare; **mit etw** ~ aspettarsi qc
Rechner <-s, -> *m* (INFORM) elaboratore *m*
Rechnung <-, -en> *f* ❶ (MAT) calcolo *m* ❷ (COM) conto *m*
recht [rɛçt] **I.** *adj* giusto; **zur ~en Zeit** a tempo buono **II.** *adv*

molto; **wenn es Ihnen ~ ist** se per Lei va bene

Recht <-(e)s, -e> *n* ❶ *sing* (JUR) diritto *m* ❷ (*Anrecht*) diritto *m*; **ein ~ auf etw** *acc* **haben** aver diritto a qc; **~ haben** avere ragione

Rechteck *n* rettangolo *m*; **rechteckig** *adj* rettangolare

rechte(r, s) *adj* destro, -a

rechtfertigen I. *vt* giustificare II. *vr* **sich ~** giustificarsi; **Rechtfertigung** *f* giustificazione *f*

rechtlich *adj* legale

rechtmäßig *adj* legittimo

rechts [rɛçts] *adv* a destra; **~ von** a destra di; **nach ~** a destra

Rechtsanwalt *m*, **Rechtsanwältin** *f* avvocato, -tessa *m, f*

Rechtschreibung *f* ortografia *f*

Rechtshänder(in) <-s, -; -, -nen> *m(f)* destrimano, -a *m, f*

rechtswidrig *adj* illegale

rechtwinklig *adj* rettangolo

rechtzeitig *adv* in tempo

recyceln [ri'saɪkəln] *vt* riciclare

Recycling <-s> *n* riciclaggio *m*; **Recyclingpapier** <-s> *n* carta *f* riciclata

Redakteur(in) [redak'tøːɐ̯] <-s, -e; -, -nen> *m(f)* redattore, -trice *m, f*

Redaktion <-, -en> *f* redazione *f*

Rede ['reːdə] <-, -n> *f* discorso *m*; **eine ~ halten** tenere un discorso

reden *vi* **über jdn/etw ~** parlare di qu/qc

Redewendung *f* locuzione *f*

Redner(in) ['reːdnɐ] <-s, -; -, -nen> *m(f)* oratore, -trice *m, f*

reduzieren [redu'tsiːrən] *vt* ridurre

Reederei <-, -en> *f* compagnia *f* armatrice

Reflex [re'flɛks] <-es, -e> *m* riflesso *m*

reflexiv [reflɛ'ksiːf] *adj* (LING) riflessivo

Reform [re'fɔrm] <-, -en> *f* riforma *f*

Reformation [refɔrma'tsi̯oːn] <-, -en> *f* Riforma *f*

Reformhaus *n* negozio *m* di prodotti naturali ed ecologici

reformieren *vt* riformare

Refrain <-s, -s> *m* ritornello *m*

Regal [re'gaːl] <-s, -e> *n* scaffale *m*

Regel ['reːgəl] <-, -n> *f* ❶ (*Norm*) regola *f*; **in der ~** di regola ❷ (*Menstruation*) **sie hat ihre ~** ha le sue cose

regelmäßig *adj* regolare

regeln *vt* regolare

regelrecht *adj* (*fam*) vero (e proprio)

Regelung <-, -en> *f* regolazione *f*

regelwidrig *adj* irregolare

regen ['reːgən] *vr* **sich ~** muoversi

R

Regen ['re:gən] <-s, -> *m* pioggia *f;* **bei ~** con la pioggia; **im ~** sotto la pioggia; **Regenbogen** *m* arcobaleno *m;* **Regenmantel** *m* impermeabile *m*

Regensburg ['re:gənsbʊrk] *n* Ratisbona *f*

Regenschauer *m* scroscio *m* di pioggia; **Regenschirm** *m* ombrello *m;* **Regenwald** *m* foresta *f* pluviale; **Regenwurm** *m* lombrico *m*

Regie [re'ʒi:] <-> *f* regia *f*

regieren [re'gi:rən] *vt* governare

Regierung <-, -en> *f* governo *m;* **Regierungschef(in)** *m(f)* capo *m* del governo

Regime [re'ʒi:m] <-s, -> *n* regime *m*

Region [re'gi̯o:n] <-, -en> *f* regione *f*

regional *adj* regionale

Regisseur(in) [reʒɪ'sø:ɐ̯] <-s, -e; -, -nen> *m(f)* regista *mf*

regnen ['re:gnən] *vi, vt* piovere; **es regnet in Strömen** piove a dirotto

regnerisch *adj* piovoso

regulieren [regu'li:rən] *vt* regolare

Reh [re:] <-(e)s, -e> *n* capriolo *m*

Reibe ['raɪbə] <-, -n> *f* grattugia *f*

reiben ['raɪbən] <irr> *vt* (s)fregare; (*raspeln*) grattugiare

reich [raɪç] *adj* ricco

Reich [raɪç] <-(e)s, -e> *n* regno *m;* **das Dritte ~** il Terzo Reich

reichen ['raɪçən] *vi* ❶ (*sich erstrecken*) ~ **bis ...** arrivare fino a ... ❷ (*genügen*) bastare; **mir reicht's** (*fam*) ne ho abbastanza

reichhaltig *adj* abbondante

reichlich *adv* abbondantemente

Reichtum <-s, Reichtümer> *m* ricchezza *f*

reif [raɪf] *adj* maturo

Reif[1] [raɪf] <-(e)s> *m* (*Rau~*) brina(ta) *f*

Reif[2] <-(e)s, -e> *m* (*Arm~*) bracciale *m*

Reife <-> *f* maturità *f*

Reifen ['raɪfən] <-s, -> *m* ❶ (*Ring*) cerchio *m* ❷ (*Fahrzeug~*) pneumatico *m;* **Reifenpanne** *f* foratura *f*

Reihe ['raɪə] <-, -n> *f* fila *f;* **der ~ nach** l'uno dopo l'altro; **eine (ganze) ~ (von ...)** un gran numero (di ...); **ich bin an der ~** tocca a me

Reihenfolge *f* ordine *m*

Reim [raɪm] <-(e)s, -e> *m* rima *f*

reimen *vr* **sich (auf etw** *acc*) ~ fare rima (con qc)

rein [raɪn] **I.** *adj* puro; (*sauber*) pulito **II.** *adv* (*fam*) *s.* **herein, hinein**

Reinfall *m* (*fam*) bidonata *f*

reinigen *vt* pulire

Reinigung <-, -en> *f* ❶ (*das Reinigen*) pulitura *f* ❷ (*Geschäft*) lavanderia *f* a secco

rein|legen *vt (fam)* **jdn ~** bidonare qu

Reis [raɪs] <-es, -e> *m* riso *m*

Reise ['raɪzə] <-, -n> *f* viaggio *m;* **gute ~!** buon viaggio!; **Reisebüro** *n* agenzia *f* viaggi; **Reisebus** *m* pullman *m;* **Reiseführer** *m* (*Buch*) guida *f;* **Reiseführer(in)** *m(f)* guida *f;* **Reisegesellschaft** *f* comitiva *f;* **Reiseleiter(in)** *m(f)* responsabile *mf* (di una comitiva)

reisen *vi sein* viaggiare; **nach Rom ~** andare a Roma

Reisende <ein -r, -n, -n> *mf* viaggiatore, -trice *m, f*

Reisepass *m* passaporto *m;* **Reiseprospekt** *m* dépliant *m* turistico; **Reisescheck** *m* assegno *m* turistico; **Reisetasche** *f* borsa *f* da viaggio; **Reiseversicherung** *f* assicurazione *f* sui viaggi

reißen ['raɪsən] <irr> **I.** *vt* tirare; **jdm etw aus der Hand ~** strappare qc di mano a qu **II.** *vi* ❶ *sein* (*zer~*) strapparsi ❷ (*zerren*) **an etw** *dat* **~** tirare qc

Reißnagel *m s.* **Reißzwecke**; **Reißverschluss** *m* chiusura *f* lampo; **Reißzwecke** *f* puntina *f* da disegno

reiten ['raɪtən] <irr> *vi sein* andare a cavallo

Reiter(in) <-s, -; -, -nen> *m(f)* cavaliere *m*

Reithose *f* calzoni *mpl* alla cavallerizza; **Reitsport** *m* equitazione *f;* **Reitstall** *m* scuderia *f;* **Reitstiefel** *m* stivale *m* da cavallerizzo

Reiz ['raɪts] <-es, -e> *m* attrattiva *f;* (*Verlockung*) fascino *m*

reizen *vt* ❶ (*provozieren*) provocare; (*ärgern*) far arrabbiare ❷ (*verlocken*) attrarre; **reizend** *adj* (*entzückend*) grazioso; (*hübsch*) carino

Reizwäsche *f* (*fam*) biancheria *f* erotica

rekeln ['re:kəln] *vr* **sich ~** (*fam*) stirarsi

Reklamation [reklama'tsi̯o:n] <-, -en> *f* reclamo *m*

Reklame [re'kla:mə] <-, -n> *f* pubblicità *f*

reklamieren [rekla'mi:rən] *vt, vi* reclamare

Rekord [re'kɔrt] <-(e)s, -e> *m* record *m*

Rektor(in) ['rɛkto:ɐ̯] <-s, -en; -, -nen> *m(f)* ❶ (*Schul~*) direttore, -trice *m, f* ❷ (*Universitäts~*) rettore, -trice *m, f*

relativ [rela'ti:f] *adj* relativo

Religion [reli'gi̯o:n] <-, -en> *f* religione *f*

religiös [reli'gi̯ø:s] *adj* religioso; (*fromm*) devoto

Reling ['re:lɪŋ] <-, -s> *f* (NAUT) impavesata *f*

Rendezvous [rãde'vu:] <-, -> *n* appuntamento *m*

Rennbahn *f* (*Pferde~*) ippodro-

R

mo *m;* (*Auto~*) autodromo *m*

rennen ['rɛnən] <irr> *vi sein* correre

Rennen <-s, -> *n* corsa *f*

Rennfahrer(in) *m(f)* corridore, -trice *m, f;* **Rennwagen** *m* vettura *f* da corsa

renovieren [reno'vi:rən] *vt* rinnovare

Renovierung <-, -en> *f* rinnovamento *m*

Rente ['rɛntə] <-, -n> *f* pensione *f*

Rentner(in) ['rɛntnɐ] <-s, -; -, -nen> *m(f)* pensionato, -a *m, f*

Reparatur [repara'tu:ɐ̯] <-, -en> *f* riparazione *f;* **Reparaturwerkstatt** *f* (AUTO) officina *f* (di) riparazioni

reparieren [repa'ri:rən] *vt* riparare

Reportage [repɔr'ta:ʒə] <-, -n> *f* servizio *m*

Reporter(in) <-s, -; -, -nen> *m(f)* reporter *mf*

Reptil [rɛp'ti:l] <-s, -ien> *n* rettile *m*

Republik [repu'bli:k] <-, -en> *f* repubblica *f*

Reserve [re'zɛrvə] <-, -n> *f* riserva *f;* **Reserverad** *n* ruota *f* di scorta

reservieren [rezɛr'vi:rən] *vt* prenotare

resignieren [rezɪ'gni:rən] *vi* rassegnarsi

Respekt [re'spɛkt] <-(e)s> *m* rispetto *m*

respektieren [respɛk'ti:rən] *vt* rispettare

Rest [rɛst] <-(e)s, -e> *m* resto *m;* (*~betrag*) rimanenza *f*

Restaurant [rɛsto'rɑ̃:] <-s, -s> *n* ristorante *m*

restaurieren [restaʊ'ri:rən] *vt* restaurare

restlich *adj* rimanente

Resultat [rezʊl'ta:t] <-(e)s, -e> *n* risultato *m*

retour [re'tu:ɐ̯] *adv* (*A, CH*) indietro; **Retourgeld** *n* (*CH*) resto *m*

retten ['rɛtən] *vt* salvare

Rettich ['rɛtɪç] <-s, -e> *m* rafano *m*

Rettung <-, -en> *f* salvataggio *m;* **Rettungsboot** *n* scialuppa *f* di salvataggio; **Rettungsring** *m* salvagente *m;* **Rettungswagen** *m* autoambulanza *f*

Reue ['rɔɪə] <-> *f* pentimento *m*

revanchieren [revɑ̃'ʃi:rən] *vr* **sich für etw ~** contraccambiare qc

Revolution [revolu'tsi̯o:n] <-, -en> *f* rivoluzione *f*

Revolver [re'vɔlvɐ] <-s, -> *m* revolver *m*

Rezept [re'tsɛpt] <-(e)s, -e> *n* ricetta *f*

Rezeption [retsɛp'tsi̯o:n] <-, -en> *f* réception *f*

rezeptpflichtig *adj* da vendersi dietro prescrizione medica

Rhabarber [ra'barbɐ] <-s> *m* rabarbaro *m*

Rhein [raɪn] *m* Reno *m*

Rheinland-Pfalz *n* Renania-Palatinato *f*

Rheuma ['rɔɪma] <-s> *n* reumatismo *m*

Rhythmus ['rʏtmʊs] <-, Rhythmen> *m* ritmo *m*

Ribisel ['ri:bi:zəl] <-, -(n)> *f* (*A*) ribes *m*

richten ['rɪçtən] **I.** *vt* **etw auf jdn/etw ~** dirigere qc verso qu/qc; (*Waffe*) puntare qc su qu/qc; **etw an jdn/etw ~** rivolgere qc a qu/qc **II.** *vr* **sich nach jdm ~** conformarsi a qu

Richter(in) ['rɪçtɐ] <-s, -; -, -nen> *m(f)* giudice *mf*

richtig ['rɪçtɪç] **I.** *adj* giusto **II.** *adv* correttamente; **meine Uhr geht nicht ~** il mio orologio non è esatto

Richtung <-, -en> *f* direzione *f*

riechen ['ri:çən] <irr> **I.** *vt* sentire l'odore di **II.** *vi* **an etw** *dat* **~** odorare qc; **gut ~** avere un buon odore

Riegel ['ri:gəl] <-s, -> *m* ❶ (*Tür~*) catenaccio *m* ❷ (*Schokoladen~*) stecca *f*

Riese ['ri:zə] <-n, -n> *m* gigante *m*

Riesenslalom *m* (SPORT) slalom *m* gigante

riesig *adj* gigante

Riff [rɪf] <-(e)s, -e> *n* scogliera *f*

Rille ['rɪlə] <-, -n> *f* scanalatura *f*

Rind ['rɪnt] <-(e)s, -er> *n* bue *m*

Rinde ['rɪndə] <-, -n> *f* ❶ (*Baum~*) corteccia *f* ❷ (*Brot~, Käse~*) crosta *f*

Rinderwahnsinn <-s> *m* sindrome *f* della mucca pazza

Rindfleisch *n* (carne *f* di) manzo *m*

Ring [rɪŋ] <-(e)s, -e> *m* anello *m*; **Ringbuch** *n* quaderno *m* ad anelli; **Ringfinger** *m* anulare *m*

rings [rɪŋs] *adv* **~ um …** intorno a …; **ringsherum** *adv* tutt'intorno

Ringstraße *f* circonvallazione *f*

Rippe ['rɪpə] <-, -n> *f* (ANAT) costa *f*

Risiko ['ri:ziko] <-s, Risiken> *n* rischio *m*

riskant *adj* rischioso

riskieren [rɪs'ki:rən] *vt* rischiare

Riss [rɪs] <-sses, -sse> *m* (*in Stoff, Papier*) strappo *m*; (*in Haut*) screpolatura *f*

Ritt [rɪt] <-(e)s, -e> *m* cavalcata *f*

Ritual [ritu'a:l] <-s, -e> *n* rituale *m*

Ritze ['rɪtsə] <-, -n> *f* fessura *f*

ritzen *vt* **etw** (**in etw** *acc*) **~** incidere qc (in qc)

Rivale [ri'va:lə] <-n, -n> *m*, **Rivalin** <-, -nen> *f* rivale *mf*

Rivalität [rivali'tɛ:t] <-, -en> *f* rivalità *f*

Rizinusöl *n* olio *m* di ricino
Roastbeef ['ro:stbi:f] <-s, -s> *n* rosbif *m*
Robbe ['rɔ:bə] <-, -n> *f* foca *f*
Roboter ['rɔbɔtɐ] <-s, -> *m* robot *m*
Rock [rɔk] <-(e)s, Röcke> *m* gonna *f*
Roggen ['rɔgən] <-s, -> *m* segale *f*
roh [ro:] *adj* ① (*ungekocht*) crudo ② (*unbearbeitet*) grezzo; **Rohöl** *n* (petrolio *m*) greggio *m*
Rohr [ro:ɐ̯] <-(e)s, -e> *n* ① (BOT) canna *f* ② (TEC) tubo *m*
Rohstoff *m* materia *f* prima
Rolle ['rɔlə] <-, -n> *f* ① (*Geröll-tes*) rotolo *m* ② (*fig* THEAT, FILM) ruolo *m*; **das spielt keine ~** questo conta poco
rollen ['rɔlən] *vt, vi* rotolare
Roller ['rɔlɐ] <-s, -> *m* monopattino *m*
Rollladen *m* persiane *fpl* avvolgibili; **Rollschuh** *m* pattino *m* a rotelle; **Rollstuhl** *m* sedia *f* a rotelle; **Rolltreppe** *f* scala *f* mobile
Rom [ro:m] *n* Roma *f*
Roman [ro'ma:n] <-s, -e> *m* romanzo *m*
romantisch *adj* romantico
Romanze [ro'mantsə] <-, -n> *f* romanza *f*
Römer(in) ['rø:mɐ] <-s, -; -, -nen> *m(f)* romano, -a *m, f*
röntgen ['rœntgən] *vt* fare una radiografia di
rosa ['ro:za] <inv> *adj* rosa
Rose ['ro:zə] <-, -n> *f* rosa *f*
Rosenkohl *m* cavolino *m* di Bruxelles
Rosine [ro'zi:nə] <-, -n> *f* uva *f* passa
Rosmarin ['ro:smari:n] <-s> *m* rosmarino *m*
Rost[1] [rɔst] <-(e)s, -e> *m* (*Gitter, Brat~*) griglia *f*
Rost[2] <-(e)s> *m* ruggine *f*
rosten ['rɔstən] *vi* arrugginire
rösten ['rœstən] *vt* arrostire
rot [ro:t] <-er, -este> *adj* rosso
Röteln *pl* (MED) rosolia *f*
rothaarig *adj* dai capelli rossi; **Rotkehlchen** <-s, -> *n* pettirosso *m*; **Rotkraut** *n* cavolo *m* rosso; **Rotwein** *m* vino *m* rosso
Roulade [ru'la:də] <-, -n> *f* (GASTR) involtino *m* (di carne)
Route ['ru:tə] <-, -n> *f* percorso *m*; (*Reise~*) itinerario *m*
Routine [ru'ti:nə] <-> *f* pratica *f*
Rübe ['ry:bə] <-, -n> *f* rapa *f*; **rote ~** barbabietola *f*; **gelbe ~** carota *f*
Rubin [ru'bi:n] <-s, -e> *m* rubino *m*
rücken ['rʏkən] *vi sein* spostarsi; **rück mal ein bisschen!** (*fam*) fatti un po' più in là!
Rücken ['rʏkən] <-s, -> *m* schiena *f*; **Rückenlehne** *f* schienale *m*; **Rückenmark** *n* midollo *m*

spinale
Rückfahrkarte *f* biglietto *m* di andata e ritorno; **Rückfahrt** *f* (viaggio *m* di) ritorno *m;* **auf der ~** al ritorno; **Rückflug** *m* (volo *m* di) ritorno *m;* **Rückgrat** <-(e)s, -e> *n* spina *f* dorsale; **Rückkehr** <-> *f* ritorno *m;* **Rücklicht** *n* (AUTO) luce *f* posteriore
Rucksack *m* zaino *m*
Rückseite *f* retro *m;* (*von Blatt*) verso *m;* **Rücksicht** *f* riguardo *m;* **auf jdn ~ nehmen** avere riguardo per qu; **rücksichtslos** *adj* spietato
Rücksitz *m* sedile *m* posteriore; **Rückspiegel** *m* specchietto *m* retrovisore; **Rücktritt** *m* (*vom Amt*) dimissioni *fpl;* **rückwärts** *adv* indietro; **~ fahren** fare marcia indietro; **Rückwärtsgang** *m* (AUTO) retromarcia *f;* **Rückzahlung** *f* rimborso *m*
Ruder ['ru:dɐ] <-s, -> *n* remo *m;* **Ruderboot** *n* barca *f* a remi
rudern *vi haben o sein* remare
Ruf [ru:f] <-(e)s, -e> *m* ❶ (*Aus~*) grido *m* ❷ *sing* (*Ansehen*) reputazione *f*
rufen ['ru:fən] <irr> **I.** *vt* chiamare **II.** *vi* gridare; **nach jdm ~** chiamare qu
Rufnummer *f* numero *m* telefonico
Ruhe ['ru:ə] <-> *f* ❶ (*Gelassenheit*) calma *f* ❷ (*Schweigen*) silenzio *m;* **~!** silenzio!; **Ruhestand** *m* pensione *f;* **Ruhetag** *m* giorno *m* di riposo
ruhig ['ru:ɪç] *adj* ❶ (*geräuschlos*) silenzioso ❷ (*gelassen*) calmo
Ruhm [ru:m] <-(e)s> *m* gloria *f*
Rührei *n* uova *fpl* strapazzate
rühren ['ry:rən] **I.** *vt* ❶ (*bewegen*) muovere ❷ (*ergreifen*) commuovere **II.** *vr* **sich ~** muoversi
rührend *adj* commovente
Ruhrgebiet *n* regione *f* della Ruhr
Ruine [ru'i:nə] <-, -n> *f* rovina *f*
ruinieren *vt* rovinare
rülpsen ['rʏlpsən] *vi* (*fam*) ruttare
rum [rʊm] *adv* (*fam*) *s.* **herum**
Rum [rʊm] <-s, -s> *m* rum *m*
Rumänien [ru'mɛ:niən] *n* Romania *f*
rumänisch *adj* romeno
Rummelplatz *m* (*fam*) parco *m* dei divertimenti
rund [rʊnt] **I.** *adj* rotondo **II.** *adv* ❶ (*fam: ungefähr*) circa ❷ (*herum*) intorno; **~ um die Uhr** senza interruzione
Runde ['rʊndə] <-, -n> *f* giro *m;* (*Gesellschaft*) circolo *m*
Rundfahrt *f* giro *m*
Rundfunk *m* radio *f*
rundherum *adv* (tutto) intorno
runter *adv* (*fam*) *s.* **herunter,**

R

hinunter
runter|ziehen *vt* (*sl*) buttar giù, deprimere
runzeln *vt* **die Stirn ~** corrugare la fronte
Rüsche ['ry:ʃə] <-, -n> *f* ruche *f*
Ruß [ru:s] <-es> *m* fuliggine *f*
Russe ['rʊsə] <-n, -n> *m* russo *m*
Rüssel ['rʏsəl] <-s, -> *m* proboscide *f*
Russin <-, -nen> *f* russa *f*
russisch *adj* russo
Russland *n* Russia *f*
rüsten ['rʏstən] *vi* (MIL) armare
rustikal *adj* rustico
Rüstung ['rʏstʊŋ] <-, -en> *f* ❶ (MIL) armamento *m* ❷ (*Ritter~*) armatura *f*
Rutschbahn *f* scivolo *m*
rutschen *vi sein* scivolare
rutschig *adj* scivoloso
rütteln ['rʏtəln] *vi* **an etw** *dat* **~** scuotere qc

S

S, s [ɛs] <-, -> *n* S, s *f*
s. *abk v* **siehe** v.
S. *abk v* **Seite** p., pag.
Saal ['za:l] <-(e)s, Säle> *m* sala *f*
Saarland *n* territorio *m* della Saar
Säbel ['zɛ:bəl] <-s, -> *m* sciabola *f*
Sache ['zaxə] <-, -n> *f* ❶ (*Ding*) cosa *f* ❷ (*fig: Angelegenheit*) faccenda *f*
sachlich *adj* obiettivo
Sachschaden *m* danno *m* materiale
Sachsen ['zaksən] *n* Sassonia *f*
sachte ['zaxtə] *adv* piano
Sachverständige <ein -r, -n, -n> *mf* esperto, -a *m, f*
Sack [zak] <-(e)s, Säcke> *m* sacco *m*; **Sackgasse** *f* vicolo *m* cieco
säen ['zɛ:ən] *vt* seminare
Safe [seɪf] <-s, -s> *m* cassaforte *f*
Saft [zaft] <-(e)s, Säfte> *m* succo *m*
Sage ['za:gə] <-, -n> *f* leggenda *f*
Säge ['zɛ:gə] <-, -n> *f* sega *f*; **Sägemehl** *n* segatura *f*
sagen ['za:gən] *vt* dire; **Sie zu jdm ~** dare del Lei a qu; **besser gesagt** o per meglio dire; **das hat nichts zu ~** questo non conta nulla
sägen ['zɛ:gən] *vt* segare
Sägewerk *n* segheria *f*
Sahne ['za:nə] <-> *f* panna *f*
Saison [zɛ'zõ:] <-, -s> *f* stagione *f*; **Saisonarbeiter(in)** *m(f)* stagionale *mf*
Saite ['zaɪtə] <-, -n> *f* corda *f*; **Saiteninstrument** *n* strumento *m* a corda
Salat [za'la:t] <-(e)s, -e> *m* insa-

lata *f*; **Salatschüssel** *f* insalatiera *f*; **Salatsoße** *f* condimento *m* (per l'insalata)

Salbe ['zalbə] <-, -n> *f* pomata *f*

Salbei ['zalbaɪ] <-s> *m* salvia *f*

Salmonellenvergiftung *f* salmonellosi *f*

salopp [za'lɔp] *adj* (*Kleidung*) trasandato; (*Ausdrucksweise*) sciatto

salü *int* (*CH*) ❶ (*hallo*) salve ❷ (*tschüs*) ciao

Salz [zalts] <-es, -e> *n* sale *m*

Salzburg *n* Salisburgo *f*

salzen <irr> *vt* salare

salzig *adj* salato

Salzkartoffeln *fpl* patate *fpl* lesse; **Salzstreuer** *m* saliera *f*

Samen ['za:mən] <-s, -> *m* ❶ (BOT) seme *m* ❷ (*Sperma*) sperma *m*

sammeln ['zaməln] *vt* (rac)cogliere; (*als Hobby*) collezionare

Sammler(in) <-s, -; -, -nen> *m(f)* collezionista *mf*

Sammlung <-, -en> *f* collezione *f*

Samstag ['zamsta:k] <-s, -e> *m* sabato *m*

samstags *adv* di [*o* il] sabato

samt [zamt] *prp +dat* (insieme) con

Samt <-(e)s, -e> *m* velluto *m*

sämtlich *adj* tutto

Sand [zant] <-(e)s, -e> *m* sabbia *f*

Sandale [zan'da:lə] <-, -n> *f* sandalo *m*

sandig *adj* sabbioso

Sandkasten *m* recinto *m* con sabbia; **Sandstrand** *m* spiaggia *f* sabbiosa; **Sanduhr** *f* clessidra *f*

sanft *adj* dolce; **sanftmütig** *adj* mite

Sänger(in) ['zɛŋɐ] <-s, -; -, -nen> *m(f)* cantante *mf*

sanitär [zani'tɛ:ɐ̯] *adj* sanitario

Sanitäter [zani'tɛ:tɐ] <-s, -> *m* infermiere *m*

Sankt Gallen *n* San Gallo *f*

Saphir ['za:fiɐ] <-s, -e> *m* zaffiro *m*

Sardelle [zar'dɛlə] <-, -n> *f* acciuga *f*

Sardine [zar'di:nə] <-, -n> *f* sardina *f*

Sardinien [zar'di:niən] *n* Sardegna *f*

Sarg [zark] <-(e)s, Särge> *m* bara *f*

Satellit [zatɛ'li:t] <-en, -en> *m* satellite *m*; **Satellitenfernsehen** *n* televisione *f* via satellite; **Satellitenschüssel** *f* (*fam*) parabola *f*

Satire [za'ti:rə] <-, -n> *f* satira *f*

satirisch *adj* satirico

satt [zat] *adj* sazio; ~ **machen** saziare

Sattel ['zatəl] <-s, Sättel> *m* sella *f*

satteln *vt* sellare

satthaben *vt* averne abbastanza

di qc

Satz [zats] <-es, Sätze> *m* frase *f;* **Satzzeichen** *n* segno *m* d'interpunzione

Sau [zaʊ] <-, Säue> *f* ❶ (ZOO) scrofa *f* ❷ (*fam: Mensch*) porco *m*

sauber ['zaʊbɐ] *adj* pulito; **etw ~ machen** pulire qc; **~ machen** fare le pulizie

Sauberkeit <-> *f* pulizia *f*

säubern ['zɔɪbɐn] *vt* pulire

Sauce ['zo:sə] <-, -n> *f s.* **Soße**

Saudi-Arabien [zaʊdia'ra:biən] *n* Arabia *f* Saudita

sauer ['zaʊɐ] *adj* ❶ (*nicht süß*) acido; (*Wein*) aspro; **saure Gurken** cetriolini sott'aceto ❷ (*fam: Mensch*) incavolato; **auf jdn ~ sein** (*fam*) avercela con qu; **Sauerkirsche** *f* amarena *f;* **Sauerkraut** *n* crauti *mpl*

säuerlich *adj* asprigno

Sauerstoff *m* ossigeno *m*

saugen ['zaʊgən] <irr> *vt, vi* succhiare; **Staub ~** passare l'aspirapolvere

Säugetier *n* mammifero *m*

Säugling ['zɔɪklɪŋ] <-s, -e> *m* lattante *mf*

Säule ['zɔɪlə] <-, -n> *f* colonna *f*

Sauna ['zaʊna] <-, -s> *f* sauna *f*

Säure ['zɔɪrə] <-, -n> *f* acido *m*

sausen ['zaʊzən] *vi* ❶ *sein* (*fam: eilen*) correre ❷ (*Ohren*) fischiare

Saustall *m* (*fig fam*) porcile *m*

Saxofon [zakso'fo:n] <-(e)s, -e> *n,* **Saxophon** <-(e)s, -e> *n* sassofono *m*

SB [ɛs'be:] *abk v* **Selbstbedienung** self-service *m*

S-Bahn *f* metropolitana *f*

Scanner ['skɛnɐ] <-s, -> *m* (INFORM) scanner *m*

Schabe ['ʃa:bə] <-, -n> *f* scarafaggio *m*

schäbig *adj* ❶ (*Kleidung*) logoro ❷ (*gemein*) meschino

Schach [ʃax] <-s, -s> *n* scacchi *mpl;* **Schachbrett** *n* scacchiera *f;* **schachmatt** *adj* scacco matto

Schachtel ['ʃaxtəl] <-, -n> *f* scatola *f*

schade ['ʃa:də] *adj* **es ist ~, dass …** è un peccato che +*conj*

Schädel ['ʃɛ:dəl] <-s, -> *m* cranio *m*

schaden ['ʃa:dən] *vi* **jdm/etw ~** nuocere a qu/qc

Schaden <-s, Schäden> *m* danno *m;* (TEC) guasto *m;* **Schadenersatz** *m* risarcimento *m* (dei) danni

schädigen ['ʃɛ:dɪgən] *vt* danneggiare

schädlich *adj* dannoso; (*gesundheitlich*) nocivo

Schädling ['ʃɛ:tlɪŋ] <-s, -e> *m* parassita *m*

Schadstoff *m* agente *m* inquinante; **schadstoffarm** *adj* poco nocivo

Schaf [ʃa:f] <-(e)s, -e> *n* pecora *f*
Schäferhund *m* (cane *m*) pastore *m*
schaffen ['ʃafən] <irr> *vt* creare; (*Ordnung, Platz*) fare; (*erreichen*) raggiungere; **es ~** farcela
Schaffner(in) ['ʃafnɐ] <-s, -; -, -nen> *m(f)* bigliettaio, -a *m, f*
Schafskäse *m* formaggio *m* pecorino
Schal <-s, -s> *m* sciarpa *f*
Schale ['ʃa:lə] <-, -n> *f* ❶ (*Gefäß*) coppa *f* ❷ (*Obst~, Kartoffel~*) buccia *f*; (*Eier~, Nuss~*) guscio *m*
schälen ['ʃɛ:lən] **I.** *vt* sbucciare; (*Eier*) sgusciare **II.** *vr* **sich ~** (*Haut*) spellarsi
Schall [ʃal] <-(e)s, -e> *m* suono *m*; **Schalldämpfer** *m* silenziatore *m*; **Schallmauer** *f* muro *m* del suono; **Schallplatte** *f* disco *m*
schalten ['ʃaltən] **I.** *vt* regolare **II.** *vi* (AUTO) cambiare marcia; **in den dritten Gang ~** innestare la terza
Schalter <-s, -> *m* ❶ (*am Gerät*) interruttore *m* ❷ (*zur Kundenbedienung*) sportello *m*
schämen ['ʃɛ:mən] *vr* **sich (wegen etw) ~** vergognarsi (di qc)
schamlos *adj* spudorato
Schande ['ʃandə] <-> *f* vergogna *f*
Schanze <-, -n> *f* trampolino *m*
scharf [ʃarf] <schärfer, schärfste> *adj* ❶ (*Schneide*) tagliente ❷ (*Speise*) piccante ❸ (*Foto*) nitido ❹ (*Kurve*) brusco
schärfen *vt* affilare
Scharnier [ʃar'ni:ɐ̯] <-s, -e> *n* cerniera *f*
Schatten ['ʃatən] <-s, -> *m* ombra *f*
schattig *adj* ombreggiato
Schatz [ʃat͜s] <-es, Schätze> *m* tesoro *m*
schätzen ['ʃɛt͜sən] **I.** *vt* ❶ (*ab~*) valutare; **wie alt schätzt du mich?** quanti anni mi dai? ❷ (*würdigen*) stimare; **jdn/etw zu ~ wissen** saper apprezzare qu/qc **II.** *vi* indovinare
schätzungsweise *adv* approssimativamente
Schau [ʃaʊ] <-, -en> *f* mostra *f*
schauen ['ʃaʊən] *vi* guardare
Schauer ['ʃaʊɐ] <-s, -> *m* ❶ (*Regen~*) scroscio *m* ❷ (*Schreck*) brivido *m*
Schaufel ['ʃaʊfəl] <-, -n> *f* pala *f*
Schaufenster *n* vetrina *f*
Schaukel ['ʃaʊkəl] <-, -n> *f* altalena *f*
schaukeln *vi* dondolarsi
Schaukelpferd *n* cavallo *m* a dondolo; **Schaukelstuhl** *m* sedia *f* a dondolo
schaulustig *adj* curioso
Schaum [ʃaʊm] <-(e)s, Schäume> *m* schiuma *f*

S

schäumen [ˈʃɔɪmən] *vi* far schiuma; (*Sekt*) spumeggiare

Schaumfestiger *m* spuma *f* (per capelli); **Schaumgummi** *m* gomma *f* piuma; **Schaumstoff** *m* espanso *m*

Schauspiel *n* spettacolo *m;* (THEAT) dramma *m;* **Schauspieler(in)** *m(f)* attore, -trice *m, f*

Scheck [ʃɛk] <-s, -s> *m* assegno *m;* **Scheckbuch** *n,* **Scheckheft** *n* libretto *m* degli assegni; **Scheckkarte** *f* carta *f* assegni

Scheibe [ˈʃaɪbə] <-, -n> *f* ❶ (*Fenster~*) vetro *m* ❷ (*Brot~*) fetta *f;* **Scheibenwischer** <-s, -> *m* (AUTO) tergicristallo *m*

Scheich [ʃaɪç] <-s, -e> *m* sceicco *m*

Scheide [ˈʃaɪdə] <-, -n> *f* ❶ (ANAT) vagina *f* ❷ (*von Waffe*) fodero *m*

scheiden [ˈʃaɪdən] <irr> *vt* **sich** (**von jdm**) ~ **lassen** divorziare (da qu)

Scheidung <-, -en> *f* divorzio *m;* **in** ~ **leben** stare per divorziare

Schein [ʃaɪn] <-(e)s, -e> *m* ❶ (*Bescheinigung*) attestato *m* ❷ *sing* (*An~*) apparenza *f;* **scheinbar** *adj* apparente

scheinen [ˈʃaɪnən] <irr> *vi* ❶ (*Sonne*) splendere ❷ (*den Anschein haben*) sembrare

scheinheilig *adj* ipocrita

Scheinwerfer <-s, -> *m* proiettore *m;* (AUTO) faro *m*

Scheiße [ˈʃaɪsə] *int* porca miseria!

Scheitel [ˈʃaɪtəl] <-s, -> *m* scriminatura *f*

scheitern *vi sein* fallire

Schema [ˈʃeːma] <-s, -s> *n* schema *m*

Schenkel [ˈʃɛŋkəl] <-s, -> *m* coscia *f*

schenken [ˈʃɛnkən] *vt* (**jdm**) **etw** ~ regalare qc (a qu)

Scherbe [ˈʃɛrbə] <-, -n> *f* coccio *m*

Schere [ˈʃeːrə] <-, -n> *f* forbici *fpl*

Scherz [ʃɛrts] <-es, -e> *m* scherzo *m*

scherzen *vi* scherzare

scheu [ʃɔɪ] *adj* timido

Scheune [ˈʃɔɪnə] <-, -n> *f* granaio *m*

scheußlich [ˈʃɔɪslɪç] *adj* orrendo

Schi *m s.* **Ski**

Schicht [ʃɪçt] <-, -en> *f* ❶ (GEOL, SOC) strato *m* ❷ (*Arbeits~*) turno *m* di lavoro; **Schichtarbeit** *f* lavoro *m* a turni

schick *adj* chic

schicken [ˈʃɪkən] *vt* mandare; (*versenden*) spedire

Schicksal [ˈʃɪkzaːl] <-s, -e> *n* destino *m*

Schiebedach *n* (AUTO) tetto *m* apribile

schieben ['ʃi:bən] <irr> *vt* spingere

Schiedsrichter(in) *m(f)* arbitro, -a *m, f*

schief [ʃi:f] *adj* storto

schielen ['ʃi:lən] *vi* essere strabico

Schienbein *n* tibia *f*

Schiene ['ʃi:nə] <-, -n> *f* ❶ (MED) stecca *f* ❷ (FERR) rotaia *f*

schießen ['ʃi:sən] <irr> **I.** *vt* tirare; **ein Tor ~** fare un gol **II.** *vi* sparare; (*Fußballer*) tirare; **auf jdn ~** sparare a qu

Schießerei <-, -en> *f* sparatoria *f*

Schiff [ʃɪf] <-(e)s, -e> *n* nave *f*; **Schifffahrt** *f* navigazione *f*

schikanieren [ʃika'ni:rən] *vt* vessare

Schikoree [ʃiko're:] <-> *m o f s.* **Chicorée**

Schild [ʃɪlt] <-(e)s, -er> *n* segnale *m*; (*Nummern~, Tür~*) targa *f*; **Schilddrüse** *f* tiroide *f*

schildern ['ʃɪldɐn] *vt* descrivere

Schilderung <-, -en> *f* descrizione *f*

Schildkröte *f* tartaruga *f*

Schilf [ʃɪlf] <-(e)s, -e> *n* canneto *m*

Schimmel¹ ['ʃiməl] <-s> *m* muffa *f*

Schimmel² <-s, -> *m* (*Pferd*) cavallo *m* bianco

schimm(e)lig *adj* ammuffito

schimmeln *vi* ammuffire

Schimmer ['ʃɪmɐ] <-s> *m* lume *m*

schimmern *vi* rilucere

Schimpanse [ʃɪm'panzə] <-n, -n> *m* scimpanzé *m*

schimpfen ['ʃɪmpfən] *vi* imprecare; **mit jdm ~** sgridare qu

Schimpfwort *n* insulto *m*

Schinken ['ʃɪŋkən] <-s, -> *m* prosciutto *m*

Schirm [ʃɪrm] <-(e)s, -e> *m* (*Regen~*) ombrello *m*; (*Sonnen~*) parasole *m*

Schlacht [ʃlaxt] <-, -en> *f* battaglia *f*

schlachten *vt* macellare

Schlachthof *m* macello *m*

Schlaf [ʃla:f] <-(e)s> *m* sonno *m*; **Schlafanzug** *m* pigiama *m*

Schläfe ['ʃlɛ:fə] <-, -n> *f* tempia *f*

schlafen ['ʃla:fən] <irr> *vi* dormire

schlaff [ʃlaf] *adj* ❶ (*Haut*) floscio ❷ (*kraftlos*) fiacco

schlaflos *adj* **~e Nacht** notte *f* in bianco; **Schlaflosigkeit** *f* insonnia *f*; **Schlafmittel** *n* sonnifero *m*; **Schlafsack** *m* sacco *m* a pelo; **Schlaftablette** *f* sonnifero *m*; **Schlafwagen** *m* vagone-letto *m*; **Schlafzimmer** *n* camera *f* da letto

Schlag¹ [ʃla:k] <-(e)s, Schläge> *m* ❶ (*Hieb, a fig*) colpo *m* ❷ *pl* (*Prügel*) botte *fpl* ❸ (*elek-*

trischer ~) scossa *f*

Schlag² <-(e)s> *m* (*A: Schlagsahne*) panna *f*

Schlagader *f* arteria *f*; **Schlaganfall** *m* colpo *m* apoplettico

Schlägel ['ʃlɛːgəl] <-s, -> *m* (GASTR) cosciotto *m*

schlagen ['ʃlaːgən] <irr> **I.** *vt* battere; (*Sahne*) montare; **einen Nagel in die Wand ~** piantare un chiodo nel muro **II.** *vr* **sich ~** picchiarsi

Schlager <-s, -> *m* canzone *f* di successo

Schläger ['ʃlɛːgɐ] <-s, -> *m* (*Tennis~*) racchetta *f*; (*Golf~*) mazza *f* (da golf)

Schlägerei <-, -en> *f* rissa *f*

schlagfertig *adj* pronto; **Schlagsahne** *f* panna *f*; (**geschlagene**) **~** panna montata; **Schlagzeile** *f* titolo *m*; **Schlagzeug** *n* batteria *f*

Schlamm [ʃlam] <-(e)s, -e> *m* fango *m*

schlampig *adj* (*Mensch*) disordinato; (*Arbeit*) abborracciato

Schlange ['ʃlaŋə] <-, -n> *f* ❶ (*Tier*) serpente *m* ❷ (*Menschen~, Auto~*) fila *f*; **~ stehen** fare la coda

schlank *adj* snello; **Schlankheitskur** *f* cura *f* dimagrante

schlapp *adj* (*fam*) fiacco

schlau [ʃlaʊ] *adj* astuto; **ich werde nicht ~ daraus** non ne vengo a capo

Schlauch [ʃlaʊx] <-(e)s, Schläuche> *m* tubo *m*; (*in Reifen*) camera *f* d'aria; **Schlauchboot** *n* canotto *m* pneumatico

schlecht [ʃlɛçt] **I.** *adj* cattivo; (*verdorben*) guasto **II.** *adv* male; **mir ist ~** mi sento male; **nicht ~!** mica male!

schleichen ['ʃlaɪçən] <irr> *vi sein* sgaiattolare

Schleier ['ʃlaɪɐ] <-s, -> *m* velo *m*

Schleife ['ʃlaɪfə] <-, -n> *f* ❶ (*Schlinge*) fiocco *m* ❷ (AERO, INFORM) loop *m*

schleifen¹ ['ʃlaɪfən] <irr> *vt* (*schärfen*) affilare

schleifen² *vt* (*auf dem Boden*) trascinare

Schleim [ʃlaɪm] <-(e)s, -e> *m* (MED) muco *m*

Schlemmerei [ʃlɛmə'raɪ] <-, -en> *f* gozzoviglia *f*

schleppen ['ʃlɛpən] *vt* ❶ (*hinter sich her~*) trainare ❷ (*tragen*) trascinare

Schlepper <-s, -> *m* (NAUT) rimorchiatore *m*

Schlepplift *m* skilift *m*

Schlesien ['ʃleːziən] *n* Slesia *f*

Schleuder ['ʃlɔɪdɐ] <-, -n> *f* ❶ (*Waffe*) fionda *f* ❷ (*Wäsche~*) centrifuga *f*

schleudern **I.** *vt* ❶ (*werfen*) scaraventare ❷ (*Wäsche*) centrifugare **II.** *vi sein o haben* sbanda-

re

Schleuse ['ʃlɔɪzə] <-, -n> *f* chiusa *f*

schlicht [ʃlɪçt] *adj* semplice

schlichten *vt* (*Streit*) comporre

Schließe ['ʃliːsə] <-, -n> *f* fibbia *f*

schließen ['ʃliːsən] <irr> *vt* ❶ (*zumachen*) chiudere ❷ (*folgern*) **etw** (**aus etw**) ~ dedurre qc (da qc) ❸ (*Wend*) **Freundschaft** ~ fare amicizia

Schließfach *n* deposito *m* bagagli a cassette

schließlich *adv* alla fine; (*im Grunde*) in fin dei conti

schlimm [ʃlɪm] *adj* ❶ (*schlecht*) brutto ❷ (*ernst*) grave

schlimmer *adj* peggiore; **~er werden** peggiorare

schlimmstenfalls *adv* nel peggiore dei casi

schlimmste(r, s) I. *adj* peggiore II. *adv* **am ~sten** peggio di tutto

Schlinge ['ʃlɪŋə] <-, -n> *f* cappio *m;* (MED) sciarpa *f*

Schlingel ['ʃlɪŋəl] <-s, -> *m* birbante *m*

Schlips [ʃlɪps] <-es, -e> *m* (*fam*) cravatta *f*

Schlitten ['ʃlɪtən] <-s, -> *m* slitta *f;* ~ **fahren** andare in slitta

Schlittschuh *m* pattino *m;* ~ **laufen** pattinare su ghiaccio; **Schlittschuhlaufen** *n* pattinaggio *m*

Schlitz [ʃlɪts] <-es, -e> *m* fessura *f;* (*Hosen~*) patta *f* dei calzoni

Schloss <-es, Schlösser> *n* ❶ (*Gebäude*) castello *m* ❷ (*Verschluss*) serratura *f*

Schlosser(in) ['ʃlɔsɐ] <-s, -; -, -nen> *m(f)* fabbro *m* ferraio

Schlucht [ʃlʊxt] <-, -en> *f* gola *f*

schluchzen ['ʃlʊxtsən] *vi* singhiozzare

Schluck [ʃlʊk] <-(e)s, -e> *m* sorso *m*

Schluckauf <-s> *m* singhiozzo *m*

schlucken *vt, vi* inghiottire

Schlüpfer <-s, -> *m* slip *m*

Schluss [ʃlʊs] <-es, Schlüsse> *m* fine *f;* **~!** basta!; ~ **damit!** finiamola! *fam*

Schlüssel ['ʃlʏsəl] <-s, -> *m* chiave *f;* **Schlüsselbund** *m* mazzo *m* di chiavi; **Schlüsselloch** *n* buco *m* della serratura

Schlussfolgerung *f* conclusione *f;* **Schlussverkauf** *m* svendita *f*

schmal [ʃmaːl] *adj* stretto; (*Hände, Gesicht*) sottile

Schmalz [ʃmalts] <-es, -e> *n* strutto *m*

schmalzig *adj* (*fam pej*) sdolcinato

schmarotzen [ʃma'rɔtsən] *vi* (*pej*) scroccare *fam*

Schmarotzer(in) <-s, -; -, -nen> *m(f)* (*pej*) scroccone, -a *m, f fam*

S

schmatzen ['ʃmatsən] *vi* mangiare rumorosamente
schmecken ['ʃmɛkən] *vi* essere buono; **jdm** ~ piacere a qu; **nach etw** ~ sapere di qc
schmeichelhaft *adj* lusinghiero
schmeicheln *vi* **jdm** ~ lusingare qu
schmelzen ['ʃmɛːltsən] <irr> *vi sein* sciogliersi
Schmerz [ʃmɛrts] <-es, -en> *m* dolore *m*
Schmerzensgeld *n* risarcimento *m* per danni morali
schmerzhaft *adj*, **schmerzlich** *adj* doloroso; **schmerzstillend** *adj* calmante
Schmetterling ['ʃmɛtəlɪŋ] <-s, -e> *m* farfalla *f*
Schmied [ʃmiːt] <-(e)s, -e> *m* fabbro *m* ferraio
schmieren ['ʃmiːrən] *vt, vi* ❶ (*fetten*) ingrassare ❷ (*streichen*) spalmare
Schmiergeld *n* (*fam*) bustarella *f*
schminken I. *vt* truccare II. *vr* **sich** ~ truccarsi
Schmirgelpapier *n* carta *f* smerigliata
schmollen ['ʃmɔlən] *vi* tenere il broncio
Schmorbraten *m* stufato *m*
schmoren ['ʃmoːrən] I. *vt* stufare II. *vi* cuocere a fuoco lento
Schmuck <-(e)s> *m* gioielli *mpl*
schmücken ['ʃmʏkən] *vt* (ad)ornare
Schmuggel ['ʃmʊgəl] <-s> *m* contrabbando *m*
schmuggeln *vt* contrabbandare
Schmuggler(in) <-s, -; -, -nen> *m(f)* contrabbandiere, -a *m, f*
schmunzeln ['ʃmʊntsəln] *vi* sorridere compiaciuto
Schmutz [ʃmʊts] <-es> *m* sporcizia *f*
schmutzig *adj* sporco
Schnabel ['ʃnaːbəl] <-s, Schnäbel> *m* becco *m*
Schnalle ['ʃnalə] <-, -n> *f* fibbia *f*
Schnäppchen ['ʃnɛpçən] <-s, -> *n* (*fam*) occasione *f*; **ein** ~ **machen** fare un affarone
schnappen ['ʃnapən] I. *vt* prendere; (**frische**) **Luft** ~ prendere una boccata d'aria II. *vi* **nach etw** ~ cercare di addentare qc
Schnappschuss *m* (FOTO) istantanea *f*
Schnaps [ʃnaps] <-es, Schnäpse> *m* acquavite *f*
schnarchen ['ʃnarçən] *vi* russare
schnaufen ['ʃnaʊfən] *vi* ansimare
Schnauze ['ʃnaʊtsə] <-, -n> *f* muso *m*
schnäuzen ['ʃnɔɪtsən] *vr* **sich** ~ soffiarsi il naso
Schnecke ['ʃnɛkə] <-, -n> *f* lumaca *f*; (*mit Haus*) chiocciola *f*;

Schneckentempo *n* (*fam*) **im ~** a passo di lumaca

Schnee [ʃneː] <-s> *m* neve *f;* **Schneeketten** *fpl* (AUTO) catene *fpl* da neve; **Schneemann** *m* pupazzo *m* di neve; **Schneepflug** *m* spazzaneve *m*

Schneide ['ʃnaɪdə] <-, -n> *f* filo *m*

schneiden <irr> **I.** *vt* tagliare; **klein ~** sminuzzare **II.** *vr* **sich ~** tagliarsi

Schneider(in) <-s, -; -, -nen> *m(f)* sarto, -a *m, f*

Schneidezahn *m* (dente *m*) incisivo *m*

schneien ['ʃnaɪən] *vi* **es schneit** nevica

schnell [ʃnɛl] *adj* veloce; **~ machen** fare presto; **so ~ wie möglich** il più presto possibile; **Schnellimbiss** *m* snack-bar *m;* **Schnellkochtopf** *m* pentola *f* a pressione; **Schnellstraße** *f* superstrada *f;* **Schnellzug** *m* direttissimo *m*

Schnitt <-(e)s, -e> *m* ❶ (*Ein~, Haar~*) taglio *m* ❷ (*Durch~*) media *f;* **im ~** in media

Schnitte <-, -n> *f* fetta *f*

Schnittlauch *m* erba *f* cipollina

Schnitzel ['ʃnɪtsəl] <-s, -> *n* (GASTR) cotoletta *f*

schnitzen *vt* intagliare

Schnorchel ['ʃnɔrçəl] <-s, -> *m* respiratore *m* di superficie

Schnörkel ['ʃnœrkəl] <-s, -> *m* ghirigoro *m;* (ARCH) arabesco *m*

Schnuller ['ʃnʊlɐ] <-s, -> *m* ciuccio *m*

Schnupfen <-s, -> *m* raffreddore *m;* **(einen) ~ haben** essere raffreddato

schnuppern ['ʃnʊpɐn] *vi* **an etw** *dat* **~** annusare qc

Schnur [ʃnuːɐ̯] <-, Schnüre> *f* corda *f;* (*Bindfaden*) spago *m*

schnurlos *adj* senza fili; **~es Telefon** cordless *m*

Schnurrbart *m* baffi *mpl*

Schnürsenkel *m* laccio *m* da scarpe

Schock [ʃɔk] <-(e)s, -s> *m* choc *m*

schockieren *vt* scioccare

Schokolade [ʃoko'laːdə] <-, -n> *f* cioccolato *m*

Scholle ['ʃɔlə] <-, -n> *f* ❶ (*Erd~*) zolla *f;* (*Eis~*) lastrone *m* ❷ (*Fisch*) sogliola *f*

schon [ʃoːn] *adv* ❶ (*zeitlich*) già; **~ oft** più volte; **~ wieder** di nuovo; **das weiß ich ~ lange** lo so da un pezzo ❷ (*gewiss, doch, wohl*) certamente; **sie wird ~ kommen** verrà, verrà

schön [ʃøːn] *adj* bello; **es ist ~** [*o* **~es Wetter**] fa bello; **~es Wochenende!** buon fine settimana!; **bitte ~!** prego!

schonen ['ʃoːnən] **I.** *vt* risparmiare **II.** *vr* **sich ~** riguardarsi

Schönheit <-, -en> *f* bellezza *f*

S

Schöpfkelle *f*, **Schöpflöffel** *m* ramaiolo *m*

Schöpfung <-, -en> *f* creazione *f*

Schornstein ['ʃɔrnʃtaɪn] *m* camino *m*; **Schornsteinfeger(in)** <-s, -; -, -nen> *m(f)* spazzacamino *m*

Schoß [ʃo:s] <-es, Schöße> *m* **auf jds ~** sulle ginocchia di qu

Schote ['ʃo:tə] <-, -n> *f* (BOT) baccello *m*

Schotte ['ʃɔtə] <-n, -n> *m*, **Schottin** <-, -nen> *f* scozzese *mf*

schottisch *adj* scozzese

Schottland ['ʃɔtlant] *n* Scozia *f*

schräg [ʃrɛ:k] *adj* obliquo; **Schrägstrich** *m* linea *f* obliqua

Schramme ['ʃramə] <-, -n> *f* graffiatura *f*

Schrank [ʃraŋk] <-(e)s, Schränke> *m* armadio *m*

Schranke ['ʃraŋkə] <-, -n> *f* barriera *f*

Schraube ['ʃraʊbə] <-, -n> *f* vite *f*

schrauben *vt* avvitare

Schraubenzieher <-s, -> *m* cacciavite *m*

Schreck [ʃrɛk] <-(e)s, -e> *m*, **Schrecken** <-s, -> *m* spavento *m*; **einen ~ bekommen** prendere uno spavento; **jdm einen ~ einjagen** incutere spavento a qu

schreckhaft *adj* pauroso

schrecklich *adj* spaventoso

Schrei [ʃraɪ] <-(e)s, -e> *m* grido *m*

Schreibblock *m* taccuino *m*

schreiben ['ʃraɪbən] <irr> *vt, vi* scrivere

schreibgeschützt *adj* (INFORM) protetto in scrittura; **Schreibkraft** *f* stenodattilografo, -a *m, f*; **Schreibmaschine** *f* macchina *f* da scrivere; **Schreibtisch** *m* scrivania *f*; **Schreibwaren** *fpl* articoli *mpl* di cancelleria; **Schreibwarenhandlung** *f* cartoleria *f*

schreien ['ʃraɪən] <irr> *vt, vi* gridare; (*brüllen*) urlare

Schrift [ʃrɪft] <-, -en> *f* scrittura *f*

schriftlich **I.** *adj* scritto **II.** *adv* per iscritto

Schriftsteller(in) <-s, -; -, -nen> *m(f)* scrittore, -trice *m, f*

Schritt <-(e)s, -e> *m* passo *m*; **~ für ~** (*fig*) gradualmente; **Schrittmacher** *m* (MED) pacemaker *m*; **Schritttempo** *n* **im ~** a passo d'uomo

schroff [ʃrɔf] *adj* erto; (*fig*) brusco

Schrotflinte *f* fucile *m* a pallini

Schrott [ʃrɔt] <-(e)s> *m* rottami *mpl* metallici

schrubben ['ʃrʊbən] *vt* strofinare

schrumpfen ['ʃrʊmpfən] *vi sein*

restringersi

Schubkarren *m* carriola *f*; **Schublade** *f* cassetto *m*

schüchtern *adj* timido

Schuft [ʃʊft] <-(e)s, -e> *m* (*pej*) furfante *m*

schuften *vi* (*fam*) sgobbare

Schuh [ʃuː] <-(e)s, -e> *m* scarpa *f*; **Schuhband** *n* laccio *m*; **Schuhcreme** *f* lucido *m* da scarpe; **Schuhlöffel** *m* calzascarpe *m*

Schulbildung *f* istruzione *f* scolastica

schuld [ʃʊlt] *adj* **an etw** *dat* **~ sein** avere la colpa di qc

Schuld [ʃʊlt] <-, -en> *f* ❶ (FIN) debito *m* ❷ *sing* (*Verschulden*) colpa *f*; **das ist meine ~** è colpa mia

schulden *vt* **jdm etw ~** dovere qc a qu

schuldig *adj* ❶ (*verantwortlich*) colpevole ❷ (*Wend*) **jdm etw ~ sein** dovere qc a qu

Schule [ˈʃuːlə] <-, -n> *f* scuola *f*

Schüler(in) [ˈʃyːlɐ] <-s, -; -, -nen> *m(f)* scolaro, -a *m, f*

Schulferien *pl* vacanze *fpl* scolastiche; **schulfrei** *adj* libero; **~ haben** avere vacanza; **Schulhof** *m* cortile *m* della scuola; **Schuljahr** *n* anno *m* scolastico; **Schulstunde** *f* lezione *f*; **Schultasche** *f* cartella *f*

Schulter [ˈʃʊltɐ] <-, -n> *f* spalla *f*

Schulung <-, -en> *f* addestramento *m*

Schuppen[1] [ˈʃʊpən] <-s, -> *m* (*Gebäude*) rimessa *f*

Schuppen[2] *fpl* (*Haar~*) forfora *f*

Schurke [ˈʃʊrkə] <-n, -n> *m*, **Schurkin** <-, -nen> *f* farabutto, -a *m, f*

Schurwolle *f* lana *f* vergine

Schürze [ˈʃʏrt͡sə] <-, -n> *f* grembiule *m*

Schuss [ʃʊs] <-es, Schüsse> *m* ❶ (*einer Waffe*) sparo *m*; (SPORT) tiro *m* ❷ (*Menge*) goccio *m*

Schüssel [ˈʃʏsəl] <-, -n> *f* scodella *f*

Schuster [ˈʃuːstɐ] <-s, -> *m* calzolaio *m*

Schutt [ʃʊt] <-(e)s> *m* macerie *fpl*; (*Bau~*) calcinacci *mpl*

Schüttelfrost *m* brividi *mpl* di febbre

schütteln [ˈʃʏtəln] *vt* scuotere; **jdm die Hand ~** stringere la mano a qu

schütten [ˈʃʏtən] *vt* versare

Schutz [ʃʊt͡s] <-es> *m* protezione *f*; **jdn in ~ nehmen** prendere le difese di qu; **Schutzblech** *n* parafango *m*

Schütze [ˈʃʏt͡sə] <-n, -n> *m* ❶ (ASTR) Sagittario *m*; **er/sie ist (ein) ~** è del Sagittario ❷ (*Schießender*) tiratore *m*

schützen [ˈʃʏt͡sən] **I.** *vt* proteggere **II.** *vr* **sich (vor jdm/etw)**

~ difendersi (da qu/qc)

Schutzengel *m* angelo *m* custode; **Schutzhelm** *m* elmetto *m* di protezione; **Schutzimpfung** *f* vaccinazione *f* profilattica; **Schutzweg** *m* (*A*) strisce *fpl* pedonali

Schwaben ['ʃva:bən] *n* Svevia *f*

schwäbisch *adj* svevo

schwach [ʃvax] <schwächer, schwächste> *adj* debole; (*Leistung*) scarso; ~ **werden** indebolirsi; (*fig*) cedere

Schwäche ['ʃvɛçə] <-, -n> *f* debolezza *f*; **eine ~ haben für** (*fam*) avere un debole per

schwächen *vt* indebolire

Schwächling <-s, -e> *m* (*pej*) debole *m*

schwachsinnig *adj* deficiente

Schwager ['ʃva:gɐ] <-s, Schwäger> *m*, **Schwägerin** <-, -nen> *f* cognato, -a *m, f*

Schwalbe ['ʃvalbə] <-, -n> *f* rondine *f*

Schwamm <-(e)s, Schwämme> *m* spugna *f*

Schwan [ʃva:n] <-(e)s, Schwäne> *m* cigno *m*

schwanger ['ʃvaŋɐ] *adj* incinta

Schwangerschaft <-, -en> *f* gravidanza *f*

schwanken ['ʃvaŋkən] *vi* ❶ (*taumeln*) barcollare; (*Preise, Zahlen*) oscillare ❷ (*fig: zögern*) esitare

Schwanz [ʃvants] <-es, Schwänze> *m* coda *f*

schwänzen ['ʃvɛntsən] *vt* **die Schule** ~ (*fam*) marinare la scuola

Schwarm [ʃvarm] <-(e)s, Schwärme> *m* ❶ (*Insekten~*) sciame *m*; (*Vogel~*) stormo *m* ❷ (*Idol*) idolo *m*

schwärmen *vi* **für jdn/etw** ~ essere entusiasta di qu/qc

schwarz [ʃvarts] <schwärzer, schwärzeste> *adj* nero; **Schwarzarbeit** *f* lavoro *m* nero; **Schwarzbrot** *n* pane *m* nero; **schwarz|fahren** <irr> *vi sein* viaggiare clandestinamente; **Schwarzwald** *m* Foresta *f* Nera

schwatzen ['ʃvatsən] *vt, vi* (**über jdn/etw**) ~ chiacchierare (su qu/qc)

Schwätzer(in) ['ʃvɛtsɐ] <-s, -; -, -nen> *m(f)* (*pej*) chiacchierone, -a *m, f*

Schwebebahn *f* teleferica *f*

schweben *vi sein* librarsi

Schwede ['ʃve:də] <-n, -n> *m* svedese *m*

Schweden ['ʃve:dən] *n* Svezia *f*

Schwedin *f* svedese *f*

schwedisch *adj* svedese

Schwefel ['ʃve:fəl] <-s> *m* zolfo *m*

schweigen ['ʃvaɪgən] <irr> *vi* tacere

Schweigepflicht *f* **ärztliche** ~ segreto professionale del medico

schweigsam *adj* taciturno
Schwein [ʃvaɪn] <-(e)s, -e> *n* ❶ (ZOO, GASTR) maiale *m* ❷ (*fam: Glück*) culo *m sl;* **Schweinefleisch** *n* (carne *f* di) maiale *m*
Schweinerei [ʃvaɪnə'raɪ] <-, -en> *f* (*fam*) porcheria *f*
Schweinestall *m* porcile *m*
Schweiß [ʃvaɪs] <-es> *m* sudore *m*
schweißen ['ʃvaɪsən] *vt* (TEC) saldare
Schweiz [ʃvaɪts] *f* **die ~** la Svizzera
Schweizer(in) <-s, -; -, -nen> *m(f)* svizzero, -a *m, f*
schweizerisch *adj* svizzero
Schwelle ['ʃvɛlə] <-, -n> *f* soglia *f*
schwellen ['ʃvɛlən] <irr> *vi sein* gonfiarsi
Schwellung <-, -en> *f* (MED) gonfiore *m*
schwer [ʃveːɐ̯] **I.** *adj* ❶ (*Gewicht*) pesante; **zwei Zentner ~ sein** pesare un quintale ❷ (*schwierig*) difficile **II.** *adv* (*fam: sehr*) molto; **schwerfällig** *adj* lento; **schwerhörig** *adj* duro d'orecchio; **Schwerkraft** *f* (PHYS) forza *f* di gravità
Schwert [ʃveːɐ̯t] <-(e)s, -er> *n* spada *f*
Schwester ['ʃvɛstɐ] <-, -n> *f* sorella *f;* (*Kranken~*) infermiera *f*
Schwiegereltern *pl* suoceri *mpl;* **Schwiegermutter** *f* suocera *f;* **Schwiegersohn** *m* genero *m;* **Schwiegertochter** *f* nuora *f;* **Schwiegervater** *m* suocero *m*
Schwiele ['ʃviːlə] <-, -n> *f* callo *m*
schwierig *adj* difficile; **Schwierigkeit** <-, -en> *f* difficoltà *f*
Schwimmbad *n* piscina *f;* **Schwimmbecken** *n* piscina *f*
schwimmen ['ʃvɪmən] <irr> *vi sein* nuotare; **~ gehen** andare in piscina
Schwimmweste *f* giubbetto *m* di salvataggio
Schwindel ['ʃvɪndəl] <-s> *m* ❶ (MED) vertigini *fpl* ❷ (*pej: Betrug*) imbroglio *m*
schwind(e)lig *adj* vertiginoso; **mir ist ~** ho le vertigini
schwindeln *vi* (*fam*) mentire
schwingen ['ʃvɪŋən] <irr> **I.** *vt* agitare **II.** *vi* oscillare; (*vibrieren*) vibrare
Schwips [ʃvɪps] <-es, -e> *m* (*fam*) **einen ~ haben** essere un po' brillo
schwitzen ['ʃvɪtsən] *vi* sudare
schwören ['ʃvøːrən] <irr> *vi* giurare
schwul [ʃvuːl] *adj* (*fam*) omosessuale
schwül [ʃvyːl] *adj* afoso; **es ist ~** c'è afa
Schwung [ʃvʊŋ] <-(e)s> *m* slancio *m;* (*fig: Energie*) ener-

gia *f*
Sciencefiction ['saɪəns'fɪkʃən] <-, -s> *f* fantascienza *f*
sechs [zɛks] *num* sei; **sechshundert** *num* seicento; **sechsmal** *adv* sei volte
Sechstel <-s, -> *n* sesto *m*
sechstens *adv* (in) sesto (luogo)
sechste(r, s) *adj* sesto, -a; (*bei Datumsangaben*) sei
sechzehn ['zɛçtse:n] *num* sedici
sechzig ['zɛçtsɪç] *num* sessanta
Secondhandladen *m* negozio *m* dell'usato
See[1] [ze:] <-s, -n> *m* (*Binnen~*) lago *m*
See[2] <-> *f* (*Meer*) mare *m*
Seefahrt *f* navigazione *f* marittima; **Seehund** *m* foca *f*; **seekrank** *adj* ~ **sein** aver il mal di mare
Seele ['ze:lə] <-, -n> *f* anima *f*
seelisch *adj* psichico
Seemann *m* marinaio *m*; **Seeräuber** *m* pirata *m*; **Seerose** *f* ninfea *f*
Segel ['ze:gəl] <-s, -> *n* vela *f*; **Segelboot** *n* barca *f* a vela; **Segelflugzeug** *n* aliante *m*
segeln *vi* navigare a vela
Segelschiff *n* veliero *m*
Segen ['ze:gən] <-s, -> *m* benedizione *f*
segnen ['ze:gnən] *vt* benedire
sehen ['ze:ən] <irr> *vt, vi* vedere; (*in bestimmte Richtung*) guardare; **wieder** ~ rivedere; **wir werden ja** ~ staremo a vedere; **sieh mal!** guarda!
Sehenswürdigkeit <-, -en> *f* bellezza *f*
Sehne ['ze:nə] <-, -n> *f* (ANAT) tendine *m*
sehnen ['ze:nən] *vr* **sich nach jdm/etw** ~ aver nostalgia di qu/qc
Sehnsucht *f* nostalgia *f*; **sehnsüchtig** **I.** *adj* nostalgico; (*Wunsch*) struggente **II.** *adv* con ansia
sehr [ze:ɐ̯] *adv* molto; ~ **viel** moltissimo; **wie** ~ quanto; **zu** ~ troppo
Seide ['zaɪdə] <-, -n> *f* seta *f*
Seife ['zaɪfə] <-, -n> *f* sapone *m*
Seil [zaɪl] <-(e)s, -e> *n* corda *f*; **Seilbahn** *f* funivia *f*
sein[1] [zaɪn] <irr> *vi sein* essere; **das kann** ~ può darsi; **lass das** ~**!** lascia perdere!
sein[2] *pron von* **er, es** (*adjektivisch*) suo, -a *m, f*, suoi *mpl*, sue *fpl*
seine(r, s) ['zaɪnə] *pron von* **er, es** (*substantivisch*) (il) suo, (la) sua, (i) suoi *pl*, (le) sue *pl*
seinetwegen *adv* per lui; (*negativ*) per colpa sua
seit [zaɪt] **I.** *prp* da; **ich warte** ~ **einer Stunde** è un'ora che aspetto; ~ **langem** da molto tempo **II.** *konj* da quando; **seitdem** [zaɪt'de:m] **I.** *adv* da allora **II.** *konj* da quando

Seite ['zaɪtə] <-, -n> *f* ❶ (*von Körper*) fianco *m;* (*von Fläche*) lato *m;* **auf beiden ~n** da ambo le parti; **zur ~ gehen** farsi da parte ❷ (*von Buch*) pagina *f;* **Seitensprung** *m* (*fig*) scappatella *f;* **Seitenstechen** *n* fitta *f* al fianco; **Seitenstraße** *f* strada *f* laterale; **Seitenstreifen** *m* (*von Straße*) banchina *f*

seitlich *adj* laterale

Sekretär [zekre'tɛ:ɐ̯] <-s, -e> *m* ❶ (*Möbelstück*) secrétaire *m* ❷ (*Mensch*) segretario *m*

Sekretariat [zekretari'a:t] <-(e)s, -e> *n* segretariato *m*

Sekretärin <-, -nen> *f* segretaria *f*

Sekt [zɛkt] <-(e)s, -e> *m* spumante *m*

Sekte ['zɛktə] <-, -n> *f* setta *f*

Sekunde [ze'kʊndə] <-, -n> *f* secondo *m*

selbe(r, s) ['zɛlbə] *adj* stesso

selbst [zɛlbst] **I.** *pron* **er/es ~** egli/esso stesso; **sie ~** essa stessa; **von ~** da sé **II.** *adv* (*sogar*) persino; **~ wenn** anche se +*conj;* **selbständig** *adj* indipendente; **Selbständigkeit** <-> *f* indipendenza *f;* **Selbstbedienung** *f* self-service *m;* **Selbstbefriedigung** *f* masturbazione *f;* **Selbstbeherrschung** *f* autocontrollo *m;* **selbstbewusst** *adj* sicuro di sé; **Selbstbewusstsein** *n* sicurezza *f;* **selbstgemacht** *adj* (*Marmelade*) fatto in casa; (*Pullover, Geschenk*) fatto da sé; **Selbstgespräch** *n* monologo *m;* **selbstlos** *adj* altruista; **Selbstmord** *m* suicidio *m;* **selbstsicher** *adj* sicuro di sé; **selbstständig** *adj s.* **selbständig**; **Selbstständigkeit** <-> *f s.* **Selbständigkeit**; **selbstverständlich** **I.** *adj* ovvio **II.** *adv* naturalmente; **~!** si capisce!; **Selbstvertrauen** *n* fiducia *f* in sé

Sellerie ['zɛləri] <-s, -(s)> *m* sedano *m*

selten ['zɛltən] **I.** *adj* raro **II.** *adv* di rado

seltsam *adj* strano

Semester [ze'mɛstɐ] <-s, -> *n* semestre *m*

Seminar [zemi'na:ɐ̯] <-s, -e> *n* seminario *m*

Semmel ['zɛməl] <-, -n> *f* panino *m*

Senat [ze'na:t] <-(e)s, -e> *m* senato *m*

senden[1] ['zɛndən] <irr> *vt* (*schicken*) inviare

senden[2] *vt* (RADIO, TV) trasmettere

Sender <-s, -> *m* (RADIO, TV) (stazione *f*) trasmittente *f*

Sendung <-, -en> *f* ❶ (*Brief, Paket*) spedizione *f* ❷ (RADIO, TV) trasmissione *f*

Senf [zɛnf] <-(e)s, -e> *m* sena-

S

pe *f*
Seniorenheim *n* casa *f* di riposo; **Seniorenkarte** *f,* **Seniorenpass** *m* carta *f* d'argento
senken ['zɛŋkən] **I.** *vt* ❶ (*Kopf*) abbassare ❷ (*Preise*) ribassare **II.** *vr* **sich** ~ abbassarsi
senkrecht *adj* verticale
Sensation [zɛnza'ʦi̯o:n] <-, -en> *f* sensazione *f*
sensibel [zɛn'zi:bəl] *adj* sensibile
sentimental [zɛntimɛn'ta:l] *adj* sentimentale
separat [zepa'ra:t] *adj* separato
September [zɛp'tɛmbɐ] <-(s), -> *m* settembre *m*
Serbe ['zɛrbə] <-n, -n> *m* serbo *m*
Serbien *n* Serbia *f*
Serbin <-, -nen> *f* serba *f*
serbisch *adj* serbo
serbokroatisch *adj* serbocroato
Serie ['ze:riə] <-, -n> *f* serie *f;* **Serienausstattung** *f* (AUTO) equipaggiamento *m* di serie
seriös [zeri'ø:s] *adj* serio
Server ['sœ:vɐ] <-s, -> *m* (INFORM) server *m*
Service[1] [zɛr'vi:s] <-(s), -> *n* (*Geschirr*) servizio *m*
Service[2] ['zø:ɐ̯vɪs] <-> *m* assistenza *f* tecnica
servieren [zɛr'vi:rən] *vt, vi* servire
Serviette [zɛr'vi̯ɛtə] <-, -n> *f* tovagliolo *m*
Servolenkung *f* servosterzo *m*
servus ['sɛrvʊs] *int* (*A, südd*) ciao
Sessel ['zɛsəl] <-s, -> *m* poltrona *f;* **Sessellift** *m* seggiovia *f*
setzen ['zɛʦən] **I.** *vt* ❶ (*Sache*) mettere ❷ (*Baum*) piantare ❸ (*Ziel*) porre **II.** *vr* **sich** ~ sedersi
Seuche ['zɔɪçə] <-, -n> *f* epidemia *f*
seufzen ['zɔɪfʦən] *vi* sospirare
Sex [zɛks] <-(es)> *m* sesso *m*
Sexualität [zɛksuali'tɛ:t] <-> *f* sessualità *f*
sexuell *adj* sessuale
sexy <inv> *adj* sexy
Shampoo ['ʃampu] <-s, -s> *n* shampoo *m*
Shorts [ʃɔrʦ] *pl* pantaloncini *mpl* corti
Show [ʃɔʊ] <-, -s> *f* show *m*
Sibirien [zi'bi:riən] *n* Siberia *f*
sibirisch *adj* siberiano
sich [zɪç] *pron* (*betont*) sé; (*unbetont*) si; **er wäscht** ~ si lava; ~ **selbst** sé stesso
sicher ['zɪçɐ] **I.** *adj* ❶ (*nicht gefährdet*) sicuro; **vor jdm/etw ~ sein** essere al sicuro da qu/qc ❷ (*gewiss*) certo **II.** *adv* certamente
Sicherheit <-> *f* ❶ (*Ungefährlichkeit*) sicurezza *f* ❷ (*Gewissheit*) certezza *f;* **Sicherheitsgurt** *m* cintura *f* di sicurezza;

Sicherheitsnadel *f* spilla *f* di sicurezza

Sicherung <-, -en> *f* ❶ (*an Waffen*) sicura *f* ❷ (EL) fusibile *m*

Sicht [zɪçt] <-> *f* ❶ (*~ verhältnisse*) visibilità *f* ❷ (*Aus~*) vista *f*; **sichtbar** *adj* visibile

sie [ziː] *pron* ❶ *nom 3. pers sing f* (*in Bezug auf Menschen, unbetont, meist nicht übersetzt*) ella; (*betont*) lei; (*in Bezug auf Dinge, unbetont, meist nicht übersetzt*) essa; (*betont*) lei ❷ *nom 3. pers pl* (*unbetont, meist nicht übersetzt*) essi *mpl*, esse *fpl*; (*betont*) loro ❸ *sing, acc von* **sie** (*betont*) lei; (*unbetont*) la, l' ❹ *pl, acc von* **sie** (*betont*) loro; (*unbetont*) li *mpl*, le *fpl*

Sie *pron* ❶ *nom sing* (*Höflichkeitsform*) Lei; **jdn mit ~ anreden** dare del Lei a qu ❷ *nom pl* (*Höflichkeitsform*) voi; (*geh*) Loro ❸ *sing, acc von* **Sie** La ❹ *pl, acc von* **Sie** Li *mpl*, Le *fpl*

Sieb [ziːp] <-(e)s, -e> *n* setaccio *m*; (*Tee~*) colino *m*

sieben[1] ['ziːbən] *vt* setacciare

sieben[2] *num* sette; **siebenhundert** *num* settecento; **siebenmal** *adv* sette volte

Siebtel <-s, -> *n* settimo *m*

siebtens *adv* (in) settimo (luogo)

siebte(r, s) *adj* settimo, -a; (*bei Datumsangaben*) sette

siebzehn *num* diciassette

siebzig ['ziːptsɪç] *num* settanta

Siedlung <-, -en> *f* centro *m* residenziale

Sieg [ziːk] <-(e)s, -e> *m* vittoria *f*

siegen ['ziːgən] *vi* vincere

Sieger(in) <-s, -; -, -nen> *m(f)* vincitore, -trice *m, f*

siezen ['ziːtsən] *vt* dare del Lei a

Signal [zɪ'gnaːl] <-s, -e> *n* segnale *m*

Silbe ['zɪlbə] <-, -n> *f* sillaba *f*

Silber ['zɪlbɐ] <-s> *n* argento *m*

Silvester [zɪl'vɛstɐ] <-s, -> *n* San Silvestro

simpel ['zɪmpəl] *adj* semplice

Simultandolmetscher(in) *m(f)* interprete *mf* simultaneo, -a

Sinfonie [zɪnfo'niː] <-, -n> *f* sinfonia *f*

singen ['zɪŋən] <irr> *vt, vi* cantare

Single[1] [sɪŋgl] <-, -(s)> *f* (*Schallplatte*) 45 giri *m*

Single[2] <-s, -s *m o* -, -s *f*> *mf* (*Alleinlebende*) single *mf*

Singular ['zɪŋgulaːɐ̯] <-s, -e> *m* (LING) singolare *m*

sinken ['zɪŋkən] <irr> *vi sein* ❶ (*Schiff*) affondare; (*Sonne*) calare ❷ (*Temperatur, Preise*) calare

Sinn [zɪn] <-(e)s, -e> *m* ❶ (*Wahrnehmungs~*) senso *m* ❷ (*Bedeutung*) senso *m*; **das hat keinen ~** non ha alcun sen-

S

so

Sinnesorgan *n* organo *m* dei sensi

sinnlich *adj* sensuale

sinnlos *adj* insensato; (*vergeblich*) inutile; **sinnvoll** *adj* sensato; (*nützlich*) utile

Sintflut ['zɪntflu:t] *f* diluvio *m* universale

Sirene [zi're:nə] <-, -n> *f* sirena *f*

Sirup ['zi:rʊp] <-s, -e> *m* sciroppo *m*

Sitte ['zɪtə] <-, -n> *f* usanza *f*

Situation [zitua'ts̮i̯o:n] <-, -en> *f* situazione *f*

Sitz [zɪts̮] <-es, -e> *m* ❶ (*~ gelegenheit*) posto *m;* (*in Fahrzeugen*) sedile *m* ❷ (*von Firma, Regierung*) sede *f*

sitzen ['zɪts̮ən] <irr> *vi* ❶ (*Mensch*) essere seduto; **~ bleiben** (*in der Schule*) essere bocciato; **~ lassen** (*fam*) piantare ❷ (*Kleidung*) cadere bene

Sitzplatz *m* posto *m* a sedere

Sitzung <-, -en> *f* seduta *f*

sizilianisch *adj* siciliano

Sizilien [zi'ts̮i:liən] *n* Sicilia *f*

Skala ['ska:la] <-, -s> *f* scala *f*

Skandal [skan'da:l] <-s, -e> *m* scandalo *m*

Skandinavien [skandi'na:viən] *n* Scandinavia *f*

skandinavisch *adj* scandinavo

Skateboard ['skɛɪtbɔ:t] <-s, -s> *n* skateboard *m*

Skelett [ske'lɛt] <-(e)s, -e> *n* scheletro *m*

skeptisch *adj* scettico

Ski [ʃi:] <-s, -er> *m* sci *m;* **~ laufen** [*o* **fahren**] sciare; **Skianzug** *m* tuta *f* da sci; **Skibrille** *f* occhiali *mpl* da sci; **Skifahrer(in)** *m(f)*, **Skiläufer(in)** *m(f)* sciatore, -trice *m, f;* **Skilift** *m* sciovia *f;* **Skischuh** *m* scarpa *f* da sci; **Skistock** *m* bastone *m* da sci; **Skiträger** *m* portasci *m*

Skizze ['skɪts̮ə] <-, -n> *f* schizzo *m*

Sklave ['skla:və] <-n, -n> *m* schiavo *m*

Sklaverei [skla:və'raɪ] <-> *f* schiavitù *f*

Sklavin <-, -nen> *f* schiava *f*

Skorpion [skɔr'pi̯o:n] <-s, -e> *m* ❶ (ZOO) scorpione *m* ❷ (ASTR) Scorpione *m;* **er/sie ist** (**ein**) ~ è dello Scorpione

Skrupel ['skru:pəl] <-s, -> *m* scrupolo *m;* **skrupellos** *adj* senza scrupoli

Skulptur [skʊlp'tu:ɐ̯] <-, -en> *f* scultura *f*

Slawe ['sla:və] <-n, -n> *m*, **Slawin** <-, -nen> *f* slavo, -a *m, f*

slawisch *adj* slavo

Slip [slɪp] <-s, -s> *m* slip *m*

Slowake [slo'va:kə] <-n, -n> *m* slovacco *m*

Slowakei [slova'kaɪ] *f* **die** ~ la

Repubblica Slovacca
Slowakin <-, -nen> *f* slovacca *f*
slowakisch *adj* slovacco
Slowene [slo'veːnə] <-n, -n> *m* sloveno *m*
Slowenien [slo'veːniən] *n* Slovenia *f*
Slowenin <-, -nen> *f* slovena *f*
slowenisch *adj* sloveno
Smaragd [sma'rakt] <-(e)s, -e> *m* smeraldo *m*
Smog [smɔk] <-(s), -s> *m* smog *m*
Smoking ['smoːkɪŋ] <-s, -s> *m* smoking *m*
Snob [snɔp] <-s, -s> *m* snob *mf*
Snowboard ['snɔʊbɔːt] <-s, -s> *n* snowboard *m*
s.o. *abk v* **siehe oben** v.s.
so [zoː] *adv* così; **und ~ weiter** e così via; **du tust nur ~** fai solo finta; **~ sehr, dass ...** a tal punto che ...; **~ ..., dass** così ... che; **so dass ...** per cui ...; **~ gut wie** praticamente; **~ viel** tanto; **um ~ besser** tanto meglio; **~ etwas** una cosa simile; **~ ein Esel!** che imbecille!; **~?** veramente?
sobald [zo'balt] *konj* non appena
Socke ['zɔkə] <-, -n> *f* calzino *m*
Sodbrennen ['zoːtbrɛnən] <-s> *n* bruciore *m* di stomaco
soeben [zo'ʔeːbən] *adv* appena
Sofa ['zoːfa] <-s, -s> *n* divano *m*
sofern [zo'fɛrn] *konj* in quanto che +*conj*
sofort [zo'fɔrt] *adv* subito; **Sofortbildkamera** *f* (macchina *f*) polaroid® *f*
Softie ['sɔfti] <-s, -s> *m* (*fam*) delicatino *m*
Software ['sɔftwɛːɐ̯] <-, -s> *f* (INFORM) software *m*
sogar [zo'gaːɐ̯] *adv* perfino
sogenannt *adj* cosiddetto
Sohle ['zoːlə] <-, -n> *f* ❶ (*Fuß~*) pianta *f* ❷ (*Schuh~*) suola *f*
Sohn [zoːn] <-(e)s, Söhne> *m* figlio *m*
solange [zo'laŋə] *konj* finché
Solarium [zo'laːriʊm] <-s, Solarien> *n* solarium *m*
solch, **solche**(**r**, **s**) *adj* tale; **ein ~er ...** un tale ...; **eine ~e ...** una tale ...
Soldat [zɔl'daːt] <-en, -en> *m* soldato *m*
Solidarität [zolidari'tɛːt] <-> *f* solidarietà *f*
solid(**e**) [zo'liːdə] *adj* ❶ (*Haus, Möbel*) solido ❷ (*Mensch, Leben*) onesto
Solist(**in**) [zo'lɪst] <-en, -en; -, -nen> *m(f)* solista *mf*
sollen[1] ['zɔlən] <irr> *Modalverb* dovere; **du solltest lieber gehen** faresti meglio ad andare; **das hättest du nicht tun ~** non avresti dovuto farlo; **was soll das heißen?** che cosa vuol dire?; **er soll reich sein** dicono che sia ricco; **wenn es regnen**

S

sollte se dovesse piovere

sollen² <irr> *vi* **was soll das?** che significa?; **was soll's** (*fam*) è uguale

Sommer ['zɔmɐ] <-s, -> *m* estate *f;* **im ~** d'estate; **Sommerferien** *pl* vacanze *fpl* estive

sommerlich *adj* estivo

Sommerschlussverkauf *m* liquidazione *f* di fine stagione (estiva); **Sommersprossen** *f* lentiggini *fpl;* **Sommerzeit** *f* (*Uhrzeit*) ora *f* estiva

Sonderangebot *n* offerta *f* speciale

sonderbar *adj* strano

Sondermüll *m* residui *mpl* tossici

sondern ['zɔndɐn] *konj* ma; **nicht nur …, ~ auch …** non solo …, ma anche …

Sonderzug *m* treno *m* straordinario

Sonnabend ['zɔnʔa:bənt] *m* sabato *m*

Sonne ['zɔnə] <-, -n> *f* sole *m*

sonnen *vr* **sich ~** prendere il sole

Sonnenaufgang *m* sorgere *m* del sole; **Sonnenblume** *f* girasole *m;* **Sonnenbrand** *m* scottatura *f* solare; **Sonnenbrille** *f* occhiali *mpl* da sole; **Sonnencreme** *f* crema *f* solare; **Sonnenöl** *n* olio *m* solare; **Sonnenschein** *m* sole *m;* **Sonnenschirm** *m* ombrellone *m;* **Sonnenstich** *m* insolazione *f;* **Sonnenuntergang** *m* tramonto *m* del sole

sonnig *adj* soleggiato; (*Tag*) sereno

Sonntag ['zɔnta:k] <-s, -e> *m* domenica *f*

sonntags *adv* di [*o* la] domenica

sonst [zɔnst] *adv* ❶ (*andernfalls*) altrimenti ❷ (*außerdem*) inoltre; **~ nichts** niente altro; **~ noch etwas?** che altro desidera?; **wer/was ~?** chi/che altro?

sooft [zo'ʔɔft] *konj* ogniqualvolta

Sopran [zo'pra:n] <-s, -e> *m* (MUS) soprano *m*

Sorge ['zɔrgə] <-, -n> *f* pensiero *m;* **sich** *dat* **~n um jdn/etw machen** darsi pensiero per qu/qc; **keine ~!** non si preoccupi!

sorgen I. *vi* **für etw ~** provvedere a qc; **dafür ~, dass …** fare in modo che *+conj;* **für jdn ~** aver cura di qu **II.** *vr* **sich** (**um jdn/etw**) **~** essere in pensiero (per qu/qc)

sorgfältig *adj* accurato

Sorte ['zɔrtə] <-, -n> *f* tipo *m;* (*Marke*) marca *f*

sortieren [zɔr'ti:rən] *vt* assortire

Sortiment [zɔrti'mɛnt] <-(e)s, -e> *n* (COM) assortimento *m*

sosehr [zo'ze:ɐ̯] *konj* per quanto *+conj*

Soße ['zo:sə] <-, -n> *f* sugo *m*

Souvenir [zuvə'ni:ɐ̯] <-s, -s> *n* souvenir *m*

soviel [zo'fi:l] *konj* per quanto +*conj;* ~ **ich weiß** per quanto ne sappia io
soweit [zo'vaɪt] **I.** *adv* fin qui; ~ **wie** [*o* **als**] (tanto) quanto; **bist du ~?** sei pronto?; **ich bin ~ zufrieden** sono abbastanza contento **II.** *konj* per quanto +*conj*
sowenig [zo've:nɪç] **I.** *adv* (altret)tanto poco; ~ **wie möglich** il meno possibile **II.** *konj* per poco che +*conj*
sowie [zo'vi:] *konj* come anche
sowieso [zovi'zo:] *adv* comunque
Sowjetunion *f* **die** ~ l'Unione *f* Sovietica
sowohl [zo'vo:l] *konj* ~ **... als auch ...** tanto ... quanto ...
sozial [zo'tsi̯a:l] *adj* sociale; **Sozialabgaben** *fpl* contributi *mpl* sociali; **Sozialarbeiter(in)** *m(f)* assistente *mf* sociale; **Sozialdemokrat(in)** *m(f)* socialdemocratico, -a *m, f;* **Sozialhilfe** *f* assistenza *f* sociale
Sozialismus [zotsi̯a'lɪsmʊs] <-> *m* socialismo *m*
sozialistisch *adj* socialista
sozusagen [zo:tsu'za:gən] *adv* per così dire
Spachtel ['ʃpaxtəl] <-s, -> *m* spatola *f*
Spagetti [ʃpa'gɛti] *pl,* **Spaghetti** *pl* spaghetti *mpl*
Spalt [ʃpalt] <-(e)s, -e> *m* fessura *f*
Spalte ['ʃpaltə] <-, -n> *f* ❶ (*Fels~*) crepa *f* ❷ (TYP) colonna *f*
spalten <irr> **I.** *vt* spaccare; (*fig*) dividere **II.** *vr* **sich** ~ scindersi
Span [ʃpa:n] <-(e)s, Späne> *m* truciolo *m*
Spanferkel *n* maialino *m* da latte
Spange ['ʃpaŋə] <-, -n> *f* ❶ (*Haar~*) fermaglio *m* ❷ (*Schnalle*) fibbia *f*
Spanien ['ʃpa:niən] *n* Spagna *f*
Spanier(in) <-s, -; -, -nen> *m(f)* spagnolo, -a *m, f*
spanisch *adj* spagnolo
spannen ['ʃpanən] *vt* tendere; (*ein~*) stringere
spannend *adj* avvincente
Spannung <-> *f* tensione *f*
Sparbuch *n* libretto *m* di risparmio; **Sparbüchse** *f* salvadanaio *m*
sparen ['ʃpa:rən] **I.** *vi* fare economia; **an etw** *dat* ~ economizzare su qc; **am Essen** ~ risparmiare sul mangiare **II.** *vt* risparmiare
Spargel ['ʃpargəl] <-s, -> *m* asparago *m*
Sparkasse *f* cassa *f* di risparmio; **Sparkonto** *n* conto *m* di risparmio; **sparsam** *adj* ❶ (*Mensch*) parsimonioso ❷ (*Gerät, Auto*) economico; **Sparschwein** *n* salvadanaio *m* a porcellino

Spaß [ʃpaːs] <-es, Späße> *m* ❶ *sing* (*Vergnügen*) divertimento *m;* **viel ~!** buon divertimento! ❷ (*Scherz*) scherzo *m;* **~ machen** scherzare; **Spaßverderber** *m* guastafeste *mf*

spät [ʃpɛːt] **I.** *adj* tardo; (*Frühjahr, Obst, Reue*) tardivo **II.** *adv* tardi; **zu ~** troppo tardi; **zu ~ kommen** arrivare in ritardo; **wie ~ ist es?** che ore sono?

Spaten [ˈʃpaːtən] <-s, -> *m* vanga *f*

später [ˈʃpɛːtɐ] **I.** *adj* successivo **II.** *adv* più tardi; **einige Zeit ~** qualche tempo dopo; **bis ~!** a più tardi!

spätestens *adv* al più tardi

Spatz [ʃpat͜s] <-en, -en> *m* passero *m*

spazieren [ʃpaˈt͜siːrən] *vi sein* passeggiare; **~ gehen** andare a passeggio

Spaziergang *m* passeggiata *f*

Specht [ʃpɛçt] <-(e)s, -e> *m* picchio *m*

Speck [ʃpɛk] <-(e)s, -e> *m* lardo *m*

Spedition [ʃpediˈt͜si̯oːn] <-, -en> *f* impresa *f* di spedizioni

Speer [ʃpeːɐ̯] <-(e)s, -e> *m* lancia *f;* (SPORT) giavellotto *m*

Speiche [ˈʃpaɪçə] <-, -n> *f* raggio *m*

Speichel [ˈʃpaɪçəl] <-s> *m* saliva *f*

Speicher [ˈʃpaɪçɐ] <-s, -> *m* ❶ (*Getreide~*) granaio *m* ❷ (*Dachboden*) solaio *m* ❸ (INFORM) memoria *f*

speichern *vt* ❶ (*einlagern*) immagazzinare ❷ (INFORM) salvare

Speicherplatz *m* (INFORM) spazio *m* di memoria

speien [ˈʃpaɪən] <irr> *vt, vi* sputare; (*sich erbrechen*) vomitare

Speise [ˈʃpaɪzə] <-, -n> *f* cibo *m;* **Speisekarte** *f* menu *m;* **Speiseröhre** *f* esofago *m;* **Speisesaal** *m* sala *f* da pranzo; **Speisewagen** *m* carrozza *f* ristorante

spekulieren [ʃpekuˈliːrən] *vi* speculare

Spende [ˈʃpɛndə] <-, -n> *f* donazione *f*

spenden *vt* ❶ (*Geld*) offrire ❷ (*Blut*) donare

spendieren [ʃpɛnˈdiːrən] *vt* (*fam*) **(jdm) etw ~** offrire qc (a qu)

Sperling [ˈʃpɛrlɪŋ] <-s, -e> *m* passero *m*

Sperma [ˈʃpɛrma] <-s, Spermen> *n* sperma *m*

Sperre [ˈʃpɛrə] <-, -n> *f* ❶ (*Straßen~*) blocco *m* ❷ (*Verbot*) divieto *m*

sperren [ˈʃpɛrən] *vt* bloccare; (*Strom, Gas*) tagliare; (*Konto*) bloccare; **jdn in etw** *acc* **~** (rin)chiudere qu in qc

sperrig *adj* ingombrante

Sperrmüll *m* rifiuti *mpl* ingombranti

Spesen ['ʃpe:zən] *pl* spese *fpl*

spezialisieren [ʃpetsi̯ali'zi:rən] *vr* **sich** (**auf etw** *acc*) ~ specializzarsi (in qc)

Spezialität <-, -en> *f* specialità *f*

speziell [ʃpe'tsi̯ɛl] *adj* speciale

spezifisch [ʃpe'tsi:fɪʃ] *adj* specifico

Spiegel ['ʃpi:gəl] <-s, -> *m* specchio *m;* **Spiegelbild** *n* immagine *f* riflessa; **Spiegelei** *n* uovo *m* al tegamino

spiegeln **I.** *vt* riflettere **II.** *vr* **sich** ~ rispecchiarsi

Spiel [ʃpi:l] <-(e)s, -e> *n* ❶ (*allg*) gioco *m* ❷ (SPORT) partita *f*

spielen *vt, vi* ❶ (*Spiel*) giocare; **Ball** ~ giocare a palla ❷ (MUS) suonare; **Klavier** ~ suonare il pianoforte

Spieler(in) <-s, -> *m(f)* giocatore, -trice *m, f*

Spielfilm *m* lungometraggio *m;* **Spielhalle** *f* casa *f* da gioco; **Spielplatz** *m* campo *m* giochi; **Spielsachen** *fpl* giocattoli *mpl;* **Spielverderber(in)** *m(f)* guastafeste *mf;* **Spielwaren** *fpl* giocattoli *mpl;* **Spielzeug** *n* giocattolo *m*

Spieß [ʃpi:s] <-es, -e> *m* spiedo *m*

Spießbürger(in) *m(f)* (*pej*), **Spießer(in)** <-s, -; -, -nen> *m(f)* (*pej fam*) borghesuccio, -a *m, f*

spießig *adj* piccolo borghese

Spinat [ʃpi'na:t] <-(e)s, -e> *m* (GASTR) spinaci *mpl*

Spinne ['ʃpɪnə] <-, -n> *f* ragno *m*

spinnen ['ʃpɪnən] <irr> *vi* ❶ (*Garn* ~) filare ❷ (*fam: verrückt sein*) essere svitato

Spinnennetz *n* ragnatela *f*

Spinner(in) <-s, -; -, -nen> *m(f)* (*fig fam*) mattoide *mf*

Spinnwebe <-, -n> *f* ragnatela *f*

Spion [ʃpi̯o:n] <-s, -e> *m* ❶ (*Person*) spia *f* ❷ (*Guckloch*) spioncino *m*

spionieren [ʃpio'ni:rən] *vi* fare la spia

Spionin <-, -nen> *f* spia *f*

Spirale [ʃpi'ra:lə] <-, -n> *f* spirale *f*

Spirituose <-, -n> *f* bevanda *f* alcolica

Spiritus ['ʃpi:ritʊs] <-, -se> *m* alcool *m*

Spital [ʃpi'ta:l] <-s, Spitäler> *n* (*A, CH*) ospedale *m*

spitz [ʃpɪts] *adj* aguzzo; (*Winkel*) acuto

Spitze ['ʃpɪtsə] <-, -n> *f* ❶ (*von Gegenständen*) punta *f* ❷ (SPORT) testa *f*

spitzen *vt* temperare

Spitzer <-s, -> *m* temperamatite *m*

Spitzname *m* nomignolo *m*

S

Splitter ['ʃplɪtɐ] <-s, -> *m* scheggia *f*

sponsern ['ʃpɔnzɐn] *vt* sponsorizzare

Sponsor ['ʃpɔnzɐ] <-s, -en> *m* sponsor *m*

spontan [ʃpɔn'ta:n] *adj* spontaneo

Sport [ʃpɔrt] <-(e)s> *m* sport *m;* ~ **treiben** fare dello sport; **Sportart** *f* sport *m;* **Sportlehrer(in)** *m(f)* insegnante *mf* di educazione fisica

Sportler(in) <-s, -; -, -nen> *m(f)* sportivo, -a *m, f*

sportlich *adj* sportivo

Sportplatz *m* campo *m* sportivo; **Sportverein** *m* circolo *m* sportivo

Spott [ʃpɔt] <-(e)s> *m* scherno *m;* **spottbillig** *adj* dal prezzo irrisorio

spotten ['ʃpɔtən] *vi* **über jdn ~** schernire qu

spöttisch *adj* beffardo

Sprache ['ʃpra:xə] <-, -n> *f* lingua *f;* **Sprachkurs** *m* corso *m* linguistico; **sprachlos** *adj* **~ sein** rimanere senza parole

Spray [ʃpre:] <-s, -s> *m o n* spray *m*

sprechen ['ʃprɛçən] <irr> *vi, vt* parlare; **mit jdm über etw** *acc* **~** parlare con qu di qc; **ich möchte Sie ~** vorrei parlarLe

Sprechstunde *f* orario *m* di visita; **Sprechstundenhilfe** *f* assistente *mf;* **Sprechzimmer** *n* ambulatorio *m*

sprengen ['ʃprɛŋən] *vt* ❶ (*mit Sprengstoff*) far saltare ❷ (*Rasen*) annaffiare

Sprengstoff *m* esplosivo *m*

Sprichwort ['ʃprɪçvɔrt] *n* proverbio *m*

Springbrunnen *m* fontana *f* a zampillo

springen ['ʃprɪŋən] <irr> *vi sein* saltare; **über einen Graben ~** saltare un fosso

Spritze ['ʃprɪtsə] <-, -n> *f* (MED: *Instrument*) siringa *f;* (*Injektion*) iniezione *f*

spritzen *vi* schizzare

Spruch [ʃprʊx] <-(e)s, Sprüche> *m* detto *m*

Sprudel ['ʃpru:dəl] <-s, -> *m* acqua *f* minerale gassata

sprudeln *vi* sgorgare

Sprühdose *f* (bombola *f*) spray *m*

sprühen ['ʃpry:ən] *vt, vi* sprizzare

Sprung [ʃprʊŋ] <-(e)s, Sprünge> *m* salto *m;* **Sprungbrett** *n* trampolino *m;* **Sprungschanze** *f* trampolino *m*

Spucke ['ʃpʊkə] <-> *f* (*fam*) saliva *f*

spucken *vi, vt* sputare

Spuk [ʃpu:k] <-(e)s> *m* fantasma *m*

spuken *vi* **es spukt** (**hier**) (qui) ci sono i fantasmi

Spule ['ʃpu:lə] <-, -n> *f* bobina *f*
Spüle ['ʃpy:lə] <-, -n> *f* lavandino *m*
spülen ['ʃpy:lən] *vt, vi* ❶ (*Geschirr*) lavare ❷ (*Mund*) sciacquare
Spülmaschine *f* lavastoviglie *f*; **Spülmittel** *n* detersivo *m* per (le) stoviglie
Spur [ʃpu:ɐ̯] <-, -en> *f* ❶ (*Fuß~*) traccia *f* ❷ (*Fahrbahn*) corsia *f*
spürbar *adj* sensibile
spüren ['ʃpy:rən] *vt* sentire
spurlos *adv* ~ **verschwinden** sparire senza lasciar traccia
Squash ['skvɔʃ] <-> *n* (SPORT) squash *m*
Staat [ʃta:t] <-(e)s, -en> *m* stato *m*
staatlich *adj* statale; (*öffentlich*) pubblico
Staatsangehörigkeit *f* nazionalità *f*; **Staatsanwalt** *m*, **Staatsanwältin** *f* procuratore, -trice *m, f* dello stato; **Staatsbürger(in)** *m(f)* cittadino, -a *m, f*; **Staatsexamen** *n* esame *m* di stato; **Staatspräsident(in)** *m(f)* presidente *m* della repubblica
Stab [ʃta:p] <-(e)s, Stäbe> *m* ❶ (*Stock*) bastone *m*; (*Eisen~*) sbarra *f* ❷ (*Mitarbeiter~*) staff *m*; **Stabhochsprung** *m* salto *m* con l'asta
stabil *adj* stabile
stabilisieren [ʃtabili'zi:rən] *vt* stabilizzare
Stachel [ʃtaxəl] <-s, -n> *m* spina *f*; (*von Insekt*) pungiglione *m*; **Stachelbeere** *f* uva *f* spina; **Stacheldraht** *m* filo *m* spinato
Stadion ['ʃta:diɔn] <-s, Stadien> *n* stadio *m*
Stadium ['ʃta:diʊm] <-s, Stadien> *n* stadio *m*
Stadt [ʃtat] <-, Städte> *f* città *f*
städtisch ['ʃtɛtɪʃ] *adj* urbano; (ADM) municipale
Stadtmauer *f* mura *fpl* cittadine; **Stadtmitte** *f* centro *m* (della città); **Stadtplan** *m* pianta *f* della città; **Stadtrand** *m* periferia *f*; **Stadtteil** *m* quartiere *m*
Stahl [ʃta:l] <-(e)s, Stähle> *m* acciaio *m*
Stall [ʃtal] <-(e)s, Ställe> *m* stalla *f*
Stamm [ʃtam] <-(e)s, Stämme> *m* ❶ (*Baum~*) tronco *m* ❷ (*Volks~*) tribù *f*; **Stammbaum** *m* albero *m* genealogico
stammen ['ʃtamən] *vi* ❶ (*ab~*) discendere; **von etw** ~ derivare da qc ❷ (*örtlich*) **aus Padua** ~ essere originario di Padova
Stammgast *m* abitudinario, -a *m, f*
stämmig *adj* robusto
Stand [ʃtant] <-(e)s, Stände> *m* ❶ *sing* (*Zustand*) stato *m* ❷ (*Messe~*) stand *m* ❸ (*soziale*

S

Stellung) condizione *f*

Standard ['ʃtandart] <-s, -s> *m* standard *m*

Ständer <-s, -> *m* supporto *m;* (*Noten~*) leggio *m*

Standesamt *n* ufficio *m* di stato civile; **standesamtlich** *adj* **~e Trauung** matrimonio civile

ständig *adj* permanente

Standlicht *n* (AUTO) luce *f* di posizione; **Standpunkt** *m* punto *m* di vista

Stange ['ʃtaŋə] <-, -n> *f* asta *f;* (~ *Zigaretten*) stecca *f*

Stängel ['ʃtɛŋəl] <-s, -> *m* gambo *m*

Stapel ['ʃta:pəl] <-s, -> *m* catasta *f*

stapeln *vt* accatastare

Star[1] <-(e)s, -e> *m* (*Vogel*) storno *m*

Star[2] <-s, -s> *m* (FILM) divo, -a *m, f*

stark [ʃtark] <stärker, stärkste> *adj* forte; (*Verkehr, Kälte*) intenso

Stärke ['ʃtɛrkə] <-, -n> *f* ❶ (*körperliche Kraft*) forza *f* ❷ (~*mehl*) fecola *f;* (*Wäsche~*) amido *m*

stärken **I.** *vt* ❶ (*kräftigen*) rinforzare; (*fig*) rafforzare ❷ (*Wäsche*) inamidare **II.** *vr* **sich ~** ristorarsi

Stärkung <-, -en> *f* (*Erfrischung*) ristoro *m*

starr [ʃtar] *adj* rigido; (*Blick*) fisso

starren *vi* **auf etw** *acc* ~ fissare qc

Start [ʃtart] <-(e)s, -s> *m* (SPORT) partenza *f;* (AERO) decollo *m;* (INFORM) avvio *m;* **Startbahn** *f* pista *f* di decollo

starten **I.** *vi sein* partire; (AUTO) avviarsi; (AERO) decollare **II.** *vt* avviare

Startkapital *n* capitale *m* iniziale

Station [ʃta'tsi̯o:n] <-, -en> *f* ❶ (*Haltestelle*) fermata *f* ❷ (*im Krankenhaus*) reparto *m*

Statistik <-, -en> *f* statistica *f*

statt [ʃtat] *prp +gen* invece di

statt|finden <irr> *vi* aver luogo

Statue <-, -n> *f* statua *f*

Stau [ʃtaʊ] <-(e)s, -s> *m* ingorgo *m*

Staub [ʃtaʊp] <-(e)s, -e> *m* polvere *f;* **~ wischen** spolverare

staubig *adj* polveroso

staub|saugen *vi* passare l'aspirapolvere; **Staubsauger** *m* aspirapolvere *m;* **Staubzucker** *m* (*A, südd*) zucchero *m* a velo

Staudamm *m* diga *f* di sbarramento

stauen ['ʃtaʊən] *vr* **sich** ~ (*Wasser, Blut*) ristagnare; (*Verkehr*) ingorgarsi

staunen ['ʃtaʊnən] *vi* (**über etw** *acc*) ~ stupirsi (di qc)

stechen ['ʃtɛçən] <irr> **I.** *vt* pungere; (*mit Messer*) piantare **II.** *vi* (*Sonne*) picchiare **III.** *vr* **sich in den Finger ~** pungersi al dito; **stechend** *adj* ❶ (*Schmerz*) lancinante ❷ (*Geruch*) penetrante

Stechmücke *f* zanzara *f*

Steckdose *f* presa *f* (di corrente)

stecken ['ʃtɛkən] **I.** *vt* infilare **II.** *vi* essere conficcato; (*sich befinden*) essere; **wo steckst du denn?** (*fam*) dove ti sei cacciato?

Stecker <-s, -> *m* (EL) spina *f*

Stecknadel *f* spillo *m*

stehen ['ʃte:ən] <irr> *vi* ❶ (*nicht liegen*) stare in piedi; **~ bleiben** restare in piedi; (*anhalten*) fermarsi ❷ (*sein*) essere; **offen ~** essere aperto; **leer ~d** (*Wohnung*) disabitato; **jdm nahe ~** essere vicino a qu ❸ (*gedruckt sein*) esser scritto ❹ (*gut kleiden*) **jdm ~** stare bene a qu

Stehlampe *f* lampada *f* a stelo

stehlen ['ʃte:lən] <irr> *vt, vi* rubare

Steiermark ['ʃtaɪɐmark] *f* Stiria *f*

steif [ʃtaɪf] *adj* ❶ (*nicht biegsam*) rigido ❷ (*fig: förmlich*) formale

steigen ['ʃtaɪgən] <irr> *vi sein* salire; **über etw** *acc* **~** scavalcare qc; **aufs Pferd ~** montare a cavallo; **vom Pferd ~** smontare da cavallo; **in den Wagen ~** salire in automobile; **aus dem Wagen ~** scendere dall'automobile

steigern **I.** *vt* aumentare **II.** *vr* **sich ~** crescere

Steigerung <-, -en> *f* aumento *m*

Steigung <-, -en> *f* salita *f*

steil [ʃtaɪl] *adj* ripido

Stein [ʃtaɪn] <-(e)s, -e> *m* sasso *m*; **Steinbock** *m* ❶ (ZOO) stambecco *m* ❷ (ASTR) Capricorno *m*; **er/sie ist (ein) ~** è del Capricorno; **Steinkohle** *f* carbone *m* fossile; **Steinpilz** *m* porcino *m*

Stelle ['ʃtɛlə] <-, -n> *f* ❶ (*Platz*) posto *m*; **an deiner ~** al tuo posto; **an ~ von** in luogo di ❷ (*Arbeits~*) impiego *m*

stellen ['ʃtɛlən] **I.** *vt* mettere; (*Falle*) tendere; (*Gerät*) regolare; (*Frage*) porre; **richtig ~** correggere **II.** *vr* **sich ~** mettersi; **sich (der Polizei) ~** costituirsi alla polizia; **sich krank ~** fingersi malato

Stellenangebot *n* offerta *f* d'impiego

Stellung <-, -en> *f* posizione *f*; (*Arbeit*) impiego *m*; **~ nehmen zu** prendere posizione riguardo a

Stellvertreter(in) *m(f)* vice *mf*

Stempel ['ʃtɛmpəl] <-s, -> *m* timbro *m*

S

stempeln *vt* timbrare

Stenografie [ʃtenogra'fi:] <-, -n> *f* stenografia *f*

stenografieren *vt, vi* stenografare

Stenographie *f s.* **Stenografie**

stenographieren *vt, vi s.* **stenografieren**

Steppdecke *f* trapunta *f*

Steppe ['ʃtɛpə] <-, -n> *f* steppa *f*

Sterbehilfe *f* eutanasia *f*

sterben ['ʃtɛrbən] <irr> *vi sein* morire

Stereoanlage *f* (impianto *m*) stereo *m*

steril *adj* sterile

sterilisieren *vt* sterilizzare

Stern [ʃtɛrn] <-(e)s, -e> *m* stella *f*; **Sternschnuppe** *f* stella *f* filante; **Sternzeichen** *n* segno *m* dello zodiaco

Steuer¹ ['ʃtɔɪɐ] <-s, -> *n* (AUTO) volante *m*; (NAUT) timone *m*

Steuer² <-, -n> *f* (FIN) imposta *f*; **Steuerberater(in)** *m(f)* consulente *mf* fiscale; **Steuererklärung** *f* dichiarazione *f* fiscale; **Steuerklasse** *f* fascia *f* fiscale

steuern *vt* ❶ (AUTO) guidare ❷ (TEC) regolare ❸ (*fig: lenken*) dirigere

Steuerzahler(in) *m(f)* contribuente *mf*

Steward ['stju:ɐt] <-s, -s> *m* steward *m*

Stewardess ['stju:ɐdɛs] <-, -en> *f* hostess *f*

Stich [ʃtɪç] <-(e)s, -e> *m* ❶ (*Insekten~*) puntura *f* ❷ (*beim Nähen*) punto *m* ❸ (*Wend*) **jdn im ~ lassen** piantare in asso qu

sticken ['ʃtɪkən] *vt* ricamare

Stickerei [ʃtɪkə'raɪ] <-, -en> *f* ricamo *m*

stickig *adj* soffocante

Stickstoff *m* azoto *m*

Stiefel ['ʃti:fəl] <-s, -> *m* stivale *m*

Stiefmutter *f* matrigna *f*; **Stiefmütterchen** *n* (BOT) viola *f* del pensiero; **Stiefvater** *m* patrigno *m*

Stiege ['ʃti:gə] <-, -n> *f* (*A, südd*) scala *f*

Stiel [ʃti:l] <-(e)s, -e> *m* ❶ (BOT) gambo *m* ❷ (*Griff*) manico *m*; **Eis am ~** gelato sullo stecco

Stier [ʃti:ɐ] <-(e)s, -e> *m* ❶ (ZOO) toro *m* ❷ (ASTR) Toro *m*; **er/sie ist (ein) ~** è del Toro

Stift¹ [ʃtɪft] <-(e)s, -e> *m* ❶ (*Metall~*) perno *m*; (*Nagel*) chiodo *m* ❷ (*Blei~*) matita *f*

Stift² <-(e)s, -e> *n* (*Kloster*) convento *m*

Stiftung <-, -en> *f* fondazione *f*

Stil [ʃti:l] <-(e)s, -e> *m* stile *m*

still [ʃtɪl] *adj* ❶ (*ruhig*) calmo ❷ (*schweigend*) silenzioso; **(sei) ~!** (sta) zitto!

Stille [ʃtɪlə] <-> *f* ❶ (*Unbewegtheit*) calma *f* ❷ (*Ruhe*) quiete *f*

stillen *vt* ❶ (*Kind*) allattare

❷ (*Blutung*) fermare; (*Schmerz*) sedare

still|halten <irr> *vi* stare fermo; **still|legen** *vt* chiudere; **Stillstand** *m* arresto *m;* **zum ~ bringen** fermare; **still|stehen** <irr> *vi* fermarsi; (*Maschine*) essere fermo

Stimme ['ʃtɪmə] <-, -n> *f* voce *f;* (POL) voto *m*

stimmen ['ʃtɪmən] **I.** *vi* (*richtig sein*) essere giusto; **da stimmt etwas nicht** c'è qualcosa che non va; **stimmt es, dass ...?** è vero che ...?; **stimmt!** giusto!; **stimmt so!** (*zu Bedienung*) va bene così! **II.** *vt* (MUS) accordare

Stimmung <-, -en> *f* stato *m* d'animo; (*Laune*) umore *m;* (*Atmosphäre*) clima *m*

stinken ['ʃtɪŋkən] <irr> *vi* puzzare

Stipendium [ʃti'pɛndiʊm] <-s, Stipendien> *n* borsa *f* di studio

Stirn [ʃtɪrn] <-, -en> *f* fronte *f*

Stock[1] [ʃtɔk] <-(e)s, Stöcke> *m* bastone *m*

Stock[2] <-(e)s, -werke> *m* (ARCH) piano *m;* **im zweiten ~** al secondo (piano)

stocken ['ʃtɔkən] *vi* ristagnare; (*im Sprechen*) interrompersi

Stockwerk *n* piano *m*

Stoff [ʃtɔf] <-(e)s, -e> *m* ❶ (*allg*) stoffa *f;* (*Gewebe*) tessuto *m* ❷ (*Materie*) sostanza *f*

stöhnen ['ʃtøːnən] *vi* gemere; **über etw** *acc* **~** lamentarsi di qc

stolpern ['ʃtɔlpɐn] *vi sein* **über etw** *acc* **~** inciampare in qc

stolz [ʃtɔlts] *adj* **~ auf jdn/etw sein** essere fiero di qu/qc

Stolz <-es> *m* orgoglio *m*

stop [ʃtɔp] *int* stop

stopfen ['ʃtɔpfən] **I.** *vt* ❶ (*voll ~*) riempire; (*zu~*) tappare ❷ (*Kleidung*) rammendare **II.** *vi* (MED) costipare

stoppen **I.** *vt* ❶ (*anhalten*) fermare ❷ (*mit der Uhr*) cronometrare **II.** *vi* fermarsi

Stoppschild *n* stop *m;* **Stoppuhr** *f* cronometro *m*

Stöpsel ['ʃtœpsəl] <-s, -> *m* (*an Becken*) tappo *m;* (*Korken*) turacciolo *m*

Storch [ʃtɔrç] <-(e)s, Störche> *m* cicogna *f*

stören ['ʃtøːrən] *vt* disturbare

stornieren *vt* stornare

Störung <-, -en> *f* disturbo *m*

Stoß [ʃtoːs] <-es, Stöße> *m* ❶ (*Schubs*) colpo *m* ❷ (*Stapel*) pila *f;* **Stoßdämpfer** *m* ammortizzatore *m*

stoßen ['ʃtoːsən] <irr> **I.** *vt* colpire; (*mit Druck*) spingere; (*an~*) battere **II.** *vr* **sich an etw** *dat* **~** urtare contro qc **III.** *vi sein* **auf** [*o* **an**] **etw** *acc* **~** urtare contro qc; **auf jdn/etw ~** imbattersi in qu/qc

Stoßstange *f* (AUTO) paraurti *m*

stottern ['ʃtɔtɐn] *vt, vi* balbetta-

S

re

Str. *abk v* **Straße** v.

Strafanstalt *f* penitenziario *m;* **Strafanzeige** *f* denuncia *f*

Strafe ['ʃtra:fə] <-, -n> *f* punizione *f;* (JUR) pena *f;* **zur ~** per punizione

strafen *vt* punire

straff [ʃtraf] *adj* teso; (*Haut, Brust*) sodo

straffen *vt* tendere

Strafgefangene *mf* detenuto, -a *m, f;* **Strafgesetzbuch** *n* codice *m* penale

Sträfling <-s, -e> *m* carcerato, -a *m, f*

Strafporto *n* soprattassa *f;* **Straftat** *f* delitto *m;* **Strafzettel** *m* (*fam*) multa *f*

Strahl [ʃtra:l] <-(e)s, -en> *m* raggio *m;* (*Wasser~*) getto *m*

strahlen *vi* ❶ (*Sonne*) splendere; (*Wärme*) irradiare ❷ (*fig: Mensch*) essere raggiante

Strahlenbehandlung *f* (MED) radioterapia *f*

Strahlung <-, -en> *f* radiazione *f*

Strähne ['ʃtrɛ:nə] <-, -n> *f* (*Haar~*) ciocca *f;* (*getönt*) meche *f*

strampeln ['ʃtrampəln] *vi* sgambettare

Strand [ʃtrant] <-(e)s, Strände> *m* spiaggia *f;* **am ~** sulla spiaggia; **Strandkorb** *m* capanno *m* da spiaggia

Strapaze [ʃtra'pa:tsə] <-, -n> *f* fatica *f*

strapazieren [ʃtrapa'tsi:rən] *vt* ❶ (*Menschen*) affaticare ❷ (*Gegenstände*) sciupare

Straßburg ['ʃtra:sbʊrk] *n* Strasburgo *f*

Straße ['ʃtra:sə] <-, -n> *f* strada *f;* (*bei Namen*) via *f;* **auf der ~** per strada; **über die ~ gehen** attraversare la strada; **Straßenbahn** *f* tram *m;* **Straßenkehrer** <-s, -> *m* spazzino *m*

Strategie [ʃtrate'gi:] <-, -n> *f* strategia *f*

sträuben [ʃtrɔɪbən] *vr* **sich gegen jdn/etw ~** opporsi a qu/qc

Strauch [ʃtraʊx] <-(e)s, Sträucher> *m* cespuglio *m*

Strauß[1] [ʃtraʊs] <-es, Sträuße> *m* (*Blumen~*) mazzo *m*

Strauß[2] <-es, -e> *m* (*Vogel*) struzzo *m*

Strecke ['ʃtrɛkə] <-, -n> *f* ❶ (*Abschnitt*) tratto *m* ❷ (*Entfernung*) distanza *f*

strecken ['ʃtrɛkən] **I.** *vt* ❶ (*Körperteil*) stendere; (*Hals*) allungare ❷ (GASTR) allungare **II.** *vr* **sich ~** sgranchirsi

Streich [ʃtraɪç] <-(e)s, -e> *m* scherzo *m*

streicheln ['ʃtraɪçəln] *vt* accarezzare

streichen ['ʃtraɪçən] <irr> *vt* ❶ (*auftragen*) (**etw auf etw** *acc*) **~** spalmare (qc su qc)

❷ (*an*~) verniciare; **frisch gestrichen!** pittura fresca! ❸ (*durch*~) cancellare

Streichholz *n* fiammifero *m*; **Streichinstrument** *n* strumento *m* ad arco; **Streichkäse** *m* formaggio *m* da spalmare

Streife ['ʃtraɪfə] <-, -n> *f* pattuglia *f*

streifen ['ʃtraɪfən] *vt* sfiorare

Streifen <-s, -> *m* ❶ (*Stück*) striscia *f* ❷ (*Linie*) striscia *f*

Streifenwagen *m* automobile *f* della polizia

Streik [ʃtraɪk] <-(e)s, -s> *m* sciopero *m*; **in den ~ treten** entrare in sciopero

streiken *vi* fare sciopero

Streit [ʃtraɪt] <-(e)s, -e> *m* lite *f*; **mit jdm ~ anfangen** [*o* **suchen**] attaccar briga con qu

streiten ['ʃtraɪtən] <irr> *vi, vr* **sich ~** litigare

streng [ʃtrɛŋ] *adj* ❶ (*hart*) severo; **eine ~e Erziehung** un'educazione rigida ❷ (*genau*) preciso; **~ vertraulich** strettamente confidenziale ❸ (*herb*) **ein ~er Geruch** un odore aspro

Stress [ʃtrɛs] <-es> *m* stress *m*; **im ~ sein** essere sotto stress

stressen *vt* stressare

stressig *adj* (*fam*) stressante

streuen ['ʃtrɔɪən] *vt* spargere; **Salz/Zucker auf etw** *acc* **~** cospargere qc di sale/zucchero

Strich <-(e)s, -e> *m* ❶ (*Linie*) linea *f* ❷ (*sl: Prostitution*) **auf den ~ gehen** battere il marciapiede *fam;* **Strichcode** *m* codice *m* a sbarre; **Strichjunge** *m* (*sl*) ragazzo *m* di vita; **Strichmädchen** *n* (*sl*) ragazza *f* di vita; **Strichpunkt** *m* punto *m* e virgola

Strick [ʃtrɪk] <-(e)s, -e> *m* corda *f*

stricken ['ʃtrɪkən] *vi, vt* lavorare a maglia

Strickjacke *f* giacca *f* di maglia; **Stricknadel** *f* ferro *m* da calza

Striptease ['strɪpti:s] <-> *m o n* spogliarello *m*

strittig ['ʃtrɪtɪç] *adj* controverso

Stroh [ʃtro:] <-(e)s> *n* paglia *f*; **Strohhalm** *m* cannuccia *f*

Strom [ʃtro:m] <-(e)s, Ströme> *m* corrente *f*

strömen ['ʃtrø:mən] *vi sein* ❶ (*fließen*) scorrere ❷ (*Menschen*) affluire

Strömung <-, -en> *f* corrente *f*

Strophe ['ʃtro:fə] <-, -n> *f* strofa *f*

Strudel ['ʃtru:dəl] <-s, -> *m* ❶ (*Wasser*) vortice *m* ❷ (*Gebäck*) strudel *m*

Struktur [ʃtrʊk'tu:ɐ̯] <-, -en> *f* struttura *f*

Strumpf [ʃtrʊmpf] <-(e)s, Strümpfe> *m* calza *f*; **Strumpfhose** *f* collant *m*

Stube ['ʃtu:bə] <-, -n> *f* camera *f*

Stück [ʃtʏk] <-(e)s, -e> *n* pezzo

m; (*Teil~*) parte *f;* **ich komme ein ~ mit** ti accompagno per un tratto di strada

Stückchen <-s, -> *n* pezzetto *m*

Student [ʃtu'dɛnt] <-en, -en> *m* studente *m;* **Studentenausweis** *m* tessera *f* di studente; **Studentenwohnheim** *n* casa *f* dello studente

Studentin <-, -nen> *f* studentessa *f*

Studie ['ʃtu:diə] <-, -n> *f* studio *m*

Studienplatz *m* posto *m* di studio

studieren [ʃtu'di:rən] *vt, vi* studiare

Studio ['ʃtu:dio] <-s, -s> *n* studio *m*

Studium ['ʃtu:diʊm] <-s, Studien> *n* studio *m*

Stufe ['ʃtu:fə] <-, -n> *f* ❶ (*Treppen~*) gradino *m* ❷ (*Entwicklungs~*) fase *f;* **stufenweise** *adv* gradualmente

Stuhl [ʃtu:l] <-(e)s, Stühle> *m* sedia *f;* **Stuhlgang** *m* defecazione *f*

stumm [ʃtʊm] *adj* muto; **Stummfilm** *m* film *m* muto

stumpf [ʃtʊmpf] *adj* ❶ (*nicht scharf*) smussato; (*nicht spitz*) spuntato ❷ (*glanzlos*) opaco

Stumpf [ʃtʊmpf] <-(e)s, Stümpfe> *m* (*Baum~*) troncone *m;* (*von Körperglied*) moncone *m*

stumpfsinnig *adj* stupido

Stunde ['ʃtʊndə] <-, -n> *f* ora *f;* **eine halbe ~** mezz'ora; **Stundenkilometer** *m* chilometro *m* orario; **stundenlang** *adv* per ore (e ore); **Stundenlohn** *m* paga *f* all'ora; **Stundenplan** *m* orario *m* (delle lezioni); **stundenweise** *adv* a ore

stündlich *adj* ogni ora

Stuntman ['stʌntmæn] <-s, Stuntmen> *m* controfigura *f*

stur *adj* testardo

Sturm [ʃtʊrm] <-(e)s, Stürme> *m* tempesta *f*

stürmen ['ʃtʏrmən] *vi* ❶ (METEO) **es stürmt** infuria la bufera ❷ *sein* (*rennen*) **auf jdn/etw ~** scagliarsi contro qu/qc

stürmisch ['ʃtʏrmɪʃ] *adj* burrascoso; **~er Beifall** applauso frenetico

Sturz [ʃtʊrts] <-es, Stürze> *m* caduta *f*

stürzen ['ʃtʏrtsən] **I.** *vt* rovesciare **II.** *vi sein* ❶ (*fallen*) cadere ❷ (*rennen*) precipitarsi **III.** *vr* **sich auf jdn ~** lanciarsi contro qu; **sich in Unkosten ~** darsi a spese pazze

Sturzflug *m* (volo *m* in) picchiata *f;* **Sturzhelm** *m* casco *m* di protezione

Stute ['ʃtu:tə] <-, -n> *f* cavalla *f*

Stuttgart ['ʃtʊtgart] *n* Stoccarda *f*

Stütze ['ʃtʏtsə] <-, -n> *f* sostegno *m*
stützen ['ʃtʏtsən] **I.** *vt* sostenere **II.** *vr* **sich auf jdn/etw ~** appoggiarsi a qu/qc
stutzig *adj* **~ machen** insospettire; **~ werden** essere sorpreso
Styropor® [ʃtyro'poːɐ̯] <-s> *n* polistirolo *m* espanso
s.u. *abk v* **siehe unten** v.s.
Subjekt [zʊp'jɛkt] <-(e)s, -e> *n* (LING) soggetto *m*
subjektiv *adj* soggettivo
Substantiv ['zʊpstantiːf] <-s, -e> *n* sostantivo *m*
Subvention [zʊpvɛn'tsi̯oːn] <-, -en> *f* sovvenzione *f*
subventionieren *vt* sovvenzionare
Suche ['zuːxə] <-> *f* ricerca *f*; **auf der ~ nach** alla ricerca di
suchen ['zuːxən] *vt* cercare
Sucher <-s, -> *m* (FOTO) mirino *m*
Suchmaschine *f* (INFORM) motore *m* di ricerca
Sucht [zʊxt] <-, Süchte> *f* assuefazione *f*; (*fig*) mania *f*
süchtig ['zʏçtɪç] *adj* succube; (*rauschgift~*) tossicomane; **~ nach etw sein** (*fig*) essere avido di qc
Süchtige <ein -r, -n, -n> *mf* tossicomane *mf*
Südafrika *n* Sudafrica *m*; **Südamerika** *n* Sudamerica *m*; **Süddeutschland** *n* Germania *f* del Sud
Süden ['zyːdən] <-s> *m* sud *m*
Südfrankreich *n* Francia *f* del Sud; **Südfrüchte** *fpl* frutta *f* esotica; **Süditalien** *n* Italia *f* meridionale; **südländisch** *adj* mediterraneo
südlich **I.** *adj* meridionale **II.** *adv* **~ von** a sud di
Südosten *m* sud-est *m*
Südpol *m* polo *m* sud; **Südsee** *f* Mari *mpl* del Sud; **Südtirol** *n* Alto Adige *m*
Südwesten *m* sud-ovest *m*
süffig ['zʏfɪç] *adj* (*fam: Wein*) abboccato
Sultanine [zʊlta'niːnə] <-, -n> *f* sultanina *f*
Sülze ['zʏltsə] <-, -n> *f* aspic *f*
Summe ['zʊmə] <-, -n> *f* somma *f*
summen ['zʊmən] **I.** *vi* ronzare **II.** *vt* (*Lied*) canticchiare
Sumpf [zʊmpf] <-(e)s, Sümpfe> *m* pantano *m*
Sünde ['zʏndə] <-, -n> *f* peccato *m*; **Sündenbock** *m* capro *m* espiatorio
sündigen *vi* peccare
super ['zuːpɐ] <inv> *adj* (*fam*) fantastico
Super <-s> *n* (*Benzin*) benzina *f* super
Superlativ ['zuːpɐlatiːf] <-s, -e> *m* superlativo *m*
Supermarkt *m* supermercato *m*
Suppe ['zʊpə] <-, -n> *f* mines-

tra *f*

Surfbrett *n* surf *m*

surfen ['sœ:fən] *vi* ❶ (SPORT) praticare il surf ❷ (*Internet*) navigare; **im Internet ~** navigare su Internet

Surfer(in) <-s, -; -, -nen> *m(f)* surfista *mf*

süß [zy:s] *adj* dolce; (*fig*) carino

süßen *vt* addolcire

Süßigkeit <-, -en> *f* dolce *m*

Süßspeise *f* dolce *m;* **Süßstoff** *m* sostanza *f* dolcificante; **Süßwasser** *n* acqua *f* dolce

Sweatshirt ['swɛtʃœ:t] <-s, -s> *n* pull *m* oversize

Swimmingpool ['svɪmɪŋpu:l] <-s, -s> *m* piscina *f*

Symbol [zʏm'bɔ:l] <-s, -e> *n* simbolo *m*

symbolisch *adj* simbolico

symmetrisch [zʏ'me:trɪʃ] *adj* simmetrico

Sympathie [zʏmpa'ti:] <-, -n> *f* simpatia *f*

sympathisch [zʏm'pa:tɪʃ] *adj* simpatico; **jdm ~ sein** essere simpatico a qu

Symptom [zʏmp'to:m] <-s, -e> *n* sintomo *m*

Synagoge [zyna'go:gə] <-, -n> *f* sinagoga *f*

synchronisieren *vt* sincronizzare

Synthese [zʏn'te:zə] *f* sintesi *f*

synthetisch [zʏn'te:tɪʃ] *adj* sintetico

Syrien ['zy:riən] *n* Siria *f*

System [zʏs'te:m] <-s, -e> *n* sistema *m;* **mit ~** con metodo

systematisch *adj* sistematico

Szene ['stse:nə] <-, -n> *f* scena *f*

T

T, t [te:] <-, -(s)> *n* T, t *f*

Tabak ['tabak] <-s, -e> *m* tabacco *m;* **Tabakladen** *m,* **Tabaktrafik** <-, -en> *f* (*A*) tabaccheria *f*

Tabelle [ta'bɛlə] <-, -n> *f* tabella *f*

Tablett [ta'blɛt] <-(e)s, -s> *n* vassoio *m*

Tablette [ta'blɛtə] <-, -n> *f* pastiglia *f;* **Tabu** <-s, -s> *n* tabù *m*

Tachometer <-s, -> *m o n* (AUTO) tachimetro *m*

tadeln *vt* biasimare

Tafel ['ta:fəl] <-, -n> *f* ❶ (*Platte*) tavola *f;* (*Wand-, Schiefer~*) lavagna *f* ❷ (*Schokolade*) tavoletta *f*

Tag [ta:k] <-(e)s, -e> *m* giorno *m;* (*im Verlauf*) giornata *f;* **den ganzen ~** tutto il giorno; **eines ~es** un (bel) giorno; **guten ~!** buon giorno!; **jeden ~** tutti i giorni; **jeden zweiten ~** ogni due giorni; **~ für ~** giorno per giorno

Tagebuch *n* diario *m*

tagen *vi* tenere seduta

Tageszeitung *f* quotidiano *m*

täglich ['tɛːklɪç] **I.** *adj* quotidiano **II.** *adv* ogni giorno; **einmal ~** una volta al giorno

Tagung <-, -en> *f* seduta *f*

Takt [takt] <-(e)s, -e> *m* ❶ (MUS) tempo *m* ❷ (*Feingefühl*) tatto *m*

Taktik ['taktɪk] <-, -en> *f* tattica *f*

Tal [taːl] <-(e)s, Täler> *n* valle *f*

Talent [ta'lɛnt] <-(e)s, -e> *n* talento *m*

talentiert *adj* dotato

Tank [taŋk] <-s, -s> *m* serbatoio *m*

tanken *vi* fare benzina; **voll ~** fare il pieno

Tankstelle *f* distributore *m*; **Tankwart(in)** <-(e)s, -e; -, -nen> *m(f)* benzinaio, -a *m, f*

Tanne ['tanə] <-, -n> *f* abete *m*

Tante ['tantə] <-, -n> *f* zia *f*

Tanz [tants] <-es, Tänze> *m* ballo *m*

tanzen [tantsən] *vt, vi* ballare

Tapete [ta'peːtə] <-, -n> *f* tappezzeria *f*

tapezieren [tape'tsiːrən] *vt* tappezzare

tapfer ['tapfɐ] *adj* (*mutig*) coraggioso

Tarif [ta'riːf] <-s, -e> *m* tariffa *f*

Tasche ['taʃə] <-, -n> *f* ❶ (*an Kleidung*) tasca *f* ❷ (*Hand~*) borsa *f*; **Taschenbuch** *n* libro *m* tascabile; **Taschenlampe** *f* lampadina *f* tascabile; **Taschenrechner** *m* calcolatrice *f* (tascabile); **Taschentuch** *n* fazzoletto *m*

Tasse ['tasə] <-, -n> *f* tazza *f*

Tastatur [tasta'tuːɐ] <-, -en> *f* tastiera *f*

Tat [taːt] <-, -en> *f* ❶ (*Handlung*) azione *f* ❷ (*Straf~*) delitto *m*; **jdn auf frischer ~ ertappen** cogliere qu sul fatto

Täter(in) ['tɛːtɐ] <-s, -; -, -nen> *m(f)* reo, -a *m, f*

tätig ['tɛːtɪç] *adj* attivo

Tätigkeit <-, -en> *f* attività *f*

Tatort *m* luogo *m* del reato

Tätowierung <-, -en> *f* tatuaggio *m*

Tatsache *f* fatto *m*

tatsächlich **I.** *adj* effettivo **II.** *adv* in effetti

Tau[1] [taʊ] <-(e)s> *m* (METEO) rugiada *f*

Tau[2] <-(e)s, -e> *n* (NAUT) cavo *m*

taub [taʊp] *adj* sordo

Taube <-, -n> *f* piccione *m*

taubstumm *adj* sordomuto

tauchen ['taʊxən] **I.** *vi haben o sein* tuffarsi **II.** *vt* immergere

Taucher(in) <-s, -; -, -nen> *m(f)* sommozzatore, -trice *m, f*

Taufe ['taʊfə] <-, -n> *f* battesimo *m*

Taufpate *m*, **Taufpatin** *f* padrino *m*, madrina *f* di battesimo

T

taugen ['taʊgən] *vi* ❶ (*wert sein*) valere ❷ (*geeignet sein*) **zu etw ~** essere buono a qc

Tausch [taʊʃ] <-(e)s, -e> *m* scambio *m;* **im ~ gegen** in cambio di

tauschen I. *vt* cambiare **II.** *vi* fare uno scambio; **ich möchte nicht mit ihm ~** (*fig*) non vorrei essere al suo posto

täuschen ['tɔɪʃən] **I.** *vt, vi* ingannare **II.** *vr* **sich ~** sbagliarsi

tausend ['taʊzənt] *num* mille

tausendste(r, s) *adj* millesimo, -a

Tauwetter *n* tempo *m* di disgelo

Taxi ['taksi] <-s, -s> *n* tassì *m;* **Taxifahrer(in)** *m(f)* tassista *mf*

Technik ['tɛçnɪk] <-, -en> *f* tecnica *f*

technisch *adj* tecnico

Technologie <-, -n> *f* tecnologia *f*

technologisch *adj* tecnologico

Teddybär ['tɛdibɛ:ɐ̯] *m* orsacchiotto *m*

Tee [te:] <-s, -s> *m* tè *m;* (*aus anderen Pflanzen*) infuso *m;* **Teekanne** *f* teiera *f*

Teenager ['ti:nɛɪdʒɐ] <-s, -> *m* teen-ager *m*

Teer [te:ɐ̯] <-(e)s, -e> *m* catrame *m*

Teich [taɪç] <-(e)s, -e> *m* stagno *m*

Teig [taɪk] <-(e)s, -e> *m* pasta *f*

Teil [taɪl] <-(e)s, -e> *m* parte *f;* **zum ~** in parte; **zum größten ~** per lo più

teilen I. *vt* dividere; (*Meinung, Gefühle*) condividere **II.** *vr* **sich ~** (*Weg*) biforcarsi

teil|nehmen <irr> *vi* partecipare; **an etw** *dat* **~** prendere parte a qc; **an einem Lehrgang ~** frequentare un corso; **Teilnehmer(in)** <-s, -> *m(f)* partecipante *mf*

Teilung <-, -en> *f* divisione *f*

teilweise *adv* in parte

Teilzeitarbeit *f* part time *m*

Telefon [tele'fo:n] <-s, -e> *n* telefono *m*

Telefonbuch *n* elenco *m* telefonico

telefonieren [telefo'ni:rən] *vi* telefonare; **mit jdm ~** parlare al telefono con qu

Telefonkarte *f* scheda *f* telefonica; **Telefonzelle** *f* cabina *f* telefonica

Telegramm [tele'gram] <-s, -e> *n* telegramma *m*

Telekommunikation <-> *f* telecomunicazione *f*

Teller ['tɛlɐ] <-s, -> *m* piatto *m*

Tempel ['tɛmpəl] <-s, -> *m* tempio *m*

temperamentvoll *adj* vivace

Temperatur [tɛmpəra'tu:ɐ̯] <-, -en> *f* temperatura *f*

Tempo ['tɛmpo] <-s, -s> *n* (*Geschwindigkeit*) velocità *f*

Tennis <-> *n* tennis *m;* **Tennis-**

platz *m* campo *m* da tennis
Teppich ['tɛpɪç] <-s, -e> *m* tappeto *m;* **Teppichboden** *m* moquette *f*
Termin [tɛr'mi:n] <-s, -e> *m* ❶ (*festgesetzter Tag*) data *f;* (*Arzt~*) appuntamento *m* ❷ (*Frist*) scadenza *f*
Terminkalender *m* agenda *f*
Terrasse [tɛ'rasə] <-, -n> *f* terrazza *f*
Terroranschlag *m* attentato *m* terroristico
Terrorismus <-> *m* terrorismo *m*
Tessin [tɛ'si:n] *n* Ticino *m*
Test [tɛst] <-(e)s, -s> *m* test *m*
testen ['tɛstən] *vt* sottoporre ad un test
teuer ['tɔɪɐ] *adj* caro; **wie ~ ist das?** quanto costa?
Teufel ['tɔɪfəl] <-s, -> *m* diavolo *m;* **scher dich zum ~!** (*fam*) vattene al diavolo!
teuflisch *adj* diabolico
Text [tɛkst] <-(e)s, -e> *m* testo *m;* (*von Lied*) parole *fpl*
Textilien [tɛks'ti:liən] *pl* tessili *mpl*
Textverarbeitungsprogramm *n* (INFORM) programma *m* di scrittura
Thailand ['taɪlant] *n* Tailandia *f*
Theater [te'a:tɐ] <-s, -> *n* teatro *m;* **ins ~ gehen** andare a teatro
Theke ['te:kə] <-, -n> *f* banco *m*
Thema ['te:ma] <-s, Themen> *n* tema *m;* (*Gesprächs~*) argomento *m*
Theologie <-, -n> *f* teologia *f*
theoretisch *adj* teorico
Theorie <-, -n> *f* teoria *f*
Therapie <-, -n> *f* terapia *f*
Thermalbad [tɛr'ma:lba:t] *n* bagno *m* termale
Thermometer [tɛrmo'me:tɐ] <-s, -> *n* termometro *m*
Thermostat [tɛrmo'sta:t] <-(e)s, -e(n)> *m* termostato *m*
Thron [tro:n] <-(e)s, -e> *m* trono *m*
Thunfisch ['tu:nfɪʃ] *m* tonno *m*
Thurgau ['tu:ɐ̯gaʊ] *m* Turgovia *f*
Thüringen ['ty:rɪŋən] *n* Turingia *f*
Thymian ['ty:mia:n] <-s, -e> *m* timo *m*
Tiber ['ti:bɐ] *m* Tevere *m*
ticken *vi* fare tic tac
tief [ti:f] **I.** *adj* ❶ (*nicht flach, a fig*) profondo; **im ~sten Winter** in pieno inverno ❷ (*Ton*) grave **II.** *adv* in basso; **bis ~ in die Nacht hinein** fino a notte inoltrata
Tief <-s, -s> *n* (METEO) bassa pressione *f*
Tiefe ['ti:fə] <-, -n> *f* profondità *f*
tiefgekühlt *adj* surgelato; **Tiefkühlkost** *f* surgelati *mpl;* **Tiefkühltruhe** *f* congelatore *m*
Tier [ti:ɐ̯] <-(e)s, -e> *n* animale *m;* **Tierarzt** *m,* **Tierärztin** *f*

T

veterinario, -a *m, f;* **Tiergarten** *m* giardino *m* zoologico; **Tierkreiszeichen** *n* (ASTR) segno *m* zodiacale; **Tierquälerei** *f* maltrattamento *m* di animali; **Tierschützer(in)** <-s, -; -, -nen> *m(f)* protettore, -trice *m, f* di animali; **Tierversuch** *m* esperimento *m* sugli animali

Tiger ['ti:gɐ] <-s, -> *m* tigre *f*

Tinte ['tɪntə] <-, -n> *f* inchiostro *m;* **Tintenfisch** *m* seppia *f*

Tipp [tɪp] <-s, -s> *m* (*fam*) consiglio *m*

Tirol [ti'ro:l] *n* Tirolo *m*

Tisch [tɪʃ] <-(e)s, -e> *m* tavolo *m;* (*Ess~*) tavola *f;* **den ~ decken** apparecchiare la tavola; **Tischdecke** *f* tovaglia *f*

Tischler(in) ['tɪʃlɐ] <-s, -; -, -nen> *m(f)* falegname *m*

Tischlerei <-, -en> *f* falegnameria *f*

Tischtennis *n* tennis *m* da tavolo

Titel ['ti:təl] <-s, -> *m* titolo *m;* **Titelseite** *f* copertina *f;* **auf der ~** in prima pagina

Toast [to:st] <-(e)s, -e> *m* ❶ (*Brot*) toast *m* ❷ (*Trinkspruch*) brindisi *m*

Toaster <-s, -> *m* tostapane *m*

toben ['to:bən] *vi* ❶ (*rasen*) essere furioso ❷ (*Sturm, Wind*) imperversare

Tochter ['tɔxtɐ] <-, Töchter> *f* figlia *f*

Tod [to:t] <-(e)s> *m* morte *f;* **sich zu ~e schämen** vergognarsi a morte; **Todesanzeige** *f* annuncio *m* mortuario; **Todesfall** *m* decesso *m;* **Todesgefahr** *f* pericolo *m* di morte; **Todesopfer** *n* vittima *f;* **Todesstrafe** *f* pena *f* capitale

todmüde *adj* (*fam*) stanco morto

Toilette [toa'lɛtə] <-, -n> *f* ❶ (*Körperpflege*) toilette *f* ❷ (*WC*) gabinetto *m;* **Toilettenpapier** *n* carta *f* igienica

toi, toi, toi [tɔɪ tɔɪ tɔɪ] *int* (*fam*) in bocca al lupo

tolerant [tole'rant] *adj* tollerante

toll [tɔl] *adj* (*fam*) fantastico; **ein ~er Kerl** un tipo in gamba

Tölpel ['tœlpəl] <-s, -> *m* (*pej*) imbranato, -a *m, f*

Tomate [to'ma:tə] <-, -n> *f* pomodoro *m*

Ton¹ [to:n] <-(e)s, -e> *m* (*Erde*) argilla *f;* (*zum Töpfern*) creta *f*

Ton² [to:n] <-(e)s, Töne> *m* tono *m;* (*Klang*) suono *m;* **ohne einen ~ zu sagen** senza proferir parola

Tonart *f* tonalità *f*

tönen ['tø:nən] *vt* colorare; (*Haare*) tingere

Tonfall *m* inflessione *f*

Tonne ['tɔnə] <-, -n> *f* ❶ (*Fass*) botte *f* ❷ (*1000 kg*) tonnellata *f*

Topf [tɔpf] <-(e)s, Töpfe> *m*

❶ (*Koch~*) pentola *f* ❷ (*Blumen~*) vaso *m*

Topfen ['tɔpfən] <-s> *m* (*A, südd*) ricotta *f*

Töpferei <-, -en> *f* bottega *f* di ceramiche

Tor [to:ɐ̯] <-(e)s, -e> *n* ❶ (*große Tür*) porta *f* ❷ (SPORT) gol *m*

torkeln ['tɔrkəln] *vi haben o sein* vacillare

Torte ['tɔrtə] <-, -n> *f* torta *f*

Torwart <-(e)s, -e> *m* portiere *m*

tosen ['to:zən] *vi* (*Wind, Meer*) mugghiare; **~der Beifall** applausi strepitosi

Toskana [tɔs'ka:na] *f* Toscana *f*

tot [to:t] *adj* morto

total [to'ta:l] *adj* totale

Tote <ein -r, -n, -n> *mf* morto, -a *m, f*

töten ['tø:tən] *vt* uccidere

tot|lachen *vr* **sich ~** (*fam*) morire dalle risate

Toto ['to:to] <-s, -s> *m* (*fam*) totocalcio *m*

Totschlag *m* (JUR) omicidio *m* volontario

Tour [tu:ɐ̯] <-, -en> *f* giro *m*

Tourismus [tu'rɪsmʊs] <-> *m* turismo *m*

Tourist(in) <-en, -en; -, -nen> *m(f)* turista *mf*

traben ['tra:bən] *vi sein* trottare

Tracht [traxt] <-, -en> *f* (*Kleidung*) costume *m*

Tradition [tradi'tsi̯o:n] <-, -en> *f* tradizione *f*

traditionell *adj* tradizionale

tragbar *adj* (*Geräte*) portatile

träg(e) ['trɛ:g(ə)] *adj* (*Mensch*) pigro; (*geistig*) indolente

tragen ['tra:gən] <irr> *vt* ❶ (*weg~, am Körper ~, halten*) portare; **etw mit Fassung ~** sopportare qc con calma ❷ (*Früchte*) dare

Tragetasche *f* sporta *f*

tragisch *adj* tragico

Tragödie [tra'gø:di̯ə] <-, -n> *f* tragedia *f*

Trainer(in) ['trɛ:nɐ] <-s, -; -, -nen> *m(f)* allenatore, -trice *m, f*

trainieren **I.** *vt* allenare **II.** *vi* allenarsi

Training <-s, -s> *n* allenamento *m*

Traktor ['trakto:ɐ̯] <-s, -en> *m* trattore *m*

Tram [tram] <-s, -s> *n* (*CH*) tram *m*

trampen ['trɛmpən] *vi sein* fare l'autostop

Träne ['trɛ:nə] <-, -n> *f* lacrima *f*

Tränke ['trɛŋkə] <-, -n> *f* abbeveratoio *m*

Transformator <-s, -en> *m* (EL) trasformatore *m*

Transit [tran'zi:t] <-s, -e> *m* transito *m*

transparent [transpa'rɛnt] *adj* trasparente

Transplantation [transplanta'tsi̯o:n] <-, -en> *f* (MED) trapianto *m*

Transport [trans'pɔrt] <-(e)s, -e> *m* trasporto *m*

transportieren *vt* trasportare

Transportmittel *n* mezzo *m* di trasporto

Transvestit <-en, -en> *m* travestito *m*

Trapez [tra'pe:ts] <-es, -e> *n* trapezio *m*

Tratsch [tra:tʃ] <-(e)s> *m* (*fam*) pettegolezzi *mpl*

tratschen *vi* (*fam*) spettegolare

Traube ['traʊbə] <-, -n> *f* ❶ (*Beere, Blütenstand*) grappolo *m* ❷ *pl* (*Weintrauben*) uva *f*; **Traubenzucker** *m* glucosio *m*

trauen ['traʊən] **I.** *vi* **jdm/etw** ~ avere fiducia in qu/qc **II.** *vr* **sich** ~ **etw zu tun** osare far qc **III.** *vt* (*verheiraten*) sposare

Trauer ['traʊɐ] <-> *f* tristezza *f*; (*um einen Toten*) lutto *m*; **Trauerweide** *f* (BOT) salice *m* piangente

Traum [traʊm] <-(e)s, Träume> *m* sogno *m*; **ich denke nicht im** ~ **daran!** (*fam*) neanche per sogno!

träumen ['trɔɪmən] *vi* sognare

traurig ['traʊrɪç] *adj* triste; ~ **machen** rattristare

Traurigkeit <-> *f* tristezza *f*

Trauung <-, -en> *f* matrimonio *m*

treffen ['trɛfən] <irr> **I.** *vt* ❶ (*begegnen*) incontrare ❷ (*Schlag, Schuss*) colpire ❸ (*fig: kränken*) colpire **II.** *vr* **sich** ~ (*zusammenkommen*) incontrarsi; **es trifft sich gut, dass …** capita bene che …

Treffen <-s, -> *n* incontro *m*

Treffpunkt *m* luogo *m* d'incontro

treiben ['traɪbən] <irr> **I.** *vt* (*allg*) spingere; (*Vieh*) condurre **II.** *vi* ❶ *sein* (*fortbewegt werden*) essere spinto; (*auf dem Wasser*) galleggiare ❷ (BOT) germogliare

Treibhaus *n* serra *f*; **Treibhauseffekt** *m* effetto *m* serra; **Treibstoff** *m* carburante *m*

trennen ['trɛnən] **I.** *vt* ❶ (*a Menschen*) separare ❷ (*ab~*) staccare **II.** *vr* **sich** (**von jdm/etw**) ~ separarsi (da qu/qc)

Trennung <-, -en> *f* separazione *f*

Treppe ['trɛpə] <-, -n> *f* scala *f*

Tresor [tre'zo:ɐ̯] <-s, -e> *m* cassaforte *f*

Tretboot *n* pattino *m*

treten ['tre:tən] <irr> **I.** *vi* ❶ *sein* (*gehen*) andare; **auf etw** *acc* ~ calpestare qc; **ins Zimmer** ~ entrare in camera ❷ (*einen Tritt versetzen*) **nach jdm/etw** ~ dare un calcio a qu/qc **II.** *vt* ❶ (*mit Fußtritt*) dare una pedata a ❷ (*betätigen*) azionare

treu [trɔɪ] *adj* fedele

Treue <-> *f* fedeltà *f*

Trichter ['trɪçtɐ] <-s, -> *m* imbuto *m*

Trick [trɪk] <-s, -s> *m* trucco *m*

Trieb [tri:p] <-(e)s, -e> *m* ❶ (*Instinkt*) istinto *m;* (*Neigung*) inclinazione *f* ❷ (BOT) germoglio *m*

Trient [tri'ɛnt] *n* Trento *f*

Trier [tri:ɐ] *n* Treviri *f*

Triest [tri'ɛst] *n* Trieste *f*

trinken ['trɪŋkən] <irr> *vt, vi* bere; **auf jds Wohl ~** bere alla salute di qu

Trinker(in) <-s, -; -, -nen> *m(f)* bevitore, -trice *m, f*

Trinkgeld *n* mancia *f;* **Trinkwasser** *n* acqua *f* potabile

Tritt <-(e)s, -e> *m* (*Fuß~*) calcio *m*

Triumph [tri'ʊmf] <-(e)s, -e> *m* trionfo *m*

triumphieren *vi* trionfare

trocken ['trɔkən] *adj* ❶ (*nicht nass, a Wetter*) asciutto; (*ausgetrocknet, regenfrei*) secco; **auf dem Trockenen sitzen** (*fig*) essere in bolletta ❷ (*Wein, Antwort*) secco

Trockenheit <-, -en> *f* aridità *f*

trocknen ['trɔknən] *vt, vi* asciugare

Trödel ['trø:dəl] <-s> *m* (*fam*) cianfrusaglia *f*

Trog <-(e)s, Tröge> *m* trogolo *m*

Trommel ['trɔməl] <-, -n> *f* tamburo *m*

Trompete [trɔm'pe:tə] <-, -n> *f* tromba *f;* **~ blasen** sonare la tromba

Tropen ['tro:pən] *pl* tropici *mpl*

tropfen ['trɔpfən] *vi haben o sein* gocciolare

Tropfen <-s, -> *m* goccia *f*

tropisch *adj* tropicale

Trost [tro:st] <-es> *m* conforto *m*

trösten ['trø:stən] *vt* consolare

trostlos *adj* (*Zustand*) desolante

Trott [trɔt] <-(e)s, -e> *m* (*fig fam*) tran tran *m*

Trottel <-s, -> *m* (*fam pej*) cretino *m*

trotz [trɔts] *prp +gen o dat* malgrado

Trotz <-es> *m* ostinazione *f;* **aus ~** per dispetto

trotzdem **I.** *adv* nonostante ciò **II.** *konj* (*fam*) anche se

trotzig *adj* ostinato

trüb(e) [try:p ('try:bə)] *adj* ❶ (*Flüssigkeit*) torbido; (*Scheibe, Spiegel*) opaco ❷ (*Tag, Wetter*) nuvoloso

Trubel ['tru:bəl] <-s> *m* confusione *f*

trübsinnig *adj* malinconico

Trüffel ['trʏfəl] <-, -n> *f* tartufo *m*

trügerisch *adj* ingannevole

Truhe ['tru:ə] <-, -n> *f* cassone *m*

Trümmer ['trʏmɐ] *pl* ❶ (*Bruchstücke*) frammenti *mpl*

T

❷ (*Bau~*) rovine *fpl*

Trumpf [trʊmpf] <-(e)s, Trümpfe> *m* atout *m*

Truppe ['trʊpə] <-, -n> *f* (MIL) truppa *f*

Truthahn ['tru:tha:n] *m* tacchino *m*

Tschechien ['tʃɛçiən] *n* Repubblica *f* Ceca

tschechisch *adj* ceco

tschüs, tschüss [tʃʏs] *int* (*fam*) ciao

T-Shirt ['ti:ʃœ:t] <-s, -s> *n* maglietta *f*

Tube ['tu:bə] <-, -n> *f* tubo *m*

Tübingen ['ty:bɪŋən] *n* Tubinga *f*

Tuch <-(e)s, Tücher> *n* (*Stück Stoff*) pezza *f*; (*Kopf~*) fazzoletto *m*; (*Hals~*) foulard *m*

tüchtig ['tʏçtɪç] *adj* bravo

Tugend ['tu:gənt] <-, -en> *f* virtù *f*

Tulpe ['tʊlpə] <-, -n> *f* tulipano *m*

Tumor ['tu:mo:ɐ̯] <-s, -en> *m* (MED) tumore *m*

Tumult [tu'mʊlt] <-(e)s, -e> *m* tumulto *m*

tun [tu:n] <irr> *vt, vi* ❶ (*machen*) fare; **viel/wenig zu ~ haben** avere molto/poco da fare; **mit etw nichts zu ~ haben** non avere niente a che fare con qc; **das tut nichts zur Sache** questo non c'entra; **so ~, als ob …** far finta di +*inf* ❷ (*setzen, stellen, legen*) mettere

Tunesien [tu'ne:ziən] *n* Tunisia *f*

tunesisch *adj* tunisino

Tunfisch *m s.* **Thunfisch**

tunken *vt* inzuppare

Tunnel ['tʊnəl] <-s, -> *m* tunnel *m*

Tupfen <-s, -> *m* punto *m*

Tür [ty:ɐ̯] <-, -en> *f* porta *f*

Turbine [tʊr'bi:nə] <-, -n> *f* turbina *f*

turbulent *adj* turbolento

Turin [tu'ri:n] *n* Torino *f*

Türkei [tʏr'kaɪ] *f* **die ~** la Turchia

türkis [tʏr'ki:s] *adj* turchese

türkisch *adj* turco

Turm [tʊrm] <-(e)s, Türme> *m* ❶ (*Bauwerk*) torre *f*; (*Kirch~*) campanile *m* ❷ (*Sprung~*) trampolino *m*

turnen ['tʊrnən] *vi* fare ginnastica

Turnen <-s> *n* ginnastica *f*

Turnhalle *f* palestra *f*

Turnier [tʊr'ni:ɐ̯] <-s, -e> *n* concorso *m*; (*Tennis~*) torneo *m*

Tusche ['tʊʃə] <-, -n> *f* inchiostro *m* di china

tuscheln ['tʊʃəln] *vi* bisbigliare

Tüte ['ty:tə] <-, -n> *f* busta *f*

Typ [ty:p] <-s, -en> *m* tipo *m*

typisch *adj* tipico

Tyrann(in) [ty'ran] <-en, -en; -, -nen> *m(f)* tiranno, -a *m, f*

tyrannisieren *vt* tiranneggiare

U

U, u [u:] <-, -(s)> *n* U, u *f*
U-Bahn ['u:ba:n] *f* metropolitana *f*
übel ['y:bəl] *adj* cattivo; **mir ist ~** mi sento male; **Übelkeit** <-> *f* nausea *f*
üben ['y:bən] *vt, vi* (*Instrument*) esercitarsi in; **Kritik an etw** *dat* **~** criticare qc
über ['y:bɐ] **I.** *prp +acc o dat* sopra, su; (*oberhalb von*) al di sopra di; **~ die Straße gehen** attraversare la strada; **~ Berlin fahren** passare per Berlino; **~ etw** *acc* **sprechen** parlare di qc **II.** *adv* (*mehr, länger als*) più di
überall [y:bɐ'ʔal] *adv* dappertutto
überarbeiten **I.** *vt* rivedere **II.** *vr* **sich ~** lavorare troppo
überbewerten *vt* sopravvalutare
Überblick *m* (*Übersicht*) visione *f* generale; (*Aussicht*) panorama *m;* **ein kurzer ~ über etw** *acc* una breve sintesi su qc
überdenken <irr> *vt* riflettere su
überdurchschnittlich *adj* superiore alla media
übereilt *adj* avventato
übereinander [y:bɐʔaɪ'nandɐ] *adv* (*räumlich*) uno sopra l'altro; **~ legen** sovrapporre
Übereinkunft *f* accordo *m*
überein|stimmen *vi* ❶ (*die gleiche Meinung haben*) essere d'accordo ❷ (*gleich sein*) concordare; **mit etw ~** corrispondere a qc
überempfindlich *adj* ipersensibile
überfahren <irr> *vt* investire
Überfall *m* assalto *m;* (*Raub~*) rapina *f;* **überfallen** <irr> *vt* attaccare (di sorpresa); (*Bank*) rapinare
Überfluss *m* (sovr)abbondanza *f;* **überflüssig** *adj* superfluo
überfordern *vt* esigere troppo da
Übergabe *f* consegna *f*
Übergang *m* (*a fig*) passaggio *m;* **Übergangszeit** *f* ❶ (*allg*) periodo *m* di transizione ❷ (*zwischen Jahreszeiten*) mezza stagione *f*
übergeben <irr> **I.** *vt* ❶ (*aushändigen*) consegnare ❷ (*Amt*) trasmettere **II.** *vr* **sich ~** vomitare
über|gehen[1] <irr> *vi sein* ❶ (*die Tätigkeit ändern*) **zu etw ~** passare a qc ❷ (*sich wandeln*) **in etw** *acc* **~** trasformarsi in qc
übergehen[2] [y:bɐ'ge:ən] <irr> *vt* ❶ (*auslassen*) omettere ❷ (*nicht berücksichtigen*) dimenticare

U

Übergewicht *n* ❶ *sing* sovrappeso *m* ❷ (*fig*) preponderanza *f*

überhaupt [y:bɐ'haupt] *adv* ❶ (*im Allgemeinen*) in genere ❷ (*bei Verneinungen: ganz und gar*) ~ **nicht** non … affatto ❸ (*in Fragen: eigentlich*) ma, poi

überheblich [y:bɐ'he:plɪç] *adj* presuntuoso

überholen *vt* ❶ (AUTO) sorpassare ❷ (TEC) revisionare

überlassen <irr> *vt* ❶ (*zur Verfügung stellen*) lasciare ❷ (*anvertrauen*) affidare; **das überlasse ich Ihnen** mi rimetto a Lei

überlasten *vt* sovraccaricare

über|laufen¹ ['y:bɐlaufən] <irr> *vi sein* (*Flüssigkeit*) traboccare

überlaufen² [y:bɐ'laufən] *adj* ~ **sein** essere sovraffollato

überleben *vt* sopravvivere; **Überlebende** <ein -r, -n, -n> *mf* superstite *mf*

überlegen¹ *vi* riflettere; **es sich** *dat* **anders** ~ cambiare idea

überlegen² *adj* superiore

Überlegung <-, -en> *f* riflessione *f*

überlisten *vt* ingannare

Übermacht *f* superiorità *f*

übermäßig *adj* eccessivo

übermorgen *adv* dopodomani

Übermut *m* sfrenatezza *f*; **übermütig** *adj* scatenato

übernachten *vi* pernottare

Übernahme <-, -n> *f* assunzione *f*; **übernehmen** <irr> *vt* assumere

überprüfen *vt* esaminare

überqueren *vt* attraversare

überraschen [y:bɐ'raʃən] *vt* sorprendere; **Überraschung** <-, -en> *f* sorpresa *f*

überreden *vt* persuadere

überreichen *vt* consegnare

Überreste *mpl* resti *mpl*

überschätzen *vt* sopravvalutare

überschlagen <irr> **I.** *vt* (*berechnen*) fare un calcolo approssimativo di **II.** *vr* **sich** ~ ❶ (*Mensch, Fahrzeug*) ribaltarsi ❷ (*Stimme*) dare nel falsetto

überschneiden <irr> *vr* **sich** ~ (*zeitlich*) coincidere

überschreiten <irr> *vt* ❶ (*fig: hinausgehen über*) oltrepassare ❷ (*übertreten*) trasgredire

Überschrift *f* titolo *m*

Überschuss *m* eccedenza *f*; **überschüssig** *adj* eccedente

überschwänglich ['y:bɐʃvɛŋlɪç] *adj* esuberante; (*Lob*) entusiastico; **Überschwemmung** <-, -en> *f* alluvione *f*

übersehen <irr> *vt* (*nicht bemerken*) non vedere

übersetzen [y:bɐ'zɛtsən] *vt* tradurre

Übersetzer(in) <-s, -; -, -nen> *m(f)* traduttore, -trice *m, f*

Übersetzung <-, -en> *f*

❶ (LING) traduzione *f* ❷ (TEC) trasmissione *f*
Übersicht <-, -en> *f* ❶ *sing* (*Überblick*) visione *f* d'insieme ❷ (*Darstellung*) quadro *m;* **übersichtlich** *adj* chiaro
überstehen [y:bɐ'ʃte:ən] <irr> *vt* superare
Überstunde *f* straordinario *m*
überstürzen *vt* precipitare
übertragen <irr> *vt* ❶ (*Besitz*) trasferire ❷ (*Aufgabe*) affidare; **Übertragung** <-, -en> *f* (MED, RADIO, TV) trasmissione *f*
übertreffen <irr> *vt* superare
übertreiben <irr> *vt, vi* esagerare; **Übertreibung** <-, -en> *f* esagerazione *f*
übertreten [y:bɐ'tre:tən] <irr> *vt* (*Regel*) violare
überwachen *vt* sorvegliare
überwältigen [y:bɐ'vɛltɪgən] *vt* sopraffare
überweisen <irr> *vt* (*Geld*) rimettere; (*auf Konto*) versare; **Überweisung** *f* (FIN) trasferimento *m*
überwiegend *adj* prevalente
überwinden <irr> **I.** *vt* superare **II.** *vr* **sich ~ etw zu tun** sforzarsi di fare qc
überzeugen *vt* convincere; **Überzeugung** *f* convinzione *f*
überziehen [y:bɐ'tsi:ən] <irr> *vt* ❶ (*mit Stoff*) rivestire ❷ (*Konto*) scoprire
Überzug *m* (*Bettbezug*) federa *f*
üblich ['y:plɪç] *adj* solito
U-Boot *n* sommergibile *m*
übrig ['y:brɪç] *adj* restante; **das Übrige** il resto; **die Übrigen** gli altri; **im Übrigen** del resto; **~ bleiben** avanzare; **~ sein** rimanere
übrigens ['y:brɪgəns] *adv* d'altronde; (*nebenbei bemerkt*) a proposito
Übung ['y:bʊŋ] <-, -en> *f* esercizio *m*
Ufer ['u:fɐ] <-s, -> *n* riva *f*
Uhr [u:ɐ̯] <-, -en> *f* ❶ (*Gerät*) orologio *m* ❷ (*bei Zeitangaben*) ora *f;* **es ist zwei ~** sono le due; **wie viel ~ ist es?** che ore sono?; **Uhrzeit** *f* ora *f*
Uhu ['u:hu] <-s, -s> *m* gufo *m*
Ukraine [u'kraɪnə] *f* Ucraina *f*
ulkig *adj* (*fam*) buffo
Ultimatum [ʊltɪ'ma:tʊm] <-s, Ultimaten> *n* ultimatum *m*
um [ʊm] **I.** *prp +acc* ❶ (*~ herum*) intorno a ❷ (*bei Uhrzeiten*) a; (*ungefähr*) verso; **~ fünf Uhr** alle cinque; **~ jeden Preis** a ogni costo **II.** *konj* **~ zu …** per *+inf*
umarmen *vt* abbracciare
Umbau *m* ricostruzione *f*
um|blättern *vi* voltare pagina
Umbrien ['ʊmbriən] *n* Umbria *f*
um|bringen <irr> *vt* uccidere
um|denken <irr> *vi* cambiare il proprio modo di pensare
um|drehen **I.** *vt* girare; (*Hals*)

torcere **II.** *vr* **sich ~** voltarsi

um|fallen <irr> *vi sein* cadere (a terra)

Umfang *m* (*Ausdehnung*) estensione *f;* **umfangreich** *adj* voluminoso

Umfrage *f* inchiesta *f*

Umgang *m* rapporti *mpl*

Umgangsformen *fpl* maniere *fpl*

Umgangssprache *f* lingua *f* parlata

umgeben <irr> *vt* circondare

Umgebung <-> *f* dintorni *mpl*

umgehen <irr> **I.** *vt* ❶ (*herumgehen um*) girare intorno a ❷ (*fig*) eludere **II.** *vi* (*mit Personen*) trattare; **mit etw sparsam ~** usare qc con parsimonia

Umgehungsstraße *f* circonvallazione *f*

umgekehrt **I.** *adj* inverso; **in ~er Richtung** in direzione opposta **II.** *adv* all'opposto

Umhang *m* mantellina *f*

umher *adv* intorno; **umher|ziehen** <irr> *vi sein* girovagare

um|kehren **I.** *vt* ❶ (*umdrehen*) rivoltare ❷ (*Reihenfolge*) capovolgere **II.** *vi sein* ritornare

um|kippen **I.** *vt* rovesciare **II.** *vi sein* (*umfallen*) rovesciarsi; (*Boot*) capovolgersi

Umkleidekabine *f* cabina *f;* **Umkleideraum** *m* spogliatoio *m*

um|kommen <irr> *vi sein* morire

Umkreis <-es> *m* **im ~ von** nel giro di

um|leiten *vt* deviare; **Umleitung** *f* deviazione *f*

umliegend *adj* circostante

umranden *vt* contornare

Umrechnung *f* (FIN) conversione *f*

umringen [ʊmˈrɪŋən] *vt* circondare

Umriss *m* contorno *m*

um|rühren *vt* mescolare

Umsatz *m* fatturato *m*

Umschlag *m* ❶ (*Buch~*) copertina *f;* (*Brief~*) busta *f* ❷ (MED) impacco *m*

Umschwung *m* cambiamento *m*

um|sehen <irr> *vr* **sich nach etw ~** guardarsi attorno

umsichtig *adj* circospetto

umso [ˈʊmzo] *konj* tanto; **~ besser** tanto meglio

umsonst [ʊmˈzɔnst] *adv* ❶ (*gratis*) gratis ❷ (*vergeblich*) invano

Umstände *mpl* (*Verhältnisse*) circostanze *fpl;* **unter diesen Umständen** date le circostanze; **in (anderen) Umständen sein** essere in stato interessante; **machen Sie sich** *dat* **keine Umstände!** non si disturbi!

umständlich *adj* complicato

Umstandskleid *n* (abito *m*) pre-maman® *m*

um|steigen <irr> *vi sein* cam-

biare treno
um|stellen I. *vt* spostare; (*fig*) trasformare II. *vr* **sich** (**auf etw** *acc*) ~ (*fig*) adattarsi (a qc)
um|stoßen <irr> *vt* rovesciare
umstritten *adj* controverso
Umsturz *m* rovesciamento *m;* **um|stürzen** I. *vt* rovesciare II. *vi sein* crollare
Umtausch *m* ❶ (COM) cambio *m* ❷ (FIN) conversione *f;* **um|tauschen** *vt* cambiare
um|wandeln *vt* cambiare
Umweg *m* strada *f* più lunga; **einen ~ machen** fare un giro
Umwelt *f* ambiente *m;* **Umweltbelastung** *f* incidenza *f* inquinante sull'ambiente; **umweltfreundlich** *adj* non inquinante; **Umweltschutz** *m* protezione *f* dell'ambiente; **Umweltverschmutzung** *f* inquinamento *m* ambientale; **umweltverträglich** *adj* compatibile con l'ambiente
um|werfen <irr> *vt* rovesciare
um|ziehen <irr> I. *vi sein* (*in andere Wohnung*) cambiare casa; (*in andere Stadt*) trasferirsi II. *vr* **sich** ~ cambiarsi (d'abito)
Umzug *m* ❶ (*Festzug*) corteo *m;* (REL) processione *f* ❷ (*Wohnungswechsel*) trasloco *m*
unabhängig *adj* indipendente; **Unabhängigkeit** *f* indipendenza *f*
unabsichtlich *adj* involontario
unachtsam *adj* disattento
unangebracht *adj* inopportuno
unangenehm *adj* sgradevole; (*ärgerlich*) fastidioso
unanständig *adj* indecente; (*Witz*) osceno
unappetitlich *adj* disgustoso
unaufmerksam *adj* distratto
unausstehlich *adj* insopportabile
unbeachtet *adj* inosservato
unbedeutend *adj* irrilevante
unbedingt *adj* assoluto
unbefriedigend *adj* insoddisfacente
unbegreiflich *adj* incomprensibile
unbegrenzt *adj* illimitato
unbegründet *adj* infondato
unbekannt *adj* sconosciuto
unbeliebt *adj* malvisto
unbequem *adj* scomodo; (*fig*) importuno
unberechenbar *adj* imprevidibile
unberechtigt *adj* non autorizzato
unbeschreiblich *adj* indescrivibile
unbestimmt *adj* indeterminato
unbeweglich *adj* immobile
unbewusst *adj* inconsapevole
unbrauchbar *adj* inutilizzabile
und [ʊnt] *konj* e; **~ so weiter** eccetera
undankbar *adj* ingrato
undicht *adj* non stagno

undurchlässig *adj* impermeabile
undurchsichtig *adj* opaco; (*fig*) impenetrabile
unecht *adj* falso; (*nachgemacht*) imitato
unehelich *adj* (*Kind*) illegittimo
unempfindlich *adj* ❶ (*unsensibel*) insensibile ❷ (*Stoff*) resistente
unendlich *adj* infinito; **Unendlichkeit** <-> *f* infinità *f*
unentbehrlich *adj* indispensabile
unentgeltlich *adj* gratuito
unentschieden *adj* (SPORT) ~ **enden** finire con un pareggio
unentschlossen *adj* indeciso
unerfahren *adj* inesperto
unerfreulich *adj* spiacevole
unerhört *adj* inaudito
unerlässlich *adj* indispensabile
unermüdlich *adj* instancabile
unerträglich *adj* insopportabile
unerwartet *adj* inatteso
unerwünscht *adj* indesiderato
unfähig *adj* incapace; **Unfähigkeit** *f* incapacità *f*
unfair *adj* (SPORT) scorretto
Unfall *m* incidente *m;* **Unfallstelle** *f* luogo *m* dell'incidente; **Unfallversicherung** *f* assicurazione *f* contro gli infortuni
unfehlbar *adj* infallibile
unfreundlich *adj* scortese
ungarisch *adj* ungherese
Ungarn *n* Ungheria *f*
ungeahnt *adj* insospettato
ungebildet *adj* incolto
ungebräuchlich *adj* inusitato
ungedeckt *adj* (*Scheck*) scoperto
Ungeduld *f* impazienza *f;* **ungeduldig** *adj* impaziente
ungeeignet *adj* inadatto
ungefähr [ʊngəˈfɛːɐ̯] *adj* approssimativo
ungefährlich *adj* innocuo
ungeheuer *adj* enorme
Ungeheuer [ʊngəˈhɔɪɐ] <-s, -> *n* mostro *m*
ungehorsam *adj* disubbidiente; **Ungehorsam** *m* disubbidienza *f*
ungeklärt *adj* (*Frage, Ursache*) non chiarito; (*Verbrechen*) oscuro
ungelegen *adj* inopportuno; **komme ich ~?** disturbo?
ungemütlich *adj* poco accogliente
ungenau *adj* impreciso; **Ungenauigkeit** *f* imprecisione *f*
ungenießbar *adj* immangiabile
ungenügend *adj* insufficiente
ungepflegt *adj* trascurato
ungerade *adj* (*Zahl*) dispari
ungerecht *adj* ingiusto; **Ungerechtigkeit** *f* ingiustizia *f*
ungern *adv* malvolentieri
ungeschickt *adj* maldestro
ungesetzlich *adj* illegale
ungesund *adj* malsano; (*Aussehen*) malaticcio

Ungewissheit *f* incertezza *f*
ungewöhnlich *adj* eccezionale
ungewohnt *adj* insolito
Ungeziefer ['ʊngətsi:fɐ] <-s> *n* parassiti *mpl*
ungezogen *adj* maleducato
unglaublich ['ʊnglauplɪç] *adj* incredibile
ungleich *adj* disuguale; (*verschieden*) diverso
Unglück <-(e)s, -e> *n* ❶ (*Pech*) sfortuna *f* ❷ (~ *sfall*) disgrazia *f*; (*Verkehrs~*) incidente *m*; **unglücklich** *adj* infelice; **unglücklicherweise** *adv* sfortunatamente
ungültig *adj* non valido; (*Ausweispapiere*) scaduto
ungünstig *adj* sfavorevole; (*nachteilig*) svantaggioso
unheilbar *adj* (MED) incurabile
unheimlich *adj* inquietante
unhöflich *adj* scortese
unhygienisch *adj* antigienico
Uniform [uni'fɔrm] <-, -en> *f* divisa *f*
uninteressant *adj* non interessante
Universität [univɛrzi'tɛ:t] <-, -en> *f* università *f*
Unkenntnis *f* ignoranza *f*
unklar *adj* ❶ (*nicht klar zu erkennen*) poco chiaro; (*undeutlich*) indistinto ❷ (*ungewiss*) incerto
Unkraut *n* erbaccia *f*
unleserlich *adj* illeggibile
unlogisch *adj* illogico
unlösbar *adj* insolubile
unmäßig *adj* smodato
Unmenge *f* (gran) quantità *f*
unmenschlich *adj* inumano
unmittelbar *adj* (*Nähe*) immediato; (*Kontakt*) direkt
unmöglich *adj* impossibile
unmoralisch *adj* immorale
unnachgiebig *adj* intransigente
unnötig, **unnütz** *adj* inutile
UNO ['u:no] <-> *f akr v* **United Nations Organization** O.N.U. *f*
unordentlich *adj* ❶ (*Mensch*) disordinato ❷ (*Zimmer*) in disordine
Unordnung *f* disordine *m*
unparteiisch *adj* imparziale
unpassend *adj* sconveniente; (*Zeitpunkt*) inopportuno
unpersönlich *adj* impersonale
unpünktlich *adj* non puntuale
unrealistisch *adj* irrealistico;
Unrecht *n* torto *m*; ~ **haben** avere torto; **jdm ~ tun** fare torto a qu; **zu ~** a torto; **unrechtmäßig** *adj* illegale
unregelmäßig *adj* irregolare; (*Leben*) sregolato
unreif *adj* (*a fig*) immaturo
Unruhe *f* inquietudine *f*; **unruhig** *adj* ❶ (*Meer*) mosso ❷ (*Leben, Mensch*) irrequieto
uns [ʊns] *pron* ❶ *dat von* **wir** (*betont*) a noi; (*unbetont*) ci ❷ *acc von* **wir** (*betont*) noi; (*un-*

betont) ci
unsanft *adj* brusco
unschädlich *adj* innocuo
unscheinbar *adj* poco appariscente
unschlagbar *adj* imbattibile
unschlüssig *adj* indeciso
Unschuld *f* innocenza *f*; **unschuldig** *adj* innocente
unselbständig, **unselbstständig** *adj* non indipendente
unser ['ʊnzɐ] **I.** *pron von* **wir** (*adjektivisch*) nostro, -a *m, f*, nostri, -e *mpl, fpl* **II.** *pron gen von* **wir** di noi
unsere(**r, s**) ['ʊnzərə] *pron von* **uns** (*substantivisch*) (il) nostro, (la) nostra, (i) nostri *pl*, (le) nostre *pl*
unsererseits *adv* da parte nostra
unsicher *adj* ❶ (*ungewiss*) incerto ❷ (*nicht selbstbewusst*) insicuro
unsichtbar *adj* invisibile
Unsinn *m* nonsenso *m*; **unsinnig** *adj* assurdo
unsportlich *adj* non sportivo
unsterblich *adj* immortale
Unstimmigkeit ['ʊnʃtɪmɪçkaɪt] <-, -en> *f* discordia *f*
unsympathisch *adj* antipatico
untätig *adj* inattivo
unten ['ʊntən] *adv* sotto, giù; **da ~** laggiù; **hier ~** quaggiù; **nach ~** giù
unter ['ʊntɐ] *prp +acc o dat* ❶ (*räumlich*) sotto; (*~ halb von*) al di sotto di; **10 Grad ~ Null** dieci gradi sotto zero ❷ (*zwischen*) fra, tra; (*inmitten*) in mezzo a; **~ anderem** tra l'altro
Unterbewusstsein *n* subconscio *m*
unterbrechen <irr> *vt* interrompere; **Unterbrechung** <-, -en> *f* interruzione *f*
unter|bringen <irr> *vt* ❶ (*Platz finden*) sistemare ❷ (*beherbergen*) alloggiare
unterdrücken *vt* (*Menschen*) opprimere; (*Aufstand, Gefühl*) reprimere
untereinander *adv* ❶ (*räumlich*) l'uno sotto l'altro ❷ (*miteinander*) l'uno con l'altro; (*gegenseitig*) l'un l'altro
unterentwickelt *adj* sottosviluppato
Unterernährung *f* denutrizione *f*
untere(**r, s**) ['ʊntərə] *adj* inferiore
Unterführung *f* sottopassaggio *m*
unter|gehen <irr> *vi sein* ❶ (*Sonne*) tramontare ❷ (NAUT) affondare
Untergeschoss *n* scantinato *m*
untergliedern *vt* suddividere
Untergrundbahn *f* metropolitana *f*
unterhalb *prp +gen* al di sotto di
Unterhalt *m* mantenimento *m*

unterhalten <irr> **I.** *vt* ❶ (*ernähren*) mantenere ❷ (*belustigen*) divertire **II.** *vr* **sich ~** ❶ (*sprechen*) conversare ❷ (*sich vergnügen*) divertirsi

Unterhaltung *f* ❶ (*Gespräch*) conversazione *f* ❷ (*Vergnügen*) divertimento *m*

Unterhemd *n* canottiera *f*; **Unterhose** *f* mutande *fpl*

unterirdisch *adj* sotterraneo

Unterkunft ['ʊntɐkʊnft] <-, Unterkünfte> *f* alloggio *m*

Unterlage *f* ❶ (*allg*) supporto *m*; (*Schreib~*) sottomano *m* ❷ *pl* (*Akten*) documenti *mpl*

unterlassen <irr> *vt* ❶ (*nicht tun*) tralasciare ❷ (*darauf verzichten*) astenersi da

unter|legen[1] ['ʊntɐle:gən] *vt* mettere sotto

unterlegen[2] [ʊntɐ'le:gən] *adj* inferiore

Unterleib *m* basso ventre *m*

Untermiete *f* subaffitto *m*

unternehmen <irr> *vt* intraprendere

Unternehmen <-s, -> *n* impresa *f*

Unternehmer(in) <-s, -; -, -nen> *m(f)* imprenditore, -trice *m, f*

Unterredung <-, -en> *f* colloquio *m*

Unterricht ['ʊntɐrɪçt] <-(e)s> *m* lezioni *fpl*

unterrichten *vt* ❶ (*Unterricht geben*) insegnare; **jdn in etw dat ~** dare lezioni di qc a qu ❷ (*informieren*) **jdn von etw acc ~** informare qu di qc

unterschätzen *vt* sottovalutare

unterscheiden <irr> *vt* distinguere; **Unterschied** ['ʊntɐʃi:t] <-(e)s, -e> *m* differenza *f*; **im ~ zu** a differenza di; **unterschiedlich** *adj* diverso

unterschlagen <irr> *vt* sottrarre

unterschreiben <irr> *vt* firmare

Unterschrift *f* firma *f*

unter|stellen[1] ['ʊntɐʃtɛlən] *vt* (*Auto*) parcheggiare

unterstellen[2] [ʊntɐ'ʃtɛlən] *vt* ❶ (*unterordnen*) subordinare ❷ (*unterschieben*) **jdm etw ~** attribuire qc a qu

unterstreichen <irr> *vt* (*a fig*) sottolineare

unterstützen *vt* ❶ (*finanziell*) sussidiare ❷ (*moralisch*) sostenere; **Unterstützung** <-, -en> *f* ❶ (*Subvention*) sovvenzione *f* ❷ (*Beistand*) aiuto *m*

untersuchen *vt* (*prüfen*) esaminare; (*polizeilich*) indagare; (*Patienten*) visitare; **Untersuchung** <-, -en> *f* (*Prüfung*) esame *m*; (*beim Arzt*) visita *f*; (*polizeilich*) indagine *f*; **Untersuchungshaft** *f* detenzione *f* preventiva

Untertasse *f* piattino *m*

unter|tauchen *vi sein* immergersi; (*fig*) scomparire
Unterteil *n* parte *f* inferiore
unterteilen *vt* suddividere
Unterwäsche *f* biancheria *f* intima
unterwegs [ʊntɐ've:ks] *adv* strada facendo; (**immer**) ~ **sein** essere (sempre) in giro; **der Arzt ist schon** ~ il medico sta per arrivare
unterwerfen <irr> **I.** *vt* sottomettere **II.** *vr* **sich** ~ sottomettersi
unterzeichnen *vt* firmare
untreu *adj* infedele; **Untreue** *f* infedeltà *f*
untröstlich *adj* inconsolabile
unüberlegt *adj* sconsiderato
unumgänglich *adj* indispensabile
ununterbrochen *adj* ininterrotto
unverantwortlich *adj* irresponsabile
unverbesserlich *adj* incorreggibile
unverbindlich *adj* non impegnativo
unvereinbar *adj* incompatibile
unverhofft *adj* insperato
unverkennbar *adj* inconfondibile
unvermeidlich *adj* inevitabile
unvernünftig *adj* (*Mensch*) irragionevole; (*Entscheidung*) insensato
unverschämt *adj* sfacciato; (*Preis*) esorbitante
unversehens *adv* all'improvviso
unversöhnlich *adj* inconciliabile
unverständlich *adj* incomprensibile
unverzeihlich *adj* imperdonabile
unvollkommen *adj* imperfetto
unvollständig *adj* incompleto
unvorbereitet *adj* impreparato
unvorhergesehen *adj* imprevisto
unvorsichtig *adj* imprudente
unvorstellbar *adj* inimmaginabile
unwahrscheinlich *adj* improbabile
unwesentlich *adj* irrilevante
Unwetter *n* maltempo *m*
unwichtig *adj* non importante
unwiderruflich *adj* irrevocabile
unwiderstehlich *adj* irresistibile
unwillig **I.** *adj* irritato **II.** *adv* (*widerwillig*) controvoglia
unwirsch ['ʊnvɪrʃ] *adj* scontroso
unwirtschaftlich *adj* antieconomico
unwissend *adj* ignorante; **Unwissenheit** *f* ignoranza *f*
unwohl *adj* indisposto
unwürdig *adj* indegno
unzählig *adj* innumerevole; ~ **viele Menschen** moltissime

persone
unzertrennlich *adj* inseparabile
unzufrieden *adj* scontento; **mit jdm/etw ~ sein** essere insoddisfatto di qu/qc; **Unzufriedenheit** *f* scontentezza *f*
unzulässig *adj* illecito
unzusammenhängend *adj* sconnesso
üppig ['ʏpɪç] *adj* (*Vegetation*) lussureggiante; (*Essen*) abbondante; (*Formen*) formoso
Uraufführung *f* prima *f*
Ureinwohner(in) *m(f)* indigeno, -a *m, f*
Urenkel(in) *m(f)* pronipote *mf;* **Urgroßmutter** *f* bisnonna *f;* **Urgroßvater** *m* bisnonno *m*
Urheber(in) *m(f)* (*a fig*) autore, -trice *m, f*
Urin [u'ri:n] <-s, -e> *m* orina *f*
Urkunde ['u:ɐ̯kʊndə] <-, -n> *f* documento *m*
Urlaub ['u:ɐ̯laʊp] <-(e)s, -e> *m* vacanza *f,* ferie *fpl;* **in ~ fahren** andare in vacanza
Ursache *f* causa *f;* **keine ~!** non c'è di che
Ursprung *m* origine *f;* (*Anfang*) principio *m*
ursprünglich I. *adj* originario; (*anfänglich*) iniziale II. *adv* in principio
Urteil ['ʊrtaɪl] <-s, -e> *n* ❶ (JUR) sentenza *f* ❷ (*Beurteilung*) giudizio *m*
urteilen *vi* giudicare
Urwald *m* foresta *f* vergine
USA *pl* U.S.A. *mpl*
usw. *abk v* **und so weiter** ecc.
utopisch *adj* utopistico

V

V, v [faʊ] <-, -(s)> *n* V, v *f*
Vagabund(in) [vaga'bʊnt] <-en, -en; -, -nen> *m(f)* vagabondo, -a *m, f*
vage ['va:gə] *adj* vago
vakuumverpackt *adj* conservato sotto vuoto
Vanille [va'nɪl(j)ə] <-> *f* vaniglia *f*
Vase ['va:zə] <-, -n> *f* vaso *m*
Vater ['fa:tɐ] <-s, Väter> *m* padre *m;* **Vaterland** *n* patria *f*
väterlich *adj* paterno
Vatikan [vati'ka:n] *m* **der ~** il Vaticano
v. Chr. *abk v* **vor Christus** a.C.
Vegetarier(in) [vege'ta:riɐ] <-s, -; -, -nen> *m(f)* vegetariano, -a *m, f*
Vegetation [vegeta'ts̮i̯o:n] <-, -en> *f* vegetazione *f*
Veilchen ['faɪlçən] <-s, -> *n* violetta *f*
Velo ['ve:lo] <-s, -s> *n* (*CH*) bicicletta *f*
Vene ['ve:nə] <-, -n> *f* (ANAT) ve-

na *f*

Venedig [veˈneːdɪç] *n* Venezia *f*

Venetien [veˈneːt͡si̯ən] *n* Veneto *m*

Ventil [vɛnˈtiːl] <-s, -e> *n* valvola *f*

verabreden [fɛɐ̯ˈʔapreːdən] *vr* **sich** (**mit jdm**) ~ darsi appuntamento (con qu); **Verabredung** <-, -en> *f* (*Treffen*) appuntamento *m*

verabschieden **I.** *vt* ❶ (*Gäste*) congedare ❷ (*Gesetz*) varare **II.** *vr* **sich** (**von jdm**) ~ congedarsi (da qu)

verachten *vt* disprezzare

Verallgemeinerung <-, -en> *f* generalizzazione *f*

Veranda [veˈranda] <-, Veranden> *f* veranda *f*

verändern **I.** *vt* cambiare **II.** *vr* **sich** ~ cambiare; **Veränderung** *f* cambiamento *m*

veranstalten *vt* organizzare; **Veranstalter(in)** <-s, -; -, -nen> *m(f)* organizzatore, -trice *m, f*; **Veranstaltung** <-, -en> *f* manifestazione *f*

verantworten **I.** *vt* rispondere di **II.** *vr* **sich** (**vor jdm/etw**) ~ giustificarsi (davanti a qu/qc); **verantwortlich** *adj* **für etw ~ sein** essere responsabile per qc; **jdn für etw ~ machen** rendere qu responsabile di qc; **Verantwortung** <-, -en> *f* responsabilità *f*

verarbeiten *vt* ❶ (*behandeln*) trattare ❷ (*fig: geistig*) assimilare; **Verarbeitung** <-, -en> *f* lavorazione *f*; (*von Daten*) elaborazione *f*

verärgern *vt* irritare

verarzten *vt* (*fam*) medicare

Verb [vɛrp] <-s, -en> *n* verbo *m*

Verband <-(e)s, Verbände> *m* ❶ (MED) fasciatura *f* ❷ (*Vereinigung*) associazione *f*

verbergen <irr> *vt* **jdn/etw** (**vor jdm**) ~ nascondere qu/qc (a qu)

verbessern **I.** *vt* ❶ (*besser machen*) migliorare ❷ (*berichtigen*) correggere **II.** *vr* **sich** ~ correggersi; **Verbesserung** *f* miglioramento *m*; (*Korrektur*) correzione *f*

Verbeugung *f* inchino *m*

verbiegen <irr> *vt* piegare

verbieten <irr> *vt* proibire

verbinden <irr> **I.** *vt* (*vereinigen*) unire; (MED) fasciare **II.** *vr* **sich** ~ unirsi

verbindlich *adj* vincolante

Verbindung *f* ❶ (*von Orten, Zug~*) collegamento *m* ❷ (TEL) comunicazione *f*; **Internet~** connessione Internet ❸ (*Zusammenhang*) relazione *f*; **in ~ mit** in relazione a ❹ (*Beziehung*) rapporto *m*

verbleit *adj* con piombo

verblüffen [fɛɐ̯ˈblʏfən] *vt* stupire

verblühen *vi sein* sfiorire
verbluten *vi sein* dissanguarsi
verborgen [fɛɐ̯'bɔrgən] *adj* nascosto
Verbot <-(e)s, -e> *n* divieto *m;* **verboten** *adj* vietato
Verbrauch *m* consumo *m;* **verbrauchen** *vt* consumare; **Verbraucher(in)** <-s, -; -, -nen> *m(f)* consumatore, -trice *m, f*
Verbrechen <-s, -> *n* delitto *m;* **Verbrecher(in)** <-s, -; -, -nen> *m(f)* delinquente *mf*
verbreiten *vt* diffondere
verbrennen <irr> *vt, vi* bruciare; **sich** *dat* **die Finger** ~ scottarsi le dita; (*fig*) rimanere scottato; **Verbrennung** <-, -en> *f* ❶ *sing* (*das Verbrennen*) incenerimento *m* ❷ (MED) ustione *f*
verbringen <irr> *vt* passare
verbrühen *vr* **sich** ~ scottarsi
verbuchen *vt* registrare
verbürgen *vr* **sich für jdn/etw** ~ garantire per qu/qc
verbüßen *vt* scontare
verchecken [fɛɐ̯'tʃɛkən] *vt* (*sl: verkaufen*) vendere
Verdacht [fɛɐ̯'daxt] <-(e)s> *m* sospetto *m;* **verdächtigen** *vt* sospettare
verdammen [fɛɐ̯'damən] *vt* condannare
verdanken *vt* **jdm etw** ~ dovere qc a qu
verdauen [fɛɐ̯'daʊən] *vt, vi* digerire
Verdauung <-> *f* digestione *f*
verderben [fɛɐ̯'dɛrbən] <irr> **I.** *vt* rovinare; (*a fig*) guastare **II.** *vi sein* (*Essen*) andare a male; **Verderben** <-s> *n* rovina *f*
verdeutlichen *vt* chiarire
verdienen *vt* guadagnare; (*fig*) meritare
Verdienst[1] <-(e)s, -e> *m* (*Einkommen*) guadagno *m*
Verdienst[2] <-(e)s, -e> *n* (*Leistung*) merito *m*
verdoppeln *vt* raddoppiare
verdorben [fɛɐ̯'dɔrbən] *adj* ❶ (*Lebensmittel*) guasto ❷ (*fig: Mensch*) corrotto
verdrängen *vt* (PSYCH) reprimere
verdrossen [fɛɐ̯'drɔsən] *adj* seccato
Verdruss [fɛɐ̯'drʊs] <-es> *m* scontentezza *f;* (*Ärger*) fastidio *m*
verdünnen *vt* diluire
verdunsten *vi sein* evaporare
verdursten *vi sein* morire di sete
verehren *vt* venerare; **Verehrer(in)** <-s, -; -, -nen> *m(f)* ammiratore, -trice *m, f*
Verein [fɛɐ̯'ʔaɪn] <-(e)s, -e> *m* associazione *f;* (*Klub*) circolo *m;* (SPORT) società *f* sportiva
vereinbaren *vt* fissare; **Vereinbarung** <-, -en> *f* accordo *m*
vereinfachen *vt* semplificare; **Vereinigung** *f* unione *f;* (*Verein*) associazione *f*

vereinzelt *adj* isolato

verengen *vr* **sich ~** restringersi

verfahren <irr> **I.** *vi sein* procedere **II.** *vr* **sich ~** (*falsch fahren*) sbagliare strada

Verfahren <-s, -> *n* ❶ (*Methode*) metodo *m* ❷ (JUR) processo *m*

verfallen <irr> *vi sein* ❶ (*Bauwerk*) andare in rovina ❷ (*ungültig werden*) scadere

verfassen *vt* redigere; **Verfasser(in)** <-s, -; -, -nen> *m(f)* autore, -trice *m, f*

Verfassung *f* ❶ *sing* (*Zustand*) stato *m;* **körperliche ~** condizioni fisiche ❷ (POL) costituzione *f;* **Verfassungsgericht** *n* corte *f* costituzionale; **verfassungswidrig** *adj* anticostituzionale

verfaulen *vi sein* marcire

verfehlen *vt* sbagliare; (*Ziel*) mancare; **das Thema ~** andare fuori tema

verfilmen *vt* filmare

verfluchen *vt* maledire

verfolgen *vt* inseguire; (*fig*) perseguire; **Verfolgung** <-, -en> *f* inseguimento *m;* (POL) persecuzione *f*

verfügbar *adj* disponibile

verfügen **I.** *vt* ordinare **II.** *vi* **über etw** *acc* **~** disporre di qc; **Verfügung** *f* ❶ (*Disposition*) disposizione *f;* **jdm etw zur ~ stellen** mettere qc a disposizione di qu ❷ (*Verordnung*) ordinanza *f*

verführen *vt* sedurre; **verführerisch** *adj* seducente; **Verführung** *f* seduzione *f*

vergangen *adj* passato; **Vergangenheit** <-> *f* passato *m*

vergeben <irr> *vt* ❶ (*Stelle*) assegnare; (*Preis*) conferire ❷ (*verzeihen*) **jdm etw ~** perdonare qc a qu

vergeblich **I.** *adj* vano **II.** *adv* invano

vergehen <irr> *vi sein* passare; **mir ist der Appetit vergangen** mi è passato l'appetito; **Vergehen** <-s, -> *n* (JUR) infrazione *f*

vergessen [fɛɐ̯'gɛsən] <irr> *vt* dimenticare

vergesslich *adj* smemorato; **Vergesslichkeit** <-> *f* smemoratezza *f*

vergewaltigen *vt* violentare

vergießen <irr> *vt* versare

vergiften *vt* avvelenare; **Vergiftung** <-, -en> *f* avvelenamento *m*

Vergleich [fɛɐ̯'glaɪç] <-(e)s, -e> *m* paragone *m;* **im ~ zu** in confronto a; **vergleichbar** *adj* paragonabile; **vergleichen** <irr> *vt* confrontare

vergnügen [fɛɐ̯'gny:gən] *vr* **sich ~** divertirsi; **Vergnügen** <-s, -> *n* divertimento *m;* **viel ~!** buon divertimento!; **vergnügt** *adj* allegro; **Vergnü-**

gungspark *m* parco *m* di divertimenti
vergolden *vt* dorare
vergraben <irr> *vt* seppellire
vergriffen [fɛɐ̯'grɪfən] *adj* (COM) esaurito
vergrößern [fɛɐ̯'grø:sɐn] *vt* (*allg*, FOTO) ingrandire; (*vermehren*) aumentare; **Vergrößerung** <-, -en> *f* ingrandimento *m*
vergüten [fɛɐ̯'gy:tən] *vt* rimborsare
verhaften *vt* arrestare; **Verhaftung** *f* arresto *m*
verhalten <irr> *vr* **sich ~** comportarsi; **Verhalten** <-s> *n* comportamento *m*
Verhältnis [fɛɐ̯'hɛltnɪs] <-ses, -se> *n* ❶ (*Relation*) rapporto *m*; **im ~ zu** in confronto a ❷ (*persönliche Beziehung*) relazione *f* ❸ *pl* (*Bedingungen*) condizioni *fpl*; (*Lage*) situazione *f*
verhandeln **I.** *vt* (JUR) dibattere **II.** *vi* (**mit jdm**) **über etw** *acc* **~** negoziare qc (con qu); **Verhandlung** *f* trattativa *f*; (JUR) dibattimento *m*
Verhängnis <-ses, -se> *n* destino *m*; **jdm zum ~ werden** riuscire fatale a qu
verharmlosen *vt* minimizzare
verhasst *adj* odiato
verheiraten *vr* **sich** (**mit jdm**) **~** sposarsi (con qu); **verheiratet** *adj* sposato
verhindern *vt* impedire
Verhör [fɛɐ̯'hø:ɐ̯] <-(e)s, -e> *n* interrogatorio *m*
verhungern *vi sein* morire di fame
verhüten *vt* prevenire; **Verhütung** <-> *f* prevenzione *f*; (*Empfängnis~*) contraccezione *f*; **Verhütungsmittel** *n* anticoncezionale *m*
verirren *vr* **sich ~** smarrirsi
verjagen *vt* scacciare
Verkabelung <-, -en> *f* cablaggio *m*
Verkauf *m* vendita *f*; **verkaufen** *vt* vendere; **jdn für dumm ~** (*fam*) prendere qu per scemo; **Verkäufer**(**in**) *m*(*f*) venditore, -trice *m, f*; **verkäuflich** *adj* da vendere
Verkehr [fɛɐ̯'ke:ɐ̯] <-s> *m* ❶ (*Straßen~*) traffico *m* ❷ (*Geschlechts~*) rapporti *mpl* intimi
verkehren *vi* ❶ *haben o sein* (*Verkehrsmittel*) circolare ❷ (*Mensch*) frequentare; **mit jdm ~** essere in rapporti con qu
Verkehrsmittel *n* mezzo *m* di trasporto; **Verkehrsordnung** *f* codice *m* stradale; **Verkehrsteilnehmer**(**in**) *m*(*f*) utente *mf* della strada; **Verkehrsunfall** *m* incidente *m* stradale; **Verkehrszeichen** *n* segnale *m* stradale
verkehrt **I.** *adj* sbagliato **II.** *adv* al rovescio

verklagen *vt* citare in giudizio

verkleiden I. *vt* ❶ (*Menschen*) travestire ❷ (*Wand*) rivestire II. *vr* **sich** (**als Clown**) ~ travestirsi (da pagliaccio); **Verkleidung** *f* (*von Menschen*) travestimento *m*

verkleinern *vt* ridurre

verklemmt *adj* inibito

verknüpfen *vt* annodare; (*fig*) collegare

verkommen¹ <irr> *vi sein* (*Gebäude*) andare in rovina

verkommen² *adj* ❶ (*verwahrlost*) in rovina ❷ (*Person*) depravato

verkraften *vt* sopportare

verkrüppelt *adj* storpio

verkürzen *vt* accorciare

verladen <irr> *vt* caricare

Verlag [fɛɐ̯'la:k] <-(e)s, -e> *m* casa *f* editrice

verlangen *vt* richiedere; **Sie werden am Telefon verlangt** La desiderano al telefono

verlängern [fɛɐ̯'lɛŋɐn] *vt* allungare; (*Urlaub, Frist*) prolungare; **Verlängerung** <-, -en> *f* ❶ (*räumlich, zeitlich*) prolungamento *m;* (*von Frist*) proroga *f* ❷ (SPORT) tempo *m* supplementare

verlassen¹ <irr> I. *vt* abbandonare II. *vr* **sich auf jdn/etw** ~ fare affidamento su qu/qc

verlassen² *adj* abbandonato

verlässlich [fɛɐ̯'lɛslɪç] *adj* fidato

Verlauf *m* ❶ (*Ablauf*) corso *m* ❷ (*von Straße*) tracciato *m;* **verlaufen** <irr> I. *vi sein* ❶ (*Feier, Abend*) svolgersi ❷ (*Grenze, Weg*) correre II. *vr* **sich** ~ smarrirsi

verlegen¹ *vt* ❶ (*an andere Stelle*) spostare; (*Wohnsitz*) trasferire; (*verlieren*) perdere ❷ (*Kabel*) posare

verlegen² *adj* imbarazzato; **Verlegenheit** <-> *f* imbarazzo *m*

Verleih [fɛɐ̯'laɪ] <-(e)s, -e> *m* noleggio *m;* **verleihen** <irr> *vt* ❶ (*ausleihen*) prestare ❷ (*Orden, Preis*) conferire

verlernen *vt* disimparare

verletzbar *adj* vulnerabile

verletzen [fɛɐ̯'lɛtsən] I. *vt* ❶ (*verwunden*) ferire ❷ (*fig: kränken*) offendere ❸ (*fig: Gesetz*) violare II. *vr* **sich** ~ ferirsi

verletzlich *adj* vulnerabile

Verletzte <ein -r, -n, -n> *mf* ferito, -a *m, f*

Verletzung <-, -en> *f* ferita *f*

verlieben *vr* **sich** (**in jdn/etw**) ~ innamorarsi (di qu/qc); **verliebt** *adj* innamorato

verlieren [fɛɐ̯'li:rən] <irr> *vt, vi* perdere; **jdn aus den Augen** ~ perdere di vista qu; **an Wert** ~ deprezzarsi

verloben *vr* **sich** (**mit jdm**) ~ fidanzarsi (con qu); **Verlobte** <ein -r, -n, -n> *mf* fidanzato, -a *m, f*

verlogen [fɛɐ̯'lo:gən] *adj* bugiardo

Verlosung <-, -en> *f* sorteggio *m*

Verlust [fɛɐ̯'lʊst] <-(e)s, -e> *m* perdita *f*

vermehren I. *vt* aumentare II. *vr* **sich** ~ ❶ (*größer werden*) aumentare ❷ (BIOL) riprodursi; **Vermehrung** *f* ❶ (*das* (*Sich*)*vermehren*) aumento *m;* (*zahlenmäßig*) moltiplicazione *f* ❷ (BIOL) riproduzione *f*

vermeiden <irr> *vt* evitare

Vermerk [fɛɐ̯'mɛrk] <-(e)s, -e> *m* annotazione *f*

vermessen <irr> *vt* misurare

vermieten *vt* affittare; (*Auto*) noleggiare; **Vermieter(in)** *m(f)* locatore, -trice *m, f*

vermindern I. *vt* ridurre II. *vr* **sich** ~ diminuire

vermischen *vt* mischiare

vermitteln I. *vt* procurare II. *vi* fare da mediatore; **Vermittler(in)** <-s, -; -, -nen> *m(f)* mediatore, -trice *m, f*; **Vermittlung** <-, -en> *f* ❶ (TEL) centralino *m* ❷ (*Stellen~*) ufficio *m* di collocamento

Vermögen <-s, -> *n* (*Geldbesitz*) patrimonio *m;* **vermögend** *adj* benestante

vermuten [fɛɐ̯'mu:tən] *vt* supporre; **vermutlich** I. *adj* presunto II. *adv* presumibilmente

vernachlässigen *vt* trascurare

Vernehmung <-, -en> *f* (JUR) interrogatorio *m*

verneinen *vt* rispondere negativamente a

Vernetzung <-, -en> *f* collegamento *m;* (INFORM) rete *f*

vernichten *vt* distruggere

Vernunft [fɛɐ̯'nʊnft] <-> *f* ragione *f;* **vernünftig** [fɛɐ̯'nʏnftɪç] *adj* ❶ (*Mensch*) ragionevole ❷ (*Vorschlag*) sensato

veröffentlichen *vt* pubblicare

verordnen *vt* (MED) prescrivere; **Verordnung** *f* ❶ (MED) prescrizione *f* ❷ (*gesetzlich*) decreto *m*

verpachten *vt* dare in affitto

verpacken *vt* impacchettare; **Verpackung** *f* imballaggio *m*

verpflegen *vt* nutrire; **Verpflegung** <-> *f* vitto *m*

verpflichten I. *vt, vi* obbligare II. *vr* **sich** ~ impegnarsi; **Verpflichtung** <-, -en> *f* obbligo *m;* (*Pflicht*) dovere *m;* **berufliche ~en** impegni professionali

verprügeln *vt* bastonare

Verputz *m* intonaco *m*

verquatschen <ohne ge-> (*fam*) I. *vt* (*Zeit*) passare in chiacchiere II. *vr* **sich** ~ (*sich verplappern*) tradirsi

Verrat <-(e)s> *m* tradimento *m*

verraten <irr> I. *vt* tradire II. *vr* **sich** ~ tradirsi; **Verräter(in)** [fɛɐ̯'rɛ:tɐ] <-s, -; -, -nen> *m(f)* traditore, -trice *m, f*

verrechnen I. *vt* **etw mit etw ~** compensare qc con qc **II.** *vr* **sich ~** sbagliare i calcoli; **Verrechnungsscheck** *m* (FIN) assegno *m* da accreditare

verreisen *vi sein* partire in viaggio

verrenken *vt* storcere

verrosten *vi sein* arrugginire

verrückt *adj* pazzo; **Verrückte** <ein -r, -n, -n> *mf* pazzo, -a *m, f*

Vers [fɛrs] <-es, -e> *m* verso *m*

versagen *vi* (*Person*) fallire; (*Maschinen, Bremsen*) non funzionare; **Versager(in)** <-s, -; -, -nen> *m(f)* fallito, -a *m, f*

versalzen <irr> *vt* salare troppo

versammeln I. *vt* riunire **II.** *vr* **sich ~** riunirsi; **Versammlung** *f* riunione *f*

Versand [fɛɐ̯'zant] <-(e)s> *m* spedizione *f*; **Versandhaus** *n* ditta *f* di vendita per corrispondenza

versäumen *vt* ❶ (*Zug, Gelegenheit*) perdere ❷ (*Unterricht*) mancare a; (*Pflicht*) trascurare

verschätzen *vr* **sich ~** sbagliarsi nel valutare

verschenken *vt* regalare

verscheuchen *vt* scacciare

verschieden [fɛɐ̯'ʃiːdən] *adj* ❶ (*unterschiedlich*) diverso; **sie sind ~ groß** sono di diversa grandezza ❷ *pl* (*mehrere, einige*) vari, varie; **Verschiedenes** diverse cose

verschimmeln *vi sein* ammuffire

verschlafen[1] <irr> *vi* non svegliarsi in tempo

verschlafen[2] *adj* (*a fig*) sonnolento

verschlechtern I. *vt* peggiorare **II.** *vr* **sich ~** peggiorare

Verschleiß [fɛɐ̯'ʃlaɪs] <-es, -e> *m* usura *f*

verschleppen *vt* ❶ (*Personen*) deportare ❷ (*Krankheit*) trascinarsi

verschleudern *vt* dissipare

verschließen <irr> *vt* chiudere (a chiave)

verschlimmern I. *vt* aggravare **II.** *vr* **sich ~** aggravarsi

verschlingen <irr> *vt* (*a fig*) divorare

verschlossen *adj* (*fig: Person*) chiuso

Verschluss *m* chiusura *f*; (*Stöpsel*) tappo *m*

verschlüsseln *vt* cifrare; (INFORM) codificare

verschmutzen *vt* sporcare

verschneit *adj* innevato

verschollen [fɛɐ̯'ʃɔlən] *adj* disperso

verschonen *vt* risparmiare; **jdn mit etw ~** risparmiare qc a qu

verschreiben <irr> *vt* (MED) prescrivere

verschrotten *vt* rottamare

Verschuldung <-> *f* indebitamento *m*

verschütten *vt* ❶ (*ausschütten*) versare ❷ (*unter sich begraben*) seppellire

verschweigen <irr> *vt* tacere

verschwenden [fɛɐ̯'ʃvɛndən] *vt* sperperare; **Verschwendung** <-> *f* sperpero *m*

verschwiegen [fɛɐ̯'ʃvi:gən] *adj* ❶ (*Person*) discreto ❷ (*Ort*) silenzioso

verschwinden <irr> *vi sein* sparire; **Verschwinden** <-s> *n* scomparsa *f*

verschwommen [fɛɐ̯'ʃvɔmən] *adj* sfumato; (*Foto*) sfocato

Verschwörer(in) <-s, -; -, -nen> *m(f)* cospiratore, -trice *m, f*; **Verschwörung** <-, -en> *f* congiura *f*

versehen <irr> **I.** *vt* munire; **etw mit seiner Unterschrift ~** apporre la propria firma a qc **II.** *vr* **ehe man sich's versieht** quando meno lo si aspetta

Versehen <-s, -> *n* errore *m*; **aus ~** per sbaglio

versenden [fɛɐ̯'zɛndən] *vt* spedire

versenken *vt* affondare

versetzen **I.** *vt* ❶ (*an andere Stelle*) spostare ❷ (*dienstlich*) trasferire ❸ (*Schüler*) promuovere **II.** *vr* **sich in jds Lage ~** mettersi nei panni di qu; **Versetzung** <-, -en> *f* ❶ (*dienstlich*) trasferimento *m* ❷ (*eines Schülers*) promozione *f*

versichern **I.** *vt* assicurare **II.** *vr* **sich (gegen etw) ~** assicurarsi contro qc

Versicherung *f* assicurazione *f*

versinken <irr> *vi sein* affondare; **in Gedanken versunken sein** (*fig*) essere assorto in pensieri

versöhnen [fɛɐ̯'zø:nən] **I.** *vt* (ri)conciliare **II.** *vr* **sich ~** riconciliarsi

versorgen **I.** *vt* ❶ (*sich kümmern um*) provvedere a ❷ (*unterhalten*) mantenere **II.** *vr* **sich mit etw ~** procurarsi qc; **Versorgung** <-> *f* approvvigionamento *m*; (*Unterhalt*) mantenimento *m*

verspäten *vr* **sich ~** arrivare in ritardo; **Verspätung** <-, -en> *f* ritardo *m*

verspotten *vt* deridere

versprechen <irr> *vt* promettere; **viel ~d** promettente; **sich** *dat* **etw von jdm/etw ~** aspettarsi qc da qu/qc; **Versprechen** <-s, -> *n* promessa *f*

verstaatlichen *vt* nazionalizzare

Verstand [fɛɐ̯'ʃtant] <-(e)s> *m* intelligenza *f*; (*Vernunft*) ragione *f*; **den ~ verlieren** diventare pazzo

verständigen **I.** *vt* informare **II.** *vr* **sich ~** ❶ (*sich verständlich machen*) farsi capire

❷ (*sich einigen*) mettersi d'accordo; **Verständigung** <-> *f* ❶ (*Benachrichtigung*) informazione *f* ❷ (*Einigung*) intesa *f*

verständlich *adj* comprensibile; **sich ~ machen** farsi capire

Verständnis [fɛɐ̯'ʃtɛntnɪs] <-ses> *n* comprensione *f*; **verständnisvoll** *adj* comprensivo

Verstärker <-s, -> *m* (TEC, EL, RADIO) amplificatore *m*

verstauchen *vt* slogare

verstauen *vt* sistemare

Versteck [fɛɐ̯'ʃtɛk] <-(e)s, -e> *n* nascondiglio *m*; **verstecken** **I.** *vt* nascondere **II.** *vr* **sich ~** nascondersi

verstehen <irr> *vt* ❶ (*begreifen, hören*) capire; **jdm etw zu ~ geben** far capire qc a qu ❷ (*können*) sapere; **etw von Kunst ~** intendersi d'arte

Versteigerung *f* vendita *f* all'asta

verstellen **I.** *vt* (TEC) regolare **II.** *vr* **sich ~** (*Mensch*) fingere

verstohlen *adj* furtivo

Verstopfung <-> *f* ❶ (*von Straße*) intasamento *m* ❷ (MED) costipazione *f*

verstört *adj* turbato

Verstoß *m* trasgressione *f*; **verstoßen** <irr> **I.** *vt* scacciare **II.** *vi* **gegen etw ~** contravvenire a qc

verstreuen *vt* spargere

verstümmeln [fɛɐ̯'ʃtʏməln] *vt* mutilare

Versuch [fɛɐ̯'zu:x] <-(e)s, -e> *m* tentativo *m*; **versuchen** *vt* (*probieren*) tentare; (*Speise, Getränke*) assaggiare

Versuchung <-, -en> *f* tentazione *f*

versunken *adj* (*fig*) assorto

vertagen *vt* aggiornare

vertauschen *vt* scambiare

verteidigen [fɛɐ̯'taɪdɪgən] *vt* difendere

verteilen **I.** *vt* distribuire **II.** *vr* **sich ~** dividersi; **Verteilung** *f* distribuzione *f*

vertikal [vɛrti'ka:l] *adj* verticale

Vertrag [fɛɐ̯'tra:k] <-(e)s, Verträge> *m* contratto *m*; (POL) trattato *m*

vertragen <irr> **I.** *vt* sopportare **II.** *vr* **sich (mit jdm) ~** andare d'accordo (con qu)

vertraglich *adj* contrattuale

verträglich [fɛɐ̯'trɛ:klɪç] *adj* ❶ (*Mensch*) accomodante ❷ (*Speisen*) digeribile

vertrauen *vi* **jdm ~** fidarsi di qu; **auf jdn/etw ~** avere fiducia in qu/qc; **Vertrauen** <-s> *n* fiducia *f*; **im ~** in confidenza

vertraulich *adj* confidenziale

vertraut *adj* familiare

vertreiben <irr> *vt* ❶ (*verjagen*) cacciare; **sich** *dat* **die Zeit ~** far passare il tempo ❷ (*Ware*) vendere

vertreten <irr> *vt* ❶ (*ersetzen*)

sostituire ❷ (*als Repräsentant*) rappresentare; (*Interessen*) difendere; **Vertreter(in)** <-s, -; -, -nen> *m(f)* ❶ (*Stell~*) sostituto, -a *m, f* ❷ (*Repräsentant*) rappresentante *mf*
Vertrieb *m* (WIRTSCH) vendita *f*
vertrocknen *vi sein* seccarsi
verübeln *vt* **jdm etw ~** volerne a qu per qc
verüben *vt* commettere
verunglücken *vi sein* infortunarsi; **tödlich ~** morire in un incidente
verunsichern *vt* rendere insicuro
verursachen *vt* causare
verurteilen *vt* condannare
vervielfältigen *vt* riprodurre
verwählen *vr* **sich ~** (TEL) sbagliare numero
verwalten *vt* amministrare; **Verwaltung** <-, -en> *f* amministrazione *f*
verwandeln **I.** *vt* trasformare **II.** *vr* **sich ~** trasformarsi
verwandt [fɛɐ̯'vant] *adj* imparentato; **Verwandte** <ein -r, -n, -n> *mf* parente *mf;* **Verwandtschaft** <-, -en> *f* parentela *f;* **Verwarnung** *f* avvertimento *m*
verwechseln *vt* confondere; **jdn (mit jdm) ~** scambiare qu per qu (altro)
verweigern *vt* rifiutare
Verweis [fɛɐ̯'vaɪs] <-es, -e> *m* ❶ (*Tadel*) biasimo *m* ❷ (*in Buch*) rimando *m*
verwelken *vi sein* appassire
verwenden *vt* usare; (*Zeit*) impiegare; **Verwendung** *f* uso *m*
verwertbar *adj* riciclabile
verwerten *vt* (ri)utilizzare; **Verwertung** *f* (ri)utilizzazione *f*
verwesen [fɛɐ̯'ve:zən] *vi sein* putrefarsi
verwickeln *vt* **jdn in etw** *acc* **~** coinvolgere qu in qc; **jdn in ein Gespräch ~** attaccare discorso con qu
verwirren *vt* ingarbugliare; (*fig*) confondere; **Verwirrung** <-, -en> *f* ❶ (*Durcheinander*) confusione *f* ❷ (*Verstörtheit*) turbamento *m*
verwitwet *adj* vedovo
verwöhnen [fɛɐ̯'vø:nən] *vt* viziare
verwunden *vt* ferire
verwunderlich *adj* sorprendente
verzaubern *vt* incantare
Verzeichnis <-ses, -se> *n* elenco *m;* (*in Buch*) indice *m;* (INFORM) directory *f*
verzeihen [fɛɐ̯'tsaɪən] <irr> *vt* perdonare; **Verzeihung** <-> *f* perdono *m;* **~!** scusi!
Verzicht [fɛɐ̯'tsɪçt] <-(e)s, -e> *m* rinuncia *f;* **verzichten** *vi* rinunciare (a qc)
verzieren *vt* ornare
verzinsen *vt* pagare l'interesse

su

verzögern **I.** *vt* differire **II.** *vr* **sich ~** essere ritardato

verzollen *vt* sdoganare

verzweifeln *vi sein* (**an jdm/etw**) ~ disperare (di qu/qc); **verzweifelt** *adj* disperato; **Verzweiflung** <-> *f* disperazione *f*

Vesuv [ve'zu:f] *m* (Monte *m*) Vesuvio *m*

vgl. *abk v* **vergleiche** cfr.

Video ['vi:deo] <-s, -s> *n* video *m;* **Videokassette** *f* videocassetta *f;* **Videorecorder** <-s, -> *m* videoregistratore *m;* **Videospiel** *n* videogioco *m;* **Videothek** [video'te:k] <-, -en> *f* videoteca *f*

Vieh [fi:] <-(e)s> *n* bestiame *m*

viel [fi:l] **I.** <mehr, meiste> *adj* molto; **~en Dank!** tante grazie! **II.** <mehr, am meisten> *adv* molto; **so ~** tanto; **wie ~** quanto; **wie ~ Uhr ist es?** che ore sono?; **zu ~** troppo **III.** *pron* molto; **~e** molti; **~es** molte cose

vielfach *adj* multiplo

vielfältig *adj* molteplice

vielleicht [fi'laɪçt] *adv* forse; **vielmehr** [fi:l'me:ɐ̯] *adv* ❶ (*eher*) piuttosto ❷ (*im Gegenteil*) anzi; **vielseitig** *adj* (*Mensch*) versatile; (*Interessen*) molteplice

vier [fi:ɐ̯] *num* quattro; **unter ~ Augen** a quattr'occhi

viereckig *adj* quadrangolare; **vierhundert** *num* quattrocento

Viertel <-s, -> *n* quarto *m;* **Vierteljahr** *n* trimestre *m;* **vierteljährlich** *adj* trimestrale; **Viertelstunde** *f* quarto *m* d'ora

vierte(r, s) *adj* quarto, -a; (*bei Datumsangaben*) quattro

vierzehn ['fɪrtse:n] *num* quattordici; **vierzehntägig** *adj* di quindici giorni

vierzig ['fɪrtsɪç] *num* quaranta

Vietnam [viɛt'nam] *n* Vietnam *m*

Vignette [vɪn'jɛtə] <-, -n> *f* bollo *m* dell'autostrada

Villa ['vɪla] <-, Villen> *f* villa *f*

violett [vio'lɛt] *adj* viola

Violine [vio'li:nə] <-, -n> *f* (MUS) violino *m*

virtuell [vɪrtu'ɛl] *adj* (INFORM) virtuale

Virus ['vi:rʊs] <-, Viren> *n o m* (MED, INFORM) virus *m*

Visitenkarte *f* biglietto *m* da visita

Visum ['vi:zʊm] <-s, Visa> *n* visto *m*

vital [vi'ta:l] *adj* vitale

Vitamin [vita'mi:n] <-s, -e> *n* vitamina *f*

Vizepräsident(in) *m(f)* vicepresidente, -essa *m, f*

Vogel ['fo:gəl] <-s, Vögel> *m* uccello *m*

Vokabular [vokabu'la:ɐ̯] <-s, -e> *n* vocabolario *m*
Volk [fɔlk] <-(e)s, Völker> *n* popolo *m;* **Völkerrecht** *n* diritto *m* internazionale
Volksabstimmung *f* (POL) referendum *m;* **Volksbegehren** *n* (POL) proposta *f* di legge d'iniziativa popolare; **Volksfest** *n* festa *f* popolare; **Volkshochschule** *f* università *f* popolare; **Volksmusik** *f* musica *f* popolare; **Volksschule** *f* (*A, südd*) scuola *f* elementare; **volkstümlich** *adj* popolare; **Volkswirtschaft** *f* economia *f* politica; **Volkszählung** *f* censimento *m* della popolazione
voll [fɔl] **I.** *adj* ❶ (*gefüllt*) pieno; **mit ~em Mund** a bocca piena; **~ sein** (*betrunken*) essere sbronzo ❷ (*Farbe, Ton*) carico **II.** *adv* del tutto; **~ machen** (*füllen*) riempire; **~ und ganz** pienamente; **Vollbart** *m* barba *f* piena; **Vollbeschäftigung** *f* (WIRTSCH) piena occupazione *f;* **vollenden** *vt* terminare
Volleyball ['vɔlibal] *m* pallavolo *f*
völlig ['fœlɪç] **I.** *adj* pieno **II.** *adv* completamente
volljährig *adj* maggiorenne; **vollkommen** ['fɔlkɔmən] *adj* ❶ (*perfekt*) perfetto ❷ (*vollständig*) completo; **Vollkornbrot** *n* pane *m* integrale
Vollmacht <-, -en> *f* procura *f;* **jdm eine ~ geben** conferire una procura a qu
Vollmilch *f* latte *m* intero; **Vollmond** *m* luna *f* piena; **Vollpension** *f* pensione *f* completa
vollständig *adj* completo; **vollzählig** *adj* (al) completo
Volt [vɔlt] <-, -> *n* (EL) volt *m*
Volumen [vo'lu:mən] <-s, -> *n* volume *m*
von [fɔn] *prp +dat* ❶ di; **ein Freund ~ mir** un mio amico ❷ (*räumlich*) da; **vom Fenster aus** dalla finestra ❸ (*zeitlich*) **~ heute an** da oggi in poi
vor [fo:ɐ̯] *prp* ❶ *+acc o dat* (*räumlich*) davanti a ❷ *+dat* (*zeitlich*) prima; **~ zwei Stunden** due ore fa; **fünf (Minuten) ~ elf** le undici meno cinque ❸ *+dat* (*Ursache*) per, di; **~ Aufregung** per l'agitazione; **~ Kälte zittern** tremare dal freddo
Vorabend *m* vigilia *f*
voran [fo'ran] *adv* avanti; **voran|gehen** <irr> *vi sein* andare avanti
Vorarlberg ['fo:ɐ̯ʔarlbɛrk] *n* Vorarlberg *m*
voraus [fo'raʊs] *adv* avanti; (*zeitlich*) prima; **im Voraus** in anticipo; **voraus|gehen** <irr> *vi sein* andare avanti; **voraus|sagen** *vt* predire; **voraus|sehen** <irr> *vt* prevedere; **voraus|setzen** *vt* presupporre;

V

vorausgesetzt, dass ... presumendo che ... +*conj;* **Voraussetzung** <-, -en> *f* supposizione *f;* **unter der ~, dass ...** a condizione che +*conj;* **voraussichtlich** *adv* probabilmente

Vorbehalt ['fo:ɐ̯bəhalt] <-(e)s, -e> *m* riserva *f*

vorbei [fo:ɐ̯'baɪ] *adv* ❶ (*räumlich*) **an etw** *dat* ~ davanti a qc; **lassen Sie mich ~!** mi lasci passare ❷ (*zeitlich*) passato; **es ist drei Uhr** ~ sono le tre passate; **vorbei|gehen** <irr> *vi sein* ❶ (*vorübergehen*) (**an jdm/etw**) ~ passare (davanti a qu/qc) ❷ (*zu Ende gehen*) finire

vor|bereiten I. *vt* preparare II. *vr* **sich auf etw** *acc* ~ prepararsi a qc; **Vorbereitung** <-, -en> *f* preparazione *f*

vorbestraft *adj* (JUR) pregiudicato

vor|beugen I. *vi* prevenire II. *vr* **sich** ~ sporgersi in avanti; **Vorbeugung** *f* prevenzione *f*

Vorbild *n* modello *m;* **vorbildlich** *adj* esemplare

vordere(r, s) *adj* anteriore

Vordergrund *m* primo piano *m;* **Vorderseite** *f* (ARCH) facciata *f*

vor|drängen *vr* **sich** ~ farsi avanti

voreilig *adj* affrettato

voreinander *adv* l'uno davanti all'altro

vorerst ['fo:ɐ̯ʔe:ɐ̯st] *adv* per il momento

Vorfahrt *f* precedenza *f*

Vorfall *m* avvenimento *m*

vor|finden <irr> *vt* trovare

vor|führen *vt* presentare

Vorgang *m* ❶ (*Hergang*) svolgimento *m* ❷ (BIOL, TEC) processo *m*

Vorgänger(in) ['fo:ɐ̯gɛŋɐ] <-s, -; -, -nen> *m(f)* predecessore *m*

vor|gehen <irr> *vi sein* ❶ (*handeln*) procedere ❷ (*fig: Vorrang haben*) avere la precedenza

Vorgesetzte <ein -r, -n, -n> *mf* superiore *m*

vorgestern *adv* ieri l'altro

vor|haben <irr> *vt* ~ **etw zu tun** avere l'intenzione di fare qc; **Vorhaben** <-s, -> *n* (*Absicht*) intenzione *f;* (*Plan*) progetto *m*

vorhanden [fo:ɐ̯'handən] *adj* esistente; (*verfügbar*) disponibile

Vorhang *m* tenda *f*

Vorhängeschloss *n* lucchetto *m*

vorher ['fo:ɐ̯he:ɐ̯] *adv* prima

Vorhersage *f* previsione *f;* **vorher|sehen** <irr> *vt* prevedere

vorhin [fo:ɐ̯'hɪn] *adv* poco fa

vorige(r, s) ['fo:rɪgə] *adj* precedente; **~s Jahr** l'anno scorso

vor|kommen <irr> *vi sein* ❶ (*geschehen*) capitare ❷ (*vorhanden sein*) trovarsi ❸ (*scheinen*) sembrare

Vorlage *f* ❶ (*Gesetzes~*) progetto *m* di legge ❷ (*Muster*) model-

lo *m*
vorläufig *adj* provvisorio
vor|lesen <irr> *vt* leggere (ad alta voce); **Vorlesung** *f* lezione *f* (universitaria)
vorletzte(r, s) *adj* penultimo, -a
Vorliebe *f* predilezione *f*
vor|liegen <irr> *vi* esserci
vor|merken *vt* prendere nota di
Vormittag *m* mattina *f*; **heute ~** stamattina; **vormittags** *adv* di mattina
Vormund <-(e)s, -e> *m* tutore, -trice *m, f*
vorn [fɔrn] *adv* davanti; **nach ~** (in) avanti; **von ~** dall'inizio
Vorname *m* nome *m* (di battesimo)
vornehm ['fo:ɡne:m] *adj* distinto
vor|nehmen <irr> *vt* **sich** *dat* **etw ~** prefiggersi qc
vornherein *adv* **von ~** fin da principio
Vorort *m* sobborgo *m*
Vorrang *m* ❶ (*Bedeutung*) priorità *f* ❷ (*Reihenfolge*) precedenza *f*
Vorrat *m* provviste *fpl*
Vorrecht *n* privilegio *m*
Vorrichtung *f* dispositivo *m*
Vorsatz *m* proposito *m*; **einen ~ fassen** prendere una risoluzione; **vorsätzlich** *adj* intenzionale; (JUR) doloso
Vorschlag *m* proposta *f*; **vor|schlagen** <irr> *vt* proporre
vor|schreiben <irr> *vt* prescrivere; **Vorschrift** *f* prescrizione *f*; (*Anweisung*) istruzione *f*; (ADM, MIL) regolamento *m*
Vorschuss *m* anticipo *m*
vor|sehen <irr> **I.** *vt* (*planen*) prevedere **II.** *vr* **sich** (**vor jdm/etw**) **~** guardarsi (da qu/qc)
Vorsicht *f* prudenza *f*; **~!** attenzione!; **vorsichtig** *adj* prudente
Vorsilbe *f* (LING) prefisso *m*
Vorsitz *m* presidenza *f*
vorsorglich *adv* per precauzione
Vorspeise *f* antipasto *m*
Vorspiel *n* (MUS) preludio *m*
Vorsprung *m* (*Abstand*) vantaggio *m*
Vorstadt *f* sobborgo *m*
Vorstand *m* ❶ (*Gremium*) consiglio *m* direttivo ❷ (*Person*) presidente, -essa *m, f*
vor|stellen **I.** *vt* (*bekannt machen*) presentare **II.** *vr* **sich ~** ❶ (*sich bekannt machen*) presentarsi ❷ (*sich ausmalen*) immaginarsi; **Vorstellung** *f* ❶ (*Einführung*) presentazione *f* ❷ (THEAT) rappresentazione *f* ❸ (*Bild, Begriff*) idea *f*
Vorstrafe *f* (JUR) precedenti *mpl* penali
Vorteil *m* vantaggio *m*; **vorteilhaft** *adj* vantaggioso
Vortrag ['fo:ɡtra:k] <-(e)s, Vorträge> *m* conferenza *f*

V

vor|treten <irr> *vi sein* farsi innanzi

vorüber [fo'ry:bə] *adv* passato; **vorübergehend** *adj* temporaneo

Vorurteil *n* pregiudizio *m*

Vorverkauf *m* prevendita *f*

Vorwahl *f* (TEL) preselezione *f*

Vorwand <-(e)s, Vorwände> *m* pretesto *m*

vorwärts ['fo:ɐvɛrts] *adv* avanti; ~ **kommen** avanzare

vor|weisen <irr> *vt* presentare

vor|werfen <irr> *vt* rimproverare

vorwiegend *adv* in prevalenza

Vorwort <-(e)s, -e> *n* (*in Buch*) prefazione *f*

Vorwurf *m* rimprovero *m*

vorzeitig *adj* anticipato

vor|ziehen <irr> *vt* ❶ (*nach vorn ziehen*) tirare avanti ❷ (*lieber mögen*) preferire

vulgär [vʊl'gɛ:ɐ] *adj* volgare

Vulkan [vʊl'ka:n] <-s, -e> *m* vulcano *m*

W

W, w [ve:] <-, -(s)> *n* W, w *f*

W *abk v* **West**(**en**) O.

Waadt [va:t] *f* Vaud *m*

Waage ['va:gə] <-, -n> *f* ❶ (TEC) bilancia *f*; (*Personen~*) pesapersone *m* ❷ (ASTR) Bilancia *f*; **er/sie ist** (**eine**) ~ è della Bilancia

waag(**e**)**recht** *adj* orizzontale

wach [vax] *adj* (*a fig*) sveglio

Wache ['vaxə] <-, -n> *f* guardia *f*; ~ **halten** essere di guardia

Wachs [vaks] <-es, -e> *n* cera *f*

wachsen ['vaksən] <irr> *vi sein* crescere; (*fig: zunehmen*) aumentare

Wachstum <-s> *n* crescita *f*

wackeln ['vakəln] *vi* traballare

Wade ['va:də] <-, -n> *f* polpaccio *m*

Waffe ['vafə] <-, -n> *f* arma *f*

Waffel ['vafəl] <-, -n> *f* cialda *f*

wagen ['va:gən] *vt* osare

Wagen <-s, -> *m* macchina *f*

Waggon [va'gõ:] <-s, -s> *m* vagone *m*

Wahl [va:l] <-, -en> *f* ❶ (*Aus~, Qualität*) scelta *f* ❷ (POL) elezione *f*

wählen ['vɛ:lən] *vt* ❶ (*aus~*) scegliere ❷ (POL) eleggere; (TEL) comporre

Wähler(**in**) <-s, -; -, -nen> *m(f)* elettore, -trice *m, f*

Wahlrecht *n* diritto *m* di voto

Wahnsinn *m* ❶ (MED) demenza *f* ❷ (*fam: Unvernunft*) follia *f*; **wahnsinnig** **I.** *adj* ❶ (MED) demente ❷ (*fam: verrückt*) pazzo **II.** *adv* (*fig fam: sehr*) moltissimo

wahr [va:ɐ] *adj* vero; (*wirklich*)

reale; **nicht ~?** vero?

während ['vɛːrənt] **I.** *prp +gen o dat* durante **II.** *konj* mentre; **währenddessen** *adv* intanto

Wahrheit <-, -en> *f* verità *f*

wahr|nehmen <irr> *vt* ❶ (*bemerken*) accorgersi di ❷ (*nutzen*) cogliere

wahrsagen *vi* predire il futuro; **Wahrsager(in)** <-s, -; -, -nen> *m(f)* indovino, -a *m, f*

wahrscheinlich *adj* probabile; **Wahrscheinlichkeit** <-, -en> *f* probabilità *f*

Währung ['vɛːrʊŋ] <-, -en> *f* valuta *f*; **Währungsunion** *f* unione *f* monetaria

Wahrzeichen *n* emblema *m*

Waise ['vaɪzə] <-, -n> *f* orfano, -a *m, f*

Wal [vaːl] <-(e)s, -e> *m* balena *f*

Wald [valt] <-(e)s, Wälder> *m* bosco *m*; (*groß*) foresta *f*; **Waldsterben** *n* moria *f* dei boschi

Wall [val] <-(e)s, Wälle> *m* vallo *m*; (*Schutz~*) bastione *m*; **Wallfahrt** *f* pellegrinaggio *m*

Wallis ['valɪs] *n* Vallese *m*

Walnuss ['valnʊs] *f* noce *f*

Walze ['valʦə] <-, -n> *f* rullo *m*; (TYP) cilindro *m*

wälzen ['vɛlʦən] **I.** *vt* (*rollen*) rotolare **II.** *vr* **sich ~** rotolarsi

Walzer ['valʦɐ] <-s, -> *m* valzer *m*

Wand <-, Wände> *f* parete *f*

Wandel ['vandəl] <-s> *m* mutamento *m*

wandern ['vandɐn] *vi sein* (*einen Ausflug machen*) fare un'escursione

Wanderung <-, -en> *f* escursione *f*

Wange ['vaŋə] <-, -n> *f* (*geh*) guancia *f*

wanken ['vaŋkən] *vi* vacillare

wann [van] *adv* quando

Wanne ['vanə] <-, -n> *f* vasca *f*

Wanze ['vanʦə] <-, -n> *f* cimice *f*

Wappen ['vapən] <-s, -> *n* stemma *m*

Ware ['vaːrə] <-, -n> *f* merce *f*; **Warenzeichen** *n* marchio *m* di fabbrica

warm [varm] <wärmer, wärmste> *adj* caldo; **es ist ~** fa caldo

Wärme ['vɛrmə] <-> *f* caldo *m*

wärmen **I.** *vt* (ri)scaldare **II.** *vr* **sich ~** (ri)scaldarsi

Wärmflasche *f* borsa *f* dell'acqua calda

Warndreieck *n* (AUTO) triangolo *m*

warnen ['varnən] *vt* avvertire; **jdn vor etw** *dat* **~** mettere in guardia qu da qc

Warnung <-, -en> *f* avviso *m*

Warschau ['varʃaʊ] *n* Varsavia *f*

warten ['vartən] **I.** *vi* **auf jdn/etw ~** aspettare qu/qc **II.** *vt* (*Maschine*) revisionare

Wartezimmer *n* sala *f* d'aspetto

W

Wartung <-, -en> *f* manutenzione *f*
warum [va'rʊm] *adv* perché
Warze ['vartsə] <-, -n> *f* (MED) verruca *f*
was [vas] **I.** *pron* che (cosa); **~?** (*fam: wie bitte?*) come? **II.** *pron* ciò che; **ich weiß nicht, ~ ich tun soll** non so cosa fare **III.** *pron* (*fam: etwas*) qualcosa
Waschbecken *n* lavandino *m*
Wäsche ['vɛʃə] <-, -n> *f* ❶ *sing* (*Bett~, Unter~*) biancheria *f;* (*~ zum Waschen*) bucato *m* ❷ (*das Waschen*) lavaggio *m*
waschen ['vaʃən] <irr> **I.** *vt* lavare **II.** *vi* fare il bucato **III.** *vr* **sich ~** lavarsi
Wäscherei [vɛʃə'raɪ] <-, -en> *f* lavanderia *f*
Waschlappen *m* ❶ (*zum Waschen*) strofinaccio *m* ❷ (*fam pej: Mensch*) pappa *f* molle; **Waschmaschine** *f* lavatrice *f;* **Waschmittel** *n* detersivo *m*
Wasser ['vasɐ] <-s, -> *n* acqua *f;* **wasserdicht** *adj* impermeabile; **Wasserfall** *m* cascata *f;* **Wasserhahn** *m* rubinetto *m* dell'acqua; **Wasserkraftwerk** *n* centrale *f* idroelettrica; **Wasserleitung** *f* conduttura *f* dell'acqua; **Wassermann** *m* (ASTR) Acquario *m;* **er/sie ist (ein) ~** è dell'Acquario; **Wassermelone** *f* cocomero *m;* **Wasserski** <-s> *n* sci *m* nautico
waten ['va:tən] *vi sein* **durch etw ~** guadare qc
Watte ['vatə] <-, -n> *f* ovatta *f*
WC [ve:'tse:] <-(s), -(s)> *n* wc *m*
weben ['ve:bən] *vt* tessere
Web-Site *f* (INFORM) Website *m*
Webstuhl *m* telaio *m*
Wechsel ['vɛksəl] <-s, -> *m* ❶ (*Änderung*) cambiamento *m* ❷ (*Geld~*) cambio *m;* **Wechselgeld** *n* spiccioli *mpl;* **Wechselkurs** *m* (FIN) cambio *m*
wechseln *vt, vi* cambiare; (*Blicke, Worte*) scambiare
Wechselstrom *m* (EL) corrente *f* alternata
wecken ['vɛkən] *vt* svegliare; (*Interesse*) suscitare
Wecker <-s, -> *m* sveglia *f*
weder ['ve:dɐ] *konj* **~ ... noch ...** né ... né ...
weg [vɛk] *adv* via; (*verschwunden*) sparito; **er war schon ~** era già partito
Weg [ve:k] <-(e)s, -e> *m* (*allg*) via *f;* **jdm aus dem ~ gehen** (*fig*) scansare qu
weg|bleiben <irr> *vi sein* (*fam*) non venire (più)
wegen ['ve:gən] *prp +gen o dat* per, a causa di
weg|fahren <irr> *vi sein* partire; **weg|lassen** <irr> *vt* (*fam: auslassen*) tralasciare; **weg|laufen** <irr> *vi sein* scappare

(via); **weg|nehmen** <irr> *vt* togliere; (*entwenden*) sottrarre
Wegweiser <-s, -> *m* indicatore *m* stradale
weg|werfen <irr> *vt* buttare via; **weg|ziehen** <irr> *vi sein* trasferirsi
weh [ve:] *adj* doloroso; ~ **tun** far male
wehe ['ve:ə] *int* ~, **wenn ...!** guai a te, se ...!
wehen ['ve:ən] *vi* (*Wind*) soffiare
wehmütig *adj* malinconico
Wehrdienst *m* servizio *m* militare; **Wehrdienstverweigerer** <-s, -> *m* obiettore *m* di coscienza
wehren ['ve:rən] *vr* **sich** (**gegen jdn/etw**) ~ difendersi (da qu/qc)
wehrlos *adj* inerme
Wehrpflicht *f* servizio *m* militare obbligatorio
Weib [vaɪp] <-(e)s, -er> *n* femmina *f*
Weibchen ['vaɪpçən] <-s, -> *n* (ZOO) femmina *f*
weiblich *adj* femminile
weich [vaɪç] *adj* ❶ (*nicht hart*) molle; (*Haut, Sessel*) morbido ❷ (*nicht zäh*) tenero
Weiche ['vaɪçə] <-, -n> *f* (FERR) scambio *m*
Weide ['vaɪdə] <-, -n> *f* ❶ (BOT) salice *m* ❷ (AGR) pascolo *m*
weigern ['vaɪgɐn] *vr* **sich** ~ (**etw zu tun**) rifiutarsi (di fare qc)
Weigerung <-, -en> *f* rifiuto *m*
weihen *vt* (REL) consacrare
Weihnachten <-, -> *n* Natale *m*; **Weihnachtsabend** *m* vigilia *f* di Natale; **Weihnachtsbaum** *m* albero *m* di Natale; **Weihnachtsmann** *m* babbo *m* Natale
Weihrauch *m* incenso *m*; **Weihwasser** *n* acquasanta *f*
weil [vaɪl] *konj* perché
Wein [vaɪn] <-(e)s, -e> *m* ❶ (*Getränk*) vino *m* ❷ *sing* (*Pflanze*) vite *f*; **Weinbau** <-(e)s> *m* viticoltura *f*; **Weinberg** *m* vigneto *m*; **Weinbrand** *m* acquavite *f*
weinen ['vaɪnən] *vi* piangere; **Weingut** *n* vigneto *m*; **Weinlese** *f* vendemmia *f*; **Weintraube** *f* grappolo *m* d'uva
weise *adj* saggio
Weise ['vaɪzə] <-, -n> *f* ❶ (*Art*) modo *m* ❷ (MUS) aria *f*
weiß [vaɪs] *adj* bianco; **Weißbrot** *n* pane *m* bianco; **Weißwein** *m* vino *m* bianco
weit [vaɪt] **I.** *adj* (*breit*) largo, ampio; (*lang*) lungo; (*entfernt*) lontano **II.** *adv* (*fern*) lontano; **bist du so ~?** (*fam*) sei pronto?; **wie ~ ist es bis Neapel?** quanto c'è da qui a Napoli?
Weite <-, -n> *f* ❶ (*Ausdehnung*) estensione *f* ❷ (*Geräumigkeit*) ampiezza *f*

W

weiter ['vaɪtɐ] **I.** *adj* (*a fig: zusätzlich*) ulteriore **II.** *adv* (*fig: außerdem*) inoltre; **und so ~** eccetera; **weiter|gehen** <irr> *vi sein* proseguire; **weiter|machen** *vt, vi* continuare
weitgehend *adj* ampio; **weitsichtig** *adj* ❶ (MED) presbite ❷ (*fig*) lungimirante
Weizen ['vaɪtsən] <-s, -> *m* frumento *m*
welche(r, s) ['vɛlçə] **I.** *pron* quale **II.** *pron* che, il quale **III.** *pron* **ich habe noch ~** ne ho ancora
welken *vi sein* appassire
Wellblech *n* lamiera *f* ondulata
Welle ['vɛlə] <-, -n> *f* onda *f*; **Wellensittich** *m* (ZOO) pappagallino *m*
Welt [vɛlt] <-, -en> *f* mondo *m*; **Weltall** *n* universo *m*; **Weltanschauung** *f* concezione *f* del mondo; **weltberühmt** *adj* di fama mondiale; **Weltkrieg** *m* guerra *f* mondiale; **Weltmeister(in)** *m(f)* campione, -essa *m, f* mondiale; **Weltraum** *m* spazio *m*; **Weltreise** *f* **eine ~ machen** fare il giro del mondo; **weltweit** *adj* mondiale
wem [ve:m] *pron dat von* **wer** a chi
wen [ve:n] *pron acc von* **wer** chi
Wende ['vɛndə] <-, -n> *f* svolta *f*
Wendeltreppe *f* scala *f* a chiocciola
wenden¹ ['vɛndən] *vt, vi* (ri)voltare; (*Auto*) girare; **bitte ~!** vedi retro
wenden² <irr> *vr* **sich an jdn ~** rivolgersi a qu
Wendung <-, -en> *f* (*Rede~*) locuzione *f*
wenig ['ve:nɪç] *adj o adv* poco; **ein ~** un po'; **zu ~** troppo poco; **~e** pochi
wenigstens *adv* almeno
wenigste(r, s) *adj* **das ~** il meno; **die ~n** pochissimi; **am ~n** meno di tutti
wenn [vɛn] *konj* ❶ (*konditional*) se ❷ (*zeitlich*) quando; **jedesmal ~** ogni volta che ❸ (*konzessiv*) **~ auch** anche se
wer [ve:ɐ̯] *pron* chi
Werbespot <-s, -s> *m* spot *m* pubblicitario
Werbung <-> *f sing* (COM) pubblicità *f*
werden ['ve:ɐ̯dən] <irr> *vi sein* ❶ (*allg*) diventare; **alt ~** invecchiare; **es wird Frühling** viene la primavera; **er ist 40 geworden** ha compiuto i 40 anni ❷ (*Hilfsverb beim Passiv*) essere, venire ❸ (*Hilfsverb beim Futur*) **er wird morgen um 9 Uhr kommen** arriverà domani alle nove
werfen ['vɛrfən] <irr> *vt* gettare
Werft [vɛrft] <-, -en> *f* (NAUT) cantiere *m*
Werk [vɛrk] <-(e)s, -e> *n* ❶ (*Buch etc*) opera *f*; **ans ~ ge-**

hen mettersi all'opera ❷ (*Fabrik*) fabbrica *f;* **Werkstatt** <-, -stätten> *f* officina *f;* **Werktag** *m* giorno *m* feriale; **Werkzeug** <-(e)s, -e> *n* attrezzo *m;* (*Gesamtheit*) arnesi *mpl*

Wermut ['ve:ɐmu:t] <-(e)s> *m* vermut *m*

wert [ve:ɐt] *adj* **etw ~ sein** valere qc; **das ist schon viel ~** è già molto

Wert <-(e)s, -e> *m* valore *m;* **wertlos** *adj* senza valore; (*fig: Information*) inutile; **wertvoll** *adj* prezioso

Wesen ['ve:zən] <-s, -> *n* ❶ *sing* (*Art, Charakter*) carattere *m* ❷ (*Lebe~*) essere *m*

wesentlich ['ve:zəntlɪç] *adj* essenziale; (*bedeutend*) considerevole

weshalb [vɛs'halp] *adv* perché

Wespe ['vɛspə] <-, -n> *f* vespa *f*

wessen ['vɛsən] *pron gen von* **wer** di chi

Weste ['vɛstə] <-, -n> *f* gilè *m*

Westen ['vɛstən] <-s> *m* ovest *m*

Westfalen [vɛst'fa:lən] *n* Vestfalia *f*

westlich *adj* occidentale; **~ von** a ovest di

weswegen *adv* perché

Wettbewerb <-(e)s, -e> *m* concorso *m;* (SPORT) competizione *f*

Wette ['vɛtə] <-, -n> *f* scommessa *f*

wetten *vt, vi* scommettere

Wetter ['vɛtɐ] <-s, -> *n* tempo *m;* **Wetterbericht** *m* bollettino *m* meteorologico; **Wettervorhersage** *f* previsioni *fpl* del tempo

Wettkampf *m* competizione *f;* **Wettlauf** *m* corsa *f*

wichtig ['vɪçtɪç] *adj* importante

Widder ['vɪdɐ] <-s, -> *m* ❶ (ZOO) montone *m* ❷ (ASTR) Ariete *m;* **er/sie ist** (**ein**) **~** è dell'Ariete

widerlegen *vt* confutare

widerlich *adj* ripugnante; **widerrufen** [vi:dɐ'ru:fən] <irr> *vt* (*Anordnung*) revocare; (*Behauptung*) ritrattare; **widersetzen** *vr* **sich jdm/etw ~** opporsi a qu/qc

widersprechen <irr> *vi* contraddire; **Widerspruch** *m* contraddizione *f*

Widerstand *m* resistenza *f*

widerwärtig ['vi:dɐvɛrtɪç] *adj* ripugnante

Widerwille *m* ripugnanza *f;* **widerwillig** *adv* con riluttanza

widmen ['vɪtmən] *vt* dedicare

Widmung <-, -en> *f* dedica *f*

wie [vi:] I. *adv* come; **~ bitte?** come (ha detto)?; **~ viele?** quanti?; **~ geht es Ihnen?** come sta? II. *konj* come; **so groß ~ ich** alto quanto me

wieder ['vi:dɐ] *adv* di nuovo; **ich bin gleich ~ da** torno subito

wieder|bekommen <irr> *vt*

W

riottenere

wieder|bringen <irr> *vt* riportare

Wiedergabe *f* ❶ (*Schilderung*) descrizione *f* ❷ (*Reproduktion*) riproduzione *f*; **wieder|geben** <irr> *vt* rendere

Wiedergutmachung <-, -en> *f* riparazione *f*

wieder|her|stellen *vt* ristabilire

wiederholen *vt* ripetere; **Wiederholung** <-, -en> *f* ripetizione *f*; **Wiedersehen** <-s, -> *n* rivedersi *m*; **auf ~!** arrivederci!; **Wiedervereinigung** *f* (POL) riunificazione *f*

wiederverwerten *vt* riutilizzare; (*Abfallstoffe*) riciclare

Wiege ['vi:gə] <-, -n> *f* culla *f*

wiegen¹ ['vi:gən] <irr> *vi, vt* pesare

wiegen² *vt* (*Kind*) cullare

Wien [vi:n] *n* Vienna *f*

Wiese ['vi:zə] <-, -n> *f* prato *m*

wieso [vi'zo:] *adv* perché

wievielmal *adv* quante volte

wievielte(r, s) *adj* **den Wievielten haben wir heute?** quanti ne abbiamo oggi?; **das ~ Mal war das?** che volta era?

wild [vɪlt] *adj* ❶ (*Tier, Pflanze, Mensch*) selvatico ❷ (*Volk*) selvaggio

Wild <-(e)s> *n* selvaggina *f*; **Wildleder** *n* camoscio *m*

Wildschwein *n* cinghiale *m*

Wille ['vɪlə] <-ns> *m* volontà *f*

willkommen *adj* (*Person*) benvenuto; (*Sache*) gradito

willkürlich *adj* arbitrario

wimmern ['vɪmɐn] *vi* piagnucolare

Wimper ['vɪmpɐ] <-, -n> *f* ciglio *m*; **Wimperntusche** *f* mascara *m*

Wind [vɪnt] <-(e)s, -e> *m* vento *m*

Windel ['vɪndəl] <-, -n> *f* pannolino *m*

winden ['vɪndən] <irr> *vr* **sich** ~ contorcersi

windig *adj* (*Tag*) ventoso

Windmühle *f* mulino *m* a vento; **Windschutzscheibe** *f* (AUTO) parabrezza *m*; **windsurfen** *vi* fare windsurf

Wink [vɪŋk] <-(e)s, -e> *m* ❶ (*Zeichen*) cenno *m* ❷ (*fig: Ratschlag*) consiglio *m*

Winkel ['vɪŋkəl] <-s, -> *m* (MAT) angolo *m*

winken ['vɪŋkən] **I.** *vi* (*ein Zeichen geben*) **jdm** ~ fare un cenno a qu **II.** *vt* **jdn zu sich** *dat* ~ far cenno a qu di venire

Winter ['vɪntɐ] <-s, -> *m* inverno *m*

winterlich *adj* invernale

Wintersport *m* sport *m* invernale

Winzer(in) ['vɪntsɐ] <-s, -; -, -nen> *m(f)* viticoltore, -trice *m, f*

winzig ['vɪntsɪç] *adj* minuscolo

Wipfel ['vɪpfəl] <-s, -> *m* cima *f*
wir [vi:ɐ̯] *pron* (*1. pers pl*) noi
Wirbel ['vɪrbəl] <-s, -> *m* ❶ (*Wasser~, Luft~*) vortice *m* ❷ (ANAT) vertebra *f*; **Wirbelsäule** *f* colonna *f* vertebrale
wirken ['vɪrkən] *vi* ❶ (*Wirkung haben*) fare effetto ❷ (*scheinen*) sembrare
wirklich ['vɪrklɪç] **I.** *adj* reale; (*tatsächlich*) effettivo; (*echt*) vero **II.** *adv* veramente; **~?** davvero?; **Wirklichkeit** <-> *f* realtà *f*
wirksam *adj* efficace
Wirkung <-, -en> *f* effetto *m*; **wirkungslos** *adj* inefficace
wirr [vɪr] *adj* (*fig: verworren*) confuso
Wirsing(kohl) ['vɪrzɪŋ(ko:l)] <-s> *m* verza *f*
Wirt(in) [vɪrt] <-(e)s, -e; -, -nen> *m(f)* oste *m*, ostessa *f*
Wirtschaft ['vɪrtʃaft] <-, -en> *f* ❶ (*Volks~*) economia *f*; **~s- und Währungsunion** Unione economica e monetaria ❷ (*Gast~*) osteria *f*
wirtschaftlich *adj* economico
wischen ['vɪʃən] *vt* (*reinigen*) pulire; **Staub ~** spolverare (i mobili)
wissen ['vɪsən] <irr> *vt* sapere; **Wissen** <-s> *n* sapere *m*
Wissenschaft <-, -en> *f* scienza *f*; **Wissenschaftler(in)** <-s, -; -, -nen> *m(f)* scienziato, -a *m, f*; **wissenschaftlich** *adj* scientifico
Witterung <-> *f* (*Wetter*) tempo *m*
Witwe ['vɪtvə] <-, -n> *f* vedova *f*; **Witwer** ['vɪtvɐ] <-s, -> *m* vedovo *m*
Witz [vɪts] <-es, -e> *m* barzelletta *f*; (*Scherz*) scherzo *m*
wo [vo:] **I.** *adv* ❶ (*interrogativ*) dove ❷ (*relativisch*) dove; (*zeitlich*) quando **II.** *konj* dal momento che
woanders *adv* altrove
Woche ['vɔxə] <-, -n> *f* settimana *f*; **Wochenende** *n* fine *m* settimana; **wochenlang** *adv* per intere settimane
wöchentlich ['vœçəntlɪç] *adj* settimanale
wodurch [vo'dʊrç] *adv* ❶ (*interrogativ*) in che modo ❷ (*relativisch*) per cui
wofür [vo'fy:ɐ̯] *adv* ❶ (*interrogativ*) per che cosa ❷ (*relativisch*) per cui
wogegen [vo'ge:gən] *adv* ❶ (*interrogativ*) contro che cosa ❷ (*relativisch*) contro cui
woher [vo'he:ɐ̯] *adv* da dove
wohin [vo'hɪn] *adv* dove
wohl [vo:l] *adv* ❶ (*gut, gesund*) bene ❷ (*wahrscheinlich*) probabilmente; **~ kaum** non credo
Wohl <-(e)s> *n* bene *m*; (*~ befinden*) benessere *m*; **zum ~!** (alla) salute!; **Wohlfahrt** *f* assistenza

f pubblica; **wohlhabend** *adj* agiato; **Wohlstand** *m* benessere *m;* **wohltätig** *adj* benefico; **wohltuend** *adj* gradevole; **Wohlwollen** *n* benevolenza *f*

wohnen ['vo:nən] *vi* abitare

wohnhaft *adj* domiciliato; ~ **in** ... residente a ...

wohnlich *adj* accogliente

Wohnmobil ['vo:nmobi:l] <-s, -e> *n* camper *m;* **Wohnort** *m* residenza *f;* **Wohnsitz** *m* domicilio *m*

Wohnung <-, -en> *f* appartamento *m*

Wohnwagen *m* roulotte *f;* **Wohnzimmer** *n* soggiorno *m*

Wölbung <-, -en> *f* arcata *f*

Wolf [vɔlf] <-(e)s, Wölfe> *m* lupo *m*

Wolke ['vɔlkə] <-, -n> *f* nuvola *f*

Wolle ['vɔlə] <-, -n> *f* lana *f*

wollen ['vɔlən] <irr> *vt, vi* volere

womit [vo'mɪt] *adv* ❶ (*interrogativ*) con che cosa ❷ (*relativisch*) con cui

wonach [vo'na:x] *adv* ❶ (*interrogativ*) di che cosa ❷ (*relativisch*) dopo di che

woran [vo'ran] *adv* ❶ (*interrogativ*) a [*o* di] che cosa ❷ (*relativisch*) a [*o* di] [*o* in] cui

worauf [vo'raʊf] *adv* ❶ (*interrogativ*) su che cosa, dove ❷ (*relativisch*) su cui, dove

woraus [vo'raʊs] *adv* ❶ (*interrogativ*) da [*o* di] che cosa ❷ (*relativisch*) da [*o* di] cui

worin [vo'rɪn] *adv* ❶ (*interrogativ*) in che cosa ❷ (*relativisch*) in cui

Wort [vɔrt] <-(e)s, Wörter *o* -e> *n* parola *f;* **jdn beim ~ nehmen** prendere qu in parola

Wörterbuch *n* dizionario *m*

wörtlich ['vœrtlɪç] *adj* letterale

wortlos *adj* muto

worüber [vo'ry:bɐ] *adv* ❶ (*interrogativ*) su che cosa ❷ (*relativisch*) su [*o* di] cui

wovon [vo'fɔn] *adv* ❶ (*interrogativ*) da [*o* di] che cosa ❷ (*relativisch*) da [*o* di] cui

wovor [vo'fo:ɐ̯] *adv* ❶ (*interrogativ*) di che cosa ❷ (*relativisch*) di cui

wozu [vo'tsu:] *adv* ❶ (*interrogativ*) a che scopo; ~ **ist das gut?** a che cosa serve? ❷ (*relativisch*) a [*o* di] [*o* per] cui, che

Wrack [vrak] <-(e)s, -s> *n* relitto *m*

Wucher ['vu:xɐ] <-s> *m* (*pej*) usura *f*

Wucht [vʊxt] <-> *f* forza *f*

wühlen ['vy:lən] *vi* scavare; (*mit Schnauze*) grufolare

wund [vʊnt] *adj* escoriato; ~**er Punkt** (*fig*) punto debole

Wunde ['vʊndə] <-, -n> *f* ferita *f*

Wunder ['vʊndɐ] <-s, -> *n* miracolo *m;* **wunderbar** *adj* meraviglioso

wundern *vr* **sich** (**über jdn/etw**) ~ stupirsi (di qu/qc)
Wunsch [vʊnʃ] <-(e)s, Wünsche> *m* desiderio *m*; (*Glück~*) augurio *m*
wünschen ['vʏnʃən] *vt* desiderare; **sich** *dat* **etw** ~ desiderare qc; **jdm etw** ~ augurare qc a qu
Würde ['vʏrdə] <-> *f* dignità *f*
würdig *adj* ❶ (*wert*) degno ❷ (*würdevoll*) dignitoso
Wurf [vʊrf] <-(e)s, Würfe> *m* ❶ (*das Werfen*) getto *m*; (SPORT) lancio *m* ❷ (ZOO) figliata *f*
Würfel ['vʏrfəl] <-s, -> *m* ❶ (*Spiel~*) dado *m* ❷ (MAT) cubo *m*
würfeln *vi* tirare i dadi
Würfelzucker *m* zucchero *m* in zollette
Wurm [vʊrm] <-(e)s, Würmer> *m* verme *m*
Wurst [vʊrst] <-, Würste> *f* salsiccia *f*; (~*aufschnitt*) salume *m*
Würze ['vʏrtsə] <-, -n> *f* condimento *m*
Wurzel ['vʊrtsəl] <-, -n> *f* radice *f*
würzen *vt* condire
würzig *adj* saporito
wüst [vy:st] *adj* ❶ (*öde*) desolato ❷ (*ausschweifend*) dissoluto
Wüste ['vy:stə] <-, -n> *f* deserto *m*
Wut [vu:t] <-> *f* rabbia *f*
wütend *adj* furente; ~ **werden** infuriarsi

X

X, x [ɪks] <-, -(s)> *n* X, x *f*
x-beliebig *adj* (*fam*) qualunque; **jeder** ~**e** uno qualsiasi
x-mal *adv* (*fam*) mille volte
Xylofon, Xylophon [ksylo'fo:n] <-s, -e> *n* xilofono *m*

Y

Y, y ['ʏpsilɔn] <-, -(s)> *n* Y, y *f*
Yuppie ['jʊpi] <-s, -s> *m* yuppie *mf*

Z

Z, z [tsɛt] <-, -(s)> *n* Z, z *f*
Zacke ['tsakə] <-, -n> *f* punta *f*; (*Gabel~, Kamm~*) dente *m*
zaghaft *adj* timido
Zagreb ['za:grɛp] *n* Zagabria *f*
zäh [tsɛ:] *adj* (*Fleisch*) tiglioso
Zahl [tsa:l] <-, -en> *f* ❶ (MAT) numero *m* ❷ *sing* (*Menge*) quantità *f*
zahlbar *adj* pagabile
zahlen ['tsa:lən] *vt, vi* pagare;

bitte ~! il conto per favore!
zählen ['tsɛ:lən] *vt, vi* contare
Zähler <-s, -> *m* (TEC) contatore *m*
zahllos *adj* innumerevole; **zahlreich** *adj* numeroso
Zahlung <-, -en> *f* pagamento *m*; **Zahlungsverkehr** *m* (operazioni *fpl* di) pagamento *m*
zahm [tsa:m] *adj* docile; (*gezähmt*) addomesticato
Zahn [tsa:n] <-(e)s, Zähne> *m* dente *m*; **Zahnarzt** *m*, **Zahnärztin** *f* dentista *mf*; **Zahnbürste** *f* spazzolino *m* da denti; **Zahnersatz** *m* protesi *f* dentaria; **Zahnfleisch** *n* gengiva *f*; **Zahnpasta** *f* dentifricio *m*; **Zahnschmerzen** *mpl* mal *m* di denti; **Zahnstocher** ['tsa:nʃtɔxɐ] <-s, -> *m* stuzzicadenti *m*
Zange ['tsaŋə] <-, -n> *f* pinza *f*
zappeln ['tsapəln] *vi* dimenarsi
zart [tsa:ɐt] *adj* ❶ (*Fleisch, Gemüse*) tenero ❷ (*Haut, Farbe, Duft*) delicato; (*leicht*) leggero
zärtlich ['tsɛ:ɐtlɪç] *adj* tenero; **Zärtlichkeit** <-, -en> *f* tenerezza *f*
Zauber ['tsaubɐ] <-s, -> *m* ❶ (*Magie*) incanto *m* ❷ (*fig*) fascino *m*
Zauberkünstler(in) *m(f)* prestigiatore, -trice *m, f*
zaubern *vi* ❶ (*Magie betreiben*) esercitare la magia ❷ (*Zaubertricks vorführen*) fare giochi di prestigio
Zaun [tsaun] <-(e)s, Zäune> *m* recinto *m*
z.B. *abk v* **zum Beispiel** p.es.
Zebra ['tse:bra] <-s, -s> *n* zebra *f*; **Zebrastreifen** *m* strisce *fpl* pedonali
Zecke ['tsɛkə] <-, -n> *f* zecca *f*
Zehe ['tse:ə] <-, -n> *f* (ANAT) dito *m* del piede
zehn [tse:n] *num* dieci
Zehntel <-s, -> *n* decimo *m*
zehnte(r, s) *adj* decimo, -a; (*bei Datumsangaben*) dieci
Zeichen ['tsaɪçən] <-s, -> *n* segno *m*
zeichnen ['tsaɪçnən] *vt* (*malen*) disegnare
Zeichnung <-, -en> *f* disegno *m*
Zeigefinger *m* indice *m*
zeigen ['tsaɪgən] *vt* mostrare; (FILM, THEAT) presentare
Zeiger <-s, -> *m* indicatore *m*; (*Uhr~*) lancetta *f*
Zeile ['tsaɪlə] <-, -n> *f* riga *f*
Zeit [tsaɪt] <-, -en> *f* ❶ (*allg*, LING) tempo *m*; **in letzter ~** negli ultimi tempi; **von ~ zu ~** ogni tanto; **zur ~** attualmente ❷ (*Uhr~*) ora *f*; **zeitgemäß** *adj* moderno; **Zeitpunkt** *m* momento *m*; **Zeitraum** *m* periodo *m*
Zeitschrift *f* rivista *f*
Zeitung ['tsaɪtʊŋ] <-, -en> *f* giornale *m*; **Zeitvertreib**

<-(e)s, -e> *m* passatempo *m;* **Zeitwort** <-(e)s, -wörter> *n* (LING) verbo *m*

Zelle ['tsɛlə] <-, -n> *f* ❶ (BIOL) cellula *f* ❷ (*Telefon~*) cabina *f*

Zelt [tsɛlt] <-(e)s, -e> *n* tenda *f*

zelten *vi* campeggiare

Zement [tse'mɛnt] <-(e)s, -e> *m* cemento *m*

Zensur [tsɛn'zuːɐ̯] <-, -en> *f* ❶ *sing* (*Kontrolle*) censura *f* ❷ (*Note*) voto *m*

Zentimeter [tsɛnti'meːtɐ] *m o n* centimetro *m*

Zentner ['tsɛntnɐ] <-s, -> *m* mezzoquintale *m;* (*CH, A*) quintale *m*

zentral *adj* centrale

Zentrale <-, -n> *f* ❶ (TEL) centralino *m* ❷ (*Hauptgeschäftsstelle*) sede *f* centrale

Zentralheizung *f* riscaldamento *m* centrale

Zentrum ['tsɛntrʊm] <-s, Zentren> *n* centro *m*

zerbrechen <irr> **I.** *vt* rompere **II.** *vi sein* rompersi; (*a fig*) spezzarsi

zerbrechlich *adj* fragile

zerdrücken *vt* schiacciare

Zeremonie [tseremo'niː] <-, -n> *f* cerimonia *f*

zerfallen <irr> *vi sein* crollare

zerkleinern *vt* (*Fleisch, Gemüse*) tritare; (*Brot, Holz*) spezzettare

zerlegen *vt* (*Möbel*) scomporre; (TEC) smontare

zerquetschen *vt* schiacciare

zerreißen <irr> **I.** *vt* strappare **II.** *vi sein* strapparsi

zerren ['tsɛrən] **I.** *vt* tirare con forza **II.** *vi* **an etw** *dat* ~ dare degli strappi a qc

zerschlagen <irr> **I.** *vt* rompere **II.** *vr* **sich** ~ (*fig*) andare a monte

zerschneiden <irr> *vt* tagliuzzare

zerspringen <irr> *vi sein* scoppiare

zerstören *vt* distruggere; **Zerstörung** *f* distruzione *f*

zerstreuen *vt* ❶ (*verstreuen*) disperdere ❷ (*ablenken*) distrarre; **zerstreut** *adj* (*fig*) distratto

zerstückeln *vt* spezzettare

zertreten <irr> *vt* calpestare

Zettel ['tsɛtəl] <-s, -> *m* foglietto *m*

Zeug [tsɔɪk] <-(e)s> *n* (*fam: Sachen*) roba *f;* **dummes ~ reden** (*fam*) dire sciocchezze

Zeuge ['tsɔɪgə] <-n, -n> *m,* **Zeugin** *f* testimone *mf*

Zeugnis ['tsɔɪknɪs] <-ses, -se> *n* certificato *m;* (*Arbeits~*) attestato *m;* (*Schul~*) pagella *f*

z. H., z. Hd. *abk v* **zu Händen** S.P.M.

Ziege ['tsiːgə] <-, -n> *f* capra *f*

Ziegel ['tsiːgəl] <-s, -> *m* ❶ (*Baustein*) mattone *m* ❷ (*Dach~*) tegola *f*

ziehen ['tsi:ən] <irr> **I.** *vt* tirare; (*Linie*) tracciare; **etw nach sich** *dat* ~ (*fig*) avere come conseguenza **II.** *vi sein* (*wandern*) camminare; **in die Stadt** ~ trasferirsi in città; **es zieht** c'è corrente; **sich in die Länge** ~ tirare per le lunghe
Ziehharmonika *f* fisarmonica *f*
Ziel [tsi:l] <-(e)s, -e> *n* ❶ (*einer Reise*) destinazione *f* ❷ (*fig: Absicht*) scopo *m*
zielen *vi* mirare; **zielgerichtet** *adj* mirato; **Zielscheibe** *f* bersaglio *m;* **zielstrebig** *adj* determinato
ziemlich **I.** *adj* notevole **II.** *adv* abbastanza; ~ **viel** parecchio
zierlich *adj* gracile
Ziffer ['tsɪfɐ] <-, -n> *f* cifra *f*
Zigarette [tsiga'rɛtə] <-, -n> *f* sigaretta *f*
Zigarre [tsi'garə] <-, -n> *f* sigaro *m*
Zigeuner(in) [tsi'gɔɪnɐ] <-s, -; -, nen> *m(f)* zingaro, -a *m, f*
Zimmer ['tsɪmɐ] <-s, -> *n* stanza *f;* **Zimmermädchen** *n* cameriera *f*
Zimt [tsɪmt] <-(e)s, -e> *m* cannella *f*
Zink [tsɪŋk] <-(e)s> *n* zinco *m*
Zinn [tsɪn] <-(e)s> *n* stagno *m*
Zins [tsɪns] <-es, -en> *m* (FIN) interessi *mpl*
Zipfel ['tsɪpfəl] <-s, -> *m* punta *f*
Zirkel ['tsɪrkəl] <-s, -> *m* ❶ (*Gerät*) compasso *m* ❷ (*Kreis, Klub*) circolo *m*
Zirkus ['tsɪrkʊs] <-, -se> *m* circo *m*
zischen ['tsɪʃən] *vi* sibilare
Zitat [tsi'ta:t] <-(e)s, -e> *n* citazione *f*
Zitrone [tsi'tro:nə] <-, -n> *f* limone *m;* **Zitronenlimonade** *f* limonata *f;* **Zitronensaft** *m* succo *m* di limone
zittern ['tsɪtɐn] *vi* tremare
zivil [tsi'vi:l] *adj* (*bürgerlich*) civile; **in Zivil** in borghese
zögern ['tsø:gɐn] *vi* esitare; **ohne zu** ~ senza indugio
Zoll [tsɔl] <-(e)s, Zölle> *m* ❶ (*Abgabe*) tassa *f* doganale ❷ *sing* (*Dienststelle*) dogana *f*
Zollabfertigung *f* operazioni *fpl* doganali; **Zollamt** *n* ufficio *m* doganale; **Zollbeamte** *m,* **Zollbeamtin** *f* doganiere *m*
Zone ['tso:nə] <-, -n> *f* zona *f*
Zoo [tso:] <-s, -s> *m* zoo *m*
Zopf [tsɔpf] <-(e)s, Zöpfe> *m* treccia *f*
Zorn [tsɔrn] <-(e)s> *m* collera *f*
zornig *adj* adirato
z. T. *abk v* **zum Teil** in parte
zu [tsu:] **I.** *prp +dat* ❶ a; ~ **Hause** a casa; ~ **Ostern** a Pasqua; ~ **Fuß** a piedi ❷ (*mit Zahlenangabe*) ~ **dritt** in tre; ~ **einem Drittel** per un terzo ❸ (*Zweck*) per; ~**m Geburtstag** per il compleanno **II.** *adv* ❶ (*all~*) troppo;

~ **viel,** ~ **sehr** troppo ❷ (*fam: geschlossen*) chiuso **III.** *konj* (*mit Infinitiv*) da, a, di; **ich habe ~ tun** ho da fare

Zubehör ['tsu:bəhø:ɐ̯] <-(e)s, -e> *n* accessori *mpl*

zu|bereiten *vt* preparare

zu|binden <irr> *vt* legare; (*Schuhe*) allacciare

Zucchini [tsʊ'ki:ni] *mpl* zucchine *fpl*

Zucht [tsʊxt] <-, -en> *f* (*von Tieren*) allevamento *m*

züchten ['tsʏçtən] *vt* (*Pflanzen*) coltivare; (*Tiere*) allevare

Zucker ['tsʊkɐ] <-s> *m* zucchero *m*; **zuckerkrank** *adj* diabetico

Zuckung <-, -en> *f* convulsione *f*

zu|decken *vt* coprire

zu|drehen *vt* chiudere

zuerst *adv* ❶ (*als Erster*) per primo, -a ❷ (*zunächst*) dapprima

Zufahrt *f* accesso *m*

Zufall *m* caso *m*; **welch ein ~!** che coincidenza!

zufällig **I.** *adj* casuale **II.** *adv* per caso

Zuflucht *f* rifugio *m*

zufrieden [tsu'fri:dən] *adj* contento; **mit jdm/etw ~ sein** essere soddisfatto di qu/qc; ~ **stellen** accontentare; **Zufriedenheit** <-> *f* soddisfazione *f*

Zug [tsu:k] <-(e)s, Züge> *m* ❶ (FERR) treno *m* ❷ *sing* (*Luft~*) corrente *f* (d'aria) ❸ (*Gesichts~*) tratto *m*

Zugabe *f* ❶ (*Zusätzliches*) aggiunta *f* ❷ (MUS, THEAT) bis *m*

Zugang *m* ❶ (*Zutritt*) accesso *m* ❷ (*Eingang*) entrata *f*

zugänglich ['tsu:gɛŋlɪç] *adj* accessibile

zu|geben <irr> *vt* ❶ (*einräumen*) ammettere; (*gestehen*) confessare ❷ (*hinzufügen*) aggiungere

zu|gehen <irr> *vi sein* **auf jdn/etw ~** avvicinarsi a qu/qc; **dem Ende ~** volgere alla fine

Zugehörigkeit <-> *f* appartenenza *f*

Zügel ['tsy:gəl] <-s, -> *m* briglia *f*

Zugeständnis *n* concessione *f*; **zu|gestehen** <irr> *vt* (*zubilligen*) accordare

zügig ['tsy:gɪç] *adj* rapido

zugleich [tsu'glaɪç] *adv* nello stesso tempo

zu|greifen <irr> *vi* (*zufassen*) afferrare; (*bei Tisch*) servirsi

Zugriff *m* (INFORM) accesso *m*

zugrunde *adv* ~ **gehen** andare in rovina; **einer Sache** *dat* ~ **liegen** essere alla base di qc

zugunsten [tsu'gʊnstən] *prp* +*gen* ~ **von** +*dat* a favore di

Zugverbindung *f* coincidenza *f*

Zugvogel *m* uccello *m* migratore

Zuhälter ['tsu:hɛltɐ] <-s, -> *m* ruffiano *m*

zu|hören *vi* ascoltare; **Zuhörer(in)** *m(f)* ascoltatore, -trice *m, f*
zu|kommen <irr> *vi sein* ❶ (*sich nähern*) **auf jdn/etw ~** avvicinarsi a qu/qc ❷ (*zustehen*) spettare
Zukunft ['tsu:kʊnft] <-> *f* futuro *m*
zukünftig *adj* futuro
Zulage *f* (*Gehalts~*) aumento *m*
zu|lassen <irr> *vt* ❶ (*fam: geschlossen lassen*) lasciare chiuso ❷ (*erlauben*) permettere; **jdn zu etw ~** ammettere qu a qc
zulässig *adj* ammesso
zuletzt [tsu'lɛtst] *adv* ❶ (*in Reihenfolge*) per ultimo ❷ (*schließlich*) alla fine
zuliebe [tsu'li:bə] *adv* per amore di
zum [tsʊm] = **zu dem** (*Wend*) **~ Beispiel** per esempio; **~ Glück** per fortuna
zu|machen *vt* (*fam: schließen*) chiudere
zu|muten *vt* **jdm etw ~** pretendere qc da qu; **Zumutung** <-, -en> *f* sfacciataggine *f*
Zunahme ['tsu:na:mə] <-, -n> *f* aumento *m*
Zündholz <-es, -hölzer> *n* (*A, südd*) fiammifero *m*; **Zündkerze** *f* (AUTO) candela *f* d'accensione
Zündung <-, -en> *f* (AUTO) accensione *f*
zu|nehmen <irr> *vi* ❶ (*wachsen*) aumentare ❷ (*dicker werden*) aumentare di peso
Zuneigung *f* affetto *m*
Zunge ['tsʊŋə] <-, -n> *f* lingua *f*
zunichtemachen *vt* annientare
zu|packen *vi* ❶ (*zugreifen*) afferrare ❷ (*mithelfen*) dare una mano
zupfen ['tsʊpfən] *vt* tirare; (*Saiten*) pizzicare
zurecht|finden [tsu'rɛçtfɪndən] <irr> *vr* **sich ~** orientarsi; **zurecht|machen** (*fam*) **I.** *vt* preparare **II.** *vr* **sich ~** prepararsi
zu|reden *vi* cercare di persuadere
Zürich ['tsy:rɪç] *n* Zurigo *f*
zurück [tsu'rʏk] *adv* indietro
zurück|bekommen <irr> *vt* riottenere
zurück|bleiben <irr> *vi sein* (*a fig*) rimanere indietro
zurück|bringen <irr> *vt* portare indietro
zurück|fahren <irr> **I.** *vt* ricondurre **II.** *vi sein* ritornare
zurück|fordern *vt* richiedere
zurück|führen *vt* riportare indietro; **etw auf etw** *acc* **~** (*fig*) attribuire qc a qc
zurück|geben <irr> *vt* restituire
zurück|gehen <irr> *vi sein* ritornare; (*fig*) diminuire
zurückgezogen *adj* ritirato
zurückhaltend *adj* riservato

zurück|kommen <irr> *vi sein* ritornare; **auf etw** *acc* ~ (*fig*) tornare su qc

zurück|lassen <irr> *vt* lasciare

zurück|legen *vt* ❶ (*an seinen Platz*) riporre ❷ (*Strecke*) percorrere

zurück|nehmen <irr> *vt* riprendere; (*fig*) ritrattare

zurück|stellen *vt* ❶ (*an seinen Platz*) rimettere (a posto) ❷ (*Uhr*) mettere indietro

zurück|treten <irr> *vi sein* indietreggiare; (*fig*) dare le dimissioni

zurück|weisen <irr> *vt* ❶ (*Vorschlag*) rifiutare ❷ (*Behauptung*) respingere

zurück|zahlen *vt* rimborsare

zurück|ziehen <irr> **I.** *vt* ritirare **II.** *vr* **sich** ~ ritirarsi

Zuruf *m* grido *m*

Zusage *f* (*Versprechen*) promessa *f*; **zu|sagen I.** *vt* promettere **II.** *vi* ❶ (*annehmen*) accettare ❷ (*gefallen*) piacere

zusammen [t͡su'zamən] *adv* ❶ (*gemeinsam*) insieme ❷ (*insgesamt*) in tutto

zusammen|arbeiten *vi* collaborare

zusammen|brechen <irr> *vi sein* crollare; **Zusammenbruch** *m* ❶ (*a fig*) crollo *m* ❷ (*Bankrott*) fallimento *m*

zusammen|fassen *vt* ❶ (*vereinigen*) riunire ❷ (*in Bericht*) riassumere; **Zusammenfassung** *f* riassunto *m*

zusammen|halten <irr> *vi* essere unito

Zusammenhang *m* connessione *f*; (*im Text*) contesto *m*

zusammen|kommen <irr> *vi sein* (*sich treffen*) incontrarsi; (*sich versammeln*) riunirsi

zusammen|passen *vi* andare bene insieme

zusammen|setzen I. *vt* ❶ (*Teile*) comporre ❷ (*montieren*) montare **II.** *vr* **sich aus etw** ~ essere composto di qc; **Zusammensetzung** <-, -en> *f* composizione *f*

zusammen|stellen *vt* ❶ (*nebeneinander stellen*) mettere insieme ❷ (*Rede, Ausstellung*) comporre

Zusammenstoß *m* collisione *f*; **zusammen|stoßen** <irr> *vi sein* scontrarsi

zusammen|treffen <irr> *vi sein* ❶ (*Personen*) incontrarsi ❷ (*Ereignisse*) coincidere

zusammen|zählen *vt* addizionare

zusammen|ziehen <irr> **I.** *vt* (*enger machen*) restringere **II.** *vr* **sich** ~ contrarsi **III.** *vi sein* andare ad abitare insieme

zusätzlich *adj* supplementare

zu|schauen *s.* **zusehen**; **Zuschauer(in)** <-s, -; -, -nen> *m(f)* spettatore, -trice *m, f*

zu|schicken *vt* inviare
Zuschlag *m* (FERR) supplemento *m*
zu|schlagen <irr> *vt* (*Buch*) chiudere; (*Tür*) sbattere
Zuschrift *f* lettera *f*
Zuschuss *m* sovvenzione *f*
zu|sehen <irr> *vi* (*als Zuschauer*) stare a guardare
zu|senden <irr> *s.* **zuschicken**
zu|sichern *vt* assicurare
Zustand *m* ❶ (*allg*) stato *m*; (*Lage*) situazione *f* ❷ *pl* (*Verhältnisse*) circostanze *fpl*
zustande *adv* **etw ~ bringen** riuscire a fare qc
zuständig *adj* competente
zu|stehen <irr> *vi* spettare
zu|stellen *vt* ❶ (*versperren*) ostruire ❷ (*form: Post*) distribuire
zu|stimmen *vi* **jdm ~** essere d'accordo con qu; **Zustimmung** *f* consenso *m*; (*Billigung*) approvazione *f*
zu|stoßen <irr> *vi sein* (*Unglück*) accadere
Zutaten *fpl* ingredienti *mpl*
zu|trauen *vt* **jdm etw ~** credere qu capace di qc; **zutraulich** *adj* (*Tier*) mansueto
zu|treffen <irr> *vi* essere giusto; **zutreffend** *adj* giusto
Zutritt *m* accesso *m*; (*Eintritt*) ingresso *m*
zuverlässig *adj* fidato
Zuversicht ['tsu:fɛɐ̯zɪçt] *f* confidenza *f*; **zuversichtlich** *adj* fiducioso
zuvor [tsu'fo:ɐ̯] *adv* prima
Zuwachs ['tsu:vaks] <-es, Zuwächse> *m* ❶ (*Anwachsen*) crescita *f* ❷ (*Mehrwert*) incremento *m*
zu|weisen <irr> *vt* assegnare
zu|wenden <irr> **I.** *vt* volgere **II.** *vr* **sich jdm/etw ~** rivolgersi a qu/qc; (*fig*) dedicarsi a qu/qc
zuwider|handeln *vi* contravvenire
zu|ziehen <irr> *vt* ❶ (*Vorhang*) chiudere; (*Schlinge, Knoten*) stringere ❷ (*Arzt*) consultare ❸ (*bekommen*) **sich** *dat* **eine Krankheit ~** prendersi una malattia
zuzüglich ['tsu:tsy:klɪç] *prp +gen* più
Zwang [tsvaŋ] <-(e)s, Zwänge> *m* costrizione *f*; **Zwangsjacke** *f* camicia *f* di forza; **Zwangslage** *f* situazione *f* difficile
zwanzig ['tsvantsɪç] *num* venti
zwar [tsva:ɐ̯] *adv* ❶ (*erklärend*) **und ~** e precisamente ❷ (*einräumend*) certo
Zweck [tsvɛk] <-(e)s, -e> *m* scopo *m*; **zwecklos** *adj* vano; **zweckmäßig** *adj* appropriato; (*nützlich*) utile
zwei [tsvaɪ] *num* due; **zweideutig** *adj* ambiguo
zweifach *adj* doppio

Zweifel ['ʦvaɪfəl] <-s, -> *m* dubbio *m;* **zweifelhaft** *adj* dubbio; **zweifellos** *adv* indubbiamente
zweifeln *vi* dubitare
Zweig [ʦvaɪk] <-(e)s, -e> *m* ramo *m;* **Zweigstelle** *f* succursale *f;* **zweijährig** *adj* di due anni; **Zweikampf** *m* duello *m;* **zweimal** *adv* due volte; **zweisprachig** *adj* bilingue; **zweispurig** *adj* (*Straße*) a due corsie; **zweistimmig** *adj* a due voci
zweitens *adv* (in) secondo (luogo)
zweite(r, s) *adj* secondo, -a; (*bei Datumsangaben*) due; **zweitrangig** *adj* secondario
Zwerg(in) [ʦvɛrk] <-(e)s, -e; -, -nen> *m(f)* nano, -a *m, f*
Zwetsch(g)e ['ʦvɛʧ(g)ə] <-, -n> *f,* **Zwetschke** <-, -n> *f* (*A*) prugna *f*
Zwieback ['ʦvi:bak] <-(e)s, -e> *m* fetta *f* biscottata
Zwiebel ['ʦvi:bəl] <-, -n> *f* cipolla *f*
Zwilling ['ʦvɪlɪŋ] <-s, -e> *m* ❶ (*Geschwister*) gemello, -a *m, f* ❷ (ASTR) Gemelli *mpl;* **er/sie ist (ein)** ~ è dei Gemelli
zwingen ['ʦvɪŋən] <irr> *vt* costringere
zwinkern ['ʦvɪŋkɐn] *vi* (**mit den Augen**) ~ strizzare gli occhi
Zwirn [ʦvɪrn] <-(e)s, -e> *m* refe *m*
zwischen ['ʦvɪʃən] *prp +acc o dat* tra; **zwischendurch** *adv* ❶ (*in der Zwischenzeit*) nel frattempo ❷ (*nebenbei*) tra l'altro; **Zwischenfall** *m* incidente *m;* **Zwischenlandung** *f* scalo *m;* **Zwischenraum** *m* spazio *m;* **Zwischenzeit** *f* **in der** ~ nel frattempo
zwitschern ['ʦvɪʧɐn] *vi* cinguettare
zwölf [ʦvœlf] *num* dodici
Zyklus ['ʦy:klʊs] <-, Zyklen> *m* ciclo *m*
Zylinder [ʦi'lɪndɐ] <-s, -> *m* (*Hut,* TEC) cilindro *m*
zynisch *adj* cinico
Zypern ['ʦy:pɐn] *n* Cipro *f*
Zypresse [ʦy'prɛsə] <-, -n> *f* cipresso *m*
Zyste ['ʦʏstə] <-, -n> *f* (MED) cisti *f*
z. Zt. *abk v* **zur Zeit** attualmente

Anhang
Appendice

Unregelmäßige italienische Verben
Verbi irregolari italiani

Aufgeführt sind der Infinitiv (*infinito*), die 1. Person des *passato remoto,* das Perfekt (*passato prossimo*) und die unregelmäßigen Formen von Indikativ Präsens (*pr*), Indikativ Imperfekt (*imp*), Futur (*fut*), Konjunktiv Präsens (*conj pr*), Konjunktiv Imperfekt (*conj imp*), Konditional (*cond*), Imperativ (*imperat*), Gerundium (*ger*). Neben dem Partizip II. (*participio passato*) wird das Hilfsverb angegeben, mit welchem das Perfekt gebildet wird.

infinito	**passato remoto**	**passato prossimo (participio passato)**	**weitere Formen**
accendere	accesi	ho acceso	
accorgersi	mi	mi sono	
	accorsi	accorto	
affliggere	afflissi	ho afflitto	
alludere	allusi	ho alluso	
andare	andai	sono andato	*pr* vado, vai, va, andiamo, andate, vanno; *fut* andrò; *conj pr* vada; *conj imp* andassi; *cond* andrei; *imperat* va'!
apparire	apparvi	sonoapparso	*pr* appaio, appari, appare, appariamo, apparite, appaiono; *conj pr* appaia; *conj imp* apparissi; *imperat* appari!, appaia!
appendere	appesi	ho appeso	

infinito	passato remoto	passato prossimo (participio passato)	weitere Formen
aprire	aprii	ho aperto	
assistere	assistei	ho assistito	
assolvere	assolsi	ho assolto	
assumere	assunsi	ho assunto	
avere	ebbi	ho avuto	*pr* ho, hai, ha, abbiamo, avete, hanno; *fut* avrò; *conj pr* abbia; *conj imp* avessi; *cond* avrei; *imperat* abbi!, abbia!
bere	bevvi	ho bevuto	*pr* bevo, bevi, beve, beviamo, bevete, bevono; *imp* bevevo; *fut* berrò; *conj pr* beva; *conj imp* bevessi; *cond* berrei; *imperat* bevi!, beva!; *ger* bevendo
cadere	caddi	sono caduto	*fut* cadrò; *cond* cadrei
chiedere	chiesi	ho chiesto	
chiudere	chiusi	ho chiuso	
cogliere	colsi	ho colto	*pr* colgo, cogli, coglie, cogliamo, cogliete, colgono; *conj pr* colga
compri-mere	compressi	ho com-presso	
concedere	concessi	ho concesso	

infinito	passato remoto	passato prossimo (participio passato)	weitere Formen
conclu-dere	conclusi	ho concluso	
condurre	condussi	ho condotto	*pr* conduco, conduci, conduce, conduciamo, conducete, conducono; *imp* conducevo; *fut* condurrò; *conj pr* conduca; *conj imp* conducessi; *imperat* conduci!, conduca!; *ger* conducendo;
conoscere	conobbi	ho conosciuto	
consistere	consisté (*3. Person*)	è consistito (*3. Person*)	
coprire			*v.* aprire
correggere			*v.* leggere
correre	corsi	sono corso	
crescere	crebbi	sono cresciuto	
cuocere	cossi	ho cotto	*pr* cuocio, cuoci, cuoce, cociamo, cocete, cuociono; *imp* cocevo; *fut* cocerò; *conj pr* cuocia; *conj imp* cocessi
dare	diedi	ho dato	*pr* do, dai, dà, diamo, date, danno; *fut* darò; *conj pr* dia; *conj imp* dessi; *imperat* da'!, dia!

infinito	passato remoto	passato prossimo (participio passato)	weitere Formen
decidere	decisi	ho deciso	
dedurre			*v.* condurre
deludere			*v.* alludere
deprimere			*v.* comprimere
difendere	difesi	ho difeso	
dipendere			*v.* appendere
dipingere	dipinsi	ho dipinto	
dire	dissi	ho detto	*pr* dico, dici, dice, diciamo, dite, dicono; *imp* dicevo; *fut* dirò; *conj pr* dica; *conj imp* dicessi; *imperat* di'!, dica!; *ger* dicendo
dirigere	diressi	ho diretto	
discutere	discussi	ho discusso	
dissolvere			*v.* assolvere
dissuadere			*v.* persuadere
distin-guere	distinsi	ho distinto	
dividere	divisi	ho diviso	
dolere	dolsi	ho doluto	*pr* dolgo, duoli, duole, doliamo, dolete, dolgono; *fut* dorrò; *conj pr* dolga; *cond* dorrei; *imperat* duoli!, dolga!

infinito	passato remoto	passato prossimo (participio passato)	weitere Formen
dovere	dovei	ho dovuto	*pr* devo, devi, deve, dobbiamo, dovete, devono; *fut* dovrò; *conj pr* deva
emergere	emersi	sono emerso	
erigere			*v.* dirigere
escludere			*v.* concludere
esistere	esistei	sono esistito	
esplodere	esplosi	sono esploso	
esprimere			*v.* comprimere
essere	fui, fosti	sono stato	*pr* sono, sei, è, siamo, siete, sono; *imp* ero; *fut* sarò; *conj pr* sia; *conj imp* fossi; *cond* sarei; *imperat* sii!, sia!
evadere	evasi	sono evaso	
fare	feci,	ho fatto	*pr* faccio, fai, fa, facciamo, fate, fanno; *imp* facesti facevo; *fut* farò; *conj pr* faccia; *conj imp* facessi; *cond* farei; *imperat* fa'!, faccia!; *ger* facendo
fingere	finsi	ho finto	
fondere	fusi	ho fuso	
friggere	frissi	ho fritto	

infinito	passato remoto	passato prossimo (participio passato)	weitere Formen
giungere			*v.* fingere
godere	godei	ho goduto	*fut* godrò; *cond* godrei
immergere			*v.* emergere
incidere			*v.* decidere
includere			*v.* concludere
indurre			*v.* condurre
insistere	insistei	ho insistito	
introdurre			*v.* condurre
invadere			*v.* evadere
leggere	lessi	ho letto	
mettere	misi	ho messo	
mordere	morsi	ho morso	
morire	morii	sono morto	*pr* muoio, muori, muore, moriamo, morite, muoiono;; *conj pr* muoia, muoia, muoia, moriamo, moriate, muoiano; *conj imp* morissi; *imperat* muori!, muoia!
mungere			*v.* fingere
muovere	mossi	ho mosso	
nascere	nacqui	sono nato	

infinito	passato remoto	passato prossimo (participio passato)	weitere Formen
nascondere	nascosi	ho nascosto	
nuocere	nocqui	ho nociuto	*pr* noccio, nuoci, nuoce, nociamo, nocete, nocciono; *fut* nocerò; *conj pr* noccia; *conj imp* nocessi; *imperat* nuoci!, noccia!
offendere			*v.* difendere
offrire	offrii	ho offerto	
opprimere			*v.* comprimere
parere	parvi	sono parso	*pr* paio, pari, pare, paiamo, parete, paiono; *fut* parrò; *conj pr* paia; *cond* parrei; *imperat fehlt*
percuotere			*v.* scuotere
perdere	persi	ho perso	
persuadere	persuasi	ho persuaso	
piacere	piacqui	sono piaciuto	*pr* piaccio, piaci, piace, piacciamo, piacete, piacciono; *conj pr* piaccia; *imperat* piaci!, piaccia!
piangere	piansi	ho pianto	
piovere	piovve (*3. Person*)	è piovuto (*3. Person*)	

infinito	passato remoto	passato prossimo (participio passato)	weitere Formen
porgere	porsi	ho porto	
porre	posi, ponesti	ho posto	*pr* pongo, poni, pone, poniamo, ponete, pongono; *imp* ponevo; *fut* porrò; *conj pr* ponga; *conj imp* ponessi; *imperat* poni!, ponga!; *ger* ponendo
possedere			*v.* sedere
potere	potei	ho potuto	*pr* posso, puoi, può, possiamo, potete, possono; *fut* potrò; *conj pr* possa; *cond* potrei; *imperat fehlt*
prendere	presi	ho preso	
produrre			*v.* condurre
proteggere			*v.* leggere
pungere			*v.* fingere
radere	rasi	ho raso	
reggere			*v.* leggere
rendere			*v.* prendere
reprimere			*v.* comprimere
resistere	resistei	sonoresistito	
ridere	risi	ho riso	
ridurre			*v.* condurre

infinito	passato remoto	passato prossimo (participio passato)	weitere Formen
riflettere	riflettei	ho riflettuto	
rimanere	rimasi	sonorimasto	*pr* rimango, rimani, rimane, rimaniamo, rimanete, rimangono; *fut* rimarrò; *conj pr* rimanga; *cond* rimarrei; *imperat* rimani!, rimanga!
risolvere			*v.* assolvere
rispondere	risposi	ho risposto	
rompere	ruppi	ho rotto	
salire	salii	sono salito	*pr* salgo, sali, sale, saliamo, salite, salgono; *conj pr* salga; *imperat* sali!, salga!
sapere	seppi	ho saputo	*pr* so, sai, sa, sappiamo, sapete, sanno; *fut* saprò; *conj pr* sappia; *cond* saprei; *imperat* sappi!, sappia!
scegliere	scelsi	ho scelto	*pr* scelgo, scegli, sceglie, scegliamo, scegliete, scelgono; *conj pr* scelga; *imperat* scegli!, scelga!
scendere	scesi	sono sceso	
sciogliere			*v.* cogliere
scrivere	scrissi	ho scritto	
scuotere	scossi	ho scosso	

infinito	passato remoto	passato prossimo (participio passato)	weitere Formen
sedere	sedei	ho seduto	*pr* siedo, siedi, siede, sediamo, sedete, siedono; *conj pr* sieda; *imperat* siedi!, sieda!
sedurre			*v.* condurre
soffrire			*v.* offrire
sommer-gere			*v.* emergere
soppri-mere			*v.* comprimere
sorgere	sorsi	sono sorto	
sospen-dere			*v.* appendere
spargere	sparsi	ho sparso	
spegnere	spensi	ho spento	*pr* spengo, spegni, spegne, spegniamo, spegnete, spengono; *conj pr* spenga
spendere			*v.* appendere
spingere			*v.* fingere
stare	stetti,	sono stato	*pr* sto, stai, sta, stiamo, state, stanno; *conj* stesti *pr* stia; *conj imp* stessi; *imperat* sta'!, stia!
stringere	strinsi	ho stretto	
succedere			*v.* concedere

infinito	passato remoto	passato prossimo (participio passato)	weitere Formen
tacere	tacqui	ho taciuto	*pr* taccio, taci, tace, taciamo, tacete, tacciono; *conj pr* taccia; *imperat* taci!, taccia!
tendere			*v.* prendere
tenere	tenni	ho tenuto	*pr* tengo, tieni, tiene, teniamo, tenete, tengono; *fut* terrò; *conj pr* tenga; *cond* terrei; *imperat* tieni!, tenga!
tingere			*v.* fingere
togliere			*v.* cogliere
tradurre			*v.* condurre
trarre	trassi	ho tratto	*pr* traggo, trai, trae, traiamo, traete, traggono; *imp* traevo; *fut* trarrò; *conj pr* tragga; *conj imp* traessi; *imperat* trai!, tragga!; *ger* traendo
uccidere			*v.* decidere
udire	udii	ho udito	*pr* odo, odi, ode, udiamo, udite, odono; *conj pr* oda; *cond* udirei *o.* udrei; *imperat* odi!, oda!
uscire	uscii	sono uscito	*pr* esco, esci, esce, usciamo, uscite, escono; *conj pr* esca; *imperat* esci!, esca!

infinito	passato remoto	passato prossimo (participio passato)	weitere Formen
valere	valsi	sono valso	*pr* valgo, vali, vale, valiamo, valete, valgono; *fut* varrò; *conj pr* valga; *cond* varrei; *imperat* vali!, valga!
vedere	vidi	ho visto	*fut* vedrò; *cond* vedrei
venire	venni	sono venuto	*pr* vengo, vieni, viene, veniamo, venite, vengono; *fut* verrò; *conj pr* venga; *cond* verrei; *imperat* vieni!, venga!; *ger* venendo
vincere	vinsi	ho vinto	
vivere	vissi	ho vissuto	*fut* vivrò; *cond* vivrei
volere	volli	ho voluto	*pr* voglio, vuoi, vuole, vogliamo, volete, vogliono; *fut* vorrò; *conj pr* voglia; *cond* vorrei; *imperat* vogli!, voglia!
volgere	volsi	ho volto	

Unregelmäßige deutsche Verben
Verbi irregolari tedeschi

Verbi irregolari tedeschi Nella seguente lista vengono riportati l'infinito (*Infinitiv*), il preterito (*Imperfekt*), il passato prossimo (*Perfekt*) e l'imperativo (*Imperativ*) dei principali verbi irregolari tedeschi. Sotto all'infinito vengono indicate le forme irregolari del pre\sente (*2. persona singolare*), mentre accanto alla forma del participio passato (*Partizip II*) si trova l'ausiliare con il quale si forma il passato prossimo. Le forme dei verbi derivati con il prefisso *auf-*, *ab-*, *be-*, *er-*, *zer-* etc. corrispondono a quelle dei rispettivi verbi nella loro forma base.

Infinitiv	Imperfekt	Perfekt (Partizip II)	Imperativ – Sing/Pl
backen bäckst, backst	backte	hat gebacken	back(e)/backt
befehlen befiehlst	befahl	hat befohlen	befiehl/befehlt
beginnen	begann	hat begonnen	beginn(e)/beginnt
beißen	biss	hat gebissen	beiß(e)/beißt
bewegen	bewog	hat bewogen	beweg(e)/bewegt
bewerben bewirbst	bewarb	hat beworben	bewirb/bewerbt
biegen	bog	hat/istgebogen	bieg(e)/biegt
bieten	bot	hat geboten	biet(e)/bietet
binden	band	hat gebunden	bind(e)/bindet
bitten	bat	hat gebeten	bitt(e)/bittet
blasen bläst	blies	hat geblasen	blas(e)/blast
bleiben	blieb	ist geblieben	bleib(e)/bleibt

Infinitiv	Imperfekt	Perfekt (Partizip II)	Imperativ – Sing/Pl
braten brätst	briet	hat gebraten	brat(e)/bratet
brechen brichst	brach	hat/ist gebrochen	brich/brecht
brennen	brannte	hat gebrannt	brenn(e)/brennt
bringen	brachte	hat gebracht	bring/bringt
denken	dachte	hat gedacht	denk(e)/denkt
dringen	drang	ist gedrungen	dring(e)/dringt
dürfen darfst	durfte	hat gedurft	
empfangen empfängst	empfing	hat empfangen	empfang(e)/ empfangt
empfehlen empfiehlst	empfahl	hat empfohlen	empfiehl/ empfehlt
empfinden	empfand	hat empfunden	empfind(e)/ empfindet
erschrecken erschrickst	erschrak	ist erschrocken	erschrick/ erschreckt
essen isst	aß	hat gegessen	iss/esst
fahren fährst	fuhr	hat/ist gefahren	fahr(e)/fahrt
fallen fällst	fiel	ist gefallen	fall(e)/fallt
fangen fängst	fing	hat gefangen	fang(e)/fangt

Infinitiv	Imperfekt	Perfekt (Partizip II)	Imperativ – Sing/Pl
fechten fichtst	focht	hat gefochten	ficht/fechtet
finden	fand	hat gefunden	find(e)/findet
flechten flichtst	flocht	hat geflochten	flicht/flechtet
fliegen	flog	hat/ist geflogen	flieg(e)/fliegt
fliehen	floh	ist geflohen	flieh(e)/flieht
fließen	floss	ist geflossen	fließ(e)/fließt
fressen frisst	fraß	hat gefressen	friss/fresst
frieren	fror	hat gefroren	frier(e)/friert
gebären gebierst	gebar	ist geboren	gebier(e)/gebärt
geben gibst	gab	hat gegeben	gib/gebt
gedeihen	gedieh	ist gediehen	gedeih(e)/gedeiht
gehen	ging	ist gegangen	geh(e)/geht
gelingen	gelang	ist gelungen	geling(e)/gelingt
gelten giltst	galt	hat gegolten	gilt/geltet
genießen	genoss	hat genossen	genieß(e)/genießt
gerinnen	gerann	ist geronnen	
geschehen geschieht	geschah	ist geschehen	geschieh/ gescheht

Infinitiv	Imperfekt	Perfekt (Partizip II)	Imperativ – Sing/Pl
gewinnen	gewann	hat gewonnen	gewinn(e)/ gewinnt
gießen	goss	hat gegossen	gieß(e)/gießt
graben gräbst	grub	hat gegraben	grab(e)/grabt
greifen	griff	hat gegriffen	greif(e)/greift
haben hast	hatte	hat gehabt	hab(e)/habt
halten hältst	hielt	hat gehalten	halt(e)/haltet
hängen	hing	hat gehangen	häng(e)/hängt
hauen hieb	haute	hat gehauen	hau(e)/haut
heben	hob	hat gehoben	heb(e)/hebt
heißen	hieß	hat geheißen	heiß(e)/heißt
helfen hilfst	half	hat geholfen	hilf/helft
kennen	kannte	hat gekannt	kenn(e)/kennt
klingen	klang	hat geklungen	kling(e)/klingt
kneifen	kniff	hat gekniffen	kneif(e)/kneift
kommen	kam	ist gekommen	komm(e)/kommt
können kannst	konnte	hat gekonnt	
kriechen	kroch	ist gekrochen	kriech(e)/kriecht

Infinitiv	Imperfekt	Perfekt (Partizip II)	Imperativ – Sing/Pl
laden lädst	lud	hat geladen	lad(e)/ladet
lassen lässt	ließ	hat gelassen	lass/lasst
laufen läufst	lief	ist gelaufen	lauf(e)/lauft
leiden	litt	hat gelitten	leid(e)/leidet
leihen	lieh	hat geliehen	leih(e)/leiht
lessen liest	las	hat gelesen	lies/lest
liegen	lag	hat gelegen	lieg(e)/liegt
lügen	log	hat gelogen	lüg(e)/lügt
mahlen	mahlte	hat gemahlen	mahl(e)/mahlt
melken melkte	molk	hat gemolken hat gemelkt	melk(e), milk/ melkt
messen misst	maß	hat gemessen	miss/messt
misslingen	misslang	ist misslungen	
mögen magst	mochte	hat gemocht	
müssen musst	musste	hat gemusst	
nehmen nimmst	nahm	hat genommen	nimm/nehmt
nennen	nannte	hat genannt	nenn(e)/nennt

Infinitiv	Imperfekt	Perfekt (Partizip II)	Imperativ – Sing/Pl
pfeifen	pfiff	hat gepfiffen	pfeif(e)/pfeift
raten rätst	riet	hat geraten	rat(e)/ratet
reiben	rieb	hat gerieben	reib(e)/reibt
reißen	riss	hat/ist gerissen	reiß/reißt
reiten	ritt	hat/ist geritten	reit(e)/reitet
rennen	rannte	ist gerannt	renn(e)/rennt
riechen	roch	hat gerochen	riech(e)/riecht
rufen	rief	hat gerufen	ruf(e)/ruft
schaffen	schuf	hat geschaffen	schaff(e)/schafft
scheiden	schied	hat/ist geschieden	scheid(e)/ scheidet
scheinen	schien	hat geschienen	schein(e)/ scheidet
schieben	schob	hat geschoben	schieb(e)/schiebt
schießen	schoss	hat geschossen	schieß(e)/schießt
schlafen schläfst	schlief	hat geschlafen	schlaf(e)/schlaft
schlagen schlägst	schlug	hat geschlagen	schlag(e)/schlagt
schleichen	schlich	ist geschlichen	schleich(e)/ schleicht
schleifen	schliff	hat geschliffen	schleif(e)/schleift
schließen	schloss	hat geschlossen	schließ(e)/ schließt

Infinitiv	Imperfekt	Perfekt (Partizip II)	Imperativ – Sing/Pl
schmelzen schmilzt	schmolz	ist geschmolzen	schmilz/schmelzt
schneiden	schnitt	hat geschnitten	schneid(e)/ schneidet
schrecken schrickst, schreckst	schreckte schrak	hat geschreckt	schrick/schreckt
schreiben	schrieb	hat geschrieben	schreib(e)/ schreibt
schreien	schrie	hat geschrie(e)n	schrei(e)/schreit
schweigen	schwieg	hat geschwiegen	schweig(e)/ schweigt
schwimmen	schwamm	hat/ist geschwommen	schwimm(e)/ schwimmt
schwören	schwor	hat geschworen	schwör(e)/ schwört
sehen siehst	sah	hat gesehen	sieh/seht
sein	war	ist gewesen	sei/seid
senden sendete	sandte	hat gesandt hat gesendet	send(e)/sendet
singen	sang	hat gesungen	sing(e)/singt
sinken	sank	ist gesunken	sink(e)/sinkt
sitzen	saß	hat gesessen	sitz(e)/sitzt
sollen	sollte	hat gesollt	
speien	spie	hat gespie(e)n	spei(e)/speit

Infinitiv	Imperfekt	Perfekt (Partizip II)	Imperativ – Sing/Pl
spinnen	spann	hat gesponnen	spinn(e)/spinnt
sprechen sprichst	sprach	hat gesprochen	sprich/sprecht
springen	sprang	ist gesprungen	spring(e)/springt
stechen stichst	stach	hat gestochen	stich/stecht
stecken stak	steckte	hat gesteckt	steck(e)/steckt
stehen	stand	hat gestanden	steh(e)/steht
stehlen stiehlst	stahl	hat gestohlen	stiehl/stehlt
steigen	stieg	ist gestiegen	steig(e)/steigt
sterben stirbst	starb	ist gestorben	stirb/sterbt
stinken	stank	hat gestunken	stink(e)/stinkt
stoßen stößt	stieß	hat gestoßen	stoß(e)/stoßt
streichen	strich	hat gestrichen	streich(e)/streicht
streiten	stritt	hat gestritten	streit(e)/streitet
tragen trägst	trug	hat getragen	trag(e)/tragt
treffen triffst	traf	hat getroffen	triff/trefft
treiben	trieb	hat getrieben	treib(e)/treibt

Infinitiv	Imperfekt	Perfekt (Partizip II)	Imperativ – Sing/Pl
treten trittst	trat	hat getreten	tritt/tretet
trinken	trank	hat getrunken	trink(e)/trinkt
tun	tat	hat getan	tu(e)/tut
verbergen verbirgst	verbarg	hat verborgen	verbirg/verbergt
verderben verdirbst	verdarb	hat/ist verdorben	verdirb/verderbt
vergessen vergisst	vergaß	hat vergessen	vergiss/vergesst
vergleichen	verglich	hat verglichen	vergleich(e)/ vergleicht
verlieren	verlor	hat verloren	verlier(e)/verliert
vermeiden	vermied	hat vermieden	vermeid(e)/ vermeidet
verschlingen	verschlang	hat verschlungen	verschling(e)/ verschlingt
verschwin-den	verschwand	ist verschwunden	verlschwind(e)/ verschwindet
verzeihen	verzieh	hat verziehen	verzeih(e)/ver-zeiht
wachsen wächst	wuchs	ist gewachsen	wachs(e)/wachst
waschen wäschst	wusch	hat gewaschen	wasch(e)/wascht
weben	wob	hat gewoben	web(e)/webt

Infinitiv	Imperfekt	Perfekt (Partizip II)	Imperativ – Sing/Pl
wenden	wandte	hat gewandt	wend(e)/wendet
werden ward	wurde	ist geworden	werd(e)/werdet wirst
werfen wirfst	warf	hat geworfen	wirf/werft
wiegen	wog	hat gewogen	wieg(e)/wiegt
winden	wand	hat gewunden	wind(e)/windet
winken	winkte	hat gewinkt hat gewunken	wink(e)/winkt
wissen weißt	wusste	hat gewusst	wiss(e)/wisset
wollen willst	wollte	hat gewollt	woll(e)/wollt
ziehen	zog	hat/ist gezogen	zieh(e)/zieht
zwingen	zwang	hat gezwungen	zwing(e)/zwingt

Zahlwörter

Numerali

Grundzahlen

Numeri cardinali

null	0	zero
eins	1	uno
zwei	2	due
drei	3	tre
vier	4	quattro
fünf	5	cinque
sechs	6	sei
sieben	7	sette
acht	8	otto
neun	9	nove
zehn	10	dieci
elf	11	undici
zwölf	12	dodici
dreizehn	13	tredici
vierzehn	14	quattordici
fünfzehn	15	quindici
sechzehn	16	sedici
siebzehn	17	diciassette
achtzehn	18	diciotto
neunzehn	19	diciannove
zwanzig	20	venti

einundzwanzig	21	ventuno
zweiundzwanzig	22	ventidue
dreiundzwanzig	23	ventitré
vierundzwanzig	24	ventiquattro
fünfundzwanzig	25	venticinque
sechsundzwanzig	26	ventisei
siebenundzwanzig	27	ventisette
achtundzwanzig	28	ventotto
neunundzwanzig	29	ventinove
dreißig	30	trenta
einunddreißig	31	trentuno
zweiunddreißig	32	trentadue
vierzig	40	quaranta
fünfzig	50	cinquanta
sechzig	60	sessanta
siebzig	70	settanta
achtzig	80	ottanta
neunzig	90	novanta
(ein)hundert	100	cento
(ein)hunderteins, hundert(und)eins,	101	cent(o)uno
(ein)hundertzwei, hundert(und)zwei	102	centodue
zweihundert	200	duecento
zweihundert(und)eins	201	duecent(o)uno

dreihundert	300	trecento
fünfhundertdreiund-vierzig	543	cinquecentoquarantatré
sechshundert	600	seicento
(ein)tausend	1000	mille
(ein)tausendeins, tausend(und)eins	1001	milleuno, mille e uno
(ein)tausendeinhun-dert, elfhundert	1100	mille cento
(ein)tausenddreihun-dert, dreizehnhundert	1300	mille trecento
zweitausend(und)eins	2001	duemila (e) uno
dreitausend	3000	tremila
10000 zehntausend	10 000	diecimila
einunddreißigtausend-sechshundertsechzehn	31 616	trentunmila seicentosedici
(ein)hunderttausend	100 000	centomila
eine Million	1 000 000	un milione
zwei Millionen	2 000 000	due milioni
eine Milliarde	1 000 000 000	un miliardo

Maße und Gewichte — Misure e pesi

Längenmaße — Misure di lunghezza

	Zeichen/Simbolo		Vielfaches der Einheit/ Equivalenza
Millimeter	mm	millimetro	0,001 m
Zentimeter	cm	centimetro	0,01 m
Dezimeter	dm	decimetro	0,1 m
Meter	m	metro	Grundeinheit/ Unità fondamentale
Kilometer	km	chilometro	1000 m
Seemeile	sm	miglio nautico	1852 m

Flächenmaße — Misure di superficie

Quadratmillimeter	mm^2, qmm	millimetro quadrato	0,000001 m^2
Quadratzentimeter	cm^2, qcm	centimetro quadrato	0,0001 m^2
Quadratdezimeter	dm^2, qdm	decimetro quadrato	0,01 m^2
Quadratmeter	m^2, qm	metro quadrato	1 m^2
Ar	a	ara	100 m^2
Hektar	ha	ettaro	10000 m^2
Quadratkilometer	km^2, qkm	chilometro quadrato	1000000 m^2

Gewichte **Pesi**

Milligramm	mg	milligrammo	0,001 g
Zentigramm	cg	centogrammo	0,01 g
Dezigramm	dg	decigrammo	0,1 g
Gramm	g	grammo	1 g
Deka(gramm) (in A)	dag	decagrammo	10 g
Pfund	Pfd.	mezzo chilo	500 g
Kilogramm	kg	chilogrammo	1000 g Grundeinheit/Unità fondamentale
Zentner (in D)	Ztr.	mezzo quintale	50 kg
Zentner (in A, CH)	q	quintale	100 kg
Doppelzentner (in D)	dz	quintale	100 kg
Tonne	t	tonnellata	1000 kg

Die Uhrzeit — Le ore

12:00	Es ist zwölf Uhr/ (Punkt) zwölf.	Sono le dodici/ È mezzogiorno (in punto).
13:00	Es ist dreizehn Uhr/ein Uhr/ (Punkt) eins.	Sono le tredici./ È luna (in punto).
14:00	Es ist zwei Uhr/(Punkt) zwei.	Sono le due (in punto).
14:05	Es ist vierzehn Uhr fünf/ fünf nach zwei.	Sono le due e cinque.
14:15	Es ist vierzehn Uhr fünfzehn/Viertel nach zwei/ *süddt.* viertel drei.	Sono le quattordici e quindici/due e un quarto.
14:30	Es ist vierzehn Uhr dreißig/ halb drei.	Sono le quattordici e trenta/ due e mezzo.
14:35	Es ist vierzehn Uhr fünfunddreißig/fünfundzwanzig vor drei/fünf nach halb drei.	Sono le quattordici/ due e trentacinque.
14:40	Es ist vierzehn Uhr vierzig/ zwanzig vor drei.	Sono le quattordici e quaranta/tre meno venti.
14:45	Es ist vierzehn Uhr fünfundvierzig/Viertel vor drei/ *süddt.* drei viertel	Sono le quattordici e quarantacinque/due e tre quarti/ le tre meno un quarto.
10:00	Es ist null Uhr/Mitternacht.	È mezzanotte.

Mini-Sprachführer für die Reise

Miniguida alla conversazione per il viaggio

Inhalt | Índice

Arzt | Medico

Arzt (für Allgemeinmedizin) | Medico generale

Können Sie mir einen guten … empfehlen?	**Mi può consigliare un buon …**
Arzt	**medico?**
Kinderarzt	**pediatra?**
Zahnarzt	**dentista?**
Wo ist seine Praxis?	**Dov'è il suo ambulatorio?**
Wann hat er Sprechstunde?	**Quando riceve?**
Was für Beschwerden haben Sie?	**Che disturbi ha?**
Ich fühle mich nicht wohl.	**Non mi sento bene.**
Ich habe Fieber.	**Ho la febbre.**
Mir ist oft schlecht/schwindelig.	**Spesso mi sento male/mi gira la testa.**
Ich bin stark erkältet.	**Sono molto raffreddato/a.**
Ich habe Kopfschmerzen/ Halsschmerzen.	**Ho mal di testa/gola.**
Ich bin gestochen/ gebissen worden.	**Sono stato punto/a/morso/a.**
Ich habe mir den Magen verdorben.	**Ho fatto un'indigestione.**
Ich habe Durchfall/Verstopfung.	**Soffro di diarrea/costipazione.**
Ich habe mich verletzt.	**Mi sono fatto/a male.**
Ich bin gestürzt.	**Sono caduto/a.**
Ich glaube, ich habe mir … gebrochen/verstaucht.	**Credo di essermi rotto/a/ slogato/a …**

Ich habe hier Schmerzen.	**Ho dei dolori qui.**
Ich habe einen hohen/niedrigen Blutdruck.	**Ho la pressione alta/bassa.**
Ich bin Diabetiker.	**Sono diabetico/a.**
Haben Sie einen Impfschein?	**Ha un certificato di vaccinazione?**
Ich brauche eine Blut-/Urinprobe.	**Ho bisogno dell'esame del sangue/dell'urina.**
Können Sie mir bitte etwas gegen … geben/verschreiben?	**Mi può dare/prescrivere qualcosa contro …?**
Normalerweise nehme ich …	**Di solito prendo …**
Hier ist mein internationaler Krankenschein.	**Ecco il mio modulo internazionale della mutua.**
Können Sie mir bitte ein ärztliches Attest ausstellen?	**Mi può rilasciare un certificato medico?**

Zahnarzt	**Dentista**
Ich habe (starke) Zahnschmerzen.	**Ho (un forte) mal di denti.**
Dieser Zahn (oben/unten/vorn/hinten) tut weh.	**Questo dente (di sopra/di sotto/davanti/in fondo) fa male.**
Ich habe eine Füllung verloren.	**Mi si è tolta una piombatura.**
Mir ist ein Zahn abgebrochen.	**Mi si è rotto un dente.**
Ich muss ihn plombieren.	**Lo devo otturare.**
Ich muss ihn ziehen.	**Devo estrarlo.**
Geben Sie mir bitte eine/keine Spritze.	**Mi faccia una puntura/Non mi faccia la puntura.**

Auto/Motorrad/Fahrrad — Automobile/Motocicletta/Bicicletta

Auskunft — Informazioni

Entschuldigung, wie komme ich bitte nach …?	**Scusi, per andare a …?**
Wie weit ist das?	**Quanti chilometri sono?**
Bitte, ist das die Straße nach …?	**Scusi, è questa la strada per …?**
Wie komme ich bitte zur Autobahn nach …?	**Scusi, l'autostrada per …?**
Immer geradeaus bis …	**Sempre diritto fino a …**
Dann bei der Ampel links/rechts abbiegen.	**Poi al semaforo svolti a sinistra/destra.**
Sie sind hier falsch. Sie müssen zurückfahren bis …	**Ha sbagliato strada. Deve tornare indietro fino a …**

Panne — Guasto

Ich habe eine Panne/einen Platten.	**Ho un guasto/una gomma a terra.**
Würden Sie mir bitte einen Mechaniker/einen Abschleppwagen schicken?	**Mi potrebbe mandare un meccanico/un carro-attrezzi?**
Könnten Sie mir mit Benzin aushelfen?	**Mi potrebbe dare un po' di benzina, per favore?**
Könnten Sie mir beim Reifenwechsel helfen?	**Mi potrebbe aiutare a cambiare la ruota?**
Würden Sie mich bis zur nächsten Werkstatt/Tankstelle abschleppen/mitnehmen?	**Mi potrebbe rimorchiare/dare un passaggio fino alla prossima officina/stazione di servizio?**

Parken	Parcheggiare
Gibt es hier in der Nähe eine Parkmöglichkeit?	**Scusi, c'è un parcheggio qui vicino?**
Kann ich den Wagen hier abstellen?	**Posso lasciare la macchina qui?**
Ist der Parkplatz bewacht?	**Il parcheggio è custodito?**
Wie lange kann ich hier parken?	**Per quanto tempo posso parcheggiare qui?**
Wie hoch ist die Parkgebühr pro …	**Qual è la tariffa per …**
Stunde?	**un'ora?**
Tag?	**un giorno?**
Nacht?	**una notte?**
Ist das Parkhaus die ganze Nacht geöffnet?	**Il parcheggio è aperto tutta la notte?**

Tankstelle	Stazione di servizio
Wo ist bitte die nächste Tankstelle?	**Dov'è la prossima stazione di servizio, per favore?**
Ich möchte … Liter …	**Vorrei … litri di …**
Normalbenzin.	**benzina normale.**
Super.	**super.**
Diesel.	**gasolio.**
Gemisch.	**miscela.**
bleifrei/verbleit/mit … Oktan.	**senza piombo(verde)/ con piombo/a … ottani.**
Volltanken, bitte.	**Il pieno, per favore.**

Prüfen Sie bitte den Ölstand/ den Reifendruck.	**Per favore, controlli il livello dell'olio/la pressione delle gomme.**

Unfall	**Incidente**
Rufen Sie bitte schnell …	**Chiami subito …**
… einen Krankenwagen.	**… un'autoambulanza.**
… die Polizei.	**… la polizia.**
… die Feuerwehr.	**… i vigili del fuoco.**
Haben Sie Verbandszeug?	**Ha materiale di pronto soccorso?**
Es war meine/Ihre Schuld.	**È stata colpa mia/Sua.**
Sie haben die Vorfahrt nicht beachtet.	**Non ha rispettato la precedenza.**
Geben Sie mir bitte Ihren Namen und Ihre Anschrift/Namen und Anschrift Ihrer Versicherung.	**Mi dia il Suo nome e indirizzo/ nome e indirizzo della Sua Assicurazione.**
Vielen Dank für Ihre Hilfe.	**Grazie dell'aiuto.**

Vermietung	**Noleggio**
Ich möchte für … Tage/ eine Woche … mieten.	**Vorrei noleggiare per … giorni/una settimana …**
… einen Geländewagen	**… un fuoristrada.**
… einen Wagen	**… una macchina.**
… ein Motorrad	**… una moto(cicletta).**
… Roller	**… un motorino.**
… ein Moped	**… un ciclomotore.**
… ein Mofa	**… una motoretta.**

… ein Fahrrad/Tandem	**… una bicicletta/un tandem.**
Wie hoch ist die Tages-/ Wochenpauschale?	**Qual è la tariffa giornaliera/ settimanale?**
Wie viel verlangen Sie pro gefahrenem km?	**Quanto si paga per ogni chilometro percorso?**
Ist das Fahrzeug vollkasko-versichert?	**Il veicolo è assicurato contro tutti i rischi?**
Ist es möglich, das Fahrzeug in … abzugeben?	**È possibile riconsegnare la macchina a …?**

Werkstatt — Officina

Wo ist hier in der Nähe eine Werkstatt?	**C'è un'officina qui vicino?**
Mein Wagen springt nicht an.	**La macchina non parte.**
Mit dem Motor stimmt was nicht.	**Il motore non va bene.**
Die Bremsen funktionieren nicht.	**I freni non sono a posto.**
… ist/sind defekt.	**… è difettoso/sono difettosi.**
Der Wagen verliert Öl.	**La macchina perde olio.**
Können Sie mal nachsehen?	**Ci potrebbe dare un'occhiata, per favore?**
Wechseln Sie bitte die Zündkerzen aus.	**Cambi le candele, per favore.**
Machen Sie bitte nur die nötigsten Reparaturen.	**Faccia soltanto le riparazioni indispensabili, per favore.**
Wann ist der Wagen/ das Motorrad fertig?	**Quando sarà pronta la macchina/la motocicletta?**
Was wird es kosten?	**Quanto verrà a costare?**

Bank	Banca
Wo ist bitte eine Bank/eine Wechselstube?	**Scusi, dove posso trovare una banca/un'agenzia di cambio?**
Wann öffnet/schließt die Bank?	**Quando apre/chiude la banca?**
Ich möchte Euro in Dollar umwechseln.	**Vorrei cambiare questi euro in dollari.**
Wie ist heute der Wechselkurs?	**Quant'è oggi il cambio?**
Wie viel Dollar bekomme ich für 100 Euro?	**A quanti Dollari corrispondono 100 Euro?**
Ich möchte diesen Reisescheck/ diese Postanweisung einlösen.	**Vorrei riscuotere questo traveller's chèque/vaglia postale.**
Auf welchen Betrag darf ich den Scheck maximal ausstellen?	**Qual è l'importo massimo per la riscossione dell'assegno?**
Ihre Scheckkarte, bitte.	**La carta assegni, per favore.**
Darf ich bitte Ihren Pass/Ausweis sehen?	**Posso vedere il Suo passaporto/la Sua carta d'identità?**
Würden Sie bitte hier unterschreiben?	**Firmi qui, per favore.**
Gehen Sie bitte zur Kasse.	**Si accomodi alla cassa, per favore.**
Wie wollen Sie das Geld haben?	**Che tagli preferisce?**
Bitte nur Scheine.	**Solo banconote, per favore.**
Auch etwas Kleingeld.	**Anche banconote di piccolo taglio e spiccioli.**
Ich habe meine Reiseschecks verloren. Was muss ich tun?	**Ho perso i miei traveller's chèque. Che cosa devo fare ora?**

Besichtigung — Visite

Ausflug — Gita

Ausflug	Gita
In welcher Richtung liegt ...?	**In che direzione è ...?**
Kommen wir am/an ... vorbei?	**Passiamo da ...?**
Besichtigen wir auch ...?	**Si va anche a vedere ...?**
Wann fahren wir zurück?	**Quando si parte per il viaggio di ritorno?**

Museum — Museo

Museum	Museo
Welche Sehenswürdigkeiten gibt es hier?	**Che cosa c'è da vedere qui?**
Wir möchten ... besichtigen.	**Vorremmo visitare ...**
Wann ist das Museum geöffnet?	**Quali sono gli orari di apertura del museo?**
Wann beginnt die Führung?	**Quando comincia la visita guidata?**
Ist das ...?	**È questo il/questa la ...?**

Einkaufen — Fare spese

Allgemeines — Generale

Allgemeines	Generale
Öffnungszeiten	**orari d'apertura**
offen/geschlossen/Betriebsferien	**aperto/chiuso/chiuso per ferie**
Wo finde ich ...?	**Dove posso trovare ...?**
Können Sie mir ein ...-geschäft empfehlen?	**Mi può indicare un negozio di ...?**
Ich möchte ...	**Vorrei ...**

Haben Sie …?	**Ha …?**
Zeigen Sie mir bitte …	**Mi mostri per favore …**
Geben Sie mir bitte …	**Mi dia per favore …**
Das gefällt mir. Ich nehme es.	**Mi piace. Lo prendo.**
Wie viel kostet es?	**Quanto costa?**
Nehmen Sie Kreditkarten?	**Accetta carte di credito?**

Apotheke / Farmacia

Apotheke	Farmacia
Wo ist die nächste Apotheke (mit Nachtdienst)?	**Dov'è la farmacia (di turno) più vicina?**
Geben Sie mir bitte etwas gegen …	**Mi dia qualcosa contro …**
Dieses Mittel ist rezeptpflichtig.	**Ci vuole una ricetta per questa medicina.**
Kann ich darauf warten?	**Posso aspettare?**
Wann kann ich es abholen?	**Quando posso venire a prenderla?**

Eisenbahn / Ferrovia

Auf dem Bahnhof / Alla stazione

Auf dem Bahnhof	Alla stazione
Eine einfache Fahrt 2. Klasse/ 1. Klasse nach …, bitte.	**Un biglietto di sola andata, in seconda/prima classe per …, per favore.**
Zweimal … hin und zurück, bitte.	**Due biglietti per …, andata e ritorno, per favore.**
Gibt es eine Ermäßigung für Kinder/kinderreiche Familien/ Studenten?	**C'è una riduzione per bambini/per famiglie numerose/ per studenti?**

Bitte eine Platzkarte für den Zug um … Uhr nach …	**Vorrei prenotare un posto per il treno delle … per …, per favore.**
Einen Fensterplatz?	**Un posto vicino al finestrino?**
Ich möchte einen Liegewagenplatz/Schlafwagenplatz für den Zug um 20 Uhr nach …	**Vorrei prenotare una cuccetta/un posto in vagone letto nel treno delle 20 per …**
Gibt es einen Autoreisezug nach …?	**C'è un treno-traghetto per …?**
Ich möchte diesen Koffer als Reisegepäck aufgeben.	**Vorrei spedire questa valigia.**
Wo kann ich mein Fahrrad aufgeben?	**Dove posso consegnare la mia bicicletta per la spedizione?**
Hat der Zug aus … Verspätung?	**È in ritardo il treno proveniente da …?**
Habe ich in … Anschluss nach …/an die Fähre?	**A … c'è la coincidenza per …/ con il traghetto?**
(Wo) muss ich umsteigen?	**(Dove) devo cambiare?**
Von welchem Gleis fährt der Zug nach … ab?	**Da quale binario parte il treno per …?**

Im Zug	**In treno**
Verzeihung, ist dieser Platz noch frei?	**Scusi, è libero questo posto?**
Können Sie mir bitte helfen?	**Mi può aiutare, per favore?**
Darf ich das Fenster öffnen/ schließen?	**Posso aprire/chiudere il finestrino, per favore?**
Entschuldigen Sie, bitte. Dies ist ein Nichtraucherabteil.	**Scusi, ma questo è uno scompartimento «non-fumatori».**

Entschuldigen Sie, das ist mein Platz. Ich habe eine Platzkarte.	**Scusi, ma questo è il mio posto! Ho la prenotazione.**
Hält dieser Zug in …?	**Questo treno si ferma a …?**
Kommen wir pünktlich an?	**Siamo in orario?**

Flugzeug — Aereo

Abflug — Partenze

Wo ist der Schalter der …-Fluggesellschaft?	**Dov'è lo sportello della compagnia aerea …?**
Wann fliegt die nächste Maschine nach …?	**Quando parte il prossimo aereo per …?**
Ich möchte einen einfachen Flug/ Hin- und Rückflug nach … buchen.	**Vorrei prenotare un volo di sola andata/di andata e ritorno per …**
Sind noch Plätze frei?	**Ci sono ancora posti liberi?**
Wie viel Gepäck ist frei?	**Quanto bagaglio si può portare?**
Ich möchte diesen Flug stornieren/umbuchen.	**Vorrei annullare questo volo/ prendere un altro volo.**
Wann muss ich am Flughafen sein?	**A che ora devo essere all'aeroporto?**
Kann ich das als Handgepäck mitnehmen?	**Posso portarlo appresso come bagaglio a mano?**
Hat die Maschine nach … Verspätung?	**L'aereo per … è in ritardo?**

Ankunft	Arrivi
Ich finde mein Gepäck/ meinen Koffer nicht.	**Non trovo il mio bagaglio/la mia valigia.**
Mein Gepäck ist verloren gegangen.	**Il mio bagaglio è stato smarrito.**
Mein Koffer ist beschädigt worden.	**La mia valigia è stata danneggiata.**
An wen kann ich mich wenden?	**A chi posso rivolgermi?**
Von wo fährt der Bus zum Air Terminal ab?	**Da dove parte l'autobus per l'Air Terminal?**

Im Flugzeug	In aereo
Wo sind wir jetzt?	**Dove siamo adesso?**
Wann landen wir in …?	**Quando atterriamo a …?**
Was ist das für ein Fluss/See?	**Che fiume/lago è?**
Was ist das für ein Gebirge?	**Che montagne sono?**

Kennenlernen — Fare conoscenza

Abschied	Congedo
Auf Wiedersehen!	**Arrivederci!**
Bis bald!	**A presto!**
Bis später!	**A più tardi!**
Bis morgen!	**A domani!**
Tschüs!	**Ciao!**
Viel Vergnügen!	**Buon divertimento!**
Gute Reise!	**Buon viaggio!**

Ich lasse von mir hören.	**Mi faccio vivo/viva.**
Grüßen Sie/Grüß ... von mir.	**Mi saluti .../Salutami ...**

Begrüßung	**Saluto**
Guten Morgen/Tag!	**Buongiorno.**
Guten Abend!	**Buonasera.**
Hallo!/Grüß dich!	**Ciao!**
Wie ist Ihr Name?	**Come si chiama?**

Besuch	**Visita**
Entschuldigen Sie, wohnt hier Herr/Frau/Fräulein X?	**Scusi, abita qui il signor/ la signora/la signorina X?**
Kann ich mit Herrn/Frau/ Fräulein X sprechen?	**Posso parlare col signor/con la signora/con la signorina X?**
Wann ist er/sie zu Hause?	**Quando sarà a casa?**
Kommen Sie/Komm herein.	**Prego entri/entra.**
Nehmen Sie/Nimm bitte Platz.	**Si accomodi/accomodati.**
Was darf ich Ihnen/dir zu trinken anbieten?	**Che cosa Le/ti posso offrire da bere?**
Auf Ihr/dein Wohl!	**Alla Sua salute!/Alla tua!**
Es tut mir Leid, aber ich muss jetzt gehen.	**Mi dispiace, ma ora devo andare.**

Bitte	**Prego**
Ja, bitte.	**Sì, grazie.**
Nein, danke.	**No, grazie.**
Darf ich Sie um einen Gefallen bitten?	**Le posso chiedere un favore?**

Gestatten Sie?	**Permette?**
Können Sie mir bitte helfen?	**Mi può aiutare, per favore?**

Dank — Grazie

Danke.	**Grazie.**
Vielen Dank.	**Tante grazie.**
Danke, sehr gern.	**Grazie, molto volentieri.**
Danke, gleichfalls!	**Grazie, altrettanto.**
Das ist nett, danke.	**Molto gentile, grazie.**
Vielen Dank für Ihre Hilfe/Mühe.	**Grazie del Suo aiuto/della Sua premura.**
Bitte sehr./Gern geschehen.	**Prego!/Non c'è di che!**

Entschuldigung — Scusi

Entschuldigung!	**Scusi!**
Ich muss mich entschuldigen.	**Devo scusarmi.**
Das tut mir Leid.	**Mi dispiace tanto.**
Schade!	**Peccato!**

Verabredung — Appuntamento

Haben Sie/Hast du für morgen schon etwas vor?	**Ha/Hai già un programma per domani?**
Wollen wir zusammen hingehen?	**Ci andiamo insieme?**
Wollen wir heute Abend miteinander ausgehen?	**Vogliamo uscire insieme stasera?**
Wann treffen wir uns?	**A che ora ci incontriamo?**

Darf ich Sie/dich abholen?	**Posso venire a prenderla/ prenderti?**
Wann soll ich kommen?	**A che ora devo venire?**
Treffen wir uns um 9 Uhr …	**Ci incontriamo alle 9 …**
… vor dem Kino.	**… davanti al cinema.**
… auf dem … Platz.	**… in piazza …**
… im Café.	**… al bar.**
Kann ich Sie/dich wieder sehen?	**La/Ti posso rivedere?**
Lassen Sie mich bitte in Ruhe!	**Mi lasci in pace, per favore!**
Hau ab!	**Sparisci!**
Jetzt reicht's!	**Adesso basta!**

Verständigung	**Comprensione**
Wie bitte?	**Come dice?** *(Sie)*/**Come dici?** *(Du)*
Ich verstehe Sie/dich nicht. Bitte, wiederholen Sie/wiederhole es.	**Non La capisco. Ripeta/Ripeti, per favore.**
Bitte sprechen Sie/sprich etwas langsamer/lauter.	**Per favore, parli/parla più piano/forte.**
Ich spreche nur wenig …	**Parlo solo un po' di …**
Was bedeutet das?	**Che cosa significa?**
Wie spricht man dieses Wort aus?	**Come si pronuncia questa parola?**

Vorstellung	**Presentazione**
Wie heißt du?	**Come ti chiami?**
Mein Name ist …/Ich heiße …	**Mi chiamo …**

Darf ich bekannt machen? Das ist …	**Le posso presentare …**
… Frau X.	**… la signora X.**
… Fräulein X.	**… la signorina X.**
… Herr X.	**… il signor X.**
… mein Mann/meine Frau.	**… mio marito/mia moglie.**
… mein Sohn/meine Tochter.	**… mio figlio/mia figlia.**
… mein Bruder/ meine Schwester.	**… mio fratello/mia sorella.**
… mein Freund/ meine Freundin.	**… il mio amico/ la mia amica.**
… mein Kollege/ meine Kollegin.	**… il mio collega/ la mia collega.**
Wie geht es Ihnen?	**Come sta?**
Wie geht's?	**Come va?**
Danke. Und Ihnen/dir?	**Bene, grazie. E Lei/tu?**
Woher kommen Sie/kommst du?	**Di dov'è/Di dove sei?**
Ich bin aus …	**Sono di …**
Sind Sie/Bist du schon lange hier?	**È/Sei qui da molto?**
Ich bin seit … hier.	**Sono qui da …**
Wie lange bleiben Sie/bleibst du?	**Quanto si ferma/ti fermi?**
Sind Sie/Bist du zum ersten Mal hier?	**È/Sei qui per la prima volta?**
Sind Sie/Bist du allein?	**È/Sei solo/a?**
Nein, ich bin mit meiner Familie hier/mit Freunden unterwegs.	**No, sono qui con la mia famiglia/sono in viaggio con degli amici.**

Krankenhaus / Ospedale

Wie lange muss ich hier bleiben?	**Per quanto tempo devo stare qui?**
Ich habe Schmerzen/Ich kann nicht einschlafen. Geben Sie mir bitte eine Schmerztablette/ Schlaftablette.	**Ho dei dolori/Non riesco ad addormentarmi. Per favore mi dia un analgesico/un sonnifero.**
Wann darf ich aufstehen?	**Quando potrò alzarmi?**

Nahverkehr / Traffico urbano

Öffentliche Verkehrsmittel / Mezzi di trasporto pubblici

Welcher Bus/Welche Straßenbahn/Welche U-Bahnlinie fährt nach ...?	**Qual è l'autobus/il tram/ la metropolitana per ...?**
Bitte, wo ist die nächste ...	**Dov'è la prossima ...**
... Bushaltestelle?	**... fermata dell'autobus?**
... Straßenbahnhaltestelle?	**... fermata del tram?**
... U-Bahnstation?	**... stazione della metropolitana?**
Welche Linie fährt nach ...?	**Qual è la linea per ...?**
Ist dies der richtige Bus nach ...?	**È l'autobus giusto per...?**
Wann/Wo fährt der Bus ab?	**Quando/Da dove parte l'autobus?**
Wann fährt die erste/letzte U-Bahn nach ...?	**Quando parte la prima/ l'ultima metropolitana per ...?**
In welche Richtung muss ich fahren?	**In che direzione devo andare?**

Wie viele Haltestellen sind es?	**Quante fermate sono?**
Wo muss ich aussteigen/ umsteigen?	**Dove devo scendere/ cambiare?**
Sagen Sie mir bitte, wenn ich aussteigen muss.	**Mi dice, per favore quando devo scendere?**
Wo kann ich den Fahrschein kaufen?	**Dove si comprano i biglietti?**
Bitte, einen Fahrschein nach ...	**Un biglietto per ..., per favore.**

Taxi	**Taxi**
Wo ist der nächste Taxistand?	**Dove trovo un tassì?**
Zum Bahnhof.	**Alla stazione.**
Zum ... Hotel.	**All'albergo ...**
Nach ..., bitte.	**A ..., per favore.**
Wie viel kostet es nach ...?	**Quanto costa andare a ...?**
Halten Sie bitte hier.	**Si fermi qui, per favore.**
Warten Sie bitte. Ich bin in 5 Minuten zurück.	**Aspetti, per favore. Fra 5 minuti sono di ritorno.**
Das ist für Sie.	**Questo è per Lei.**

Passkontrolle / Controllo passaporti

Zoll	**→ Dogana**

Polizei / Polizia

Wo ist bitte das nächste Polizeirevier?	**Dov'è il commissariato di polizia più vicino?**

Ich möchte einen Diebstahl/ Verlust/Unfall anzeigen.	**Vorrei denunciare un furto/ uno smarrimento/ un incidente.**
Mir ist … gestohlen worden.	**Mi è stata rubata …**
… die Handtasche	**… la borsa.**
… mein Fotoapparat	**… la macchina fotografica.**
… mein Auto/mein Fahrrad	**… la macchina/la bicicletta.**
Mir ist die Brieftasche gestohlen worden.	**Mi è stato rubato il portafoglio.**
Mein Auto ist aufgebrochen worden.	**La mia macchina è stata forzata.**
Aus meinem Auto ist … gestohlen worden.	**Mi hanno rubato dalla macchina …**
Ich habe … verloren.	**Ho perso …**
Können Sie mir bitte helfen?	**Mi può aiutare, per favore?**

Post	Posta
Wo ist das nächste Postamt/ der nächste Briefkasten?	**Per favore, dov'è l'ufficio postale più vicino/la cassetta postale più vicina?**
Was kostet ein Brief/eine Postkarte nach Deutschland?	**Quanto costa spedire una lettera/una cartolina in Germania?**
Diesen Brief bitte per Luftpost/ Express.	**Questa lettera per posta aerea/espresso, per favore.**
Wie lange braucht ein Brief nach Deutschland?	**Quanto tempo impiega una lettera per la Germania?**

Restaurant / Ristorante

Bestellung / Ordine

Herr Ober/Bedienung, die …	Cameriere, …
… Speisekarte, …	… il menu, …
… Weinkarte, …	… la lista dei vini, …
bitte.	per favore.
Was können Sie mir empfehlen?	Che cosa mi consiglia?
Was nehmen Sie als Vorspeise/ Nachtisch?	Che cosa prende per antipasto/dessert?
Ich nehme …	Prendo …
Wir haben leider kein/e … (mehr).	Purtroppo il/la… è finito.
Was wollen Sie trinken?	Che cosa desidera da bere?
Bitte ein Glas …	Per favore, un bicchiere di …
Bitte eine (halbe) Flasche …	Per favore, una (mezza) bottiglia di …
Mit Eis, bitte.	Con ghiaccio, per favore.
Bitte bringen Sie uns …	Ci porti …, per favore.

Rechnung / Conto

Bezahlen, bitte./Die Rechnung, bitte.	Il conto, per favore.
Wir haben es eilig.	Abbiamo fretta.
Bitte alles zusammen.	Tutto insieme.
Getrennte Rechnungen, bitte.	Conti separati, per favore.
Das habe ich nicht gehabt. Ich hatte …	Non ho preso questo. Ho preso …

Das ist für Sie.	**Questo è per Lei.**
Es stimmt so.	**Tenga pure il resto.**

Reklamation — Reclamo

Hier fehlt ein/e …	**Manca …**
Haben Sie mein/e … vergessen?	**Ha dimenticato il mio/ la mia …?**
Das habe ich nicht bestellt.	**Non ho ordinato questo.**
Es ist kalt/versalzen.	**È freddo/troppo salato.**

Schiff — Barca

An Bord — A bordo

Wo ist der Speisesaal/ der Aufenthaltsraum?	**Dov'è la sala da pranzo/ il salone?**
Geben Sie mir bitte ein Mittel gegen Seekrankheit.	**Mi dia qualcosa contro il mal di mare, per favore.**

Auskunft — Informazioni

Wo/Wann fährt das nächste Schiff/die nächste Fähre nach … ab?	**Da dove/Quando parte la prossima nave/il prossimo traghetto per …?**
Wie lange dauert die Überfahrt?	**Quanto dura la traversata?**
Wann legen wir in … an?	**Quando si fa scalo a …?**
Ich möchte eine Schiffskarte nach …	**Vorrei un biglietto per …**
Ich möchte eine Karte für die Rundfahrt um … Uhr.	**Vorrei un biglietto per il giro delle …**

Schwimmbad / Piscina

Schwimmbad	Piscina
Gibt es hier ein …	**C'è …**
… Freibad?	**… una piscina all'aperto?**
… Hallenbad?	**… una piscina coperta?**
… Thermalbad?	**… un bagno termale?**
Nur für Schwimmer!	**Per soli nuotatori!**
Hineinspringen verboten!	**Divieto di balneazione!**
Baden verboten!	**Vietato bagnarsi!**

Sport / Sport

Sport	Sport
Welche Sportmöglichkeiten gibt es hier?	**Quali sport si possono praticare qui?**
Gibt es hier einen Golfplatz/ einen Tennisplatz/ eine Pferderennbahn?	**C'è un campo da golf/ un campo da tennis/ un ippodromo qui vicino?**
Wo kann man hier angeln?	**Dove si può pescare?**
Strand	**Spiaggia**
Gibt es hier Seeigel/Quallen?	**Ci sono ricci/meduse?**
Ist die Strömung stark?	**È molto forte la corrente?**
Ist es für Kinder gefährlich?	**È pericoloso per i bambini?**
Wann ist Ebbe/Flut?	**Quando viene la bassa/ l'alta marea?**

Telefon / Telefono

Telefon	Telefono
Wo ist die nächste Telefonzelle?	**Dov'è la cabina telefonica più vicina?**

Können Sie mir bitte eine Telefonkarte geben?	**Mi potrebbe dare una carta telefonica?**
Haben Sie ein Telefonbuch von …?	**Ha un elenco telefonico di …?**
Wie ist die Vorwahl von …	**Qual è il prefisso di/per …?**
Bitte ein Ferngespräch nach …	**Per favore, un'interurbana per …**
Ich möchte ein R-Gespräch anmelden.	**Vorrei annunciare una telefonata a carico del ricevente.**
Können Sie mich bitte mit … verbinden?	**Mi può mettere in comunicazione con …, per favore?**
Gehen Sie in Kabine Nr. …	**Vada nella cabina numero …**
Kann ich bitte Herrn/Frau … sprechen?	**Posso parlare con il signor/ la signora …?**
Ja, am Apparat.	**Sono io.**
Hallo, mit wem spreche ich?	**Pronto, con chi parlo?**

Übernachtung — Pernottamento

Auskunft — Informazioni

Können Sie mir bitte … empfehlen?	**Potrebbe consigliarmi …**
… ein gutes Hotel	**… un buon albergo?**
… ein einfaches Hotel	**… un albergo non troppo caro?**
… eine Pension	**… una pensione?**
… ein Privatzimmer	**… una camera privata?**

Ist es zentral/ruhig/in Strandnähe gelegen?	**Si trova in centro/in una posizione tranquilla/vicino al mare?**
Gibt es hier eine Jugendherberge/ einen Campingplatz?	**C'è un ostello della gioventù/ un campeggio qui vicino?**

Camping — Campeggio

Gibt es in der Nähe einen Campingplatz?	**C'è un campeggio qui vicino?**
Haben Sie noch Platz für einen Wohnwagen/ein Zelt?	**C'è ancora posto per una roulotte/una tenda?**
Was kostet es pro Tag und Person?	**Quanto si paga al giorno a persona?**
Was kostet es für …	**Quanto si paga per …**
… das Auto?	**… l'auto?**
… den Wohnwagen/ das Wohnmobil?	**… la roulotte/il camper?**
… das Zelt?	**… la tenda?**
Vermieten Sie Ferienhäuser/ Wohnwagen?	**Si possono affittare bungalows/roulottes?**
Wir bleiben … Tage/Wochen.	**Rimaniamo … giorni/ settimane.**
Wo sind die …	**Dove sono …**
… Toiletten?	**… i servizi igienici?**
… Waschräume?	**… i lavandini?**
… Duschen?	**… le docce?**
Wo kann ich Gasflaschen umtauschen/ausleihen?	**Dove posso cambiare/ affittare le bombole del gas?**

Ferienhaus/ Ferienwohnung	**Casa/ Appartamento in affitto**
Ist der Strom- und Wasserverbrauch im Mietpreis enthalten?	**L'acqua e la luce sono comprese nel prezzo d'affitto?**
Sind Haustiere erlaubt?	**Si possono portare animali?**
Wo bekommen wir die Schlüssel für das Haus/die Wohnung?	**Dove possiamo ritirare le chiavi della casa/dell'appartamento?**
Müssen wir die Wohnung vor unserer Abfahrt noch putzen?	**Dobbiamo pulire l'appartamento prima della partenza?**

Hotel / Albergo

Abreise / Partenza

Ich reise heute Abend/morgen um … Uhr ab.	**Parto stasera/domani alle …**

Anreise / Arrivo

Haben Sie noch Zimmer frei …	**Ha camere libere …**
… für eine Nacht?	**… per una notte?**
… für zwei Tage/eine Woche?	**… per due giorni/per una settimana?**
Nein, wir sind leider vollständig belegt.	**No, purtroppo è tutto esaurito.**
Ja, was für ein Zimmer wünschen Sie?	**Sì, che tipo di camera desidera?**
ein Einzelzimmer	**una singola**
ein Zweibettzimmer	**una doppia**
mit Dusche	**con doccia**

mit Bad	**con bagno**
Kann ich das Zimmer ansehen?	**Posso vedere la camera?**
Was kostet das Zimmer mit …	**Quanto costa la camera …**
… Frühstück?	**… con la prima colazione?**
… Halbpension?	**… a mezza pensione?**
Ab wann gibt es Frühstück?	**Da che ora si può fare colazione?**
Wo ist der Speisesaal?	**Dov'è la sala da pranzo?**
Wecken Sie mich bitte morgen früh um … Uhr.	**Mi svegli domattina alle …, per favore.**
Bitte meinen Schlüssel.	**Per favore, la mia chiave.**
Wo kann ich … mieten/ ausleihen?	**Dove posso affittare/ noleggiare …?**

Reklamation — **Reclamo**

Das Zimmer ist nicht gereinigt worden.	**La camera non è pulita.**
Die Dusche …	**La doccia …**
Die Spülung …	**Lo sciacquone …**
Die Heizung …	**Il riscaldamento …**
Das Licht …	**La luce …**
… funktioniert nicht	**… non funziona.**
Es kommt kein (warmes) Wasser.	**Non c'è acqua (calda).**
Die Toilette/Das Waschbecken ist verstopft.	**Il gabinetto/Il lavandino è intasato.**

Jugendherberge / Ostello della gioventù

Kann ich bei Ihnen Bettwäsche/einen Schlafsack leihen?	**Mi può prestare la biancheria da letto/un sacco a pelo?**
Die Eingangstür wird um 24 Uhr abgeschlossen.	**Il portone d'ingresso viene chiuso alle ore 24.**

Pension/Privatzimmer / Pensione/Camera privata

→ Hotel	**→ Albergo**

Unfall / Incidente

→ Auto/Motorrad/Fahrrad	**→ Automobile/Motocicletta/Bicicletta**

Unterhaltung / Intrattenimento

Bar/Disko/Nachtclub / Bar/Discoteca/Club notturno

Welche typischen Abendveranstaltungen werden hier geboten?	**Che manifestazioni tipiche hanno luogo qui la sera?**
Gibt es hier eine gemütliche Kneipe?	**C'è una trattoria accogliente da queste parti?**
Wo kann man hier tanzen gehen?	**Dove si può andare a ballare?**
Im Eintrittspreis ist ein Getränk enthalten.	**Il biglietto d'ingresso comprende una consumazione.**
Wollen wir (noch einmal) tanzen?	**Balliamo (ancora)?**

Theater/Konzert/Kino	Teatro/Concerto/Cinema
Welches Stück wird heute Abend (im Theater) gespielt?	**Che cosa danno a teatro stasera?**
Was läuft morgen Abend im Kino?	**Che cosa c'è al cinema domani sera?**
Können Sie mir ein gutes Theaterstück empfehlen?	**Mi può consigliare una buona rappresentazione teatrale?**
Wann beginnt die Vorstellung?	**Quando comincia lo spettacolo?**
Wo bekommt man Karten?	**Dove si prendono i biglietti?**
Kann ich bitte ein Programm haben?	**Mi può dare un programma, per favore?**
Wann ist die Vorstellung zu Ende?	**Quando finisce lo spettacolo?**

Verkehrsbüro	Ufficio turistico
Ich möchte einen Stadtplan von … haben.	**Vorrei una pianta della città di …**
Haben Sie Prospekte von …?	**Ha qualche depliant di …?**
Haben Sie einen Veranstaltungskalender für diese Woche?	**Ha un programma delle manifestazioni di questa settimana?**
Gibt es Stadtrundfahrten?	**Ci sono giri turistici della città organizzati?**

Wetter / Tempo

Wetter	Tempo
Wie wird das Wetter heute?	**Che tempo farà oggi?**
Es bleibt schön/schlecht.	**Rimane bello/brutto.**
Es wird wärmer/kälter.	**Farà più caldo/freddo.**
Es soll regnen/schneien.	**Dovrebbe piovere/nevicare.**

Es ist kalt/heiß.	**Fa freddo/caldo.**
Es ist schwül.	**C'è afa.**
Wie viel Grad haben wir heute?	**Quanti gradi abbiamo oggi?**
Es ist 20 Grad Celsius.	**Abbiamo venti gradi.**
Wie sind die Straßen in den Dolomiten?	**In che stato si trovano le strade nelle Dolomiti?**
Die Straßen sind glatt.	**Le strade sono ghiacciate.**
Die Sicht beträgt nur 20 m/ weniger als 50 m.	**C'è una visibilità di soli 20 m/ inferiore ai 50 m.**

Zoll — Dogana

Passkontrolle — Controllo passaporti

Ihren Pass, bitte!	**Il Suo passaporto, per favore!**
Ihr Pass ist abgelaufen.	**Il Suo passaporto è scaduto.**
Haben Sie ein Visum?	**Ha il visto?**
Kann ich das Visum hier bekommen?	**Mi potete rilasciare qui il visto?**

Zollkontrolle — Controllo doganale

Haben Sie etwas zu verzollen?	**Ha niente da dichiarare?**
Nein, ich habe nur ein paar Geschenke.	**No, ho soltanto alcuni regali.**
Muss ich das verzollen?	**Devo dichiarare questo?**

Notizen

Notizen

Notizen

Notizen

Notizen

Notizen

Notizen

Contenuto e struttura Tedesco-Italiano

Tutti i **lemmi** sono ordinati alfabeticamente ed evidenziati in blu.

L, l [ɛl] <-, -(s)> *n* I

Labor [la'bo:ɐ̯] <-s

Vengono riportate le **diverse grafie** di una parola.

Nato, NATO ['na:t

La **tilde** ~ sostituisce, negli esempi per l'uso e nelle espressioni idiomatiche, la voce precedente senza la desinenza in parentesi.

Anhalter(in) <-s, *mf;* **per ~ fahren**

Le **cifre romane** contrassegnano le diverse parti del discorso.

augenblicklich I. … **II.** *adv* ❶ *(gegenw* … subito

Le **cifre arabiche** contrassegnano significati diversi.

Ebene ['e:bənə] <- … *f* ❷ *(fig: Niveau)* l

Riguardo alla pronuncia e l'accentuazione vengono riportate delle informazioni dopo il lemma in parentesi quadre, secondo **l'alfabeto fonetico internazionale**.

überraschen [y:b

Vengono registrate le **forme femminili** dei sostantivi.

Schneider(in) <-s

Nei sostantivi le **desinenze della flessione** e cioè il genitivo singolare ed il nominativo plurale, vengono riportate in parentesi uncinate, dopo il lemma o la sua trascrizione fonetica.

Friseur [fri'zø:ɐ̯] <

Labor [la'bo:ɐ̯] <-s

Nei verbi un **prefisso separabile** viene caratterizzato da «|».

ab|bezahlen *vt* (i

Vengono date numerose indicazioni per l'uso, p.e.

- **aggiunte** per definizioni e sinonimi, soggetti ed oggetti tipici e per altre spiegazioni integrative,

auf|tragen <irr>

- indicazioni sui **linguaggi specifici**,

Kapitän [kapi'tɛ:r … pitano *m* ❷ (AERO

- indicazioni sulla **diffusione regionale**,

Marille [ma'rɪlə] <

- indicazioni di **stile** nei casi in cui non si tratti di un livello di stile neutrale.

klauen ['klaʊən] v